Annemarie Bauer, Marlies W. Fröse, Jörg Seigies (Hg.)
Verborgene und unbewusste Dynamiken in Organisationen

Therapie & Beratung

Annemarie Bauer, Marlies W. Fröse, Jörg Seigies (Hg.)

Verborgene und unbewusste Dynamiken in Organisationen

Systeme psychoanalytisch verstehen in Beratung, Coaching und Supervision

Mit Beiträgen von Florian Barth, Annemarie Bauer,
Heike Baum, Tanja Becker, Rafael Behr, Ruth Belzner,
Christoph Bevier, Ruth Bornhofen-Wentzel, Ben Christian,
Elisabeth Christian, Karin Deppe, Marlies W. Fröse,
Anna-Maria Generotzky, Friedrich Glasl, Katharina Gröning,
Christine Jandausch, Sonja Keil, Manfred Kets de Vries,
Fabian Kliesch, Alexa Köhler-Offierski †,
Corinna Koopten-Bohlemann, Uwe Kowalzik, Käthe Kruse,
Stefan Kühl, Wendelin Küpers, Franziska Lamott, Ulf Liedke,
Elke Müller, Gabriele Pradel, Manfred Prisching, Karl Richstein,
Dieter Sandner, Anja Sauerer, Jörg Seigies, Hans-Jörg Stets,
Gerhard Wilke und Michael Winkler

Psychosozial-Verlag

Veröffentlicht mit Unterstützung der Fliedner Fachhochschule Düsseldorf

Bibliografische Information der Deutschen Nationalbibliothek
Die Deutsche Nationalbibliothek verzeichnet diese Publikation
in der Deutschen Nationalbibliografie; detaillierte bibliografische Daten
sind im Internet über http://dnb.d-nb.de abrufbar.

Originalausgabe
© 2023 Psychosozial-Verlag GmbH & Co. KG, Gießen
E-Mail: info@psychosozial-verlag.de
www.psychosozial-verlag.de
Alle Rechte vorbehalten. Kein Teil des Werkes darf in irgendeiner Form
(durch Fotografie, Mikrofilm oder andere Verfahren) ohne schriftliche Genehmigung
des Verlages reproduziert oder unter Verwendung elektronischer Systeme verarbeitet,
vervielfältigt oder verbreitet werden.
Umschlagabbildung: Banksy, *Sweep it under the Carpet*, 2006
Umschlaggestaltung & Innenlayout nach Entwürfen von Hanspeter Ludwig, Wetzlar
Satz: metiTec-Software, www.me-ti.de
ISBN 978-3-8379-3177-8 (Print)
ISBN 978-3-8379-7926-8 (E-Book-PDF)

Inhalt

Einleitung   11
Über unser Buch, über unser Verstehen …

I
***Organisationale Dynamiken
durch gesellschaftliche Prozesse und Bewegungen –
zwischen Zerbrechlichkeit und Ernüchterung***

Hinführung der Herausgeber:innen   23

Die Zerbrechlichkeit von Organisationen   25
Beobachtungen in klärender Absicht
Michael Winkler

Inszenierungen in und von Organisationen   49
Manfred Prisching

Kameradschaft   65
Stefan Kühl

Zwischen Face-to-Face und Interface   93
Leiblichkeit und die Dynamiken des Unbewussten
in Organisationen im digitalen »Gestell«
Wendelin Küpers

Zwischen Heilsversprechen und Ernüchterung   119
Zu Risiken und Nebenwirkungen von Führung
in öffentlichen Institutionen
Ben Christian & Elisabeth Christian

II
Organisationale Dynamiken und ihre Konsequenzen – von Fällen, Führung und Bühnen

Hinführung der Herausgeber:innen   139

Führung und Autorität in labilen Patchwork-Organisationen   145
Gerhard Wilke

**Die Bedeutung der Dynamik von Entwicklungsphasen
für Konflikte in Organisationen**   163
Friedrich Glasl

**The »Authentizotic« Organization:
Creating Best Places to Work**   181
Manfred Kets de Vries

Vorderbühne – Hinterbühne   189
Zum Verhältnis von Politik und Verwaltung:
Innensichten als Grundlage für Beratung im öffentlichen Dienst
Käthe Kruse

**Leopold – ein Kaleidoskop von unbewussten Dynamiken
in Hochschulen**   203
Essay
Marlies W. Fröse & Michael Winkler

Psychodynamik in Arbeitsgruppen   233
Grundprobleme und Fragestellungen
Dieter Sandner

Sozialpsychologie kollektiver politischer Bewegungen   251
Dieter Sandner

Zwischen Erbe und Gefühlserbschaft   267
Falldarstellung zur Übernahme der Leitung eines handwerklichen
Familienbetriebes und den familiendynamischen Implikationen
Christine Jandausch

Organisation und soziales Handeln 283
Perspektiven zum sozialwissenschaftlichen Verstehen
in der Supervision
Katharina Gröning

Der Fall Lügde 313
Die Diskrepanz zwischen Aufklärung und Verwaltung
in der Sozialen Arbeit
Anna-Maria Generotzky

»Wüstenmutter« Hagar 331
Traumatisierte Kinder und Mädchen in Heimen
und Wege aus der »Wüste«
Anja Sauerer & Annemarie Bauer

**Change Management
am Beispiel der Sozialen Dienste der Justiz** 355
Einblicke in Veränderungsprozesse
Corinna Koopten-Bohlemann

Einblicke in das Unbewusste einer Organisationskultur 371
Die Schule als Ort verborgener Scham,
stummer Scham, tabuisierter Scham?
Karin Deppe

III
*Organisationale Dynamiken
in konfessionell gebundenen Organisationen*

Hinführung der Herausgeber:innen 397

**Der Wunsch nach Anerkennung als verborgene
Organisationsdynamik in islamischer Gefängnisseelsorge** 399
Erfahrungen aus einem Supervisionsprozess
Christoph Bevier

**Ehe- und Sexualberatung in katholischer Trägerschaft
in einer multikulturellen Großstadt** 417
Ruth Bornhofen-Wentzel

**Organisationsdynamische Aspekte
im Rahmen einer evangelischen Hochschule** 431
Alexa Köhler-Offierski

**Evolution einer Netzwerkorganisation
und Ringen um ihre Gestaltung – die TelefonSeelsorge** 443
Ruth Belzner

IV
*Organisationale Dynamiken
in totalen, totalitären und autoritären Organisationen*

Hinführung der Herausgeber:innen 463

Segen und Abgrund autoritärer Organisationen 465
Von einem, der auszog, Institutionen kennenzulernen …
Karl-H. Richstein

Briefe mit gebrochenem Siegel 487
Gefängnisbriefe als intensivierte und gefährdete Kommunikation
Ulf Liedke

**Schuld, Sinn und Ohnmacht
als verborgene Organisationsdynamiken
in einer Klinik für forensische Psychiatrie** 501
Christoph Bevier

**Widersprüchliche Organisationsstrukturen,
paradoxe Wirkungen** 521
Anmerkungen zum therapeutischen Strafvollzug
Franziska Lamott

Das Altenheim 539
Lebensabschlussprozesse
im Kontext einer überforderten Organisation
Uwe Kowalzik

V
Organisationale Dynamiken in Bezug auf Körper, Gesundheit, Sterben und Tod

Hinführung der Herausgeber:innen   555

**Ethik des Sterbens –
und wie sie auf Palliativstationen gelebt wird**   557
Florian Barth, Annemarie Bauer & Fabian Kliesch

**Der Körper als multiples Interface
zwischen Biologie, Psyche und sozialer Welt**   587
Körper-Sein und Körper-Haben in Institutionen und Organisationen
Jörg Seigies

**Plädoyer für einen mehrdimensionalen Beratungsansatz
in der klinischen Ethikberatung**   609
Hans-Jörg Stets

**Gesundheitsfördernde Hochschule –
eine nachhaltige Entwicklungsperspektive?**   635
Tanja Becker

VI
Organisationale Dynamiken im Kontext von Vielfalt, Verschiedenheit und Kultur

Hinführung der Herausgeber:innen   647

**Die Bedeutung der Frau an deutschen Hochschulen:
Wandel oder Stagnation?**   649
Elke Müller & Gabriele Pradel

**Dominanzkultur und hegemoniale Männlichkeit
im Kontext des staatlichen Gewaltmonopols**   669
Rafael Behr

Zugestandene »Eigensinnigkeit« – erwartete Normierung 685
Einblicke in die Arbeit mit Gauklern, Händlern und Artisten
am Frankfurter Stadtrand
Sonja Keil

**»Gleichwürdigkeit« in der Frühpädagogik –
ein hoher Anspruch in täglicher Gefahr** 699
Heike Baum

Einleitung

Über unser Buch, über unser Verstehen …

Das Lesen der eingereichten Aufsätze verfeinerte unsere Titelfindung. Jener Titel kam durch einen Prozess des gemeinsamen Durcharbeitens und viel konstruktive Auseinandersetzung zustande, denn uns bewegte u. a. die Frage: »Was ist der ›rote Faden‹ in unserem Buch?«. In den Organisationen und mit Blick auf die darin tätigen Berater:innen zeigen sich in den Aufsätzen viel gewollt und/oder auch ungewollt »Verborgenes« und damit auch die organisationalen bzw. institutionellen Auswirkungen, seien sie bewusst oder (meist) unbewusst. Allen Autor:innen ist gemein, dass sie auf die Systeme (Organisationen bzw. Institutionen) schauen – und das mit psychoanalytischem Blick. Darin liegt der Gewinn für die Leser:innen, für die Profis und Praktiker:innen in Beratung, Supervision und Coaching.

Wir haben lange nach Ideen für das Cover gesucht und dann »Sweep it under the carpet« gefunden: Wer auch immer Banksy ist, sein Kunstwerk eröffnet uns eine Metapher: Organisationen sind lebende Systeme und produzieren Vieles. Sie haben ihre Formen des Aufräumens, manchmal mit der »Unter-den-Teppich-Kehrmaschine«. Da werden die Reste gefunden, manchmal entschärft, manchmal verändert, manchmal ist das Ganze hochexplosiv! Das Banksy-Cover jedenfalls symbolisiert generell eine Methodik, wie Organisationen mit bestimmten Themen umgehen (wollen) und hebt sie gleichzeitig hervor. Oft wissen die Menschen in der Organisation, was wie »unter den Teppich gekehrt wurde«, und man weiß auch, wo es liegt – oft sieht man nur die Auswirkungen: Man steigt hinüber oder man stolpert darüber. Oftmals wird in Beratungsprozessen jedoch auch auf das Darunterliegende durch professionelle Berater:innen hingewiesen, sie lüften den »Teppich«. Mit dem Cover soll kein Klischee, gender- oder schichtbezogen, transportiert werden. Wir verstehen es als Karikatur des – durchaus problematischen – »Aufräumens«!

Der psychoanalytische Blick

Die psychoanalytische Betrachtung ist hier nicht nur eine Theorie psychischer Prozesse, sondern vor allem auch eine Theorie und Methodik, unbewusste Vorgänge in Beziehungen, aber auch Systemen bewusstzumachen. Als solche ist sie zeitlos.

Berater:innen, die in einer Organisation oder Institution tätig waren oder sind, wissen, dass Emotionen und Leidenschaften nicht vor den Eingangshallen haltmachen. Hoffnungen, Sehnsüchte, Idealisierungen, Erfolg, Erotik, Neid, Hass, Missgunst, Konkurrenz, Machtstreben, aber auch Vertrauen, Verlässlichkeit, Miteinander, Hingabe und Zuneigung sind nicht weniger die Basis des Handelns in Organisationen, als es rationale Erkenntnisse durch bestimmte Entscheidungen sind.

Eine große Hürde, die der Anwendung einer psychoanalytischen Haltung als Analyseinstrument entgegensteht, zeigt sich nach Beobachtung von Levinson (1976, S. 141) in einer Art Vogel-Strauß-Taktik, psychoanalytisch gesprochen also im Abwehrmechanismus der Verleugnung: Man agiert, als gäbe es etwas, das eigentlich kaum zu übersehen ist – die Wirkmächtigkeit des »Vergessenen« –, nicht. Die Beschäftigung mit psychologischem und psychoanalytischem Denken verursacht eine »gewisse« Beklemmung, und die ist dann ganz besonders ausgeprägt, wenn es darum geht, unbewusste Konflikte und intrapsychische Prozesse bewusst werden zu lassen und über ihre Relevanz für die interpersonalen Ereignisse im Kontext der Organisation nachzudenken. Wahrscheinlich steht die Abwehr dafür, sich dadurch potenziell mit Gedanken und Vorstellungen auseinandersetzen zu müssen, die mit dem eigenen Selbstbild kaum oder schlecht vereinbar sind.

Doch wir wissen auch, dass das Übergehen und Ignorieren des Verborgenen oder Unbewussten oft einer »echten« Lösung im Wege steht. Ein fundiertes selbstreflexives Wissen um die unbewussten Motive und deren Kräfte menschlicher Handlungsweisen bringt den rationalen und logischen Umgang mit allem Zwischenmenschlichem oft in Bedrängnis.

Menschen, die zu anderen in irgendeiner Gestalt in Beziehung treten, haben es mit dem ganzen Menschen zu tun (inklusive dem Unbewussten), ob gewollt oder nicht. Mit diesem Umstand kann man entweder besser (d. h. befriedigender) oder schlechter umgehen (Levinson, 1986, S. 4).

Ebenso hilft ein reflektierendes Wissen über verborgene Absichten, Handlungsweisen und deren Wirkungen in Organisationsprozessen und bringt auch dort die scheinbar logischen und rationalen Handlungs- und Verhaltensweisen in Bedrängnis.

Organisationen und »Dichte Beschreibung« – Organisationen als Narrative

Unser Buch hat einen Titel, der darauf verweisen soll und darf, dass wir nicht auf der Oberfläche von Organisationen surfen wollen, obwohl wir das für auch sehr wichtig halten: Das Lesen von Organigrammen ist aufschlussreich, auch weil diese Auskunft darüber geben, welches die Ziele einer Organisation mit ihren jeweiligen Hierarchien, ihre Über- und Unterordnungen (von Aufgaben), die Wege der Entscheidungsfindung, die Verknüpfungen oder Lücken der Organisationsbestandteile, die Kommunikationswege – zumindest die offiziellen – und die Formen der Selbstpräsentation sind. Aber in Organisationen passiert eben weitaus mehr. Aus Beratungsprozessen der Organisationsentwicklung und der Supervision wissen wir: Organisationen präsentieren sich über Narrative – und Szenen. Die fixierten Unterlagen kann man lesen und einsehen. Was in Organisationen geschieht, wird erzählt und möchte erzählt werden. Von daher brauchen wir Methoden, diese Narrative zu entschlüsseln und in den Gesamtkontext von Strukturen und Selbstpräsentationen der Organisation zu setzen. Dasselbe gilt für Szenen und Inszenierungen, die auf den Bühnen von Organisationen – spontan oder gezielt – aufgeführt werden.

Wir wollen auf die verborgenen Inhalte schauen, auf die »nicht so leicht sichtbaren«. Wir wollen Dynamiken nachzeichnen, diese aus »Narrativen und Szenen« extrahieren, zumindest als eine Möglichkeit, und Ansätze anbieten, um sie – zunächst einmal, vorübergehend, ansatzweise – in Hypothesen des Verstehens zu führen.

Ein wichtiges Instrument ist die Sprache, die in allen Systemen eine wichtige Rolle spielt: Sie ist die ausführlichste und am meisten verführende Form der Symbolisierungen und wird eingesetzt zur Beschreibung von Realitäten, von Illusionen, Lügen oder auch Moden. Modische Begriffe erobern die Beratungswelt oft im Sturm: Ein neuer Begriff taucht auf und es wird so getan, als wäre damit ein neues Konzept aufgetaucht, ein heilbringendes neues Konzept! Der Begriff der »Agilität« ist ein solcher. Er hört sich schon »agil« an, ist Mode und wird derzeit in einer Art Selbstpräsentation auf Menschen, Prozesse und Organisationen angewendet.

Stefan Kühl erklärt dies in einem Interview im Jahr 2017 so: Was früher einmal das »innovative Unternehmen« und zwischendurch »die lernende Organisation« war, ist heute die »agile« Organisation: »Das, was unter dem Label der agilen Organisation propagiert wird, ist kalter Kaffee. Alle zehn Jahre wird eine neue Begriffssau durchs Managementdorf gejagt [...]«.

Wozu braucht man das? Man könnte es belächeln, aber dazu ist die Bedeutung – und die Verliebtheit in das Wort – in unseren Augen zu groß. Einerseits hat es die Bedeutung, dass in Organisationen so unendlich viel Wichtiges passiert, was aber offenbar nicht in Klartext benannt werden kann, allenfalls auf verschlüsselte Form dennoch symbolisiert wird, im Wissen der Beteiligten selbstverständlich eine Rolle spielt, aber nicht auf der offiziellen Ebene der Agenda steht. »Agil« könnte also auch bedeuten: Die Kultur der Organisation ist zwar verborgen, dennoch hochgradig wichtig, sehr anspruchsvoll, alles fordernd und alles gebend ...

Andererseits – schaut man sich die Managementliteratur der vergangenen 100 Jahre an – können wir auch konstatieren, dass bestimmte grundlegende Management-, Führungs- und Organisationsthemen sich wiederholen, gleichbleiben, auch wenn sich die äußeren Rahmenbedingungen natürlich und logischerweise im ökonomischen Kontext und auch das Wording verändern. Immer geht es um die Menschen und die Erwartungen und Aufträge an sie, die in den Organisationen wirken.

Diese Suche nach verborgenen und unbewussten Dynamiken machen wir nicht ohne theoretischen Bezug, den wir zu einem Teil der psychoanalytischen Theorie, aber auch der (hermeneutischen) Entschlüsselung und deren zugrundeliegenden Theorien und Methoden entnehmen – ohne beides im Buch selbst vorzustellen. Ein Konzept dieser Entschlüsselungen nennen wir mit dem Ethnologen Clifford Geertz und seinem Buch folgend: »Dichte Beschreibung«. Geertz hat zuerst im Jahr 1987 seine ethnologischen Studien vorgelegt und sein Konzept der »Dichten Beschreibung« anhand von ausführlichen Einzelfallstudien dargelegt, mit denen er kulturelle Systeme dem Verstehen zuführen will.

Sein Kulturbegriff, den er von Max Weber ableitet, ist semiotischer Herkunft: Das »selbst gesponnene Bedeutungsgewebe«, das sei Kultur, und das könne nicht durch Experimente und die Suche nach Gesetzmäßigkeiten erklärt werden, sondern durch Interpretationen, die nach Bedeutungen suchen (2003 [1987], S. 9). Er bezieht sich – in deutlicher Abgrenzung – auf den Ethnologen Kluckhohn, der dem Begriff der »Kultur« durchoperationalisiert und zehn Kategorien herausgearbeitet habe, was Kultur sei. Das Erkenntnisresultat – so kann man seine (Geertz') Sprache verstehen – scheint gering zu sein, auch wenn es dadurch »fast zu gut ausgefegte Winkel, wie Skinners Behaviorismus und Intelligenztests« bis heute überlebt hätten (ebd.).

Gegen diese Methodologie der Operationalisierung stellt Geertz seinen Kulturbegriff und betont die Wege der Beobachtung und Beschreibung. Darunter versteht er die Beziehung zum Untersuchten, die Kartografie der beobachteten Felder, das Führen von Tagebüchern über Erlebtes, die Arbeit mit den Gefühlen usw. »Dichte Beschreibung« bedeute, »Thinking and Reflecting« und »Thinking of Thoughts« in den Mittelpunkt zu stellen. Nicht das beobachtete Phänomen ist ausschlaggebend, sondern die Bedeutungen, die diesem Phänomen zugeschrieben würden.

Geertz versteht Kultur als ein System gemeinsamer Symbole. In Handlungen präsentieren sich Menschen über kulturelle Formen, geben über sich selbst Auskunft und verweisen auf grundlegende kulturelle Bedeutungen. »Dichte Beschreibungen« sind das Gegenteil von »dünnen« Beschreibungen und präsentieren in komprimierter Form übereinander gelagerte und ineinander verwobene Vorstellungs-, Handlungs- und Wertestrukturen.

Wir greifen an dieser Stelle auf das Theoriegebäude der Psychoanalyse zurück und damit auf Theoreme, die wir als Beobachtungskategorien definieren wollen. In aller Kürze gesagt, gehören folgende dazu: Sozialisationsmechanismen, Abwehrmechanismen wie Verdrängungen, Verleugnungen, das Ungeschehen-Machen, aber auch Sublimierungen, der Umgang mit positiven und bedrohlichen Gefühlen und vieles mehr. Vor allem aber sind es die Symbolisierungen unterschiedlicher Art, die auf die unter der Oberfläche liegenden Bedeutungen verweisen. Zu diesen Symbolisierungen gehört als eine der differenziertesten und in unendlich vielfältigen Formen vorliegend die menschliche Sprache, mit der höchstkomplexe Vorgänge erfasst, beschrieben, geplant oder weitergedacht werden können, aber auch kulturelle Symbolisierungen wie Architektur, Gemälde, Musik, Theater usw. Der Vielfalt ist – zum großen Glück der Menschheit – keine Grenze zu setzen.

Der Transfer des Begriffs der »Kultur« auf Organisationen ist nicht neu: Edgar Schein hat hier Pionierarbeit geleistet. Wie jede Kultur entwickelt auch jede Organisation bestimmte Weisen der Wahrnehmung, des Denkens und der Symbolisierung, der Vorstellungen über Ursache und Wirkungszusammenhänge, der Wertvorstellungen und insbesondere mit Blick auf die Regeln im Umgang mit Menschen und auch Dingen. Schein (1995, S. 25) definiert »Organisationskultur« als ein Muster gemeinsamer Grundprämissen, die die Gruppe bei der Bewältigung ihrer Probleme externer Anpassung und interner Integration erlernt hat. Sein 3-Ebenen-Modell ist Grundlage für viele Organisationsanalysen, wissend natürlich, dass diese durch den jeweiligen Kulturkreis stark geprägt sind. Die erste Ebene der Artefakte beschreibt die an der Oberfläche liegenden sichtbaren Verhaltensweisen und andere physische Manifestationen und Erzeugnisse, zu denen auch das Kommunikationsverhalten von Mitarbeitenden gehört. Auf der zweiten Ebene liegt die Erwartung, wie Dinge sein sollten, z. B. der Umgang mit den kollektiven Werten in Organisationen, wie Freundlichkeit und Höflichkeit – es können aber auch Werte wie Rivalität, Konkurrenz oder Wettkampf sein.

Auf der dritten Ebene sind die Grundprämissen *(basic assumption)* angesiedelt: Grundannahmen werden wenig hinterfragt; sie sind nicht sichtbar, oft unbewusst und leiten das menschliche Denken, Handeln und Fühlen. Es sind die Ängste, Lieben, Unsicherheiten, Wünsche, Bedürfnisse, Zwänge, Normen und Werte, Irritationen und andere mehr, was im Individuum wie auch in jeder Organisation zu finden ist. Alle drei Ebenen stehen in einer wechselseitigen Beziehung zueinander. Edgar Schein hat mit diesem Zugang und Verständnis das Unbewusste in der Kultur von Organisationen sichtbar gemacht, auch wenn er sich nicht explizit auf die Psychoanalyse bezieht.

Entgrenzende und entgrenzte Organisationen

Organisationen versuchen durch diesen transversalen Fluss, kulturübergreifende Beziehungen zu entwickeln, indem sie auf der Grundlage von gemeinsamem Verständnis und Vereinbarungen gemeinsame Agenden aufstellen. Durch die Agenden, Entwürfe und Konzepte entsteht ein Zustand relativer Stabilität. Was vor, während und nach Perioden der Stabilität geschieht, ist Bezugspunkt unseres Interesses.

Wenn wir Grenze nicht als Linie, sondern mehrdimensional verstehen, sind Grenzen Räume des »Dazwischen« und beziehen sich nicht auf den Übergang von einem Kontext in einen anderen, sondern auf die Begegnungsstätten. Umstrittene Zwischenräume konzentrieren sich auf die Interaktionen und Prozesse der Konstruktion, Dekonstruktion und Rekonstruktion von Grenzen, die zwischen zwei oder mehr Einheiten stattfinden, in Kontexten, die sich ständig ändern.

Somit ist der »Zwischenraum« die Öffnung eines Raums, in dem Grenzarbeit geleistet wird, um Grenzen zu schaffen und zu konfigurieren, die auf der Machtdynamik zwischen Institutionen und Organisationen auf der einen und Individuen auf der anderen Seite basieren.

Dieses heuristische Modell der organisatorischen Grenzen als dynamische Räume des Dazwischenseins versucht, die Komplexität zu entschlüsseln, die in die Schaffung, Verhandlung und Neuschaffung von Grenzen in Kommunikationsprozessen eingebettet ist. Organisatorische Grenzen als Räume chaotischer, umkämpfter Terrains müssen die Machtverhältnisse zwischen verschiedenen Akteur:innen in verschiedenen Kommunikationsforen berücksichtigen.

Fragen, wie Grenzen festgelegt werden, wer die Bedingungen der Grenze bestimmen darf und welche Art von Grenzen festgelegt werden sollen, haben wichtige Auswirkungen. Macht- und Identitätsfragen tauchen als wichtige Faktoren (Brannen & Thomas, 2010; Santos & Eisenhardt, 2005; Callister & Wall, 2001) in dynamischen Räumen des »Dazwischen« auf.

Wenn diese Erkenntnisse, die in verschlüsselten, in Sprache gebrachten und in Szenen dargebotenen Erkenntnisse berücksichtigt werden, sind dann Organisationen jenseits von Struktur, Funktion, Prozessen, Abläufen, Hierarchien, Aufgaben, Finanz-, Reglementierungs- und Positionierungssystemen usw. noch etwas mehr? Wir wollen sie auch als »Systeme« bezeichnen – in dem Sinne, dass sie mehr sind als die Summe aller Einzelheiten.

Es geht uns nicht um das Erklären, sondern um die Möglichkeiten des Verstehens; es geht nicht um die Wahrheiten, es geht allenfalls um die Spurensuche. Wir sind also bei der alten Frage angekommen: Was hilft bei der Entschlüsselung, der Verstehenssuche?

Die Autor:innen zeigen uns in ihren Aufsätzen eine beständige organisationale Identitätsarbeit, blicken fokussiert auf funktionale und dysfunktionale Wahrheiten und beeinflussen dadurch wiederum zukünftige Entwürfe. Organisationen sind temporal und nicht eindimensional, sondern prozessual zu sehen. Sie verfügen immer über Geschichte, ein Konzept und eine Gegenwärtigkeit. Sie bewegen sich in unterschiedlichen Räumen, die einander an Grenzen durchdrängen, sich blocken, verschmelzen usw. und ein transversales Fließen ermöglichen können.

Organisationsdynamiken präsentieren sich im Narrativen und Szenen. Vielfältige Erzählungen über Organisationen, widersprüchliche Erzählungen, korrigierte, strittige, bewundernde oder bösartige Erzählungen kann man versuchen zu verstehen, indem man unterschiedliche Schneisen der Wahrnehmung einfügt, mit möglichst vielen Konjunktiven arbeitet, mit vorläufigen Hypothesen, mit zu überprüfenden Hypothesen und neuen Versuchen – und indem man akzeptiert, dass man sich immer nur annähern kann und diese Annäherungen bald widerrufen können muss, sollte oder darf. Erzählungen sind niemals hermetisch abgeschlossen, sondern haben Bezüge zu einem Außen und dauern über die Zeiten, Kulturen und Generationen hinweg. Diese werden rezipiert und interpretiert. Die Sprache, in der die Erzählungen als Aufsätze hier geschrieben sind, sind zum einen das identitätssichernde Moment und die jeweilige intersubjektive Verfasstheit der jeweiligen Autor:innen.

Danksagung

Wir haben Autor:innen angesprochen, die wir aus Arbeitsbeziehungen seit vielen Jahren kennen- und schätzengelernt haben, und von denen wir annahmen, dass sie Interesse haben, an diesem Sammelband mitzuwirken. Unser Projekt wurde freundlich aufgegriffen, und wir konnten mit Ihnen allen, die in diesem Buch publizieren, unkomplizierte, reflektierende, hilfreiche, diskussionsfreudige und zuverlässige Erfahrungen machen. Das hat es uns leicht gemacht, das Buch – trotz der immer anstehenden Stolpersteine – gut zu Ende zu bringen. Wir bedanken uns und hoffen, dass Sie Ihren Artikel in diesem Buch gut platziert finden.

Wir danken dem Verlag, vor allem und für alle dort Beteiligten Herrn *Dr. Simon Scharf* für die freundliche und unkomplizierte Zusammenarbeit und Begleitung – und: für die schnelle Akzeptanz des Covervorschlags!

Wir danken *Shiksha Kishor Sachdev*, M. Sc., die uns seit dem Frühsommer 2022 unterstützt und für uns die Textformatierungen, Schreibanweisungen des Verlags und Zusammenstellungen durchgeführt und umgesetzt hat, was uns sehr entlastet und Ressourcen für Anderes freigesetzt hat.

Unser Dank geht ebenfalls an die Fliedner Fachhochschule, die dieses Buchprojekt finanziell mitgefördert hat.

Annemarie Bauer

Persönlich danke ich zusätzlich *Dr. Sonja Keil*, die neben ihrer Autorenschaft für einen Artikel mich auch unterstützt hat beim Diskutieren und Korrigieren der Artikel, für die ich im Sinne der Aufgabenteilung »zuständig« bin – und Familienmitgliedern und Freund:innen, die sich zeitweise mehr Präsenz gewünscht hätten.

Marlies W. Fröse

Zuerst möchte ich mich bei den Autor:innen bedanken, mit denen ich freudvoll, zugewandt, konstruktiv und kreativ kooperiert habe. Und dann gilt mein persönlicher Dank an die mir nahestehenden Menschen. Ihr habt mich in dieser nicht immer einfachen Zeit freundschaftlich, treu und zuverlässig begleitet und unterstützt. Herzlichen Dank!

Jörg Seigies

Ich danke *Emma »Moe«*, *Stella* und *Andrea* für die Rücksichtnahme und emotionale Unterstützung, und entschuldige mich für eine zeitweise *absent presence* –

körperlich zwar da, mit Gedanken aber öfter nicht anwesend. Darüber hinaus: Danke, liebe Kolleg:innen von *LINK!* für die offenen Ohren (Linkspieltsdir).

Wir freuen uns auf Rückmeldungen, weiterführende und kritische Ideen und Diskussionen!

Literatur

Brannen, M. Y. & Thomas, D. C. (2010). Bicultural individuals in organizations: Implications and opportunity. *International Journal of Cross Cultural Management, 10*(1), 5–16.

Callister, R. R. & Wall, J. A. (2001). Conflict across organizational boundaries: Manage care organizations versus health care providers. *Journal of Applied Psychology, 86*(4), 754–763.

Geertz, C. (2003 [1987]). Dichte Beschreibung. Beiträge zum Verstehen kultureller Systeme (2. Aufl.). Suhrkamp.

Kühl, S. (2017, 16. Januar). »Agile Organisation ist kalter Kaffee«. *Human Ressources Manager.* https://www.humanresourcesmanager.de/content/die-agile-organisation-ist-kalter-kaffee

Levinson, H. (1976). *Psychological man.* The Levinson Institute.

Levinson, H. (1986). *Ready, fire, aim. Avoiding management by impulse.* The Levinson Institute.

Lohmer, M. (2007). Der Psychoanalytische Ansatz in Coaching und Organisationsberatung. *Psychotherapie im Dialog, 3,* 229–233.

Santos, F. M. & Eisenhardt, K. M. (2005). Organizational boundaries and theories of organization. *Organization Science, 16*(5), 491–508.

Schein, E. (1995). *Unternehmenskultur. Ein Handbuch für Führungskräfte.* Campus.

Annemarie Bauer, Marlies W. Fröse und Jörg Seigies
Heidelberg, Dresden/Darmstadt und Aachen, im Juli 2023

I

Organisationale Dynamiken durch gesellschaftliche Prozesse und Bewegungen – zwischen Zerbrechlichkeit und Ernüchterung

Hinführung der Herausgeber:innen

Das erste Hauptkapitel beschäftigt sich mit den *organisationalen Dynamiken, die durch gesellschaftliche Prozesse und Bewegungen* ausgelöst werden. Die nachfolgenden Aufsätze sind zwischen Zerbrechlichkeit und Ernüchterung angesiedelt, in all ihrer Unterschiedlichkeit. Sie bewegen sich auch eher auf einer Makroebene der Analyse unserer Verhältnisse und haben nicht die einzelne Organisation im Blick.

Michael Winkler fängt mit einem nachdenklichen Aufsatz in Form eines Essays »Die Zerbrechlichkeit von Organisationen. Beobachtungen in klärender Absicht« an. Er philosophiert über die Zerbrechlichkeit von Organisationen, die als Seismografen für das Soziale verstanden werden.

Manfred Prisching baut in seinem Aufsatz »Inszenierungen in und von Organisationen« auf dieser Zerbrechlichkeit auf: »Wir müssen uns in der Welt zurechtfinden.« Dabei geht es um die Identitäten auf der individuellen Ebene, die zur Selbstentfaltung führen sollen, ebenso wie um die Identität in Organisationen als Form eines inszenierten Images (z. B. im Kontext der Pharmaindustrie, mit Blick auf Städte, Wellness, Universitäten).

Stefan Kühl wendet sich in seinem Aufsatz »Kameradschaft« explizit der Vergangenheit zu, gleichwohl eine Vielzahl seiner Überlegungen zur Kameradschaft aktueller denn je ist. Fast könnte man die These aufstellen, dass Kollegialitäts- und Kameradschaftsformen in unserer sich destabilisierenden Zeit wieder an Bedeutung gewinnen.

Im Vergleich dazu beschäftigt sich *Wendelin Küpers* in seinem Aufsatz »Zwischen Face-to-Face und Interface. Leiblichkeit und die Dynamiken des Unbewussten in Organisationen im digitalen ›Gestell‹« mit einem der relevantesten Zukunftsthemen und deren Auswirkungen auf Menschen, Organisation und Gesellschaft: mit der Leiblichkeit in der Digitalisierung. Er geht kritischen phänomenologischen Fragen nach: Was geht uns das »Digitale« an und wie respondieren wir? Wie beeinflussen Digitalisierungen mit ihren Ko-Tele-Präsenzen als ambivalente und transformative Vermittler von Beziehungen uns leiblich und unbewusst, und damit sinnlich in unserem reflektierenden Verstehen von Sinn? Perspektivisch zeigt der Beitrag die Bedeutung eines Ethos und der Praxis einer engagierten Gelassenheit im Umgang mit digitalen und anderen Technologien auf.

Der nachfolgende Aufsatz »Zwischen Heilsversprechen und Ernüchterung. Zu Risiken und Nebenwirkungen von Führung in öffentlichen Organisationen« von *Ben Christian* und *Elisabeth Christian* setzt sich mit einem ausgewählten Bereich gesellschaftlicher Organisationen auseinander, den öffentlichen Institutionen, ohne die Gesellschaft nicht funktionieren würde. Die Autor:innen erklären, was diese »besonderen« Organisationen als Expertenorganisationen kenn- und auszeichnet, und formulieren vier konkrete Warnhinweise für Führungskräfte und Mitarbeitende, die sich in solchen organisationalen Settings bewegen und nicht selten an ihren Organisationen leiden.

Die Zerbrechlichkeit von Organisationen

Beobachtungen in klärender Absicht

Michael Winkler

Methodologische Vorüberlegungen

Mit der Aufklärung des 17. und 18. Jahrhunderts rückt das menschliche Handeln in den Vordergrund des philosophischen Denkens und damit der wissenschaftlichen Beschäftigung. Denn menschliches Handeln kann nun als solches überhaupt erst ge- und bedacht werden, weil es nun aus der Bestimmung durch Gott genommen, dann sogleich im Blick auf seine natürlichen Ursachen einerseits gerückt, andererseits aber zunehmend in den Horizont einer Selbstverfügung noch gegenüber weltlicher Macht gestellt wird. Die Habeas-Corpus-Akte von 1679 bringt dies sinnfällig auf den Punkt: Es geht um Freiheit. Aber sogleich stellt sich die Frage, wie denn diese nun aussieht.

Um der möglichen Kritik vorzubeugen: Die Überlegungen sind bewusst als Essay angelegt, in einer gewissen, absichtsvoll eingenommenen Naivität gegenüber wissenschaftlichen Debatten, die sich als gesichert und fundiert ausgeben. Manchmal lohnt es sich, Fragen noch einmal aufzuwerfen und nach Antworten zu suchen, die Andere schon gegeben haben.

Antworten suchen wir bis heute. Sie fallen nicht leicht. Zum einen drängt nämlich schon das Aufklärungsdenken darauf, die mit der Preisgabe Gottes verlorene Gewissheit durch wissenschaftliche Präzision zu kompensieren. Der Leitsatz lautet: *certe et distincte*. Er fordert also klare Begriffe und methodisch erhobene Sinnesdaten, um eine Grundlage für die Orientierung in der Welt zu finden. Dabei blieb, übrigens nicht frei von Aggressivität, manches auf der Strecke (Bauer, 2018). Etwa die Offenheit eines Denkens, wie sie mühsam, aber vergeblich von der Frühromantik und dann von jenen geschätzt wurde, die sich als Anhänger der Dialektik verstanden. Selbst die wurde dann aufs Dogmatischste verhunzt. So die eine Linie. Die andere Linie findet sich in dem Zwang, alle Begriffe nicht nur offenzuhalten, sondern alles Menschliche stets zu debattieren. Die in der Aufklärung geprägten Begriffe bleiben daher notorisch unscharf und diskussionsbedürftig, wie Starobinski (1992) festgehalten hat. Aufklärung heißt nun leider, in einer Sphäre der Unbestimmtheit ständig über sich selbst nachzudenken, geführt von unklaren Ausdrücken: »Geschichte«, »Gesellschaft«, »Kultur«, »Bildung«, selbst »Erziehung«, vor allem »Verstand« und »Vernunft«. Die Liste erweist sich als ziemlich lang. Welt- und Selbstwahrnehmung müssen ständig ausgelotet werden, soweit es die menschlichen Lebensverhältnisse angeht. So werden Krise und Kritik zur Dauererscheinung (Koselleck, 1976), abgelöst nur von Dogmatismen oder den Erregungszyklen, die in einem Zusammenhang sich beobachten lassen, welche ebenfalls in der Aufklärung entstanden ist: in der Öffentlichkeit, heute mehr im Kontext von Medien, die gelegentlich als asoziale verspottet werden.

Was hat das mit Organisation zu tun? Zunächst: Das Thema und der Ausdruck tauchen wohl erst mit der Aufklärung auf, verschärft durch einen etwas später eintretenden Zusammenprall von Philosophie in systematischer Form, sowie zunehmend geschichtlich denkend, und den Naturwissenschaften, die gerade das Ordnen hinter sich lassen, um Vorgänge zu begreifen, die sich manchmal noch dem Kausaldenken entziehen. Wie etwa aus einer Zwiebel eine leuchtende Blume hervorbricht, die irgendwann vertrocknet. Die Antwort auf die Frage nach dem Zusammenhang mit Organisation findet sich also schon in der Überschrift. Zerbrechlichkeit erweist sich als ihr Normalstatus, sowohl hinsichtlich des Begriffs wie wohl in der Sache selbst – wenn man eine solche verwegene Behauptung wagen möchte. Es kann nur um Unwägbarkeit gehen, die als eine Erfahrungswirklichkeit gegeben ist. Wobei diese aber selbst nur dem zur Verfügung steht, der sich eines Begriffs bedient, der unwägbar bleibt.

Wie auch immer man sich dreht oder wendet: Versuchen wir menschliches Handeln zu verstehen, jenseits der Bedingungen, mit welchen es zu tun hat, bewegt sich das Denken in einem Bereich der Spekulation. Noch vor zwei Jahrhunderten war diese als höchste Erkenntnisform geadelt, weit überlegen etwa der Naturwissenschaft, die sich noch mit spekulativer Naturphilosophie umgeben musste, um einigermaßen Ansehen zu behalten. Das hat sich schnell geändert, wobei Manches auf der Strecke geblieben ist, allzumal wenn es sich den Methodiken der Erfahrungswissenschaft entzogen hat, die nicht oder nur wenig mit der Anstrengung zu tun haben, die als Denken gelten.

Im Umkreis des sogenannten »Deutschen Idealismus« blieb dieses spekulative Denken noch eine Weile bewahrt, in offenen Formen, eben bei den Frühromantikern, oder in streng systematischen Auftritten, so bei Hegel – den nur kurz nach seinem Ableben Marx bekanntlich schon als toten Hund bezeichnet hat, publikumswirksam aber zugleich doch in völligem Verkennen von Hegels großartiger analytischer und systematischer Fähigkeit und Fertigkeit bei der inhaltlichen Verknüpfung von Beobachtung, Erfahrung, von Daten einerseits und deren präziser Interpretation im Rahmen eines ordnenden Denkens andererseits – das zugleich offen blieb, um die historischen Prozesse begreifen zu können, die sich in der Tätigkeit des Geistes zeigten. Dabei konnte Hegel sogar begründen, warum es bei der Erkenntnis des menschlichen Handelns nicht um Definitionen gehen konnte, die festlegend und festsetzend, stipulativ, oder zusammenfassend lexikalisch verfahren. Denken muss in Bewegung bleiben, die Phänomene der Wirklichkeit in Beziehung zueinander »reflektieren«, weil nur so eine Einsicht in die Wirklichkeit überhaupt erst möglich ist. Sie ist halt nicht einfach, nicht auf das konkrete Datum zu reduzieren, sondern immer in einem Prozess zu begreifen, in den das Denken selbst noch eingreift. Sowohl die sogenannten »Tatsachen« wie die einfachen Ausdrücke für sie, die in Logbüchern des Sprechens festgehalten werden, taugen nur bedingt; im Umgang mit den statistischen Manualen der Diagnose oder der Therapie erfährt dies heute im Alltag jede und jeder, die einen Arzt besuchen.

Annäherung aus der Weite

Also, ja, vermutlich Spekulation. Zunächst: Ich verkneife mir deshalb die Definition, versuche mich dem Phänomen und Sachverhalt sozusagen denkend, redend und schreibend anzunähern, ohne den expliziten Bezug auf eine Disziplin – die philosophische Ethik, wie sie sich seit Aristoteles darstellt, wäre allerdings entscheidender Bezugspunkt. Sie dient mir aber als Grundlage der Reflexion, sodass ich sie disziplinär nicht gesondert anfüge:[1] Organisationssoziologie läge schließlich nahe, ebenso die Sozialpsychologie. Man könnte auch wirtschaftswissenschaftlich über Organisationen sprechen, weil diese offensichtlich häufig Erträge generieren, die in einigen Fällen – ökonomisch seriös betrachtet – gar nicht mehr möglich wären. Menschenrettung erweist sich als verlorene Kosten, die Dinge könnte man wenigstens verhökern. Organisationen erbringen manchmal Leistungen, die sich ansonsten gar nicht rechnen. Organisationen sind zugleich wichtig für ihre Mitglieder, sie wirken dabei ähnlich wie das, was in den letzten Jahrzehnten zunehmend als »Netz« und »Netzwerk« beredet worden ist. Netzen fehlt aber wohl die unverstellte Intimität, die Organisationen auszeichnet,

---

1   Die für mich maßgebenden Werke des Aristoteles finden sich im Literaturverzeichnis.

von aller möglichen Ästhetik und Erotik abgesehen. In Organisationen kommt man sich nämlich näher. Organisationen müssten daher auch bedacht werden mit Bezug auf Geselligkeit, Gemeinschaft, vielleicht in Differenz zu Gesellschaft. Oder nicht. Vereinigung und Verein wären anzuführen, als naheliegende Semantiken. All das und noch viel mehr wäre in Anschlag zu bringen – aber würde mich hier überfordern.

Wie fast erwartet, geben nämlich selbst die einschlägigen Handbücher nicht so viel her, wenn es um Organisation geht (als Ausnahme: Böckenförde, 2004). Der Begriff sei viel gebraucht, aber es mangle ihm an Konturen, befindet Niklas Luhmann (1984) im Lemma des *Historischen Wörterbuchs der Philosophie* (S. 1330). Aber halt, es geht schon genauer. Wenn man ungenau beginnt. Dann heißt zunächst einmal »Organisation«, dass menschliche Handlungen in eine Regelhaftigkeit überführt werden, sodass auf einer vergleichsweise konkreten, schon der unmittelbar sinnlich praktischen Erfahrung zugänglichen Ebene allzumal die Mechanismen der Arbeit zugänglich werden. Organisationen machen also Soziales sichtbar, weil und indem die in ihnen wirkenden Personen sich konkret einander zuwenden müssen. Brandbekämpfung gelingt seit dem Mittelalter, indem die Menschen sich in einer Kette organisieren und einander Löscheimer reichen; das gelingt nicht ohne Blick auf die jeweils nächste Person. Feuerwehren bleiben bis heute dem Prinzip der Organisation verpflichtet, übrigens auf allen Ebenen. Durch Organisation erfolgt die konkrete Vergesellschaftung, indem die Gesellschaftlichkeit der Produktion in ihrer Dinghaftigkeit den Menschen nicht nur auf den Leib geschneidert, sondern von diesen aufgenommen und – wiederum: gleichsam – organisch wird (Marx, 1983, S. 90). Obwohl: Manches weist darauf hin, dass die Dinge buchstäblich sichtbar zum Körperteil werden, wie etwa medizinische Diagnosen belegen, dass der ständige Blick auf den Bildschirm des Smartphones zu Verformungen der Halswirbelsäule führt. Die Pointe besteht nur darin, dass hier die Annahme von Marx nicht zutrifft, dass wechselseitige Abhängigkeit von ansonsten gleichgültigen Individuen besteht. In der Organisation sind diese eben doch als besondere gefordert – und vermutlich besteht schon darin das hier thematisch gemachte Problem: Organisationen, die Praxis der Organisation zerbricht, wenn nur noch das Prinzip einer wert- und geldbasierten Äquivalenz besteht. Organisation lässt sich »eigentlich« nicht vermeiden, Organisationen werden aber tendenziell Fremdkörper in einer durchgängig kapitalisierten und dafür technisierten Gesellschaft. Wenn also das Soziale im menschlichen Leben kippt in eine (digitale) Mechanik, die zudem vom Geldausdruck getrieben wird. Als düstere Aussicht droht: Werden Organisationen beseitigt, wird zunächst das Restchen von menschlich sozialer Eigentümlichkeit liquidiert, das selbst in einer – wie sie euphemistisch heißt – »marktradikalen« Gesellschaft notwendig scheint. Irgendwann bleibt dann nichts anderes übrig als eine Transformation der Beteiligten in Avatare, in digital gesteuerte Selbstlebefahrzeuge, die dann ironischerweise als »autonom« bezeichnet werden – und doch nur als Bots sich äußern. Willenlos, aber mit KI – die irgendjemand programmiert haben muss.

Wir wollen nicht jetzt schon in Depression verfallen. Dafür ist später Zeit. Es lohnt, noch einmal den Blick zu schärfen: Wer sich mit Organisationen beschäftigt, richtet die Aufmerksamkeit auf die Formen, in welchen Menschen sich handelnd bewegen (Jaeggi, 2013). Es geht um Strukturen, Verhältnisse, Beziehungen, Bindungen, die das Handeln und das Leben formen, allgemein und konkret, in dem, was als »Habitus« bezeichnet wird. Die Bildung des aktiven Lebens und in diesem stellt das Thema dar, Vergesellschaftungsformen, die sich als Individualisierung zeigen, dabei immer – was sich trivial anhört – auf etwas angewiesen sind, was als »Lebendigkeit« bezeichnet werden kann (Jonas, 1979). Die philosophische Richtung des Vitalismus hat sich darauf konzentriert, die Lebensphilosophie ähnlich, der Existenzialismus wollte zuweilen das Gegengewicht des Singulären stärken. Aber es bleibt beim sozialen Mantel, der uns so umhüllt, dass wir uns in dem Schnitt bewegen, der uns mit ihm umgibt. Und wer ist die Schneiderin? Vermutlich die Gesellschaft, falls es eben doch keinen Gott gibt.

Diese Lebensformen zu verstehen, darum geht es – freilich nicht in einem universell ontologisierenden Ansatz, wie ihn etwa Eduard Spranger entworfen hat (Spranger, 1922). Der taugt nicht, weil beides vernachlässigt wird, nämlich die Produziertheit der Lebensformen, die sich emergent zeigen, einerseits, das Gewicht andererseits, das dann doch den Akteuren zukommt. Aus Gründen wiederum, die nicht in ihrer Hand liegen. Am Ende sind sie ihrer Natur ausgeliefert, die sozial und kulturell ummantelt wird. Man nennt das gemeinhin »Zivilisation«, zumindest wenn man der Psychoanalyse anhängt. Oder: »Vergesellschaftung«, wenn man mehr soziologisch inspiriert ist.

In einem dann eher phänomenologischen Zugang zeigt sich der – wenn er denn einer ist – Sachverhalt der Organisation in einer Art Mittelstellung der menschlichen Lebensformen, sobald wir diese in ein Kontinuum eintragen. Er steht da ziemlich genau im Zentrum zwischen einerseits den streng geregelten, mehr oder weniger harten und fordernden Gestalten des Sozialen, in welchen die Einzelnen fast verschwinden, andererseits jenen, in welchen das individuelle Subjekt auftritt, am Ende des Spektrums in einer sozialen Unverfügbarkeit, die eng mit der natürlichen Gegebenheit des Lebens, gleichsam biologisch-ontologisch gegeben ist.

Am äußeren Rande dieses heuristisch gewählten Kontinuums und durchaus alles übergreifend, prägend bis in die konkreten Lebensweisen – und vermittelt über ein sozial emergentes kollektives Unbewusstes und über Mentalitäten – findet sich *Gesellschaft*. Nicht, dass sie vom Himmel fällt, ihre Wirklichkeit ist schon entstanden durch menschliche Aktivitäten. Sie ergab sich daraus, dass Menschen ihren Lebensunterhalt gemeinsam gesichert haben – und, ja, sie hat wohl auch mit der Ausübung von Sexualität zu tun. Solche Ursozialität wird relativ häufig verschwiegen. Dennoch gilt: *Gesellschaft* ist ungeheuer machtvoll, lässt sich dennoch kaum wirklich erschließen und entzieht sich weitgehend dem Zugriff; vielleicht kann kollektive Aktivität sie ändern, doch bleiben dabei wenigstens Residuen von Nebenwirkungen. *Gesellschaft* beeinflusst alles, schlägt sich auf das menschliche Denken, Fühlen, Wollen und Handeln nieder, prägt Vorstellungen von Herkunft, Gegenwart und Zukunft, treibt seltsame Blüten, so etwa in Gottesvorstellungen. Als gesellschaftlich erweisen sich Strukturen und Verhältnisse – die sich dann in allen Lebensweisen ausbreiten, selbst dort, wo wir, sozusagen »am Ende«, auf unsere banale Existenz im Sterben verwiesen sind. Der Tod mag uns individuell, biologisch vorgezeichnet sein, eingelagert in unsere Gene, deren Schaltung aber doch von äußeren Bedingungen nicht ganz unbeeinflusst bleibt. Sie steuern uns in unserer Selbsterhaltung, regeln die Stoffwechselprozesse, werden aber darin noch sozial und kulturell überformt, sodass das Dahinscheiden ein gesellschaftliches Phänomen ist – von den Umständen des Sterbens ganz abgesehen.

Gesellschaft wirkt nicht zuletzt darüber, wie sie die Lebensformen technisch regelt. Das Proletariat entstand als Folge der Einführung und Durchsetzung von Maschinen, es wurde »durch die Einführung der Maschinen ins Leben gerufen« (Engels, 1972, S. 250). Ein ähnliches Phänomen erwächst heute aus der Digitalisierung, die ein vollkommen neues soziales Regime erzeugt, dem sich niemand entziehen kann – nicht zuletzt, weil es auf eine neue Weise die Sozialität des Individuums produziert, als Hervorbringung eines Individuums, das sich nur noch über die digitale Technik mit anderen verbindet, vermittelt über Konsumanreize und Normierungen des Selbst, übrigens in einer Weise, die als tiefe innere Volition sich äußert: Man kann schon nicht mehr anders leben als mit dem immer häufigeren Blick auf den klein gewordenen Bildschirm, über welchen man sich selbst an die wunderbar käufliche Welt ausliefert, allzumal als Lieferant von Daten (Mau, 2017; Zuboff, 2018).

Gesellschaft wirkt also, massiv und tiefreichend. Sie verändert Menschen, produziert sie bis in die letzten Winkel ihrer Existenz – am Ende sogar noch, indem sie ein *social freezing* ermöglicht, das den Beginn des eigenen Lebens der Herstellung ausliefert. Gesellschaft zeigt sich dabei nicht fassbar, nicht konkret, sondern – wie Edward P. Thompson in seiner bahnbrechenden Untersuchung *The Making of the English Working Class* gezeigt hat – indem sie Beziehungen gestaltet, auch als kulturelle (Thompson, 1987, S. 9). *Gesellschaft* lässt Verkehrsformen entstehen – und das heißt: Sie bildet Personen, weil diese sich in den Verkehrsformen bewegen und austauschen müssen. Und das geschieht mit solcher anonymen Wirkmacht, hinterrücks der Beteiligten, dass gar nicht so naiv erscheint, wenn eine allerdings seltsame Politikerin einmal erklärt, sie kenne keine Gesellschaft, sondern nur Familien und Menschen. Sie hat schon recht: Gesellschaft muss gedacht werden, wer sich zum Krämersladen als Modell bekennt, wird den dafür erforderlichen Aufwand meiden, wer zudem an einer großen Renommier-Universität Englands studiert hat, dem geht der Verstand wohl beim *last hurrah* abhanden (Jones, 2020).

Gesellschaft zeigt sich aber dann in dem, was mit Niklas Luhmann als *Systeme* begriffen wird. Sie spreizt sich nämlich auf, weil es ihr um den eigenen Erhalt geht, in unterschiedliche Tätigkeiten. »Soziale Arbeitsteilung« und »Differenzierung« heißt dies zunächst – um nur an Einsichten des 20. Jahrhunderts anzuknüpfen – bei Durkheim, dann später bei Parsons. Luhmann geht dem ganzen Geschehen nach, zeigt auf, wie die so ausdifferenzierten Einzelsysteme eine gewisse Autonomie gewinnen, weil ihr Geschäft so verbessert geleistet werden kann. Sie schließen sich in sich ein und gegen andere ab – die werden Umwelt. Binäre Steuerungscodes bestimmen die Prozesse, die aber fest und starr werden. Menschen? Sie kommen darin nicht so recht vor, Luhmann rettet sie als nicht-triviale Maschinen. Aber sie entkommen weder der Aufforderung, Leistungsrollen zu übernehmen, noch der, als Inhaber von Komplementärrollen an die unterschiedlichsten Systeme anzudocken.

Institutionen liegen im Kontinuum daneben, sie sind, gleich ob Material, etwa in Gestalt einer Schule, einer Verwaltung, oder eher symbolisch, wie das mit Rechtsnormen der Fall ist, fest geregelte Praxen mit spezifischen inneren Funktionen und klar definierten Leistungen; anders als Systeme in ihrer doch weiteren Breite und ihrer Funktionalität für das Gesamte sind Institutionen schon deutlich stärker in Verbindung mit den Akteuren.

Von der anderen Seite des Kontinuums, wieder ganz außen beginnend, lässt sich die *Natur*gegebenheit menschlichen Lebens in seiner banalen Individualität erkennen. Es geht um die biologischen Maschinen, die Menschen nun einmal auch sind, hier nun beachtet in beidem, in der Allgemeinheit von humanspezifischen Merkmalen einerseits, in der spezifischen Besonderheit andererseits, die jede und jeden auszeichnet, genetisch zuerst, an der DNA, erkennbar nicht zuletzt an der Einmaligkeit der Fingerrillen (Asendorpf, 1988). Diese natürliche

Differenz sollte bei aller statistisch konstruierten Gleichheit oder Ähnlichkeit nicht übersehen werden, wie sich übrigens zuletzt an der unterschiedlichen Anfälligkeit für Infektionen Geimpfter mit COVID-19 in der Omikron-Variante gezeigt hat.

Eine *zweite Individualitätsform* ergibt sich aus ebenfalls natürlich aus den elementaren Sozialerfahrungen, die Menschen unweigerlich machen (müssen), weil Sozialität wenigstens als existenzielle Grundbedingung und in Gestalt von Entwicklungspfaden in ihnen angelegt ist, ihr Status als Frühgeburt dabei kompensiert wird, durch die ebenfalls genetisch angelegten Formen von Sozialität, nämlich im Zusammenspiel als aktiver und durchaus fordernder Bedürftigkeit nach menschlicher Zuwendung und Um- wie Besorgung; physischer Erhalt und soziales Umgeben konstituieren Bindung, Vertrauen und Entwicklung von Neuronen wie Organen. Damit schleichen sich zugleich doch schon soziale Muster ein, lange Familiengeschichten etwa, die mehrere Generationen übergreifen, wobei die spezifische Entwicklungsgeschichte mit ihren mehr oder weniger sensiblen Phasen konvergieren.

Drittens, von der Naturform herkommend, dann endlich die Sozialform der *Individualität*, wie sich in den durchaus gesellschaftlich konstituierten Mustern und Institutionen, in den sozial und kulturell geformten Regelhaftigkeit von Praktiken ergibt und aus der anthropologischen Juxtaposition (Sève, 2016), in die existenzielle Gebrochenheit hineinführt, auf die Helmut Plessner in seiner Anthropologie aufmerksam macht (2019, S. 111). Die – wie er sagt – Wildform geht verloren, bleibt residual, als natürlich bedingt offener Horizont, den aber doch – so muss man Plessner ergänzen – biologisch angelegte Pfade durchziehen (Tomasello, 2020). Sie führen uns in bestimmte Lebensweisen, legen aber nicht notwendig fest – und doch bricht die menschliche Individualität in ihrer Weltoffenheit zunehmend mehr an den Zwängen und Regeln, die eine Gesellschaft vorgibt. Mit Chancen und Möglichkeiten, welche durch unsere Herkunft und Klassenzugehörigkeit geboten werden, sozusagen noch als Kampffelder, um sich in einem zunehmend imaginär werdenden Selbst zu behaupten bis hin zur bei Marx dann erkannten tiefen Vergesellschaftung noch in die historisch und sozial verfügbaren Individualitätsformen hüllen zu müssen. Aber davon später.

Die These lautet aber nun: Spannend wird die ganze Angelegenheit gleichsam in der Mitte, zumindest wenn diese in den Fokus genommen wird, wie das nun bei der Auseinandersetzung mit Organisationen geschieht. Ob sie wirklich in der Mitte zu finden sind, sei dahingestellt. Wie sich das praktische Leben von Menschen darstellt und betrachten lässt, liegt wohl wirklich im Auge des Betrachters. Der Zugang ist also, noch einmal und ein wenig strenger formuliert, ein heuristischer, freilich geleitet von einer alten Problemstellung. Es geht nämlich um die des Verhältnisses von Gesellschaft und Individuum – und zwar als praktisches. Dass dieses nur abstrakt als solches gefasst werden kann, liegt auf der Hand. Gesellschaft und Individuum lassen sich nicht wirklich trennen. Und doch muss geklärt sein, wie sie die Gesellschaftlichkeit des Individuums und die Individualität im Gesellschaftlichen ergeben. Der Begriff und der Sachverhalt der Organisation deutet hier einen Vermittlungszusammenhang an, der zugleich doch seine eigene Qualität hat. Und: der gestaltet werden kann. Was dann übrigens auf eine Praxis verweist, die gemeinhin als »Pädagogik« bezeichnet wird.

Eine Art Tiefenbohrung

In diesem heuristischen und phänomenologischen Zugang lassen sich Organisationen nun verstehen – wobei ein kleiner Vorbehalt zu machen ist, der aber den Kern der Sache schon berührt. Organisationen können selbst ein wenig größer, also in ihrer Sozialität betrachtet werden, oder eben individualisiert, etwa wenn wir über einen anderen Menschen sagen, sie oder er sei wirklich gut organisiert. Für meine Überlegung macht das übrigens keinen großen Unterschied, es hat eher mit der gewählten Schärfentiefe zu tun.

Organisationen zeigen sich als eine durch Menschen flexibel geregelte Praxis des Miteinanders, der Kooperation einerseits, andererseits der Begegnung, die auf Zuwendung, Anruf und Be-Achtung angewiesen ist (Pépin, 2022). Und nicht genug damit: In der Organisation spielen die Dinge eine wichtige Rolle. Für die Kinder- und Jugendhilfe spricht Michael Behnisch (2018) von der »Organisation des Täglichen«, hebt dabei auf die konkreten Akte buchstäblich der Einverleibung etwa von Nahrung ab; es geht bei ihm um die Leiblichkeit der alltäglichen Lebensform, die gleichsam eine Außen- und Innenseite aufweist.

Dinge sind präsent, aber erstaunlicherweise nicht vorrangig dafür, um verändert und so umgebaut zu werden, dass sie mit einem neuen Wertausdruck auf dem Markt bepreist und gehandelt werden können (siehe dazu in radikaler Zuspitzung: Habermann, 2018). Die Dinge gelten als selbstwert, manchmal, häufig als bewahrens- und rettenswert, als Anlass, sich um zu kümmern, um mit ihnen sorgsam umzugehen. Sie werden als Außenwelt sensibel wahrgenommen, sie werden aber auch in der Organisation selbst als inhärentes Moment geschätzt, nicht bloß als nützlich, sondern als bedeutsam. Die Dinge werden in der Organisation den Menschen zuhanden, beginnend beim Arrangement der Dinge als einer Umgebung und dann ihrer Beschaffung und buchstäblich damit, dass sie nun in die

Hände genommen werden – manchmal auch nur als Gedanken oder symbolisch. Die Bandbreite der alltagssprachlichen Ausdrücke ist – buchstäblich – bezeichnend: Etwas zu organisieren, hat häufig einen leicht devianten Beigeschmack, weil es darum ging und geht, Material oder Werkzeug »aufzutreiben«, um es so in die gemeinsame Praxis zu bringen, also ob es dort schon immer gewesen wäre. Es wächst sozusagen »organisch« an, wobei wirklich wird, was seit Gehlen als die Erweiterung der menschlichen Gliedmaßen verstanden wird. In der Organisation wachsen die Menschen über sich hinaus, weil die Dinge an sie herankommen. Wenn nicht in sie hineinkommen. Das meint ein anderer Sinn von »Organisieren«. Hier werden die Aktivitäten der Einzelnen in bestimmte Positionen und Bewegungsweisen gebracht, sie finden ihren gemeinsamen Ort, an dem sie sich entfalten können. Die Feier spielt eine wichtige Rolle. Deutlich ist aber, dass Organisationen nur dann lebendig und insofern wirklich sind, wenn sie ein dauernd ausbalancierter Spielraum zwischen Dinghaftigkeit und Aktivität, Regelhaftigkeit und Freiheit bleiben. Das ist wichtig festzuhalten: Organisationen bedürfen einer pfleglichen Behandlung, um die Spezifik dieser Praxis zu wahren.

Diese – *notabene* – Praxis ist sozial und kulturell überformt, sie kann nicht außerhalb von Gesellschaft gedacht werden, nicht jenseits der Reproduktionsmechanismen, die in einer historisch geprägten Gesellschaft gegeben sind, sie sind eingebunden in die Möglichkeiten des Sozialen, in Verhältnisse und die durch diese gegebenen Lebensformen. Oft wird die Entstehung von Organisationen ausgelöst durch Problemstellungen und Herausforderungen, welche sich in einem historisch gegebenen sozialen Kontext situativ und kontingent zeigen. Organisationen wirken dann. Aber Organisationen produzieren nicht unmittelbar, sie stellen nicht her, obwohl sie doch Probleme lösen und Wirklichkeiten nach sich ziehen. Sie erinnern ein wenig an das, was Sennett als »Handwerk« bezeichnet (2008), zeichnen sich durch eine Art Tugendhaftigkeit aus, die ihren Wert in sich hat. Organisationen fügen sich den Problemen und Aufgaben, bewahren sich dennoch die Möglichkeit einer Differenz, in deren Zusammenhang sich Eigenmächtigkeit, Eigenart und Eigenwilligkeit von Menschen niederschlagen. Die spontane Hilfsorganisation schlägt eigentlich dem verwaltenden Staat ins Gesicht, selbst wenn der sich als sorgend präsentiert: Wir organisieren das Essen für Alle, suchen nach Spendern für dieses, der Beamte vom Innenministerium bereitet erst einmal die Formulare vor! Von Menschen, die sich mit anderen (oder mit einem imaginierten Anderen, der in ihnen selbst bleibt) tendenziell gegen das auflehnen, was als absolute Verfügung besteht, sozusagen gegen »Verdinglichungen«, die sich in der ganzen Gesellschaft, in ihren Systemen und

Institutionen ergeben. Manchmal, häufig sogar, reagieren Organisationen darauf, dass auf den anderen Ebenen vor allem staatlich-gesellschaftlicher Strukturbildung eine adäquate Reaktion auf Ereignisse und Geschehnisse stattfindet, die weder systemisch noch institutionell bewältigt werden können (oder sollen). So gesehen, haben Organisationen objektiv einen intermediären Charakter, führen zudem Akteure zusammen, die üblicherweise in unterschiedlichen Systemen, zuweilen auf verschiedenen Ebenen, wenig Beziehung zueinander haben würden. Das kann noch dort der Fall sein, wo Organisationen sich verfestigen, etwa zu Vereinen oder Verbänden bzw. institutionalisiert werden. Der organisationale Zug bleibt dann bestehen, wobei die Verfestigung oftmals daraus entsteht, dass ein Problem kontinuierlich auftritt oder vermieden werden soll, während die verfügbaren gesellschaftlichen und staatlichen Institutionen das nicht leisten können. Hilfsorganisationen wie etwa das Technische Hilfswerk in Deutschland basieren auf dieser Eigenschaft, die dann meist mit ehrenamtlichem und freiwilligem Engagement verbunden ist, dabei ein lebenslanges Commitment hervorrufen, das Bewunderung abringt.

So gesehen, zeichnet Organisationen zunächst ein Moment des – wenn man so will – trotzig Widerständigen und der Selbstbehauptung von Menschen aus. Dieses Moment kann auf den unterschiedlichsten Ebenen begegnen, zuweilen bleibt es sogar nach außen hin verborgen. Als den Prototyp der Organisation können wohl die Geheimbünde etwa der Freimaurer gelten, die für sich das Arcanum als das gemeinsame Heilige ausgemacht haben. Es geht jedenfalls um Wahrung einer Praxis, die als solche ein Gut bleibt und anerkannt wird, wenn auch meistens mit kaum mehr als Ehrennadeln und Urkunden. Organisationen müssen allerdings keineswegs den rechtlichen und moralischen Ansprüchen genügen, die als verbindlich gelten. Organisationen zeigen sich dann als Zusammenschluss manchmal von jenen, die sich delinquent verhalten, übrigens auf hoher Ebene des Zusammenspiels von Politik und Kriminalität, wie Adorno und Horkheimer es als *rackett* bezeichnet haben.

Der Begriff der Organisation verweist also auf einen Zusammenhang, doch darf er nicht statisch verstanden werden. Er erinnert nämlich zugleich an einen Prozess, der naturwüchsig oder naturähnlich sich vollzieht, es klingt noch das »Organon« an, eine Kraft, die als Werkzeug zu verstehen ist und doch selbst wirksam, hervorbringend erscheint, ohne jedoch streng an einen Plan gebunden zu sein. Organisationen zeichnet ein organisches Wachstum aus, das mit Veränderungen in der äußeren Gestalt sowie in dem inneren Gefüge verbunden ist. Wachstum, äußere und innere Dynamik müssen wohl immer moderiert werden; sie können nicht ohne Transformationen gedacht oder – ja eben: praktisch organisiert – werden (Fröse, 2015), leitende, oft vorbildliche Organisateure begleiten die Organisation in ihrer Entwicklung mit sensiblem Blick auf das Ganze und die einzelnen Beteiligten – wichtig könnte sein, dass die Organisateure auch zurücktreten können. Aber vermutlich haben Organisationen stets eine Gruppe von Älteren bei sich. Sie sind darin eher archaisch angelegt, der Verweis auf Stammesorganisationen verweist darauf, wie wohl Organisationen stets auf Wahrer des Lordsiegels angewiesen sind, darauf also, dass die Normen und Regeln in Erinnerung bleiben – was, unbestritten, ziemlich nervt, selbst wenn damit das Organisationswissen aufrechterhalten wird.

In dieser gleich mehrfachen Bestimmung von Gewissheit, persönlicher Verbürgtheit und Flexibilität sowie Veränderbarkeit, von praktischer Aktivität und höchst persönlichem Engagement, von sozialer und kultureller Verbindlichkeitsvorstellung, von selbstbestimmter Regelhaftigkeit und selbst sozial gerichteter individueller Persönlichkeit liegt wohl eine besondere Qualität von Organisationen, ihre Komplexität, wie Marlies W. Fröse gezeigt und nicht zufällig auf Personen verwiesen hat, die Organisationen begleitend, mitwirkend, fordernd und zurückhaltend entwickeln. Noch einmal: Organisationen müssen nicht – im moralischen Sinne – gut sein, sie können zugleich quer zu allem liegen, was als gesellschaftlich gefordert und bestimmt erscheint. Hilfe zu leisten, Nachbarschaftsfeste gestalten, Kaninchen züchten und Briefmarken sammeln, dafür Rahmungen zu schaffen, Ordnungsmuster zu entwickeln, die auch Unterordnung verlangen, Selbständigkeit zu beweisen und aufzugeben – all das macht Organisation aus, wie sie oft nur als der dann erfolgreiche Versuch erscheint, Menschen in einer Weise zusammenzuführen, in der sie eine Aufgabe bewältigen oder ein Ziel verfolgen, auf das sie sich geeinigt haben. Mehr oder weniger explizit. Manchmal trifft man sich und entscheidet schnell: Wir machen das. Organisationen gehen mit Achtung und Anerkennung voran, die aber schon in der mitwirkenden Tätigkeit beschlossen sein kann. Das gibt Organisationen eine ungeheure Kraft, eine soziale Bedeutung, die von den beteiligten Akteuren als Sinn empfunden wird – so gesehen stehen Organisationen für ein Handeln, das dem Begriff der Handlung entspricht, wie ihn Max Weber entworfen hat. Meistens werden nämlich unsere Aktivitäten von uns selbst als zwar zweckmäßig, zugleich aber doch als sinnlos empfunden. Vollzug von Vorschriften und Techniken. Das ist in Organisationen anders.

Zumindest könnte es das sein. Wenn sie nicht sogleich vereinnahmt werden. Oder zunehmend als gefährlich infrage gestellt werden. Begleitet zuweilen von kritischen Tönen, die in den Organisationen dunkle Zwänge sehen. In dummer Kritik an dem Gefühl der Gemeinschaft und an dieser selbst, im Grauen vor dem

Geselligen. In fehlender Ahnung davon, was Menschen tun, wenn sie sich – wie das so schön heißt – geerdet fühlen, weil sie mit anderen zusammen etwas tun.[2]

Organisationen als Seismografen des Sozialen

Wenn wir die Formen des menschlich-praktischen Miteinanders betrachten, so können und müssen wir wohl oder übel in einem Bereich beginnen, der als »anthropologisch« bezeichnet wird. Solche anthropologischen Überlegungen provozieren häufig Widerstand, weil Annahmen über die *conditio humana* aus vielerlei Gründen umstritten sind. Die Vorstellung von einem *Wesen des Menschen* stört, lieber spricht man von den Menschen im Plural, bedingt durch die Einsicht, dass man nicht einer Gattung pauschal zugerechnet werden will, von denen einige für entsetzliche Grausamkeit stehen – und man sich nicht sicher sein kann, ob dafür die längst in den Gottesrang erhobene Gesellschaft verantwortlich zu machen ist. Menschen können schrecklich und grausam handeln, sie können sich aber gegen das Böse in einer Gesellschaft wehren (Arendt, 2003).

Ein Grund für die Abwehr des Anthropologischen liegt – von allem Unbehagen gegenüber manchen der aus der Schöpfung Freigelassenen abgesehen – darin, dass die einschlägige Forschung insbesondere in der ersten Hälfte des Jahrhunderts durch ihre Akteure diskreditiert wurde – Wissenschaftler – um der historischen Gerechtigkeit willen darf hier nicht gegendert werden! –, die mit Berufung auf einen naturwissenschaftlichen Zugang insbesondere mit rassebiologischen Behauptungen nicht nur für manche Mitglieder der Spezies eine Überlegenheit behauptet haben (und darin, lange vor den Nationalsozialismus) auch staatliche Anerkennung und Förderung gewinnen konnten. Diese – vermeintlich – wahren und verlässlichen Erkenntnisse mündeten in das, was als »kategorialer Ausschluss« bezeichnet wird. Menschen wurden nicht mehr den Menschen zugerechnet oder als niedere Form bezeichnet. Seinen schrecklichen Höhepunkt hat dies im Holocaust gefunden, doch muss man ebenfalls Apartheitspolitiken dazurechnen, die ja immer wieder – etwa in der Intelligenzforschung und zuletzt erneut in der genetischen Forschung – erfolgreich die Öffentlichkeit beeindrucken konnten. Möglich machte dies ein religiös motivierter Hintergrund, der eine Suprematie des *Menschen* über alle anderen Spezies behauptet hat, mithin

---

2   Deshalb scheint mir hier philosophisch der aristotelisch gefärbte Begriff der Praxis wichtig, gegenüber dem der Arbeit, wenn und sofern dieser über seine anthropologische Bedeutung hinausgeht und Produktion von Geldwerten bedeutet.

ein unveränderliches menschliches Wesen, das als gottähnlich oder gar gottgleich gegolten hat, in zuweilen widersprüchlichen Wertungen: Weil direkt von Gott in die Welt gesetzt, galt allein der Mensch schlechthin als gut; andere, die Pietisten etwa, sahen Menschen als von der Erbsünde belastet, daher als dringend einer Erziehung und Disziplin bedürftig, um dieser möglichen Göttlichkeit teilhaftig zu werden. Die Frage stellt sich, bei Kant ebenso wie bei Marx: Und wer erzieht nun die Erzieher?

Die – wissenschaftliche – Lage hat sich insofern verändert, als anthropologische Fragen nun doch wieder nach vorn rücken, philosophisch stark bedingt durch Hannah Arendt, dann durch Helmut Plessner. Gewiss aber auch durch Denker wie den inzwischen fast vergessenen Lucien Sève, der als Marxist anthropologische Fragen in seiner Theorie der Persönlichkeit auf ein Reflexionsniveau brachte, das erlaubte, die menschliche Situation so als allgemeine zu begreifen, dass sie doch immer historisch und im gegebenen gesellschaftlichen Kontext reflektiert worden ist (Sève, 2016). Dass er ein großes einschlägiges Werk verfasst hat, »*L'homme?*«, ist im deutschen Sprachraum kaum wahrgenommen worden (Sève, 2008). Als stärkster Einfluss hat sich in jüngerer Zeit die Evolutionsbiologie erwiesen, zumindest soweit und sofern sie vorschnelle Behauptungen etwa der Genforschung und der Neurowissenschaften überwinden konnte. Die waren wohl zu schnell auf öffentlichen Erfolg aus, um differenziert die Verhältnisse zwischen Natur und Geist zu analysieren. Evolutionsbiologisch aber stellt sich zunehmend heraus, dass und wie das Miteinander von Menschen in gebundener Tätigkeit entscheidend ist, die menschlich selbst konstituierten Regeln folgt, aber dennoch genug Freiheit dafür lässt, sich dem Anderen zu widmen, der Person und sogar dem, was aus dem Miteinander entstehen kann. Altruismus, Perspektivenübernahme, geteilte Absicht, Kooperation ohne Zwang, das sind wohl die Grundlagen dafür, dass Menschen sich gut entwickeln können, letztlich die Organisation eines gemeinsamen Lebens, das überschaubar bleibt (Dunbar, 2014), in den gemeinsamen Anstrengungen begrenzt und auf den einen entscheidenden Zweck gerichtet, nämlich das Überleben zu sichern. Inzwischen weiß man, dass die dafür nötige Arbeit zu viel Zeit und so viel Energie in Anspruch nimmt, dass mehr Arbeit geleistet werden muss, um mehr Energie zu gewinnen und zu verbrauchen und zu gewinnen und zu verbrauchen usw. (Suzman, 2021). Die gute Organisation hilft, sie bringt vor allem Muße ein. Damit aber Zufriedenheit. Beides geht zusammen darin, dass man doch wieder miteinander redet, tanzt, Musik spielt oder sich der Kunst hingibt. Offensichtlich haben schon früheste Gesellschaften ihr Leben so gestaltet, dass sie Zeit gefunden haben für außerordentliche Kunstwerke, die nur in langwieriger schöpferischer Arbeit geschaffen werden konnten. Organisation macht das möglich, wenn sie

Freiheit schafft. Sie geht also nicht mit Faulheit einher. Aber sie lässt sich begreifen als wohldosierter Einsatz eigener Kräfte, um etwas entstehen zu lassen, das als Sprache, als Moral und als Kultur überdauern wird. Wenn es gelingt, dann auch noch zu organisieren, den jeweiligen Nachwuchs in dieses Lebensmuster einzufädeln, um so zwar als Wagenheber gegen den Rückfall der Kultur zu wirken, zugleich aber selbst seine Freiheit und Unabhängigkeit gewinnen zu können.

All diese Ansätze weisen nun darauf hin, dass und wie wichtig es sein kann, dass Gesellschaften sich als ein hinreichend offenes Spielfeld erweisen, zumindest ein solches sichern – und zwar auf allen Ebenen des Sozialen sowie – genauer – in der sorgfältig beachteten Spannung von Kultur, Sozialität, Individualität und Natur. Dieses Spielfeld muss gegeben sein, bedingt nur umrissen, nämlich als Schutzzone, die aber in Wirklichkeit in unterschiedlichsten Lebensbereichen anzutreffen, um menschliche Praxis in den genannten Dimensionen zu ermöglichen. Organisation ist ein Ausdruck für das lebendige Miteinander, das eine Ordnung bietet, aber zugleich doch eine ständige Bewegung der Akteure, übrigens in – sofern es um den Status geht – vertikaler wie horizontaler Hinsicht, konkretisiert in Anerkennung und Achtung, die sich aber nicht in die Hingabe und den Selbstverlust bewegt, den etwa Liebe auszeichnet. Organisation bleibt immer eine sehr ernste Angelegenheit – und gerade darin ragt sie aus Vielem heraus, was menschliches Miteinander ausmacht. Hierarchisch geregelter und technisch geordneter Arbeit wird irgendwann einmal der Ernst und damit der Sinn abgesprochen – sie wird nur noch zweckhaft begriffen, um Geld zu verdienen. Die Akteure emigrieren. Nicht anders freilich die individuelle Leidenschaft, die ebenfalls den Sinn verlieren lässt – nach außen hin und im Inneren begreift man sich dann schon als ein wenig verrückt. Wobei dies noch immer Charme erkennen lässt, manchmal den Spaß daran, dass jemand eben nicht organisiert ist, innerlich wie äußerlich.

Organisationen halten das zusammen – noch einmal sei an die oben aufgenommene engere Wahrnehmung erinnert: Sie halten das möglicherweise in den individuellen Subjekten zusammen. Sie sind – um das ein wenig seltsam auszudrücken – (sich selbst) regelnde Praktiken der Kontingenz, Spiele mit der Differenz, die diese – im guten Fall – zu einer guten, gerne erinnerten Form der gelebten, gefühlten und vielleicht sogar beglückenden Kooperation werden lassen (Sennett, 2012). Aber: Diese Stärke von Organisationen kann zur Schwäche werden. Dass sie gesellschaftlich gleichsam unbestimmt sind, zufällig in der Entstehung, volatil in ihrer Gestalt, abhängig von der Balance zwischen Kooperation, Achtung, Beziehungen und Begegnung, vom Spiel der Asymmetrien in ihnen, gibt ihnen ungeheure Kraft. Sie können vieles bewegen, vieles verändern, ohne davon abzuhängen, dass in ihnen ein Lohn eingefordert wird. Die Organisation der Freiwilligen und Ehrenamtlichen im Katastrophenfall lebt von der gemeinsam geteilten Erfahrung, in einer Praxis – und am Ende zählt nicht einmal der Erfolg, weil es den vielleicht noch gar nicht messenswert gab. Wichtig war und ist, dass man dabei war, die Sinnhaftigkeit des Geschehens erleben konnte, Gemeinsamkeit erfuhr.

Das macht Organisationen manchmal verführerisch. Weniger ein totales Regime kann sie nutzen, aber doch eine Führerpersönlichkeit, die als geheimes Band wirkt. Charisma trägt das Geschehen, die Verführung in der Masse, wie sie Freud als Massenpsychologie beschrieben und analysiert hat. Vielleicht sogar ein wenig falsch, weil es nur bedingt die Masse ist, sondern der innerlich zwingende Zusammenhalt in der Organisation, der weit über das hinausgeht, was eine Gruppe zu bieten vermag. Die ist zufrieden damit, eben gemeinsam Scheiß zu machen. Bevor der Morgen anbricht. Die Organisation findet ihren Wert in sich und hält sich in Balance. Aber das verlangt Kontrolle. Organisationen brauchen also demokratische Strukturen – oder etwas Ähnliches, das mehr oder weniger formal den Zusammenhang so sichert, dass keine Verletzungen für die Beteiligten entstehen. Vielleicht ist das Vereinsrecht so schlecht nicht. Spätestens mit dem ersten Geschäftsordnungsantrag wird das Geschehen stabilisiert und zugleich wieder flottgemacht. Also: beide Hände hoch, um dazwischen gehen zu können.

Wenn das noch gelingt, kann man auf eine Gesellschaft setzen, genauer: auf das, was die alte Staatsphilosophie als *body politic* bezeichnet – so etwa bei John Locke.

Die Zerbrechlichkeit von Organisationen

Die Gefahr droht ohnedies längst von anderer Seite. Davon dass Organisationen zerbröseln, weil die Einzelnen sich nicht mehr in diese Praxis begeben können oder wollen.

Die Gründe dafür sind vielfach. Beginnend damit, dass der vorzüglich vorfindliche Typus menschlichen Handelns mit einer Praxis nichts mehr zu tun hat, weil sozusagen die Eudämonie keine Rolle mehr spielt, an die noch Aristoteles bekanntlich gedacht hat. Um es als blöden Werbespruch zu formulieren: Praxis in einer Organisation macht glücklich – noch einmal: selbst wenn diese Organisation dann Schreckliches anrichtet. Wir können sie formal nur als ein Gut bestimmen, nicht aber gemessen daran, ob sie den Kriterien eines ethischen Lebens entspricht. Möglicherweise gibt dies übrigens einen Hinweis, dass Vorstellungen nicht ausreichen, die – wie etwa bei Martha Nussbaum – das gute

Leben in den Mittelpunkt rücken. Das gute Leben mag die Beteiligten beglücken, Andere können sich daran fürchterlich stören, aufgeregt sein oder sogar verletzt werden. Trotz dieses Vorbehalts: Praxis als gemeinsame Kooperation in der Organisation, im gewiss diffusen Miteinander und in Bezug auf die Objekte der Welt, findet zunehmend weniger statt. Andere Formen der Gestaltung des Handelns überwiegen, systemische mehr, mit ihrer absoluten Gebundenheit und Ausrichtung, ihrer Routine und in ihren Zwängen, bei einem gleichzeitigen Verlust der Sensibilität für Offenheit nach innen und außen. Organisationen haben wohl ihre eigene Ästhetik, es ist kein Zufall, wenn sie sich mit Symbolen schmücken und ihre Mitglieder diese auch zeigen – oder eben, wie die Freimaurer, sie bewusst verbergen, im Wissen darum, dass die anderen Organisationsmitglieder sie kennen. Aber schon darin droht Gefahr: Wenn die Zeichen der Organisation von Anderen in Anspruch genommen werden, die Organisation als Ganze und erst recht Mitglieder aus der Kooperation miteinander gelöst und auf das Zeichen ausgerichtet werden, um diesem ein Übergewicht zu geben. Wenn mithin eine Art synoptische Ausrichtung für die Mitglieder geschaffen wird, die dann als Panoptikum wirkt, während von außen allen die Organisation nur noch als Bewegung für etwas oder für jemanden gilt. Sie verliert dann ihren Eigensinn – in jeder Hinsicht des Ausdrucks. Man kann das zuweilen an Fanclubs für Künstler oder für bestimmte Produkte beobachten. Die Fans eines alten Automodells sind – man verzeihe mir, ich gehöre selbst dazu – Spinner, die sich mit anderen Spinnern freuen, wenn wieder eines dieser alten Fahrzeuge in Bewegung gebracht wird. Die gemeinsamen Ausfahrten stiften Glück, der Wimpel erfreut einen und alle. Das geht verloren, wenn der Hersteller – falls es ihn noch gibt – beginnt, die Organisation der Fans für sich in Anspruch zu nehmen, sie zu korrumpieren, dem einen oder der anderen ein neues Modell der Marke zu versprechen. Das war es dann. Nicht anders wohl bei den Fanclubs von Fußballvereinen. Dass sie zunehmend gegen die Kommerzialisierung dieses Sports sich empören, hängt damit zusammen, dass sie die Authentizität ihrer eigenen Organisation bedroht sehen.

Ein weiterer Grund für den Tod der Organisation liegt vermutlich darin, dass Menschen schlicht im Alltag überlastet und daher überfordert sind, sich selbst und die Verhältnisse überhaupt noch für die Organisation in den Blick zu nehmen. Man kann dies an den Grenzsituationen erkennen, denen Menschen ausgesetzt sind, in Epidemien etwa, die in einem paradoxen Vorgang die Natur unserer Existenz auf die Tagesordnung setzen, zugleich aber buchstäblich die Naturgrundlage des Lebens zerstören, wenn sie noch die Spuren des Sozialen beseitigen, die den Lebenserhalt sichern. Dabei treffen zwei Effekte aufeinander, deren Zusammenspiel fatal wird: Einerseits mobilisieren solche Situationen tiefliegende Ängste, die aber – wie Mausfeld (2015, 2019) gezeigt hat – dann nicht einmal im Ansatz Überlebensstrategien mobilisieren, wenn sie lange Zeit sozial, zur Macht- und Herrschaftsausübung, durch Prozesse der Hegemoniesteuerung instrumentalisiert sind.[3]

Zu den Eigentümlichkeiten moderner Gesellschaften gehört es wohl, solche Ängste zu verbreiten und zu schüren, weil damit die Menschen ihre Fähigkeit verlieren, sich selbst zu organisieren. Perfiderweise können inzwischen nicht einmal mehr Strategien von einer Mitwirkung an diesen Prozessen freigesprochen werden, die dereinst der politischen Linken zugesprochen wurden. In einer bitteren Dialektik der Aufklärung zeigt sich dies gegenwärtig in den Bemühungen darum, Rassismus etwa durch Identitätspolitiken bewältigen zu wollen. Man nimmt der politischen Rechten deren Missbrauch des Identitätskonzepts aus der Hand, um verrückterweise nun die Achtung und Anerkennung von kultureller Identität so zu fordern, dass ein kommunikatives Miteinander nicht mehr möglich wird. Man kann geradezu von einer willkürlichen Desorganisation des Miteinander sprechen, weil nun auf einer Grundsatzebene festgelegt wird, was in Organisationen eben doch immer unmittelbar und gemeinsam ausgehandelt werden kann und muss. Eben weil man in Organisationen die besondere Fähigkeit von Anderen wahrnimmt und aufnimmt. Sie kann aber mit Herkunft zu tun haben, wie lange sie übrigens schon zurückliegt.

Ängste werden also ein treibendes Moment, das Organisationen zerbrechen lässt, weil die Beteiligten auf das eigene, dann banale Ich regredieren. Das macht nun den anderen Effekt aus, nämlich die wachsende Isolation von Menschen, zunächst objektiv, dann aus Ängsten davor, das vermeintlich Falsche zu tun, also vorgeblich selbstgesteuert, jedoch aber sozial und kulturell vorangetrieben. Vor allem jedoch: In modernen, kapitalistischen Gesellschaften schlägt dann das Prinzip der Freisetzung von Menschen zu, um diese aus den alten Verhältnissen zu lösen, die gerne als »ständische« denunziert worden sind und noch abgewertet werden – und wieder ist ein fataler Nebeneffekt einer Politik der Aufklärung und Befreiung zu sehen, der sich ähnlich in Genderdebatten wie in Inklusionsforderungen niederschlägt: Gender und Machtstrukturen sind miteinander verbunden ebenso wie Behinderung und Ausschluss. Sie aufzulösen, in eine formale Egalität

---

3   Es ist ein wenig bezeichnend für die aktuelle diskursive Situation, wenn – wie im Fall von Mausfeld – Kritikern der Verhältnisse vorgeworfen wird, dass ihnen die fachliche Grundlage fehle und sie populistisch argumentieren würden. Das Dilemma solcher Vorbehalte besteht darin, dass dann nicht mehr nach der möglichen Geltung von Urteilen gefragt wird, sondern vornehmlich danach, ob und wie weit jemand seine Stimme erheben darf.

zu überführen, ist wichtig. Und dennoch: Als Preis dafür wird die Abstraktion auf eine bloße Individualität gefördert, in der jegliche menschliche Qualität getilgt wird, die doch für Organisationen wichtig ist. So zerbrechen die Organisationen. Wie vernichtend dieses Geschehen sich vollzieht, hat sich in der COVID-Pandemie gezeigt: Menschen wurden geradezu in ihre Wohnhöhlen getrieben, im schlimmsten Fall, als Alte in eine Situation gebracht, in der sie verstummen mussten, buchstäblich aus dem Sozialen verschwunden sind. In ihrer biografisch bedingten Schwäche haben sie keinen Widerstand gegen diese Auflösung ihrer sozialen Existenz entwickeln können, der sie auf eine bloße Physis zurückverwiesen hat. Und nicht nur das: Die rein physische Versorgung bedeutet keinen Erhalt des Lebens. Was auch immer in methodischer Hinsicht gegen die Studien von René Spitz eingewandt ist, die von an Kindern beobachtete Tendenz gilt für Menschen in allen Lebensphasen. Aus dem konkreten Miteinander gelöst, wie es als Organisation sich darstellt, verlieren sie ihre Fähigkeiten, am Ende geht ihre Lebenskraft verloren, in dem, was als »anaklitische Depression« bezeichnet wird. So gesehen, kann man möglicherweise nachvollziehen, warum sich Pflegerinnen als Corona-Leugner oder gar Impfgegnerinnen betätigt haben; sie haben möglicherweise die Maßnahme abgelehnt, weil sie das Leid der Vereinzelten erkannten. Ein klassisches *Quid pro quo*, eine Verschiebung und eine freilich falsche Projektion, medizinisch und epidemiologisch betrachtet: irrational. Aber dennoch begreifbar wie jene Protestspaziergänge, die freilich ihrerseits einer falschen Formel folgten: Nicht um Freiheit ging es, sondern um Sozialität, die im gemeinsamen Laufen sich organisiert hat.

Endlich aber sind es mehrere Entwicklungen, die zum Zerbrechen der Organisation als Praxisform führen (Winkler, 2021). Sie allen hängen mit dem buchstäblich in alle Lebensfunktionen durchschlagenden Erfolg des kapitalistischen Marktprinzips zusammen, der die Organisation nicht mehr zulässt. Ein wenig dramatisch übertrieben, mit aller Unschärfe solcher Formulierungen: der Neoliberalismus ist wirklich geworden, als eine nun alles überschreibende Weise des Sozialen, in der noch jede Möglichkeit des Miteinanders zerstört ist (Bauman, 2003). Dabei zeichnet sich als treibend ab, wie die Marktsteuerung eben mit einer Technik des Lebens einhergeht, mit – wie Foucault das ein wenig akzentuiert hat – einer Biotechnik, die die Auflösung der Hermeneutik des Selbst bedeutet, weil und sofern eben die Situierung des Ich in Zusammenhängen als Grundprinzips der Hermeneutik zerrissen wird. Das geschieht einerseits, indem die Möglichkeit des Organisierens als intermediäre Aktivität aufgehoben wird. Äußerlich zeigt sich dies im Zusammentreffen von zwei Prozessen der gesellschaftlichen Spaltung, einerseits dem klassischen Fortbestand von Klassen und der Differenzierung des Innen und Außen. Klassenzugehörigkeit besteht weiter, verstärkt sich, wird aber paradoxerweise nur von jenen noch begriffen, die sich der Oberschicht zuordnen. Zugleich wirkt sich umfassend aus, was als Ausgrenzung und Abgrenzung begriffen wird, die weitgehend ideologische Unterscheidung in das Wir und die Anderen. Aber solche Trennungen konnten in der Vergangenheit immer überwunden werden, etwa in der Selbst-Organisation einer Klasse für sich. Dass dies nicht mehr gelingt, hängt an einer anderen Fragmentierung, nämlich der angesprochenen in Systeme zunächst, dann in Milieus. Diese Milieus spezialisieren sich in einem solchen Maß, dass es schwierig wird, die Grenzen zwischen ihnen zu überschreiten. Postmoderne Architektur und Kunst haben diesen Versuch noch unternommen, aber wohl unterschätzt, wie sehr die Milieus insbesondere als Konsumprodukte fokussiert ausgebildet wurden, einerseits, wie sehr andererseits die Zugehörigkeit zu ihnen in die Biografien durchgeschlagen hat. Die Ausprägung als Konsumprodukte zeigt sich übrigens in der kommerziellen Kultur, die um Cross-Overs entstanden ist – vordergründig Organisation, in Wirklichkeit aber die Erfindung einer Marktlücke.

Gesellschaft als Wirklichkeit eines beziehungsreichen und vielleicht solidarischen Miteinanders löst sich auf, in einem noch nie dagewesenen Ausmaß, für das in jeder Hinsicht die Kriterien fehlen. Jedes Zwischenglied wird dementiert, das das Geschehen noch sozial relativieren könnte – der Ausdruck ist bewusst doppeldeutig gewählt. Auf der einen Seite steht Gesellschaft nur noch als fatales Abstraktum, auf der anderen Seite das Individuum als prekäre Einheit, die nicht einmal in ihrer Naturhaftigkeit bestehen kann. Was bleibt noch vom Kontinuum, das heuristisch aufgegriffen wurde? Wenig! Systeme? Ja, sie funktionieren so einigermaßen abstrakt, brechen manchmal zusammen und lassen die Beteiligten und Betroffenen fassungslos zurück; wer sich empört, gilt dann gleich als Wutbürger. Institutionen? Sie verschwinden – wobei hegemoniale Ideologien das befördern: Schule für alle? Nein, sie muss individualisiert werden, möglichst digital. Organisationen? Nur als lockerer Zusammenschluss über das, was als »soziale Medien« bezeichnet wird.

Jede Spur, jedes Sediment einer Verbindung schwindet, nicht nur in der Reduktion von allem auf eine Ware und ihren Geldausdruck, sondern darin, dass dies eben maschinell vorangetrieben wird. Die Folgen der digitalen Revolution lassen sich gar nicht vermessen (Vogl, 2021). Das soziale Substrat des Geschehens liegt dabei in einer so tiefgreifenden Individualisierung der Menschen, dass diese zu einem Miteinander, zu den offenen Regelhaftigkeiten der Organisation gar nicht mehr in der Lage sind. Die Individualisierung hat die Seelen erfasst. Sie werden einerseits ausgerichtet an den Konsumobjekten, auf die sie sich synoptisch fokussieren. Sie werden dabei als Datenlieferanten physisch und psychisch ausgebeutet, indem sie andererseits auf Zielgrößen verwiesen sind. Die Menschen haben längst verinnerlicht, sich an abstrakten Normen auszurichten, die ihnen von Experten diktiert werden – angeblich im Wettbewerb mit Anderen, die aber notwendig anonym bleiben: 10.000 Schritte sollst Du täglich machen, die Smartwatch sagt Dir, ob Du dieses, Dir vorgegebene Ziel erreicht oder überschritten hast. Wie Deine Partnerin, die aber virtuell bleibt. Treib Dich selbst an!

So tief wird das in die Seelen verankert, dass die Menschen es zur Form ihres Lebensprinzips machen. Als Singularisierung ist das schon zum verinnerlichten Prinzip gemacht worden (Reckwitz, 2017), das die Beteiligten in einen ständigen Zwang zur Performativität versetzt. Bis zum bitteren Untergang, weil sie nur noch in sich selbst befangen sind und zugleich auf die Ziele ausgerichtet, die ihnen vorgegeben sind. Gemeinsam mit Anderen, organisiert? Das geht nicht mehr. Denn die Singularisierung hat sich mit einem Kampf um die Prestigepunkte verbunden, die in einer Erregungs- und Aufmerksamkeitsgesellschaft verliehen werden, als Auszeichnungen, mit welchen die Personen sich besser als Ware dokumentieren können. Wie dereinst die Kühe, welche in den Wettbewerben prämiert wurden, um besser versteigert werden zu können. Dabei ist das Ganze ziemlich verlogen, weil die Prestigepunkte dann doch nach Herkunft verteilt werden, oft an jene, die sich eine akademische Qualifikation leisten können. Michel Sandel hat gezeigt, dass und wie der Meritokratismus zum zwingenden Prinzip in der angelsächsischen Sozialkultur geworden ist, die eine Solidarität der Organisation nicht nur hinter sich gelassen hat, sondern verachtet (2020).

Organisation und Organisationen zerbrechen jedenfalls, weil sie – wenn überhaupt – nur noch als Bühne für die Selbstinszenierung von – man verzeihe mir den Ausdruck – »machtgeilen« und »machtbesessenen« Potentaten werden – und hier kann wohl kaum einen Unterschied zwischen »m«, »w« und »d« gemacht werden. Diese Zugehörigkeiten zählen dann wohl eher dazu, noch mehr aus sich zu machen, den Rest der Menschen sich zu unterwerfen, als Masse jenseits der Balancen, die in einer Organisation gegeben sind. Vielleicht war der Sturm auf das Kapitol hier ein Fanal, weil er diese bloße Massenbewegung verdeutlicht hat, die keine Organisation mehr kannte. Sie war blinde Wut.

Doch kein Anlass für Depressionen!

Angekündigt war, für später: Anlass für Depressionen könnte es geben, so zum Schluss. Aber damit muss das nicht enden. Gesellschaftsdiagnosen übertreiben und überziehen ja regelmäßig, sie dramatisieren, weil sie Entwicklungen aufzeigen wollen, denen man entkommen kann. Wenn man will, vielleicht auf die Diagnose hört und ihr die Wahrheitsgrundlage entzieht. Und sich zusammenfindet, organisiert, um anderes zu machen. Die Anthropologie gibt uns einen guten Grund dafür, weil sie an den angeborenen Altruismus erinnert. Eine kluge Pädagogik erinnert daran, dass die Menschheit immer wieder mit einer jungen Generation konfrontiert wird, die schlicht am Verstand der Alten zweifelt. Sozialisation, selbst im Neoliberalismus, kann niemals den Eigenwillen der Menschen völlig beherrschen oder brechen. Gute Pädagoginnen schaffen es sogar, als Erziehung den Kindern zu verdeutlichen, dass und wie Distanz zum Gegebenen möglich ist und durchgesetzt werden kann. Wenn man sich organisiert, wenn man sich zusammentut, miteinander in der Spannung der Unterschiedlichen. Und letztendlich haben die Katastrophen der letzten Jahre gezeigt, dass und wie die Einzelnen eben doch ganz schnell zusammenstehen und sich zu einer Hilfsorganisation verbinden können, die als solche schon wirkt, eben weil sie vorhanden ist. Dass manche Helferinnen und Helfer monatelang auf Einkommen verzichtet und denjenigen beigestanden haben, die im Ahrtal alles verloren haben, zeigt die Kraft der Organisation. Dass Geflüchtete aufgenommen werden, signalisiert das ebenso. Vielleicht sollte insofern in Erinnerung bleiben, was eine frühere Kanzlerin der Republik einmal vermerkt hat: Wir schaffen das! Sie hat gewiss daran gedacht, dass dafür Organisation und Organisationen stehen, die von Menschen begründet und realisiert werden.

Übrigens, das dann noch als Nachwort: All das Vorgetragene ist Spekulation, wie dieser ganze Aufsatz eben Spekulation bleibt. Das war anfangs gesagt – und versprochen ist versprochen, zumindest in Organisationen, auch in und bei der Organisation eines Buchs.

Literatur

Arendt, H. (2003). *Über das Böse. Eine Vorlesung zu Fragen der Ethik.* Piper.
Aristoteles (1962). *Eudemische Ethik* (Werke, Band 7). Wissenschaftliche Buchgesellschaft, Akademie-Verlag.
Aristoteles (1964). *Nikomachische Ethik* (Werke, Band 6, 3. Aufl.). Wissenschaftliche Buchgesellschaft, Akademie-Verlag.
Aristoteles (1973). *Magna Moralia* (Werke, Band 8, 3. Aufl.). Akademie-Verlag.
Asendorpf, J. (1988). *Keiner wie der andere. Wie Persönlichkeitsunterschiede entstehen.* Piper.
Bauer, T. (2018). *Die Vereindeutigung der Welt. Über den Verlust an Mehrdeutigkeit und Vielfalt.* Reclam.

Bauman, Z. (2003). *Liquid Love. On the Frailty of Human Bonds*. Polity.
Behnisch, M. (2018). *Die Organisation des Alltäglichen. Alltag in der Heimerziehung am Beispiel des Essens*. IGfH.
Böckenförde, E. W. (2004). Organ, Organismus, Organisation, politischer Körper. In O. Brunner, W. Conze & R. Koselleck (Hrsg.), *Geschichtliche Grundbegriffe. Historisches Lexikon zur politisch-sozialen Sprache in Deutschland* (Studienausgabe, Band 4, S. 519–622). Klett-Cotta.
Brüne, M. (2020). *Der unangepasste Mensch. Unsere Psyche und die blinden Flecken der Evolution*. Klett-Cotta.
Dunbar, R. (2014). *Human Evolution*. Pelican.
Ehrenberg, A. (1991). *Le Culte de la performance*. Hachette Littératures.
Engels, F. (1972). *Die Lage der arbeitenden Klasse in England* (MEW, Band 2). Dietz.
Fröse, M. W. (2015). *Transformationen in »sozialen Organisationen« Verborgene Komplexitäten. Ein Entwurf*. Ergon.
Habermann, F. (2018). *Ausgetauscht. Warum gutes Leben für alle tauschlogikfrei sein muss*. Ulrike Helmer.
Jaeggi, R. (2013). *Kritik von Lebensformen*. Suhrkamp.
Jonas, H. (1979). *Das Prinzip Verantwortung*. Insel.
Jones, D. (2020). *Oxford: The Last Hurray*. Accart.
Koselleck, R. (1976). *Kritik und Krise. Eine Studie zur Pathogenese der bürgerlichen Welt* (2. Aufl.). Suhrkamp.
Luhmann, N. (1984). Organisation. In *Historisches Wörterbuch der Philosophie, Band 6* (Sp. 1326–1328). Wissenschaftliche Buchgesellschaft.
Marx, K. (1983). *Grundrisse der Kritik der politischen Ökonomie* (MEW, Band 42). Dietz.
Mau, S. (2017). *Das metrische Wir. Über die Quantifizierung des Sozialen*. Suhrkamp.
Mausfeld, R. (2015). *Warum schweigen die Lämmer? Wie Elitendemokratie und Neoliberalismus unsere Gesellschaft und unsere Lebensgrundlagen zerstören*. Westend.
Mausfeld, R. (2019). *Angst und Macht. Herrschaftstechniken der Angsterzeugung in kapitalistischen Demokratien*. Westend.
Pépin, C. (2022). *Kleine Philosophie der Begegnung*. Hanser.
Plessner, H. (2019). *Philosophische Anthropologie* (Göttinger Vorlesung vom Sommersemester 1961). Suhrkamp.
Reckwitz, A. (2017). *Die Gesellschaft der Singularitäten. Zum Strukturwandel der Moderne*. Suhrkamp.
Sandel, M. J. (2020). *Vom Ende des Gemeinwohls. Wie die Leistungsgesellschaft unsere Demokratien zerreißt*. S. Fischer.
Sennett, R. (2008). *Handwerk*. Berlin-Verlag.
Sennett, R. (2012). *Together. The Rituals, Pleasures and Politics of Cooperation*. Yale University Press.
Sève, L. (2008). *»L'homme«? Penser avec Marx aujourd'hui*. La Dispute/Snédit.
Sève, L. (2016). *Die Welt ändern. Das Leben ändern* (Neuausgabe *Marxismus und Theorie der Persönlichkeit*). Argument.
Spranger, E. (1922). *Lebensformen. Geisteswissenschaftliche Psychologie und Ethik der Persönlichkeit* (3. verb. Aufl.). Max Niemeyer.

Starobinski, J. (1992). *Das Rettende in der Gefahr. Kunstgriffe der Aufklärung.* S. Fischer.
Suzman, J. (2021). *Sie nannten es Arbeit. Eine andere Geschichte der Menschheit.* C. H. Beck.
Thompson, E. P. (1987). *Die Entstehung der englischen Arbeiterklasse.* Suhrkamp.
Tomasello, M. (2010). *Warum wir kooperieren.* Suhrkamp.
Tomasello, M. (2020). *Mensch werden. Eine Theorie der Ontogenese.* Suhrkamp.
Vogl, J. (2021). *Kapital und Ressentiment. Eine kurze Theorie der Gegenwart.* C. H. Beck.
Winkler, M. (2021). *Eine Theorie der Sozialpädagogik* (Neuauflage mit einem neuen Nachwort). Beltz Juventa.
Zuboff, S. (2018). *Das Zeitalter des Überwachungskapitalismus.* Campus.

Biografische Notiz

Michael Winkler, Dr. phil., Dr. phil. habil., ist Universitätsprofessor im Ruhestand. Bis 2018 hatte er den Lehrstuhl für Allgemeine Pädagogik und Theorie der Sozialpädagogik am Institut für Bildung und Kultur der Friedrich-Schiller-Universität Jena inne. Er bekleidete Gastprofessuren in Graz und Wien, Forschungs- und Vortragsaufenthalte u. a. in Japan, Taiwan, Polen, Israel und England. Heute lehrt er u. a. an der Universität Halle, an der Evangelischen Hochschule Dresden und im Universitätsstudiengang der ARGE Wien in Zusammenarbeit mit der Sigmund-Freud-Universität. Seine Arbeitsschwerpunkte sind Theorie und Geschichte der Pädagogik, Pädagogische Schleiermacherforschung, Theorie der Sozialpädagogik, Familienerziehung und Inklusion. Wichtige Veröffentlichungen waren zuletzt *Poetologie zur Sozialpädagogik* (2022), *Eine Theorie der Sozialpädagogik* (Neuauflage mit neuem Nachwort) (2021), *Kritik der Inklusion* (2018) sowie mit Ulf Sauerbrey (2018), *Friedrich Fröbel und seine Spielpädagogik.*

Inszenierungen in und von Organisationen

Manfred Prisching

Wir müssen uns in der Welt zurechtfinden. Das betrifft zunächst den Umgang mit anderen Menschen. Wir können nicht in ihre Köpfe schauen, also müssen wir versuchen zu entziffern, was sie meinen, was sie erwarten, wie sie handeln, ob ihnen zu trauen ist, ob sie verlässlich oder verrückt sind, was als Nächstes geschieht (Goffman, 2013). Es gehört zum gewöhnlichen Sozialisationsprogramm, dass Individuen die Befähigung für diese Entzifferungsaufgaben erwerben. Wir können uns zuweilen täuschen, aber meistens können wir (zumindest mehr oder weniger) brauchbare Einschätzungen vornehmen. Wir versuchen, den Habitus des Gesprächspartners zu ergründen, von seinen Äußerlichkeiten auf seine Innerlichkeit zu schließen, von seinem Aussehen auf die Person, von seinem Vokabular auf seine Dispositionen (Bourdieu, 1987). Wir sind oft gar nicht schlecht bei einer solchen Aufgabe: Wir erkennen den Kleidungsstil, die Billigkeit oder den Luxus; wir können den Haarschnitt oder die Tattoos zuordnen; wir deuten die stockende Rede; wir schätzen Ehrlichkeit oder Lüge ein. In ähnlicher Weise müssen wir unser eigenes Image gestalten. Die stärkste Ideologie einer spätmodernen Gesellschaft ist vermutlich jenes normative Paket, das man als »Identität«, »Individualität«, »Authentizität« oder »Singularität« bezeichnen kann (Prisching, 2009, 2019): Schon jedem Heranwachsenden wird angeraten, seine Besonderheit zu ergründen und seine Anlagen zu entfalten. Auch jede Midlife-Crisis wird in den Kategorien der Selbstfindung und Selbstentfaltung abgehandelt, wie man unzähligen Lifestyle-Zeitschriften entnehmen kann. Vor allem muss man sich auch in der Welt der Signale auskennen, sodass man das vermeintlich eigene Ich den anderen übermitteln kann. Es ist eine durchsymbolisierte Welt (Soeffner, 2010).

Aber wir leben nicht nur mit anderen Individuen, wir haben es auch mit abstrakteren Entitäten zu tun. Denn schließlich ist es auch eine ziemlich durchgestaltete Welt, in der wir uns befinden: eine »Organisationsgesellschaft« (Jäger & Schimank, 2005; Schimank, 2001): »Organisationen als Produkte kommunikativen Handelns lassen sich als soziale Konstruktionen verstehen, die auf spezifischen Wirklichkeitsvorstellungen und Handlungsorientierungen aufbauen und in alltäglichen Praktiken ihren Niederschlag finden« (Froschauer & Lueger, 2016, S. 358). Wir müssen überlegen, ob wir bestimmten Fluggesellschaften und Autohändlern vertrauen. Wir entscheiden darüber, ob wir unser Geld der regionalen Bank oder dem Ableger einer türkischen Großbank anvertrauen. Wir schätzen die Qualität und das Profil der Grundschulen im näheren Umfeld ein, wo wir unsere Kinder oder Enkel hinschicken wollen. Wir gewinnen einen Eindruck von politischen Parteien und wissenschaftlichen Hochschulen. Wir haben es mit den Images von Städten und Weingütern zu tun. Krankenhäuser und ihre Abteilungen können einen guten oder einen schlechten Ruf haben. Fußballklubs und Hotelketten, Diözesen und Kirchen, Autofahrerclubs und gastronomische Marken, Supermärkte und Tierschutzvereine, Menschenrechtsorganisationen und Handelsverbände sind deshalb nicht nur an der Anpreisung ihrer jeweiligen *Leistungen* interessiert, sondern vielmehr an ihrem *Image*: Sie wollen sich als vertrauenswürdige, menschliche und menschennahe, tüchtige und dynamische, offene und seriöse, smarte, intelligente, moderne oder traditionsbewusste, kreative, egalitäre und ästhetische Entitäten darstellen. Es ist nicht selbstverständlich, wie das funktioniert; denn wir haben es eben nicht mit Menschen in Interaktionen zu tun, bei denen wir das Augenzwinkern in der persönlichen Interaktion deuten müssen. Wir haben bei den Institutionen nur Gerüchte, Erinnerungen an die Werbung, da oder dort einen Zeitungsbericht, Eindrücke vom Gebäude, Homepages. Wenn wir vor dem »Gebäude« einer Organisation stehen, können wir nichts Vergleichbares erkennen wie beim Augenzwinkern eines Menschen. Das ist für beide Seiten ein Problem: Die Organisation will sich von ihrer besten Seite zeigen; man nennt das *Marketing*. Der Nutzer (Kunde, Klient, User, Konsument, Besucher usw.) will entschlüsseln, ob es sich um ein verlässliches Gebilde handelt; man nennt das *Vertrauen*.

Inszenierung ist unausweichlich

Wir haben gelernt, dass man sich nicht *nicht* inszenieren kann. Das gilt für Individuen, aber natürlich auch für Gruppen und Organisationen. Organisationen müssen in einer medialen und kommunikativen Gesellschaft präsent sein, sie müssen wahrgenommen werden und Aufmerksamkeit erregen, was gerade in einer »lauten« Gesellschaft nicht selbstverständlich ist, sie wollen im Mindset der Menschen ihren Platz finden. Selbst wenn sie dabei ehrlich sein wollen, müssen sie doch Überlegungen anstellen, wie sie es machen, ihre Botschaft auf eine möglichst adäquate Weise in den Verständnishorizont von Rezipientinnen und Rezipienten zu manövrieren. Denn diese sollen die Botschaft erstens überhaupt wahrnehmen; und sie sollen sie zweitens so wahrnehmen, wie sie von der Seite des »Senders«, der Organisation, gedacht ist. Kommunikation ist eine Missverständnisse hervorbringende Sache. Es ist ohnehin erstaunlich, in welch hohem Maße Kommunikation funktioniert; viel eher ließe sich erwarten, dass (angesichts der Unterschiedlichkeit von Menschen, Gruppen und Lebensstilen sowie der Unschärfe von Sprache) Missverständnisse und Unverständnisse der Normalfall sind. Aber sobald man (als Organisation) darüber nachdenkt, wie man sich (erfolgreich) präsentiert, ist man, ohne lügen oder täuschen zu wollen, mitten in der *Inszenierungsproblematik*. Für marktförmige Organisationen ist die Sache noch einmal komplizierter, weil sie im Normalfall unter Wettbewerbsdruck stehen – was bedeutet, dass sie ihre Existenz verlieren, wenn sie nicht Konsumentinnen und Konsumenten davon überzeugen können, dass sie gute Anbieter auf dem Markt sind, die ihre Bedürfnisse verstehen und befriedigen können, jedenfalls besser als die Konkurrenten.

Inszenierung ist nichts Unanständiges. Jeder Einzelne inszeniert sich, sobald er des Morgens seine Kleidung anlegt oder eine kosmetische Aufrüstung vornimmt. Jede Organisation inszeniert sich, sobald sie eine Homepage hat – und wer kommt schon ohne Homepage (oder andere soziale Plattformen) aus? Schon der individuelle Regisseur seiner selbst steht in dem Dilemma von Wahrheit und Lüge, Selbstbild und Fremdbild, brutaler Erkenntnis seiner Person und geschönter Darstellung im Freundeskreis, in Privatheit und Öffentlichkeit. Für Organisationen trifft das ebenfalls zu: Zum Erfolg eines Unternehmens wird es nicht beitragen, wenn man verkündet, dass man sich nach bestem Wissen und Gewissen bemüht hat, aber zugleich zu erkennen gibt, dass man auf dem Weg zur Verlässlichkeit seines Produkts oder seiner Leistung noch einige Arbeit vor sich hat – was im Normalfall die realistische Botschaft wäre. Keine Schule wird auf ihre Homepage schreiben: »Wir haben ein paar Problemfälle im Lehrkörper.« So etwas ist keine Produkt- oder Leistungsanpreisung. Es erweckt von vornherein das Misstrauen der potenziellen Kundschaft. Das hat auch mit der Kundschaft zu tun: Sie weist Defizite im Umgang mit Wahrheit und Realität auf. Sie ist auf die beschönigende und übertreibende Sprache und Botschaft der Werbeaussagen längst schon eingestimmt; sie muss ja schließlich eine konkrete Werbedurchsage im Kontext anderer entsprechender Informationen abschätzen. Längst ist ein guter Teil der öffentlichen Kommunikation auf einen irrealen Erwartungshorizont oder auf eine Übertreibungssprache eingestimmt. Und man kann ihr nicht mehr entkommen. Häufig hat sich die (sprichwörtliche) »Waschmittelwerbung« auch auf andere Institutionen übertragen, selbst auf Universitäten und Museen.

Identität aus vielen Quellen

Identität ist auf individueller Ebene mit Selbstentfaltung verknüpft, auf der Ebene von Organisationen geht es hingegen nicht um eine Wohlfühl-Inszenierung, sondern um ein *Image*. Das Image mag sich langfristig verändern, aber es soll auch Kontinuität und Stabilität verkörpern: BMW ist eine Qualitätsmarke, und will es auch in einer »grünen Welt« bleiben. Regionalität ist »in«: Mehr als 90 Prozent des von McDonalds in Deutschland verarbeiteten Rindfleisches stammt von deutschen Höfen. Müll ist ein Thema: Nespresso macht sich begründeterweise ernsthafte Gedanken über das Recycling von Kapseln. Es sind nicht nur Organisationen, die jeder kennt; sie wissen, dass es einen Namen zu verteidigen gilt und dass Signale erforderlich sind, die deutlich machen, dass man die »Zeichen der Zeit« erkannt hat.

Das Problem der Inszenierung geht aber weit über jene Bekenntnisse hinaus, die von Organisationen heute erwartet werden. Es geht nicht nur darum, seine Besonderheit herauszustellen; vielmehr wird in einer Gesellschaft, die auf Sensationalität ausgerichtet ist, erwartet, dass Institutionen jeder Art dem Gebot der *Singularisierung* gehorchen (Reckwitz, 2017). Es genügt nicht, so zu sein wie die anderen, und es genügt auch nicht, besser zu sein; vielmehr ist die *Einzigartigkeit* herauszustellen. Das gilt auch für Universitäten und Museen, für Ausstellungen und Volksfeste, für Kleidungs-Shops und Automarken – eine verbreitete Tendenz, die man als »Überheblichkeit« oder »Bluff« bezeichnen kann, die aber auch dem kompetitiven Milieu geschuldet ist, in dem sich solche Spielregeln als Normalität etabliert haben. Wenn der »Mitbewerber« schon einzigartig ist, dann muss man ihn sogar in seiner Einzigartigkeit übertreffen.

Identitäten oder Images von Organisationen speisen sich aus ganz unterschiedlichen Quellen. Das mögen in dem einen Fall die Werbung eines Unternehmens oder umfassendere Marketingmaßnahmen, Zeitungsberichte und Kommentare sein; in einem anderen Fall sind es Reden von Politikern und Funktionären, öffentliche Papiere und Studien. Allein die materiellen Gegebenheiten sind für den Eindruck, den eine Organisation hinterlässt, wichtig: Eine unordentliche Eingangshalle, eine kitschige Werbung, Tippfehler auf der Homepage, schlampiges Personal – das wirkt nicht gut. »Artefakte« sind nicht zu unterschätzen, sie können das Image bestimmen. Artefakte

> »gestalten das Arbeitsumfeld in räumlicher Hinsicht (Architektur, Räume), erweitern als technische Ausstattung menschliche Fähigkeiten (Werkzeuge, Maschinen) und strukturieren Kommunikation, Kooperation und Kontrolle (Telefon, Perso-

nalinformationssysteme), wobei sie spezifische Fähigkeiten erfordern (Fachwissen), ein organisationales Gedächtnis bieten (Akten, Handbücher, Unterlagen), Störungen im Arbeitsablauf verursachen (Computerausfall), Entscheidungen legitimieren (Sachzwänge), eine Existenzgrundlage der Organisation schaffen (Produkte) und auf vielfältige Weise in die Umwelt zurück wirken (Müll)« (Froschauer & Lueger, 2016, S. 358f.).

Aber zugleich sind alle Artefakte Signale für die »Beschaffenheit« der Organisationen, sie können das Bild aufpolieren oder zerstören, Vertrauen schaffen oder vernichten.

»Organisationen inszenieren sich mithilfe ihrer Artefakte, indem sie Präsentationsräume schaffen, die Wahrnehmung lenken, Handlungsweisen abstimmen, Prestige vermitteln – aber auch Anforderungen definieren, Macht demonstrieren und Kontrolle erleichtern [...]. Artefakte sind wie die Requisiten, Bühnenbild und physische Anordnungen im Theater – also wesentliche Bestandteile der Sinneserfahrung, der Bedeutungsstrukturierung und Sinngenerierung. Hinter Artefakten stehen Entscheidungen, Regeln, soziale Strukturen, Arbeitsabläufe« (ebd., S. 362).

Das Image einer Organisation kann auf jahrzehntelangem Reputationsaufbau beruhen, es kann aber auch schneller gehen, wenn bestimmte Personen oder Organisationen »gehypt« werden. Plötzlich ist man »Star« oder »Bestseller«. In der umgekehrten Richtung kann es auch ziemlich schnell gehen: Jede Organisation kann durch einen Skandal binnen kurzer Zeit gravierend beschädigt werden. Wenn etwas »auffliegt«, wuchert der Verdacht, es könne sich nur um einen Einzelfall handeln, hinter dem sich Ungeheuerliches verbergen könnte. Einmal ein verdorbenes Essen mit gesundheitlichen Folgen für die Gäste – das kann für ein Restaurant das Aus bedeuten. Wenn eine kirchliche Organisation immer in den höchsten Tönen des Moralischen operiert, hinterlässt der Kontrast zu pädophilen Vorkommnissen einen besonders starken Eindruck. Wenn eine politische Organisation sich jahrelange als »Saubermacherpartei« gegen Korruption wendet, wird sie besonders darunter leiden, wenn der Parteichef wegen Korruption verurteilt wird. Images werden in der kommunikativierten Gesellschaft (Knoblauch, 2016) insbesondere geprägt durch Homepages, Talkshows und Interviews. Manchmal können es besonders attraktive oder besonders unglückliche Fotos sein, welche die Identität einer Organisation auf lange Zeit bestimmen. Es kann geschehen, dass ein Lächeln zur falschen Zeit wahlentscheidend wird. Der unbedachte Nebensatz eines Politikers kann zu einer Bürde werden, die er jahrelang mit sich herumträgt. Auf manche Quellen können Organisationen keinen Einfluss ausüben, aber sie haben jedenfalls ein eigenes Interesse daran, die Organisation in vorzüglicher Weise zu schildern: ihr Wesen und ihre Gestaltung, die Bewertung ihrer Leistungen und Services: »Kommunikation schafft [...] Identität, und weil Identität nie wirklich fixiert ist, kann Kommunikation Identität immer wieder neu bestimmen, verletzen oder im schlimmsten Fall sogar zerstören« (Reichertz, 2010, S. 242).

Nachfrage nach Verantwortlichkeit

Die Anforderungen an Organisationen haben sich in den letzten Jahrzehnten geändert. Ein Beispiel sind die Anforderungen an *Universitäten*: Die herkömmliche Kategorie der Bildung hat ihre Selbstverständlichkeit verloren, der Kanon dessen, was man wissen muss (Schwanitz, 2002), hat sich in Richtung der Lebensdienlichkeit handfester Qualifizierungen verschoben. Dies gilt auch für die Anforderungen an *Unternehmen*: Es genügt nicht mehr, dass Unternehmen solide Produkte herstellen; man fordert zunehmend Nachweise für Verantwortlichkeit, für moralische Haltung, für die Ernsthaftigkeit von Gerechtigkeit, Nachhaltigkeit und Gemeinwohl. Unter dem Stichwort einer *Corporate Social Responsibility* sehen sich Unternehmen zunehmend genötigt, als moralische Anstalten aufzutreten. Organisationen werden veranlasst, unterschiedliche Segmente des Publikums anzusprechen und dabei Unterschiedliches auf unterschiedliche Weise zu artikulieren.[1]

Beispiel Pharma: Aufstiege und Abstiege

Zu den Erzählungen von großen Konzernen gehören zuallererst Berichte darüber, dass das erste Anliegen des Unternehmens nicht die Gewinnmaximierung, sondern das Wohl der Menschen sei – und eben nicht nur ein Anliegen, sondern auch die alltägliche Hauptbeschäftigung, insbesondere bei gesundheitsrelevanten Betrieben.

So lesen wir als ersten Satz auf der Homepage des Merck-Konzerns: »Seit Ge-

---

[1] Ich beziehe mich in den folgenden vier Beispielen auf Mediendarstellungen, erspare aber die üppigen Einzelnachweise aus Publikationen, Inseraten und Netzauftritten. Doch es ließe sich alles belegen.

nerationen bestimmen Werte wie Mut, Respekt, Verantwortung und Transparenz unser unternehmerisches Handeln.« Natürlich müssen auch die aktuellen Begriffe vorkommen: Es sollen die drängenden Herausforderungen der Menschheit gemeistert werden – »mit unserer neuen Nachhaltigkeitsstrategie stellen wir die Weichen dafür«. In konzentrierter Form sind hier Erfordernisse der Selbstinszenierung zusammengefasst: die Berufung auf Erfahrung und Tradition, die Liste moderner Werte, die Nachhaltigkeit und der Beitrag zum Wohl der Menschheit.

In der Broschüre von Hoffmann-LaRoche Österreich heißt es:

> »Wir sind uns bewusst, wie wichtig es ist, medizinische Lösungen heute zur Verfügung zu stellen und gleichzeitig Innovationen für morgen zu entwickeln. Wir arbeiten mit Leidenschaft daran, die Gesundheit und das Leben von Patienten zu verbessern. Wir zeigen Mut in unseren Entscheidungen und in unserem Tun. Und wir sind davon überzeugt, dass gutes und erfolgreiches Handeln zu einer besseren Welt beiträgt. Das ist der Grund, warum wir täglich zur Arbeit kommen.«

Vermutlich dürfte es auch den zweiten Grund geben, dass man damit ein bisschen Geld verdienen will. Aber es gibt keinen Grund, daran zu zweifeln, dass die Motivation, etwas Sinnvolles tun zu wollen, durchaus bei vielen Mitarbeiter:innen vorhanden ist – schließlich geht es, ganz explizit, um eine bessere Welt. Und gegen Mut und Leidenschaft ist nichts einzuwenden.

Die Bayer AG vermeldet auf der Homepage:

> »Das Leben verbessern – darum geht es uns bei Bayer. Dafür legen wir uns Tag für Tag ins Zeug. Alle zusammen. Überall auf der Welt. Mit Begeisterung für neue Ideen.«

Bayer ist da besonders ausführlich:

> »Unsere Vision ›Health for all, Hunger for none‹ mit dem Fokus auf Innovation und Nachhaltigkeit als ein führendes Life-Science-Unternehmen basiert auf Werten und Verhaltensweisen, die unsere Mitarbeiterinnen und Mitarbeiter befähigen, unserem Unternehmenszweck ›Science for a Better Life‹ gerecht zu werden.«

Deshalb werden vier LIFE-Werte – Führung, Integrität, Flexibilität und Effizienz – herausgestellt und erläutert: *Führung* heißt, den Willen zum Erfolg leben, zielgebend führen und sich und Andere weiterentwickeln. *Integrität* bedeutet, nachhaltig handeln und ein Vorbild sein, Vertrauen aufbauen und Inklusion gestalten, zusammenarbeiten und Verbindungen schaffen. *Flexibilität* meint, gemeinsam mit Kunden Werte schaffen, innovativ sein und experimentieren sowie Digitalisierung stärken. *Effizienz* heißt, Verantwortung übernehmen, schlank und agil handeln, mutig sein und Andere befähigen. Es folgt noch eine Menge Text, um diese »Wertekultur« zu erläutern. Da hat man doch gleich den Eindruck, dabei sein zu wollen. Gewisse Erläuterungen sind originell: Dass Effizienz bedeutet, Verantwortung zu übernehmen, hätte man nicht von vornherein vermutet – irgendwie hätte man den Effizienzaspekt (Gewinn) eher in Spannung zur Verantwortlichkeit (Ethik) gesehen. Aber es geht wohl auch darum, durch ein hochgestimmtes Vokabular ein gutes Gefühl zu erzeugen.

Natürlich handelt es sich um ein allgemeines Vokabular, das man in diverser (beratender) Fachliteratur zur Organisationsentwicklung findet; und es ist auf einer so allgemeinen Ebene angesiedelt, dass diese Bekenntnisse auch für eine Universität, ein Ministerium oder eine Diözese angewendet werden könnten. (Allerdings werden die allgemeinen Bekenntnisse bei verschiedenen Organisationen auf unterschiedliche Weise präzisiert – manche belassen es bei allgemeinen Aussagen, andere, wie etwa Bayer, haben umfangreiche Homepages, in denen auch Projekte und Programme geschildert werden.)

Aber Wertebekundungen auf Homepages oder in Broschüren helfen wenig, wenn es an der Performance hapert – oder wenn man einfach Pech hat. Wie rasch sich die Reputation von Unternehmen verändern kann, hat sich im Kreis der größten Konzerne gezeigt, die sich um Impfstoffe in der Corona-Krise bemüht haben. Der Aufsteiger war offenbar Pfizer-BioNTech. AstraZeneca ist durch mehrere Ungeschicklichkeiten in Probleme geraten, letztlich hat sich der Impfstoff im Vergleich zu Konkurrenten als weniger wirksam herausgestellt – schon nach wenigen Monaten war klar, dass dieser Impfstoff ein Reputationsproblem aufweist. Am Ende wollte sich kaum jemand mit dieser Marke impfen lassen, größere Mengen mussten weggeworfen werden, der Rest wurde an Entwicklungsländer gespendet. Dann haben die Medien begonnen, die »Imagekrise von AstraZeneca«, das »Image-Problem« oder gar das »Image-Desaster« zu vermelden. Anfang August 2021 erklärte ein Pharmazieprofessor in der *FAZ*, dass er dem Impfstoff keine Chance mehr gebe. So war es dann auch. Dazu kamen Meldungen, dass eine Kreuzimpfung stärker wirke als eine Zweifachimpfung mit AstraZeneca. Sanofi, der große französische Konzern, hat durch interne Fehler die Entwicklung seines Impfstoffes verzögert, zudem handelt es sich um einen Impfstoff konventioneller Art, nicht um den Typus der neuen mRNA-Impfstoffe – was allerdings ebenso ein Nachteil wie ein Vorteil (im Blick auf bestimmte Impfskeptiker:innen) sein mag. Das geht so weit, dass die Medien schon gemeldet haben: »Sanofi kämpft gegen Verlierer-Image.« An Impfstoffen haben auch Firmen wie Merck oder Novavax gearbeitet, aber sie haben allein schon als »Nachzügler« ein Imageproblem. Das Auf und Ab solcher »Images« hat nicht immer mit sachlichen Gründen zu tun.

Beispiel Städte: Einzigartigkeit

Städte sind eigenartige »Lebewesen«. Sie sind die Orte der Individualität und Diversität, denn sie haben eine »Gestalt«, eine »Atmosphäre«, eine »Identität«. Das hat eine banale Grundlage: Madrid ist nun einmal anders als Moskau. Aber wer wollte wohl bestreiten, dass ihn oder sie eine Fülle von Assoziationen überkommt, eine Menge von Bildern und Gefühlen, von Erinnerungen und Informationen, wenn man von New York oder London, von Kairo, Paris oder Prag hört – egal ob man einmal dort gewesen ist oder nicht? Mit diesen Stimmungslagen operiert die Tourismuswerbung einer Stadt.

Nehmen wir als Beispiel Paris: Natürlich wird das Touristenamt die herkömmlichen Klischees bedienen:

> »Hand in Hand durch die schönsten Viertel schlendern, ein Kuss im Schatten eines hundertjährigen Baumes, ein lauschiges Dinner im Sternerestaurant, eine magische Nacht in einem charmanten Hotel. In Paris, der Hauptstadt der Liebe mangelt es nicht an Orten, um als Verliebte unvergessliche Momente zu erleben!«

Die großen Shows. Paris als Hauptstadt der Cabarets. Die französische Küche ist zwar mittlerweile von der italienischen überholt worden, aber natürlich muss jede Stadt von ihrem eigenen kulinarischen Angebot schwärmen:

> »Hinter der ausgezeichneten Gastronomie, die die Größe der französischen Hauptstadt ausmacht, wirft eine neue Generation junger Küchenchefs die Klassiker über den Haufen und setzt neue Trends. Ob Bistro-Küche, gesunde Teller, Hamburger, frische Snacks oder buntes Gebäck: Das kulinarische Angebot von Paris befriedigt sämtliche Gelüste!«

Dafür wird behauptet, es gebe auch die berühmte Feinschmeckerküche »zu kleinen Preisen«. Wer hätte gedacht, dass Paris sich für »Burger« starkmacht, für Bio-Restaurants, für vegetarisches Essen? Einkaufen auf dem Boulevard Haussmann: »Unter ihren märchenhaften Jugendstil-Glasdächern sind die Kaufhäuser inzwischen zu Sehenswürdigkeiten geworden, die ebenso wichtig sind wie der Eiffelturm oder Notre-Dame.«

Und natürlich die Highlights für den *tourist gaze* (Urry & Larsen, 2011): Louvre, Musée d'Orsay, Centre Pompidou, Orangerie, das Grand Palais, Vuitton, Grévin, das Museum für Moderne Kunst, Rodin ... Und sonst natürlich: Eiffel, Arc de Triomphe, Notre-Dame, Versailles ... Es sind ja nicht nur Orte, Schlösser, Informationen; es sind Geschichten, Gefühle, Welten, die sich mit solchen Hinweisen verbinden. Paris ist nicht Rom. Und nicht New Orleans. Und nicht Budapest. Das gilt auch auf der lauschigen Ebene von Emotionen und Stimmungen. Es lassen sich jeweils andere Bilder und Stimmungen verknüpfen, manche aber sind unvereinbar. Rom ist nicht die Stadt der Industrie. Dortmund ist nicht die Stadt der Liebe. Wladiwostok ist nicht das Silicon Valley.

Städte und andere Tourismusdestinationen sind Entitäten, die sich (manche mehr und manche weniger) ihr Image zimmern müssen. Man kann es aus den Titeln von Zeitungen und Zeitschriften entnehmen. Mallorca hat als »Ballermann«-Destination ein offensichtliches Imageproblem, das »Image als Partyinsel«. Die Insel »verdeutlicht bis zur Unkenntlichkeit«, »Mallorca sitzt in der Massentourismusfalle«.

Über das Weltwunder Venedig ist man seit Jahren besorgt. Einwohner ziehen aus. Airbnb besetzt, was bislang noch kein Hotel war. »Von Touristen überlaufen«. Schlechte Qualität. Abzocke. Die Corona-Krise hat in mancher Hinsicht geholfen: glasklares Wasser in den Kanälen. »In Venedig gibt's für Touristen derzeit mehr Platz als üblich.« Italien läuft insgesamt Gefahr, »nicht mehr als antik, sondern als alt angesehen zu werden, nicht mehr als Garten Europas, stattdessen als Müllkippe«. Eine Autorin liefert ein ungeschöntes Bild der schönsten Stadt der Welt, und das heißt: Massen, Immobilienspekulation, unbezahlbare Wohnungen, Klimawandel, Kreuzfahrtgesellschaften, das politische Versagen in Hochwasserfragen, das Verschwinden der alten Geschäfte, der Exodus der echten Venezianer. »Nicht mal die Pestepidemie von 1630«, schreibt Petra Reski (2021), »war so effektiv bei der Beseitigung der letzten Venezianer wie die Erfindung der Ferienwohnung«. Dennoch bleibt Venedig ein Sehnsuchtsort, eine Faszination, eine Stadt, die eigentlich keine Stadt ist, weil sie so anders ist als alle anderen Städte. Deswegen braucht die Touristenwerbung weniger Pathos, das bringen die Besucher:innen mit. Es genügt die vergleichsweise nüchterne und sprachlich nicht gerade brillante Feststellung: »Venedig ist einzigartig auf der Welt und ist ein UNESCO-Weltkulturerbe von einzigartigem kulturellem und landschaftlichem Wert, den es gilt, für künftige Generationen zu erhalten.«

Ganz Unterschiedliches findet sich über eine andere Stadt. »Exzellent organisiert, erschwinglich, cool: Eine neue Begeisterung für die deutsche Hauptstadt wächst in der Welt.« »Berlin poliert sein Image auf« – gemeint ist der neue Slogan »Wir sind Berlin«. Aber doch auch: »Hipster-Stadt Berlin: Bröckelt das Image?« »Pankow: Image-Alarm im Osten.« »Warum Berlin die lebenswerteste Stadt der Welt ist.« Für die EU-Kommission gilt eine Stadt als lebenswert, wenn sie ihren Bürgern saubere Luft, eine funktionierende Abfallbewirtschaftung, hohe Recyclingquoten, Maßnahmen zum Gewässerschutz, Parkanlagen und eine schadstofffreie Umwelt bietet. Aber das sind alltägliche Notwendigkeiten, die keine besondere Attraktivität für Touristen entwickeln. Keiner fährt nach Berlin, weil es eine exzellente Müllabfuhr hat. Das urbane Image zielt auf Besucher:innen, die das Atmosphärische und Einzigartige schätzen. Budapest empfiehlt sich als »Bäderhauptstadt« der Welt, Jena als die »Lichtstadt«. New York ist die »Stadt, die niemals schläft«. Las Vegas verspricht: »What happens here, stays here.« Damit ist sicher nicht der Familienurlaub gemeint. Prag ist die »Goldene Stadt«. »Bochum macht jung« – natürlich glaubt kein Mensch, dass das stimmt, aber es klingt gut. »München mag dich«. »Stuttgart – Motor Deutschlands«. Wien ist thematisch weniger eindeutig: »Wien: Jetzt. Für immer.« Manche Assoziationen bekommt man schwer weg: Bei Neapel fallen dem potenziellen Besucher die Pizza, aber auch die Müllberge und die Mafia ein. Hongkong war attraktiver, bevor die chinesische Regierung die Diktatur eingeführt hat.

Beispiel Wellness: Therme, Fitness, Mythos

Die Epidemie und die neue Körperlichkeit – über die Inszenierung der Körper kann man sich bei den Thermenhotels kundig machen, die schon in der Prä-Corona-Zeit in Anbetracht einer harten Konkurrenzsituation die Körper-und-Geist-Mythen aufgerüstet haben. Schließlich erwarten die Gäste, binnen weniger Tage (ohne viel eigenes Zutun) mit Bequemlichkeit verwöhnt sowie mit Schönheit und Fitness ausgestattet zu werden. Das geschieht meist mithilfe asiatischer Heilslehren, die sich zu einem Cluster von Fitness, Wellness, Gesundheit, Erholung, Meditation, Selbstbesinnung, Esoterik, Spiritualität und Gastronomie zusammenfügen. Das folgende Vokabular stammt von den Prospekten und Homepages des österreichisch-steirischen Thermenlandes. Es gibt für das Körper- und Seelenmanagement ausgefallene Varianten wie Queenax, Smovey, MFT-Training. Aber vor allem hat sich ein Wohlfühl-Vokabular entwickelt, auf welches spätmodernurban-entkörperlichte Menschen positiv reagieren: Leben im Einklang mit der Natur, den Alltag hinter sich lassen, die Seele baumeln lassen, Fest für die Sinne, den Sinnen schmeicheln, erdige Töne, Schaffelbad, Römerbad, Erlebnisbad, Lebenstherme, Fun Park, Allergikerzimmer, Kryotherapie, Wohlfühlmassage, Sauna mit Panoramablick, Kräutersauna, Dampfbad, Outdoor, beheizter Naturteich, Entspannung pur, Stressabbau, in die eigene Mitte führen, Botenstoffe, Spa-Lounge, Inspiration, innere Ruhe, Entspannung, Gleichgewicht, Ganzsein, Yoga, Ayurveda, Heilfasten, Einheit von Körper und Geist, Lösen von Blockaden, Lebensenergie, Energiefluss, transpersonale Klangtherapie, Aromatherapie, Lymphodrainer, Alphazustand, Schwingungen, Panta-Rhei, Shiatsu, Holistic Pulsing, Aquatische Körperarbeit, Zellerneuerung, Kieferspäne, Beauty in unzähligen Variationen, mit Forming bis Peeling, Packung bis Wickel, Algen und Naturmoor, Sole, Kürbiskern, Zweigeltkern, gegen Fältchen und Blockaden, mit Hyaluron oder Botox, mit Masken und Massagen. Viel Geheimwissen wird suggeriert, von asiatischen Philosophen bis zu steirischen Bauern. Hinter den Beschreibungen steckt das Versprechen: Nach einer Woche »Bearbeitungszeit« ist man gesund, schön und glücklich. Man muss nur hinfahren, zahlen, alle Viere von sich strecken. Denn man schöpft aus Geheimnissen. Das Mythische ist nicht nur für den Geist gut, sondern wirft auch für den Körper etwas ab.

Beispiel Universitäten und Hochschulen: Weltspitze

Akademische Anstalten mögen als Orte der Vernunft betrachtet werden, aber unter den spätmodernen Verhältnissen entkommen sie nicht der Verpflichtung, ein Wortgeklingel von sich zu geben, welches die Einmaligkeit der jeweiligen Institution beschreiben soll. In Wahrheit handelt es sich aber um ein ziemlich stereotypes Vokabular. Nur einige Beispiele aus dem Wörterbuch der banalen Selbstbeschreibung können vorgestellt werden (Prisching, 2012).
1. *Exzellenz:* Hochkarätigkeit, internationales Renommee, Spitzenklasse, beste Ausbildungsqualität auf höchstem Niveau, führende Rolle, internationale Spitzenleistungen, enormes Potenzial, eine der führenden Hochschulen, bedeutender Platz im europäischen Hochschulraum ...
2. *Zukunft:* Zukunftsfähigkeit, zukunftsweisende Forschung, Meilenstein, erfolgreiche Positionierung, Wissensvorsprung, am Puls der Zeit, Kernkompetenzen, Stärkefelder, optimale Ressourcenallokation, Methoden- und Sozialkompetenz, leistungsstark, ergebnisorientiert ...
3. *Interdisziplinarität:* ganzheitliche Orientierung, Handlungskompetenzen, interdisziplinäre Verknüpfungen, multiperspektivisch, transdisziplinär, nachhaltig ...

4. *Innovation:* Innovationskraft, Innovationssystem, Weiterbildung, *Lifelong Learning*, neuester Stand, im Einklang mit den Bedürfnissen der Gesellschaft, Dynamik steigern, Potenziale optimal ausschöpfen, *Leadership, Innovation Leader*, Alleinstellungsmerkmal ...
5. *Internationalität:* Interkulturalität, Mobilität, europäischer Hochschulraum, internationale Forschungskooperation, internationale Sichtbarkeit, Informationsdrehscheibe, beispielgebender Dialog, Ranking, Vernetzung, breites Netzwerk, Zukunftsfelder ...
6. *Praxisbezug:* unternehmerische Hochschule, erfolgversprechend, praxisorientiert, Wertschöpfungskette, Schnittstelle, komplexe Aufgabenstellung, permanenter Wissenstransfer, *Employability*, beste Berufschancen, Absolventen in Führungsebene, fundiertes Managementwissen, Wissen aus erster Hand, international anerkannt, am Puls der Zeit, Führungskräfte von morgen, treibende Kraft für den Wirtschaftsstandort, Startups, erfolgreich gründen, Entrepreneurship ...
7. *Governance:* Ziel- und Leistungsvereinbarungen, Benchmarking, Best-Practice, Evaluierung, Controlling, Qualitätskontrolle, Transparenz, Effizienz, Flexibilität, Hebelwirkung, Planungssicherheit, strategische und operative Ziele ...

Das klingt ziemlich anders als zu Zeiten Max Webers. Natürlich legt schon das Vokabular, welches sich teilweise als Jargon des neuen akademischen Sektors entwickelt hat, teilweise aus dem Consulting-Handwerk, also der Betriebswirtschaftslehre, ableiten lässt, nahe, dass die dadurch erzielte Gefühlserzeugung nicht unbedingt mit der Wirklichkeit korrespondieren muss. Wer es glaubt, ist selbst schuld. Der Trend geht zur Hierarchisierung der Hochschullandschaft, mit geringer dotierten Massenuniversitäten zur Versorgung des größeren Teils einer Alterskohorte und Exzellenz-Einrichtungen für die oberen Etagen von Lehre und Forschung; aber diese Differenzierung wird übertüncht dadurch, dass sich alle Hochschulen »Exzellenz« zuschreiben dürfen. Das akademische Marketing gebietet es, sich der weltweiten Anerkennung zu brüsten, auch wenn die Hochschule jenseits eines 50-Kilometer-Radius unbekannt ist. Es geht aber auch nicht nur um Exzellenz, vielmehr müssen die Hochschulen sich als »Freunde« für alle erweisen, als Kumpel, mit Herz – und erst recht Verantwortungsbewusstsein für die großen Anliegen der Menschheit signalisieren. Deshalb hinterlässt es einen guten Eindruck, wenn man mit Kindern philosophiert, den Senior:innen ihr Leben erklärt, jungen Künstler:innen eine Spielwiese eröffnet und ein Seminar mit Obdachlosen durchführt. Nicht zu vergessen sind ökologische Programme und Gleichberechtigungsinitiativen (was de facto Frauenförderung bedeutet). Auf den Homepages finden sich stereotype Bilder, jedenfalls glückliche Studierende, nicht selten gemeinsam vor einem Computerbildschirm sitzend. Die Beschreibung des Studiums ähnelt eher einem Abenteuerurlaub. Aber in Sachen Forschung pflegt man fast überall Weltspitze zu sein. Es ist eine Welt mit vielen Spitzen.

Schlussbemerkungen

Organisationswirklichkeiten und -inszenierungen stehen in einem Wechselverhältnis. Das Image wird geschaffen, durch Leistungen und durch Marketing, aber es kann kein beliebiges Image kreiert oder aufrechterhalten werden, wenn es von der Wirklichkeit nicht rudimentär getragen und von den Rezipient:innen geglaubt wird. Deswegen reicht ein Wortgeklingel auf Dauer nicht aus. Eine erfolgreiche Selbstinszenierung einer Organisation »antwortet« auf Erwartungen, die von der Umwelt (allenfalls: von ihrer bzw. der für sie relevanten Umwelt) an sie herangetragen werden. Insofern sind Selbstinszenierungen immer auch Indizien für bestimmte geistige Strömungen in der Gesellschaft. Schließlich wollen sich Organisationen so inszenieren, dass sie für das Publikum attraktiv sind. Das sind keine einseitigen Kausalverhältnisse, sondern wechselseitige Dynamiken. Homepages von Organisationen lehren uns vielleicht mehr über die Gesellschaft als über die jeweilige Organisation.

Literatur

Bourdieu, P. (1987). *Die feinen Unterschiede. Kritik der gesellschaftlichen Urteilskraft* (4. Aufl.). Suhrkamp.
Froschauer, U. & Lueger, M. (2016). Organisationale Praktiken im Blick der Artefaktanalyse. Eine interpretative Perspektive. In R. Keller & J. Raab (Hrsg.), *Wissensforschung – Forschungswissen. Beiträge und Debatten zum 1. Sektionskongress der Wissenssoziologie* (S. 358–368). Beltz Juventa.
Goffman, E. (2013). *Interaktionsrituale. Über Verhalten in direkter Kommunikation* (10. Aufl.). Suhrkamp.
Jäger, W. & Schimank, U. (Hrsg.). (2005). *Organisationsgesellschaft. Facetten und Perspektiven.* Springer VS.
Knoblauch, H. (2016). *Die kommunikative Konstruktion der Wirklichkeit.* Springer VS.
Prisching, M. (2009). *Das Selbst, die Maske, der Bluff. Über die Inszenierung der eigenen Person.* Molden.

Prisching, M. (2012). Informationen und Illusionen. Akademische Selbstbeschreibungen. In O. Petrovic (Hrsg.), *Informationswissenschaft. Begegnungen mit Wolf Rauch* (S. 303–315). Böhlau.
Prisching, M. (2019). *Bluff-Menschen. Selbstinszenierungen in der Spätmoderne*. Beltz Juventa.
Reckwitz, A. (2017). *Die Gesellschaft der Singularitäten. Zum Strukturwandel der Moderne*. Suhrkamp.
Reichertz, J. (2010). *Kommunikationsmacht. Was ist Kommunikation und was vermag sie? Und weshalb vermag sie das?* Springer VS.
Reski, P. (2021). *Als ich einmal in den Canal Grande fiel. Vom Leben in Venedig*. Droemer.
Schimank, U. (2001). Organisationsgesellschaft. In G. Kneer, A. Nassehi & M. Schroer (Hrsg.), *Klassische Gesellschaftsbegriffe der Soziologie* (S. 278–307). Wilhelm Fink.
Schwanitz, D. (2002). *Bildung. Alles was man wissen muss* (25. Aufl.). Eichborn.
Soeffner, H.-G. (2010). *Symbolische Formung. Eine Soziologie des Symbols und des Rituals*. Velbrück Wissenschaft.
Urry, J. & Larsen, J. (2011). *The Tourist Gaze 3.0* (3. Aufl.). Sage.

Biografische Notiz

Manfred Prisching, Mag. Dr., war Universitätsprofessor für Soziologie an der Universität Graz. Nach dem Studium der Rechtswissenschaften und der Volkswirtschaftslehre hat er sich in Soziologie habilitiert. Prisching war wissenschaftlicher Leiter der Technikum Joanneum GmbH (steirische Fachhochschulen), Mitglied des Wissenschaftsrates und in zahlreichen anderen Beiräten und Hochschulräten tätig. Er ist korrespondierendes Mitglied der Österreichischen Akademie der Wissenschaften. Zu den neueren Büchern zählen: *Bluff-Menschen. Selbstinszenierungen in der Spätmoderne* (2019) und *Zeitdiagnose: Methoden, Modelle, Motive* (2018).

Kameradschaft[1]

Stefan Kühl

> »Viel schlimmer ist, daß Kameradschaft dem Menschen auch die Verantwortung für sich selbst und vor Gott und seinem Gewissen abnimmt. Er tut, was alle tun.«
>
> *Sebastian Haffner (2004, S. 280)*

Eine ganze Reihe von Polizisten erklärte bei der Befragung durch die Hamburger Kriminalpolizei nach dem Zweiten Weltkrieg, dass sie sich der Beteiligung an den Erschießungen hätten entziehen können. So berichtete Gustav Müller, ein Angehöriger des dritten Zuges der zweiten Kompanie, dass er und auch andere Kameraden sich von der »Teilnahme an Erschießungen fernhalten« konnten, ohne dass für ihn oder seine Kameraden »Nachteile für Leib und Leben« erwachsen seien.[2] Ein anderer Angehöriger der zweiten Kompanie erklärte in einer Zeugenbefragung, dass »man sich von den Exekutionen fernhalten konnte, wenn man es wollte«.[3] Und im gleichen Sinne erklärte auch der bereits erwähnte Heinz Bumann, er könne sich erinnern, dass vor Einsätzen hin und wieder einmal gefragt worden sei, wer sich der bevorstehenden Aufgabe »nicht gewachsen fühle«, und, »soweit sich jemand meldete«, dieser mit anderen Aufgaben betraut« worden sei.[4]

Auffällig ist jedoch, dass sich trotz dieser Freiheiten und trotz der von vielen Polizisten geäußerten psychischen Belastung immer genug Personal finden ließ. Kein einziger Einsatz des Polizeibataillons musste abgebrochen werden, weil sich nicht genug Polizisten gefunden hatten, um die Deportation oder Erschießung

---

1 [Anmerkung der Herausgeber:innen: Der nachfolgende Aufsatz stellt das vierte Kapitel des Buches *Ganz normale Organisationen. Zur Soziologie des Holocaust* (Stefan Kühl, 2014, S. 147–174) dar. Herzlichst danken wir an dieser Stelle dem Suhrkamp-Verlag und Stefan Kühl für den genehmigten Zweitabdruck. In Orientierung am Originaltext wird im Folgenden über Fußnoten zitiert; am Ende findet sich ein entsprechendes Literaturverzeichnis. Die zitierten Vernehmungsakten und deren Quellen sind hinten nicht gesondert aufgeführt, finden sich aber im Originaltext.]
2 Vernehmung Gustav Müller, Sta Hamburg NSG 0022/001, Bl. 169.
3 Vernehmung Max Dost, Sta Hamburg 0021/005 Bl. 2536.
4 Vernehmung Heinz Bumann, Sta Hamburg 0021/006 Bl. 3356f.

durchzuführen. Keine »Judenjagd« musste gestoppt werden, weil nicht genug Polizisten dazu bereit waren, diesen Auftrag auszuführen.

Es ist interessant, dass nach dem Zweiten Weltkrieg in einer ganzen Reihe von Aussagen immer wieder ein Grund hierfür genannt wurde: der informale Druck der Kameraden.[5] Ein Polizist gab an, dass er auf die Frage, weswegen er überhaupt mitgeschossen habe, nur antworten könne, dass »man nicht gern als Feigling gelten wollte«.[6] Ein anderer Polizist verwies darauf, dass es niemand gewagt hätte, sich von den Erschießungen fernzuhalten, um sich nicht »vor versammelter Mannschaft« bloßzustellen.[7] Und wiederum ein anderer Polizist behauptete, dass er wegen seiner vermeintlichen Weigerung, sich an einer Erschießung zu beteiligen, »offiziell« zwar nie bestraft worden sei, aber »jeder, der den Kommißbetrieb kennt, weiß, daß es auch außerhalb einer offiziellen Bestrafung Möglichkeiten der Schikane gibt, die eine Strafe mehr als ersetzen«.[8]

In einer inzwischen zu den Klassikern der Militärsoziologie zählenden Studie haben die US-amerikanischen Soziologen Edward A. Shils und Morris Janowitz herausgearbeitet, dass die Bereitschaft der Wehrmacht, selbst in aussichtslosen militärischen Situationen weiterzukämpfen, vorrangig mit dem informalen Druck zusammenhing, den Kameraden wechselseitig ausübten. Für die Teilnahmemotivation von militärischen Einsatzkräften seien, so Shils und Janowitz, weder die Freude am Kriegshandwerk noch die Geldzahlungen an die Soldaten oder die Zwangsmechanismen des NS-Staates verantwortlich gewesen. Auch die Identifikation mit dem NS-Staat habe – abgesehen von einem harten Kern überzeugter Nazis - keine Rolle gespielt.[9] Der Hauptgrund, weswegen die Soldaten auch in

---

5   Die Rolle der informalen Erwartung war eine der Hauptkontroversen zwischen Goldhagen und Browning. Daniel Jonah Goldhagen (1996, S. 40), behauptete, dass in den auf Tausenden Seiten niedergelegten Vernehmungen keiner der Befragten Gruppendruck als Ursache für sein Handeln angegeben habe. Browning (1998, S. 163) dagegen verweist dagegen auf eine ganze Reihe von Aussagen der Bataillonsangehörigen, in denen sie den Druck von Kameraden erwähnen.
6   Vernehmung von Bruno Doose, Sta Hamburg, NS 0021/005, Bl. 2535; siehe auch Browning (1998, S. 163).
7   Vernehmung von Anton Becker, Sta Hamburg, NSG 0021/005, Bl. 2693; siehe auch Browning (1998, S. 163).
8   Vernehmung von August Begehr, Sta Hamburg, 0021/001, Bl. 442.
9   Siehe Shils und Janowitz (1948) und ähnlich auch Murray Gurfein und Morris Janowitz (1951, S. 200–208); Thomas Kühne (2006, S. 12) weist darauf hin, dass Shils bereits in einem Memorandum aus dem Jahr 1943 erste Überlegungen dazu festgehalten habe. Kaum eine soziologische Untersuchung hat einen so unmittelbaren Effekt auf die militärische Praxis gehabt wie die von Shils und Janowitz. Die US-amerikanische

aussichtslosen Situationen weitergekämpft haben, seien informale Verpflichtungen gegenüber ihren Kameraden gewesen.

Auch an die Studie von Shils und Janowitz muss man die Frage richten, ob bei der Befragung von Kriegsgefangenen womöglich nur die in der Situation der Gefangenschaft sozial opportunen Motive genannt wurden. Auf die Frage eines US-amerikanischen Militärpolizisten, weswegen man so lange weitergekämpft habe, war es für einen deutschen Kriegsgefangenen in seiner Motivdarstellung nicht ratsam, auf die starke Identifikation mit der Sache der Nationalsozialisten oder auf die Plünderungsmöglichkeiten an der Front zu verweisen. Dagegen bot sich der Verweis auf den Zwangscharakter der Wehrmacht oder die Loyalität mit den Kameraden als dargestelltes Motiv geradezu an.[10] In der Militärsoziologie besteht jedoch – trotz dieser methodischen Einschränkung – kein Zweifel daran, dass Kameradschaftserwartungen ein sehr wichtiges Element sind, wenn es darum geht, Kampfbereitschaft in Armeen herzustellen und aufrechtzuerhalten.[11]

Lässt sich dieses Argument aber auch auf die Tötung von Zivilisten durch Poli-

---

Armee schrieb nach dem Zweiten Weltkrieg vor, dass die Ausbildung von Infanteristen in Teams von vier Personen stattzufinden habe. Diese Teams sollten auch in den Unterkünften zusammengefasst werden, gemeinsam auf Schiffen oder in Flugzeugen transportiert werden und zur gleichen Zeit in den Urlaub gehen, sodass der »esprit de corps« aufrechterhalten werden konnte (vgl. Leonard Broom & Philip Selznick [1955, S. 142] zu dieser überraschenden Adoption soziologischer Erkenntnisse in der Praxis).

10 Darauf weist auch Bartov in seiner grundlegenden Kritik an Shils und Janowitz hin; siehe z. B. Omer Bartov (1986). Die Auseinandersetzung zwischen den Forschern, die aufgrund von Befragungen die Bedeutung von Kameradschaft hervorheben, und denen, die darauf verweisen, dass hier nur die unter Soldaten gepflegte Semantik wiedergegeben wird, wiederholt sich bei der Analyse jedes neuen Krieges. Siehe nur zur Auseinandersetzung über die Motivationen von US-Soldaten im Irakkrieg zwischen Leonard Wong (2002, 2006) und Robert Maccoun, Elizabeth Kier und Aaron Belkin (2006).

11 So zeigte schon die Parallelstudie von Stouffer und Kollegen (1949), dass kameradschaftliche Erwartungen für die Kampfmoral weitaus wichtiger waren als politische Überzeugungen (siehe dazu auch Paul F. Lazarsfeld [1949]). In späteren beispielsweise über den Vietnamkrieg wurden neben Interviews auch teilnehmende Beobachtungen eingesetzt, um der methodischen Kritik an der Studie von Shils und Janowitz zu begegnen. Man kann durchaus sagen, dass die militärische Anwendungsforschung der US-amerikanischen Soziologie mit Blick auf die Motivation der Wehrmachtssoldaten zu ganz ähnlichen Ergebnissen kam wie mit Blick auf die Motivation der Soldaten der US-Army; siehe nur Edward A. Shils (1950). Für einen guten frühen Überblick über die Forschungsansätze in der Tradition von Shils und Janowitz siehe Alexander L. George (1971).

zisten, Angehörige der Waffen-SS und Wehrmachtssoldaten übertragen? Greifen Kameradschaftserwartungen auch in Situationen, in denen die Mitglieder von Gewaltorganisationen selbst nicht unmittelbar bedroht sind?

Der Druck der Kameradschaft und die Ausbildung informaler Normen

In der Forschung über den Holocaust wird zunehmend versucht, die Beteiligung an den Genoziden über »Organisationskulturen« in der Ordnungspolizei, über »Gewaltkulturen« in einzelnen Einheiten der Ordnungspolizei oder über die »Militärkulturen« in Wehrmachtseinheiten zu erklären. So gibt es von Edward B. Westermann den Versuch, über die Analyse von Werten, Ritualen und Verhaltensmustern der Organisationskultur in der Ordnungspolizei auf die Spur zu kommen.[12] Gerhard Paul und Klaus-Michael Mallmann sprechen in einem ähnlichen Sinne von einer Corporate Culture, die sich bei den Sicherheitskräften ausgebildet habe.[13] Das Problem ist jedoch, dass in diesen Studien unklar bleibt, was mit dem Begriff der Organisationskultur der an der Durchführung des Holocaust beteiligten Organisationen genau gemeint ist.

Aus soziologischer Sicht werden mit dem Begriff der Organisationskultur jene Erwartungen in Organisationen erfasst, die nicht mit Bezug auf die *formale* Struktur durchgesetzt werden können. Bei der Organisationskultur handelt es sich also um *informale* Erwartungen, die die Mitglieder im Schatten der formalen Struktur selbst entwickeln und durchsetzen.[14] Wenn davon gesprochen wird, dass Soldaten »nicht nur dem Reglement und den Befehlen ihrer Offiziere« gehorchen, sondern die Gewaltbereitschaft besonders auch durch »soziale Kontrolle und affektive Bindungen in der Kameradengruppe« produziert wird, wird auf

---

12 Siehe Westermann (2005, S. 8) mit Verweis auf das Konzept der Organisationskultur von Edgar H. Schein (1984); Schein bestimmt Kultur über »values«, »rituals«, »climate«, und »patterns of behavior«.
13 Siehe Gerhard Paul & Klaus-Michael Mallmann (2004).
14 Man kann diese Erwartungen auch – um einen Begriff der Systemtheorie zu verwenden – als nicht entschiedene Entscheidungsprämissen bezeichnen. Damit sind Entscheidungsprämissen gemeint, die nicht durch eine Entscheidung der Organisationsspitze zustande gekommen sind, sondern die sich durch eine Vielzahl von Entscheidungen in der Organisation ausgebildet haben. Siehe zu der – in der Forschung nicht unumstrittenen prinzipiellen Gleichsetzung – von Organisationskultur, nicht entschiedenen Entscheidungsprämissen und Informalität Kühl (2011, S. 113ff.).

die Durchsetzung formaler *und* informaler organisationaler Erwartungen abgezielt.[15]

Jenseits der formalen Ordnung gibt es in Organisationen – darauf weist Niklas Luhmann hin – immer auch Probleme der Zusammenarbeit, die nicht durch die formale Ordnung gelöst werden können. Vor allem die konkrete Leistungsmotivation der Mitglieder, besonders aber die reibungslose Lösung der Probleme der alltäglichen Zusammenarbeit zwischen den Organisationsmitgliedern lassen sich nicht durch formale Vorschriften allein garantieren.[16] Hier greifen informale Erwartungen. Diese verdichten sich häufig zu Kollegialitätsnormen.

Kameradschaftsnormen als Sonderform von Kollegialitätsnormen

In jeder Organisation bilden sich unter den Mitgliedern Normen gegenseitiger informaler Unterstützung aus. Mehr oder minder ausgeprägt existiert die Erwartung, dass man sich als Kollege gegenüber anderen Mitgliedern loyal verhält, dass man sie in öffentlichen Situationen nicht bloßstellt und dass der organisationsinterne Konkurrenzkampf um organisationsinterne Karrieren einigermaßen kontrolliert geführt wird. Man hilft sich gegenseitig, wenn ein Kollege mit einer Aufgabe überfordert ist, ein Fehler kaschiert werden muss oder kurzfristiges Einspringen erforderlich ist. Im Gegensatz zu den formalen Erwartungen werden solche informalen Normen nicht verschriftlicht und auch selten direkt kommuniziert.[17] In einigen wenigen Organisationstypen entwickelt sich Kollegialität zur Kameradschaft weiter: in Armeen, Feuerwehren, Technischen Hilfswerk oder in Polizeieinheiten.

Schon in ihren Selbstbeschreibungen nutzen diese Organisationen häufig den Begriff der Kameradschaft anstelle des Begriffs der Kollegialität, ohne dass immer deutlich wird, was genau der Unterschied ist.[18] Soziologisch betrachtet besteht

---

15 Bröckling (1997, S. 10f.).
16 Meine Paraphrasierung eines Satzes aus Luhmanns Epilog in Niklas Luhmann (1995, S. 400).
17 Siehe zu diesem Punkt Luhmann (ebd., S. 314). Zur Frage, inwiefern Kollegialität – und im engeren Sinne Kameradschaft – als Leistungsmotivation dienen; vgl. Kühl (2011, S. 43f.).
18 Etymologisch fällt einerseits auf, dass der »Kamerad« zur Bezeichnung von Kollegen fast ausschließlich in Organisationen verwendet wird, in denen Tätigkeiten zu verrichten sind, die für die Organisationsmitglieder lebensbedrohlich sind. Einzig der Schulkamerad entspricht nicht diesem Muster. Eine umfassende Semantikanalyse auf dem Niveau der »geschichtlichen Grundbegriffe« steht meines Wissens noch aus.

der Unterschied zwischen Kameradschafts- und Kollegialitätsnormen darin, dass in Organisationen, in denen sich Kameradschaftsnormen ausbilden, das Organisationsmitglied nicht nur in seiner *Rolle* als Mitglied, sondern als *Person* mit all seinen anderen Rollenbezügen adressiert wird. Während die Erwartungen innerhalb von Unternehmen oder Verwaltungen auf die Beteiligten erst einmal nur in ihrer Rolle als Organisationsmitglied bezogen sind, sind die Mitglieder von Armeen, Feuerwehren oder Polizeieinheiten als verletzbare Körper – und damit als ganze Personen – betroffen.[19]

Natürlich ist auch die Mitgliedschaft in einer Armee, einer Feuerwehr oder einer Polizeieinheit auch nur eine Rolle unter vielen. Schließlich ist man als Soldat, Feuerwehrmann oder Polizist auch Ehemann, Vater, Mitglied einer Clique, eines Sportvereins oder im Nebenberuf Landwirt oder Versicherungsvertreter. Aber bei der Tätigkeit in einer Armee, einer Feuerwehr oder einer Polizeieinheit steht eben nicht nur die jeweilige Rolle, sondern die ganze Person auf dem Spiel, weil man im Dienst schwer verletzt oder gar getötet werden kann. Und genau wegen dieser Bedrohung für die ganze Person bilden sich eben sehr weitgehende Kollegialitätserwartungen in Form von Kameradschaft aus.[20]

Kameradschaft entsteht also aufgrund der Verhaltensbedingungen, unter die die entsprechenden Organisationen ihre Mitglieder stellen.[21] Kameradschaft ist, so Charles Moskos, weniger das Ergebnis der Inkorporierung einer Kameradschaftsideologie durch Soldaten, Polizisten oder Feuerwehrleute, sondern ein notwendiges Mittel für Organisationsmitglieder, um ihre Überlebenschancen zu erhöhen.[22] Faktisch sind Soldaten, Polizisten oder Feuerleute solchen lebensbedrohlichen Extremsituationen im Rahmen ihres Dienstes sicherlich eher selten

---

19 Das erkennt man auch daran, dass solche Organisationen durch Ausbildung von Spezialisten oder durch das Bereithalten von Tragen oder Leichensäcken auf die Verletzung oder den Tod ihrer Mitglieder einstellen, während sich Unternehmen, Verwaltungen oder Universitäten mit der Verletzung oder dem Tod eines Mitglieds in der Organisation in der Regel überfordert zeigen. Siehe auch Axel Rüweler (2008), der auf die Gefahr – im Gegensatz zu Risiko als selbstzugerechneter Bedrohung – als konstituierenden Mythos von Kameradschaft hinweist.

20 J. Glenn Gray (1959, S. 27); der Hinweis auf diese Aussage aus Mark J. Osiel (1999, S. 214). Gray gibt dabei die Aussage eines Soldaten wieder, der von seiner Erfahrung aus dem Krieg berichtet.

21 Siehe zur Ausbildung von expressiven Stilen, allgemeiner Kollegialität, guter Arbeitskontrakte und Beziehungen als »Verdichtung spontaner Reaktionen« auf die Verhaltensbedingungen, die Mitglieder in Organisationen vorfinden, Niklas Luhmann (1965, S. 175).

22 Siehe Moskos (1968a, S. 205, 218f.); siehe auch Charles C. Moskos (1968b, 1970).

ausgesetzt.[23] Ihr Alltag besteht zum ganz überwiegenden Teil aus dem Üben des Ernstfalls, stundenlange Warten und langweiligen Routinetätigkeiten. Aber die Möglichkeit, in eine lebensbedrohliche Situation zu geraten, dominiert ihren Erwartungshorizont.[24] Nicht zuletzt durch das Gewicht der Ausrüstung, die fade Verpflegung, durch Hitze oder Kälte sowie Schmutz und Schlafmangel wird die Existenz diese Bedrohung immer wieder präsent gemacht.

Die kameradschaftlichen Erwartungen beziehen sich dabei nicht nur auf lebensbedrohliche Extremsituationen. Sie kommen also nicht nur zum Tragen, wenn es etwa darum geht, unter Einsatz des eigenen Lebens einen verletzten oder toten Kameraden aus der Gefahrenzone zu bergen, sondern die Kameradschaftsnormen werden auch in Situationen mobilisiert, die keine unmittelbare Lebensbedrohung darstellen: beim Verbergen von kleinen Illegalitäten gegenüber Vorgesetzten, wenn kleinere Hilfestellungen erwartet werden oder wenn der Dienst getauscht wird, weil jemand dringend Urlaub benötigt. Nur wenn die Kameradschaftsnormen in diesen alltäglichen Situationen permanent mobilisiert werden können, scheinen sie auch in lebensbedrohlichen Extremsituationen verfügbar zu sein.

Ebenen der Ausbildung von Kameradschaft

In der Literatur über den Holocaust wird das Herausbilden informaler Erwartungen in den Tötungseinheiten in der Regel unter dem Begriff des Gruppendrucks oder der Gruppendynamik zusammengefasst.[25] Das Problem ist jedoch, dass damit unklar bleibt, welche Gruppe diejenige ist, die den Druck ausgeübt haben soll, sich an den Erschießungen zu beteiligten: Die aus 10 bis 15 Personen bestehende kleinste organisatorische Einheit eines Polizeibataillons? Der aus ungefähr 40 Personen bestehende Zug eines Bataillons? Die Kompanie, die ungefähr aus 150 Personen bestand? Das ganze Bataillon oder gar das aus drei Bataillonen

---

23 Siehe dazu die Überlegungen von Sven Grüneisen (2010); für eine Anwendung auf das Polizeibataillon 101; siehe Sven Grüneisen (2015).
24 Auf die Seltenheit von »Extremsituationen« im Militär macht Hans Paul Bahrdt (1987, S. 97) aufmerksam; den Hinweis darauf verdanke ich Thomas Kühne (1996, S. 507).
25 Siehe Browning (2005a, S. 229) oder Browning (2005b, S. 66); dabei wird in der deutschen Übersetzung sowohl »group pressure« als auch der Begriff des »peer pressure« mit »Gruppendruck« übersetzt, obwohl damit bei genauer Verwendung der Begrifflichkeit unterschiedliche Phänomene bezeichnet werden können (zur Verwendung im Englischen Browning [1992, S. 175ff.]).

bestehende Regiment? Oder lediglich kleine Cliquen, die sich im Schatten der Formalstruktur der Organisation gebildet haben?[26]

Der in der Holocaustforschung verwendete Begriff des Gruppendrucks steht in einer Tradition der Soziologie der 1930er und 1940er Jahre. Damals wurde eine Vielzahl von ganz unterschiedlichen Phänomenen als »Gruppe« bezeichnet: ganze Verwaltungen, informelle Zusammenschlüsse in Industriebetrieben, Straßengangs in US-amerikanischen Großstädten, Zusammenschlüsse in der Familie oder auch nur kurze Gespräche. »Gruppe« war ein Catch-all-Begriff, der auf fast alle Formen von sozialen Beziehungen angewendet wurde. »Gruppendruck« war lediglich die generalisierte Bezeichnung dafür, dass in diesen ganz unterschiedlichen sozialen Gebilden Konformitätserwartungen aufgebaut wurden. Für eine Analyse der »ganz normalen Männer« der nationalsozialistischen Tötungseinheiten ist es jedoch wichtig, genau zu untersuchen, wie dieser informale Konformitätsdruck aufgebaut wurde.

Kameradschaftserwartungen jenseits der Kleingruppe

Kameradschaftserwartungen – als spezifische Form der Kollegialitätserwartungen - bilden sich besonders zwischen Organisationsmitgliedern heraus, die sich in einer ähnlichen Situation befinden, einer vergleichbaren Gefahr ausgesetzt sind oder in

---

26 Hierbei handelt es sich um eines der zentralen Probleme von Browning, der aufgrund seiner Sympathie für sozialpsychologische Erklärungen keine systematische Differenz zwischen Organisationen und Gruppen macht, geschweige denn einen Blick dafür hat, wie Gruppen in Organisationen wirken. So heißt es bei ihm in einem Vortrag mit Verweis auf das Konformitätsexperiment von Ash, das Gehorsamkeitsexperiment von Milgram und das Stanford-Prison-Experiment von Zimbardo: »There is another approach that shifts focus from the individual to the group, but it emphasizes alleged universal traits of human behavior over particular cultural traits. It focuses on situational, organizational, and institutional factors operating within a group dynamic« (Browning [2011, S. 6]). Zu einer frühen und einschlägigen Kritik an einer solchen expansiven Verwendung des Gruppenbegriffs William Foote Whyte (1951). Aus einer soziologischen Perspektive stellen sich etliche Fragen: Welchen begrifflichen Unterscheidungen möchte Browning zwischen situativen, organisationalen und institutionellen Faktoren machen? Als was versteht er Gruppe – lediglich als Synonym für Kleingruppe oder als Synonym für soziales System? Warum geht es um organisationale Faktoren innerhalb der Gruppendynamik und nicht gerade umgekehrt um Gruppendynamik in Organisationen? Wie kommt es zur Prominenz des Konzepts der Gruppe im Vergleich zum Konzept der Organisation?

Vorbereitung darauf gleiche Sozialisationserfahrungen gemacht haben.[27] Für die Herausbildung dieser Kameradschaftsnormen ist es nicht nötig, dass die Organisationsmitglieder aufgrund von gegenseitiger Personenkenntnis Vertrauen aufgebaut haben, wie noch Shils und Janowitz glaubten.[28] Vielmehr können sich auf der Ebene von Bataillonen, Divisionen oder ganzen Armeen Kameradschaftserwartungen ausbilden.[29] Gegenseitige Unterstützung gerade in der Darstellung nach außen sei, so Luhmann, ein »Grundgesetz interner Kooperation« in jeder Organisation. Sie setze keine Gruppenbildung innerhalb der Organisation voraus.[30]

Ranggleichheit stellt dabei laut Luhmann ein »wesentliches Element des kollegialen Stils dar«. Die Eindeutigkeit der Zuordnung von Personen in der Hierarchie der Organisation erleichtert das »Erkennen und Behandeln gleichrangiger Kollegen«.[31] Beim Militär und bei der Polizei – so könnte man Luhmanns Gedanken weiterführen – erlauben Uniformen das problemlose Erkennen gleichrangiger Organisationsmitglieder, sodass auch bei geringen oder gar keinen Kenntnissen der anderen Person Kameradschaftserwartungen leicht greifen. Anders als beispielsweise in Unternehmen und Verwaltungen kann man beim Militär oder bei der Polizei sicher sein, nicht durch einen unsichtbaren Hierarchieunterschied überrascht zu werden.

---

27 Siehe z. B. das auf einer Fernsehserie basierende Buch von Gwynne Dyer (1985, S. 106) oder die zusammenfassende Analyse von Osiel (1999, S. 221).

28 Shils & Janowitz (1948, S. 280ff.) beschränken ihren Kameradschaftsbegriff auf die Gruppe der vier bis fünfzehn Personen, mit denen ein Soldat zusammen ausgebildet, stationiert und in den Kampfeinsatz geschickt wurde. Die Bereitschaft, selbst in aussichtslosen militärischen Situationen weiterzukämpfen, hing, so Shils und Janowitz, vorrangig mit der Verbindung zu dieser »Primärgruppe« aus fünf bis sieben Personen eines Zuges zusammen. Erst als diese Primärgruppen aufgrund des Kriegsverlaufes auseinandergerissen wurden, wich dieser »Zusammenhalt« einer zunehmenden »Desintegration«, und die Bereitschaft der Wehrmachtssoldaten, zu desertieren, brach sich Bahn. Die Studie von Shils und Janowitz war durch die zu ihrer Zeit dominierende soziologische Kleingruppenforschung geprägt. Die Kleingruppe – informale Zusammenschlüsse in Industriebetrieben (vgl. Fritz Jules Roethlisberger, William J. Dickson [1939]) oder Straßengangs (vgl. William Foote Whyte [1943]) – wurde ein zentrales Konzept, um moderne Gesellschaften zu erklären. Bei der Studie von Shils wurde dieses Kleingruppenkonzept auf die Kriegsführung übertragen (siehe Edgar F. Borgatta [1960] für einen lesenswerten Überblick).

29 Dieser Aspekt wird auch gerade von Thomas Kühne (1998, S. 168f.) hervorgehoben.

30 So Luhmann in einem bisher wenig beachteten, aber äußerst lesenswerten Artikel; siehe Luhmann (1965, S. 172). Er bezieht sein Argument auf kollegiale Erwartungen, es lässt sich aber problemlos auf kameradschaftliche Erwartungen als Sonderfall kollegialer Erwartungen übertragen.

31 Luhmann (ebd., S. 173).

Beim Militär wird die Kameradschaftserwartung unter Ranggleichen durch den Druck der Vorgesetzten verschärft. Der in der Ausbildung »gemeinsam erfahrene Drill«, die »Schikanen seitens des Vorgesetzten« und das von Vorgesetzten eingesetzte »Prinzip der Gruppenhaftung« tragen im Militär maßgeblich zur Ausbildung von Kameradschaftsnormen bei.[32] Diese stärken jedoch nicht nur, wie in der Forschung zur Kameradschaft häufig angenommen wird, den Zusammenhalt in einer Kleingruppe, die von einem spezifischen Vorgesetzten unter Druck gesetzt wird, sondern transzendieren diese. Weil ein Soldat davon ausgehen kann, dass ein Kamerad aus einer anderen Einheit ähnliche Erfahrungen mit seinen Vorgesetzten gemacht hat, entsteht zwischen gleichrangigen Organisationsmitgliedern einer Organisation auch unabhängig von konkreter Kenntnis der anderen Person Kohäsion.

Kollegialitätserwartung in formalen oder informalen Kleingruppen

Auch wenn sich in Armeen und Polizeien Kameradschaftserwartungen unabhängig von Personenkenntnis herausbilden können, darf nicht übersehen werden, dass sie sich in Kleingruppen in besonderer Form kristallisieren können. Kleingruppen sind dadurch gekennzeichnet, dass jede Person von ihrer Position aus mit jeder anderen Person in Kommunikation treten kann. Gebilde, die zu einer solchen Form der Kommunikation in der Lage sind, werden in der Soziologie als All-Channel-Networks bezeichnet. Damit solche Netzwerke sich etablieren können, darf nur eine bestimmte Anzahl von Personen involviert sein. Je nach Auftrag und räumlicher Nähe können solche »All-Channel-Networks« aus 5, 10, 15, manchmal auch 30 und in seltenen Fällen auch aus 50 oder mehr Personen bestehen.[33]

Die »Kleingruppen« von Kameraden können mit den durch die Formalstruktur gebildeten kleinsten militärischen Einheiten – den *formalen Kleingruppen* – identisch sein.[34] Im Fall des Polizeibataillons 101 gibt es Indizien, dass die Beteiligung an den Massenerschießungen zu einem erheblichen Maße über kameradschaftliche Erwartungen in diesen formalisierten Kleingruppen – in die-

---

32 So Kühne (1996, S. 515) oder Kühne (1998, S. 177f.), der sich hier jedoch vorrangig auf die Ausbildung der Kohäsion in einer Kleingruppe bezieht.
33 Zum All-Channel-Network siehe die frühen Überlegungen von Alex Bavelas (1951).
34 Dieser Fall wurde auch in der Militärforschung vorrangig betrachtet. Siehe nur den Vergleich, den William Darryl Henderson (1985, S. 45ff.) zwischen formalen Kleingruppen in unterschiedlichen Armeen anstellt.

sem Fall des Zuges – durchgesetzt wurde. In der Regel wurden die Polizisten in ihren Zügen an ihren verschiedenen Standorten nur für größere Einsätze als Kompanie und nur in seltenen Ausnahmen als Bataillon zusammengezogen. Die Deportationen und Erschießungen wurden, aber auch wenn ganze Kompanien oder Bataillone eingesetzt wurden, auf der Ebene von Zügen durchgeführt.[35]

Neben diesen formalen Kleingruppen bilden sich im Schatten der Formalstruktur aber auch *informale Kleingruppen* aus. Diese fassen »Personen aus den verschiedensten Arbeits- und Rangsphären« der Organisation zusammen und machen sich, so Luhmann, auf diese Weise faktisch von den »Kästchen des Organisationsplanes unabhängig.« Informale Kleingruppen in Organisationen – auch Cliquen genannt – unterscheiden sich von den formalen Kleingruppen, den Teams, Arbeitsgruppen oder Zügen, dadurch, dass sie keine genau definierten Grenzen der Mitgliedschaft haben. Es ist in der Organisation häufig gar nicht klar, wer zu einer bestimmten Clique gehört und wer nicht. Da es anders als bei formalen Kleingruppen keine durch die Organisation abgesicherte Zuweisung von Personen zu Cliquen gibt, ist die Identität der Clique für die Cliquenmitglieder und erst recht für Außenstehende häufig nur schwer zu fassen.[36]

Anhand der Abhörprotokolle von Wehrmachtsoldaten, die sich in US-amerikanischer Gefangenschaft befanden, hat Felix Römer herausgearbeitet, dass sich innerhalb der Kompanien und Züge sehr häufig informale Kleingruppen ausgebildet hatten, die sich auf der »Basis von gegenseitiger Sympathie« und »echten oder vorgestellten Gemeinsamkeiten zusammenfanden«. Ausgangspunkte solcher Cliquenbildung waren oft die alltäglichen Face-to-Face-Interaktionen im Rahmen der formal geschaffenen Einheiten der Kompanien oder Züge.[37]

---

35 Als ein Indiz kann angesehen werden, dass sich die bei den Vernehmungen in der Nachkriegszeit verhörten Polizisten in der Regel an die Namen der Gruppen- und Kompanieführer, aber häufig nicht an die Namen der Zugführer erinnerten.
36 Zu all diesen Punkten ausführlich Luhmann (1995, S. 331f.). In Luhmann (1965, S. 175f.) stellt Luhmann fest, wie wichtig diese Unterscheidung zwischen »organisierten Arbeitsgruppen« und »Cliquen« für das »Verständnis des Gruppenwesens ist«. Siehe auch Thomas Kühne (2004, S. 33) zu Spannungen zwischen »informalen Gruppen« und »hierarchischer Organisation«.
37 Römer (2012, S. 173); siehe jedoch vorher schon ganz ähnlich Kühne (2006, S. 131ff.), auf das Römer überraschenderweise an dieser Stelle keinen Bezug nimmt (siehe dazu kritisch Thomas Kühne [2012]. Für die »Entdeckung« der Kleingruppe jenseits der Formalstruktur einer militärischen Organisation ist besonders die Studie von Roger W. Little über die »Buddy Relations« von meistens nur zwei Personen in der US-amerikanischen Armee wichtig; siehe Roger W. Little (1964).

Die Existenz von informalen Kleingruppen in Organisationen ist jedoch immer prekär, denn sie verkraften Personalwechsel nicht gut und zerfallen häufig, wenn auch nur eine oder zwei Personen durch Versetzung, Verwundung oder Tod die Gruppe verlassen. Die »rasche Neubildung« der Cliquen sei, so Römer, jedoch nicht nur durch die »Verabsolutierung der Kameradschaft in der militärischen Erziehung« gefördert worden, sondern habe »auch den Bedürfnissen jedes Einzelnen entsprochen«.[38]

Anders als noch von Shils und Janowitz behauptet, kommt es dabei nicht unbedingt darauf an, dass die Mitglieder einer solchen Clique ähnliche soziale Merkmale, etwa in Bezug auf regionale Herkunft, Bildungshintergrund, berufliche Tätigkeit oder ethnische Herkunft, aufweisen.[39] Zwar mag im Fall des Polizeibataillons 101 die Herkunft aus einem spezifischen Hamburger Stadtviertel, die Tätigkeit in einem ähnlichen Beruf oder die Rekrutierung als Luxemburger Polizist die Bildung spezifischer Cliquen befördert haben, interessant ist jedoch, dass Kameradschaftscliquen offenbar allein schon durch die Bedrohungslage in einer Kampfsituation entstanden sind.

Es gibt Indizien dafür, dass initiative Gewaltakte jenseits formaler Anweisungen häufig von solchen Cliquen ausgingen, deren Mitglieder sich in ihrem Verhalten gegenseitig bestärkten. So gab es im Polizeibataillon 61, das als eines der Bataillone im Warschauer Ghetto eingesetzt wurde, immer eine bestimmte Gruppe, die sich durch Übergriffe im Ghetto hervortat und danach gemeinsam in einer Bar zechte.[40] Die Existenz solcher Cliquen hat also nicht nur maßgeblich dazu beigetragen, dass sich Polizeibataillonsangehörige und Soldaten verpflichtet fühlten, sich an Erschießungen zu beteiligen, sondern sie führte auch zur Ausbildung von Subkulturen besonders brutaler Gewaltanwendung.

---

38 Auch hierauf weist schon Luhmann hin: Luhmann (1995, S. 331f.). Siehe Kühne (2006, S. 137ff.); Römer (2012), S. 174f., für die Beschreibung solcher Phänomene bei Wehrmachtssoldaten. Der von Römer mit Bezug auf Hartmut Esser alternativ ins Spiel gebrachte Begriff des Netzwerkes ist unpassend, weil er in der Soziologie eher für losere Formen von Kontakten verwendet wird (siehe dazu schon Mark S. Granovetter [1973]).

39 Siehe dazu Shils/Janowitz (1948, S. 288); relevant waren in den USA besonders die Beziehungen zwischen »weißen Soldaten« und – damals auch in der Wissenschaft so bezeichneten – »negro soldiers« (siehe nur z. B. David Goodman Mandelbaum [1952]). Die aktuelle Diskussion über die Aufnahme von Frauen in Armeen knüpft an diese Diskussion an, indem gefragt wird, inwiefern Frauen aufgrund ihrer Andersartigkeit – jedenfalls in der Perspektive von männlichen, heterosexuellen Soldaten – zu einer Erosion kameradschaftlicher Erwartungen beitragen (siehe nur z. B. Gary Schaub [2010, S. 85–101]).

40 Vgl. Klemp (1998, S. 52).

Kameradschaftserwartung jenseits des persönlichen Vertrauens

Obwohl sich Kameradschaftserwartungen in kleinen, durch die Formalstruktur geschaffenen Kampfeinheiten oder in durch Freundschaft zusammengehaltenen Cliquen in besonders verdichteter Form herausbilden können, ist es – wie gezeigt – ihr zentrales Merkmal, dass sich kameradschaftliche Erwartungen jenseits konkreter Personenkenntnisse entwickeln können. Das über längere Zeit aufgebaute Vertrauen in eine konkrete Person kann zwar die Kameradschaftserwartungen verstärken, aber in militärischen und polizeilichen Organisationen bauen sich auch anonymisierte Kameradschaftserwartungen auf. Wenn ein Soldat oder Polizist verletzt in einer Gefahrenzone liegt, kann er hoffen, von einem anderen Soldaten oder Polizisten geborgen zu werden, auch wenn dieser ihn persönlich gar nicht kennt.[41]

Während des gesamten Krieges herrschte wegen personeller Verluste, Verletzungen und Versetzungen in den Wehrmachtseinheiten eine hohe Personalfluktuation. Auch zu Zeiten, in denen die Wehrmacht noch von Sieg zu Sieg eilte, konnten Kleingruppen deswegen schnell zerfallen.[42] Wenn aber Kameradschaftsnormen sich jenseits der Kleingruppe ausbilden, dann ist das eben kein prinzipielles Argument gegen die Bedeutung von Kameradschaft bei der Durchsetzung von Verhaltenserwartungen in Gewaltorganisationen. Vielmehr kann dies die Wirksamkeit kameradschaftlicher Erwartungen in der ganzen Organisation verstärken.[43]

Wie werden kameradschaftliche Normen durchgesetzt?

Inzwischen ist überzeugend nachgewiesen worden, dass Kameradschaft auf fast allen Ebenen der NS-Organisationen in Verlautbarungen, in Ansprachen und in Anschreiben zelebriert wurde. In der NS-Propaganda war die Vorstellung von Kameradschaft eng in das übergeordnete Konzept der Volksgemeinschaft

---

41 Insofern ist die Kritik an dem vorrangig auf den Zusammenhalt in Kleingruppen gerichteten Kameradschaftsverständnis zur Erklärung der Kampfbereitschaft der Wehrmachtssoldaten von Shils und Janowitz berechtigt; siehe zur Kritik an Shils und Janowitz auch Kühne (1998, S. 166ff.).
42 So prominent Bartov (1995, S. 51ff.).
43 Das ist aus meiner der Aspekt, die von Kritikern an Shils und Janowitz tendenziell übersehen wird: Kameradschaftliche Erwartungen können aufrechterhalten werden, auch wenn die von Shils und Janowitz identifizierten Kleingruppen zerfallen.

eingebunden. Die Vorstellung der NS-Propagandisten war, dass die Volksgemeinschaft – die »blutmäßige Verbundenheit« eines rassisch definierten »Volkes« – eine das ganze Volk erfassende Form von Kameradschaft sei. Genauso wie die Kameraden der Kampfeinheiten in den militärischen Organisationen des NS-Staates müssten sich, so die NS-Propaganda, auch die Angehörigen der Volksgemeinschaft kameradschaftlich in ihrem nationalen Überlebenskampf unterstützen.[44]

In der NS-Propaganda verschwammen die Differenzen zwischen einem rassisch definierten Volk – der »Volksgemeinschaft« in einem Staat – und der »Gemeinschaft« in den NS-Organisationen – der »Volksgemeinschaft« im Betrieb, in der Universität, in der Armee oder in der Polizei. So heißt es in einer NS-Propagandaschrift, dass die Einrichtung von einer am Nutzen des Volkes orientierten »Leistungsgemeinschaft« der »Arbeiter der Faust« und der »Arbeiter der Stirn« in den Betrieben und die Einrichtung einer »volkstumsverbundenen« »Wehrorganisation« nur möglich gewesen sei, weil ihnen die »Schaffung der nationalsozialistischen Volksgemeinschaft« vorausgegangen sei.[45] Die »nationalsozialistische Volksgemeinschaft«, so Thomas Kühne, präsentierte sich als »eine totale Gemeinschaft von Kameraden«, der »NS-Staat« sei als »Staat der Kameraden« konzipiert gewesen.[46]

Es war das Bestreben des NS-Staates, die Kameradschaftsnormen so in seinen Gewaltorganisationen zu verankern, dass sie – um eine Formulierung des modernen Managementtalks zu nutzen – als Leitbild aller Organisationsmitglieder dienen konnten.[47] In der Satzung des vom NS-Staat kontrollierten Kameradschaftsbundes Deutscher Polizeibeamter heißt es, dass der Bund den Zweck habe, »unter seinen Mitgliedern echte deutsche Kameradschaft zu pflegen, die auf der Verbundenheit durch deutsches Blut und deutschen Boden, auf nationalsozia-

---

44 Siehe dazu Kühne (1998). Beispielhaft für die inzwischen umfangreiche Literatur zum Begriff der Volksgemeinschaft siehe nur Stöver (1993); Wildt (2003); Wildt (2007); Thomas Kühne (2010); einen guten Überblick bietet Bajohr/Wildt (2009). Inzwischen ist überzeugend herausgearbeitet worden, dass der Begriff der »Volksgemeinschaft« auch schon vor 1933 eine wichtige politische Deutungsformel war. Siehe nur zum Beispiel früh schon Norbert Götz (2001) und Steffen Bruendel (2003); einen guten Überblick bietet Michael Wildt (2013).
45 Eberhard Kautter (1942, S. 30f.).
46 Kühne (2006, S. 97); dort finden sich auch weitere Nachweise, wie stark der Begriff der Kameradschaft mit dem Begriff der Volksgemeinschaft verknüpft war.
47 Zur Unterscheidung von den in Leitbildern zelebrierten »Werten« und den über formale Erwartungen spezifizierten »Programmen« siehe Luhmann (1972, S. 82ff.); zu einer Anwendung der Unterscheidung siehe Stefan Kühl (2005).

listischer Weltanschauung und nationaler Überlieferung beruht«. So sollen die Mitglieder »zur vollen, freiwilligen und selbstlosen Hingabe an die Führer des Staates und an das Volk« erzogen werden.«[48]

Diese an Kameradschaft appellierende NS-Propaganda erreichte auf vielfältige Weise auch das Polizeibataillon 101. So erklärte Odilo Globocnik, der für die Durchführung der »Aktion Reinhard« verantwortliche SS- und Polizeiführer des Distrikts Lublin, in einem »Dankesschreiben« zum Jahreswechsel 1942/1943 an seine im Distrikt stationierten Polizeibataillone, dass die »unermüdliche Arbeit« und die »harten Kämpfe« nur erfolgreich seien durch die »vorbildliche Manneszucht innerhalb der Truppe und die »kameradschaftliche Verbundenheit« jedes »einzelnen mit allen SS- und Polizeieinheiten«.[49]

Trotz der NS-Propaganda darf jedoch nicht übersehen werden, dass Kameradschaftserwartungen nur begrenzt mit formalen Mitteln der Organisation durchsetzbar sind. Organisationen sind zwar dazu in der Lage, bestimmte Verstöße mit Verweis auf den Verstoß gegen Kameradschaftsnormen besonders scharf zu bestrafen. So wurde während der NS-Zeit in der Wehrmacht »Kameradendiebstahl« teilweise mit dem Tod bestraft,[50] und auch der »Ehebruch mit der Frau eines Kameraden« wurde besonders sanktioniert, weil dadurch das Vertrauensverhältnis zwischen den Kameraden gestört werden werde.[51] Kame-

---

48 Kameradschaftsbund Deutscher Polizeibeamter (1939, S. 682); siehe dazu Grüneisen (2010, S. 73). Die propagierten Kameradschaftsnormen orientierten sich eng an den für Soldaten der Wehrmacht propagierten Kameradschaftsnormen; siehe dazu z. B. Wilhelm Reibert (1937), dessen »Handbuch für den deutschen Soldaten« für verschiedene Truppengattungen und in immer neuen Bearbeitungen erschienen ist.

49 Neben den Appellen an die Kameradschaft setzte die Führung besondere Hoffnung darein, dass über sogenannte Kameradschaftsabende Kameradschaftsnormen gepflegt werden könnten. Die Führung war darauf bedacht, dass diese Kameradschaftsabende nicht ausarteten. So wies der Kommandant der Ordnungspolizei im Distrikt Lublin darauf hin, dass die Kameradschaftsabende immer eines »Deutschen würdig sein« sollten. So könne zwar ein »frisch-fröhlicher Ton jeden kameradschaftlichen Abend durchdringen«, es sei aber »unwürdig auf Fragen des sexuellen Gebietes in unschöner oder schmutziger Weise« zu sprechen zu kommen. Globocnik in einem Dankesschreiben, 31.12.1942, IPN Lublin, 1/9/60, t. 28, Bl. 3. Anweisung vom KdO im Distrikt Lublin, 26.9.1941, IPN Lublin, 1/9/60 t. 14, Bl. 24.

50 So wird in einem Leitfaden Diebstahl als »übelster Verstoß« bezeichnet; siehe Reichsführer-SS und Chef der Deutschen Polizei Hauptamt SS-Gericht (1944, S. 50).

51 Irritation löste Heinrich Himmler mit seinem »SS-Befehl für die gesamte SS und Polizei« vom 28.10.1939 aus, dem zufolge im Krieg Kinder zu bekommen seien, weil dies als Aufforderung zum außerehelichen Beischlaf verstanden werden konnte. Himmler hatte

radschaftsnormen sind jedoch – wie alle anderen informalen Erwartungen – dadurch gekennzeichnet, dass sie nicht formal, sondern nur informal durchgesetzt werden können. Die Befolgung von Kameradschaftsnormen wird entweder über positive Sanktionen, besonders in der Form von Tausch, oder über negative Sanktionen, besonders in der Form des Mobbings, durchgesetzt.[52]

Tausch

Die formale Struktur einer Organisation enthält normalerweise kaum Tauschelemente. Mitarbeiter werden von Organisationen durch einen Pauschallohn vergütet und können nicht erwarten, dass sie für jede Handlung noch zusätzlich von Kollegen, Vorgesetzten oder Untergebenen entlohnt werden. Es würde jedenfalls Irritation auslösen, wenn ein Vorstandsreferent für jeden Brief, den er für ein Vorstandsmitglied schreibt, neben seinem Gehalt noch eine zusätzliche Vergütung einfordern würde. Obwohl Organisationen von ihrer Formalstruktur her »tauschfeindlich« gebaut sind, spielt Tausch bei der Durchsetzung informaler Erwartungen eine zentrale Rolle.[53]

Informale Tauschbeziehungen können sich zwischen Organisationsmitglie-

---

ganz in der Tradition der damals dominierenden eugenischen Auffassung von der dysgenischen Wirkung des Krieges erklärt, dass »jeder Krieg ein Aderlaß des besten Blutes« sei. Viel schlimmer als der »notwendige Tod der besten Männer« sei das »Fehlen der während des Krieges nicht gezeugten Kinder«. »Über die Grenzen vielleicht sonst notwendiger bürgerlicher Gesetze und Gewohnheiten hinaus wird es«, so Himmler »auch außerhalb der Ehe für deutsche Frauen und Mädel guten Blutes eine hohe Aufgabe sein können, nicht aus Leichtsinn, sondern in tiefstem sittlichem Ernst Mütter der Kinder der ins Feld ziehenden Soldaten zu werden, von denen das Schicksal allein weiß, ob sie heimkehren oder für Deutschland fallen.« Himmler versprach, dass für alle »ehelichen und unehelichen Kinder guten Blutes«, deren Väter im Krieg fallen würden, die SS die »Vormundschaft« übernehmen würde. Weil dieser Befehl teilweise als »Aufforderung« verstanden wurde, sich »den Frauen der im Felde stehenden Soldaten zu nähern«, sah er sich gezwungen, in einem ergänzenden Schreiben vom 30.1.1940 klarzustellen, daß es für SS-Männer selbstverständlich sei, »dass niemand der Frau eines im Felde stehenden Soldaten nahetritt«. Das sei »einfachstes und selbstverständlichstes Anstands- und Kameradengesetz.« Sta Lublin, 515/100.

52 Zum Verhältnis von Mobbing und Tausch bei der Durchsetzung informaler Erwartungen siehe Kühl (2011, S. 123). Über das Verhältnis negativer und positiver Sanktionen bei der Machtausübung siehe grundlegend Niklas Luhmann (1975).

53 Vgl. Luhmann (1964, S. 288ff.).

dern der gleichen hierarchischen Ebene etablieren. Wir wissen aus der Militärsoziologie, dass es eine verbreitete Praxis ist, dass Soldaten für Kameraden einspringen, wenn sie einen Auftrag nicht erledigen können, auch wenn es keine Anweisung oder Vorschrift dafür gibt. Ein erheblicher Teil der Kameradschaftsmythologie in Armeen basiert auf der Verklärung dieser gegenseitigen Hilfeleistung zwischen Organisationsmitgliedern auf gleicher Hierarchieebene.

Diese informalen Tauschbeziehungen können aber auch zwischen Vorgesetzten und Untergebenen bestehen. So existiert in Organisationen eine weitverbreitete Praxis, dass Vorgesetzte bei Verstößen von Untergebenen die Augen zudrücken, wenn Letztere in anderen Bereichen besonderes Engagement zeigen. So spricht einiges dafür, dass nur deswegen so wenige Fälle von Unterschlagung jüdischen Eigentums vor die SS- und Polizeigerichte kamen, weil Vorgesetzte das besondere Engagement von Polizisten bei der Verfolgung von Juden fördern konnten, indem sie die Augen zudrückten, wenn sich die Polizisten an den Opfern persönlich bereicherten.[54] Thomas Kühne spricht hier treffend von einer weitverbreiteten »Deckungskameradschaft«.[55]

Aus der Perspektive auf Tauschprozesse erscheint es funktional, dass die Ordnungspolizei, genauso wie die Waffen-SS und die Wehrmacht, ihre Organisationsmitglieder geradezu mit Vorschriften überflutete, sodass es fast unmöglich war, sie alle zu erfüllen. Die Mitglieder der staatlichen Zwangsorganisationen wurden durch eine Vielzahl von formalisierten Vorschriften – betreffend Gruß- und Haltungsformen, über Uniform- und Körperpflege bis zum Sauberhalten von Räumlichkeiten und Gerätschaften – in einen »Zustand der ständigen Kritisierbarkeit« versetzt. Aus dieser »Normenfalle« für Untergebene entstanden, so die Beobachtung von Hubert Treiber, für Vorgesetzte Sanktionsmöglichkeiten, mit denen sie das Wohlverhalten der Untergebenen in jenen Bereichen sicherstellen, in denen die Erwartungen der Vorgesetzten formal sonst nur schwer durchzusetzen wären.[56]

Bei diesen Tauschbeziehungen im informalen Raum handelt es sich häufig

---

54 Siehe Donald Bloxham, A. Dirk Moses (2011, S. 136) zur Tatsache, dass – im Gegensatz zu anderen Genoziden – Vergewaltigungen vom NS-Staat aus rassistischen Gründen verboten waren, aber dass viele Indizien dafür sprechen, dass Vergewaltigungen häufiger vorkamen als die NS-Führung sich eingestehen wollte.

55 Kühne (2006, S. 117); auch dort eine Vielzahl von Beispielen für solche »Deckungskameradschaft«, aber auch Ausführungen zur Bedeutung von Denunziationen unter Kameraden.

56 Vgl. Hubert Treiber (1973, S. 51); siehe auch mit ähnlicher Zielrichtung Heinz Steinert (1973, S. 227–249); siehe dazu auch Bröckling (1997, S. 24).

nicht um einen direkten Tausch, sondern eher um zeitlich versetzte, auf Vertrauen basierende Tauschbeziehungen. Sicherlich gibt es den direkten Tausch von Leistungen, der darin besteht, dass ein Organisationsmitglied »freiwillig« eine Nachtwache oder eine Sonderschicht im direkten Tausch gegen das Abfedern von Anforderungen in anderen Bereichen übernimmt. Viel häufiger findet der Tausch jedoch zeitlich versetzt und ohne genau spezifizierte Tauschleistungen statt. Ein Organisationsmitglied geht einem anderen Organisationsmitglied gegenüber in Vorleistung und vertraut darauf, dass diese Vorleistung irgendwann einmal vergolten wird.[57] Durch Verstetigung und Ausweitung solcher Vertrauensbeziehungen können in Organisationen Loyalitätsnetzwerke, Cliquen, Seilschaften und Promotionsbündnisse entstehen, in denen sich Mitglieder einer Organisation langfristig aneinander binden.

Mobbing

Wenn diese Tauschprozesse in Organisationen nicht funktionieren, greifen Organisationsmitglieder zu negativen Sanktionen, um informale Normen durchzusetzen. Solche Sanktionen deuten sich in Armeeeinheiten anfangs durch abschätzige Bemerkungen oder direkte Beschimpfungen an und reichen dann über die soziale Isolierung des Kameraden und die Verweigerung von Hilfeleistungen bis hin zu direkten körperlichen Bestrafungen. Die Sanktionen dienen nicht vorrangig zum Ausschluss aus dem Kameradenkreis, sondern im Gegenteil zur Durchsetzung informaler Normen. Soldaten oder Polizisten, die solche häufig offiziell verbotenen Erniedrigungen nicht melden, sondern über sich ergehen lassen, werden dann auch konsequenterweise mit dem Verbleib im Kameradenkreis »belohnt«.[58]

Eine informale Form der Sanktionierung über Mobbing kann sich auf eine konkrete Verfehlung eines Organisationsmitglieds beziehen, wenn zum Beispiel die Weigerung, einem Kameraden in einer schwierigen Situation beizuspringen, in der folgenden Nacht unmittelbar durch die Kameraden abgestraft wird. Zumeist haben sich Organisationsmitglieder über einen längeren Zeitraum eine Reputation als »schlechter Kollege« oder »schlechter Kamerad« aufgebaut, was dazu führt, dass sie konsequent von anderen Organisationsmitgliedern geschnitten oder gemobbt werden.

---

57 Zur Rolle von Personenvertrauen generell siehe Niklas Luhmann (1968).
58 Siehe Kühne (2006, S. 117) zu Spötteleien und Frotzeleien als milde Formen der Sanktionierung.

Diese informalen Sanktionierungsmechanismen wurden auch bei den Angehörigen des Polizeibataillons 101 angewendet, die sich weigerten, sich an Erschießungen zu beteiligen. Auffällig ist bei dem Bataillon, dass bei einer solchen Weigerung in der Regel keine Meldung nach oben erfolgte, auch wenn diese angedroht wurde. Heinz Bumann berichtete beispielsweise, dass sich während der Aussiedlungsaktionen auch viele Soldaten von Fall zu Fall geweigert hatten, Juden zu erschießen. »Sie wurden dann vielleicht vom Feldwebel ›zur Minna gemacht‹«, aber es wurde, so Bumann, »nie jemand nach oben gemeldet«.[59]

Stattdessen griffen andere, subtilere Mechanismen. »Jeder, der den Kommißbetrieb kennt«, so die Anmerkung eines Polizisten, wisse, »daß es auch außerhalb einer offiziellen Bestrafung Möglichkeiten der Schikane gibt, die eine Strafe mehr als ersetzen«.[60] Ein anderer Bataillonsangehöriger berichtet, dass zwar einige seiner Untergebenen sein Verhalten in Józefów, sich nicht an der Exekution zu beteiligen, verstanden hätten, andere ihn aber »über die Schulter« schräg angesehen und »auch abfällige Bemerkungen« über ihn gemacht hätten.[61] Ein weiterer Bataillonsangehöriger, der sich nach eigenen Aussagen nicht an den Erschießungen in Józefów beteiligt hatte, gab später zu Protokoll, dass er danach von Kameraden als »Scheißkerl« und »Blutarmer« beschimpft worden sei.[62] In einem anderen Fall behauptete ein Bataillonsangehöriger, dass er – nachdem ein Kamerad erkannt habe, dass er absichtlich danebenschieße – von diesem als »Verräter« und »Feigling« beschimpft wurde. Häufig wurden beim Mobbing auch die im Nationalsozialismus herrschenden Geschlechterstereotypen mobilisiert.[63] Ein Angehöriger des Polizeibataillons berichtete, dass die

---

59 Siehe auch o. V. (1967).
60 Vernehmung Adolf Begehr, Sta Hamburg, NSG 0021/001, Bl. 442.
61 Vernehmung Heinz Bumann, Sta Hamburg, NSG 0021/005, Bl. 2441.
62 Vernehmung Gustav Müller, Sta Hamburg NSG 0022/001, Bl. 168. Solche informalen Praktiken zur Durchsetzung von Erwartungen wurden auch für eine Reihe anderer Polizeibataillone nachgewiesen. Alexander Gruber untersucht wie in den Befragungen nach 1945 Angehörige des Polizeibataillons 61 von solchen Formen informalen Drucks berichten; siehe Alexander Gruber (2015). Ernst Klee, Willi Dreßen und Volker Rieß (1988, S. 88) führen in ihrem Buch über den »Judenmord aus der Sicht der Täter und Gaffer« den Fall eines Angehörigen des Polizeibataillons 91 an, der von seinem Vorgesetzten als »feige Memme« bezeichnet worden sei, als er darum gebeten hatte, von der Beteiligung an Erschießungen freigestellt zu werden.
63 Siehe früh schon Klaus Latzel (1998, S. 310ff.), und deutlich ausführlicher Kühne (1998, S. 165ff.).

Gruppen- oder Zugführer zu den »Judenjagden« nur »Männer« mitnahmen, und dass er, weil er in ihren Augen kein »Mann« war, von »solchen Einsätzen verschont« blieb.[64]

Bei der Durchsetzung informaler Erwartungen wurde im Fall der Polizeibataillone – das darf nicht übersehen werden – besonders von den Vorgesetzten aber auch auf Ressourcen zurückgegriffen, die durch die Formalstruktur der Organisation zur Verfügung gestellt wurden. Polizisten konnten ohne Verweis auf ihr Verhalten bei den Erschießungen zu Sonderwachen oder Sonntagsdiensten eingeteilt werden. Der Heimaturlaub wurde nicht mit der gleichen Großzügigkeit wie bei anderen Kameraden genehmigt. Oder die Karriere eines Polizisten geriet ins Stocken, weil er nicht an den Erschießungen mitwirken wollte.[65]

Die Mobilisierung von Kameradschaft durch das Einräumen von Freiheit

Nach Überlieferung der Bataillonsangehörigen gab der Kommandeur des Reserve-Bataillons 101, Major Wilhelm Trapp, bei der Erschießung in Józefów zu erkennen, dass er mit diesem Befehl nicht einverstanden war. Ein Bataillonsangehöriger berichtete bei den Befragungen nach dem Krieg, dass Trapp vor Einsätzen »stets gerührt war« und »nicht selten mit tränenerstickter Stimme« deutlich gemacht habe, dass »die Einsätze gegen Juden« »durchaus nicht in seinem Sinne« seien.[66] Er brachte, so die Schilderung eines anderen Bataillonsangehörigen, zum Beispiel vor dem Einsatz in Józefów zum Ausdruck, dass die »Aktion ganz und gar nicht in seinem Sinne sei, aber dass er diesen Befehl von ›ganz oben‹ bekommen habe«.[67] Ein anderer Bataillonsangehöriger berichtete, dass Trapp in Józefów mit den Händen auf dem Rücken hin und her ging und dabei »einen niedergeschlagenen Eindruck« gemacht hätte. Er hätte dem Bataillonsangehörigen gesagt, dass ihm solche Aktionen nicht »liegen«, aber: »Befehl ist Befehl«.[68]

---

64 Vernehmung Gustav Müller, Sta Hamburg NSG 0022/001, Bl. 169.
65 Siehe die Klage von Gustav Müller, Sta Hamburg, NSG 0022/001, Bl. 168, über verweigerte Beförderungen.
66 Vernehmung Bruno Prill, Sta Hamburg, NSG 002/004, Bl. 1915.
67 Siehe beispielsweise die Aussage von Franz Knuth, Sta Hamburg NSG 0021/005, Bl. 2482ff.
68 Vernehmung Bruno Riecken, Sta Hamburg NSG 0021/004, Bl. 1852.

Trapps sehr emotionale Distanzierung von der Sinnhaftigkeit des Befehls, die Tatsache, dass er Befehle »unter Tränen« gegeben habe, dass er darauf verwiesen habe, dass die Aufgabe »furchtbar« sei und dass er den Polizisten angeboten habe, sich freistellen zu lassen, sind für Christopher Browning Indizien dafür, dass der Bataillonskommandeur keine »starke, sondern eine schwache Autoritätsperson« gewesen sei.[69]

Die Distanzierung vom Befehl und das Zugestehen von Freiräumen muss jedoch anders interpretiert werden. Durch die Aussage, dass der »Befehl« ganz und gar nicht in seinem Sinne gewesen sei, zeigte Trapp selbst eine deutliche Rollendistanz bei der Durchführung des Befehls. Er brachte damit nicht nur seine eigene Distanz zum Befehl zum Ausdruck, sondern signalisierte gleichzeitig, dass er Verständnis dafür hatte, wenn seine Untergebenen Schwierigkeiten mit der Durchführung des Auftrages haben. Gleichzeitig machte er aber deutlich, dass für das Bataillon kein Weg an der Durchführung des Auftrages vorbeiführte und dass er darauf angewiesen war, dass das Bataillon diesen Auftrag ausführte. Trapp setzte seine Befehle also nicht allein über die Berufung auf seine formalen Kompetenzen durch, sondern er war zudem in der Lage, sie über den Appell an kameradschaftliche Normen durchzusetzen.[70]

Die Etablierung kameradschaftlicher – und generell kollegialer – Beziehungen zwischen Vorgesetzten und Untergebenen gestaltet sich schwieriger als zwischen gleichrangigen Organisationsmitgliedern. Die Loyalität und Diskretion eines Vorgesetzten ist, darauf weist Luhmann hin, mit rein kollegialen oder kameradschaftlichen Mitteln nur schwer zu kontrollieren. Deshalb sei im Umgang mit Vorgesetzten »vorsichtige Zurückhaltung angebracht«.[71] In der Kriegssitua-

---

69 So Browning (2005a, S. 228). Er fragt danach, ob die »Männer bei Trapp nicht so sehr auf die Autoritätsperson als auf den beliebten und geschätzten Offizier, den niemand im Stich lassen wollte, reagiert hätten«. Entscheidend ist jedoch, dass sich diese beiden Rollen nicht ausschließen.
70 Ich folge hier Welzer (2005, S. 114), der meines Wissens, dieses zu Brownings Interpretation konträr laufende Argument als erster vorgebracht hat. Der Prozess ist allgemein schon von Janowitz in seiner Arbeit über den »professional soldier« beschrieben worden. Das Problem von Armeen sei, dass zwar die formale Autorität als »sine qua non« von Kampfeffizienz betrachtet wird, die Möglichkeit zur Durchsetzung der Autorität aber gerade in den Kampfsituationen zusammenbricht. In Kampfsituationen würde sich die Führung deswegen verstärkt auf informale Mechanismen zur Durchsetzung ihrer Erwartungen verlassen. Siehe Morris Janowitz (1960, S. 136).
71 Luhmann (1965, S. 172f.).

tion jedoch, in der Vorgesetzte und Untergebene aufeinander angewiesen sind, gelang es Trapp offensichtlich, an kameradschaftliche Überzeugungen zu appellieren.[72]

Diese Zugriffsmöglichkeiten des Bataillonskommandanten wurden auch dadurch deutlich, dass er von seinen Untergebenen als »Papa Trapp« bezeichnet wurde. Zwar kommen solche an Familien orientierten Benennungen wie »Papa« oder »Vater« für den Kommandeur oder »Mutter der Kompanie« für den Spieß in Militäreinheiten häufig vor, sie sind jedoch in der Regel denjenigen Vorgesetzten vorbehalten, die gerade wegen ihrer informalen Einflussmöglichkeiten von »ihren Männern« geschätzt werden.[73]

Überspitzt ausgedrückt: Dem Bataillonsführer Trapp gelang es deswegen, genug Personal für die Massenerschießung in Józefów zu rekrutieren, weil er durch das Zugestehen von Entzugsmöglichkeiten die formalen Anforderungen reduzierte, gleichzeitig aber die Erwartung aufbaute, dass das Bataillon als Ganzes diese Aufgabe bewältigen musste. Der Tenor seiner Ansprache war letztlich, dass er zwar nicht bereit sei, die Bataillonsangehörigen mit dem Militärstrafrecht dazu zu zwingen, sich an den Massenerschießungen zu beteiligen, aber das Bataillon als Ganzes darauf angewiesen sei, dass sich genug Männer finden würden, um auch den aus der direkten Erschießung von Männern, Frauen und Kindern bestehenden Teil dieses Auftrags umzusetzen.

Auch wenn die Art der Bindung von Untergebenen in Józefów eine Ausnahme darstellt, lässt sich an diesem Beispiel ein Muster erkennen, wie formale und informale Erwartungen bei Ghettoräumungen, Deportationen und Massenerschießungen zusammenspielten. Durch den Verweis, dass die Befehle von »ganz oben« gekommen seien, betonte Trapp nicht nur die vermeintliche Rechtmäßigkeit des Befehls, sondern stellte auch klar, dass die Befolgung des Befehls zu den formalen Erwartungen der Organisation an ihre Mitglieder gehört.

---

72 In der Forschung wird zwischen *peer bonding* (oder *horizontal bonding*) und *leader bonding* (oder *vertical bonding*) unterschieden. Siehe hierzu Guy L. Siebold (2007), auch als Antwort in der Debatte mit Anthony King (2006).

73 Siehe die Vernehmung von Helmut Martin Karl Harenberg, ehemaliger Angehöriger der Außenstelle des Kommandeurs der Sicherheitspolizei in Radzyń, in der er über die Räumung des Ghettos in Radzyń im Oktober 1942 berichtete. Er erwähnt, dass er sich an die Beteiligung eines Hamburger Polizeibataillons erinnert, weil ihm der Name Trapp in Erinnerung geblieben sei, weil dieser »von seinen Untergebenen sehr geschätzt wurde« und man ihn »Papa Trapp« nannte. BA Ludwigsburg, B 162/5911, Bl. 315 (KdS Außenstelle Radzyń).

Gleichzeitig wurde aber in einer ganzen Reihe von Fällen von Trapp signalisiert, dass man den Polizisten bei so weitgehenden Anforderungen wie der Erschießung von Frauen und Kindern Möglichkeiten einräumen würde, diesen formalen Erwartungen auszuweichen. Das Einräumen der Möglichkeit, sich nach der Beteiligung an ersten Erschießungen von dieser Aufgabe befreien zu lassen oder sich von vornherein für andere Aufgaben einteilen zu lassen, erlaubte es einzelnen Bataillonsangehörigen, sich der Mitwirkung an Massenexekutionen zu entziehen, ohne gegen die formalen Anforderungen der Organisation zu verstoßen.[74]

Durch die erwähnte Rahmung, dass der Auftrag dennoch unter allen Umständen zu erfüllen sei, griffen dann die kameradschaftlichen Erwartungen in den Einheiten. Denn jeder Polizist, jeder SS-Mann, der sich im Rahmen seiner Einheit nicht an einer angeordneten Massenexekution beteiligen wollte, verließ sich letztlich darauf, dass ein anderer Kamerad es schon tun würde. Entweder fand dies über implizite Tauschprozesse zwischen Bataillonsangehörigen statt, indem diejenigen, die sich nicht an den Erschießungen beteiligten, andere Aufgaben umso engagierter übernahmen. Oder es wurde den »Verweigerern« mit Bemerkungen oder Drohungen zu verstehen gegeben, dass man nicht bereit sei, für sie die »Drecksarbeit« zu machen. In einer Situation, in der man auf die Unterstützung von anderen Bataillonsangehörigen angewiesen war, hielt es die überwiegende Anzahl der Polizisten das Erschießen von Juden offenbar für das kleinere Übel verglichen mit dem Verlust der Gunst ihrer Kameraden.[75]

---

[74] Auf diese Ausbildung von Kameradschaftsnormen zwischen Vorgesetzten und Untergebenen macht auch Kühne (1998, S. 177f.) aufmerksam.

[75] Ich finde die diesbezügliche Einschätzung von Browning (2005a, S. 241) und Welzer (2005, S. 115) überzeugend, zumal man hier sehr schön erkennt, was herauskommt, wenn man wie beispielsweise Goldhagen kein Verständnis für die organisatorische Rahmung des Genozids entwickelt. Daniel Jonah Goldhagen (2009, S. 155) erklärt, dass sich Gruppendruck – Peer Pressure – nur dann ausbilden kann, wenn eine »willing majority« auf eine »unwillig minority« Druck ausübt. Das mag für soziale Systeme wie Protestbewegungen oder Kleingruppen richtig sein, bei Organisationen kann jedoch auch informaler Druck entstehen, wenn eine »unwilling majority« mit der formalen Erwartung konfrontiert wird, einen Auftrag auszuführen. Siehe Kühl, »Gruppen, Organisationen, Familien und Bewegungen« zu den unterschiedlichen verschiedenen Mechanismen in unterschiedlichen sozialen Systemen.

Literatur

Bahrdt, H. P. (1987). *Die Gesellschaft und ihre Soldaten. Zur Soziologie des Militärs*. C. H. Beck.
Bajohr, F. & Wildt, M. (Hrsg.). (2009). *Volksgemeinschaft. Neue Forschungen zur Gesellschaft des Nationalsozialismus*. S. Fischer.
Bartov, O. (1986). Indoctrination and Motivation in the Wehrmacht: The Importance of the Unquantifiable. *The Journal of Strategic Studies, 9*, 16–34.
Bartov, O. (1995). *Hitlers Wehrmacht. Soldaten, Fanatismus und die Brutalisierung des Krieges*. Rowohlt.
Bavelas, A. (1951). *Réseaux de communications au sein de groupes placés dans des conditions expérimentales de travail*. Cahiers de la Fondation nationale des sciences politiques.
Bloxham, D. & Moses, A. D. (2011). Genocide and Ethnic Cleansing. In D. Bloxham & R. Gerwarth (Hrsg.), *Political Violence in Twentieth- Century Europe* (S. 87–139). Cambridge University Press.
Borgatta, E. F. (1960). Small Group Research. *Current Sociology, 9*, 173–270.
Broom, L. & Selznick, P. (Hrsg.). (1955). *Sociology. A Text with Adapted Readings*. Row, Peterson and Company.
Bröckling, U. (1997). *Disziplin. Soziologie und Geschichte militärischer Gehorsamsproduktion*. Wilhelm Fink.
Browning, C. R. (1992). *Ordinary Men. Reserve Police Battalion 101 and the Final Solution in Poland*. HarperCollins.
Browning, C. R. (1998). Die Debatte über die Täter des Holocaust. In U. Herbert (Hrsg.), *Nationalsozialistische Vernichtungspolitik 1939-1945. Neue Forschungen und Kontroversen* (S. 148–169). S. Fischer.
Browning, C. R. (2005a). *Ganz normale Männer. Das Reserve-Polizeibataillon 101 und die »Endlösung« in Polen*. Rowohlt.
Browning, C. R. (2005b). Ideology, Culture, Situation, and Disposition. Holocaust Perpetrators and the Group Dynamic of Mass Killing. In A. B. Gottwaldt, N. Kampe & P. Klein, *NS-Gewaltherrschaft. Beiträge zur historischen Forschung und juristischen Aufarbeitung* (S. 66–76). Hentrich.
Browning, C. R. (2011). Revisiting the Holocaust Perpetrators. Why Did They Kill. The University of Vermont, The Raul Hilberg Memorial Lecture.
Bruendel, S. (2003). *Volksgemeinschaft oder Volksstaat. Die »Ideen von 1914« und die Neuordnung Deutschlands im Ersten Weltkrieg*. Akademie-Verlag.
Dyer, G. (1985). *War*. Crown.
George, A. L. (1971). Primary Groups, Organization and Military Performance. In R. W. Little (Hrsg.), *Handbook of Military Institutions* (S. 293–318). Sage.
Götz, N. (2001). *Ungleiche Geschwister. Die Konstruktion von nationalsozialistischer Volksgemeinschaft und schwedischem Volksheim*. Nomos.
Goldhagen, D. J. (1996, 23. Dezember). »A Reply to My Critics: Motives, Causes and Alibis«. *New Republic*, S. 37–45.
Goldhagen, D. J. (2009). *Worse than War. Genocide, Eliminationism, and the Ongoing Assault on Humanity*. PublicAffairs.

Granovetter, M. S. (1973). The Strength of Weak Ties. *American Journal of Sociology, 78,* 1360–1380.

Gray, J. G. (1959). *The Warriors. Reflections on Men in Battle.* Harcourt Brace.

Gruber, A. (2015): »…zunächst wurde nach Freiwilligen gesucht«. Soziologische Erklärungsansätze zur freiwilligen Beteiligung von Ordnungspolizisten an der »Endlösung«. In ders. & S. Kühl (Hrsg.), *Soziologische Analysen des Holocaust. Jenseits der Debatte über »ganz normale Männer« und »ganz normale Deutsche«* (S. 29–54). Springer VS.

Grüneisen, S. (2010). Kameradschaft in Militärorganisationen – Kameradschaft in Extremsituationen. Working Paper Soziologische Analyse des Holocaust

Grüneisen, S. (2015). Kameradschaft im Reservepolizeibataillon 101 und der Genozid an den Juden. Eine soziologische Rekonstruktion von Verhaltenserwartungen in Extremsituationen. In A. Gruber & S. Kühl (Hrsg.), *Soziologische Analysen des Holocaust. Jenseits der Debatte über »ganz normale Männer« und »ganz normale Deutsche«* (S. 171–214). Springer VS.

Gurfein, M. & Janowitz, M. (1951). Propaganda in War and Crisis. In D. Lerner (Hrsg.), *Propaganda in War and Crisis* (S. 200–208). Arno Press.

Haffner, S. (2004). *Geschichte eines Deutschen. Die Erinnerungen 1914–1933* (2. Aufl.). DVA.

Henderson, W. D. (1985). *Cohesion, the Human Element in Combat. Leadership and Societal Influence in the Armies of the Soviet Union, the United States, North Vietnam, and Israel.* National Defense University Press.

Janowitz, M. (1960). *The Professional Soldier.* Free Press.

Kameradschaftsbund Deutscher Polizeibeamter (1939). Neudruck der Satzung des Kameradschaftsbundes Deutscher Polizeibeamter (im Reichsbund der deutschen Beamten e. V.) vom September 1939. *Die Deutsche Polizei, 7,* 681–684.

Kautter, E. (1942). *Ueber Volksgemeinschaft zur Wehrgemeinschaft.* Hochmuth.

King, A. (2006). The Word of Command. Communication and Cohesion in the Military. *Armed Forces & Society, 32,* 493–512.

Klee, E., Dreßen, W. & Rieß, V. (1988). *»Schöne Zeiten«. Judenmord aus der Sicht der Täter und Gaffer.* S. Fischer.

Klemp, S. (1998). *Freispruch für das »Mord-Bataillon«. Die NS-Ordnungspolizei und die Nachkriegsjustiz.* LIT.

Kühl, S. (2005). Moden in der Entwicklungszusammenarbeit. Capacity Building und Capacity Development als neue Leitbilder von Entwicklungshilfeorganisationen. *Soziale Welt, 55,* 231–262.

Kühl, S. (2011). *Organisationen. Eine sehr kurze Einführung.* Springer VS.

Kühne, T. (1996). Kameradschaft. »Das Beste im Leben des Mannes«. Die deutschen Soldaten des Zweiten Weltkriegs in erfahrungs- und geschlechtergeschichtlicher Perspektive. *Geschichte und Gesellschaft, 22,* 504–529.

Kühne, T. (1998). Zwischen Männerbund und Volksgemeinschaft. Hitlers Soldaten und der Mythos der Kameradschaft. *Archiv für Sozialgeschichte 38,* 165–189.

Kühne, T. (2004). Massen-Töten. Diskurse und Praktiken der kriegerischen und genozidalen Gewalt im 20. Jahrhundert. In P. Gleichmann & T. Kühne (Hrsg.), *Massenhaftes Töten. Kriege und Genozide im 20. Jahrhundert* (S. 11–54). Klartext.

Kühne, T. (2006). *Kameradschaft. Die Soldaten des nationalsozialistischen Krieges und das 20. Jahrhundert*. Vandenhoeck & Ruprecht.
Kühne, T. (2010). *Belonging and Genocide. Hitler's Community, 1918–1945*. Yale University Press.
Kühne, T. (2013). Rezension zu: Römer, Felix: Kameraden. Die Wehrmacht von innen. München 2012. hsozkult.geschichte.hu-berlin.de/rezensionen/2013-2-112.
Latzel, K. (1998). *Deutsche Soldaten – nationalsozialistischer Krieg? Kriegserlebnis – Kriegserfahrung 1939–1945*. Schöningh.
Lazarsfeld, P. F. (1949). The American Soldier. An Expository Review. *Public Opinion Quarterly, 13*, 377–404.
Little, R. W. (1964). Buddy Relations and Combat Performance. In M. Janowitz (Hrsg.), *The New Military: Changing Patterns of Organization* (S. 195–223). Russel Sage Foundation.
Luhmann, N. (1964). *Funktionen und Folgen formaler Organisation*. Duncker & Humblot.
Luhmann, N. (1965). Spontane Ordnungsbildung. In F. Morstein Marx (Hrsg.), *Verwaltung* (S. 163–183). Duncker & Humblot.
Luhmann, N. (1968). *Vertrauen*. Lucius & Lucius.
Luhmann, N. (1972). *Rechtssoziologie*. Rowohlt.
Luhmann, N. (1975). *Macht*. Enke.
Luhmann, N. (1995). *Funktionen und Folgen formaler Organisation. Mit einem Epilog von 1994* (4. Aufl.). Duncker & Humblot.
Maccoun, R., Kier, E. & Belkin, A. (2006). Does Social Cohesion Determine Motivation in Combat? An Old Answer to an Old Question. *Armed Forces & Society, 32*, 646–654.
Mandelbaum, D. G. (1952). *Soldier Groups and Negro Soldiers*. University of California Press.
Moskos, C. C. (1968a). Eigeninteresse, Primärgruppen und Ideologie. Eine Untersuchung der Kampfmotivation amerikanischer Truppen in Vietnam. In R. König (Hrsg), *Militärsoziologie* (S. 199–220). WDV.
Moskos, C. C. (1968b). Latent Ideology and American Combat Behavior in South Vietnam, Working Paper No. 98, Center for Social Organization Studies, University of Chicago.
Moskos, C. C. (1970). *The American Enlisted Man. The Rank and File in Today's Military*. Russel Sage Foundation.
Osiel, M. J. (1999). *Obeying Orders. Atrocity, Military Discipline & the Law of War*. Transaction Publishers.
o. V. (1967, 5. Dezember). »Keiner wurde gemeldet«. *Hamburger Abendblatt*.
Paul, G. & Mallmann, K.-M. (2004). Sozialisation, Milieu und Gewalt. Fortschritte und Probleme der neueren Täterforschung. In dies. (Hrsg.), *Karrieren der Gewalt. Nationalsozialistische Täterbiographien* (S. 1–32). Wissenschaftliche Buchgesellschaft.
Reibert, W. (1937). *Der Dienstunterricht im Heere*. Mittler.
Reichsführer-SS und Chef der Deutschen Polizei Hauptamt SS-Gericht (1944). *Die SS- und Polizeigerichtsbarkeit. Ein Leitfaden*. Wordel.
Römer, F. (2013). *Kameraden. Die Wehrmacht von innen*. Piper.
Roethlisberger, F. J. & Dickson, W. J. (1939). *Management and the Worker. An Account of a Research Program Conducted by the Western Electric Company, Hawthorne Works, Chicago*. Harvard University Press.
Rüweler, A. (2008). Informale Strukturen im Polizeibataillon 101. Working Paper Soziologische Analyse des Holocaust.

Schaub, G. (2010). Unit Cohesion and the Impact of DADT. *Strategic Studies Quarterly, 4*, 85–101.

Schein, E. H. (1984). Coming to a New Awareness of Organizational Culture. *Sloan Management Review, 25*, 3–16.

Shils, E. A. (1950). Primary Groups in the American Army. In R. K. Merton & P. F. Lazarsfeld (Hrsg.), *Continuities in Social Research. Studies in the Scope and Method of »The American Soldier«* (S. 16–39). Free Press.

Shils, E. A. & Janowitz, M. (1948). Cohesion and Disintegration in the Wehrmacht in World War II. *The Public Opinion Quarterly, 12*, 280–315.

Siebold, G. L. (2007). The Essence of Military Group Cohesion. *Armed Forces & Society, 33*, 286–295.

Steinert, H. (1973). Militär, Polizei, Gefängnis, usw. über die Sozialisation in der »totalen Institution« als Paradigma des Verhältnisses von Individuum und Gesellschaft. In H. Walter (Hrsg.), *Sozialisationsforschung. Band 2* (S. 227–249). Klett.

Stöver, B. (1993). *Volksgemeinschaft im Dritten Reich*. Droste.

Stouffer, S. A., Lumsdaine, A. A., Lumsdaine, M. H., Williams, R. M., Smith, M. B., Janis, I. L., Star, S. A. & Cottrell, L. S. (1949). *The American Soldier. Volume II. Combat and its Aftermath*. Princeton University Press.

Treiber, H. (1973). *Wie man Soldaten macht*. Bertelsmann.

Welzer, H. (2005). *Täter. Wie aus ganz normalen Menschen Massenmörder werden*. S. Fischer.

Westermann, E. B. (2005). *Hitler's Police Battalions. Enforcing Racial War in the East*. University Press of Kansas.

Whyte, W. F. (1943). *The Street Corner Society*. University of Chicago Press.

Whyte, W. F. (1951). Small Groups and Large Organizations. In J. R. Roher & M. Sherif (Hrsg.), *Social Psychology at the Crossroads* (S. 297–312). Harper.

Wildt, M. (2003): Gewaltpolitik. Volksgemeinschaft und Judenverfolgung in der deutschen Provinz 1932 bis 1935. *Werkstattgeschichte, 35*, 23–43.

Wildt, M. (2007). *Volksgemeinschaft als Selbstermächtigung*. Hamburger Edition.

Wildt, M. (2013). »Volksgemeinschaft« – eine Zwischenbilanz. In D. von Reeken (Hrsg.), *»Volksgemeinschaft« als soziale Praxis* (S. 355–370). Schöningh

Wong, L. (2002). Why Professionals Fight: Combat Motivation in the Iraq War. In D. M. Snider & G. L. Watkins (Hrsg.), *The Future of the Army Profession* (S. 491–513). Custom Publishing.

Wong, L. (2006). Combat Motivation in Today's Soldiers. *Armed Forces & Society, 32*, 659–663.

Biografische Notiz

Stefan Kühl ist Professor für Organisationssoziologie an der Universität Bielefeld und arbeitet als Senior Consultant für die Beratungsfirma Metaplan. An der Universität leitet er ein Forschungsprojekt zur Soziologie der Gruppe. Die Unterschiede von Team, Cliquen und Gruppen behandelt er in seinem Buch *Coaching und Supervision. Zur personenorientierten Beratung in Organisationen* (2008, Springer VS). Zuletzt erschienen von ihm *Brauchbare Illegalität. Vom Nutzen des Regelbruchs in Organisationen* (2020, Campus) und in zweiter überarbeiteter und erweiterter Auflage *Organisation. Eine sehr kurze Einführung* (2020, Springer VS).

Zwischen Face-to-Face und Interface

Leiblichkeit und die Dynamiken des Unbewussten in Organisationen im digitalen »Gestell«

Wendelin Küpers

Einführung

Was geht uns das »Digitale« an? Wie beeinflussen Digitalisierungen uns leiblich und unbewusst, vorreflexiv und damit sinnlich wie auch in unserem reflektierenden Verstehen von Sinn? Wie respondieren wir – oder auch eben nicht mehr oder anders – in den wiederholten Bewegungen in den digitalen Sphären? Wie sind wir auch leiblich-unbewusst eingestellt, und was macht es mit uns, als inkarnierte Wesen in einem digitalen »Gestell« (Heidegger) und damit einer globalen disruptiv emergierenden, datengesteuerten Netzwerkgesellschaft und -wirtschaft eingebunden zu sein? Was würde es bedeuten, die phänomenologische Differenz zwischen nicht-objektivierbarem medialem Leib und materiell-physiologischen fungierenden Körper mit Bezug auf die *un- und vorbewusste Beziehung zum Digitalen* und ihren Medien erneut oder anders wahrzunehmen sowie bewusst und geltend zu machen?

Was bedeuten diese Anfragen zum Digitalen in unserem akuten und aktuellen Kontext? Als die COVID-19-Pandemie im Frühjahr 2020 Deutschland traf, änderten sich schlagartig Arten und Formen des Zusammenlebens, der Kommunikation und Kollaboration. Insbesondere haben der Einfluss und die Bedeutung digitaler Medien und der Vernetzung in einem nie zuvor gekannten Ausmaß und einer Reichweite zugenommen, und zeigten damit das mediale und technologische Potenzial der digitalen Spätmoderne (Kraemer, Haltaufderheide & Vollmann, 2022) wie dessen Problematik.

Digital vermittelte Kommunikationen fanden und erfanden sich neu und finden in nie gekannten Ausmaßen nun über technische Medien statt (Microsoft Teams, Zoom oder Webex, Slack usw.). Dies ging und geht auch mit einer Zunahme von immer mehr individuellen und gruppenbezogenen sogenannten »Apps« und Social Media im privaten und beruflichen Leben einher – und führt zu neuen Praktiken (tippen, klicken, hoch- und runterladen, snappen, swipen, scollen, folgen, liken, bloggen, posten, whatsappen, twittern), die zunehmend auf taktil-visuellen und visuell-taktilen Schaltflächen von Touchscreens mit all ihren immer neuen Verzauberungen der digitaler Utopien stattfinden, wie auch Ablenkungen im und Entzauberungen des »plattgeformten«, techno-sozialen Raums im digitalen Nihilismus provozieren (Lovinik, 2021, S. 59).

Werkzeuge zur Analyse, z. B. beschreibende, prädiktive und präventive Business-Analytik, Big Data, Mining, Informations- und Wissenssysteme usw., produzieren und prozessieren Daten, Information und Wissen für Entscheidungen und Koordinationen u. a. eines evidenzbasierten Managements, für skalierbare, kontinuierliche Echtzeit-Überwachungen und Optimierungen aller Prozesse und Netzwerke sowie für Robotik und andere mobile Systeme (intelligente, mobile, autonome Systeme oder IMAS).

Interessanterweise »Wolken« genannte Technologien (Clouds) stellen eine immer einflussreichere Infrastruktur neuer abgehobener Präsenzen von Interaktionen dar. Projektmanagement (Trello, Asana, MS-Project) und Scheduling-Systeme (Outlook, Snap Schedule, Bookings) vorbestimmen und adaptieren immer »agiler« genannte Zugänge zu einer noch effizienteren Allokation von Zeit für Kommunikationen.

Künstliche Intelligenzen (Python, Open-Source-Software) produzieren Aufgabenautomationen zwischen Mitarbeitenden und der Führung sowie in der Beziehung zu Kund:innen. Dazu treten die auch missbräuchliche Verwendung von Text-Bild-Gefügen, wie Memes (Novotny & Reidy, 2022) und andere digitale Kommunikationsformen. Algorithmen fungieren und provozieren darüber hinaus sozial wirksame Programme eines (Un-)Gehorsams in digitalisierten Gesellschaften und ihren Wirtschaftsgefügen (Quadflied, Neuburg & Nestler, 2022) – situiert zwischen Klicklust und Verfügbarkeitszwang im techno-affektiven Gefüge einer neuen digitalen (Unge-)Hörigkeit (Schulz, 2019).

Schließlich kontrollieren Sicherheits- und Überwachungssysteme mehr und mehr den Schutz und die Funktionalität des Systems von Organisationen und ihrer Mitglieder. Und diese Digitalisierung des Lebens der Menschen wie der Lebenswelten von Organisationen ist dabei sehr ambivalent:

Verschiedene Organisationen in Wirtschaft und Gesellschaft, wie im Umweltschutz- und Gesundheitswesen, in der Bildung und der Forschung, nutzen digitale Formate und Praktiken und neue Ordnungen des Wissens als wirkungsvolle multilaterale und kostensenkende Funktionszusammenhänge. Gerade flexible Arbeitsformen sind durch Homeoffice, real-virtuelle und dezentrale, (scheinbar) de- und enthierarchisierte Zusammenarbeit, z. B. im Bereich *new work* oder bei der Bereitstellung und Lieferung von Produkten und Dienstleistungen sowie Problemlösungen, möglich geworden. Dazu treten neue Formen der Generierung von Mehrwert und Gemeinwohl in der digitalen Welt, die aber auch die Frage des Wertes der und durch die Digitalisierung in der Zivilgesellschaft stellen (Piallat, 2021).

Neben diesen und vielen weiteren vielfältigen Möglichkeiten und Vorteilen gibt es auch vielfältige Einschränkungen und gravierende Nachteile, die auch gerade die Dynamiken des Unbewussten von Mitarbeiter:innen in und ganzen Organisationen betreffen (Gabriel, 1999; Leodolter, 2017).

Gerade COVID-19 hat zur Beschleunigung der digitalen Transformation beigetragen (Kudyba, 2020), die in den Lebenswelten von Organisationen neben Vorteilen auch zu vielen Problemen und Verlusten führte. Neben den meist betonten hellleuchtenden Seiten gibt es auch »Dark Sides of Digitalization« (Turel, Hamed & Isaac, 2021). Wie letztere aufzeigen, gehören zu den negativen Folgen und problematischen Nebenwirkungen neben vielen anderen Formen der Technologiesuchtabhängigkeiten, Technostress bzw. sogenannte *trifecta* (siehe auch Tarafdar, Cooper & Stich, 2019). Dazu treten auch Cyberbullying, Cyberloafing, Gesundheitsprobleme, ethische und legalitätsbezogene Sicherheits- und Privatsphärenschutzrisiken, digitale Vulnerabilitäten der informationellen Integrität wie auch die menschenersetzende Rolle von Künstlicher Intelligenz und Robotern, z. B. in Form von automationsbedingten Arbeitsplatzverlusten.

Zunehmender Stress im Homeoffice, die Auflösung der Grenzen zwischen Berufs- und Arbeitsleben, eine intensivierende Arbeitsverdichtung digitalisierter Arbeit bis hin zu *Zoom Fatigue*, digitalem Burnout und vielen weiteren Vorkommnissen, gerade in Organisationen, sind Phänomene, die das akute und aktuelle Leiden an diesen neuen Bedingungen und Prozessen manifestieren. Damit wird es auf eine kritische Beachtung gerade auch der ökonomischen und organisationalen Macht digitaler Medien als ordnender Systeme ankommen (Beverungen, Beyes & Conrad, 2019). Denn die vermeintlich schöne neue digitale Welt ist eine, in der Menschen als *homo digitalis* unter Bedingungen eines *digital Taylorism* (Taska, 2017) arbeiten – vielleicht bis hin zu einem digitalen Totalitarismus.

Was bedeutet es, dass mit einer Datafizierung und Digitalisierung des Menschen im Sinne einer Reduktion auf festgelegte Informationen und Imperative der Verlust der (eigenen und fremden) Erfahrungen und Anderen sowie responsiver Beziehungen zwischen dem Selbst in einer sozialleiblichen Interpersonalität einhergeht – dies umso mehr, als damit geraden jungen Menschen, die ins Berufsleben einsteigen, das Arbeiten wie eines für eine Phantomunternehmen vorkommt (Simon & Deslandes, 2022)? Wie kommen Zombies oder *dumbwalking* »Smombies« des Digitalen und eine »*Zombifikation*« (»Entgeisterung«) aus einer halbtot erschlafften gespenstischen Welt wieder zu einer kreativ gespannten lebendigen Lebenswelt? Der Einzug und Umgang mit dem Digitalen und die Digitalisierung werden beeinflusst und beeinflussen dabei auch immer das sogenannte »Unbewusste«, insbesondere auch über oder im (Zwischen-)Medium des Leiblichen.

Das Unbewusste wird dabei hier in Abgrenzung zur Freudianischen Auffassung (1975) phänomenologisch und gestaltpsychologisch verstanden als leiblich medialisierte, potenziell kreativ wirksamer Sinn- und Selbstbe- bzw. -entzug (Stoller, 1999; Waldenfels, 2002), welches sich u. a. zwischen Mangel und Überfülle oder differentiell-konfliktuellen Brüchen und expressiv-begehrenserfüllender Brücken bewegt. In allen bewussten Beziehungen zu digitalen Medien ist das Unbewusste und dessen Dynamiken als dessen leiblich-lebendige Ur- und Untergründe sowie Tiefen- und Hintergründe mit im Spiel.

Der folgende Beitrag fragt entsprechend: Was bedeutet der Zusammenhang von Leiblichkeit und Dynamiken des Unbewussten im Verhältnis zur Digitalisierung? Und spezifischer: Was kann eine (Post-)Phänomenologie dazu beitragen, die Rolle des Leiblichen und Unbewussten in Beziehung zur Digitalisierung besser zu verstehen? Phänomentechnisch wäre mit Waldenfels (2002, S. 361) zu fragen, was digitaltechnische Eingriffe in die Erfahrung bewirken und welche Bruch- und Leerstellen durch ein Atechnisches aufklaffen – zwischen einer Technisierung der Erfahrung und Widerständen gegen eine pantechnologische Überwältigung derselben. Wie können aus einer solchen Sicht auch (digitale) Technologien und digitalisierte Praktiken, die damit einhergehen, nicht nur als getrennte funktionale oder instrumentelle Mechanismen, sondern als ambivalente und transformative Vermittler von Beziehungen zwischen Menschen und Welt gesehen werden (Rosenberger & Verbeek, 2015)?

Das Konzept eines digitalen Gestells in erweiterter Interpretation von Heidegger hilft, aus diesem Wege über die zunehmende »Technologisierung des Lebens« kritisch nachzudenken. Es ist insbesondere hilfreich, um zu untersuchen, wie digitalisierte Technologien die Beziehungen zwischen und die Erfahrungen mit dem (verkörperten leiblichen) Ort zwischen dem Selbst und den Anderen im Kontext besser zu verstehen und die bleibende Bedeutung des Leiblichen sowie Möglichkeiten einer (Re-)Integration (Aroles & Küpers, 2021) und einer lebendigen Responsivität zu bedenken.

Entsprechend werden im Folgenden einige Grundzüge einer Phänomenologie des Leiblichen im Digitalen und dabei besonders die Bedeutung des Responsiven vorgestellt und im Zusammenhang mit der Ko-Tele-Präsenz des Digitalen diskutiert sowie abschließend die Sinnhaftigkeit eines Ethos und der Praxis einer engagierten Gelassenheit im Umgang mit digitalen und anderen Technologien aufgezeigt.

Grundzüge einer Phänomenologie des Leiblichen im Digitalen

Leben und Arbeiten in digitalen Sphären und mit entsprechenden Technologien scheint entleiblicht zu sein. Aber ist dies wirklich der Fall? Die Darstellung des eigenen und fremden Körpers in Kommunikationen, nicht nur als Selfies und Portraits in sozialen Medien, zeigt, wie wichtig Menschen der Bezug zum Leiblichen nach wie vor ist. Auch die Verwendung und das Antworten auf Emoticons können als Versuch gesehen werden, die Leiblichkeit in die digitale Kommunikation einzubeziehen. Körperliche Dimensionen und die Leiblichkeit insgesamt dienen auch im digitalen Zeitalter noch als Identitätsmerkmal, Referenzbezug und auch als Medien des praktischen Vollzugs.

Es wäre naiv und gefährlich, zu glauben, dass unser Wille, unsere Werte, unser Charakter, unsere Rollen und unsere Selbstnarration völlig unabhängig von unseren tatsächlichen körperlichen Beschaffenheiten existierten. Das, was uns ausmacht, ist auch von unserem Körper, den wir *haben* und die Leiblichkeit, die wir *sind*, wesentlich mitbestimmt.

Auch aus sozialer Perspektive scheinen Menschen weder eingestellt noch gewillt zu sein, durch den professionellen Umgang mit digitalen Daten, Informationen und das Wissen gesamtleiblicher Beziehungen verwindend zu verlieren oder gar aufzugeben. Das Vermissen des Spontanen und Informellen, die direkten leiblich-sinnlichen Bezüge, wie sie im Arbeitsleben vorkommen, verweisen auf wichtige Begegnungszusammenhänge, die zum beruflichen Sein dazugehören.

Aber auch ganz praktisch und sehr ambivalent ereignen sich im alltäglichen Tun eine Ein(ver)leibung und eine Erweiterung oder Einschränkung der Möglichkeiten des eigenen und gemeinsamen, sozialen Leibes durch die Verwendung von und die Vereinnahmung durch (wie auch das »Verunsichtbarwerden« oder das Bewegen zwischen Sichtbarem und Unsichtbarem [Merleau-Ponty, 1995]) digitale(n) Werkzeuge(n) und Systeme(n).

Der Mauszeiger auf dem Bildschirm wird nicht durch bewusste Kontrolle von einer Schaltfläche zur nächsten bewegt; Benutzer:innen bewegen ihn ganz natürlich und ohne darüber nachzudenken, ebenso wie diese auch ihre Hand von einem Objekt zum nächsten Bewegen würden. Genauso verhält es sich mit Avataren und einer Unzahl anderer digitaler Werkzeuge.

Die Beweglichkeiten des Tastenklickens, des Surfens, schnellen Überfliegens mit scannendem Blick und Springens durch Hypertext- und Hyperbilderwelten im Internet – alle diese *moves* im Zwischennetz und in digitalen Sphären werden vermittelt durch darin befriedigende leibliche Gesten von spielenden Nutzer:innen. Sie handhaben diese mit wischenden Fingern und bewegenden Augen, vernehmenden Lautsprechern sowie weiteren affektiven Sinnen, die Teil eines sinnvollen Tuns im Digitalen waren, sind und bleiben.

Wenn das Smartphone als digitaler Gestellapparat selbst zu einem Vermögen unseres Leibes wird, dann wird es als Gegenstand selbst nicht mehr wahrgenommen, sondern für Anwender:innen unsichtbar. Das »klug« genannte Telefon wird in seiner Verwendung in das von Merleau-Ponty (2012) beschriebene Körperschema als leibliches Zur-Welt-Sein integriert und ist damit als Ding nicht mehr wahrnehmbar.

Wir bewegen uns mit dem Gerät in der Hand zwar immer noch unmittelbar in der uns umgebenden Welt, aber dieser Umgang kann zu gewandelten Wahrnehmungen und angepassten Verhaltensweisen führen z. B. zu anderen Schritten, um das Gleichgewicht zu erhalten, anderen Verwendungen von Fingern und damit anderen Formen eines Fingerspitzengefühls; veränderten Beziehungen zu Anderen. Wie verändert sich das Suchen, Auswählen, Urteilen bei der Verwendung von Suchmaschinen in Bezug auf ein Ver- oder Ent- und Neulernen?

Verschiedene Formen der Ein(ver-)leibungen durch das Digitale zeigen, dass das die Art und Weise, wie sich der Körper in Bezug auf das Sein und Tätigkeiten in digitale Welten organisiert, wandelt. Mit der Reorganisation des sogenannten »Körperschemas« in Beziehung zu technologischen Apparaten geht eine Verwandlung der Wahrnehmungen, der Gewohnheiten und des gesamten leiblichen Habitus und Zur-Welt-Seins bzw. Zur-Welt-Werdens einher.

Aufspaltung des Leibes durch Semiotisierung?

Findet in virtuellen Realitäten eine »Aufspaltung in einen Leib und einen Datenkörper, [eine] Verdopplung in einen physischen und einen semiotischen Körper« statt (Krämer, 2004, S. 50)? Eine solche wechselspielende Verdopplung entsteht nach Krämer dadurch, dass die virtuelle Umgebung, in der Benutzer:innen sich befinden, kontinuierlich auf die »tatsächliche« körperliche Kopfbewegungen reagiert, um eine Perspektivität zu gewährleisten, die den semiotischen Körper in der virtuellen Welt konstituiert. Der somatische Körper fungiert demnach als Bedingung der Möglichkeit, der Aktivierung des semiotischen Datenkörpers (ebd., S. 66; siehe auch Waldenfels, 2002). Weiterhin werden nach Krämer Interaktivitäten zwischen Nutzer:in und (digital-dynamischen) Symbolen eine »Implementierung von Zeitlichkeit in Datenstrukturen« (Krämer, 2004, S. 57) vermittelt. Im Kontrast zu einem tendenziell eher statischen (wahrgenommenen) Raum ist die Zeit(lichkeit) stets in fließender Bewegung. Nutzer:innen von digitalen Medien interagieren nicht nur oder nicht mehr länger mit statischen »Dokumenten« (Texten), sondern mit »Cyberkörpern« oder Hypertexten mit einer eigenen inhärenten Zeitlichkeit als Zeichenzusammenhang, was wiederum mit einer *Semiotisierung des Leiblichen* einhergeht. Aber ist eine solche aufspaltende bzw. verdoppelnde Differenzierung vereinbar mit einem ganzheitlichen Leiberleben?

Was bedeutet es, Digitalität zu verstehen als mediale und symbolische Form (Cassirer, 1982) des kommunikativen Handelns von leiblichen Menschen, in der Oralität, Literalität und erweiterte audiovisuell-gestikulierte Medialitäten performativ aber immer auch situiert zusammenwirken?

Die Phänomenologie des wahrnehmungsvermittelten Leiblichen, Sprachlichen und Zwischens, wie sie von Merleau-Ponty (1995, 2012) entwickelt wurde, bietet sich als eine kritische Folie an, um auf diese Fragen zu antworten und den Einfluss des Digitalen bzw. der Digitalisierung auch hinsichtlich ihrer Möglichkeiten und Grenzen auch gerade für Organisationen (Küpers, 2015) kritisch zu untersuchen.

Auf der Grundlage eines post-empiristischen und post-rationalistischen Wahrnehmungs- und Bewusstseinsverständnisses und im Vollzug einer immanenttranszendentalen Kehre des Lebensweltlichen kann damit die Phänomenologie entobjektiviert, entsubjektiviert und entidealisiert und ein prä-, inter- sowie transpersonales Erfahrungsfeld als ein Zwischen(-reich) erschlossen werden, mit dem sich die Überschüssigkeit des Phänomenalen restituiert.

Der phänomenale Leib des Menschen ist als Bedingung für unsere Wahrnehmung bzw. Weltzugang überhaupt (mit Merleau-Ponty) auch in der virtuellen Realität ganzheitlich auf diese gerichtet. Wenn der Leib sowohl Sinnstifter als auch Zugang zu der uns umgebenden Welt ist, führt wie erwähnt die Integration des Digitalen zur Reorganisation des Körperschemas und verwandelt das gesamte leibliche Zur-Welt-Sein und damit das Wahrnehmen, Fühlen, Denken und Handeln in der Welt.

Die Integration in das Körperschema wiederum wird Merleau-Ponty zufolge überhaupt erst ermöglicht durch eine Gewohnheit, die wir im Umgang mit dem Computer erlangen, z. B. mit Blick auf das »Swipen« beim Smartphone als Nahkörpertechnologie (mit der unserer Alltag kybernetisiert wird [Kaerlein, 2018]) oder im Zusammenhang mit dem Berühren des »Touchscreens«.

Laut Merleau-Ponty ist die Gewohnheit »der Ausdruck unseres Vermögens, unser Sein zur Welt zu erweitern oder unsere Existenz durch Einbeziehung neuer Werkzeuge zu verwandeln« (Merleau-Ponty, 2012, S. 173). In der Gewohnheit realisiert sich also unsere Fähigkeit, unser *leibliches Zur-Welt-Sein*, zu reorganisieren. Die Ausmaße der Gewohnheit zeigen sich ganz besonders deutlich in unserem Umgang mit der virtuellen Realität, mit ihren Möglichkeiten zur Interaktion mit Zeichen und Symbolen durch die auch zeitliche Dynamik des Digitalen, im Kontrast zur Statik des Textuellen, wie im Rahmen der Möglichkeit eines sogenannten *embodied screen* (Du Toit, 2021).

Leiblichkeit im »digitalen Gestell« des Cyberraums

Um vertieft zu verstehen, was eine auch durch die Corona-Pandemie vermehrte und intensivierte Digitalisierung in der heutigen Welt von Organisationen für die darin leiblich situierten Menschen und Gemeinschaften bedeutet, untersucht der folgende Abschnitt diese im Verhältnis zu einem sogenannten »digitalen Gestell« sowie das damit einhergehende allgegenwärtige Kommunikationsnetz *ubiquitous computing (ubicomp)* zwischen Mensch(en) und Computern (Weiser, 1991, S. 95). Ohne hier im Besonderen auf kritische Betrachtungen zu einem Post-Heideggerianischen Verständnis eines »digitalen Gestells« einzugehen (Aroles & Küpers, 2021), fokussiert sich folgende Betrachtung auf den Status des Leiblichen im Verhältnis zu digitalen (technologisch vermittelten) Sphären.

Der Körper und die Leiblichkeit des Menschen scheinen sich an das System des Bedingungsgefüges eines Computers anzupassen oder dies zu sollen (Alpsancar, 2012, S. 278). Was ist aber der Status des Leiblichen, bzw. verschwindet der Körper im Gebrauch von Computern, Zwischennetzen und virtuellen Räumen oder Cyberspace oder wird dessen Realität erweitert und bereichert? Bildet das Internet, obwohl es in Bezug auf die Körperlichkeit nur metaphorisch als Raum bezeichnet werden kann, in Bezug auf die Leiblichkeit einen realen Raum? Was bedeutet es, davon zu sprechen, dass wir uns auf einer Homepage *befinden*, im Internet *surfen* oder online*gehen*? Ist das Internet eine Art erweiterter Handlungsraum? Oder bestimmt das Internet sogar zunehmend den Zugang zu unserer

Leiblichkeit, und andererseits der Aufenthalt und das Bewegen in diesem computervernetzten Cyber-Raum die Leiblichkeit?

Es gilt, die Digitalisierung kritisch – auch hinsichtlich damit einhergehender, oft normalisierender und neuunterwerfender Macht- Kontroll- und Herrschaftsverhältnisse sowie Verwertungsmechanismen – zu be- und hinterfragen, sowie zu »denaturalisieren« (Dander et al., 2020). Durch die Affinität zwischen modernistisch-kapitalistischen und digitalen Strukturprinzipien (Niesyto, 2017, S. 62) werden die ökonomische Verwertung von Daten und digitalen Prozessen mit individuellen und sozialen Gestaltungsmöglichkeiten gekoppelt. Damit gehen insbesondere digitalbezogene Innovationen, technisch und temporale Beschleunigungen im Kontext stabilisierender Dynamisierungen moderner Gesellschaften einher, wie sie bereits von Rosa (2005) beschrieben wurden. Diese treiben als Steigerungsimperativ nicht nur das (ökonomische zukunftsgefährdende) Wachstum immer weiter an (Bostrom, 2018), sondern führen auch zu neuen Formen von Entfremdung.

Paradoxal potenzieren sich in digitalen Möglichkeitsräumen und ihren Vernetzungsstrukturen die subjektiven Formen des Erlebens und Operierens durch vielfältige Erweiterungen von kommunikativen Reichenweiten. Andererseits schränken diese aber auch leiblich und unterbewusst sich vollziehende und wirksame Erfahrungsweisen und Handlungsformen ein. Wenn digitale Medien als Quasi-Präsenz-Medien fungieren, verwandeln sie subjektive und intersubjektiv leiblich situierte und unbewusst wirksame Raum-Zeit-Verhältnisse in eine »ortlose Gegenwart« (Stalder, 2016, S. 147).

Durch die Dynamisierungsspiralen des kapitalisierenden Digitalen kommt es zur Nivellierung von Nähe und Ferne bzw. Entstehung von neuen Möglichkeiten (auch nahgehenden Fernbeziehungen), zu denen aber so multi-optionalisiert die entfremdeten Subjekte sich in (gefühlt) immer weniger Zeit und immer weniger eigensinnig responsiv oder selbstwirksam verhalten müssen.

Wie können digital medialisiertes Selbste, die sich ständig sich im Digitalen bewegen, auf Standpunkte und Positionen beziehen (Fehér, 2017), die nicht digitale Fußabdrücke, sondern Spuren des lebendigen Wirkens sind (Humboldt, 2012)?

Es geht dabei um die Fragen des erweitert leiblich bezogenen Gehens und Stehens im Digitalen, also um das, was Estella Ferraro (2020) »Momente der Positionierung im Zeitalter ihrer technischen Perpetuierbarkeit« im Digitalen nennt und sich dazu interessanterweise auf die indigene Kultur der Maoris in Neuseeland bezieht, um digitale Praxisräume zu beschreiben, in denen menschliche und nicht-menschliche Akteur:innen zusammenwirken. Dabei wird ein gleichzeitiges Bedürfnis nach praktischer und metaphorischer Bewegung sowie einem festen Standort ermöglicht.

Der Gewinn und der Verlust, die Eröffnung und Verschließungen, das Bekanntwerden mit Neuem und das Leiden in und von Weltbeziehungen, rufen umso mehr nach zu gestaltenden und zuzulassenden Formen der Resonanz und der kapitalismuskritischen Qualitäten der Unverfügbarkeit (Rosa, 2012, 2016, 2018) auch in Organisationen (Küpers, 2021a) sowie einer ästhetischen Praxis als Kritik (Zahn, 2020) auf. Um zu solcher Resonanz und ästhetischen Praxis zu kommen, wird es entscheidend sein, die Bedeutung des Responsiven im Zusammenhang mit dem Digitalen zu betrachten.

Phänomenologie des Responsiven im Digitalen

Zur leiblichen und sprachlichen Auseinandersetzung mit der Welt und seinen konkretisierten lebensweltlichen Kontexten auch und gerade im Organisationsleben und Digitalen gehört, dass Betroffene etwas zum Handeln oder Zulassen bzw. Sprechen auffordert. In offenen Situationen stellen sich Herausforderungen, Anfragen und Aufforderungen oder werden Initiativen angeregt. Bei entsprechender Ansprechbarkeit der Handelnden kommen dabei Ansprüche zur Geltung, die weitere Antworten provozieren. Dieses Antwortverhalten bzw. -handeln kann mit Waldenfels (1994) als eine spezifische Responsivität bestimmt werden.

Zunächst werden die Grundbestimmungen der Responsivität und die Bedeutung responsiver Differenz und einer responsiven Rationalität sowie der Diastase als chiasmatischer Verflechtung von Inter-Aktion und »Inter-Passion« beschrieben, um dann mit Möglichkeiten einer schöpferischen Responsivität zur Phänomenologie des Ästhetischen überzuleiten.

Der Begriff des Responsiven verweist zurück auf die *response*, die in verschiedenen Verhaltenstheorien eingehend untersucht, dabei allerdings oft auf eine bloße Reaktion reduziert wurde.

Nach Waldenfels kann die Responsivität als Grundzug allen Empfindens, Redens und Tuns, allen leiblichen, vor- und außersprachlichen wie sprachlichen Verhaltens und Handelns erfasst werden. Damit äußern sich und bedeuten alles Erleben und Erleiden immer auch eine Art von Antwortpraxis. Responsivität verweist dabei auf das, was das Antworten zu einem Antworten macht im Sinne einer Antwortlichkeit.

Eine *fungierende* Responsivität vollzieht sich im jeweiligen Hier und Jetzt in bestimmten außersprachlichen und sprachlichen Zwischenereignissen. Die phänomenologische Herausforderung bei der Betrachtung und Thematisierung des Responsiven besteht darin, diese responsiven Ereignisse zu explizieren und das »Worauf« des Antwortens zu untersuchen, ohne es selbst in etwas zu verwandeln, das sich beantworten lässt. Erst so kann der Überbestimmtheit der Phänomene Raum gelassen und über die verschiedenen intentionalen, regulativen, kommunikativen und hermeneutischen Zirkel hinausgeführt werden. Es gilt, das Respondieren als ein offenes Geschehen zu verstehen, das seine Maßstäbe mitentstehen lässt. Neben einem einfachen Beantworten einer Frage gibt es ein Antworten auf ein Fragen, dessen Geben nicht in der gegebenen Antwort aufgeht.

Gerade im Verhältnis zur Digitalisierung ist das Antwortgeben dann mehr als ein bloßes Weitergeben eines vorhandenen Wissens, im Sinne eines informationstheoretischen Input- und Output-Mechanismus, der sich an der Encodierung und Decodierung von Botschaften orientiert.

Die Antwort füllt keine bloße Lücke aus oder vermittelt direkt Information, wie bei einer Suchmaschine, die beim sogenannten »Googlen« zudem eine selektive Findungsform eines Prozessierens *(googlement)* darstellt. Vielmehr trägt das Antworten zur Formfindung und Formulierung von solchen Fragen bei, auf die sie und die Suchenden sich dann antwortend in Beziehungen kommen. Antworten im responsiven Sinne erwächst auch im Digitalen daher weder aus einem eigenen Mangel noch einer Selbstermöglichung durch Informationsfüllung, sondern als Eingehen auf fremde Angebote und Ansprüche, auf die zu antworten ist. Antworten im Sinne praktizierter Responsivität bedeutet damit ein erwiderndes Eingehen auf etwas, was angeht, und damit von anderswoher kommt. Dabei nutzt das Antworten Möglichkeiten, die ihm je angeboten und auf bestimmte Weise abverlangt werden. Mit dieser Orientierung am Anderen widersetzt sich eine responsive Praxis der Antithese von Eigenem und Fremden. Antwortendes Empfinden, Reden und Tun beginnt immer schon beim Anderen und ist immer schon mit dem Fremden verwoben. Die Andersheit des Eigenen meiner selbst ist mit der Andersheit der Anderen verflochten. In einer solchen spannungsreichen Verflechtung von Selbst- und Fremdbezug bezieht sich eine plurale, relative Präferenz auf andere Präferenzen, ohne sich zu relativieren oder zu nivellieren. Dieses Antworten auf Ansprüche im Sinne einer »Response«, als teilnehmendes Engagement, ist daher durch keine vorgängigen Ziel-, Sinn- oder Kausalkontinua im digitalen Gestell bestimmt und durch keine normative Regelhaftigkeit digitaler Programmierung vorweg bestimmt. Das Antworten ist dabei unausweichlich, denn es ist nicht möglich, auf einen Anspruch nicht zu antworten. Zugleich ist von einer uneinholbaren Nachträglichkeit bestimmt. Zwar erfolgt das Antworten hier und jetzt, doch es beginnt immer schon anderswo und ist zeitlich verschoben.

Mit der zeitlichen Verschiebung von Anspruch und Antwort geht zudem ein asymmetrisches Verhältnis einher. Anspruch und Antwort konvergieren nicht auf ein Gemeinsames, sie entsprechen vielmehr einer Asymmetrie und stoßen aufeinander, wie zwei Blicke, die sich kreuzen, auch wenn sich dieses face-to-face in digitalisierter Form im technologisch vermittelnden Interface ereignet, wie dies im Titel dieses Kapitels zum Ausdruck kommt. Das responsive Antworten wird im Hören auf den Anspruch des Fremden diesem und seiner Ordnungsmacht nicht hörig, noch legt es ihm willkürlich oder bewusst eine eigene, schon (digital programmierte) bestimmte Regel und Ordnung auf. Es wagt, aufzubrechen und unterwegs zu bleiben zu einer dritten, neuen oder anderen Ordnung bzw. in ein *Zwischen* von Ordnung und Außerordentlichem. Ambivalenzen aushaltend, ist es wie digitale Flaneur:innen (Aroles & Küpers, 2022) damit offen für das Zu- und Ein-Fallende. Als ein solches ist das Antworten dann nicht ein bloß reproduktives, indem ein bereits existierender Sinn wiedergegeben, weitergegeben oder vervollständigt wird, sondern ein *produktives Antworten*. Es erschließt sich als ein innovatives, *kreatives Antworten*, das sich ergibt und erfindet, indem es gegeben wird und sich findet: Wenn ich eine Antwort gebe, gebe ich, was ich nicht habe, bis hin, dass ich sogar die Antwort im Geben »erfinde«. Dabei bewegt sich dieses kreative Antworten immer im Zusammenhang eines leiblichen Empfindens und Erlebens bzw. Sagens, das immer schon mehr ist als das Erlebte und Gesagte. Es verweist so auf einen Überschuss, auf ein Außerordentliches der Ordnungen des Erlebens und Sagens.

In Bezug zu kreativen Antworten auf und im Umgang mit Technologien wäre mit Jung (1995) eine *dialogische Beziehung zum Unbewussten* zu entwickeln, sodass dieses als schöpferische Quelle neuer Möglichkeiten und Einsichten erschlossen wird.

Für eine spezifischere Bestimmung des Responsiven ist es grundlegend, eine responsive Differenz und eine responsive Rationalität näher zu betrachten. Beim Antworten kann unterschieden werden zwischen dem, *was geantwortet* wird (die Antwort), dem, das *was beantwortet* wird (die Frage), und dem, *worauf* im Antwortgeben geantwortet wird (dem Anspruch). Mit der responsiven Differenz zwischen dem »Was« (Inhalt) und dem »Worauf« (Anspruch) einer Antwort wird eine Zwischensphäre zurück- bzw. neugewonnen, die weder in subjektiven Intentionen noch in transsubjektiven Koordinationen zu ihrem Recht kommt. Der oder die Antwortende wird dabei im Antworten zu dem, was er bzw. sie ist oder was nicht ist. Er oder sie ist damit nicht jemand, der im Sinne einer Rollenübernahme antwortet, sondern »Respondent:in« in allem, was er oder sie sagt und tut. Die Zuhörenden bzw. »Mitsubjekte« verwandeln sich dabei in Ko-Respondent:innen, die aus der wechselseitigen Fremdheit entspringen.

Eine solche Responsivität beginnt immer schon diesseits von Regeln und Sinn und bildet selbst eine neue Rationalität aus. Diese »responsive Rationalität« bestimmt sich als eine Rationalität, die im Antworten entsteht und sich als Resonanzzusammenhang auf etwas bezieht, das nicht ihr selbst entstammt. Sie bietet Möglichkeiten, mit leiblichen und sprachlich-sinnlichen Ausdrucks- und Ordnungsprozessen bzw. Ordnungen produktiv und kreativ umzugehen, ohne sie durch eine umfassendere Ordnung zu ersetzen. Denn durch eine offene Auffassung von Ordnungsregeln lässt sie einen überschreitenden (Ausdrucks-)Prozess zu, da das, was geordnet wird, nicht selber dieser Ordnung entstammt. Damit können die Ordnungsgefüge – auch ökonomischer bzw. organisationskultureller Prozesse – in ihrer Außer-Ordentlichkeit wahrgenommen und gegebenenfalls gestaltet werden. So vermag ein responsiver Zu- und Umgang dem, was außerordentlich erscheint, ist oder sein kann, einen Beachtungs- und Entfaltungsraum eröffnen. Eine *responsiv*-rationale Verschiebung der Deutungsmuster lässt das Ungeordnete durch das (neu) Geordnete durchscheinen. Das Unzureichende der Gründe und die Unberechenbarkeit des Redens und Handelns bzw. Erleidens sind dabei nicht ein zu behebender Mangel, sondern konstitutiv für diese Art von responsiver Rationalität. Es gibt dabei keine vollständige und eindeutige Bestimmung dessen, was sich ereignet. Im Respondieren wird etwas erlebt, was nicht verfügbar vorhanden ist und sein wird:

> »Ein Ding, von dem Anrufe und Winke ausgehen, hört auf, ein bloßes Ding zu sein, das in der Welt, in meiner Welt vorkommt. Wir nähern uns der Möglichkeit eines achtungsvollen und antwortenden Hinsehens oder Hineingehens, das nicht bei sich selbst beginnt« (Waldenfels, 1994, S. 532).

Die Differenzierungsprozesse der responsiven Zwischenereignisse können mit Waldenfels als »Diastase« bestimmt werden, in dem was, was unterschieden wird, erst entsteht. »Diastase« meint dabei eine Gestaltungskraft der Erfahrung, die etwas oder jemanden entstehen lässt, indem sie auseinandertritt, sich zerteilt, zerspringt im Sinne einer gebrochenen Erfahrung. Diastasische Zwischenereignisse sind Ereignisse, bei denen etwas auftritt, indem es an Anderes anknüpft, ohne vorweg mit ihm verknüpft zu sein. Es geschieht etwas, was weder auf die Initiative und das Vermögen einzelner Individuen oder Gruppen noch auf eine vermittelnde Ordnungsinstanz noch auf codierte Regelungen zurückgeführt werden kann. Dieses Geschehen im Zwischen schreckt auf, rührt oder geht an, spricht an, kann trennend im Verbinden sowie verbindend im Trennen sein. Dabei bewegt sich eine Art Urdiastase zwischen den beiden Polen oder besser Orten der Entrückung, nämlich dem Wovon des Widerfahrnisses und dem Worauf des Antwortens, also dem, was uns angeht, und dem, worauf wir eingehen.

Die Interferenz von Selbst und Anderem verflechtet sich in einem Chiasma, als einem Überkreuz von Eigen- und Fremdbewegung, von eigenem Erleiden und fremdem Tun, von fremdem Erleiden und fremdem Tun, einem Sich-Treffen, das nur eine Deckung in Differenz erlaubt. Es kommt nur zu einer partiellen Koinzidenz einer »Koinzidenz von Ferne«, die sich nicht in eine Einheit überführen lässt, ohne dass das Zwischengeschehen kurzschlussartig kollabiert.

In Ergänzung zur sprachlichen und handelnden Interaktion ist auch eine leiblich-sinnlich fundierte *Inter-Passion* zu denken und auf das Responsive zu beziehen: »Inter-Passionen« vollziehen sich als pathische Ereignisse von Widerfahrnissen aus einem spezifischen Zwischen heraus. Dabei kommt es zu zeiträumlichen Verschiebungen des Zwischengeschehens. »Verschiebung« meint dabei, dass etwas zugleich Anderes ist. Die Logik des Selbst und des Anderen kommt ins Gleiten, wenn die Überdeckung von Erfahrungsinhalten konstitutiv ist und nicht nur beiläufig erfolgt, wie wenn ein Ding sich vor das andere schiebt und unseren Blick verstellt. Die Verschiebung gewinnt einen radikal zeitlichen Sinn, wenn wir die Vorgängigkeit eines Widerfahrnisses mit der Nachträglichkeit der eine Antwort produzierenden Wirkung zusammendenken. Dabei impliziert Vorgängigkeit eine vergangene Zukunft und Nachträglichkeit eine zukünftige Vergangenheit: »Vorgängig ist was kommend war, nachträglich, was gewesen sein wird« (Waldenfels, 2002, S. 179). Mit diesen zeiträumlichen Verschiebungen kehren wir nie dorthin zurück, wo wir waren, was zugleich bedeutet, dass künftig immer etwas aussteht.

In diesem diastatischen Prozess können verschiedene Dimensionen und Instanzen (z. B. Selbst- und Fremdbezüge sowie Bezüge zum Dritten, Ordnung und Chaos), die sich aus der Mehrbezüglichkeit von Ereignissen ergeben, unterschieden und zugleich integriert werden. Als Figurationen des Zwischens treten »Interfigurationen« als Scharniere und Angelpunkte von Zwischenereignissen auf, in denen sich das Zwischen artikuliert. Die einbrechenden Linien und Leerstellen sowie die über- und unterschreitenden Bewegungen auf und von Grenzen, die in diesem Zwischen sowohl unvermittelt wie auch vermittelnd auftreten, lassen verschiedene Zonen des Fremden und Überraschenden und Anderen in

Erscheinung treten. Die Figuren und Figurationen dieses Zwischen sind entsprechend gekennzeichnet von Ambivalenzen und Polarisierungen, von Zugkräften und Entzügen, von Anziehungen und Abstoßungen.

Als besondere Figur des Zwischen kommt den responsiven Bewegungen des Überschreitens von Grenzen von jeweiligen fungierenden Ordnungen eine besondere Rolle zu, die hinsichtlich der *digitalen (Ver-)Ordnungen* im digitalen Gestell hinsichtlich ihrer Offenheit zu befragen sind. Während Verknüpfungen zu den synthetischen Ordnungsmustern gehören, verweisen und eröffnen offene Anknüpfungen und Zugänge produktive Zwischengeschehen freier Sinnbildung. Sie lassen zu, dass etwas auftritt, was nicht erwartet, vorgesehen, vorgeplant oder im Voraus geregelt war.

Der Offenheit kommt dabei eine Mittellage zu: Der Übergang von dem, was zu sagen oder zu tun ist, zu dem, was tatsächlich gesagt oder getan wird, stellt weder eine bloße Folge dar, innerhalb derer eines nach dem anderen kommt, noch eine strikte Folgerung, innerhalb derer eines sich aus dem anderen kausal herleitet. Zwischen Beliebigkeit, die alles Mögliche zulässt, und Notwendigkeit, die etwas Bestimmtes erzwingt, zwischen Aleatorik und Algorithmus, breitet sich ein Spielraum aus, der nicht nur Erfindungen zulässt, sondern sie erfordert.

Mit Bezug zum Responsiven kann zwischen einem schöpferischen Antworten, als Erfinden von Antworten in der offenen Form der Anknüpfung, und einem antwortenden Schöpfen unterschieden werden. Letzteres tritt auf, sofern diese Schöpfungen und Erfindungen woanders beginnen, in Bereichen des Pathischen, dass in Aufforderungen übergeht und einen eigenen Zwang im Sinne einer Unausweichlichkeit ausübt. Damit ergibt sich die kritische Anfrage: Welche Möglichkeiten einer schöpferischen Responsivität und des ihr zugrundeliegenden Präreflexiven und implizitem Wissen sowie Zwischen kann es im digitalen »Eingestellten« wie oder wie anders bzw. nicht mehr geben?

Zwischen, Zwischen-Leiblichkeit und das Fleisch der Welt

Das Wesentliche des natur- und sozialleiblichen Erfahrens auch im Digitalen ist, dass es uns (bereits) ein vielfältiges *Zwischen* erkennen lässt bzw. durch dieses solches Erfahren überhaupt erst ermöglicht wird. Wie lässt sich dieses Zwischen, das erst einen Zugang zu einem Bereich zwischen »Subjekt« und »Objekt«, Leib und Welt eröffnet, näher bestimmen?

Es bedeutet nicht, dass es ein A und ein B und dazwischen einen Zwischen gibt, denn dieses Zwischen macht erst eine Ausdifferenzierung von A und B möglich. Die Rede vom Medium als *Interspace* ontologischer Polaritäten und auch die zwischen einem »Internet« und »Benutzer:innen« ist problematisch, wenn der Zwischenraum als einer zwischen zwei Polen bzw. Positionen gedacht wird. Wie ist eine Rede vom Medium als »Inter« als »Mitte« und »Zwischen« möglich, die es nicht in der metaphysischen Falle des klassischen Denkens mit seinem Grundbinarismus auslegt, die einer dualistischen Ontologie folgend das Medium aufseiten der Innerlichkeit oder Äußerlichkeit verortet? Wie kann die Gleichursprünglichkeit von Innen, Außen und Medium gedacht werden, ohne ihnen ihre distinkten Identitäten zu nehmen und zugleich keine als bevorzugten Ausgang zu bestimmen? Wie können neue Grenzen im Prozess und Prozesse der Neuziehung gefunden werden?

Die Überschreitung und Dekonstruktion des kartesianischen Dualismus vollzieht sich bei Merleau-Ponty als Instituierung des Leibes als dem grundlegenden (Wahrnehmungs-)Medium. Wie wir gesehen haben, ist Wahrnehmung bei Merleau-Ponty nicht mehr von der Alternative der Setzung oder Abbildung gedacht, sondern als eine primordiale Zugangsform zur Welt. Wahrnehmend sind wir zur Welt gestellt, die dementsprechend keine präexistente Welt mehr ist, sondern medialer Effekt des wahrnehmenden Leib-Subjektes. Die Welt wird dabei immer nur *in statu nascendi* wahrgenommen, und durch die Entfaltung der Wahrnehmung entsteht Welt in der Bewegung der Wahrnehmung. Das (Zwischen-)Medium, in dem diese Welt als Wahrgenommene entsteht und das gleichzeitig nur in diesem Entstehen die Existenz des Mediums selbst verwirklicht, ist der Leib. Das Medium, das nicht präexistent, sondern welches sich im Prozess der Medialisierung generiert, um in eins damit den Operator, die mediale Operation und das Medium zu generieren, ist die leibliche Inkarnation. Durch die Bewegung dieses medialen Wesens im Zwischen ereignet sich die simultane Konstitution von Prozess, Produzent:in und Produkt.

Als Sphäre der Differenzierung konstituiert das Zwischen also alle (u. a. positionelle) Unter-Scheidungen. Das Zwischen übergreift so die Gegensätze von Bewusstsein und Unbewussten, von Schein und Sein, Subjekt und Objekt, Selbst und Anderen im Sinne von Ego und Alter Ego, die sich erst durch den Differenzierungsprozess des Zwischen ergeben. Das Zwischen betrifft auch eine soziale Zwischenwelt als ein Zwischengeschehen zwischen Anderen. Das Soziale ist immer schon gegenwärtig als beständiges Feld und als Dimension der Existenz einer sozialen Zwischenwelt. Diese ist so eine Welt, in der ich und die Anderen Platz haben. Es ist daher weder in einem Ich-zentrierten Sinnverstehen noch in einer generalisierenden Rollenübernahme zureichend verstehbar.

Eines verhält sich zum anderen und ist doch nur was es ist, indem es sich über bzw. durch das Zwischen zum anderen verhält. Dieses Zwischen ist so ein drittes »Element« oder »Medium« zwischen mir und der Welt, aufgrunddessen ich überhaupt – in der Welt seiend – diese wahrnehmen kann: »Es ist zuallererst diese Abweichung da, die den *Sinn* der Wahrnehmung ausmacht« (Merleau-Ponty, 1995, S. 253).

Denn zur Wahrnehmung gehört die Perspektivität, eine Abwandlung von Gegebenheitsweisen, die ineinander übergehen. Die Sinnbildung ergibt sich durch ein fundamentales Differenzierungsgeschehen im Zwischen. Dieses Zwischen ist das »Vermittelnde« (und das Vermittelte) zwischen »mir« bzw. »uns« und der Welt. Es trennt nicht einfach von der Welt, es vermittelt mit ihr, und als ausgedrückte Bedeutung weist es immer zurück auf den zugrundeliegenden, schweigenden Sinn, mit dem wir je in Berührung sind und bleiben sowie den wir ständig in neuen Bedeutungen auszudrücken versuchen. Das Zwischen meint nach Waldenfels nicht nur ein neuartiges Phänomen, sondern eine »neuartige Organisation« bzw. einen »neuartigen Logos der Phänomene«. Es gleicht einem Netz von Relationen, wo es Knotenpunkte, Anschlussstellen und Verbindungswege, aber keine Zentrale gibt.

Dem Zwischen bzw. der Zwischenwelt entspricht eine Zwischenleiblichkeit (Interkorporeität), bei der sich Eigenleib und Fremdleib miteinander verschränken. Der Andere gehört »meiner« Lebenswelt und der jeweiligen Seinssituation an, so wie ich »seiner« und wir beide eben dieser gemeinsamen, zwischenleiblichen Situiertheit. Interessanterweise kann dies als wesentliche Bedingung menschlicher Kommunikation und dialogischer Begegnung im Digitalen interpretiert werden, die auch auf Bezüge zum Unbewussten verweist.

Dieses Unbewusste des Bewusstseins macht das Selbst zu einer anonymen (namenlosen) und allgemeinen Präsenz in und zur Welt, durch die das Sein wünscht, spricht und denkt als ein sich ereignendes Zwischengeschehen.

Zwischenleiblichkeit bedeutet für Merleau-Ponty eine Art von Mitwahrnehmung, eine leibliche Appräsenz, die die Fremderfahrung ermöglicht, wobei dies nicht zu einer Konvergenz oder Koinzidenz, sondern nur zu einer »Nicht-Koinzidenz in aller Koinzidenz« führt. Diese Zwischenleiblichkeit wird von Merleau-Ponty als eine reversible Verflochtenheit bestimmt. Der berührende und sehende Leib ist selbst- und fremdbezüglich verwoben mit der ihn um-gebenden Welt, die ihn gleichfalls berührend und sehend umgibt. Er ist dabei sowohl Körperlichkeit wie auch selbst ein Sehendes und Berührendes für andere Dinge und Menschen. Wie sich selbst, kann der Leib auch von Gegenständen und Anderen in einem wechselseitigen Verhältnis gesehen und berührt werden. Der so gebildete Zwischenleib »verleibt« sich selbst wie das und die Begegnenden ein.

Zwischenleiblich verbindet sich »subjektiver« Leib und »objektive« Welt. Diese doppelte Zugehörigkeit zur Ordnung des »Objektes« und des »Subjektes« kann dabei nach Merleau-Ponty zur Entdeckung ganz unerwarteter zirkulärer Beziehungen zwischen diesen beiden Ordnungen führen.

Mit der mit Merleau-Ponty vollzogenen Ausrichtung auf ein Zwischen werden die Phänomene aus ihrer objektivistisch-naturalistischen und subjektivistisch-kritizistischen Reduktion entbunden und deren Überschuss an Andersheit und Fremdheit restituiert. Zwischenleiblich verflechten sich die »leiblichen Landschaften« und Lebensgeschichten der sich begegnenden Leiber und (leibinkarnierter) Menschen konstitutiv ineinander. Erst die zwischenleibliche Verwicklung von Empfindenden und Empfundenem (von Empfundenem und Empfindendem) ermöglicht das Auftreten des Empfindens und die Erscheinung der Sichtbarkeit. Dieses zwischenleibliche, transitive Sein betrifft somit einen zirkulären und präsumptiven Bereich des Berührbaren und des Sichtbaren, »der sich immer weiter ausdehnt als die Dinge, die die Beteiligten je gegenwärtig berühren und sehen« (Merleau-Ponty, 2012, S. 187).

Konstitution und Konstituiertes sind wechselseitig im Sinne einer ursprünglichen Iteration aufeinander verwiesen, die Berührung ist eine Art Reflexion, »als ob der Raum selbst sich durch meinen Leib hindurch kennte« (Merleau-Ponty, 1995, S. 52).

Für Merleau-Ponty sind Leib und Welt »verflochten«, was nicht »Synchronizität«, d. h. strukturale Gleichzeitigkeit bedeutet, sondern »Chiasmus«, die Verflechtung einer elementaren reversiblen Zwischenleiblichkeit als ein formendes Milieu, welches erst das »Subjekt« und »Objekt« aus sich gestaltet, eine fortwährende »Inauguration« des Wo und des Wann, Möglichkeit und Anspruch des Tatsächlichen.

Auf diese Weise vom »Zwischen« ausgehend zu denken, stellt damit einen Versuch dar, bisherige metaphysische Dualismen zu überwinden. Das Ich, die Objekte und der Andere werden zu einem Organ einer einzigen Zwischenleiblichkeit in einem durchgängigen »Fleisch-Leib der Welt«. Das Fleisch ist das, was beides enthält: das Körperliche, das Seelische und das bzw. die Andere(n). »Subjekte« und »Objekte« werden zu bloßen »Teilganzheiten« als irreduziblen Dimensionen eines Seins, das selber als elementare Dimensionalität gedacht wird. Das »Fleisch« bewegt sich unaufhörlich in einem zirkulären Zwischenverhältnis. Denn es ist ein ungeteiltes Sein, das vor der Spaltung in »Bewusstsein« und »Objekt« existiert und sich in ständiger Umkehrbarkeit wandelt. Sein ist Ausdruck des ästhesiologischen Leibes. Bei dieser impliziten Reversibilität handelt es sich allerdings um eine immerzu bevorstehende und niemals tatsächlich verwirklichte, was auch bedeutet, dass es dabei nicht zu einer Koinzidenz kommt. Das reversible Fleisch, welches das Verhältnis von Sichtbarkeit und das Sichtbarwerden, aber auch von Rede und Bedeutung bezeichnet, ist so vielmehr ein offener Zwischenprozess des bzw. der leiblich und mitgegenwärtigen, sprachlich Beteiligten. Die »dritte Dimension« des Zwischens impliziert in einer sozialen »Mitgegenwärtigkeit« eine Art »trans-subjektives« Seelenleben.

Das Eigene, das Ich bzw. das Subjekt stehen in einem unauflösbaren Zusammenhang mit dem Fremden und dem Anderen. Oder: Es ist die Antwort des Anderen auf einen unausgesprochenen, impliziten Anspruch, die die Genese und die Erkenntnis des Selbst allererst provoziert. Subjektivität ist Responsivität. Waldenfels unterstreicht die unaufhebbare Differenz zwischen Anspruch und Antwort in der Konstitution des Subjekts. Er nennt dies »responsive Differenz«, deren Vergessen problematisch ist (Waldenfels, 1994, S. 242).

So sind die vielfältigen Versuche, das anarchische Ereignis des Sagens in finalen, kausalen, funktionalen oder formalen und nun auch digitalen Ordnungen einzufangen, es zu subjektivieren, zu logifizieren oder zu normalisieren, kritisch zu verstehen, da sie nicht mehr die responsiven Differenzprozesse zulassen. Es verweist auch auf ein radikal intersubjektives, alteritätsbezogenes Dispositiv, das einen Zugang zu den einbrechenden Dynamiken des Unbewussten als Sinn- und Selbstentzug als »Bruchlinien der Erfahrung« (Waldenfels, 2002) eröffnet. Es sind nämlich nicht einfach die physiologische Erfahrung und auch nicht einfach die bruchlos gelingende primäre Intersubjektivität in wechselseitiger Resonanz und Empathie, sondern erst deren spontanes Misslingen, die Spannungen, Diskrepanzen, Dissonanzen und »Veränderungen«, welche genuine Erfahrungen im Feld zwischen analogem und virtuellem Sein und Tun erlebbar und zugänglich machen. Das dynamische Unbewusste als leiblicher »Kurs« und »Diskurs« des und mit dem Anderen ist die Quelle aller Subjektivität und Zwischen-Erfahrungen, die im Umgang mit digitalen Imperativen und Technologien zu einer engagierten Gelassenheit aufrufen.

Ethos einer engagierten Gelassenheit im »digitalen Gestell«

Gelassen-Sein meint nicht eine passive, resignative, sondern eine engagierte, bestimmte Haltung. Als solche ist sie gerade nicht in-different gleichgültig, sondern versteht sich im Gegenteil als engagiert differenz-sensibel und auch auf Differenz gehend insbesondere zu Zumutungen des Digitalen. Es geht einerseits um ein Loslassen-Können von entfremdenden Formen des »digitalen Gestells« und andererseits um ein Zulassen-Können von Neuem und Anderem, sowie Außerordentliches in der digitalen Ordnung, also »Außerdigitalordentlichem«. Als von einer »aktiven Passivität« bewegt, lässt der oder die Gelassene lebendige Widersprüche des Lebens auch im digitalen Zeitalter zu. Wer in diesem Sinne engagiert gelassen ist, nimmt Standpunkte ein und bleibt zugleich offen, ist – mit anderen Worten – sowohl fähig, sich abzugrenzen, aber auch Grenzen zu überschreiten. Diese Gelassenheit kann durch Achtsamkeit und Aufmerksamkeit im Sinne eines sinnlichen und sinnvollen Gegenwärtigen kultiviert werden (Küpers, 2013). Gelassen aufzumerken, folgt dabei nicht be- und verwertenden Verfügungsimperativen, wie sie dem leistungsgesellschaftlich ausgerichteten *homo performator digitalis* zu eigen sind. Was auf- oder einfällt in Bezug auf die Aufmerksamkeit, markiert eher Bruchstellen der Erfahrung (Waldenfels, 2002). Aufmerksam und achtsam zu sein, kann helfen, von übervereinfachten Vorstellungen oder fixierten Projektionen der eigenen Person wie von Anderen Abstand zu nehmen. So befreit, lassen sich andere und neuartige Aspekte von sich als wahrnehmender, fühlender, denkender und handelnder Person erkunden. Gelassen achtsam sein, heißt, im Aufmerken dem Fremden, Neuen, Unbewussten und Ungewussten wie auch Unantizipierbaren zu begegnen. Der oder die gelassen Aufmerksame erlaubt der Welt mit ihren vielfältigen Erscheinungen, sich durch ihn oder sie hindurch in sinnlicher Erfahrung zu zeigen.

Als innewerdendes Engagement verweist Gelassenheit damit auf eine radikalisierte Vergegenwärtigung des eigenen Erlebens, Tuns bzw. Lassens. Dies wurde von Claus Otto Scharmer (2009) als »Vergegenwärtigung« *(presencing)* beschrieben, welches ein Hinsehen, Hinspüren und Gegenwärtigen, mithin ein Hervortreten eines inneren Wissens sowie moment-bewusstes Handeln integriert. Der Begriff *presencing* verbindet *presence* (»Präsenz«) und *sense* (»wahrnehmen«, »spüren«) miteinander und verweist darauf, wie das Selbst gleichsam von jeglichem »Machen« zurücktritt, um sich einem Fließen zu überlassen, das auch die Entfaltung von Potenzialen ermöglicht. Nach Claus Otto Scharmer bedeutet *presencing* ein Spürbar- und Wirksam-Machen einer angestrebten Zukunft im je gegenwärtigen Denken und gemeinsamen Handeln, die organisationsspezifisch auszurichten sind.

Es gibt vielfältige Möglichkeiten einer Förderung eines achtsamen Zu- und Einlassens in Organisationen, die als Teil einer Reintegration des Leiblichen wirksam werden (Küpers, 2013). Organisationspraktisch sind entschleunigende, flexible Lebens-, Arbeits- und Auszeiten für sich selbst und Andere, diesseits einer Work-Life-Balance, zu entwickeln und betriebsindividuell anzubieten. Hinsichtlich der zuvor dargestellten Probleme der Digitalisierung sind insbesondere auch Zeiten eines Medienfastens wertvoll. Designierte Zeiten für spezifische Digitalarbeit und Phasen bewussten »Offline-Seins« tragen zu weniger äußerer Verfügbarkeit und dafür mehr innerer und sozialer Erreichbarkeit bzw. Begegnung mit sich selbst und den konkreten Anderen bei. Die Möglichkeiten zu zeitspezifischer Verwendung oder Verringerung der E-Mail-Abrufe führen zu einer stärkeren Achtsamkeit, was innere »Rufe« und »Anrufe« Anderer angeht. Gelassen engagierte, dynamische *connectors* (MacCormick, Derry & Kolb, 2012) vermögen z. B. im Umgang mit Smartphones anstelle *hypo-* oder *hyper-connected* zu sein, je nach situativem Bedarf zwischen hoher und geringer Konnektivität zu wechseln und sich auch wohlzufühlen, zeitweise nicht verbunden zu sein sowie sich zu regenerieren, sowie Diskurse der *dysconnectivity* und das Recht auf Nicht-Verbundensein zu realisieren (Hesselberth, 2018).

Diese Gelassenheit ermöglicht eine achtsame Beziehung zu materiellen und soziokulturellen Hybriden, wie sie im digitalisierten Alltag von Organisation entstehen. Als solche erlaubt sie die Wiederbelebung einer Form der Offenheit gegenüber den Praktiken und Inhalten des erfahrungsorientierten und experimentellen Organisierens. Ein Engagement für eine neu verkörperte Form des Organisierens, das sich im Geiste eines engagierten Loslassens verfolgen lässt, kann die Entfaltung »alternativer« Formen wirtschaftlicher, gesellschaftlicher, soziokultureller, politischer und ethischer Interessen und Zusammenhänge vermitteln, auf die es in der kommenden erwartbar noch extensiveren und intensivieren Digitalisierung und weiteren kritisch zu beobachtenden Schritten und Sprüngen zwischen Humanen und Posthumanen (Howard & Küpers, 2022) ankommen wird.

Engagierte Gelassenheit und praktische Weisheit (Küpers, 2012, 2023) gerade im Verhältnis zu Technologie (Küpers & Pauleen, 2016) sowie eine entsprechende Organisations- und Führungspraxis helfen, adäquat und virtuos auf Herausforderungen in der heute komplexeren und erwartbar noch interdependenteren Welt zu antworten bzw. sich einzulassen.

Die Dimensionen des individuellen und kollektiven Unbewussten in Beziehung zum Digitalen verweisen auf etwas Afunktionales und Atechnisches, das sich dem Technischen entzieht und eben dadurch einen spezifischen Bezug zu ihm aufrechterhält (Waldenfels, 2002, S. 457) und so zu Abweichungen von dessen funktionalem Logos und zu Integrationsbedürfnissen von responsivem Ethos und Pathos führt, die eben nicht technisch beherrschbar sind ohne Leiden zu verursachen. Auch das digitale Ego ist nicht Herr im eigenen digitalen Gehäuse!

Zur Vermeidung von weiteren digitalbedingten Pathologien und für eine achtsame Vergegenwärtigung bieten sich ein leibvermittelte Antwortlichkeit und engagierte Gelassenheit an. Sowohl eine lebendige Responsivität, die – wie dargestellt – sinnliche und sinnvolle Leiblichkeitsbezüge integriert, wie auch eine engagierte Gelassenheit verweisen auf gesündere, verantwortlicherer, weisere und nachhaltigere Um- und Durchgangsformen mit und durch die digitalisierten Praktiken in aktuellen und zukünftigen Organisationen sowie ihrer inkarnierter Menschen.

Literatur

Alpsancar, S. (2012). *Das Ding namens Computer. Eine kritische Neulektüre von Vilém Flusser und Mark Weiser*. transcript.

Aroles, J. & Küpers, W. (2021). Towards an Integral Pedagogy. Challenges to moving learning and teaching activities online and pathways for repurposing. *Management Learning, 10*, 1–19. https://doi.org/10.1177%2F13505076211053871

Aroles, J. & Küpers, W. (2022). Flânerie as a methodological practice for explorative research in digital worlds. *Culture and Organization, 2*, 1-14. https://doi.org/10.1080/14759551.2022.2042538

Beverungen, A., Beyes, T. & Conrad, L. (2019). The organizational powers of (digital) media. *Organization, 26*(5), 636–654.

Bostrom, N. (2018). Die Zukunft der Menschheit. In ders., *Die Zukunft der Menschheit. Aufsätze* (S. 7–48). Suhrkamp.

Cassirer, E. (1982). *Philosophie der symbolischen Formen III. Phänomenologie der Erkenntnis*. Wissenschaftliche Buchgesellschaft.

Dander, V., Bettinger, P., Ferraro, E. Leineweber, C. & Rummler, K. (2020). *Digitalisierung – Subjekt – Bildung. Kritische Betrachtungen der digitalen Transformation*. Barbara Budrich.

Du Toit, J. (2021). Living in the age of the embodied screen. *Indo-Pacific Journal of Phenomenology, 20*(1), 1–9.

Fehér, K. (2017). Netframework and the Digitalized-mediatized Self. *Corvinus Journal of Sociology and Social Policy, 8*, 11–126. https://doi.org/10.14267/CJSSP.2017.01.06

Ferraro, E. (2020). Tūrangawaewae: »Ein Ort zum Stehen« – Selbstpositionierungen und Kritik im digitalen Zeitalter Wie kann Gehen und Stehen. In V. Dander, P. Bettinger, E. Ferraro, C. Leineweber & K. Rummler (Hrsg.), *Digitalisierung – Subjekt – Bildung. Kritische Betrachtungen der digitalen Transformation* (S. 57–76). Barbara Budrich.

Freud, S. (1975). *Die Traumdeutung und Psychologie des Unbewussten. Studienausgabe, Band 2/3*. S. Fischer.

Gabriel, Y. (1999). *Organizations in Depth: The Psychoanalysis of Organizations*. Sage.

Hesselberth, P. (2018). Discourses on dysconnectivity and the right to disconnect. *New Media & Society, 20*(50), 1994–2019.

Howard, C. & Küpers, W. (2022). Posthumanism and Anthropology. In S. Herbrechter, I. Callus, M. Rossini, M. Grech, M. de Bruin-Molé & C. J. Müller (Hrsg.), *Palgrave Handbook of Critical Posthumanism*. https://doi.org/10.1007/978-3-030-42681-1_14-1

Humboldt, W. (2012). Theorie der Bildung des Menschen. In H. Hastedt (Hrsg.), *Was ist Bildung? Eine Textanthologie* (S. 93–99). Reclam.

Jung, C. G. (1995). *Die Beziehung zwischen dem Ich und dem Unbewussten* (1928) / *Über die Psychologie des Unbewussten* (1943). Gesammelte Werke, Band 7: Zwei Schriften über Analytische Psychologie. Walter.

Kaerlein, T. (2018). *Smartphones als digitale Nahkörpertechnologien. Zur Kybernetisierung des Alltags*. transcript.

Kraemer, D., Haltaufderheide, J. & Vollmann, J. (2022). *Technologien der Krise. Die Covid-19-Pandemie als Katalysator neuer Formen der Vernetzung*. transcript.

Krämer, S. (1998). Zentralperspektive, Kalkül, Virtuelle Realität. Sieben Thesen über die Weltbildimplikation symbolischer Formen. In G. Vattimo & W. Welsch (Hrsg.), *Medien – Welten – Wirklichkeiten* (S. 27–37). Wilhelm Fink.

Krämer, S. (2004). *Performativität und Medialität*. Wilhelm Fink.

Kudyba, S. (2020). COVID-19 and the Acceleration of Digital Transformation and the Future of Work. *Information Systems Management, 37*(4), 284–287.

Küpers, W. (2012). Die Kunst der Weisheit als integrale Praxis in Organisation und Führung, Wirtschaftspsychologie. *Wirtschaftspsychologie, 3*(14), 46–57.

Küpers, W. (2013). Klug Nichts tun. Die Kunst engagierter Gelassenheit in der Organisations- und Führungspraxis. *Zeitschrift für Organisationsentwicklung, 2*, 4–17.

Küpers, W. (2015). *Phenomenology of the Embodied Organization – The contribution of Merleau-Ponty for organisation studies and practice*. Palgrave.

Küpers, W. (2021a). Embodied Inter-Practices in Resonance as New Forms of Working in Organisations. In J. Aroles, K. Dale & F. de Vaujany (Hrsg.), *Experiencing the New World of Work* (S. 13–38). Cambridge University Press.

Küpers, W. (2021b). (Re-)embodied Digital Education Practices: Empirical Vignettes About Teaching and Learning in »Tele-co-presences«. In S. Loftus & A. Kinsella (Hrsg.), *Embodiment and Professional Education: body, practice, pedagogy* (S. 183–196). Springer.

Küpers, W. (2023). *Integrating Prâxis, Practice, Phrónêsis for enacting Transformative Sustainable Action in Leadership and Organisation*. Routledge.

Küpers, W. & Pauleen, D. (2016). Series Editors Preface for book »Practical Wisdom in the Age of Technology. Insights, issues, and questions for a new millennium«. In N. Dalal, A. Intezari & M. Heitz (Hrsg.), *The Practical Wisdom in Leadership and Organization Series* (S. XVI). Routledge.

Leodolter, W. (2017). A Model of an Organization. How Do the Subconscious Mind and the Conscious Mind of an Organization Work? In W. Leodolter (Hrsg.), *Digital Transformation Shaping the Subconscious Minds of Organizations* (S. 67–104). Springer, Cham. https://doi.org/10.1007/978-3-319-53618-7_4

Lovink, G. (2021). *Digitaler Nihilismus. Thesen zur dunklen Seite der Plattformen*. transcript.

MacCormick, J., Derry, K. & Kolb, D. (2012). Engaged or just connected? Smartphones and employee engagement. *Organizational Dynamics 41*(3), 194–201.

Merleau-Ponty, M. (1995). *Das Sichtbare und das Unsichtbare*. Wilhelm Fink.

Merleau-Ponty, M. (2012). *Phänomenologie der Wahrnehmung*. De Gruyter.

Niesyto, H. (2017). Medienpädagogik und digitaler Kapitalismus. Für die Stärkung einer gesellschafts- und medienkritischen Perspektive. *MedienPädagogik: Zeitschrift für Theorie und Praxis der Medienbildung, 27*, 1–29.

Novotny, J. & Reidy, J. (2022). *Memes – Formen und Folgen eines Internetphänomens.* transcript.

Piallat, C. (Hrsg.). (2021). *Der Wert der Digitalisierung. Gemeinwohl in der digitalen Welt.* transcript.

Quadflied, S. Neuburg, K. & Nestler, S. (2022). *(Dis)Obedience in Digital Societies. Perspectives on the Power of Algorithms and Data.* transcript.

Rosa, H. (2005). *Beschleunigung. Die Veränderung der Zeitstrukturen in der Moderne.* Suhrkamp.

Rosa, H. (2012). Kapitalismus als Dynamisierungsspirale – Soziologie als Gesellschaftskritik. In K. Dörre, S. Lessenich & H. Rosa (Hrsg.), *Soziologie – Kapitalismus – Kritik. Eine Debatte* (4. Aufl., S. 87–125). Suhrkamp.

Rosa, H. (2016). *Resonanz. Eine Soziologie der Weltbeziehung.* Suhrkamp.

Rosa, H. (2018). *Unverfügbarkeit.* Residenz.

Rosenberger, R. & Verbeek, P. (2015). A field Guide to Postphenomenology. In ders. & P. P. Verbeek (Hrsg.), Postphenomenological Investigations. *Essays on Human – Technology Relations* (S. 9–41). Lexington Books.

Scharmer, C. O. (2009). *Theorie U. Von der Zukunft her führen.* Carl Auer.

Schulz, J. (2019). Klicklust und Verfügbarkeitszwang Techno-affektive Gefüge einer neuen digitalen Hörigkeit. In dies., R. Mühlhoff, A. Breljak & J. Slaby (Hrsg.), *Affekt Macht Netz* (S. 131–154). transcript.

Simon, T. & Deslandes, G. (2023, i. E.). Phantom Company. Understanding the impossible coincidence between the desires of young graduates and the phantom existence of organisations. *Journal of Business Ethics (JBE).*

Stalder, F. (2016). *Kultur der Digitalität.* Suhrkamp.

Stoller, S. (1999). Merleau-Pontys Psychoanalyse-Rezeption. *Phänomenologische Forschungen, Neue Folge, 4*(1), 43–76.

Tarafdar, M., Cooper, C. L. & Stich, J.-F. (2019). The technostress trifecta – techno eustress, techno distress and design: Theoretical directions and an agenda for research. *Information Systems Journal, 29*(1), 6–42.

Taska, L. (2017). Scientific Management. In A. Wilkinson, S. J. Armstrong & M. Lounsbury (Hrsg.), *The Oxford Handbook of Management* (S. 19–38). Oxford University Press.

Turel, O., Hamed, Q. S. & Isaac, V. (2021). Special Issue: Dark Sides of Digitalization. *International Journal of Electronic, 25*(2), 127–135.

Waldenfels, B. (1994). *Antwortregister.* Suhrkamp.

Waldenfels, B. (2002). *Bruchlinien der Erfahrung. Phänomenologie – Psychoanalyse – Phänomenotechnik.* Suhrkamp.

Weiser, M. (1991). The Computer for the 21st Century. *Scientific American, 265,* 94–104.

Zahn, M. (2020). Ästhetische Praxis als Kritik: Vom Aussetzen des Urteilens und der Erfindung neuer Wahrnehmungs-, Denk- und Handlungsmöglichkeiten. In V. Dander, P. Bettinger, E. Ferraro, C. Leineweber & K. Rummler (Hrsg.), *Digitalisierung – Subjekt – Bildung. Kritische Betrachtungen der digitalen Transformation* (S. 213–233). Barbara Budrich.

Biografische Notiz

Wendelin Küpers, Prof. Dr., ist Professor für Leadership & Organisation Studies, Dekan und akademischer Vizepräsident der Karlshochschule International University, Karlsruhe sowie affiliierter Professor bei der ICN ARTEM und dem UNESCO Chair (Nancy und Paris). In seiner phänomenologischen und interdisziplinär ausgerichteten Forschung untersucht er verkörperte, verortete, affektiv-emotionale, ethische, kreative und ästhetische Dimensionen von Organisation und Management bzw. Führung. In seiner aktuellen Forschung und Lehre konzentriert er sich auf responsive, verantwortungsvolle und praktisch weise Formen des Organisierens und Führens, die zu einer integraleren und nachhaltigen Praxis in Unternehmen, der Wirtschaft und Gesellschaft beitragen. Er hat zu den genannten Feldern vielfältig publiziert und ist u. a. Herausgeber einer Buchreihe bei Routledge (»The Practical Wisdom in Leadership and Organisation Series«).

Zwischen Heilsversprechen und Ernüchterung

Zu Risiken und Nebenwirkungen von Führung in öffentlichen Institutionen

Ben Christian & Elisabeth Christian

In diesem Beitrag widmen wir uns einem ganz bestimmten »Typ« von Organisationen: *öffentlichen Institutionen*. Gemeint sind damit Organisationen mit einem expliziten gesellschaftlichen bzw. staatlichen Auftrag, wie etwa politische Behörden, Stiftungen, Schulen, Universitäten, Gewerkschaften oder Kirchen. Wir erklären, was diese »besonderen« Organisationen als Expertenorganisationen kenn- und auszeichnet, und formulieren vier konkrete Warnhinweise für Führungskräfte und Mitarbeitende, die sich in solchen organisationalen Settings bewegen und nicht selten an ihren Organisationen leiden. Die vier Hinweise adressieren dabei jeweils bestimmte »Heilsversprechen«, die in öffentlichen Institutionen weit verbreitet sind. Unser Ziel ist es, die Ambivalenz dieser (vermeintlich einfachen) Lösungsstrategien aufzuzeigen und ein größeres Bewusstsein für ihre (nicht-intendierten) Nebenfolgen zu schaffen.

Wir wollen im Folgenden einerseits auf bestimmte, zum Teil verborgene Organisationsdynamiken und ihre ambivalenten Wirkungen aufmerksam machen, andererseits jedoch auch konkrete Möglichkeiten des konstruktiven Umgangs mit eben diesen Dynamiken aufzeigen. Dabei schöpfen wir aus unseren vielfältigen und langjährigen Erfahrungen in der Beratung von öffentlichen Institutionen. Es handelt sich hier also gewissermaßen um einen Blick aus der Praxis auf die Praxis.

Gleichzeitig ist es unser Anspruch, mit einigen theoretischen Landkarten zu einem tieferen Verständnis der von uns geschilderten Herausforderungen für Führungskräfte in öffentlichen Institutionen beizutragen. Diese Landkarten bieten – anders als Heilsversprechen – keine eindeutigen Handlungsempfehlungen. Vielmehr geben sie eine Übersicht über das schwierige »Gelände«, in dem sich Führungskräfte und Mitarbeitende in solchen Institutionen bewegen müssen. Sie machen das unwegsame Gelände für Führungskräfte dadurch im besten Fall begehbarer, zeigen bestimmte Sackgassen auf und bereiten auf mögliche

Überraschungen vor. Vor allem jedoch sensibilisieren sie dafür, dass vorhandene Unschärfen und Ambivalenzen eben gerade nicht vermieden, bekämpft oder negiert werden sollten – sondern schlicht zum »So-Sein« öffentlicher Institutionen gehören und entsprechend akzeptiert werden müssen, will man in und mit diesen Institutionen arbeiten.

Unser Beitrag ist entlang der vier Warnhinweise strukturiert. Wir bewegen uns dabei von »außen« nach »innen« und beginnen mit der Schnittstelle zwischen Institution und Umwelt – konkret: (1) Strategie und (2) Kritik. Anschließend widmen wir uns dem Verhältnis von Institution und Individuum – konkret: (3) Führung und (4) Motivation. Jedes Unterkapitel ist hierbei gleichermaßen gegliedert: Zunächst wird der jeweilige Problemkontext skizziert und das verbreitete »Heilsversprechen« erläutert. Darauf aufbauend, wird mittels der verschiedenen theoretischen Landkarten die Ambivalenz dieser Versprechen aufgezeigt und auf ihre möglichen »Nebenfolgen« hingewiesen.

Warnhinweis 1: Es gibt eine unerfüllbare Sehnsucht nach Eindeutigkeit

Problemkontext und Heilsversprechen

Führungskräfte und Mitarbeitende in öffentlichen Institutionen sind häufig frustriert, dass es in ihrer Organisation »keine klare Strategie« gibt, an der sie sich orientieren können. Weit verbreitet ist entsprechend die Sehnsucht nach »Eindeutigkeit« und (handlungsleitender) Orientierung: Man wünscht sich eine eindeutige(re) strategische Ausrichtung mit Blick auf die anzustrebenden Ziele. Der Ruf nach einer »neuen Strategie« mit »klaren Prioritäten« gehört folglich zum kleinen Einmaleins interner Veränderungsvorschläge in öffentlichen Institutionen. Das formulierte »Heilsversprechen« lautet – zugespitzt – wie folgt: »Wir müssen nur eine klarere Strategie formulieren und endlich Prioritäten setzen, dann wird alles besser!«

Meistens jedoch produzieren die in der Folge angestoßenen »Strategieprozesse« nicht die gewünschte Eindeutigkeit, sondern vor allem Ernüchterung: Die (neu) entwickelten Strategien bleiben oftmals vage bis beliebig – und der Kreislauf beginnt anschließend von vorne. Häufig kommt es gleich zu mehreren, sich in kurzen Abständen wiederholenden Strategiediskussionen oder »Zielmappings«, die allesamt mit großem Aufwand betrieben werden – ohne dass sich das Ergebnis substanziell verändert. Diese langwierigen Strategiefindungsprozesse werden in der Wahrnehmung der Beteiligten mit der Zeit zu einer *never ending story* und führen zu Frustration auf allen Seiten (Nicolai, 2000).

Theoretische Landkarte und Hinweis

Warum aber fällt öffentlichen Institutionen die Entwicklung einer »eindeutigen Strategie« bzw. die Entscheidung für eine klare Ziel-Priorisierung so schwer? Im Folgenden soll gezeigt werden, dass dieses Phänomen auf die widersprüchlichen Erwartungen des organisationalen Umfelds zurückzuführen ist – und eine gewisse »Mehrdeutigkeit« sogar funktional für öffentliche Institutionen sein kann.

Öffentliche Institutionen sind in der Regel mit widersprüchlichen externen Erwartungen konfrontiert. Verschiedenste »Stakeholder:innen« haben unterschiedliche Interessen, die alle von der Organisation bedient werden müssen, will diese auf Dauer überleben. Hier stehen Wirtschaftlichkeit, Innovationsgeist, Einhaltung der rechtlichen Rahmenbedingungen, Wirkungen und viele andere Anforderungen gleichzeitig nebeneinander. Öffentliche Institutionen können es entsprechend nie Allen recht machen, sie müssen mit diesen unauflösbaren Zielkonflikten umgehen. Dazu gehört auch, dass öffentliche Institutionen nicht »Herr ihrer selbst« sind: Sie haben Prinzipal:innen bzw. Auftraggeber:innen, die bestimmte Ziele vorgeben – und so einen autonomen, rein »von innen« gesteuerten Ziel- und Strategieprozess unmöglich machen. Öffentliche Institutionen können ihre eigene Strategie also nicht einfach beliebig anpassen bzw. eigenständig eine Priorisierung vornehmen. Vielmehr müssen sie den »Moden« bzw. Konjunkturen des politischen Betriebs folgen, und sich stets an den unterschiedlichen Wünschen der (geldgebenden) Prinzipal:innen ausrichten. Hinzu kommt die Tendenz zur ständigen Ausweitung des eigenen Mandats: Öffentliche Institutionen können sich aufgrund ihrer Wertegetriebenheit nur schwer selbst »begrenzen«. Angesichts der Vielzahl der zu bewältigenden Problemlagen (Armut, Ungerechtigkeit, Klimawandel), mit denen öffentliche Institutionen zu tun haben, fällt die Abgrenzung schwer: »Dafür sind wir nicht zuständig« ist ein Satz, der in diesen normativ aufgeladenen Organisationen nur selten fällt. Stattdessen wird die eigene Zuständigkeit im Verlauf der Zeit immer weiter ausdifferenziert und ausgeweitet.

Alles in allem führt dies dazu, dass (strategische) Eindeutigkeit in öffentliche Institutionen kaum möglich ist. Mehr noch: Sie kann sogar »gefährlich« werden. Wie bereits beschrieben, müssen öffentliche Institutionen die widersprüchlichen Erwartungen ihres Umfelds bedienen und dürfen keine wichtigen Stakeholder:innen verprellen. Da sich dabei unausweichlich Zielkonflikte ergeben, ist eine gewisse »Inkonsistenz« der Organisation geradezu erforderlich. Nils Brunsson (2002) spricht hier von »organisationaler Heuchelei«, bei der organisationaler *Talk* und organisationale *Action* voneinander entkoppelt werden. Die Organisation sagt das eine, tut das andere – und bedient damit gleichzeitig widersprüchliche Erwartungen: »The organization meets some demands by way of talk, others by decisions, and yet others by action – thus to some extent satisfying three conflicting demands«[1] (Brunsson, 2002, S. xiv). Im Gegensatz zu Individuen können (funktional differenzierte) Organisationen also sehr wohl mit widersprüchlichen Anforderungen umgehen: »In der Organisation existieren und agieren die jeweils widerspruchsfrei handelnden, aber zueinander logisch im Widerspruch und Konflikt liegenden Einheiten *nebeneinander*« (Simon, 2019, S. 120, Hervorhebung B. C. & E. C.; siehe dazu auch Ameln & Heintel, 2016, S. 42). Mehrdeutige und in gewisser Weise »inkonsistente« Vorgaben und Verhaltensweisen in öffentlichen Institutionen spiegeln folglich nur die widersprüchlichen Erwartungen des organisationalen Umfelds – und sind nicht zu vermeiden (Gössler & Schweinschwaller, 2008, S. 50).

Und auch nach innen kann diese Mehrdeutigkeit durchaus funktional sein. Mehrdeutigkeit auf der obersten Führungsebene einer Organisation ist ein kluger Umgang mit Komplexität und Unsicherheit. Denn in der Regel ist das oberste Management zu weit weg, um angesichts der Komplexität des Geschäftes ihren Mitarbeitenden eine praktische, konkrete Orientierung zu geben. Dies gilt vor allem für öffentliche Institutionen, die eine sehr hohe Expertise an der Basis voraussetzen. Gleichzeitig muss die Spitze ganz unterschiedliche Strömungen, Personen und Bereiche zusammenhalten. Naheliegend und funktional ist es deshalb, über breite Sammelbegriffe und mehrdeutige Orientierungen mögliche Kontroversen vorausschauend abzufedern. Darüber hinaus verschafft Mehrdeutigkeit der Führung Zeit: Sie lernt an den Suchbewegungen des mittleren Managements indirekt selbst mit und schärft so die eigene Intuition für das Machbare, ohne dass dieses Mitlernen vom Umfeld als solches beobachtbar wäre. Gleichzeitig schützt das Prinzip der Mehrdeutigkeit die Spitze davor, Fehlentscheidungen sich selbst zurechnen zu müssen – die Spitze wird nicht beschädigt.

---

1 »Die Organisation erfüllt einige Anforderungen durch öffentliche Verlautbarungen, andere durch Entscheidungen und wieder andere durch Handlungen – und befriedigt damit in gewisser Weise drei widersprüchliche Anforderungen« (Übersetzung B. C. & E. C.).

Aber auch das mittlere Management kann von der Mehrdeutigkeit profitieren: Diese sichert den Expert:innen den notwendigen Spielraum, Entscheidungen nach eigenen Kriterien treffen zu können. Sie sichert ihnen ihre Autonomie (Mintzberg, 1991). Allerdings funktioniert Mehrdeutigkeit nur, wenn in der Institution gegenseitig genug Vertrauen vorhanden ist, und wenn aufmerksame Feedbackschleifen rechtzeitig auf unerwünschte Nebenwirkungen hinweisen. Dazu gehören vor allem die Anstrengungen, die auf den unteren Ebenen unternommen werden müssen, um aus der Mehrdeutigkeit in die Klarheit und die Entscheidung zu kommen. Dies kann auf Dauer auch zur Erschöpfung des mittleren Managements und einer entsprechenden Verweigerungshaltung führen. Es braucht deshalb eine sensible Beobachtung und Reflexion, wann die Mehrdeutigkeit nicht die erhofften Wirkungen hat, wann sich die Interpretationen kurz- bis mittelfristig immer wieder gegenseitig aufheben und in die Irre führen, die Prozesssicherheit in den Routinen abnimmt und Problemlösungsmuster in den Kinderschuhen steckenbleiben.

Ähnliches gilt für die vermeintlich »ewigen« Strategieprozesse in öffentlichen Institutionen. Auch diese sind durchaus funktional und erfüllen einen Zweck, den man erkennt, wenn man die Perspektive wechselt: Es geht bei diesen Prozessen weniger um das Ergebnis – also die konkrete Strategiefindung (s. o.) –, sondern vor allem um die interne Kommunikation »auf dem Weg« (Kühl, 2015). In gewisser Weise dienen diese Verfahren der Selbstvergewisserung, der Selbst-Legitimation (von Billerbeck, 2020) und dem internen Ausgleich von Interessen: Um mit der Heterogenität der internen Interessensgruppen umzugehen und normativ aufgeladene bzw. politisch brisante Diskussionen einzufangen, übt sich die Organisation unter dem Deckmantel der Strategiefindung in kontinuierlichen Kommunikationsschleifen. Die ständige Selbst-Befragung »Wer sind wir?« bzw. »Was ist unsere Aufgabe?« zielt entsprechend weniger auf Erkenntnisgewinn und finale Entscheidungen ab, sondern dient vor allem dem Umgang mit der vorhandenen Multiperspektivität in der Organisation.

Ein erstes Zwischenfazit: In öffentlichen Institutionen herrscht eine unerfüllbare Sehnsucht nach Eindeutigkeit. Aber diese Sehnsucht ist eben »unerfüllbar«: Die Suche nach der einen, präzisen, priorisierten Strategie bleibt in öffentlichen Institutionen zwangsläufig erfolglos. Stattdessen sind »Mehrdeutigkeit« und vage Strategien für öffentliche Institutionen sehr funktional: Sie spiegeln die widersprüchlichen Anforderungen des organisationalen Umfelds. Und auch die vielen internen Schleifen haben eine Funktion: Sie ermöglichen zwingend notwendige Prozesse der internen Kommunikation und Selbstvergewisserung. Das oben formulierte Heilsversprechen und der darin enthaltene Ruf nach »mehr Eindeutigkeit« sind entsprechend ambivalent: Ja, öffentliche Institutionen müssen sich (immer wieder neu) strategisch ausrichten. Gleichzeitig ist es genau die (oftmals kritisierte) Offenheit und Mehrdeutigkeit, die es ihnen erlaubt, handlungsfähig zu bleiben und mit widersprüchlichen externen Erwartungen umzugehen. Führungskräfte (und Berater:innen) in öffentlichen Institutionen sollten also weder dem Irrglauben verfallen, mit dem nächsten Strategieprozess alle vorhandenen Inkonsistenzen auflösen zu können, noch den Fehler machen, die immer wiederkehrenden Schleifen und strategischen Mappings als unnötig oder dysfunktional abzutun. Stattdessen besteht die Herausforderung darin, die organisationale Notwendigkeit dieser Prozesse anzuerkennen, ohne ihnen dabei jedoch zu viele Ressourcen und Aufmerksamkeit zur Verfügung zu stellen.

Warnhinweis 2: Der Umgang mit Fehlern und Kritik ist eine besondere Herausforderung

Problemkontext und Heilsversprechen

Wenn öffentliche Institutionen Fehler machen, dann hat das häufig schwerwiegende Folgen für Dritte. Angetrieben von dem Vorsatz, solche Fehler (zukünftig) zu vermeiden, wird intern häufig ein besseres »Lernen aus Fehlern« eingefordert. Die zyklisch wiederkehrenden Managementmoden, die dieses Thema unter wechselnden Begrifflichkeiten (»Lernende Organisation«, »Agilität«, »High Reliability Organizations« usw.) in den Vordergrund stellen, fallen in öffentlichen Institutionen deshalb auf besonders fruchtbaren Boden. Das folgende – erneut zugespitzte – »Heilsversprechen« hört man entsprechend häufiger: »Wir müssen aus unseren Fehlern lernen, dann kriegen wir unsere Aufgaben in den Griff!«

Öffentliche Institutionen entwickeln deshalb oft eine ausgeprägte Lerninfrastruktur (Benner, Mergenthaler & Rotmann, 2011): Interne Evaluationen, »Lessons-Learned«-Übungen, »Best-Practice«-Workshops – es mangelt wahrlich nicht an den entsprechenden Formaten. Gleichzeitig zeigt sich in der organisationalen Praxis, dass diese Maßnahmen oftmals nicht besonders erfolgreich sind. Interne Kritik wird selten offen geäußert und kritische Diskussionen finden häufig nur in informellen Räumen – »unter Kolleg:innen« – statt. Die vorhandene Lerninfrastruktur wird nicht von einer entsprechenden »Kritikkultur« gestützt (Christian, 2020).

Theoretische Landkarte und Hinweis

Doch warum ist das Lernen aus Fehlern bzw. der Umgang mit interner Kritik in öffentlichen Institutionen so schwierig (Weick & Sutcliffe, 2001)? Nachfolgend sollen mehrere spezifische Merkmale dieser Organisationen beleuchtet werden, die den offenen Umgang mit (interner) Kritik zu einer besonderen Herausforderung machen. Gleichzeitig wird argumentiert, dass eine gehemmte Kritikkultur bzw. die (un)bewusste Einschränkung von Reflexionsprozessen durchaus auch funktional für öffentliche Institutionen sein kann.

»Aus Fehlern lernen« ist nie einfach. Das gilt für Individuen wie für Organisationen. Eine Auseinandersetzung mit den eigenen Fehlern ist – wenn sie ernsthaft und ehrlich betrieben wird – fast immer schmerzhaft. In öffentlichen Institutionen, so das Argument in diesem Kapitel, ist die kritische Diskussion der eigenen Defizite jedoch *besonders* schwierig (Christian, 2022). Das hat mehrere Gründe, die nachfolgend knapp skizziert werden sollen. Zunächst ist in diesem Zusammenhang auf das besondere institutionelle Setting hinzuweisen, welches weiter oben bereits diskutiert wurde: Öffentliche Institutionen haben Auftrags- und Geldgeber:innen (oder »Prinzipal:innen«; siehe Hawkins et al., 2006), die bestimmte Ziele sowie die allgemeine (politische) Agenda vorgeben. Dieses Abhängigkeits- bzw. »Dienstleistungs«-Verhältnis hat Auswirkungen auf die interne Kritikkultur, denn interne Kritik an den Zielen und der strategischen Ausrichtung der eigenen Organisation ist somit immer zugleich auch eine potenzielle Kritik an Auftraggeber:innen, die diese Agenda vorgeben. Auseinandersetzungen innerhalb öffentlicher Institutionen über die grundlegenden Ziele und Zwecke sind deshalb niemals rein interne Angelegenheiten, denn sie bergen immer die Gefahr, die eigenen Auftraggeber:innen zu brüskieren, wenn die Kritik »nach oben« dringt. Diese Sorge wird durch die poröse Innen-Außen-Grenze (Simon, 2019, S. 22) von öffentlichen Institutionen, die nicht zuletzt eine Folge der »politischen Besetzung« bestimmter Führungskräfte ist, nochmals verstärkt.

Abgesehen davon liegt es wohl schlicht in der Natur des Verhältnisses zwischen Prinzipal:in und »Agent:in«, dass letztere:r daran interessiert ist, dass erstere:r möglichst wenig über gemachte Fehler und Misserfolge erfährt.

Gleiches gilt auch für das Verhältnis zur Öffentlichkeit. Öffentliche Institutionen – fast immer von Steuergeldern finanziert oder zumindest unterstützt – sind angewiesen auf ein gutes »Image« in der Öffentlichkeit. Ihre Reputation ist eine wichtige Währung und Ressource für die eigene Arbeit, die es unbedingt zu erhalten gilt. Auch das kann einen Einfluss auf die interne Kritikkultur haben, denn die Sorge, dass Kritik »nach außen« dringt, ist immer präsent:

»Only information that becomes known outside an organization can harm its reputation«[2] (Daugirdas, 2019, S. 237). All das kann den offenen Umgang mit dem eigenen Scheitern in öffentlichen Institutionen empfindlich hemmen: Auch wenn Kritik häufig intern brodelt, bleibt sie doch meist »privat« und wird vor allem informell – beim Mittagessen oder bei Flurgesprächen mit Kolleg:innen – geäußert. Eine offene, transparente und organisationsöffentliche Diskussion kritischer Themen findet hingegen kaum statt.

Doch es ist nicht nur die Angst vor externer Kritik, die den Umgang mit interner Kritik erschwert. Gerade in öffentlichen Institutionen, die wertegetrieben sind und meist »hehre Ziele« verfolgen, ist die Auseinandersetzung mit eigenen Fehlern besonders schmerzhaft. Angestellte in diesen besonderen Organisationen suchen nicht nur nach Geld und Anerkennung, sondern auch und vor allem nach Sinn (siehe auch Warnhinweis 4). Entsprechend hoch ist die Fallhöhe zwischen Anspruch und Wirklichkeit, zwischen dem formulierten Ideal und der konkreten Praxis: Wenn der eigene Beruf so eng mit der eigenen Identität verknüpft ist, fällt es besonders schwer, sich Fehler offen einzugestehen. Kritische Diskussionen werden entsprechend auch aus Selbstschutz vermieden. Nicht selten lässt sich in öffentlichen Institutionen deshalb ein »Nicht-Wissen-Wollen« aufseiten der Mitarbeitenden beobachten (Christian, 2020). Eng mit diesem Punkt verknüpft, ist darüber hinaus das Argument, dass inhaltliche Diskussionen in Expertenorganisationen (siehe Warnhinweis 3) schnell persönlich werden. Wenn Expert:innen aus unterschiedlichen Professionen zusammenkommen, dann wird häufig nicht mehr nur um neutrale »Sachfragen« gestritten, sondern vielmehr um »Glaubensfragen«. In einem solchen Setting wird inhaltliche Kritik schnell als Kritik am eigenen Weltbild verstanden und entsprechend als persönlicher Angriff aufgefasst. Auch deshalb fällt ein offener Umgang mit Fehlern und Misserfolgen in öffentlichen Institutionen häufig sehr schwer.

Ein »Lernen aus Fehlern« ist in öffentlichen Institutionen entsprechend mit besonders hohen Hürden konfrontiert – und findet deshalb oftmals nicht statt. Stattdessen ist meist eine extrem glattgebügelte Kommunikation nach außen und innen zu beobachten: Konflikte werden vermieden und ein »Schleier der Harmonie« (Müller, 2013) liegt über der internen Kommunikation. Allerdings ist diese Einschränkung bzw. Reduktion von kritischen Reflexionsprozessen keineswegs nur als Defizit zu verstehen. Ohne Frage kann ein »Zuwenig« an interner Kritik notwendigen organisationalen Wandel verhindern und die Organisation auf Dau-

---

2 »Nur Informationen, die außerhalb der Organisation bekannt werden, können ihrer Reputation schaden« (Übersetzung B. C. & E. C.).

er erstarren lassen. Aber auch ein »Zuviel« an internen Konflikten ist gefährlich, denn ein Übermaß an kritischer Reflexion macht Organisationen handlungsunfähig. Wer sich nur noch mit sich selbst beschäftigt, verliert den Kontakt zur Umwelt. Gerade öffentliche Institutionen sind hierfür besonders anfällig: Sie verhandeln immer wieder neu über ihre Werte und Ziele (siehe Warnhinweis 1). Das kostet Zeit und Kraft, und kann auf Dauer sämtlichen Elan in der Organisation aufbrauchen. Eine (unbewusste) Reduktion dieser Selbst-Reflexion durch eine gehemmte Kritikkultur kann entsprechend durchaus funktional sein: »A lack of reflexivity [...] can provide a sense of certainty that allows organizations to function smoothly. This can save the organization and its members from the frictions provoked by doubt and reflection«[3] (Alvesson & Spicer, 2012, S. 1196).

Ein zweites Zwischenfazit: Der Umgang mit Fehlern und Kritik ist eine besondere Herausforderung in öffentlichen Institutionen. Es braucht deshalb bei Führungskräften und Mitarbeitenden (sowie Berater:innen) ein stärkeres Bewusstsein für diese speziellen Hürden: Der simple Ruf nach einem stärkeren »Lernen aus Fehlern« wird der komplexen organisationalen Realität öffentlicher Institutionen nicht gerecht. Gleichzeitig muss jedoch auch ein Verständnis für die Gefahren, die mit einem Übermaß an interner Kritik einhergehen, entwickelt werden: Es gibt gute Gründe, warum öffentliche Institutionen internen Selbstreflexionsprozessen mit einer gewissen Vorsicht begegnen sollten. Statt sich also zu sehr auf die Diskussion von Fehlern und Missständen zu beschränken, sollte der Fokus deshalb vor allem auf dem Tun liegen: Führungskräfte müssen ihren Mitarbeitenden signalisieren, dass das Erproben unterschiedlicher Wege explizit gewünscht ist – und gleichzeitig eine Kurskorrektur ohne »Anklage« der Verantwortlichen auskommt.

Warnhinweis 3: Führung ist mit fehlender Akzeptanz und Abwertung konfrontiert

Problemkontext und Heilsversprechen

Öffentliche Institutionen sind vom Ursprung her fast immer Expertenorganisationen (Mintzberg, 1991; Janes, 2010) in hochkomplexen und schlecht

---

[3] »Ein Mangel an Reflexivität [...] kann ein Gefühl der Sicherheit vermitteln, das es Organisationen ermöglicht, reibungslos zu funktionieren. Dies kann die Organisation und ihre Mitglieder vor den Spannungen bewahren, die durch Zweifel und Reflexion entstehen« (Übersetzung B. C. & E. C.).

definierten Arbeitsfeldern. Die Expert:innen in diesen Organisationen wollen (und müssen) möglichst autonom und selbstständig agieren, um ihre Aufgaben entsprechend ihrer professionellen Standards gut zu bewältigen. Häufig wird von ihnen deshalb alles, was zu den genuinen Aufgaben von Führung zählt – etwa Impulse zur Standardisierung oder Qualitätsinitiativen –, als Störung oder Ablenkung vom Wesentlichen wahrgenommen. Der »Zugriff« durch die Organisation, der durch die klassischen Interventionen von Führung erlebbar wird, wird von Expert:innen häufig nicht akzeptiert, sondern abgewehrt und abgewertet. Das weitverbreitete »Heilsversprechen« lautet demnach wie folgt: »Wenn wir Expert:innen nur autonomer entscheiden könnten, dann wäre alles einfacher!«

Dies steht nur oberflächlich in Widerspruch zur mit Blick auf Warnhinweis 1 diskutierten Sehnsucht nach Eindeutigkeit. Gerade weil die eigenen Vorstellungen und Strategien der Expert:innen so klar sind, erwarten diese zumindest auf der Oberfläche auch eine klare Strategie der Organisation.

Führungskräfte reagieren auf diese an sie herangetragene Forderung bzw. Erwartung häufig mit Initiativen, die darauf abzielen, Entscheidungen dezentraler zu treffen und Entscheidungsprozesse allgemein partizipativer zu gestalten. Oftmals führt jedoch gerade dieses Vorgehen zu besonders zähen und langwierigen Verfahren, weil die gewohnten Abläufe aufgrund ausstehender Entscheidungen ins Stocken kommen. Zugleich steigt aufseiten der Expert:innen die wahrgenommene »Zusatzbelastung« und damit auch die Unzufriedenheit mit der Führungsebene.

Theoretische Landkarte und Hinweis

Doch warum hat Führung einen so schweren Stand in öffentlichen Institutionen? Im Folgenden wird argumentiert, dass die zu beobachtende Abwertung bzw. mangelnde Akzeptanz von Führung in öffentlichen Institutionen vor allem auf das Vorhandensein bestimmter Merkmale von Expertenorganisationen zurückzuführen sind. Anschließend wird gezeigt, dass eine »schwache Führung« zwar durchaus funktional sein kann, gleichzeitig jedoch der Ruf nach immer mehr Partizipation auch ernsthafte Probleme mit sich bringt.

Führungs- und Managementaufgaben werden – so die Grundthese in diesem Abschnitt – in Expertenorganisationen allgemein geringgeschätzt (Mintzberg, 1991). Expert:innen definieren sich über ihre Expertise und ihre professionelle Identität, die sie während ihrer (zeitaufwendigen) Ausbildung erworben haben.

Wichtig ist ihnen entsprechend vor allem ihre individuelle Autonomie, die sie brauchen, um ihre Aufgaben bestmöglich zu erfüllen. Damit geht nicht selten eine Abwertung von Organisation (Prozesse, Strukturen, Regelwerke) und damit auch von Führung einher: Die Systemfunktion von Führung (z. B. Controlling, Standardisierung, Organisationsentwicklung; siehe dazu Wimmer, 2004) wird entweder als unwichtig erachtet, oder gar als Eingriff bzw. Übergriff in die »eigene Sphäre«. Häufig wird Führung – wenn überhaupt – nur in einer sehr limitierten Form akzeptiert, etwa als »Außenministerium« oder als persönlich inspirierend-charismatisches »Leadership«.

Diese grundlegende Skepsis gegenüber bzw. Ablehnung von Führung wird dadurch noch verstärkt, dass auch die Führungskräfte in Expertenorganisationen sich häufig selbst primär noch als Expert:innen verstehen: Wenig überraschend dominieren in einer Organisation voller Expert:innen diese auch in den Führungspositionen. Das hat in vielen Fällen zur Folge, dass gewisse Management-Skills fehlen bzw. die notwendigen Repertoires nicht vollständig entwickelt sind. Führungskräfte in Expertenorganisationen sind zwar häufig sehr gut ausgebildet, aber eben nicht für die Aufgaben, die ihr (neuer) Job einfordert. Entsprechend sind sie oftmals überfordert, was die bereits mangelnde Akzeptanz von Führung verstärkt.

Die Qualität von Führung ist in Expertenorganisationen insgesamt also stark abhängig vom Zufall: Die entsprechenden Fähigkeiten werden als individuelle »Gabe« verstanden, nicht als erlernbares Handwerk. Dazu kommt, dass in öffentlichen Institutionen häufig die »Auftraggeber:innen« über die Besetzung der obersten Führungsebenen bestimmen (siehe Warnhinweis 1). Diese Praxis der (politischen) Besetzungen »von außen« kann dazu führen, dass die entsprechenden Kandidat:innen die erforderlichen Kompetenzen nicht in ausreichendem Maße mitbringen. Doch selbst Führungskräfte, die alle notwendigen Qualitäten im Übermaß besitzen, sind in diesem Setting mit einem strukturellen Problem konfrontiert: Politische Besetzungen sind immer ein möglicher Anlass für Mitarbeitende, ihre jeweiligen Führungskräfte abzuwerten. Diese sind einem generalisierten Verdacht und besonderem Rechtfertigungsdruck ausgesetzt, und profitieren nicht von dem Vertrauensvorschuss, der mit einer (vermeintlich) meritokratischen Auswahl einhergeht. Diese (Start-)Bedingungen machen erfolgreiche Führung in öffentlichen Institutionen besonders schwierig.

Allerdings ist diese Form der »schwachen Führung« durchaus auch funktional für öffentliche Institutionen bzw. Expertenorganisationen. Schwache Führung – im Sinne von geringer Steuerung und Zugriff auf die Organisation – führt dazu, dass die Expert:innen in ihrer Autonomie nicht zu stark eingeschränkt werden. Dadurch können sie sich und ihre Fach-Expertise voll entfalten, und in ihrem Bereich selbstständig nach Exzellenz streben (Mintzberg, 1991). Gleichzeitig reguliert sich die Organisation dadurch gewissermaßen selbst, indem sie dafür sorgt, dass die »Kluft« zwischen Führungskräften und Expert:innen nicht zu groß wird: Auch wenn bestimmte Management-Skills fehlen mögen, kann die Fach-Expertise der Führungskräfte Vertrauen und Bindung zwischen Leitungsebene und »Maschinenraum« herstellen. Nicht zuletzt werden durch die häufig passive Rolle der Führungskräfte viele Entscheidungen auf die »unteren Ebenen« delegiert, wo häufig passgenauere und kontextsensible Lösungen gefunden werden können (siehe »Mehrdeutigkeit von Führung« im ersten Abschnitt).

Gleichzeitig gehen mit dieser Verlagerung von Entscheidungen jedoch auch einige Probleme einher. Ganz allgemein ist es eine in öffentlichen Institutionen beliebte Reaktion von Führung, auf die mangelnde Akzeptanz der eigenen Rolle mit partizipativeren Entscheidungsprozessen zu antworten. Doch diese Strategie ist höchst ambivalent (Janes, 2010). Ohne Frage ist ein gewisses Maß an Partizipation in öffentlichen Institutionen notwendig, weil Professionelle *überzeugt* sein wollen von den sie betreffenden Entscheidungen. Für eine erfolgreiche Umsetzung ist die Organisation auf diese überzeugten Führungskräfte und Mitarbeitenden angewiesen. Der Status der einzelnen Professionellen und die Abhängigkeit der Institution von deren Performanz ist folglich eine Erklärung dafür, warum eher kollektive Entscheidungsformen gewählt werden.

Jedoch treibt dieser Ansatz nicht selten Blüten und legt in der Folge die gesamte Organisation lahm: verschleppte Entscheidungen, langsame Prozesse und Frustration sind das häufige Ergebnis von ausufernder Partizipation in öffentlichen Institutionen. Denn nicht alle Zielkonflikte können »unten« aufgelöst werden, manche Entscheidungen müssen schlicht von der Leitung getroffen und kommuniziert werden. Hierarchie muss Blockadesituationen auflösen, damit die Organisation handlungsfähig bleibt. An sich ist das natürlich keine neue Erkenntnis, trotzdem arbeiten viele Führungskräfte und Mitarbeitende in öffentlichen Institutionen mit der Annahme bzw. Fantasie, man könne die Komplexität anstehender Entscheidungen dadurch lösen, dass man (noch) mehr Personen partizipieren lässt. Das alles passt zu machtphobischen Organisationstypen: Partizipation dient hier vor allem als Absicherungsstrategie von Führung. Auch wenn die Entscheidung oftmals eigentlich schon gefallen ist, übt man sich in »Scheinpartizipation«, um die eigene Macht zu verschleiern und sich weniger angreifbar zu machen. Doch auch das genaue Gegenteil lässt sich beobachten: Partizipation kann ebenso zur »Entscheidungsvermeidung« genutzt bzw. missbraucht werden. Dabei versuchen Führungskräfte, ihre eigene (Entscheidungs-)Unsicherheit mittels Partizipationsschleifen zu kompensieren, und delegieren Entscheidungen, die eigentlich von ihnen selbst getroffen werden müssten. Das kann problematische Folgen haben, denn Partizipation an der falschen Stelle hemmt Innovationen und bläht die bereits komplexen Entscheidungsstrukturen in öffentlichen Institutionen weiter auf.

Ein drittes Zwischenfazit: Führung in öffentlichen Institutionen ist häufig mit fehlender Akzeptanz und Abwertung konfrontiert. Das liegt in der Natur dieser Form von Expertenorganisationen bzw. »professionellen Bürokratien« (Mintzberg, 1991), und muss entsprechend von Führungskräften antizipiert und reflektiert werden. Auch wenn »schwache Führung« in Teilen durchaus funktional sein kann, ist der Ruf nach immer mehr Beteiligung der unterschiedlichsten Organisationseinheiten im Haus gefährlich. Für diese Ambivalenz und die besonderen Herausforderungen im Umgang mit Expert:innen müssen Führungskräfte in öffentlichen Institutionen aufmerksam sein. Sie müssen sich einerseits die Akzeptanz ihrer Mitarbeitenden jeden Tag neu kommunikativ (und partizipativ) erwerben, andererseits dürfen sie sich jedoch auch nicht in ausufernde (Schein-)Partizipationsschleifen flüchten und vor Entscheidungen drücken, die niemand außer ihnen treffen kann.

Warnhinweis 4: Es ist nie genug

Problemkontext und Heilsversprechen

In öffentlichen Institutionen wird häufig versucht, dem Mangel an Ressourcen bzw. dem Übermaß an zu bearbeitenden Aufgaben mit einem erhöhten persönlichen Engagement zu begegnen. Mitarbeitende wie Führungskräfte versuchen oftmals, die vorhandenen strukturellen Defizite durch (noch größeren) persönlichen Einsatz zu kompensieren. Ein weitverbreitetes Heilsversprechen in öffentlichen Institutionen lautet entsprechend wie folgt: »Wir müssen nur alle eine Schippe drauflegen, dann wird das schon!«

Auf Dauer führt dieses Muster jedoch nicht selten zur permanenten Überforderung und Überlastung aller Beteiligten. Auch das »Mehr« an individuellem Engagement reicht nicht, um die vorhandenen Probleme zu lösen. Das wiederum verstärkt das bereits bestehende Gefühl innerhalb öffentlicher Institutionen: »Wir machen nicht genug!« Die Folgen auf der individuellen Ebene sind vielfältig und reichen von heiterem Zynismus über allgemeine Erschöpfung bis hin zu krankhaftem Burn-out.

Theoretische Landkarte und Hinweis

Warum aber gehen Führungskräfte und Mitarbeitende in öffentlichen Institutionen so häufig über ihre Grenzen? Warum werden diese Grenzen fast immer so lange ignoriert, bis irgendwann manifeste Krankheitssymptome eine Rechtfertigung für eine Pause oder »Auszeit« liefern (Thomann et al., 2009)? Im Folgenden wird argumentiert, dass diese Dynamiken vor allem auf die hohe intrinsische Motivation der Angestellten in öffentlichen Institutionen zurückzuführen sind. Diese Motivation ist eine enorme Ressource für die Organisation, sie muss jedoch auch besonders geschützt werden.

Das Arbeiten in einer öffentlichen Institution – einer Stiftung für Umweltschutz, einer staatlichen Agentur für internationale Entwicklungszusammenarbeit oder einer Universität – ist für viele Angestellte mehr als ein normaler »Brot-und-Butter-Job«. Der Job ist stattdessen normativ aufgeladen und eng mit der eigenen Identität verknüpft. Viele sehen in ihrem Beruf eine »Berufung«: Es geht ihnen um Sinnstiftung, sie wollen einen Mehrwert für die Gesellschaft bzw. ihre Umwelt schaffen. Dass Arbeitnehmer: innen neben Lohn bzw. Geld in ihrem Beruf auch noch nach anderen Dingen suchen, ist dabei kein Spezifikum von öffentlichen Institutionen. Allerdings funktioniert das »Tauschsystem« (Baumfeld, 2016) hier nicht wie in der Privatwirtschaft: Die Prioritäten bzw. die Gewichtung der einzelnen Elemente ist anders verteilt. Die eigene Arbeitskraft wird nicht nur gegen Geld, sondern gegen ganz unterschiedliche andere Bedürfnisse getauscht: sozialer Status, Gemeinschaftsgefühl, intellektuelle Herausforderungen, fachliche Exzellenz, Zugehörigkeit – und vor allem gegen *Sinn*. Das führt in letzter Konsequenz dazu, dass Angestellte in öffentlichen Institutionen ein besonders hohes Interesse am Gelingen der Organisation habe – denn andernfalls würden sie ihre eigenen, persönlichen Ziele nicht erreichen. Aus dieser hohen intrinsischen Motivation resultiert die Bereitschaft, im Zweifel immer »noch mehr« zu machen. Dazu kommt, dass öffentliche Institutionen häufig für vulnerable »Zielgruppen« arbeiten. Dadurch entsteht oftmals ein besonderes Maß an Verantwortungsgefühl bei Führungskräften und Mitarbeitenden – in der Folge aber schnell auch ein Gefühl von Scham bzw. von Schuld, wenn die eigene Organisation ihren Aufgaben nicht gerecht wird. Auch dies führt dazu, dass sich Angestellte öffentlicher Institutionen oftmals über die Maßen in ihre Aufgaben »stürzen«.

Allerdings kommt diese hohe (Leidens-)Bereitschaft der Angestellten nicht allein nur »von innen«, sondern wird von öffentlichen Institutionen auch aktiv eingefordert und verstärkt. Schaut man sich die jeweiligen »Leitbilder« oder »Mission Statements« an, dann sieht man, wie diese Organisationen ganz bewusst ihre hehren Ziele vor sich hertragen, um die eigene Arbeit zu legitimieren, nach innen zu mobilisieren sowie bestimmte Personen von außen »anzuziehen«. Sie formulieren eine gemeinsame »Identität« – »Wir, die Weltretter:innen« – und erfassen damit ihre Angestellten als ganze Personen, inklusive des persönlichen Wertesystems. Das kann immense Motivation freisetzen, aber auch ins Gegenteil umschlagen, weil die Abgrenzung von der eigenen Arbeit dadurch extrem schwerfällt – frei nach dem Organisations- und Personalberater Hans-Georg Berg: »Die Organisation erfasst die ganze Person und ruiniert im Zweifelsfall auch die ganze Person.«

Verstärkt wird dieses Phänomen nochmals dadurch, dass die Zielkonflikte in öffentlichen Institutionen häufig auf die Personen-Ebene delegiert werden. Das kann einzelne Mitarbeitende sehr produktiv machen und ihnen ein großes Maß an Selbstwirksamkeitserfahrung ermöglichen; es kann aber auch krank machen. Denn Menschen gehen sehr unterschiedlich mit nicht-auflösbaren Zielkonflikten um: Für manche entsteht eine »Spielwiese«; andere ersticken in einem Gefühl der Überforderung und Ohnmacht, das für sie – wenn überhaupt – nur mit einer gehörigen Portion Empörung oder Zynismus aushaltbar ist.

Und auch auf anderer Ebene verstärken öffentliche Institutionen die vorhandene Tendenz zur Selbstausbeutung ihrer Mitarbeitenden. So gibt es häufig keine »Personalentwicklung« im klassischen Sinne. Während in privaten Unternehmen durch Onboarding-Prozesse und klare Prozessvorgaben ein gewisses Maß an Standardisierung sichergestellt wird, müssen Angestellte in öffentlichen Institutionen häufig alleine ihren Weg finden. Jede:r ist hier seines oder ihres Glückes Schmied: Die Initiative (und Verantwortung) fürs eigene Fortkommen liegt oft bei den Mitarbeitenden, nicht bei der Organisation – und auch deshalb sind diese implizit angetrieben, immer noch mehr zu machen und über ihre persönlichen Grenzen hinwegzugehen.

Ein viertes Zwischenfazit: Trotz allem individuellen Mehr-Engagement in öffentlichen Institutionen ist es »nie genug«. Denn es gibt schlicht Grenzen der persönlichen Handlungsfähigkeit. Schlechte Startvoraussetzungen durch Kinderarmut können auch durch noch so engagierte Lehrer:innen nicht vollständig ausgeglichen werden; und auch die Anzahl hungernder Menschen wird nicht geringer, nur weil einige Angestellte von Organisationen der Entwicklungszusammenarbeit bis zum Burn-out arbeiten. Es ist einfach nie genug. Wollen Führungskräfte in öffentlichen Institutionen eine dauerhafte Überanstrengung und Ermüdung der eigenen Organisation vermeiden, müssen sie genau dafür ein Bewusstsein schaffen. Die beschriebene Gefahr muss als solche anerkannt und intern diskutiert werden dürfen. Denn die hohe intrinsische Motivation ist eine enorme Ressource für öffentliche Institutionen – die gleichzeitig jedoch auch ganz besonders gepflegt und geschützt werden muss.

Fazit

Die vier diskutierten Warnhinweise adressieren Grunddynamiken, die in allen öffentlichen Institutionen anzutreffen sind. Gleichwohl sind diese natürlich im Einzelfall unterschiedlich stark ausgeprägt, abhängig vom Umfeld und der konkreten Geschichte der jeweiligen Organisation. Wichtig ist außerdem, zu betonen, dass die beschriebenen Phänomene in öffentlichen Institutionen zwar besonders deutlich zu beobachten sind, aber keineswegs exklusiv nur in diesem »Typ« von Organisation anzutreffen sind. Wir haben uns ganz bewusst für eine offene Definition entschieden, denn es geht es uns hier nicht um eine möglichst trennscharfe Abgrenzung. Vielmehr möchten wir eine Einladung an die Leser:innen dieses Artikels aussprechen, selbst zu prüfen, ob die oben beschriebenen Muster in den Organisationskontexten, in denen sie unterwegs sind, vorhanden sind – oder nicht.

Zu guter Letzt wollen wir – um mögliche Missverständnisse zu vermeiden – an dieser Stelle nochmal einen für uns zentralen Punkt hervorheben: Wir möchten diesen Beitrag keineswegs als Fundamentalkritik an öffentlichen Institutionen und ihren Führungskräften verstanden wissen. Ganz im Gegenteil geht es uns hier vielmehr um die Anerkennung und Kenntlichmachung der komplexen (und in der Regel massiv unterschätzen) Herausforderungen, mit denen Führungskräfte in diesen Organisationen konfrontiert sind. Denn das Führen und Steuern in öffentlichen Institutionen ist schlicht enorm herausfordernd und anspruchsvoll. Das sieht man nicht zuletzt daran, dass der beliebte *easy fix* – nämlich externes Führungspersonal von »normalen Unternehmen« in die Institution zu holen – fast immer scheitert. Nicht selten sind von außen kommende Führungskräfte mit der Komplexität sowie den Ambivalenzen in öffentlichen Institutionen überfordert, und verlassen diese in der Folge schnell wieder. Mit unserem Beitrag wollen wir entsprechend vor allem das allgemeine Bewusstsein für diese besonderen Herausforderungen für Führung in öffentlichen Institutionen schärfen. Wir hoffen, dass unser Text all denen, die in diesen besonderen Organisationen unterwegs sind, eine kleine Unterstützung beim Navigieren durch die vorhandene Komplexität ist.

Literatur

Alvesson, M. & Spicer, A. (2012). A Stupidity-Based Theory of Organizations. *Journal of Management Studies, 49*(7), 1194–1220.
Ameln, F. & Heintel, P. (2016). *Macht in Organisationen: Denkwerkzeuge für Führung, Beratung und Change Management.* Schäffer-Poeschel.

Baumfeld, L. (2016). *Als Führungskraft agieren. Der faire Tausch zwischen Mitarbeitenden und Organisation*. ÖAR. http://www.baumfeld.at/files/01-Tausch-und-Fuehrung.pdf

Benner, T., Mergenthaler, S. & Rotmann, P. (2011). *The new world of UN peace operations: Learning to build peace?* Oxford University Press.

von Billerbeck, S. (2020). »Mirror, Mirror On the Wall«. Self-Legitimation by International Organizations. *International Studies Quarterly*, *64*(1), 207–219.

Brunsson, N. (2002). *The organization of hypocrisy*. Copenhagen Business School Press.

Christian, B. (2020). Dürfen sie nicht oder wollen sie nicht? »Kritik von innen« in staatlichen Entwicklungsorganisationen. *Zeitschrift für Internationale Beziehungen*, *27*(2), 65–93.

Christian, B. (2022). A threat rather than a resource: Why voicing internal criticism is difficult in international organisations. *Journal of International Relations and Development*, *25*(2), 425–449.

Daugirdas, K. (2019). Reputation as a Disciplinarian of International Organizations. *American Journal of International Law*, *113*(2), 221–271.

Gössler, M. & Schweinschwaller, T. (2008). Spezifika von Nonprofit Organisationen und deren Beratung. *Organisationsentwicklung* (2), 48–56.

Hawkins, D. G., Lake, D. A., Nielson, D. L. & Tierney, M. J. (Hrsg.). (2006). *Political economy of institutions and decisions. Delegation and agency in international organizations*. Cambridge University Press.

Janes, A. (2010). Wie Sie Mitarbeiter in Expertenorganisationen führen. In S. Mingers, M. Carmann, G. Drossos, A. Janes, I. Kreuzer, K. Prammer, F. S. Schmidsfelden, M. Schulte-Derne, M. Schulte-Derne & CONECTA (Hrsg.), *Führung leben: Praktische Beispiele – praktische Tipps – praktische Theorie* (2. Aufl., S. 246–276). Carl Auer.

Kühl, S. (2015). *Das Regenmacher-Phänomen: Widersprüche im Konzept der lernenden Organisation* (2. akt. Aufl.). Campus.

Mintzberg, H. (1991). Die Organisation der Professionals. In ders. (Hrsg.), *Mintzberg über Management: Führung und Organisation, Mythos und Realität* (S. 183–203). Gabler.

Müller, B. (2013). Introduction: Lifting the veil of harmony: Anthropologists approach international organizations. In dies. (Hrsg.), *Anthropology, culture and society. The gloss of harmony: The politics of policy making in multilateral organisations* (S. 1–20). Pluto Press.

Nicolai, A. T. (2000). *Die Strategie-Industrie: Systemtheoretische Analyse des Zusammenspiels von Wissenschaft, Praxis und Unternehmensberatung. Gabler Edition Wissenschaft*. Deutscher Universitätsverlag.

Simon, F. B. (2019). *Einführung in die systemische Organisationstheorie* (7. Aufl.). Carl Auer.

Thomann, G., Bucher, B., Hagmann, T. & Kuhn, R. (Hrsg.). (2009). *Grenzmanagement* (»Resonanz – Gestalten von Organisationen in flüchtigen Zeiten«, Band 1). hep.

Weick, K. E. & Sutcliffe, K. M. (2001) *Managing the unexpected*. Jossey-Bass.

Wimmer, R. (2004). *Organisation und Beratung: Systemtheoretische Perspektiven für die Praxis*. Carl Auer.

Biografische Notizen

Ben Christian ist wissenschaftlicher Mitarbeiter am Lehrstuhl für Internationale Institutionen und Friedensprozesse an der Goethe-Universität Frankfurt. Er forscht zum »Innenleben« von

Internationalen Organisationen (IOs), wie etwa den Vereinten Nationen. Dabei interessiert er sich u. a. für organisationale Lern- und Reformprozesse, die Rolle von interner Kritik, Praktiken der Selbstlegitimation sowie Emotionen von IO-Mitarbeiter:innen.

Elisabeth Christian ist seit 25 Jahren interne Organisationsberaterin bei der Gesellschaft für internationale Zusammenarbeit (giz) und freiberuflich als Organisations- und Managementberaterin in Institutionen, NGOs und Unternehmen tätig. Ihr Beratungsschwerpunkt liegt auf Organisationsdesign und Strategieentwicklung. Sie interessiert sich dabei vor allem für die Herausforderungen und Ambivalenzen von Führung.

II

Organisationale Dynamiken und ihre Konsequenzen – von Fällen, Führung und Bühnen

Hinführung der Herausgeber:innen

Das zweite Hauptkapitel wendet sich in seinen 14 dazugehörenden Aufsätzen den organisationalen Dynamiken und ihren jeweiligen Konsequenzen zu.

Gerhard Wilke steigt in seinem Aufsatz »Führung und Autorität in labilen Patchwork-Organisationen« in die gruppen- und ethnoanalytische Tiefe von Organisationen ein. Ausgangspunkt moderner Organisationen ist die Beunruhigung. Führungskräfte sind im Kreislauf endloser Umstrukturierungen und Entbindungen aus bestehenden Loyalitätsbeziehungen gefangen und mit stetigen Neukonfigurationen von Teams und Abteilungen und der Neugestaltung von Führung konfrontiert. Die vorherrschende Ideologie und unheilige Trinität von Veränderung, Strategie und charismatischer Führung wird als suspekt entlarvt. In diesem »labilen Umfeld« fragt er sich, warum wir Headhunter:innen brauchen und welche Parallelen es zu den Kopfjäger:innen in früheren Gesellschaften gibt.

Friedrich Glasl stellt in seinem Aufsatz »Die Bedeutung der Dynamik von Entwicklungsphasen für Konflikte und Organisationen« die Spannungsfelder von Organisationen innerhalb der Entwicklungsphasen dar. Er beschreibt die Dynamik der Phasen und die sich daraus ergebenden Entwicklungskrisen und weist auf das Entflechten der verschiedenen, ineinander verstrickten Konflikte hin, die Hinweise für konstruktive Ansätze zur Bewältigung der Spannungen geben.

Manfred Kets de Vries stellt uns einen Aufsatz im Original in englischer Sprache zur Verfügung. Hier erlauben wir uns, ein deutsches Abstract voranzustellen. Kets de Vries richtet seinen Blick auf *best places to work*, also auf die attraktiven Organisationen, die Bedingungen erfüllen, um sich von den anderen abzuheben. Eine authentische Organisation inspiriert Mitarbeiter:innen durch die Integrität ihrer Vision, Mission, Werte, Kultur und Struktur. Organisationen, die sich in diesen wichtigen Bereichen auszeichnen, nennt Manfred Kets de Vries »authentizotisch«. In seiner Arbeit beschreibt er zwölf Muster, die authentizotische

Organisationen von anderen »normalen« oder »gewöhnlichen« unterscheiden.

Käthe Kruse lädt uns ein, ihren Reflexionen über das Verhältnis von Politik und Verwaltung zu folgen. Politik finde sichtbar auf der Vorderbühne statt. Verwaltung agiere auf der Hinterbühne und sei als Hort des Erfahrungswissens oft sehr machtvoll. Sie skizziert die Interaktionen zwischen den beiden Ebenen und setzt sich sowohl mit formellen als auch informellen Organisationsdynamiken auseinander. Die demokratiesichernde Rolle der Verwaltung als Zuarbeiterin der Politik für den parlamentarischen Raum werde unterschätzt, die Herausforderung für Führungskräfte nach politischem Wechsel nicht gesehen. Sie plädiert für Supervision als Ort des Nachdenkens über die jeweiligen Rollen und demokratiebedingte Wechsel. Ihre eigenen Erfahrungen sowohl als Führungskraft in politiknahen Feldern als auch als Beraterin unterschiedlicher Organisationseinheiten in der Berliner Senatsverwaltung liefern uns detailreiche Einblicke.

Marlies W. Fröse und *Michael Winkler* setzen sich in ihrem Aufsatz »Leopold. Ein Kaleidoskop von unbewussten Dynamiken in Hochschulen. Ein Essay« mit der verrückten bzw. verrückenden Organisation Hochschule auseinander – ein Aufsatz mit mehreren Einleitungen und möglicherweise einem nicht so langen Ende, mit Hintergründigkeit, Humor und Ernsthaftigkeit, um die Untiefen von Hochschulen als verrückte und verrückende Organisationen auszuleuchten.

Dieter Sandner befasst sich in seinem Artikel »Psychodynamik in Arbeitsgruppen« mit einem klaren sozialpsychologischen Modell, das es erlaubt, die psycho- und soziodynamischen Prozesse in Arbeitsgruppen mit spezifischen Arbeitsaufgaben zu untersuchen und zu verstehen. Dabei gibt er uns einen konzentrierten Einblick in »seelische Kraftfelder«. Es wird dargelegt und diskutiert, wie sich die psychische Dynamik in einer Arbeitsgruppe psychologisch verstehen und erklären lässt aus dem »Ineinander« der vier Feldkräfte im psychologischen Kraftfeld der Gruppe. Was sich psychodynamisch in kleinen Gruppen abspielt, tritt in Großgruppen oder Organisationen gleichermaßen auf, nur sozusagen »massiver«. Wenn Menschen in Gruppen zusammenkommen, entsteht jeweils eine neue gemeinsame Psychodynamik, gruppiert um entstehende Ängste, aber auch Hoffnungen aufgrund bisheriger unterschiedlicher Erfahrungen der Gruppenmitglieder.

In seiner zweiten Arbeit in diesem Buch, »Sozialpsychologie kollektiver politischer Bewegungen«, stellt Sandner dar, welcher gruppenpsychologische Ansatz die Beziehungen zwischen soziostrukturellen und kollektivpsychologischen Reaktionen der Menschen auf individueller aber auch massenpsychologischer Basis verstehbar werden lässt: Ausgangspunkt ist die gruppenpsychologische Theorie von Bion, in der er darlegt, wie es zu kollektivpsychologischen Konstellation in kleinen Gruppen kommt, wenn eine Gruppe bedrohlichen Situationen ausgesetzt ist, für die keine Lösung vorhanden scheint. Es bilden sich dann allen Gruppenmitgliedern gemeinsame »Grundannahmen« für die Lösung der schwierigen Situation, die er »Flucht«, »Abhängigkeit« und »Kampf« nennt: Die Gruppenteilnehmer:innen stellen sich tot, alle schweigen, damit nichts Falsches passiert (Grundannahme Flucht), erwarten ausschließlich von Gruppenleiter:innen, dass sie sie aus der Misere führen (Grundannahme Abhängigkeit) oder aber, sie schließen sich zu gemeinsamen Kampfmaßnahmen zusammen gegenüber vermeintlichen Gegner:innen, die sie zu bedrohen scheinen (Grundannahme Kampf). Es wird dargelegt, inwiefern sich diese Befunde auch auf große Gruppen anwenden lassen. Am Beispiel kollektivpsychologischer Entwicklungen infolge der Wiedervereinigung (einer Art »feindlichen Übernahme« des Ostens durch den Westen), der Wahl von Donald Trump zum amerikanischen Präsidenten sowie dem Aufstieg Hitlers zur Macht wird geschildert, wie kollektive psychologische Prozesse entstehen und welche Rolle hierbei Angst und Aggression spielen.

Christine Jandausch entwickelt anhand einer ausführlichen Einzelfallstudie über einen Familienbetrieb Grundsätzliches über die verschiedenen Ebenen einer solchen Konstruktion, in der es um Besitz und Erbe, um Delegationen und Rivalitäten, um Macht und erwarteten Gehorsam geht. Eingebettet sind in diese beiden Welten der Familienloyalität und der Dynamik der Betriebsübergabe bzw. Betriebsstabilisierung in ein System der doppelten und scharf kontrollieren Aufgaben. Dabei tauchen typische Konflikte auf, deren Struktur herausgearbeitet wird.

Katharina Gröning befasst sich in ihrem Aufsatz mit den Problemen supervisorischer Wissenssysteme für die Beratung, insbesondere von Professionellen in Organisationen. Sie fokussiert einen kurzen Abriss zur Entwicklung des Organisationsdenkens in der Supervision, bringt dafür die Feldtheorie Bourdieus ein und mündet dann in eine differenzierte und analytische Auseinandersetzung zum »Fall Kevin«. Anhand dieses aktuellen und supervisorisch bedeutsamen Diskurses zur Kindeswohlgefährdung, zum Kinderschutz und zu deren Entwicklung von höchst riskanten Fällen von Misshandlung und sexuellem Missbrauch innerhalb der sozialen Arbeit diskutiert sie die Merkmale des Fallverlaufes und ihre feldtheoretische Bedeutung.

Anna-Maria Generotzky behandelt den »Fall Lügde«, bekannt als großer Fall sexuellen Missbrauchs von Kindern auf einem Campingplatz. Ihr Schwerpunkt sind nicht die Details, sondern die nicht-gelungene Kommunikation zwischen der Polizei und Stadtverwaltung einerseits und den Sozialbehörden und Sozialarbeiter:innen andererseits. Wenn die Einen Fakten sammeln und sich nur an dem orientieren, was sie sehen, kommen Beobachtungen der Anderen, nämlich Sinnstrukturen zu erfassen, darin nicht vor. Daraus wird ein entwertendes Dilemma, entstehend aus zwei unterschiedlichen Denk- und Organisationskulturen, was letztlich dazu führt, dass getrenntes Arbeiten auch gemeinsames Scheitern bedeutet. Man könnte aus dieser Geschichte lernen.

Anja Sauerer und *Annemarie Bauer* unterteilen ihren Aufsatz in zwei Unterartikel: Nach der Einleitung werden einige »Dynamiken« vorgestellt, die sich in einer krisenintervenierenden, therapierenden, schützenden, bildenden Organisation zwischen den Kindern und Mädchen, zwischen ihnen und den Erwachsenen abspielen und das Leben in der Organisation bestimmen. Erst dann wird das Lebensbezogene mit Theorie verortet, vor allem mit einem knappen, aber notwendigen Wissen über Trauma und einem psychotherapeutischen Ansatz, der noch nicht für die Pädagogik umgesetzt wird, was sich aber aus Sicht der Autorinnen lohnen würde: die »Strukturbezogene Psychotherapie«.

Corinna Koopten-Bohlemann beschreibt Changeprozesse, vor allem einen politisch gewollten und geforderten Changeprozess in der Justiz, in dem sie den Fokus auf die Mitarbeiter:innen der sozialen Arbeit legt, deren bislang geteilte Zuständigkeiten zusammengefügt wurden in eine generelle Kategorie »Soziale Arbeit« mit diversen Zuständigkeiten und Aufgabenbereichen, zugeordnet sowohl der Staatsanwaltschaft als auch dem Gericht. Dies ist für die Mitarbeitenden verbunden mit wechselnden Aufgaben und permanent wechselnden Rollen, und es geschieht in Organisationen, deren Identität, Regeln, Kulturen und Selbstverständnis weitgehend von Jurist:innen und dem Fachgebiet Jura bestimmt wird. Da in der sozialen Arbeit und auch im Kontext von Justizsozialarbeit die Beziehungsgestaltung eine große Rolle spielt, sind aufgrund des Triplemandats jederzeit Interessen- und auch Gewissenskonflikte möglich – spätestens dann, wenn die geforderte Loyalität Arbeitgeber:innen gegenüber einerseits und mit dem eigenen Grundverständnis der sozialarbeiterischen Profession andererseits nicht konform gehen bzw. gar kollidieren und sich letztlich sogar ausschließen. Grundsätzlich ist jedoch der Ansatz, Synergieeffekte zu generieren und damit Ressourcen zu bündeln, sinnvoll, insbesondere dann, wenn ein Einlassen auf Multiperspektivität auch zu einer exponierten Stellung innerhalb eines Systems führen kann.

Karin Deppe gewährt durch ihren Artikel Einblicke in die Organisation Schule und beschreibt eine Spurensuche der vorhandenen Schamdynamiken, die trotz der Modernisierung des Schulsystems keine nennenswerten Veränderungen erfahren haben. Leistungsbewertung und Selektion sind innerschulische Faktoren und erzeugen dementsprechend schon allein strukturell Schamsituationen. Schulleitungen, Lehrer:innen, Lehramtsreferendar:innen und Schüler:innen durchlaufen Bewertungen und Prüfungen, Anpassungsleistungen an institutionalisierte Normen, Regeln und Erwartungen, und sie sollen Formen der Enkulturation erfahren. Sie alle erleben regelmäßig Prüfungsscham, ein Hinterfragen und Unter-Beweis-Stellen ihrer Kompetenzen. Karin Deppe analysiert sorgfältig, unaufgeregt und transferiert theoretische Anteile in die Organisation Schule.

Führung und Autorität in labilen Patchwork-Organisationen

Gerhard Wilke

Einleitung

In der modernen Organisationswelt gibt es Vieles, was beunruhigend ist und darauf hindeutet, dass Führungskräfte, ihre Teams und ganze Organisationen in einem Kreislauf endloser Umstrukturierungen und Entbindungen aus bestehenden Loyalitätsbeziehungen gefangen sind. Die kumulative Wirkung der endlosen Neukonfigurationen von Teams, Abteilungen und in den Führungsetagen kann traumatisieren. Der Druck, sich zu globalisieren, zu modernisieren, sich als Organisation zu verändern, um nicht feindlich übernommen zu werden oder pleitezugehen, hat in vielen Organisationen eine existenzielle Verunsicherung hervorgebracht. Die Mitarbeiter reagieren oftmals passiv-aggressiv, weil sie in der bestehenden Instabilität bereits den nächsten Wechsel unter den Chefs sowie den nächsten Umbau der Arbeitsbeziehungen fürchten. Diese modernen Managementtechniken versetzen Viele wiederholt in einen Zustand von Ohnmacht und Hilflosigkeit.

Jeder Chefwechsel kommt einem Generationswechsel (von Friesen & Wilke, 2020) gleich, hinterlässt oftmals ein nur mühsam zu verdauendes psychologisches Erbe und erschwert die Bindung an neue Autoritätsfiguren, zumal wenn es nicht ausreichend Zeit gibt, um die Trauer und den Verlust innerlich zu verarbeiten. Mit jedem Verlust von vertrauten Strukturen fühlen sich Mitarbeiter, als ob sie in einer Patchwork-Familie mit unzuverlässigen und austauschbaren (Stief-)Eltern umgehen müssen. Folglich kann ihr Urvertrauen in die Organisation erschüttert werden, denn unbewusst suchen Viele in ihrer Organisation eine stabile Ersatzfamilie und verlässliche Ersatzeltern. Die kollektive und existenzielle Verunsicherung von Belegschaften und des Mittelmanagements kann deswegen hysterische Abwehrmuster in Organisationen hervorbringen. Das betrifft sowohl die vertikale Statushierarchie als auch die Beziehungen zwischen

Teams und Abteilungen auf der horizontalen Arbeitsteilungsebene. Denn gerade in Krisenzeiten (z. B. während der Corona-Pandemie)

> »regredieren wir alle zeitweilig auf frühere Entwicklungsstufen und suchen instinktiv elterlichen Schutz, z. B. bei starken ›Anführern‹. Hinzu kommt das Bedürfnis, eine eigene Selbstidentität zu erlangen, die sich über die Gruppenzugehörigkeit, den angenommenen und zugeschriebenen Platz darin sowie durch die Abgrenzung von anderen Gruppen entwickelt« (von Friesen & Wilke, 2021, S. 21).

Wir Gruppenanalytiker gehen davon aus, dass Gruppen, Teams und Organisationen bis hin zu komplexen Ethnien und Gesellschaften jeweils als eigener »Gruppenkörper« mit eigenem emotionalem Innenleben betrachtet werden können. Deswegen können wir Gruppen auch als »traumatisiert« definieren.

Trauma-Therapeuten unterscheiden zwischen zwei Ausformungen:
1. *Big-t-Traumata* werden durch Ereignisse von existenzieller äußerer oder innerer Bedrohung wie Gewalt, Natur- oder Verkehrskatastrophen, schwere Erkrankungen oder Verluste vertrauter Menschen bzw. durch psychisch kranke, kriminelle oder süchtige Eltern ausgelöst.
2. *Small-t-Traumata* beschreiben Erlebnisse mit intensiven negativen Gefühlen wie extremer Angst, Scham, Kränkungen, Würdeverletzungen (Mobbing) bzw. vermeintlicher oder realer Schuld. Prägend – bis hin zur Posttraumatischen Belastungsstörung (PTBS) – ist die jeweilige Unausweichlichkeit (dies können auch die 176 Mails jeden Morgen auf dem Rechner sein, die in ihrer Sinnlosigkeit überwältigend oder lähmend wirken sowie zu Ohnmachtsgefühlen führen).

Psychoanalytisch interpretiert, erleben wir in Organisationen seit Beginn des Neoliberalismus in den 1970er Jahren eine allseits wahrnehmbare Angst vor immer neuen Re-Traumatisierungen: Assoziiert wird dies mit stetigen bzw. zunehmenden Chefwechseln und Umstrukturierungen.

Forschungsthema Führung und Autorität

In meinem Beitrag stelle ich ethnologische und psychoanalytische Forschungsergebnisse vor, die die herrschende Ideologie und »unheilige Trinität« von permanentem Veränderungsmanagement, jährlichen Strategieprozessen und der Suche nach charismatischen Geschäftsführern als Allheilmittel für die Organisation als suspekt entlarvt. Ferner möchte ich mein Augenmerk auf Themen lenken, die in der Organisationsliteratur unterbeleuchtet sind: Generationsbeziehungen in Organisationen, Wiederholungszwänge, Abwehrmechanismen gegen Überforderungen, traumatisierende Veränderungsprozesse und Existenzängste sowie das Phänomen der Headhunter. Anders als in der gängigen Literatur halte ich die Suche nach Ersatzeltern und Ersatzautoritäten für verständlich und zutiefst menschlich.

In vielen Organisationen haben sich die Menschen damit abgefunden, dass ihre Rollen und ihre Arbeit häufig umstrukturiert werden. Sie fragen nicht, ob die nächste Kulturrevolution kommt, sondern wann und wie. Paradoxerweise erwarten die Menschen dennoch Stabilität, während sie sich damit abfinden, dass sie meistens nicht kommt. Menschen ziehen das Vertraute dem Unvertrauten vor und halten auch – entgegen aller rationalen Fakten – emotional an ihrer Treue zum Team und der Organisation fest. Obwohl Übergänge unerlässlich und zur menschlichen Entwicklung dazugehören sind, scheint die Geschwindigkeit und Häufigkeit sowohl in Organisationen als auch in Patchwork-Familien kontraproduktiv geworden zu sein. Es erscheint mir so, als ob sich die Umstrukturierungen in Organisationen und in der Familie Spiegelbilder voneinander sind und sich möglicherweise gegenseitig beeinflussen.

Durch die Erforschung von Führungswechseln wollte ein Team an der Ashridge Business School in England herausfinden, ob der dominante Glaube korrekt ist, dass nur charismatische Geschäftsführer die Veränderungsarbeit leisten und die Organisationen in eine bessere Zukunft begleiten können. Wir wollten eruieren, ob es noch andere Vorstellungen über Veränderungsmodelle mit mehr Zutrauen in die Mitarbeiter und in bestehende Strukturen plus das angesammelte Erfahrungswissen gibt. Wir beschlossen, das Phänomen der immer häufigeren Führungswechsel zu untersuchen, weil diese das symbolträchtigste Ereignis in aktuellen Organisationen darstellen und die Organisationskultur sowie das Adaptionsverhalten sichtbar machen.

Mithilfe der teilnehmenden Beobachtungsmethode sollte herausgefunden werden, wie Führungspersonen und Gruppen tatsächlich zusammenarbeiten bzw. sich in unsicheren Zeiten stützen oder sabotieren. Auch als Bürger waren wir beunruhigt von der in Mode gekommenen Unabdingbarkeit von »transformativen Führerfiguren« im Kontext der organisatorischen Modernisierungen. Diese Idealvorstellungen erinnerten uns an das »Zeitalter der Extreme« (Hobsbawm, 2003) im 20. Jahrhundert, als sehr beunruhigende, sozial komplexe und wirtschaftliche Probleme mithilfe des religiösen Glaubens an die Macht eines heroischen Führers sowie durch die gehorsame, blinde und gläubige Masse gelöst werden sollten.

Die Forschungsmethode

Unsere Forschung dauerte vier Jahre und war in mehrere Phasen unterteilt:
- Die erste Phase umfasste über 40 Tiefeninterviews mit Aufsichtsratsmitgliedern, Geschäftsführern, Personaldirektoren und Headhuntern in ganz Europa. Wir wollten die Themen identifizieren, die von diesen Schlüsselakteuren bei Führungswechseln und Umstrukturierungen wahrgenommen werden.
- Das Herzstück der Arbeit war eine Reihe von acht Fallstudien, wozu wir relativ neue Vorstandsmitglieder, Geschäftsführer und Kollegen etwa zwei Jahre lang in ihren neuen Jobs monatlich begleiteten. Wir beobachteten wichtige Treffen, Entscheidungen, Strategiesitzungen und alltägliche Verhaltensweisen.
- Der Forschungsprozess selbst sah folgendermaßen aus: Der Tag begann mit einem Treffen von zwei der begleitenden Forschern und den jeweiligen Geschäftsführern. Die Führungsperson wurde gebeten, sich den kommenden Tag vorzustellen: Was könnte schwierig werden, von wem könnte sie Hilfe bzw. Widerstand erfahren, was möchte sie erreichen und wovor habe sie Angst? Anschließend begleiteten wir sie zu jedem Meeting. Der Beobachtungstag endete damit, dass wir an einer Sitzung mit dem Mittelmanagement teilnahmen, an die Projekte delegiert wurden und von deren Erfolgen die Führungsperson abhängig war. Da wir am Bindungsverhalten interessiert waren, verpflichteten wir die Autoritätsfigur dazu, die Agenda zu kürzen. Die gewonnene Zeit nutzen wir in jeder der monatlichen Sitzungen zu einer gemeinsamen Reflexion über die Zusammenarbeit in den Teams. In diesem Experiment versuchten wir, auszuloten, welche Effekte entstehen, sowohl auf der fachlichen als auch auf der emotionalen Ebene zu arbeiten.
- Die Systematik der Ergebnisanalyse beruhte auf dem Prinzip des *joint sense making* (der »gemeinsamen Sinnfindung«). In den monatlichen *sensemaking*-Workshops mit unserem Forschungsteam und einmal jährlich mit den von uns begleiteten Geschäftsführern erarbeiteten wir gemeinsam Lehren aus den unterschiedlichen Fallgeschichten. Das Leitprinzip war dabei, zu einem »tieferen Verstehen« der organisatorischen Muster, plus der Suche nach Erkenntnissen für die Praxis, zu gelangen.
- Nach Abschluss des Forschungsberichtes, der von der Ashridge Business School veröffentlicht wurde, boten wir den Chefs und den Teams an, unsere Analyse zu präsentieren und der gesamten Organisation als Lernmaterial zur Verfügung zu stellen.

Das Forschungsteam wurde bewusst aus Menschen aus unterschiedlichen Disziplinen rekrutiert, um den Austausch alternativer Sichtweisen und bestehender Ideen interdisziplinär zu fördern. Die Gruppe umfasste Personen, die in der strategischen Beratung, im Organisationsdesign, im Führungstraining sowie im Kontext unbewusster psychischer Prozesse erfahren waren und deren Expertise in diesen Feldern lag. Die Arbeit, die wir geleistet haben, unterschied sich von den meisten Management-Forschungen, weil wir 24 Monate lang an der Seite von Führungskräften und ihren Organisationen jeweils einen Tag im Monat mitgelebt und mitgelitten haben, wie Ethnologen mit dem besonderen Augenmerk auf dem, was im Alltag tabu war, zu denken, zu sagen und zu tun.

Forschungserkenntnisse

Im Erleben des Führungsalltags wurde uns ein divergierenderes und vielschichtigeres Bild vermittelt, als es die idealtypischen Beschreibungen der meisten Business Schools propagieren (Binney, Williams & Wilke, 2012). Wir erlebten Freude und Schmerz, den Arbeits- und Zeit-Terror sowie unterschiedliche Ängste. Wir erfuhren besonders massiven Selbstzweifel bezogen auf die eigenen Fähigkeiten, Autorität auszuüben, Anweisungen zu erlassen sowie anzunehmen und Veränderungen gemeinsam – Chefs in Kooperation mit Mitarbeitern – zu erarbeiten. Wir fanden heraus, dass die Bindung an eine Leitungsfigur eher ein intuitives und subjektives, aber auch in allen Arbeitsgruppen ersehntes Ziel ist. Wir fanden heraus, dass »die durchschnittlichen Helden mit Autorität« im Arbeitsalltag der Organisationen effektiver waren als die charismatischen Heldenfiguren, die jeweils mit einem Tsunami von neuen Zielvorgaben das gesamte System überforderten. Diese Erkenntnisse können psychoanalytischen Beratern helfen, den Zeitgeist zu verstehen, und den Praktikern als Warnung dienlich sein (Binney, Glanfield & Wilke, 2017).

Führen ist zwischenmenschlich, interaktiv und intersubjektiv

Führung lässt sich nicht auf die Eigenschaften der Leiter reduzieren, wie oft argumentiert wird, und ist auch nicht nur eine Leihgabe der Mitarbeiter, wie andere Autoren argumentieren. Autorität und Macht sind Beziehungsphänomene (Elias, 1991). Autorität entsteht zwischen Menschen im Austausch sowohl in als auch zwischen Gruppen: Sie wird vorgegeben, entweder angenommen, abgelehnt oder neu ausgehandelt. Führung ist somit ein sozialpsychologischer Prozess, ein Produkt der divergierenden Charaktere und der Rollenverteilung in der jeweiligen Arbeitsgruppe und Funktion in der Organisation.

In einem von uns beschriebenen Fall geschah Folgendes: Eine Gruppe von hochqualifizierten EDV-Experten wurde von einem ehemaligen Finanzchef geleitet, was nicht funktionierte. Nach drei Monaten im Amt platzte ihm der Kragen und er fragte seine Abteilung offen, wie er seine Leitungsfunktion für sie erfüllen könne. In der Gruppendiskussion kristallisierte sich der Wunsch heraus, dass er sich von der EDV fernhalten möge, aber als organisationspolitischer Vertreter, d. h. als »Grenzgänger und Brückenbauer« zwischen den Silos (Abteilungen) sowie zwischen dem Mittelbau und der Chefetage fungieren solle. Dies bewirkte eine höhere Arbeitsleistung und band die Gruppe an ihn als Autoritätsfigur, weswegen auch er sich wohlerfühlte. Vor dieser Krise war er angstgetrieben und quälte deswegen seine Mitarbeiter mit Zielvorgaben. Nach der offenen Aussprache erfuhr er Anerkennung durch seinen dominanten Chef und seine »schwierigen« Mitarbeiter, was ihn und seine Abteilung entspannte, sodass sich die Energie auf die Sachthemen, d. h. bei der wirklichen Arbeit, konzentrieren konnte.

Führungspersönlichkeiten stehen auf der Bühne und spielen eine Rolle mit bestimmten Eigenschaften. Sie werden zum öffentlichen Eigentum der Gruppe, auf das Andere unbewusst etwas projizieren – ob es die Leitungsfiguren merken oder nicht. Manchmal brauchen ihre Mitarbeiter sie als Held, manchmal als Sündenbock, oft werden sie als Eltern- oder Geschwisterersatz fantasiert. Wir fanden heraus, dass neue Führungskräfte sich zuerst an ihr Team binden und Vertrauen aufbauen mussten, bevor sie Einfluss und Autorität ausüben konnten. Menschen arbeiten für Menschen, nicht für Handbücher oder Betriebsanleitungen.

Anstatt die Führungsperson an der Spitze einer Organisation zu lokalisieren, ergab unsere Forschung, dass wir über Führungskräfte in unterschiedlichen Statuspositionen und Rollen nachdenken sollten, je nach Umstand und Situation. Manchmal ist die Autoritätsfigur in der Mitte, als Gleicher unter Gleichen, als Diener der Abteilung, als Bote in Bezug auf gute und schlechte Nachrichten an die untergebenen Mitarbeiter und die übergeordnete Chefetage. In jeder dieser situativen Positionen ist die Führungsperson auch immer ein Individuum: ein Narzisst, Autokrat, Demokrat, Helfer, Retter, Narr bzw. Prellbock. Wie er oder sie sich inszenieren und gebraucht werden, hängt von der Persönlichkeitsstruktur und der unbewussten Dynamik in der Führungsgruppe und der gesamten Organisation ab.

Führung ist kulturspezifisch und kontextabhängig

Die Organisationskultur bestimmt letztlich, was gehört, gesagt und gesehen werden darf, inklusiv der Chef-Figur. Der Spielraum für Führung war in allen Fallstudien eingeschränkt. Die Persönlichkeit und der Arbeitsstil der Leiter waren zwar bedeutend, aber wichtiger waren die Umstände, unter denen die Menschen arbeiteten, das Verhalten der Kunden und die Machtkultur. Vor allem aber war die Fähigkeit, zwischen Anspruch und Schein, zwischen Machbarkeit und abstrakten Strategiezielen überzeugend zu unterscheiden, der Schlüssel zur Autoritätsausübung und damit zum Erfolg.

Im Rahmen des herrschenden Zeitgeistes ist es tabu, an die Grenzen der Machbarkeit und die Menschlichkeit der Mitarbeiter erinnert zu werden. Wir stellten fest, dass Führungskräfte ihr Geschäftsumfeld, ihre Abteilungen und Teams nur zum Teil verändern konnten. Trotzdem hielten alle Beteiligten, bis auf eine der untersuchten Chefs, an der Idee fest, dass sie einen kompletten Wandel bewirken konnten. Sie waren so stark mit dem Fetisch der Zielvorgaben identifiziert, dass sie blind für die Fähigkeiten ihrer Mitarbeiter waren und aus Angst unrealistische Ziele nicht infrage stellten. Im psychoanalytischen Sinne waren diese Organisationen unfähig, der Realität ins Auge zu sehen, und litten deswegen unter einem Kampf- und Fluchtwahn, der die Organisation mit Angst infizierte und einen kontraphobischen Aktionismus auslöste.

Autorität, Vernetzung und gegenseitige Hilfe – statt Charisma

Mehrheitlich waren wir uns darin einig, dass alle beforschten Organisationen labil und gestört waren. Ferner zeigte sich, dass charismatische Chefs nicht wirklich effektiv, sondern hinderlich sind. In allen Organisationen zeigten sich traumabedingte Abwehrmuster gegen Gefühle des Ausgeliefertseins, der Ohnmacht und Hilflosigkeit mit folgenden Sekundärphänomenen:

- Hysterischer Aktionismus
- Hang zum einheitlichen Gruppendenken
- Tendenz, zu fragmentieren sowie Schutz und Sicherheit im Widerstand gegen die neuste Heilsfigur zu suchen

Die Chefs, die spürten, dass ihre neu übernommene Organisation aus den Fugen zu geraten drohte, weil die Umsetzung ihrer visionären Pläne nicht funktionierte, forderten aus Verzweiflung die Organisation auf, sich als eine Familie zu verstehen – ein schwieriges Konzept, wenn etwa die Hälfte der Mitarbeiter aus dysfunktionalen und/oder geschiedenen Familien stammt. Hinzu kommt, dass die meisten bereits erfahren hatten, dass es regelmäßig zu »Scheidungen« von diesen neuen Chefs kommen kann, weswegen eine Bindung (wie mit unsteten Eltern) als hochgefährlich wegen einer potenziellen Re-Traumatisierung assoziiert wird.

Die gewünschte Paarbildung zwischen den Chefs und der fantasierten >»Organisationsfamilie« wurde oftmals vom Mittelmanagement unterwandert. Diese flüchteten sich in verstärkte Kontrollen, Evaluierungen und Bürokratie, um sich gegen Unten und Oben abzuschotten. Dies inszenierte sich in den Meetings, in denen es vorwiegend um ritualisierte Auseinandersetzungen über Zielvorgaben und Handlungsanleitungen ging. Den real existierenden systemischen Problemen ging man durch »Regeldiskussionen« immer wieder aus dem Weg – laut Bion (1993) ein »Symptom«, das typisch für traumatisierte Arbeitsgruppen ist. Mit einer Ausnahme wurden wir Zeugen von organisatorischen Wiederholungszwängen, nicht von tiefgreifenden Kulturveränderungen in der Organisation.

Fallbeispiel

Die Ausnahmepersönlichkeit war eine Managerin mit drei Kindern, die sowohl ihre Familie, und ihre Aufgaben realistisch einschätzte. Sie war die Einzige, die sich bewusst war, dass es zwischen den Versprechungen im Vorstellungsgespräch und den Handlungsmöglichkeiten im Job eine große Differenz gibt. Psychoanalytisch gesprochen, präsentierte sie im Jobinterview ein »falsches Selbst«, begann nach der Jobübernahme auf der Basis ihres »wahren Selbst« (Winnicott, 1994) zu handeln und arbeitete systematisch an der Überbrückung von Anspruch und Machbarkeit. Wir konnten beobachten, wie sie ihr neues Leitungsteam zu einer »Wahrheitsrunde« zusammenrief, in der sich jeder in der eigenen Rolle und mit entsprechenden Zielen für die Abteilung vorstellte. Danach arbeitete die Gruppe heraus, welche Leistungen realistisch erzielt werden konnten und welche ihnen aus Erfahrung illusorisch erschienen. Die Managerin schwor alle auf die realistischen Ziele ein und versprach diese, mit einer zehnprozentigen Übererfüllungsmarge, auf der Chefetage neu auszuhandeln. Durch diese realistische Ansage band sich das Team an ihre Person, verlieh ihr die nötige Autorität und zollte ihr Respekt. In einer freien Assoziationsrunde erarbeitete das Leitungsteam eine Narration, die dem obersten Chef klarmachen würde, dass realistische Ziele viel einfacher von ihm an Anleger zu verkaufen seien und seine Position festigen würden. Unrealistische Ziele dagegen würden ihn genauso beschämen wie sie und ihr Team.

Anstatt ihre Organisationskultur oder ihre Vorgesetzten auf der Chefetage (etwas was wir oft hörten) als blind und verfolgerisch anzuprangern, suchte sie nach der »Magie« der Zusammenarbeit und übernahm freiwillig den politischen Auftrag, die überzogenen Ziele des obersten Chefs zu desillusionieren. Aus unserer Forschung lassen sich drei Empfehlungen zum lebendigen und produktiven Führen aus diesem Fall ableiten.

1 Beziehungsarbeit kommt vor jedem Leistungsschub

Beziehungsarbeit kommt vor Leistung und Führungseffektivität. Genug Offenheit und Vertrauen sind die Voraussetzung, um schwierige und wichtige Themen miteinander zu lösen. Daraus entsteht ausreichend Respekt für die Autoritätsperson, um Menschen dazu zu bewegen, die zusätzliche Anstrengung für die Gruppe, die Abteilung und Organisation zu erbringen. Mehrheitlich geteilte Werte und Perspektiven helfen ebenfalls. Sachliche Konflikte werden gefürchtet, sind aber Vorbedingung für gegenseitiges Vertrauen und die Ausübung von Autorität. Jene Leiter, die sich mit »ihrem Team als Stamm« verschworen und ihm eine Art Heimat anboten, erlebten lebendige, hilfsbereite und energische Kollegen und loyale Untergebene, die gleichzeitig furchtlos fachgerechte Führungsqualitäten zeigten.

2 Offene und ehrliche Aussprachen sind Mittel zur Zielerfüllung

Es gibt kein Handbuch für spezifische Situationen, die neu eingestellte Geschäftsführer vorfinden. Prinzipiell kann man sagen, dass wahrhaftige und ehrliche Aussprachen in Krisenmomenten bei unseren Beobachtungen zu beeindruckenden Ergebnissen führten und das gegenseitige Vertrauen zwischen Chef und Mitarbeitenden vertieften. Der erste Schritt in diese Richtung ist, in Meetings nicht nur die Agenda blind abzuarbeiten, sondern auch mit dem Verhalten, den Emotionen und Blockierungsmustern umzugehen. Unsere davon abgeleitete Formel lautete: »sowohl auf als auch unter dem Tisch« arbeiten sowie den »Elefanten im Raum«, nämlich die Geheimnisse, benennen und schrittweise verändern. Paradox war, dass die strategischen Pläne meist wenig wirksam wurden, dafür in jedem Meeting durch offene Kommunikation sich die Umgangskultur und die Effektivität aller Beteiligten schrittweise veränderten.

3 Gegenseitige Hilfe zwischen Teams und Abteilungen integriert die Organisation als Gemeinschaft

Hilfe zu suchen und zu beanspruchen, löst praktische Probleme schneller und festigt Bindungen. Diejenige Person, die nach ihrem Erfahrungswissen gefragt wird, fühlt sich ebenbürtig und anerkannt. Außerdem findet eine Integration statt und unnötige Grabenkämpfe der Experten untereinander können verhindert werden. Schritt für Schritt entsteht eine Kultur des Gebens und Nehmens, denn jede Hilfeleistung verpflichtet unbewusst zu einer Gegenleistung. Marcel Mauss (1970) hat das Austauschprinzip als archaisches Prinzip beschrieben, welches die verschiedenen Subgruppen voneinander abhängig macht und durch gegenseitige Verpflichtungen als Organisationsgemeinschaft integriert. In diesem Bild übernimmt die Führungsabteilung die Rolle der Wächter über die gemeinsam geteilten Werte, um diese zu verteidigen, indem man notfalls ein Exempel statuiert. Die Team- und Abteilungsleiter erfüllten diese Aufgaben, aber auf der Chefetage trafen wir vorwiegend auf »Störenfriede« und »Heilsversprecher«, die meistens von »Kopfjäger« ausgesucht worden waren und von der Mehrheit der Mitarbeiter als »Eindringlinge« und »Fremde« eingestuft und toleriert, aber zu wenig respektiert wurden.

Analytisch-ethnologische Erkenntnisse

Zur symbolischen Bedeutung von »Kopfjägern«

Bemerkenswert ist der Begriff »Headhunter« (»Kopfjäger«), die beim Suchen und Finden von neuen Führungspersonen eine zunehmend wichtige Rolle spielen. Die Ethnologie kann uns helfen, die kulturelle und unbewusste Bedeutung dieses Begriffes zu entschlüsseln: In manchen vorindustriellen Stammesgesellschaften wurden intergruppale Konflikte durch das Jagen von fremden Köpfen bewältigt. Die Hoffnung war, durch den Tod eines Fremden im kollektiven Unterbewusstsein der Insidergruppe einen Regenerierungs- und Neugeburtsprozess mithilfe dieses Eroberungsrituals einzuleiten. Kopfjäger-Riten sind eine Form von Fruchtbarkeitsritualen, die von der Menschheit gegen die Todes- und Überlebensangst entwickelt wurde. Hier lassen sich Parallelen zur Jetztzeit ziehen: Die Hoffnung auf Regeneration und die Geburt von etwas Neuem sowie die Suche nach einer Überlebensstrategie können wir in heutigen Organisationen mit dem Jagen nach neuen »Chef-Köpfen« durch Headhunter vergleichen.

»Köpfe jagen« gilt unter Ethnologen auch als eine Methode, um von schwelenden innergruppalen Konflikten abzulenken. In manchen Gesellschaften ist diese Praxis ein Teil von Initiationsritualen und Generationswechseln; sie markiert den Beginn eines neuen Zeitabschnitts. Das Abschlagen eines fremden Kopfes signalisiert auch das Ende der Pubertät, die Heiratsfähigkeit und die beginnende Machtübernahme durch die nächste Generation. Symbolisch köpft man zwar den Fremden, unbewusst betrachtet aber geht es um die alten Autoritäten in der eigenen Gruppe. In unseren Organisationen wird das Ritual des Jagens ausgesourct, um davon abzulenken, dass Stammeschefs von Stammesältesten (Vorstand) geköpft und neue Figuren als Häuptlinge inthronisiert werden.

Psychoanalytisch lässt sich dieses Ritual folgendermaßen beschreiben: Die outgesourcte Jagd nach einem neuen Kopf soll die Schuld der Stammesältesten (Vorstände) verschleiern, einen symbolischen Mord begangen zu haben. Ferner etabliert man damit einen potenziellen Sündenbock, falls der neue Kopf seine Heilsversprechungen nicht einhalten kann.

Das Ritual des Kopf-Jagens kanalisiert auch die aufgestaute Wut auf die vorhandenen Organisationseltern und bändigt inzestuöse Wünsche, sich mit der Organisation als Mutter symbiotisch zu vereinen. Die Mehrheit der Mitarbeiter bevorzugt oft einen Nachfolger aus den eigenen Reihen. Doch die Anstellung von »Kopfjägern« durch die Vorstände signalisiert der Organisation, dass »ausgeheiratet« werden soll, um frisches »Blut« und eine andere »Kraft« in die bestehende Verwandtschaft zu bringen. Außerdem signalisiert die Beauftragung von »Kopfjägern«, dass die Führungspersönlichkeit bereits »symbolisch« tot ist. Im Vorstand wird der gejagte neue Kopf im Voraus mit den Wünschen nach Fruchtbarmachung, Transformation und dem Sieg über die Existenzangst verknüpft. Gleichzeitig wird durch diese Projektionen die Organisation in der Mutterrolle depotenziert und ihrer Fürsorgemacht beraubt, was die Mitarbeiter als schmerzlich erleben, zumal es ihnen ein Gefühl von vernachlässigten Kindern (wie in vielen Fällen zu Hause) vermittelt. Das Kopf-Jagen befolgt die Logik uralter Opferrituale. In diesen erfordert die Regeneration der bestehenden sozialen Ordnung damals den realen, heute den symbolischen Tod oder die Kastration: psychoanalytisch interpretiert, den »internen« Vater- oder Muttermord.

Alle Beteiligten in Organisationen leiden unter der Beschämung, wenn die letzte heilsbringende Persönlichkeit erneut enttäuschend gewesen ist und die Existenzangst nicht bändigen konnte. Nach der Inthronisierung erfolgt vielleicht eine kurze Phase des Triumphes, bis der neue Kopf den rituellen Kreislauf von vorne in Gang setzt. Die älteren Vorstände verdrängen ihren Neid, indem sie die neugewählte Person idealisieren. Es hilft ihnen, ihre verlorengeglaubte jugendliche Energie erneut zu spüren. Für das jüngere Mittelmanagement bedeutet die Kopf-Jagd einerseits Verlust und Trauer, andererseits die Öffnung von neuen organisationspolitischen Möglichkeiten, aber auch die Durcharbeitung innerer Restkonflikte aus der Kindheit mit ihren realen inneren Eltern: All dies geschieht im Dienst des Wiederholungszwanges (von Friesen & Wilke, 2021).

Jeder Chefwechsel ist gleichzeitig ein symbolischer Generationswechsel

Als gruppenanalytischer Organisationsberater versuche ich, die interne Beziehungsmatrix, die von der Herkunftsfamilie auf den Arbeitskontext projiziert wird, zu erfassen. Dieses verinnerlichte Beziehungsnetzwerk wird auf der vertikalen Ebene von der Qualität der Interaktionen mit den Autoritätsfiguren Mutter, Vater, den Großeltern sowie den Verwandten mitbestimmt. Auf der horizontalen, gleichberechtigten Ebene ist die Art, wie wir unsere Rollen in einem Team bzw. in Abteilungen gestalten, abhängig von den früheren Interaktionsmustern mit den Geschwistern, aber auch den Cousins. Diese als »emotionale Sprache« verinnerlichte Art der Einordnung von Zugehörigkeitsbeziehungen, Abgrenzungs- und Autoritätsmustern findet in jeder kommunikativen Situation, also auch in der Arbeitswelt, statt. Besonders virulent werden sie in Krisen-, d. h. in Übergangssituationen, z. B. wenn ein Führungswechsel und Umstrukturierungen anstehen. Diese Neuausrichtung kann wie ein Generationswechsel erlebt werden oder wie eine Scheidung. Haben die Mitarbeiter selbst Scheidungen ihrer Eltern oder in ihrem eigenen Leben erlitten, erfahren sie diese Veränderungen oftmals wie eine Re-Traumatisierung mit den Gefühlen von Ohnmacht, Hilflosigkeit und Ausgeliefertheit, da sich das gesamte Beziehungssystem grundlegend verändert, was wiederum einen Zustand der permanenten Verunsicherung auslöst.

Psychoanalytische Berater haben wiederholt argumentiert, dass Familienmetaphern in einem institutionellen Kontext unangemessen seien. Stattdessen haben sie über Organisationen im Sinne eines sozialen Systems in sehr abstrahierter Form und nicht in Bezug auf die gelebte menschliche Erfahrung nachgedacht. Diese Leugnung sollte infrage gestellt werden. Meine Erfahrungen und Forschungen haben mich zu dem Schluss gebracht, dass jeder Mitarbeiter eine vertikale Drei-Generationen-Erfahrung in Verbindung mit einer horizontalen Verwandtschaftsmatrix in sich trägt. Ständig werden mithilfe dieser verinnerlichten, unbewussten Beziehungsmuster die tägliche Arbeit und strukturelle Veränderungsprozesse verarbeitet, und dabei auch frühgelernte Angstbewältigungsmechanismen »zwanghaft« wiederholt. Ähnlich wie in den Verwandtschaftsbeziehungen im Drei-Generationen-Muster (Großeltern, Eltern und Kinder) gedacht und gehandelt wird, wird jede Organisation getragen von den Meistern, Gesellen und Lehrlingen bzw. den Vorständen, Managern und Mitarbeitenden (von Friesen & Wilke, 2020).

Als Ethnologe möchte ich deshalb behaupten, dass Organisationen eine Erweiterung des Verwandtschaftsprinzips darstellen. Jeder Führungswechsel ist ein kleiner Generationswechsel, der den Mitarbeitern von Vorständen und Headhuntern aufoktroyiert wird, indem Vertrauensbeziehungen willkürlich zerstört werden, deren emotionale Kraft und ihre Bedeutung für den Produktionsablauf von den Chefetagen im Dienste einer idealistischen Strategie, meist ausschließlich orientiert an den Zahlen, dem Druck von der Börse, der Gier und den Wunschvorstellungen, geopfert werden. Der Preis für diese Ausblendung ist hoch und unterminiert den Prozess einer stetigen und nachhaltigen Entwicklung von potenziellen Nachfolgern, wozu Vorausschau und planerische Fürsorglichkeit gehören würden.

Dadurch ist ein Teufelskreis entstanden: Fremde Chefs haben kein wirkliches Interesse, über ihre eigene Amtszeit hinaus Verantwortung zu übernehmen, weil für sie nur die aktuellen Quartalszahlen von Belang sind. Hinzukommt, dass man amtierende Chefs jeweils für die Fehlentwicklungen der gesamten Organisation verantwortlich macht. Man fantasiert, dass nur die neu eingekaufte Führungsfigur mit richtigem Profil und genügender Härte effektiv durchgreifen kann. Die Organisation wird zum kranken Patienten deklariert, der von der heilsbringenden Führungsperson durch eine Rosskur kuriert werden soll. Wenn sich dies mehrfach wiederholt, bestätigen sich folgende kollektive Vorurteile: Ausschließlich symbolische Hinrichtungen oder der goldene Handschlag seien möglich, was zu einer tiefen Resignation führt, wenn Manager aus den eigenen Reihen offenbar niemals an die Spitze kommen. Dies wird als »gläserne Decke« sowohl für Männer als auch für Frauen empfunden.

Die Leugnung des Wertes von gewachsenen sozialen Strukturen ist symptomatisch für unsere Wegwerfgesellschaft, für abstrakte Organisationsprinzipien sowie kurzfristige Haushaltsplanungen. Dies geht einher mit der Entwertung und Missachtung des Erfahrungswissens in der Dreigenerationen-Hierarchie. Wenn alles nur noch unter Kosten- oder Profitaspekten beurteilt wird, werden Mitarbeiter zu Objekten und von ihren menschlichen Qualitäten entfremdet, nämlich von ihrer Subjektivität, ihrem Urteilsvermögen, der Teamfähigkeit sowie ihrem enormen Erfahrungswissen über die Generationsgrenzen hinweg – wahrlich kein

Rezept für erhöhten Einsatz, für emotionale Bindung an die Organisation und Respekt für die Autoritätspersonen.

Organisationen leiden unter Wiederholungszwängen

Der eigentliche Sinn von Arbeit ist, Anderen etwas zu geben und sich damit selbstwirksam zu fühlen. Heute dagegen stehen Kommunizieren, Protokollieren, Evaluieren und Quantifizieren im Mittelpunkt. Damit wird die eigentliche Arbeit durch diese Nebenaktivitäten umzingelt, entwertet und eingegrenzt, die der Größenfantasie entspringen, dass der Mensch alles berechnen, kontrollieren und vorschreiben könnte.

Kulturgeschichtlich gesehen, pervertiert diese Fantasie zudem die Funktion der Sprache: Sie wurde entwickelt als Mittel zur Verständigung, um gemeinsam zu gestalten, zu kreieren und sich zu einigen. Doch die als quälend erlebten Evaluierungsbögen, die als sinnlos erfahrenen 150 E-Mails pro Tag im Büro, die angeblich den Statuswert erhöhen, werden in erster Linie als Überforderung und Überflutung erfahren. Denn die (täglich) provozierte Hilflosigkeit und Ohnmacht durch das obsessive »Controlling« und Evaluieren entspringt der hysterischen Abwehr gegen das Gefühl, den Dingen hilflos ausgeliefert zu sein. Diese Hilflosigkeit provoziert parallel dazu – bezogen auf alle gesellschaftlichen Bereiche – die anonymen Internet-Verunglimpfungen, das Herausmobben aus sozialen Zusammenhängen, wie z. B. aus Teams oder Schulklassen, die sich in immer menschenverachtenderer, aggressiverer, ja brutalerer Form zeigen. In der Anonymität lassen viele Menschen alle zivilisatorischen Errungenschaften fallen, hier finden keine Empathie, keine Abwägungen, keine Fehlerakzeptanz statt, es nur die schnellen, aktionistischen, emotional und intellektuell hysterischen Reaktionen auf der primitivsten menschlichen Ebene: »Ich bin okay, weil ich Dich als minderwertig und hassenswert abqualifiziere!«

In Gesamtorganisationen dient dieser Aktionismus zudem dazu, das Geheimnis zu verdecken, dass auch Führungspersonen sich – zumindest streckenweise – ebenso hilflos fühlen. Das Gefühl, nur ein kleines Rädchen im Getriebe zu sein, muss abgewehrt werden, weil sonst die existenzielle Unsicherheit, u. a. durch die Instabilitäten der globalisierten Arbeitsplätze, überwältigend wird. Besonders schwierig ist dies für Narzissten und Menschen mit histrionischen Störungen, die sich in Aktionismus flüchten. Diese Abwehrform trägt diese Personen in höhere Positionen und infiziert die Gefühlswelt der gesamten Firma. Möglicherweise gibt es eine Verbindung zwischen den steigenden Scheidungsraten, dem zunehmenden Auswechseln von Lebensgefährten, dem Hin- und Herschieben der Kinder mit den wiederholten Umstrukturierungen und Wechseln auf der Chefetage und auf allen Ebenen der Organisationen. Denn in keiner dieser Situationen kann sich innere Stabilität entwickeln. Das Phänomen, wenig gehalten zu werden, wird sowohl innerfamiliär als auch innerbetrieblich zur Normalität. Mit der Zeit wirken diese Wiederholungen traumatisierend und evozieren passiv-aggressive Widerstände (von Friesen & Wilke, 2021). Jede Organisation ist »verdammt zum Wiederholen«, wenn dieses Muster von Überforderung und Abwehr nicht bearbeitet und durch menschlichere Formen der Zusammenarbeit sowie der Führung von Mitarbeitenden ersetzt wird.

Fallbeispiel
Marion war Vize-Direktorin einer englischen Universität und Chefin eines Forschungsteams. Durch ihren zwanghaften Anspruch, nicht in Verzug mit den geforderten Leistungen zu geraten, zeichneten sich ihre Teamsitzungen durch einen demotivierenden Automatismus aus. Sie fragte jeweils eines ihrer Teammitglieder nach dem Stand der Laborarbeit. Brav antworten ihre Mitarbeiter und beschrieben in groben Zügen, was in der letzten Woche alles gut gelaufen sei, aber sie verschwiegen jegliche Probleme. Nachdem Marion die dritte Person abgefragt hatte, fiel ihr mein Verhalten auf: »Bist Du überhaupt anwesend, hörst Du überhaupt zu oder langweilen wir dich?«. Woraufhin ich antwortete: »Ja, mir fällt es schwer bei diesem leeren Ritual präsent zu bleiben. Wenn Du durch das Fenster schaust, was siehst Du?« – »Es regnet Katzen und Hunde.« Worauf ich erwiderte: »Das stimmt, und in dieser Sitzung stellst Du nur Schönwetterfragen und provozierst damit nur gute Wetterberichte. Ich frage mich, wem diese Leistungsabfrage mit den erwünschten Antworten hilft? Dir helfen diese ritualisierten Wiederholungen mit Sicherheit nicht, weil Du nicht wirklich erfährst, was los ist. Du glaubst doch nicht, dass alle Experimente reibungslos abgelaufen sind.« Marion erwiderte etwas düpiert: »Wenn das so ist, dann frage ich jetzt das Team, ob Du Recht hast?« Die Mutigsten bestätigten meine Wahrnehmungen. »Du behandelst uns zwar alle gleich, was politisch angenehm ist, aber die Tatsache, dass jedes Teammitglied mit ganz eigenen Problemen konfrontiert ist, fällt unter den Tisch«, fügte die inoffizielle Sprecherin der Gruppe hinzu. Marion schlug darauf vor: »Lasst uns eine Pause machen und ich berate mich mit unserem Forschungsgast, wie wir eine bessere Sitzungskultur entwickeln können.«

Als Erstes stellte sie die Frage, ob sie eine Ausnahme sei. Ich meldete ihr zurück, dass ich sehr viele dieser Abfragesituationen im ganzen Land gesehen hätte und froh sei, dass sie meine geistige Abwesenheit konfrontiert hätte. Ich fügte hinzu: Da ethnologische Beobachtungen nicht nur im Betrachten des Forschungsobjektes bestehen, sondern auch im Miterleben und Mitmachen in der Praxis, wäre ich gerne bereit, ein Experiment mit ihr zu entwerfen und mit dem ganzen Team durchzuführen.

Wir einigten uns darauf, die Sitzung noch einmal von vorne zu beginnen und jedes Teammitglied zu fragen, was gut läuft und womit sie momentan Schwierigkeiten hätten. Danach sollten sie diejenige Person in der Gruppe, die ihnen bei diesem Dilemma am besten helfen könnte, um Hilfe bitten. Diese Methode lockerte die Atmosphäre spürbar auf und es wurden hilfreiche Vorschläge ausgetauscht. Es entstand eine lebhafte und fruchtbringende Diskussion. Die Chefin wurde innerhalb einer Stunde vom Controller zur Autorität. Gleichzeitig erfuhr sie, wie unterschiedlich ihre Teammitglieder arbeiteten und dass sie ein vielstimmiges Expertenensemble vor sich sitzen hatte, keineswegs nur brave Jungforscher, die Angst hatten etwas Falsches zu sagen und sie auf einen Sockel projizierten. Für sie entstand ein Raum, in dem sie sowohl auf der Eltern- als auch auf der forschenden Geschwisterebene agieren konnte, was ihr persönlich guttat und sie von ihren angstgetriebenen Kontrollzwängen ein wenig befreite. Nach drei Monaten dieser Forschungsmeetings empfand sich das gesamte Team als leistungsstärker, angstfreier und kooperativer. Die Chefin lief nicht mehr erschöpft, überfrachtet und jeweils unvorbereitet von einer zur nächsten Sitzung. Denn indem sie sich anders zu ihren Mitarbeitenden in Beziehung setzte und sich helfen ließ, gewann sie mehr Respekt, Selbstsicherheit und Autorität.

Schluss und Ausblick

Der Einbruch von Leistungen, eine Krise, ein Wechsel an der Spitze, eine neue Strategie oder ein innovatives Produkt lassen heutzutage eine Umstrukturierung unvermeidlich werden. Neue Strukturmodelle lagern sich jeweils wie Sedimentschichten in der Erdkruste ab. Wir leben in einer Zeit der »permanenten Übergänge« (Wilke, 2014, S. 191; Übersetzung G. W.): Wenn sich Beziehungen gerade entwickelt und das soziale Gefüge gefestigt hat, beginnt erneut ein Veränderungskreislauf, mit den Folgen von existenzieller Unsicherheit, Verlust von Urteilsvermögen, gegenseitigem Misstrauen sowie wachsender Skepsis gegenüber jeglicher Autorität. Das Urvertrauen macht dann dem Urmisstrauen Platz, zu beobachten sowohl in den Familien, in der Arbeitswelt als auch im politisch-gesellschaftlichen Leben.

In meiner eigenen ethnologischen Forschung zum Thema Führung *(living leadership)* habe ich festgestellt, dass effektive Führungskräfte alles andere als perfekt sind. Das Mosaik ihrer Persönlichkeiten war kein einfaches Muster von Stärken, die entwickelt, und Schwächen, die durch Training minimiert werden konnten. Es gibt kein Kompetenzmodell, das angewendet werden kann, um die ideale Führungskraft aufzubauen. Gute Führungskräfte scheinen dazu disponiert zu sein, sich voll und ganz auf Andere einzulassen, und besitzen die Fähigkeit, unter großem Druck klar zu denken und zu verstehen, dass »gut genug« oft viel besser ist als jegliche Perfektion. Das zentrale Thema bei der Legitimation ihrer Autorität durch die Mitarbeiter war, dass sie sich in Krisensituationen so als Person zeigen konnten, »wie sie wirklich sind«, anstatt sich als übermächtig aufzublasen und blinde Loyalität zu verlangen. Die effektiven Führungskräfte verkörperten drei essenzielle Fähigkeiten:

1. sich zu vernetzen und zu wissen, dass Beziehung vor Leistung kommt;
2. schwierige Dinge in Meetings anzusprechen und sowohl auf der Sach- und Emotionsebene zu arbeiten;
3. sich Hilfe zu holen und sie Anderen anzubieten.

Literatur

Binney, G., Glanfield, P. & Wilke, G., (2017). *Breaking free of Bonkers, how to lead in today's crazy world of organisations.* Nicholas Brearley.
Binney, G., Williams, C. & Wilke, G. (2012). *Living Leadership, a practical guide for ordinary heroes.* FT Publishing International.
Bion, W. (1993). *Attention and interpretation.* Karnac.
Elias, N. (1991). *Die Gesellschaft der Individuen.* Suhrkamp.
von Friesen, A. & Wilke, G. (2020). *Generationen als geheime Macht – Wechsel, Erbe und Last.* Selbstverlag.
von Friesen, A. & Wilke, G. (2021). *Die Macht der Wiederholungen. Von quälenden Zwängen zu heilenden Ritualen.* Selbstverlag.
Hobsbawm, E. (2003). *The Age of Extremes.* Abacus.
Mauss, M. (1970). *The Gift.* Cohen & West
Wilke, G. (2014). *The Art of Group Analysis in Organisations.* Karnac.
Winnicott, D. W. (1994). *Von der Kinderheilkunde zur Psychoanalyse.* S. Fischer.

Biografische Notiz

Gerhard Wilke studierte Ethnologie und Soziologie am King's College in Cambridge und erhielt ein Diplom für Erwachsenenbildung von der Londoner Universität. Er ist Lehranalytiker für Gruppenanalytiker in Deutschland und Ehrenmitglied im Weltverband der Gruppentherapeuten. Das Royal College für Allgemeinmedizin in London verlieh ihm ein Honorary Fellowship für seine Supervisions- und Beratungsarbeit mit Medizinern. Seit 30 Jahren ist Wilke selbstständiger Coach, Berater und Supervisor und war lange Zeit freier Mitarbeiter an der Ashridge Business School. Er hat zahlreiche Bücher geschrieben und viele Beiträge in Aufsatzsammlungen und Gruppenzeitschriften veröffentlicht.

Die Bedeutung der Dynamik von Entwicklungsphasen für Konflikte in Organisationen

Friedrich Glasl

Einleitung

Jede Organisationskultur weist in sich Spannungsfelder auf. Wenn eine Organisation verschiedene Entwicklungsphasen durchläuft, entstehen durch Entwicklungskrisen zusätzliche Konflikte. Das Entflechten der verschiedenen, ineinander verflochtenen Konflikte ergibt Hinweise zu konstruktiven Ansätzen zur Bewältigung der Spannungen.

Die Dynamik von Entwicklungskrisen in Organisationen

Nach ihrer Gründung ändert sich jede Organisation früher oder später, damit sie den aktuellen internen und externen Gegebenheiten entspricht und weiter bestehen kann. Von der Systemtheorie wird die Fähigkeit sozialer Systeme zur Selbstgestaltung als »Autopoiese« anerkannt. Die systemisch-evolutionäre Organisationsforschung kann gezielte Veränderungen als Evolution von Organisationen beschreiben, die in Phasen verläuft: Tom Burns (1971) unterscheidet zwei Phasen, Larry Greiner (1972) drei, Bernard Lievegoed unterschied (1974) ursprünglich drei Phasen. Sein Modell war Mitte der 1950er Jahre in den Niederlanden am NPI-Institut für Organisationsentwicklung entstanden und zunächst als Drei-Phasen-Modell 1974 in deutscher Sprache publiziert worden. Ich war von 1967 bis 1985 als Forscher, Dozent und Berater am NPI tätig und konnte in Zusammenarbeit mit Daniel Jones (Womack, Jones & Roos, 1991) aufgrund neuester Forschungen 1993 eine vierte Phase identifizieren (Glasl & Lievegoed, 1993). Fünf Entwicklungsphasen beschreibt Frederic Laloux (2014) anhand der von Ken Wilber (2004) und Beck und Cowan (2005) vorgestellten Bewusstseinsstufen der *spiral dynamics*, obwohl die fünfte Phase noch sehr hypothetisch ist und selbst für Laloux viele Fragen offenlässt (Laloux, 2014, S. 43ff., 46ff.).

Mit dem Glasl-Lievegoed-Phasenmodell können verschiedene Konfliktpotenziale in Organisationen erkannt werden, die als Entwicklungskrisen auftreten und zumeist zu Spannungen führen:
- in und zwischen verschiedenen Komponenten der Organisationskultur,
- zwischen proklamierten und praktizierten Normen sowie
- zwischen den Paradigmen der bisher bestehenden Entwicklungsphase und den Paradigmen der künftigen Entwicklung.

Wegen der verwirrenden Gemengelage mehrerer Konfliktpotenziale bei organisationalen Änderungen kann zusätzlich ein »Konflikt über den Konflikt« (Glasl, 2022, S. 31ff.) entstehen, wenn die beteiligten Personen die Konflikte verschieden wahrnehmen und unterschiedlich erklären. Und sobald jede Seite aufgrund ihres Konfliktverständnisses Lösungen vorschlägt bzw. durchzusetzen versucht, stößt sie auf Unverständnis oder Widerstand, und es kommt trotz bester Absichten auch noch zum »Konflikt über die Konfliktlösung«.

Spannungsfelder in und zwischen Komponenten der Organisationskultur

Aus ganzheitlicher Sicht (Glasl, 2020, S. 147ff.; Glasl & Lievegoed, 2021, S. 157ff.) konstituiert sich jede Organisation aus drei Subsystemen, d.h. aus dem
1. *kulturellen Subsystem*, bestehend aus den Systemelementen »Identität der Organisation«, »Pläne und Konzepte«, »Strategien«, »Unternehmenspolitik und Leitsätze«, aus dem
2. *sozialen Subsystem*, gebildet aus den Systemelementen »Funktionen und Organe«, »Struktur der Aufbauorganisation« und »Menschen mit ihren Ressourcen und Beziehungen«, wie z. B. Führung, Klima usw., sowie aus dem
3. *technisch-instrumentellen Subsystem*, das als Systemelemente alle Prozesse bzw. Abläufe (Kernprozesse, Supportprozesse, Managementprozesse) und die ganze physisch-materielle Hardware umfasst, d.h. Gebäude, Maschinen, Hilfsmittel und finanzielle Mittel usw.

Die Systemelemente des kulturellen Subsystems können explizit und offiziell – z. B. in einem Leitbild, in Unternehmensleitsätzen usw. – festgelegt worden sein, sie können aber auch informell und implizit bestehen.

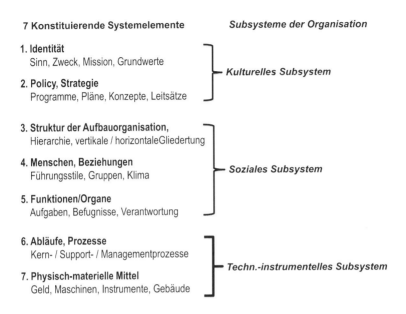

Abbildung 1: Konstituierende Systemelemente einer Organisation

Die Organisationskultur im engeren Sinne besteht aus fünf Komponenten, die in Abbildung 2 vorgestellt werden (Glasl & Lievegoed, 2021, S. 136ff.). Den Kern der Kultur bilden (A) *Paradigmen*, d. h. Normen, Leitwerte und Leitideen zum Menschen- und Organisationsbild; das sind grundsätzliche Auffassungen zu Sinn und Zweck der Organisation sowie zum Menschen in der Organisation, die oft in einem »Mission Statement« zum Ausdruck kommen. Die Paradigmen werden weiter verdichtet zu (B) *Grundorientierungen*, wie z. B. Kundenorientierung, Sicherheitsorientierung, Mitarbeiterorientierung, Qualitätsorientierung, Ressourcenorientierung usw. Zusammen mit den Paradigmen bilden sie die »Identität«, den geistigen Kern einer Organisation, und machen deren Unverwechselbarkeit aus.

Die zentralen Werte, Ideen und Orientierungen werden über (C) *Vermittelnde Artefakte* in Form von Symbolen, Narrativen, Ritualen usw. den Menschen wirksam nahegebracht, damit sie deren Denken, Fühlen, Wollen und Handeln in der Organisation bestimmen. In Abbildung 3 sind Beispiele der *Vermittelnden Artefakte* so dargestellt, dass mögliche Spannungen zwischen ihnen sichtbar werden.

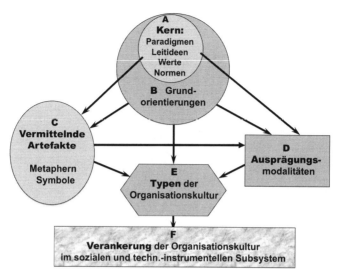

Abbildung 2: Komponenten der Organisationskultur (Glasl & Lievegoed, 2021, S. 136)

Differenzen / Widersprüche / Spannungen können bestehen

zwischen →	Vergangenheit	Gegenwart	Zukunft
„wachen": bewusst, rational	Geschichtsbild, alte Strategie, Rechtsform ...	Selbstdarstellung, Geschäftsordnung, PR, Werbung ...	Fernziele, operative Ziele, Leitsätze ...
„träumen": halbbewusst, metaphorisch	Götter, Helden, Antihelden, „Heldensagen", Legenden ...	Sprachregelung, Logo, Architektur, Rituale, Folklore, Motti, „heimliche Spielregeln"	Mythen, Leitbilder, Utopien, Sehnsüchte ...
„schlafen": unbewusst, unterbewusst	Tabuisierte Flops und Straftaten, ungeschriebene Erfolgsregeln	Versagensängste, selbstverständliche Denkmuster ...	Tabus, Ängste, verbotene Wünsche ...

Abbildung 3: Spannungsfelder in und zwischen den Vermittelnden Artefakten (Glasl & Lievegoed, 2021, S. 138)

Die Menschen können in ihrer Organisation Spannungsfelder in und zwischen einzelnen Elementen oder Komponenten der Firmenkultur erleben. Das illustrieren nachfolgend einige kurz skizzierte Beispiele: Von einem erfolgreichen deutschen Industrieunternehmen wurde vor einigen Jahren bekannt, dass dort im Zweiten Weltkrieg Arbeiter:innen ungeschützt mit giftigen Chemikalien arbeiten mussten und daran starben, während die offizielle Darstellung der Firmengeschichte diese und andere unrühmliche Fakten systematisch verschwieg. Oder: In einem Dienstleistungsunternehmen erlebten Menschen Widersprüche zwischen den Wertaussagen des Leitbildes (»Bei uns steht der Kunde im Mittelpunkt!«) und einer Firmenpolitik, die nur auf den »Shareholder-Value« ausgerichtet war. Oder: In einem Industriebetrieb wurden die Abteilungsleiter:innen als »Unternehmer vor Ort« vorgestellt, während sie in ihrer Funktion kaum irgendwelche Gestaltungs- und Entscheidungsräume hatten. Oder: Mitarbeiter:innen sprachen hämisch von »Außen hui – Innen pfui!«, nachdem ihre Firma für ihr »exzellentes Management« von den Medien ausgezeichnet worden war, während intern viele Konflikte im Management brutal unterdrückt wurden.

Unstimmigkeiten und Spannungen dieser Art werden vielerorts nicht beachtet, auch wenn es nicht um organisationale Veränderungen geht. Konflikte kommen aber dann an die Oberfläche, wenn Veränderungen eingeleitet werden und das bisherige Gefüge destabilisiert wird. Die Menschen verlieren die Orientierung.

Mit (D) *Ausprägungsmodalität* ist gemeint, dass (A), (B) und (C) (in Abbildung 2) entweder sehr schwach oder vage oder relativ locker eingefordert und gelebt – oder aber mit Nachdruck und deutlich, kräftig bis rigide den Menschen eingeprägt werden. Es hängt dann auch von der Ausprägungsmodalität ab, wie leicht oder schwer die Kultur verändert werden kann und wie nachhaltig sie dann wirkt.

Alle bisher genannten Komponenten bilden im Zusammenwirken die Komponente (E), den Typus der Organisationskultur. Die von Igor Ansoff (1965) erarbeitete Typologie ist differenzierter als andere und am besten operationalisiert für Diagnosen und Interventionen. Ansoff unterscheidet fünf Kulturtypen: *stabil*, *reaktiv*, *antizipativ*, *explorierend* und *kreativ*, wie Abbildung 4 zeigt.

Menschen können nun in ihrer Organisation Spannungen empfinden, wenn sie z. B. den tatsächlich gelebten Kulturtypus in beinahe allen Dimensionen als »reaktiv« erleben, während das Top-Management hohe Ambitionen hat und durch Digitalisierung ein Trendsetter in der Branche, Typus »kreativ«, werden will – ohne jedoch Freiräume fürs Lernen und Experimentieren zu gewähren.

Dimensionen	Kulturtypus				
	stabil	reaktiv	antizipativ	explorierend	kreativ
Zeitperspektive	Vergangenheit	Gegenwart	bekannte Zukunft	unbekannte Zukunft	neuartige Zukunft
Suchrichtung für Alternativen	Präzedenz aus Vergangenheit	Erfahrungen aus Vergangenheit	extrapolierte Möglichkeiten	globale Möglichkeiten	kreative Möglichkeiten
Fokus der Aufmerksamkeit	introvertiert	introvertiert	intro- und extrovertiert	extrovertiert	extrovertiert
Auslöser für Wandel	Krise	unbefriedigende Leistung	antizipierter Leistungsabfall	ständige Suche nach Wandel	ständige Suche nach Innovation
Akzeptanz für Diskontinuität	keine Diskontinuität: Status quo!	minimal abweichen vom Status quo	Inkremental, schrittweise	diskontinuierlich, disruptiv	neuartig
Risikobereitschaft	Aversion gegen alle Risiken	minimale Risiken	abschätzbare Risiken	Risiko für eine Chance auf Gewinn	liebt ungewöhnliche Risiken
Leitsatz / Motto	Lass alles wie es ist!	Geh mit der Masse!	Denke voraus!	Sei dort, wo etwas los ist!	Erfinde deine eigene Zukunft!
Wo anzutreffen:	Produktion, Buchhaltung	Produktion, Finanzkontrolle	Markt Units, Planungsstellen	Produktentwick. Marktentwickl.	Forschung und Entwicklung

Abbildung 4: Typen der Organisationskultur nach Igor Ansoff (1965)

Auch hier zeigt sich, dass die in Abbildung 4 genannten Dimensionen, wie »Zeitperspektive«, »Suchrichtung für Alternativen«, »Fokus der Aufmerksamkeit« usw. untereinander stimmig sein müssen, was nur durch eine professionell angelegte Transformation der Organisationskultur und deren Verankerung im sozialen und technisch-instrumentellen Subsystem möglich wird.

Geert Hofstede (1991) nennt die Organisationskultur *software of the mind*, weil sie die Grundlage für Denken, Fühlen, Wollen und Handeln der Menschen ist und von ihnen als »Selbstverständlichkeit« empfunden und gelebt wird. Sie ist allerdings den wenigsten bewusst. Die *Paradigmen* und *Grundorientierungen* werden im alltäglichen Handeln gelebt und weitergegeben und sind mit den *Vermittelnden Artefakten* ein wichtiger Faktor bei der Sozialisierung der Mitarbeiter:innen. Doch eine Organisationskultur wird nur gelebt und erhalten, wenn sie durch positive und negative *Sanktionen* im sozialen und technisch-instrumentellen Subsystem der Organisation verankert ist, wodurch das Befolgen oder Nicht-Befolgen spürbare Konsequenzen hat. Wirksame Sanktionen sind z. B. Kriterien für Personaleinstellungen und Karriere, Lohn- und Gehaltsordnungen, Lob und Tadel durch Führungspersonen. Vor allem aber wirkt informelle soziale Kontrolle, die von den Kolleg:innen untereinander ausgeübt wird.

Proklamierte und praktizierte Normen und Regeln

Heimliche Spielregeln bestimmen das Verhalten der Menschen, so lange ihre subjektiven Interessen damit besser befriedigt werden als mit dem Befolgen offizieller Normen. Derartige Widersprüche zwischen proklamierter und praktizierter Kultur sind keine Ausnahmen. Auch wenn solche Diskrepanzen tabuisiert werden, sind sie unterschwellig ständig Konfliktpotenzial und manifestieren sich oft an anderen Stellen als soziale Konflikte.

Gerade in Abbildung 3 wird bei den Vermittelnden Artefakten auf mögliche Differenzen zwischen Vergangenheit und Zukunft hingewiesen. Dies ist z. B. mit den Idealen und Werten der Migros-Gründerpersönlichkeit Gottlieb Duttweiler gegeben, der strikt gegen den Handel mit Tabakwaren und alkoholischen Getränken war, während heute an der Außenwand von Migros-Filialen Zigarettenautomaten angebracht sind und im Geschäft Alkoholika angeboten werden. Oder: Es können Spannungen bestehen zwischen den zukunftsbezogenen Leitsätzen, die sich an das *Bewusstsein* wenden, und den dazu im Widerspruch befindlichen »ungeschriebenen Erfolgsregeln« für Karriere, die aus dem Bewusstsein verdrängt worden sind, weil sie zu herrschenden Moralauffassungen in Widerspruch stehen. Auf diese Weise entsteht neben der offiziellen Kultur eine »Schattenkultur«, in der sich auch sogenannte »heimliche Spielregeln« herausgebildet haben (Glasl, 1975, S. 114ff.; Scott-Morgan & Little, 2008). So wurden z. B. in einem Industrieunternehmen in »Kamingesprächen« des Vorstands mit Führungspersonen der höchsten Ebenen Leitsätze diskutiert und zuletzt beschlossen, wonach Führungspersonen bei Fehlern nicht Schuldige, sondern Ursachen suchen sollten; und sie sollten als Teamplayer für abweichende Ideen und das Feedback ihrer Mitarbeiter:innen offen sein. In der Praxis jedoch zeigte sich, dass danach nicht die Teamplayer Karriere machten, sondern hart auftretende Führungspersonen, die keinen Widerspruch duldeten, auf kritisches Feedback strafend reagierten, Schuldige suchten und abstraften usw. und als »durchsetzungsstarke« Führungspersonen mit Aufstieg belohnt wurden. Junge Führungspersonen hatten schnell verstanden, dass die neuen Leitsätze bei feierlichen Anlässen schön zitiert werden mussten, dass sich jedoch ein konventionelles Machoverhalten mehr lohne.

Die Entwicklungsdynamik von Organisationen

In den folgenden Abschnitten gehe ich von den vier Entwicklungsphasen einer Organisation aus, wie sie von Lievegoed und mir als Theoriemodell und anhand konkreter Beispiele dargestellt und begründet worden sind (Glasl & Lievegoed, 2021, S. 55–186). In jeder Phase werden die Systemelemente der Organisation nach besonderen Paradigmen gestaltet, wenn auch nicht immer ganz konsistent. Spannungen können nun entstehen, wenn im Zuge organisationaler Veränderungen Denk- und Verhaltensmuster, die auf den bis dahin bestehenden Spielregeln beruhen, verändert werden sollen, oder wenn neue Paradigmen in sich oder im Verhältnis zu den anderen Komponenten der Organisationskultur Differenzen aufweisen.

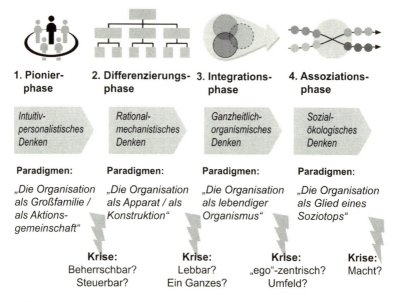

Abbildung 5: Entwicklungsphasen und Entwicklungskrisen einer Organisation

In Abbildung 5 werden die möglichen Phasen einer Entwicklung kurz charakterisiert, wobei »mögliche« Phasen besagt, dass es nicht naturgesetzlich determiniert ist, dass sich eine Organisation überhaupt weiterentwickeln muss. Entwicklung findet nur statt, wenn Menschen die bestehende Situation kritisch reflektieren und gewillt sind, Neues zu wagen – und dazu über Einfluss verfügen. Das können zum einen Mitglieder von Aufsichtsgremien der Organisation oder Führungspersonen sein, aber auch Mitglieder der gewählten Personalvertretung – und in manchen Fällen auch Berater:innen. Und auch dann gelingen Entwicklungsschritte nur, wenn sie methodisch richtig durchgeführt werden.

Pionierphase

Dieser Phase liegt die (zumeist implizite) paradigmatische Formel »Die Organisation ist eine Großfamilie« bzw. »Die Organisation ist eine verschworene Aktionsgemeinschaft« zugrunde. Die Gründer-Persönlichkeiten sind als Pionier:innen das impulsierende Zentrum der Organisation. Sie prägen durch ihr Charisma und ihren Arbeitsstil das Tun und Lassen in der Organisation. Ihre Führung ist autokratisch und wird akzeptiert, denn die Mitarbeiter:innen identifizieren sich mit ihr, um »im Geist der Firma zu handeln«. Viele kennen mehr oder weniger die Bedürfnisse der Kund:innen und können auf deren Sonderwünsche eingehen. Sie wissen voneinander, was sie zum Ganzen beitragen, weshalb es eigentlich keine Funktionsumschreibungen und keine strikte Arbeitsteilung braucht. Alle bringen ihre Erfahrungen und Fähigkeiten ein, ohne durch Formalitäten eingeengt zu werden. Da die Menschen spüren, wie nahe sie den Pionier:innen sind, gibt es kaum eine formale Hierarchie, die Führungsebenen sichtbar macht. Um den Kund:innen maßgeschneiderte Leistungen zu bieten, werden Arbeitsabläufe zumeist improvisiert. Das macht die Organisation flexibel und effizient. Die Gestaltung der Pionierorganisation beruht durchwegs auf einem *intuitiv-personalistischen* Denken.

Krisen der Pionierphase
Probleme ergeben sich, nachdem die Organisation durch Wachstum nicht mehr gut überschaubar und dadurch schwer steuerbar geworden ist. Wenn differenzierte Kundenwünsche nur durch Spezialist:innen gut befriedigt werden können, durchschauen auch die Pionier:innen ihre Organisation nicht mehr und treffen häufiger Fehlentscheidungen, wodurch ihr Charisma angezweifelt wird. Dann ist Vielen nicht mehr klar, wer wofür zuständig ist, sodass Positionskämpfe und ein Gerangel um die Thronfolge aufkommen.

Um weiter bestehen zu können, werden Rationalisierung, Ordnung, Planbarkeit und Steuerbarkeit zu den neuen Paradigmen, und diese würden in die nächste Entwicklungsphase führen. Oder die Organisation wird – wie das bei Familienunternehmen oft geschieht – in einzelne Organisationen aufgeteilt, die im Pionierstil weitergeführt werden.

Differenzierungsphase

Der paradigmatische Leitsatz für das Führen und Organisieren in dieser Phase lautet: »Die Organisation ist ein rationales Konstrukt, ein Apparat.«

Aufgrund der Erfahrungen mit der Krise der Pionierphase geht es jetzt um Transparenz, Systematik, Logik und Steuerbarkeit. Dafür empfehlen sich die Hauptprinzipien der klassischen, techno-strukturellen Organisationslehre: Standardisierung, Mechanisierung und Automation – und zwar nicht nur im technischen Sinne. Für alle Bereiche gelten Formalisierung, Spezialisierung und Koordination. Das Denken orientiert sich – wie schon die Sprache verrät – an den Ingenieurwissenschaften, denn die Organisation soll als Apparat »gut geölt laufen«, mit klaren Entscheidungs- und Kontroll-»Mechanismen«, auf dass es »keinen Sand im Getriebe gibt«. Arbeitsabläufe werden logisch in planende, ausführende und kontrollierende Tätigkeiten zerlegt, in spezialisierte Funktionen übertragen und durch Anweisungen verbindlich geregelt, um Willkür auszuschalten. Funktionen werden standardisiert und durch detaillierte Stellenbeschreibungen festgelegt, damit alle ihre Aufgaben, Befugnisse und Verantwortung kennen und deren Grenzen beachten. Führung agiert sachlich unter Verweis auf technische und wirtschaftliche »Sachzwänge«. In der Organisation werden (beratende) Stabsstellen und (entscheidungsberechtigte) Linienfunktionen getrennt. Zum Markt hin wird die Leistungspalette bereinigt, und man verabschiedet sich von bestimmten Kund:innen, um sich auf die lukrativsten Marktsegmente zu konzentrieren, deren Erwartungen mittels anonymer Methoden und Instrumente ermittelt werden. Für die Gestaltung der Differenzierungsphase ist ein *rational-mechanistisches* Denken bestimmend.

Krisen der Differenzierungsphase
Mit dem Differenzierungsdenken wird oft mehr geregelt und organisiert, als unbedingt notwendig wäre. Das Einhalten von Vorschriften und Effizienz wird wichtiger als das situationsgerechte Lösen der Probleme von Kund:innen – und wird zum Selbstzweck. Durch das Betonen der Zuständigkeitsgrenzen entwickeln die Abteilungen und Führungsebenen eigene Denk- und Arbeitsweisen und ihre besonderen »Sprachen«. Sie sind um Optimierung ihrer Organisationseinheit bemüht und fühlen sich nicht für das Gesamtergebnis verantwortlich. Damit verlieren die Mitarbeiter:innen den Sinnbezug aus dem Bewusstsein. Durch das Betonen unpersönlicher Mechanismen und Prozeduren wird die Organisation von den Mitarbeiter:innen als seelenloser Apparat erlebt. Sie fühlen sich als austauschbare Rädchen im Getriebe. Angesichts der Krise stehen die maßgeblichen Personen vor der Wahl: Die Schwächen können entweder durch einen Neuanfang im Sinne der Pionierphase gelöst werden oder durch ein Reparieren der Differenzierungsphase oder durch mutige Schritte in

die nächste Entwicklungsphase, in der es um das Überwinden der Überdifferenzierung geht.

Integrationsphase

Für die dritte Entwicklungsphase ist der paradigmatische Satz »Die Organisation ist ein lebendiger Organismus« charakteristisch. Die Organisation richtet sich neu und konsequent auf den zu schaffenden Kundennutzen aus, der Sinn und Zweck des Unternehmens ist. Dafür erfassen Mitarbeiter:innen gemeinsam mit Kund:innen deren wirkliche Bedürfnisse und es entstehen kooperativ über hierarchische Ebenen und quer durch Organisationsbereiche Unternehmensziele und Strategien, die breit getragen werden. Alle Wertschöpfungsprozesse haben das Schaffen des Kundennutzens zum Ziel. Damit die Mitarbeiter:innen innerhalb eines Gesamtrahmens möglichst eigenständig entscheiden und handeln können, werden Voraussetzungen für größtmögliche Selbststeuerung der Wertschöpfungsprozesse geschaffen (Glasl & Lievegoed, 1993, S. 114ff.; Laloux, 2014, S. 26ff.). Durch *job enrichment* (»qualitative Aufgabenanreicherung«) wird der ganze Mensch und nicht nur seine »Arbeitskraft« angesprochen. Führungspersonen fördern die Entwicklung ihrer Mitarbeiter:innen und stimmen als »agogische Führung« ihr Verhalten auf den Grad der bereits erreichten Selbstständigkeit der Mitarbeiter:innen ab. Die auf Zielgruppen und Marktsegmente orientierten Organisationseinheiten erhalten im Rahmen der gemeinsamen Strategie weitgehende unternehmerische Autonomie und werden miteinander vernetzt. Die Gestaltung der Integrationsphase beruht auf einem *ganzheitlich-organismischen* Denken und Handeln, das sich inspirieren lässt von den Lebenswissenschaften.

Krisen der Integrationsphase
In dieser Phase kommt es zu Krisen, wenn die relativ autonomen Organisationseinheiten zur Verselbstständigung tendieren. Durch die Konzentration auf die »eigenen« Kund:innen und die eigenen Mitarbeiter:innen treten die Interessen anderer Anspruchsgruppen (Stakeholder:innen), z. B. der Lieferant:innen, der Kommune, des näheren Umfeldes usw., in den Hintergrund. In der Organisation kommen darüber Wertediskussionen auf:

> »Wenn wir wirklich um Kundenwohl und gesellschaftlichen Nutzen bemüht sind – kann es dann nur um das Wohl unserer Kund:innen und unserer Mitarbeiter:innen gehen? Ist das nicht purer ›Firmen-Egoismus‹? Sollten wir nicht auch die Interes-

sen anderer Anspruchsgruppen berücksichtigen, mit denen wir in wechselseitiger Abhängigkeit stehen und den wir unseren Erfolg verdanken?«

Jetzt steht die Führung vor der Entscheidung, in welche Richtung die weitere Entwicklung der Organisation gehen soll.

Assoziationsphase

In dieser Phase lässt sich das Denken mit dem paradigmatischen Satz »Das Unternehmen ist ein Glied im Soziotop« zusammenfassen. Die weitere Entwicklung wird von der grundlegenden Erkenntnis getragen, dass sich jede Organisation im Wertschöpfungsganzen in interdependenter Beziehung mit den ihr vor- und nachgelagerten Organisationen befindet, und dass ihr Erfolg davon abhängt, wie sie beim Management der Interdependenzen die Interessen der Beteiligten anerkennt. Deshalb muss der Wertschöpfungsprozess über die Grenzen der eigenen Organisation hinaus gesehen und gestaltet werden, als Makro-Prozess der Wertschöpfung. Und der beginnt z. B. bei einem Industrieunternehmen bereits lange vor der eigenen Organisation bei der Rohstoffgewinnung, und geht über Lieferant:innen und deren Vorlieferant:innen durch den eigenen Betrieb und noch lange weiter bis zum eventuellen Recycling: »Der Wertschöpfungsstrom fließt von der Quelle durch die Lande bis zum Meer«, von der Natur kommend zurück zur Natur. Das bedingt eine Öffnung zu den externen Stakeholder:innen, mit denen als Partner:innen der Makro-Wertschöpfungsprozesses gestaltet wird (Womack, Jones & Roos, 1990; Bösenberg & Metzen, 1992). Darum werden mit Lieferant:innen und deren Vorlieferant:innen sowie mit Kund:innen und Vertriebspartner:innen langjährige Vertrauensbeziehungen aufgebaut. Gemeinsam erforschen sie die Kundenbedürfnisse und Anforderungen der Gesellschaft und entwickeln Strategien; sie tauschen Erfahrungen bezüglich Leistungen und Arbeitsmethoden untereinander aus, um gemeinsam Produkte und Leistungsprozesse zu optimieren; sie helfen einander in Problemsituationen aus, und vieles mehr. Ziel der Führung ist das Fördern der Kooperationsfähigkeit der Mitarbeiter:innen an den Schnittstellen. All das gilt nicht nur für Wirtschaftsunternehmen, sondern z. B. auch für eine Schule, die sich nur als Etappe auf dem Entwicklungs- und Lebensweg ihrer Schüler:innen versteht und Zusammenarbeit mit den vor- und nachgelagerten Bildungsinstitutionen sucht, oder für ein Krankenhaus, das mit selbstständigen Ärzt:innen, mit paramedizinischen Fachleuten, Labors usw., aber auch mit Sozialarbeiter:innen und Behörden eng kooperiert. Die Organisationen in der Assoziationsphase werden von einem *sozial-ökologischen* Denken geleitet und können dadurch nicht nur ökonomisch, sondern auch ökologisch besser wirtschaften und durch das umfassende Verantwortungsverständnis zur Lösung drängender sozialer Probleme beitragen.

Krisen der Assoziationsphase
Die Entwicklung von Organisationen zur Assoziationsphase hat in Europa erst nach 1990 begonnen. Nach der Autoindustrie mit deren Zulieferbetrieben griffen später Unternehmen der Holzgewinnung und -verarbeitung diese Ideen auf, dann Logistikunternehmen, die Entwicklung neuer Energienutzungen im Hausbau usw. und bildeten sogenannte »Cluster«. Krisenmuster lassen sich empirisch bis heute nur ansatzweise beschreiben, wenn Konflikte an Schnittstellen auftreten, oder wenn die unterschiedlichen Firmeninteressen nicht ehrlich auf den gemeinsamen Kundennutzen ausgerichtet werden. Die Entwicklung der Assoziationsphase ist grundsätzlich gefährdet, wenn aus Machtinteresse die assoziativen Formen zu Fusionsprozessen mutieren. Angesichts der globalen Wirtschaftsbeziehungen können assoziativ vernetzte Organisationen eigene Machtblöcke bilden, die sich der Regelung und Kontrolle der nationalen oder supranationalen Gesetzgebung bzw. Exekutive entziehen. Deshalb werden demokratische Systeme mit der Zunahme assoziativer Netzwerke neue Formen der Steuerung und Kontrolle entwickeln müssen.

Problemkumulation in den Entwicklungskrisen

Diese knappe Beschreibung der Entwicklungsdynamik lässt erkennen, dass jede Phase Licht- und Schattenseiten aufweist. Für einige Zeit sind die Paradigmen, die eine Phase bestimmen, hilfreich für die Bewältigung der anstehenden Aufgaben. Doch wenn in einer Entwicklungsphase die bisher geltenden Paradigmen, Grundorientierungen und Verhaltensweisen nicht mehr geeignet sind, komplexer gewordene Anforderungen konstruktiv zu bewältigen, entstehen ungewollt neue Probleme. Das geschieht auch bei einer einseitigen oder zu rigiden Anwendung der Prinzipien. Diese werden zu zentralen Herausforderungen der nächsten Zeit. Dabei lässt sich ein *dialektischer Prozess* – im Sinne Friedrich Hegels – beobachten, wie ich in *Dynamische Unternehmensentwicklung* (Glasl & Lievegoed, 2021, S. 198–236) ausgeführt habe: Zuerst ist die Pionierphase die *These* und die negativen Nebenwirkungen werden zur *Antithese*, zu denen nun die Differenzierungsphase die *Synthese* darstellt. Danach vollzieht sich ein derartiger dialektischer

Dreischritt weiter mit der Differenzierungsphase und ihren Nebenwirkungen, mit der Integrationsphase und sehr wahrscheinlich auch mit der Assoziationsphase.

Deshalb stehen die maßgeblichen Personen einer Organisation immer wieder vor Entscheidungen zwischen (1) *Reparatur*, (2) *Regression* oder (3) *Progression*:
1. Bei der *Reparatur* wird versucht, die Probleme nach den bisherigen Erfolgsregeln zu lösen und das System gemäß den bekannten Paradigmen zu perfektionieren, indem diese konsequenter und zu mehr als 100 Prozent angewendet werden;
2. im Zusammenhang mit der *Regression* wird auf Paradigmen und Lösungen zurückgegriffen, die sich schon in der zurückliegenden Phase bewährt haben;
3. im Kontext der *Progression* geht es um neue Paradigmen für die Gestaltung von Führung und Organisation sowie der Innen- und Außenbeziehungen.

Für soziale Systeme gibt es – wie eingangs gesagt – keine naturgesetzliche Notwendigkeit, sich weiterzuentwickeln. Ob Entwicklung stattfindet, wird von den Menschen in der Organisation bestimmt – nicht nur vom Management. Wozu sie sich entscheiden, hängt ab
➢ von ihrem Situationsbewusstsein,
➢ von ihrer Sicht auf die Zukunft und deren Anforderungen,
➢ von ihren Durchsetzungsmöglichkeiten und
➢ von der Professionalität, mit der die Entwicklung der Organisation konzipiert, gestaltet und umgesetzt wird.

Deshalb kommt hier Organisationsentwicklung als professionelle Prozessberatung (Glasl, Kalcher & Piber, 2020) ins Spiel.

Ausblick:
Professionelles Gestalten der Entwicklungsprozesse

Beim Übergang von einer Phase in die nächste sind die Menschen mit mehreren Fragen gleichzeitig konfrontiert, die vielfältige Spannungen auslösen:
➢ Welche Werte und Normen habe ich bisher als gültig verstanden?
➢ Wann habe ich mich an die offiziell »proklamierten« Handlungsmaximen gehalten und wann bin ich den »heimlichen Spielregeln« gefolgt?
➢ Wie sehr war mir das bewusst und hat mich das belastet?
➢ Sind mir die neu geforderten Haltungen und Verhaltensweisen wirklich deutlich?

➢ Sind die neuen Haltungen und Verhaltensweisen mit meinem Selbstverständnis vereinbar?

Es ist einsichtig, dass diese Spannungen nicht mit dem Anordnen neuer Regeln aufgelöst werden können. Deshalb kommt alles auf die Entscheidung zu Reparatur, Regression oder Progression – sprich: Entwicklung! – an.

Wenn entschieden wird, die Entwicklungskrise »nur durch eine Reparatur« zu lösen, weil dies einfacher zu sein scheint, kann auch dies zu Problemen führen, wenn z. B. in die Pionierorganisation »moderne« Strukturen und Techniken eingebaut werden, die eigentlich eine Haltung der Differenzierungsphase voraussetzen und ein Fremdkörper sind. Dann empfinden Menschen intrapsychisch Konflikte und tragen diese vielleicht mit Kolleg:innen als zwischenmenschliche Konflikte aus, indem sie die Spannungsursachen anderen Menschen zuschreiben. Konflikte werden »personalisiert«, wodurch allerdings die organisationalen Konfliktpotenziale unverändert bestehen bleiben. Die Mitarbeiter:innen fühlen sich somit permanent überfordert – und das hat ihre individuelle Regression zur Folge, die früher oder später zu einer kollektiven Regression wird, wenn die Gefahr nicht erkannt und nicht gegengesteuert wird. Konflikte sollten deshalb als Signale für Änderungsbedarfe gewürdigt werden, da sie wichtige Hinweise auf Missverhältnisse in Systemelementen oder zwischen einigen Systemelementen (siehe Abbildung 1) liefern.

Wenn z. B. das Management eines Unternehmens mit einer partizipativen Kultur die von Igor Ansoff vorgestellten Kulturtypen kennengelernt hat, kann bei ihm das Bedürfnis entstehen, die Organisationskultur mehr in Richtung des kreativen Typus zu verändern. Es können ja in jeder der vier Entwicklungsphasen verschiedene Typen der Organisationskultur (siehe Abbildung 4) verwirklicht sein. In der Pionierphase ist die Vergangenheitsorientierung der *stabilen* Kultur kaum denkbar, in der Differenzierungsphase können alle fünf Kulturtypen vorkommen, in der voll entwickelten Integrationsphase wären *stabile* und *reaktive* Kultur im Widerspruch zu den generellen Haltungen dieser Phase, in der Assoziationsphase sind *antizipative*, *explorierende* und *kreative* Kultur Voraussetzung für ein gutes *Zusammenspiel* der selbstständigen Partnerorganisationen. Dabei ist es wichtig, auf Stimmigkeit zwischen den Systemelementen zu achten und auf die Machbarkeit der Zielvorstellungen. Wenn das missachtet wird, sind Konflikte vorprogrammiert. Aber auch hier ist entscheidend, ob alle Systemelemente paradigmatisch wirklich konsistent sind. Darum sollten Veränderungsprozesse so angelegt werden, dass die davon betroffenen Menschen mit Methoden der *Selbstdiagnose* die bestehende Situation reflektieren, und sie sollten selber Verbesserungsbedarfe erkennen und benennen und gemeinsam eine Zukunftsperspektive entwickeln. So werden Verunsicherungen und Informationsbedürfnisse ernstgenommen und Gelegenheiten geschaffen, die künftig benötigten Fähigkeiten rechtzeitig zu entwickeln. All das erfordert ein zielvolles und umsichtiges Change-Management, das sich als *facilitation* eines Entwicklungsprozesses versteht. Dafür gibt es sehr praktische und vielfach bewährte Methoden der Organisationsentwicklung, die in *Professionelle Prozessberatung* (Glasl, Kalcher & Piber, 2020) so beschrieben werden, dass nach der Lektüre damit gearbeitet werden kann. Die Basis dafür ist immer, dass durch Selbstdiagnose die unbewusst gelebten Paradigmen und heimlichen Spielregeln bewusst gemacht und die Verbesserungsideen der Mitarbeiter:innen genutzt werden. Die Selbstdiagnose wird damit zur Grundlage des Selbstentwurfs. Anstatt die Mitarbeiter:innen zu passiv Betroffenen zu machen, werden sie zu proaktiv Gestaltenden ihrer eigenen Arbeitswelt ermächtigt.

Die bewusste Auseinandersetzung mit dem Wandel der handlungsleitenden Paradigmen in den Entwicklungskrisen ist immer spannungsreich und erfordert deshalb Konfliktmanagement-Kompetenz als Teil einer umfassenden Organisationsentwicklung (Glasl, 2019).

Wenn möglichst viele Mitarbeiter:innen am Prozess des Wandels aktiv beteiligt sind und methodisch unterstützt werden, können sie sich daran persönlich entwickeln und zu Mitgestalter:innen der Entwicklung ihrer Organisation werden. Dann bringen sie in den weiteren Entwicklungsprozess nicht nur ihre Erfahrungen ein, die im Wertschöpfungsprozess als gesteigerte Leistungsqualität den Kund:innen zugutekommen, sondern sie tragen durch die Verwirklichung ihrer Wertvorstellungen auch dazu bei, dass die Lebensqualität in der Organisation der menschlichen Würde gerecht wird. Und dadurch kann das Hauptziel der Organisationsentwicklung erreicht werden – nämlich Innovationsfähigkeit als systemimmanente Fähigkeit der Organisation. Und nur so werden Organisationen – gleich, ob in der Wirtschaft, in Politik und Verwaltung oder in Wissenschaft, Kunst und Kultur – fähig sein, für die vielen existenzgefährdenden Probleme unserer Zeit wirksame Lösungen zu finden.

Literatur

Ansoff, I. (1965). *Strategic Management*. McGraw-Hill.
Beck, D.E. & Cowan, C. (2005). *Spiral Dynamics. Mastering Values, Leadership and Change*. Blackwell.
Bösenberg, D. & Metzen, H. (1992). *Lean Management*. Moderne Industrie.

Burns, T. (1971). Mechanistic and Organismic Structures. In J.D. Thompson & V.H. Vroom (Hrsg.), *Organizational Design and Research. Approaches to Organizational Design* (S. 43–55). University of Pittsburgh Press.

Glasl, F. (1975). Selbstdiagnose einer Schule. In ders. & L. de la Houssaye (Hrsg.), *Organisationsentwicklung* (S. 107–120). Haupt, Freies Geistesleben.

Glasl, F. (2019). Konfliktmanagement als Führungskompetenz. In M.W. Fröse, B. Naake & M. Arnold (Hrsg.), *Führung und Organisation. Neue Entwicklungen im Management der Sozial- und Gesundheitswirtschaft* (S. 71–90). Springer VS.

Glasl, F. (2020). *Konfliktmanagement*. Haupt, Freies Geistesleben.

Glasl, F. (2022). *Selbsthilfe in Konflikten* (8. Aufl.). Haupt, Freies Geistesleben.

Glasl, F. & de la Houssaye, L. (Hrsg.). (1975). *Organisationsentwicklung*. Haupt, Freies Geistesleben.

Glasl, F., Kalcher, T. & Piber, H. (Hrsg.). (2020). *Professionelle Prozessberatung*. Haupt, Freies Geistesleben.

Glasl, F. & Lievegoed, B. (1993). *Dynamische Unternehmensentwicklung*. Haupt, Freies Geistesleben.

Glasl, F. & Lievegoed, B. (2021). *Dynamische Unternehmensentwicklung* (6. Aufl.). Haupt, Freies Geistesleben.

Greiner, L. (1972). Red Flags in Organization Development. *Business Horizons, June,* 17–24.

Hasper, W. & Glasl, F. (1988). *Von kooperativer Marktstrategie zur Unternehmungsentwicklung*. Haupt, Freies Geistesleben.

Hofstede, G. (1991). *Cultures and Organzations: Software of the Mind*. MacGraw Hill.

Laloux, F. (2014). *Reinventing Organizations*. Nelson Parker.

Lievegoed, B. (1974). *Organisationen im Wandel*. Haupt, Freies Geistesleben.

Scott-Morgan, P. & Little, A.D. (2008). *Die heimlichen Spielregeln. Die Macht der ungeschriebenen Gesetze im Unternehmen*. Campus.

Wilber, K. (2004). *Eine kurze Geschichte des Kosmos* (7. Aufl.). S. Fischer.

Womack, J., Jones, D. & Roos, D. (1991). *Die zweite Revolution in der Autoindustrie*. Campus.

Womack, J. & Jones, D. (1996). *Lean Thinking*. Free Press.

Biografische Notiz

Friedrich Glasl, Univ.-Prof. Dr. Dr. h.c., *1941 in Wien, studierte Politikwissenschaften und Psychologie. Er sammelte Berufserfahrungen in Druckereien, Redaktionen, einer Stadtverwaltung und bei der UNESCO. Zwischen 1967 und 1985 war er Consultant am NPI-Institut für Organisationsentwicklung (NL) und habilitierte 1983 an der Universität Wuppertal. Glasl war 1985 Mitgründer der Trigon Entwicklungsberatung, darüber hinaus tätig als Mediator und Mediationstrainer (Bundesverband Mediation) und unterrrichtete Organisationsentwicklung und Konfliktmanagement/Mediation an Universitäten innerhalb und außerhalb Europas. Zurzeit ist er Gastprofessor an der Staatlichen Universität Tiflis (GE). Er verfasste Lehrbücher zu Organisationsentwicklung und Konfliktmanagement und machte dazu auch Lehrfilme.

The »Authentizotic« Organization: Creating Best Places to Work[1]

Manfred Kets de Vries

»Good leadership requires you to surround yourself with people of diverse perspectives who can disagree with you without fear of retaliation.«

Doris Kearns Goodwin

»Culture is the deeper level of basic assumptions and beliefs that are shared by members of an organization that operate unconsciously and define in a basic ›taken for granted‹ fashion an organization's view of its self and its environment.«

Edgar Schein

Zusammenfassung

Angesichts der Bedeutung des individuellen psychischen Wohlbefindens für eine effektive Unternehmensleistung würden Führungskräfte gut daran tun, gesunde Arbeitsplätze zu schaffen – Orte, die zu adaptiven Funktionen beitragen und diese verstärken. Eine authentische Organisation inspiriert Mitarbeiter:innen durch die Integrität ihrer Vision, Mission, Werte, Kultur und Struktur. Organisationen, die sich in diesen wichtigen Bereichen auszeichnen, nennt Manfred Kets de Vries »authentizotisch« – eine Bezeichnung, die von den griechischen Begriffen *authenteekos* und *zoteekos* abgeleitet ist. *Authenteekos* – »seinen Werten treu blei-

---

1 [Anmerkung der Herausgeber:innen: Wir sind sehr erfreut, diesen Artikel von Manfred Kets de Vries im Original in unserem Buch veröffentlichen zu dürfen. Wir stellen bewusst ein deutsches Abstract an den Anfang, um zumindest einen thematischen Einblick in den Aufsatz zu bieten, ohne ihn direkt übersetzen zu wollen.

Zum Ort der Ursprungsveröffentlichung siehe Kets de Vries (2018), »The ›Authentizotic‹ Organization: Creating Best Places to Work. *INSEAD Working Paper No. 2018/16/EFE*, https://ssrn.com/abstract=3168680 bzw. http://dx.doi.org/10.2139/ssrn.3168680.]

ben« – manifestiert sich innerhalb einer Organisation durch Verhaltensweisen und Praktiken, die mit der erklärten Vision, Mission und den Werten des Unternehmens übereinstimmen. *Zoteekos* – »lebenswichtig sein« – impliziert, dass Menschen durch ihren Arbeitsplatz belebt werden und ein Gefühl von Ausgeglichenheit, Wohlbefinden und Erfüllung erfahren.

In seiner Arbeit beschreibt Kets de Vries zwölf Muster, die authentizotische Organisationen von anderen »normalen« oder »gewöhnlichen« unterscheiden. Während Skeptiker:innen die Idee utopisch finden mögen, argumentiert er, dass Führungskräfte gut daran tun würden, ihre Organisationen mit authentizotischen Qualitäten auszustatten:

(1) Sie haben eine klare, eindeutige und überzeugende Mission, die jede:r versteht und sich für sie einsetzt.
(2) Die Unternehmenskultur und -praktiken stehen im Einklang mit den Werten, für die sie eintreten.
(3) Die Vertrauenskultur geht in beide Richtungen.
(4) Führung ist kein *solo act*, sondern ein Teamsport.
(5) Das Arbeitsumfeld legt Wert auf qualitativ hochwertige Beziehungen im Alltag.
(6) Es gibt einen fairen Umgang, die Wahrnehmung gleicher Bedingungen für alle.
(7) Die Menschen haben das Gefühl, dass ihnen zugehört wird, dass sie ein Mitspracherecht haben und dass ihr Beitrag geschätzt wird.
(8) Zentral ist eine Kultur der Anerkennung: Bemühungen bleiben nie ungewürdigt und Lob wird großzügig verteilt.
(9) Es gibt fortlaufende Möglichkeiten und Anreize, sich zu entwickeln und zu wachsen.
(10) Führungspersönlichkeiten leben ihre Werte und Ziele vor und geben die Richtung an.
(11) Die Führungskräfte sorgen dafür, dass Kommunikation und Transparenz auf allen Ebenen gefördert werden; sie denken ständig darüber nach, wie sie den Kommunikationsfluss nach oben, nach unten und seitlich verbessern können.
(12) Die Führungskräfte sind sich bewusst, dass die Menschen auch ein Leben außerhalb der Arbeit haben.

Der Autor schließt mit einer Checkliste, um dem Leser:innen zu helfen, authentizotische Merkmale an ihrem eigenen Arbeitsplatz zu identifizieren.

Während das Investment für eine authentische Organisation wünschenswert ist, besitzen nur sehr wenige Organisationen alle Qualitäten, die erforderlich sind, um sich als »bester Arbeitgeber« zu qualifizieren. In zu vielen Organisationen kann die Kultur dysfunktional sein, die Mitarbeiter:innen arbeiten auf ineffektive Weise, Moral und Motivation sind niedrig und Teams arbeiten unterdurchschnittlich.

Die authentizotische Denkweise beruht auf der Schaffung einer Kultur des Vertrauens, der gegenseitigen Unterstützung, der Anerkennung und des Engagements, die Menschen um eine gemeinsame Vision herum vereint – eine Kultur, in der sich die Mitarbeiter:innen für sinnvolle Arbeit engagieren und ihr Bestes für die Organisation geben.

Dabei führt Kets de Fries zugrundeliegende Merkmale authentizotischer Organisationen auf und lädt ein, seine eigenen dahin zu überprüfen, bzw. stellt uns ein Tool zur Verfügung, was in supervisorischen oder organisationentwicklungsspezifischen Kontexten einsetzbar ist.

Introduction

Since 1998, *Fortune* magazine has published an annual ranking of the »most admired US companies« based on criteria that include corporate values, innovation, financial growth, leadership effectiveness, maximizing human potential and trust.[2] Organizations that excel across all these domains are what I call *authentizotic*, a designation derived from the Greek *authenteekos* and *zoteekos*. *Authenteekos* – »staying true to one's values« – is manifested within an organization by behaviors and practices that are aligned with the company's stated vision, mission and values. *Zoteekos* – »being vital to life« – implies that people are invigorated by their workplace and experience a sense of balance, wellbeing and fulfillment.[3]

Leaders of authentizotic organizations infuse their organizations with meaning. They effectively articulate what they want to accomplish through communicating a vision of what the organization stands for, highlighting its fundamental *raison d'être*, and recognizing each employee's contribution to its success. Subscribing to the credo »Profit with purpose«, they create a balance between »what's good for the organization« and »what's good for the people who work there«. The authentizotic mindset relies on creating a culture of trust, mutual

---

2 [Siehe http://fortune.com/best-companies/]
3 [Siehe Manfred F. R. Kets de Vries, M. F. R. (2001). Creating Authentizotic Organizations: Well-functioning Individuals in Vibrant Companies. *Human Relations, 54*(1), 101–111.]

support, recognition, and engagement that unites people around a common vision, a people-centric culture where employees engage in meaningful work and give their best to the organization.

As numerous studies have shown, the »best places to work« have lower voluntary employee turnover than their competitors, recruit the best people, provide top-quality customer service, and create innovative products and services all of which contribute to their overall financial success. Furthermore, such organizations provide procure higher job satisfaction and employee engagement.[4] In short, people who are happy at work are more committed to the job.

Authentizotic organizations: the differentiators

A number of underlying features distinguish authentizotic organizations from others:

1. *They have a compelling mission that everyone understands and signs up to.* A values-based mission statement makes employees feel like they're part of something bigger, beyond the daily routine. Each understands the role he or she plays in achieving that mission. As the saying goes, »people work for money but die for a cause«. The organization's fundamental purpose goes beyond simply profit maximization; employees believe that they are creating products or services, or serving a cause, that add value to society. They feel good about the purpose and impact of their work. They not only stick around longer but enjoy a higher degree of job satisfaction and are more engaged. Such companies are more likely to be responsible contributors to their community and to the world at large. They recognize that for reasons of sustainability they must be responsive to all stakeholders.
2. *The organization's culture and practices are aligned with the values they espouse.* These values are embraced at all levels they are part of the »organization's DNA«. Unlike companies who merely pay lip-service to what they say are their core values but turn out to be nothing more than an exercise in public relations in authentizotic organizations, employees who do not »live the values« are asked to shape up or leave.
3. *Employees trust the people they work with and for.* The culture of trust goes both ways: employees implicitly trust their leaders to make the right decisions, while leaders trust employees to put the organization's needs first as

---

4 [Siehe https://www.glassdoor.com/Award/Best-Places-to-Work-LST_KQ0,19.htm]

they interact with various stakeholders. People are treated with respect and dignity. The culture of trust is also reflected in the way its leadership communicates the problems as well as the successes.

4. *Leadership is not a solo act but a team sport.* These organizations are the opposite of »Darwinian« where everyone is out for themselves. Instead, people help and support each other. Politics are inevitable in any organization, but political dynamics are minimal in authentizotic ones. Internal competition and individualistic thinking are sidelined in favor of collaboration, thereby creating an enriching place to work.

5. *The work environment emphasizes high-quality day-to-day relationships.* Employees enjoy working together and have fun. From a mental health perspective (since so much of our working lives are spent in organizations), it is obvious that if people get along with those, they work with they like and respect them they derive a sense of belonging. Not surprisingly, working with people who are supportive and understanding fosters deeper personal connections and professional growth.

6. *Fair process – the perception of a level playing-field for all.* As might be expected, fair pay and benefits are fundamental components of this, but equally important is the feeling that the leadership cares and is interested in employees' well-being. In authentizotic organizations, lay-offs are a last resort. Being treated fairly is a great motivator, going beyond anything that monetary rewards can procure.

7. *People feel that they are listened to.* Employees feel that they have a voice, and that their input is valued. The leadership creates a culture that is participatory one where people can speak up and criticize without fear of reprisals, and where top management shares information with employees. They actively listen to their views, and implement useful suggestions. Senior executives who trust the people who work for them push decision-making power downward to their subordinates. They give them as much autonomy as possible to choose when they work, where they do their work, and how best to get their work done. They recognize the difference between working hard and working smart. Also, they create places to work where entrepreneurial endeavors are encouraged.

8. *A culture of recognition:* Efforts never go unappreciated and praise flows generously. Too often, appreciation doesn't come easily and attention is only given when an assignment goes wrong. Conversely, recognizing employees for their personal or team achievements creates a more meaningful experience. When people feel appreciated, higher levels of engagement and retention result.

9. *Ongoing opportunities and incentives to develop and grow.* Leaders recognize that people inherently want to be challenged so they can acquire new skills, and go out of their way to provide opportunities to accelerate their personal growth. Furthermore, management makes a concerted effort to figure out ways to unlock each employee's potential, knowing that it will benefit both the individual and the organization. While acknowledging that not all careers are built the same, management provides effective leadership development programs, resources for education outside of work, and platforms for coaching and mentoring.
10. *Leaders really make a difference.* Top management walks the talk they embrace and exemplify its values and goals, setting the direction in a way that can be described as »true north«. They ensure that everyone in the organization is treated with respect and care. They encourage senior executives to recognize the people that they supervise for the positive contributions that they make.
11. *Information is shared.* Leadership ensures that communication and transparency are engendered at every level; they never stop thinking of how they can improve the communication flow upward, downward, and laterally. Putting transparent information systems in place helps employees to make more informed decisions.
12. *Leadership realizes that people have a life outside of work.* Taking a holistic, long-term perspective, they acknowledge the importance of work/life balance. They go to great lengths to avoid employee burnout. They recognize that commitment is a give and take, not give or take. Again, this positively impacts organizational loyalty and commitment, making for a sustainable psychological contract between employer and employee.

Utopian or not, every organization would do well to strive for the qualities that characterizes these best places to work. Those that tick every single box are rare but at their core authentizotic organizations are distinguished by the high level of trust people have in their leaders, of pride and passion for their jobs, of enjoyment working with their colleagues, and the sense of meaning derived from the organization and its core values.

The authentizotic organization checklist

The following may provide a modicum of insight into whether your own organization is authentizotic. Answer each question with *True* or *False*.

- Do you subscribe to the core values and mission of your organization?
- Does your work provide you with a strong sense of meaning?
- Do you enjoy working with the people in your organization?
- Does your organization manage to get the best out of you?
- Do the people in your organization live the values?
- Is trust a key element of your organization's culture?
- Do you believe that you are treated fairly in your organization?
- Does your organization have a team-oriented culture?
- Do you feel that you have a »voice« in your organization that you are being listened to?
- Is it common in your organization to celebrate success and work well done?
- Is open communication a key characteristic of your organization?
- Is constructive feedback and coaching an ongoing process?
- Does your organization have a commitment to learning and development?
- Does your organization encourage entrepreneurial abilities and provide the resources to be creative?
- Do you have confidence in your organization's leadership?

The more often you answer »True«, the more authentizotic the organization. If the majority of your answers are »False«, your work environment may be draining rather than infusing you with energy.

Conclusion

While working for an authentizotic organization is desirable, very few organizations possess all the qualities needed to qualify as a best place to work. In too many organizations, the culture can be dysfunctional, people work in ineffective ways, morale and motivation is low, and teams operate below par. Why this happens may ultimately come down to human nature: our ability to trust one another so far but perhaps not far enough, and our self-centeredness our inability to see past our own needs. As has been said many times over: to win in the market place, you first have to win in the workplace. The main ingredient that makes for an authentizotic organization is trust. When trust is part of the organizational culture, people are more confident and more productive, and the organization becomes a vibrant, networked web, connecting people up and down the hierarchy. If there is such a thing as a magic recipe for trust, it may simply be that each individual treats other people as they would like to be treated.

Biografische Notiz

Manfred Kets de Vries ist klinischer Professor für Führungsentwicklung und Organisationsentwicklungsprozesse am INSEAD-Institut in Frankreich, Singapur, Abu Dhabi und San Francisco, sowie Managementwissenschaftler und Psychoanalytiker. Seine Forschung konzentriert sich auf Führung und die Dynamik individueller und organisatorischer Veränderungen, wobei er die Schnittstelle zwischen Managementtheorie, Psychoanalyse, Psychotherapie, Evolutionspsychologie und Executive Coaching erforscht. Er hat mehr als 50 Bücher und 400 Artikel zu den Themen Führung sowie organisatorischer und persönlicher Wandel verfasst.

Vorderbühne – Hinterbühne

Zum Verhältnis von Politik und Verwaltung: Innensichten als Grundlage für Beratung im öffentlichen Dienst

Käthe Kruse

Supervision und Beratung im Öffentlichen Dienst und/oder im Politikumfeld haben zur Voraussetzung, dass das Wechselspiel von Politik und Verwaltung in groben Zügen bekannt ist. Deshalb möchte ich in meinem Beitrag sowohl die Interaktionen der formellen Systeme skizzieren als auch die informellen beschreiben, denn auch hier gilt: Es gibt kein formelles System ohne ein informelles. Die Bezeichnung »kleiner Dienstweg« ist dafür ein beredtes Zeichen. Sie wird verwandt, wenn Dinge jenseits des normalen Dienstweges anlassbezogen geregelt werden. Zugleich heftet dem kleinen Dienstweg auch ein Hauch von möglicherweise politisch konnotierter Einflussnahme jenseits der offiziellen Wege oder sogar von möglicherweise korrupten Intensionen an.

Ich stütze mich in meinem Beitrag sowohl auf eigene langjährige Erfahrungen als Führungskraft in politiknahen Feldern als auch als Beraterin unterschiedlicher Organisationeinheiten in der Berliner Senatsverwaltung.

»Die Senatoren kommen und gehen, die Verwaltung aber bleibt«

Als Leiterin einer nachgeordneten Einrichtung mit eigenem Haushalt am Rande von Berlin hatte ich es mir angewöhnt, am späteren Freitagnachmittag in die Senatsverwaltung zu gehen, um mit der politischen Spitze bzw. mit der Leiterin des Büros Dinge zu besprechen und zu klären, die an der Schnittstelle von Politik und Verwaltung angesiedelt waren. Da der öffentliche Dienst am Freitag früher Schluss machen kann, waren die politischen Ebenen nicht mehr so stark in Anspruch genommen und konnten sich in vorgebrachte Anliegen besser hineindenken. Mögliche Lösungswege wurden gemeinsam erörtert, ohne langes Hin und Her – ein schnelles und effektives Verfahren.

Das ging so lange gut, bis dies der zuständige Abteilungsleiter mitbekam. In seinen Augen hatte ich ihn übergangen, indem ich direkten Umgang mit der Spitze des Hauses pflegte und dort dienstliche Angelegenheiten besprach. »Das bringen wir der Kruse bei, Senatoren kommen und gehen, die Verwaltung aber bleibt«, lautete seine Ansage. Und ich bekam die Macht der Verwaltung zu spüren.

Jetzt ging es nicht mehr um Fragen, welche politischen Veranstaltungen in meiner Einrichtung stattfinden können, wie wir öffentliche Unterstützung organisieren, wie wir die politische Bildungsarbeit weiterentwickeln und mit freien Trägern kooperieren. Jetzt ging es um das sogenannte »Verwaltungseinmaleins«: Wie wird der Haushaltsplan aufgestellt, welche Begründungen werden für welche Einnahme- und Ausgabeposten gegeben, sind Ausschreibungen für von außen eingekaufte Dienstleistungen fehlerfrei, entsprechen die Eröffnungsverfahren den rechtlichen Vorschriften, wird ab einer bestimmten Summe europaweit ausgeschrieben, werden neue EU-Vorschriften wie das Hygienekonzept umgesetzt, werden die Beschäftigten nicht mit Arbeiten betraut, die eine Forderung nach Höhergruppierung begründen könnten? Und so weiter und so fort. Die damalige Fachaufsicht stellte immer neue Anfragen und forderte zeitnahe Antworten und Umsetzung von Arbeitsaufträgen ein. Auf diese Art und Weise wurde ich »eingenordet« und selbst zum Teil der Verwaltung – wenn auch mit deutlich höheren Freiheitsgraden als in der Hauptverwaltung.

Im Vordergrund stand nicht mehr die Weiterentwicklung des inhaltlichen Angebots und des Renommees der Einrichtung, die Erzielung höherer Einnahmen, ohne Aufgabe der (bildungs-)politischen Zielsetzungen, sondern das fehlerfreie Agieren im Verwaltungsbereich. Daran wurde ich von der Verwaltung gemessen. Erst als ich darin Sicherheit gewonnen hatte, konnte ich mir mehr eigenständige Handlungsspielräume erschließen.

Auf diese Art und Weise konnte auch die politische Spitze unter Druck gesetzt werden, wenn sie nicht über Verwaltungserfahrung verfügte. Der Rechnungshof prüft nicht, ob eine Senatsverwaltung politisch und sozial angemessene Lösungen für gesellschaftliche Probleme findet (das ist die Aufgabe des Haushaltsausschusses in den Beratungen über den vorgelegten Haushaltsplan), sondern ob die Steuergelder transparent und nachvollziehbar verwandt wurden. Hier verfügt natürlich die Verwaltung über ein in langen Jahren angesammeltes Wissen, das ihre Macht im Hause grundiert. Sie sichert ab, und so sie will, findet sie auch Wege, Dinge zu ermöglichen. Die politische Spitze ist letztendlich auf ihre Erfahrung und ihr Wohlwollen angewiesen – auch dann, wenn sie auf Anfragen aus dem parlamentarischen Raum in den gesetzten Fristen reagieren muss oder wenn die Presse sie vor sich hertreibt, wenn sie Fakten liefern oder Anwürfe fundiert widerlegen muss. Ohne die Zulieferung der Verwaltung ist die Politik nicht auskunftsfähig und oft auch nicht handlungsfähig.

Parlamentsanfragen beantworten und Berichtsaufträge erstellen – Verwaltung als Zuarbeiterin der Politik und Garantin für eine funktionierende Demokratie

Demokratische Mitwirkung, Gestaltung und die Wahrnehmung der Kontrollrechte gegenüber der Regierung haben zur Voraussetzung, dass Abgeordnete aller im Parlament vertretenen Parteien Informationen über staatliches Handeln einfordern können. Das geschieht u. a. über die Instrumente der Mündlichen, der Kleinen und der Großen Anfragen, die im Parlament gestellt werden. Für die Beantwortung gibt es Fristen, bei Kleinen Anfragen betragen sie zwei Wochen, bei Großen Anfragen drei. Wird ein Berichtsauftrag nicht in der dafür gesetzten Frist abgeliefert, und es ist keine Verlängerung genehmigt worden, ist das strafbewehrt: Im nächsten Haushalt werden der Senatsverwaltung 30.000 Euro weniger zur Verfügung gestellt. Es herrscht also »Druck im Kessel« in den Tagungswochen des Abgeordnetenhauses.

Mein Schrecken waren die Mündlichen Anfragen. Dienstagabend musste ich ausharren, bis die Sitzung, die meinen Verantwortungsbereich tangieren könnte, zu Ende war. War eine Anfrage gestellt worden, musste ich bis zum nächsten Tag um 12:00 Uhr eine Vorlage nach oben reichen, die von Referats- und Abteilungsleitung bereits abgezeichnet war. Dann saß ich da und wartete, ob ich zur Vorbereitung von Staatssekretär oder Senatorin nach oben gerufen würde. Danach wartete ich wiederum ab, ob ich mit in die Sitzung des zuständigen Ausschusses genommen würde, um als Fachfrau dem Staatssekretär für Rückfragen der Ausschussmitglieder zur Verfügung zu stehen. Und in der Sitzung war ich im Stand-by-Modus, ob der Staatssekretär auf mich zurückgreifen würde oder nicht.

An solchen Tagen mussten alle anderen Arbeiten zurückgestellt werden, und man kam mit dem, was man als die eigentliche Arbeit betrachtete, nicht voran. Das politische Geschäft hatte Vorrang. Eigene Gestaltungsspielräume waren eng bemessen. Besonders hart war es in den strengen Sparzeiten in Berlin: Das Zitat von Klaus Wowereit, »Sparen, bis es quietscht«, wurde sogar auf die für ihn geprägte silberne Gedenkmünze gesetzt. Bei Abgeordnetenanfragen lautete die Vorgabe: »Machen Sie bei der Beantwortung keine Vorschläge, die Geld kosten.« »Kostenneutral« oder »haushaltsneutral« wurden die neuen Zauberworte. Kreativität entwickelte man in der Fähigkeit, blumig nichts zu sagen und Zukunftsvisionen zu entwickeln, die nicht mit Folgekosten verbunden waren.

Die politische Spitze des Hauses war auf die Verwaltung angewiesen, wenn sie politisch agieren und in der Konkurrenz um knappe Haushaltsmittel reüssieren wollte. Bei Haushaltsplanaufstellungen durften neue Aufgaben nur aufgeführt werden, wenn ein Vorschlag erfolgte, welches Budget um die erforderliche Summe gekürzt werden sollte. Man musste höllisch aufpassen, dass das eigene nicht angezapft wurde, man also nach einigen Tagen der Abwesenheit plötzlich um Zehn- oder Hunderttausende ärmer war. Selbst geriet man auch in Gewissensnöte, wenn man neue Projekte durchbringen wollte und angeben musste, bei welcher anderen Position im Haus das eingespart werden könnte. Waren die Chefverhandlungen gelaufen (noch strittige Punkte wurden mit dem Finanzsenator geklärt), konnten im Haushaltausschuss die Abgeordneten nur dann noch Gelder bewilligen, wenn sie zugleich beschlossen, wo das Geld weggenommen werden sollte. Ich habe heute noch manchmal ein schlechtes Gewissen, weil ich über den parlamentarischen Umweg in der dritten Lesung des Haushaltsplans dafür gesorgt hatte, dass der Etat für Sprachmaßnahmen in der Integrationsarbeit etwas aufgestockt wurde. Das war vorher noch nicht vorgekommen, weil nach der zweiten Lesung in der Regel alles »in Sack und Tüten« war. Und ich hatte auch einen Vorschlag gemacht, woher das Geld kommen könnte.

Auch die Umsetzung von Sparvorgaben war ohne Verwaltungshandeln nicht möglich. Als ich bei den ersten Einsparrunden für freie Träger dabei war, begriff ich, wie Verwaltung tickt. Es wurde gefragt: »Wer macht am meisten Ärger, wenn er Kürzungen bekommt?« Nichts hasst die politische Spitze und die mit ihr verbundene Partei mehr als schlechte Presse. Also wurde nicht nach fachlichen Kriterien entschieden, sondern danach, wo am wenigsten Widerstand zu erwarten war.

Die politische Spitze kann Anordnungen treffen, sie hat die mächtigste Position, sie ist auf der Vorderbühne sichtbar; doch ohne entsprechendes kooperatives Verhalten der Verwaltung im Hintergrund kann sie auch immer wieder ausgebremst werden.

Tempo und Arbeitsweise im öffentlichen Dienst

In der Regel treffen Angehörige des öffentlichen Dienstes nicht auf viel Gegenliebe, wenn sie bei Elternabenden, Festen und anderen geselligen Zusammenkünften sagen, dass sie dort arbeiten. Im Nu werden sie mit Erfahrungen im Umgang mit der Verwaltung konfrontiert, die mit viel Ärger unterlegt sind (keinen Termin im Bürgeramt bekommen; das Auto kann erst im nächsten Monat angemeldet werden; in der Schule gibt es keine vernünftige Vertretung für kranke Lehrer:innen; man ist viermal weiterverbunden worden und hat doch keine Auskunft bekommen; niemand war zuständig; man hängt in der Warteschleifen und wird irgendwann rausgeworfen). Irgendwann vermeidet man präzise Angaben zum ausgeübten Beruf, weil man nicht mit allen Vorurteilen und schrecklicherweise auch realen Erfahrungen mit der Berliner Verwaltung konfrontiert werden will.

Verwaltungsmitarbeiter:innen werden als faul, unbeweglich, zu langsam und ineffizient wahrgenommen – und schlimmer noch. Das illustriert folgender Auszug aus dem Schreiben eines vielfachen Berliner Hausbesitzers:

> »Ansonsten ist bei uns bereits eingeleitet, dass wir dazu beitragen werden, dass der Zwei-Klassen-Gesellschaft der produktiv tätigen Bevölkerung einerseits und andererseits von Politikern nebst Bediensteten der öffentlichen Verwaltung, die mit unwirtschaftlicher Bürokratie und mangelndem Sachverstand das Geld der Steuerzahler vergeuden, sich von hinten und von vorne bedienen lassen und ein schönes und bequemes Leben im Selbstbedienungsladen der öffentlichen Kassen machen, entgegengewirkt wird.«

Diese Beschreibung seiner Sicht auf unsere Gesellschaft erfüllt fast schon den neugeschaffenen Straftatbestand der Staatsdelegitimierung.

Verwaltungsreformen, die Einführung der Kosten-Leistungsrechnung in der neoliberalen Ära, die Formulierung von Leitbildern, Fortbildungen fürs Leitungspersonal, die Einführung der Mitarbeiter-Vorgesetzten-Gespräche – unzählige Ansätze gab es, den öffentlichen Dienst zu reformieren. Doch der Fortschritt ist eine Schnecke. Es zeigte sich schnell, dass mit den neuen Instrumenten nur zusätzliche Bürokratie einzieht, wenn der hinter den Innovationen stehende Geist nicht verstanden wird. Das belegen die Organisationsdiagnosen, die zur Überprüfung der Erfolge der Verwaltungsreform vorgenommen wurden. In Berlin kam hinzu, dass wir mit der deutschen Vereinigung das gesamte Personal der öffentlichen Verwaltung von Ostberlin übernahmen und dort mit anders sozialisierten und arbeitenden Menschen konfrontiert waren – und sie mit uns.

Die Politik und der öffentliche Dienst haben viel geleistet in diesen Jahren des Zusammenwachsens – nicht nur von Ost und West, sondern auch in der Umsetzung der Bezirksreform, in der aus 24 nur 12 Bezirke wurden, von denen zwei zugleich West- und Ostbezirke vereinten. Überall gab es doppelte Leitungen auf den Positionen, die nur von einem oder auch einer besetzt werden konnten. Die Einsparvorgaben waren hart, es konnten auf Jahrzehnte keinen neuen Mitarbeiter:innen eingestellt werden, Personalabfluss erfolgte durch altersgemäßes Ausscheiden und mit dem »Goldenen Handschlag« (Ausscheiden mit 58 Jahren, mit Prämie und der Zusage, dass man weitere zwei Jahre Arbeitslosengeld erhalten würde). Nachbesetzungen gab es nicht, intern wurden die gerissenen Lücken versucht aufzufüllen, auch wenn die Sachkenntnis für die verwaisten Arbeitsgebiete fehlte. Auszubildende hatten keine Chance, übernommen zu werden. Die Ministerien der Bundesregierung, die nach Berlin kamen, boten Alternativen. Im Berliner öffentlichen Dienst kam es zur kompletten Überalterung. Der demografische Wandel stand umso drohender vor der Tür. Das Einsparziel – nur 100.000 Beschäftigte im öffentlichen Dienst – wurde zwar erreicht. Aber um welchen Preis? Serviceämter wie die Bürgerämter oder das KFZ-Zulassungsamt, auf deren Leistungen die Bürger:innen zeitnah angewiesen waren, wurden nahezu dienstunfähig. Sogar die Standesämter hatten Anmeldezeiten von mehr als einem halben Jahr. Die Kritik am öffentlichen Dienst nahm immer mehr zu.

Beharrungsvermögen und Innovationsdruck

Das Sicherheitsbestreben ist oft die zentrale Motivation, wenn Menschen sich für den öffentlichen Dienst entscheiden. Damit hat man eine vorrangig sicherheitsorientierte Gruppe, die grundlegenden Veränderungen selten freudig gegenübersteht und die den öffentlichen Dienst in Regel nicht wieder verlassen wird. Wechsel zwischen Wirtschaft und öffentlichem Dienst kommen in Deutschland kaum vor. Erfahrungen aus anderen Arbeitsbereichen unserer Gesellschaft fehlen meist, wenn Menschen eine Verwaltungslaufbahn einschlagen. Die mangelhafte digitale Infrastruktur, Doppelzuständigkeiten, die Zweistufigkeit der Berliner Verwaltung und der hierarchische Aufbau der Senatsverwaltungen verzögern die Arbeitsleistung, machen aber auch erfinderisch im Umgang mit den anfallenden Arbeiten.

Nicht zuletzt die Corona-Krise hat deutlich gemacht, wie hoch der Innovationsdruck in unserem Stadtstaat, im Gesundheitswesen, im Pflegebereich, in den Gesundheitsämtern und in den Schulen ist. Vor allem im Bereich der Digitalisierung wurden die Schwächen offenbar. Die Gesundheitsämter in den Bezirken hatten unterschiedlich IT-Systeme, das Personal reichte zunächst nicht aus, um

Infektionsketten nachzuverfolgen, es wurde mit händischen Eingaben gearbeitet, die Faxgeräte kamen zu neuen Ehren.

Mit dem Lockdown kam die Vorschrift, dass 50 Prozent der Belegschaften im Homeoffice sein sollten. Das galt auch für den öffentlichen Dienst, der aber nicht über genügend sichere Zugriffe auf die dienstlichen Computerarbeitsplätze verfügten. So saßen Beschäftigte zu Hause, ohne ihre Arbeit verrichten zu können – Datenschutz war ein heiß diskutiertes Thema.

Auf der anderen Seite wurden innerhalb kürzester Zeit die Gesundheitsämter verstärkt. Personal wurde umgesetzt, Stellenanzeigen geschaltet, Freiwillige gesucht, Bundeswehr eingesetzt, eine Notklinik mit 500 Betten auf dem Messegelände errichtet. Die halbe Veranstaltungsbranche arbeitete – da die Clubs und die Kultureinrichtungen geschlossen waren – in den Impfzentren. Die über 80-Jährigen und dann auch die über 70-Jährigen durften sich ein Taxi zum Impfzentrum nehmen. Damit wurde auch der Taxibranche geholfen, die unter dem Ausbleiben der Touristen und der Homeoffice-Situation litt. Und die Impflinge waren begeistert, wie gut sie begleitet wurden und wie freundlich die jungen Leute mit ihnen umgingen. Sogar eine große Dankeschön-Anzeige wurde von einer Privatperson am 6. Februar 2021 im *Tagesspiegel* geschaltet: Das habe man der Berliner Verwaltung nicht zugetraut, dass sie diese Infrastruktur so schnell auf die Beine gebracht habe. Die Beschreibung der positiven Erfahrungen endete mit folgender Feststellung: »Mein persönliches Fazit: die oft gescholtene Berliner Verwaltung kann entgegen vieler anders lautender Behauptungen und ständiger Kritik auch Hervorragendes leisten.«

Die Menschen im öffentlichen Dienst erfuhren Anerkennung. Und sie konnten zeigen, dass sie auch jenseits der Dienstwege in der Lage sind, hilfreiche Lösungen zu entwickeln, wenn es darauf ankommt und man sie machen lässt. Die Schulen entwickelten innerhalb kürzester Zeit digitale Unterrichtsformate – Lehrer:innen auf der Höhe ihres IT-Wissens- und Ausrüstungsstandes, die Schulen auf der Höhe ihrer technischen Möglichkeiten. Die Volkshochschulen agierten ebenfalls so. Die Ämter behalfen sich, um dringende Dienste aufrecht zu erhalten. Es ging vorrangig um Problemlösungen angesichts einer völlig neuen Krisensituation.

Vielfältige zivilgesellschaftliche Initiativen entstanden: Junge Leute boten an, für ältere Menschen einkaufen zu gehen, damit die sich nicht gefährden, Köche aus geschlossenen Restaurants kochten für Obdachlose und Bedürftige – die Stadtgesellschaft erlebte ein Gemeinschaftsgefühl, das über die ersten Zeiten der Pandemie hinweg trug.

Die Kluft zwischen Politik, Verwaltung und Stadtgesellschaft wurde kleiner.

Käthe Kruse

Politik, demokratische Regeln und Verwaltungshandeln

Die Bundeskanzler:innen unseres Landes und die Ministerpräsident:innen schwören im Amtseid, dass sie Gerechtigkeit gegen jedermann üben werden. Auch für die Verwaltung gilt der Anspruch, dass sie gegenüber jedem Bürger und jeder Bürgerin gleich handelt, niemanden bevorzugt, aber auch niemanden benachteiligt – und dabei immer im Rahmen des geltenden Verwaltungshandelns und der Gesetze bleibt. Das ist im Grundgesetz so festgelegt.

Dies hat Auswirkungen auf die Art und Weise, wie gearbeitet werden muss. Aufträge über einer bestimmten Summe müssen ausgeschrieben werden, ab 215.000 Euro sogar europaweit. Es muss nicht, wie kolportiert wird, das billigste Angebot genommen werden, sondern das mit dem günstigsten Preis-Leistungs-Verhältnis. Dafür aber muss ein Vermerk gefertigt werden, der die Auswahl begründet. Davor scheuen Viele zurück. Das Verfahren muss ja rechtssicher sein. Die Anbieter von Leistungen dürfen nicht über Jahre dieselben sein, weil das den Verdacht der Bevorzugung nährt. Also müssen neue Firmen ausgewählt und diese eingearbeitet werden. All das kostet Zeit. Dafür braucht es Arbeitskraft. In Zeiten ständiger Änderung der Vorgaben und des Personalabbaus steht davon nicht genügend zur Verfügung. Also fehlt es vorne und hinten an personellen und zeitlichen Ressourcen, um alle Aufgaben zu erfüllen, die im öffentlichen Dienst anfallen.

Zugleich ist das demokratische Regelwerk diverser geworden. Wir haben nicht mehr Zweier-, sondern inzwischen Dreierkonstellationen in der Regierungsverantwortung. Dadurch erhöht sich der Kommunikationsbedarf beträchtlich. Die Beteiligungsrechte der Bevölkerung sind ausgeweitet worden, z.B. bei öffentlichen Bauvorhaben, der sozialen Infrastruktur, bei der Veränderungen von Verkehrssituationen oder der Schaffung neuer Radwege. Mit der Einführung von Schulkonferenzen kamen neue, mit Mitbestimmungsrechten versehene Akteur:innen ins Spiel. Die Anzahl der Anfragen im Abgeordnetenhaus ist ungleich größer geworden als in den 1990er Jahren. Die Anfragen dienen der Politikvorbereitung, aber mit ihnen wird auch selbst Politik gemacht. Die Presse greift sie auf und berichtet darüber.

Berlin kämpft mit großem Lehrermangel. Als Ausgleich werden sogenannte »Quereinsteiger:innen« eingestellt, die sofort vor der Klasse stehen müssen, obwohl sie keine pädagogische Qualifikation haben. Sie werden berufsbegleitend ausgebildet bzw. studieren parallel noch ein zweites Fach. Die parlamentarische Anfrage, wie hoch der Anteil an welchen Schultypen ist, hat durchaus Gewicht. Es zeigt sich, dass die benachteiligten Schulen hier ein weiteres Mal benachteiligt werden. Erschreckend ist auch, dass kaum noch ausgebildete Grundschulpädagog:innen in Grundschulen arbeiten, es werden frühere Realschul- und Gymnasiallehrer:innen eingesetzt, und auch Quereinsteiger:innen – und das in den Klassen, in denen die Alphabetisierung erfolgt und die Grundlagen für das Lernen gelegt werden. Die Auskünfte auf diese Anfragen haben politische Brisanz. Neben den Parteien können auch Elternvertretungen, Schulleitervereinigungen, Gewerkschaften, Schülervertretungen die Zahlen für ihre politischen Forderungen und die Begründung ihrer Strategievorschläge nutzen. So kann Druck auf die Politik ausgeübt werden, Lösungen zu entwickeln, die diesem Zustand abhelfen.

Zugleich wird mit jeder Anfrage, für die es noch keine Datenerhebung gibt, ein Räderwerk in Bewegung gesetzt, das die Daten beschafft. Verwaltung dient hier zugleich der Politik und der Gesellschaft, indem sie Fakten, Daten und Zahlen eruiert. Diese wiederum bilden die Grundlage für die Entwicklung von Veränderungsstrategien und für Innovationen. Dieses demokratische Räderwerk kostet Arbeitszeit und damit auch Geld, Steuergeld, ist aber für das Funktionieren unserer demokratischen Gesellschaft unerlässlich.

Politikwechsel und authentisch sein

Beamt:innen dürfen in ihrer Arbeit keine eigenen politischen Ziele verfolgen, sie sind an die Vorgaben der Hausspitze gebunden. Sie unterliegen zudem der Mäßigungspflicht, wenn sie sich als Bürger:innen in der Öffentlichkeit äußern. Unabhängig von ihren eigenen politischen Überzeugungen haben sie den Vorgaben der jeweiligen politischen Spitze zu folgen. Sonst würde der demokratische Wechsel von Regierungen das System zum Erliegen bringen. Ausgetauscht wird in der Regel nur die oberste Ebene bis hin zu den Büros der Staatssekretär:innen. Die anderen müssen weiterhin ihre Arbeitskraft einsetzen in der Orientierung an nun anders gewichteten politischen Vorgaben. Im informellen System verschiebt sich allerdings die Architektur. Die Leitungen und auch Referatsmitarbeiter:innen, deren politische Präferenzen sich mit der neuen politischen Spitze decken, die in der gleichen Betriebs- oder parteipolitischen Fachgruppe sind, haben nun kürzere Wege und gelangen eher an notwendige und brisante Informationen. Sie sind in der informellen Hierarchie nach oben gerückt. Sind sie jedoch zahlenmäßig eine Minderheit, können die Anderen sie ausbremsen, indem sie Dienst nach Vorschrift machen. Insofern gibt es zeitversetzt eine Widerspiegelung von gesellschaftlichen Veränderungen in den jeweiligen Verwaltungen.

Parallel zur Verwaltungsreform wurden neue Leitungsfortbildungen konzipiert, weil inzwischen auch die Letzten verstanden hatten, dass gegen die Führungskräfte auf den verschiedenen Ebenen keine Reformen durchgesetzt werden können, die wirksam und von Dauer sind. Die neuen Leitbilder von Führung, die propagiert wurden, sprachen von »Verantwortungsübernahme«, von »Authentizität«, von »Leadership«. Es wurde nicht reflektiert, dass die dienende Rolle der Verwaltung gegenüber der Politik diesem Rollenverständnis enge Grenzen setzt.

Wenn es heftige Diskussionen im Abgeordnetenhaus gibt, wenn sich innerhalb einer Partei der andere Flügel in einem Politikfeld durchgesetzt hat, wenn die Presse ein Thema groß aufgemacht hat, dann gibt es veränderte politische Orientierungen im Haus, und Abteilungsleiter:innen müssen jetzt das Gegenteil von dem durchsetzen, was gestern noch überzeugend vorgetragen wurde. Wer solche Erfahrungen mehrfach gemacht hat, wird mit der Zeit initiativlos und wartet einfach ab, »was von oben kommt«.

Mir steht immer noch die Dienstbesprechung vor Augen, als die 52 Leiter:innen der Oberstufenzentren und beruflichen Schulen innerhalb von 30 Minuten zusagen sollten, dass sie jeweils zwei bis vier Willkommensklassen aufmachen, damit die geflüchteten Minderjährigen versorgt werden konnten. Die politische Vorgabe an die Schulaufsicht hatte gelautet: »Richten sie kurzfristig 124 Willkommensklassen ein.« Die Schulleiter:innen wurden in der Dienstbesprechung ohne Vorankündigung darüber in Kenntnis gesetzt. Die Schulleitungen konnten weder wissen, ob sie Räume dafür frei hatten, noch hatten sie Lehrkräfte dafür zur Verfügung, noch konnten sie abschätzen, wie offen ihr Kollegium und die Schülerschaft dafür sein würden. Es wurde ihnen zwar zugesagt, dass Lehrkräfte zugewiesen würden, doch sie kannten die Versprechungen des Senats und wussten, dass der Markt leergefegt war.

Die Schulaufsicht schlug folgendes Verfahren vor: Die Schulen sollten der Reihe nach befragt und die Zusagen notiert werden. Das Kontingent der Schulleitungen, die keine oder nur eine oder zwei aufmachen wollten, sollte dann auf die anderen umgelegt und damit deren Klassenanzahl erhöht werden. Das Ganze sollte innerhalb von 15 Minuten in Kleingruppen besprochen werden. Die gruppendynamische Situation, die dabei entstand, kann man sich vorstellen.

Letztendlich wurden die Willkommensklassen ein Erfolgsmodell und förderten den Umgang mit Diversität in den Schulgemeinschaften – trotz der holprigen Umsetzung der politischen Vorgabe am Anfang.

Immer wieder war es ein Thema für Führungskräfte, wie sie mit Anweisungen umgehen sollten, die sie selbst unsinnig fanden, deren Implikationen sie nicht teilten oder die sie einfach nur als undurchführbar ansahen. Insbesondere der Einsatz der großen Beraterfirmen zu Beginn des neuen Jahrtausends und die Übertragung von Arbeitsprinzipien aus der Wirtschaft auf den öffentlichen Dienst lösten viele Diskussionen aus. Schüler:innen wurden plötzlich zu Kund:innen, obwohl in Deutschland Schulpflicht herrscht. Arbeitslose wurden zu Kund:innen der Jobcenter, Hartz-IV-Empfänger:innen und Obdachlose wurden als »Kund:innen« bezeichnet, obwohl sie nicht zwischen verschiedenen Unterstützungsleistungen wählen konnten und auch keine Alternative dazu hatten – es sei denn, sie wollten verhungern. Wahlmöglichkeiten und die Möglichkeit, auch ganz auf das Produkt zu verzichten, zeichnen Kund:innen jedoch aus.

Staatliche Leistungen wurden als Produkte definiert und ihre Kosten berechnet. Das schuf im öffentlichen Dienst ein Kostenbewusstsein und in der Öffentlichkeit eine Einsicht darein, dass staatliche Leistungen mit Kosten hinterlegt sind – nicht nur für das Personal, sondern auch für Gebäude, für Bewirtschaftungskosten, für Büromaterialien, für digitale Infrastruktur und Anderes.

Es wurde jedoch zugleich suggeriert, die Verwaltung könne frei entscheiden, welche Leistungen sie anbietet, und die Bevölkerung habe jeweils die Wahl, das staatliche Angebot anzunehmen oder nicht. Das ist aber im Hinblick auf die öffentliche Daseinsvorsorge und die gesetzlichen Vorgaben obsolet. Geburtsurkunden müssen erstellt werden, Sterbeurkunden desgleichen, Schulen müssen ein Beschulungsangebot vorhalten, das der Menge der Schüler:innen entspricht; das Gesundheitssystem muss in Relation zum Umfang der Bevölkerung gesetzt werden.

Die Beantwortung von Anfragen aus dem Abgeordnetenhaus, vom Petitionsausschuss oder Zuarbeiten für EU- oder OECD-Anfragen können nicht als »Produkte« bezeichnet und dann als »Demokratiekosten« erfasst werden und damit Einsparmaßnahmen unterliegen. Sie sind ein Kernpunkt unseres Verständnisses von gesellschaftlichem Zusammenleben und Konfliktregulierung. Deshalb endete das Ganze auch dann, als die Senatsverwaltungen selber dieser Logik unterworfen werden sollten und die Politik auf Landesebene tangiert wurde.

Die Führungskräfte sind darauf angewiesen, dass die Leitungskräfte, für die sie verantwortlich sind, ihnen gegenüber eine gewisse Loyalität aufbringen, damit sie politische Weisungen auch umsetzen können bzw. die notwendigen Arbeiten auch erledigt werden. Dazu gehört ein gewisses Vertrauen in die nächsthöhere Ebene. Dieses aufzubauen bzw. nicht zu zerstören, ist eine wichtige Aufgabe für Führungskräfte und immer wieder eine Herausforderung. Allzu oft darf es nicht vorkommen, dass sie als »Hampelmänner« (oder -frauen) dastehen.

Käthe Kruse

Supervision als Reflexionsraum

Die Führungskräfte beobachten sich untereinander, werden aber auch von denen beobachtet, für die sie Dienstbesprechungen regelmäßig durchführen und die sie leiten. Als sich die Kundenidee längst erledigt hatte, wurde noch immer über die gesprochen, die diesen Unsinn mitgemacht, nach außen vertreten und sich damit oben angedient hätten. Die politischen Spitzen waren längst andere, aber in der Verwaltung hatten diese Führungskräfte den Ruf weg, Opportunist:innen zu sein, auf die man sich nicht verlassen könne, wenn es darum geht, der Spitze Dinge auszureden, die die Arbeit erschweren und dazu führen, dass der Umfang nicht mehr geschafft werden kann – und das zu Lasten der Menschen, die Hilfe und Unterstützung benötigen. Dies war z. B. ein großes Thema im Kinderschutz, weil einfach nicht mehr genug Mitarbeiter:innen in den Jugendämtern vorhanden waren.

Führungskräfte waren mit neuen Leitbildern konfrontiert. Als sich die Schulaufsicht ein neues Leitbild gegeben hatte, welches den Vorgaben perfekt entsprach, nur leider von der Wirklichkeit, die die Schulleitungen erlebten, nicht gedeckt war, erschien ein Leitbild im gleichen Format, in der gleichen Aufmachung und im gleichen Duktus, das die von ihnen wahrgenommenen Verhaltensweisen beschrieb und die angegebenen Ziele konterkarierte. Anstatt das aufzunehmen und darüber zu diskutieren, wie es zu diesen Diskrepanzen im Selbstverständnis und der Fremdwahrnehmung kam, stellte der Abteilungsleiter Strafanzeige gegen Unbekannt.

In einer Führungskräftefortbildung in der Verwaltungsakademie, an der ich selbst teilnahm, teilte ein Mitarbeiter aus dem Statistischen Amt mit, dass er gerade von seiner Führungskraft angerufen worden wäre, er dürfe in der Statistik die Anzahl der neuen Millionäre nach der deutschen Vereinigung in Berlin (es waren 124 dazugekommen) nicht aufführen. Darüber regte er sich auf und berief sich auf Redlichkeit als Arbeitsprinzip und demokratische Grundsätze im Verwaltungshandeln. Nur weil wir bestätigten, dass er dieses Beispiel im Kontext der Arbeitseinheit »Gewissenskonflikte und Leitungshandeln« eingebracht hatte, blieb ein disziplinarisches Vorgehen gegen ihn letztlich folgenlos.

Ich erinnere mich an große Dienstbesprechungen, in denen die Führungskräfte direkt angegangen wurden: »Was sagen Sie denn dazu, Sie wissen doch selbst, dass das nicht funktionieren wird, wir wollen wissen, was Sie wirklich denken ...« Die Führungskräfte sind in einem echten Dilemma: Stimmen sie den Mitarbeiter:innen zu, distanzieren sie sich von den Beschlüssen auf der politischen Ebene und machen »gemeinsame Sache« mit ihren Untergebenen, dann verlieren sie ihre Autorität nach oben und nach unten. Setzen sie die Vorgaben ohne Kommentierung strikt durch, laufen sie Gefahr, das Vertrauen und die Loyalität ihrer Mitarbeiter:innen zu verlieren. Sie müssen also einen mittleren Weg finden, bei dem sie mit ihren Einstellungen und ihrer Haltung erkennbar bleiben, ihnen also zugetraut wird, dass sie alles in ihrer Macht Stehende tun, um unsinnige Vorgaben abzumindern oder zu verändern – und zugleich dürfen sie keinen Zweifel daran lassen, dass sie die Vorgaben, solange sie gelten, auch durchsetzen werden.

Diese besonderen Herausforderungen, die durch politisch geführte Verwaltungen entstehen, rütteln am Nervenkostüm der oberen und mittleren Leitungsebene. Wie kann man authentisch sein, wenn man selbst andere tiefe innere Überzeugungen zu den infrage stehenden Sachverhalten hat und die eigene politische Ausrichtung von Vorgaben konterkariert wird? Wie kann man sich selbst noch in die Augen schauen, wenn man gegen die eigenen Überzeugungen handeln muss? Aus dem Gesundheitsmanagement wissen wir, dass Kohärenz und das Gefühl, wirksam zu sein, wichtige Voraussetzungen für seelische Gesundheit sind. Es braucht deshalb hierarchiefreie Reflexionsräume, in denen Führungskräfte über diese herausfordernden Arbeitsbedingungen nachdenken, ihr Verhalten überdenken und Handlungsalternativen fiktiv erproben können. Das stärkt die eigene Persönlichkeitsentwicklung und erweitert die Handlungsoptionen in neuen krisenhaften Perioden.

Supervision ist eine Beratungsmethode, die darauf setzt, berufliches Handeln im Kontext von Person, Organisation, Rolle und Arbeitsaufgabe, bzw. Klientel zu reflektieren – und das unter Einbeziehung des jeweiligen gesellschaftlichen Rahmens. Dabei geht es nicht um Daten, Fakten und Zahlen, sondern um Situationen, Personen und Strukturen, um Schlüsselsituationen, die einen an den Rand des eigenen Bewältigungsvermögens gebracht haben, um Gefühle und Handlungsimpulse, um konkrete Anliegen, für die man nach einer Antwort sucht, um Geschehnisse, die man besser und in der Tiefe verstehen will. Man lernt sich dadurch besser kennen, entwickelt aber auch die eigene Menschenkenntnis weiter und bekommt ein Gefühl für gruppendynamische Prozesse. Man übt die gedankliche Vorwegnahme von kritischen Situationen, man durchdenkt, was einem schlimmstenfalls passieren könnte, man überwindet innere Horrorszenarien durch Realitätsprüfung.

So verstandene Supervision stärkt die Führungskraft, weil sie ihre Persönlichkeitsentwicklung fördert. Die Soft Skills entspringen einem echten inneren Wachstum und sind keine mechanischen angelernten Umgangsformen. Eine solche Führungskraft ist fähig zur Auseinandersetzung nach oben, sie kann auf der gleichen Hierarchieebene agieren, und sie führt ihre Mitarbeiter:innen durch die

Art und Weise, wie sie mit ihnen umgeht, und durch das Vorbild, welches sie abgibt. Zugleich bewahrt sie sich vor dem Ausbrennen, weil sie zwischendurch innehält und sich selbst als Person auch wichtig nimmt, nicht nur ihre Aufgaben und ihre Ziele.

Sie kann über Veränderungen der politischen Vorgaben nachdenken, ihre eigene Position dazu erkunden, sie kann Erfahrungen aus der Vergangenheit auf die Auseinandersetzung mit aktuellen Krisen übertragen, sie fühlt sich dem Geschehen nicht hilflos ausgeliefert. Sie entwickelt ein realistisches Selbstbild, kann überzogene Erwartungen an ihr Arbeits- und Wirksamkeitsniveau zurückweisen und sie kann sich mit den anderen Rolleninhabern in der Verwaltung fair auseinandersetzen.

In diesem Sinne wäre der stärkere Einzug der Supervision als Beratungsformat in die Amtstuben von großem Nutzen. Die Veränderungskompetenz würde gestärkt, die Reibungsverluste durch ungute Führung gemindert und die Zufriedenheit der Leitungskräfte und damit ihre Gesundheit gefördert. Vielleicht strahlen diese Prozesse auf die politische Ebene aus und Politiker:innen engagieren nicht nur Kommunikationsberater:innen, Sprechtrainer:innen und Politikberater:innen. Sie widmen sich selbst als Persönlichkeiten, die bestimmte berufliche Rollen ausfüllen, auch Aufmerksamkeit.

Biografische Notiz
Käthe Kruse arbeitet als Supervisorin und Coach DGSv sowie Mediatorin in freier Praxis in Berlin. Sie hat in Marburg Pädagogik und Politik sowie Psychologie und Soziologie studiert und mit dem Diplom für außerschulische Jugend- und Erwachsenenbildung abgeschlossen. Während ihres Berufslebens hat sie zunächst als jugendpolitische Referentin im kirchlichen Dienst und danach in unterschiedlichen Führungspositionen und als organisationsinterne Supervisorin im Berliner Senat gearbeitet. Politische Bildungsarbeit, internationaler Austausch und die Umsetzung von Organisationsentwicklungsvorhaben prägten ihre Berufstätigkeit. Sie ist seit 1996 Mitglied der Deutschen Gesellschaft für Supervision und Coaching (DGSv).

Leopold – ein Kaleidoskop von unbewussten Dynamiken in Hochschulen

Essay

Marlies W. Fröse & Michael Winkler

Kann man das überhaupt so machen? Einen Text, der eine:n über mehrere Hinführungen stolpern lässt, um dann über vier Beispiele zu einem gar nicht so langen Ende zu kommen? Manchmal muss man das, zumindest wenn man den Schmutz nicht hinter den Vorhang kehren, wie auf unserem Titelbild, sondern den Vorhang ein wenig weiter heben will, um auf den Schmutz zu schauen. Wobei: Der ist doch eine seltsame Ansammlung – Staubfäden, feste Teile, manchmal kleine Knäuel. Was sich halt so ansammelt, wenn man zusammenkehrt – wobei: Zusammenkehren, das lässt sich doch als »Herstellung einer Organisation« bezeichnen. Zumindest in unserem Fall. Womit wir schon bei der ersten Einleitung wären.[1]

Hochschule sind verrückte, verrückende Organisationen

Soziologisch könnte man sogar Zweifel haben, ob sie wirklich den Begriff der Organisation verdienen, sofern wir nicht »Organisation« und »Chaos« in eine engere Beziehung setzen, als dies begriffslogisch eigentlich möglich ist. Vorsichtiger wird man daher vielleicht sagen: Hochschulen sind diffuse Organisationen, systemisch betrachtet, ein Sammelsurium von Kontingenzen. Nicht wirklich ab-

---

1 Zwei Vorbemerkungen, um dem Vorwurf des Selbstplagiats entgegenzuwirken, und ein Dank: Teile der Überlegungen auf den ersten Seiten dieses Aufsatzes werden demnächst in einem von Michael Winkler erscheinenden Buch ebenso dargelegt (Winkler, 2024). Und es gibt noch zwei weitere ausgewählte modifizierte Teile, die bereits in zwei Texten von Marlies W. Fröse (2015, 2019b) verwendet wurden. Danken möchten wir insbesondere Gisela Kubon-Gilke, Elisabeth Rohr, Beate Schücking und Katrin Bothe, die unseren Aufsatz vorab kritisch gelesen haben.

grenzbar. Was sie auch nicht sein sollen, denn neben dem esoterischen Charakter von Hochschulen, dem vielgerühmten und geschmähten »Elfenbeinturm«, neben der kleinen Festung mit eigener Campus-Polizei, wie sie in Oxford oder Cambridge, aber auch an Universitäten in Taiwan und in den USA zu finden ist, tritt die Verpflichtung, in die Öffentlichkeit und auf diese zu wirken. Hochschulen sollen der Wissenschaft, der Objektivität und Wahrheit verpflichtet sein, ganz unabhängig von Zugehörigkeiten etwa zu Verbänden oder zu politischen Geschehnissen agieren. Doch waren sie schon immer Instanzen öffentlicher Belehrung, durchaus auch der Aufklärung oder ihrer Verhinderung. Man denke nur daran, dass die Universitäten in einer spannungsreichen Beziehung zur Theologie und zur Religion stehen, emanzipiert von diesen und ihnen verpflichtet, selbstverständlich unter dem Denkmantel wissenschaftlicher Unabhängigkeit. Das hat sich heute eher zugespitzt, wie Helga Novotny (2005) und Peter Weingart (2001) nachdrücklich erklärt haben; Wissenschaft an Hochschulen ist längst Teil der politischen – *notabene* – Meinungsbildung geworden, adressiert die mediale Öffentlichkeit, spielt in dieser mit, um gleichzeitig integrales Moment ökonomischer, nein: profitorientierter Wertschöpfungsprozesse zu sein. Das macht schon genug verrückt. Aber die Diffusität reicht weiter aus. Man kann nicht einmal ernsthaft von »Hybridität« sprechen, nicht einmal die Metapher des Rhizoms wäre angebracht. Die Verrücktheit entsteht schon daraus, dass die Erwartungen vieldeutig sind: Forschung und Lehre – das muss man sich schon einmal auf der Zunge zergehen lassen, selbst wenn es von Größen wie Fichte und Humboldt so ins Stammbuch geschrieben wurde: Episteme und Doxa, das geht nicht wirklich so zusammen, selbst Hardcore-Jesuiten im Vatikan glauben nicht daran. Erneut ein Notabene: Sie *glauben* nicht daran. Dann: Hochschulen sollen den – manche sprechen vom »Spagat«, der aber doch zerrissen ist – Widerspruch bewältigen, mit Erwachsenen in einem pädagogischen Setting des Lehrens und Unterrichtens umgehen, sogar Erziehung leisten, camoufliert als Bildung. Nur: Diese Bildung ist schon verbunden mit Methodik und Didaktik, die auf Entwicklung eines möglichst professionellen, wenigstens berufsfachlich kontrollierten Habitus gerichtet ist. Auf Selbstständigkeit, die ihrerseits Selbständigkeit schon vorausgesetzt: *Wir wollen doch unsere Studierende wie erwachsene Menschen behandeln. Sie sind es doch!* Oder vielleicht doch nicht? Da wird von der »Gemeinschaft der Lehrenden« gesprochen, von der »Republik der Gelehrten« gar, nach Klopstocks Modell von 1774 (Klopstock, 1962 [1774], S. 875–929). Und was passiert: regelmäßige, im Ausmaß zunehmende Prüfungen, übrigens für alle. Für die Studierenden in jedem Semester und für jedes bis hin zum kleinteiligsten Modul, für die Lehrenden bei jedem Vortrag, bei jedem Forschungsantrag, im

Grunde schon mit jeder Evaluation einer Lehrveranstaltung. Freiheit des Geistes bei gleichzeitiger Prüfung eines Gedankens, der sich vielleicht als falsch erweisen könnte, eigentlich sollte, wenn wir das Popper'sche, wohl sogar von Charles Sanders Peirce stammende Grundprinzip des Falsifikationismus für die Wissenschaft an der Hochschule ernstnehmen. Es geht doch nur um Einübung und Beachtung von Paradigmen – wer ihnen nicht gehorcht, wird entfernt, wenn er nicht das Glück hat, eine wissenschaftliche Revolution anzuzetteln, wie Thomas S. Kuhn (1973) das beschrieben hat. Ob er heute an einer Hochschule lehren könnte?

Hochschulen – die Widersprüche und Spannungen nehmen kein Ende. Als Feld lassen sie sich vielleicht beschreiben, Bourdieu wäre heranzuziehen. Was zu weit führt. Der nüchterne Befund für die Gegenwart lautet, dass dieses Feld von einer Struktur überzogen wird, die mit Freiheitsverlusten einhergeht, in der ökonomische Diktate herrschen, manchmal und vor allem Absurditäten. Mehr denn je – was uns natürlich weiterbringt. Oder zu einer zweiten Einleitung führt.

Systemische Funktionalität ohne Menschen, aber die Literatur ...

Die Ökonomisierung und Monetarisierung könnten wenigstens eine Rationalität in dieses Feld, in diese verrückte Gemengelage bringen (Fröse, 2015). Manchmal denkt man, dass eine schlechte Ordnung besser scheint als gar keine. Fast könnte man die Aussage von Winston Churchill heranziehen, Demokratie sei schlecht, aber immer noch besser als andere Regierungsformen. Die Organisation wäre dann überschaubar, begrenzt, systemisch – funktional. Durkheim, Parsons und Luhmann hätten ihre Freude, wobei Luhmann mit Vorsicht daraufhin gewiesen hätte: Solche systemische Funktionalität gibt es nur, wenn wir auf den Menschen verzichten, real und kategorial. Darin liegt das Dilemma. Könnte man, doch gelingt das nicht. Immerhin wird damit ein Freiraum für die Beobachtung sichtbar gemacht – wie war das mit dem Staub, der unter und hinter den Vorhang gekehrt wird? So entsteht eine Freifläche, in Hochschulen durchaus für Menschen. Das paradoxe Ergebnis ihrer inneren, organisatorischen Diffusität besteht darin, dass damit ein Ring eröffnet wird, auf dem sich Menschen selbst in erbärmlichster Weise verhalten können – sozialisatorisch betrachtet: vielleicht sogar müssen, weil es eben keine Regeln gibt, auch die nicht des akademischen Anstands. So sehr dieser auch beschworen wird – was ja immer verdächtig ist: Meist wird etwas als bedeutsam behauptet, das nicht wirklich vorhanden ist. Die Menschen, manchmal ehrenwerte, zuweilen miese, meist zu üblen Akteur:innen erst gemachte, werden ganz unterschiedlich honoriert – in einem selbst noch schwierigen Spiel zwischen Reputationsgewinnen, symbolischen Auszeichnungen und realer Entlohnung. Was die Sache zusätzlich heikel macht – wir reden bewusst von einem »Ring«. Da finden Kämpfe statt, manche, wenige nach Regeln, die meisten als schwieriges Catch-as-catch-can – inszenierte Schaukämpfe um Bedeutungsgewinne und um Distinktion.

Wer vermag das darzustellen? Ein ganzes Genre der Literatur hat sich mit all dem beschäftigt, »Campus-Romane« genannt. Besiedelt von schwierigen Figuren, durchaus mit Blick auf Themen, die doch ein wenig Aufmerksamkeit verdienen könnten. Wichtigtuer:innen, die Wichtiges berühren, aber auf seltsame Weise. Eine lange Reihe wäre zu nennen: *Gaudy Night* (Aufruhr in Oxford) mit Lord Peter Wimsey und Harriet Vane von Dorothy Sayers gehört dazu, dann die Bücher von David Lodge und nicht zuletzt *Der Campus* von Dietrich Schwanitz, der die sexuelle Belästigung auf dem Campus, den Kampf um Institutsbereiche, die Wahl des Universitätspräsidenten sowie die eifernden Wächter:innen der Political Correctness in den Mittelpunkt stellte – und somit eine unglückselige Mischung aus wahlstrategischen Notwendigkeiten, feministischen Gesinnungsterrorismus und der Sensationsgier der Presse ist, die den im Zentrum stehenden Professor an den Rand des Abgrunds bringt. In jüngerer Vergangenheit das Buch von Mithu Sanyal, *Identitti*, das von einer Professorin handelt, die sich den People of Colour verschrieben hat, Identitätsaneignung beklagt und sie selbst betrieben hat. Campus-Romane erzählen meist ironisch, aber ethnografisch von einer Welt und von Akteur:innen, die immer seltsam wirken.

Wissenschaftlich lässt sich ebenso Einiges finden. Bedeutsam ist die Publikation aus dem Jahr 1995, erstellt von Birgit Volmerg, Thomas Leithäuser, Oswald Neuberger, Günther Ortmann, und Burkhard Sievers. In ihrer Aufsatzsammlung *Nach allen Regeln der Kunst. Macht und Geschlecht in Organisationen* setzen sie sich mit den Konflikten der Hamburger Kunsthochschule (HfbK) auseinander. Dort ging man der Frage nach, was passieren würde, wenn eine Frau in der Geschichte einer Hochschule zur ersten Präsidentin gewählt würde. Es war ein spektakulärer Fall, der durch die Medien ging. Die Autor:innen beschreiben in ihrem beeindruckenden Buch eine hochbrisante Mischung aus kalkulierter Mikropolitik, Männer- und Wunschfantasien und Ängsten,– alle ausgerichtet auf Adrienne Göhler, Erbin, Hexe, verschlingende Frau, Kopfgeburt des Zeus, Eiserne Lady, die sich anmaßte, ihnen entgegenzutreten – eine brillante Analyse, und immer noch lesenswert.

Dieser organisationsanalytisch aufgebaute Klassiker ist ein Leitfaden, der die Strategien der mikropolitischen Strukturen in Organisationen behandelt, das

Funktionieren von Hochschulen im Kontext von Macht und Geschlecht, Geschlechterdynamik und die unbewussten Organisationsdynamiken ins Zentrum stellt. Fünf renommierte Hochschullehrende aus unterschiedlichen Disziplinen setzten sich mit dem öffentlich kontrovers diskutierten Fall von Adrienne Göhler auseinander – eine brillante und dichte Beschreibung (Geertz) von Hochschuldynamiken, die es in ihrer Tiefenschärfe vergleichbar nicht mehr gegeben hat. Die Herausgeber:innen haben sich im Laufe dieser Buchproduktion nicht mit Adrienne Göhler persönlich getroffen, im Sinne der Wahrung der Distanz und Objektivität. Sie haben methodisch nur mit dem öffentlich zugänglichen Material gearbeitet und dies einer Analyse unterzogen (wie etwa Wegner, 1993, S. 30). Nebenbei bemerkt: Dieses Buch wurde kein zweites Mal aufgelegt, und ist somit nur in Bibliotheken erhältlich.

In diese Zeit gehört ebenfalls die Publikation von Annemarie Bauer und Katharina Gröning (1995) als Herausgeberinnen, die mit ihren Institutionsgeschichten und Institutionsanalysen eine sozialwissenschaftliche Zusammenstellung von unbewussten Organisationsgeschichten erstellt haben. Bereits zu diesem Zeitpunkt haben die Autor:innen auf den massiven Ruf nach Modernisierung bis hin zu einer »Perestroika« vor allem in öffentlichen und sozialen Dienstleistungsorganisationen hingewiesen, zudem man davon ausgeht, dass Institutionen als rationale Gebilde betrachtet werden müssen. Diesem widersprechen beide mit ihrem Ansatz: Für die Analyse von Organisationen müsse eine Vielzahl von anderen tiefenpsychologischen Dynamiken einbezogen werden, wie etwa psycho- und/oder gruppenanalytische Erkenntnisse. Diese sind ebenso relevant für das Funktionieren von Organisationen. Erfahrungen aus der Praxis der Supervision werden dafür hinzugezogen. Themenfelder sind Aggressions- und Regressionsmuster in Institutionen, Institutionen als Schauplatz von Arrangements und Kämpfen zwischen den Geschlechtern, Liebe, Bindung an Institutionen, das Ersichtlichmachen von Macht und Zeit, Generations- und Managementkulturen. Natürlich gab es vorher auch schon entsprechende Aufsätze in dieser Zeit, aber dieses Buch gehört zu den eher frühen bedeutenden Werken im deutschsprachigen Raum, die sich explizit mit den unbewussten Dynamiken in Organisationen beschäftigt haben.

Hochschulen sind keine einfachen Gebilde, nicht einfacher als andere Organisationen auch, eben verrückte und verrückende Organisationen. Was bedeutet das nun? Möglicherweise kann man sich Hochschulen als Organisationen nur eher erzählend, literarisch nähern. Mit Hilfsmitteln, dem Kaleidoskop etwa, das in seinen modernen Fassungen erlaubt, zwar einen Blick auf die reale Welt zu richten, die aber doch durch kleine Steinchen gebrochen wird, die ihrerseits dann den Blick beeinflussen. Ziemlich subjektiv würde man sagen – aber anders geht es vielleicht nicht. Wobei man vorsichtshalber eine Begleitung mitnimmt, in unserem Fall einen kleinen Löwen – vorsichtshalber ein Stofftier –, dem man dann die eigene Stimme leiht. Dazu mehr später. Was zur dritten Einleitung führt.

Methodische Herangehensweise

Über diffuse Organisationen kann man nur erzählend und narrativ schreiben. Es ist ein innerer Diskurs, der eine eigene, eine subjektive Weise reflektiert. Vielleicht geht das gar nicht anders, weil das Nachdenken über Hochschulen und ihre verrückte wie verrückende Gestalt nur als eine Art autotherapeutischer Akt gelingt. Man kann das natürlich etwas hochtrabender formulieren, wenn man sich dem Forschungsprogramm der qualitativen, der rekonstruktiven Forschung verpflichtet. Dieses zwingt einen dazu, sich ständig Rechenschaft über die Feldzugänge, über die Beobachtungen und Wahrnehmungen, über die Deutungen abzugeben, mit welchen sich das Geschehen zurechtlegt. Man arbeitet bekanntlich mit Memos, die schnell zu einer schrecklichen Zettelwirtschaft anwachsen, wie sie Schriftsteller:innen nahezu unvermeidlich anrichten – Luhmann war das übrigens nicht fremd, hatte er doch bekanntlich ganze Karteikästen mit seinen Notizen gefüllt. So gesehen, könnte man die folgenden Überlegungen ansehen: eine erste oder zweite, subjektive Sichtung von vielen Notizen, selbst noch nicht so geordnet, wie man sich das wünschen würde. Aber das geht möglicherweise eben nicht bei einer verrückten Organisation – sie lässt sich nicht anders als eine Sammlung von Notizen darstellen, mit subjektivem Einschlag – als einen inneren Diskurs, begleitet von Leopold, im Wissen darum, dass es eigentlich unmöglich ist, die eigene Organisation zum Thema zu machen. Immerhin – auch hier gibt es Vorbilder, die dann von »Essays« sprechen. Als Klassiker darf man Michel de Montaigne (2021 [1580]) nennen. Und damit kommen wir zur vierten Einleitung.

Über den inneren Diskurs und die Unmöglichkeit, die eigene Organisation zum Thema zu machen

Michel de Montaigne mit seinen berühmten *Essais* (ebd.) ermutigt dazu, nicht fachwissenschaftlich zu schreiben. Er legt nahe, den inneren Diskurs und die Unmöglichkeit als Ausgangspunkte zu wählen, die eigene Organisation zu beschreiben. Mit dem Kaleidoskop werden – eigentlich ein optisches Gerät – die verschiedensten Facetten, in unserem Fall die unbewussten Dynamiken in Hochschulen, sichtbar gemacht. Man erblickt vielfältige und abwechslungsreiche Ausschnitte und Momentaufnahmen, die die verborgene Komplexität und Kompliziertheit (Fröse, 2015) erahnen lassen. Nachfolgende Beispiele von unbewussten Dynamiken stehen einerseits für sich, andererseits sind sie miteinander vernetzt und ineinander verwoben. Deshalb folgen drei nachdenklich machende Zwischenantworten zu unserer Frage: »Welche unbewussten Dynamiken lassen sich in Hochschulen, den Orten, die der Freiheit von Forschung und Lehre verpflichtet sind, finden?« Jedoch bedarf diese einer weiteren Vorklärung. Zu allererst muss beantwortet werden, ob Professor:innen oder ehemalige Rektor:innen überhaupt über unbewusste Dynamiken aus den eigenen Hochschulen schreiben dürfen und können.

Die *erste* Antwort lautet klar und eindeutig: Nein! Allein aus arbeitsschutz-, datenschutzrechtlichen Gründen wie auch zum Schutze der Mitarbeitenden und der gesamten Organisation, eine Führungskraft darf und kann überhaupt nicht über die eigene Organisation schreiben – zumal die Loyalität gegenüber der eigenen Organisation einen hohen und selbstverständlichen Stellenwert hat. Außerdem hat eine Führungskraft nur eine kleine begrenzte Zeit als Rektor:in in der Gesamtschau der Geschichte einer Hochschule geleitet. Es geht um Vertraulichkeiten und Datenschutz. Innere Prozesse und insbesondere die unbewussten Dynamiken dürfen nicht nach außen getragen werden. Es geht um Wertschätzung der eigenen Hochschule, wissend, dass in jeder Hochschule, in jeder Organisation überall und auch ganz normal die alltäglichen Konflikte und die unbewussten Dynamiken in Organisationen selbstverständlich sind. Zudem sind Hochschulen – wie andere öffentliche Institutionen auch – im Spannungsfeld von Individuum, Organisation und Gesellschaft angesiedelt. Es geht um Demut, wissend, dass Hochschulen komplexe Gebilde sind (ebd.).

Hilfreich ist in diesem Zusammenhang die Bühnenmetapher des englischen Sozialanthropologen Frederick Bailey (1977) mit der Vorder-, Hinter- und Unterbühne. Die Vorderbühne funktioniert als öffentlich anerkanntes System der Organisation. Hier lassen sich wissenschaftliche Analysen beispielsweise über die öffentlich deklarierten Leitbilder und strategischen Verlautbarungen finden und auswerten. Die Hinterbühne sozialwissenschaftlich zu erfassen, ist bereits problematischer. Offizielles Material ist nicht vorhanden, wenn überhaupt sind Aussagen über Einzelinterviews erfassbar. In bestimmten Segmenten, wie etwa der Biografieforschung von Hochschullehrenden (soziale Herkunft), ist dazu seit mehr als 30 Jahren fundiert geforscht worden; exemplarisch zu nennen sind Publikationen von Aufstiegsbiografien, wie etwa von Anne Schlüter (1992, 2006) und aktueller von Didier Eribon (2016) oder die Analysen aus der Eliteforschung von Michael Hartmann (2002). Sie setzen aber nicht das Beziehungsgefüge und Funktionieren von Hochschulen in den Mittelpunkt. Die Hinterbühne ist somit ein Terrain von Geschichten, die in der Gemeinschaft »halböffentlich« erzählt. Gängige Sätze lauten: »Das haben wir doch schon immer so gemacht« oder »Wir wissen doch, wer an allem Schuld ist«. Und dann haben wir noch die Unterbühne, die verborgene Ebene in der nach Bailey die persönlichen Dramen stattfinden, in der die Ängste, Bedürfnisse, Hoffnungen, Verleumdung, Klatsch, Aufopferung und anderes mehr zu finden ist. Sie funktioniert als bewusste und unbewusste Erfahrungsebene; diese wissenschaftlich zu erfassen, methodisch jedoch möglich, ist aber noch weitaus schwieriger. Denken wir an das Theater, an den Keller mit seinen einzelnen Garderoben, in denen Schauspieler:innen in ihre Rolle wechseln, sich kostümieren, sich schminken und sich innerlich für die Hinter- und Vorderbühne vorbereiten. Die Serie *House of Cards*, Polit-Thriller im Weißen Haus in Washington, macht diese Hinter- und Unterbühne von unbewussten Dynamiken in aller düsteren Grausamkeit sichtbar. Aber sollte so auch die Realität von Hochschulen, einer Organisation von Expert:innen sein, die alle dem Postulat von Freiheit von Forschung und Lehre verpflichtet sind, dem Ort der Freiheit, auf das sich auch die beiden Autor:innen berufen?

Und doch gibt es noch eine *zweite* Antwort, vielleicht einen Ausweg? Über die unbewussten Dynamiken in der eigenen Organisation kann nicht geschrieben werden, gleichwohl es unendlich viel zu erzählen gäbe, über die alltäglichen Organisationsdynamiken, über Konflikte, Mobbing und Intrigen, Rivalität, Neid, Scham, Empathie, über Kommunikationsschwierigkeiten, über das Individuelle, über das Organisationale, aber auch über die Organisation im gesellschaftspolitischen Kontext, aber auch über das Freudvolle bis hin zum »Eros des Humanismus« (Nida-Rümlin & Weidenfeld, 2022). Es gäbe so viel zu schreiben. Wissenschaftlich wie auch praxisbezogen stünde eine Vielzahl von Erkenntnissen zur Verfügung, die dringend für das Funktionieren von Hochschulen lehrreich sein könnten. Die zweite Antwort müsste deshalb lautet: Natürlich sollte über die unbewussten Dynamiken geschrieben werden können. Das »Fallmaterial«, wie man so sagt, darf aber auf keinen Fall der eigenen Hochschule entnommen werden. Könnte man dann das Fallmaterial einer anderen Hochschule für diesen Beitrag verwenden? Nein, auch das geht aus den oben genannten Gründen nicht. Die Verantwortung gebietet es, nicht die Geschichten anderer Hochschulen zu erzählen. Das ist wie mit berühmten Briefen, die erst nach 50 Jahren verwendet werden können, so diese freigegeben werden. Und das ist gut so! Denn es geht um den Schutz unserer Organisationen und der dort tätigen Menschen. Zu schnell werden kausale und lineare Erklärungsmustern herangezogen. Dem zwar schon das Mülleimer-Modell nach March (March & Olsen, 1972; March, 1994 – Entscheidungen in mehrdeutigen Situationen) widerspricht, denn Probleme, Menschen und Situationen werden in einem Mülleimer zusammengeworfen, und daraus können jeweils neue Lösungen konstruiert werden – so einfach ist die Entscheidungstheorie eben auch nicht zu erklären. Die Nutzung des Fallmaterials anderer Hochschulen ist ebenso nicht möglich, außer es gibt Ausnahmen, wie die eingangs erwähnte Publikation über die Hamburger Kunsthochschule.

Eine *dritte* Antwort zeichnet sich ab: Fiktives Fallmaterial wurde zur Verfügung gestellt. Gisela Kubon-Gilke (Professorin für Ökonomie und Sozialpolitik an der Evangelischen Hochschule Darmstadt und Mitglied der Europäischen Akademie der Wissenschaften und Künste) und Claus Gilke (Diplom-Volkswirt und bis 2019 Geschäftsbereichsleiter bei der IHK Darmstadt) haben einen Kriminalfall geschrieben, der die Hochschule als Tatort von einer Vielzahl von unbewussten Dynamiken in das Zentrum des Geschehens stellt. Genau genommen, ist es ein institutionenökonomisch ausgerichteter Kriminalfall mit dem Titel: *Leopold. Ein institutionsökonomisch lehrreicher Kriminalroman* (2021). Unser Dank gilt beiden Autor:innen dafür, dieses »Fallmaterial« verwenden zu dürfen (ihnen sei dieser Aufsatz gewidmet). Auch wenn dieser Kriminalfall als Ausgangspunkt die Personalökonomik und Institutionenökonomik nimmt, ist das fiktive Material auf der unbewussten dynamischen Ebene angesiedelt. Der Rückgriff auf die eigene wie auch auf andere Hochschulen ist damit nicht mehr erforderlich.

Leopold

Leopold ist eine Metapher für diesen Aufsatz. Doch wer ist er? Leopold ist ein kleiner Stofflöwe, der der Professorin Ingeborg Berenschik, von Haus aus Volkswirtin, zur Seite steht. Vom Privatleben weiß man wenig. Ingeborg Berenschik geht weder einkaufen noch spazieren. Ein Partner bzw. eine Partnerin ist nicht bekannt. Verheiratet ist sie ebenfalls nicht. Ihr Handy nennt sie »Schnuckel« und »in ihrer Aktentasche oder auf einem Tisch sitzt der verknautschte Stofflöwe namens Leopold, auch Poldi genannt« (ebd., S. 119). Und Poldi ist in allen Situationen mit dabei – auch bei Senatssitzungen.

Aber lassen sie uns erst einmal das zur Verfügung stehende Fallmaterial anhand des Klappentextes vorstellen:

»An einer kleinen niedersächsischen Universität geht es konfliktreich zu. Gar schreckliche Ergebnisse und frevlerische, hinterhältige Taten gibt es zu berichten: Streitereien, Handgreiflichkeiten, Bedrohungen, Erpressungen, Einschüchterung, Farbbeutel Anschläge, aus dem Fenster fallende Blumentöpfe, Einbrüche und sogar einen Todesfall. Ingeborg Berenschik, eine überaus schrullige Ökonomieprofessorin, glaubt beim Todesfall nicht an einen Unfall. Sie beginnt die Ermittlungen und kann das Rätsel um den Treppensturz des Opfers dank ihres Spürsinns tatsächlich lösen. Immer mit dabei ist ihr kleiner Stofflöwe Leopold, ihr einziger Vertrauter. Ihm berichtet sie und beratschlagt mit ihm ihr Vorgehen, während sie zu keinem anderen Menschen engeren Kontakt haben möchte, auch keine unverbindlichen Freundschaften im Kollegium sucht. Im Zuge des Kriminalfalls werden grundlegende institutionenökonomische Zusammenhänge angesprochen und erläutert. Thematisiert werden unter anderem strategische Selbstbindung, Teamprobleme und das Gefangenendilemma, Risikoaversion, asymmetrische Informationen, spezifische Investitionen, leere Kerne bei Verteilungsspielen, intransitive soziale Präferenzen und das Condorcet-Paradoxon, Theorie der Arbeiterselbstverwaltung, Organisation von Sportligen, Netzwerkexternalitäten, Komplementaritätseffekte und Supermodularität, Diskriminierungsansätze, Fluch des Samariters, Grundlagen der mikroökonomisch fundierten Personalökonomik.«

Der humorvolle und äußerst lesenswerte institutionenökonomische Kriminalfall wird nachfolgend literarisch nicht rezensiert und rezipiert. Es wird auch nicht auf den Kriminalfall selbst eingegangen. Es werden ausgewählte Passagen herausgefiltert, um – wie bei Memos – exemplarisch unbewusste Dynamiken sichtbar zu machen: Was sind gegenwärtige klassische Themen von unbewussten Dynamiken in einer Hochschule, derer es viele gibt?

Die Welt ist komplex und Hochschulen auch

Die Welt ist komplex und entsprechend komplex müssen auch unsere Abbildungen und Analysen von ihr sein (Fröse, 2015, S. 25ff.) – und das betrifft ebenso die Vielfalt von Organisationen, die im Spannungsfeld Individuum – Organisation – Gesellschaft stehen. Allein in der obigen Aufzählung der Themen des Falles Leopold wird deutlich, dass wir nur kleine ausgewählte Facetten in diesem Aufsatz betrachten können – und dies in Form von vier Beispielen. Mit vielen anderen Theoretiker:innen stimmen wir darin überein, dass es anmaßend wäre, zu glauben, es gebe die oder die eine Wahrheit. Wahrheit ist eine Wunschillusion. Die Wissenschaftstheoretikerin Sandra Mitchell (2008, S. 23), sagt dazu: »Die Vorstellung, es gebe für die Welt nur eine einzige wahre Abbildung, die genau ihrem natürlichen Wesen entspricht, ist vermessen. Jede Abbildung ist im besten Fall unvollständig, idealisiert und abstrakt.« Nur mit dieser Relativierung können neue Denk-und Handlungsmuster entstehen. Dieses Verständnis spiegelt sich in einer integrativen Pluralität wider. Neben den verschiedenen Theorieansätzen lassen wir uns von den Theoretikern der Psychoanalyse sowie von der politischen Philosophin Hannah Arendt leiten (Fröse, 2015, S. 495ff.). Dazu gehört vor allem der »verstehende Zugang« und das »Denken ohne Geländer« (Hannah Arendt), denn »Wissen und Verstehen sind nicht dasselbe, aber sie sind miteinander verbunden. Verstehen ist auf Wissen gegründet, und Wissen kann nicht ohne vorausgehendes, unartikuliertes Verstehen vor sich gehen« (Arendt & Ludz, 1996, S. 113). Kurz gesagt: »Verstehen heißt, unvoreingenommen und aufmerksam der Wirklichkeit, wie immer sie ausschauen mag, ins Gesicht zu sehen und ihr zu widerstehen« (Arendt, 1986, S. 8).

Für Hannah Arendt ist Verstehen also »eine nicht endende Tätigkeit, durch die wir Wirklichkeit, in ständigem Abwandeln und Verändern, begreifen und uns mit ihr versöhnen, das heißt, durch die wir versuchen, in der Welt zu Hause zu sein« (Arendt & Ludz, 1996, S. 14 zu Arendt, 1994, S. 110–127). Der psychoanalytische Ansatz des Verstehens sucht nach den tieferliegenden Themen, Inhalten und Dynamiken von Individuen, Gruppen und Organisationen, um sie in ihrer (verborgenen) Sinnhaftigkeit und Mehrschichtigkeit zu erfassen.

Die verrückten Hochschulen sind Institution und Organisationen gleichermaßen. Sie sind ihrem Selbstverständnis nach Orte der habituellen Sozialisation und der freiheitlichen Forschung und Lehre. Und wie andere Organisationen unterliegen sie politischen und ökonomischen Veränderungsprozessen, manche sind antizipierbar, weil sie eher an die Organisation gebunden sind denn an die Personen; andere Dynamiken entstehen durch die Zusammensetzung und Machtverhältnisse in den jeweiligen Gremien und Leitungen. Zentrale Stichworte, die sich auch im Kriminalfall an den unterschiedlichsten Stellen finden lassen, sind: »Berufungsverfahren«, »Karriere«, »Status«, »Konkurrenz«, »wissenschaftliche Positionierung«, »Ressourcendruck«, »Akquisitionserwartungen«, »Publikationsverpflichtungen«, »Lehrverpflichtungen«, »Selbstverwaltung«, »Lehrüberprüfung«, »Vertretung in den jeweiligen Scientific Communities und deren Reglements«, »Bürokratisierung und Controlling«, »Management- und Führungskompetenzen«, »Freiheit von Forschung und Lehre«, »Gender und Diversity«, »organisationale Differenzierung« und »verschiedene Verständnisse von Unternehmenskulturen«.

Erstes Beispiel: Das Besoldungssystem – Geld zählt zur Wertschätzung, auch in Hochschulen

Das Besoldungssystem von Professor:innen an Hochschulen nimmt einen besonderen Stellenwert ein. Deutlich wird, dass betriebswirtschaftliche Maßnahmen auch in den Hochschulkontext massiv übertragen werden, wie etwa das Modell der Abschaffung vom Festlohnsystem hin zu leistungsbezogenen Besoldungssystemen, die das Grundgehalt an Drittmitteleinwerbungen, an langjährige Zugehörigkeiten sowie an die Anzahl von Veröffentlichungen in renommierten A-, B- und C-Journals koppeln (Kubon-Gilke & Gilke, 2021, S. 75). Ausstattungen von Lehrstühlen sind daran gekoppelt, mit dem Ziel verbunden, dass hervorragende Lehre und Forschung (ebd.) zu erwarten seien. Daraus resultieren regelmäßige Gespräche mit Professor:innen, basierend auch auf angemessenen gewichtigen Evaluationen.

Jedoch wird im Kriminalfall ersichtlich, dass die Beurteilungen explizit für die Lehre, die Entwicklung von Kriterien nicht machbar sind. Wie schreiben Kubon-Gilke und Gilke dazu: »Studentische Beurteilungen traut man nicht so recht, weil die jungen Leute ja gar nicht wissen, was alles gelehrt werden müsste, um gut qualifiziert zu werden. Und man möchte keine reine Entertainment-Veranstaltungen provozieren, die meistens sehr gut beurteilt werden« (ebd.). Was machen wir, wenn jemand etwas Falsches unterrichtet, aber die Vorlesung lustig war?

Eine eigene biografische Geschichte macht dies ebenso deutlich: Anfang der 1990er Jahre studierte ich, Marlies W. Fröse, in Osnabrück. Eine Lehrveranstaltung werde ich nie vergessen. Sie hat mich in meiner Haltung als Lehrende geprägt. Die Lehrveranstaltung beschäftigte sich mit der historischen Erziehungswissenschaft im 13. und 14. Jahrhundert. Der Professor würde nach heutigen Kriterien vollständig durchfallen, weil er noch nicht einmal mit uns redete, geschweige denn diskutierte. Was aber hat uns derart fasziniert, sodass wir morgens schon um 7:30 Uhr in der Lehrveranstaltung anwesend waren? Dieser Professor saß mit seinen Büchern am Pult vor uns, ohne Blickkontakt, las sich selbst die alten historischen Texte vor und begann nach etwa 15 Minuten mit dem Gesang dieser Texte, wie es anscheinend in den alten Klöstern praktiziert wurde. Berührt hat mich, mit welcher Hingabe und Leidenschaft dieser schon damals ältere Professor sich seinem Thema gewidmet hat. Später durfte ich Vergleichbares auch in seinen Prüfungen wahrnehmen: die grundlegende Offenheit für Themen, die er nicht kannte. Diese pädagogische Haltung hat mich beeindruckt. Wie will man das heute messen?

Zurück zu Besoldung: Professorin Berenschicks weist darauf hin, dass Festlohn- und Senioritätssysteme mehr als sinnvoll sind:

»Wir rennen mit diesem System ins Unglück, glauben sie mir, Herr Schmiedebach [der Kanzler; M. F. & M. W.]. Die Qualität unserer Uni wird massiv leiden. Und ich wette mit ihnen, dass die Konflikte im Haus noch ganz neue Ausmaße annehmen werden. Wollen wir wetten?« (ebd., S. 76)

Für den Kanzler ist diese Argumentation irrelevant, da für ihn die Anreize das A und O der modernen Personalpolitik sind (ebd.). Zielvereinbarungsgespräche und die Verteilung von Erfolgsprämien sind dafür das Fundament. Die Folgen sind klar. Die Motivation wird durch die Überwachung abgesenkt. Das Misstrauen bzw. der Kontrollwahn nehmen zu, wie auch Samuel Bowles zeigt (2016).

Die beiden Kriminalautor:innen gehen sogar noch weiter: Durch die »ständige Evaluiererei würde die intrinsische Motivation der Profs auf Dauer zerstört« (Kubon-Gilke & Gilke, 2021, S. 77). Bestätigt werden diese Aussagen ebenso durch den bekannten Schweizer Ökonom Bruno Frey, der davon ausgeht, dass die Evaluitis zu einer Krankheit wird, die uns lähmt (Frey, 2007, S. 207ff.), arbeitet man dann nur noch der Extravergütung hinterher. Diese Prozesse verschärfen sich im Kriminalfall noch dahingehend, dass der Kanzler die Besoldung der Professor:innen folgendermaßen umstellen möchte: Seine Idee ist, die Lohnhöhe an eine absolvierte und bestandene, sehr kostspielige Zusatzqualifikation zu knüpfen. Seine Annahme dabei ist, dass 60 Prozent des Lehrpersonals in der Lehre nicht gut, zehn Prozent hervorragend seien; und 30 Prozent würden ihren angemessenen Beitrag zur Lehre leisten (Kubon-Gilke & Gilke, 2021, S. 130). Kanzler Schmiedebach möchte deshalb, dass alle nur ein Grundgehalt erhalten, und nur diejenigen mehr erhalten, die sich beweisen. Institutionenökonomisch weiß man jedoch, dass solche Maßnahmen das Kollegium nicht zu einer vergleichbaren Produktivität einer Gruppe führen, stattdessen sogar extrem hohe Kosten verursachen. Es geht um Macht und Kontrolle, um die Positionierung der eigenen oftmals umstrittenen Kanzlerposition, vielleicht sogar um ein nahezu behavioristisches Lehrprogramm: Man soll verinnerlichen, dass man kontrolliert wird, sich selbst einen Kontrollzwang auferlegen, sich disziplinieren, Angst entwickeln – die freilich lähmt (Mausfeld, 2019). Aber vielleicht liegt darin der Zweck der Übung: Einsichten, Erkenntnisse, wie sie aus Diskussionen, aus Streitgesprächen entstehen könnten, sollen verhindert werden, weil sie dem entgegenstehen, was als Innovation behauptet wird, nämlich Anpassung. Und nebenbei: Zu dem eben angedeuteten Gestus gehört auch der, nach welchem nur die neueste Literatur verwendet werden darf – schon Studierende werden dafür im Einführungstutorium darauf getrimmt, die Jahre vor 2000 als »antik« zu bezeichnen und zu verwerfen.

Nehmen wir den Kanzler aus dem Kriminalfall: Seine neueste Errungenschaft nach einem zweiwöchigen USA-Aufenthalt ist es, dass man die »Leistungsentlohnungselemente«, d.h. die Informationen dazu, symmetrisch in ein umfassendes, perfektes und kostengünstiges digitales Kontrollsystem überführt. Und idealerweise würde man durch den Einsatz von Smartwatches dann noch den Krankenstand und alle dazu erforderlichen Daten miterfassen (Kubon-Gilke & Gilke, 2021, S. 85f.), um zu überprüfen, ob die Mitarbeitenden zeitig schlafengehen, genügend Schritte am Tag bewerkstelligen, um damit einen entsprechenden Beitrag zum betrieblichen Gesundheitsmanagement zu gewährleisten. Und dazu gehört, so der Kanzler, dass Professor:innen wie auch Studierende in den Vorlesungen fotografiert werden, um zum einen die Mindestteilnahmezahl zu überprüfen, zum anderen stichprobenartige Evaluationen vornehmen zu können. Seine Vorschläge arten in desaströse Kontrollprogramme aus: bei Verspätungen bis zu fünf Minuten Strafzahlungen in Höhe von 20 Euro, bei 5 bis 15 Minuten würden diese dann schon 200 Euro kosten. Diese Entwicklungen führen logischerweise zu einer totalen Überwachung und zerstören dann noch die »letzten Pflänzchen intrinsischer Motivation und schaffen einen reinen Angst-Kontext eines Überwachungsapparates. Kafkaesk« (ebd., S. 87). Und weiter geht's im Krimi: »Wenn nicht komplette Überwachung, dann machen wir halt *boiling-in-oil*-Verträge (ebd., S. 90; siehe dazu auch Kubon-Gilke, 1997). Übertriebene Annahmen, die in diesem Kriminalfall zur Disposition stehen? Nein! Ansätze dazu lassen sich bereits in Hochschulen finden. Berufungsverträge werden mit definierten Drittmitteleinwerbungen und der Zahl von Veröffentlichungen in Medien korreliert, die sich als peer-reviewed darstellen. Darin misst sich dann Exzellenz. Und wenn eine:r nur den einen Einfall gehabt hätte, der die Welt retten könnte? Er oder sie käme an keiner Hochschule unter.

Halten Belohnungs- und Bestrafungsmodelle Einzug in die Hochschulen? Auch in das Lehr- und Forschungslabyrinth? Und was macht dies dann mit den Menschen? In den Hochschulen? In den Orten des freien Denkens und der Kreativität? Was macht diese Entwicklung dann mit den in den Hochschulen Tätigen, den Lehrenden? Zu bedenken ist deshalb: Können diese neuen Formen der Übernahme von Belohnungs- und Bestrafungsmodellen zu einem Abstreifen von Verantwortung im Individuum selbst führen (Fröse, 2015, S. 498)? Einerseits ist es ein Akt der Befreiung von der Organisation, andererseits ist es aber auch eine Art der Selbstentmündigung. Daraus resultiert die Frage: Muss die

Verantwortung in Zeiten grundlegender Transformationen auch für den Hochschulbereich noch einmal neu verhandelt werden? Abhängigkeitsverhältnisse zu Staat und Markt stehen zur Disposition, bedürfen vielleicht einer neuen Orientierung. Dies mag für eine Vielzahl von Organisationen nicht erforderlich sein, insbesondere für solche, die nicht unter finanziellem und sozialpolitischem Druck stehen. Hochschulen sollten anderen Kriterien als der (oftmals gar nicht vorhandenen) Rendite unterliegen. Hochschulen arbeiten mit dem »Rohmaterial Mensch«, den jungen Menschen, die zu kritischem, reflektiertem und wissenschaftlichen Denken und Handeln angeleitet werden sollen. Oder soll Hochschule unter solchen Prämissen nur noch zum Ort der neoliberalen angepassten Berufsqualifizierung mutieren? Und wohin führt beispielsweise die Art der Leistungsbeurteilung, in der das freie Denken, zu urteilen und einzuordnen, bewertet wird? Konnten die Hochschulen bislang ohne die extreme Zunahme von Leistungsbeurteilungen auskommen, so muss man in den vergangenen 20 Jahren feststellen, dass Leistungsbeurteilungen an Hochschulen zugenommen haben. Und was macht dies dann auch mit dem Kuriosum der Professor:innenschaft mit all ihren Eigenwilligkeiten, im Sinne einer Expert:innenorganisation, zumal jede:r das eigene kleine Gärtchen hat, dass die Hochschule auch zu einem spannenden und lebendigen Organismus führt?

Zweites Beispiel: Moderne Berufungsverfahren mit gut geprüfter, perfekter Leistung

Im Kriminalfall werden neue Modelle der Leistungserfassung von Berufungsverfahren vorgeschlagen, mit dem Ziel verbunden, eine Exzellenzuniversität zu werden. Kubon-Gilke und Gilke deuten mögliche antizipierbare Entwicklungen an, die nachdenklich machen:

> »Warum machen wir nicht ein Assessmentverfahren über zwei Tage? Vorlesung vorbereiten und halten, 30 Test-Klausuren korrigieren, fünf mündliche Prüfungen abnehmen, eine Bachelorarbeit bewerten und einen kleinen Zeitschriftenaufsatz zu einem von uns vorgegebenen Thema verfassen. Und dann nehmen wir die Person, die am besten abschneidet. Das garantiert uns, dass wir die langfristig produktivste Person einstellen« (Kubon-Gilke & Gilke, 2021, S. 107).

Kontroverse Auseinandersetzungen folgen, denn solche Assessment-Verfahren sind extrem teuer, aufwendig und bedürfen einer professionellen Durchführung.

Assessment-Erfahrungen zu Hochschulen liegen eher aus der Schweiz vor (die Autorin des Aufsatzes war dort einige Jahre Assessorin in unterschiedlichen Verfahren). Allein schon die Frage der Besetzung dieser Kommissionen ist ein Politikum. Welche Disziplin soll beteiligt werden, etwa die Psychologie? Oder die Politikwissenschaft? Aus der zu berufenden Disziplin oder fächerübergreifend? Welche Haltungen zu solchen Verfahren sind erkennbar? Auch der Faktor Zeit ist bei diesen umfangreichen Verfahren neben der regulären Zeitgestaltung als Hochschullehrende nicht zu unterschätzen. Und sichern solche Verfahren tatsächlich eine bessere Auswahl? Die Position des Kanzlers ist eindeutig. Diese Stellen seien dann langfristig besser abgesichert – möglicherweise als Plätze für Langweiler:innen und sich Langweilende. Aber steht auf der Rechnung, ob die ausgewählte Person sich nicht in ihrer Lehr- und Forschungstätigkeit verändern könnte? Weil Hochschulen einmal zu Recht als Bildungsanstalten galten – in welchen sich Menschen bildeten, Studierende wie Lehrende, die sich oft genug auch als Lernende verstehen konnten, wollten oder mussten? Denn eigentlich war mit jedem neuen Thema, das man sich wählte, ein Neuanfang verbunden. Nur nebenbei: Wer sich heute Karrieren von Wissenschaftler:innen ansieht, macht eine seltsame Beobachtung: Von der frühesten Qualifikationsschrift bis zur letzten, höchsten, ändern sich untersuchte Gegenstände, bearbeitete Themen kaum mehr – *same procedure as every time*, geadelt als Expertentum. Wissenschaftliche Tätigkeit als Erfindungskunst, abhängig von Einfällen, großartigen zuweilen, ist wohl längst verloren – vielleicht ist es kein Zufall, wenn um 1800 die Spekulation als die eigentliche Wissenschaftsleistung bezeichnet wurde und heute verworfen wird.

Drittes Beispiel: Diskursveränderungen und die Freiheit von Forschung und Lehre – ein zunehmend vergessenes Moment

In den vergangenen 30 Jahren haben sich Hochschulen von einem Ort des freiheitlichen Humboldt'schen Forschungsverständnis hin zu einer betriebswirtschaftlich rentablen Organisation verändert – obwohl man da gar nicht sicher sein kann, weil die Kennzahlen und Salden etwas aufnehmen und verdaten, was wenig mit dem Unternehmenszweck zu tun hat. Wir erinnern uns: Es könnte um die Entdeckung und Kultivierung des Neuen gehen. So dachten sich das Fichte, Schleiermacher – freilich vornehmlich mit Blick auf die Akademie –, Humboldt, also alle diejenigen, die zumindest die Universitäten in Deutschland in Schwung brachten, mehr oder weniger. Wer sich hier einmal umfassend informieren will, sollte sich das von Ernst Müller herausgegebene Bändchen *Gelegentliche Gedanken über Universitäten. Von Engel, Erhard, Wolf, Fichte, Schleiermacher, Savigny, von Humboldt, Hegel* zu Gemüte führen. Es war 1990 im Leipziger Reclam-Verlag erschienen, mit der Nummer 1353. Inzwischen ist der Verlag abgewickelt und das Buch vergriffen. Die Suche im Antiquariat lohnt sich jedoch.

Verbetrieblichung und Monetarisierung von Wissenschaft (Fröse, 2015) sind zu einer Selbstverständlichkeit geworden. Vizepräsident Grona aus dem Kriminalfall weist in seinen Überlegungen darauf hin, dass Planungshorizontprobleme insbesondere in der Selbstverwaltung der Universität vorzufinden seien (Kubon-Gilke & Gilke, 2021, S. 95):

> »Das schafft düstere Aussichten. Die Entscheidungen im Senat bedienen oft genug kurzfristige Interessen und negieren langfristig notwendige Strategien zur Sicherung unserer Existenz bei knappen Lebensmitteln Landesmitteln. Psychisches Einkommen, also Wohlbefinden, Wunschdenken bei den Curricula und kurzfristige Interessen steuern unsere Hochschule. Das kann auf Dauer leicht schief gehen und unsere Finanzierung irgendwann mal ganz gefährlich werden. Einziger Hoffnungsschimmer: unsere recht geringe Fluktuation bei den professoralen Stellen, das verlängert den Zeithorizont leicht.«

Alexa Köhler-Offierksi hat in ihrem Aufsatz in diesem Buch auf dieses Spannungsfeld bezüglich der Finanzierung von Hochschulen hingewiesen, der Kurz-, Mittel- und Langfristigkeit, um Hochschulen angemessen finanziell abzusichern. Diese stehen oftmals den Wünschen der Kolleg:innenschaft konträr gegenüber. Die Konfliktfelder sind zwischen Pragmatismus und Ideologisierung angesiedelt. Und dann gibt es noch die unbewussten Dynamiken auf unterschiedlichsten Hierarchieebenen, wer die beste Führung innehaben könnte, was richtige Führung sei.

Ein weiteres Spannungsfeld taucht in der Kolleg:innenschaft auf, so Kubon-Gilke und Gilke (ebd., S. 79). Bildungsideale (Schelsky, Humboldt, Jaspers) stehen im Widerstreit mit der Berufsqualifikation. Grundsätzliche Diskussionen entbrennen:

> »Das Humboldt'sche Freiheitsideal, frei von staatlichen Zwängen der reinen Wahrheitssuche nachzugehen und die faktische Steuerung der Universitäten stehen heftig im Konflikt. Die innere Freiheit soll in Anlehnung an Humboldt Autonomie, d. h. die freie Studienwahl, die freie Studienorganisation und das freie Vertreten von Lehrmeinungen und Lehrmethoden umfassen. Die Universität soll deshalb ein Ort

des permanenten öffentlichen Austausches zwischen allen am Wissenschaftsprozess Beteiligten ohne jegliche staatliche Beeinflussung und ohne Redebeschränkung sein.«

Die Kontroversen dazu führen bis hin zur Verunglimpfung des Humboldt'schen Ideals, dass es ökonomisch nie diese Freiheit vom Staat gegeben habe, aber beide Seiten würden davon profitieren, so Ingeborg Berenschick (ebd.). Um diese Freiheit ist es jedoch auch auf anderen Ebenen nicht mehr gut bestellt. Bereits vorab wird schon deutlich, dass die Diskussionen um die »Cancel Culture« dem Freiheitsanspruch widersprechen, da diese gegenwärtig eher zu Sprechverboten (oder Ausladungen von Vortragenden) bzw. zu neuen Sprechmodifikationen führen würden (ebd., S. 78), wie dies – unabhängig auch vom Kriminalfall – einer der vielfältigen gegenwärtig realen Fälle, der der Wirtschaftsjuristin Alessandra Asteriti zeigt, die an der Universität Lüneburg Opfer einer Rufmord-Kampagne wird, während die Universitätsleitung zuschaut:

> »Die Dozentin hat die Universität inzwischen verlassen. Es brauchte dafür keine Kündigung. Es reicht, dass ein Vertrag nicht verlängert wird. Und wer möchte schon in einem Umfeld arbeiten, in dem man zum Unmensch erklärt werden kann, den man meiden solle, und der Arbeitgeber meint, dass ihn das kaum etwas angeht« (Thiel, 2022).

Nicht weit entfernt sind auch die Schilderungen im Kriminalfall ...

Darf der Diskurs in Hochschulen nicht mehr stattfinden? Und was ist mit Freiheit gemeint: Die Humboldt'sche Idee der Universität (1964) beinhaltete damals vor allem zwei zentrale Punkte. Diese bedürfen in der Gegenwart einer erneuten Erinnerung: Es geht um die Einheit von Forschung und Lehre und um die Staatsabhängigkeit – zwei nicht so ohne Weiteres selbstverständliche Ausgangsmomente. Mit der Einheit von Forschung und Lehre ist Folgendes gemeint: Die autonome Wissenschaft kann, zumindest nach Humboldt, nur den kollegial organisierten Wissenschaftler:innen überlassen werden; andere Einflussnahmen sollen eher ausgeklammert werden (Parteien, Markt). Mit »Staatsabhängigkeit« ist gemeint: Der Staat gilt als gesellschaftlich neutraler, den allgemeinen Interessen verbundener Akteur und soll die Partikularinteressen anderer Akteure verhindern. Die organisatorische Folge der Kopplung von Staat und Universität ist die »Zentralverwaltung«, die neben der Regel der kollegialen Entscheidungsfindung steht (Huber, 2012, S. 243). Bereits im Jahr 1923 hatte Karl Jaspers die Schrift *Die Idee der Universität* herausgegeben, diese aber erst nach dem Faschismus im Jahr 1946 erweitert vorgelegt. Die Universität wird dezidiert in den Kontext von Freiheit gestellt (Jaspers, 1946 [1923], S. 109f.):

»Die Universität ist an den Staat gebunden, aber nicht in jedem Staat sind Universitäten möglich. Da die Universität Bezeugung der Freiheit durch Wahrheit ist, kann nur ein Staat, der selber Freiheit und daher Wahrheit will und auf sie sich gründet, auch die Universität wollen. Denn nur ein solcher Staat identifiziert sich grundsätzlich mit dem Geist der Wissenschaft und der Wahrheit, der Idee der Universität.«

Wir brauchen diese Orte, in denen wir frei forschen und denken können – ganz im Sinne eines »Denkens ohne Geländer« nach Hannah Arendt. Marktmechanismen sollten nicht der Ausgangspunkt sein, übrigens auch nicht die Reduktion auf Karriereinstrumente, wie Michael Hampe in seinem Aufsatz »Abschied von großen Worten« mahnt (2022, S. 16). Wobei man einwenden könnte, dass Hochschulen bislang ein gemeinsames Verständnis hatten: Sie leben »von Bürger:innen« und leisten für Bürger:innen! Warum sollte die Universität deshalb kein Unternehmen sein können?

Heutzutage wird das ursprüngliche Verständnis von Hochschulen ersetzt durch das Konzept der »unternehmerischen Universität« (Brandt, 2011; Collini, 2012). Angebot und Nachfrage werden platziert, Schließung von Exotenfächern, Fachbereichen und anderem gehören dazu. Dass sich die Hochschule wirtschaftlich tragen muss, ökonomisch handeln, ist nachvollziehbar, im Sinne des ordentlichen Haushaltens. Hochschulen müssen sich selbst über Produkte und/oder über Dienstleistungen finanzieren und diese an ihre »Kund:innen« weitergeben. Dieses Verständnis ist nicht unproblematisch, denken wir an Forschungen über nichtrenditefähige Phänomene, wie etwa die entropischen Kosten gesellschaftlicher Entwicklungen, wie die Erwerbslosigkeit, wie etwa über junge schwangere Frauen, die abhängig von Crystal sind. Oder denken wir an die Forschungen im Feld des Klimawandels, die weitaus eher renditebezogene Forschungen unterstützen, kritische Fragen jedoch untergraben, wie etwa ein verändertes Konsumverhalten – mit entsprechenden Auswirkungen auf die Konzerne.

Schon 2012 beschrieb Stefan Kühl, dass Hochschulen im Teufelskreis der wachsenden Bürokratie agieren, die Verschulung der Bachelor- und Masterstudiengängen im Sinne einer neoliberalen Umgestaltung vornehmen und die Steuerungsfantasien von Hochschulleitungen kein Controlling ermöglichen, sondern eine Richtung einschlagen, die den Mechanismen der Kontrolle eher entsprechen (Brandt, 2011, S. 127ff.). Die Forderung nach totaler Transparenz bei gleichzeitig damit einhergehender Pseudopartizipation kann deshalb – und das ist die Schattenseite dazu – zu einer Kontrollgesellschaft führen, in der das Vertrauen nicht mehr vorhanden ist. Byung-Chul Han (2012) hat dies ausführlich in seiner Publikation zur »Transparenzgesellschaft« ausgeführt, Sie führe zu einer moralisch brüchigen Gesellschaft des Misstrauens und Verdachts, und moralische Werte wie Ehrlichkeit und Aufrichtigkeit verlieren an Bedeutung. Ist die Transparenz, der wachsende Bürokratismus hin zu einer Kontrollgesellschaft somit ein neuer gesellschaftlicher Imperativ, auch in Hochschulen? Bis hin zu der waghalsigen These – ein Gedankengang von Mario Vargas Llosa über Sigmund Freud und das Unbewusste (2022) –, dass das Unbewusste entdeckt wird (zu Freuds Zeiten), während zur gleichen Zeit der Nationalsozialismus sich auszubreiten begann. Eine wagemutige Überlegung, aber im Sinne von Montaigne denkend, darf man solche Überlegungen aufgreifen, auch wenn wir wissen, das damalige Zeiten nicht ohne Weiteres übertragbar sind auf die Gegenwart. Oder?

Wir werden es sehen.

Schon vor mehr als zehn Jahren wiesen Lothar Zechlin (2012) und Stefan Kühl (2012) auf die Problemfelder hin: Wie gehen wir mit der Wissenschaftsfreiheit, mit der Hierarchie und der Partizipation im Kontext der unternehmerischen Hochschule um? Deutlich wurde, dass es mit der Einführung der Leistungspunkte als einer neuen Verrechnungseinheit des Hochschulsystems zu einem Paradigmenwechsel kam – fast im Sinne einer neuen Kunstwährung. Einhergegangen sind damit Frontalunterricht, Prüfungsinflation, reduzierte Wahlmöglichkeiten bis hin zu Copy-and-Paste-Hausarbeiten. Zudem gerät die Wissenschaft zur Drittmittelforschung, die in immer schnelleren Rhythmen Ergebnisse zu produzieren und Erkenntnisse zu optimieren hat. Schmunzelnd kann an Niklas Luhmann gedacht werden, der bereits Ende der 1970er Jahre in einer Stellungnahme zur Einführung neuer Instrumente in der Hochschulsteuerung darauf hinwies (1979, S. 5): »Bei einem Zuviel an Ordnung entsteht Melancholie. Es mag also sein, dass man uns eine überorganisierte melancholische Universität beschert.«

Seit Bologna sind neue Wörter im Kontext der Hochschulen eingeführt worden, wie »Leistung«, »Herausforderung«, »Profit« und »Erfolg«. »Fast könnte man sagen, dass der Erfolg mittlerweile zu einer Tugend erhoben worden ist«, so die mit dem Literaturnobelpreis ausgezeichnete Schriftstellerin Anni Ernaux (2017, S. 153). Gleichwohl sie keinen Wissenschaftsdiskurs führt, weist sie in ihrem literarischen Werk auf diese Herausforderungen hin, und zeigt damit auf ihre Art, dass diese Diskurse ebenso in alle Lebensbereiche hineinwirken und von diesen Entwicklungen durchdrungen sind – auch wenn manche der Zahlen dringend erforderlich sind:

> »Die Tatsachen, die materielle und immaterielle Wirklichkeit, erreichen uns heute nur noch in der Form von Zahlen und Prozentpunkten, in der Arbeitslosenquote oder im Absatz von Autos und Bücher, das Krebsrisiko, die durchschnittliche Lebenserwartung, die Umfrageergebnisse zu diesem oder jenem Thema, und anderem mehr. Die Zahlen drücken oft Sachzwang aus, und die Freiheit des Forschens, das, was unsere Aufgabe ist, kann dabei verloren gehen« (ebd.).

Hochschulen müssen Orte der unbedingten Wahrheitssuche sein, der Kritik und der Offenheit. Wahrheit ist wahrlich kein einfacher Begriff, zumal die Wahrheit bedroht ist, denn oft geht es nur noch um Meinungen und nicht um fundiertes Wissen, das kritisch analytisch reflektiert wurde. Freiheit ist nicht nur ein Prozess, sondern ein Handeln, das an ein Können gebunden ist (Kant). Diesen Könnensbegriff zur Freiheit haben schon Isaiah Berlin und vor allem Janusz Korczak formuliert, denn genau darin liegt die Aufgabe der Hochschule.

Und diese Spannungsfelder, die zunehmenden Polarisierungen bis hin auch zu Ideologisierungen finden sich nun auch im Lehrkörper der Hochschulen und in den jeweiligen Individuen wieder. David Bohm (1996, zit. n. Hartkemeyer, Johannes & Freeman Dhority, 1998, S. 52) stimmt heute noch nachdenklich, denn

> »es steht eine Menge Gewalttätigkeit in den Meinungen, die wir verteidigen. Sie sind nicht lediglich Meinungen, nicht lediglich Annahmen; sie sind Annahmen, mit denen wir uns identifizieren und die wir daher verteidigen, weil es ist, als würden wir uns selbst verteidigen.«

Diese Entwicklung lässt sich auch in Auseinandersetzungen an Hochschulen finden. Fast hat man den Eindruck, dass selbst grundlegende Formen von Respekt, Höflichkeit und Neugierde für wohlmeinende Diskurse verlorengehen und damit weitergehende Entwicklungen für die Freiheit von Forschung und Lehre behindern.

Viertes Beispiel: Der Habitus – doch stärker vorhanden als gedacht

Im Zusammenhang mit der Frage nach dem Habitus werden einige kleine Beschreibungen der Professor:innenschaft im »Kriminalfall Leopold« herangezogen. Vordergründig scheint der Lookismus (Kubon-Gilke & Gilke, 2021, S. 122) in den Hochschulen keine relevante Rolle einzunehmen. Dieser sei nicht sonderlich ausgeprägt. Und oftmals orientiert sich die Kleidung der Hochschullehrenden an denen der Studierenden. Man will gleich sein, nicht auffallen und will Jugendlichkeit demonstrieren. So schreiben Kubon-Gilke und Gilke (ebd., S. 123):

> »Der Soziobiologe Hannes Schwarz und der Dekan der NAWis, Dirk Traubner, scheinen nicht viele Kleidungsstücke zu besitzen. An der Uni tragen sie jedenfalls immer dieselben Sachen. Tagein und Tagaus. [...] Hannes Schwarz [...] scheint seine Sachen aber wenigsten zu lüften oder gelüftet bekommen. Im Gegensatz zu Dirk Traubner, der immer so einen Mottenkugelgeruch um sich herum verbreitet. [...] Und beide Herren, Schwarz und Traubner, sind auch nicht gerade Musterschönheiten.«

Und natürlich wird über alle anderen Kolleg:innen ebenfalls ein Kommentar hinzugefügt, im Sinne der Beschreibung der Professor:innenschaft: Liliane Löb-Müller ist am attraktivsten. Bei den Männern ist Professor Engelhardt-Hagenberg (obwohl er jenseits der 50 ist) ein schicker Berufsjugendlicher und Revoluzzer. Professor Hartwig hat einen gewaltigen Sprachfehler, sieht aber einigermaßen gut aus. Professorin Ingeborg Berenschik ist klein, leicht verwachsen, faltiges Gesicht, Haare sehen aus wie selbstgeschnitten, abstehende Ohren, fast mitleiderregend, wie ein Hobbit eben. Professorin Adele Ehrlich könnte attraktiver sein, würde sie mehr auf sich achten. Sie scheint sich für Kleidung nicht zu interessieren, trägt sogar alte Schlaghosen, vermutlich aus den 1980er Jahren. Die Präsidentin Professorin Brunnen ist mittelgroß und leicht pummelig, kleide sich aber recht konventionell, meistens mit grünem Kostüm, eher eine zweite Angela Merkel (ebd., S. 121 ff.), um nur einige Beispiele zu nennen.

Im Vergleich zu anderen Branchen, wie dem Bankenwesen, in denen eine Kleiderordnung vorherrscht, findet sich diese kaum in Hochschulen. Diese vordergründige Antwort ist nicht korrekt. Natürlich gibt es Kleiderordnungen, die sich an den jeweiligen Disziplinen orientiert. In der Betriebswirtschaftslehre finden sich weitaus eher schwarze Kostüme und Hosenanzüge, so wie es das in den Medien transportierte Bild der »Banker« erfordert; in den Handlungsfeldern der Sozialen Arbeit tritt man eher auf ein unkonventionelles und lässiges Kleidungsniveau, vorsichtig formuliert, um nicht zu verallgemeinern. Würden Sie den Blick in die Kunst oder Theologie wenden, so lassen sich auch hier unausgesprochene Kleidungsvorschriften finden. Im Kriminalfall lassen sich bei genauerem Hinschauen selbstverständlich Kleidungsordnungen feststellen, die auch eine Einteilung mit Blick auf den Habitus sichtbar werden lassen. So rangieren – ebenso wie in anderen gesellschaftlichen Bereichen – auch in Hochschulen Vorstellungen über Aussehen und Habitus (Bauer & Fröse, 2016): das Schlanke, das symmetrisch geformte Gesicht, die Berufsjugendlichkeit älterer Kolleg:innen, die alten zerrissenen Jeans oder der Dreitagebart. Wobei psychologische Forschungen darauf hingewiesen haben, dass eine bestimmte Körpergröße und eine ausgeprägte Kinnform die Berufungschancen deutlich erhöhen sollen; es gibt wohl Kollegen (tendenziell eher männlich), die deshalb Schuhe mit erhöhten Absätzen tragen (wie die eigenen Beobachtungen ergeben). Kubon-Gilke und Gilke zeigen, dass der Habitus in den Hochschulen eine zu betrachtende Kategorie im Handlungsgeschehen ist. Die habituelle Zuordnung gibt es. Der Begriff »Habitus« stammt von Pierre Bourdieu, einem französischen Soziologen (1930–2002). Er bezeichnet die Handlungsbedingungen und Handlungsmöglichkeiten des Menschen als einem vergesellschafteten Subjekt. »Habitus« bezeichnet eine Grundhaltung, eine Disposition gegenüber der Welt, die der Mensch aus seiner gesellschaftlichen Prägung ableitet: Sein Habitus ist das Produkt und die aktive und unbewusste Präsenz früherer Erfahrungen, die sich aus der Familie wie aus dem Milieu der Herkunft speisen. Schemata der Wahrnehmung, des Denkens, des Fühlens präjudizieren seine Handlungen und steuern seine weiteren Wahrnehmungen, seine Alltagstheorien, Klassifikationsmuster, ethischen Normen und ästhetischen Ansprüche, mit denen er seine Rollen füllt. Mit Bourdieu werden vier Kapitalien unterschieden: ökonomisches Kapital, (materieller Besitz), kulturelles Kapital (Bildung), soziales Kapital (soziale Beziehungen) und symbolisches Kapital (Ansehen). Unbewusst werden diese Kapitalien ebenso in Hochschulen gelebt und alltäglich praktiziert – denken wir an die Herkunft und die jeweiligen Biografien, die in diesem Kriminalfall herangezogen werden, an die Sprachstile und unterschiedlichen kulturellen Umgangsformen und Güter oder an die Zugehörigkeiten zu den jeweiligen Disziplinen oder Netzwerken. Beobachtet werden können auch die persönlichen Beziehungen in der Wissenschaft, das dazugehörende Auftreten und die Selbstpräsentation, die auf der Unterbühne im Sinne von Bailey gestaltet werden. Dazu gehören aber auch die materiellen und immateriellen Ressourcen, die beispielsweise in die Hochschuldebatten eingebracht werden.

Lange Einleitung und kurzer Ausblick

Die exemplarisch herausgefilterten wenigen Beispiele von Organisationsdynamiken aus dem Kriminalfall Leopold zeigen nur eine kleine Momentaufnahme. Die unbewussten Dynamiken, deren es weitaus mehr in dem wunderbar beschriebenen Kriminalfall gibt, sind kompliziert und komplex in ihrer gesamten Verwobenheit, bis hin eben zum Mord. Der Kriminalfall ist ein beeindruckendes Kaleidoskop von unbewussten Dynamiken.

Es lässt sich vieles finden, was in Hochschulen passiert: Auseinandersetzungen zur Besoldung, Kontrollwahn und Einsatz von digitalen Kontrollsystemen versus Freiheit, Genehmigung einer Dienstreise getarnt als Weiterbildung (Englischkurs) mittels einer Kreuzfahrt in die Karibik (Kosten: 10.000 Euro) habituelle Inszenierung der eigenen Bedeutsamkeit, totale Überwachung, Zerstörung intrinsischer Motivation, Cancel Culture, Brisanz von Berufungsverfahren, Leidenschaften, Abhängigkeitsverhältnisse Neurosen, Schweigen, Lookismus Intersektionalität, Diskriminierung, Konflikte zwischen den Disziplinen, Druck, Erpressung, Zunahme von Meritokratie, kulturelle Aneignungen, Erlösung durch digitale Programme, Anreizsysteme, Wettbewerb, Plagiate, Ego, Hass, Alkoholabhängigkeit, Liebesbeziehungen am Arbeitsplatz, Wir gegen Ich, Pseudointellektualität, fehlende Loyalität, Fluch des Samariters, neue Institutionenökonomik.

Interessant ist dabei: Alle diese unbewussten Dynamiken werden in diesem Kriminalfall nicht psychoanalytisch gedeutet, sondern institutionenökonomisch gelehrt. Dafür wurde ein umfangreicher Anhang beigefügt, mit Erläuterungen zu Multitasking, *boiling-in-oil*-Arbeitsverträgen, Möglichkeiten und Problemen der Arbeiterselbstverwaltungen, Komplementarität und Intransparenz der Lohnhöhen, selbst erfüllende Prophezeiungen, Supermodularität und Komplementarität, politische Implikationen zur Komplementaritätstheorie Basis sowie weitere Hinweise auf Modelle und Theorien, die den Kriminalfall abrunden. Nichtsdestotrotz, sie bieten weitere Ansatzpunkte für das Verstehen von unbewussten Dynamiken in Hochschulen. Sie münden dann humorvoll in der Feststellung von Professorin Ingeborg Berenschik zu ihrem Stofflöwen Leopold: »Poldi. Das kann doch nicht alles wahr sein. [...]. An unserer vermeintlich harmlosen kleinen Uni. [...]. Poldi, ich brauche deine Hilfe (Kubon-Gilke & Gilke, 2021, S. 197–200).

Unbewusste Dynamiken sind in Hochschulen vorhanden, auf allen Bühnen, ob Vorder-, Hinter- oder Unterbühne. Hochschulen sind eben verrückte Organisationen, die nach dem freiheitlichen Verständnis, nach Menschenrechten, Demokratie und Bildung streben (Winkler & Vieweg, 2012; Bieri, 2010). Die beschriebenen Organisationsdynamiken in dem wunderbaren Kriminalfall, die auf den Ebenen von Neid, Konkurrenz, Verlogenheit, Rivalität und Gehorsamsdenken, Abwehr, Anpassung, um Macht und Herrschaft angesiedelt sind, führen zu einem kleinen Schluss, wie angekündigt. Vielleicht ist das Wissen um die unbewussten Dynamiken, um Emotion und Intuition (Fröse, 2019b; Fröse, Kaudela-Baum & Dievernich, 2019) ein Ansatzpunkt für das »Gemeinsame« von Freiheit in Forschung und Lehre und vielleicht auch zur Demut vor der verrückten Institution und Organisation Hochschule. Und vielleicht bedarf es auch der kritischen Reflexion der polarisierenden, singulär zunehmenden Identitätsdebatte. Unbewusste Dynamiken sind vorhanden und gestalten die Alltagsleben der Individuen in den Organisationen. Die Identität der Organisationsteilnehmenden spielt dabei eine bedeutsame Rolle für das Funktionssystem von Hochschulen. Ohne Mensch geht es eben nicht – wie eingangs beschrieben – in eben diesen verrückten Hochschulen.

Ein Gedankensprung zu den Pferden, aber vielleicht hilft dieser uns weiter. So schreibt Juli Zeh in ihrer *Gebrauchsanweisung für Pferde* (2022, S. 190f.): »Identität ist ein großes Thema unserer Zeit.« Bewusst und unbewusst versuchen wir stetig eine eigene singuläre und bedeutsame Identität herauszubilden, diese zu bestätigen und zu stärken – als Gruppe über Religion, Kultur und zunehmend über Nationalität, als Individuum über Herkunft, Geschlecht, Familie und Beruf. Juli Zeh stellt deshalb provozierend die Frage, »wozu wir eine Identität überhaupt brauchen« (ebd., S. 191). Jedoch stellt sie diese Frage in den Kontext von Pferden, denn ein Pferd würde eine eindeutige Antwort geben: »Es würde den Kopf heben, uns angucken und lange schweigen. Dann würde es den Kopf senken und weiter Gras fressen.« Denn das Pferd würde sich nicht mit dem »fatalen Mechanismus« des Selbstoptimierungswahn und dem Leistungsautomatismus beschäftigen. Der Mensch würde sich damit nicht zufriedengeben, mit dem Sein. Dies mündet dann in der Aussage Zehs (ebd., S. 193):

> »Da steht das Pferd und schaut uns über den Zaun hinweg an. Genau genommen macht es keinen Vorschlag. Es *ist* der Vorschlag. Sei, was du bist. Zum Beispiel ein Pferd. Oder ein Mensch. Oder einfach ein Lebewesen. Mehr Identität erzeugt doch nur Unzufriedenheit und Ärger.«

Das Pferd ist weder Vergangenheit noch Zukunft. Ein Pferd als Ausblick zu nehmen, ist sicherlich waghalsig, und würde die Identitäts- und Sozialisationsforschung damit infrage stellen, was nicht intendiert wird. Aber es liegt ein Moment von Schaffung einer Distanz zum Selbst darin. Sprach schon dänische Philosoph Sören Kierkegaard (1813–1855) davon, dass das Leben nur in der Schau nach rückwärts verstanden wird, aber nur in der Schau nach vorwärts gelebt werden kann.

Wir haben wunderbare Orte des freien Denkens, Orte, in denen frei im Sinne von Hannah Arendt ein »Denken ohne Geländer« mit Studierenden und Kolleg:innen möglich ist. Neugierde und Offenheit sind dafür erforderlich, um den zunehmenden polarisierenden Positionen, die ein Sprechen immer weniger zulassen, die nur noch in den Postulaten von Richtig und Falsch sich bewegen, entgegenzuwirken (Hampe, 2022). Denn es wäre anmaßend zu glauben, »es gebe nur eine einzig wahre Vorstellung von der Welt« (Mitchell, 2008, S.176), denn gegeben scheint uns nur die Erde, die uns eine Stelle gewährt (Arendt, 2002, S. 130). Zur Neugierde gehören das Zuhören und Staunen über die Welt und ihre Veränderungen (Schulz, 2010, S. 100), das dialogische Wahrnehmen, den Anderen verstehen zu wollen. Und dazu gehören auch die Nonverbalität und das Schweigen, einfach zu sein ...

»Das Pferd guckt noch mal. Ich könnte schwören, dass es soeben ein wenig spöttisch gelächelt hat. Dann geht es wieder grasen« (Zeh, 2022, S. 195).

Literatur

Arendt, H. (1986). *Elemente und Ursprünge totaler Herrschaft*. Piper.
Arendt, H. (1994). *Zwischen Vergangenheit und Zukunft. Übungen im politischen Denken*. Piper.
Arendt, H. & Ludz, U. (1996). *Ich will verstehen. Selbstauskünfte zu Leben und Werk*. Piper.
Arendt, H. (2002). *Denktagebuch 1950–1973. Erster Band*. Piper.
Bakewell, S. (2016). *Wie soll ich leben? Oder das Leben Montaignes in einer Frage und zwanzig Antworten*. C. H. Beck.
Bailey, F. G. (1977). *Morality and Expediency. The Folklore of Academic Politics*. John Wiley & Sons.
Bauer, A. & Fröse, M. W. (2016). Habitus- und feldsensible Rollenübernahme in der Gruppenlehrsupervision. In E. Freitag-Becker, M. Grohs-Schulz & H. Neumann-Wirsig (Hrsg.), *Lehrsupervision im Fokus* (S. 201–213). Vandenhoeck & Ruprecht.
Bauer, A. & Fröse, M. W. (2018). Ein kassandrischer Zwischenruf: Ausgewählte Phänomene von Führung in Expertenorganisationen – am Beispiel von Hochschulen. In P. Kels & S. Kaudela-Baum (Hrsg.), *Führung von Expertenorganisationen* (S. 127–152). Springer VS.
Bauer, A. & Gröning, K. (Hrsg.). (1995). *Institutionsgeschichten. Institutionsanalysen. Sozialwissenschaftliche Einmischungen in Etagen und Schichten ihrer Regelwerke*. edition discord.
Bieri, P. (2010). Wie wäre es gebildet zu sein? In H.-U. Lessing & V. Steenblock (Hrsg.), *Was den Menschen eigentlich zum Menschen macht. Klassische Texte einer Philosophie der Bildung* (S. 203–218). Karl Alber.
Bohm, D. (1996). *On Dialogue*. Routledge.
Bowles, S. (2016). *The Moral Economy. Why Good Incentives are no Substitute for Good Citizens*. Yale University Press.
Brandt, R. (2011). *Wozu noch Universitäten? Ein Essay*. Felix Meiner.

Collini, S. (2012). *What Are Universities For?* Penguin Books.
Eribon, D. (2016). *Rückkehr nach Reims.* Suhrkamp.
Ernaux, A. (2017). *Die Jahre.* Suhrkamp.
Frey, B. S. (2007). Evaluationen. Evaluationen ... Evaluitis. *Perspektiven der Wirtschaftspolitik, 8*(3), 207–220.
Fröse, M. W. (2015). *Transformationen in »sozialen« Organisationen. Verborgene Komplexitäten. Ein Entwurf.* Ergon.
Fröse, M. W. (2019a). Vom Dreiklang – Verstehen, Verantwortung und Freiheit einer Hochschule. *Jahrbuch Evangelische Hochschule Dresden, 2018,* 32–38.
Fröse, M. W. (Hrsg.). (2019b). *Annäherung an Führung und Organisation.* Ergon.
Fröse, M. W., Kaudela-Baum, S. & Dievernich, F. P. (2019). Emotion und Intuition in Führung und Organisation. In M. W. Fröse (Hrsg.), *Annäherung an Führung und Organisation* (S. 159–176). Ergon.
Fröse, M. W., Kaudela-Baum, S. & Dievernich, F. P. (Hrsg.). (2015). *Emotion und Intuition in Führung und Organisation.* Springer VS.
Hampe, M. (2022). Abschied von großen Worten. Über Illusionen der Aufklärung. Essay. *Information Philosophie, 50*(2), 10–20.
Han, B.-C. (2012). *Transparenzgesellschaft.* Matthes & Seitz.
Hartkemeyer, M. & Johannes, F. & Freeman Dhority, L. (1998). *Miteinander Denken. Das Geheimnis des Dialogs.* Klett-Cotta.
Hartmann, M. (2002). *Der Mythos von den Leistungseliten.* Campus.
Huber, M. (2012). Die Organisation Universität. In M. Apelt & V. Tacke (Hrsg.), *Handbuch Organisationstypen* (S. 239–252). Springer.
von Humboldt, W. (1964). *Schriften zur Politik und zum Bildungswesen.* (Werke, Band IV). Wissenschaftliche Buchgesellschaft.
Jaspers, K. (1946 [1923]). *Die Idee der Universität.* Springer.
Klopstock, F. G. (1962 [1774]). Die deutsche Gelehrtenrepublik, ihre Einrichtung, ihre Gesetze. Geschichte des letzten Landtags. In ders., *Ausgewählte Werke.* Herausgegeben von K. A. Schleiden (S. 875–929). Carl Hanser.
Kubon-Gilke, G. (1997). *Verhaltensbindung und die Evolution ökonomischer Institutionen.* Metropolis.
Kubon-Gilke, G. & Gilke, C. (2021). *Leopold. Ein institutionenökonomisch lehrreicher Kriminalroman.* Metropolis.
Kubon-Gilke, G. & Gilke, C. (2022). *Caprivis Zipfel. Ein romantischer Roman über Wirtschaft, Geschichte und einen Mord. Mit Erläuterungen zu mikroökonomischen Grundlagen, Meritorik, Außenhandel und Neuer Politischer Ökonomik.* Metropolis.
Kühl, S. (2012). *Der Sudoku-Effekt. Hochschulen im Teufelskreis der Bürokratie. Eine Streitschrift.* transcript.
Kuhn, T. S. (1973). *Die Struktur wissenschaftlicher Revolutionen.* Suhrkamp.
Lodge, D. (1994). *Saubere Arbeit.* Heyne.
Llosa, M. L. (2022, 11. September). In Wien wurde das Unbewusste entdeckt – und zur gleichen Zeit begann sich der Nationalsozialismus auszubreiten. *NZZ.* https://www.nzz.ch/feuilleton/mario-vargas-llosa-ueber-sigmund-freud-und-das-unbewusste-ld.1698047
Luhmann, N. & Schorr, K.-E. (1979). *Reflexionsprozesse im Erziehungssystem.* Klett-Cotta.

March, J. G. (1994). *A Primar on Decision Making. How Decisions Happen*. Free Press.
March, J. G. & Olsen, J. P. (1972). A garbage can model of organizational choice. *Administrative Science Quarterly*, 17, 1–25.
Mausfeld, R. (2019). *Angst und Macht. Herrschaftstechniken der Angsterzeugung in kapitalistischen Demokratien*. Westend.
Mitchell, S. (2008). *Komplexitäten. Warum wir erst anfangen, die Welt zu verstehen*. Edition Unseld.
de Montaigne, M. (2021 [1580]). *Die Essais*. Anaconda.
Nida-Rümelin, J. & Weidenfeld, N. (2022). *Erotischer Humanismus. Zur Philosophie der Geschlechterbeziehungen*. Piper.
Nowotny, H. (2005). *Unersättliche Neugier. Innovation in einer fragilen Zukunft*. Kadmos.
Sanyal, M. M. (2021). *Identitti*. Carl Hanser.
Sayers, D. L. (2001 [1935]). *Aufruhr in Oxford. Ein Fall für Lord Peter Wimsey. Kriminalroman*. Rowohlt.
Schlüter, A. (Hrsg.). (1992). *Arbeitertöchter und ihr sozialer Aufstieg. Zum Verhältnis von Klasse, Geschlecht und sozialer Mobilität*. Deutscher Studienverlag.
Schlüter, A. (Hrsg.). (2006). *Bildungs- und Karrierewege von Frauen*. Barbara Budrich.
Schwanitz, D. (1995). *Der Campus*. Eichborn.
Schulz, R. (2010). *Kleine Geschichte des antiken Griechenland*. Reclam.
Thiel, T. (2022, 21. September). Ende einer Treibjagd. *FAZ*, Nr. 220, N4.
Volmerg, B., Leithäuser, T., Neuberger, O., Ortmann, G. & Sievers, B. (Hrsg.). (1995). *Nach allen Regeln der Kunst. Macht und Geschlecht in Organisationen*. Kore.
Wegner, M. (1993, 14. Mai). Der Krach geht weiter. Streitkultur an der Hamburger Kunsthochschule. *FAZ*, Nr. 111.
Weingart, P. (2001). *Die Stunde der Wahrheit? Zum Verhältnis der Wissenschaft zu Politik, Wirtschaft und Medien in der Wissensgesellschaft*. Velbrück Wissenschaft.
Winkler, M. (2024, i. V.). *Identität und Sozialpädagogik*. Beltz Juventa.
Winkler, M. & Vieweg, K. (2012). *Bildung und Freiheit. Ein vergessener Zusammenhang*. Ferdinand Schöningh.
Zechlin, L. (2012). Zwischen Interessensorganisation und Arbeitsorganisation? Wissenschaftsfreiheit, Hierarchie und Partizipation in der »unternehmerischen Hochschule«. In U. Wilkesmann & Schmid, C. L. (Hrsg.), *Hochschule als Organisation* (S. 41–59). Springer VS.
Zeh, J. (2019). *Gebrauchsanweisung für Pferde*. Piper.

Biografische Notizen

Marlies W. Fröse, Prof. Dr. phil. habil., ist Hochschullehrerin für Organisations- und Personalentwicklung an der Evangelischen Hochschule Dresden, bis 2022 war sie Rektorin dieser Hochschule. In den Jahren 1998 bis 2015 hatte sie Professuren in Darmstadt und Luzern (Schweiz) inne. Zudem war sie viele Jahre als Gutachterin in Asien, Afrika und Lateinamerika für Bildungsprojekte tätig. Sie ist Supervisorin, Executive/Senior Coach, Organisationsberaterin und Privatdozentin an der Fakultät für Sozial- und Verhaltenswissenschaften der Friedrich-Schiller-Universität Jena. Sie lebt in Darmstadt.

Michael Winkler, Dr. phil. Dr. phil. habil., ist Universitätsprofessor im Ruhestand. Bis 2018 hatte er den Lehrstuhl für Allgemeine Pädagogik und Theorie der Sozialpädagogik am Institut für Bildung und Kultur der Friedrich-Schiller-Universität Jena sowie Gastprofessuren in Graz und Wien inne. Er absolvierte Forschungs- und Vortragsaufenthalte u. a. in Japan, Taiwan, Polen, Israel und England. Er lehrt heute u. a. an der Universität Halle, an der Evangelischen Hochschule Dresden und im Universitätsstudiengang der ARGE Wien in Zusammenarbeit mit der Sigmund-Freud-Universität. Seine Arbeitsschwerpunkte sind Theorie und Geschichte der Pädagogik, Pädagogische Schleiermacherforschung, Theorie der Sozialpädagogik, Familienerziehung und Inklusion. Wichtige Veröffentlichungen waren zuletzt *Poetologie zur Sozialpädagogik* (2022), *Eine Theorie der Sozialpädagogik* (Neuauflage mit neuem Nachwort) (2021), *Kritik der Inklusion* (2018) sowie mit Ulf Sauerbrey (2018), *Friedrich Fröbel und seine Spielpädagogik*.

Psychodynamik in Arbeitsgruppen

Grundprobleme und Fragestellungen

Dieter Sandner

Es mag überraschen, in einem Sammelband über »Organisationsdynamiken« einen Beitrag zu finden zur »Psychodynamik in Arbeitsgruppen«. Unter »Arbeitsgruppen« werden ja gewöhnlich kleine Gruppen verstanden, sogenannte »Face-to-Face-Gruppen«. Fragen zur Psychodynamik in Organisationen bzw. in großen Gruppen scheinen hierbei keine Rolle zu spielen. Wie sich im Laufe dieses Beitrags zeigen wird, hat die Psychodynamik in kleinen Gruppen und in speziellen Arbeitsgruppen sehr wohl etwas mit der Dynamik in Großgruppen zu tun. Es sind allemal Gruppen – ja, auch die Familie ist eine Gruppe, die ursprüngliche Gruppe für jeden, in der die ursprüngliche Gruppenerfahrung stattfindet (Sandner, 2013). Deshalb hilft das Verständnis des psychodynamischen Geschehens in Kleingruppen dabei, die psychodynamischen Prozesse in Gruppen generell zu erleichtern: Was sich psychodynamisch in kleinen Gruppen abspielt, tritt in Großgruppen oder Organisationen gleichermaßen auf, nur sozusagen »massiver«. Deshalb haben die Teilnehmer in großen Gruppen viel stärkere Ängste und entwickeln spontan kollektive Abwehrmaßnahmen gegen diese Ängste, als dies in Kleingruppen der Fall ist (siehe meinen Text an anderer Stelle in diesem Band, Sandner, 2023).

Es sind Ängste, wie sie zunächst in der ursprünglichen Gruppe, der Familie, entstanden sind. Die ursprünglich angstmachenden Erfahrungen haben sich in der weiteren Entwicklung des jeweiligen Menschen aufgrund weiterer Erfahrungen in Gruppen modifiziert, und verändern sich tendenziell in den aktuellen Gruppen, in denen die Menschen heute sind. Im Fokus stehen dabei Erfahrungen, wie die individuellen Grundbedürfnisse in Auseinandersetzung mit wichtigen Beziehungspersonen (Mutter, Vater, Geschwister) befriedigt wurden oder auch an manchen Stellen blockiert worden sind. Das individuell entwickelte psychologische Modell, wie der gelungene oder auch weniger günstige Prozess mit Anderen stattgefunden hat und vom Einzelnen mehr oder weniger bewusst erlebt wurde, wird als »intrapsychisches Modell«, wie Beziehungen »funktionieren«, verstanden und bezeichnet. Psychoanalytisch gesprochen, handelt es sich hierbei um ein von der individuellen Psyche entwickeltes Modell der »Objektbeziehungen« (Kernberg, 1981). Dieses Modell wird in allen Beziehungen und d. h. natürlich auch in allen Gruppen, an denen die Einzelnen teilnehmen, aktiviert.

Wenn Menschen in Gruppen zusammenkommen, entsteht jeweils eine neue gemeinsame Psychodynamik, gruppiert um entstehende Ängste, aber auch Hoffnungen aufgrund bisheriger unterschiedlicher Erfahrungen der Gruppenmitglieder. Mithilfe der gemeinsam entstehenden Gruppendynamik versuchen die Gruppenteilnehmer, spontan zu einem einigermaßen gedeihlichen Austausch in der aktuellen Gruppe zu kommen. Das führt regelmäßig dazu, dass sich die Teilnehmer unbewusst sozusagen zu gemeinsamen »Schutz- und Trutzmaßnahmen« zusammenschließen, um die Ängste zu verringern bzw. wenigstens nicht allzu groß werden zu lassen. Es entsteht die sogenannte »Gruppendynamik«, d. h. eine gemeinsame psychodynamische Konstellation (Sandner, 1995, 2013).

Ich schlage vor, das Geschehen in Gruppen generell als ein *seelisches Kraftfeld* zu betrachten, in dem vier unterschiedliche Kräfte, Kräftebündel bzw. Feldkräfte wirken:

➢ erste Feldkraft der *individuellen Eigenart der einzelnen Gruppenmitglieder*, ihre Wünsche, Ängste, Hoffnungen, Möglichkeiten der Kontaktaufnahme, Abwehrmaßnahmen und soziale Kompetenzen, Fertigkeiten usw.;
➢ zweite Feldkraft als das *Arbeitsziel der Gruppe*, dessentwegen sich die Gruppenteilnehmer als (Arbeits-)Gruppe zusammengefunden haben;
➢ dritte Feldkraft des *Gruppenleiters* mit seiner spezifischen Charakterstruktur, seinen Wünschen, Zielen, Wertvorstellungen, kurz: mit *seiner* gesamten Psychodynamik;
➢ vierte Feldkraft der *Eigendynamik der Arbeitsgruppe*, die durch das spezifische »Ineinander« aller bisher genannten Kräfte entsteht und ihrerseits als viertes »Kraftbündel« auf diese zurückwirkt, wobei die Teilnehmer dann das Gefühl haben, sich *einer* Gruppe gegenüber zu befinden, nicht nur einfach unter vielen Anderen.

Feldkraft 1: Die individuelle Eigenart der Gruppenmitglieder

Natürlich hat jeder Teilnehmer einer Arbeitsgruppe wenigstens ein minimales Bedürfnis, am Thema der Gruppe zu arbeiten. Er bringt darüber hinaus praktisch seine ganze Biografie mit: das erworbene Verhaltensrepertoire, die unbewältigten Konflikte, Ängste, Stärken, Schwächen, kurz: sein gesamtes Arrangement mit der Umwelt, mithilfe dessen er bisher versucht hat, seine Bedürfnisse mit den vermeintlichen Forderungen der Umwelt in Einklang zu bringen. Dieses Arrangement mit der Umwelt wurde in der Kindheit grundgelegt, im späteren Leben zunehmend ausgebaut und enthält in der Regel eine ganze Menge von »Notlösungen« (Adler, 1972). Drei Beispiele für solche »Notlösungen« bzw. Arrangements wären (Schultz-Hencke, 1951):

1. Gefühle sind chaotisch und gefährlich; der einzige Halt im Leben entsteht über logisches vernünftiges Herangehen an alle Probleme. Die hier ansetzende und vorfindbare Einstellung wird gemeinhin als »schizoides« Verhalten bezeichnet.
2. Das Sich-Abgrenzen von Anderen führt dazu, dass die Anderen sich von uns abwenden und wir dann allein und »ungeborgen« zurückbleiben. Deshalb suchen wir jede Tendenz zur Verselbstständigung im Keim zu ersticken. Diese Einstellung enthält wesentliche Momente des sogenannten »depressiven« Verhaltens.
3. Es ist gefährlich und schmerzhaft, zu prüfen, was jeweils für uns in unserer Umwelt erreichbar ist. Deshalb ist es besser, gar nicht erst die Realität zu prüfen, sondern vielmehr sich wie ein Chamäleon ständig an die vermeintlichen Forderungen der Umwelt anzupassen. Dieses Verhalten wird in der Neurosenlehre als »hysterisches« Verhalten bezeichnet.

Diese Notarrangements hindern uns ständig daran, die Auseinandersetzung mit der Umwelt optimal zu gestalten und Gefühle ernstzunehmen,
➢ spontan zu prüfen,
➢ am Ball zu bleiben,
➢ zu verteidigen usw.

Die Notarrangements führen dazu, dass wir ständig frustriert werden, weil eine Reihe von wichtigen Bedürfnissen nicht befriedigt werden, bzw. verallgemeinert, weil wir uns in der Auseinandersetzung mit der Umwelt klein, schwach und hilflos vorkommen. Diese Frustrationen erzeugen Aggressionen, die wir in der Regel nicht direkt äußern dürfen. Das erzeugt vermehrte Frustrationen usw. Je nachdem, welche individuelle psychische Entwicklung der Einzelne durchgemacht hat, wird er demnach mehr oder weniger *konfliktgeladen* herumlaufen und auch in eine Arbeitsgruppe kommen.

Nun bringt jeder auch einen geglückten Persönlichkeitsanteil mit in die jeweilige Arbeitsgruppe: Er hat z. B. bestimmte Probleme gelöst und steht ihnen gelassen gegenüber; er hat vielleicht die Fähigkeit entwickelt, ruhig auf die Bedürfnisse Anderer einzugehen, rasch inhaltliche Dinge aufzufassen und verständlich erklären zu können, stabile gefühlsmäßige Kontakte aufzunehmen usw.

Die gelungenen bzw. nicht-konflikthaften Arrangements ebenso wie die oben skizzierten ungünstigen bzw. Notarrangements bringt jeder von und gleichsam als Mitgift in die Arbeitsgruppen ein, in denen wir arbeiten. Vorstellbar wäre hier beispielhaft ein Teilnehmer vor, der im Laufe seiner Entwicklung die Einstellung entwickelt hat, es sei das Beste, sich immer zurückzuhalten, sich nie besonders zu exponieren, vor allen Dingen sich nicht mit der eigenen Meinung herauszuwagen. Dieser Teilnehmer ist vermutlich oft frustriert, aber er hat Angst, verlacht zu werden oder als nicht qualifiziert genug zu gelten oder ganz einfach mit seinen eigenen Gedanken in der Gruppe oder beim Leiter nicht anzukommen – vielleicht weil er seine Meinung nicht so gut formulieren oder nicht so geordnet vortragen kann, wie es anderen Teilnehmern möglich ist. Wie könnte sich dieser Teilnehmer in einer Arbeitsgruppe verhalten? Möglicherweise wird er folgende Verhaltensweisen zeigen:

1. Er wird sich in der Arbeitsgruppe kaum äußern, obwohl er vielleicht wertvolle Ideen hat. Bei der Vergabe von Referaten wird er sich nach Möglichkeit drücken. Ideen und Kritik wird er allenfalls außerhalb der Gruppe zu einzelnen Teilnehmern äußern. Er fragt nicht, wenn ihm etwas unklar ist. Diesen Aspekt nennt man in der Sozialpsychologie den *aktionalen Aspekt*, d. h., er beinhaltet, wie der Teilnehmer nach außen hin handelt (Krech, Crutchfield & Ballachey, 1962).
2. Für sein Verhalten wird der fiktive Teilnehmer natürlich Rechtfertigungen entwickelt haben: Er sei eben nicht besonders gut in der Materie bewandert, könne nicht gut formulieren, habe mit dem Gegenstand überhaupt Schwierigkeiten usw. Mit dieser Einstellung, die er ja meist schon in der Kindheit erworben hat, ist es für diesen Teilnehmer kaum möglich, Themen, Gegenstände von Arbeitsgruppen in seinem Kopf entsprechend zu ordnen. Er wird deswegen Schwierigkeiten haben, Informationen, die er bekommt, zu verwerten, mit seiner bisherigen Erfahrung zu verknüpfen, kritisch abzuwägen usw. Kurz: Er wird sich im Bereich sachlicher Diskussionen schwertun, in den Diskussionsprozess einzusteigen, einzudringen, sich einzubringen. Dieser Aspekt bezeichnet man in der Sozialpsychologie als *kognitiven Aspekt*, d. h., dieser Aspekt beinhaltet, was gedanklich im Kopf des Teilnehmers vor sich geht.
3. Emotional gesehen, wird er in diesem Zusammenhang vermutlich zweierlei entwickeln: ein Minderwertigkeitsgefühl bezüglich der eigenen Möglich-

keiten und Fähigkeiten in Arbeitsgruppen und eine ziemliche Wut auf die Anderen, weil sie es ihm vermeintlich nicht ermöglichen, in die Diskussion einzusteigen. Diese Aggressivität wird sich selten in Gruppen äußern, wohl aber indirekt, indem dieser Teilnehmer »überhaupt nichts versteht«, vieles blöd findet, was da verhandelt wird, oder außerhalb der Gruppe an den Vorgängen in der Gruppe herumkritisiert oder herummäkelt. In vielen Fällen wird er sich auch emotional an vermeintlich Stärkere in der Gruppe anlehnen, kritiklos ihre Positionen übernehmen, aber gerade nicht seine eigene Meinung in die Gruppe einbringen. Diesen Aspekt nennt man in der Sozialpsychologie den *emotionalen Aspekt* des Verhaltens.

Mit diesem Beispiel sind wir bereits mitten in der psychischen Dynamik, die sich in Arbeitsgruppen entwickelt. So lässt sich jetzt verallgemeinern: Beim Eintritt in eine Gruppe bringt jeder Teilnehmer seine Erfahrungen mit anderen Menschen bzw. mit Gruppen (besonders seiner Familie) in Form von individuellen *Verhaltensbereitschaften* mit, d. h. von seinen individuellen »Arrangements in Gruppen«. Zu vermuten ist, dass er dort versucht, zweierlei zu erreichen: mit seinem Verhaltensrepertoire eine möglichst günstige Kosten-Belohnungsbilanz zu erwirken; zudem dürfte er – was wir bisher noch nicht im Blick gehabt haben – versuchen, bestimmte, bisher ungünstig verlaufene Prozesse zu wiederholen, »eingefrorene« Konflikte zu lösen und zu klären, die in seiner bisherigen Auseinandersetzung mit der Umwelt unbewältigt geblieben waren. Anders ausgedrückt: Er versucht Notararrangements, bei denen seine Bedürfnisse durch Umwelteinflüsse unterdrückt, gehemmt oder verstümmelt wurden, aufzulösen und bessere Arrangements einzugehen.

Hier stellt sich natürlich die Frage, warum jeder versucht, ein besseres Arrangement mit seiner Umwelt zu erreichen. Die Antwort könnte sein: weil für den Einzelnen eine ungünstige Einregulierung seiner Möglichkeiten der Bedürfnisbefriedigung psychodynamisch gesehen einen ständigen Druck erzeugt, einen Unlust- oder Spannungszustand, der auf eine bessere Befriedigung hindrängt, präziser: auf eine bessere Einregulierung des jeweiligen individuellen Systems der Bedürfnisregulierung. Um mit Alfred Adler zu sprechen: Jeder versucht seine private Logik über das menschliche Zusammenleben ständig einzusetzen, um seine Bedürfnisse gemeinsam mit Anderen zu befriedigen, zugleich aber eine »bessere Logik« anzustreben, günstigere soziale Spielregeln, die es ihm ermöglichen, in der sozialen Realität, in der er sich bewegt, besser zurechtzukommen und dadurch seine Bedürfnisse umfassender zu befriedigen.

Jeder Mensch hat die Tendenz, das mehr oder weniger ungünstige Arrangement, die innere Einregulierung des Verhaltens auf bestimmte Strategien der sozialen Auseinandersetzung zu ändern, zu verbessern. Dabei entsteht natürlich Angst, Angst, von der Umwelt bestraft, zurückgewiesen oder auch verlacht zu werden. Betrachten wir z. B. das gerade geschilderte Verhalten des Gruppenmitglieds, das die Einstellung hat, es sei nicht besonders gut und könne kaum wertvolle Beiträge liefern: Das mausgraue Verhalten ist erprobt. Der (vorgestellte) Teilnehmer bringt sich dadurch nicht in Gefahr, verlacht oder geringgeschätzt zu werden. Trotzdem bekommt er in der Arbeitsgruppe neue Informationen, einige finden ihn vielleicht sympathisch, er muss sich den Stoff nicht allein erarbeiten usw. Es entsteht spontan eine bestimmte individuelle Kosten-Belohnungsbilanz (Secord & Backman, 1964, S. 253ff.). Andererseits kommt immer wieder – mehr oder weniger versteckt – Unmut in ihm auf, weil seine Interessen gerade *nicht* berücksichtigt werden, weil er verschiedene Dinge *nicht* versteht und weil vielleicht ein Anderer, der nicht mehr weiß, sich dennoch ganz gut in die Gruppe einbringen kann. Vor diesem Hintergrund betrachtet, stellen sein passiv-depressives Verhalten in der Gruppe, sein ständiges Nicht-Verstehen von inhaltlichen Beiträgen und seine eventuellen heckenschützenhaften Bemerkungen außerhalb der Gruppe eine ständige stumme Aufforderung dar, ihn doch aus dieser passiven Position herauszuholen und aktiv zu fordern, d. h., eine bessere emotionale Kosten-Belohnungsbilanz zu ermöglichen. In manchen Fällen wird der Gruppenprozess durch den gerade geschilderten Teilnehmer nicht sonderlich gestört werden. Es tritt aber gar nicht so selten der Fall auf, wo dieser Teilnehmer plötzlich das Interesse an der sachlichen Arbeit verliert oder die Arbeitsgruppe fast manövrierunfähig wird, weil der passive Trotz einiger Gruppenteilnehmer zu sehr auf der Gruppe lastet. Dieselbe Überlegung lässt sich mit dem »Gegentyp« anstellen: dem Teilnehmer, der ständig in der Gruppe »stark spielen« muss.

Der behindernde Einfluss der individuellen Psychodynamik muss sich nicht klar und deutlich für die Gruppenmitglieder zeigen. Es kann durchaus eine diffuse Unzufriedenheit, eine unangenehme Gruppatmosphäre oder einfach das unbestimmte Gefühl entstehen, irgendetwas belastet den Gruppenprozess. Wir können das hier nicht weiter vertiefen. Wichtig ist: Die Arrangements, die in Arbeitsgruppen eingegangen werden, können oberflächlich gesehen durchaus »zufriedenstellend« sein, bei näherem Hinsehen aber stellen sie vielfach ein leicht störbares Gleichgewicht dar, labile *Notarrangements*.

Die jeweiligen Notarrangements, die die Teilnehmer einer Gruppe in diese mitbringen, aber auch die vielfältigen kreativen individuellen Möglichkeiten stellen *das* zentrale Faktorenbündel dar, von dem das *seelische Kraftfeld einer Gruppe* gespeist, aber auch gebremst und behindert wird. Psychoanalytisch ausgedrückt: Die vielfältigen wechselseitigen Übertragungen und Gegenübertragungen *schaffen* neben den ganz realen und realistischen Möglichkeiten der Teilnehmer das seelische Kraftfeld einer Gruppe; es sind vielfältige seelische Ressourcen, deren Träger immer *die Einzelnen* sind. Sie sind es, die bestimmte Potenziale einbringen bzw. zurückhalten, entfalten, sabotieren oder auch entwerten.

Die vielfältigen potenziellen Möglichkeiten der Teilnehmer zu fördern, ihre Äußerung zu erleichtern, subjektiv risikobehaftet erlebtes Verhalten zu ermuntern und zu würdigen, aber auch einschränkendes, ängstliches, abwertendes Verhalten zu verringern oder abzumildern – all dies zeichnet die Kultur einer (Arbeits-)Gruppe aus, die ihre Ressourcen nutzt und die einzelnen Teilnehmer zu aktiven und geschätzten Mitgliedern der Gruppe werden lässt. Ich betone dies besonders, weil es in der Gruppenarbeit besonders psychoanalytischer Prägung nicht selbstverständlich ist, die einzelnen Teilnehmer einer Gruppe und die Erleichterung der jeweiligen individuellen Bewegungen zum Ausgangspunkt und Ziel der gemeinsamen Arbeit zu machen.

Feldkraft 2: Die entstehende Gesamtkonstellation in der Arbeitsgruppe

Von den eingangs genannten vier Faktorenbereichen, die in einer Arbeitsgruppe wirksam sind, haben wir uns bisher recht ausführlich mit dem Verhaltensrepertoire beschäftigt, welches die einzelnen Gruppenmitglieder in die Arbeitsgruppe mitbringen. Die Einzelnen treffen in der Gruppe aber auf die anderen Gruppenmitglieder sowie einen Leiter und sind zusammengekommen, um ein Thema zu bearbeiten. Ihr Verhalten wird sich deshalb nicht einfach von dem herleiten lassen, was sie selbst in die Gruppe an Verhaltensstrukturen mitbringen, sondern sich in einem komplexen Prozess
1. im Rahmen des Themas,
2. des vom Leiter zugelassenen oder gewünschten Prozesses und
3. angesichts der anderen, fremden Gruppenmitglieder konstellieren.

Ein an sich schüchterner Teilnehmer kann so unter bestimmten Bedingungen, z. B. wenn die Anderen noch schüchterner sind oder der Leiter sehr zurückhaltend oder das Thema ihm sehr vertraut ist, in einer Gruppe durchaus aus sich herausgehen, während ein sonst relativ dominierendes Gruppenmitglied unter einem autoritären, aber elastisch vorgehenden Leiter, einem ihm nicht allzu vertrauten Thema und mehreren sonstigen lebhaften Gruppenteilnehmern in einer Gruppe vielleicht eher schüchtern sich verhalten kann.

Das Verhalten der Mitglieder einer Gruppe wird nur zu einem Teil von dem bestimmt, was die Gruppenmitglieder in die Gruppe mitbringen. Ein guter Teil des Verhaltens hängt in Gruppen von der *Konstellation* ab, die in ihnen rasch durch das Thema, den Stil des Leiters und die anderen Gruppenmitgliedern entsteht. Zwei Dinge scheinen dabei besonders bedeutsam:
1. In einer beginnenden Gruppe fügen sich die verschiedenen genannten Faktoren zu einem *Gesamtkraftfeld*, zu einer *Gestalt* zusammen (Foulkes, 1974; Sandner, 1976).
2. Diese Gestalt wirkt ihrerseits auf die Einzelnen zurück; die Gruppenmitglieder haben dann häufig das Gefühl, unfreier zu sein als außerhalb der Gruppe. Es entsteht der Eindruck, eben *einer Gruppe* und nicht Einzelnen gegenüberzustehen (Sandner, 1975).

Psychologisch betrachtet, führt jedes Zusammentreffen eines Menschen A mit einem ihm unbekannten, fremden Menschen B zu einer mehr oder weniger unklaren Situation – einer Situation, die nicht ohne Weiteres »in den Griff« des bewährten Verhaltens von A oder von B zu bekommen ist. In Gruppen verstärkt sich diese zeitweilige Unklarheit bzw. Strukturlosigkeit außerordentlich, weil sich jedes Gruppenmitglied gleichzeitig mit einer ganzen Reihe von anderen Gruppenmitgliedern konfrontiert sieht, deren Reaktionen auf sein eigenes Verhalten es schwer abschätzen kann. Je unstrukturierter das einzelne Gruppenmitglied die Gruppensituation empfindet, umso eher ist es geneigt, die eigenen (früheren) Erfahrungen in Gruppen in die *neue* Gruppensituation hineinzuprojizieren und zugleich in einem fortwährenden teils bewussten, teils unbewussten Abtastprozess zu klären, was in dieser konkreten Gruppe los ist, was dort *opportun* ist und *was nicht*.

Insbesondere aus der psychoanalytisch orientierten Gruppenforschung haben wir berechtigte Gründe anzunehmen, dass dieser Abtastprozess weitgehend *unbewusst* geschieht und häufig rasch zu einem *wechselseitigen unbewussten Arrangement der Gruppenteilnehmer* führt, das wir als für diese Gruppe spezifisches *Gruppenarrangement* bezeichnen können (Bion, 1971; Sandner, 1975). Auf den einfachsten Nenner gebracht, dürfte es sich dabei um ein Arrangement handeln, das nach der provisorischen *unbewussten Übereinkunft* der Mitglieder möglichst viel Befriedigung und möglichst wenig Verletzungen bzw. Frustrationen verursacht. Bestimmte Fragen oder Probleme dürfen dabei in der Gruppe nicht angeschnitten werden, andere werden mehr oder weniger laut geäußert. So fällt beispielhaft auf, dass in beginnenden Arbeitsgruppen in der Regel ein schrecklicher Mangel an Aktivität vorhanden ist. Alle scheinen plötzlich kleine unmündige Kinder zu sein, die auf die Anweisungen des Gruppenleiters warten. Es wäre zu einfach, dieses Phänomen von der relativ autoritären oder hierarchisch abgestuften Erziehungspraxis unserer Sozialisationseinrichtungen herzuleiten. Dieses abwartende Verhalten der gesamten Arbeitsgruppe hat für alle Mitglieder einen unbewusst eminent strategischen Wert: Wenn dieses passive Verhalten Erfolg hat, so braucht keiner der Gruppenteilnehmer eigene Beiträge riskieren, er braucht sich nicht der Bewertung durch den Gruppenleiter und die anderen Gruppenmitglieder aussetzen, ebenso wenig dem Kampf oder der Rivalität mit den anderen Mitgliedern der Gruppe. Die Gruppenteilnehmer brauchen nur zu warten, bis die Weisheit und Güte des Gruppenleiters auf alle in gleicher Weise niedergeht, und sie muss nach der unbewussten Meinung gerecht verteilt werden, weil ja die Gruppenmitglieder alle gleich sind. Ungemütlich werden Gruppen in der Regel in dieser Anfangsphase ihrer Entwicklung, wenn entweder einer ihresgleichen sich aktiv betätigen möchte oder aber, wenn der Gruppenleiter den ihm zugedachten Part nicht spielt. Vorwitzige aktive Gruppenteilnehmer werden rasch zurückgepfiffen, indem auf ihre Vorschläge entweder überhaupt nicht eingegangen wird oder aber wenig Resonanz in der Gruppe zu spüren ist. Die Beiträge versickern sozusagen im Sand (Sandner, 1975).

Anderseits haben die Gruppenmitglieder vielfach überhaupt kein Verständnis für eine Einstellung des Leiters, der partnerschaftlich mit ihnen das gestellte Sachthema angehen möchte. Sie zeigen dann oft ein erschreckendes vermeintliches Defizit an Wissen, verbunden mit mehr oder weniger deutlichen Tönen des Unmutes über den Leiter, der allein ihnen sagen kann, was jetzt wichtig ist, und der schließlich dafür da ist, die Sache in die Hand zu nehmen und die Gruppe nicht einfach so hängen lassen darf.

Unterbrechen wir an dieser Stelle die Schilderung einer möglichen beginnenden Arbeitsgruppe, und sehen wir uns die dabei deutlich zu erkennenden psychischen *Mechanismen* an: Ohne bewusste Absprache spielt sich eine *unbewusste Gruppennorm* ein, an der alle Gruppenmitglieder teilhaben, es entsteht ein *psychisches Kraftfeld*, das das Verhalten aller Beteiligten beeinflusst.

Vor dem Hintergrund dieser Konstellation und bezogen auf diese lassen sich dann allerdings individuelle Charaktere bzw. Grundarrangements der Teilnehmer recht gut ausmachen:

➢ Teilnehmer, die von Haus aus passiv-abwartend sind,
➢ Teilnehmer, die verschiedentlich versuchen vorzupreschen, weil sie entweder relativ risikofreudig sind oder aber durch eine Flucht nach vorne die unerträgliche, unklare Situation strukturieren wollen, und

➤ Teilnehmer, die sich an die Aktivitäten anderer anschließen, aber sofort wieder mausgrau werden, wenn diese nicht so gut ankommen usw.

Die *Individualität der Mitglieder einer Gruppe* verliert sich also nicht in dem Prozess der spontanen Herausbildung eines wechselseitigen Arrangements, eines *Gruppenarrangements*, es dürfte vielmehr so sein, dass bestimmte individuelle Verhaltensweisen oder Impulse einer Art *kollektiven Gruppenunterdrückung* unterliegen, andere gerade in ihrer individuellen Ausprägung sich in das Gruppenarrangement sichtbar einfügen, also besonders stimuliert werden.

Es ist anzunehmen, dass gerade die Auseinandersetzung zwischen den einzelnen Gruppenmitgliedern bzw. den von ihnen verkörperten Verhaltensarrangements, die fortwährend im Gang ist, die spezifische Dynamik von einmal entstandenen Gruppenarrangements ausmacht. Anders ausgedrückt: *dass ein ständiges Kräftespiel zwischen den einzelnen Mitgliedern einer Gruppe und den zunächst und provisorisch entstandenen Gruppennormen im Gang ist.* Dieses jedem Gruppenleiter vertraute Kräftespiel lässt sich theoretisch recht schwer fassen. Da wir aber für die praktische Arbeit uns nicht allein auf unser Gefühl verlassen können, möchte ich versuchen, die Frage nach der Entstehung der spezifischen Psychodynamik in Kleingruppen mithilfe einer Modellüberlegung zu einem *feldtheoretischen Modell* anzugehen:

1. Die unterschiedlichen Verhaltensarrangements der Gruppenmitglieder müssen, soll die Gruppe nicht auseinanderfallen, auf einen provisorischen gemeinsamen Nenner gebracht werden. Depressive, zwanghafte schizoide und hysterische Gruppenmitglieder – um diese neurosenpsychologische Typisierung zu verwenden – müssen eine gemeinsame Basis entwickeln, auf der ihre spezifischen Arrangements einigermaßen synchronisiert werden, d. h. auf der sie ohne übergroße Angst miteinander kommunizieren können.
2. Spannung entsteht in dem so entstandenen Gruppenarrangement dadurch, dass die einzelnen Mitglieder mit diesem Arrangement *unterschiedlich zufrieden* sind (was ihre bisherigen individuellen Arrangements angeht) und zugleich in unterschiedlicher Weise sich *geängstigt oder bedroht* fühlen (was die in dieser spezifischen Gruppenkonstellation ins Bewusstsein der einzelnen drängenden latenten Aspekte, abgewehrten Anteile der individuellen Arrangements angeht).
3. Diese für jede Gruppe spezifische Konstellation beinhaltet oder erzeugt für die einzelnen Gruppenmitglieder somit eine recht unterschiedliche Druck- und Zugsituation.
4. Es entsteht Druck auf bestimmte abgewehrte Impulse bzw. auf die zu ihrer Abwehr erforderlichen Barrieren (also eine Art Versagung der bisherigen Ein-

regulierung der Bedürfnisbefriedigung), und es entsteht eine Versuchungssituation, in dem in der Gruppe z. B. deutlich wird, dass bisher vermeintlich verpönte Regungen geäußert werden dürfen, d. h. eine subjektiv als Zugsituation erlebte Dynamik.
5. In dem Maß, in dem innerhalb einer spezifischen Gruppenkonstellation bestimmte, bislang von einzelnen Teilnehmern abgewehrte Verhaltensmöglichkeiten gezeigt werden dürfen und als kommunizierbar erscheinen, ändern sich die individuellen Ausgangsarrangements eben dieser Teilnehmer, was zu einer neuen Gruppenkonstellation führt, da ja wichtige Eingangsgrößen der anfänglichen Konstellation sich geändert haben.
6. Die bei den einzelnen Teilnehmern in der Gruppe nun möglichen neuen Arrangements erfordern von anderen Gruppenmitgliedern *komplementäre* neue Verhaltensweisen. Dadurch kommen durch den so entstehenden Zug und Druck neue, bisher latente Anteile von anderen Gruppenteilnehmern in die Öffentlichkeit der Gruppe, können dort bearbeitet werden usw.

Unter dem gerade eingenommenen Blickwinkel handelt es sich bei der Psychodynamik in Gruppen also um den Prozess der ständigen wechselseitigen risikohaften Äußerung unterdrückter Impulse der Teilnehmer mit den entsprechenden Angst-Gegenimpulsen, die eventuell nach und nach in der Gruppe abgebaut werden können.

Wenn wir jetzt zur Betrachtung der Arbeitsgruppe zurückkehren, so können wir annehmen, dass in jeder solchen Gruppe die *sachliche Arbeit* und die inhaltlichen Auseinandersetzungen vermutlich eng mit den geschilderten emotionalen psycho- und gruppendynamischen Prozessen verquickt sind. Um ein Bild zu gebrauchen: *Die intellektuellen Vorgänge schwimmen wie ein Schiff auf einer mehr oder weniger stürmischen See, eben: den emotionalen Prozessen in der Arbeitsgruppe.*

Je nachdem ob es gelingt, die abgewehrten und doch nach Befriedigung drängenden Impulse in der Gruppe verhandlungsfähig, d. h. mitteilbar zu machen und ein gemeinsames bewusstes Arrangement an die Stelle der weitgehend unbewussten Dynamik nach und nach zu setzen oder zu entwickeln, wird das »Schiff der Gruppenarbeit« – um in unserem Bild zu bleiben – in der Lage sein, seinen Kurs zu halten, d. h. die gestellte Arbeitsaufgabe einer produktiven Lösung näherzubringen. Werden die emotionalen Prozesse, die sich im »Untergrund« der Gruppe abspielen, zu wenig geklärt und berücksichtigt, so passiert es nicht selten, dass das Schiff von den Wellen verschlungen wird bzw. an einem Ort ankommt, an den es gar nicht sollte (Sandner, 1975, 1976).

Feldkraft 3: Der Gruppenleiter

Innerhalb des Feldes der geschilderten Psychodynamik in einer Arbeitsgruppe kommt dem Leiter eine besondere Position zu, und zwar wie ich meine *unabhängig* von seiner spezifischen fachlichen oder emotionalen Kompetenz (Bion, 1971).

Wie jeder aus eigener Erfahrung bestätigen kann, werden mit jedem Gruppenleiter eine Reihe von Erwartungen verbunden, die ihn von allen anderen Gruppenmitgliedern unterscheiden. Er ist der einzige, dem spezifische Erwartungen hinsichtlich seines Verhaltens der Gesamtgruppe gegenüber in relativ ausdifferenzierter Form entgegengebracht werden.

1. Der Gruppenleiter wird als Experte auf dem Gebiet betrachtet, in dem die Arbeitsgruppe arbeiten soll. Wie sonst hätte er überhaupt der Gruppenleiter werden können?
2. Im emotionalen Bereich erhoffen sich die Gruppenmitglieder vielfach von ihm gerechtes und ordnendes Vorgehen, durch welches alle Mitglieder gleichermaßen als wertvoll betrachtet und gewürdigt werden. Es gilt aber auch das Gegenteil: Der Gruppenleiter wird gefürchtet als einer, der nach *seinem* Belieben Lob und Tadel verteilt, die einen vorzieht, die anderen zurücksetzt.
3. Schließlich erwarten die Gruppenmitglieder häufig vom Leiter, dass er sie lehrt, dass er ihnen von seiner Weisheit oder seinem übergroßen Wissen freigiebig und ausgiebig abgibt, so viel, dass jeder genügend mit nach Hause nehmen kann.
4. Damit die Gruppenteilnehmer nicht den Ärger des Gruppenleiters erregen, erwarten sie obendrein noch möglichst präzise Anweisungen, wie sie sich verhalten sollen, damit sie sich auch den Segnungen würdig erweisen.

In beiden fantasierten Rollen, sowohl als gütiger wie auch als unberechenbarer, bestrafender Vater, hat der Gruppenleiter in der Fantasie der Gruppenteilnehmer übergroße Macht, zu geben und zu nehmen. Mit ihr müssen sich die Gruppenmitglieder arrangieren, oder aber gegen sie erscheint es angebracht, mit aller Raffinesse zu intrigieren und sie zu stürzen. Dabei spielt es keine besondere Rolle, ob die Gruppenleitung von einem Mann oder einer Frau wahrgenommen wird: Auch Frauen als Gruppenleiter ziehen vermutlich die oben geschilderten Vater-Fantasien auf sich. Es ist wahrscheinlich, dass die Einflussmöglichkeiten, die dem Leiter von seiner fantasierten Machtposition her von den Gruppenmitgliedern eingeräumt werden, wesentlich davon abhängen, ob er den Erwartungen, die an ihn in so großer Zahl herangetragen werden, entspricht. Frustriert er die Erwartungen, weil er sich z. B. mehr als Berater versteht und weniger als allmächtiger Vater oder nährende Mutter, werden die Gruppenteilnehmer ihn vermutlich eine Zeit lang auf unterschiedliche Weise drängen, doch diese Rolle des Versorgers und gütigen Lenkers zu übernehmen. Wenn das alles wenig fruchtet, werden sie aber sehr ärgerlich werden.

Für jede Arbeitsgruppe entscheidend dürfte es sein, wie weit es dem Leiter gelingt, die an ihn herangetragenen Wünsche nach *Omnipotenz* abzubauen und mit der Gruppe nach und nach eine emotionale Übereinkunft über die gemeinsame Art des Arbeitens zu erreichen (Dreikurs, 1958). Hierfür ist es wichtig, dass der Gruppenleiter von Anfang an sorgsam versucht, die Vorstellungen, welche die einzelnen Gruppenmitglieder von der gemeinsamen Arbeit haben, zu erfragen und zu beachten, und zugleich immer wieder behutsam *seine* Vorstellungen von der gemeinsamen Arbeit damit zu konfrontieren. Nur wenn er solchermaßen von Anfang an eine *kontinuierliche Abklärung der wechselseitigen Erwartungen und der Beiträge, die die Einzelnen leisten möchten oder können*, ermöglicht, wird der Gruppenleiter die ihm zugedachte übermächtige Rolle produktiv einsetzen können. Er wird dadurch die Entfaltung der produktiven Dynamik stimulieren können, die in jeder Kleingruppe steckt.

Hierbei stellt sich allerdings vielfach eine Schwierigkeit ein, die nicht leicht handhabbar ist: In dem Maße, in dem der Gruppenleiter versucht, auf die Interessen und Wünsche der Gruppenteilnehmer einzugehen, versuchen verschiedene Gruppenmitglieder dem Gruppenleiter – in Umkehrung der üblichen Unterordnung unter die Autorität – in oftmals ziemlich starrer Form ihre eigenen Meinungen aufzuzwingen, in Wiederbelebung des kindlichen Trotzes gegen die väterliche Autorität. Jeder Versuch des Leiters, inhaltlich zu argumentieren, wird dann als Nicht-Berücksichtigung der eigenen Autorität und als ein Herausstreichen der Leiterautorität interpretiert und von den Gruppenmitgliedern empfunden.

Wie kann es zu einer solchen Konstellation kommen? Im Grunde bewegt sich der Gruppenleiter, wie jedes andere Gruppenmitglied auch, innerhalb des Kraftfeldes der Gruppe, das sich spontan konstelliert und ständig verändert. In dem Maße, in dem er erkennt, welche Rolle die Gruppenmitglieder ihm aufdrängen, und was er aufgrund seiner eigenen Biografie, seiner eigenen Arrangements als Antwort auf diese Erwartungen gibt, in dem Maße wird er in seiner Rolle die Gruppe fördern können. Bleiben diese Vorgänge ungeklärt, wird er sich bald als Spielball der Gruppenkräfte vorkommen. Weder er noch die Gruppenmitglieder werden nach einiger Zeit wissen, was los ist. Es ist für den Gruppenleiter also wichtig zu sehen, was emotional unter der Oberfläche der vermeintlich rationalen bzw. inhaltlichen Arbeit an einem Problem geschieht, wie sich die Arbeitsbeziehungen zwischen den Gruppenteilnehmern entwickeln, ob es möglich ist, in der Öffentlichkeit der Gruppe zu klären, wie gemeinsam weitergearbeitet werden soll. Um zwei gruppendynamische Standardausdrücke zu verwenden: Er muss neben der *Inhaltsebene* sein Augenmerk auch die Ebene der Beziehungen zwischen den Teilnehmern und sich selber verwenden, auf die *Beziehungsebene* (Bradford, Gibb & Benne, 1972, z. B. S. 299).

Der Gruppenleiter sollte zudem auf die *eigenen Gefühle* achten, die ihn während, vor und nach Gruppensitzungen beschäftigen. In diesen eigenen *Gegenübertragungsgefühlen* dem Geschehen in der Gruppe gegenüber hat der Gruppenleiter ein wertvolles »Instrument« der Wahrnehmung und des Verstehens der in der Gruppe zwischen den Teilnehmern ablaufenden emotionalen Prozesse. Deshalb ist es für jeden angehenden Gruppenleiter ja erforderlich, während seiner Ausbildung sowohl als Gruppenteilnehmer in der eigenen Selbsterfahrung als auch in der Rolle als Leiter unter Supervision die eigene Gefühlswelt, sein Arrangement mit anderen Menschen, seine Möglichkeiten und Ängste zu erkunden, d. h. sein emotionales Spektrum zu erweitern.

Weil dies nicht vollständig und umfassend möglich ist, aber auch, weil es nicht günstig ist die Gruppenteilnehmer übermäßig durch eigene virtuose Wahrnehmungs- und Interventionsaktivitäten als Gruppenleiter an sich zu binden, ist es wichtig, so oft wie irgend möglich in der Gruppenarbeit *die einzelnen Teilnehmer zu ermuntern, ihre Wahrnehmungen und Einschätzungen des Geschehens auszutauschen.* Dies stärkt nicht nur das Selbstgefühl der Gruppenteilnehmer und korrigiert einseitige Wahrnehmungen des Gruppenleiters, es führt auch dazu, dass manche Probleme aus sehr unterschiedlichen Blickwinkeln betrachtet werden können mit möglicherweise ganz neuen, bislang unbekannten Lösungsmöglichkeiten (Sandner, 1995).

Feldkraft 4: Das Ziel bzw. die Aufgabe der Arbeitsgruppe

In Arbeitsgruppen wird oft deutlich, dass sachliche Beiträge oder Auseinandersetzungen über Sachfragen mehr beinhalten als lediglich logische Klärungen oder widersprüchliche Sichtweisen eines kontroversen und vielleicht vielschichtigen Sachverhalts. Jede Sachthematik bringt bei den Teilnehmern einer Arbeitsgruppe eine Reihe von Assoziationen mit ins Gespräch, die in der Biografie der Einzelnen verankert sind, und jede spezifische Art und Weise der interaktionellen Behandlung des Themas lässt nur allzu vertraute Weisen der Auseinandersetzung bzw. des »Zusammenraufens« *bei früheren Gelegenheiten* anklingen (Familie, Schule, Peergroups …).

Obwohl das bekannt ist, ist der psychodynamische Stellenwert des Faktors »Arbeitsaufgabe« innerhalb des Gesamtkraftfeldes einer Arbeitsgruppe schwer zu charakterisieren. Wir wollen es über eine Skizze der Eigentümlichkeiten dieses Faktors versuchen.

Ohne Zweifel stellt der Bereich der gemeinsamen (intellektuellen) Arbeit an einem Sachproblem ein »Gebilde eigenständiger Art dar«. Die Aufgabenstellung erzeugt – soll das Problem angemessen angegangen werden – ein eigenes »psychisches Kraftfeld« dar, das zwar sehr viel mit der emotionalen Beziehung zwischen den Mitgliedern einer Arbeitsgruppe zu tun hat, aber nichtsdestoweniger »eigene Anforderungen« an die Gruppe entstehen lässt. Natürlich sind immer die Mitglieder der Arbeitsgruppe Träger dieser Anforderungen, aber sofern sie sich als Gruppe auf die Bearbeitung eines Gegenstandes einlassen, müssen sie sich auch an seinen Eigentümlichkeiten orientieren. Neben die emotionalen Bedürfnisse der Teilnehmer tritt als eine Art Gegenpool die *Eigenqualität des zu behandelnden Gegenstandes*. Aufgrund dieser spezifischen Struktur des Arbeitsgegenstandes, nämlich einerseits eine gewisse Eigendynamik zu erzeugen, andererseits aber überhaupt nur zu bestehen, sofern die Gruppenmitglieder sich mit ihm befassen wollen und sich an ihm emotional und intellektuell abarbeiten, ergeben sich die besonderen *Feldkrafteigenschaften* dieses vierten Faktors unserer Überlegungen:

1. Es ist bisweilen möglich, in diesem Bereich voranzukommen, ohne die emotionalen Beziehungsprobleme zwischen den Teilnehmern ständig im Blick zu haben und vollständig zu klären. Gerade wenn bestimmte emotionale Prozesse einen kritischen Punkt erreicht haben, ist es unter Umständen günstig, in einem für die Gruppe wichtigen, aber nicht so hautnahen Bereich weiter zu arbeiten. Dabei ist es häufig möglich, emotionale Verkrampfungen zu lösen, indem einzelne Gruppenteilnehmer, die emotional Schwierigkeiten haben, kompensatorisch einen Arbeitsbeitrag liefern können und dadurch subjektiv erlebt emotionale Defizite ausgleichen können. Es gibt dann sozusagen zwei »Währungen« in der Gruppe, die ineinander konvertierbar sind: emotionale und intellektuelle bzw. sachliche Beiträge.
2. Damit ist aber auch schon die gegenteilige Möglichkeit angesprochen: Die Arbeitsaufgabe lässt sich nämlich leicht *in eine Waffe verwandeln*, mithilfe derer emotional empfindliche, aber intellektuell trainierte Mitglieder andere Mitglieder, von denen sie sich bedroht fühlen, unschädlich machen oder massiv unterdrücken können.
3. Da gerade intellektuelle Virtuosität oder vorzeigbare Arbeitsergebnisse in unserer Gesellschaft – besonders in der Mittelschicht – großes Prestige genießen, ja geradezu als *die* Währung für den individuellen Marktwert des jeweiligen Menschen gelten, wird deutlich, welch große Gewalt oder Macht hinter der positiven wie negativen Handhabung der Arbeitsaufgabe steht.

Soweit ich sehe, ist die Frage nach der Entstehung der konstruktiven bzw. destruktiven Dynamik der Arbeitsaufgabe in einer Arbeitsgruppe in der wissenschaftlichen

Literatur über Gruppendynamik und Gruppenarbeit bislang wenig angegangen worden (Spangenberg, 1974). Die Psychodynamik, die gerade dadurch entsteht, dass die Gruppenmitglieder mit ihren individuellen Arrangements sich mit einem Arbeitsgegenstand stoßen, auseinandersetzen und dabei sich reproduzieren bzw. verhärten oder verändern, ist noch wenig geklärt und für die praktische Arbeit mit Gruppen fruchtbar gemacht worden – ebenso die äußerst reizvolle Frage bzw. Perspektive, dass dies in einer Gruppe geschieht, deren Mitglieder in der Regel unterschiedliche Möglichkeiten und Grenzen ausgebildet haben, und deshalb vielfältige einander ergänzende Beiträge zu einem gemeinsamen Produkt liefern können, das vorzeigbar ist. Wenn nicht alles täuscht, dürfte in Gruppen gerade die *Handhabung der Arbeitsaufgabe* die Vielfalt der wesentlichen Grundprozesse wie in einem Vergrößerungsglas deutlich werden lassen, welche die Grundmodi menschlichen Verhaltens charakterisieren, für die jeweilige Gruppe aber in ihrer psychodynamischen Konstellation spezifische Formen annehmen.

Beim Versuch einer Optimierung der vier geschilderten Grundkräfte innerhalb des Kraftfeldes einer Arbeitsgruppe kommt der Beachtung des Kräftebündels »Zielsetzung der Arbeitsgruppe« vermutlich eine große Bedeutung zu: Wenn es gelingt, die Zielsetzung und den Prozess der *inhaltlichen* Arbeit als ein Medium zu betrachten und zu nutzen, mithilfe dessen die *emotional* bestimmten Möglichkeiten und Schwierigkeiten der Teilnehmer in indirekter Weise berücksichtigt und genutzt werden, werden vermutlich für den Arbeitsprozess ebenso wie für den Prozess der emotionalen Umorientierung der Teilnehmer starke schöpferische Kräfte freigesetzt.

Die schöpferischen Kräfte sind immer *individuelle* Möglichkeiten der einzelnen Mitglieder einer Gruppe. Deshalb bin ich der Auffassung, dass alles, was die Aktivierung und Äußerung der *individuellen* Bewegungen der Teilnehmer fördert, den (Arbeits-)Prozess in einer Gruppe progressiv voranbringt. Dies ist am ehesten möglich, wenn in der Arbeitsgruppe auf eine – die Gleichberechtigung aller anzielende – *Gruppenkultur* hingearbeitet wird. Der Gruppenleiter spielt hierbei eine besondere Rolle, denn *spontan* stellt sich in einer Gruppe eine »demokratische Arbeitskultur« (Lewin) selten ein. Es ist *die* zentrale Aufgabe des Gruppenleiters, Mittel und Wege zu suchen, *die Entstehung einer solchen gemeinschaftlichen Arbeitskultur zu erleichtern und zu fördern*. Es geht in diesem Sinne darum, *to water the plants*, den Blumen Wasser zu geben, wenn sie selber zu wenig Wasser haben, wie dies Walter Schindler, einer meiner gruppenanalytischen Lehrer, einfach und treffend ausgedrückt hat. Hinzufügen möchte ich hier noch, dass der Gruppenleiter auch dafür sorgen sollte, dass *er selber* genügend Wasser erhält, Wasser und Licht, um selber wachsen und gedeihen zu können.

Literatur

Adler, A. (1972). *Über den nervösen Charakter.* S. Fischer.
Bion, W. R. (1971). *Erfahrungen in Gruppen und andere Schriften.* Klett-Cotta.
Bradford, L., Gibb, J. R. & Benne, K. D. (Hrsg.). (1972). *Gruppentraining, T-Gruppentheorie und Laboratoriumsmethode.* Klett-Cotta.
Brocher, T. (1967). *Gruppendynamik und Erwachsenenbildung.* Westermann.
Dreikurs, R. (1958). Die Individualpsychologie A. Adlers. In E. Stern (Hrsg.), *Die Psychotherapie in der Gegenwart* (S. 68–88). Rascher.
Foulkes, S. H. (1974). *Gruppenanalytische Psychotherapie. Der Begründer der Gruppentherapie über die Entwicklungsstationen seiner Methode in Theorie und Praxis.* Kindler.
Krech, D., Crutchfield, R. S. & Ballachey, E. L. (1962). *The individual in Society: A textbook of Social Psychology.* McGraw-Hill.
Kernberg, O. F. (1981). *Objektbeziehungstheorie und Praxis der Psychoanalyse.* Klett-Cotta.
Sandner, D. (1975). Die analytische Theorie der Gruppe von W. R. Bion. *Gruppenpsychotherapie und Gruppendynamik, 9*, 1-17.
Sandner, D. (1976). Psychodynamik in Arbeitsgruppen. Ein Beitrag zur Theorie der angewandten Gruppendynamik. *Zeitschrift für Gruppenpädagogik, 2*(4), 2-25.
Sandner, D. (1995). Gruppenanalyse – analytische Behandlung oder gemeinsame analytische Klärungsarbeit? *Gruppenpsychotherapie Gruppendynamik, 31*, 315–330.
Sandner, D. (2013). *Die Gruppe und das Unbewusste.* Springer.
Sandner, D. (2023). Zur Sozialpsychologie kollektiver politischer Bewegungen. In A. Bauer, M. W. Fröse & J. Seigies (Hrsg.), *Verborgene und unbewusste Dynamiken in Organisationen. Systeme psychoanalytisch verstehen in Beratung, Coaching und Supervision* (S. 251–265). Psychosozial-Verlag.
Schultz-Hencke, H. (1951). *Lehrbuch der analytischen Psychotherapie.* Thieme.
Secord, P. & Backmann, D. (1964). *Social Psychology.* McGraw-Hill.
Spangenberg, K. (1974). *Chancen der Gruppenpädagogik.* Beltz.

Biografische Notiz

Dieter Sandner, *1945, ist Diplom-Psychologe (1969), besitzt einen Magisterabschluss in Soziologie (1973) und hat in Sozialpsychologie promoviert (1977). Er ist seit 1986 als Psychoanalytiker (DGPT) und Gruppenanalytiker (D3G) in München niedergelassen. 1995 erfolgte seine Habilitation für »Psychologie mit besonderer Berücksichtigung der Psychoanalyse« an der Universität Klagenfurt. Sandner unterrichtet psychoanalytische Sozial- und Kulturpsychologie, klinische Psychologie und Gruppenanalyse und hat in den Bereichen Gruppenanalyse, psychoanalytische Kulturpsychologie und Behandlung schwerer seelischer Erkrankungen zahlreich veröffentlicht.

Sozialpsychologie kollektiver politischer Bewegungen

Dieter Sandner

In mehreren Beiträgen zur Kulturpsychologie habe ich die These vertreten, kollektivpsychologische Massenbewegungen vor allem rechter Provenienz entstehen, wenn für bestimmte Gruppen der Gesellschaft sozial prekäre bis unerträgliche Verhältnisse entstehen, wobei es bestehenden Parteien und politischen Gruppen nicht gelingt, Abhilfe oder wenigstens eine Verbesserung der sozialen Situation zu schaffen. In diesem Beitrag geht es darum, darzulegen, welcher sozialpsychologische Ansatz bzw. Befund die Beziehungen zwischen soziostrukturellen Bedingungen und kollektivpsychologischen Reaktionen der Menschen auf individueller aber auch massenpsychologischer Basis verstehbar werden lässt. Die Arbeit ist in neun Abschnitte gegliedert:

1. Gruppenpsychologische Theorie und kollektivpsychologische Befunde von W. R. Bion
2. Übertragung und Anwendung der Befunde Bions auf große Gruppen
3. Qualitative psychologische Untersuchung zu kollektivpsychologischen Prozessen in der Altenmark (Sachsen-Anhalt)
4. Deutung kollektiv-psychologischer Befunde nach Kliche
5. »Die AfD als Rettung«: Kollektivpsychologische Deutung der hohen Wahlergebnisse für die AfD
6. Rolle latenter und manifester kollektiver Aggressionen im Zuge des Wahlerfolgs der AfD
7. Möglichkeiten der Kanalisierung solcher Art angestauter kollektiver Aggressionen
8. Mentalitätsfragen: Rückblick auf die Amtsjahre von Obama
9. Gefährliche politische und autoritäre Prozesse und ihre mögliche Eindämmung

1 Die gruppenpsychologischen Befunde von W. R. Bion

Für das Verständnis kollektivpsychologischen Verhaltens sind die empirischen psychologischen Befunde von Bion über das Verhalten von Menschen in wenig strukturierten Gruppensituationen von großer Bedeutung. Bisher ist die Frage unbeantwortet, ob es kollektiv unbewusstes Geschehen überhaupt gibt und wie dies psychologisch nachweisbar ist. Diese Frage hat Anfang der 1950er Jahre der Psychoanalytiker W. R. Bion im Rahmen seiner Schrift *Erfahrungen in Gruppen* empirisch zu beantworten versucht: Bion hatte im Zweiten Weltkrieg als Armeepsychiater bei der Offiziersauslese mit sogenannten »führerlosen Gruppen« experimentiert. Er brachte die Kandidaten in eine völlig unstrukturierte Gruppensituation, die Teilnehmer mussten selbst dafür sorgen, wie sie in dieser Gruppensituation miteinander und den in der Gruppe auftretenden Beziehungsproblemen umgehen. Nach dem Krieg hat Bion diese Arbeitsweise auf therapeutische Gruppen übertragen, sich als Analytiker weitgehend zurückgehalten und dann die entstehenden Prozesse bzw. Konstellationen interpretiert. Dabei machte er einige für die gesamte Gruppenpsychologie und die Psychodynamik in Gruppen wegweisende Erfahrungen.

Obwohl in den therapeutischen Gruppen klar war, dass es darum ging, die jeweiligen Probleme der Teilnehmer zu thematisieren und miteinander und dem Gruppenleiter zu klären, fand dies nicht statt. Ohne dass die Gruppenteilnehmer sich abgesprochen haben, stellten sich abwechselnd drei Konstellationen in der Gruppe ein, an denen alle Teilnehmer gleichermaßen teilnahmen und festhielten:

1. Es kam zu einem lähmenden Schweigen, keiner rührte sich mehr, und jeder, der versuchte das Schweigen zu brechen, erhielt keinerlei Unterstützung oder Beachtung. Dieses Schweigen konnte über die ganze Sitzung anhalten.
2. Noch häufiger versuchten die Teilnehmer gemeinsam, den Gruppenleiter zum Sprechen zu bringen, sie appellierten an ihn, ihnen zu helfen und ihnen zu sagen, wie sie miteinander arbeiten könnten oder sollten, um aus der lähmenden Unsicherheit der völlig ungewissen Gruppensituation zu kommen. Jeder Teilnehmer, der versuchte, selbst aktiv zu werden, sich an andere Gruppenmitglieder zu wenden oder sich nicht an den Gruppenleiter wandte, erhielt keinerlei Beachtung bzw. Unterstützung. Es schien, als ob sich die Gruppenmitglieder unbewusst darüber verständigt hätten, dass nur der Gruppenleiter die Teilnehmer aus der ängstigenden unstrukturierten Situation herausführen könnte.
3. Schließlich stellte sich immer wieder eine dritte Gruppenkonstellation ein, vor allem wenn die geschilderten beiden »Gruppenaktionen« nicht dazu

führten, dass der Gruppenleiter die Leitung übernahm und die Teilnehmer durch seine Interventionen aus der unerträglichen Situation »erlöste«: Einzelne Teilnehmer oder Untergruppen oder alle Teilnehmer wurden aggressiv und suchten sich einen Gegner oder eine gegnerische Gruppe, die sie angriffen, weil sie sich von ihnen bedroht fühlten oder dieselbe verantwortlich machten für die entstehende unerträgliche Gruppensituation. Es entstand eine unbewusste und von allen geteilte Konstellation, die Annahme, durch »Kampf«, Bekämpfung angeblicher Feinde bzw. »Saboteure« müsste die angstmachende Situation überwunden und aufgelöst werden. Auch hier war es Einzelnen nicht möglich, mit anderen Interaktionen bzw. Initiativen eine Veränderung der Kampfsituation herbeizuführen: Am Ende schien nur der Kampf möglich.

Seine Erfahrungen in unstrukturierten Gruppen brachten Bion zu der Annahme, dass sich in diesen Gruppen spontan und unbewusst »kollektive Konstellationen« einstellten und dass alle Teilnehmer völlig unbewusst daran teilhatten und festhielten: Die Gruppen strukturierten sich psychologisch gesehen zu einer Kampf-, Flucht- oder Abhängigkeitskultur. Es entstanden gemeinsame unbewusste »Grundannahmen« in der Gruppe: Nur mithilfe dieser gemeinsamen Grundannahmen seien die entstehenden Ängste zu bewältigen oder wenigstens erträglich zu gestalten. Zu Recht hielt er seine *Erfahrungen in Gruppen* für den empirisch psychologischen Beweis, dass es kollektive Konstellationen in Gruppen gibt, die unbewusst von allen geschaffen und geteilt werden und wirklich vorhanden sind: Sie wirken auf alle ein, und es ist als Einzelner schwer möglich, aus diesen Konstellationen auszuscheren. Die unbewusste gemeinsame Annahme ist dabei, dass sich nur durch Kampf, Flucht oder Abhängigkeit vom Gruppenleiter die psychologische Situation in der Gruppe bewältigen lasse.

2 Wie lassen sich die Befunde Bions auf große Gruppen anwenden?

Was bedeutet dieser psychologische Befund von Bion für die Frage der Entstehung und Aufrechterhaltung kollektiv unbewusster Fantasien oder Annahmen in Großgruppen bzw. im Zusammenhang mit einer ganzen Gesellschaft? Zu erwarten ist, dass sich auch in solchen Gruppen unbewusst, ohne bewusstes Zutun der Mitglieder, gemeinsame Fantasien einstellen, wenn die Gruppe sich in einer gemeinsamen extremen sozialen Situation befindet, die dies erfordert: Zu denken wäre hier etwa an die Situation in Deutschland gegen Ende der Weimarer Republik, als die gesamte Gesellschaft von einer wirtschaftlichen Depression betroffen war, ein Heer von Arbeitslosen entstand und die politische Führung nicht nur bei dieser Krise versagte, sondern auch schon vorher im Kontext der Inflationsphase der 1920er Jahre, die den Geldbesitz des gesamten Mittelstands vernichtete, sowie den aufgezwungenen riesigen Reparationszahlungen. Bei all diesen Katastrophen hatte die politische Führung der Weimarer Republik nach Meinung und der Erfahrung der Bevölkerung versagt – keine Rettung war in Sicht. Lediglich einer versprach die Erlösung aus dem Jammertal: Adolf Hitler.

So fand ein unbewusst kollektiver emotionaler Zusammenschluss eines Gutteils der Bevölkerung statt (1932 immerhin etwa 40 Prozent der Wähler), und es entwickelte sich spontan eine Form der Bion'schen Abhängigkeit als kollektiv-emotionale Abhängigkeit und rückhaltlose Unterstützung dieses Führers, von dem allein die Rettung erwartet wurde. Hitler schien für die deutsche Bevölkerung geeignet, ein weiteres kollektives Unheil zu beheben: die Schmach des verlorenen Krieges und die kollektive Demütigung aller Deutschen durch die Sieger. Er wollte Deutschland wieder militärisch starkmachen und überzog die Welt mit einem Angriffskrieg, der seinesgleichen suchte. Hitler versorgte das Volk auf diese Weise mit der »rettenden« Grundannahme »Kampf« auf der Grundlage einer vermeintlich für alle Deutschen gedeihlichen Lösung. Vielleicht gab es im deutschen Volk auch deshalb nicht wirklich Widerstand gegen den Krieg, obwohl die Bevölkerung 20 Jahre nach dem Ersten Weltkrieg sicher kriegsmüde war. Hitler verschaffte dem deutschen Volk auch noch einen Feind, der an allem schuld war, den man aber relativ leicht bekämpfen und »eliminieren« konnte: die Juden.

Ähnliche kollektivpsychologische Analysen bzw. Anwendungen der gruppenpsychologischen Theorie von Bion ließen sich anstellen mit Blick auf Donald Trump in den Vereinigten Staaten, die schon fast bedrohliche Stärkung rechter nationalistischer Parteien innerhalb der EU (Österreich, Frankreich, osteuropäische Staaten, Italien, Großbritannien), die wirtschaftlichen und politischen Spannungen innerhalb der EU und des Euroraums, aber auch z. B. hinsichtlich des ungeheuren Wahlerfolgs der japanischen Konservativen (Zwei-Drittel-Mehrheit in beiden Häusern des Parlaments) trotz oder gerade wegen der ausgesprochen schwierigen wirtschaftlichen Lage des Großteils der japanischen Bevölkerung.

Zu untersuchen ist, wie diese politischen Verwerfungen mit dem Wahlverhalten der Bevölkerung zusammenhängen, mit der Situation, in der sich die Bevölkerung befindet, welche spezifischen sozioökonomischen Spannungen innerhalb der jeweiligen Gesellschaft bestehen bzw. in welcher Situation sich unterschiedliche Bevölkerungsgruppen sich unter welcher politischen Dominanz welcher Gruppe befinden.

Die von Bion festgestellten unbewussten Grundannahmen »Kampf«, »Flucht« und »Abhängigkeit« gelten sehr wahrscheinlich auch für *kollektivpsychologische Phänomene in Großgruppen*: Dabei erscheint die Hypothese, dass große Gruppen die Grundannahme »Abhängigkeit« »entwickeln«, solange sie in einer kollektiv schwierigen Situation die Lösung der Probleme von einem Führer erwarten, äußerst fruchtbar. Wenn dies nicht mehr der Fall ist, führt es vermutlich zu einer kollektiven Hoffnungslosigkeit oder sogar zur Apathie politischen Fragen gegenüber und es entsteht die Grundannahme »Flucht« (konkret z. B. mit Blick auf die vollständige Wahlenthaltung). Wenn aber die Situation unerträglich wird und kein Führer in Sicht ist, kann es leicht zur Grundannahme »Kampf« kommen, und zu kollektiv aggressiven Ausbrüchen politischen Führern oder den sogenannten »Altparteien« gegenüber bzw. in Relation zu jeglicher Gruppe, die für das eigene Desaster verantwortlich gemacht wird.

Solche kollektivpsychologischen Konstellationen (Bion nennt sie gemeinsame kollektive »Grundannahmen«) entstehen spontan und werden unbewusst von allen geteilt. Sie stellen sich spontan ein, wenn Gruppenteilnehmer in eine extrem ängstigende Situation gebracht werden bzw. kommen, aus dem die Teilnehmer keinen Ausweg sehen. Wenn nicht alles trügt, ist dies genau dann der Fall, wenn Gruppen von Menschen gemeinsam in eine soziale Situation gebracht werden, die für sie besonders angstmachend bzw. sozial bedrohlich ist, z. B. in sozialen Umbruchsituationen oder Situationen, in denen massive soziale Abstiege drohen.

3 Die Entstehung und Veränderung kollektivpsychologischer Phänomene am Beispiel einer besonders unterprivilegierten Region Ostdeutschlands

Die Untersuchung des Sozialpsychologen Kliche (2019) wurde in einer Region der neuen Bundesländer durchgeführt, in der durch die politischen und sozialen Umwälzungen seit 1990 von Anfang an große soziale Ängste, vor allem Abstiegsängste, entstanden sind. Diese Ängste sind auch 30 Jahre nach der Wiedervereinigung vorhanden und werden im Zusammenhang mit der aktuellen sozialen Situation der Menschen immer noch aufrechterhalten. Kliche hat dazu qualitative Interviews über die psychische Befindlichkeit von 120 Bewohnern

unterschiedlichster Soziallage durchgeführt: »Wir haben 2014, also vor dem Anstieg der Flüchtlingszahlen, mit unseren Untersuchungen begonnen und uns auf die Altmark konzentriert, eine der strukturschwächsten Regionen in Deutschland mit Kinderarmut und Hartz IV Abhängigkeit auf Rekordniveau.«
Zentrales Ergebnis der Befragung war,

>»dass wir Folgen der 28 Jahre zurückliegenden Vereinigung und die damit verbundenen sozialen Traumatisierungen bis heute feststellen können und dass sie in die jeweils nächste Generation weitergegeben worden sind. Diese tiefsitzenden Erfahrungen verschwinden nicht einfach mit der Zeit. Unserer Befragung zufolge haben die Menschen den sozialen Wandel als Zerstörung von so ungefähr allem erfahren, was ihr Leben ausgemacht hat: von wirtschaftlichen Aussichten, von politischen Zusammenhängen, von eigenen Handlungsansätzen und Lebensmöglichkeiten und von sozialen Beziehungen. In diesem Prozess haben sie sich selbst als ohnmächtig erlebt.«

Die Befragten geben dem »System« die Schuld für das, was in den letzten 28 Jahren passiert ist:

> »Mit System meinen sie mehrheitlich nicht Kapitalismus und Sozialismus, sondern ein Gesamtgemenge von Politik, Medien, Unternehmen, Management, Wissenschaft, die aus dem Westen importierten Juristinnen und Juristen, Lehrerinnen und Lehrer, also alle, die etwas zu sagen haben und Definitionsmacht beanspruchen.«

Was die grundlegenden Einstellungen zum eigenen politischen Engagement oder überhaupt politischem Verhalten angeht, drücken die Befragten folgende Einstellung aus: »Einerseits bin ich verantwortlich, ich sollte wählen gehen. Aber ich kann ja sowieso nichts ändern, also gehe ich nicht wählen.« Kliche schreibt weiter: »[D]as einzige, was wir bei denen, die in Arbeit sind und Karriere machen, im Grunde durchgehend als Handlungsraum gefunden haben, ist die Überzeugung, für sich selber sorgen zu müssen. Man muss eine Arbeitsstelle suchen, pendeln sich anpassen.« Die Fantasien und Vorstellungen der Untersuchten werden wie folgt beschrieben:

> »[D]as System wird als hermetisch, in sich kreisend erlebt. Daher kommt die Fantasie, man müsse alle Dazugehörenden wegjagen, alles umschmeißen, wieder auf die Straße gehen und – wie damals 1989 – Revolution machen. Dann – so die Annahme – würde alles anders. Die Straße ist ein magischer politischer Ort.«

Kliche betont:

> »Das ist ein Widerspruch, mit dem die Menschen leben. Auf der einen Seite erwarten sie viel von der Gesellschaft, auf der anderen sagen sie: das System ist sowieso manipuliert, korrupt, unzuverlässig und egoistisch; von dem kann man nichts erwarten. An seiner Stelle sollte ein tüchtiges, fürsorgliches volksnahes System treten. Dadurch beschränkt sich das eigene Handeln im Grunde auf die Systemfrage: Bin ich dafür oder dagegen? Und wenn ich dagegen bin, warte ich so lange, bis die Mehrheit auf die Straße geht. Wir haben in unseren Befragungen – selbst bei Bessergestellten – verbreitet Fantasien von Bürgerkrieg gefunden, zum Teil ergänzt durch den Hinweis, dass ›viele schon Knarren im Keller‹ hätten. Dieser Bevölkerungsteil erwartet in absehbarer Zeit massive Zusammenbrüche, was aus psychologischer Sicht Vertrauensverlust verstärken und selbsterfüllend wirken kann. Das erschreckt. Doch ist es ganz verständlich, wenn man das System für so hermetisch hält, dass man es nur durch ein anderes ablösen kann. Diese Menschen nehmen sich vor, solange zu Hause zu bleiben, bis Pegida oder wer auch immer die Massen auf die Straße bekommt und einen Umsturz einläutet. Dann werden sie dabei sein. Ein Interviewter fantasierte sinngemäß: ›Dann kippt es. Wir lassen gerne die Bürgerrechtler vor. Wenn die ihren Job gemacht haben, gehen wir auf die Straße und schieben sie beiseite. Denn danach haben die auch in Ostdeutschland keinen Fuß mehr auf den Boden gekriegt‹« (Kliche, 2019, S. 4–7).

4 Wie sind die psychologischen Befunde von Kliche kollektivpsychologisch aufzufassen?

Offenbar sind die Befragten auch 30 Jahre nach der »Wende« psychologisch traumatisiert von den realen sozialen Umbrüchen, in denen sie sich nach wie vor befinden. Anzunehmen ist, dass die Befragten nach der Wiedervereinigung die große Hoffnung hatten, dass trotz des Zusammenbruchs fast aller gesellschaftlichen Strukturen der Anschluss an die BRD rasch, wenigstens nach wenigen Jahren, erreicht werden könnte, es zu »blühenden Landschaften« käme, wie es der damalige Bundeskanzler Kohl versprochen hatte. Die neuen Bundesbürger haben deshalb vor allem die CDU gewählt, allenfalls auch die SPD, aber auch noch einige Zeit vermehrt die neu entstandene Linke. Als zunehmend keine besonderen Verbesserungen der sozialen Situation eintrat, vielmehr in manchen Gegenden massive Verschlechterungen der sozialen und beruflichen Situation erlebbar wurden, hat dies zunehmend zu einer Abkehr von den etablierten Parteien geführt, was sich vor allem in der niedrigeren Wahlbeteiligung ausdrückte. Kollektiv fand so eine resignative Fluchtbewegung statt. Untergründig ist zu erwarten, dass massive Frustrationsaggressionen dem neuen Staat und seinen Parteien sowie den Eliten aus dem Westen gegenüber entstanden. Diese Aggressionen konnten sich erst dann entladen, als über eine Million Asylsuchende ins Land gelassen wurden, eine riesige unbekannte Gruppe von Fremden, der die Schuld an der unzureichenden eigenen sozialen Lage zugeschrieben werden konnte. Just zu dieser Zeit fand mehr und mehr eine neue Partei, die AfD, Zustimmung und Gehör: Sie propagierte, dass an der ungerechten Asylpolitik und der lieblosen Behandlung vor allem der Ostdeutschen die sogenannten »Altparteien« Schuld seien. Es gelte in jedem Fall wieder oder überhaupt mehr für die Deutschen zu sorgen, nicht für Ausländer.

5 Die AfD als Retterin: Wie lassen sich die hohen Werte für die AfD kollektivpsychologisch verstehen?

Die AfD hat sich nicht nur in stark aggressiver Weise gegen Asylsuchende ausgesprochen, sondern auch zunehmend für umfangreiche politische Maßnahmen zur Verbesserung der sozialen Situation »für alle Deutschen«, insbesondere die Ostdeutschen, für alle Schichten der Bevölkerung (Butterwege, 2019), starkgemacht. Die Partei übernahm bzw. erhielt aus der Sicht der Bürger der neuen Bundesländer die rettende Rolle der alleinigen Vertreterin ihrer Interessen, ja, der Interessen aller Deutschen – eine Rolle, mit Blick auf die die etablierten Parteien alle versagt hatten. Die Verschlechterung der sozialen Situation der Menschen in den alten Bundesländern, die diese »Altparteien« in den letzten 20 Jahren zugelassen bzw. durch rechtliche Maßnahmen den Menschen aufoktroyiert hatten (Sandner, 2019), hat die Menschen in den neuen Bundesländern in besonderer Weise getroffen: In den letzten 30 Jahren haben die Menschen in den neuen Bundesländern das neue System der Bundesrepublik in verschärfter Form erfahren. Nachdem das vorherige sozialistische System der sozialen Sicherung zusammengebrochen, aber auch vom Westen zusätzlich systematisch zerstört und die neuen Gebiete wirtschaftlich, rechtlich und sozial sozusagen kolonial übernommen wurden (Sandner, 2020), wurde die Bevölkerung in den neuen Bundesländern übergangslos ins Wasser des »Kapitalismus« geworfen.

Diese gesamtgesellschaftliche Situation in den neuen Bundesländern, d.h. auch die kollektivpsychologische Grundannahme, verraten und verkauft worden zu sein, hat in weiten Teilen der Bevölkerung dazu geführt, dass bei den letzten Landtagswahlen 2019 in Sachsen und Brandenburg die AfD 25 bzw. 27,5 Prozent der Stimmen erhalten hat. Gleichzeitig entstand eine zunehmend aggressiv aufgeladene Stimmung gegen die »Altparteien« und eine aggressive menschenverachtende politische Einstellung gegen Asylsuchende und alle, die für eine humane Behandlung der Asylsuchenden sind. Interessant ist in diesem Zusammenhang auch, dass die Linke, die in den neuen Bundesländern lange Zeit durchaus beachtliche Stimmenanteile hatte, in letzter Zeit massive Einbußen zugunsten der AfD hinnehmen musste. Diese Partei, die für einen nicht geringen Teil der neuen Bundesbürger durchaus als »Klientelpartei« betrachtet wurde, hat diese Einschätzung weitgehend verloren. Lediglich in Thüringen ist sie durch die Politik der linken Regierung bei den Wahlen im Oktober 2019 stärkste Partei geworden. Zu vermuten ist, dass die thüringische Landesregierung eine besonders akzentuierte Berücksichtigung sozial benachteiligter Gruppen vorgenommen hat bzw. diese Erwartung an sie weiterhin gestellt und ihre Umsetzung für möglich gehalten wird.

6 Welche Rolle spielen in dieser kollektivpsychologischen Konstellation latente und manifeste Aggressionen?

Offensichtlich spielen in der derzeitigen politischen Landschaft in Ostdeutschland massive Aggressionen den etablierten politischen Parteien gegenüber eine zentrale Rolle – und dies nicht nur vonseiten der AfD-Anhänger. Wie insbesondere in der Studie von Kliche deutlich geworden ist, sind solche Aggressionen auf breiter Basis in der gesamten Bevölkerung verbreitet – verständlicherweise, denn staatliche Maßnahmen haben in den letzten 20 Jahren in der Bundesrepublik generell zu Verschlechterungen der sozialen Lage eines Gutteils der bundesrepublikanischen Bevölkerung geführt (Sandner, 2019). Solche Aggressionen dem politischen System der BRD gegenüber führen zum Beispiel auch dazu, dass 40 Prozent der Befragten in den neuen Bundesländern sich eine autoritäre Regierungsform wünschen, keine demokratische.

Frustrationsaggressionen richten sich aber auch gegen notwendige soziale und ökologische Reformen bzw. Einschränkungen, was den Besitzstand Wohlsituierter im oberen Drittel der Gesellschaft angeht. Das dürfte damit zusammenhängen, dass sich ein Gutteil noch relativ wohlhabender Menschen in der Bundesrepublik in seiner Kritik an staatlichen Maßnahmen zurückhält (etwa an der Nullzins-Politik der EZB), weil sie andernfalls befürchten, dass ihre soziale Situation noch misslicher werden könnte. Dennoch sind sie z. B. gegen eine gerechte Erbschaftsteuer, eine Vermögensteuer oder eine wirkliche Besteuerung von Finanzvermögen.

Wir können annehmen, dass in vielen Teilen unserer Gesellschaft, die mittlerweile keine »Aufstiegsgesellschaft«, sondern zunehmend eine manifeste »Abstiegsgesellschaft« auch für wohlsituierte Schichten (Nachtwey, 2016) mit einer extrem Schere zwischen Reich und Arm ist, dass massive Frustrationsaggressionen vorhanden sind, besonders zunehmende Ängste vor sozialem Abstieg und Altersarmut. Diese Ängste und Aggressionen werden noch in Schach gehalten von der allgemeinen Vorstellung, die soziale Situation, wie sie nun mal ist, sei »alternativlos«. Wenn sich aber die wirtschaftliche und soziale Situation in unserer Gesellschaft massiv verschlechtern sollte, könnten die Abstiegsängste und die vielfach latenten Aggressionen durchaus zu einem autoritären, vor allem nationalistischen politischen System führen – und dies nicht nur in den neuen Bundesländern, sondern in der gesamten Bundesrepublik (Sandner, 2019).

7 Gibt es realisierbare Möglichkeiten, angestaute kollektive Aggressionen in konstruktiver Weise zu kanalisieren und zu verwenden?

Um diese Frage zu beantworten, lohnt es sich, den realen kultur- bzw. kollektivpsychologischen Prozess in den USA von der Wahl Donald Trumps zum Präsidenten bis zu seiner Abwahl im Herbst 2020 zu betrachten: Donald Trump wurde 2016 als politisch völlig unerfahrener Unternehmer gewählt, weil er versprochen hatte, alles auf *America first* zu setzen. Der gesellschaftlich massenpsychologische Hintergrund war, dass sich in den acht Amtsjahren des vorherigen Präsidenten Barack Obama die amerikanische Bevölkerung, vor allem die weniger begüterten Schwarzen, von ihm große Fortschritte erhofft hatten, was die generelle soziale Lage nach den massiven wirtschaftlichen Einbrüchen, die im Zuge der Finanzkrise von 2008 und danach entstanden waren, betraf. Obwohl er mit seinem Projekt *Obamacare* für 30 Millionen Amerikaner eine Krankenversicherung ermöglichte, hatte sich in seinen Amtsjahren die soziale Situation für wenigstens die Hälfte der Bevölkerung nicht sonderlich verbessert. Wie war die Situation? Davis schreibt 2020 in einem Aufsatz:

> »[I]n den 1950ern lag der Grenzsteuersatz für die Reichen bei 90 Prozent. Die Gehälter in der Führungsetage waren im Schnitt nur 20 mal so hoch wie die der Angestellten im mittleren Management. Heute ist das Grundgehalt der Chefs für

gewöhnlich 400 mal höher als das der angestellten Mitarbeiter und dazu kommen noch erhebliche Beiträge an Aktienanteilen und Vergünstigungen. Das eine Prozent der amerikanischen Elite kontrolliert 30 Billionen Dollar an Vermögenswerten, wohingegen die untere Hälfte mehr Schulden als Vermögen besitzt. Die drei reichsten Amerikaner verfügen über mehr Geld als die ärmsten 160 Millionen ihrer Landsleute. Ein ganzes Fünftel der amerikanischen Haushalte hat ein Reinvermögen, dass bei null liegt oder negativ ist, und diese Zahl steigt bei schwarzen Familien auf 37 Prozent. Das Medianvermögen schwarzer Haushalte beträgt ein Zehntel von dem der weißen. Die übergroße Mehrheit der Amerikaner – weiß, schwarz und braun – ist nur zwei Monatsgehälter vom Bankrott entfernt. Obwohl sie in einem Land leben, das sich selbst als das reichste der Geschichte feiert, vollführen die meisten einen Drahtseilakt, ohne ein Sicherheitsnetz, das ihren Fall bremsen würde« (Davis, 2020, S. 57).

8 Welche Mentalität hat besonders seit den 1980er Jahren diese Situation erzeugt (und erzeugte sie auch in den acht Amtsjahren von Obama)?

Hierzu noch einmal Davis:

»Der amerikanische Kult des Individuums verleugnet nicht nur Gemeinschaftlichkeit, sondern die Idee der Gesellschaft selbst. Niemand ist irgendjemandem etwas schuldig. Alle müssen bereit sein, für alles zu kämpfen: Bildung, Obdach, Essen, medizinische Versorgung. Was jede wohlhabende und erfolgreiche Demokratie als fundamentale Rechte – ein allgemeines Gesundheitswesen, gleicher Zugang zu qualitativ hochwertiger Bildung, ein soziales Sicherheitsnetz für die Schwachen, Alten und Gebrechlichen – tut Amerika als sozialistischen Luxus ab, wie ein Zeichen von Schwäche« (ebd., S. 59).

Dieses politische Defizit auch unter Obama, machte Trump zu seinem Projekt und seinem Angriff auf die Demokraten, speziell auf Obama und die Kandidatin Hillary Clinton: Die Demokraten als langjährige politische Führungsmacht seien mit dem Wirtschaftsklüngel der Wall Street daran schuld, dass es einem Großteil der Bevölkerung schlechtginge; zudem rühre das daher, weil Obama als Farbiger auf der Seite der nicht-weißen Teile der Bevölkerung gestanden habe (Levitsky & Ziblatt, 2020). All das wollte Trump ändern, insbesondere durch massive Einschränkungen mit Blick auf das Leben von Einwanderern bzw. Asylsuchenden.

Durch seine erklärte wirtschaftspolitische Devise »Amerika zuerst« versprach er, viele Arbeitsplätze in den USA zu schaffen. Vor allem aber verkündete er, die gesamte wirtschaftliche und soziale Misere in den USA zu lösen, sozusagen die Menschen hiervon zu erlösen. Mit diesem »Programm« wurde Trump gewählt, und es gelang ihm auch, durch massive Steuersenkungen für Unternehmen die Arbeitslosigkeit etwas zu verringern (Galbraith, 2020).

Obwohl Trump in seiner ganzen Amtszeit nicht wesentlich mehr für eine soziale Verbesserung der Lage vieler seiner Wähler getan hat und er zudem während der Corona-Pandemie durch die Verleugnung der Gefahr und seine Untätigkeit verantwortlich für bei der Wahl 2020 bereits 400.000 Tote war, wählten ihn im November 2020 fünf Millionen Wähler mehr als 2016. Wie war das möglich? Offenbar war in der amerikanischen Bevölkerung die kollektivpsychologische Annahme »ungebrochen«, Trump könnte durch »Amerika zuerst« die miserable Lage eines Gutteils vor allem der weißen Bevölkerung verbessern – entgegen der konkreten ökonomischen Erfahrung der Menschen: »Trumps Unterstützungsbasis sah in ihm die Stärke, auf eine Art und Weise mächtig zu sein, die sie weder in sich selbst noch in vergangenen Führerpersönlichkeiten sah« (Wruble, 2018, S. 311).

Der Sieg bei der Präsidentschaftswahl 2020 gelang zwar den Demokraten unter Biden, die kollektivpsychologische Frage ist aber: Wie war es möglich, dass Trump trotz seiner innenpolitisch aggressiven unzähligen Lügen, was mit Biden Schreckliches für Amerika zu erwarten sei, 70 Millionen Wählerstimmen erhielt. Wie gelang es ihm, dass von seinen Anhängern nach der Wahl immer noch 60 Prozent der Auffassung waren, die Wahl sei von den Demokraten gestohlen worden und sie müssten aggressiv gegen die siegreichen Demokraten vorgehen, gegen das Establishment in Washington sowie die vielen Einzelstaaten, die dieses gestohlene Ergebnis bestätigt hatten?

9 Was bedeuten die geschilderten Prozesse für die Beantwortung der Frage, wie gefährliche politische, autoritäre Prozesse, wenn sie denn einmal massenpsychologisch verbreitet sind, eingedämmt bzw. verändert werden könnten?

Die Erfahrungen der vierjährigen Präsidentschaft Trumps zeigen, dass eine politische Veränderung der autoritären und auch unsozialen Politik fast unmöglich ist, solange in der Bevölkerung die *Stimmung* besteht, Trump oder jeder andere

Führer könne alles zum Besseren verändern, auch wenn dies realiter nicht zutrifft (Singer, 2018). Sozialpsychologische Untersuchungen zeigen insbesondere auf, dass die Vorstellung bzw. die latent vorhandene These von Trump, die weiße Bevölkerung der USA werde von den Farbigen, vor allem den Schwarzen, nach und nach zurückgedrängt und verlöre schließlich gewisse Privilegien, die sie von Anfang an seit der Gründung der Vereinigten Staaten hatte, und damit das eigentlich weiße Amerika zugrundegehe, recht präsent ist. Von daher sei es erforderlich, dass sich vor allem die ärmere weiße Bevölkerung (vor allem die Arbeiterschicht) um Trump und seine Politik sammle (Appelbaum, 2020). Auf der anderen Seite profitierten die eher wohlhabenden Weißen von der Steuersenkung Trumps und den zunehmenden Vorteilen, die durch erleichterte Finanztransaktionen (Aktien, lukrative Rentenpapiere, Investitionen in Papiere in Steueroasen u. ä.) beständig und zunehmend wirtschaftlich und sozial aufsteigen können. Alle diese Menschen stehen weiterhin zu Trump, auch wenn ihnen die verlogene, rassistische und unsoziale Politik von ihm nicht gefällt.

Die Präsidentschaftswahl gewonnen haben dürfte der Kandidat Biden, weil er gewisse moderate soziale und wirtschaftliche Reformen versprochen hat und als Garant für die Stabilität des generellen gesellschaftlichen Systems steht – trotz aller weiterhin vorhandenen sozialen Ungerechtigkeiten. Zugute kam ihm vermutlich auch, dass er rasche politische Maßnahmen zur Eindämmung der Corona-Pandemie versprach und die Menschen dies ihm auch zutrauten.

Kollektivpsychologisch bedeutet die Entwicklung unter Trump, dass es bei einer einmal entstandenen Überzeugung in einem Gutteil der Bevölkerung, der jeweilige Politiker und seine Bewegung schaffe eine effektive Veränderung der desolaten Bedingungen, unter denen ein Großteil der Bevölkerung leidet, bleibt. Aber andererseits profitieren auch nicht wenige davon, dass diese Überzeugung fast durch nichts verändert werden kann, es sei denn, es entsteht eine politische Bewegung und eine politische Macht, die die sozialen Bedingungen wirklich verändert und gerechtere gesellschaftliche Strukturen schafft.

Zum Glück gab es für die USA eine Zeit, in der dies massiv in Angriff genommen wurde, in den zwölf Jahren der Präsidentschaft von Delano D. Roosevelt von 1932 bis 1945 (Saez & Zucman, 2020a, 2020b) mit der Politik des »New Deal« (Lehndorff, 2020), die Roosevelt in den Jahren seiner Präsidentschaft auch gegen alle politischen und wirtschaftlichen Widerstände durchgesetzt hatte. Von dieser Politik können wir heute noch lernen, wenn denn in unserem politischen Spektrum eine politische Bewegung, eine Partei oder Parteien ähnliche Reformen heute anstreben würden, wie sie Roosevelt in den 1930er Jahren realisiert hat (Lehndorff, 2020a; Sandner, 2022).

Literatur

Appelbaum, Y. (2020). Feind oder Freund. Wie die US-Demokratie noch gerettet werden kann. *Blätter für deutsche und internationale Politik*, 4/2020, 55–67.
Bion, W. R. (1971). *Erfahrungen in Gruppen und andere Schriften*. Klett-Cotta.
Butterwegge, C. (2019). Antisozialer AfD-Patriotismus. *Blätter für deutsche und internationale Politik*, 9/2019, 99–106.
Davis, W. (2020). Corona oder: das klägliche Ende des amerikanischen Traums. *Blätter für deutsche nationale Politik*, 10/2020, 53–62.
Galbraith, J. K. (2020). Mehr New Deal wagen: Joe Biden und die Gefahr des alten Denkens. *Blätter für deutsche und internationale Politik*, 11/2020, 71–78.
Kliche, T. (2019). Soziale Traumatisierung und Fantasien vom Bürgerkrieg. *Report Psychologie, 3*, 4–7.
Lehndorff, S. (2020). Vorbild und Verheißung: Roosevelts New Deal. *Blätter für deutsche und nationale Politik*, 9/2020, 83–93.
Lehndorff, S. (2020a). *New Deal heißt Mut zum Konflikt*. VSA.
Levitsky, S. & Ziblatt, D. (2020). Das Ende der amerikanischen Demokratie? Donald Trump und die Politik der Feindschaft. *Blätter für deutsche und internationale Politik*, 11/2020, 47–58.
Nachtwey, O. (2016). *Die Abstiegsgesellschaft*. Suhrkamp.
Saez, E. & Zucman, G. (2020a). Wie die Ungerechtigkeit triumphierte. *Blätter für deutsche und internationale Politik*, 6/2020, 57–69.
Saez, E. & Zucman, G. (2020b). The Rise of Income and Wealth Inequality in America: Evidence from Distributional Macroeconomic Accounts. *Journal of Economic Perspectives, 34*(4), 3–26.
Sandner, D. (2017). Die psychologischen Grundlagen des kollektiven Unbewussten. In ders., *Die Gesellschaft und das Unbewusste* (S. 89–102). Springer.
Sandner, D. (2018). Aggression und Gesellschaft – Schicksale der Aggressionen im Rahmen der sozio-strukturellen gesellschaftlichen Dynamik (unveröffentlichter Vortrag auf der 36. Arbeitstagung der Gesellschaft für Psychoanalyse und Psychotherapie [GPP] vom 21.–23.09.2018 in Speyer).
Sandner, D. (2019). Entstehung struktureller aggressiver Gewalt durch staatliche Regelungen. Wie reagieren die Betroffenen? (unveröffentlichter Vortrag auf der 37. Arbeitstagung der Gesellschaft für Psychoanalyse und Psychotherapie [GPP] vom 22.–24.09.2019 in Speyer).
Sandner, D. (2020). *Kulturpsychologie der »Wende« – Geschichte einer feindlichen Übernahme* (unveröffentlichtes Manuskript).
Sandner, D. (2022). Das kollektivpsychologische Kraftfeld politischer Handlungsfähigkeit. In ders., *Wie Angst und Aggression in der Gesellschaft entstehen* (S. 81–100). Springer VS.
Singer, T. (2018). Trump und die Kollektivpsyche Amerikas. In B. X. Lee (Hrsg.). *Wie gefährlich ist Donald Trump?* (S. 313–328). Psychosozial-Verlag.
Wruble, S. (2018). Trumps Vaterprobleme. Eine toxische Mischung für Amerika. In B. X. Lee (Hrsg.), *Wie gefährlich ist Donald Trump?* (S. 301–312). Psychosozial-Verlag.

Biografische Notiz
Dieter Sandner, *1945, ist Diplom-Psychologe (1969), besitzt einen Magisterabschluss in Soziologie (1973) und hat in Sozialpsychologie promoviert (1977). Er ist seit 1986 als Psychoanalytiker (DGPT) und Gruppenanalytiker (D3G) in München niedergelassen. 1995 erfolgt seine Habilitation für »Psychologie mit besonderer Berücksichtigung der Psychoanalyse« an der Universität Klagenfurt. Sandner unterrichtet psychoanalytische Sozial- und Kulturpsychologie, klinische Psychologie und Gruppenanalyse und hat in den Bereichen Gruppenanalyse, psychoanalytische Kulturpsychologie und Behandlung schwerer seelischer Erkrankungen zahlreich veröffentlicht.

Zwischen Erbe und Gefühlserbschaft

Falldarstellung zur Übernahme der Leitung
eines handwerklichen Familienbetriebes
und den familiendynamischen Implikationen

Christine Jandausch

Der Gedanke an das Erbe ist vordergründig mit der Tatsache verbunden, dass materielle Güter an die nächste Generation weitergereicht werden. Mit dem Begriff der »Gefühlserbschaft«, der auf Freud zurückgeht (Moré, 2013), wird der Begriff der Erbschaft durch eine tiefenpsychologische Dimension erweitert. Vererbt werden von der Elterngeneration erlebte Traumata der Opfer von Gewaltverbrechen, aber auch Schuldverstrickungen der Täter mit Blick auf die nachfolgende Generation (ebd.). In der Forschung ist der Begriff der Gefühlserbschaft vor allem im Zusammenhang der transgenerativen Weitergabe von Traumata der Überlebenden der Shoah an ihre Nachkommen bedeutsam geworden.

Mario Erdheim (2006) hat die Parentifizierung von Kindern der Shoah-Überlebenden als Folge der Weitergabe von Traumata an die nächste Generation untersucht. Seine These lautet, dass die Parentifizierung einen Schutz gegen das von den Eltern erlebte Trauma bereitstellen soll.

In der folgenden Falldarstellung wird das Phänomen der Parentifizierung hermeneutisch genutzt; eine Entwertung der Traumata und Verletzungen der Shoah-Überlebenden ist nicht intendiert. Angela Moré arbeitet in ihrer Forschung zur transgenerativen Weitergabe von Gefühlserbschaften mit dem Phänomen der Übertragung, bei der sich bei den Kindern eine »Belastung durch die unbewusste Identifikation mit den zerstörerischen elterlichen Inftrojekten« (Moré, 2013, S. 3) zeigt.

Gefühlserbschaften werfen ihre Schatten auf die nächste Generation, sie können ihre Kompetenzen bestimmen oder Ursache psychischer Erkrankungen sein, kurz gesagt: Sie setzen den Rahmen der Lebens- und Entwicklungsmöglichkeiten der Folgegeneration. Sie können sowohl einen negativen als auch einen positiven Einfluss auf die Familiendynamik und ihre Akteure haben.

Christine Jandausch

Familie und Familienbetrieb – eine Ligatur

Familiendynamiken sind von ihrer Geschichte, ihrem sozialen Milieu, von höchst unterschiedlichen Gefühlen und Formen von Bindungen, aber auch von Konflikten ihrer Mitglieder geprägt. Und mehr noch: Sie sind auch geprägt sowohl vom Erbe und insbesondere ihren Gefühlserbschaften, die diese Dynamik maßgeblich beeinflussen, als auch von dem Erben, der dieser Dynamik meist unbewusst ausgesetzt ist, sie aber auch ausagiert.

Es ist demnach nicht möglich, den Einzelnen losgelöst von seinen familiären Bindungen als isolierte Entität zu betrachten. Mag der Einzelne ein »Selbst«, »das Erlebniszentrum der Persönlichkeit«, darstellen, so bleibt er doch »immer ein subjektives Ich, das ohne ein Du nicht zu denken ist« (Boszormenyi-Nagy & Spark, 1981, S. 29).

Diese Untersuchung, die sich auf einen längeren supervisorischen Prozess mit einem jungen Handwerkermeister bezieht, schließt sich dieser systemorientierten Betrachtungsweise nach Boszormenyi-Nagy und Spark (1981) an, indem sie die individuellen Züge einer Person im Kontext ihrer familiären Beziehungen deutet. Dabei müssen neben den horizontalen Verbindungen zwischen den einzelnen lebenden Mitgliedern einer Familie und des Betriebes die vertikalen in die Untersuchung miteinbezogen werden. Gemeint sind dabei die transgenerativen Verbindungen zwischen Familienangehörigen verschiedener Generationen, ererbte Potenziale, Konflikte und Tabus.

Wie steht es aber um die Verbindungen zwischen Familie und Familienbetrieb? Geht man von einer starken »Interdependenz von Familie und Familienunternehmen« (Diem-Wille, 1997, S. 89) aus, bedeutet dies, dass diese Organisation im Einflussbereich der familiären Dynamik steht und ungelöste familiäre Konflikte der Familie in die Organisation des Familienbetriebes hineingetragen werden können. Die tragende Rolle in der familiären Struktur des Betriebes hat traditionellerweise das Familienoberhaupt, das die Führungsverantwortung an eines seiner Kinder weitergibt, wie es in diesem Fall auch geschehen ist. Es geht ja um nichts weniger als die Fortführung des Familienbetriebs, der die Existenz der Familie sichert. Diese Art der Entscheidungsfindung hat daher etwas Gezwungenes: Der Nachfolger wird hier durch seine Loyalität zur Familie und dem der Familie angehängten Betrieb in die Führungsrolle hineingedrängt. Wie gelingen derartige Übergänge?

Dieser Übergang kann niemals ein kompletter Neuanfang sein. Bei der Vererbung der Führungsverantwortung können alte Konflikte in der Familie und parallel dazu im Familienbetrieb neu aufflammen (Diem-Wille, 1997), besonders dann, wenn sie unbewusst im Verborgenen lagern und sich nun bei der Übergabe der Leitung des Betriebes ähnlich einer Naturgewalt kraftvoll ihren Weg an die Oberfläche bahnen. Hinzu kommt, dass Übergänge meist mit Ängsten einhergehen (Obermeyer & Pühl, 2019). Wenn Menschen sich neue soziale Räume erschließen müssen, reagieren sie meist regressiv, indem sie versuchen, sich der Situation oder ihrer Mitarbeiter durch Kontrolle zu bemächtigen. Auch ein ausbeuterisches Verhalten sich selbst gegenüber ist in diesem Kontext nicht ungewöhnlich (ebd.).

In dieser Fallgeschichte übernimmt ein junger Mann am 60. Geburtstag seines Vaters den handwerklichen Familienbetrieb, weil sein Vater aufgrund einer Erkrankung die Führungsverantwortung sofort abgeben musste. Der junge Handwerkermeister, der supervisorische Unterstützung bei der Übernahme seiner Führungsrolle in Anspruch nahm, ist sich dieser psychodynamischen Voraussetzungen in keiner Weise bewusst, daher aber umso mehr in sie involviert. Die ihm am Geburtstag seines Vaters übertragene Leitung des handwerklichen Familienbetriebs tritt er mit guten Vorsätzen an, allen voran mit dem Vorsatz der Distinktion von seinem Vater. Paradoxerweise stellt sich aber nach kurzer Zeit heraus, dass er im Bestreben der Abgrenzung vom autoritären Führungsstil seines Vaters diesem nun im Laufe der Zeit immer ähnlicher zu werden droht.

Mit Blick auf die Falldarstellung stellt sich die Frage, welche Kräfte hier wirken: Ergreift der junge Chef das Erbe oder wird er vom Erbe ergriffen? Gelingt es ihm, seine neue Rolle nach eigenen Vorstellungen zu gestalten, oder wird von dieser Rolle und ihrer habituellen Disposition geformt? Wer führt letztendlich die Regie in diesem Übergangsprozess? Man kann vermuten, dass auf den, der sich blind und unvoreingenommen auf die ererbte Führungsverantwortung einlässt, einige unangenehme Überraschungen warten können, mit denen er nicht gerechnet hat. Genau das passiert in unserem Fall: Schnell ist der junge Handwerkermeister überfordert, ihm droht die Kontrolle über seine Mitarbeiter zu entgleiten. Seine Reaktion auf den drohenden Kontrollverlust sind übermäßige Anstrengungen, eine verstärkte Beaufsichtigung seiner Mitarbeiter und seiner selbst durch das Bestreben, perfekt sein zu wollen – was man nach Schmidbauer als Angstabwehr begreifen muss (Schmidbauer, 2019) –, all das aber immer in dem Glauben, die Zügel noch selbst in der Hand zu haben oder durch eigenes Agieren alles wieder in feste, gerade Bahnen lenken zu können.

In dieser Untersuchung soll die konflikthafte Verstrickung von Familie und Familienbetrieb anhand dreier Aspekte akzentuiert werden. Wir blicken zuerst auf die Vorgeschichte der Familie, um einen Einblick in die familiären Verwerfungen und die drohende Spaltung der Familie zu erhalten, schauen dann auf die misslungene Triangulierung am Tag der Übergabe der Führungsverantwortung an den Sohn und abschließend auf die Reinszenierung der familiären Konflikte im Familienbetrieb.

Falldarstellung

Die Vorgeschichte:
Drohender Zerfall der triadischen Familienstruktur

Die ganze Kindheit hindurch war die Übernahme des väterlichen Betriebes für den Supervisanden eine große Selbstverständlichkeit. Auch der Vater schien damit einverstanden; gerne sprach er davon, dass er seinen Sohn in seiner Nachfolge sieht. Für seine ältere Tochter fantasierte er einen juristischen Beruf, der dem Erfolg des Betriebes zuträglich sein könnte. Am 60. Geburtstag des Vaters aber scheint die Übernahme in den Bereich des Problematischen gerückt zu sein. Nur aufgrund der akuten Erkrankung des Seniorchefs kommt es zu der Übergabe der Leitung des Betriebs. Der Ruf des Vaters nach dem Sohn in seiner Nachfolge ist offenbar seit längerer Zeit verstummt. Was war geschehen?

Herr M. kommt in einer supervisorischen Sitzung darauf zu sprechen, dass die Familie durch die Krebserkrankung seiner Mutter – er selbst war zu diesem Zeitpunkt 14 Jahre alt – auseinanderzubrechen drohte. Der 14-jährige Jugendliche kümmert sich um die Mutter, fährt mit ihr zum Arzt und tröstet sie, während der Vater und die Schwester in dieser Situation nicht präsent sind.

Der Sohn nimmt eine Stellvertreterposition für den Ehemann und die Tochter ein, der er von einem jugendlichen Entwicklungsstand aus betrachtet noch gar nicht gewachsen ist. Hier misslingt die ödipale Triangulierung: Der Sohn steht in einer fürsorglichen Nähe zur Mutter, die seinen eigenen Ablösungsbedürfnissen widerspricht. Grieser (2011, 2017) bezeichnet den Dritten in einer derartigen Triangulierungsstörung als »ein[en] in seiner Position Gefangen[en]« (Grieser, 2017, S. 92). Aber indem Herr M. die Lücke des fehlenden Ehemanns ausfüllen muss, sorgt er dafür, dass die Familie nicht auseinanderbricht. Als Bindeglied zwischen Mutter und Vater steht der Jugendliche in einem Spannungsverhältnis der Eltern, einer kraftraubenden Entweder-oder-Position, die bei der Hinwendung des Sohnes zu einem Elternteil das andere ausschließen muss, weil sich die Eltern in dieser Krise nicht liebevoll begegnen können.

Betrachtet man an dieser Stelle die Vater-Sohn-Beziehung gesondert, so sieht man, dass Herr M. auch in einen Loyalitätskonflikt zu seinem Vater gerät, der die

Schwere der Erkrankung seiner Frau verleugnet und abwehrt. Der Vater wird den Sohn in der Rolle des mitfühlenden Partners ablehnen müssen, denn sonst müsste er sich selbst als Ehemann fundamental infrage stellen. Das wird auch Folgen für die Anerkennung des Sohnes in der Rolle des Nachfolgers im Betrieb haben.

Die Familie zerfällt in zwei Dyaden, die misstrauisch einander gegenüberstehen: Vater und Tochter, die Gefühle als störend für das Überleben der Familie ansehen, auf der einen Seite, und Mutter und Sohn auf der anderen Seite, die ganz im Gegenteil Mitgefühl als Überlebensstrategie erlebt haben. Diese Spaltung wiederholt sich am Tag der Übergabe des Familienbetriebs: Die Schwester verlässt nach der Bekanntgabe der Entscheidung durch den Vater, dass der Sohn nun in seine Nachfolge eintritt, erbost das Elternhaus. Sie fühlt sich vom Erbe ausgeschlossen.

Die Parentifizierung in der Stellvertreterposition des Vaters

Unter »Parentifizierung« versteht man in der Psychoanalyse den Rollentausch zwischen Eltern und Kindern (Erdheim, 2006). Erdheim geht davon aus, dass der Grund für diese vor allem für die Kinder irritierende Vertauschung der sozialen Rollen mit einer Traumatisierung eines Elternteils oder beider Eltern zu tun hat. Durch die Traumatisierung konnten die Eltern in irgendeiner Weise nicht mehr ihrer Aufgabe als Eltern gerecht werden. Sich nun in den Schutz der Kinder zu begeben, kann nach Erdheim als Strategie verstanden werden, das Trauma zu bewältigen und sich anschließend gestärkt wieder der eigenen Aufgabe – die Kinder zu beschützen und zu versorgen – widmen zu können. Erdheim (ebd.) begreift die Parentifizierung aber auch umgekehrt und paradoxerweise als Schutzmechanismus für die Kinder. Am Beispiel des kollektiven Traumas der Schoah zeigt er, dass Kinder von Überlebenden der Schoah einer »Inszenierung des (von den Eltern erlebten) Schreckens« (ebd., S. 25) ausgesetzt werden, um sie im Falle der Wiederholung des Traumas für genau diese Erfahrung zu wappnen. Die so beschriebene Gefühlserbschaft als transgenerative Weitergabe von Traumata wirft auch Fragen für unseren Fall auf.

Hatte die frühe Vertretung des Vaters in der Situation der schweren Krankheit der Mutter für den Sohn, Herrn M., tatsächlich eine frühe psychische Alterung zur Folge? Auffällig ist zunächst einmal, dass der jugendliche Herr M. nach dem Schulwechsel zur Berufsschule, der in etwa zeitlich mit dem Ende der Krise zusammenfällt, Erfolg in der Schule hat und sich auch sonst positiv verändert. Auch äußerlich gleicht sein Körper durch die Gewichtsabnahme nun eher der Figur eines Erwachsenen. Und innerlich setzt er nun auf Erfolg, wird zum Klassenbesten, was den narzisstischen Stolz seines Vaters evoziert. Sein Vater, der zwar dem persönlichen Lob des Sohnes ausweicht, kopiert dessen Zeugnis und präsentiert es Bekannten, Freunden und Mitarbeitenden. Auf den vorliegenden Fall bezogen, lautet die latente, implizite Botschaft des manifesten Lobes, dass der Sohn seinem Vater den Gehorsam schuldet, was einer Rückführung in die Rolle des Sohnes mit sich zieht. So verstanden ist das Lob eine verdeckte Regulierung der Parentifizierung, durch die der Sohn wieder auf seinen Platz als Sohn zurückverwiesen wird. Spürbar wird außerdem die Aggression des Vaters, der in einer Übertragung die aggressive Ambition seines Sohnes spürt: Einmal die Rolle des Vaters eingenommen, könnte dieser nun auch einen Besitzanspruch auf diese Position erheben und sie aggressiv verteidigen.

Nach Erdheim (2006) ist ein entscheidendes Merkmal der Parentifizierung, dass das Kind oder der Heranwachsende in der Rolle des Erwachsenen nicht passend für die zu bewältigende Aufgabe ist. Es muss schon im sprichwörtlichen Sinne *alles* geben, um der Anforderung der Rolle zu entsprechen. Erdheim weist nach, dass das Passendmachen für die elterliche Rolle neben einem Zuwachs an Macht und Verantwortung seine Kehrseite in übermäßigen Anstrengungen hat, die sogar bis zur »selbstzerstörerischen Aufopferung« (ebd., S. 22) reichen können.

Vor dem Hintergrund dieser Überlegungen mit Erdheim wird nun klar, dass der Drang des jungen Meisters, alles perfekt machen zu wollen, selbst perfekt zu sein bis hin zur Selbstaufopferung für die Firma, möglicherweise in der Parentifizierung in seiner Jugendzeit ihren Ursprung hat. Bei der Übernahme der Führungsrolle kommen diese Eigenschaften als Überlebensstrategien erneut zum Einsatz. Sind sie aber passend für den neuen Kontext, in dem sie Anwendung finden?

Herr M. verlangt viel von sich selbst, schläft in den Nächten vor Wochenbeginn schlecht und steht gedanklich nachts schon wieder im Betrieb. Während er die strenge Kontrolle seines Vaters in den supervisorischen Sitzungen noch scharf kritisierte, strebt er durch eine engmaschige Dokumentation der Arbeitsleistung seiner Mitarbeiter nun selbst deren Kontrolle an. Er fantasiert, dass er die Vergütung der Arbeit noch enger mit der Leistung verknüpft und dabei die Gehälter in einem detailliert ausgeklügelten System nach der erbrachten Leistung staffelt. Der Juniorchef kopiert dabei unbewusst den autoritären Stil seines Vaters, der seinerzeit seine Mitarbeiter einer strengen Kontrolle unterwarf. Diese Maxime von Kontrolle und Härte hatte der Vater immer gelebt, vielleicht sogar von den eigenen Eltern so übernommen. Nun reicht er diese Gefühlserbschaft an den Sohn weiter.

Die strategische Parentifizierung funktioniert aber umgekehrt: Bei einem Kundenbesuch in Begleitung des Vaters erläutert der junge Herr M. dem Kunden den durch die Corona-Regeln zusätzlichen Aufwand. Sein Vater fällt ihm ins Wort und versichert dem Kunden, dass man es in der Firma aber nicht so genau mit den Regeln nehme. Damit hebelt er die Autorität des Sohnes aus. Aus dieser Situation der Herabsetzung kann sich der Juniorchef aber durch eine Rollenumkehrung befreien, indem er seinem Vater androht: »Ich nehme dich nicht mehr mit!« Auch dieser Satz weist auf eine Form der Parentifizierung hin: Jetzt nimmt der Sohn die elterliche Rolle ein und verweist den Vater in die Rolle des unmündigen Sohnes. Wenn auch ganz anders als bei der Stellvertretung des Vaters damals geschehen, ist diese Form der Parentifizierung auch als strategische Abwehr von eigenen Ohnmachtsgefühlen im Machtkampf zwischen Vater und Sohn zu deuten.

Der Konflikt zwischen Vater und Sohn bei der Weitergabe der Führungsverantwortung: Ein Wechselspiel von Macht und Abhängigkeit

Bisher sehen wir bei unserer Betrachtung der familiären Konflikte den Sohn vor allem als den überforderten und benachteiligten Part im triangulären Kräftespiel. Die bisherige Beschreibung des Herrn M. erfolgt über Begriffe wie »Stellvertreter«, »Bindeglied« (zwischen den Eltern) und »Kind in der Rolle des Erwachsenen« (Parentifizierung). Allen diesen Bestimmungen gemein ist die Fremdbestimmung eines jungen Menschen durch ungelöste elterliche Konflikte und betriebliche Obligationen.

Umgekehrt zeigt sich aber auch, dass sich der Sohn in seiner Rolle als Stellvertreter des Vaters eine Position erworben hat, durch die er nun dem Vater machtvoll und aggressiv entgegentreten kann. In der Theorie der Triangulierung der menschlichen Entwicklung nach Grieser (2011) tritt bei der ödipalen Triangulierung vor der Latenzzeit der Sohn bzw. eine Tochter in eine »sexuell getönte Rivalität« (S. 149) zum gleichgeschlechtlichen Elternteil, weil es in der Identifikation mit diesem Elternteil auch die Beziehung dieses Elternteils zum Partner fantasiert. Im triangulären Kräftespiel des Ödipuskomplexes nimmt der Vater eine wichtige Funktion ein. Er ist für die Herstellung der Nähe zum begehrten Objekt notwendig, weil der Sohn mit ihm das Begehren der Mutter teilt. Gleichzeitig reguliert er die Distanz des Sohnes zur Mutter, indem er dem Wunsch des Sohnes, dyadisch ganz mit der Mutter zu verschmelzen, als sein Rivale eine Grenze setzt.

Nach Grieser ist es die Aufgabe des Vaters, präsent in der Form eines »nicht-kastrierenden, kameradschaftlichen Gefährten« (ebd., S. 154) zu sein und die ihm im ödipalen Konflikt zugesprochene Rolle des Rivalen nicht real auszuagieren. Was aber, wenn der väterliche Rivale im ödipalen Kräftespiel fehlt, bzw. sich zurückzieht, wie wir das in unserem Fall der Familie M. mitverfolgt haben?

Blicken wir nun auf unseren Fall, dann wird deutlich, dass der jugendliche Herr M. in eine nicht-rollengerechte Nähe zur Mutter geraten ist, die seinen Ablösungswünschen von der Mutter entgegensteht. Sie bilden gemeinsam eine Dyade, in die sich der Vater nicht triangulierend einmischt. Die Lösung des ödipalen Konfliktes setzt aber den Verzicht auf die libidinös besetzte Beziehung zum begehrten Elternteil voraus.

Nun wird deutlich, dass im vorliegenden Fall der ödipale Konflikt mit dem Vater nicht gelöst werden kann, weil sich die ödipalen Fantasien des Jugendlichen fatalerweise erfüllt haben, indem er den Vater als Partner der Mutter vertritt. Die Hinwendung zur Mutter muss gleichzeitig aber auch eine Abwendung vom Vater bedeuten, der in seiner Rolle als Ehemann in der Krise versagte, denn der Sohn kann in dieser Zeit weder bei der Mutter noch bei sich selbst positive Introjekte des Vaters finden. Mehr noch: Das Aushalten der Situation der Überforderung kann nur durch die Abgrenzung des Sohnes vom Vater gelingen. Während Herr M. aber in der Familie bleibt und damit die Abgrenzung bei gleichzeitiger Anwesenheit des Vaters durchhalten musste, zieht die Schwester aus, wodurch der Sohn einen weiteren Zugang an Macht und Einfluss innerhalb der Familie erlangt.

Nun wird verstehbar, dass die erste Zeit in der neuen Rolle der Führungsverantwortung für den Familienbetrieb für Vater und Sohn zu einem Machtkampf avanciert. Keinen Moment lässt der Vater den Sohn unbeobachtet. Auch hier spürt man indirekt das aggressive Begehren des Sohnes, die Stelle des Vaters einzunehmen, was der Vater durch Kontrolle zu regulieren sucht. Alle Belehrungen von der Seite des Vaters münden in den Appell, den Betrieb genauso autoritär wie der Vater zu führen. Der Versuch, über den Sohn zu verfügen, reinszeniert sich auch an dieser Stelle. Das Kapital des Vaters ist eine nach seinem Führungsstil geformte Belegschaft, die zwar den Führungswechsel zum Zeitpunkt der Übergabe begrüßt, sich aber schwer mit den Anforderungen einer eigenverantwortlichen Arbeitsweise tut, wie sie der Sohn vorschlägt. Es ist möglich, dass die Belegschaft auch wieder die Position des außenstehenden Dritten als Koalitionspartner des Vaters gegen den Sohn einnimmt. Und umgekehrt: Auch der Sohn kämpft um die Anerkennung seiner Mitarbeiter allein schon durch die Botschaft des Andersseins. Die Gestaltung seiner Rolle mithilfe des Motivs »anders als der Vater« erfolgt aber mit denselben Mitteln des Vaters, nämlich dem Leistungs- und Kontrollprinzip. Hier wird deutlich, dass der Sohn in einer indirekten Abhängigkeit seines Vaters steht. Statt einer Distinktion *vom Vater* rivalisiert der Sohn *mit dem Vater*: Er spitzt das vom Vater initiierte Leistungsprinzip quantitativ zu und unterzieht damit seine Mitarbeiter *wie sein Vater* dem Prinzip der Kontrolle, ohne die eine minutiöse und differenzierte Einschätzung der geleisteten Arbeit nicht möglich wäre. Genau darin offenbart sich seine Abhängigkeit vom Vater, derer er sich aber nicht bewusst ist. Diese Unbewusstheit führt allerdings dazu, dass Herr M. nicht sieht, dass er machtvoll und aggressiv sowohl gegen den Vater als auch gegen seine Mitarbeiter agiert. Genau dies könnte er aber nicht mit seinem eigenen Selbstbild des sozialen und lockeren Chefs in Einklang bringen.

In diesem subtilen latenten Machtkampf reinszeniert sich der nicht gelöste ödipale Konflikt zwischen Vater und Sohn über Stellvertreterpositionen. Der Sohn kann sich von seinem Vater nicht wirklich lösen und ist unbewusst weiterhin von ihm abhängig. In dieser dyadischen Nähe ist er aber unfähig, seine Abhängigkeit selbstständig zu reflektieren. Der Kreislauf von Macht und Abhängigkeit kann nur mithilfe der Supervision durchbrochen werden.

Der Sohn ergreift das Erbe – oder wird er vom Erbe ergriffen?

Die angestrebte Distinktion vom Vater erweist sich vor allem in seinem sozialen Engagement; im Ausagieren des Leistungsprinzips bei den Mitarbeitern und vor allem in den Ansprüchen an die eigene Einsatzbereitschaft unterscheidet sich Herr M. kaum von seinem Vater. Vielmehr überbietet er ihn in seinem Bestreben, das Leistungs- und Kontrollprinzip in seinem Betrieb zu optimieren. In der dyadischen Nähe zum Vater bleibt diese Rivalität jedoch im Bereich des Unbewussten, die einer selbstständigen Reflexion entgegensteht.

Selbstaufopferung und ein stark ausgeprägtes defizitorientiertes Denken die eigene Person betreffend sind das unfreiwillig übernommene Gefühlserbe des Vaters, der ja zu seiner Zeit mit dieser Haltung den sozialen Aufstieg vom Flüchtlingskind zum Meister eines Betriebes schaffte. Und auch dieser Sohn – Herr M. – hatte sich vorgenommen, auf keinen Fall so wie sein Vater zu werden.

Ist die Erfahrung von Mangel und Heimatlosigkeit eine Gefühlserbschaft der Nachkriegsgeneration, aus der der Vater stammt? Härte und Durchhaltevermögen haben sich in dieser Generation meist als Überlebensstrategie bewährt; Empathie wurde möglicherweise als Störfaktor empfunden. Ist diese Wiederholung der übertragenen Handlungsweisen unabwendbar?

Pierre Bourdieu geht in seiner Schrift zur Politik und Kultur mit dem Titel *Der Tote packt den Lebenden* (2011 [1997]) davon aus, dass das von einer Generation in einem bestimmten Feld erworbene Kapital an die nachfolgende Generation vererbt wird. Zu diesem Erbe gehört auch der in einem Feld erworbene Habitus. Bourdieu unterscheidet die Geschichte in ihrem objektivierten Zustand (Gebäude, Bücher, Sitten usw.) und die Geschichte im »inkorporierten Zustand«, womit die »Habitus gewordene Geschichte« (ebd., S. 26) gemeint ist: Die »Akteure« dieser Geschichte, in die sie hineingeboren werden, eignen sich nicht nur diese Geschichte an, sind nicht nur ihr Subjekt, sondern sie werden von ihr passivisch angeeignet und sind deshalb genauso ihr Objekt. Bourdieu formuliert diese reziproke Beziehung von dem Erbe und dem Erben als »ontologische Komplizenschaft« (ebd., S. 27) – eine Formulierung, die zeigt, dass ein wechselseitiger Nutzen, eine wechselseitige Abhängigkeit vorliegt. Der Erbe kann das Erbe seiner Geschichte nur annehmen, weil er von dieser Geschichte für diese Aneignung schon passend gemacht wurde, eine seinem Habitus inhärente Disposition innehat, die ihn dazu befähigt, das Erbe anzunehmen.

Was genau das Erbe ist, konkretisiert Bourdieu mit dem Begriff des Habitus. Das übernommene Erbe ist weit mehr als die Imitation eines Vorbildes, sondern die Verkörperung einer Funktion in der Gesellschaft oder in der Geschichte, also eben nicht Imitation, sondern Inkorporation (Bourdieu, 2011 [1997]). Die in der Gesellschaft eingenommene Position haftet dem Menschen an wie sein eigener Körper – sie ist sein Habitus.

Für den vorliegenden Fall bedeutet dies, dass durch die Übernahme des Familienbetriebes Herr M. in der Gefahr steht, sich dem Habitus seines Vaters und dem des traditionellen Handwerkermeisters seiner Zunft zu unterwerfen, wenn er sich nicht reflektieren kann. Möglicherweise ist er dem Vater und der Tradition des Handwerks schon jetzt ähnlicher, als er glaubt. Mehr noch: Ist nicht der ausdrückliche Vorsatz, sich von seinem Vater unterscheiden zu wollen, ein Zeichen seiner bereits erfolgten Anpassung an das Vorgegebene, der er sich kaum entziehen kann? Und ist die Behauptung, anders zu sein als sein Vater, nicht bereits der Beweis, dass Herr M. sich in dieser Hinsicht täuscht, sein blinder Fleck, der nur offenbart, dass er in seiner Passgenauigkeit unfähig ist, die eigene habituelle Verbiegung wahrzunehmen und ihr entgegenzuwirken?

In der Theorie der Triangulierung kann man zur Veranschaulichung des bisher Gesagten Bauriedls Begriff von der »dyadischen Verklammerung« (2014, S. 71) einbringen: Verklammert ist der Mensch mit dem ererbten Habitus, der von ihm Besitz ergreift und ihn blind macht und verhindert, dass er sich selber triangulierend in den Blick nehmen kann.

Diesen Gedankengang muss man mit Blick auf das Verhältnis der Generationen erweitern: Das Verhältnis der Söhne zu ihren Vätern ist in dieser Familie durch den Wunsch der Distinktion geprägt, »Ich möchte auf keinen Fall so werden wie du!«; umgekehrt lautet das Motto der Väter: »Werde so wie ich!« Die ständige Begleitung des Herrn M. durch seinen Vater bestätigt dieses Postulat der Rollenkopie.

Die Konfrontation mit dem Altgesellen – ein Stellvertreterkonflikt

In einer supervisorischen Sitzung stellt sich heraus, dass Herr M. in seinem Berufsalltag mit Disziplinschwierigkeiten zu kämpfen und Angst vor Konfrontationen hat, was sich besonders in der Auseinandersetzung mit einem etwas renitenten Mitarbeiter, seinem Altgesellen, zuspitzt.

Der Altgeselle ist 47 Jahre alt und hat viele Jahre unter der Leitung des Seniors im Betrieb gearbeitet. Ein Zeichen seiner Macht im Betrieb ist die Tatsache, dass der Altgeselle seinen Urlaub als Erster einreicht. Alle Anderen müssen sich dann mit ihren Urlaubswünschen nach ihm richten, auch wenn sie – anders als der Altgeselle – noch schulpflichtige Kinder haben. So war es bisher unter der Leitung von Herrn M. Senior.

Auch unter der neuen Leitung nimmt der Altgeselle die Privilegien, die er beim Seniorchef genossen hatte, gerne eigenmächtig weiterhin in Anspruch. So leiht er sich mehrmals im Jahr einen Firmenbulli aus, um die Umzüge seiner erwachsenen Tochter zu unterstützen. Hier zeigt sich aber auch eine Schwachstelle in der Familie des Altgesellen: Die 30-jährige Tochter des Altgesellen bricht offenbar ihre Beziehungen nach einigen Monaten ab, zieht aus der gemeinsamen Wohnung mit ihrem Freund aus und bezieht eine neue Wohnung. Herr M. gewährt dem Altgesellen zwar die Ausleihe des Wagens, kommentiert aber diese Ausleihe mit den Worten: »Schon wieder?«

In der Deutung dieser kleinen Szene lässt sich zum einen erkennen, dass der Altgeselle seine Machtposition durch die Einforderung seiner Privilegien sichern möchte. Diese gründet sich auf der alten Koalition mit dem Seniorchef. Es entsteht nun eine »eingeschränkte Triade« (Busse & Tietel, 2018, S. 19), Senior – Altgeselle – Junior, in der dem Junior die Rolle des Ausgeschlossenen zugewiesen wird und in der der Senior zwar nicht persönlich, aber in der Form von Privilegien weiterhin präsent ist.

Es könnte sein, dass der Altgeselle auf den Juniorchef mit Neid blickt: In seiner Perspektive hat der Juniorchef etwas geerbt, dessen er selber eigentlich würdig gewesen wäre, nicht zuletzt durch seine jahrelange Loyalität zum Senior und durch seine Erfahrung im Betrieb. So gesehen, ist der Konflikt auch ein Rivalitätskonflikt um die Nachfolge des Vaters, bei dem der Altgeselle sich als Erbkonkurrent zum Juniorchef fantasieren könnte.

Wie aber reagiert der Sohn selbst? Zunächst einmal zögerlich. Die Bemerkung »Schon wieder?« könnte in einer Fantasie ausformuliert so lauten: »Du musst dir schon wieder für den Umzug deiner Tochter einen Bulli ausleihen? Du hast wahrscheinlich familiäre Probleme, von denen ich weiß.« Herr M. spielt mit der Scham des Altgesellen, indem er bei dessen Vulnerabilität ansetzt. Gleichzeitig aber agiert er gewährend, denn er bewilligt dem Altgesellen das Gewünschte und knüpft damit an die handwerkliche Tradition des fürsorglichen Meisters an.

In seinem Verhalten offenbart sich möglicherweise auch eine stille Übereinkunft und ein schlechtes Gewissen: Erkennt Herr M. den heimlichen Führungsanspruch auf das Erbe des Vaters durch den Altgesellen an? Findet er es vielleicht sogar ungerecht, dass ihm selbst das Erbe zugesprochen wurde und nicht dem Altgesellen? Seine Angst vor der fehlenden Anerkennung in seiner Position als Chef übernimmt die Regie in dem Rivalitätskonflikt. Statt also den Konflikt zu regeln, indem er dem Altgesellen die Privilegien nimmt und damit allen Mitarbeitern Transparenz und Gerechtigkeit verschafft, verlegt er sich auf den Nebenschauplatz des Privaten. Hier kann er den Konflikt von den anderen Mitarbeitern unbeobachtet ausfechten, denn er kann sich dem schamhaften Schweigen des Altgesellen sicher sein. Und er stellt ihn ausgerechnet in seiner Rolle als Vater infrage. Ist die Beziehungsunfähigkeit der Tochter eine vererbte Schuld des beziehungsunfähigen Vaters? Die Parallele zum eigenen Vater springt ins Auge.

Es stellt sich weiterhin heraus, dass der Altgeselle noch einen Sohn hat, den er ablehnt und zu dem er den Kontakt abgebrochen hat: ein Tabuthema für ihn. Vor dem persönlichen Hintergrund des Altgesellen erscheint nun der Konflikt zwischen Altgeselle und Juniorchef in einem ganz neuen Licht: Der Altgeselle muss sich mit einem Sohn als Chef abfinden. Möglicherweise ist die aggressive Verhaltensweise des Altgesellen gegenüber dem Juniorchef auch im Kontext der Übertragung der eigenen negativen Sohn-Gefühle auf den Juniorchef als Sohn des Altmeisters erklärbar. Und umgekehrt: In der Gegenübertragung agiert der Juniorchef aus der Rolle des Sohnes heraus, der durch die subtilen Anspielungen auf die persönlichen Familienprobleme die Vaterpersönlichkeit seines Mitarbeiters erneut und wiederholt angreift und damit indirekt und stellvertretend auch seinen eigenen Vater.

Ein weiterer Aspekt wird anhand dieser kleinen Szene deutlich: Gerade dadurch, dass Herr M. den Konflikt mit dem Altgesellen, der auch stellvertretend für den noch ungelösten ödipalen Konflikt mit seinem Vater steht, nicht offen, sachlich und konstruktiv angehen kann, setzt er sich der Gefahr aus, von seinen Mitarbeitern gesteuert zu werden. Er zögert, die ihm übertragene Macht als Juniorchef gestaltend einzusetzen, weil eine offene, heiße Konfrontation mit aggressiven Anteilen nicht in sein Selbstbild des sanften und sozialen Chefs passt. Die Aggression bleibt aber unterschwellig und latent, wie wir das oben in der Analyse der Kommunikation mit dem Altgesellen gesehen haben. Ohne es zu wollen und vor allem ohne es zu merken, steht Herr M. in seiner Bedürftigkeit, sich positiv von seinem autoritären Vater abzuheben, in der Gefahr, selbst autoritär zu werden. In dem Moment der erlebten Ohnmacht – die Präsenz seines Vaters ist in dem Insistieren des Altgesellen auf den erworbenen Privilegien für ihn übermächtig – könnte sich die Kopie des autoritären Stils seines Vaters als Fluchtweg aus dieser Ohnmacht anbieten.

Dieses Machtspiel der Erbrivalen wird von anderen Mitarbeitern mit Sicherheit aufmerksam beobachtet. Aber gerade in dem Bestreben, mit zweifelhaften Machtspielen die Macht über den Anderen zu erlangen, könnte es passieren, dass Herr M. von seinen Mitarbeitern mit dem Bild des Seniorchefs identifiziert wird. Er wäre dann Opfer einer »projektiven Identifizierung« (Kutter, 2017, S. 91), eine Marionette seiner Mitarbeiter, die ihn dann nach ihren Bedürfnissen manipulieren und steuern können.

Fazit: Zwischen Erbe und Bürde – zwischen Familie und Unternehmen

Die Fallgeschichte zeigt, dass Menschen als Akteure ihres individuellen Lebens beim Ausagieren ihrer Rollen weniger Spiel- und Freiraum haben, als sie selbst glauben. In dem latenten Konflikt mit dem Altgesellen reinszeniert sich der Vater-Sohn-Konflikt in der Familie M. Solange dieser Konflikt ungelöst bleibt, wird sich wahrscheinlich der Konflikt in weiteren Kontexten des Berufsalltags wiederholen. Das ist zumindest zu befürchten, solange das Unbewusste nicht geklärt wird.

Blicken wir abschließend noch einmal auf den Anfang der Betrachtung zurück: Im System des familiären Kräftefeldes gelingt dem Supervisanden keine klare und fundierte Einpassung in seine Rolle als Leiter des Familienbetriebes. Weil er sich der Bürde seiner Gefühlserbschaft nicht bewusst ist, tappt er in die Falle der Wiederholung und der Reinszenierung der familiären Konflikte in seinem Berufsalltag. Was kann hier Supervision leisten?

Eine Besinnung auf die aufklärerische Funktion von Supervision (Gröning,

2013) kann dabei hilfreich sein. Im Sinne der Aufklärung ist das Ziel der Supervision die Mündigkeit des Supervisanden. Man kann sie meines Erachtens schlicht als Fähigkeit zur Selbstreflexion oder noch anders formuliert als »trianguläre Kompetenz« nach Busse und Tietel (2018, S. 90) übersetzen. Ein aufgeklärter Mensch verzichtet auf die unreflektierte Übernahme vorgegebener Dogmen. Aufklärung ist Bildung und kann zur Selbsterkenntnis und zur Erkenntnis der unbewussten Lenkung führen.

Auch Leuschner (2007) definiert Supervision als Bildung. Von Alexander Mitscherlich übernimmt Leuschner die Vorstellung der »inneren Toleranz«, die Menschen dazu befähigt, sich nicht primär von ihren inneren Gefühlen, respektive ihren Aggressionen, leiten zu lassen, sondern diese in »Aktivität und Leistung« (ebd., S. 20) umzuwandeln. Damit – so räumt Leuschner ein – ist keine Überanpassung gemeint, sondern die Handhabung der Triebüberschüsse. Interessant bei dieser Betrachtung Leuschners ist, dass diese Distanz zu den eigenen negativen Gefühlen die Freud'sche Erkenntnis, nicht »Herr im eigenen Hause« (Freud, 1916–1917a [1915–1917]) zu sein, integrieren kann. Menschen können also lernen, mit negativen Gefühlen umzugehen, sie zu akzeptieren und zu reflektieren, obwohl sie wissen oder ahnen, dass sie ihre Gefühle niemals ganz unter Kontrolle bekommen können. Supervision nach diesem Verständnis ist Persönlichkeitsbildung, die Kompetenzen wie Rollendistanz und Selbstreflexion intendiert. In unserem Fall bedarf es also einer behutsamen, die Würde des Supervisanden achtenden Aufklärung über die unbewussten familiendynamischen Hintergründe der Leitungsfunktion im Familienbetrieb. Seinem Familienerbe mit allen ihren emotionalen Anteilen und Implikationen kann der junge Handwerkermeister nicht entrinnen, selbst wenn er den materiellen Teil des Erbes ausschlagen würde. Familienbande setzten den Rahmen für die Beziehungsmuster des Lebens. Ist sich aber der Supervisand im kritischen Blick auf diesen Rahmen seiner Spielräume bewusst, kann er ein stückweit mehr Autonomie gewinnen und sein Leben sowie seine Berufsrolle selbstverantwortlich gestalten.

Literatur

Bauriedl, T. (2014). Die Triangularität menschlicher Beziehungen und der Fortschrittsglaube in der psychoanalytischen Entwicklungstheorie. *Psychoanalytische Familientherapie, 28*(1), 59–77.
Boszormenyi-Nagy, I. & Spark, G. M. (1981). *Unsichtbare Bindungen. Die Dynamik familiärer Systeme*. Klett-Cotta.
Bourdieu, P. (2011). *Der Tote packt den Lebenden*. VSA.

Busse, S. & Tietel, E. (2018). *Mit dem Dritten sieht man besser. Triaden und Triangulierung in der Beratung*. Vandenhoeck & Ruprecht.

Diem-Wille, G. (1997). Nachtmahl war grundsätzlich Betrieb. Über den Zusammenhang von Familiendynamik und Unternehmensführung in einem Familienunternehmen. Eine Falldarstellung. In I. Eisenbach-Stangl & M. Ertl, *Unbewusstes in Organisationen. Zur Psychoanalyse von sozialen Systemen* (S. 87–117). Facultas.

Erdheim, M. (2006). Parentifizierung und Trauma. *psychosozial, 103*(1), 21–26.

Freud, S. (1916–1917a [1915–1917]). *Vorlesungen zur Einführung in die Psychoanalyse*. GW XI.

Grieser, J. (2011). *Architektur des psychischen Raumes. Die Funktion des Dritten*. Psychosozial-Verlag.

Grieser, J. (2017). *Triangulierung*. Psychosozial-Verlag.

Gröning, K. (2013). *Supervision. Traditionslinien und Praxis einer reflexiven Institution*. Psychosozial-Verlag.

Kutter, P. (2017). Spiegelphänomene in der Supervision. In H. Pühl (Hrsg.), *Das aktuelle Handbuch der Supervision* (S. 81–95). Psychosozial-Verlag.

Leuschner, G. (2007). Supervision – eine Kunst der Beziehung. *Forum Supervision, 2*, 14–22.

Moré, A. (2013). Die unbewusste Weitergabe von Traumata und Schuldverstrickungen an nachfolgende Generationen. *Journal für Psychologie, 21*(2), 1–34.

Obermeyer, K. & Pühl, H. (2019). Wenn Ungewissheit zur Gewissheit wird. In dies. (Hrsg.), *Übergänge in Beruf und Organisation* (S. 7–20). Psychosozial-Verlag.

Pühl, H. (2017). *Angst in Gruppen und Institutionen*. Psychosozial-Verlag.

Schmidbauer, W. (2019). Die Angst vor der Langsamkeit und die Grenzen der Selbstreflexion. In K. Obermeyer & H. Pühl, *Übergänge in Beruf und Organisation* (S. 21–35). Psychosozial-Verlag.

Biografische Notiz

Christine Jandausch ist freie Supervisorin (DGSv) und Lehrerin für Deutsch und Evangelische Religionslehre an einem Gymnasium. Sie hat von 1985 bis 1992 evangelische Theologie, Germanistik und Pädagogik in Münster studiert und ihr Referendariat in Münster mit dem Abschluss des Zweiten Staatsexamens absolviert. Darüber hinaus hat sich Jandausch 2016/2017 zur Schulseelsorgerin in Villigst qualifiziert und zwischen 2018 und 2022 ein Studium der Supervision und Beratung mit dem Abschluss M.A. in Bielefeld durchlaufen. Seit 2018 ist sie ebenfalls tätig im Bereich Einzel-, Gruppen- und Teamsupervision sowie in der Trauerbegleitung.

Organisation und soziales Handeln
Perspektiven zum sozialwissenschaftlichen Verstehen in der Supervision

Katharina Gröning

Der folgende Beitrag befasst sich mit den Problemen supervisorischer Wissenssysteme für die Beratung (von Professionellen) in Organisationen und fokussiert dabei nach einem Abriss zur Entwicklung des Organisationsdenkens in der Supervision die Feldtheorie Bourdieus in Verbindung mit einer Diskussion zum »Fall Kevin«. Berücksichtigt wird zudem die Fallanalyse von Fritz Schütze (1993). Diese Verbindung wird u. a. durch einen aktuellen, supervisorisch bedeutsamen Diskurs innerhalb der sozialen Arbeit nahegelegt, bei dem es um Kindeswohlgefährdung und Kinderschutz und die Entwicklung von höchst riskanten Fällen von Misshandlung und sexuellem Missbrauch geht (Klatetzki, 2020). Besondere Bedeutung hat in diesem Zusammenhang ein Plädoyer von Thomas Klatetzki zum professionellen Handeln in der Jugendhilfe und zu Fallrekonstruktionen und Fallanalysen in der Sozialen Arbeit. Gleichsam als Anwalt der in der amtlichen Jugendhilfe tätigen Sozialarbeiter:innen zweifelt Klatetzki am Sinn von Fallanalysen und Fallrekonstruktionen und damit auch Fallsupervisionen, wie sie z. B. von Fritz Schütze (1993; siehe dazu auch Nittel, 2013) entwickelt wurden. Klatetzkis Argumentation lässt sich wie folgt zusammenfassen:

➢ Fälle im Alltag sozialer Arbeit in der Jugendhilfe seien zu unübersichtlich, als dass sie im Hinblick auf ihren Verlauf prognostiziert werden könnten;
➢ Arbeitsbündnisse seien zu unsicher, weil Klientele »spielen«, lügen, täuschen;
➢ nachträgliche Fallrekonstruktionen, besonders im parlamentarischen Kontext seien zu tendenziös, weil sie nach Ereignissen suchten, diese aus Prozessen lösten, um so nach persönlicher Schuld und/oder Organisationsversagen zu suchen;
➢ die Organisation reagiere auf problematische Fallverläufe vor allem mit mehr Kontrolle und Hierarchie.

Er stellt auch Bemühungen infrage, mittels Supervision und Beratung und nicht zuletzt mittels wissenschaftlicher Verlaufsanalysen von Fällen zudem zu kommen, was im Frankfurter Kommentar des SGB VIII (KJHG) als Gesetzesauftrag formuliert wurde. Danach sind Reflexion und Aufarbeitung von Fällen durch Dritte im Kontext des KJHG eine berufslebenslange Aufgabe. Eine einmal erworbene Berufsqualifikation sichere nicht die Bearbeitung von Fällen »nach den Regeln der Kunst«. Gefordert werden Reflexionen durch unabhängige Dritte, also Supervisor:innen, die mittels ihrer Wissenssysteme einen reflexiven Blick auf den Fall gewährleisten können (Belardi, 2020, S. 60).

Für Supervisor:innen können diese Fälle wie der »Fall Kevin« (2006) oder aktuell der »Fall Lügde« Anlass sein, die eigenen supervisorischen Wissenssysteme zu Fallverläufen und damit auch zur Organisation zu überprüfen und zu reflektieren, denn sie sind ähnlich wie die Jugendämter und die dort arbeitenden Sozialarbeiter:innen unmittelbar von diesen Fällen betroffen, weil sie dort beraten. Dabei ist zu beachten, dass Supervision im Setting von Teamsupervision, Fallsupervision und Einzelsupervision im Hinblick auf ihre Beziehung zur Organisation selbst deutliche Konjunkturen und Entwicklungslinien durchlaufen hat. Nach einer ersten Konjunktur der Fallbesprechung mit dem Schwerpunkt einer psychoanalytischen Hermeneutik auf den Fall in den 1960er und 1970er Jahren (Althoff, 2020) hat sich die Supervision im Hinblick auf die im Frankfurter Kommentar angegebene Reflexion von Fällen als Pflichtaufgabe amtlicher sozialer Arbeit nicht weiterentwickelt. Die supervisorische Fallbesprechung ist auf der Ebene der Beziehungsanalyse und auf der Ebene der tiefenhermeneutischen Interpretation von Fällen verblieben und hat die Dimension Organisation(-sdynamik) im Fall nicht weiterverfolgt. Erkenntnisse aus der Fallforschung im Bereich der Sozialen Arbeit sind nicht adaptiert worden.

So ist eher das Gegenteil der Fall: In diesem Zusammenhang ist es für mich eine ernüchternde Erfahrung gewesen, dass anlässlich der Tagung zu fünf Jahren Masterstudiengang Supervision in Bielefeld das Referat zur Fallanalyse von Fritz Schütze von den anwesenden Gästen mehrheitlich nicht verstanden wurde. Schütze hatte die Akte als den Fall steuernde zentrale Institution bei der Bearbeitung von Fällen herausgestellt und in diesem Zusammenhang die Fallentwicklung in Organisationen als stufenförmigen Verlauf dargelegt, bei dem es zu deutlichen Stereotypenbildungen kommt, die aus Handlungsproblemen der Professionellen entstehen.

Supervision hat sich in Organisationen zunächst als angewandte Gruppendynamik im Kontext der Teamsupervision, später als angewandte Gruppendynamik und Beratung in Organisationen, selbst verstanden. Eher unsystematisch und deutlich mit dem Schwerpunkt auf Selbsterfahrung und Persönlichkeitsbildung wurden gruppendynamische und teilweise klinische Wissensvorräte im Sinne von Gruppen- und Organisationsdiagnosen entwickelt. Der gruppendynamische und klinisch-psychologische Rahmen der Supervision gilt letztlich bis heute, denn obwohl sich Institute und Studiengänge heute mehrheitlich als »systemisch« verstehen, arbeiten sie nur selten soziologisch und sozialwissenschaftlich fundiert. Die Komplexität von Fallverläufen und ihre gesellschaftliche Dringlichkeit legen es aber nahe, die supervisorischen Wissenssysteme zum einen zu diskutieren, zum anderen Vorschläge zur Weiterentwicklung und Positionsbestimmung zu unterbreiten.

Metaphern – zum Problem des Organisationsverständnisses in der Supervision

In einem Beitrag zur Organisationsentwicklung im *Forum Supervision* haben Leffers und Weigand (2000) die Entwicklung der Supervision im Hinblick auf ihr Organisationsverständnis zu Recht als eine Art »Bauchladen« bezeichnet und die Problembeschreibung von supervisorischem Organisationswissen als »Schmelztiegel unterschiedlicher Konzepte und Ideen« (Lauterburg, 1999, zit. n. Leffers & Weigand, 2000, S. 49) übernommen. Sie fordern eine »zweite Aufklärung« für die Organisationsentwicklung (OE) (ebd., S. 51) und bieten diese in einem Abschnitt zur OE-Philosophie (ebd., S. 53ff.) an. Dazu wird in sehr loser Anlehnung an Luhmanns Theorie offener sozialer Systeme und unter Hinweis auf den in der systemischen Therapie verbreiteten radikalen Konstruktivismus, mit dem die Autoren sich identifizieren, die Organisation als »Gehirn und Immunsystem« verstanden. Der Gruppenanalytiker Gerhard Wilke hat 2000 einige dieser Metaphern aufgezählt und eher additiv aneinandergereiht.

Die Adaption dieser »systemisch-konstruktivistischen« Betrachtungen und Definitionen von Organisationen, die in der Zeit des Millenniums eine deutliche Konjunktur hatten, hat nicht nur in der OE, sondern auch in der Supervision eine große Attraktivität entfaltet. Systemtheorie und Konstruktivismus haben herrschaftssoziologische Ansätze, die bis dahin noch eine gewisse Bedeutung in der Supervision hatten, abgelöst. Hierhin gehört auch die Abkehr von älteren, aus der Epoche der inneren Reformen stammenden Betrachtungen, die auf der klassischen Institutionenlehre beruhten, z. B. in der Tradition Goffmans (Analyse Institutionelle) oder Foucaults (Hermeneutik des Verdachts), und mit einem organisationskritischen Erkenntnisinteresse entwickelt wurden.

Die systemisch-konstruktivistische Wende in der Supervision hat spürbar in den 1990er Jahren begonnen. Die Haltung, dass Organisationen vor allem Denkprodukte sind, eröffnete gleichzeitig den Weg in die Metaphern, die sich bevorzugt an biologischen Kategorien wie »Organisation als Gehirn« oder als »Körper« bzw. »Organismus« orientieren. Auch die Rede von Organisationen als »Elefant« oder »Mülltonne« *(garbage)* gehört hierher, und damit starke, den Bildern inhärente Vereinfachungen; zum zweiten wird im Kontext der konstruktivistischen Betrachtungen von Organisationen die alte Organlehre (in der Tradition Spencers) mit ihren klinischen Kategorien wie »gesund« und »krank« sichtbar.[1]

Organisationen sind danach nicht mehr als von Widersprüchen und Interessenkonflikten bestimmte politische Gestalten bzw. Institutionen anzusehen, sondern eben im Sinne der Organlehre oder der Kybernetik. Funktionieren sie, dann sind sie gesund, funktionieren sie nicht, dann sind sie krank oder dysfunktional. Andere Metaphern wie »Mülltonne« oder »Elefant«, in denen eindeutig Bewertungen und Tendenzen herauszulesen sind, sowie die Politik hin zur »schlanken Organisation«, erlauben es den politischen Eliten von Organisationen, auf Prinzipien wie Konsensbildung und Interessenausgleich zu verzichten.

Zur Konjunktur der Metaphern passt, dass quasi zeitgleich zur systemisch-konstruktivistischen Wende in der Supervision eine historische Person und ihre Theorie besondere Beachtung fand, über die sich der Historiker Herfried Münkler (1995) deutlich wunderte und die ihn veranlasste, ein umfassendes Buch zu eben diesem Phänomen zu schreiben. Es geht um das plötzliche Interesse bei Führungskräften und Berater:innen, die in den 1990er Jahren im Sinne von Boltanski (1990) endgültig zur eigenen sozialen Gruppe geworden sind, an Niccolo

---

[1] Die Metaphernforschung stellt eine eigene Disziplin dar und untersucht das bildliche Sprechen in ökonomischen, politischen und eben auch in therapeutischen bzw. beraterischen Kontexten. Laut Socialnet werden Bilder aus bekannten Zusammenhängen auf neue übertragen https://www.socialnet.de/lexikon/Metaphernanalyse. Mit dem Buchtitel »Ein Bild sagt mehr als 100 Worte. Symbole in der Supervision und Beratungsarbeit« von Renate John (1995) zeigt die Verfasserin auf, dass die bildliche Sprache und die Nutzung von Metaphern in wichtigen Bereichen der Supervision den Rang einer Methode beanspruchen. »Ein Bild sagt mehr als 1000 Worte« wird ursprünglich einem Artikel zur Werbung auf Straßenbahnen vor etwa 100 Jahren zugeordnet. Metaphern helfen fraglos bei Symbolisierungen, stellen jedoch deutliche Vereinfachungen komplexer Zusammenhänge dar und sind tendenziell manipulativ. Die Aufforderung im Kontext von Training »Setzen Sie Bilder ein, denn Menschen denken in Bildern« (siehe ras-training.de) verweist darauf.

Machiavelli und um seinen Blick auf die Macht und das Verhältnis von Macht und Moral. Auch wenn Machiavellis politische Theorie als klassisch gilt, so ist sie grundlegend vordemokratisch und versteht die Macht, wie Foucault es im Kontext des Leviathan formuliert hat, als Honestum, als von Gott gegebenes Gut, mit dem der Herrscher, Fürst oder Leviathan letztlich machen darf, was er will, weil sich in seinem Tun der göttliche Wille spiegelt. Dieses Honestum stellt im Sinne Bourdieus den Kern der sozialen Unterscheidung, der symbolischen Gewalt dar.

Die Entwicklung der Supervision in den 1990er Jahren hat diese weit weg von ihren historischen Wurzeln geführt. Supervision begann als humanistische Hermeneutik und Praxis der Re-Demokratisierung sozialer Dienstleistungsorganisationen und ihrer Angehörigen nach dem Zweiten Weltkrieg und dem Nationalsozialismus. So haben es ihre Begründer:innen, z. B. Cora Balthussen und Louis Lowy, verstanden, und so haben es Leitfiguren der Supervision wie Gerhard Leuschner dann in der zweiten Generation weitergeführt. Aufgrund dieser Entwicklung und weil die Konjunktur der Metaphern in Supervision und Organisationsberatung die deutliche Tendenz zur Flüchtigkeit aufweist, wird dafür plädiert, zu einer Würdigung der Organisationssoziologie und ihrer Entwicklungslinien in der Tradition Webers, Etzionis, Renate Mayntz und der Theorie der Felder zurückzukehren. Dies schließt eine Würdigung der Systemtheorie ein, die in diesem Verständnis allerdings nicht ohne die demokratietheoretischen und fundierten Beiträge von Jürgen Habermas und seinen Nachfolger:innen sinnvoll ist.

Jenseits der Metaphern – Wissenssysteme zur Organisation und ihre Bedeutung für die Supervision

In der herrschaftssoziologischen Theorie der Organisationen, bei Max Weber (1964) über Amitai Etzioni (1967) bis hin zu Horst Bosetzky oder Renate Mayntz, werden Organisationen als allumfassend, tendenziell zeitlos und die Lebenswelt durchdringend beschrieben. Sie hätten sich im Laufe des gesellschaftlichen Modernisierungsprozesses als Gebilde zweckrationaler Vernunft durchgesetzt und traditionale oder charismatische Formen der Herrschaft abgelöst. Organisationen übten nicht nur mittels ihrer historisch gewachsenen Strukturen, sondern auch mittels ihrer Handlungsprinzipien legitime Macht aus. Dieses Handeln wurde von Max Weber als zweckrational qualifiziert. Max Webers Erkenntnisinteresse war es, die Vorherrschaft des Okzidents historisch nachzuvollziehen. Seine Analyse der Dominanz des Westens hat er mit Begriffen wie »Rationalisierung« und »Entzauberung« beschrieben, vor allem mit der Überwindung mystischer und religiöser Weltbilder zugunsten einer technischen und utilitaristischen Vernunft, die für ihn das moderne Denken und die modernen Wissenssysteme auszeichneten und die sich in den Regeln und Kulturen von Organisationen quasi als Normalität institutionalisiert hätten. Diese von Weber zentral mitbegründete strukturalistische Perspektive auf die Organisationen weist verschiedene Weiterentwicklungen auf, die sich in systemtheoretisch, feldtheoretisch oder interaktionistisch differenzieren lassen. Für ihn waren Organisationen Gebilde legitimer und rationaler Herrschaft, die sich historisch in enger Wechselwirkung mit dem Kapitalismus als Wirtschaftssystem historisch herausgebildet haben und in denen ausgebildete Fachbeamt:innen (Bayer & Mordt, 2008, S. 160) strukturelle und legalistische Macht ausübten. Organisationen übernehmen so die eigene, moderne Unterwerfung der Menschen sowohl unter die Prinzipien des Kapitalismus als auch unter die Prinzipien des Staates, indem sie bei den Menschen eine besondere Lebensführung forcieren, die von Weber als asketisch und rational verstanden wurde. Menschen werden demnach durch die Logik von Organisationen einem Entfremdungsprozess unterzogen (ebd.). In dieser Denktradition betont auch Amitai Etzioni in seinem Klassiker zur Soziologie der Organisationen ihren allumfassenden Charakter:

> »Unsere Gesellschaft ist eine organisierte Gesellschaft. Wir werden in Organisationen geboren, wir werden von ihnen erzogen, und die meisten von uns arbeiten einen beträchtlichen Teil ihres Lebens für Organisationen. Auch einen großen Teil unserer Freizeit verbringen wir in ihnen; dort geben wir Geld aus, dort spielen, dort beten wir. Die meisten von uns werden in einer Organisation sterben, und selbst das Begräbnis muss von der umfassendsten aller Organisationen, dem Staat genehmigt werden« (Etzioni, 1967, S. 9).

Die Beschreibung zur Wirkkraft von Organisationen für das persönliche Leben verweist sowohl auf die verschiedenen Bereiche der materiellen Lebenswelt, als auch auf die Zeitstrukturen, d. h. den Lebenslauf, sowie schließlich darauf, dass Organisationen prozesshaft und prozessierend auf die Lebenswelt wirken und dass darin ihre Sozialisationsfunktion liegt. Allgemein wird die Aufgabe der Prozessierung des Lebenslaufes von besonders ausgebildeten Agent:innen übernommen, die sowohl (wie Bayer & Mordt, 2008 bei Weber zitieren) Fachbeamt:innen sein können als auch Angehörigen von Professionen und Semiprofessionen, die für die Normalisierung besonders ausgebildet sind. Zu einem nicht unerheblichen

Teil finden sich diese Agent:innen in der Pädagogik. Schon Fritz Schütze (1981) hat in seiner Methodologie zu den Prozessstrukturen des Lebenslaufes darauf verwiesen, dass an jedem biografischen Wendepunkt, bei jeder größeren, institutionell bedeutsamen Entwicklungsaufgabe Professionelle bereitstehen, um diese Entwicklungsaufgabe gutachterlich, prüfend oder fördernd, helfend oder beratend zu steuern oder zu kommentieren.

Exkurs zur Bedeutung der Systemtheorie und des Systemischen für die Pädagogik und Supervision

Klatetzki (1993) spricht in seiner immer noch lesenswerten Dissertation davon, dass die Weber'sche Forschung in eine Theorie der Organisation zunächst als rationale Systeme eingemündet sei und Organisationen als geschlossene Systeme betrachtet wurden. Systeme als ganzheitliche Organisiertheit von Teilen seien in dem Maße rational, wie sie verkettet, verknüpft und in Handlungs- und Verantwortungsketten effizient gestaltet seien (ebd., S. 28). Merkmal dieser geschlossenen Systeme sei ihre relative, aber ausgeprägte Autonomie gegenüber der Umwelt. Klatetzki zeigt weiter, dass der Einfluss der Kybernetik auf die Theoriebildung dazu geführt habe, Systeme vor allem im Hinblick auf ihre Überlebensfähigkeit als offen zu beschreiben, da ihr Austausch mit der Umwelt als ihr wesentliches Merkmal angesehen werden könne, womit die Kommunikation zwischen System und Umwelt in den analytischen Fokus geraten sei (ebd., S. 29). Die jeweilige Umwelt bestimmt danach die Entwicklung und Verfassung eines Systems entscheidend mit. Der nächste theoriegeschichtliche Abschnitt, so Klatetzki (ebd., S. 30), betrifft die Perspektive, dass nicht mehr die Umwelt, sondern die Wahrnehmung der Umwelt durch das System als entscheidendes Kriterium für den Austausch und die Kommunikation mit der Umwelt angesehen wird. Systeme werden seitdem als selbstreferenziell beschrieben. Zudem habe Luhmann den Weber'schen Grundsatz der Zweckrationalität durch den der Systemrationalität ersetzt (ebd., S. 32). Klatetzki führt weiter an, dass mit dem Systembegriff die herrschaftssoziologischen Rationalitätskriterien von der Organisationsforschung deutlich in Zweifel gezogen wurden. Gemessen am Rationalitätskriterium, so zeigt er auf, hätten sich Entscheidungen in Systemen häufig als *technology of foolishness* platziert, was den Systemen den Vergleich mit einer Mülltonne eingebracht habe *(garbage)*. Es sind demnach nicht mehr die von Habermas schon 1969 aufgeführten Sachzwänge und die Verengung von Rationalitätskriterien im Sinne von Versachlichung, Verrechtlichung oder Monetarisierung, die zu Problemen der Steuerung von Organisationen führen, sondern Dummheit, die das Organisationshandeln ausmacht.

Die Konjunktur der Metaphern, die das Organisationswissen zunehmend prägen, die Abkehr vom Rationalitätskriterium, dürfte auch damit zu tun haben, dass Organisationen aus der Perspektive von selbstreferenziellen Systemen aufgefasst werden, und Luhmanns Absicht, eine allgemeine Gesellschafts- und Welttheorie zu entwickeln, auf Organisationen generell übertragen werden. Auf dieses Problem haben auch Renate Mayntz und Fritz Scharpf (2005) in einer ausführlichen Kritik an Luhmann aus einer politikwissenschaftlichen Perspektive hingewiesen. Ihre Argumente legen zum einen eine Unterscheidung von Systemtheorie als Theorie des (Welt-)politischen und Systemtheorie als Organisationstheorie, also eine Theorie mittlerer Reichweite nahe.

Meine Sympathie für den Interessenbegriff z. B. bei Mayntz und Scharpf geht einher mit dem Plädoyer, Organisationsforschung als Forschung und Theoriebildung mittlerer Reichweite aufzufassen und auf die ausschließlichen Ableitungen und die Rezeptionen aus der Systemtheorie und dem Konstruktivismus auch deshalb zu verzichten, weil es sich bei diesen um Theorien großer Reichweite handelt, mit dem Anspruch, entweder große historische Epochen hinsichtlich ihrer Ideengeschichte oder gesellschaftliche Strukturentwicklungen zu erfassen. Notwendig werden diese Theorien unscharf, wenn man sie als Analyseraster für kleine Einheiten, für sehr konkrete und teilweise sehr praktische Fragen verwenden will. Dies lässt sich z. B. an der Frage klarmachen, ob auf den Interessensbegriff oder noch wichtiger auf den Begriff des Menschen verzichtet werden kann, wenn man zu Organisationen arbeitet. Natürlich könnte man z. B. »Interessen« auch als »Sinngehalte« oder »Bedeutungssysteme« definieren und entsprechend abstrahieren. Damit ist aber wenig gewonnen, außer dass der Interessenbegriff selbst unscharf wird.

In Auseinandersetzung mit Niklas Luhmann und als Preisträger des Bielefelder Wissenschaftspreises, der in Erinnerung an Niklas Luhmann gestiftet wird, haben sich Renate Mayntz und Fritz Scharpf (ebd.) mit dem Steuerungspessimismus der Systemtheorie (was durch Metaphern wie der Mülltonne und einer *technology of foolishness* noch einmal geschlossen wird; denn gegen Dummheit ist bekanntermaßen kein Kraut gewachsen), mit dem Verhältnis von Akteursperspektive und System und mit dem Problem des Interesses und dem Umgang in Organisationen befasst. Bekanntermaßen versteht Luhmann Steuerungsversuche sozialer Systeme nur als Irritation und vergleicht sie, wie Mayntz und Scharpf referieren, mit dem Regentanz der Hopi-Indianer oder dem Versuch des Staates, Kühe aufzublasen, damit sie mehr Milch geben. Beide führen an, dass sie in ihren Forschungen immer wieder beobachten konnten, dass Steuerungsprobleme zum einen weniger der Autopoiesis der Systeme geschuldet seien als vielmehr dem politischen Widerstand und Willen handlungsfähiger Akteur:innen (z. B. im Projekt der Implementation politischer Programme), und dass zum anderen globale Störungen der Weltwirtschaft mit den Mitteln nationaler Politik häufig nicht abgewehrt werden können. Den Nationen hätten die Steuerungsmittel gefehlt bzw. die Instrumente seien zu schwach gewesen. Beide referieren dazu die Krise des Keynesianismus vor allem nach dem Zweiten Weltkrieg und die Renaissance des Neoliberalismus. Gerade die Erfahrung politischer Steuerbarkeit in der Phase des Keynesianismus und die damit einhergehende Steuerungseuphorie (Konjunktur nach Maß), so Mayntz und Scharpfs in einem Abriss der Wirtschaftspolitik mit dem Schwerpunkt der Zeit nach dem Zweiten Weltkrieg, hätte dazu geführt, dass die westlichen Nationalökonomien, die zunächst in eine Phase deutlicher antizyklischer Steuerung einmündeten, später in das Gegenteil verfielen. Eine deutliche Ausweitung staatlicher Sozialleistungen, Lohnsteigerungen und ein Anwachsen staatlicher Tätigkeiten insgesamt habe dazu geführt, dass Inflationsdruck, Strukturkrisen und konjunkturelle Schwankungen nun als grandiose Fehlentwicklung aufgefasst wurden. Eine neoliberale Wende nicht nur in der Politik, sondern ebenfalls in der Wissenschaft sei die Folge gewesen – verbunden mit der Haltung, dass die politische Steuerung der Wirtschaft nicht nur nicht möglich, sondern sogar schädlich sei (ebd.). Mayntz' und Scharpfs politikwissenschaftliche Argumente können helfen, die Rezeption der Systemtheorie in Pädagogik und Supervision zu differenzieren. Für die Organisationsforschung und letztlich für Supervision und Beratung sind Theorien mittler Reichweite sinnvoll. Verwiesen sei in diesem Zusammenhang auch auf Joas und Knöbl (2004), die vorschlagen, nicht jede kybernetische Gestalt im Sinne von Luhmann als System aufzufassen, sondern nur solche mit einer ausgeprägt hohen Autopoiesis und Komplexität. Organisationen und Fälle in Organisationen gehören nicht notwendig dazu, ebenso wenig wie Familien und kleinere Gruppen.

Verwiesen sei weiterhin auf das grundsätzliche Paradoxon in der systemischen Beratung, dass etwas beraten wird, was letztlich nur zu irritieren ist. In der Supervision hat dies zur Konsequenz, dass der Beratungsfokus sich nicht mehr auf die Reflexion der Arbeit und vor allem auf die Reflexion der Fälle richtet, sondern Supervision zunehmend im Sinne von Psychohygienen der Mitarbeiter:innen verstanden wird, also eine Wende in Richtung gesundheitsfachlicher Betrachtung eingesetzt hat.

Im Anschluss an Mayntz und Scharpf (2005) sei noch einmal an Friedrich Glasl und Hans von Sassen (1983) erinnert. In ihrem Buch zur Verwaltungsreform und Organisationsentwicklung referieren sie auf der Basis des Interessenbegriffs unterschiedliche Strategien der Veränderung in Organisationen. Aufgeführt wird neben den Anreiz- und Sanktionsstrategien als klassischen politischen Formen der Steuerung in Organisationen auch die pädagogische Strategie der Persuasion. Organisationen sollen durch Bildung, Überzeugung und Mentalitätsveränderung entwickelt werden. Die Beeinflussung von Denkgewohnheiten, Verhalten und Einstellungen sowie die Initiierung von Lernprozessen gelten nach Glas und von Sassen (ebd.) schließlich als Träger von Veränderungen in Organisationen. Diese reflexiven oder persuasiven Strategien sollten als Interdependenz zusammen mit Anreizen und Sanktionen eingesetzt werden. Auf die Bedeutung der Persuasion machen auch Mayntz und Scharpf (2005, S. 237) aufmerksam. Gleichzeitig muss jedoch mit Macht- und Interessenkonflikten gerechnet werden.

Erkenntnisleitendes Interesse und forschungslogisches Vorgehen

Der bisherige Abriss zu den Wissensvorräten zur Organisation in der Supervision und den angrenzenden Professionsfeldern wie Organisationsberatung und Organisationsentwicklung zeigt, dass ihr Schwerpunkt vor allem das Lernen in Organisationen (z. B. hinsichtlich des Lernens von Rollen) und die Anpassung von Mitarbeiter:innen und Teams an die funktionalen Erfordernisse der Organisation betrifft. Diese Perspektiven des funktionalen Lernens legen nicht nur systemtheoretische Betrachtungen der Organisation für die Supervision nahe, sondern führen gleichzeitig zu einer Konjunktur von Betrachtungen der Organisation mittels Metaphern – und zwar ohne dass die Autor:innen dieser Betrachtungen ihr jeweiliges Erkenntnisinteresse explizit formulieren. Stattdessen wird dann, wie in der Supervision verbreitet, von der eigenen Philosophie oder Meinung gesprochen als sei Theorie eine Frage des Geschmacks. Heute wenig bedeutsam in der Supervision sind leider theoretische Perspektiven auf die Organisation im Sinne der referierten politikwissenschaftlich begründeten Ansätze, wie dies z. B. der vorgestellte Ansatz von Mayntz und Scharpf ist, die Organisationen immer noch als Austragungsort politischer Interessen ansehen. Beide warnen vor der Glättung der Konflikte, die Betrachtungen mit sich bringen, die zum einen sehr deutlich aus einer makrotheoretischen Perspektive verfasst sind, denen zum anderen ein – wie Habermas schon 1969 attestierte – ein primär technisches Erkenntnisinteresse zugrunde liegt.

Wenn nach diesem Abriss auf die Entwicklung der Organisationstheorien in der Supervision nun der engere Gegenstand des Aufsatzes in den Fokus genommen wird, so handelt es sich bei der Auswahl der Theorien, die als Instrumente zum Verstehen von empirischen Problemen in der supervisorischen Praxis verstanden werden, um ein praktisches Erkenntnisinteresse.

Seit mehr als fünf Jahren arbeiten wir im Bielefelder Studiengang Supervision rekonstruktiv und interpretativ an Fallentwicklungen in der Jugendhilfe und an ihrer Bedeutung für die Supervision. Schon sehr lange, quasi mit Institutionalisierung des Masterstudiengangs Supervision und Beratung, haben wir zudem dafür plädiert, die Sozialtheorie Bourdieus als Verstehensinstrument in der Supervision zu nutzen und an zentraler Stelle mit ihr zu arbeiten. In der Supervisionsszene sind wir damit allein geblieben. Bourdieu ist unserer Auffassung nach zentral für die Fallsupervision, denn anders als von Klatetzki (2020) zu Recht kritisiert, ist die politische und rechtliche Aufarbeitung von Fallentwicklungen unzureichend, weil an ihrem Ende häufig nur die Feststellung von persönlicher Schuld steht. Demgegenüber eröffnet Bourdieus Soziologie von Habitus und Feld einen Horizont zu den Wirkkräften im sozialpädagogischen Feld, die Lücken schließt.

Im »Fall Kevin« (2006), den wir im Rahmen des Masterstudiums Supervision und Beratung (Suhr & Savinov, 2016) sowohl im Hinblick auf eine Verlaufs- und Ereignisanalyse als auch im Hinblick auf die sozialpädagogische Einschätzung der Suchtproblematik der Eltern rekonstruiert haben, fallen Phänomene des Handelns der verantwortlichen Sozialarbeiter:innen besonders auf, die sich weder mit den Sparmaßnahmen des Landes Bremen (Emig, 2007) ausreichend erklären lassen, noch mit Organisationseffekten durch Verwaltungsreformen, die zu mehr Komplexität und Unübersichtlichkeit in der Verwaltung, zu mehr Delegation und Verantwortungsspaltung geführt haben. Diese Faktoren stellen selbstverständlich strukturelle Bedingungen dar, aus denen Überforderung und Fallmüdigkeit hervorgehen können. Im »Fallverlauf Kevin« zeigen sich aber Phänomene, die feldtheoretische Verstehenszugänge nahelegen. Der Bericht des parlamentarischen Untersuchungsausschusses zum »Fall Kevin« (Mäurer, 2006) legt die Frage nahe, warum das Kind Kevin trotz mehrfacher schwerer Verletzungen, trotz Inobhutnahmen und Polizeieinsätzen wegen schwerer Misshandlung immer wieder zu seinen Eltern zurückgebracht wurde.

Ausgehend von Schützes Erkenntnis zur Fallanalyse, dass die Akte den Fall steuert, zeigt sich im »Fallverlauf Kevin« ein sich wiederholendes professionelles Handlungsschema. Immer wieder werden teils aufwendige »familienerhaltende« ambulante Hilfemaßnahmen angesetzt, die den Schutz des Kindes nicht gewährleisten. Die Handlungsschemata der »Eltern« von Kevin sind zu den Maßnahmen komplementär angelegt. Vor allem die Zusammenarbeit zwischen den beteiligten klinischen Systemen (Psychiatrie und Drogenhilfesystem) und den beteiligten pädagogischen Systemen kann als Felddynamik der Sozialen Arbeit verstanden werden. Benutzt wird hier der Begriff von Schütze zu den Prozessstrukturen des Lebenslaufes (1981), wonach sich gefährdete Lebensläufe als Karrieren und Erleidenskurven zeigen, weil ab einem bestimmten Grad von Desintegration Handlungsschemata so verfestigt sind, dass sie die Karrieren und die Erleidenskurven mitvollziehen bzw. herbeiführen. Diese Beschreibung von Schütze ist anschlussfähig an die Theorie von Habitus und Feld und wäre als Inkorporation aufzufassen.

Organisationen als Felder – Verstehen mit dem »soziologischen Ohr« in Organisationen

An zentraler Stelle der Soziologie Bourdieus steht seine Erkenntnis, dass die Handlungsweisen eines Menschen unbewusst einem sozialen Sinn folgen, den dieser Mensch gelernt und akzeptiert hat und nun weitgehend unbewusst reproduziert. Die Art der Reproduktion sozialer Sinnstrukturen ist abhängig von der Zugehörigkeit zu einem sozialen Milieu (Herkunft) und den darin wirkenden sozialen Kräften. In *Sozialer Sinn* (1993) und später in der Untersuchung zu den »feinen Unterschieden« (1987) (siehe dazu Liebau, 1987), entfaltet Bourdieu das zentrale Denkgebäude und den Nukleus seiner Soziologie. Es ging Bourdieu um den Nachweis einer Interdependenz von objektiven Strukturen und sozialen Praktiken (ebd.). Konzeptualisiert hat er das Phänomen des Habitus während seines Militärdienstes im französisch besetzten Algerien. Seine Erfahrungen, Beobachtungen und Eindrücke aus dieser Zeit wurden, so Schultheis (2013), für ihn und seine Theorie prägend.

Schlüsselbegriffe in der Soziologie Pierre Bourdieus sind »Habitus«, »soziales Feld«, »sozialer Raum« und als strukturierende Merkmale dieses sozialen Raumes »ökonomisches«, »soziales« und »kulturelles Kapital«. »Habitus« wird zudem als ein Grundbegriff einer Theorie der Praxis (Jasso, 2015, S. 54) verstanden. Konkret versteht Bourdieu unter dem Habitus ein in der Kindheit erworbenes Ensemble von Verhaltensweisen, Eigenschaften und Mustern, welches er als eine Gesamtheit von Kapitalsorten versteht, die er mit Blick auf ökonomisches, kulturelles, soziales und schließlich symbolisches Kapital differenziert. Der Habitus wirkt so als ein System von Handlungsgrenzen und gibt dem Menschen scheinbar natürliche Verhaltensweisen vor. Soziale Gefühle, vor allem die Scham (Neckel, 1991) und unbewusste Ängste (Parin, 1978; Gröning, 2016) sorgen für das Einhalten dieser Grenzen. Bourdieu spricht von »Inkorporationen«, wenn er die Entwicklung des Habitus beschreibt und darauf hinweist, dass sich die soziale Zugehörigkeit am und im Körper des Kindes (Hexis) ausbreitet. Ein weiterer wichtiger Schlüsselbegriff zur Beschreibung von im sozialen Raum wirkenden Herrschaftsstrukturen ist die »symbolische Gewalt«. Über diese spricht Bourdieu als eine »magische Grenze«, die zwischen den Herrschenden und Beherrschten institutionalisiert ist. Die Magie der symbolischen Macht löse körperliche Emotionen aus wie Scham, Beklemmung, Schüchternheit oder leidenschaftliche Gefühle wie Respekt, Bewunderung oder Begehren (Bourdieu, 2005, S. 72). Die Tiefe der symbolischen Gewalt, ihre Verhaftung in der Seele und im Körper erzeugt ein gesellschaftliches Unbewusstes und verhindert, dass das erkennende Subjekt die soziale Wirklichkeit erkennen kann.

> »Ihre Wirkung entfaltet die symbolische Herrschaft [...] nicht in der reinen Logik des erkennenden Bewusstseins, sondern durch die Wahrnehmungs-, Bewertungs- und Handlungsschemata, die für den Habitus konstitutiv sind und die diesseits von Willenskontrolle und bewusster Entscheidung eine sich selbst zutiefst dunkle Erkenntnisbeziehung begründen« (ebd., S. 70).

Soziales Handeln und Arbeiten in Organisationen wird bei Bourdieu nur indirekt beschrieben, etwa in seinen Büchern *Sozialer Sinn* und *Die feinen Unterschiede* als enges und interdependentes Zusammenspiel von Habitus und Feld aufgefasst, als Passung zwischen den Wirkkräften des Feldes und dem Handlungssinn von beteiligten Individuen. Zum sozialen Raum bemerkt Bourdieu u. a., dass die Konstruktion und vor allem die Institutionalisierung sozialer Gruppen dazu tendieren, dauerhafte anerkannte hierarchische Teilungen von großer Trägheit und Beharrlichkeit in der Gesellschaft entstehen zu lassen. Das Höchstmaß dieser anerkannten Teilungen seien rechtliche Grenzen. In der sozialen Welt herrsche aber semantische Elastizität, ein Element von Unbestimmtheit, welches den Boden bilde für divergierende widerstreitende Wahrnehmungen und Konstruktionen, die aber in Form dauerhafter Institutionen objektiv werden können.

Organisationen werden bei Bourdieu als Felder verstanden. Teilweise ist der Feldbegriff bei Bourdieu anschlussfähig an jenen von Kurt Lewin (1963), was z. B. die Interdependenz von äußerer sozialer und innerer psychischer Realität angeht. Vor allem geht Bourdieus Feldbegriff aber auf die Religionssoziologie Max Webers zurück. Nach Weber haben sich im Modernisierungsprozess eigene soziale Stände jenseits des Adels platzieren können und Wissen bzw. Fähigkeiten als Zuweisungskriterium zur sozialen Position gesellschaftlich durchgesetzt. Diese

Entwicklung wurde von Weber als Dynamik der Rationalisierung (okzidentaler Rationalismus) verstanden. Felder entstehen durch soziale Schließung. Es gelten Regeln, die sich je nach Feld unterscheiden. Ein Feld definiere sich, so Jasso (2015, S. 57) durch ein Interessenobjekt, um welches die Akteur:innen wetteiferten. Dies könne materieller Reichtum (Felder des Geldbürgertums, ökonomisches Kapital), Wissen (Felder des Bildungsbürgertums, kulturelles Kapital) oder im Politikbetrieb die Position mit dem größten Anteil an Macht sein. Auch moralische Autorität kann so ein Interessenobjekt sein. In jedem Feld herrschen Regeln des Mitspielens vor: Wer darf in das Feld legitim eintreten, mit welchem Rang? Felder üben weiterhin eine Art Zensur aus (ebd., S. 58), indem sie bestimmte Meinungen und Inhalte ausschließen. Im Feld stehen die Individuen in einem objektiven Verhältnis zueinander, welches über die erwähnten Kapitalsorten gesteuert wird. Eine besondere Bedeutung kommt der Sprache als symbolischem Kapital zu. Habituelle Eigenschaften wie Wortgewandtheit, ein wissenschaftlicher Sprachduktus, ein reicher Wortschatz verbunden mit Selbstwertgefühl und einem positiven Körperempfinden werden von Jasso (ebd.) als bedeutende Faktoren des symbolischen Kapitals genannt. Vor allem die Form von Redebeiträgen, die Ritualisierung, mit dem man, wie Bourdieu es ausdrückt, sein Tun »adelt«, führt dazu, dass man in einem Feld Macht ergreifen darf und diese als legitim anerkannt wird. Umgekehrt werden ganze Lebens- und Erfahrungswelten durch Mechanismen sozialer Distinktion ausgeschlossen.

Auch wenn die Berichte zu den Fallentwicklungen wie im »Fall Kevin« oder im »Fall Lügde« nicht mit dem Erkenntnisinstrument von Habitus und Feld analysiert wurden, so können mit der Soziologie Bourdieus bisher wenige beachtete Dimensionen der Fallentwicklung beim Kind Kevin erklärt werden. Neben Habitus und Feld ist zudem die Forschung zur Fallanalyse von Fritz Schütze (1993) von Bedeutung sowie seine Unterscheidung von »stolzen« und »bescheidenen« Professionen (Schütze, 1992).

Der Fall, die Akte und das Dilemma Sozialer Arbeit als bescheidener Profession

Der Fokus zu Verläufen von Fällen zeichnet das wissenschaftliche Werk von Fritz Schütze besonders aus. Die Fallanalyse (1993) ist hierbei als Analyseinstrument zum Verstehen von Fällen und Fallverläufen explizit mit dem Fokus auf Fälle in der Sozialen Arbeit angelegt. Von Bedeutung sind dabei Schützes Beschreibungen von organisationalen und professionellen Handlungsparadoxien und Spannungen. Unter Zuhilfenahme der Bürokratietheorie von Max Weber arbeitet Schütze zunächst die Eigendynamik der Aktenführung und der Dokumentation im Fall als die Wirklichkeit der Professionellen und ihre prägende Wahrnehmung heraus. Professionen gehen eben nicht »an den sozialen Ort der Neurose« (Bernfeld), um sich ein sinnliches Bild des Falls zu machen, sondern verbleiben in ihrem Feld. Die Grundspannung zwischen der Akte als organisationalem, sachlichem und rechtlichem Kompass in der Fallbearbeitung und die Situation der natürlichen Person ist bei Schütze Ausgangspunkt des professionellen Handlungsproblems. Das Pendeln zwischen Bearbeitung der Akte und direkter Inaugenscheinnahme der Person ist für Schütze im professionellen Handeln konstitutiv. Wo dies fehlt, wird die Arbeit zum Risiko. Je höher ein Professioneller in der Rangordnung steht, desto wahrscheinlicher sei es, so Schütze (2015), dass er den Fall nur nach Aktenlage beurteilt. Hausbesuche und direkter Kontakt mit dem sozialen Ort bzw. sozialen Feld ist Angelegenheit der niedrigeren Ränge. Entsprechend werden Hausbesuche als belastend empfunden. Schließlich hat die Akte die Tendenz, immer länger und komplexer zu werden. Es schleichen sich Widersprüche ein, die die Wahrnehmung des Professionellen verändern können. Schütze weist darauf hin, dass eine reflexive Aktenvisite diese Widersprüche zutage bringt, die Akte sollte also nicht nur immer fortgeschrieben werden, sondern regelmäßig geprüft.

Drei Ebenen der Klassifikation hat Schütze herausgearbeitet:
1. Zu Beginn des Falls wird eine fachliche Einschätzung und Klassifikation (z. B. Krankheit, Arbeitslosigkeit, Erziehungsschwierigkeit) niedergelegt.
2. Diese Einschätzung wird im Sinne einer Diagnose im Fall hinterlegt und begründet.
3. Weiterhin werden Klient:innen nach ihren mentalen und zwischenmenschlichen Fähigkeiten kategorisiert, mit den Professionellen angemessen zu kooperieren, Hilfen anzunehmen und sich zu sich selbst reflektierend zu verhalten. Diese Einschätzung bezieht sich auf auch die verschiedenen Ressourcen, die ein:e Klient:in zur Verfügung hat.

Schütze zeigt auf, dass anstelle der Einschätzung von Fähigkeiten und Compliance primitive Klassifikationen (Durkheim & Mauss, 1987 [1901]) treten können. Je nachdem wie Professionelle Klient:innen sehen, können sie annehmen, dass diese wirklich hilflos sind oder sich nur verweigern. Diese primitiven Klassifikationen können zu strafenden, aber auch zu gewährenden Haltungen und Maßnahmen führen. Man will mit den Klient:innen nicht so viel zu tun haben und lässt sie deshalb gewähren.

Die Einschätzung des moralischen Wertes der Klientinnen und Klienten bildet einen Ausgangspunkt für die primitiven Klassifikationen: In diesem Fall werden in der Persönlichkeit, in der Lebensgeschichte oder in den Charaktereigenschaften liegende Gründe für Compliance, Über-Compliance oder schlechte Compliance aufgeführt. Schließlich erfolgt nach Schütze eine Kategorisierung der sozialen Bedingungen für Compliance bzw. Nicht-Compliance: In welches soziale Feld gehören die jeweiligen Klient:innen, wie ist der Lebensstil, wie sind die Daseinstechniken und Lebensbewältigungsmuster, wie ist die Lebenslage hinsichtlich Wohnung, Freizeit, Einkommen? Wie sicher ist das Leben und wie verlaufen in diesem Kontext Familienbeziehungen, Freundschaften und Biografie?

Schützes Forschungen zur Fallanalyse sind anschlussfähig an die Soziologie der Felder von Pierre Bourdieu. Nachfolgend wird nun der »Fall Kevin«, der Tod eines Kleinkindes auf der Basis des Mäurer-Berichtes aufgeführt. Im Anschluss daran erfolgt eine Interpretation auf der Ebene der Soziologie der Feldtheorie.

Der »Fall Kevin« – Tod eines Kindes unter staatlicher Obhut

Am 23. Januar 2004 wird Kevin geboren und befindet sich in einem bedenklichen Allgemeinzustand. Es hat die typischen Symptome eines »Heroinkindes« (Entzugssymptomatik) und muss intensivmedizinisch betreut und künstlich beatmet werden (Zusammenfassung des Parlamentarischen Untersuchungsausschusses; siehe Mäurer, 2006; siehe dazu auch Suhr & Savinov, 2016).

Kevins Mutter Sandra (KM) und Ziehvater Bernd (ZV) sind seit ihrer Jugend drogenabhängig (Heroin, Alkohol, Cannabis) und haben mehrere Therapie- und Entgiftungsversuche mit leider nur kurzfristigen Erfolgen hinter sich. Der Ziehvater wurde mehrfach straffällig und verurteilt. Beide Eltern sind vor und nach Kevins Geburt in Substitutionsbegleitung und an das Drogenhilfesystem in Bremen angebunden. Kevins Mutter ist zudem HIV-positiv und leidet an Hepatitis C. Im Auftrag des Gesundheitsamtes wird Sandra von einer Familienhebamme betreut. Nach Kevins Geburt wird das Jugendamt Bremen in den Fall eingeschaltet und ein Case-Manager (CM) beauftragt. Schon in der Geburtsklinik werden insgesamt drei Fallkonferenzen mit unterschiedlichen Teilnehmer:innen (Vertreter:innen des Krankenhauses, des Hilfesystems, des Drogenhilfesystems, des Rechtssystems, wie der Rechtsanwalt des ZV) abgehalten. Thema ist die Erziehungsfähigkeit der Eltern und die Frage, ob Kevin bei den Eltern bleiben soll. Vertreter:innen der Klinik sehen eine adäquate Versorgung von Kevin nicht sichergestellt. Der Ziehvater hat in der Klinik bereits Hausverbot wegen Gewalttätigkeit. Während die Geburtsklinik sich kritisch positioniert, befürwortet der methadonvergebende Arzt und der Rechtsanwalt des Ziehvaters die Entlassung Kevins in die Familie. Sie zeigen sich überzeugt, dass mit entsprechenden Hilfeleistungen die Eltern in der Lage seien, das Kind zu versorgen. Mit diesen Argumenten konstruieren Arzt und Rechtsanwalt die Gemeinschaft von Sandra und Bernd als Familie, die nun durch Kevin quasi komplett werden soll. Mit dieser Konstruktion wird gleichzeitig ein moralischer und rechtlicher Anspruch begründet und die Gemeinschaft von Bernd und Sandra neu definiert. Das umfassende Wissen der Expert:innen zur schweren Drogenabhängigkeit beider Erwachsener wird unbewusst und tritt in den Hintergrund, wohingegen die Deutung der Gemeinschaft als Familie Gestalt annimmt und von nun an leitend wird. Am 9. März 2004 wird Kevin entlassen und kommt zur KM und zum ZV. Eine Behandlung in einer Entgiftungsklinik folgt mit unklarem Resultat.

Anfang Mai 2004 teilt der methadonvergebende Arzt dem Case-Manager des Jugendamtes mit, dass »die Familie etwas Hilfe bräuchte«. Daraufhin schreibt der Case-Manager die Familie an. Der Ziehvater ruft nun vor Erhalt des Schreibens beim Case-Manager an und lehnt Hilfe konsequent ab. Ende Mai 2004 erhält das Jugendamt den Entlassungsbericht über Kevin aus Geburtsklinik (nach zweifacher Aufforderung durch den Case-Manager), in dem die Versorgungssituation von Kevin als durchgehend kritisch bewertet wird.

Am 3. August 2004 wird die Polizei durch Zeugenaussagen auf die Familie aufmerksam. Die Kindsmutter steht höchstwahrscheinlich unter Drogen und schlägt Kevin beim Spaziergang (22:00 Uhr) auf sein Auge. Ein Polizeilicher Notlagenbericht über Gefährdung, Vernachlässigung bzw. Misshandlung des Kindes Kevin K. geht daraufhin beim Case-Manager ein. Dieser leitet das Schreiben an den methadonvergebenden Arzt weiter und verfasst selbst ein Schreiben an die sorgeberechtigte Kindesmutter. Am 17. August 2004 nehmen die KM und ZV im Sozialzentrum Gröpelingen persönlich Stellung zu den Vorfällen und beteuern, dass es ihnen gutgehe und sie keine Hilfe bräuchten. Ein Hausbesuch in absehbarer Zeit durch den Case-Manager wird vereinbart.

Am 27. September 2004 wird Kevin in die Kinderklinik durch behandelnden Kinderarzt mit der Verdachtsdiagnose: »Battered-Child-Syndrom« eingewiesen. Bei ihm werden Rippenbrüche, Unterarm-, Unterschenkel- und Schädelfrakturen diagnostiziert. Allerdings meldet die Kinderklinik diese Ereignisse nicht an den Case-Manager. Im Oktober 2004 findet dann der Hausbesuch des Case-Managers statt, bei dem dieser erfährt, dass Kevin aufgrund diverser Knochenbrüche in der Kinderklinik liegt. Der Ziehvater beteuert sofort, dass Kevin nicht von ihm selbst oder der KM verletzt wurde, sondern sich die Verletzungen selbst zugefügt habe. Der Case-Manager telefoniert mit der Stationsärztin der Kinderklinik, die angeblich nicht weiß, wer die Verletzungen Kevins verursacht haben könnte. Die Mutter verhalte sich vorbildlich, eine baldige Entlassung sei geplant, aber ambulante Hilfen seien wohl angezeigt. Eine Anfrage des Case-Managers nach erneuter Betreuung durch eine Familienhebamme wird vom Gesundheitsamt aufgrund fehlender Kapazitäten abgelehnt. Kevin wird in die Familie entlassen. Die Kinderklinik empfiehlt keine Fremdunterbringung für Kevin, aber ambulante Hilfemaßnahmen. Am 28. Oktober 2004 besucht ein Mitarbeiter der Frühen Hilfen (FF) die Familie und ist mit der Gesamtsituation zufrieden. Die Maßnahme soll in sechs Wochen beginnen. Am 23. November 2004 kommt es zur Inobhutnahme von Kevin durch die Polizei. Er verbleibt für einige Tage im Kinderheim. Die KM wurde von der Polizei, die durch Nachbarn gerufen wurde, volltrunken aufgefunden, Kevin liegt neben ihr auf dem Boden. Die Eltern wenden sich sofort an den methadonvergebenden Arzt, dieser setzt sich für die Rückführung Kevins stark ein, auch indem er mittels eines Attests dem Ziehvater Erziehungsfähigkeit bescheinigt. Nach der Inobhutnahme wird vom Jugendamt ein Familienkrisendienst als Voraussetzung für eine Rückführung von Kevin eingesetzt. Diese Krisenintervention wird für sechs Wochen angesetzt. Die Eltern kooperieren und nehmen die Hilfe an, sodass Kevin Ende November 2004 zurückgeführt wird.

Am 21. Januar 2005 spricht der Ziehvater beim Jugendamt vor, da die KM straffällig geworden sei und wiederholt Alkohol getrunken habe. Am 4. Februar 2005 meldet der Kinderarzt eine Kindeswohlgefährdung an das Jugendamt, worauf der Case-Manager mit dem Kinderarzt telefoniert und ein Schreiben an Mutter schickt, mit der eindringlichen Bitte, sich umgehend bei ihm zu melden. In einem Telefongespräch am 25. Februar 2005 äußert zudem der Rechtsanwalt des Ziehvaters Bedenken über die Familiensituation. Der Ziehvater sei nachweislich aggressiv und die Kindesmutter erneut schwanger. Am 7. April 2005 wird dem Case-Manager die Einstellung der »Frühen Hilfen« mitgeteilt, da der Ziehvater mit einer Bauchspeicheldrüsenentzündung im Krankenhaus liege und die Kindesmutter zu ihren Eltern nach Alfeld fahren wolle, um dort das zweite Kind zur Welt zu bringen. Ende Mai erleidet die Kindesmutter eine Totgeburt. Die Mitteilung darüber an den fallführenden Sozialarbeiter erfolgt zeitnah am 1. Juni 2005 durch eine Mitarbeiterin von FiM. Zwei Wochen später, Mitte Juni 2005, teilt der methadonvergebende Arzt diesem zudem mit, dass die KM in der Psychiatrie ist. Bei einem Treffen zwischen dem CM und dem Kindesvater teilt dieser mit, dass keine Hilfe bei Versorgung von Kevin notwendig sei. Verabredet wird, dass der ZV bei Schwierigkeiten an den CM wenden wird. Zwei erneute Polizeieinsätze am 18. Juli 2005 folgen. Beide Eltern werden alkoholisiert vorgefunden, die Wohnung wird als in desolatem Zustand beschrieben und der ZV verhält sich gegenüber KM und den Polizeibeamt:innen aggressiv. Ein weiterer polizeilicher Notlagenbericht geht beim JA ein. Daraufhin machen am 19. Juli 2005 zwei Mitarbeiter:innen des JA einen Hausbesuch, bei dem sie keine Auffälligkeiten feststellen, sodass Kevin nicht in Obhut genommen wird. Es erfolgt eine erneute Entgiftung (gesamte Familie) in der Klinik in Heiligenhafen. Ende August teilt der Ziehvater mit, dass die Familie recht schnell nach Alfeld zur Mutter des Ziehvaters ziehen will. Am 12. November stirbt die Mutter. Die Todesursache bleibt ungeklärt. Der Ziehvater wird in die Psychiatrie zwangseingewiesen. Kevin kommt ins Kinderheim. Ein Antrag des Ziehvaters auf Überlassung der elterlichen Sorge wird vom Amtsgericht abgelehnt. Erneut warnt der Kinderarzt den Case-Manager davor, Kevin zu seinem ZV zurückzugeben. Ende November 2005 wird Kevin zum ZV zurückgeführt. Der Case-Manager folgt hier den Empfehlungen des substituierenden Arztes des ZV sowie dem Arzt aus der Psychiatrie, die beide die Rückführung Kevins zum ZV befürworten. Die Heimleitung des Kinderheims weigert sich zunächst, Kevin herauszugeben, hält dem Druck der anderen Akteur:innen jedoch nicht stand. Festgestellt werden Entwicklungsverzögerungen und keine gute Bindung an den ZV. Dieser versprach dem Case-Manager, zur eigenen Mutter zu ziehen, dazu kam es nie.

Im Januar 2006 beauftragt der Bürgermeister der Freien und Hansestadt Bremen über die Sozialsenatorin die Beobachtung des Falls Kevin durch die JA-Leitung. Einen Hinweis ist durch den Vorstand des Vereins Säuglingshilfe e. V. Bremen eingegangen. Ein Hintergrund war, dass es in Bremen einen starken Rückgang der Inobhutnahmen und der stationären Heimaufenthalte gegeben hat (2005: 44 Fälle, 1994–2004: im Durchschnitt 94 Fälle). Im Februar 2006 findet wiederum ein Gespräch zwischen dem Ziehvater, dem methadonvergebenden Arzt, dem Amtsvormund und dem Case-Manager statt – mit dem Ergebnis, dass der Ziehvater mit Kevin zunächst in Bremen bleibt und Kevin umgehend in eine Tagespflegestelle gehen soll. Zudem dürfe der Kindesvater in keiner Weise auffällig werden, da sonst Kindesentzug drohe. Es folgt eine Hilfeplankonferenz (März 2006) auf Anweisung der JA-Leitung und Fördermaßnahmen. Im März 2006 werden erneut schwere Misshandlungsspuren bei Kevin festgestellt. Kevins linkes Bein ist gebrochen, blaue Flecken sind am ganzen Körper und er hat ein geschwollenes Geschlechtsteil.

Am 1. April 2006 beendet die BAgIS (Bremer Arbeitsgemeinschaft für Integration und Soziales) dem ZV die weitere Auszahlung von ALG II. Der ZV soll ohne ärztliche Begutachtung und ohne gutachterliche Stellungnahme in die Sozialhilfe (SGB XII) umgesteuert werden. Der ZV ist über die finanzielle Situation sehr aufgebracht und ist bis zum 11. Mai 2006 absolut mittellos (bis auf 200 Euro Abschlag). Im Mai 2006 nimmt die BAgIS die Zahlungen aufgrund eines vom ZV erwirkten Verwaltungsgerichtsbeschlusses wieder auf, inklusive Nachzahlungen, setzt die Zahlung im Juni und Juli aber wieder aus. Kevin stirbt im Sommer 2006. Die Todesursache ist wahrscheinlich ein Versagen der rechten Herzklappe infolge einer Fettembolie, die durch diverse Knochenbrüche hervorgerufen wurde. Es stellt sich heraus, dass Kevin nie beim Spielkreis war; es gab keine Rückmeldungen seitens des ZV auf Anrufe; die Frühen Hilfen wurden beendet. Nachdem im Oktober der ZV mehrere Gerichtstermine bei dem Familiengericht versäumt hat, wird in Absprache mit der Familienrichterin, dem CM (zurück aus dem Urlaub), der Sachgebietsleiterin und dem Amtsvormund die Inobhutnahme per Herausgabebeschluss beschlossen. Der CM sagt aber seine persönliche Beteiligung bei der Inobhutnahme aus terminlichen Gründen ab. Am 10. Oktober 2006 wird Kevins Leiche im Kühlschrank des ZV aufgefunden.

Merkmale des Fallverlaufes und feldtheoretische Interpretation

Die organisationalen Rahmenbedingungen im Fall Kevin (Emig, 2007) können hinsichtlich der Aufbauorganisation als »klassisch« bezeichnet werden. Der Fall war angebunden an das Sozialzentrum Gröpelingen-Walle, das als eines von sechs Sozialzentren in Bremen zum Amt für soziale Dienste gehörte, in das auch das Jugendamt integriert war. Das Jugendamt wiederum bestand aus sechs planenden, koordinierenden, zentralen Fachbereichen und sechs dezentralen Sozialzentren, in denen die einzelfallbezogene Soziale Arbeit stattfand. Diese Differenzierung hat bereits Klatetzki 1993 als Unterscheidung von Zentrum und Peripherie problematisiert. Folge dieser Organisationsstrukturen sei, dass sich an den verschiedenen Orten der Organisation sehr unterschiedliche Handlungsmaßstäbe herausbildeten. Während Klatetzkis systemtheoretische Betrachtung sich darauf fokussiert, Störungen zwischen zentralen und dezentralen Bereichen systemtheoretisch vor allem als Kommunikationsproblem aufzufassen und für eine kommunikative Integration von Zentrum und Peripherie zu plädieren, spricht Schütze bürokratietheoretisch davon, dass es sich um Rangordnungen handelt und Angehörige hoher Ränge kaum noch einen praktischen oder lebensweltlichen Bezug zum Fall haben. Soziale Distanz zwischen zentralen und dezentralen Einheiten erschwert die Zusammenarbeit. Wenn zudem Bürokratieeffekte die Professionsmatrix in einer Organisation tangieren, also zwischen entscheidenden und ausführenden Bereichen Distinktionsgrenzen verlaufen, wird das Feld hierarchischer. Diese Grenzen machen es Angehörigen der dezentralen Orte schwer, mit dem nötigen Wächteramtscharakter auftreten zu können, der eigentlich zu ihrer Positionsrolle gehört. Eindeutig hatte der verantwortliche Case-Manager, eine sozialpädagogische Fachkraft, nach Mäurer (2006, S. 5) formal eine fallverantwortliche Position mit Aufgaben wie Steuerung, Überwachung und Beobachtung. Real hat er aber moderierende Handlungsschemata ausgebildet, die ihn als Akteur mit wenig sozialem und symbolischem Kapital erscheinen lassen, denn um diese Kapitalsorten geht es im politischen Feld. Er hat ganz offensichtlich Andere entscheiden lassen, die als Entscheider:innen aufgetreten sind. An entscheidender Stelle hat zudem das System der Jugendhilfe die vom Drogenhilfesystem zu Beginn des Falls vertretene Deutung, dass es sich bei Sandra und Bernd um eine Familie handele, unterhinterfragt übernommen. Auch dies muss dem Habitus der bescheidenen Professionen zugeordnet werden, die eben nicht anwaltlich und mit Autorität auftreten, sondern im Kontakt zu den Vollprofessionen Medizin und Rechtswissenschaft gelernt haben, sich moderierend zu verhalten.

Um Distinktionsmechanismen, wie sie in Feldern wirksam werden, zu rekonstruieren, ist deshalb die Betrachtung zum einen der Fallkonferenzen als Szenen besonders wichtig, zum anderen der Konflikte im Fallverlauf sowie der Handlungsschemata des Case-Managers (Schütze, 1981). Emig (2007) verweist auf umfassende Sparmaßnahmen des Landes Bremen seit 1999, die vor allem die Jugendhilfe trafen. So mussten im Jugendamt 90 Stellen eingespart werden, davon 40 im Bereich junge Menschen. Diese Sparmaßnahmen haben zu einem umfassenden Outsourcing von den Kindertagesheimen bis zur Drogenberatung geführt.

Drei Fallkonferenzen zur Versorgungsproblematik finden bereits im Krankenhaus direkt nach der Geburt statt, da Kevin, wie im Fallverlauf angemerkt, in einem bedenklichen Gesundheitszustand, verursacht durch den Drogenkonsum von Sandra K., zur Welt kam. Von Bedeutung erscheint ebenso der Konflikt zwischen dem Case-Manager und der Stationsärztin der Kinderklinik nach der Misshandlung von Kevin Ende September 2004.

Die ersten drei Fallkonferenzen und ihr Verlauf geben, trotz der Lückenhaftigkeit der Aktenführung, die die zweite Konferenz betroffen hat, einen wichtigen Eindruck zum Feld, der Aufstellung des Feldes und seinen Regeln. Da sowohl die Kindesmutter als auch der Ziehvater an das Drogenhilfesystem in Bremen angebunden sind, verfügen sie über die Positionsrollen von Patient:innen, die im Fallverlauf eine wichtige Rolle spielen. Diese Positionsrollen werden bereits in der ersten Fallkonferenz wirksam. Hier waren neben Sandra und Bernd K. ein Oberarzt, eine Krankenschwester, eine Krankenhaussozialarbeiterin, dann die Familienhebamme, ein Vertreter des Vereins für Suchttherapie, ein Vertreter des Arbeitskreises kommunale Drogenpolitik und der Case-Manager anwesend. In der zweiten Fallkonferenz bleibt der Teilnehmerkreis unklar, in der dritten Fallkonferenz nimmt die Familienhebamme nicht mehr teil. Neben den Eltern, dem Oberarzt und der Krankenhaussozialarbeiterin sowie dem Case-Manager nehmen der Rechtsanwalt des Ziehvaters und der Arzt des Ziehvaters an der Konferenz teil. Dieser Arzt substituiert Sandra und Bernd K. mittels Methadon und kennt sie beide als Patient:innen sowie ihre Krankengeschichte seit mehr als zehn Jahren. Vom Verein für Suchttherapie liegt in der Fallkonferenz zudem ein Schreiben vor, mit dem die Finanzierung einer Entgiftungskur für die gesamte Familie begründet und gefordert wird.

Schon in diesem Abschnitt des Falls wird über das Setting der ersten drei Fallkonferenzen deutlich, dass mit der Anwesenheit des Drogenhilfesystems, wie dies durch den Verein für Suchttherapie und den AK kommunale Drogenpolitik sowie den Arzt der Eltern und den Rechtsanwalt des Ziehvaters sichtbar wird, Institutionen im Fall mitsprechen, die als Anwälte der Lebensgemeinschaft Sandra–Bernd ein Gegengewicht zu den Vertreter:innen der Klinik darstellen, die die Versorgungssituation von Kevin kritisch sehen. Das Feld wird szenisch aufgestellt. Zudem wird deutlich, dass diese Seite des Feldes schon zu Beginn des Fallverlaufes seine Akteur:innen austauscht und durch Personen mit hohen Positionsrollen wie Arzt und Rechtsanwalt ersetzt. Dadurch wird zumindest ein Gleichgewicht zum anwesenden Oberarzt der Klinik, wenn nicht ein Übergewicht durch die Anwesenheit des Anwalts hergestellt. Feldtheoretisch bedeutsam ist zudem, dass Bernd, obwohl er nicht der leibliche Vater des Kindes ist und bis dahin keine Pflegeerlaubnis oder Elternfähigkeitsbescheinigung hat, in der Konferenz seinen eigenen Rechtsvertreter mitbringen darf. Möglicherweise will der CM über die Akzeptanz dieses Settings die nötige Compliance und jene Arbeitsbündnisse herstellen, um die es in der Sozialen Arbeit geht. Inhaltlich ist das Schreiben des Vereins Drogenhilfe Bremen hervorzuheben. Hier wird als Maßnahme die »Behandlung der ganzen Familie« (Entgiftung in Heiligenhafen) gefordert und entschieden, womit der Fall, um mit Kurt Lewin zu sprechen, gleich zu Beginn einen entscheidenden Vektor, eine Richtung bekommt. Fokus ist nicht mehr das Kindeswohl in Unabhängigkeit zu den Eltern, sondern das Kindeswohl wird Teil der »Hilfe für die Familie«. Da die Klinik durchgängig Bedenken gegen diesen Weg formuliert hat und die Versorgung von Kevin im verspäteten Bericht weiterhin als »kritisch« bezeichnet wurde, steht fest, dass es in den Fallkonferenzen nicht zu einer Konsensbildung gekommen ist – vielmehr hat sich eine Seite des Feldes durchgesetzt.

Handlungsschemata des Case-Managers

Die Handlungsschemata (Schütze, 1981) des CM können zu Beginn des Falls als Orientierung suchend, Bündnisse und Compliance suchend und moderierend verstanden werden. Durch diese Handlungsschemata begibt sich der CM in eine strukturelle Abhängigkeit von Sandra und Bernd K. wie auch von Akteur:innen des Drogenhilfenetzwerkes, vor allem vom methadonvergebenden Arzt, der zunehmend in die Positionsrolle des Wortführers gelangt und den Fall anleitet. Die Bündnissuche als Handlungsmaßstab des CM fällt u. a. im Umgang mit der Kinderklinik auf. Auf den polizeilichen Notlagenbericht im August 2004 reagiert der CM zunächst, indem er diesen Bericht an den methadonvergebenden Arzt weiterleitet und an die Kindesmutter schreibt, mit der Aufforderung sich zu melden – eine Intervention, die nur sinnvoll ist bei einem bestehenden Arbeitsbündnis oder zumindest einer Compliance. Die Einweisung von Kevin im September 2004 in die Kinderklinik, fällt ihm erst bei einem Hausbesuch im Oktober 2004 auf, den der CM wegen der Vorfälle vom August durchführt.

Auf den Vorfall der erneuten Misshandlungen reagiert der CM mit Kontaktaufnahme zur Klinik und telefoniert mit der Stationsärztin, die angeblich nicht weiß, wer die Verletzungen Kevins verursacht haben könnte. Jedoch wird hier keine neue Fallkonferenz angesetzt. Die Argumente der Stationsärztin, die Mutter verhalte sich vorbildlich, reichen aus, um auf eine eigenständige, auf dem Handlungsmaßstab des Kindeswohls bzw. der Kindeswohlgefährdung basierende erneute Fallkonferenz z. B. mit dem behandelnden Kinderarzt zu verzichten. Damit wird der erste Vektor im Fall bestätigt. Entscheidungen werden von den Vollprofessionen getroffen, es bleibt beim Handlungsschema »Hilfe für die ganze Familie« im Rahmen von ambulanten Hilfen.

Handlungsschemata der Eltern

Zu Recht hat Klatetzki (2020) darauf hingewiesen, dass Klient:innen die Mitarbeiter:innen der Jugendämter belügen und täuschen, und es entsprechend schwierig, wenn nicht unmöglich sei, bei Kindeswohlgefährdungen Arbeitsbündnisse, oder wie Schütze (2015) es sagt, Compliance herzustellen. Mit der Feldtheorie von Pierre Bourdieu wird das Verhalten Sandras und Bernds verständlicher. Hinsichtlich ihrer Position im sozialen Raum befinden sie sich in der Sphäre der Notwendigkeit, als Angehörige des Drogenmilieus unterhalb der Grenze der Respektabilität. Sie haben Straftaten begangen und fallen durch mangelnde Impulskontrolle auf. Die Geburt des Kindes verleiht beiden den sozialen Status Familie, es handelt sich also um einen Kapitalzuwachs und zwar symbolischen Kapitals durch Respektabilität wie auch ökonomischen Kapitals durch staatliche Transferleistungen. Da die Familie grundgesetzlich geschützt ist, werden staatliche Maßnahmen wie »Hilfe für die Familie« lebensweltlich relevant. Sandra und Bernd K. werden zu Nutznießer:innen dieses, vom Kind kommenden Kapitals. Der Kampf um dieses Kapital lässt dann auch jene Handlungsschemata rational erscheinen, die darin bestehen, jene »Hilfe für die Familie«, die sich in ihre inneren Angelegenheiten einmischt, abzulehnen und diese immer dann anzunehmen, wenn es für die Fortsetzung des Kapitalflusses richtig erscheint – und zwar genau in dem Maße, wie dies dafür notwendig ist.

Bourdieu spricht in Bezug auf das Feld von Sandra und Bernd K. von der Sphäre der Notwendigkeit als Lebensbedingungen der Armutsbevölkerung als Lebensweise, die von der Klassenlage geprägt ist. Entsprechend bildet sich ein Klassenhabitus aus, der, wie Liebau (1987) bemerkt hat, bei der Armutsbevölkerung zum einen auf die Beschaffung des Überlebensnotwendigen gerichtet ist, zum andern auf den Kampf um die Grenze der Respektabilität. Bei diesem Kampf um das Überlebensnotwendige sind andere Menschen Mittel zum Zweck. Gleichzeitig ist das Verhalten von Überlebensängsten dominiert. Grundsätzlich betrifft die instrumentelle Beziehung auch die eigenen Kinder. Generationsbeziehungen werden entsprechend diesem Kapitalprinzip betrachtet und von den Kindern wird Loyalität erwartet. Sowohl bei Sandra wie auch bei Bernd K. fallen geschlechtsspezifische Besonderheiten auf. Dies sind vor allem Verletzungsoffenheit bei Sandra K. und Verletzungsmächtigkeit bei Bernd K. Die Verletzungsoffenheit der Kindesmutter kann dabei auch als geschlechtsspezifisches symbolisches Kapital verstanden werden, mit der es ihr gelingt, Sympathien (symbolisches Kapital) zu erzeugen (z. B. bei der Ärztin der Kinderklinik). Mit zeitweise vorbildlichem Verhalten erzeugt sie Respektabilität und kann so den Kapitalfluss aufrechterhalten.

Exklusionen als Dynamiken des Feldes

In der Feldtheorie Bourdieus wird zudem danach gefragt, über welche »Währung« man verfügen muss, um Eintritt in ein Feld zu bekommen, und wem der

Eintritt verwehrt wird. Hier fällt auf, dass die Angehörigen lebensweltnaher, pädagogischer und pflegerischer Berufe aus dem Feld gedrängt werden. Es ist sinnvoll, sich die Merkmale dieser Berufe zu vergegenwärtigen. Dies beginnt bei der Familienhebamme, geht über die Erzieherinnen des Kinderheims, die nach dem Tod von Sandra K. das Kind nicht herausgeben wollen, und schließlich die Tagesmutter. Sobald diese Akteurinnen im Feld mitreden wollen, werden sie exkludiert und überstimmt. Diese Exklusion zeigt zum einen, dass die Fallverläufe ihre eigene Rationalität entfalten. Es kommt eben nicht zur Korrektur eines Vektors, sondern der Fallverlauf gewinnt eine eigene institutionalisierende Kraft. Weil bisher Entscheidungen im Sinne des Prinzips »Hilfe für die Familie« gefallen sind, werden diese fortgesetzt.

Die exkludierten Akteur:innen vereinen verschiedene Merkmale auf sich, die ihre Exklusion im Sinne der Ordnung des Feldes begünstigen. Sie sind Frauen, sie vertreten zudem die Kritik am bisherigen Verlauf des Falls, sind also Gegenmacht, sie handeln im Sinne einer mütterlichen Moral (Aktion der Polizistin, Verweigerung der Herausgabe des Kindes) und sie repräsentieren mehrheitlich die »schmutzigen Berufe«. Hier wird nicht gesprochen – die Berufe sind stumm –, sondern es wird praktisch gearbeitet. Laut Klatetzki (1993) arbeiten Angehörige dieser Berufe an der Peripherie von Systemen, dort wo eben im Sinne von Hannah Arendts Kategorien nicht entschieden wird, sondern gehorcht, wo aber umgekehrt Alltag und Lebenswelt erfahren werden. Zudem sind diese Berufe nicht zuletzt durch ihre Vergeschlechtlichung von Expressivität im Sinne von Talcott Parsons gekennzeichnet. Die Paradoxie des professionellen Handelns bezieht sich nun darauf, dass Eingriffe in eine grundgesetzlich geschützte Institution am Anfang immer einem moralischen Impuls folgen bzw. von hier ausgehen. Nicht zufällig wird dieser moralische Impuls von jenen Semiprofessionellen im späteren Fallverlauf agiert, die über keine Währung für das Feld verfügen. Dies aber ist ein Strukturmerkmal bei Kindeswohlgefährdung.

Schließlich sei noch abschließend auf jene Wissenssysteme hingewiesen, die für den Fallverlauf ebenfalls entscheidend sind, jene der Rechtswissenschaft. Am Anfang steht die folgenschwere Qualifizierung der Gemeinschaft von Sandra und Bernd K. als Familie. Als grundgesetzlich geschützte Institution wird die Familie rechtlich gesehen als natürliche Ordnung verstanden, die sich staatlichen Eingriffen gegenüber zu Recht entziehen darf. Als »Keimzelle« des Staates werden der Familie Kräfte zugesprochen, das Gemeinwesen zusammenzuhalten und Humanvermögen in beträchtlichem Umfang zu erzeugen. Auch wenn die Rechtsprechung sich vom patriarchalen Familienmodell mit den Inhalten des Erbrechts, der linearen Ethiken und der elterlichen Autorität in weiten Teilen verabschiedet hat, so bleibt die Stellung des Kindes strukturell schwach, so lange, wie – so Schultheis (1993) – den Generationen und der Familie quasi magische Kräfte im Sinne eines archaischen Gabentausches und einer »Darum-Ethik« zugesprochen werden. Die Familie wird unnahbar und ihre Beziehungen nicht mehr verstehbar. Gegen ihren Willen in ihre Rechtskreise einzugreifen, kann nur im Sinne einer modernen advokatorischen Ethik sozialer Arbeit begründet werden. Diese Ethik hat aber als Wissenssystem im Fall keine Rolle gespielt. Stattdessen galt die Währung der Compliance, im Sinne einer Orientierung vor allem an der Autonomie von Klient:in bzw. »Familie«. Diese Paradoxie des sozialpädagogischen Handelns (Schütze, 1993) wird im Fallverlauf zwischen advokatorischer Ethik für das Kind und Compliance-Suche als in Spannung stehenden Handlungsmaßstäben nicht aufrechterhalten, sondern durch die Exklusion der bescheidenen pflegerischen und sozialen Berufe aufgelöst.

Fazit: Feldtheoretische Betrachtung und Fallverlaufsanalyse als supervisorisches Instrument

Zurück zur Supervision: Fallbesprechungen innerhalb und außerhalb der Supervision könnten – so das abschließende Plädoyer dieses Aufsatzes – mithilfe des Ansatzes der Fallanalyse von Schütze (ebd.) in Verbindung mit einer feldtheoretischen Betrachtung im Sinne von Bourdieu Erkenntnisse liefern, die sich aus einer systemtheoretischen und konstruktivistischen Betrachtung nicht ergeben. Schützes Beitrag über die Bedeutung der Akte im Fall geht dahin, dass die Akte zur Institution wird und der Fallverlauf eine eigene Rationalität entwickelt. Feldtheoretisch wird durch die Interpretationen bereits einzelner Szenen im Fall deutlich, welche Positionen zu besetzen sind, welche Währungen Gültigkeit bekommen und wer warum Wortführer:in und Entscheider:in oder Moderator:in wird bzw. aus dem Feld exkludiert. Als Angehöriger einer bescheidenen Profession und beschäftigt an einem dezentralen Ort seiner Organisation verfügt der später verurteilte Case-Manager über geringes symbolisches und soziales Kapital, um z. B. gegen die ärztlichen und juristischen Netzwerke zu agieren, die sich um das Wohl der Eltern kümmerten. Dass er den polizeilichen Notlagenbericht zur Kindeswohlgefährdung nicht innerhalb seines Amtes kommuniziert, sondern an den methadonvergebenden Arzt weiterleitet, verweist auch auf Distinktionsgrenzen innerhalb des Amtes für soziale Dienste. Gleichzeitig verbleibt der Case-Manager bis zum Schluss im Handlungsmaßstab Compliance, als wolle er erreichen, dass der methadonvergebende Arzt auf die Kindesmutter einwirkt und sie zu einer Zusammenarbeit mit dem Jugendamt bewegt. Dabei schätzt der Case-Manager die Beziehung zwischen dem Arzt und seinen Patient:innen ganz im Sinne des ärztlichen Vertrauensideals ein. Zur Interpretation der Arzt-Patienten-Beziehung sei an dieser Stelle u. a. verwiesen auf Rainer Weidmanns Dissertation (1990) zum medizinischen Feld, der das symbolische Handeln und die starke Ritualisierung des ärztlichen Tuns ethnografisch beschrieben hat. Im Sinne der Feldtheorie Bourdieus wird ärztliches Handeln auf diese Weise »geadelt« und »mystifiziert«, wodurch der Eindruck eines großen Einflusses von Ärzt:innen institutionalisiert wird. Dieses Muster wiederholt sich im Fallverlauf und könnte durch die von Schütze vorgeschlagene Aktenvisite rekonstruiert werden. Dazu bedarf es aber Zeit und einer entsprechenden sozialwissenschaftlichen Expertise. Dies ist das Arbeitsfeld guter Supervision.

Literatur

Althoff, M. (2020). *Fallsupervision. Diskursgeschichte und Positionsbestimmung*. Psychosozial-Verlag.

Bayer, M. & Mordt, G. (2008). *Einführung in das Werk Max Webers*. Springer VS.

Beck, U. & Bonß, W. (Hrsg.). (1989). *Weder Sozialtechnologie noch Aufklärung. Zur Verwendung sozialwissenschaftlichen Wissens in politisch administrativen Systemen*. Suhrkamp.

Belardi, N. (2020). *Supervision und Coaching – für Soziale Arbeit, für Pflege, für Schule*. Lambertus.

Berger, P. & Luckmann, T. (1967). *Die gesellschaftliche Konstruktion der Wirklichkeit*. S. Fischer.

Boltanski, L. (1990). *Die Führungskräfte. Die Entstehung einer sozialen Gruppe*. Campus.

Bosetzky, H. & Heinrich, P. (2002). *Mensch und Organisation. Aspekte bürokratischer Sozialisation. Eine praxisorientierte Einführung in die Soziologie und Sozialpsychologie der Verwaltung* (6. Aufl.). Deutscher Gemeindeverlag.

Bourdieu, P. (1987). *Die feinen Unterschiede*. Suhrkamp.

Bourdieu, P. (1993). *Sozialer Sinn*. Suhrkamp.

Bourdieu, P. (1997). Die fortschrittlichen Kräfte. In ders., C. Debons, D. Hensche & B. Lutz, *Perspektiven des Protests. Initiativen für einen europäischen Wohlfahrtsstaat* (S. 11–25). VSA.

Bourdieu, P. (2005). *Die männliche Herrschaft*. Suhrkamp.

Bourdieu, P. (2013). *Kunst und Kultur, Kultur und kulturelle Praxis. Schriften zur Kultursoziologie 4*. UVK.

Daheim, H., Kollmer, J., Messmer, H. & Olscha, C. (1989). Wie ist Verständigung möglich? Kommunikation zwischen Wissenschaft und Praxis in Seminaren der beruflichen Fortbildung von Verwaltungsangehörigen. In U. Beck & W. Bonß (Hrsg.), *Weder Sozialtechnologie noch Aufklärung. Zur Verwendung sozialwissenschaftlichen Wissens in politisch administrativen Systemen* (S. 196–225). Suhrkamp.

Dedrichs, A.-M. & Florian, M. (2002). Felder, Organisationen und Akteure. Eine organisationssoziologische Skizze. In J. Ebrecht & F. Hillebrand (Hrsg.), *Bourdieus Theorie der Praxis* (S. 69–96). Westdeutscher Verlag.

Durkheim, E. & Mauss, M. (1987 [1901]). Über einige primitive Formen von Klassifikationen – ein Beitrag zur Erforschung der kollektiven Vorstellungen. In E. Durkheim, *Schriften zur Soziologie der Erkenntnis* (S. 257–284). Suhrkamp.

Ebrecht, J. & Hillebrand, F. (Hrsg.). (2002). *Bourdieus Theorie der Praxis*. Westdeutscher Verlag.

Elven J. (2012). Organisation, Habitus und Reflexion kultureller Differenz. In M. Göhlich, S. Weber, H. Öztürk & N. Engel (Hrsg.), *Organisation und kulturelle Differenz* (S. 37–47). Springer VS.

Emig, O. (2007). Der vermeidbare Tod eines Kleinkindes unter staatlicher Fürsorge. *Neue Praxis*, 5/2007, 445–464.

Etzioni, A. (1967). *Soziologie der Organisationen*. Juventa.

Florian, M. & Fley, B. (2004). Organisationales Lernen als soziale Praxis. Der Beitrag von Pierre Bourdieu zum Lernen und Wissen von und in Organisationen. In M. Florian & F. Hillebrand (Hrsg.), *Adaption und Lernen von und in Organisationen* (S. 69–100). Springer VS.

Foucault, M. (2006). *Sicherheit, Territorialität, Bevölkerung. Geschichte der Gouvernementalität I*. Suhrkamp.

Friebertshäuser, B., Rieger-Ladich, A. & Wigger, L. (2006). *Reflexive Erziehungswissenschaft. Forschungsperspektiven im Anschluss an Pierre Bourdieu*. Springer VS.

Glasl, F. (Hrsg.). (1983). *Verwaltungsreform durch Organisationsentwicklung*. Paul Haupt.

Glasl, F. & von Sassen, H. (1983). Reformstrategien und Organisationsentwicklung. In F. Glasl (Hrsg.), *Verwaltungsreform durch Organisationsentwicklung* (S. 17–46). Paul Haupt.

Gröning, K. (2016). Der Habitus und die Dimension des Seelischen. Anschlüsse zwischen Bourdieus Theorie des Habitus, der Emotionssoziologie und der Psychoanalyse. *Neue Praxis*, 6/2016, 560–571.

Gröning, K. & Schütze, F. (2016). Fallsupervision als hermeneutische Methode – eine Würdigung der Fallanalyse von Fritz Schütze. In *Onlinezeitschrift für Beratungswissenschaft und Supervision – »FoRuM Supervision«*, 47. https://pub.uni-bielefeld.de/download/2904164/2949259/2268-Artikeltext-7980-1-10-20190924.pdf

Jasso, J. (2015). *Intellektuelle Bürgerschaft. Modelle kritischer Lernprozesse bei Jürgen Habermas und Pierre Bourdieu*. Tectum.

Joas, H. & Knöbl, W. (2004). *Sozialtheorie*. Suhrkamp.

John, R. (1995). *Ein Bild sagt mehr als 100 Worte. Symbole in der Supervision und Beratungsarbeit*. Ursel Busch.

Klatetzki, T. (1993). *Wissen, was man tut: Professionalität als organisationskulturelles System. Eine ethnographische Interpretation*. Böllert, KT-Verlag.

Klatetzki, T. (2020). Der Umgang mit Fehlern im Kinderschutz: Eine kritische Betrachtung. *Neue Praxis*, 50(2), 101–121.

Leffers, C.J. & Weigand, W. (2000). Vom Mythos der raschen Veränderung. *Onlinezeitschrift für Beratungswissenschaft und Supervision – »FoRuM Supervision«*, 15, 49–72.

Lewin, K. (1963). *Feldtheorie in den Sozialwissenschaften*. Huber.

Liebau, E. (1987). *Gesellschaftliches Subjekt und Erziehung. Zur pädagogischen Bedeutung der Sozialisationstheorien von Pierre Bourdieu und Ulrich Oevermann*. Juventa.

Luhmann, N. (1984). *Soziale Systeme*. Suhrkamp.
Luhmann, N. (1997). *Die Gesellschaft der Gesellschaft* (2 Bände). Suhrkamp.
Mäurer, U. (2006). Dokumentation über die Abläufe und die Zusammenhänge im Todesfall Kevin K. https://www.familienbildung.uni-bremen.de/aktuelles/maeurer20061030kevin_untersuchungsbericht_zusammenfassung.pdf
Mayntz, R. (1990). Politische Steuerbarkeit und Reformblockaden: Überlegungen am Beispiel des Gesundheitswesens. *Staatswissenschaft und Staatspraxis, 1*, 283–307.
Mayntz, R. & Scharpf, F. (2005). Politische Steuerung heute. https://www.mpifg.de/pu/workpap/wp05-1/wp05-1.html
Münkler, H. (1995). *Machiavelli*. S. Fischer.
Neckel, S. (1991). *Status und Scham*. Campus.
Nittel, D. (2013). Prozessuale Lerndimensionen: Instrumente zur Erschließung von Lernprozessen bei Patienten mit lebensbedrohlichen Erkrankungen. In ders. & A. Seltrecht (Hrsg.), *Krankheit: Lernen im Ausnahmezustand* (S. 140–170). Springer.
Nussbaum, M. (2003). Langfristige Fürsorge und soziale Gerechtigkeit. Eine Herausforderung der konventionellen Ideen des Gesellschaftsvertrages. *Deutsche Zeitschrift für Philosophie, 51*(2), 179–198.
Olk, T. (1994). Jugendhilfe als Dienstleistung. Vom öffentlichen Gewährleistungsauftrag zur Marktorientierung. *Widersprüche, 53*(4), 11–33.
Parin, P. (1978). *Der Widerspruch im Subjekt. Ethnopsychoanalytische Studien*. Syndikat.
Rosenthal, G. (1995). *Erlebte und erzählte Lebensgeschichte. Gestalt und Struktur biographischer Selbstbeschreibungen*. Campus.
Schütze, F. (1981). Prozeßstrukturen des Lebensablaufs. In J. Matthes, A. Pfeifenberger & M. Stosberg (Hrsg.), *Biographie in handlungswissenschaftlicher Perspektive* (S. 67–156). Verlag der Nürnberger Forschungsvereinigung.
Schütze, F. (1992). Sozialarbeit als bescheidene Profession. https://www.ssoar.info/ssoar/bitstream/handle/document/4936/ssoar-1992-schutze-sozialarbeit_als_bescheidene_profession.pdf?sequence=1
Schütze, F. (1993). Die Fallanalyse. Zur wissenschaftlichen Fundierung einer klassischen Methode der sozialen Arbeit. In T. Rauschenbach, F. Ortmann & M.-E. Karsten (Hrsg.), *Der sozialpädagogische Blick* (S. 191–221). Juventa.
Schütze, F. (2015). Sozialarbeit als professionelles Handeln auf der Basis der Fallanalyse. *Neue Praxis*, 3/2015. 280–308.
Schultheis, F. (1993). Genealogie und Moral: Familie und Staat als Faktoren der Generationsbeziehungen. In K. Lüscher & F. Schultheis (Hrsg.), *Generationenbeziehungen in »postmodernen« Gesellschaften* (S. 415–435). Konstanz University Press.
Schultheis, F. (2013). Habitus in der kabylischen Gesellschaft und Max Webers protestantische Ethik. In A. Lenger, C. Schneikert & F. Schumacher (Hrsg.), Pierre *Bourdieus Konzeption des Habitus* (S. 44–55). Springer VS.
Selvini Pallazoli, M. (1984). *Hinter den Kulissen der Organisationen*. Klett-Cotta.
Suhr, J. & Savinov, G. (2016). Der Fall Kevin – ein Beispiel für das kollektive Versagen von Hilfe-, Gesundheits- und politischem System. *Onlinezeitschrift für Beratungswissenschaft und Supervision – »FoRuM Supervision«, 48*, 66–89. https://www.beratungundsupervision.de/index.php/fs/article/view/2261/2199

Swartz, D. (2012). Grundzüge einer Feldanalyse der Politik nach Pierre Bourdieu. In S. Bernhard & C. Schmidt-Wellenburg (Hrsg.), *Feldanalyse als Forschungsprogramm* (S. 163–194). Springer VS.
Wilke, G. (2000). Gruppenprozesse und Identität. In J. Wiese (Hrsg.), *Identität und Einsamkeit. Zur Psychoanalyse von Narzißmus und Beziehung* (S. 154–181). Vandenhoeck & Ruprecht.
Weber, M. (1964). *Wirtschaft und Gesellschaft*. Mohr.
Weidmann, R. (1990). *Rituale im Krankenhaus*. Elsevier.

Biografische Notiz

Katharina Gröning (*1957), Dr. phil., ist emeritierte Professorin für Pädagogische Beratung an der Universität Bielefeld, Supervisorin (DGSv) und Studiengangsleiterin des weiterbildenden Masterstudiengangs Supervision und Beratung an der Universität Bielefeld. Ihre Schwerpunkte in Lehre und Forschung sind Ideengeschichte und Theorie pädagogischer Beratung, Ideengeschichte und Theorie von Supervision, Bildung und Beratung im Kontext von familialer Pflege.

Der Fall Lügde

Die Diskrepanz zwischen Aufklärung und Verwaltung in der Sozialen Arbeit

Anna-Maria Generotzky

Der Fall Lügde

Am 30. Januar 2019 erfährt die Öffentlichkeit das erste Mal – im Rahmen einer Pressekonferenz der Staatsanwaltschaft Detmold – von den Taten des schweren sexuellen Kindesmissbrauchs auf einem Campingplatz in der Kleinstadt Lügde. Es ist der größte Fall von sexuellem Missbrauch an Kindern der jüngsten deutschen Vergangenheit. Der Fall dominierte wochenlang danach die Presse und steht noch heute im Fokus. Der Grund hierfür ist nicht nur die massive Gewalt, die Kindern über Jahre hinweg angetan wurde; es wird ebenso von einem kollektiven Versagen der Behörden gesprochen, im Speziellen der Jugendämter (Burger, 2020).

Die kommunalen Jugendämter stehen deswegen in der Kritik, da der Hauptbeschuldigte Pflegevater einer Pflegetochter war, die Opfer seiner Taten wurde, und das Jugendamt Hameln-Pyrmont (NRW) seit Einrichtung der Pflegschaft in den Fall involviert war.

Berufliches Handeln ist im Kontext der Kinder- und Jugendhilfe nur schwer standardisierbar und verläuft nicht routinemäßig. Es gibt einen rechtlich festgelegten Rahmen, in dem sich die Jugendhilfe bewegt, und es gibt theoretische Handlungsempfehlungen, deren Wirkungsmechanismen wissenschaftlich belegt sind. Dennoch – oder vielleicht gerade deshalb – gibt es Fälle wie den in Lügde, welche die beobachtende Gesellschaft und Fachwelt vor die Frage stellen: »Wie konnte das passieren?«

Dieser Artikel basiert auf einer wissenschaftlichen Auseinandersetzung und fasst die Ergebnisse einer Untersuchung im Rahmen einer Masterarbeit an der Universität Bielefeld (Studiengang Supervision und Beratung) zusammen, die keinen normativen Ansatz verfolgte. Das Ziel der Untersuchung war nicht, ein mögliches Fehlverhalten im Fall Lügde darzustellen und Handlungsschritte mit

»richtig« oder »falsch« zu bewerten. Dieses wird im Rahmen des Untersuchungsausschusses des Landtages bereits ausreichend vorgenommen. Vielmehr liegt das Forschungsinteresse darin, einen tieferen Einblick in die vorherrschende Praxis zu gewinnen, um ein tieferes Fallverstehen zu ermöglichen.

Sexueller Missbrauch an Kindern – eine Tatsache unserer Gesellschaft

Neben historischen Ereignissen der jüngsten Geschichte, wie die Missbrauchsskandale in der katholischen Kirche zeigen, ist der sexuelle Missbrauch an Kindern und Jugendlichen ein Phänomen, das in der Geschichte epochenübergreifend auftaucht und belegt ist (Gögen, Griemmert & Kessler, 2015). Dennoch ist festzustellen, dass erst zu Beginn des 21. Jahrhunderts die Verfügbarkeit und die Verbreitung von Missbrauchsabbildungen in der Gesellschaft einen öffentlichen Diskurs hervorbrachten (Franke & Graf, 2016). Die Verbreitung und Herstellung von Missbrauchsabbildungen ist zu einem eigenständigen Kriminalitätsbereich herangewachsen. Die Anonymität und zugleich Dauerbereitstellung von entsprechendem Material lässt es zu, dass sich Täter:innen in Netzwerken und Foren auszutauschen und unterstützen können. Gleichzeitig fehlt es an Schutzmaßnahmen für Kinder und Jugendliche im Internet sowie entsprechenden rechtlichen Möglichkeiten für die Polizei, um Täter:innen im Internet ausfindig zu machen (Schwandner, 2021).

Um zu verstehen, welche Dynamik im Fall Lügde entstanden ist und wie sich hierdurch Handlungsschritte erklären lassen, ist es zunächst wichtig, zu verstehen, welche Strategien Täter:innen verfolgen, um in den Kontakt mit Kindern zu kommen, mit der Absicht des sexuellen Missbrauchs.

Hier lässt sich zunächst die Rational-Choice-Theorie benennen, die besagt, dass Täter:innen eine Straftat begehen, um für sich das bestmögliche Ziel zu erreichen (Machtausübung, Gewinn, sexuelle Stimulation usw.). Dieses tun sie, indem sie vorab eine Abwägung des Risikos und des Nutzens vorgenommen haben (Kuhle, Grundmann & Beier, 2015).

Die Strategien der Täterschaft lassen sich dabei in verschiedene chronologische Abschnitte aufteilen. Zunächst geht es den Täter:innen um eine Kontaktaufnahme und den Beziehungsaufbau zum Kind. Es werden daher entsprechende Settings gesucht, die den Kontakt zu Kindern ermöglichen (ebd.). Gleichzeitig planen die Täter:innen vorab, wie auch das soziale Umfeld des Kindes manipuliert werden kann, sodass eine Aufdeckung der Straftat aus Sicht der Täter:innen weniger bis gar nicht möglich wird (Gründer & Stemmer-Lück, 2013). Die Täter:innen nähern sich Kindern entweder über das private nähere Umfeld (zu etwa 50 Prozent), über erwachsene Beziehungskontexte (alleinerziehende Mütter), oder suchen sich konkret berufliche oder ehrenamtliche Kontexte, in denen sie mit Kindern in Kontakt kommen. Teilweise bezeichnen sie sich hierbei als sogenannte »Kinderfreunde« (Bange & Enders, 2000).

Wenn der Kontakt zum Kind hergestellt ist, geht es vor allem darum, das Vertrauen zu gewinnen. Dieses gelingt den meisten Täter:innen darüber, dass sie den Kindern Aufmerksamkeit zuteilwerden lassen und/oder sie mit Geschenken überhäufen. Hierbei sind vor allem die Kinder gefährdet, die an kein sicheres oder stabiles Familiensystem angebunden sind. Die Täter:innen erkennen die Lücken und die offenen Bedürfnisse der Kinder (Gründer & Stemmer-Lück, 2013). Diese ersten Annäherungsstrategien dienen dazu, ein Vertrauensverhältnis aufzubauen und erste Situationen mit dem Kind zu schaffen, in denen die Täter:innen allein mit dem Kind sind. Hinzu kommt eine gezielte Manipulation des Umfeldes, sodass ein unter Umständen ausgesprochener Verdacht sofort abgewendet werden kann, da die eigentlich das Kind beschützenden Personen bereits *blind* gemacht wurden (ebd.).

Dennoch ist festzuhalten, dass die Profile der Betroffenen, also ihre Vita und ihr Umfeld, wie ein »Puzzleteil« zu den Täter:innenstrategien passen können und die Täter:innen dieses Wissen selbst haben. Kindesmissbrauch geschieht im Verborgenen, und hier soll er aus Täter:innensicht auch bleiben.

Das Jugendamt – eine Organisation mit behördlichen Strukturen

Wie eingangs beschrieben, hat der Fall Lügde auch deswegen ein großes Medieninteresse generiert, da die Pflegetochter, als Opfer der Taten ihres Pflegevaters, begleitet wurde durch das Jugendamt, im Speziellen durch den Allgemeinen Sozialen Dienst (ASD) und den Pflegekinderdienst, sowie durch mehrere Familienhelfer:innen verschiedener freier Träger. In der Aufarbeitung des Falles ist deutlich geworden, dass es bereits drei konkrete Hinweise auf sexuellen Missbrauch durch den Pflegevater gab. Eine Psychologin des Kindergartens der Pflegetochter hat in einem Fachgespräch diesen Verdacht geäußert, ein Vater und Nachbar wandte sich hilfesuchend an den Kinderschutzbund, nachdem der Pflegevater den Nachbarskindern gegenüber sexuelle Andeutungen machte, und eine Jobcentermitarbeiterin meldete sich beim zuständigen Jugendamt und machte eine Meldung aufgrund des Verdachtes auf sexuellen Kindesmissbrauch, nachdem der

Pflegevater in einem Gespräch ihr gegenüber sexuell abwertende Äußerungen in Bezug auf seine Pflegetochter machte. Diese Meldungen waren dem Jugendamt bekannt und wurden vermerkt, dann in der Bearbeitung allerdings entkräftet und nicht nachverfolgt. Um zu verstehen, wie ist es dazu kam, dass diese – wie wir heute wissen – richtigen Hinweise entkräftet werden konnten, muss man auch einen Einblick wagen in die Organisationsdynamiken von Jugendämtern.

Die Jugendämter sind in den Städten und Landkreisen bezirklich oder nach Kreisen aufgeteilt. Sie schaffen und verwalten das Jugendamt mit seinen Abteilungen und funktionalen Aufgaben (Böwer, 2015).

Das Kindeswohl zu schützen, ist zunächst Auftrag der Eltern. Wenn diese ihrer Verpflichtung nicht nachkommen, tritt das Jugendamt ein:

> »Wird das körperliche, geistige oder seelische Wohl des Kindes oder sein Vermögen gefährdet und sind die Eltern nicht gewillt oder nicht in der Lage, die Gefahr abzuwenden, so hat das Familiengericht die Maßnahmen zu treffen, die zur Abwendung der Gefahr erforderlich sind« (BGB, §1666, Abs. 1).

Ergänzend hierzu gilt §8a des SGB VIII: Hier ist definiert, wie das Jugendamt zu handeln hat, wenn es Anhaltspunkte für eine Kindeswohlgefährdung gibt. Die dafür zuständige Abteilung, der ASD, muss dann eine Risikoeinschätzung unter Beteiligung weiterer Fachkräfte durchführen. Die Eltern und Kinder müssen in diesem Prozess mit eingebunden werden, so dies für das Kind keine Gefahr darstellt (SGB VIII, §8aff.).

Der Begriff des Kindeswohls ist ein rechtlich unbestimmter Begriff. Dies lässt auf der einen Seite Spielräume in der Definition, auf der anderen Seite aber werden hierdurch Vorgaben nicht möglich bzw. die genaue Definition obliegt immer den einzelnen Mitarbeiter:innen im ASD.

Der Allgemeine Soziale Dienst agiert im Sinne einer öffentlichen Verwaltung und ist rechtlich ebenso verortet (SGB X, §1, Abs. 2). Jede Hilfeplanung ist ein Rechtsverfahren, das dem Sozialverwaltungsverfahrensrecht unterstellt ist (Waschull, 2019). Dieses Rechtsverfahren wird ausgelöst, wenn die Hilfeberechtigten (Eltern, Kinder, Jugendliche usw.) einen Antrag auf Hilfen stellen. Der ASD agiert damit als Leistungsverwalter, aber auch als Eingriffsverwaltung, wenn es um den Schutz der Rechtsgüter von Kindern und Jugendlichen geht (ebd.).

Zusammenfassend ist festzuhalten, dass die Strukturen im Jugendamt klar definiert und strukturiert sind. Es ist ein behördlicher Charakter zu erkennen sowie ein formelles und zweckrationales Vorgehen. Dieses gilt für alle Mitarbeiter:innen gleich, dennoch ist die konkrete Ausgestaltung und Bewertung, gerade in

Bezug auf kindeswohlgefährdende Situationen den Mitarbeiter:innen individuell überlassen.

Der Landrat des zuständigen Kreises Hameln-Pyrmont, Tjark Bartels, spricht in der von mir analysierten Pressekonferenz vom 19. März 2019 ebenfalls von dieser rechtlichen Einordnung und skizziert die Hürden der Arbeit. Er stellt in der Pressekonferenz ein Dilemma dar, nämlich zum einen die starre rechtliche Verordnung und zum anderen die Dominanz des Elternrechts in familiengerichtlichen Verfahren. Hiermit macht er deutlich, dass ein Eingreifen auf Grundlage der Einschätzung der Mitarbeiter im ASD so nicht möglich ist – dies stellt lediglich den Anfang einer folgenden Verwaltungskette dar.

Fritz Schützes Konzept der Fallanalyse

Fritz Schütze entwickelte ein Konzept der Fallanalyse, das neue Aspekte liefert in Bezug auf das Fallverstehen in der Sozialen Arbeit, welches über die vorher bekannten Vorgehensweisen wie die kollegiale Fallarbeit hinausgeht (Gröning & Schütze, 2016).

Die Idee Schützes ist es, die Sinnstrukturen des Falls darzustellen, sodass die Wirklichkeit und Wahrnehmung von Handelnden im Fall deutlich wird (Althoff, 2018). Schütze geht davon aus, dass im klassischen Feld der Sozialen Arbeit Paradoxien auftreten, die unaufhebbar sind (ebd.).

Um diese Paradoxien zu verstehen, möchte ich zunächst einmal auf das Professionsverständnis der Sozialen Arbeit eingehen. Auch hier liefert Schütze eine Definition (Schütze, 2020): Die Profession der Sozialen Arbeit zeichnet sich durch eine wissenschaftliche und eine praktische Ebene aus. Der wissenschaftliche Zugang gelingt über die Fundierungswissenschaften wie die Psychologie, die Erziehungswissenschaften, die Soziologie und weitere Wissenschaften. Die Erkenntnisse, die man hieraus gewinnen kann, werden zur Beantwortung von Anforderungen aus der Praxis, bei gleichbleibender Individualität der Profession der Sozialen Arbeit, genutzt. Die hieraus generierten Erkenntnisse zur Problembehandlung der Praxis werden dann genutzt, um Interventionsstrategien zu entwickeln mit den entsprechenden Wirkungsmechanismen (ebd.).

Auf der praktischen Ebene kennzeichnet sich die Profession der Sozialen Arbeit wie folgt: Die Arbeit der Mitarbeiter:innen kennzeichnet sich durch einen intensiven Klient:innenkontakt, wodurch biografische Erkenntnisse der Klient:innen sichtbar, aber auch eigene biografische Themen der Sozialarbeiter:innen angesprochen werden können. Diese Sinnquellen, die sich hieraus ergeben, werden ressourcenorientiert zur sogenannten »Fallarbeit« genutzt. Die Persönlichkeit der Sozialarbeiter:innen zeichnet sich zudem dadurch aus, dass eine hohe Bereitschaft zur Reflexion der Arbeit auf einer Metaebene vorhanden ist – auch mit Blick auf das eigene Handeln und auf das System, in dem gehandelt wird. Hierdurch entstehen nach Schütze sogenannte »Diskursarenen«, die dazu dienen, die Wissenschaft und Praxis voranzutreiben und zu hinterfragen (ebd.).

In diesem Feld der Profession Soziale Arbeit kommt es, trotz hohem Reflexionsvermögen – oder vielleicht gerade deshalb –, zu sogenannten »Handlungsparadoxien« (ebd.). Diese beschreibt Schütze als berufliche Dilemmata, die dann entstehen, wenn die professionelle Anforderung im Feld nicht zum Professionsverständnis der Sozialen Arbeit passt. Ein Beispiel hierfür ist für Schütze das diagnostische Vorgehen in der Sozialen Arbeit, das dazu dienen soll, zu überprüfen, inwieweit ein Anspruch auf Hilfen besteht, bzw. zur Begründung von Hilfen im Hilfeverlauf von Klient:innen. Es muss also eine hypothetische Zukunftsaussicht begründet werden, sodass Hilfen installiert werden können, die aber im professionellen lebensweltorientierten Verstehen und auch im empirischen Sinne nicht belegbar sind (ebd.). Weitere Paradoxien der Sozialen Arbeit können zum Beispiel Typisierungen sein, die im Kontrast zur individuellen Lebensweltorientierung stehen (Thiersch, 2015, S. 305ff.), oder das Mehrwissen gegenüber Klient:innen, das zu einem Machtgefälle zwischen Sozialarbeiter:in und der Klientel und dem gegenüberstehenden Bedarf nach einem vertrauensvollen professionellen Beziehungsverhältnis auf Augenhöhe führt (Schütze, 2020).

Auch auf organisatorischer Ebene kann es zu Handlungsparadoxien kommen, etwa mit Blick auf das Abwägen zwischen dem Einsatz von Mitteln oder Hilfen und der perspektivisch bleibenden Fallproblematik. Die Organisation kann hierbei als haltende Instanz für die Mitarbeiter:innen gesehen werden, gleichzeitig kann es zu Kontroll- und Machausübung der Organisation kommen. Weiterhin, so Schütze, kann es zu routinemäßigem Handeln kommen, das sich auf spezielle Problemfelder spezialisiert und dadurch das gesamtheitliche, sensible und aufmerksame Handeln einschränkt. Die Sorge um Risiko oder Gefahren führt zu einem weiteren potenziellen Dilemma, nämlich dem hoheitlichen Vermeiden von Gefahren und dem Einschränken von Entfaltungspotenzialen der Klient:innen (ebd.).

Die Herausforderung, die diese Paradoxien darstellen, besteht darin, sie nicht lösen zu wollen oder sie machtvoll gegenüber den Klient:innen zu nutzen. Vielmehr sind die Sozialarbeiter:innen aufgefordert, einen analytischen Blick zu entwickeln und diesen immer wieder zu überprüfen und zu erweitern, sodass die mangelnden kausalen Interventionsstrategien überwunden werden können (ebd.).Reflexive Verfahren wie Supervision und Balintgruppen dienen u. a. dazu aufzudecken, dass die Sozialarbeiter:innen selbst in den Paradoxien verstrickt sind, sie stehen nicht beobachtend außerhalb, sondern werden Teil durch die eigenen Handlungsanteile im Fall (ebd.).

Das Dilemma in der Fallarbeit ist hierbei, dass nicht die Klient:innen selbst der Ausgangspunkt sind für das professionelle Handeln, sondern die Akte zum Fall (Althoff, 2018).

Gerade im Kontext der Jugendhilfe stellt Schütze ein Spannungsfeld zwischen der *Akte* des Falls, als bürokratischer organisatorischer Intervention, und der *Lebenswelt* der Klient:innen fest. Dieses Spannungsfeld entwickelt von sich heraus einen Bedarf nach Balance, wodurch eine Eigendynamik entsteht, die schlussendlich das Handeln der Professionellen im Fall beeinflusst (Gröning & Schütze, 2016).

Die Akte wird hierbei so geführt, dass sie zum Zweck der Organisation passt und von außen jederzeit nachvollziehbar und lesbar ist. Das zweckrationalisierte Darstellen eines Falls in der Akte führt zwar zu einer Verengung des Falls, dient allerdings dazu, im organisatorischen Kontext anwendbar zu bleiben. Jede:r muss die Akte verstehen können (Althoff, 2018).

Organisationen – hierzu gehören vor allem bürokratische Organisationen wie die Jugendämter – sind dazu angehalten, Verfahrensanweisungen und Vorgaben zweckrational in der Praxis am Fall umzusetzen. Die Fallarbeit im bürokratischen Sinne wird dadurch stark strukturiert und routiniert, wodurch eine Distanz zur Lebenswelt der Klient:innen entsteht (ebd.). Routiniertes Arbeiten kann zum einen Sicherheit bieten, zum anderen kann es aber auch dazu führen, dass der Fall in der Akte verschwindet (ebd.). Das zweckrationale Handeln in bürokratischen Organisationen lässt im Fall sogenannte »Sinnstrukturen« entstehen, die unter Umständen weit entfernt sind von der Lebenswelt der Klient:innen, aber dafür umso näher an der professionellen Lebenswelt der Fachkraft, die gerade in bürokratischen Kontexten den Fall nach Aktenlage bewertet (Gröning & Schütze, 2016).

Diese Selektion, die damit einhergeht, prägt damit das gesamte Bild und die Strukturen der Akte. Es kommt zu einer Versachlichung des Falls und man distanziert sich damit von der Frage nach der Compliance und der Nicht-Compliance des Klientels (ebd.).

Zusammenfassend ist also festzuhalten, dass Gröning und Schütze zunächst einmal feststellen, dass eine Spannung entsteht zwischen dem »erlebten Fall, erzählten Fall und dokumentierten Fall« (ebd., S. 8), wodurch Handlungsparadoxien, die in der Profession der Sozialen Arbeit generell vorhanden sind, nicht mehr in ihrer Balance gehalten werden können. Damit gehen sie in ihrer Betrachtung über die kollegiale Beratung, die klassische Balintgruppenarbeit und ähnliche Formate, hinaus, wobei gerade die kollegiale Beratung eine der klassischen und auch inkorporierten Verfahren der Profession Soziale Arbeit ist.

Das Sinnverstehen im Fall Lügde

Zum tieferen Verstehen der Dynamik im Fall Lügde habe ich mithilfe der objektiven Hermeneutik die Pressekonferenz des Landrates Tjark Bartels untersucht – aus dem Interesse heraus, die latenten und manifesten Sinnstrukturen im Fall zu generieren. In meiner Untersuchung im Rahmen meiner Masterarbeit habe ich mich dabei auf die drei Hinweise auf sexuellen Missbrauch an der Pflegetochter fokussiert, die dem Jugendamt im Fallverlauf bekannt waren. Diese Hinweise habe ich mit dem Prinzip des Dreischritts »Geschichten erzählen, Lesearten bilden und schließlich diese Lesearten mit dem tatsächlichen Kontext konfrontieren« (Wernet, 2006, S. 39) untersucht, um dadurch die von Oevermann skizzierten latenten und manifesten Sinnstrukturen im Fall zu generieren (Oevermann, 2000). Diese geben Auskunft über die gesamte Fallstruktur im Fall Lügde.

Zunächst einmal möchte ich skizzieren, was sich auf der manifesten Ebene im Fall feststellen lässt: Der Landrat, als Sprecher der Pressekonferenz, dient hier als Vertreter einer Arbeitsweise, die im Jugendamt Hameln-Pyrmont wiederzufinden sein muss, da der Landrat eine führende und weisende Stellung im System Landesjugendamt hat.

Im Fallverlauf wird zunächst einmal sichtbar, dass hier eine distanzierende und beobachtende Haltung eingenommen wird. Es wird vor allem aus einer beobachtenden und analysierenden Ebene heraus diskutiert und bewertet. Begleitet wird dies durch einen stark juristischen Blick, vor allem auf Hin- und Beweise, also eine nach dem Rechtsstaat begründete kausale Herangehensweise.

Hinzukommt eine Orientierung in der Bewertung an sichtbarem Verhalten und Strukturen und damit einhergehend mit Blick auf die Mittel, die zum Einsatz kommen sollen. Das bedeutet, der Blick fällt auf das, was sich im Fall konkret vorfinden und benennen lässt, wodurch die damit verbundene Methodeneinsetzung (etwa im Kontext der Familienhilfe) vonseiten des Amtes begründet wird, z. B. der Blick auf die unordentlichen Wohnverhältnisse des Pflegevaters und das daraufhin folgende Einsetzen einer sozialpädagogischen Familienhilfe oder die Überprüfung von deren Wirkung. Dieses gibt einen Hinweis auf zweckrationalisiertes Handeln.

Deutlich wird auf manifester Ebene ebenso, dass an vielen Stellen Wissen fehlt. Dies lässt sich daran festmachen, dass die Schilderungen fragmentiert und nicht zusammenhängend sind. Bei den Zuhörer:innen entstehen dabei keine Bilder und Szenen, es ist häufig verkürzt oder nicht zu Ende erzählt. Das Wissen, das offenbar, wie wir heute wissen, außerhalb der behördlichen Organisationen lag, wurde nicht eingeholt, wurde nicht präsent gemacht und nicht analysiert. So kann man hier die Definition von Klatetzki (2020) nutzen, der dieses Vorgehen als eine Produktion von aktivem Nichtwissen definiert, also das aktive Nicht-zur-Kenntnis-Nehmen von Wissensbeständen und Informationen im Fall.

Zudem scheint bei der Analyse ein Bild von einem Innen und einem Außen zu entstehen. Der innere Kreis macht hierbei die beiden Jugendämter aus, sowie die sozialpädagogische Familienhilfe und die Kindertagesstätte, alles Einrichtungen der Kinder- und Jugendhilfe. Der innere Kreis wird dabei deutlich vom Jugendamt selbst definiert. Demgegenüber scheint es ein Außen zu geben, das definiert wird z. B. über den Kinderschutzbund, die Jobcenter-Mitarbeiterin und die Psychologin der Kindertagesstätte. Hinzukommt, dass die Akte des Falls anscheinend unvollständig geführt ist und damit Lücken aufweist, die auch im Nachhinein nicht geschlossen werden konnten.

In der Analyse einer Kindeswohlgefährdung scheint der Fokus vor allem auf dem Kind zu liegen, als Indikator für Hinweise, wobei sich hier ein großer Wunsch nach manifesten Hinweisen offenbart, da Hinweise auf latenter Ebene aus dem Außen nicht akzeptiert, sondern widerlegt werden. Das ungute Gefühl der Psychologin, die Sorge der Jobcentermitarbeiterin oder das wiederholte konkrete Melden eines Verdachts durch den Kinderschutzbund wird in der Fallbearbeitung im Rahmen einer kollegialen Fallbearbeitung im Jugendamt wiederholt infrage gestellt und abgewehrt. Der Pflegevater steht nicht im Fokus bei der Bewertung des Kindeswohls.

Zudem scheinen vor allem die Hinweise akzeptiert zu werden, die konkret überprüfbar sind, wie z. B. die verschmutzte Kleidung oder die Wohnverhältnisse. Bei diesen Hinweisen werden die Mitarbeiter:innen des Jugendamtes aktiv und fordern eine Überprüfung ein oder machen sich selbst ein Bild. In diesem Moment verlassen sie die Behörde und gehen in den Kontakt mit dem Pflegevater und dem Pflegekind.

Bei Hinweisen, die von außen kommen, aber nicht klar überprüfbar sind in Form von sichtbaren Beweisen, bleiben die Mitarbeiter:innen der Jugendämter unter sich und entscheiden aus der Organisation heraus, allerdings – wie wir jetzt wissen – zum Nachteil des Kindes.

Es scheint ein passives Nichtwissen (ebd.), also das Fehlen fachlichen Wissens, in Bezug auf sexuellen Missbrauch vorzuliegen, da der Landrat in der Pressekonferenz abwechselnd von Pädophilie und sexuellem Missbrauch spricht und damit beides in einer Kategorie zusammenfasst. Hier gilt es, eine Unterscheidung zu treffen zwischen Menschen mit einer pädophilen Sexualpräferenz und sich dem sexuellen Missbrauch strafbar machenden Täter:innen. Beide Aspekte sollten nicht permanent in einem kausalen Zusammenhang gesehen werden. Schätzungen zufolge sind 40 bis 50 Prozent der wegen sexuellem Kindesmissbrauch verurteilten Täter:innen pädophil (Beier et al, 2018). Diese Zahlen sagen damit vor allem aus, dass nicht alle Täter:innen selbst pädophil sind, daher sollten die Begriffe des sexuellen Kindesmissbrauchs und Pädophilie nicht synonym gebraucht werden.

Ebenso geht er davon aus, dass der sexuelle Missbrauch im Verhalten des Kindes erkennbar sein muss oder sich in der Interaktion zwischen Täter:innen und Betroffenen zeigen sollte und zudem von Außenstehenden erkennbar sein muss. Wie bereits beschrieben, agieren Täter:innen strategisch, sodass die Straftat im Verborgenen stattfinden kann. Das Trauma des sexuellen Missbrauchs löst bei Kindern einen psychischen Überlebensprozess aus, da das Kind Angst, Kontrollverlust, Ohnmacht, Schuld, Scham, Ekel usw. erlebt. Diese massiven Gefühle übersteigen die Bewältigungsmechanismen eines Kindes (Gründer & Stemmer-Lück, 2013). Im psychodynamischen Verstehen dienen Abwehrmechanismen in diesem Zusammenhang dazu, das psychische Überleben zu gewährleisten (Bange & Enders, 2000).

Im Folgenden möchte ich nun auf die möglichen latenten Sinnstrukturen im Fall eingehen, also, wie Bude es benennt, »den wirkenden Sinn« (Bude, 1994). Was lässt sich nach der objektiv hermeneutischen Untersuchung darstellen in Bezug auf das was unterhalb der manifesten Ebene liegt?

In der Beschreibung des Landrates und auf manifester Ebene lässt sich deutlich ein zweckrationales Handeln, wie wir es in Behörden kennen und Schütze es bereits beschrieben hat, identifizieren. Dieses zweckrationale Handeln sorgt für eine Distanz zum Fall, nicht nur räumlich, sondern auch emotional. Der Landrat bleibt in seinen Schilderungen bürokratisch sowie juristisch und lässt damit die affektive Ebene außen vor. Hier ist es spannend zu sehen, dass vor allem die Institutionen oder Fachleute ernstgenommen werden, die eine ähnliche Sprache sprechen wie das Jugendamt selbst, also auch zweckrational argumentieren. Dieses tut z. B. die Kita: Sie argumentiert über messbare oder beobachtbare Erlebnisse heraus, wie etwa sichtbar an der Argumentation gegen den Verdacht des sexuellen Missbrauchs des Kindes anhand von abwesenden Entwicklungsdefiziten. Ähnlich verhält es sich bei der sozialpädagogischen Familienhilfe. Auch sie wird immer wieder dahingehend zitiert, dass sie keine entsprechenden Anzeichen sah. Hier scheint man also davon auszugehen, dass sexueller Missbrauch im Verhalten erkennbar und beobachtbar sein muss, also zweckrational zu bearbeiten ist. Die Argumentationen bauen auf dem auf, was die Mitarbeiter:innen des Jugendamts konkret sehen und benennen können. Institutionen, die ähnlich denken wie die Behörde selbst, werden ernstgenommen und als Expert:innen eingestuft. Sie entkräften dadurch immer wieder die Hinweise, die von Institutionen kommen, die anders argumentieren. Der Kinderschutzbund, die Psychologin und die Jobcenter-Mitarbeiterin argumentieren alle auf Basis eines psychodynamischen Erlebens, das sie im Kontakt mit dem Pflegevater und dem Pflegekind machen. In dem Moment, in dem diese Aussagen entkräftet werden durch Argumente der Familienhilfe oder der Kindertagesstätte, dominiert das zweckrationale Handeln. Das psychodynamische oder affektive Erleben im Fall bekommt keinen Platz in der Akte.

Des Weiteren wird diese These unterstützt durch die Haltung der Beweisführung, die der Landrat in der Pressekonferenz immer wieder einbringt. Der wirkende Sinn scheint sich hier vor allem durch ein juristisches Denken zu charakterisieren. Die Frage nach Hinweisen und Beweisen wird immer wieder in den Vordergrund gestellt. Als Beweis gilt das, was sichtbar und belegbar ist, also das zweckrationale Denken und Handeln. Fachkräfte, die dies anders beurteilen, werden sofort infrage gestellt und in ihrer Aussage überprüft. Es handelt sich um einen Verdacht, der überprüft und belegt oder widerlegt werden muss.

Es ist aber nicht nur eine juristische Ebene zu erkennen, sondern eben auch eine stark verwaltende Ebene. Der Fall wird verwaltet, wodurch eine Anwaltlichkeit für das Kind, die sich auch emotional zeigen könnte, nicht entsteht, ja sogar verhindert wird. Dem Kind wird vielmehr aufgebürdet, zu beweisen, dass ihm Kindesmissbrauch angetan wird. Solange dies nicht sichtbar und anknüpfend an die Akte ist, also aktenkompatibel ist, werden die Hinweise entkräftet.

Dem Pflegevater gegenüber bleibt man in der Distanz. Dies zeigt sich auch durch die wechselnde Bezeichnung des Tatgeschehens. Mal spricht der Landrat von sexuellem Missbrauch, mal von Pädophilie. In dem Moment, in dem der Pflegevater als pädophil dargestellt wird, wird zum einen der Tatbestand des sexuellen Missbrauchs relativiert und zum anderen wird der Pflegevater als psychisch erkrankter Mensch dargestellt, auch in der Pressekonferenz noch, obwohl hier der Tatbestand schon rechtlich belegt und das Wissen über eine Pädophilie nicht bekannt war.

Es lässt sich hier auf der latenten Ebene eine Distanz zum Pflegevater erleben und die Vermeidung der Benennung und Konfrontation von Tatsachen, die gleichzeitig massiv und erschütternd sind. Hieraus wird auch nochmal die fehlende Anwaltlichkeit gegenüber dem Kind deutlich. Vielmehr entsteht eine

Anwaltlichkeit dem Täter gegenüber. Dieses kann damit begründet werden, dass der Pflegevater in seiner strategischen Haltung, als Kinderfreund des Campingplatzes, als Ressource für das Familiensystem wahrgenommen wurde. Dieses ist in der Akte in Form einer Risikoeinschätzung beschreibbar. Im Sinne der Falldiagnostik im Rahmen der Hilfeplanung wird diese Ressource genutzt, um den Hilfebedarf der Familie zu decken. Gleichzeitig erfährt der Pflegevater durch seinen Status als Pflegevater einen besonderen Habitus im System. Er wird damit zu einer Art Fachkraft aufgewertet, ebenfalls in der Akte hinterlegt.

Nicht nur die fehlende Anwaltlichkeit gegenüber dem Kind ist erkennbar, sondern auch das fehlende emotionale und affektive Eingebundensein in den Fall wird dadurch deutlich. Der mögliche Handlungsprozess, der hätte ausgelöst werden können durch die verschiedenen Meldungen von außenstehenden Personen, wird immer wieder durch diese juristische und verwaltende Haltung aufgehalten und gestoppt. Dadurch, dass diese Vorgehensweise in den Akten deutlich dokumentiert ist – was daraus deutlich wird, dass der Landrat nur aus der Aktenlage heraus argumentiert, und Wissen aus dem Außen auch in der Pressekonferenz keinen Platz findet –, ist davon auszugehen, dass dieser innere Kontext mit seinen latenten Strukturen dadurch manifest wurde, dass er in der Akte notiert ist. Hieraus entsteht eine Dominanz der Akte.

Zusammenfassend und chronologisch betrachtet, lässt sich Folgendes erkennen: Mit der ersten Meldung des Kinderschutzbundes wurde das erste Mal der Verdacht auf sexuellen Kindesmissbrauch an der Pflegetochter benannt. Es wird keine Kindeswohlgefährdung festgestellt, da keine Anzeichen sichtbar sind. Vielmehr wird der Blick auf die Wohnverhältnisse gelenkt, die durch die Familienhilfe als mangelhaft diagnostiziert wurden. In diesem Moment wird der erste Verdacht das erste Mal entkräftet, und hier beginnt der innere Kontext auf latenter Ebene zu entstehen. Dieses wurde entsprechend in der Akte dokumentiert und dadurch entstand der Ausgangspunkt für die weiteren Handlungsschritte. Der Fokus wurde auf die verwaltende und zweckrationale Ebene gelenkt.

Beim zweiten Hinweis durch die Psychologin findet sich dieser innere Kontext direkt wieder. Zwar wird die Psychologin noch in der Behörde angehört, kann aber mit ihren Argumenten anscheinend nicht überzeugen. Die Äußerungen werden infrage gestellt und entkräftet durch die Kindertagesstätte und die Familienhilfe – deren Argumente wiegen schwerer. Sie können zweckrationale Argumente benennen, die den Kindesmissbrauch ausschlussfähig machen, ihnen wird geglaubt. Der innere Kontext, die latente Ebene, wird zunehmend mehr unterstützt und belebt.

Beim dritten Hinweis durch die Jobcenter-Mitarbeiterin ist der wirkende Sinn dann in seiner manifesten Ebene klar zu erkennen, da hier die Mitarbeiterin selbst nicht mehr als Expertin zu Rate gezogen wird, sondern aus der Behörde heraus in Absprache mit der Familienhilfe der Hinweis entkräftet wurde. Der Fall wird nach Aktenlage bewertet.

Resümee

Kindesmissbrauch ist eine Straftat, die im Verborgenen und Geheimen stattfindet. Die Täter:innen agieren so, dass ihre Straftaten nicht auffallen und sie weiterhin in Strukturen unterwegs sein können, in denen sie Zugang zu Kindern haben. Diese Kinder befinden sich häufig in einem emotionalen instabilen Zustand und sind von wenigen Schutzfaktoren umgeben.

Im Fall Lügde lassen sich eben genau diese Faktoren wiederfinden, und im Nachhinein wirkt es, als wäre es offensichtlich und überpräsent gewesen. Die Analyse hat ergeben, was dazu geführt hat, dass diese Präsenz der Offensichtlichkeiten in der Fallarbeit nicht erlebbar wurde.

Der Kindesmissbrauch in Lügde fand über Jahre hinweg im Verbogenen statt. Der Täter Andreas V. hat sich auf dem Campingplatz als Kinderfreund gezeigt und nach außen eine täuschende Fassade aufgebaut. Er wirkte engagiert, offen und eloquent. Immer wieder ist es ihm gelungen, seine Darstellungen so plausibel zu machen, dass das Jugendamt und alle anderen Behörden ihn als Ressource für die Pflegetochter einstuften. Ressourcen können anhand von Risikoeinschätzungsverfahren überprüft und schriftlich festgehalten werden, sie finden also einen Platz in der Akte. Durch die Ernennung zum Pflegevater wird Andreas V. zudem Teil des Hilfesystems. Vielleicht wird er sogar Teil des inneren Systems.

Hinzukommt die hohe Form der gesellschaftlichen Tabuisierung des Themas des sexuellen Missbrauchs in unserer Gesellschaft. Einen Verdacht zu äußern oder einen Verdacht zu überprüfen, soll möglichst nicht unbegründet stattfinden, da die Auswirkungen bei einem nicht erhärteten Verdacht, für die Beschuldigten immense Konsequenzen haben könnten. Schuld, Scham und Angst entwickeln hierbei eine eigene Dynamik im Fall. Dieser Fall ist verortet in einem System, das stark strukturiert ist und zweckrational handeln muss. Als Aushang für die Arbeit oder auch als Beweis für gute Arbeit gilt hier die Akte. Dieses wird zu Beginn der Pressekonferenz sehr deutlich. Der Landrat Bartels erwähnt in der Pressekonferenz das Wort »Akte« in den ersten Minuten bereits mehr als zehnmal und betont deren Umfang und Seitenzahl. Dieses scheint wichtig zu sein, und er setzt gute Arbeit mit guter Aktenführung und auch deren Umfang gleich.

Im Fall Lügde trifft eine hochdynamische kriminelle Handlung auf eine hochstrukturierte, zweckrational orientierte Organisation. Mit diesem Spannungsverhältnis müssen die zuständigen Mitarbeiter:innen umgehen. Sie bekommen von außen Hinweise und Aufforderungen, dem Verdacht des sexuellen Missbrauchs nachzugehen, und im Inneren treffen sie auf behördliche Strukturen, in der eine reflexive Fallarbeit, wie Schütze sie beschreibt, ein Novum wäre oder wenig Raum bekommt (Schütze, 2020). Dies unterstützt die von Schütze beschriebene hochkomplexe Fallarbeit und ihren Anspruch. Oevermann ergänzt dieses um die Sinnstrukturen im Fall und in der Organisation auf manifester und latenter Ebene (Oevermann, 2000). Genau an diesem Punkt entstehen im Fall Lügde Handlungsparadoxien, die – wie Schütze sie beschreibt – das Spannungsverhältnis zwischen der professionellen Anforderung im Feld und dem Professionsverständnis der Sozialen Arbeit ausmachen. Die professionelle Anforderung im Feld Jugendamt ist die Führung der Akte, entsprechend den latenten und manifesten Sinnstrukturen der Organisation. Dieses steht im Widerspruch zum professionellen Anspruch der Sozialen Arbeit in der Fallarbeit. Schütze beschreibt dieses als einen kommunikativen Prozess, in dem Sinnquellen entstehen zwischen Klient:innen und Mitarbeiter:innen: ein psychodynamisches Gebilde zwischen Menschen, in dem ebenfalls latente und manifeste Sinnstrukturen die Handlungen steuern (Schütze, 2020).

Im Fall Lügde werden diese Handlungsparadoxien nicht erkannt, bzw. werden sie aufgelöst, indem die Akte dominierend im Fall agiert. Begründet und entschieden wird nach Aktenlage. Eine Balance in diese Handlungsparadoxie zu bringen und mit dieser reflexiv zu arbeiten, ist im Fall Lügde nicht geschehen. Vielmehr wird mit zweckrationalem Handeln die Akte gefüllt und damit die Komplexität des Falls reduziert. Diese Reduktion ist nachvollziehbar, da sie die Gefühle von Angst, Überforderung, Schuld usw. der Mitarbeiter:innen bündelt und zu einer Entlastung führt. Wie vorab beschrieben, ist dies gerade im Bereich des sexuellen Kindesmissbrauchs ein naheliegender Schritt, um die Konfrontation mit dem Tabu zu vermeiden. Dennoch führt es auch dazu, dass der Kindesmissbrauch weiterhin stattfinden konnte und erst durch eine Handlungskette aufgedeckt wurde, die weder vom Jugendamt noch von der Justiz ausgelöst wurde.

Die Frage, die zum Abschluss offenbleibt, ist die Frage nach Potenzialen und Entwicklungsmöglichkeiten. Auch hier bieten Gröning und Schütze (2016) eine erste Idee mit Blick auf die Dominanz der Akte im Fall. Sie schlagen eine regelmäßige Aktenvisite vor. Diese soll dazu dienen, das dauerhafte Fortschreiben einer Akte zu unterbrechen und einen retroperspektivischen Blick auf diese zu werfen, um damit eine Überprüfung möglich zu machen. Sinnhaft erscheint dieses, wenn es nicht durch zuständige Mitarbeiter:innen durchgeführt wird, sondern von Mitarbeiter:innen, die im Fall nicht involviert sind, also vielleicht offener sind für latente Sinnstrukturen im Fall.

Zudem scheint die Supervision hier als reflexive Profession eine Möglichkeit darzustellen, die Fallarbeit zu betrachten. Supervision ermöglicht den Zugang zu latenten Sinnstrukturen in der Fallarbeit und damit den Blick von außen. In dem Moment, in dem dieser Blick gelingt, ist die Komplexität des Falls wieder sichtbar. Supervision ermöglicht ein Setting und einen Rahmen, in dem es möglich ist, zumindest für einen kurzen Moment die bekannte Ebene zu verlassen. In diesem Moment werden die Handlungsparadoxien sichtbar und es entsteht der Raum, eine Balance für sie zu finden. Die Triangulierung, die im supervisorischen Sinne unabdingbar ist, wäre hier gegeben: die Strukturen der Organisation sichtbar machen, ohne sie aufheben zu wollen, und gleichzeitig den Fall und die zuständigen Mitarbeiter:innen in den Fokus zu nehmen. Die Dynamik, die in diesem Dreieck entsteht, gilt es, reflexiv zu betrachten und auf Handlungseben Potenziale zu entwickeln. Supervision kann dazu beitragen, diese »historische Gestalt des Falls« (Schütze, 2020, S. 175) deutlich zu machen.

Der Bereich des sexuellen Kindesmissbrauchs muss in der Sozialen Arbeit außerdem dringend enttabuisiert werden. Aufklärungsarbeit über Täter:innenstrategien und Bewältigungsmechanismen der Betroffenen muss stattfinden, damit man die Dynamik verstehen kann und der Irrglaube, der sexuelle Missbrauch wäre sofort erkennbar, aufgelöst wird. Gleichzeitig müssen gezielte Konzepte entwickelt werden, vor allem für die Arbeit im Jugendamt, wie mit dem Verdacht auf sexuellen Kindesmissbrauch umgegangen werden muss. Um das psychodynamische Verstehen zu gewährleisten, das es braucht, um sexuellen Missbrauch an Kindern sichtbar zu machen, braucht es neue Konzepte, die weniger verwaltungsrechtlich und aktendominierend sind. Solche Konzepte könnten angstlösend und stärkend wirken für die Mitarbeiter:innen. Die Angst vor der Auseinandersetzung mit dem Thema gilt es im Sinne der Betroffenen zu reduzieren.

Literatur

Althoff, M. (2018). Fallverständnis in der Sozialen Arbeit und seine Relevanz für Fallsupervision. Diskussion der Ansätze von Marianne Hege und Fritz Schütze. *Forum Supervision*, 26(51), 6–19.

Bange, D. & Enders, U. (2000). *Auch Indianer kennen Schmerz. Handbuch gegen sexuelle Gewalt an Jungen* (3. Aufl.). Kiepenheuer & Witsch.

Bartels, T. (2019). Pressekonferenz Landkreis Hameln-Pyrmont. Abschlussbericht Missbrauchsfall Lügde. https://www.youtube.com/watch?v=vTvZdw2ceSQ&t=124s

Beier, K. M., Gieseler, H., Ulrich, H., Scherner, G. & Schlinzig, E. (2018). Das Berliner Präventionsprojekt Dunkelfeld. In K. M. Beier (Hrsg.), *Pädophilie, Hebephilie und sexueller Kindesmissbrauch* (S. 45–58). Springer.

Böwer, M. (2015). *Kindeswohlschutz organisieren. Jugendämter auf dem Weg zu zuverlässigen Organisationen*. Beltz Juventa.

Bude, H. (1994). Das Latente und das Manifeste: Aporien einer »Hermeneutik des Verdachts«. In K. Kraimer & D. Garz (Hrsg.), *Die Welt als Text* (S. 114–124). Suhrkamp. Siehe auch https://www.ssoar.info/ssoar/bitstream/handle/document/1757/ssoar-1994-bude-das_latente_und_das_manifeste.pdf?sequence=1&isAllowed=y&lnkname=ssoar-1994-bude-das_latente_und_das_manifeste.pdf

Burger, R. (2020, 10. Juni). Verweigerte Aufklärung im Missbrauchsfall Lügde. *FAZ*. https://www.faz.net/aktuell/politik/inland/niedersachsen-erschwert-aufklaerung-im-fall-luegde-16807902.html

Franke, I. & Graf, M. (2016). Kinderpornografie. *Forensische Psychiatrie, Psychologische, Kriminologie, 10*(2), 87–97.

Frenzel, C. (2020). Bericht über die Überprüfung der Fallbearbeitung und Organisation der Verwaltungsabläufe im Landkreis Hameln-Pyrmont im Zusammenhang mit dem Missbrauch eines durch den Landkreis betreuten Pflegekindes. https://www.hameln-pyrmont.de/media/custom/2749_4856_1.PDF?1599735358

Gögen, A., Griemmert, M. & Kessler, S. (2015). Sexueller Missbrauch und Kinderschutz – Perspektiven im Wandel. In J. M. Fegert, U. Hoffmann, E. König, J. Niehues & H. Liebhardt (Hrsg.), *Sexueller Missbrauch von Kindern und Jugendlichen. Ein Handbuch zur Prävention und Intervention für Fachkräfte im medizinischen, psychotherapeutischen und pädagogischen Bereich* (S. 27–38). Springer.

Gröning, K. & Schütze, F. (2016). Fallsupervision als hermeneutische Methode – eine Würdigung der Fallanalyse von Fritz Schütze. Zusammenfassung des Festvortrages anlässlich des fünfjährigen Bestehens des Masterstudiengangs Supervision und Beratung. *Forum Supervision, 24*(47), 4–11.

Gründer, M. & Stemmer-Lück, M. (2013). *Sexueller Missbrauch in Familie und Institutionen. Psychodynamik, Intervention und Prävention*. Kohlhammer.

Herrmann, B., Dettmeyer, R., Banaschak, S. & Thyen, U. (2016). Anamnese und Untersuchung bei sexuellem Missbrauch eines Kindes. In dies. (Hrsg.), *Kindesmisshandlung. Medizinische Diagnostik, Intervention und rechtliche Grundlagen* (3. Aufl., S. 145–155). Springer.

Klatetzki, T. (2020). Der Umgang mit Fehlern im Kinderschutz: Eine kritische Betrachtung. *Neue Praxis, 50*(2), 101–121.

Kuhle, L. F., Grundmann, D. & Beier, K. M. (2015). Sexueller Missbrauch von Kindern: Ursachen und Verursacher. In J. M. Fegert, U. Hoffmann, E. König, J. Niehues & H. Liebhardt (Hrsg.), *Sexueller Missbrauch von Kindern und Jugendlichen. Ein Handbuch zur Prävention und Intervention für Fachkräfte im medizinischen, psychotherapeutischen und pädagogischen Bereich* (S. 109–130). Springer.

Landespräventionsrat Niedersachsen (2020). Abschlussbericht der Lügde-Kommission. https://www.luegdekommission-nds.de/html/download.cms?id=11&datei=Abschlussbericht-Luegdekommission.pdf

Landkreis Rotenburg (Wümme) – Der Landrat (2009). Konzeption und Dienstanweisung zur Umsetzung des Schutzauftrages nach §8a SGB VIII. http://www.agjae.de/pics/medien/1_1259859055/Konzeption_Kindeswohlgefaehrdung.pdf

Oevermann, U. (2000). Die Methoden der Fallrekonstruktion in der Grundlagenforschung sowie der klinischen und pädagogischen Praxis. In K. Kraimer (Hrsg.), *Die Fallrekonstruktion. Sinnverstehen in der sozialwissenschaftlichen Forschung* (S. 58–156). Suhrkamp.

Schütze, F. (2020). *Professionalität und Professionalisierung in pädagogischen Handlungsfeldern: Soziale Arbeit*. UTB, Barbara Budrich.

Schwandner, M. (2021). Kinderpornografie im Netz – Neue Dimension des sexuellen Missbrauchs. *SWR 2* Wissen. https://www.swr.de/swr2/wissen/kinderpornografie-im-netz-neue-dimension-des-sexuellen-missbrauchs-swr2-wissen-2021-01-18-100.html

Stadt Nürnberg – Amt für Kinder, Jugendliche und Familien (2022). Risikoanalyse Kindeswohlgefährdung. https://docplayer.org/45381596-Risikoanalyse-kindeswohlgefaehrdung-anlage-2-vorschulkind-4-6-jahre-stadt-nuernberg-amt-fuer-kinder-jugendliche-und-familien.html

Thiersch, H. (2015). *Soziale Arbeit und Lebensweltorientierung. Konzepte und Kontexte* (Gesammelte Aufsätze, Band 1). Beltz Juventa.

Waschull, D. (2019). ASD-Arbeit im Verwaltungsverfahren. In J. Merchel (Hrsg.), *Handbuch Allgemeiner Sozialer Dienst (ASD)* (3., aktual. und erw. Aufl., S. 165–185). Ernst Reinhardt.

Wernet, A. (2006). *Einführung in die Interpretationstechnik der objektiven Hermeneutik* (2. Aufl.). Springer VS.

Biografische Notiz

Anna-Maria Generotzky, M.A., arbeitet als Sozialarbeiterin und systemische Familientherapeutin seit vielen Jahren in der Kinder- und Jugendhilfe und hat sich auf den Bereich Kinderschutz spezialisiert. Als Supervisorin arbeitet sie im Raum Hamburg, Schleswig-Holstein und Niedersachsen sowie als Dozentin an Fachhochschulen im Fachbereich Soziale Arbeit. Ihre Masterarbeit aus dem Jahr 2021 zum »Fall Lügde« wird mit dem Cora-Balttussen-Preis 2022 der Deutschen Gesellschaft für Supervision und Coaching (DGSv) ausgezeichnet. Als Promotionsstudentin forscht sie an der Universität Bielefeld zu den Wirkungsmechanismen für einen gelingenden Kinderschutz in der Kinder- und Jugendhilfe.

»Wüstenmutter« Hagar

Traumatisierte Kinder und Mädchen in Heimen und Wege aus der »Wüste«

Anja Sauerer & Annemarie Bauer

Dieser Artikel teilt sich in zwei Unterartikel: Nach der Einleitung stellen wir einige »Dynamiken« vor, die sich in einer krisenintervenierenden, therapierenden, schützenden, bildenden Organisation zwischen den Kindern und Mädchen, zwischen ihnen und den Erwachsenen abspielen und das Leben in der Organisation bestimmen. Erst dann verorten wir das Lebensbezogene mit Theorie, vor allem mit einem knappen, aber notwendigen Wissen über Trauma und einem psychotherapeutischen Ansatz, der noch nicht für die Pädagogik umgesetzt wird, was sich aber lohnen würde: der »Strukturbezogenen Psychotherapie« (Rudolf, 2013).

In die Wüste geschickt

Die Geschichte der alttestamentarischen »Hagar« bildet die Folie für die Erfahrungen heutiger junger Frauen, die entdecken, dass sie »Expertinnen des eigenen Lebens« sein können.

Eine junge schwangere Frau, fast noch ein Mädchen, wird, weil sie sich weigert, den Regeln ihrer Großfamilie zu entsprechen, missachtet und bestraft. Da will sie einfach nur noch weg und läuft Hals über Kopf davon. Sie verläuft sich und gerät in eine menschenleere und lebensfeindliche Zone. Dort in der Wüste findet sie eine Wasserquelle und lässt sich nieder. Ein Engel begegnet ihr und ermutigt sie, zurückzukehren, denn ihr ungeborenes Kind wird Anfang eines neuen Lebens sein und sein Name bringt die Zusage Gottes »Ich höre dich in deinem Leid«.

Die Wüste ist ein Ort der Leere, der nicht leer ist. Die Wüste ist ein existenzieller Erfahrungsort, grenzenlos weiter Raum und zugleich an der Grenze zwischen Leben und Tod. Hagar, scheinbar ohnmächtig ihrem Schicksal ausgeliefert, erfährt in der Wüste Hoffnungslosigkeit und Verzweiflung aber auch Ermächtigung zum Leben. Gestärkt durch die Zuwendung eines Engels deutet sie ihr Schicksal anders und erlebt einen Gott, der hört und sieht und rettet.

Seit jeher übt die Wüste eine unmittelbare Anziehungskraft auf Menschen aus, die spirituell auf der Suche sind. In der jüdisch-christlichen Tradition ist die Wüste der Ort der Gottesbegegnung und der Ort, an dem die Dämonen, also die lebensfeindlichen Kräfte, wohnen. Heils- und Unheilserfahrungen liegen nahe beieinander.

Jener Tradition folgten im 4. Jahrhundert unzählige Menschen und ließen sich in und am Rande der Wüste nieder; die Wüste wurde ihnen ein Ort der Einkehr und der Gottesnähe, aber genauso ein Ort des inneren Kampfes mit den lebensfeindlichen Kräften, die ihnen aus ihren äußeren Lebensumständen oder aus ihren persönlichen Lebenserfahrungen und Widerfahrnissen erwuchsen. In der Einsamkeit wollten sie beides: Gott begegnen und ihr Leben neu ordnen.

Diesem christlichen Lebensideal schlossen sich, fast immer gegen den Willen ihrer Familien und der patriarchischen Umwelt, auch viele Frauen an. Sie wurden »Wüstenmutter«, *Amma*, genannt – und oft begleiteten sie andere Menschen dabei, ein neues Leben im Geiste Jesu zu führen. Zu diesem geistlich-emotionalen Dienst trieb sie die Sorge um Leib und Seele der ihnen anvertrauten Menschen, die sie aus demselben Geiste heraus in ihrer Menschwerdung unterstützten und in ihr konkretes, einmaliges und gutes Leben »zur Welt« brachten. Mit ihnen teilten sie ihre Erfahrung: Zu einem erfüllten Leben gehören Selbsterkenntnis und Gotteserkenntnis.

Junge Frauen heute – ähnliche Lebensgeschichten wie damals?

Wer jedoch, auch im übertragenen Sinn, in die Wüste geschickt wird, kommt an einen Ort, an dem er oder sie keinesfalls sein möchte. Er oder sie hat sich das nicht ausgesucht und erlebt dort Fremdes, Unvertrautes, vielleicht sogar Bedrohliches und Lebensfeindliches. So erleben sich viele der jungen Frauen und Mädchen, die nach St. Ludwig ins Antonia-Werr-Zentrum oft unfreiwillig kommen – von Behörden, den Eltern, den Umständen »in die Wüste« geschickt.

Sie kommen, wie Hagar, aus herausfordernden Lebensumständen oder werden als »Sündenböcke« dysfunktionaler familiärer Systeme abgeschoben. Sie werden von ihren Bezugspersonen getrennt, die alte, gewohnte Rollenverteilung funktioniert nicht mehr und damit verlieren sie auch ihre bekannten Orientierungsmuster. Viele sind traumatisiert und erleben die Heimunterbringung schuldhaft als eigenes Versagen: Obwohl ihnen Schlimmes angetan wurde, werden sie jetzt auch noch dafür bestraft. Sie sind gezwungen, sich an eine neue Umgebung, an neue Menschen anzupassen und, um »zu überleben«, entwickeln sie entsprechende Strategien, die »von außen« öfters als unangemessen oder auffällig bewertet werden. Dabei ist das neue, fremde Umfeld für die jungen Frauen und Mädchen eine tiefgreifende Herausforderung und sie erleben es als etwas »Unnormales«, worauf sie aus ihrer Sicht ganz normal reagieren. Ihrer Wahrnehmung nach sind sie nämlich im Nirgendwo, in der Wüste, im Heim gelandet.

Die vermeintliche Wüste aber ist keineswegs ein wüster Ort, sondern ein Lebens- und Erfahrungsort, wo es erst einmal normal ist, »unnormal« zu sein und wo jedes Mädchen und jede junge Frau in ihrer Einzigartigkeit angenommen wird. Wo jede Stimme gehört und nicht zum Verstummen oder Schweigen gebracht wird. Wo auch ihre seelischen Schmerzen gesehen und anerkannt werden und wo ihre bisherige Lebensleistung gewürdigt und wertgeschätzt wird.

Sie werden als Expertinnen des eigenen Lebens angesehen und die Haltung ihnen gegenüber folgt und entspricht den traumapädagogischen Leitlinien, die von allen Mitarbeitenden des Antonia-Werr-Zentrums mitgetragen werden. Es entspricht der Namensgeberin Antonia Werr, die zu ihrer Zeit ein tiefes Gespür für ebensolche jungen Frauen und Mädchen entwickelte und voller Gottvertrauen, Hartnäckigkeit und Kreativität dieser Liebe ein persönliches Gesicht und eine institutionelle Form, ein Heim gab. Sie wurde so zu einer *Amma*, die alle Kräfte aufbot, denen eine Heimat zu geben, die in den gesellschaftlichen und sozialen Wüsten Mitte des 19. Jahrhunderts unter die Räder kamen und unterzugehen drohten.

Am Beispiel des Antonia-Werr-Zentrums zeigt sich, dass selbst eine Institution eine »Wüstenmutter« sein kann – auch ein Mann kann »Wüstenmutter« werden! –, wenn sie einen entsprechend menschenwürdigen und verlässlichen therapeutischen Rahmen für diejenigen bereitstellt, die zu ihr »in die Wüste« geschickt werden. »Wüstenmutter-Sein« bedeutet auch heute noch, trotz aller Professionalität, geistig, emotionale Hebammenschaft, die jungen Frauen und Mädchen in ihrer individuellen, persönlichen Entwicklung und Menschwerdung unterstützt und sie so ins gute Leben »zur Welt« bringt.

Die Art und Weise der Beziehungsgestaltung spielt dabei eine entscheidende Rolle. Die jungen Frauen und Mädchen werden in Entscheidungen, die sie betreffen, miteinbezogen, als Expertinnen ihres eigenen Lebens anerkannt, und es wird ihnen zugetraut, dass sie Verantwortung für ihr Leben übernehmen können. Sie dürfen scheitern und erfahren, dass sie dennoch angenommen sind. Sie erfahren Präsenz und Hilfe, wenn sie ihren ureigenen »Dämonen« begegnen, und werden damit nicht alleingelassen. Sie können die Wüste, in die sie geschickt wurden, vielleicht sogar nach und nach als einen lebendigen und fruchtbaren, als einen soweit als möglich sicheren Ort erleben. Sie entdecken die Oasen, die es in jeder Wüste gibt, mit Unterstützung ihrer Wüstenmütter, und können sie für sich als Ort der Selbstbemächtigung fruchtbar machen: Sie können wie Hagar zurückkehren und einen Neuanfang wagen.

Wüstenmütter begleiten die ihnen anvertrauten jungen Frauen und Mädchen nur für eine bestimmte Zeit und müssen sie los- und wieder ins Leben entlassen, wo sie keineswegs davor gefeit sind, erneut »in die Wüste geschickt« zu werden.

Dennoch wird es einen Unterschied geben, weil die Erfahrungen, die sie mit ihren Wüstenmüttern machen durften und manchmal mussten, sie in ihrer Resilienz bestärkt und gestärkt haben. Damit haben sie einen Schatz fürs Leben gewonnen, der ihnen nicht mehr genommen werden kann (Ziegler, 2022).

Das Antonia-Werr-Zentrum

Anja Sauerer leitet seit Jahren das Antonia-Werr-Zentrum, eine heilpädagogisch-therapeutische Einrichtung der Jugendhilfe für Mädchen und junge Frauen im Alter von elf bis etwa 21 Jahre, die aus schwierigen, zum Teil traumatisierenden Lebenssituationen kommen. Die Einrichtung verfügt über 70 vollstationäre Plätze in neun Gruppen, wovon vier Gruppen als therapeutische Gruppen ausgerichtet sind, eine davon als traumapädagogisch-therapeutische Gruppe mit fünf Plätzen, eine heilpädagogische bzw. therapeutische Außenwohngruppe in Würzburg und zusätzlich acht integrierte therapeutische Plätze im Zentrum. In der Inobhutnahme- bzw. Jugendschutzstelle können sechs Plätze belegt werden. Bis zu 20 Maßnahmen können durch Ambulanten Hilfen betreut und begleitet werden, die sich sowohl auf Mädchen und Jungen in ihren Familien beziehen. Eine zusätzliche Intensivmaßnahme bei spezifischen Bedarfen stellt ein Betreuungsangebot im Rahmen einer Auszeit in unserer Außenstelle in der Toskana dar.

Darüber hinaus ist das Antonia-Werr-Zentrum für die berufliche Bildung konzipiert und bietet in drei eigenen Ausbildungsbetrieben für die Bereiche Hauswirtschaft, Gärtnerei und Schneiderei Berufsausbildungen an. Ziel dieser Förderung ist die personale, soziale, schulische und berufliche Integration der Mädchen und jungen Frauen.

Zum Antonia-Werr-Zentrum gehört zudem in privater Trägerschaft die Von-Pelkoven-Schule; sie ist staatlich anerkannt und gliedert sich in zwei Schularten.

Zum einen werden im Förderzentrum mit dem Förderschwerpunkt emotionale und soziale Entwicklung Klassen nach dem Mittelschullehrplan (5–9) und dem Lehrplan für den Förderschwerpunkt Lernen (jahrgangsgemischte Klasse 7–9) unterrichtet; zum anderen werden in der Berufsschule zur sonderpädagogischen Förderung mit den Förderschwerpunkten emotionale und soziale Entwicklung sowie dem Förderschwerpunkt Lernen Schülerinnen im Berufsvorbereitungsjahr (BVJ) als auch Auszubildende in Fachpraktikerberufen sowie in den Vollausbildungen unterrichtet.

Seit 2021 ist das Antonia-Werr-Zentrum ein anerkanntes Institut zur Weiterbildung von Traumapädagogik und Traumafachberatung (DeGPT und Fachverband Traumapädagogik).

Heime – Orte der Kompensation und ihre internen Dynamiken

Pflegefamilien und Heime teilen Vieles: Sie gehen mit viel Elan, voller Ideen und einer großen Bereitschaft auf diese in die Wüste verschickten Kinder zu und bieten Ersatz und Kompensationsmöglichkeiten für die frühen Belastungen. Dass sich dieser Auftrag oft als ein Prozess mit vielen Höhen und Tiefen entwickelt, erleben viele Pflege- und Adoptiveltern, aber auch viele professionelle Pädagog:innen, Therapeut:innen Erzieher:innen und Mitarbeiter:innen.

Oft sieht man zu Anfang der Kontaktaufnahme und der pädagogischen Arbeit die »stumme Krankheitsphase«, was sich aber schnell ändern kann.

Bei Kindern und Jugendliche in stationären Einrichtungen ist das Alter der traumatisierenden Lebensereignisse von großer Bedeutung: Je früher solche Ereignisse passieren, umso weniger ausdifferenziert kann die Psyche und deren strukturelle Verarbeitungsmöglichkeiten sein. Man muss in der stationären Kinder- und Jugendarbeit also damit rechnen, dass es nicht nur Traumata gibt, sondern dass diese zu einer Zeit passierten, in denen die Bewältigungsmöglichkeiten (noch) nicht vorhanden und nicht abgerufen werden können, oder noch gar nicht entwickelt waren. Diese strukturellen Fähigkeiten allerdings können nicht einfach erlernt werden.

Bestimmte Handlungsmuster basieren auf strukturellen Störungen und nicht auf ungelernten Kompetenzen. Man kann sie nicht einfach lernen, denn die fehlenden Strukturen sind erst einmal nützlich, sie sind Lösungen zum Schutz der eigenen Persönlichkeiten. Dafür zahlen die Kinder und Mädchen aber einen hohen Preis zulasten der sozialen Beziehungen.

Traumatherapeutische Wege gibt es vielfältige und sie sind gut dokumentiert und für Therapeut:innen erlernbar. Aber: Ein Heim hat einen anderen Fokus, es ist ein Lebensort, an dem Kinder und Jugendliche mit unterschiedlichsten Lebenserfahrungen, in der Regel aber nicht den günstigen, zusammenleben. Sie leben nicht mit Therapeut:innen zusammen, sondern mit Pädagog:innen und Mitarbeiter:innen vielfältigster und unterschiedlichster Professionen. Und: Während die einen, die Mädchen, dort leben, sind viele der anderen nur zeitlich begrenzt dort und haben ein anderes Leben, viele auch ein Familienleben außerhalb. Alle Mädchen sind in der Regel mit vielen schwierigen Lebenssituationen konfrontiert gewesen, sonst wären sie nicht in diese stationäre Einrichtung gekommen.

Wir beziehen uns in diesem Artikel auf das oben vorgestellte Heim für Mädchen. Anders als die Traumatherapie ist die Traumapädagogik alltagsorientiert. Sie hat u. a. die Aufgabe, eine gute Umgebung, einen guten Platz für das Ankommen in Sicherheit, die Aufnahme in eine vorübergehende Lebensgemeinschaft, die Chance sowie neue Situationen, damit neue Qualitäten der Beziehung zu erleben – diese Angebote zu bieten, zu gewährleisten und mit unendlich viel Geduld zu wiederholen.

Die Matrix zwischen den Anforderungen eines Alltags, den Anforderungen von Schule oder beruflicher Orientierung und gleichzeitigem Angebot für Entwicklungsräume, Erfahrungsräume und korrigierender Beziehungsgestaltung – das alles und die Gleichzeitigkeit sind eine Herausforderung.

Wiederholungszwang bzw. -bereitschaft

Alle Menschen neigen dazu, in neuen Situationen »alte« Muster zu reaktivieren und damit Verhalten beziehungslos in der aktuellen Situation zu wiederholen. Ob man das als »Zwang« bezeichnen darf oder ob dies zu stark ist, kann hier nicht diskutiert werden, aber es muss in Rechnung gestellt werden, dass frühe und unbewusste Erfahrungen, negative Ereignisse und Beziehungen sich in neuen Kontexten, auch wenn diese ganz anders sind, wiederholen können. Je ungewohnter eine Umgebung ist, und je bedrohlicher diese neue Umgebung wahrgenommen wird, umso selbstverständlicher greifen die Kinder und Mädchen zurück auf die Verhaltensweisen, die ihnen bisher durch das Leben geholfen haben. Man muss also damit rechnen, dass man Überraschungen erlebt, inadäquates Verhalten beobachtet und mit unpassenden Beobachtungen konfrontiert ist. Dies gilt es zunächst einmal wahrzunehmen, auf der Folie der Herkunft zu verstehen und eventuell zu thematisieren, und andere, bessere, stabilere Erfahrungen mit Beziehungen und Emotionen geduldig anzubieten. Dass hier von den Erwachsenen Frustrationstoleranz verlangt wird, versteht sich von selbst.

Geschwisterliches

Das Heim kann, wie eine Adoptiv- oder Pflegefamilie, zu einem hochdynamischen Ort werden, wenn die Fragilität der Persönlichkeit auf Menschen trifft, die damit professionell umgehen sollen oder wollen, die aber nicht alles Schwere abhalten, fernhalten und verändern können. Wir greifen auf die Metapher der Geschwisterlichkeit zurück, um die Dynamik im Heim, wo nun viele Kinder und Jugendliche zusammenkommen, zu beschreiben.

Geschwisterliches und die Triangulierung

Geschwisterbeziehungen sind orientiert an einer Matrix: einerseits an Nähe und Zusammengehörigkeit, andererseits an Neid und Rivalität. Es geht um das Teilen von Besitz und Beziehungen, von Gefühlen und Widersprüchen. Die gerade von der systemischen Therapie im Blick stehende und immer wieder geforderte Trennung der Generationen und der Rollenträger:innen in Familien bieten einen besonderen Blick auf die Geschwisterdynamik unter den Mitgliedern einer Generation. Im Heim aber haben wir eine besondere Situation, professionelle Eltern und viele Geschwister, die möglicherweise unüberschaubar viele und unterschiedliche Erfahrungen, unterschiedliche Projektionen und unterschiedliche Traumatisierungen aufweisen.

Dieser großen Geschwistergruppe kommen viele Überlegungen zu, einerseits das Anerkennen der Individualität eines jeden Menschen, andererseits aber auch der wichtige Aspekt, dass Menschen als soziale Wesen leben und soziale Kontakte haben müssen, um sich darin sowohl individuell als auch sozial entfalten zu können. Diese Matrix bestimmt das Denken der Entwicklungspsychologie und versucht, die Balance zu halten zwischen Abhängigkeit und Autonomie einerseits und zwischen zwei Ebenen: der vertikalen Ebene in Familien, also der Ebene zwischen den Generationen, und der horizontalen Ebene, also der Ebene von Menschen gleicher Generation andererseits.

Die Geschwisterbeziehung im Kontext der Heimdynamik ist die horizontale Ebene, die bei allen therapeutischen und pädagogischen Ansätzen, die ein gutes Heim hat und postuliert, auf der Ebene des Vergleichs und des Einordnens eine

Rolle spielt: der Einordnung von sich selber und der Anderen bzw. der Gruppen und des Abwägens (wer bin ich, was macht mich aus, wer sind die Anderen, wo sind wir ähnlich, wo sind wir unterschiedlich und wer bringt hier eigentlich was in die Gruppe mit ein?).

Die Familientherapie erklärt noch etwas Anderes, nämlich dass der Prozess der Triangulierung und die Triade eine große und wichtige Rolle einzunehmen haben. Die Triade erweitert die Dyade, sie verändert und zerstört die notwendige, gewollte und geliebte, aber auch die Gefahr der zu sehr bindenden und damit möglicherweise fatalen Nähe. Die Triade fordert vom Kind Entwicklungsschritte, sich in einem größeren System zurechtzufinden, eigenständig zu bestehen und mehrere und wechselnde Beziehungen aufzunehmen und zu gestalten.

Jede Familie, aber auch eine Heimfamilie, muss darauf angelegt sein, Triaden zu bilden und auszuhalten. Dyaden versprechen Nähe und Stabilität – auch wenn sie nicht immer und ständig eingehalten werden; gleichzeitig behindern sie die soziale Ausdifferenzierung und damit die individuelle Entwicklung. Triaden andererseits – vor allem wenn sie zu früh gefordert werden – können als Überforderung erlebt werden, gerade wenn ein Kind oder ein:e Jugendliche:r aus einer traumatisierenden Situation kommt und die Dyade als Grundstein fehlt.

Diese Balance ist eine ständige Herausforderung, auch in der Heimerziehung, zumal es immer darum geht, die persönlichen und individuellen Bindungswünsche mit sozialen Kompetenzen und vielfältigen Kontakten in Beziehung zu setzen.

Auch in einer funktionierenden Familie stehen sich vertikale und horizontale Beziehungen manchmal im Weg. Eines der wichtigsten Beispiele wird mit dem Begriff der »Parentifizierung« bezeichnet, wenn ein Kind benutzt wird, um einen ausfallenden Elternteil der vertikalen Beziehung zu ersetzen – dies ist nur ein Teil möglicher Delegationen, die Eltern aus sehr unterschiedlichen Gründen ihren Kindern antragen können, manchmal müssen.

Geschwisterliches und der Kampf um Anerkennung

Neid und Rivalität zwischen Geschwistern sind etwas Übliches und Normales. Es ist der Schatten der Bindung, die Bindung an die Eltern und die Bindung unter den Geschwistern. Im Heim aber können Neid und Rivalität in der Kinder- oder Jugendlichengruppe eine große Rolle spielen, vor allem dann, wenn man um mehr kämpft als um Beziehung und Zuwendung, Versorgung und Besitz, sondern wenn man um die Anerkennung des erlittenen Dramas, also des Traumas kämpft: um die Anerkennung als Opfer.

Nicht alle Kinder sind traumatisiert, aber viele Kinder und Jugendliche sind genau deshalb im Heim und in der professionellen Pädagogik und Therapie untergebracht. Sie haben ihre Defiziterfahrungen, ihre Gewalt- und Verwahrlosungserfahrungen, ihre Hunger- und Verzichtserfahrungen, ihre Ungeborgenheit und ihr Ausgestoßen-Sein: Wie sollten sie nicht neidisch auf andere Menschen sein?

Dieser Neid wird sich in Form von Rivalitäten aller Inhalte zunächst einmal auf die Gruppe der anderen Heimkinder richten, wohin auch sonst? Dass daraus heftige Szenen und kämpfende Beziehungen erwachsen können, ist unbestritten und pädagogischer Heimalltag. Dass daraus Freundschaften und Unterstützungssysteme ebenfalls entstehen können, ist ebenfalls Heimalltag. Diese im Blick zu haben, sie zu regulieren und zu thematisieren, sie als Zugänge zu dem Kind zu nutzen, bedeutet pädagogische Arbeit und bietet viele Chancen der Gestaltung, aber auch der Verstrickung.

Geschwisterliches und Rivalitäten

Das alltägliche Leben in einer Gruppe ist anstrengend: Die Konkurrenz lauert immer, direkt nebenan. Kinder messen sich daran, wer mehr Liebe, Aufmerksamkeit, Zuwendung bekommt, wer von den Kindern oder Mädchen klüger ist, besser ist, weiter entwickelt ist als die anderen usw. Das, was zwischen Geschwistern passiert, kann in einem Heim genauso passieren: Die Rangordnung wird beobachtet, die Beliebtheit kontrolliert, die schlechten Dinge gezählt – sowohl bei den Jungen und Mädchen untereinander als auch in Bezug auf die Pädagog:innen und andere Mitarbeiter:innen. Eine Geschwistergruppe ohne Rivalität ist eine familiäre Verleugnung, eine größere Kindergruppe und speziell eine Mädchengruppe muss mit diesem interaktiven Phänomen gut umgehen können. Die Frage nach der Aufmerksamkeit und deren Verteilung, die Frage danach, wer mehr wahrgenommen, wer vorgezogen oder wer benachteiligt wird, wer sich vorschiebt, wer sich mehr holt, als er oder sie darf – das sind Realitäten, mit denen man zu rechnen hat.

Übertragungen

Zu diesen Wiederholungen gehören die Übertragungen. Übertragungen lassen sich als Verwechslung der Personen betrachten. Die eigene Mutter z. B. kann wiederentdeckt werden in einer Pädagogin, und diese Wiederentdeckung löst die Übertragung aus: Die Pädagogin wird zur Figur der eigenen Mutter und bekommt die Eigenschaften zugeschrieben, die das Mädchen an ihrer eigenen Mutter wahrgenommen hat; sie verwechselt die Pädagogin und die Mutter. Dies könnten theoretisch auch positive Übertragungen sein, aber durch den gewollten oder erzwungenen Übergang in das Heim kann man nicht unbedingt damit rechnen, dass die Übertragungen auf die Pädagog:innen mit positiven Inhalten, freundlichen Assoziationen und Bindungsbereitschaft konnotiert sind. Im Gegenteil sollte man damit rechnen, dass die Mädchen mit den Gefühlen mit Blick auf die Pädagoginnen reagieren, die sie einige Jahre lang im Verhältnis zu ihren Müttern hatten: Angst oder Aggression, Feindseligkeit oder Verachtung, Hass oder Unterwerfung, Trotz oder Verweigerung usw. Es kann aber auch positive Übertragungen geben – helfende, sich interessierende Personen, beziehungsanbietende Menschen oder Ähnliches:

> »Frühere Erfahrungen prägen die Verhaltensweisen der Mädchen und Jungen gegenüber den Menschen in ihren aktuellen Bezügen. Ihre Art und Weise wie sie Glück, Anerkennung, Wut, Freude, Trauer, Enttäuschung ausdrücken, ist maßgeblich davon geprägt wie sie lernen konnten, diese Emotionen zu äußern. Kinder, die in den ersten Lebensjahren Vernachlässigung oder Gewalt erfahren mussten, erlebten Beziehungen als hoch unsicher und unzuverlässig. Das Erleben dieser Beziehung setzt sich in späteren Beziehungen und deren Dynamik unwillkürlich und unbewusst fort« (Kessler, 2016, S. 125).

Die Fortsetzungsgeschichte der Beziehungen ist von Anfang an hochbelastet, auch wenn es ganz andere Menschen sind, die sich den Kindern und Jugendlichen zuwenden.

Aber es geht nicht nur um das Damals und Dort, es geht auch um die Auslöser im Hier und Jetzt, um die »winzigen Details«, die ausreichen, die diffusen und/oder auch klaren Gefühle von damals hochzuholen und die Reaktionen darauf bereitzustellen.

Auf »winzige Details« gibt es Gegenreaktionen, die »gefüllt mit Körperreaktionen, Gefühlen, Handlungsimpulsen, Gedanken und Sinneswahrnehmungen« sind (ebd.). Gut ausgebildete und geübte Pädagog:innen nehmen in sich selber wahr, was das Mädchen mit ihnen inszeniert. In der Gegenübertragung, also in der Resonanz auf die Übertragung des Kindes, kann die Pädagogin erspüren oder erahnen, was das Mädchen ihr mitteilen möchte, dies aber auf eine unbewusste Weise tut und damit gleichzeitig das Frühere in der Beziehung zwischen sich selbst und der Pädagogin reinszeniert. In der einen Form der Gegenübertragung spürt die Pädagogin die emotionale Aufforderung, so zu reagieren, wie das Mädchen das erwartet. In einer anderen Form der Gegenübertragung kann die Pädagogin das Gefühl des Mädchens übernehmen und ebenfalls ängstlich, aggressiv usw. reagieren. In beiden Fällen ist die Gegenübertragung ein gelungener Versuch der oft völlig unbewussten Manipulation des Mädchens, nämlich das alte und vertraute, vielleicht auch verhasste Beziehungsmuster zwischen sich selbst und der leiblichen Mutter (oder wem auch immer) herzustellen.

Dazu kommt auch noch etwas Anderes: Jede Pädagogin ist wie jeder Therapeut auch ein Mensch mit eigenen Emotionen und einem eigenen Beziehungsgeflecht in der bewussten Wahrnehmung, manchmal in der vorbewussten, manchmal auch in der unbewussten Wahrnehmung. Auch jede Pädagogin hat eine Übertragung auf das Mädchen, z. B. wenn sie sich selbst als Zwölfjährige erinnert und zu wissen meint, wie es einem zwölfjährigen Mädchen gehen könnte.

Von daher ist es klug, wenn es im Alltag für die Erzieher:innen und Pädagog:innen immer wieder Reflexionsmöglichkeiten gibt: Was ist mein Eigenes, was wird mir von dem Mädchen angetragen und worauf tendiere ich – unbewusst – zu reagieren. Diese Differenzierung ist aus folgenden Gründen wichtig: Sie ist ein Weg an möglichen Verstrickungen vorbei, denn in einem Übertragungs- und Gegenübertragungsgeflecht kann man sich endlos verheddern; und sie ist ein Weg zu einer gerechten Einschätzung des Mädchens und deren möglichen Erfahrungen, die es in ihrer Persönlichkeit mit in das Heim bringt, in die Beziehungen zur Pädagogin und natürlich auch die Mädchengruppe, in der es derzeit leben soll.

Was hier zwischen Mädchen und Pädagogin entwickelt wird, gilt selbstverständlich auch für die Kindergruppe, auch da sind Übertragungsmöglichkeiten auf die anderen Mädchen möglich: Geschwisterübertragungen, Bevorzugungsübertragungen, Benachteiligungsübertragungen usw. Im Prozess der Übertragung werden nicht Personen »verwechselt«, sondern die Qualitäten, Eigenschaften und die mit diesen Personen gemachten Emotionen. In der Reflexion wird es dann möglich, diese Übertragungen Personen und der eigenen Geschichte zuzuordnen, damit ins Bewusstsein zu rufen und eventuell zu bearbeiten.

Der »Familienroman«

Der »Familienroman« (in Anlehnung an eine kleine Schrift Sigmund Freunds [1909c]) – ein Fantasiegebilde in der Entwicklung von Kindern – dient dem

Größenbedürfnis des Kindes und der Abwehr seiner Ängste, seiner Aggressionen und nicht zuletzt seiner Inzestwünsche. Im Familienroman sind die Eltern oft größer, erfolgreicher, schöner und moralischer als die realen Eltern, sie sind so etwas wie »erlauchte Persönlichkeiten«. Diese »erlauchten Persönlichkeiten« existieren nicht nur in den Vorstellungen von Kindern, sondern spielen manchmal ein Leben lang eine Rolle.

Mit dem Begriff des Familienromans weist Freud gleichzeitig auf die erste familiale Ideologiebildung in der menschlichen Entwicklung hin. Das Kind wird den Familienroman oft bis zu seiner Pubertät behalten, und während der Adoleszenz wird der oder die Jugendliche unter dem Einfluss zunehmender intellektueller Kompetenzen die Entdeckung machen, dass die Eltern so groß und »erlaucht« nicht sind, was den Jugendlichen oder die Jugendliche in Scham- und Peinlichkeitsgefühle stürzt, gleichzeitig aber auch die Ablösung von der Familie und die Identitätsfindung außerhalb der Familie, zunächst in der Regel über eine Gruppe, vorantreibt.

Dem Familienroman werden damit wichtige Funktionen zugemessen, da er eine Sichtweise auf die eigene Familie als gute Familie sowie Zugehörigkeits- und Geborgenheitsgefühle ermöglicht und die Fantasie der Ausstoßung begrenzt. Der Familienroman ist dann besonders ausgeprägt, wenn Verluste kompensiert oder schmerzhafte Familienbilder und -erlebnisse abgewehrt werden müssen.

Manchmal ist das Zerbrechen des Familienromans aber auch der Beginn von Kämpfen, aus denen die Familie allein nicht mehr herausfindet. Dies trifft insbesondere dann zu, wenn der Familienroman sich aus frühen Wurzeln speist und nicht weitererzählt werden kann, wenn also neue Erfahrungen nicht zu neuen Geschichten führen, sondern nur zum Gefühl des Versagens.

Der Eintritt in das Heim aber markiert spätestens das Zerbrechen des Familienromans. Das bedeutet nicht unbedingt, dass die Kinder mit allen Schäden, die sie auch durch ihre Familie erfahren haben, keine Fantasien über eben diese Familie, ihre Herkunft und die wunderbaren Eltern haben. Diese Fantasien können in Träumen und Tagträumen eine Rolle spielen und/oder sich als Sehnsüchte und langwierige Suchaktionen, verbunden mit wiederkehrenden Trauergefühlen, zeigen. Ohne Illusionen können Kinder den langen Weg in eine stationäre Einrichtung kaum in ihr Leben einbauen; sie nehmen in Kauf, Rückfälle in die illusionären Beziehungserinnerungen zu erleiden und Anderen zuzumuten. Pflege- und Adoptivfamilien kennen das: die Rückkehr, die magisch anziehende Rückkehr in die Herkunftsfamilie, mit der Hoffnung und Sehnsucht, dass die Herkunftsfamilie doch viel besser war und heute »rehabilitiert« werden kann. Es geht um die positive Rekonstruktion, es geht um die Sehnsucht nach der heilen Welt, es geht um die Verleugnung der tatsächlichen Geschichte und es geht letztendlich um die schmerzvolle Reinszenierung des Scheiterns, der Ausstoßung oder der als brutal erlebten Herausnahme aus der Familie. Es geht in der Regel aber auch um die Beschädigung des Heimes als aufnehmender Organisation, die sich oft mit dem Vorwurf konfrontiert sieht, für die Herausnahme verantwortlich zu sein. Die Schuldzuweisung lässt sich leichter auf das Heim projizieren als auf die Herkunftsfamilie, deren Bedeutung durch die Trennung nicht unbedingt schwindet.

Gibt es Sättigungsmöglichkeiten?

Die Heime verstehen sich heute als Lebensorte für längere Zeiten, als Orte der Kompensation, Orte der Entwicklung, wenn möglich: der Heilung, Orte der Rekonstruktion, des Umgangs mit den Traumatisierungen, der Entwicklung von Perspektiven beruflicher und persönlicher Art. Die Entwicklung von Zukunftsperspektiven gehört zu diesem Ort dazu, aber auch die Realitätseinschätzungen: über die eigenen Kompetenzen, über das, was man erreichen und begehren kann und was eine Chance hat. Nach so viel Beschädigung durch den Alltag »vorher« kann es auch zu einer Idealisierung des Heims kommen und – dann oft zwangsläufig – zu Desillusionierungen eben diesen Heimes. Die Achterbahn von Illusionen und Enttäuschungen wird bei vielen Menschen eine Rolle spielen, die Sehnsucht, dort zu bleiben, wird mit der Sehnsucht verbunden sein, dort möglichst schnell auszubrechen; das Bedürfnis, unterzuschlüpfen, wird mit dem Bedürfnis der Autonomie in Widerstreit geraten. Der Bedarf, das Bedürfnis, die Sehnsucht nach Regression wird in Konkurrenz zur Planung von Autonomie, Selbstständigkeit und jenem Abschütteln der Erwachsenen geraten, immer und immer wieder.

Der Wunsch nach autonomer Stabilität, erwachsenem Leben und nach Selbstständigkeit braucht Zeit und geduldige Begleitung. Dennoch darf man nicht übersehen, dass gelernte Brüchigkeit mit der frühen Illusion eines selbstgesteuerten Lebens oft lange in Konkurrenz steht.

»Trauma« – eine kurze Hinführung

Die Literatur über Trauma ist unendlich vielfältig und sehr ausdifferenziert, sodass wir an dieser Stelle auf einen ausführlichen Theorieteil »Trauma« verzichten. Unter »Trauma« versteht man ein Erlebnis einer besonderen Intensität, die so groß ist, dass die psychischen Verarbeitungsmöglichkeiten einer Person überschritten werden.

Es wird deshalb als ein Zustand der Überwältigung der Person oder – psychoanalytisch gesprochen – der Instanz »Ich« durch innere und äußere Kräfte des Hilflos-Machens hinsichtlich einer unmittelbaren Anstrengung zur Adaptation definiert. Die innere Katastrophe und die erlebten Folgen sind unerträglich: Angst, das Gefühl tiefer Leere und Depression, Deprivationserlebnisse, totale Hilflosigkeit und Ohnmacht.

Äußere Gefahren, wie Aggression und Gewalt, wirken dann traumatisch,
➤ wenn die mangelnde Antizipation nicht möglich ist, das Ich kann sich nicht darauf einstellen;
➤ wenn die Symbolisierungsfähigkeit nicht oder noch nicht ausgebildet ist, vor allem in der frühen und sehr frühen Lebenszeit;
➤ wenn es eine »Sprachverwirrung« gibt: z. B. das Kind die Sprache der Eltern oder Erwachsenen etwa bei Zärtlichkeiten nicht einschätzen kann, oder, wann aus Zärtlichkeit Trieb, Sexualität oder Macht wird;
➤ wenn Menschen, Kinder, dehumanisiert und in ihrem Selbstwert erniedrigt werden.

Es sind also nicht so sehr die manifesten Ereignisse, sondern die subjektiven Erlebnisweisen, die aus einem Ereignis ein traumatisierendes Ereignis machen: Nicht das beobachtbare Ereignis allein ist zentral, sondern die Perspektive der subjektiven Realität des Opfers müssen miteinander verbunden werden. Überlegungen zu strukturellen Aspekten der Psyche sind deutlich: Je stabiler und ausgereifter eine Persönlichkeit ist, umso größer sind die Möglichkeiten, Erfahrungen psychisch zu repräsentieren, d. h. innerseelisch zu verarbeiten z. B. durch Sprache, Bilder oder Bewegungen.

Psychische Stabilität ist die Folge von
➤ kognitiven Fähigkeiten,
➤ guten und stabilen internalisierten Bindungsfiguren, die wie eine Hintergrundsicherheit arbeiten können, sowie
➤ Symbolisierungen und Symbolisierungsmöglichkeiten (man kann unterscheiden zwischen dem Wort und dem Ding, zwischen dem Repräsentierten und der Repräsentation).

Die KZ-Forschung hat viel zur Traumaforschung beigetragen: Extremtraumatisierungen führen zur »Armierung« des Ich, zu Handlungsweisen, die nicht von

Affekten begleitet werden, anders ausgedrückt: zu Spaltungen in der Wahrnehmung.

Darüber hinaus hat sich auch Alfred Lorenzer in den Traumadiskurs eingeschrieben: Seine »zweiphasige Traumatheorie« schuf Anerkennung der beiden Realitäten: der inneren oder äußeren. Für die »stumme Krankheitsphase«, also die scheinbar symptomfreie Zeit, zog Lorenzer gegen psychiatrische Gutachter:innen ins Feld, um für Shoa-Überlebende das Recht auf Wiedergutmachung zu erstreiten (Dörr, 2016, S. 49). »Scheinbar symptomfrei« bedeutet aber keineswegs symptomfrei. Traumatisierungen führen zum Verlust der narzisstischen Besetzung des eigenen Selbst und führen zur Identifizierung mit dem Narzissmus der Machthabenden oder der Täter:innen. So kann sich das Feindbild im Ich-Ideal festsetzen, was durch Regression, die fast immer bei Verlassenheits- und Schmerzerlebnissen einsetzt, gefördert wird. Wenn ein Akuttrauma auf ein verdrängtes Trauma stößt, wird das Verdrängte in der Regel geweckt: Die neue Realität verschwindet und die alte Geschichte ist unverarbeitet präsent. So kommt es zu Neuinszenierungen von Traumata mit anderen Personen; es handelt sich um Bewältigungsversuche (Coping), für die es nicht reicht, zu symbolisieren, also z. B. in Sprache zu fassen, sondern es muss neu in Szene gesetzt werden. Allein diese Neuinszenierung kann, wenn die Mitmenschen nicht verstehen, was geschieht, zu Retraumatisierungen führen.

Bindungstraumatisierung in der Kindheit
Neben den Traumatisierungen durch Vernachlässigung und Missbrauch spielen Bindungs- und Beziehungstraumatisierungen als emotionale Formen der Traumatisierung eine große Rolle. Sie entstehen durch emotionale Vernachlässigung und Deprivation, durch Ignorieren, Isolieren und Quälen, z. B. indem man dem Kind droht, es zu verlassen und sich selbst zu überlassen, durch chronische Entwertungen, aber auch durch häufige Trennungen und Verluste, die nicht bewältigbar sind. Typische Folgen von Vernachlässigung sind Bindungslosigkeit, Gefühlsdiffusion oder die Abwesenheit von Gefühlen, die Unfähigkeit zur Empathie, die eigene Neigung zu Gewalt und oft eine reduzierte intellektuelle Leistungsfähigkeit und Leistungsbereitschaft.

Die Beziehung zwischen Menschen, vor allem die zwischen Bezugspersonen und Kind bzw. Jugendlichen, hat in der Psychoanalyse eine hohe Bedeutung. Auf dieser Folie kann man die traumatische Situation als den Bruch zwischen dem Entwicklungsbedürfnis eines Kindes und den inneren Objekten bezeichnen. Wenn es jemals ein gutes inneres Objekt gab, dann bricht dieses durch die Traumatisierung zusammen. In der generellen Vernachlässigung ist davon auszugehen, dass ein gutes inneres Objekt, mit dem das Kind oder der Mensch seine Welt betrachten kann, gar nicht erst entsteht.

Traumatische Belastungen und Bindungswünsche stehen oft in einer unheilvollen Konkurrenz. Das Kind sucht die Nähe zur früheren Bindungsperson und gibt gleichzeitig die Fähigkeit auf, sich selbst vor traumatischen Situationen zu schützen. Die Kinder sind gefangen in einem durch Bindungstraumata aktivierten Bindungssystem, was dann mit Neigung zu pathologischen Entwicklungen verschiedener Formen, auch zur Suchtentwicklung, verbunden ist. Kinder und Jugendliche können dann oft dem Sog in die traumatische Reinszenierung kaum etwas entgegensetzen.

Trauma und mögliche pädagogische Antworten

Auf der Suche nach theoretischen Anleitungen für die Arbeit mit traumatisierten Kindern und jungen Menschen verknüpfe ich zwei Ansätze miteinander, die in der Theorienlandschaft der Pädagogik nicht miteinander verknüpft werden:
> die »alte« psychoanalytische Pädagogik, verknüpft etwa mit den Namen Winnicott, rezipiert u. a. von Gerald von Reischach, auf den ich mich hier berufen möchte, sowie
> die neuen Ansätze der »strukturbezogenen Psychotherapie«, von denen ich glaube, dass man sie in eine strukturbezogene Pädagogik übersetzen kann.

Die »alte« psychoanalytische Pädagogik

Wir bezeichnen die alte psychoanalytische Pädagogik als »alt«, weil sie sich zeithistorisch gesehen weitgehend um den Ersten und vor dem Zweiten Weltkrieg abspielte, und weil sie aus dieser historischen und sozialen Zeit gespeist wurde. Es waren vor allem Pädagog:innen, die sich mit Verwahrlosung beschäftigt haben, die ein pädagogisches Konzept auf der Triebtheorie, also der Domestizierung von Trieben mit der Über-Ich-Bildung verknüpften und dieses Konzept – und das ist und war das Besondere – mit den Konzepten Beziehung, Beziehungsgestaltungen und deren Qualitäten zwischen Pädagog:innen und Kindern bzw. Jugendlichen verbanden und verbinden: Das Primat einer guten, stabilen und stärkenden Beziehung zwischen Erwachsenen und (verwahrlosten) Kindern, die Übertragungen und deren Bearbeitung zwischen ihnen, wobei die Erwachsenen die Rolle der elterlichen Übertragungen auszuhalten und positiv zu korrigieren haben, führt zur Regulierungsfähigkeit (so würde man es heute nennen) und einem stabilen Über-Ich. Ausführlich und im Detail ist das nachzulesen u. a. bei Gerald von Reischach (2009, S. 209–235).

Dabei wurden durchaus traumapädagogische Ideen verfolgt, wie z. B. die Ansätze Fritz Redls zeigen: Er setzt nicht nur auf Psychotherapie (»1 Stunde«), sondern auf Milieutherapie (die »anderen 23 Stunden« des Erziehungsalltags), in denen Impulse und Triebe »ausgetrocknet« und Frustrationen – vorläufig – vermieden und die Gruppendynamik so gesteuert werden sollte, sodass es nicht zu »gruppenpsychologischen Rauschzuständen« kommt (von Reischach, 2009).

Während des Nationalsozialismus fand die Psychoanalyse und mit ihr die psychoanalytische Pädagogik in Deutschland und Österreich ein vorläufiges Ende.

Nach dem Faschismus und nach dem Zweiten Weltkrieg waren Hans Zulliger (Bern), Ernst Federn (Wien) und Aloys Leber (Frankfurt) frühe Repräsentanten einer psychoanalytisch geprägten (Sozial-)Pädagogik im deutschsprachigen Raum, von der aber wenig Notiz genommen wurde. Erst mit der Studentenbewegung wurde die Psychoanalyse von den Pädagog:innen wiederentdeckt, u. a. von Siegfried Bernfeld und Wilhelm Reich. Daneben versuchte man, im Rahmen der Kinderladenbewegung eine weitgehend repressionsfreie Erziehung auf der Basis der Psychoanalyse zu begründen, diese Bewegung aber war eher von antiautoritär geprägten Pädagog:innen getragen, denen vorgeworfen wurde, einem naiven Konzept der Triebbefreiung zu folgen, von dem sie sich eine Befreiung von gesellschaftlichen Zwängen überhaupt erhofften (dies kann an dieser Stelle nicht weiter ausdifferenziert werden).

Die Psychoanalytische Pädagogik ist weiterhin eine relevante und stark erweiterte Theorie mit modifizierten Methoden, die gerade in der Arbeit mit konfliktbeladenen Kindern und Jugendlichen eine große Rolle spielt – aber hier nur kurz erwähnt werden kann, weil wir uns einem anderen, für diese Thematik noch nicht entdeckten Ansatz zuwenden wollen.

»Strukturbezogene Psychotherapie« – »Psychodynamische Psychotherapie«

Einen therapietheoretischen und therapiemethodischen Ansatz, der nicht der Psychoanalytischen Pädagogik folgt, aber mit ihr gut kompatibel zu sein scheint, entnehme ich der Forschung der »Psychodynamischen Psychotherapie« der letzten 10 bis 15 Jahre. Ich beziehe mich dabei auf Gerd Rudolf und seine Mitarbeiter:innen, die durch neue theoretische Schwerpunkte und methodische

Handlungsweisen einen neuen Zugang eröffnet haben. Auch diese können hier an dieser Stelle nur kurz benannt werden, wobei ich davon ausgehe, dass ein Hauptteil davon, der für die traumapädagogische Arbeit relevant sein könnte, noch gar nicht geleistet ist. Hier gibt es, vor allem was den Umgang mit traumatisierten Kindern und Jugendlichen angeht, noch große Spielräume, die ausbuchstabiert werden sollten und neue Wege öffnen würden. Ich orientiere mich dazu an zwei Werken von Gerd Rudolf, *Psychodynamische Psychotherapie* (2014) und *Strukturbezogene Psychotherapie* (2013) – ein Konzept, das auch hier nur in aller Kürze dargestellt werden kann.

Das psychodynamische Konfliktmodell orientiert sich nicht an der »alten« Triebtheorie und damit auch nicht am (zu wenig ausgebildeten) Über-Ich, sondern an unerfüllten oder gar zurückgewiesenen Beziehungswünschen von Kindern an ihre Eltern bzw. Beziehungspartner:innen. Das Kind bleibe durch häufige Zurückweisungen ohnmächtig zurück, sei von heftigen Wünschen und Impulsen gehemmt und erinnere vorwiegend negative Erfahrungen und Abwehrvorgänge. Die biografischen Belastungsfaktoren entstehen durch psychisch und/oder sozial belastete Eltern, die für die Kinder nicht sorgen können bzw. diese vernachlässigen, misshandeln oder gar sexuell missbrauchen. Massive Familien- oder Lebensereignisse können Kinder strukturell schädigen; transgenerationale Weitergaben von traumatischen Ereignissen führen zu ererbten Traumatisierungen.

Bei den Überlegungen dieses Konzepts ist es von großer Bedeutung, dass die »frühe« Entwicklungszeit des Kindes – aus dem Blickwinkel der »alten« Psychoanalyse gesehen – noch weiter nach vorne verschoben wird, wie das auf der Basis der Säuglingsforschung sowieso schon geschehen ist, wodurch der Vulnerabilität der frühen Entwicklungszeit eine enorme Bedeutung zukommt. Vulnerabilität geht einher mit dem, was Martin Dornes (2001 [1988]) die »Kompetenz« des Säuglings nennt, die bewundernswerte Vielfalt und Schnelligkeit menschlicher Entwicklungsanlagen. Wenn aufgrund früher Störungen die Grundkompetenzen wie Sicherheitsgefühl, Bindung und autonome Handlungsfähigkeit noch nicht entwickelt werden konnten, müssen diese Kinder, Jugendlichen und als späte Folgen – die Erwachsenen – ein ausgeprägtes Abwehrverhalten entwickeln, was nicht nur viel Energie kostet, sondern auch in den Beziehungen dieser Menschen zu anderen Menschen großen Schäden anrichtet, anrichten kann.

Zu diesen nicht-erfüllten und dann aus Gründen des psychischen Schutzes abgewehrten Wünschen zählen die Sehnsucht nach Geborgenheit und Bindung, Sicherheit und Stabilität, nach Zuneigung und Anerkennung. Die negativen Folgen sind mächtig: Zu den negativen Selbstwertgefühlen kommen heftige Affekte wie Angst, Scham, Enttäuschung und Wut und gleichzeitig deren überdimensionierte Kompensation: die Selbstidealisierung einerseits und der vergleichbare Vorgang, die Kompensation negativer Bilder von hassenswerten Bezugspersonen über deren überdimensionierte Idealisierung andererseits. Viele abgewehrte elementare Bedürfnisse führen dazu, nicht handeln zu wollen, nicht fühlen zu können und nicht erinnern zu sollen.

Je früher diese Schädigungen eintreten, vor allem in der frühen Lebenszeit ohne Sprache, ohne Erinnerung und ohne Denkmodelle, umso massiver ist deren Wirkung in Bezug auf sich selbst und in Bezug auf die Menschen, mit denen diese Person zu tun hat.

Das »frühe Selbst« entwickelt sich im präventiven und präreflexiven Alter und ist von daher völlig unbewusst. Der Zusammenhang zwischen früher Traumatisierung und späten Folgen ist das Kernstück der »strukturellen Störungen«.

Unter »strukturellen Störungen« werden vor allem nicht-ausgeprägte, nicht-ausdifferenzierte internalisierte Regulationsmöglichkeiten verstanden, die die Affekte, das Selbstverständnis und die sozialen Beziehungen – reflexiv und verbal – nicht steuern können. Frühe Regulationsstörungen, also fehlende oder nur rudimentär ausgebildete regulative Kompetenzen, werden durch spezielle Bewältigungsmuster, zu denen narzisstische und schizoide Persönlichkeitszüge gehören, überdeckt (Rudolf, 2013, S. 38).

Rudolf unterscheidet psychische Störungen aufgrund von frühen und unbewussten »Konflikten« von den sogenannten »strukturellen Störungen«, die andere Erscheinungsbilder und eine andere Pathogenese aufweisen. Konflikte, vor allem unbewusste frühe Konflikte, können durch Bewusstmachung aufgearbeitet werden, bei strukturellen Störungen aber handelt es sich um mangelhaft ausgebildete, ja fehlende Entwicklungsschritte in der frühen präverbalen und präreflexiven Zeit.

Entwicklungspsychologisch geht es um die frühesten Lebensmonate des Kindes: Die Feinfühligkeit der Eltern, die kindliche Bedürfnisse antizipieren, wahrnehmen und handelnd beantworten, gewährleisten beim Kind die Entwicklung von Aufmerksamkeit, Gefühle der Freude und die Wahrnehmung der Anderen. Und umgekehrt: Bei fehlender Feinfühligkeit entstehe genau das alles nicht. Gute Eltern spiegeln, formulieren, markieren die Affekte des Kindes und bauen auf diesen Wegen das innere System auf, die Strukturen der Differenziertheit. Kinder, die in Spannungszuständen gehalten und beruhigt werden, können dies internalisieren und lernen so, zu ihrer eigenen Beruhigung beitragen zu können (Selbstregulation). Wenn man das Wort »Feinfühligkeit« durch »Bindungsfähigkeit« der Eltern ersetzt, dann ist der Zusammenhang zwischen früher Bindung und Selbstregulation und Selbststeuerung nachvollziehbar. Sichtbare, wahrnehmbare Störungen tauchen erst später auf, angelegt sind die Strukturen aber sehr, sehr früh.

Wir verstehen mit Gerd Rudolf massive psychische Störungen im Erwachsenenalter also als Folge von interaktiven Störungen in der frühen Lebenszeit. In akuten Traumasituationen tragen bestimmte noch nicht entwickelte oder in der Entwicklung gestörte Persönlichkeitsfähigkeiten zur Nicht-Bewältigung bei:
➤ das Gefühl von Verwicklung und Verstrickung;
➤ die Unklarheit der Erinnerung, also Dissoziation;
➤ das Verschwimmen der Affekte;
➤ die unklare, diffuse Wahrnehmung der eigenen Person;
➤ die Unfähigkeit, Affekte und Beziehungen zu regulieren, Empathie zu entwickeln und ein Sicherheitsgefühl selbst herzustellen.

Rudolf (ebd., S. 118ff.) beschreibt das Beziehungsangebot von strukturell gestörten Patienten als dysfunktional, was bedeutet:
➤ der Ausdruck der Affekte ist reduziert und es herrschen Emotionen wie Verzweiflung, Enttäuschung, Gekränktsein vor;
➤ das Selbsterleben ist labil, ungesteuert, oft emotional überflutet und entleert;
➤ das Objekterleben ist hinsichtlich der realistischen Wahrnehmung des Anderen und der Empathie und der Kontaktfähigkeit eingeschränkt;
➤ es gibt unausgesprochene, aber große passive Erwartungen (Bedürfnislatenz);
➤ der Bewältigungsstil ist vermeidend, zurückweisend und im schlimmsten Falle entwertend.

Aus diesem Grund geht Rudolf davon aus, dass man eine sensible therapeutische Haltung entwickeln muss (ebd., S. 120ff.): Therapeut:innen sollten sich einem strukturell gestörten Menschen als entwicklungsfördernde Gegenüber zur Verfügung stellen. Das hat zur Folge, auf die Deutungshoheit zu verzichten, die innerpsychischen Vorgänge nicht zu fokussieren, sondern sich darauf zu konzentrieren, die Person zu stabilisieren und aktiv zur Problembewältigung beizutragen.

In der Übersetzung in die Pädagogik könnte das heißen: Pädagog:innen sollten sich als ersatzelterliche Figuren verstehen, die sich nicht verstricken dürfen in die entwertenden und aggressiven Beziehungsäußerungen der Kinder und Mädchen und sich nicht entmutigen lassen sollten, immer wieder in die Beziehung zu gehen. Ein wichtiger Schritt dazu ist die Notwendigkeit, positive Seiten am Kind und seinem Tun, aber auch an seinen Entwicklungen zu entdecken und diese den Kindern zur Verfügung zu stellen.

Eine wichtige pädagogische Haltung ist es, sich hinter das Kind zu stellen:

Pädagog:innen sollten versuchen, aus dem Blickwinkel des Kindes dessen Objektwelt zu erleben und die Erfahrungen mit ihm zu teilen und dennoch auch zugleich die eigenen Wahrnehmungen und Emotionen zur Verfügung zu stellen.

Darüber hinaus ist es enorm wichtig, sich dem Kind gegenüberzustellen und es zu »spiegeln«, ihm mitzuteilen, wie das Kind gesehen wird. Dass dies taktvoll und wohlwollend geschehen soll, versteht sich hoffentlich von selbst.

Bei zunehmender Beziehungssicherheit kann aus diesem Gegenüber-Stehen auch eine Konfrontation werden. Es geht nicht mehr um die uneingeschränkte Übereinstimmung mit dem Kind, sondern die Pädagog:innen verweisen auch auf die eigene Person, sie sind nicht das verlängerte Selbst des Mädchens, sondern eigene abgegrenzte Personen mit einer eigenen Geschichte, eigenen Interessen und eigenen Affekten, zu denen auch Kränkungen gehören können.

Die Bedeutung der (fehlenden) Symbolisierungsfähigkeit

Eines zu benennen ist aber besonders wichtig: Wir haben die »frühen Störungen« mit der präreflexiven und präverbalen Zeit der Entwicklung zusammengebracht. Je früher Traumatisierungen geschehen, je heftiger Traumatisierungen sind und je wichtiger die traumatisierenden Bezugspersonen sind, umso geringer kann nur die Symbolisierungsfähigkeit sein. Frühe Traumatisierungen führen dazu, dass ein »schwarzes Loch« im psychischen Erleben entsteht, da Erinnerung an Sprache gebunden ist. Die präverbale Zeit eines Menschen ist für Traumatisierungen eine besonders gefährliche. Aber selbst mit dem Älterwerden kann die Symbolisierungsfähigkeit bei schweren Traumatisierungen eingeschränkt bleiben, da – wenn das Erleben zu heftig ist – die Fähigkeit, Sprache für eben dieses Erleben zu finden, reduziert ist und oft bleibt.

Eine nicht vorhandene Symbolisierungsfähigkeit bedeutet, dass Ereignisse nur konkret wahrgenommen werden können und kein kognitiver Raum zwischen dem Geschehen und dem Symbolisierten entstehen kann. Die frühen Traumatisierungen führen dazu, dass keine innere Repräsentanz dieser Ereignisse entsteht, sondern dass diese Ereignisse tief in diese Person eindringen und es kein Medium gibt, diese auf irgendeinem Weg zu »veräußern«.

Daraus ist abzuleiten, dass es eine der wichtigen Aufgaben eines traumapädagogischen Hauses ist, die Reflexion und die Symbolisierungen, also die Versprachlichung und andere Wege des Ausdrucks zu ermöglichen. Es wäre schön, wenn Reflexion und Verbalisierung der Pädagog:innen und Mitarbeiter:innen untereinander, aber auch der Pädagog:innen mit den Mädchen und Kindern Bestandteil einer alltäglichen Kommunikationskultur, und damit einer angstfreien Organisationskultur wären.

Literatur

Bausum, J., Besser, L., Kühn, M. & Weiß, W. (Hrsg.). (2009). *Traumapädagogik. Grundlagen, Arbeitsfelder und Methoden für die pädagogische Praxis.* Beltz-Juventa.

Dörr, M. (2016). Psychoanalytische Pädagogik. In W. Weiß, T. Kessler & S. Gahleitner (Hrsg.), *Handbuch Traumapädagogik* (S. 44–55). Beltz-Juventa.

Dornes, M. (2001 [1988]). *Der kompetente Säugling* (10. Aufl.). S. Fischer.

Freud, S. (1909c). Der Familienroman der Neurotiker. *GW VII,* S. 227–231.

Gahleitner, S. (2011). *Das therapeutische Milieu in der Arbeit mit Kindern und Jugendlichen.* Psychiatrie-Verlag.

Hermann, J. L. (1999). *Die Narben der Gewalt. Traumatische Erfahrungen verstehen und überwinden.* Kindler.

Kessler, T. (2016). Äußere Eindrücke und innere Erwartungen. Theoretische Aspekte zu den Dynamiken von Übertragung und Gegenreaktion in der traumapädagogischen Arbeit. In W. Weiß, T. Kessler & S. Gahleitner (Hrsg.), *Handbuch Traumapädagogik* (S. 123–129). Beltz-Juventa.

von Reischach, G. (2009). Reden und Handeln – Beratung im Rahmen einer psychoanalytisch orientierten sozialen Arbeit. In A. Eggert-Schmidt Noerr, U. Finger-Trescher, J. Heilmann & H. Krebs (Hrsg.), *Beratungskonzepte in der Psychoanalytischen Pädagogik* (S. 209–235). Psychosozial-Verlag.

Rudolf, G. (2013). *Strukturbezogene Psychotherapie. Leitfaden zur psychodynamischen Therapie struktureller Störungen* (3. Aufl.). Schattauer.

Rudolf, G. (2014). *Psychodynamische Psychotherapie. Die Arbeit an Konflikt, Struktur und Trauma* (2. Aufl.). Schattauer.

Rudolf, G. (2019). *Psychodynamisch denken – tiefenpsychologisch handeln. Praxis der tiefenpsychologisch fundierten Psychotherapie.* Schattauer.

Weiß, W. (2013). *Philipp sucht sein Ich. Zum pädagogischen Umgang mit Traumata in den Erziehungshilfen* (7. Aufl.). Beltz-Juventa.

Weiß, W., Kessler, T. & Gahleitner, S. (Hrsg.). (2016). *Handbuch Traumapädagogik.* Beltz-Juventa.

Weiß, W. & Sauerer, A. (Hrsg.). (2018). *»Hey, ich bin normal«. Herausfordernde Lebensumstände im Jugendalter bewältigen. Perspektiven von Expertinnen und Profis.* Beltz-Juventa.

Ziegler, G. (Hrsg.). (2022). *Magdalena, Thekla, Synkletika und Frauen von heute.* Vier-Türme-Verlag.

Biografische Notizen

Anja Sauerer ist Geschäftsführerin und Gesamtleiterin des Antonia-Werr-Zentrums, einer heilpädagogisch-therapeutischen und traumapädaogischen Einrichtung der Kinder- und

Jugendhilfe der Oberzeller Franziskanerinnen. Sie ist zudem Institutsleiterin des AWZ-Institutes für Traumapädagogik und Traumafachberatung. Sie ist Diplom-Sozialpädagogin, Erzieherin, systemische Beraterin, Traumapädagogin und Traumafachberaterin.

Annemarie Bauer, Prof. Dr., Hochschullehrerin i. R., ist Sozialwissenschaftlerin, Gruppenanalytikerin, Supervisorin, Balintgruppenleiterin und Lehrsupervisorin in Heidelberg.

Change Management am Beispiel der Sozialen Dienste der Justiz

Einblicke in Veränderungsprozesse

Corinna Koopten-Bohlemann

> »In einem wankenden Schiff fällt um, wer stillsteht und sich nicht bewegt.«
>
> *Ludwig Börne*

> »Die größte Schwierigkeit der Welt besteht nicht darin, Leute zu bewegen, neue Ideen anzunehmen, sondern alte zu vergessen.«
>
> *John Maynard Keynes*

Organisationen unterliegen auch im Sinne des Change Managements dem Wandel der Zeit, und politische Richtungen wiederum nehmen Einfluss auf diesen. So sind auch staatliche Organisationen mit einem hoheitlichen Auftrag hiervon nicht ausgeschlossen, wie auch die im folgenden Beitrag abgebildeten Sozialen Dienste der Justiz Niedersachsens.

Unterschiedliche Facetten von Macht und komplexe Prozesse können Rollenkonflikte, Regressionen und Identitätswiderstände generieren, wenn sich Organisationen verschlanken und ein neues und gemeinsames Selbstverständnis von Bediensteten entwickelt werden soll oder muss. Neue Leitbilder erscheinen aufgrund gewachsener fachlicher Herausforderungen unumgänglich, um der befürchteten Skepsis oder Abwehr der Belegschaft entgegenzuwirken.

Am Beispiel von Justizsozialarbeiter:innen, die ursprünglich entweder als Gerichtshelfer:innen bei den Staatsanwaltschaften oder als Bewährungshelfer:innen bei den Gerichten tätig waren, nunmehr aber in Personalunion im Sinne eines »Alle machen Alles« eingesetzt werden, zeigt sich dieser zu erbringende Spagat zwischen dem sogenannten »Tripelmandat« und Change Management als etwas, was sich quer zum politischen Diskurs stellen kann.

Im Folgenden soll daher das Vergrößerungsglas beleuchtet werden, mit welchem die Zentralisierung angekündigt und darüber berichtet wurde – ein Versuch, den Abstand zwischen erhofften Synergieeffekten und Einsparungen sowie der

Bilanz nach 13 Jahren Ambulanter Justizsozialdienst Niedersachsen zu vermessen.

Die Sozialen Dienste der Justiz sind ein Ort, wo Menschen resozialisiert werden sollen, also ein Ort, der Menschen dazu befähigen soll, künftig ein straffreies Leben zu führen. Sie haben demzufolge einen gesellschaftlichen und politischen Auftrag, delinquentes Verhalten zu unterbinden und in der Konsequenz auch die Anzahl der Haftplätze zu reduzieren. Die Profession Sozialarbeit und insbesondere das Professionsverständnis von Bewährungs- und Gerichtshelfer:innen erfordert auch von allen anderen Akteur:innen des Übergangsmanagements ein hohes Maß an Auseinandersetzung mit individuellen Problemlagen bei in der Regel nicht oder spärlich vorhandenen Ressourcen, sowie eine Auseinandersetzung mit systembedingten Vorgaben und Abwehrmechanismen. Insofern können sich durchaus Besonderheiten zwischen Akteur:innen, die aussieben und entscheiden, und schließlich dem, was innerhalb einer Behörde geschieht, wenn juristisches Denken mit sozialarbeiterischem und therapeutischem Denken zusammentrifft, ergeben.

Zunächst erfolgen einige grundsätzliche Ausführungen zur Profession Sozialarbeit und den tätigen Sozialarbeiter:innen innerhalb der Justiz, denen nach dem Reformierungsprozess im Jahre 2009 in Niedersachsen die Bezeichnung »Justizsozialarbeiter:innen« auferlegt wurde.

Bevor das Change Management und dessen Auswirkungen auf Auftrag und Personal dargestellt werden, wie etwa damit einhergehende Rollenveränderungen, Identitätsanpassungen und Desidentifizierungen einiger Akteur:innen, muss konstatiert werden, dass dieser Reformierungsprozess in einer streng hierarchischen Organisation durchgeführt wurde. Denn auch Justizsozialarbeiter:innen sind Sozialarbeiter:innen, die sich im Kontext ihrer Profession verstehen, wissenschaftlich fundiert praktische soziale Probleme zu lösen, zu lindern oder gar zu verhindern. Im Rahmen des Tripelmandats vertritt diese Profession sowohl Proband:innen und Klient:innen, als auch den Staat und schließlich ihre eigene Profession. Insofern besteht eine Verpflichtung den Bedürfnissen des Individuums, der Mikrosysteme sowie dem staatlichen Rechtssystem und eben auch der jeweiligen aktuellen Sozialpolitik gegenüber. Darüber hinaus besteht aber auch eine Verpflichtung im Hinblick auf die eigene Profession, was ein ständiges Ausbalancieren – auch untereinander – erfordert.

> »Ein Mitglied in einer Organisation kann sich in unklaren und widersprüchlichen Rollen verstricken […]. Ein Mitglied, welches in einem doppelten und gleichzei-

tig widersprüchlichen Auftrag verstrickt ist, muss zwischen einem offiziellen und einem heimlichen Auftrag eine Balance finden, wie z. B. in der Psychiatrie: Patienten sollen gleichzeitig therapiert und ausgegrenzt werden« (Bauer & Schmidbauer, 2019, S. 184).

Die Justizsozialarbeiter:innen sehen sich in ihren multifunktionalen Aufgaben ausschließlich mit einer speziellen Klientel konfrontiert, nämlich Täter:innen und Opfern, mit denen sie im Kontext von Bestrafung bzw. Wiedergutmachung betreuend und überwachend im Auftrag der Justiz agieren müssen. Ihr Rollenverständnis gründet auf dem »Code of Ethics« des IFSW (International Federation of Social Workers) und den »Berufsethischen Prinzipien« des DBSH (2009, S. 1). Die Dienstleistungen sozialarbeiterischen Handelns erfolgen also generell in den unterschiedlichsten Bereichen und können von Personen sämtlicher sozialer Schichten, Altersgruppen und den dazugehörigen Einschränkungen in Anspruch genommen werden, die einer Unterstützung im weitesten Sinne bedürfen. Voraussetzung ist, dass eine Unterstützung mit dem zur Verfügung stehenden Repertoire der Sozialarbeit geleistet werden kann.

Die multifunktionalen Aufgabenbereiche der Sozialen Dienste der Justiz in Niedersachsen

Das Spektrum der multifunktionalen Aufgabenbereiche der Sozialen Dienste der Justiz in Niedersachsen ist äußerst komplex und anspruchsvoll. Es befasst sich sowohl mit Täter:innen aller Kategorien als auch mit der anderen Seite, den Opfern. Um es verstehbar zu machen, sei an dieser Stelle erwähnt, dass die einzelnen Tätigkeitsbereiche, die in Personalunion von Justizsozialarbeiter:innen seither täglich und abwechselnd – im Sinne von Hutwechseln – zu erbringen sind, einst die Aufgabenbereiche waren, deretwegen das jahrelange Bestreben einer Zentralisierung zum Nutzen von Synergieeffekten erfolgte. Wurden diese Bereiche bis zum Jahre 2009 noch getrennt voneinander wahrgenommen, galt es nunmehr, den Mischarbeitsplatz zu verorten, um Personal und Dienstleistungen zu bündeln. In dem neu gegründeten Ambulanten Justizsozialdienst Niedersachsen wurden fortan die ursprünglichen Bereiche Gerichtshilfe einschließlich Opferhilfe und Täter-Opfer-Ausgleich, Jugend- und Bewährungshilfe sowie Führungsaufsicht einschließlich K. U. R. S. (»Konzeption zum Umgang mit rückfallgefährdeten Sexualstraftätern«) zusammengefasst. Im Folgenden skizziere ich die soeben genannten Arbeitsbereiche, um auch Fachfremden einen Einblick zu gewähren.

Bewährungshilfe

Bewährungshilfe ist Hilfe und Kontrolle zugleich. Hat das Gericht eine Person zu einer Haftstrafe verurteilt, welche zur Bewährung ausgesetzt ist, oder wenn ein Teil der Haftstrafe verbüßt wurde, kann der Rest der Haftstrafe zur Bewährung ausgesetzt werden. Bewährungshelfer:innen können für diesen Zeitraum betreuend und unterstützend vom Gericht bestellt werden. Sie berichten dem Gericht regelmäßig über den Ist-Stand ihrer Proband:innen. Dieser beinhaltet neben der aktuellen Lebenssituation auch die Umsetzung erteilter Auflagen und Weisungen, denn das Ziel einer Bewährung ist es, dass keine weiteren Straftaten mehr begangen werden und Bewährungsauflagen und -weisungen, wie beispielsweise eine Therapie durchzuführen oder zu bestimmten Personen keinen weiteren Kontakt aufzunehmen, von den Proband:innen erfüllt werden. Bewährungshelfer:innen unterstützen daher auch u. a. bei der Reflexion begangener Taten und deren Folgen, bei der Klärung persönlicher Konflikte sowie beruflicher Perspektiven. Die Dauer einer Bewährung beträgt mindestens zwei und höchstens fünf Jahre, wobei sie nachträglich aber auch verkürzt oder verlängert werden kann.[1]

Jugendbewährungshilfe

Sind Täter:innen zur Tatzeit jugendlich oder heranwachsend, also mindestens 14 Jahre und noch keine 21 Jahre alt, werden sie Jugendgerichtshelfer:innen unterstellt. Wenn das Jugendgericht zu einer Jugendstrafe verurteilt, die Vollstreckung dieser Strafe jedoch zur Bewährung ausgesetzt oder ein Teil der Strafe bereits verbüßt wurde, kann der Rest der Strafe zur Bewährung ausgesetzt werden. Jugendbewährungshelfer:innen berichten ebenfalls regelmäßig über die persönliche Entwicklung sowie über die Erfüllung von Auflagen und Weisungen. Diese sollen auf die Lebensführung erzieherisch Einfluss nehmen.[2]

---

1   Siehe dazu https://ajsd.niedersachsen.de/wir_ueber_uns/unsere_aufgaben/bewaehrungshilfe-im-ajsd-96883.html
2   Siehe dazu https://ajsd.niedersachsen.de/wir_ueber_uns/unsere_aufgaben/jugendbewaehrungshilfe-im-ajsd-96886.html

Führungsaufsicht

Die Führungsaufsicht stellt eine nicht-freiheitsentziehende Maßregel von Besserung und Sicherung für Straftäter:innen dar. Sie folgt vollständiger Verbüßung ihrer Haftstrafe von mindestens zwei Jahren, bei bestimmten Sexualdelikten bereits nach einem Jahr Haft oder nach Unterbringung in einem psychiatrischen Hospital, einer Entziehungseinrichtung bzw. einer Sicherungsverwahrung. Ziel ist es, eine nachsorgende Betreuung und gesellschaftliche Wiedereingliederung zu gewährleisten. Da diese aus verschiedenen Gründen gefährdet oder fragil erscheinen kann, ermöglicht sie im Rahmen ihres Kontroll- und Resozialisierungsauftrages selbst Straftäter:innen mit einer unklaren Prognose Lebenshilfe und Unterstützung. Sie beträgt mindestens zwei und höchstens fünf Jahre. In entsprechenden Fällen kann das Gericht auch eine zeitlich unbefristete Dauer anordnen.[3]

K. U. R. S.

K. U. R. S. wird in Niedersachen seit dem 1. Oktober 2007 mit der Zielsetzung umgesetzt, die Verbesserung und Zusammenarbeit aller beteiligter Akteur:innen zu optimieren, und um das Rückfallrisiko unter Berücksichtigung des Resozialisierungszieles bei Sexualstraftäter:innen zu minimieren. Es handelt sich hierbei um Sexualstraftäter:innen, die aufgrund bestimmter Straftaten gegen die sexuelle Selbstbestimmung, Mordes oder Totschlags mit sexuell motiviertem Hintergrund, der Begehung eines der genannten Delikte wegen Vollrausches usw. unter Führungsaufsicht stehen oder eine der genannten Taten im Zustand einer Schuldunfähigkeit begangen haben, und bei denen eine Unterbringung angeordnet wurde.

Zum Ende der Haft, der Unterbringung oder des Maßregelvollzuges nehmen Führungsaufsichtsstellen, Bewährungshelfer:innen sowie Polizei Kontakt auf und informieren über das zu erwartende künftige Verhalten von K. U. R. S.-Proband:innen sowie über Konsequenzen bei Nicht-Einhaltung von Auflagen und Weisungen. Entsprechende Verstöße wie Alkohol- oder Drogenkonsum trotz Verbot, der Aufenthalt oder Kontakt gegen Weisungen und Auflagen werden in Form von polizeilichen Gefahrenabwehrmaßnahmen, Vorführbefehlen bis hin zur Einleitung eines Strafverfahrens verfolgt.

---

3 Siehe dazu https://ajsd.niedersachsen.de/wir_ueber_uns/unsere_aufgaben/fuehrungsaufsicht-im-ajsd-96884.html

K. U. R. S.-Proband:innen werden in drei Kategorien unterschieden. Die Kategorisierung erfolgt bereits in den Justizvollzugsanstalten, ansonsten bzw. außerhalb der Justizvollzugsanstalten über die Führungsaufsichtsstellen, die Bewährungshilfe oder die Polizei. Die Einstufung kann bei Weisungsverstößen entsprechend erhöht werden.

➢ *Kategorie A:* hohe Rückfallgefahr, keine zusätzlichen protektiven risikorelevanten Bedingungen als vor der Tat;
➢ *Kategorie B:* hohe Rückfallgefährlichkeit, protektive risikorelevante Bedingungen;
➢ *Kategorie C:* Personen, die nicht unter A oder B fallen.[4]

Gerichtshilfe

Sie befasst sich im Gegensatz zu Bewährungshelfer:innen sowohl mit Täter:innen als auch mit Opfern. Gerichtshelfer:innen berichten über Lebenssituationen, persönliche und wirtschaftliche Verhältnisse Erwachsener, Beschuldigter, Angeklagter, Verurteilter und denen der Opfer. Sie werden von Staatsanwaltschaften und Gerichten beauftragt und können in jedem Stadium eines Strafverfahrens mit unterschiedlichen Aufträgen hinzugezogen werden, um somit Entscheidungshilfen für die Gesamtbeurteilung beizubringen.

Diese Ermittlungen und Berichterstattung sind vom Strafrecht im Rahmen eines Ermittlungsverfahrens insbesondere bei der Strafzumessung sowie Strafvollstreckung vorgesehen, da die Lebensumstände von Klient:innen zu berücksichtigen sind. Die Gespräche, die zur Ermittlung der Berichte beitragen, erfolgen ausschließlich auf freiwilliger Basis.

Die Vermittlung und Überwachung gemeinnütziger Arbeit in gemeinnützigen Einrichtungen erfolgt seitens der Gerichtshelfer:innen, wenn sich Verurteilte nicht in der Lage sehen, verhängte Geldstrafen finanziell zu begleichen. Hierdurch lässt sich die Verbüßung einer Ersatzfreiheitsstrafe abwenden. Gemeinnützige Arbeit kann aber auch als Bewährungsauflage oder als Auflage bei einer Verfahrenseinstellung verhängt werden.

Die Opferberichterstattung dient sowohl der Staatsanwaltschaft als auch dem Gericht als Informationsquelle, um über die Tatfolgen, die sich für das Opfer einer begangenen Straftat ergeben, Kenntnis zu erlangen. In einem persönlichen

---

4 Siehe dazu https://www.dbh-online.de/sites/default/files/doku/vortraege/kurs_tagung_kassel-2017.pdf

Gespräch können Opfer einer Straftat über ihre gesundheitlichen, psychischen und materiellen Auswirkungen berichten, die für sie durch die Straftat entstanden sind.

Auf Grundlage dieser Informationen eines Opferberichtes können die Opferbelange im Strafverfahren angemessen Berücksichtigung finden. Darüber hinaus sollen die aus dem Verfahren entstandenen Belastungen für Opfer möglichst geringgehalten werden. In diesem Kontext werden auch seitens der Gerichtshelfer:innen Querverweise im Hinblick auf Unterstützungs- und Beratungsangeboten erteilt.[5]

Der Täter-Opfer-Ausgleich (§155a StPO und 46a StGB)

Konflikte, die im Zusammenhang mit einer Straftat stehen, können unter Einbindung neutraler Mediator:innen im Strafverfahren von den Gerichten beauftragt werden, um diese unmittelbar mit den Konfliktparteien zu bearbeiten. Nach zunächst getrennten Vorgesprächen mit Täter:innen und Opfern erfolgt ein gemeinsames Ausgleichsgespräch, dem die Konfliktparteien im Vorfeld zustimmten. Im gemeinsamen Gespräch wird der Konflikt mit Unterstützung der Mediator:innen besprochen, aufgearbeitet und bestenfalls eine Wiedergutmachung vereinbart, welcher seitens der Auftraggeber:innen in der Regel zugestimmt wird. Die Einhaltung der getroffenen Vereinbarung wird seitens der Mediator:innen überprüft und den Auftraggeber:innen mitgeteilt. Findet keine erfolgreiche Konfliktvermittlung statt, wird der weitere Verlauf des Strafverfahrens durch die Justiz entschieden.

Dieses Verfahren beruht auf Freiwilligkeit und setzt einerseits eine Verantwortungsübernahme der Täter:innen voraus und ermöglicht Opfern andererseits, verletzte Gefühle, Ängste und Wünsche zur Wiederherstellung des sozialen Friedens zum Ausdruck zu bringen.[6]

Anhand der skizzierten verschiedenen Aufgabenschwerpunkte wird deutlich, dass das sogenannte »Doppelmandat« – Hilfe *und* Kontrolle von Klient:innen und Proband:innen – die Aufgaben der Justizsozialarbeiter:innen im Ambulan-

---

5 Siehe dazu https://ajsd.niedersachsen.de/wir_ueber_uns/unsere_aufgaben/gerichts hilfe-im-ajsd-96885.html
6 Siehe dazu https://ajsd.niedersachsen.de/wir_ueber_uns/unsere_aufgaben/taeter-opfer -ausgleich-im-ajsd-96869.html

ten Justizsozialdienst Niedersachsen charakterisiert. Während die Basis für eine erfolgversprechende und gelungene Zusammenarbeit zwischen Justizsozialarbeiter:innen und ihren Klient:innen und Proband:innen eine tragfähige, wertschätzende Arbeitsbeziehung, Grenzsetzungen, kritisches Hinterfragen sowie einen Veränderungswillen erfordert, bleibt das Ziel dabei stets die Verhinderung weiterer Straftaten.

Vielfalt der Aufgaben sowie Rollen und mögliche Folgen

Der Blick auf die äußerst unterschiedlichen Bereiche von Bewährungshilfe, Jugendbewährungshilfe, Führungsaufsicht, K. U. R. S., Gerichtshilfe, Täter-Opfer-Ausgleich, Opferberichterstattung sowie Opferhilfe lässt bereits erahnen, wie häufig die Rolle, also der Hut – je nach Auftrag und Setting – an nur einem Arbeitstag gewechselt werden muss, um sich auf den jeweiligen Auftrag als Justizsozialarbeiter:in einzustellen. Dies bedeutet einen permanenten Rollenwechsel, der wiederum eine stringente Klarheit in der Ausführung erfordert. Bereits kleinste »Kunstfehler« können – wie in der Medizin – durchaus zu irreparablen Folgen führen. Aus einer falschen Diagnose oder Verlaufseinschätzung, einer lückenhaften oder fehlenden Interventions- oder Eingangsplanung resultiert ggf. ein gesundheitsgefährdender Behandlungsfehler. Analog kann in der Justizsozialarbeit die Fehleinschätzung wichtiger Faktoren –

➤ der *statischen* (Alter, Herkunft, Vorgeschichte, familiäre Verhältnisse usw.),
➤ der *stabil-dynamischen* (Sucht, psychische Erkrankung, Narzissmus u. a.) und
➤ der *dynamischen* Faktoren (Arbeit, Schule, Wohnung, Freundeskreis, Schulden, Lebensgestaltung, Wertvorstellungen usw.) –

bei Sexualstraftäter:innen mit daraus resultierenden falschen Schlüssen zu einer falschen Beurteilung gefährlichen Potenzials (kriminogener Faktoren) führen und letztlich unter Umständen zu einer weiteren Sexualstraftat. Weisungen und Auflagen müssen daher unbedingt engmaschig und konsequent kontrolliert werden.

Die vorgegebene verdichtete Kontaktfrequenz führt jedoch auch unweigerlich zu einer engen Beziehung, die einerseits Kontrolle und andererseits Verständnis und Unterstützung impliziert. Hieraus kann eine gewisse Betriebsblindheit bzw. ein Tunnelblick entstehen.

Aber: Ohne Beziehungsarbeit keine Zusammenarbeit!

Im Hinblick auf Opferklient:innen im Rahmen eines Täter-Opfer-Ausgleichs oder einer Opferberichterstattung kann bereits eine falsche Fragestellung, eine falsche Bemerkung oder ein unglücklicher Kommentar, wie etwa »Der Täter hat doch im Affekt gehandelt ...«, »Sie haben doch jetzt schon genügend Abstand«, im Gesprächssetting einen »Kunstfehler« darstellen und möglicherweise eine Retraumatisierung oder eine sekundäre Viktimisierung bei Opfern bzw. Geschädigten auslösen, wenn z. B. aus Sicht von Bewährungshelfer:innen mit vorrangiger Verortung in der Täterarbeit dem Opfer vorwiegend die Täterperspektive dargestellt wird.

Die Aufzählung der einzelnen Bereiche und Aufgabeninhalte machen auch an dieser Stelle meiner Ausführungen deutlich, dass es sich hier um sehr unterschiedliche Felder mit ebenso unterschiedlichen Anforderungen an Ausstattungen, Expertisen und Erfahrungen von Justizsozialarbeiter:innen handelt. Alle genannten unterschiedlichen Bereiche in Personalunion setzen daher nicht nur ein umfassendes Spezialistenwissen, sondern auch einen sicheren Umgang der Akteur:innen in all diesen Feldern voraus. Darüber hinaus splitten sich die Bereiche in Täter- und Opferarbeit auf, was eine zusätzliche und tägliche Herausforderung in der Rollenklarheit gegenüber sich selbst, der Klientel und den Auftraggeber:innen erfordert.

Denn: Die Tätigkeit der Akteur:innen der Sozialen Dienste der Justiz von Bewährungshilfe und Opferberatung bis hin zu »Aussteigerhilfe Rechtsberatung« setzt umfassende Rechtskenntnisse sowie einen sicheren und kompetenten Umgang mit ihnen voraus, um auch eine Zusammenarbeit mit Gerichten und Justizvollzugsanstalten usw. überhaupt erst zu ermöglichen. So können Justizsozialarbeiter:innen u. a. aufgrund ihres Tripelmandats, welches in diesem Feld besonders ausgeprägt ist, in einen Gewissenskonflikt geraten, wenn die geforderte Loyalität der Arbeitgeber:innen gegenüber dem eigenen Grundverständnis als Vertreter:innen dieser Profession nicht konform geht bzw. gar kollidiert und sich letztlich sogar ausschließt.

Und: Was wäre, wenn Staatsanwält:innen in Personalunion auch die Rolle der Strafverteidigung zu übernehmen hätten – und zwar abwechselnd mehrfach am Tag –, da sie ja von ihrer Grundausrichtung Jurist:innen sind?

Auswirkungen

Die unterschiedliche Verortung von Gerichtshilfe, Bewährungshilfe, Jugendbewährungshilfe und Führungsaufsicht war u. a. ein Grund für das jahrelange

Bestreben zur Zentralisierung aller Justizsozialdienste zum Nutzen der Synergieeffekte wie z. B. mit Blick auf die Entstehung umfänglicherer Personaloptionen in einem gemeinsamen Dienst. Eine effizientere Ausschöpfung vorhandenen Potenzials der zu Generalist:innen qualifizierten Justizsozialarbeiter:innen sowie eine auf die expliziten Belange eines integrativen Dienstes ausgerichtete Personalentwicklung wurde ermöglicht. Flexibilität im Hinblick auf neue Anforderungen sowie eine langfristige Aufhebung der Grenzen der verschiedenen Dienstzweige zum Nutzen einer effizienteren Koordination von Belastungsspitzen war gewünscht und ist eingetreten. Des Weiteren wurde durch Verstärkung der Dienstleistung und Kundenorientierung eine Erleichterung der Einführung neuer Steuerungsinstrumente erreicht (Scherrer, Bock & Niemann, 2009, S. 120).

Mit welchen Konflikten musste und muss weiterhin gerechnet werden, wenn verschiedene Kulturen wie die der Sozialarbeiter:innen, Jurist:innen und Behörden zusammentreffen? Spannungen entstehen dort, wo berufsethische und fachliche Standards nicht mit Vorgaben durch Hilfesuchende, Vorschriften und Aufträgen von Anstellungsträgern zusammengehen und »die Qualität des beruflichen Handelns von Fachfremden bestimmt wird« (DBSH, 2014, S. 39). Dies erfolgt insbesondere dann, wenn die gesetzlichen Vorgaben und die in der Arbeit zu implementierenden Standards eher und einseitig ein Kontroll- und Sanktionsbedürfnis verfolgen und dem Aspekt der Hilfe voranstehen (ebd.). Das aber wiederum bedeutet, dass der Habitus der einzelnen Akteur:innen somit entscheidend mitgeprägt wird oder gar der beruflichen Orientierung entgegenstehen kann. Zur sozialen Rolle, die ein Individuum einnimmt, gehören u. a. Werte, Erwartungen, Verhaltensweisen sowie Handlungsmuster, sowohl im Privatleben, als auch im beruflichen Kontext einer »sozialen« Organisation. Dies führt unweigerlich zur Auseinandersetzung mit dem eigenen Habitus, der Berufsrolle, dem Berufsethos und dem, was verlangt wird. Der Spagat ist zu vollziehen zwischen unterschiedlichen Kulturen und Logiken der beteiligten Organisationen bzw. der beteiligten Wissensgebiete mit ihren theoretischen Fundierungen und ihren methodischen Handlungsethiken. Die Forderung nach effizienteren Ergebnissen, mehr Engagement und mehr Qualifikation erhöht den Druck auf Menschen, welcher sich schließlich in deren Leistung niederschlägt.

> »Druck zu erhöhen und täglich neue Dringlichkeiten auszurufen, ist ein erfolgreiches Mittel einer Systemabwehr, die verhindern will, dass Bewusstsein über die Organisation entsteht, noch dazu ein solches, dass Veränderungen nach sich zieht« (Heintel & Krainz, 1994, S. 29).

Exkurs: Veränderungen durch die Corona-Pandemie und den »Mischarbeitsplatz«

An dieser Stelle sei explizit darauf hingewiesen, dass auch die pandemische Lage seit 2020 zusätzliche und massive Auswirkungen auf das Beziehungsgeflecht von Justizsozialarbeiter:innen und Klient:innen und Proband:innen gezeigt hat. Andere Unterstützungseinrichtungen haben Kontakte eingefroren oder gar auf ein Minimum beschränkt (reduzierte Erreichbarkeit). Soziale Kontakte mussten vermieden bzw. stark eingeschränkt werden, während Justizsozialarbeiter:innen im Sinne der Kontrolle weiterhin und engmaschig da zu sein und somit das weggebrochenen Helfersystem *on top* aufzufangen hatten. Das bedeutet eine weitere Rollenkollision, wenn in Corona-Zeiten auch die einzige vertraute Kontaktperson von Klient:innen und Proband:innen vermehrt oder ausschließlich in die Rolle der Berichterstattung und Überwachung gerät. Was wird danach in der Beziehungsarbeit geschehen? Wie wird sich diese darstellen? Führt auch diese Situation zu Überlastung, Fehleinschätzungen, ja »Kunstfehlern«? Die Zukunft wird es zeigen, aber Veränderungen werden wahrscheinlich sein.

Folgen des Reformierungsprozesses

Nun aber zurück zum Reformierungsprozess: Boeckh benennt als Merkmal von Organisationen u. a., dass die Funktion vor der Person stehe, und Ziele und Normen in einer Organisation vorgegeben sind (Boeckh, 2017, S. 51). Wenngleich die Vorteile eines Reformierungsprozesses einen Mehrwert zu erbringen scheinen, merken Christine Morgenroth und Oskar Negt hierzu an, dass »Flexibilisierung« – wie hier beschrieben – als ein Prozess anzusehen ist, der etablierte Strukturen aufzubrechen beabsichtigt, um eine Effizienzsteigerung im Sinne neuer Chancen und Gestaltungsspielräumen zu erreichen. Dieser Benefit wird Arbeitnehmer:innen zumindest suggeriert, ohne die damit unter Umständen einhergehenden Risiken wie z. B. Überforderungserleben und Stress zu benennen (Morgenroth & Negt, 2009, S. 45).

Down-Up-Strukturen sind in wesentlich kleinerem Umfang implementiert als Up-Down-Strukturen. Qualitätszirkel stellen eine Möglichkeit der Einbringung eigener Expertisen durch Praktiker:innen vor Ort dar, sind aber auch andererseits »Auftragsempfänger:innen« der Leitungsebene. Ein passender Übergang ergibt sich in Anlehnung an Katharina Gröning: Sie weist in ihren Ausführungen darauf hin, dass in bürokratischen Organisationen ein Dienstweg herrscht, der eine sorgfältige Steuerung von Kommunikation sowie eine deutliche Auswahl von Informationen ermöglicht (Gröning, 2011, S. 15). Dieser Tatsache Rechnung tragend, bietet sich interessierten Justizsozialarbeiter:innen in Niedersachsen die Möglichkeit, Praktika oder auch Langzeithospitationen in der Leitung bzw. Geschäftsführung zu übernehmen, um das System kennenzulernen, zu verstehen und ggf. als Multiplikator:innen zu fungieren. Wenngleich der Bereich der Verwaltungsarbeit hierbei überwiegen mag, ist sozialarbeiterische Einflussnahme aber auch in diesem Kontext gewünscht und durchaus möglich.

Und welche Rolle spielt hierbei Macht?

»Macht« bedeutet nach Hans-Peter Müller in Anlehnung an Max Weber, »jede Chance« innerhalb einer sozialen Beziehung den eigenen Willen auch gegen Widerstreben durchzusetzen (Müller, 2007, S. 121). Hans-Paul Bahrdt beleuchtet in diesem Zusammenhang darüber hinaus die Konjunktion »auch« auf die Möglichkeit einer Überschattung einer Beziehung hin (1992, S. 163). Ein passender Übergang ergibt sich demzufolge aus der Darstellung von Annemarie Bauer in Anlehnung an Bourdieu. Denn nach Bourdieu ist Macht »einerseits das Ergebnis von handelnden Personen, wird aber auch bestimmt von den Rahmenbedingungen eines bestimmten Feldes, in dem sich dieses Handeln in Relation zu anderen Handelnden konstelliert und damit alle sozialen Akteure gleichermaßen erfasst« (Bauer, 2015, S. 13). Folglich kommt es in Organisationen mit geregelten Zuständigkeiten, Führungsaufgaben und Entscheidungsbefugnissen, also Hierarchien, unumgänglich zu Machtbereichen und Machttaktiken, ja sogar zu einer Machtkultur (ebd., S. 10f.). Diese sind wiederum abhängig von Machtbereich, Machtumfang und Ausdehnung der Macht. Hieraus resultieren bei mangelnder Anpassungsbereitschaft des Personals nicht nur Ängste, sondern häufig auch psychische Belastungen und Beschwerden.

Organisationen sind ständigen Anpassungsprozessen unterworfen, sei es in der Wirtschaft oder in der Verwaltung. Sie erwarten diese Anpassung auch von ihren Mitarbeiter:innen. Diese haben sich mit ihren Rollen zu identifizieren, um die Anpassungsanforderungen erfüllen zu können. Tritt dies nicht ein oder ist das z. B. aus theoretischen, politischen, ethischen oder anderen Überlegungen nicht möglich, können Mitarbeiter:innen gegen die »mächtige Organisation« nur in Widerstand gehen und sich mit einem Identitätswiderstand gegen die angstvoll befürchteten Identitätsveränderungen richten (ebd., S. 16f.).

Aus diesem Grund wird in meinem Beispiel der Justizsozialarbeit in Niedersachsen daher auch von Beginn an auf diese Rollenerwartung hingewiesen und in Berufseinsteigerprogrammen entsprechend gehandelt und schließlich in der Probezeit verpflichtend supervisorisch begleitet.

Im Projektabschlussbericht JustuS wurde diesem Phänomen bereits präventiv begegnet, indem eine standardisierte Gestaltung für die Berufseinsteiger:innen erarbeitet wurde, um das neue Selbstverständnis dieses vielschichtigen Dienstes in den Köpfen der neu eingestellten Justizsozialarbeiter:innen bereits von Beginn an zu implementieren (Scherrer, Bock & Niemann, 2009, S. 115f.). Nach Annemarie Bauer verlangen Organisationen hier u. a. Anpassungen und Anpassungsbereitschaft von allen, die neu dazukommen (Bauer, 2011, S. 5).

Das Tripelmandat der Justizsozialarbeiter:innen in Niedersachsen erweist sich als ein Dilemma, denn es stellt sie vor eine Herausforderung, die auch zu einer Überforderung führen kann. Die dominante Kultur bleibt die Organisation mit ihrer Führungsebene und letztlich die Politik. Die Sozialarbeit bleibt in diesen Rahmen eingebettet.

Zusammenfassung und Ausblick

Betrachtet man nun resümierend die Werteorientierung bzw. Grundausrichtung von Sozialarbeit, die auf die Veränderbarkeit politischer, sozialer und individueller Verhältnisse vertraut, und stellt demgegenüber das sogenannte »Triplemandat«, das sich neben den individuellen Bedürfnissen auch und insbesondere denen des staatlichen Rechtssystems, der aktuellen und jeweiligen Sozialpolitik sowie den Mikrosystemen unterzuordnen hat, wird deutlich, welche Hürden und Spagate seitens der Profession Sozialarbeit in der Justiz per se, täglich und im Grunde gegen die professionseigene Werteorientierung zu erbringen sind. Sozialarbeiterisches Handeln wird mehr denn je seitens der aktuellen Sozialpolitik in Form von Erlassen, Erhebungen, Vorgaben, Notwendigkeiten und dergleichen bestimmt und vorgegeben.

Es erscheint daher erforderlich, Arbeitsprozesse dementsprechend zu gestalten und in den jeweiligen Rollen zu jonglieren. So müssen Justizsozialarbeiter:innen neben ihrem eigentlichen Können auch mit einem hohen Maß an Konzentration, Risikomanagement, Toleranz und Geduld ausgestattet sein. Darüber hinaus wird von ihnen ein Mehr an Flexibilität, habitussensibler Gesprächsführung, Umgangsformen, Abgrenzung, Containing und Verständnis für eine positive Arbeitsbeziehung erwartet, und zwar auch im Umgang mit Sexualstraftäter:innen (selbst wenn Justizsozialarbeiter:innen z. B. gerade Mutter oder Vater geworden sind) und künftig möglicherweise stärker ideologisch bzw. fundamentalistisch geprägten Proband:innen und Klient:innen.

Angesichts der aufgezeigten Komplexität erfordert es künftig weiterhin einen adäquaten Umgang mit der Verankerung forensischen, kriminologischen und sozialarbeiterischen Wissens in der Aus- und Weiterbildung sämtlicher Akteur:innen, um die spezifisch und stetig wachsenden Anforderungen dieses Feldes bedienen zu können. Entsprechend regelmäßige Evaluationen und Anpassungen können hierbei im Hinblick auf eine zeitgemäße Bedarfsentwicklung hilfreich sein.

In Anlehnung an Christine Morgenroth vervielfältigen sich Berufe und besondere Fertigkeiten. Lebenslanges Lernen sowie eine grenzenlose Anpassungsfähigkeit kennzeichnen mehr und mehr das Anforderungsprofil eines der Zeit entsprechenden Arbeitnehmers (Morgenroth & Negt, 2009, S. 51).

Literatur

Bahrdt, H.-P. (1992). *Schlüsselbegriffe der Soziologie. Eine Einführung mit Lehrbeispielen* (5. Aufl.). C. H. Beck.
Bauer, A. (2011). Zugänge zu unbewussten Dynamiken in Organisationen, (DACH-Tagung 14.–17.02.2011). https://www.amd-westfalen.de/fileadmin/dateien/dateien_lambeck/DACH_2011/Referat_Bauer_15_02_11_gesch.pdf
Bauer, A. (2015). Studienbrief: Die Anwendung psychoanalytischer Theoreme auf Organisationen (Studienbriefe der Universität Bielefeld, Fakultät für Erziehungswissenschaft). Universität Bielefeld.
Bauer, A. & Schmidbauer, W. (2019). *Im Bauch des Wals. Über das Innenleben von Organisationen* (3. überarb. und erw. Aufl.). Concadora.
Boeckh, A. (2017). *Methodenintegrative Supervision. Ein Leitfaden für Ausbildung und Praxis* (2. Aufl.). Klett-Cotta.
Deutscher Berufsverband für Soziale Arbeit e. V. (DBSH) (Hrsg.). (2009). *Grundlagen für die Arbeit des DBSH e. V.* https://www.dbsh.de/media/dbsh-www/downloads/grundlagenheft_-PDF-klein_01.pdf
Deutscher Berufsverband für Soziale Arbeit e. V. (DBSH) (Hrsg.). (2014). *Forum sozial (Die Berufliche Soziale Arbeit) 4/2014: Berufsethik des DBSH. Ethik und Werte.*
Gröning, K. (2011). Studienbrief: Theorie der Organisationen und ihre Bedeutung für die Supervision (Studienbriefe der Universität Bielefeld, Fakultät für Erziehungswissenschaft). Universität Bielefeld.
Heintel, P. & Krainz, E. (1994). *Projektmanagement. Eine Antwort auf die Hierarchiekrise.* Gabler.
Morgenroth, C. & Negt, O. (2009). Widerspruchsarbeit – veränderte Arbeitsbedingungen in den psychosozialen Arbeitsfeldern. In H. Pühl (Hrsg.), *Handbuch Supervision und Organisationsentwicklung* (3. Aufl., S. 41–54). Springer VS.

Müller, H.-P. (2007). *Max Weber. Eine Einführung in sein Werk*. Böhlau.
Scherrer, S., Bock, S. & Niemann, C. (2009). Projektabschlussbericht JustuS der Kernprojektgruppe des Niedersächsischen Justizministeriums. https://docplayer.org/53808625-Justus-justiz-und-sozialdienst.html

Biografische Notiz
Corinna Koopten-Bohlemann ist Supervisorin (M. A.), Dipl.-Mediatorin, Dipl.-Sozialpädagogin bzw. Sozialarbeiterin, Anti-Aggressivitäts-Trainerin, Fachberaterin Opferhilfe und Psychosoziale Prozessbegleiterin. Sie hat Lehraufträge im Kontext des Masterstudiengangs »Präventive Soziale Arbeit« (Thema: Restorative Justice vs. strafrechtliche Sanktionen) an der Ostfalia-Hochschule Wolfenbüttel sowie an der Hochschule für Polizei und öffentliche Verwaltung Nordrhein-Westfalen (Thema: Berufsrollenreflexion).

Einblicke in das Unbewusste einer Organisationskultur

Die Schule als Ort verborgener Scham, stummer Scham, tabuisierter Scham?

Karin Deppe

Einführung

Eine Lehrerin erzählt in einer Supervisionssitzung, dass sie sich in ihrer Fachkonferenz darüber geäußert habe, dass sie massive Schwierigkeiten bei der Inklusion von ukrainischen Flüchtlingen in ihrem Fach habe, da über keinerlei Sprache Verständigung erfolgen könne, die Schüler:innen sich aber mittels ihres iPads während der gesamten Zeit ihren Aufgaben zum Erwerb der Sprache Deutsch und ihrer gestellten Aufgaben vom Heimatland widmeten. Jeglicher Sozialkontakt scheine zu fehlen und die arrangierten Übersetzer:innen aus der Lerngruppe, die wiederum über die zweite Fremdsprache Russisch den Kontakt suchten, würden ebenfalls kaum verstanden. Auf ihre Frage nach Hilfestellungen oder weiteren konstruktiven Impulsen sei die Fachkonferenz verstummt und habe erst nach einer langen Pause Hinweise zu Übersetzungsapps und PC-gesteuerten Sprachmodulen gemurmelt. Ebenfalls stumm, ohnmächtig, aber auch wütend, sei sie aus dieser Sitzung herausgegangen. Ist dies nicht eine Situation jenseits eines professionellen Habitus und Mythos »Wir schaffen alles« bzw. »Chancengleichheit«? Wir erhalten damit einen Einblick in die Geheimnisse der Professionskultur bzw. institutionsanalytisch in den Bereich der institutionellen Nicht-Kultur. Schweigegebot und Abwehrmechanismen unterdrücken diese, man spricht nicht darüber und wenn, dann nur in Chiffren oder Symptomen. Scham und Aggression werden inkorporiert und Scham tabuisiert.

Dieses Beispiel zeigt auch auf, was passiert, wenn Institutionen ihren Mitgliedern keinen konzeptionellen wie professionellen Halt mehr geben können und wenn die Bedarfe bzw. Bedürftigkeiten der Schüler:innen die Konzepte der Organisation Schule als *Old-school*-Konzepte infrage stellen.

Schule sieht sich heute einem Modernisierungs-, Veränderungs- und Legitimationsdruck ausgesetzt, der tiefgreifende Reformen dieses Systems unausweichlich erscheinen lässt. Im Rahmen von Autonomisierungs-, Deregulierungs- und Dezentralisierungsprozessen eröffnen sich der Einzelschule erweiterte Handlungsspielräume in finanzieller, personeller und vor allem in pädagogischer und organisatorischer Hinsicht. Organisationsmodelle und -konzepte haben in einer Phase Hochkonjunktur, die durch Suchbewegungen seitens der Bildungspolitik, Bildungsadministration sowie der schulischen Akteur:innen vor Ort nach geeigneten Unterstützungs- und Orientierungssystemen gekennzeichnet ist. Organisationsentwicklung bietet sich mit seinem Versprechen der Selbstentwicklung von Mitgliedern und der Organisation als ein Königsweg an, der das deutsche Schulsystem aus seiner Dauerkrise führen kann.

Dies sind Überlegungen zur Organisation als zweckrationaler Konstruktion – aber sind diese nicht mehr als Struktur, Funktion und Zweck? Wo bleiben die Gefühle, das Unbewusste, die Dynamiken der Organisation? Wie sieht es aus mit der Organisation als verborgener Konstruktion (Bauer & Schmidbauer, 2019, S. 94, 142)?

Durch meine berufliche Tätigkeit als Lehrerin, Schulleitungsmitglied, Schulberaterin und Supervisorin fallen mir zunehmend institutionelle Beschleunigung, Orientierung an Funktionalität pädagogischer Abläufe und Diskurse, Verknappung von Kommunikationsformen und Kommunikationszeiten, Verstummen von Gefühlen und Empathie und ein Sinn-Vakuum auf. Werden über Prozesse beruflicher und institutioneller Sozialisation Gefühle kultiviert? Studien zu Pflege, Scham und Innenleben von Organisationen (siehe u. a. Menzies, 1974; Gröning, 2018; Bauer & Schmidbauer, 2019) haben mir den Blick auf die Organisation Schule geschärft und die Frage nach dem Gefühl »Scham« aufkommen lassen.

Scham ist ein lebenslanges, omnipräsentes Phänomen, das uns im Alltag in verschiedensten Kontexten, Situationen, Formen und Ausprägungen begegnen kann. Allein der Begriff »Scham« fordert einen sofort auf, sich eigene lebensbiografische Situationen mit Schamerfahrungen in Erinnerung zu rufen. Nicht selten fallen spontan Erlebnisse der Kindheit und Jugendzeit, ggf. insbesondere der Schulzeit ein. Scham ist eine der schmerzhaftesten Emotionen, die als Angst daherkommen und sämtliche – körperliche und mentale – Blockaden auslösen können. Scham ist eine gesellschaftlich häufig »tabuisierte Emotion« (Marks, 2017, S. 29), gerade auch in der Organisation Schule. Aber lässt sich Scham in der Schule enttabuisieren? Scham ist an Wertevorstellungen gebunden. Gesellschaftliche Normerwartungen beeinflussen unsere Sozialisation und unsere persönlichen Werte. Schamaffekte haben Auswirkungen auf unser individuelles Erleben, auf die Interaktion und auch auf die Organisation. Wenn Institutionen

Sinnwelten darstellen, dann entwickeln Organisationen wechselseitig mit ihren beteiligten Individuen Kulturen, die durch je spezifische Denk- und Verhaltensweisen geprägt sind (Berger & Luckmann, 1969, S. 80ff.). Institutionen und Organisationen haben mit Gefühlen zu tun, aufgabenspezifischen und selbsterzeugten (Bauer & Schmidbauer, 2019, S. 156). Ein bewusster Umgang mit Scham sei jedoch der Weg zu einer »wahrhaft menschenwürdigen Gesellschaft« (Marks, 2017, S. 9). »Wer also die Würde des Menschen verstehen und achten möchte, der sollte Scham kennen und gut mit ihr umgehen« (ebd., S. 10).

Im Folgenden werde ich mich auf die Suche nach dem Unbewussten in der Organisation Schule machen und dabei dem Phänomen Scham nachspüren, wohlwissend, nur einzelne Facetten aufgreifen zu können.

Das Phänomen Scham – Scham? – Scham!

Analysen zur Scham unterscheiden zwei verschiedene Grundfunktionen der Scham voneinander. Einerseits gibt es eine Scham, die sich als »destruktiv« bezeichnen lässt, wenn das zu erziehende Kind aufgrund erfahrener Beschämungen keine Anerkennung mehr zu geben oder zu empfangen vermag und wenn die Scham zu Schamabwehrreaktionen führt, die sich gegen die Beschämenden und daher zu eliminierenden Störer:innen richten. Für Martha Nussbaum ist Scham neben Abscheu dasjenige Gefühl, auf das sich das Recht nicht stützen sollte, da Scham dazu tendiere, mit einer irrationalen Selbstüberschätzung sowie einer narzisstischen Unzuverlässigkeit in intersubjektiven Beziehungen einherzugehen (Nussbaum, 2004, S. 15). Andererseits gibt es jedoch – und dies stellt die Psychoanalyse heraus – auch eine persönlichkeitskonstitutive Scham, deren konstruktives Moment darin besteht, dass das Subjekt seine Identität mithilfe der Scham konsolidiert. Die erste Schamform gefährdet und bedroht das Subjekt und vermag es im Grenzfall sogar zu zerstören; die zweite Schamform stabilisiert das Subjekt und bahnt ihm den Weg zur Integrität. Scham bedeutet somit Schutz der Selbst- und Intimitätsgrenzen, ist aber zugleich auch Anreiz für Leistung, Entwicklung und Autonomie (Conzen, 2017, S. 139ff.; Hilgers, 2013, S. 20f.). Abhängigkeitsscham entsteht durch das Gefühl, auf Lob und Anerkennung Anderer angewiesen zu sein, und produziert in der Folge noch größere Anstrengungen, sich mittels gesteigerter Kompetenzen und Autonomiebemühungen aus beschämender Abhängigkeit herauszulösen. Stolz erweist sich dabei als Gefühlspendant zu einer Kompetenzerfahrung, die die Diskrepanz zwischen Ideal und Ich reduzieren und ggf. aufheben kann. Beide Affekte, Stolz als gegenteiliger Empfindung zu Scham und die Scham selbst, regulieren das Selbstwertgefühl.

Das Wort »Scham« stammt etymologisch von der alten germanischen Wurzel *skam* bzw. *skem* ab und bedeutet »Schamgefühl«, »Beschämung«, »Schande« und kann mit »zudecken«, »verschleiern« oder »verbergen« übersetzt werden (Wurmser, 1993). Dies zeigt, wie verwoben das Gefühl der Scham mit der bildlichen Vorstellung des Sich-Verbergens ist. Wenn man sich schämt, möchte man sich dem Blick des Anderen entziehen, im Erdboden versinken. Das Schamerleben hat aus dieser Perspektive also mit dem Gesehen-Werden von bestimmten Inhalten oder Selbstanteilen zu tun, für die man sich schämt. Der Beobachter:in – und sei es auch nur der internalisierten Beobachter:in – kommt somit im Schamerleben eine sehr große Bedeutung zu. Norbert Elias (1976, S. 346) hebt die Bloßstellung hervor, und der Emotionssoziologe Sighard Neckel betont die Empfindung als großer Profanität bzw. als »Wahrnehmung von Ungleichheit« (Neckel, 1991, S. 21). Scham tritt immer dann auf, wenn ein machtvolles Ich-Ideal nicht erreicht wird, wenn Ich-Ideal und Selbstwahrnehmung in ein Spannungsverhältnis treten. Neckel versteht Scham im Sartre'schen Sinne eines Geständnisses eigener Defizite. Scham ist zugleich »Hüterin der Würde«, sie ist eine innere Grenze, an der »unser besseres Selbst beginnt« (Wurmser, 1993, S. 74).

Innerhalb der phänomenologischen Bewegung ist es Sartres Analyse des Blickes (Sartre, 1997 [1943]), der von einer radikalen Geschiedenheit zwischen sich und dem Anderen ausgeht. Für ihn ist es die Scham, die von der Begegnung mit dem Anderen zeugt. Die Situation des Gesehenwerdens löst Scham aus. Scham ist das Gefühl, »mein Sein draußen zu haben« (ebd., S. 517). Wenn dieser gewisse und unbekannte Andere einen anblickt, erfährt man, wie man für den Anderen zum Objekt wird. Neben der Erfahrung einer Selbst-Distanzierung kommt also die Erfahrung der Selbst-Entfremdung hinzu, die als Einschränkung und Entfremdung der eigenen Freiheit verstanden wird. Meine Scham, sagt Sartre, »ist ein Geständnis« (ebd., S. 348). Angesehenwerden heißt für Sartre Beurteiltwerden, diesem Urteil ausgesetzt zu sein, es zu übernehmen und somit die Reduktion und Verdinglichung, die man durch den Blick des Anderen erfährt, fortzuschreiben. Damit kann ein Scheitern verbunden sein, was diesbezüglich eine destruktive Form der Scham darstellt.

Im Vergleich mit Sartres Schamverständnis geht auch Emmanuel Levinas (2008 [1980]) davon aus, dass der Andere von einem fundamental geschieden ist. Das Gesicht des Anderen entzieht sich einer Kontrolle und ruft in der Situation des Gesehenwerdens Scham hervor. Laut Levinas erfährt man die Scham aber gerade ursprünglich als Bewusstsein der Schuld: Sie ist das »Bewusstsein meiner Ungerechtigkeit« (ebd., S. 119), und so beginnt mit der Scham das sittliche Bewusstsein bzw. eine erweiterte Reflexionsfähigkeit und wird als konstruktiv angesehen. Man kann Sartres Analyse des Blicks auch insofern kritisch hinterfragen, als dass Scham nicht nur durch den Blick der Anderen ausgelöst werden kann, sondern auch durch ihr absichtliches Übersehen einer Person (Honneth, 2003). Neckel sieht im Zentrum der sozialen Scham den Achtungsverlust (Neckel, 2006, S. 45), dessen zugrundeliegende Wertschätzung sich in Anlehnung an Pierre Bourdieus (1997) soziologische Perspektive auf die Theorie der Kapitalformen und Dimensionen von Achtung und Achtungsverlust bezieht. Kulturelles Kapital wird durch Wissen, ökonomisches Kapital durch Geld, soziales Kapital durch Rang und Mitgliedschaften erworben. Bei Verlust von Wertschätzung wird in der Soziologie bei Entzug materieller Werte von Abwertung, bei Rangverlust von Degradierung, bei Verlust der Zugehörigkeit von Abschiebung und Ausschluss und letztlich von Prüfungen und Assessments gesprochen, um Kompetenzen und Wissen zu bestreiten. Wird eine Person degradiert, beraubt man sie des Ranges, sie wird nach-rangig und reagiert darauf mit massiver sozialer Scham (Gröning, 2018, S. 92). Wenn einer gestandenen Lehrkraft das ihr zugewiesene Aufgabengebiet mit dem Hinweis »Jüngere vor« entzogen wird, wird dies als Degradierung empfunden, löst soziale Scham oder Kompetenzscham aus. Scham entsteht hier in der Spanne zwischen der eigenen Einschätzung und der öffentlichen Rolle, die einer Person zugewiesen wird. Die öffentliche Person unterbietet das persönliche Ich-Ideal und mutet dem Individuum zu, sich Anderen in einer Position zu zeigen, die den eigenen Maximen der Selbstachtung nicht entspricht. Das Beschämende ist, dem in einer Hierarchie folgen zu müssen. Die Technik des Ausschlusses einer Person verhindert oder beendet somit ihre Zugehörigkeit zu einer informellen Gruppe. Mit dem Ausschluss wird Fremdheit bestraft und gleichzeitig erzeugt, aus sozialen, körperlichen oder kulturellen Gründen. Achtungsverlust kann sich hier in eine existenzielle Scham steigern, deren Urbild das ungeliebte und nicht-gewollte Kind ist, der sich nutz- und wertlos fühlende Mensch – und ist mit einem Wert- und Vertrauensverlust verbunden.

Jemanden auszuschließen bzw. sogar abzuschieben, bedeutet eine existenzielle Scham und beinhaltet einen Wert- und Vertrauensverlust. Heute durchzieht Schamangst die moderne Gesellschaft, weil die Gefahr von Achtungsverlust und geringer Wertschätzung den Wert von Einzigartigkeit bedroht (Neckel, 1991, S. 29).

Drei Ängste sind es, die das Subjekt in der Scham beherrschen: seine Kohärenz als Akteur:in, seine Akzeptanz als Mitmensch, seine Integrität als Person verloren zu haben. Im Moment der Scham fällt aller Schutz von einem ab, den der Einzelne bisher um sich herum hat aufbauen können. Er verliert an Distanz, weil Fremde in verborgene Zonen eindringen. Er verliert an Würde, wenn Körper, Trieb oder Bedürftigkeit zur Besichtigung freistehen, das Subjekt zu jener »inneren Rückwendung« auf sein bloß körperliches Dasein veranlasst wird, das der geistig-moralischen Person als minderwertiger Modus ihrer Existenz erscheint. Er verliert schließlich an Ansehen, insofern sein behaupteter Status innerhalb einer Gruppe durch das tatsächliche Verhalten nicht mehr gedeckt ist und damit die Grundlage wechselseitiger Wertschätzung im Verhalten entfällt. Scham ist also ein Wertgefühl, eine wertgeladene Emotion, und unterliegt Bewertungen durch sich selbst und Andere.

Die Organisation Schule lebt vom Prinzip der Leistungsbewertung und Selektion und erzeugt dementsprechend schon allein strukturell Schamsituationen. Nicht-bestandene Prüfungen signalisieren vermeintliche Objektivität und Neutralität und werden gerade dadurch schamintensiv. Zeugnisse sollen gesellschaftlichen und persönlichen Wert als identisch erscheinen lassen. Wem hochstehende, anerkannte Werte wie Bildung und Leistung nicht zugestanden werden, leidet unter der Missachtung von Identität und Würde und reagiert mit seelischer Scham als »Hüterin der Würde« (Wurmser, 1993, S. 43). Schulleitungen, Lehrer:innen, Lehramtsreferendar:innen und Schüler:innen durchlaufen Bewertungen und Prüfungen, Anpassungsleistungen an institutionalisierte Normen, Regeln und Erwartungen, sie sollen Formen der Enkulturation erfahren. Sie erleben regelmäßig Prüfungsscham, ein Hinterfragen und Unter-Beweis-Stellen ihrer Kompetenzen. Woran lassen sich diese messen? Kompetenzerwerb ist ein lebenslanger und erfahrungsgebundener Prozess, der nie zu Ende sein wird. Auch Schüler:innen erleben täglich Schamgefühle, da sie ihre Würde der Zugehörigkeit immer wieder neu beweisen müssen, in der passenden Schulform zu sein. Wo bleiben Transformationen, wenn sich das System immer wieder neu reproduziert und durch Anpassungsleistungen soziale Scham abgewehrt werden soll?

Schule als Organisation

Organisation Schule – eine Skizze oder ein Problemaufriss?

»Will man den Zustand der gesellschaftlich konstruierten Sinnwelt zu beliebiger Zeit oder ihren Wandel im Laufe der Zeit verstehen, so muß man die gesellschaftliche Organisation durchschauen, die es solchen Bestimmern ermöglicht, daß sie bestimmen« (Berger & Luckmann, 1969, S. 80). Neckel (1991) positioniert sich mit seiner These so, dass Schule und Unterricht der Aufrechterhaltung, Herstellung und Legitimation sozialer Ungleichheit dienen.

Die Institutionssoziologie definiert Institutionen als »Sinnwelten«, die im reziproken Prozess zwischen Subjekt und Gesellschaft Normen und Werte vermitteln, der Bewältigung unauflösbarer gesellschaftlicher Grundkonflikte dienen bzw. als »funktionaler Instinktersatz« (Gehlen, 1964) und als Orientierungshilfe gesehen werden. Gesellschaftliche Organisationen sind deren Stütze, die als zweckrationale Konstruktionen die »Sinnwelten« alias »Institutionen« umzusetzen haben. Die Institution Erziehung und Sozialisation erhält ihren Auftrag von der Gesellschaft, generationenübergreifend Tradierung von Wissen und sozialer Ordnung zu garantieren, und gibt diesen als Aufgabenteilung z. B. an die Organisation Schule weiter: »Jeder junge Mensch hat ohne Rücksicht auf seine wirtschaftliche Lage und Herkunft und sein Geschlecht ein Recht auf schulische Bildung, Erziehung und individuelle Förderung« (Schulgesetz NRW, §1,1). Damit soll Schule in einer demokratisch verfassten Gesellschaft dem Einzelnen auch gleiche und gerechte Chancen geben, zur Verbesserung des eigenen sozialen Status unter den Bedingungen gesellschaftlicher Ungleichheit und gerechter Chancen für den Start in ein »gutes« Leben (Nussbaum, 2018, S. 24).

Aber ist es nicht so, dass die Angst der Einzelnen, Chancen und Möglichkeiten zu verpassen und im Konkurrenzkampf nicht zu bestehen, groß und die Scham der Verlierer:innen im Kampf um bessere Plätze in Schule und Gesellschaft allgegenwärtig ist?

Der »Bildungs- und Erziehungsauftrag« (Schulgesetz NRW, §2) wird folgendermaßen eingebunden und legitimiert:

> »Die Schule gestaltet den Unterricht, die Erziehung und das Schulleben im Rahmen der Rechts- und Verwaltungsvorschriften in eigener Verantwortung. Sie verwaltet und organisiert ihre inneren Angelegenheiten selbstständig. Die Schulaufsichtsbehörden sind verpflichtet, die Schulen in ihrer Selbstständigkeit und Eigenverantwortung zu beraten und zu unterstützen« (ebd., §3).

Die Allgemeine Dienstordnung für Lehrer:innen und Schulleiter:innen an öffentlichen Schulen beschreibt die Aufgaben von Lehrkräften wie folgt: »Es gehört zum Beruf der Lehrerinnen und Lehrer, in eigener Verantwortung und pädagogischer Freiheit die Schülerinnen und Schüler zu erziehen, zu unterrichten, zu beraten, zu beurteilen, zu beaufsichtigen und zu betreuen« (Ministerium Schule und Bildung, 2012, ADO §5,1).

Aber ist die Realität nicht eher so, dass Lehrer:innen in der Schule ihre institutionelle Macht nutzen, um die Anpassung der Schüler:innen an bestimmte Regeln des Lernens und der Lernkontrolle, die Anerkennung von Bewertungen zum Zwecke der Selektion und Statuszuweisung zu erzwingen? Viele dieser Einflussnahmen sind eingebettet in erzieherische Handlungsroutinen, die scheinbar gerechtfertigt sind und deshalb kaum hinterfragt werden. Spiegelt sich dies im Verhalten zwischen Schulleitungen und Lehrer:innen ebenfalls analog wider?

Neben einer internen Aufbau- und Ablaufstruktur prägen Subsysteme im Austausch mit anderen Systemen und deren Rückwirkungen die Organisation Schule. Glasl (2004, S. 36, 142) unterscheidet zwischen drei grundsätzlichen Typologien von Organisationen, von denen eine die »professionelle« Organisation ist, die ihr primäres Ziel im Produzieren von eigenen Ideen sieht. Er sieht u. a. in der Schule ein kulturelles Subsystem mit einer eigenen Identität (gesellschaftliche Aufgabe, Mission, Sinn und Zweck, Leitbild, Fernziel, Philosophie und Grundwerte) und erlebbarer Organisationskultur. Die Identität der Organisation schafft ein Image bei den Beteiligten und Partner:innen und markiert Selbstständigkeit bzw. Abhängigkeit. Will man die Identität von Schule fokussieren, fragt man nach deren Inhalten, Aufgaben und Überzeugungen. Sind sie eindeutig, bekannt, widerspruchsfrei, akzeptiert? Werden sie im Kontext von gesellschaftlichem Wandel offen diskutiert und evaluiert? Wieviel Partizipation ist möglich? Inwieweit können sich die Beteiligten je nach ihren Kompetenzen und Entwicklungsinteressen einbringen? Nach welchen Prinzipien werden Aufgaben über ihre Funktionen verteilt, und stehen sie in Relation zu Kompetenz und Verantwortung? Wie greifen letztlich Funktionen, Aufgaben und Abläufe gemäß ihrer Ziele ineinander? Welche Ressourcen sind vorhanden? All diese Wesenselemente sind miteinander vernetzt und stehen in wechselseitiger Beziehung untereinander, formell wie informell, und unterliegen den innewohnenden Spielregeln und Normen, und darin können sich bereits Spannungen und auch Schamkonflikte andeuten.

Organisation Schule – Profession, Professionalität, Professionalisierung?

Berufssoziologisch lässt sich fragen: Welche Profession bringen Lehrkräfte eigentlich mit? Helsper und Tippelt (2011, S. 276f.) leisten diesbezüglich eine Zusammenschau mit divergierenden Positionen: Einerseits wird Professionalisierung als über Bildungs- und Ausbildungswege strukturierte Generierung professionellen

Wissens, Könnens und eines professionellen Habitus in berufsbiografischer Perspektive verstanden, und andererseits als Strategie der Platzierung von Berufen im gesellschaftlichen Kampf um Anerkennung, Status und Einfluss (ebd.). Facetten Foucault'scher »Gouvernementalität« und der Einforderung eines »unternehmerischen Selbst« (Bröckling, 2007; Gröning, 2016, S. 23ff.) lassen sich auch mit Blick auf die Lehrer:innenprofession kritisch hinterfragen. Untersuchungen zum Lehrer:innenhabitus zeigen vielfältige Konstellationen zu Fragen des Zusammenhangs sozialer Herkunft und pädagogischer Professionalität, symbolischer Kämpfe um Macht und Anerkennung, Umgang mit Spannungen im schulischen Alltag, Herausforderungen und Transformationen eines Lehrer:innenhabitus (Kramer & Pallesen, 2019; Vogel, 2019; Helsper, 2018).

Fragen der Verhältnisbestimmung von Profession und Organisation stellen immer noch ein zentrales Thema für Schultheorie und Schulpädagogik dar, und so gibt es eine Vielzahl theoretischer Positionen, die sowohl die Abhängigkeit und Stabilität als auch die Autonomie und die Spielräume des pädagogischen Handelns in Organisationen betonen (Rolff, 1993; Altrichter & Posch, 1996; Helsper et al., 2008). Besonders deutlich wird dies im Schulentwicklungsdiskurs, insofern Modernisierung der Schule immer stärker durch eine erweiterte Selbstständigkeit der Einzelschule (auf der Ebene der Organisation bzw. Institution) als auch der Lehrer:innen (auf der Ebene der Profession) gewährleistet werden soll (Brüsemeister & Eubel, 2003). Wernet (2014, S. 86ff.) geht in Anlehnung an Oevermann (1996) auf die Professionalisierungsbedürftigkeit des Lehrer:innenberufes ein und konstatiert deren Professionalisierungssegmente als »überall und nirgends« und als »Fehlen von Nicht-Zuständigkeiten«. Bezogen auf die Integrität der normativen Ordnung ist es die Aufgabe pädagogischen Handelns, Wissen und das gesellschaftliche Normen- und Wertesystem zu vermitteln. Damit ist es kontinuierlich in den Prozess der sekundären Sozialisation involviert und wesentlich in die institutionalisierte Struktur schulischer Interaktion eingebunden. Dies kann ggf. zu einem Spannungsverhältnis zwischen den normativen Prämissen der pädagogischen Akteur:innen und den normativen Prämissen der Institution führen. Die Schule fordert einen unpersönlichen Leistungsuniversalismus, der zu einem doppelten Anpassungsproblem führt: Einerseits verlangt der Lehrer:innenberuf eine affirmative Statthalterschaft dieser normativen Werteordnung, die sich in der Erziehung und ggf. durch Disziplinierungsformen zeigt. Bourdieu und Passeron sprechen von Erziehung als einer »Einprägearbeit« (Bourdieu & Passeron, 1971), die nach Weber (1980, S. 681) der »Abrichtung« dient. Letzteres wird von Lehrkräften eher verleugnet, als dass es auf berufliche Akzeptanz stößt.

Andererseits steht die Lehrkraft in einem dauerhaften Spannungsverhältnis zwischen Sanktion und Permissivität, zwischen der Entscheidung von Normbrüchen und daraus resultierenden Folgemaßnahmen. Mit Blick auf die Integrität des Subjekts hat die Lehrkraft die Aufgabe, ihren Unterricht so zu gestalten, dass integritätsschädliches pädagogisches Handeln prophylaktisch vermieden wird. Dies setzt zum Teil therapeutische Kenntnisse voraus, die der Lehrkraft per se nicht gegeben sind. Professionelle können nicht garantieren, was sie versprechen. So impliziert die Absicht zu erziehen gerade die Möglichkeit der Ablehnung und Abweichung, sodass die Erziehungsabsicht zugleich deren Störung darstellt (Luhmann & Schorr, 1992; Diederich, 1992). Im Zentrum des Lehrer:innenberufes steht der Unterricht, der die Integrität von begrifflicher und sinnlicher Erkenntnis leisten soll. Hier spielt das (erzwungene) Arbeitsbündnis zwischen Lehrkraft und Schüler:in eine Rolle, zumal Schüler:innen zur Wissensvermittlung einer Schulpflicht unterliegen. Inwieweit ein Bildungsanspruch im Unterricht umgesetzt, inwieweit die didaktische Reduktion diesem ansatzweise gerecht werden kann, lässt Lehrkräfte mit Blick auf ihre Profession mehr oder weniger gekränkt oder beschämt sein, wenn nicht sogar als professionsbedürftig erscheinen. Diese professionalisierungstheoretische Betrachtungsweise kann die Zentralprobleme schulisch pädagogischen Handelns verdeutlichen.

Organisation Schule – Spiegel Schulkultur?

Die Schulkulturtheorie wirft einen Blick auf die Institution Schule in ihrer kulturellen Bedingtheit und ihrem Beitrag zur Kultur. Sie ist insofern als eigener schultheoretischer Ansatz zu verstehen und eng mit den theoretischen Positionierungen zwischen Strukturalismus und Konstruktivismus verknüpft (Bourdieu, 1995), in denen Struktur dynamisch und gleichsam als Ergebnis und Ausdruck des sozialen Handelns begriffen wird (Oevermann, 1991). Die Perspektive auf Schulkultur als symbolischer Sinnordnung hat in den letzten Jahren im deutschen Sprachraum kaum jemand so deutlich geprägt wie Werner Helsper und der um ihn situierte Forschungszusammenhang.

Die Theorie der Schulkultur sieht im Unterschied zu anderen Konzepten der Organisation Schulen insbesondere als symbolisch strukturierte, sinnhaft konstituierte soziale pädagogische Räume (Helsper et al., 2001; Helsper, 2008; Böhme, 2000). Schulkultur stellt eine symbolische Ordnung der jeweiligen Schule im Spannungsbogen zwischen »Realem, Symbolischem und Imaginärem« (Helsper, 2008, S. 122) dar. Sie entwickelt sich aus der Praxis der am Schulleben Beteiligten, ihrer bildungspolitischen Vorgaben, ihrer Strukturierungen vor dem Hintergrund historisch gewachsener kultureller Rahmenbedingungen und ihrer sozialen Auseinandersetzung um Priorisierung bzw. Hierarchisierung ihrer Schwerpunkte kultureller Ordnungen. Die jeweilige Schulkultur bildet einen Deutungsansatz, wie sie mit Strukturproblemen des Bildungssystems und Antinomien des pädagogischen Handelns, den widersprüchlichen Erwartungen von Gesellschaft, Eltern, Schüler:innen, Schule und System und daraus resultierenden Spannungen umgehen will (Helsper, 2004, S. 55). Diese Sinnkonstitutionen zeigen sich vielfältig, u. a. in symbolischen pädagogischen Formen (z. B. Schulprogramm, Leitbild), Schul-»Architekturen« (Hierarchisierungs- oder Konformitätsprozesse, Habitus, Ängste, Gefühle), Praktiken (Interaktionen von Lehrer:innen und Schüler:innen, Unterrichtsmethoden und -inhalte, Kontrolle, Beurteilung, Sanktionen, Praktiken der Schüler:innen, interpersonelle und institutionalisierte Kommunikation), Regeln und Mythen (Mythos Schule [Klemm, 2008], Mythos Chancengleichheit [Kunze, 2008], Mythos Grenze usw. [Grossen & Lafranchi, 2017]). Immer dann, wenn die »Bewährungsproben« (nicht) bestanden werden, als verkennender Lösungsentwurf von Krisen und als kreative Sinn- und Identitätskonstruktion, wird die Arbeit am Mythos im pädagogischen Geschäft der Moderne zunehmend ansprechender, setzen Mythen und Riten ein (Böhme, 2000). Dies muss sowohl als Ergebnis als auch als Prozess verstanden werden und unterliegt Veränderungen und Transformationen, die durch kommunikative, strategische und zum Teil auch dramaturgische Handlungsformen mit Schulleitung, Kollegium, Eltern und Schüler:innen kommuniziert werden.

Ebenso wenig wie die Schulkultur als eine homogene Sinnordnung verstanden werden kann, ist sie als eine statische oder reproduktive Ordnung zu begreifen. Transformationen werden am ehesten in Zeiten von historischen, politischen und kulturellen Umbrüchen deutlich, wie z. B. zur Zeit der Corona-Pandemie der Hybrid- bzw. Distanzunterricht einen Paradigmenwechsel der Unterrichts- und Schulkultur verlangt hat.

Prägend für Schulkultur sind die jeweils dominanten Sinnstrukturen und imaginären Sinnentwürfe (Reden, Schulschriften, Schulprogramme, Webseiten, alltägliche Darstellungen usw.). Daran zeigt sich, welche schulischen Akteur:innengruppen sich mit ihrem je spezifischen (professionellen) Habitus und inhärenten Sinnstrukturen im institutionalisierenden Kampf um Anerkennung durchsetzen können. Die so festgelegte symbolisch-kulturelle Ordnung der jeweiligen Schule dokumentiert damit ihre dominanten und imaginären pädagogischen Sinnentwürfe, Mythen und Habitusformationen. Das kann zu einem Passungs- und Abstoßungsverhältnis führen und bietet bestimmten Schüler:innen aus verschiedenen Herkunftsmilieus mit je spezifischen biografischen Habitusformationen jeweils divergierende Möglichkeitsräume der Anerkennung, der Artikulation ihres Selbst, ihrer schulischen Bewährung und Bildungsverläufe (Kramer, 2002). Damit bilden sich im Schulsystem nicht nur selektionsbedingte Lern- und Entwicklungsmilieus heraus, sondern auch Optionen, eigene Sinnmuster mit den schulkulturellen Sinnentwürfen zu verbinden. Ebenso haben Lehrer:innen die Möglichkeit, mit ihrem jeweiligen (berufs-)biografisch erworbenen Habitus bzw. dessen Genese eines professionellen Habitus variabel an die schulkulturelle Sinnordnung anschlussfähig zu sein bzw. zu werden, randständig zu bleiben oder Zurückweisung zu erfahren. Je nachdem, wie das Verhältnis von Imaginärem, Symbolischem und Realem in der Schulkultur ausgestaltet ist, treffen Lehrkräfte in Schulkulturen auf ambitionierte, visionäre oder auch verkennend-illusionäre Ansprüche, die sie im Sinne eines je spezifischen Lehrer:innenethos heraus- und zu Entwicklungsschritten auffordern. Je nachdem, wie stark die Strukturprobleme der jeweiligen Schulkultur sind, werden Lehrkräfte mit kaum bewältigbaren und schwierigsten Anforderungen konfrontiert, die ihre Professionalisierung erheblich unter Druck setzen und bis hin zu Deprofessionalisierungstendenzen reichen können. Wenn aber die imaginären Entwürfe überzeugend auf Strukturprobleme bzw. -herausforderungen eingehen, sich im kollegialen Handeln eine pädagogische Formenvielfalt mit dementsprechenden Routinen, Praktiken, Reflexions-, Kooperations- und Unterstützungsräumen herausgebildet haben, können sich für die pädagogische Professionalität und die berufsbiografische Professionalisierung große Entwicklungs- und Entfaltungspotenziale zeigen.

Die pädagogische Lehrer:innenprofessionalität und der Prozess der Professionalisierung wird entscheidend dadurch mitkonstituiert, in welcher symbolischen pädagogischen Sinnordnung der jeweiligen Schulkultur Lehrer:innen agieren (Helsper, 2008, S. 116).

Wie liest sich ein Leitbild »miteinander, menschlich, verantwortlich«? Kann der imaginäre pädagogische Entwurf mit Inhalt und Visionen gefüllt werden oder ist er nur eine Floskel? Weiß jede:r aus dem Kollegium um die Konkretionen Bescheid? Können Narrationen und episodische Schilderungen des pädagogischen Alltags oder pädagogischer Routinen, die an dieser Schule selbstverständlich sind, das Leitbild konkret entfalten? Inwieweit werden Argumentationen, pädagogische Theoriebezüge, detailliertere schulpädagogische Entwürfe oder mythische Erzählepisoden bzw. Metaphern der Bewährung und des Erfolgs der Schule als Bestätigung des Leitbildes angeführt?

Eine Kollegin, Klassenlehrerin im männlich-weiblichen Team, hat in ihrem Habitus das Leitbild inkorporiert und argumentiert mit diesem, wenn einige ihrer Schüler:innen aus der übergroßen, aus 33 Personen bestehenden Schüler:innengruppe, vermeintlich auffällig gegenüber Mitschüler:innen und Lehrkräften werden. Sie negiert einen geforderten Ausschluss aus dem Klassenverband mit dem Ziel, dass sich die Thematik in einer anderen Klasse regulieren lasse.

»Miteinander, menschlich, verantwortlich«? Anstatt kollegialer Beratung und solidarischer Unterstützung begegnet der Klassenlehrerin überfordernde individualisierende Zuweisung kollektiver schulpädagogischer Aufgaben, gespürte individuelle Schuldzuweisung und Versagenserfahrungen, die sie in Richtung Resignation, Demotivierung und Deprofessionalisierung weisen. Für den pädagogischen Sinnentwurf des Leitbildes zeigt sich, dass er weder auf der Ebene des Imaginären symbolisch gefüllt werden kann, noch auf der Ebene des konkreten Unterrichts, der Lehrer:innen-Schüler:innen-Interaktionen und dem Lehrer:innenhandeln – also der Ebene des Symbolischen der Schulkultur, auf der es um die handelnde in symbolische, kulturelle Formen und Praktiken zu überführende Gestaltung des Schulischen geht. Gerade jene Lehrer:innen, die das Imaginäre der jeweiligen Schulen leben und in ihrem Lehrer:innenethos zur Geltung bringen, werden innerschulisch zu »Sündenböcken« und »Professionsopfern« der Schulkultur, weil sie das Imaginäre der Schule und die Arbeit an den Strukturproblemen der Schule (dem Realen der Schulkultur) verbürgen und als »Ausweis« der Schule fungieren, aber darin weder eine Unterstützung erfahren noch durch institutionalisierte Praktiken getragen werden. Das legt ihr Scheitern nahe, für das sie individuell verantwortlich gemacht werden. Das wiederum mündet in Deprofessionalisierungsprozesse, langfristig in Resignation und die Position tragisch scheiternder Pädagog:innen. Sie teilen damit strukturell die Position jener Schüler:innen, an denen sich die Schule besonders zu bewähren hätte (hier: die problembelasteten, versagenden, von Exklusion bedrohten Schüler:innen): So wie sie zu Sündenböcken werden, denen die Schuld für ihr Versagen selbst aufgebürdet wird, so werden auch diese Lehrkräfte zu Sündenböcken, die das nicht einlösen, was sie versprechen. Diesen Sündenböcken wird damit die Schuld für das Scheitern zugeschrieben, womit sie letztlich die schulkulturelle Sinnordnung entlastend stabilisieren. Mario Erdheim (1984, 1988) bezeichnet in diesem Zusammenhang Schulsysteme als »Kühlsysteme« der Gesellschaft. Er geht davon aus, dass besonders jene Teile einer Kultur, deren Veränderung die etablierte Herrschaft und ihre Dynamik infrage stellen könnten, durch entsprechende Kühlsysteme »abgesichert werden« (Erdheim, 1988, S. 332). Schule produziert und reproduziert Unterschiede, und wenn diese Funktion gefährdet ist, greifen entsprechende Mechanismen, die diese Funktionen wiederherstellen.

Gerne wird Bourdieus Gedanke mit Blick auf die konkrete Umsetzung überlesen, wenn er fordert, dass die (bildungs-)politische Aktion seiner Erkenntnis zufolge auf einer anderen Ebene anzusetzen sei: »Ich bin im Gegensatz zu unseren Sozialphilosophien, die immer mit einem Appell an die Pädagogik enden, davon überzeugt, dass man für Bedingungen sorgen muss, die die Voraussetzung für die Pädagogik bilden« (Bourdieu, 2001, S. 16).

Das Unbewusste und Verborgene in der Organisation Schule

Institutionen und Organisationen sind nicht nur zweckrationale Konstruktionen, sondern auch Träger bewusster und vorbewusster Anteile. Der psychoanalytische Blick auf Organisationen fokussiert sich mehr auf das dynamische Unbewusste, die verborgenen, unauffälligen Anteile, die augenscheinlich irrational, störend, ggf. sogar destruktiv wirken. Wenn man diese Perspektive einnimmt, stellen sich die Fragen nach den unbewussten dynamischen Prozessen in Organisationen, die das Arbeitsgeschehen beeinflussen. Wie fühlen, denken, verhalten sich Menschen im Kontext und unter Beeinflussung durch ihre Organisation? Wie schlägt sich dies im Erleben der Beteiligten nieder und wie bestimmt es in weiterer Folge deren berufliches Handeln und Kultur der Organisation?

Die Wahrnehmung unbewusster Vorgänge in Organisationen berücksichtigt die psychologische Funktion von Arbeit, ihren identitätsbildenden und bewahrenden Charakter und die damit verbundenen Ängste. Arbeit ermöglicht Teilhabe am gesellschaftlichen Leben durch Gruppenmitgliedschaft (Obholzer, 1997). Arbeit kann Angst auslösen, verbunden mit personalen Ängsten immer dann, wenn angstbesetzte Arbeitssituationen eigene biografische Angsterlebnisse auslösen können.

Angstbindung und Angstproduktion

Die psychoanalytische Institutionsanalyse betont die Angstbindungsfunktion von Institutionen und Organisationen (Pühl, 2017), Stavros Mentzos (2016) bezeichnet es als »Abwehrfunktion«. Abwehrmechanismen entstehen, wenn sich das Ich gegen unerwünschte Gefühle mittels einer Kompromisslösung schützt, z. B. durch Delegation einer Aufgabe an eine Institution. Dadurch fühlt man sich entlastet. Abwehr richtet sich gegen eine Bewusstwerdung von Wünschen, Erkenntnissen, Erinnerungen oder Handlungen. Man wehrt sich gegen peinliche, unerträgliche, angstmachende oder aber auch Scham- und Schuldgefühle produzierende Vorstellungen und Affekte. Mentzos hat den Begriff der »interpersonalen Abwehr« erweitert und in Richtung einer »institutionalisierten Abwehr« ausgebaut, die durch Rollen, Hierarchien, gemeinsame Orientierung auf Werte und Leitbilder erfolgen kann. Damit bieten Institutionen – hier Organisationen – den Menschen an, ihre Ängste und andere unangenehme Gefühle abzuwehren. Dafür werden Handlungs- und Beziehungsmuster angeboten, die wiederum ihrerseits auf zentrale Werte und Motivationen von Mitgliedern der Gesellschaft verweisen. Organisationen sammeln Befürchtungen und Ängste und stellen in der Regel spezifische und ausreichende Abwehrmöglichkeiten dar. Der Mensch sucht sich in Institutionen Hilfe, um regressive Triebbedürfnisse zu befriedigen und Abwehrverhalten gegen irreale, fantasierte, nicht-begründete Gefühle wie Ängste, Depressionen, Scham- und Schuldgefühle zu sichern.

Organisationen haben scheinbar zwei heimliche Themen, die sich auf Angst beziehen. Einerseits binden sie Ängste von Menschen, indem sie Kompetenzen zur Verfügung stellen, um Ängste von Menschen zu reduzieren und Hilfen anzubieten. Andererseits produzieren sie Ängste, indem sie Menschen zwingen, sich ihren Zielen und Veränderungen zu unterwerfen, neue Aufgaben von Organisationen mitzutragen, veränderte Stile zu akzeptieren und steigenden Druck auszuhalten.

»Jede pädagogische Aktion ist objektiv symbolische Gewalt, insofern sie mittels einer willkürlichen Gewalt eine kulturelle Willkür durchsetzt« (Bourdieu & Passeron, 1971, S. 13), womit das pädagogische Verhältnis als Herrschaftsverhältnis verdeutlicht wird.

Das Verhalten von Schüler:innen und Lehrer:innen im Unterricht ist doppelt bestimmt: objektiv durch die Bedingungen und Zwänge der Schule selbst, der Schule als Institution, die bestimmte Reaktionen seitens der betroffenen Individuen erzwingt, und subjektiv durch das dem jeweiligen Individuum zur Verfügung stehende, lebensgeschichtlich erworbene Repertoire an Verhaltensdispositionen (Fürstenau, 1964, S. 66f.). Das Handeln der Lehrkraft, »sein Erfüllen und Verbieten ist das seiner eigenen Eltern. Er ist in der pädagogischen Paargruppe zweimal enthalten: als Kind und als Erzieher. So steht der Erzieher vor zwei Kindern: dem zu erziehenden vor ihm und dem verdrängten in ihm« (Bernfeld, 2022, S. 147). Lehrer:innen wie Schüler:innen müssen sich organisationskonform verhalten, wobei die Lehrer:innen in ihrer Rolle für das Erziehen bestimmte Machtmittel erhalten. Dies kann zu Rollenkonflikten und Spannungen führen, wenn die Organisation etwas verlangt, was die Lehrkraft nicht mittragen kann. Die Gratwanderung zwischen einem Zuviel und einem Zuwenig an schulischen Ordnungen wird der Lehrer:in mit der Lerngruppe dadurch schwierig gemacht, dass die vielfältigen Zwänge, die in der Struktur der Organisation Schule verankert sind, die Räume für die gemeinsame Gestaltung von Regeln massiv begrenzen. Die in der bestehenden Schule wirksamen Machtverhältnisse erzwingen nicht nur Triebeinschränkungen, auf die eine vernünftige organisierte Gesellschaft angewiesen ist, sie sorgen darüber hinaus auch für ein Potenzial an Triebfeindlichkeit. Nicht nur äußere institutionelle Zwänge, auch eine misslingende Konfliktverarbeitung in der Psyche der Lehrenden kann dafür sorgen, dass ein angemessener Umgang mit der Triebhaftigkeit von Schüler:innen misslingt. Die Lehrkraft sollte im Laufe ihres Lebens halbwegs gelernt haben, ihre Triebhaftigkeit den Anforderungen der bestehenden Gesellschaft entsprechend unter Kontrolle zu bringen: Sie hat nämlich die Aufgabe, den Schüler:innen gegenüber die Formen der Ordnung und Disziplin zu repräsentieren, die zum geltenden Realitätsprinzip gehören. Diese nie ganz gelingende Bindung an das Realitätsprinzip wird durch die triebhaften Versuchungen, die für die Lehrperson von Kindern und Jugendlichen ausgehen, immer wieder infrage gestellt. Die Sinnlichkeit der Heranwachsenden, die noch weniger domestiziert ist als die der Erwachsenen, bedroht deren Selbstkontrollen. Die Unterrichtenden erfahren sich in der Klasse – oft eher unbewusst als bewusst – immer auch als einsam, als auf schmerzliche Art aus der Gruppe der Schüler:innen ausgeschlossen. Somit müssen sie in dieser Position immer wieder die Versuchung bekämpfen, sich von ihrer Lebendigkeit anstecken zu lassen und dadurch aus der ihnen zugewiesenen Rolle zu fallen. Verhaltenskonflikte und Unsicherheiten sind in der Lehrer:innenrolle institutionalisiert und die Frage der Profession bzw. Professionalisierung wird immer wieder neu gestellt (s. o.).

Ordnungsrituale, die nicht nur eine notwendige Arbeitsdisziplin absichern, können wegen ihrer Starrheit eine lebendige Beziehung zum eigenen Selbst wie zur Umwelt verkümmern lassen. Sie sind nicht zuletzt Ausdruck von den Menschen in ihren Beziehungen und Verhältnissen verdinglichenden institutionellen Strukturen, die vor allem der Übermacht einer wirksam werdenden Ökonomisierung der Gesellschaft entspringen. Das Praktizieren von Ritualen und Zeremonien, der Umgang mit Menschen in stark stilisierter Form, eine Generalisierung aller Individuen in Form der Kollektivierung, befriedigt selbst bestimmte triebhafte Bedürfnisse lustvoll. Was bewirken Struktur, Rituale, Strenge und Genauigkeit des Unterrichtes bei der Lehrkraft? Machtgefühle gegenüber Abhängigen können mittels des Unterrichtsrituals entstehen und befriedigen. Unterrichtsplanung kompromisslos umsetzen, unabhängig von Schüler:inneninterventionen, Ordnung schaffen, umsetzen, wiederherstellen usw. können sich mit aggressiven Befriedigungen verbinden und z. B. durch Zynismus kaschiert abgeführt werden.

Wenn Rituale und Zeremonien Triebabwehrvorgänge, auch Angstabwehrmechanismen, z. B. Angst vor Triebüberflutungen, darstellen, dann verbirgt sich das Ich vor den Trieben. Hier stellt sich erneut die Frage: Was soll mit welchen Mitteln und mit welchen Zielen abgewehrt werden? Welche Gefühle, Wünsche, Erkenntnisse, Erinnerungen, Handlungen? Eine Form der Ritualisierung ist der segmentierte Fachunterricht in stilisierten Arbeitskonstruktionen mit distanziert-lebensweltlichem Bezug – ohne Option von emotionalem Erkunden. Akribisch zubereitete und bemächtigte Unterrichtsinhalte werden durch die Erwachsenenkultur organisationsspezifischen und schulischen Zwecken angepasst und verlieren dadurch ihre wirkmächtige Authentizität. Je mehr Ritualisierung entsteht, umso mehr sind die Handlungsweisen und Affekte einer immer stärker werdenden Kontrolle und damit auch einem größeren Anpassungszwang und zugleich auch Anpassungsscham unterworfen. Im Schulalltag kann sich dies an der immer größer werdenden digitalen Dokumentation durch Lehrkräfte zeigen, z. B. der Dokumentation von Unterrichtsinhalten als Stundennotizen, Krankmeldungen, Beurlaubungen, Abwesenheit und Verspätungen von Schüler:innen, an Förderplänen und Lernfortschrittsdokumentationen; Beratungskonferenzergebnissen sind mit sofortiger Wirkung im digitalen Klassenbuch bzw. auf dem schuleigenen Datenspeicher einzutragen, jederzeit abruf- und kontrollierbar durch Schulleitungen. Ritualisierungen können feste Unterrichtsabläufe und Planungen sein, die festgezurrt durchgeführt werden und damit den Blick auf die individuellen Schüler:innen in der Großgruppe mit bis zu 33 Schüler:innen verstellen. Eine Zeitbeschleunigung und eine Aufgabenhäufung ermöglichen eine Aufspaltung der Lehrer:innen-Schüler:innen Beziehung. Die Zahl der Schüler:innen in einer Lerngruppe und die verschiedensten zeitgleich durchzuführenden Aufgaben erreichen mit angstabwehrendem Erfolg, dass die Anzahl und die Qualität der Kontaktaufnahme zu dem Individuum Schüler:in so gering wie möglich ausfällt. Je mehr Ritualisierung von Aufgabendurchführungen entsteht, umso mehr können inhaltliche Auseinandersetzungen und Veränderungen vermieden werden. Damit verbunden sind Depersonalisierung, Kategorisierung und Verneinung der Schüler:innen als Individuen.

Welch ein Paradoxon zum Ich-Ideal und welche Kompetenzscham oder aber auch Gewissensscham kann sich hier zeigen! Lernen Lehrkräfte zunehmend bewertungsfreie Sprache zu verwenden, Objektivität zu betonen, Gefühlspositionierungen zu vermeiden bzw. sogar Gefühle im Kontakt zu Schüler:innen zu leugnen, werden eigene Gefühle zunehmend stärker abgewehrt und es fehlen Spiegelungsprozesse. Die seelische Scham kann aktiviert werden, wenn Kommunikation und Interaktion stumm werden. Keine Zeit haben, verdeutlicht den

Zusammenhang von Zeitnot und Scham in der Schule. Gewissensscham regt sich, wenn jemand nicht gemäß seinen eigenen Normen und Werten handelt, die Würde und Menschenrechte Anderer verletzt oder dazu veranlasst wird, diese zu verletzen. Dies kann sich bei allen Beteiligten zeigen.

Verborgene Scham, stumme Scham, Tabu Scham?

Inwieweit wird im Feld Schule Scham thematisiert? Obwohl die Organisation Schule eine Vielzahl von schamevozierenden Situationen generiert – sei es in ihrer sozialisierenden Funktion als Lehranstalt oder innerhalb der in der Schule entstehenden (Peer-)Gruppen – wird Scham selten thematisiert – und zwar weder innerhalb der Schule noch in den wissenschaftlichen Diskursen über Schule (Röttger-Rössler, 2010, S. 20; Huber & Krause, 2018; Leonard, Košinár & Reintjes, 2018), wenn, dann lediglich im Kontext von Leistungsmotiven (Pekrun, 1998). Die Ausblendung der Scham, *low-visibility-shame*, wird als Konsequenz der negativen Bewertung von Scham gesehen und zeigt sich sowohl im individuellen psychischen Erleben als auch im sozialen Diskurs (Scheff, 1988, S. 400f.). Dies korreliert mit einer geringen Schamsensibilität im Schulkontext (Haas, 2013, S. 95f.). Als feldspezifische Regel Lehrender erweist sich in einer Studie (Blumenthal, 2014, S. 151), dass Lehrende, wenn sie Beschämung als Erziehungsmittel nutzen, die Wirkmächtigkeit von Scham und Beschämung pädagogisch nicht als solche reflektieren. Die durch die Lehrenden ausgeübte Beschämung schmälert die aktive Unterrichtsbeteiligung der Schüler:innen (ebd., S. 163). Wenn Scham und Beschämung die Unterrichtsdynamik grundlegend bestimmen, wird dies durch die Akteur:innen weder im Unterricht noch in Reflexionsphasen benannt. Scham begünstigt weiteres Schamerleben und wird daher tendenziell verborgen (ebd., S. 165).

Die Frage des Wertes des Unterrichtens und der Professionalisierung des Lehrer:innenberufes wird zum Tabu von Scham und führt zu Schamkonflikten in der Rolle in der Organisation Schule, quasi als Tabu, als eine Angstbarriere zum Schutz der Gemeinschaft. Diese Diskussion muss dringend geführt werden.

Dass ein Gefühl wie Scham, vor allem in seiner heute wirksamen Gestalt, die zeitgenössische Norm von Individualität beeinträchtigt und daher nicht gezeigt werden darf, beweist nicht ihre Abwesenheit, sondern ihre – wenn auch oft latente – Präsenz im Innenleben der modernen Gesellschaft. In ihr besteht ein Scham-Tabu (Scheff, 1988), das wie alle Tabus umso fester bewacht werden muss, je mehr seine Verletzung die Geltung einer zentralen Norm verletzen würde –

und die stellt heute die souveräne Individualität dar. Wird das Scham-Tabu gebrochen und verfehlt man damit die herrschende Individualitätsnorm, muss man sich auch dafür schämen, dass man sich schämt, weil Scham durch ihre soziale Assoziierung mit der minderwertigen Identität eines Unterlegenen selbst beschämend geworden ist (Neckel, 1991, S. 127).

Als basales Gefühl regeln Scham und auch Beschämung die Beziehungen der Menschen untereinander und die Beziehung des Einzelnen zu sich selbst. Doch die Auslöser für Scham-Reaktionen, das Erleben der Scham, Scham-Abwehr und das Umgehen mit eigenen und fremden Reaktionen darauf sind kulturell geformt. Sie erscheinen in verschiedenen Formen, sind vielfach präsent und doch auch nicht greifbar. Es ist geradezu ein Merkmal der Scham, dass sie verschwiegen und verheimlicht wird, denn – so die »Logik« von Scham und Beschämung – wer sich öffentlich schämt bzw. schämen muss, hat »verloren«. Bei Angst greifen unbewusste Schutz-Mechanismen: Angreifen, Fliehen oder Verstecken, Verschwinden, im Erdboden Versinken-Wollen. Es wundert also nicht, wenn Scham ein verheimlichtes und tabuisiertes Gefühl ist, vielfach verdeckt durch Schuldzuweisungen und Beschämung Anderer, verhüllt und maskiert (Wurmser, 1993). Scham kommt vielleicht daher als Pokerface, Fischgesicht, Arroganz, Coolness in Körpersprache, nicht erkannt und nicht bewusst. Man zeigt keine Gefühle und wird innerlich zum Eisblock. Manchmal taucht institutionelle Aphasie auf, wenn die Lehrkraft mit Blick auf ihren eigenen Beruf Sprach- und Ratlosigkeit wahrnimmt. Eine mit Entehrung verbundene Scham macht stumm: »Sie als Lehrer:in müssen das doch wissen …!« Durch Anpassung bleibt man »in Reih und Glied«, fällt nicht auf: Mit Ehrgeiz, Perfektionismus und Leistungsdenken lassen sich Schamsituationen vermeiden. Schamaffekte wie Aggressionen, Wut und Zorn werden deutlich: »Es kann einfach nicht sein. Sie verstehen es einfach nicht …!«

Ausklang

Wie kann eine Enttabuisierung von Scham erfolgen? Dies ist möglich, indem Scham in ihrer positiven Funktion unterstützt und überflüssige Scham erspart wird. Die gemeinsame Suche nach Ordnungen, in denen die Interessen aller möglichst mit den Interessen der Einzelnen versöhnt sind, verlangt eine haltende Struktur, sie kann aber nicht in starre Muster gepresst werden. Die Arbeit an sicherheitsstiftenden, haltenden, regressionsverhindernden Beziehungen und das Bemühen um wechselseitige Anerkennung in einer gemeinsamen Praxis kann dabei helfen, bedrohliche Emotionen gemeinsam zu erleben und zu bearbeiten. Nur in gelingenden Beziehungen können irrationale Ängste abgebaut werden. Dadurch kann in der Person die Kraft freigesetzt werden, sich mit den sozialen Ursachen von Realängsten bewusster und kritischer auseinanderzusetzen.

Es ist daher meines Erachtens zu fordern, dass Lehrkräfte eine möglichst hohe Sensibilität für schamauslösende Situationen entwickeln. Dies bildet die Grundlage für eine schamsensible Schul- und Unterrichtskultur. In einer solchen werden Schamauslöser so weit wie möglich reduziert bzw. es wird ein adäquater Rahmen für einen konstruktiven Umgang mit Schamgefühlen geboten. Menschliches Selbstbewusstsein hängt eng mit der Erfahrung des Gespiegeltwerdens und Gehaltenwerdens zusammen, was im interaktiven Kontakt zwischen Lehrkraft und Schüler:in deutlich wird und gefordert ist.

Damit Scham seine konstruktive (Aus-)Wirkung im Feld Schule entfalten kann, ist ein reflektierter Umgang mit dem Phänomen erforderlich. Schamgefühle und Erlebtes müssen auflösbar und besprechbar gemacht werden. Wo aber die Zeit und der Ort für eine Kommunikation dieser Schamsituationen fehlt, entstehen Wut, Zorn und Aggression. Die Kommunikation von Gefühlen bedarf einer Kultivierung über Formen der Selbstreflexion wie z. B. kollegiale Beratung, Supervision, beratungs- und institutionsübergreifende Kooperationsformen oder Weiterbildung. Supervision hat die Rollenträger:innen an der Schnittstelle von Person, Rolle und Institution im Blick. Nimmt man erweiternd Organisationsprozesse hinzu, nicht nur das Individuum, die Organisation, ihre Rollenvorschriften und Rollengestaltungsmöglichkeiten, Handlungen, Widersprüche und das Team, eröffnen sich ganz andere Räume von der Organisation selbst und ihren Dynamiken. Auf diese zu schauen, lohnt sich besonders. Aber vielleicht will eine Gesellschaft, die von ihren Mitgliedern vor allem die flexible Anpassung an äußerlich auferlegte (ökonomische) Zwänge verlangt, gar keine wirklich autonomen Lehrer:innen, die ihren Schüler:innen den Zugang zu mehr Mündigkeit öffnen wollen und können?

Es bleibt die Aufgabe, einen Raum der Würde zu eröffnen, der durch Anerkennung und Lob gekennzeichnet ist und gelebt wird. Dazu gehört, die Scham wahrzunehmen, sie stehenlassen zu können und jemandem Scham zu ersparen. Gelingende Schule benötigt Rahmenbedingungen, in denen alle Beteiligten Anerkennung, Schutz, Zugehörigkeit und Integrität erfahren. Dies hat z. B. auch Konsequenzen für den Informationsfluss innerhalb eines Kollegiums, den Umgang mit Zeit, die Gestaltung der Räume und den Mut, sich für würdige Rahmenbedingungen zu engagieren; es mag nicht immer erfolgreich sein, ist aber sinnvoll, insofern es die Integrität und damit die Würde der Lehrer:innen bzw.

aller Beteiligten stärkt. Der Scham wohnt als ein Ausdruck von der Idealbildung der Persönlichkeit etwas sehr Lebendiges inne. Sie zeigt uns, unsere Ideale stets zu reflektieren, da sie sehr narzisstisch und enttäuschungsgefährdet sind. Wir begehen eine Gratwanderung zwischen dem Zeigen und dem Verstecken. Das Synonym für »Über-Ich« bzw. »Ideal« lautet »Perfektion«, die neben der Entwicklung von Effizienz und Selbstoptimierung auch zur Selbstausbeutung einlädt. Mitgefühl für sich und Andere zu entwickeln, die eigene Unvollkommenheit anzunehmen, Andere in ihrem Wert bestehen zu lassen und Scham nicht in Aggression zu verlagern, ist kulturelle Arbeit. Unter dem Postulat des unerschöpflichen Könnens haben wir ein »unternehmerisches Selbst« verinnerlicht, dem wir vielleicht sehr gut mit mehr Mut zum Unfertigen, zur Begrenzung, zu Mängeln begegnen sollten, auch wenn wir uns vielleicht dafür schämen werden.

Literatur

Altrichter, H. & Posch, P. (Hrsg.). (1996). *Mikropolitik der Schulentwicklung*. Studien-Verlag.
Bauer, A. (2015). *Die Anwendung psychoanalytischer Theoreme auf Organisationen*. Universität Bielefeld.
Bauer, A. & Schmidbauer, W. (2019). *Im Bauch des Wals. Über das Innenleben von Organisationen*. Concadora.
Berger, P. & Luckmann, P. (1969). *Die gesellschaftliche Konstruktion der Wirklichkeit. Eine Theorie der Wissenssoziologie*. S. Fischer.
Bernfeld, S. (2022). *Sisyphos oder die Grenzen der Erziehung*. Suhrkamp.
Blumenthal, S.-F. (2014). *Scham in der schulischen Sexualaufklärung. Eine pädagogische Ethnographie des Gymnasialunterrichts*. Springer VS.
Böhme, J. (2000). *Schulmythen und ihre imaginäre Verbürgung durch oppositionelle Schüler. Ein Beitrag zur Etablierung erziehungswissenschaftlicher Mythosforschung*. Julius Klinkhardt.
Bourdieu, P. (1995). *Sozialer Raum und »Klassen«. Leçon sur la leçon. Zwei Vorlesungen*. Suhrkamp.
Bourdieu, P. (1997). *Die verborgenen Mechanismen der Macht*. VSA.
Bourdieu, P. (2001). Wie die Kultur zum Bauern kommt. Über Bildung, Schule und Politik. In M. Steinrücke (Hrsg.), *Schriften zu Politik und Kultur 4* (S. 14–24). VSA.
Bourdieu, P. & Passeron, J.-C. (1971). *Die Illusion der Chancengleichheit. Untersuchungen zur Soziologie des Bildungswesens am Beispiel Frankreichs*. Klett-Cotta.
Bröckling, U. (2007). *Das unternehmerische Selbst*. Suhrkamp.
Brüsemeister, T. & Eubel, K. D. (2003). *Zur Modernisierung der Schule. Leitidee – Konzepte – Akteure. Ein Überblick*. transcript.
Conzen, P. (2017). *Die bedrängte Seele. Identitätsprobleme in Zeiten der Verunsicherung*. Kohlhammer.

Diederich, J. (1992). Die Absicht der Erziehung als Störung der Erziehung. In N. Luhmann & K. E. Schorr (Hrsg.), *Zwischen Absicht und Person* (S. 176–194). Suhrkamp.

Elias, N. (1976). *Der Prozess der Zivilisation* (Band 2). Suhrkamp.

Erdheim, M. (1984). *Die gesellschaftliche Produktion von Unbewußtheit. Eine Einführung in den ethnopsychoanalytischen Prozeß*. Suhrkamp.

Erdheim, M. (1988). *Psychoanalyse und Unbewusstheit in der Kultur. Aufsätze 1980–1987*. Suhrkamp.

Fürstenau, P. (1964). Zur Psychoanalyse der Schule als Institution. *Das Argument, 29*, 65–78.

Gehlen, A. (1964). *Urmensch und Spätkultur*. Athenäum.

Glasl, F. (2004). *Konfliktmanagement. Ein Handbuch für Führungskräfte und Berater*. Freies Geistesleben.

Gröning, K. (2016). *Sozialwissenschaftlich fundierte Beratung in Pädagogik, Supervision und Sozialer Arbeit*. Psychosozial-Verlag.

Gröning, K. (2018). *Entweihung und Scham. Grenzsituationen in der Pflege alter Menschen*. Mabuse.

Grossen, M. & Lanfranchi, A. (2017). Editorial. Wo endet die Schule? Transformation und Verschiebung der Bildungsgrenzen. Die Grenze als Metapher: Ausgangspunkt für die Neuvermessung der Bildungsforschung. *Schweizerische Zeitschrift für Bildungswissenschaften, 39*(3), 427–436.

Haas, D. (2013). *Das Phänomen Scham. Impulse für einen lebensförderlichen Umgang mit Scham im Kontext von Schule und Unterricht*. Kohlhammer.

Helsper, W. (2004). Antinomien, Widersprüche, Paradoxien: Lehrerarbeit – ein unmögliches Geschäft? Eine strukturtheoretisch-rekonstruktive Perspektive auf das Lehrerhandeln. In B. Koch-Priewe, F.-U. Kolbe & J. Wildt (Hrsg.), *Grundlagenforschung und mikrodidaktische Reformansätze zur Lehrerbildung* (S. 49–98). Julius Klinkhardt.

Helsper, W. (2008). Schulkulturen – die Schule als symbolische Sinnordnung. *Zeitschrift für Pädagogik, 54*(1), 63–80.

Helsper, W. (2018). Lehrerhabitus. Lehrer zwischen Herkunft, Milieu und Profession. In A. Paseka, M. Keller-Schneider & A. Combe (Hrsg.), *Ungewissheit als Herausforderung für pädagogisches Handeln* (S. 105–140). Springer VS.

Helsper, W., Böhme, J., Kramer, R.-T., Lingkost, A. (2001). *Schulkultur und Schulmythos. Gymnasien im Transformationsprozess zwischen exklusiver Bildung und höherer Volksschule. Rekonstruktionen zur Schulkultur I*. Barbara Budrich.

Helsper, W., Busse, S., Hummrich, M. & Kramer, R.-T. (Hrsg.). (2008). *Pädagogische Professionalität in Organisationen. Neue Verhältnisbestimmungen am Beispiel Schule*. Springer VS.

Helsper, W. & Tippelt, R. (Hrsg.). (2011). Pädagogische Professionalität. *Zeitschrift für Pädagogik, 57. Beiheft*. Beltz-Juventa.

Hilgers, M. (2013). *Scham. Gesichter eines Affekts*. Vandenhoeck & Ruprecht.

Honneth, A. (2003). *Kampf um Anerkennung*. Suhrkamp.

Huber, M. & Krause, S. (Hrsg.). (2018). *Bildung und Emotion*. Springer VS.

Klemm, U. (2008). *Mythos Schule. Warum Bildung entschult und entstaatlicht werden muss. Eine Streitschrift*. Edition AV.

Kramer, R.-T., Pallesen, H. (Hrsg.). (2019). *Lehrerhabitus. Theoretische und empirische Beiträge zu einer Praxeologie des Lehrerberufs*. Klinkhardt.

Kohut, H. (1976). *Narzißmus. Eine Theorie der psychoanalytischen Behandlung narzißtischer Persönlichkeitsstörungen.* Suhrkamp.

Kunze, K. T. (2008). *Der Mythos von der Chancengleichheit. Wie der Habitus die berufliche und soziale Laufbahn bestimmt.* Meidenbauer.

Leonhard, T., Košinár, J. & Reintjes, C. (Hrsg.). (2018). *Praktiken und Orientierungen in der Lehrerbildung. Potentiale und Grenzen der Professionalisierung.* Julius Klinkhardt.

Levinas, E. (2008 [1980]). *Totalität und Unendlichkeit. Versuch über die Exteriorität.* Karl Alber.

Luhmann, N. & Schorr, K. E. (Hrsg.). (1992). *Zwischen Absicht und Person.* Suhrkamp.

Marks, S. (2017). *Die Würde des Menschen ist verletzlich. Was uns fehlt und wie wir es wiederfinden.* Patmos.

Mentzos, S. (2016). *Interpersonale und institutionalisierte Abwehr.* Suhrkamp.

Menzies, I. (1974). Die Angstabwehr-Funktion sozialer Systeme – ein Fallbericht. *Gruppendynamik, 5*(3), 183–216.

Ministerium Schule und Bildung (2012). Allgemeine Dienstordnung für Lehrerinnen und Lehrer, Schulleiterinnen und Schulleiter an öffentlichen Schulen (ADO). https://bass.schul-welt.de/12374.htm#21-02nr4p5

Neckel, S. (1991). *Status und Scham.* Campus.

Neckel, S. (2006). Scham und Schamsituationen aus soziologischer Sicht. *Forum Supervision, 28,* 37–50.

Nussbaum, M. C. (2004). *Hiding from Humanity. Disgust, Shame, and the Law.* Princeton University Press.

Nussbaum, M. (2018). *Gerechtigkeit oder Das gute Leben.* Suhrkamp.

Obholzer, A. (1997). Das Unbewußte bei der Arbeit. In I. Eisenbach-Stangl & M. Ertl (Hrsg.), *Unbewußtes in Organisationen. Zur Psychoanalyse von sozialen Systemen* (S. 17–38). Facultas.

Oevermann, U. (1991). Genetischer Strukturalismus und das sozialwissenschaftliche Problem der Erklärung der Entstehung des Neuen. In S. Müller-Doohm (Hrsg.), *Jenseits der Utopie. Theoriekritik der Gegenwart* (S. 267–336). Suhrkamp.

Oevermann, U. (1996). Theoretische Skizze einer revidierten Theorie professionalisierten Handelns. In W. Helsper & A. Combe (Hrsg.), *Pädagogische Professionalität. Untersuchungen zum Typus pädagogischen Handelns* (S. 70–182). Suhrkamp.

Pekrun, R. (1998). Schüleremotionen und ihre Förderung: Ein blinder Fleck der Unterrichtforschung. *Psychologie in Erziehung und Unterricht, 45,* 230–248.

Pühl, H. (1995). Der institutionelle Mythos. In A. Bauer & K. Gröning (Hrsg.), *Institutionsgeschichten – Institutionsanalysen* (S. 17–69). edition diskord.

Pühl, H. (2017). *Angst in Gruppen und Institutionen. Konfliktdynamiken verstehen und bewältigen.* Psychosozial-Verlag.

Röttger-Rössler, B. (2010). Zur Kulturalität von Emotionen. *Existenzanalyse, 27*(2), 20–27.

Rolff, H.-G. (1993). *Wandel durch Selbstorganisation. Theoretische Grundlagen und praktische Hinweise für eine bessere Schule.* Beltz-Juventa.

Sartre, J.-P. (1997 [1943]). *Das Sein und das Nichts. Versuch einer phänomenologischen Ontologie.* Rowohlt.

Scheff, T. J. (1988). Shame and Conformity. The Deference-Emotion System. *American Sociological Review, 53,* 395–406.

Schulgesetz für das Land NRW (vom 15. Februar 2005 [GV. NRW. S. 102], zuletzt geändert durch Gesetz vom 23. Februar 2022 [GV. NRW. 2022 S. 250]). https://bass.schul-welt.de/6043.htm

Vogel, D. (2019). *Habitusreflexive Beratung im Kontext von Schule. Ein Weg zu mehr Bildungsgerechtigkeit.* Springer VS.

Weber, M. (1980). *Wirtschaft und Gesellschaft. Grundriß der verstehenden Soziologie.* Mohr.

Wernet, A. (2014). Überall und Nirgends. Ein Vorschlag zur professionalisierungstheoretischen Verortung des Lehrerberufes. In C. Leser, T. Pflugmacher, M. Pollmans, J. Rosch & J. Twardella, *Zueignung. Pädagogik und Widerspruch* (S. 77–95). Barbara Budrich.

Wurmser, L. (1993). *Die Maske der Scham.* Springer.

Biografische Notiz
Karin Deppe ist Lehrerin, Schulleitungsmitglied, Schulberaterin und Supervisorin (DGSv).

III

Organisationale Dynamiken in konfessionell gebundenen Organisationen

Hinführung der Herausgeber:innen

Das dritte Hauptkapitel wendet sich mit seinen vier Aufsätzen den organisationalen Dynamiken in unterschiedlichen konfessionell gebundenen Organisationen und Einrichtungen zu und zeigt weitere Dynamiken und Prozesse auf, die die organisationale Bedingtheit von Organisationen gestalten.

Christoph Bevier reflektiert einfühlsam und differenziert einen Supervisionsprozess mit einer Gruppe von islamischen Seelsorger:innen, die in deutschen Justizvollzugsanstalten arbeiten. Er erklärt die vielfältigen Bedeutungen, die die Arbeit dieser Seelsorger:innen im Kontext von Religionsgemeinschaften, Justiz und Justizvollzugsanstalten für Angehörige der islamischen Gemeinden hat, und versteht in diesem Artikel ihre Tätigkeit unter dem Aspekt der Suche nach Anerkennung. Der Artikel geht dem Verhältnis der islamischen Seelsorger:innen zu ihrer Religion und ihrem Glauben, zum rahmengebenden Staat und zu den Gefangenen ebenso nach wie zu sich selbst und der Gruppe.

Ruth Bornhofen-Wentzel, langjährige Leiterin einer katholischen Beratungsstelle für Ehe- und Sexualberatung in Frankfurt, beantwortet ihre Frage »Eine echte Aporie?« behutsam und deutlich. Die im Aufsatz aufgezeigten Widersprüche von Kirche, Sexualität und Sexualberatung sind in der Kombination von Trägerschaft und fachlichem Auftrag strukturell angelegt und strukturell unauflösbar. Es gibt unlösbare und ungelöste Konflikte, es gibt halbbewusste und unbewusste Lösungen, es gibt ignorierte Konflikte – zum Beispiel die Loyalitätsfrage –, und es gibt von beiden Seiten unklare Aufträge. Seitens der Organisation und Institution Kirche will man beides, die Beratungsstelle und die Orientierung an den Gültigkeit beanspruchenden Aussagen der Institution, und bei den Berater:innen gleichzeitig den gut ausgestatteten Arbeitsplatz und die fachliche Unabhängigkeit. Es ist ein Mobile, ein Schwebezustand oder, wie Bornhofen-Wentzel zitiert: eine typisch katholische »Mischung von Anarchie und Autokratie«.

Alexa Köhler-Offierski reflektiert in ihrem Aufsatz »Organisationsdynamische Aspekte im Rahmen einer evangelischen Hochschule« aus der Perspektive ihrer langjährigen Tätigkeit als Rollen- und Funktionsträgerin. Sie skizziert die Entwicklungsgeschichte der Fachhochschulen und im Besonderen der kirchlichen Hochschulen in Deutschland, um die Veränderungen der äußeren und inneren Umwelt exemplarisch nachvollziehbar zu machen: Der Wandel ist das Beständige. Sie diskutiert die Erfordernisse, sich mit den dort vorhandenen Werten und Haltungen, den aggressiven Auseinandersetzungsformen und den zunehmend auf die Hochschulleitung verschobenen Problemen auseinanderzusetzen. Mit großem Bedauern erfuhren wir, dass Alexa Köhler-Offierski am 25. Juni 2023 im Alter von 74 Jahren verstorben ist. Sie wird uns fehlen!

Ruth Belzner berichtet über die Entwicklungen der Organisation TelefonSeelsorge, deren Leitung sie in einer Stadt seit vielen Jahren innehat. Es geht um die Bedeutung eines ausdifferenzierten und elaborierten Ehrenamtes in der Krisen- aber auch Alltagsberatung, die weitgehend nur über einen Kanal, nämlich das Telefon, erfolgt. Belzner thematisiert den Auftrag, die Erwartungen der Ehrenamtlichen und die Wirklichkeit, z. B. durch die »Daueranrufer«. Auch beschreibt sie mithilfe vorliegender Studien sowohl die Anrufenden als auch die ehrenamtlich Beratenden und das sensible, mit dem Auftrag der Wertschätzung verbundene Zusammenspiel.

Der Wunsch nach Anerkennung als verborgene Organisationsdynamik in islamischer Gefängnisseelsorge

Erfahrungen aus einem Supervisionsprozess

Christoph Bevier

Vor einigen Jahren wurde ich angefragt, eine Supervision für eine Gruppe nebenberuflich tätiger, muslimischer Gefängnisseelsorgerinnen und Gefängnisseelsorger zu übernehmen. Drei bis vier Mal im Jahr sollten wir uns zu einer Sitzung von je vier Stunden treffen. Die Supervisandinnen und Supervisanden arbeiteten nebenberuflich in verschiedenen Justizvollzugsanstalten in Deutschland.

Ich freute mich über die Anfrage, weil ich seit vielen Jahren mit dem Thema Islam beschäftigt war. Zwölf Jahre lang arbeitete ich als Gefängnispfarrer und hatte in dieser Zeit auch viele Kontakte zu muslimischen Gefangenen. Die Begegnung mit Menschen muslimischen Glaubens begleitete mich auch während anderer Stationen meines beruflichen Lebens. So freute ich mich, dass ich wieder mit der Justizvollzugsanstalt als beruflichem Feld in Kontakt kam. Diese Welt hat etwas, was einen nicht loslässt.

Im Folgenden gebe ich einige Erfahrungen und Erkenntnisse aus diesem Supervisionsprozess wieder.

Einleitung

Islamische Gefängnisseelsorge hat wichtige Funktionen:
1. Muslimische Gefangene erleben die Zugehörigkeit zum gemeinsamen Glauben per se als etwas Verbindendes. Mit dem Vollzug von religiösen Riten, die nur eine muslimische Seelsorgerin oder ein muslimischer Seelsorger anleiten kann, wie gemeinsam Beten, das Freitagsgebet und Rituale, die an bestimmten Festen vollzogen werden, ist islamische Gefängnisseelsorge für die Ausübung des Glaubens unerlässlich. Auch eröffnet das Gespräch mit einer Seelsorgerin oder einem Seelsorger der eigenen Religion einen vertrauten Raum.

2. Eine weitere wichtige Funktion hat Gefängnisseelsorge für die Religion des Islam in der bundesdeutschen Gesellschaft: Gefängnisseelsorge hilft, die Selbstverständlichkeit der Religion zu fördern und die Religion in der Gesellschaft zu etablieren. Und sie übernimmt eine wichtige Funktion, indem sie sich um die kümmert, die eingeschlossen und von der Gemeinde außerhalb der Justizvollzugsanstalt getrennt sind. Zugleich öffnet sie der Religion des Islam – wie auch die islamische Krankenhausseelsorge – eine religiöse Dimension, die so vorher nicht da war, die Dimension der Seelsorge. Seelsorge ist ursprünglich ein christlicher Bereich und Begriff, den der Islam aufgegriffen hat und als eine kreative Erweiterung versteht.
3. Drittens bezieht sich die Bedeutung der islamischen Gefängnisseelsorge auf den säkularen Staat, in dessen Institution »Justizvollzugsanstalt« sie stattfindet. Der Staat hat Interesse an Seelsorgerinnen und Seelsorgern, die in ihrer Religion gut ausgebildet sind und über zentrale Kenntnisse der Humanwissenschaften verfügen. Seelsorge fängt die Not von Gefangenen auf und wirkt damit stabilisierend auf die immer mit Krisen beschäftigte und von Krisen bedrohte Institution einer Justizvollzugsanstalt. Zudem ist eine wichtige Erwartung des Staates, dass islamische Seelsorge fundamentalistischen Überzeugungen und Tendenzen von Gefangenen mit einer freiheitlichen und pluralistischen Haltung zu Religion und Politik entgegentritt und hier heilsam wirkt.

Ich habe die islamischen Supervisandinnen und Supervisanden als ungemein fleißige und engagierte Seelsorgerinnen und Seelsorger erlebt. Einige haben regelmäßig über ihr bezahltes Stundenmaß hinaus gearbeitet und lange Fahrten zu den Justizvollzugsanstalten auf sich genommen. Ich habe sie auch als interessiert für Anregungen und für Veränderungen ihres Selbstverständnisses erlebt.

Mein eigenes Seelsorgeverständnis würde ich in wenigen Sätzen so skizzieren: Seelsorge eröffnet einen triadischen Raum, in dem sich Gott, Seelsorgerin bzw. Seelsorger und Gefangene bzw. Gefangene begegnen. Was in diesem Raum geschieht, ist offen und unbekannt; jeder Vorsatz, wie z. B. zu lehren, zu helfen, aufzuklären, das Gegenüber näher an Gott zu führen, das Gegenüber zu Buße aufzurufen u. a., wirkt als eine Einengung der Begegnung, die in der Triade stattfindet. Solche Vorsätze tendieren eher dazu, Gott aus der Begegnung auszuschließen, als sich seiner Gegenwart zu öffnen. Unverzichtbar für die Seelsorge ist die Kenntnis grundsätzlicher psychologischer und kommunikativer, humanwissenschaftlicher Erkenntnisse. Seelsorge ist keine von vornherein irgendwie festgelegte und zielgerichtete Begegnung. Das unterscheidet sie von anderen Settings wie z. B. Beratung, Psychotherapie oder Supervision.

Mein Auftrag als Supervisor umfasste Fallbesprechungen, Selbsterfahrung, ausbildnerische Aspekte in Bezug auf das Seelsorgeverständnis, die Betrachtung des Verhältnisses zur Institution der Justizvollzugsanstalt und des Verhältnisses zur christlichen Seelsorge.

Der Wunsch nach Anerkennung als verborgene Organisationsdynamik

Islamische Gefängnisseelsorge ist keine Organisation, sondern eine Aufgabe, die Menschen im Namen einer Organisation wahrnehmen, eine Tätigkeit, die sie im Namen einer Organisation ausüben. In Deutschland ist der Islam in Moscheegemeinden, Vereinen, Verbänden und Instituten organisiert, die nicht selten eng mit den ursprünglichen Herkunftsländern verbunden sind. Diese verschiedenen Organisationen organisieren muslimische Gefängnisseelsorge, d. h., sie kümmern sich um die Ausbildung der Seelsorgerinnen und Seelsorger und sorgen für die Strukturen ihrer Arbeit, indem sie mit den staatlichen Ministerien zusammenarbeiten. In diesem Aufsatz denke ich nicht über die islamischen Organisationen nach, die eine Seelsorge-Ausbildung initiieren und Strukturen schaffen, sondern über die Dynamiken, die die Gefängnisseelsorgerinnen und -seelsorger bestimmen. Beide sind nicht eindeutig voneinander zu unterscheiden, weil die Gefängnisseelsorgerinnen und -seelsorger natürlich Teil ihrer Gemeinde, ihres Vereins oder ihres Instituts bleiben. Dabei konzentriere ich mich auf den Wunsch nach Anerkennung als einer unterbewussten, verborgenen Dynamik.

Im Folgenden gehe ich der Dynamik des Wunsches nach Anerkennung in vier Richtungen nach:
1. Wie zeigt sich dieser Wunsch der Supervisandinnen und Supervisanden in Bezug zu ihrer Religion?
2. Wie wird er sichtbar in Bezug zum Staat?
3. Wie zeigt er sich in Bezug zur christlichen Seelsorge?
4. Wie offenbart er sich in Bezug auf die Supervisandinnen und Supervisanden selbst und die Gruppe?

Christoph Bevier

Der Wunsch nach Anerkennung der Supervisandinnen und Supervisanden in Bezug zur eigenen Religion

Als Religion setzt sich der Islam in Deutschland die Aufgabe, sich in der Gesellschaft zu etablieren und als Teil der Gesellschaft anerkannt zu werden. Es geht um gleichberechtigte Teilhabe. Insofern ist es naheliegend, dass die Religion ein Interesse hat, Strukturen für ihr Sein in ihrer Gesellschaft zu setzen oder vorhandene Strukturen, die z. B. von der christlichen Religion geschaffen worden sind, zu nutzen. Seelsorge in Institutionen bietet solche Strukturen. Deshalb liegt es nahe, dass islamische Seelsorge, analog zur christlichen Seelsorge, in Krankenhäusern, Gefängnissen und anderen Institutionen sowie als Notfallseelsorge angeboten wird. Für den Islam ist das eine gute Gelegenheit, in der Gesellschaft sichtbar zu werden, Raum und Aufmerksamkeit für sich zu beanspruchen und positiv gesehen zu werden. Zum anderen ist die Seelsorge in den Institutionen auch ein Dienst an den Gläubigen, denn Menschen in Krankenhäusern und Gefängnissen können nicht aktiv Moscheen aufsuchen, um an Gottesdiensten und Gebeten teilzunehmen, sondern müssen aufgesucht werden. Artikel 4 des Grundgesetzes gewährleistet die ungestörte Religionsausübung; §53 des Strafvollzugsgesetzes (StVollzG) bestimmt, dass Gefangenen die religiöse Betreuung durch eine Seelsorgerin oder einen Seelsorger der eigenen Religionsgemeinschaft nicht versagt werden darf.

Seelsorge als eine professionelle Tätigkeit, die auf einer Wissenschaft – Poimenik – beruht, ist für den Islam ein neues religiöses Feld, das der Islam erst in der Begegnung mit dem Christentum und den Institutionen in den westlichen Gesellschaften entdeckt hat. Nach und nach nimmt sich der Islam der Aufgabe an, Gläubige pastoralpsychologisch auszubilden und als Seelsorgerinnen und Seelsorger in die Institutionen zu entsenden. So befindet sich islamische Seelsorge selbst in einem Prozess der Anerkennung im Islam, und die islamischen Seelsorgerinnen und Seelsorger haben den Wunsch, als solche in ihrer Religion anerkannt zu sein. Zugleich stehen sie in einem konkurrierenden Verhältnis zu den amtlichen Vertretern des Islam, den Imamen, die wie sie in die Gefängnisse kommen und dort mit Gefangenen sprechen und Gottesdienste feiern. Wer ist der richtige, wirkliche Vertreter des Islam? Ist der Imam nicht zu Seelsorge, die schlicht als religiöser Kontakt mit den Gefangenen verstanden wird, an sich und ohne Ausbildung befähigt, allein aufgrund der Tatsache, dass er Imam ist? Erkennt der Imam, der zum Halten eines Gottesdienstes eine Justizvollzugsanstalt besucht, die nebenberuflichen islamischen Seelsorgerinnen und Seelsorger als Kolleginnen und Kollegen an, nimmt er sie gar nicht wahr oder schätzt er sie gering, weil sie nicht seine theologische und rituelle Ausbildung haben? Und umgekehrt, welches Verhältnis haben die nebenberuflichen Seelsorgerinnen und Seelsorger zu den Imamen, die die Gefangenen besuchen? Kommen sie mit ihnen in ein fachliches Gespräch? Wie gehen sie mit dem Vorsprung um, den sie durch ihre Seelsorgeausbildung gegenüber dem Imam haben, und wie gehen sie mit der Tatsache um, dass der Imam theologisch und in den rituellen Vollzügen meist besser ausgebildet ist als sie?

Ähnliche Konkurrenzen bestehen zwischen den nebenberuflichen islamischen Seelsorgerinnen und Seelsorgern, die nicht Theologie studiert haben, und jenen, die islamische Theologie studiert haben. In der Supervisionsgruppe war dies ein unausgesprochener, schwelender Konflikt. Die Nicht-Theologinnen und Nicht-Theologen erlebten die Theologinnen und Theologen als hochmütig im Kontakt mit ihnen und machten spitze Bemerkungen darüber, dass die Theologinnen und Theologen selten und nur in geringer Zahl an den Supervisionssitzungen teilnahmen. Wenn diese teilnahmen, dann strahlten sie das Gefühl von Überlegenheit aus und hatten faktisch mehr Wissen über den Islam zur Verfügung. Auch stellte sich die Frage nach der Anerkennung in der eigenen Religion. Wer ist mehr anerkannt? Was müssen die, die weniger anerkannt sind, tun, um mehr anerkannt zu werden?

Auch in der Frage des Entgeltes spielten Konkurrenzen und Anerkennungswünsche eine Rolle. Die nebenberuflichen Gefängnisseelsorgerinnen und -seelsorger bekamen ein bestimmtes Entgelt für ihren Einsatz. Einige brauchten das Geld für ihren Lebensunterhalt, andere waren vom Entgelt unabhängig. Bezahlung und Entgelt sowie deren Angemessenheit oder Nicht-Angemessenheit waren in der Supervision nie ein offen angesprochenes Thema, aber unterschwellig als Dynamik spürbar. Einige Seelsorger oder Seelsorgerinnen arbeiteten über das bezahlte Stundenmaß hinaus. Sie hatten das Gefühl, dass ihr zusätzlicher Arbeitsaufwand angesichts des Bedarfs an Gesprächen unbedingt zu rechtfertigen sei, stießen aber an die finanziellen Grenzen des Haushalts der sie beauftragenden Organisation. So blieb ihnen nur, entweder unbezahlte Überstunden zu machen und das Gefühl zu haben, sich für eine gute Sache einzusetzen, dies aber zugleich nicht finanziell anerkannt zu wissen, oder den Bedarf ruhen zu lassen mit dem Gefühl, den Bedürfnissen von Gefangenen und auch den eigenen Ansprüchen an Seelsorge nicht gerecht zu werden.

Eine weitere Dimension von Anerkennung betrifft die Rolle der Frau im Islam. An der Supervisionsgruppe nahmen auch Frauen teil, manchmal waren mehr als die Hälfte der Anwesenden Frauen. Seelsorge ist ein Feld, in dem sich islamische Frauen gerne betätigen. Was das für die Stellung der Frau in der Religion bedeuten könnte, dem kann ich an dieser Stelle nicht weiter nachgehen.

Für die Dynamik des Wunsches nach Anerkennung ist entscheidend, dass dieser Wunsch nicht offen benannt wird und so unterschwellig in Konkurrenzen und Interessensansprüchen wirkt. Der Wunsch nach Anerkennung (in der eigenen Religion, im Verhältnis Frau–Mann, im Verhältnis Nicht-Theologinnen bzw. -theologen–Theologinnen und Theologen, in Bezug auf das Entgelt u. a.), der verständlich und berechtigt ist, wirkt so kontraproduktiv, indem er die kommunikative Atmosphäre beeinträchtigt und in der Kommunikation etwas unterhalb des offen Ausgesprochenen mitschwingt, was alle irritiert: Sollen sie auf das offen Ausgesprochene reagieren, auf das unterschwellig Wahrgenommene oder auf die Mischung, die bei ihnen ankommt? Der Wunsch nach Anerkennung bringt etwas Persönliches und damit sehr Verletzliches und Intimes in die Themen, die besprochen werden, und in den Umgang miteinander. Es scheint dann manchmal um die ganze Person zu gehen und das jeweilige Thema der Supervision wird mit einer Dynamik aufgeladen und dramatisiert, die nicht im Fall, sondern in dem darunterliegenden Wunsch nach Anerkennung begründet ist.

Im Nachhinein dachte ich, dass ich als Supervisor den Wunsch nach Anerkennung in seinen vielfältigen Dimensionen hätte ansprechen können, ohne dies zunächst als eigenes Thema behandeln zu wollen. Ein sanfter Einstieg wäre gewesen, die Dynamik des Wunsches nach Anerkennung zu benennen und dann abzuwarten, was geschieht. Die Benennung hätte der Unterschwelligkeit und der Verborgenheit der Dynamik möglicherweise ihre Macht genommen oder sie wenigstens reduziert.

Der Wunsch nach Anerkennung der Supervisandinnen und Supervisanden in Bezug zum Staat

Der deutsche Staat hat verschiedene Gründe, islamische Seelsorge in den Justizvollzugsanstalten zu fördern. Zum einen besteht das Recht der Gefangenen auf Religionsausübung, zum anderen liegt dem Staat daran, dass die islamischen Seelsorgerinnen und -seelsorger, die den seelsorglichen Dienst in den Justizvollzugsanstalten ausüben, die philosophischen Grundlagen teilen, auf denen das Verhältnis von Staat und Kirche beruht: so die Teilung von Kirche und Staat, die Zurückhaltung in Fragen der Missionierung, die Anerkenntnis von religiösem Pluralismus in der Gesellschaft. Auch hat der Staat das große Interesse, fundamentalistisch-islamistischen Gesinnungen von Gefangenen zu begegnen, sie abzufangen, sie zu verhindern, zu widerlegen und aufzulösen. Es ist sinnvoll, wenn islamische Seelsorge diese Aufgabe annimmt, denn sie steht auch im Interesse des Islam, der in westlichen Gesellschaften nur dann ernstgenommen wird, wenn er sich von fundamentalistisch-islamistischen Strömungen abgrenzt. Dennoch bleibt die Bekämpfung von fundamentalistisch-islamistischen Gesinnungen von Gefangenen für die Seelsorge eine von außen aufgetragene Aufgabe. Seelsorge eröffnet – in Kenntnis der aktuellen Standards von Psychologie und anderen Humanwissenschaften – einen Raum, in dem Menschen einander und sich selbst in der Gegenwart Gottes begegnen. Sie ist nicht missionarisch, sie will von keiner Wahrheit überzeugen, sondern sie ist in ihrem Kern und ihrem Wesen nach Begegnung. Was in dieser Begegnung geschieht, wie sie Menschen verändert oder nicht verändert, ist offen und muss offen bleiben. Seelsorgerinnen oder Seelsorger sollten kein eigenes Interesse in oder an der Begegnung haben, weil nicht sie das Thema der Begegnung sind, sondern der Andere in seiner Beziehung zu sich selbst und in seiner Beziehung zu Gott. (Diese Aussage treffe ich auf der Grundlage der Theorie der Trennung von Kirche und Staat und einem demokratischen, an der Freiheit des Einzelnen orientierten Gemeinwesen. In einem Gemeinwesen, das keine Trennung von Kirche und Staat kennt und vornehmlich an der Uniformität der Gesellschaft orientiert ist, wäre Seelsorge möglicherweise in einer veränderten Weise zu bestimmen.)

Hat Seelsorge ein bestimmtes Interesse an und in einer Begegnung, dann muss sie dieses Interesse offenlegen. Die Supervisandinnen und Supervisanden hatten den staatlichen Auftrag, Fundamentalismus in den Justizvollzugsanstalten zu bekämpfen, als selbstverständlich übernommen. Das war für sie fraglos und normal. Sie sahen darin eine Anerkennung, die der Staat ihnen erwies, und sie waren über diese Anerkennung froh. Zugleich hinderte sie das fraglose Annehmen des Auftrages, die Dynamik von Instrumentalisierung der seelsorgerlichen Begegnung in den Blick zu nehmen. Es geht mir an dieser Stelle nicht darum, dass Seelsorge nicht gegen islamistische, gewaltbereite Tendenzen von Gefangenen wirken solle, sondern um die Übernahme eines externen Auftrags aus dem Wunsch nach Anerkennung. Wenn man den Auftrag, islamistische Tendenzen zu bekämpfen, annimmt, kann man der Zustimmung des Staates sicher sein und trägt so dazu bei, sich die Gewährleistung der Erhaltung und des Ausbaus von Strukturen und Ausstattung islamischer Seelsorge zu sichern. Dies aber beeinflusst – z. B. im Sinne der Abhängigkeit – das eigene Verständnis von Seelsorge, das sowieso der permanenten Reflexion und Vergewisserung bedarf, u. a. weil islamische Seelsorge immer noch im Entstehungs- und Selbstfindungsprozess ist. Eine Möglichkeit wäre, den Auftrag, gegen islamistische Tendenzen in den Justizvollzugsanstalten zu wirken, unter Vergegenwärtigung der eigentlichen – poimenischen – Fremdheit dieses Auftrags bewusst zu akzeptieren, das eigene Bedürfnis nach Anerkennung zu bejahen und sich bewusst zu machen, dass einer der Gründe dafür das Streben nach Etablierung islamischer Seelsorge in den Justizvollzugsanstalten ist. Die Begegnungen in der Seelsorge wären dann weniger durch untergründige Motive und Absichten beeinflusst. In den Justizvollzugsanstalten kann Seelsorge Settings zu schaffen, die sich explizit mit fundamentalistisch-islamistischen Gesinnungen beschäftigen, Angebote für Gruppen oder Einzelgespräche, die ihre Thematik offen deklarieren. Sie wären dann nicht Seelsorge im eigentlichen Sinne, sondern würden eher in den Bereich von Gruppenangeboten und Religionsunterricht eingeordnet.

Der Wunsch, vom Staat anerkannt zu werden und anerkannt zu sein, hat, wenn er nicht bewusst als solcher akzeptiert ist, sondern unterschwellig das Handeln beeinflusst, die Kehrseite, dass Seelsorgerinnen und Seelsorger entweder zu stark auf die Seite der Institution treten, oder sich aus Frustration, wenn die Anerkennung nicht wie erwünscht geschieht, zu stark mit Gefangenen identifizieren. Ein Seelsorger z. B., dessen Stellung bei der Leitung der Justizvollzugsanstalt eher schwach war, erzählte, dass er Vollzugsbeamten Informationen über einen Gefangenen gegeben habe. Er war sich unsicher, ob er damit das Seelsorgegeheimnis verletzt habe und wollte in der Supervision in seinem Handeln bestärkt werden. Es zeigte sich aber, dass es sich wirklich um eine Verletzung des Seelsorgegeheimnisses gehandelt und er einen Fehler gemacht hatte, und dies nicht, um dem Gefangenen zu schaden oder aus die Sicherheit der Justizvollzugsanstalt betreffenden Gründen, sondern aus dem ihm unbewussten Wunsch heraus, endlich von der Institution der Justizvollzugsanstalt jene Anerkennung zu bekommen, die er vermisste. Und umgekehrt gab es in der Supervision auch Fälle von unangemessener Identifikation mit Gefangenen, etwa als eine Seelsorgerin die Sicht vieler Gefangener auf die Institution übernahm und in Injurien über Vollzugsbeamte und Vollzugsbeamtinnen sowie die Leitung der Justizvollzugsanstalt sprach. In der Fallbesprechung erkannte sie ihre Wortwahl als ein Zeichen emotionaler Verstrickung, die auf einer zu starken Identifikation mit einem Gefangenen beruhte. Die zu starke Identifikation wiederum beruhte auf einer Erfahrung von Missachtung, die die Seelsorgerin mit der Institution gemacht hatte. In der Erfahrung, von der Institution missachtet worden zu sein, traf sie sich mit der Erfahrung des von ihr betreuten Gefangenen, der sich gleichfalls von der Institution missachtet gefühlt hatte, und so kam es zu der Übernahme der Perspektive des Gefangenen auf die Institution durch die Seelsorgerin bis hin zur Wortwahl.

Auch hier könnte es hilfreich sein, die Akzeptanz der realen Bedingungen gegen die Untergründigkeit des Wirkens des Wunsches nach Anerkennung zu stellen: die eigene Randständigkeit in der Institution zu bejahen, das Fehlen der

Anerkennung zu bejahen, die Begrenztheit des seelsorglichen Handlungsspielraums zu bejahen (alles nicht im Sinne des Gutheißens, sondern im Sinne der Akzeptanz), auch die eigene Sehnsucht nach Anerkennung zu bejahen und den Schmerz, der mit der fehlenden Anerkennung verbunden ist.

Der Wunsch nach Anerkennung der Supervisandinnen und Supervisanden in Bezug auf christliche Gefängnisseelsorge

Christliche Seelsorge ist in den Justizvollzugsanstalten in Deutschland fest etabliert, in manchen Bundesländern haben die christlichen Seelsorgerinnen und Seelsorger den Status von Landesbeamtinnen und -beamten, an anderen bleiben sie kirchliche Beamtinnen und Beamte mit Gestellungsvertrag. Sie haben ein festes Gehalt, je nach Anzahl der Gefangenen eine volle, halbe oder andere Teilzeitstelle. Sie können sich in der Justizvollzugsanstalt frei bewegen, Gefangene in ihren Zellen und in den Werkstätten besuchen, sie haben Zugang zu den Mitarbeiterinnen und Mitarbeitern der Justizvollzugsanstalt und sie können über einen Schlüssel verfügen, das zentrale Symbol für die Unterscheidung von Eingeschlossenen und Nicht-Eingeschlossenen. Sie haben in der Regel ein finanzielles Budget, einen Haushalt, mit dem sie Gefangenen diakonische Hilfen geben oder Angebote für Gefangene finanzieren können. Von ihrem Selbstverständnis her sind sie für alle Gefangenen zuständig, unabhängig davon, welche Religion oder Weltanschauung diese haben.

Diese kurzen Beschreibungen zeigen, dass christliche Seelsorge in den Justizvollzugsanstalten eine ganz andere Stellung innehat als islamische Seelsorge. Die islamischen Seelsorgerinnen und Seelsorger der Supervisionsgruppe arbeiteten ehrenamtlich oder nebenberuflich, die Seelsorgerinnen und Seelsorger trafen die Gefangenen in Besuchsräumen, ein finanzieller Spielraum für Unterstützung von Gefangenen stand ihnen oft nur in geringem Umfang oder gar nicht zur Verfügung. Sie hatten nur bedingt und umständlich Zugang zu den Fachdiensten, Abteilungsleitern und zur Leitung der Institution. Meist gab es eine Person in der Institution, die für den Kontakt zur islamischen Seelsorge zuständig war. Von ihrem Selbstverständnis her fühlten sich islamische Seelsorgerinnen und Seelsorger nur für islamische Gefangene zuständig. In der Supervision sprach ein Seelsorger einmal seine Irritation darüber an, dass zwei Gefangene ein Gespräch mit ihm beantragt hatten, von denen der eine zu einer christlichen Kirche gehörte und der andere religionslos war. Der Seelsorger wusste nicht, wie er mit den Gesprächsanträgen umgehen sollte. Beide Gefangene an die christliche Seelsorge verweisen?

Nur den christlichen Gefangenen an die christliche Seelsorge verweisen und den andern Gefangenen treffen? Beide Gefangene treffen? Und, wenn er sich für ein Treffen entscheiden sollte, mit welcher Haltung sollte er ihnen begegnen? Mit der Haltung, Vertreter der »wahren« Religion zu sein? Mit einer Haltung, die die Wahrheitsfrage eher als zweitrangig ansieht und mehr an der Begegnung selbst interessiert ist? Sollte er die Anfrage aufgrund der begrenzten Zeit, die er für Gefangene hatte, und angesichts der großen Nachfrage von muslimischen Gefangenen nach Gesprächen überhaupt annehmen? Zugleich war auch ein Gefühl von Stolz spürbar, auch von nicht-muslimischen Gefangenen angesprochen worden zu sein.

Am Gesprächswunsch der nicht-muslimischen Gefangenen wurden zwei wichtige Fragen deutlich: Wie gehe ich als Seelsorger damit um, dass ich denke und glaube, der einzig wahren Religion anzugehören, dies aber nicht sagen darf, weil ich dann sofort in den Ruch der Intoleranz und Abwertung anderer Religionen komme? Und wie gehe ich mit dem Problem um, dass aus der Überzeugung, die einzig rettende, wahre Religion zu vertreten, zwangsläufig auch der Wunsch folgt, andere von dieser Religion zu überzeugen, ich aber zugleich weiß, dass ich als Seelsorger nicht missionieren soll und nicht missionieren darf? Es stellt sich die Frage, ob ich von der Rettungskraft meines Glaubens und meiner Religion überzeugt sein kann, ohne dies anderen Religionen oder anderen Glaubensrichtungen abzusprechen, oder ob dies nur eine Vorgabe ist, an die ich mich nur nach außen hin und nominell halten muss, weil ich in einer pluralistischen Gesellschaft lebe?

Immer wieder kam bei den islamischen Seelsorgerinnen und Seelsorger in der Supervision das Gefühl auf, strukturell benachteiligt zu sein. Dieses Gefühl zeigte sich manchmal in Gestalt von Empörung, manchmal in Gestalt von Ärger, dann in Gestalt von Sehnsucht, dann in Gestalt von Resignation ... In vielen Fällen, die in der Supervision vorgestellt wurden, war die christliche Seelsorge als unbewusster Vergleich gegenwärtig sowie in der Fantasie, christliche Seelsorge habe bedeutend größere Spielräume. Hier ging es weniger um den Wunsch nach Anerkennung durch die christliche Seelsorge als darum, dass die christliche Seelsorge als Vorbild für die Anerkennung der islamischen Seelsorge fungierte, wobei Motive wie Eifersucht, Neid, Missbilligung, Minderwertigkeitsgefühle u. ä. unbewusst mitschwangen und sowohl das Verhältnis zur christlichen Seelsorge als auch zur Institution der Justizvollzugsanstalt beeinflussten. Produktiv wurden diese unbewussten Dynamiken immer dann, wenn es möglich war, sie anzusprechen und bewusstzumachen. Meistens ereignete sich dann eine Erleichterung bei der Person, die den Fall eingebracht hatte, und der Ballast der Gefühle wurde leichter. Es wurde möglich, die eigene Situation zu akzeptieren und das Leiden unter ihr zu verringern.

Der direkte Wunsch nach Anerkennung richtete sich meist auf Erfahrungen, die den Umgang mit christlichen Seelsorgerinnen und Seelsorgern betreffen, und auf den Wunsch nach Einbeziehung in Informationen über die Vorgänge in den Justizvollzugsanstalten. Manchmal – so die Perspektive der islamischen Seelsorgerinnen und Seelsorger – verleitete die fest installierten christlichen Seelsorgerinnen und Seelsorger ihre etablierte Stellung in der Institution zu einem hierarchischen und herablassenden Umgang, auch spielte die Schlüsselgewalt öfter eine große Rolle. Eine wichtige, hierarchisierende Wirkung zeitigte auch – in der Erfahrung der islamischen Seelsorgerinnen und Seelsorger – die unterschiedliche Ausbildung. Die christlichen Gefängnisseelsorgerinnen und -seelsorger hatten öfter eine längere pastoralpsychologische Ausbildung als die islamischen Seelsorgerinnen und Seelsorger und zudem den Vorteil des akademischen Studiums der Theologie. Sie waren also besser qualifiziert. Diese Hierarchie in der Ausbildung (und die Hierarchie innerhalb der Institution) spiegelte sich bei den islamischen Seelsorgerinnen und Seelsorgern in einem Vielerlei an Gefühlen und Empfindungen, als Anklage (»Die sind arrogant«), als Klage (»Die sollten mehr Kontakt zu uns suchen«), als Irritation (»Warum gibt es überhaupt diese großen Unterschiede?«), als Anfrage (»Muss die Kontaktaufnahme immer von uns abhängen?«), als Sehnsucht (»Wir hätten gerne mehr Informationen«), als Trotz und Widerstand (»Wenn wir immer auf die zugehen müssen, dann haben wir halt keinen Kontakt mehr«).

Der Wunsch nach Anerkennung der Supervisandinnen und Supervisanden in Bezug auf die Gruppe und in Bezug auf sich selbst

Die Komplexität des Auftrags für die islamischen Gefängnisseelsorgerinnen und -seelsorger ist im Vorherigen schon deutlich geworden. Zur Komplexität tragen vor allem die schwierige Klientel mit den vielfältigen und nicht selten doppelbödigen Motivationen, Seelsorge anzusprechen, und die schwierige Stellung islamischer Seelsorge in der Institution der Justizvollzugsanstalt bei. Das Leben in der Justizvollzugsanstalt folgt anderen Gesetzen als das Leben außerhalb, und auch als Seelsorgerin und Seelsorger muss man permanent damit rechnen, dem Versuch von Ausnutzung, Täuschung, Instrumentalisierung u. ä. ausgesetzt zu werden. Zudem sind die Lebensgeschichten und die Straftaten der meisten Gefangenen sehr belastend, oft gibt es keine »Lösung«, sondern nur extrem langsamen, hart zu erkämpfenden und schwer zu bewahrenden Fortschritt im Sinne der Besserung. Innerhalb der Institution ist die islamische Seelsorge randständig, die Seelsorgerinnen und Seelsorger kommen nur schwer an Informationen und sind deshalb der Gefahr von Trugbildern umso stärker ausgesetzt. Zusätzlich stehen die Seelsorgerinnen und Seelsorger permanent und meist unbewusst im Prozess der Identitätsfindung als Seelsorgerinnen und Seelsorger. Die Komplexität der Anforderungen bewirkte bei den Supervisandinnen und Supervisanden unterschiedliche Haltungen und Stimmungen. Bei einigen männlichen Seelsorgern war eine Haltung von Scheinsouveränität zu bemerken. Während einer Gruppenstunde mit Gefangenen sagte ein Seelsorger z. B., die Gefangenen hätten Straftaten und damit Schlechtes begangen, sie seien zurecht im Gefängnis und sie hätten sich anzupassen und sich ordentlich zu benehmen; wenn sie das nicht täten, würde er sie aus der Gruppe entfernen. Er komme freiwillig ins Gefängnis, um den Gefangenen zu helfen, da hätten sie sich auch entsprechend zu benehmen. In einer anderen Fallbesprechung, in der es um einen Konflikt zwischen einem Seelsorger und einer Angestellten der Justizvollzugsanstalt ging, wähnte sich der Seelsorger in der überlegenen Position, obgleich deutlich wurde, dass sowohl die organisatorische als auch die argumentative Macht aufseiten der Bediensteten lagen. Der Seelsorger erzählte mild triumphierend von der Begegnung, und es war dann Thema der Fallbesprechung, die tatsächlichen Dynamiken der Begegnung erkennbar zu machen. Bei weiblichen Seelsorgerinnen war eher eine Haltung von Hilflosigkeit oder Widerstand vorherrschend. Sie suchten einerseits in der Komplexität der Anforderungen Orientierung und nutzten die Supervision, um Orientierung zu finden. Andererseits beharrten Seelsorgerinnen auch in konfliktträchtigen Begegnungen mit dem Vollzugspersonal auf ihren Rechten und auf einem angemessenen, höflichen Umgangsstil.

Eine andere Beobachtung betrifft das Seelsorgeverständnis und die Identität der Seelsorgerinnen und Seelsorger. In den Fällen, die die Einzelseelsorge betrafen, wurde eine grundsätzliche Frage deutlich: Ist Seelsorge gleichbedeutend mit Helfen und was bedeutet es, mit dem Selbstverständnis des Helfens in eine seelsorgerliche Begegnung mit Gefangenen zu gehen? Was heißt Helfen in diesem Kontext? Öfter zeigte sich, dass die Grundhaltung des Helfen-Wollens die Seelsorgerinnen und Seelsorger in eine Abhängigkeit von den Gefangenen brachte, die von den Gefangenen entweder in Form von Zufriedenheit mit der Seelsorge, von Lob und Weiterempfehlung oder von Enttäuschung, Frustration und Angriff erlebt wurde. Die Seelsorger und Seelsorgerinnen waren dann spiegelbildlich entweder stolz und hatten das Gefühl, gute Seelsorge geleistet zu haben, oder sie waren enttäuscht und hatten das Gefühl, defizitäre Seelsorge geleistet zu haben. Wenn ich mein Verständnis von Seelsorge als Möglichkeit anbot – Seelsorge als Begegnung, die frei von Absichten und Zielen in der Gegenwart Gottes geschieht, und die gelingen, aber auch misslingen kann –, stieß ich auf Interesse, aber zugleich auf Distanz, als spräche ich eine Fremdsprache.

Auch in der Gruppenarbeit stellte sich die Frage nach Selbstverständnis und Identität. Ein Supervisand erzählte, dass Gefangene sehr zahlreich die Gruppenangebote nutzten, dass zugleich aber Probleme mit der Disziplin und im Umgang entstanden. Auch bei dem Gruppenangebot eines anderen Supervisanden entstand der Eindruck, dass die Gefangenen das Angebot für die eigenen Zwecke unterwanderten und sich anverwandelten, um gemeinsam zu kommunizieren und Geschäfte zu machen. Die katechetische Absicht des Seelsorgers, über den Islam zu informieren, wurde durch die Absichten der Gefangenen unterlaufen. Zugleich war der Seelsorger froh, dass so viele Gefangene sein Gruppenangebot wahrnahmen, er wertete das als einen Erfolg für seine Arbeit. In diesem Zwiespalt lähmte ihn der Wunsch nach Anerkennung bei den Gefangenen und er fand erst einen Weg, als er erkannte, dass sein Erfolg als Seelsorger nicht von der Anzahl der Gefangenen abhing, die an der Gruppe teilnahmen.

Eine Dynamik, die mit dem Wunsch nach Anerkennung zusammenhing und die nicht gelöst werden konnte, war der unterschwellige Konflikt zwischen den Seelsorgerinnen und Seelsorgern innerhalb der Gruppe, die islamische Theologie studiert hatten oder studierten, und den Nicht-Theologinnen und Nicht-Theologen. In spitzen Bemerkungen kam der Konflikt ab und zu zum Vorschein, aber es fehlte angesichts der Fülle konkreter Fälle, die die Supervisandinnen und Supervisanden einbrachten, die Zeit, sich dem Konflikt angemessen zu widmen.

Die Supervisandinnen und Supervisanden der Supervisionsgruppe hatten unterschiedliche Herkunftsländer. Manche kamen ursprünglich aus der Türkei, andere aus Ägypten, aus dem Kosovo, aus Bosnien und anderen Ländern. Sie brachten auch ihre unterschiedlichen Interpretationen des Islam und ihre unterschiedlichen religiösen Vollzüge mit in die Seelsorge und in die Supervisionsgruppe. In den Supervisionssitzungen wurden die Unterschiede nicht zum Thema. Die Gruppe verhielt sich so, als sei der Islam eine einheitliche Religion, die von allen Gläubigen in derselben Weise verstanden würde, als gäbe es keine theologischen, rituellen und andere, das Glaubensleben betreffenden Unterschiede zwischen ihnen. Die Frage nach der Anerkennung dieser Unterschiede zeigte sich nur in der Ausblendung derselben.

Ein weiterer Aspekt der Dynamik von Anerkennung ist die Konkurrenz innerhalb der Seelsorgerinnen und Seelsorger mit türkischem Herkunftshintergrund. Ist eine Akzeptanz von Gegnerinnen und Gegnern der gegenwärtigen türkischen Regierungspolitik auf der einen und Befürworterinnen und Befürwortern derselben auf der anderen Seite möglich oder kann das Verhältnis nur in unversöhnlicher Feindschaft gelebt werden?

Zur Rolle des Supervisors

Auch für mich als Supervisor war die Dynamik des Wunsches nach Anerkennung bedeutsam. Ich hatte mich auf die Arbeit mit der Gruppe gefreut und war auch an der interreligiösen Begegnung stark interessiert. Die gegenseitige Anerkennung in unseren verschiedenen Religionen (die muslimischen Supervisandinnen und Supervisanden und der christliche Supervisor) war von meiner Seite aus – und ich denke, auch vonseiten der Supervisandinnen und Supervisandinnen – stillschweigend vorausgesetzt, aber weder ich noch die Gruppe thematisierten sie explizit. Die Anerkennung der verschiedenen Religionen tauchte manchmal indirekt auf, so in einem Fall, bei dem es um eine Gruppenstunde ging, an der Gefangene unterschiedlicher muslimischer Traditionen und auch nicht-gläubige Muslime teilnahmen, und sich die Frage stellte, wer den Koran »richtig« auslege, wer »falsch«, und wie man mit Indifferenz und Haltungen von Nicht-Glauben umgehen solle. Meine Anregung, die Wahrheitsfrage könne eher hinderlich in der interreligiösen Begegnung sein und sei deshalb nicht als primär zu behandeln, löste eine große Erleichterung in der Gruppe aus, viel Druck fiel ab. Aber im Verhältnis Christentum–Islam wurde die gegenseitige Anerkennung nie offen an- oder ausgesprochen, übrigens auch nicht im Verhältnis von nebenamtlichen muslimischen und hauptamtlichen christlichen Gefängnisseelsorgerinnen und -seelsorgern.

Während der Arbeit an diesem Aufsatz fragte ich mich, warum ich die vielen Ebenen des Wunsches nach Anerkennung nie in der Supervision thematisiert hatte, und jetzt, am Ende dieses Aufsatzes, denke ich, dies hat mit der Dynamik des unterdrückten Wunsches nach Anerkennung zu tun, die sich als Spiegelungsprozess der Supervisionsgruppe in mir als ihrem Supervisor auswirkte. Wenn man Supervision als Beziehungsgeschehen begreift und damit als ein Geschehen, das von Intersubjektivität und der Wirkung von Spiegelneuronen geprägt ist, sind solche Spiegelungsprozesse wahrscheinlich. Es ist möglich, dass sich in dem intersubjektiven Feld der Begegnung zwischen Supervisionsgruppe und Supervisor zwei Verschränkungs- und Spiegelungsprozesse ereignet haben, auf die ich an dieser Stelle kurz hinweisen will.

Der erste Spiegelungsprozess betrifft meinen eigenen Wunsch nach Anerkennung bei der Supervisionsgruppe. Möglicherweise habe ich als Supervisor befürchtet, die Anerkennung der Gruppe zu verlieren, wenn ich deren Wunsch nach Anerkennung ansprechen würde. In dieser Befürchtung könnte sich wiederum die Frustration der Supervisandinnen und Supervisanden darüber gespiegelt haben, dass ihr Wunsch nach Anerkennung in den oben beschriebenen Bezügen nicht auf die Befriedigung trifft, die sie sich wünschen. So wird denkbar, dass ich als Supervisor der Gruppe die Frustrationsgefühle über die fehlende Anerkennung und die Auseinandersetzung damit erspart habe. Dies wiederum könnte damit zu tun haben, dass die Gruppe von der Erkenntnis der Frustration überfordert gewesen wäre.

Ein anderer (und mit obigem Gedanken zusammenhängender) Spiegelungsprozess könnte die Scham gewesen sein, die mit dem Wunsch und der Sehnsucht nach Anerkennung verbunden ist. Es besteht immer die Gefahr, die gewünschte Anerkennung nicht zu bekommen und so verletzt und beschämt zu werden. Der Wunsch nach Anerkennung impliziert auch eine enge Beziehung zu denen, von denen die Anerkennung ersehnt wird. Motive von Abhängigkeit und Unter- bzw. Überordnung, Unter- und Überlegenheit schwingen mit. Die Souveränität in der Begegnung ist berührt und beeinträchtigt. Insofern ist Scham ein starkes Motiv, das im Wunsch nach Anerkennung wirkt – Scham, den Wunsch nach Anerkennung zu zeigen, Scham, enttäuscht zu werden, Scham, sich unterlegen zu fühlen, Scham, nicht anerkannt zu sein. In der intersubjektiven Dynamik könnte ich als Supervisor die Scham gespürt und die Gruppe vor der Wahrnehmung der Scham geschützt haben.

Konklusion

Seelsorge ist im Islam ein neues, im Entstehen begriffenes, religiöses Feld. Eine eigene Seelsorgetheorie oder mehrere Seelsorgetheorien müssen im Islam erst noch entstehen. Wer entwickelt die theoretischen Grundlagen für (Gefängnis-)Seelsorge, wer bildet die Seelsorgerinnen und Seelsorger aus und nach welchen Kriterien werden die theoretischen Grundlagen für die Ausbildung und die Ausbilderinnen und Ausbilder selbst ausgewählt? Wie ist die Verbindung zwischen universitärer islamischer Theologie und seelsorglicher Praxis gestaltet und gewährleistet?

Zugleich gibt es im Islam keine einheitliche Organisation, die der Organisation der christlichen Kirchen vergleichbar wäre. Dies ist gegenüber dem Staat, der in Sachen Gefängnisseelsorge Verhandlungspartner ist, eine Erschwernis.

Die Gefängnisseelsorgerinnen und -seelsorger bleiben von diesen theoretischen und organisationalen Bestimmungen nicht unberührt. Einerseits befinden sie sich im Status von Pionierinnen und Pionieren im Islam, weil sie ein neues Praxisfeld erschließen, andererseits stehen sie vor der großen Aufgabe, eine eigene seelsorgliche Identität zu entwickeln, und dies in einem Feld, das nicht nur aufgrund der Klientel, sondern auch aufgrund der Institution der Justizvollzugsanstalt und der Randständigkeit der Seelsorge in ihr zu einem der anspruchsvollsten seelsorglichen Felder überhaupt gehört. Die Dynamik des Wunsches nach Anerkennung wirkt in mehrere Richtungen: Anerkennung bei den Gefangenen, Anerkennung bei der Institution der Justizvollzugsanstalt, Anerkennung bei der eigenen Religion, Anerkennung bei den anderen muslimischen Seelsorgerinnen und Seelsorgern, Anerkennung bei der christlichen Seelsorge, Anerkennung vor dem eigenen Selbstverständnis. Der Wunsch nach Anerkennung wirkt offen (z. B. in der Forderung nach mehr Entgelt oder der Erhöhung der Stundenzahlen) und verborgen (im Verhalten gegenüber Vollzugsbeamten und -beamtinnen, gegenüber Gefangenen, gegenüber Kolleginnen und Kollegen, gegenüber der christlichen Seelsorge, gegenüber der eigenen religiösen Organisation). Die Dynamik des Wunsches nach Anerkennung braucht einen Raum, in dem sie betrachtet und ins Bewusstsein kommen kann, sodass ihre untergründige Beeinflussung von Verhalten bewusst wird. So wurde an verschiedenen Stellen deutlich, dass es eine der wichtigsten Aufgaben der Supervision war, unbewusste Motive in der seelsorglichen Arbeit bewusst zu machen. Die Bewusstmachung lockert die tiefgründige Bindung und schwächt die Gefahr, sich von unbewussten Motiven im Handeln leiten zu lassen.

Eine zentrale Aufgabe für islamische Seelsorge bleibt die Arbeit an der eigenen Identität und am eigenen Selbstverständnis. Die Orientierung allein am Selbstverständnis der christlichen Seelsorge reicht nicht aus, weil die Grundlagen, was die Theologie betrifft, aber auch, was die Bedingungen der Arbeit betrifft, unterschiedlich sind. Christliche Theologie hat zum Thema Schuld und Vergebung Positionen entwickelt, die für Gefängnisseelsorge tragfähig sind und der Komplexität von Schuld und Vergebung gerecht werden können (*peccatum originale* und *peccatum actuale*, *simul justus et peccator*, die Unterscheidung von Tat und Person, Umkehr und Buße, *pecca fortiter* u. a.). Diese theologischen Inhalte tragen zu einer Grundhaltung der Seelsorgerinnen und Seelsorger bei, die sie von den Manipulations- und Instrumentalisierungsversuchen von Gefangenen unabhängig machen können. (Ob das die christlichen Seelsorgerinnen und Seelsorger de facto sind, ist eine andere Frage und wird hier nicht behauptet). Auch islamische Theologie kann in diesem Sinn zur Grundhaltung der islamischen Seelsorgerinnen und Seelsorger beitragen. Wie bestimmt sich islamische

Seelsorge auf der Grundlage islamischer Theologie und den Erkenntnissen der Humanwissenschaften? Beiträge zum Entstehen und Beschreiben einer eigenen Identität islamischer Seelsorge sind wünschenswert und sollten in ihrer Pluralität gefördert werden.

Biografische Notiz
Christoph Bevier (*1961) ist evangelischer Pfarrer und in den Bereichen Gemeinde, Justizvollzugsanstalt, Gymnasium und Krankenhaus tätig. Zurzeit arbeitet er als Pfarrer und Seelsorger in einer psychiatrischen Klinik. Darüber hinaus ist er ebenso als Supervisor (DGfP) und Bibliodramaleiter aktiv und hat sich im Bereich systemischer Familientherapie weitergebildet.

Ehe- und Sexualberatung in katholischer Trägerschaft in einer multikulturellen Großstadt

Ruth Bornhofen-Wentzel

Vorbemerkungen

Ich möchte meinem Beitrag ein paar Bemerkungen vorausschicken: Die Gedanken, die ich hier vorstelle, sind aus subjektiven Beobachtungen entstanden und sind Überlegungen, die in eigenen Erfahrungen wurzeln. Sie haben keinen allgemeinen Anspruch und stellen meine persönliche Sicht auf bestimmte Fragestellungen dar, die sich im Laufe meiner beruflichen Tätigkeit ergeben haben. Es handelt sich um einen persönlichen Blick auf Phänomene, die wesentlicher komplexer sind und zu denen viele andere Zugänge gewählt und ausgeführt wurden und werden können. Das gilt besonders für die weiten Felder der Theologie und des kirchlichen Selbstverständnisses. Wichtig ist auch der Hinweis, dass sich die Überlegungen auf die katholische Kirche in Deutschland beziehen. Die Strukturen in anderen Ländern sind sehr verschieden und nicht ohne Weiteres vergleichbar.

Ehe- und Sexualberatung und katholische Kirche – ein Widerspruch in sich?

Eine echte Aporie? Wie soll das zusammengehen? Fakt ist: Die Beratungsstelle, deren Leiterin ich bis Mai 2021 war (Ehe- und Sexualberatung im Haus der Volksarbeit in Frankfurt am Main), arbeitet nach anerkannten fachlichen Standards, setzt zur Mitarbeit solide Weiterbildungen voraus, wird wöchentlich supervidiert und praktiziert aktiv regelmäßige Fortbildungen. Sie steht in psychoanalytischer Tradition und befand sich über die Jahre in lebhafter Diskussion mit neueren Therapieformen, sodass inzwischen auch systemisches Wissen in die Praxis einfließt. Der Flyer der Stelle fasst es so zusammen: »Die theoretischen

Grundlagen sowie das methodische Vorgehen unserer Beratungsarbeit beruhen auf dem tiefenpsychologischen Konfliktverständnis und dem systemischen Verstehen von Paardynamik.« Die Arbeit der Beratungsstelle ist allgemein anerkannt, es gibt dauerhaft eine größere Nachfrage, als Termine angeboten werden können, Klient:innen kommen über die Infos der Homepage, auf Empfehlung ehemaliger Klient:innen, von niedergelassenen Therapeut:innen, Ärzt:innen und Kliniken. Die Klientel spiegelt statistisch die Bevölkerung einer Großstadt und ihres Umlandes (bezüglich der Anteile von Migration und Geschlechterverteilung) wider.

Wie bei jeder therapeutischen Arbeit gehört es zum Selbstverständnis, aufmerksam die aktuelle Situation der Klient:innen, ihre Gründe, eine Beratung zu suchen, und die Biografie zu befragen und zu verstehen – und sich dann mit den Klient:innen auf Therapieziele zu verständigen. Es wird demnach kein Ziel, auch kein geheimes, vorgegeben; jede Art von Konflikt, Trennung, Scheidung, ambivalenter Kinderwunsch, verschiedene sexuelle Praktiken und Bedürfnisse können selbstverständliche Themen des Gesprächs sein.

Im Beratungsjargon ist die Beratung ergebnisoffen, d. h., die Wertvorstellungen der Berater:innen davon, was persönlicher Entwicklung und guter Beziehung dient, sind reflektiert und werden Klient:innen nicht angetragen. Es gibt einen freien Raum, in dem sich die Themen und Konflikte der Klient:innen in Arbeits- und Übertragungsprozessen entfalten können. Für Klient:innen entstehen keine Kosten. Die Arbeit wird durch Mittel aus der Kirchensteuer bezahlt (Personal- und Sachkosten).

Fakt ist aber auch: Die katholische Kirche lehrt bestimmte Moralvorstellungen. Dazu gehören die Erwartungen, dass Sexualität ausschließlich in die Ehe gehört, Schwangerschaft nicht ausgeschlossen werden darf, Beziehungen außerhalb der Ehe und Scheidung nicht erlaubt sind. Trotz lebhafter Diskussionen und engagierter Bemühungen hat sich an der offiziell verkündeten Doktrin bisher nichts geändert.

Aller Logik nach geht das nicht gut zusammen: Entweder müsste die Kirche institutionell dafür sorgen, dass in ihrem Sinne beraten wird, also die Klient:innen beeinflusst werden müssten; so könnte sie z. B. Beratungsstellen mit dem offenen oder verborgenen Auftrag installieren, dass Paare sich nicht scheiden lassen. Oder die Erfahrungen in der Beratungsstelle und anderen Praxisfeldern, die mit Beziehungen zu tun haben (Sozialberatung, Migrationsberatung, Frauen- und Bildungsarbeit) müssten dazu führen, dass die Kirche ihre Lehre ändert.

Beides geschieht nicht – beide Haltungen stehen nebeneinander. Die Doktrin steht scheinbar unverbunden neben der Praxis, die eine orientiert an der

»zeitlos« gültigen Lehre, die andere an der Lebenswelt der Klient:innen und am fachlichen Selbstverständnis der Beratung.

Wie ist das zu verstehen? Das Nachdenken darüber und das (möglichst kluge) Agieren in diesen Spannungen hat mich beruflich jahrelang beschäftigt. Zunächst lässt sich vermuten, dass es historische Entwicklungen und Zufälle sind, auch Entscheidungen einzelner Gremien und Personen, die zu dieser disparaten Situation führen.

Diese Erklärung ist aber nicht ausreichend. Die Erfahrungen, wie unterschiedlich die Beratungslandschaften in den einzelnen Diözesen sind und wie fragil die Konstruktionen sein können, wenn z. B. über Zuschüsse entschieden wird, irritieren. Hinzu kommt, dass manches so unsinnig und unverständlich zu sein scheint, dass es sich aufdrängt, auch über tieferliegende Gründe und Prozesse nachzudenken. Vieles ist sicher besser zu verstehen, wenn vorausgesetzt wird, dass auch komplexe unbewusste Strebungen, Emotionen, Wünsche und Konflikte notwendig wirken.

Wenn näher hingeschaut wird, zeigt sich zunächst, dass die geschlossenen Bilder trügen. Die katholische Kirche ist kein Monolith, auch wenn sie sich selbst so darstellt und so wahrgenommen wird. Sie ist eine komplexe, vielfältige Institution, die nicht nur aufgrund ihres Alters (viele Jahrhunderte) und ihrer Größe (über 1,3 Milliarden Mitglieder) notwendig vielfältige Wurzeln und vielfältige Ausdrucksformen hatte und hat. Das starre, geschlossene, doktrinäre Bild und dessen Ausformung sind weitgehend eine Frucht des 19. und 20. Jahrhunderts – einer Zeit, die in Abwehrkämpfen und Ängsten gegenüber der Moderne ihre Zuflucht zu fixierten und engen Glaubensaussagen suchte (Seewald, 2018; Wolf, 2020).

Über die Jahrhunderte hinweg zeigen sich einerseits Tendenzen, feste Strukturen und Machtgefüge zu etablieren und durchzusetzen, andererseits aber auch immer wieder aufkommende Gegen- und Reformbewegungen. Es bleibt dabei ein interessanter Widerspruch, dass sich die Kirche auf einen Gründer beruft, der selbst nach Zeugnis der Evangelien kein Interesse an Institutionen, Gründungen, Familie und Ehe hatte, sondern ein kurzes, radikales und prophetisches Leben lebte.

Aus diesem Widerspruch nähren sich von jeher die Gegen- und Reformbewegungen, gleich ob sie sich in der Idee der Gerechtigkeit, radikaler Nächstenliebe, in der radikalen Solidarität mit den Armen oder Geflüchteten oder in der radikalen Hingabe an Gott mit der entsprechenden Freiheit gegenüber institutionellen Strukturen verankern.

Von dort, scheint mir, entstand und entsteht auch die Kraft, emanzipatorische und »moderne« Entwicklungen zu assimilieren oder selbst zu entwickeln, wie ermächtigende Deutungen von Theologie, wie z. B. die Theologie der Befreiung, Caritas, frühe Formen der Sozialarbeit und Pflege in eigens dafür gegründeten Orden, Einsatz für »Eine Welt« und Erhalt der Schöpfung, Hilfswerke, Sozialkatholizismus. All dies ist der Kirche immanent, steht allerdings immer im Widerstreit zu Kräften der Beharrung und des Machterhalts.

Die Beratung wiederum ist nicht einfach nur frei. Sie profitiert von einer soliden Finanzierung, die sich wohltuend absetzt von der oft atemlosen Notwendigkeit, Projektgelder zu generieren, von internen Fort- und Weiterbildungsmöglichkeiten, stabilen Förderwegen und einladenden Häusern. Sie ist eingebunden in ein Netzwerk mit anderen kirchlichen Angeboten. Genau genommen, kann sie abgeschafft oder ihre Arbeit erschwert und eingeschränkt werden, wenn der Geldgeber es aus eigenen Gründen so entscheidet.

Indirekt profitiert die Beratung auch von der traditionellen Wertschätzung der katholischen Kirche für die Ehe, die der kirchlichen Eheschließung sogar einen Rang als Sakrament zuschreibt und die Sorge für die Ehe als Feld der Pastoral begreift. Insofern ist es logisch, dass Eheberatung ausgestattet und finanziell gefördert wird. Die Länder und Kommunen tun es in der Regel nicht (z. B. in Hessen). Es gibt Ausnahmen in der Förderung (z. B. in Bayern) oder eine Teilförderung für Paare mit Kindern, wobei hier das Kindeswohl die Förderung begründet (z. B. in Rheinland-Pfalz). Paartherapie ist auch keine Kassenleistung, sondern wird in der Regel nach privater Vereinbarung berechnet. Das bedeutet: Institutionalisierte Paar- und Eheberatung gäbe es ohne die Kirchen nicht.

Wie werden diese Spannungen gelebt?

Meiner Erfahrung nach werden diese Spannungen und Unvereinbarkeiten durch komplexe, mobile und fragile, bewusste und unbewusste Konstruktionen ausbalanciert.

Unterschiedliche und heterogene Organisationsformen

Es beginnt damit, dass Beratungsstellen höchst unterschiedlich organisiert sind. Die Trägerschaft liegt manchmal bei den Bistümern, manchmal bei Diözesan- oder lokalen Caritasverbänden, manchmal bei eingetragenen Vereinen. Diese Trägerschaft ist natürlich historisch gewachsen, trotzdem gibt es keinen Versuch, sie »vernünftig« zu ordnen. In dieser Vielfalt kann dann beides gedeihen: eine relative Unabhängigkeit (z. B., wenn ein Verein und nicht die Kirche selbst Anstellungsträger ist, darin, welche Schwerpunkte eine Beratungsstelle setzt und wie sich ihre Qualität entwickelt) und eine Zersplitterung, die es schwer möglich macht, gemeinsam Interessen gegenüber der verfassten Kirche durchzusetzen. Es gibt dann auch keine für alle geltenden Rechte (z. B. bei der Bezahlung), aber auch keine übergeordnete Kontrolle. Die Träger (Caritas oder Vereine) bringen zudem ihre je eigene Kultur ein und sorgen für beides: Reibungsflächen und Möglichkeiten. Vereine haben zudem die Ambivalenz, dass sie oft starke Abteilungen und interne Leitungen haben, während die Gestaltungskompetenz von Geschäftsführung aber sehr unterschiedlich sein kann und oft ein ehrenamtlicher Vorstand oder Beirat den Verein leitet. Das kann dazu führen, dass sich viel und weniger Fachkompetenz gegenüberstehen, schwache innere Strukturen entstehen und Entscheidungen auf ungenügend fachlicher Basis getroffen werden. Das Biotop kann blühen, aber recht isoliert sein. Es kann bedroht sein, kümmerlich oder besonders fruchtbar.

Nicht-gelöste Konflikte

Viele Konflikte werden oft nicht als solche erkannt, bezeichnet und noch weniger gelöst. Finanzierungen sind nicht transparent, Standards nicht immer klar, Anstellungsvoraussetzungen sind veränderbar. Auch hierin liegen Chance und Belastung: Eine Leitung kann durchsetzen, dass eine konkrete Mitarbeiterin aus diesen bestimmten Gründen eingestellt werden sollte, aber es darf nicht »offiziell« vom kirchlichen Arbeitsrecht abgesehen werden. Es gibt ein bewusstes oder unbewusstes Interesse beider Seiten, solche Fragen nicht umfassend zu klären oder nicht einmal als klare Fragen erkennen zu lassen.

Unbewusste und halbbewusste »Lösungen«

Ignoranz

Es hat mich jahrelang beschäftigt, wie wenig kirchliche Leute und Menschen in der Beratung voneinander wissen. Es gibt die wohlfeilen gegenseitigen Vorurteile: Pastorale seien fromm und ein bisschen unbedarft, Berater:innen seien nicht richtig katholisch und machen etwas Schillernd-Fremdes, Faszinierend-Anderes.

Ich habe erlebt, wie in Konferenzen gesagt wurde, es müsse doch Stellen geben, die man Menschen mit bestimmten Problemen empfehlen könnte, und die seltsame Verwunderung auf den Hinweis, diese Stellen gäbe es doch, und die noch größere Verwunderung über die Aussage, wir wären doch vom selben »Player«.

Bezeichnend ist vielleicht die Rezeption eines Projekts, das die Beratungsstelle federführend entwickelt hat. Nachdem wir schon einige Jahre mit Workshops und anderen Angeboten für Paare große Resonanz in der Frankfurter Öffentlichkeit gefunden hatten, suchten wir kirchenintern eine Kooperation. Wir fanden sie zusammen mit der Frankfurter Stadtkirche und der Pfarrei St. Jakobus im Projekt »ZweiUndAlles«. Dahinter steht eine Koordination, in der Angebote der drei Projektträger für Paare eingestellt werden. Obwohl wir in diese Kooperation »nur« unsere Workshops und Werbung für unsere Beratungsstelle einbringen, waren das Interesse und die Resonanz kirchlicherseits auffallend hoch und positiv. Wir waren im katholischen Kosmos angekommen und wahrgenommen worden. Unsere eigentliche und bedeutsamere Kernarbeit (rund 1.200 Klient:innen im Jahr) bekommt diese Aufmerksamkeit nicht in derselben Weise.

Umgekehrt haben Mitarbeiter:innen nicht selten Berührungsängste mit spirituellen und Glaubensthemen. Achtsamkeitsthemen und Entspannung scheinen näher zu liegen als die soliden spirituellen Angebote der Kirche. Der katholische Kontext wird nicht selten verleugnet oder an die Leitung delegiert. Als Mitarbeiter:in bin ich Mitglied einer Kirche, auch weil ich das dienstrechtlich sein muss, also bin ich auch loyal, aber ich möchte mich mit innerkirchlichen Gremien und internen Anfragen nach meiner Expertise nicht allzu sehr beschäftigen. Glauben ist Privatsache und die Distanz lässt sich progressiv rechtfertigen. Ich nehme den attraktiven Arbeitsplatz und die sichere Bezahlung, reflektiere aber nicht gerne über den Preis und die Widersprüche.

Verdrängte Konkurrenz

Theolog:innen in der pastoralen Arbeit verstehen sich als Seelsorger:innen, gleichgültig ob sie Priester oder sogenannte »Laien« sind. Als Seelsorger:innen führen sie Krisen- und begleitende Gespräche, besonders in besonderen Lebenssituationen, etwa bei Krankheit oder rund um die Beerdigung. Für viele ist diese Arbeit ein Kernbereich ihres Tuns, der oft als sehr befriedigend, aber auch als verunsichernd erlebt wird. Auch was Seelsorger:innen tun und wie sie sprechen, ist nicht mehr allgemeingültig. Zur Arbeit in einer heutigen Pfarrei gehören zudem auch zahlreiche andere Aufgaben, insbesondere viele, für die Theolog:innen keine Fachleute sind (Leitung, Verwaltung, Soziale Arbeit, Vernetzung). Sind sie aber Fachleute für Beratungsgespräche?

Oft wird die eigene spirituelle Kompetenz infrage gestellt, gibt es Anleihen an die Therapie, was den Horizont erweitern kann, aber auch die Tür öffnet für eigene Insuffizienzgefühle, Neid und Konkurrenz. Wenn das nicht bewusstwerden darf und produktiv genutzt wird, indem z. B. geklärt wird, was jede:r in seiner Aufgabe kann und was nicht, kann es helfen, sich mit den »Anderen« am besten nicht zu sehr zu beschäftigen. Wie oft habe ich nach warmem Händedruck gehört »Sie leisten eine so wertvolle Arbeit«, um dann in wichtige Zusammenhänge, besonders Planungsprozesse, nicht einbezogen zu werden.

Verdrängen und Verleugnen der Realität

Kirchliche Papiere zu Ehe und Familie sind oft mühsam zu lesen. Kommentare und Stellungnahmen dazu sind mühsam zu schreiben. Warum? Weil sie oft von einer Realität sprechen, die es so nicht gibt, in einer »Spezial-Pastoral-Sprache«, die sonst niemand spricht.

Katholik:innen leben ganz überwiegend wie die meisten Menschen in dieser Gesellschaft. Sie wünschen sich verlässliche Beziehungen, sehnen sich nach Familie und Bindung, sind unsicher und probieren aus. Sie leben wie die meisten vor der Eheschließung zusammen, überlegen, wann eine gute Zeit für eine Schwangerschaft sein könnte, erleben Trennungen. Sie sind geprägt durch die inneren und äußeren Entwicklungen und Konflikte der Gesellschaft, sind geprägt durch Migration, Zusammentreffen verschiedener Kulturen, Ringen um Geschlechterrollen. Und oft mühen sie sich um die konkrete Gestaltung von Beziehungen – wie miteinander sprechen, wie streiten und versöhnen, wie erziehen, wie den Alltag organisieren, wie zwei Berufe jonglieren, wie mit der Patchworksituation, mit Herkunftsfamilie, Nachbar:innen, Alltag zurechtkommen – und das neben der ständigen Aufforderung, alles richtig oder noch besser zu machen? Und wie zu allen Zeiten sind sie geprägt durch die je eigenen Biografien und Familiengeschichten.

Die meisten folgen in der Sexualität einer Verhandlungsmoral: Wenn beide einverstanden sind, ist es in Ordnung. Dagegen steht die offizielle kirchliche Lehre starr wie eine Ideologie, gerade in den Bereichen Beziehung, Ehe, Sexualität und Geschlechterrolle. Mit den Rückgriffen auf Naturrecht und Tradition wird eine Identität und gleichmäßige Autorität über die Jahrhunderte behauptet, was sich historisch nicht halten lässt (Wolf, 2015), theologisch ist es fragwürdig, menschlich tief enttäuschend bis tragisch.

Warum ist das so?

Ich kann nur ein paar Vermutungen anstellen. Es geht hier um Bereiche, die tief in die menschliche Identität und in das Selbstverständnis und Selbsterleben von Menschen eingreifen. Kirche, spezifisch die katholische, hat hier über Jahrhunderte viel Macht und Deutungshoheit angesammelt. Die politische, finanzielle und organisatorische Macht ging und geht verloren. Die Deutungshoheit, traditionell formuliert über »die Seele«, modern über das Leben, wird noch behauptet und es wird versucht, sie zu erhalten und zu verteidigen.

Die Deutungen des Glaubens, Deutungen von Leben, Gelingen, Leiden und Tod waren für viele Menschen hilfreich, schützend und tief bedeutsam. Das ist auch heute so. Vieles davon könnte es meiner persönlichen Meinung nach auch weiterhin sein. Leider tritt der Glaube manchmal nur noch in Form von Forderungen und Formalitäten auf, als ob nur noch die Hüllen gezeigt werden und der einst hilfreiche Inhalt nicht mehr zugänglich ist.

Ein Beispiel ist das kirchenjuristische Verfahren der Annullierung einer kirchlichen Ehe, die als Ergebnis in einem juristischen Prozess ermittelt werden muss. Ein Scheitern darf es nicht geben, weil die Ehe als unauflöslich gilt. Man muss feststellen, dass etwas nicht gültig gewesen ist. Weniger lebensfremd und hilfreicher wäre ein pastorales Angebot, das die Trennung nach dem Ende einer Beziehung anerkennt und der seelischen Erschütterung und der Situation je nach Belastung gerechtzuwerden versucht.

Geht es um die Abwehr von Angst? Bezeichnenderweise wurde Vieles, was »typisch katholisch« scheint, erst im 19. Jahrhundert dogmatisiert, wie die bekannte »Unfehlbarkeit des Papstes« unter großem internem Protest. Sie geschah in einer großen Abwehrbewegung gegen die »Moderne«, die als gefährlich oder gar vernichtend gefürchtet wurde (Wolf, 2020). Vielleicht geht es um ein ähnliches Phänomen einer fundamentalen Angstabwehr, wenn heute festgehalten und verteidigt wird und Augen und Ohren geschlossen werden. Es scheint so schwer zu sein, die Realität anzuerkennen, vom Podest zu steigen und vom eigenen Glauben und der eigenen Hoffnung ohne Absolutheitsanspruch zu sprechen. Es muss wohl viel Angst gebannt werden.

Für diese Gedanken spricht auch, dass das, was als so richtig erachtet wird, auf der Seite der Kirche oft nicht durchgesetzt und gefüllt, sondern nur äußerlich formal geprüft wird. Voraussetzung für eine Anstellung ist oft die Zugehörigkeit zu einer Kirche, was für viele eine zufällige Folge einer elterlichen Entscheidung zur Taufe ist. Man darf zudem nicht ausgetreten sein, muss also eine formale Zugehörigkeit als Steuerbürger:in haben, die es so nur in Deutschland gibt.

Diese formale Zugehörigkeit zu überprüfen, könnte so verstanden werden, dass auf einer Art Unterwerfungsgeste bestanden wird. Es könnte aber auch als eine einigermaßen hilflose Geste interpretiert werden, wenn Übereinstimmung und Passung nicht mehr auf einem anderen Weg bewertet werden können. So könnte eine Mitarbeiterin für ein Team bereichernd und wichtig sein, die aus familiären Gründen nicht getauft ist und (bisher) keinen biografischen Zugang zur Kirche hat – und dann?

Auch auf Seite der Bewerber:in muss eine Auseinandersetzung mit der Institution, der er oder sie angehören will, nicht zwingend erfolgen, wenn nur die Erfüllung formaler Aspekte überprüft wird. Ein anderer Hinweis auf eine Hemmung durch Angst ist die Erfahrung, dass Beratungsarbeit hochgelobt, aber nicht flächendeckend und systematisch angeboten und ausgebaut wird, wie dies z. B. die Bistümer Freiburg oder Münster tun. Zwar wird ihre Wichtigkeit betont, dennoch werden aber oft kleine Stellen mit wenig Man- und Womanpower installiert oder in Kombination mit anderen Aufgaben realisiert. Meist dient der Hinweis auf fehlende finanzielle Mittel als tatsächliche oder vorgebliche Begründung. Man möchte Präsenz und Ergebnisse der Beratungsarbeit haben und vorweisen können, aber sie gleichzeitig nicht zu stark und kreativ werden lassen.

Gleichzeitig ergibt sich ein Paradox: Wenn jemand »im System« ist, genießt er oder sie oft eine verblüffende Freiheit. Es gibt viel Spielraum für Arbeitsfelder, Arbeitszeit, eigene Schwerpunkte, Wahl von Projekten, und in diesen Bereichen seltsam wenig Kontrolle bei gleichzeitiger Finanzierungssicherheit. Für die Beratungsarbeit in der hier beschriebenen Beratungsstelle bedeutet das, dass wir frei sind im Setzen von Standards, Ausgestaltung der Settings, Vereinbarungen mit Klient:innen, interner Organisation, Zahlen usw. Ist das Vertrauen, Wertschätzung, das kirchliche Prinzip der Subsidiarität, freundliches Desinteresse, Erschöpfung und Vermeiden, sich fremder Realität auszusetzen und von anderen Erfahrungen zu hören?

Andererseits – so scheint es mir – gibt es immer ein nicht-offizielles Wissen um diese Entwicklungen. Viele Menschen, die in kirchlichen Bezügen arbeiten, sind gebildet, klug und nehmen gesellschaftliche Zusammenhänge selbstverständlich wahr. Sie verstehen die Realität. Sie leben ja selbst in ihr und sind Teil von ihr. Auch sie haben Kinder, die kirchliche Vorstellungen »strange« oder »cringe« finden. Dieses Wissen und Erleben führen zu vielen Anpassungen, Veränderungen und Kompromissen im konkreten Alltag. Dabei geschehen diese Kompromisse in der Regel defensiv und eher verborgen. Es sind verdeckte Lösungen, die zwar erleichtern, zu denen aber oft nicht offen gestanden wird. Es gibt einen vernünftigen Pragmatismus, der oft daran krankt, dass nicht offen gesprochen, nicht weitergedacht und vor allem nicht weiterführend gehandelt werden darf. Dieses Wissen führt selten zu Verhaltensänderungen, und wenn doch, dann nicht zu weiteren Konsequenzen.

Zusammenfassende Überlegungen

Wie ist das alles abschließend zu verstehen? Deutlich ist: Es gibt auf den ersten Blick, aber auch bei genauerer Betrachtung eindrückliche Spannungen. Es gibt die heterogenen Organisationsstrukturen und vielfältige Abwehrprozesse. Es gibt keine Tendenz, sich diese Spannungen bewusstzumachen, Ambivalenzen aufzulösen und an gemeinsamen Verständigungen und Entwicklungen zu arbeiten. Es kostet die Beteiligten oft eine enorme Portion Energie, sich in und zwischen all dem zurechtzufinden. Es ist alltägliche Mühe der Leitungen und Mitarbeiter:innen, die Qualität der Arbeit zu sichern und zu halten.

Offensichtlich wird beides gebraucht: die Lehre und die andersartige Praxis – vielleicht auf Dauer, vielleicht aus Gründen, die offenliegen, mehr vielleicht noch aus Gründen, die verborgen und sogar unbewusst sind.

Manchmal kommen mir die einzelnen Elemente, die kirchliche Lehre, die kirchliche Verwaltung, die Finanzierung, die psychologische Sachkompetenz, die Auseinandersetzung mit der gesellschaftlichen Realität und die Beratungsstellen mit ihren Interna wie Teile eines Mobiles vor, das fein ausbalanciert ist. Alles hängt an kaum sichtbaren Fäden, aber notwendig miteinander verbunden, alles hat seinen Platz. Alles bewegt sich in je eigener Drehung und ist doch abhängig voneinander.

Es gibt vielleicht auch noch einen besonderen, aber wenig sichtbaren Faden: Es gibt eine Verbundenheit darin, dass es gemeinsam geteilte Werte gibt, zwar schwer erkennbar, weil so unterschiedliche Sprachen gesprochen werden: die Vorstellung vom Menschen als Person in je eigener Würde, theologisch begründet als einmaliges, bejahtes Kind Gottes oder modern als Person in ihren Menschenrechten und ihrer verbrieften Würde. Gemeinsam ist die Wertschätzung der verbindlichen Beziehung, die Unterstützung verdient, hier der sakramentalen Ehe, dort der vereinbarten Bindung.

Wozu wird nun beides gebraucht? Wenn ich in mir selbst die Spannungen der Anforderungen der Realität spüre und darüber hinaus auch »den Menschen«

entsprechen will, wie die offizielle Kirche das in ihren Verlautbarungen verkündet und auch oft ehrlich will, kann ich im unbewussten Wissen um die Leistung der Beratungsstellen deren Arbeit fördern, während ich sie gleichzeitig auf Abstand halte. Dann passt es, wenn sie nicht ganz Teil der kirchlichen Identität sind, wir nicht allzu viel voneinander zu wissen brauchen und sie bitte, nicht zu groß oder bedeutend werden, möglichst nicht flächendeckend und nicht zu anspruchsvoll. Ich kann meine eigene dogmatische Haltung behalten und die Anderen machen lassen. Sie erledigen dann eine wichtige Arbeit für die Balance der Institution, vielleicht auch für die eigene innere Balance von Funktionsträger:innen. Ich delegiere und lagere Wichtiges aus, kann dabei selbst scheinbar unverändert bleiben.

Hier könnte es also eine unbewusste Lösung sein, dass bei offiziell starrer Haltung sich die Kirche »Unterabteilungen« – wie die Beratungsstellen – leistet, die sich als Spiel- und Experimentierfeld um die Realität kümmern dürfen. Es gibt ja ein heimliches Wissen darüber, dass andere Sichtweisen und Praxisfelder notwendig, dass weitere Entwicklungen nötig sind. Innere Spannungen im kirchlichen Apparat werden dadurch abgebaut, denn man ist Teil beider Seiten: der Entwicklung, die Neues praktiziert, und des Beharrens auf dem Immer-Gültigen. Man braucht sich nicht zu verändern.

Gleichzeitig können die Kompetenz und das Wissen der Beratung wie in einem Container aufbewahrt und eventuell neu befragt werden, wenn offiziell Veränderungen angesagt sind, wie im Moment z. B. bei Fragen der Kirchenentwicklung, bei synodalen Prozessen oder der Auseinandersetzung mit sexueller Gewalt im System. Diese Art einer Lösung dürfte nicht nur in der dargestellten Beratungsstelle, sondern auch für viele andere Arbeitsbereiche, Gruppen und Institutionen innerhalb der Kirche gelten. Die Berater:innen haben spiegelbildlich in ähnlicher Weise einen Ertrag: Der kirchliche Träger ist der Garant eines sicheren und soliden Arbeitsplatzes – gleichzeitig können die Berater:innen kirchliche Interna ignorieren.

So haben beide Parteien einen Gewinn: die Kirche ihr vorzeigbares, dynamisches, interessantes Experimentierfeld bei gleichzeitiger eigener Starre, die Beratungsarbeit die abgesicherte und gleichzeitig freie Arbeit innerhalb der Grenzen, die meistens nicht besonders wehtun. Beide Parteien haben ein unbewusstes Interesse an Verdeckung, wenn auch aus unterschiedlicher Motivation. Beide geben sich gegenseitig Stabilität, Halt und entlasten einander.

Die Macht der Kirche zeigt sich allerdings darin, dass sie durch die Finanzierung jederzeit die Kontrolle über die Beratung behält. Um im Bild zu bleiben: Sie kann das Mobile abhängen oder die Fäden durchschneiden, indem sie die Finanzierung aufkündigt oder mit Kürzungen droht. Dann beginnt kirchenintern die bekannte Diskussion darüber, ob nicht die »eigentlichen« kirchlichen Felder Liturgie, Gottesdienste oder Gemeindearbeit präferiert werden müssten.

Hier liegt ein weiterer Verleugnungsbereich der Berater:innen. Sie tun sich schwer damit, dass die Institution, die sie finanziert, Loyalität einfordern kann. Sie blenden diese Abhängigkeit oft aus, sind von der Notwendigkeit der eigenen Arbeit zwingend überzeugt und vertrauen auf die Balance zwischen den Kräften, die doch wieder einen Ausgleich finden sollen.

Ich denke nicht, dass all diese Entwicklungen, dieses Hin und Her von Abhängigkeiten und Entscheidungen auf bewusstem, klarem Wollen beruhen. Vieles geschieht, wie dargelegt, unbewusst, vieles darf nicht zu Ende gedacht werden. Vieles geschieht gleichzeitig und ambivalent – wie Daniel Deckers in der *FAZ* einmal schrieb, »in der typisch katholischen Mischung von Anarchie und Autokratie« (Deckers, 2021, S. 3).

Die Kirche als Ganzes befindet sich in einem gewaltigen Umbruchprozess, bedeutsame Veränderungen werden diskutiert und stehen an. Es wird viel experimentiert. Manches geschieht aus Not, weil Strukturen und Praxen nicht mehr gehalten werden können und die Austrittszahlen steigen, vieles auch aus Einsicht und mit gutem Willen. Große Institutionen haben Veränderungen erlebt, indem sie innerlich zusammenstürzten, weil die Realität sich Bahn brach und das Tradierte keine Bedeutung, keine Überzeugungskraft und keinen Glanz mehr hatte. Manches deutet auch in der Kirche darauf hin.

Genauso könnte man diese Verwerfungen aber auch als Teil eines komplexen dynamischen Prozesses sehen. Positiv gedeutet, ließe sich darin der Beginn von Veränderungen »von unten« sehen. Die Erfahrungen der Beratungsstellen wie vieler anderer Institutionen, Gruppen und Organisationen innerhalb der Kirche könnten einen Beitrag dazu leisten.

Dann wäre auch eine freundlichere und positivere Wertung dieses Befundes möglich: Kirche gestaltet mit den Beratungsstellen eine bedeutsame innerkirchliche und gesellschaftliche Aufgabe. Manches wird innerkirchlich neu gesehen und bewertet, ein offeneres Gespräch möglich. Das Gespräch bleibt lebendig, der Ausgang offen.

Literatur

Deckers, D. (2021, 16. September). Ein Phantom als Bischof. *FAZ*, 215, S. 3.
Seewald, M. (2018). *Dogma im Wandel. Wie Glaubenslehren sich entwickeln*. Herder.

Wolf, H. (2015). *Krypta. Unterdrückte Traditionen in der Kirchengeschichte*. C. H. Beck.
Wolf, H. (2020). *Der Unfehlbare: Pius IX. und die Erfindung des Katholizismus im 19. Jahrhundert*. C. H. Beck.

Biografische Notiz
Ruth Bornhofen-Wentzel ist Dipl.-Theologin (kath.), Pastoralreferentin, Psychologische Beraterin (EFL BAG) und Supervisorin (DGSv). Ihre Arbeitsfelder sind: Krisen- und Lebensberatung, Telefonseelsorge, Diözesanreferentin, Paar- und Sexualberatung, Supervision. Sie ist verheiratet und hat erwachsene Kinder.

Organisationsdynamische Aspekte im Rahmen einer evangelischen Hochschule[1]

Alexa Köhler-Offierski

Einführung

»Organisationsdynamik« beschreibt nach einer Definition der Deutschen Gesellschaft für Gruppendynamik und Organisationsdynamik (DGGO) »das lebendige und veränderliche Kräftespiel innerhalb von Organisationen, zwischen ihren eher starren Strukturen von Aufbau und Ablauf, von Regeln und Funktionen«. Sie ist sozusagen die »flüssige Seite« der Organisation, der Anteil, der es möglich macht, »sich an die Veränderungen ihrer inneren und äußeren Umwelt anzupassen«.[2]

An dieser Definition fallen drei Dinge auf:
1. die sich verändernden Umwelten, die zu beschreiben sind,
2. die Anpassungsprozesse, die zu leisten sind, und schließlich
3. die nicht-benannten Akteur:innen, denn die Organisation kann nur dann als agierend verstanden werden, wenn die darin tätigen Menschen als Gruppe verstanden werden.

Im Folgenden werden daher die Veränderungen der äußeren Umwelt der Fachhochschulen skizziert, dann die Veränderungen der inneren Umwelt exemplarisch beschrieben und schließlich einige Überlegungen zur Gruppendynamik angeschlossen.

---

1 Die folgenden Überlegungen resultieren aus langjähriger Tätigkeit an der Evangelischen Hochschule Darmstadt (EHD) und deren Reflexion. Ich danke Gisela Kubon-Gilke für kritische und hilfreiche Anmerkungen und Michael B. Buchholz für ergänzende Literaturhinweise.
2 Siehe https://www.dggo.de/gruppendynamik-und-organisationsdynamik/organisationsdynamik

Zunächst aber: Was ist eine Hochschule? Die Vorstellungen sehen völlig unterschiedlich aus, je nachdem, ob Mitarbeiter:innen des Hausdienstes an »Hochschule« denken oder der Kanzler, ob man die Hochschule vor Augen hat, die man selbst vor 45 Jahren besucht hat, vielleicht in einem anderen Land mit einem anderen Hochschulverständnis. Wir benutzen dasselbe Wort und haben zum Teil ziemlich unterschiedliche Vorstellungen davon, was wir eigentlich meinen. Jacques Lacan hat einmal davon gesprochen, dass das Wort nicht ein Zeichen ist, sondern ein Knoten von Bedeutungen. Wir haben es also mit einem Knoten namens »Hochschule« zu tun. Nun ist das Besondere an einem Knoten, dass dieser verschiedene Stränge zusammenhält, die sonst unverbunden nebeneinander hängen. Um den Knoten gut zu binden, muss man immer wieder schauen, welche Stränge gerade zusammengehören, und darauf achten, dass nicht ein Strang verlorengeht – z. B. der Strang »Zeit zum Nachdenken«.

Kirche kennt sich seit Jahrhunderten mit einem universitären Studium der Theologie aus, hat sich aber vor 50 Jahren auf neues Terrain begeben, nämlich auf das einer evangelischen Hochschule mit dem Ziel, »durch anwendungsbezogene Forschung und Lehre eine auf wissenschaftlicher Grundlage beruhende Bildung zu vermitteln, die zu entsprechender Tätigkeit im Beruf befähigt«. Das klingt so ähnlich wie die Aufgabenbeschreibung in §3 des Hessischen Hochschulgesetz (HHG), aber mit einer kleinen Akzentverschiebung: Die Hochschulen dienen der Pflege und Entwicklung der Wissenschaften und Künste sowie der Verwirklichung des Rechts auf Bildung durch Forschung, künstlerisches Schaffen, Lehre, Studium und Weiterbildung in einem freiheitlichen, demokratischen und sozialen Rechtsstaat. Die Hochschulen bereiten auf berufliche Aufgaben vor, bei denen die Anwendung wissenschaftlicher Erkenntnisse und Methoden oder die Fähigkeit zur künstlerischen Gestaltung erforderlich oder nützlich sind. Die folgenden sieben Absätze beschreiben dann, was und wie die Hochschulen noch beachten sollen, und in §4 werden dann noch Aufgaben für die einzelnen Hochschultypen differenziert.

Die kleine Akzentverschiebung liegt darin, dass Bildung im Kirchengesetz als Voraussetzung für die berufliche Tätigkeit auf wissenschaftlicher Grundlage verstanden wird, während im HHG das Recht auf Bildung durch Forschung, Lehre usw. realisiert wird. Ein Knoten besteht darin, dass die EHD beiden Aufträgen verpflichtet ist.

Konkret bedeutet dies, dass den Studierenden als Personen begegnet wird, die bereits als Gebildete ihr Studium aufnehmen und denen im Studium Angebote zu machen sind, sich allgemein wie fachlich weiterzuentwickeln. Eine Studentin brachte es am Ende ihres Studiums auf den Punkt: Sie habe ihr Wissen aus der

Jugendarbeit ins Studium mitgebracht, im Studium habe sie noch mal gelernt, anders zu denken – und das habe Zeit gebraucht.

Nun ist das Verständnis von Bildung genauso offen und vieldeutig wie der Begriff der Hochschule. Wie sieht also ein evangelisches Bildungsverständnis aus? Der evangelische Hochschulbeirat hat dazu formuliert:

»Auch für Hochschulen als Stätten wissenschaftlicher Bildung gilt: Im Zentrum von Bildung und Erziehung steht das Individuum in seiner Bezogenheit auf Gott, auf sich selbst, auf die Mitmenschen und auf Welt und Gesellschaft. Der Bildungsbegriff bringt präzise die nicht instrumentalisierbare Zweckfreiheit des lebenslangen Bildungsprozesses zum Ausdruck und trägt so der/dem einzelnen Menschen geschenkten Würde Rechnung.«

Und weiter:

»Aus evangelischer Perspektive gehört zum Verständnis der Wissenschaft in erster Linie ihr Wahrheitsbezug unter ausdrücklicher Anerkennung ihrer methodischen wie disziplinären Eigenständigkeit. Forschung dient der ergebnisoffenen Suche nach Erkenntnissen. Lehre steht gewiss auch im Dienst der Berufsqualifikation; sie darf aber nicht auf die Ausbildung für die Erwartungen des Arbeitsmarktes reduziert werden. Bildung dient der Entwicklung von Menschen im Sinne der Professionalität, die zur Verantwortung in Beruf und Gesellschaft befähigt und eine Kompetenz zur individuellen Lebensgestaltung einschließt« (siehe dazu den Text der Evangelischen Kirche in Deutschland [EKD], Nr. 105, aus dem Jahr 2009).

Damit ist aber bereits ein erstes Spannungsfeld umrissen: Auf der einen Seite steht die Anerkennung der Studierenden mit ihren je individuellen Lernfortschritten in fachwissenschaftlicher und wissenschaftstheoretischer Hinsicht, auf der anderen Seite das Bestehen auf dem Erreichen von Standards wissenschaftlichen Arbeitens und von fachlichen Kenntnissen, auch in Verantwortung gegenüber der zukünftigen Klientel.

Zur äußeren und inneren Umwelt

Vor dem Hintergrund eines allgemeinen gesellschaftlichen Wandels, den z. B. Rudolf Heltzel (2012) unter den Stichworten »Ökonomisierung«, »Beschleunigung«, »Unsicherheit und Ungewissheit«, »Entgrenzung und Subjektivierung«, »Ambivalenzen und Paradoxien«, »Desintegration und Fragmentierung«, »Komplexitätssteigerung« und schließlich »Identitätsarbeit« umreißt, werden Aspekte im Hochschulbereich beschrieben. Dabei ist eine Auseinandersetzung mit der Finanzierung von Hochschulen – und nicht nur dort – historisch gesehen nichts Neues. Umgangssprachlich wird mit »Ökonomisierung« die Vorstellung verbunden, dass diese erst in den letzten Jahren eine größere Rolle spiele, insbesondere in Verbindung mit Erwartungen an Gewinnerzielung für Dritte. Dies entspricht nicht der eigentlichen Bedeutung von ökonomischem Handeln.

Der Wandel ist das Beständige oder: in Bewegung bleiben

Die Fachhochschulen wurden vor 50 Jahren (vor 30 Jahren in Ostdeutschland) als neuer Hochschultyp mit dem Ziel gegründet, praxisbezogene Studiengänge aus den Fachschulen heraus zu entwickeln. Dies bedeutete in der Folge:

➤ *Akademisierung der Lehrenden:* Ab etwa 1980 war die Professorierung möglich. Voraussetzung für die Anstellung an den Fachhochschulen waren zunächst ein abgeschlossenes Studium sowie eine mindestens dreijährige beruflich einschlägige Tätigkeit außerhalb einer Hochschule. Zur Professorierung war außerdem eine Promotion oder eine äquivalente Leistung erforderlich. Diese Vorgaben veränderten die Zusammensetzung des Lehrkollegiums und bedeuteten für die einzelnen Dozent:innen individuelle Entscheidungen hinsichtlich ihrer Weiterqualifizierung mit entsprechendem Ressourceneinsatz.

➤ *Aufnahme von Praxisforschungsprojekten und Forschung als professorale Aufgabe:* Dies wurde in den einzelnen Bundesländern unterschiedlich geregelt, gehörte in Hessen aber bereits früh zum Aufgabenkanon. An der EHD wurden turnusmäßig geregelte Forschungssemester etwa ab Mitte der 1980er Jahre installiert. Damit verbunden war dann auch die Notwendigkeit, für diesen Bereich finanzielle Mittel im Haushalt einzustellen bzw. einzuwerben.

➤ *Entwicklung kooperativer Promotionsverfahren* ab etwa Mitte der 2010er Jahre mit der Voraussetzung entsprechend akademisch qualifizierter Professor:innen und universitärer Kooperationspartner:innen.

➤ *Umbau der Studiengänge in gestufte Studienprogramme* nach 2000 in modularer Form mit externen Akkreditierungsverfahren mit regelmäßiger Re-Vision (in Bachelor- und Master-Studiengänge).

➤ Für nicht-staatliche Hochschulen ist die *institutionelle Akkreditierung durch den Wissenschaftsrat* in diesem Jahrhundert hinzugekommen.

All diese Punkte – bis auf den letzten – betreffen alle Fachhochschulen, nicht nur die kirchlichen. Auch die folgenden Aspekte sind von allen Fachhochschulen, aber insbesondere von kirchlichen Hochschulen zu berücksichtigen. Mit Blick auf die Finanzsituation gilt: Alle Hochschulen hängen von den Finanzzuweisungen des jeweiligen Landes ab. Diese werden einerseits in Verträgen festgelegt, hängen aber andererseits von der Haushaltslage des Landes ab. Diese Zuweisungen stellen die Grundfinanzierung dar. Landeshaushalte werden jeweils ein- bis zweijährig (Doppelhaushalt) beschlossen. Kirchliche Hochschulen sind nicht gewinnorientiert und stellen ihre Studienplätze wie die staatlichen Hochschulen in den grundständigen Studiengängen ohne Studiengebühren zur Verfügung. Für ihre Grundfinanzierung wie für Investitionen leisten in der Regel ihre Trägerkirchen einen Beitrag. Die kirchlichen Haushalte werden in der Regel ebenfalls jährlich von den Kirchensynoden beschlossen und müssen daher die Entwicklung der Kirchensteuern und ggf. anderer Zahlungseingänge wie -verpflichtungen berücksichtigen. Zum einen sind evangelische Kirchen synodal verfasst: Die Mitglieder der Kirchensynode werden durch die Dekanatssynoden gewählt und bestehen aus Vertreter:innen der Gemeindemitglieder und der Pfarrerschaft im Verhältnis 2:1. Neben den Vertreter:innen werden jeweils zwei Stellvertretungen gewählt, die bei Verhinderung der erstgenannten an den synodalen Sitzungen teilnehmen. Diese Struktur fordert eine gute Informationsarbeit. Zum anderen wird den Studierenden zugesichert, dass sie ihr Studium innerhalb der Regelstudienzeit abschließen können. Die Haushaltspläne sowohl des kirchlichen Trägers als auch des Landes sind jedoch Einjahres- bzw. Zweijahreshaushalte, ebenso daher der der EHD. Daraus ergeben sich immer wieder finanzielle Planungsunsicherheiten.

Diese Dilemmata führen zu Auseinandersetzungen über die jeweilige Höhe der kirchlichen Zuweisungen, die wiederum in den Verhandlungen mit den Wissenschaftsministerien Auswirkungen auf die staatlichen Zuweisungen haben können. Darüber hinaus wird die Trägerschaft diskutiert. In den vergangenen zweieinhalb Jahrzehnten sind vor diesem Hintergrund die evangelischen Fachhochschulen Hannover und Ludwigshafen an die staatlichen Hochschulen der jeweils selben Stadt übergegangen.

Der Wandel erwuchs und erwächst aber auch aus den Veränderungen der Praxisfelder, den Veränderungen der rechtlichen und finanziellen Rahmenbedingungen der Praxis mit Konsequenzen für Lehre und Weiterbildung, den Veränderungen in den universitären Herkunftswissenschaften der Lehrenden sowie den Veränderungen durch die wissenschaftliche Entwicklung der Kernwissenschaften der Studiengänge.

Dies betrifft logischerweise auch Veränderungen der jeweiligen Studierendenschaft im Laufe von fünf Jahrzehnten. Zudem sind für eine evangelische Hochschule mit besonderer Aufmerksamkeit die Bedarfe und Veränderungen im kirchlichen und diakonischen Bereich zu beachten. So hat z. B. die sogenannte »Mischfinanzierung« von gemeindepädagogischen Stellen in der Kinder- und Jugendarbeit dazu geführt, dass die Stelleninhaber:innen einen staatlich anerkannten Abschluss als Diplom-Sozialarbeiter:in bzw. Sozialpädagog:in benötigten – der Abschluss als Diplom-Religionspädagog:in reichte nicht. Die EHD stellte sich darauf mit einer Doppelqualifizierung ein.

Veränderungen der inneren Umwelt

Unabhängig davon, dass die oben genannten Aspekte auch auf die innere Umwelt einwirken, gibt es weitere Aspekte, die die Organisationsdynamik beeinflussen. Diese sollen nachfolgend kurz skizziert werden.

Die Studierendenschaft von anfänglich rund 500 Personen hat im Laufe der Jahrzehnte auch durch entsprechende Vereinbarungen mit dem Landesministerium um 1.200 Personen auf rund 1.700 Personen zugenommen. Diese Vergrößerung erfordert eine Erweiterung der Institution um Räume und mehr Personal. Letzteres ging vor allem im Verwaltungsbereich mit einer Differenzierung der Zuständigkeiten einher.

Eine weitere Differenzierung erfolgte im Rahmen der Studiengangsentwicklungen. Studiengänge werden nicht wie erwartet nachgefragt, z. B. Diplom-Religionspädagogik um 2000, die Weiterbildungsmaster Systementwicklung und Inklusion, Pflegestudiengänge und weitere mehr. Es ist zu entscheiden, ob sie wegen ihres Beitrags zum besonderen Profil der evangelischen Hochschule querfinanziert weitergeführt werden oder in der jetzigen Form geschlossen werden sollen – das ist schmerzhaft und führt auch zum Ausscheiden von Professor:innen. Es bedeutet auch Trauer um diese engagiert betriebenen Projekte, die sinnvoll und nötig, aber ggf. nicht längerfristig finanzierbar sind.

Einerseits kam es im Rahmen der Entwicklung der Sozialen Arbeit zur Zusammenführung von Sozialarbeit und Sozialpädagogik. Durch die Integration des Berufspraktikums in das Studium der Sozialen Arbeit als praktisches Studiensemester verlängerte sich dieses. Andererseits wurden zwei neue Studiengänge entwickelt: Integrative Heilpädagogik (Inclusive Education) sowie Bildung und Erziehung in der Kindheit. Ein weiterer Differenzierungsschub entstand im Rahmen der Umstellung von Diplom- zu Bachelor- und Masterstudiengängen. All diese Veränderungen wurden vom Kollegium inhaltlich bearbeitet.

Umstrukturierungen der Mitarbeiter:innenschaft auf allen Ebenen, innerhalb der Gruppe der Professor:innen auch durch Verschiebungen von Professuren in neue Studiengänge, gehören ebenso dazu. Dies betrifft Personalveränderungen durch Ruhestandssetzungen einerseits und Neuberufungen andererseits sowie durch Personalwechsel im Verwaltungsbereich, z. B. auch infolge von befristeten Stellen. Ruhestandssetzungen stellen eine besondere Herausforderung dar: Die Ausscheidenden müssen sich von einer Aufgabe und von einem vertrauten Umfeld lösen, mit dem sie sich trotz möglicher Zwistigkeiten verbunden fühlen, von einer Institution, mit der sie sich identifizieren. Für die Zurückbleibenden ändert sich zunächst scheinbar wenig, wenn nicht zusätzliche Arbeit übernommen werden muss, weil die Stelle noch nicht besetzt ist. Insbesondere dann, wenn die Ausscheidenden Seniorprofessor:innen werden oder als Lehrbeauftragte weiterarbeiten, wird die Lücke zunächst nur begrenzt spürbar. Für die Ausscheidenden besteht die psychische Arbeit darin, positive Besetzungen aufzulösen, aber nicht zu früh, weil dies zum Nachlassen des Engagements in Lehre und Forschung führen kann, in der Zuwendung zu den Studierenden, was für eine kirchliche Hochschule besonders schmerzhaft ist, da sie hierin ein besonderes Merkmal ihrer Arbeit sieht, und ohne die damit verbundene Aggressivität gegen die bisherige Arbeit und die Mitarbeitenden zu richten. Dies ist dann eine besondere Herausforderung, wenn parallel Veränderungen des Studienganges zum Wegfall der bisherigen Denomination der Stelle führen und diese Veränderung als Kränkung und fehlende Würdigung der eigenen Arbeit gesehen werden kann.

Die neu Hinzukommenden bringen ihre Erfahrungen aus Praxisfeldern und anderen Hochschulorganisationen mit, verbunden mit einem unverstellten Blick, sehen sich aber auch einem gewissen Anpassungsdruck an die vorhandenen Gremienstrukturen und den eingeschliffenen Routinen ausgesetzt. Auch das kann Kränkung und Rückzug nachsichziehen. Digitalisierung ist ein eigenes Feld und führt zu einem massiven Veränderungs- bzw. Einführungsprozess in den Hochschulen.

Organisationsstrukturen, die im Falle der EHD anfänglich für etwa gleich große Studiengänge einen eigenen Fachbereich vorsahen (Sozialarbeit, Sozialpädagogik und kirchliche Gemeindepraxis), passten dann nicht mehr, als durch die Zusammenlegung der Studiengänge Sozialarbeit und Sozialpädagogik sowie durch die weitere Differenzierung in Integrative Heilpädagogik und Bildung und Erziehung in der Kindheit dieser Fachbereich vier Fünftel der gesamten Hochschule umfasste, während in den Fachbereichen Gesundheits- und Pflegewissenschaft und Weiterbildende Studiengänge jeweils nur zwischen knapp 100 und 150 Personen studierten. Konsequenterweise muss die Fachbereichsstruktur so verändert werden, dass zwei in etwa gleich große Fachbereiche entstehen können.

Überlegungen zur Organisationsdynamik

Aus der bisherigen Darstellung wird bereits deutlich, dass eine evangelische Hochschule unter erheblichem Veränderungsdruck von mehreren Seiten steht, von dem Auswirkungen auf die Organisationsdynamik zu erwarten sind. Es stellt sich sogar die Frage, wie sich eine Organisation, d. h. die Menschen in ihr und die wiederum mit ihr verbundenen Organisationen, unter den beschriebenen Veränderungsanforderungen produktiv weiterentwickeln kann. Die »flüssige Seite« der Organisation wurde einleitend als der Anteil beschrieben, »der es ihr ermöglicht, sich an die Veränderungen ihrer inneren und äußeren Umwelt anzupassen«. Diese Anpassung verläuft allerdings keineswegs reibungslos und immer erfolgreich. Grundsätzlich zeigen sich Verhaltensweisen wie aggressive Auseinandersetzungen, Rückzug, Gruppenbildungen oder Konkurrenz nicht anders als in anderen Hochschulen. Im Folgenden werden daher einzelne Aspekte herausgegriffen und mit Überlegungen zum besonderen Verständnis derselben an einer evangelischen Hochschule verbunden.

Zu den Werten und Haltungen

Eine evangelische Hochschule ist sowohl den Bestimmungen des jeweiligen Hochschulgesetzes und der Akkreditierungsverfahren als auch bestimmten christlichen Werten verpflichtet. Zu nennen sind die Wertschätzung jeder einzelnen Person mit ihren Gaben (Glieder an einem Leib), die Bereitschaft zu verzeihen (die andere Wange hinhalten), die Bereitschaft zu teilen, die zentrale Bedeutung der Hinwendung zu den Menschen, die in irgendeiner Weise beeinträchtigt sind. Diese Werte bestimmen auch den Umgang miteinander – wenn es gut geht. Deswegen hat die Studienberatung der einzelnen Studierenden eine hohe Bedeutung, weil hier die individuellen Voraussetzungen und die fachlichen und wissenschaftlichen Anforderungen miteinander verknüpft werden.

Auch die Studiengänge sind durch den diakonischen Auftrag bestimmt, wobei eine Arbeit auf Augenhöhe vorausgesetzt wird. Auseinandersetzungen ergeben sich daraus, welche theoretischen Ansätze als besonders geeignet für die Studien und mittelbar der Weiterentwicklung der Praxis angesehen werden.

Gemeinsame Werte und Haltungen fördern ein Zugehörigkeitsgefühl; wenn es nicht gelingt anzudocken, wirkt das fehlende Zugehörigkeitsgefühl zersetzend. So lehnte ein Mitarbeiter die persönliche Zuwendung als Haltung ab, zugleich war sein Engagement in der Hochschule reduziert. Er beschwerte sich, dass ihm deswegen leistungsbezogene Zulagen nicht zugeteilt wurden und klagte schließlich dagegen.

Auch in anderen Situationen zeigt sich die Ambivalenz zwischen moralischen Ansprüchen und Bestehen auf der Einhaltung von Regeln, nämlich bei arbeitsrechtlichen Fragen. Muss man nicht eine Reihe von Fehlern, von Vergesslichkeiten in der Probezeit, die sich trotz wiederholter Besprechung nicht bessern, verzeihen, oder berechtigt die damit verbundene Belastung für die anderen involvierten Mitarbeiter:innen dazu, das Arbeitsverhältnis zu beenden? Wann führen Verstöße gegen die Arbeitszeitverpflichtungen zu Abmahnungen?

Zu aggressiven Auseinandersetzungsformen

Wiederholte heftige verbale Auseinandersetzungen zwischen Professor:innen insbesondere in Konferenzen sind Anlass, über mögliche Hintergründe nachzudenken. Am einfachsten wäre es, sie den individuellen Persönlichkeiten zuzuordnen, eventuell noch als Resultat fortdauernder individueller Konflikte.

Man könnte sich auch fragen, ob und wie die aggressiven Attacken damit zusammenhängen, dass der Versuch, eine Balance zwischen Sicherheitsbedürfnissen und Selbstwirksamkeit herzustellen, angesichts der vielfältigen Veränderungsanforderungen der äußeren und inneren Umwelt als Überforderung, als Zumutung gespürt wird. Dies dürfte dann aber nicht nur einzelne Mitglieder betreffen. Insofern ist es naheliegend, die Äußerungen in einer Gruppe nach Foulkes (1986 [1974]) nicht – nur – als Äußerungen einer einzelnen Person, sondern als Aspekte der Gruppe insgesamt zu verstehen.

Zur Verschiebung aller Probleme an die Hochschulleitung

Mir sind aber zwei weitere Punkte aufgefallen: Sehr häufig richten sich die oben genannten Auseinandersetzungen gegen einzelne Mitglieder der Hochschulleitung. Von dieser wird einerseits erwartet, die Hochschule gegen die vielfältigen Verunsicherungen zu schützen, andererseits alle Mitglieder in diesen Prozessen mitzunehmen – gegebenenfalls verbunden mit dem Vorwurf, zu viel, zu wenig und überhaupt ganz falsch zu agieren. Insbesondere stellt es immer wieder eine Versuchung dar, die Definition, was eine evangelische Hochschule ausmacht, an die Kirche zu delegieren, obwohl die Mitglieder der Hochschule die Fachleute dafür sind.

Der zweite Punkt betrifft einen Aspekt des evangelischen Selbstverständnisses, nämlich das Auftreten Einzelner für die eigene Auffassung, wie es prototypisch Martin Luther auf dem Reichstag zu Worms 1521 vertrat. Natürlich sind auch zeitgeschichtliche Einflüsse der letzten Jahrzehnte zu bedenken, aber das grundlegende Misstrauen gegenüber »Autoritäten« scheint hier eine weitere Wurzel zu haben.

Möglicherweise ist aber auch zu beachten, dass angesichts des impliziten ethischen Anspruchs der Hochschule als einer kirchlichen Institution die Aufmerksamkeit besonders geschärft ist, wenn Verstöße nur vermutet werden.

Fazit: Und sie funktioniert doch ...

An dieser Stelle stellt sich die Frage, wieso diese Hochschule seit ihrer Gründung vor 50 Jahren trotz (und wegen) all des Wandels erfolgreich arbeiten konnte.

Betrachtet man die äußere Umwelt, so sind Hochschulen für angewandte Wissenschaften inzwischen eine so etablierte Säule des Hochschul- und Wissenschaftssystems, dass ihnen unter bestimmten Bedingungen das Promotionsrecht zuerkannt wurde. Zudem hat sich die Trägerkirche der evangelischen Hochschule wiederholt synodal entschieden, an »ihrer« Hochschule festzuhalten und sie über die Jahrzehnte stabil mitzufinanzieren. Seit Anfang der 1990er Jahre wurde zudem ein zweiter Studienstandort im Bereich der zweiten größeren hessischen evangelischen Kirche, der Evangelischen Kirche von Kurhessen-Waldeck (EKKW), und im Bereich eines großen diakonischen Trägers, des Hephata Hessisches Diakoniezentrum, etabliert und kooperativ mitgestaltet. Beide Kirchen haben z. B. auch Baumaßnahmen durchgeführt, sichtbare Zeichen ihrer Unterstützung der EHD. Auch das Verhältnis zum hessischen Wissenschaftsministerium hat sich entspannt. Die institutionelle Akkreditierung durch den Wissenschaftsrat 2010 stellte ebenfalls ein stabilisierendes Moment dar.

Für die innere Umwelt entscheidend dürfte sein, dass die Strukturen sich insgesamt – bei aller Brüchigkeit an einzelnen Stellen – als stabil und gleichzeitig flexibel genug erwiesen haben, um die Organisation des Lehrbetriebes sowie die Weiterentwicklung in den Bereichen Forschung, Internationales und Kooperationen mit anderen Institutionen einschließlich der Praxis zu ermöglichen – sogar in

Zeiten der pandemiebedingten Umstellung auf die Online-Lehre. Dieser Befund korreliert mit einer Beschreibung von Karl E. Weick (1992), der vier Charakteristika am Beispiel eines Jungianischen Ausbildungsinstituts herausarbeitete, die m. E. auf eine Hochschule übertragbar sind. Diese sind: »suspicion of organizations, predisposition to introverted intuitive planning, reluctance to act their way into new meanings and changing views of appropriate means und ends« (S. 182).

Weick schließt mit folgenden Beobachtungen: Die Desorganisation resultiere aus unterschiedlichen Überzeugungen und Erwartungen zu vielen Aspekten der Organisation. Es gebe jedoch eine Konvergenz hinsichtlich zentraler Inhalte. Die Managementaufgabe bestehe nun darin, die zentralen Inhalte herauszufinden, denn diese Inhalte stellen die Organisation dar, bilden ihre Identität und sind die Organisation selbst. Diese drei seien nicht normativ zu verordnen oder gar als Nebenprodukt zu klassifizieren, weil ansonsten der Klebstoff bzw. Leim der Organisation verlorengehe (1992, S. 198f.). Das bedeutet, dass immer wieder Situationen herzustellen sind, in denen über zentrale Inhalte wie Profilfragen der Hochschule insgesamt bzw. ihrer Studiengänge oder über didaktische Herausforderungen in einen Austausch getreten werden kann. Die Organisationsdynamik lebt daher nicht zuletzt von kollegialer Zusammenarbeit, lösungsorientierten Zwischenrufen, wenn die Aufzählung von möglichen Hindernissen gerade mal wieder hochkocht, und einer insgesamt langjährigen Betriebszugehörigkeit.

Literatur

Evangelische Kirche Deutschland (EKD) (2009). *Den Bildungsauftrag wahrnehmen*. Kirchenamt der EKD.
Heltzel, R. (2012). Gesellschaftlicher Wandel und die Folgen für die Beratung. In ders. & W. Weigand (Hrsg.), *Im Dickicht der Organisation* (S. 15–50). Vandenhoeck & Ruprecht.
Foulkes, S. F. (1986 [1974]). *Gruppenanalytische Psychotherapie*. S. Fischer.
Weick, K. E. (1992). The Management of Closeness in Jungian Training Societies. An Organizational Analysis. In H. A. Wilmer (Hrsg.), *Closeness in Personal and professional Relationships* (S. 181–202). Shambala.

Biografische Notiz

Alexa Köhler-Offierski (1949–2023) studierte Medizin in Freiburg, Kiel und Heidelberg studiert und war Fachärztin für Psychiatrie, Psychotherapie und Psychoanalyse. Von 1987 bis 2014 war sie Professorin für Sozialmedizin an der EH Darmstadt und an gleicher Stelle von 1994 bis 2014 Rektorin bzw. Präsidentin. Ihre Arbeitsschwerpunkte waren Sozialpsychiatrie, Soziale Arbeit im Gesundheitswesen sowie psychoanalytische Beiträge zur Sozialen Arbeit.

Evolution
einer Netzwerkorganisation
und Ringen um ihre Gestaltung –
die TelefonSeelsorge

Ruth Belzner

Einleitung

Vorab zu einem besonderen Anruf in einer Zeit der allgemeinen Verunsicherung: Frühjahr 2020, das Land ist im ersten Corona-Lockdown. Die TelefonSeelsorge erlebt eine deutliche Steigerung der Anrufzahlen. Viele Menschen, für die der regelmäßige Kontakt mit der TelefonSeelsorge schon vorher ein Teil ihrer Lebensbewältigungsstrategie war, brauchen in dieser Zeit der ersten Verunsicherung eine höhere Dosis Kontakt. Manche Menschen, deren bisherige äußere und innere Sicherheiten gerade zerbrechen, suchen ein erstes Mal den Kontakt zur TelefonSeelsorge. Diesem ersten Kontakt folgen in vielen Fällen weitere Anrufe. Der erhöhten Nachfrage kann die TelefonSeelsorge, die auch in »normalen« Zeiten an ihrer Kapazitätsgrenze arbeitet, deshalb entsprechen, weil sie ihr Angebot ausweitet. In vielen Stellen sind mehr Telefone besetzt als sonst. Die TelefonSeelsorge darf – da systemrelevant – ihren Dienst aufrechterhalten, auch in Zeiten nächtlicher Ausgangsbeschränkungen. Die ehrenamtlich Mitarbeitenden sind froh, dass sie sinnvoll tätig sein können und dass sie, wenn auch nur kurz und auf Distanz, in der Stelle auf Kolleg:innen treffen.

Am 30. März 2020 bekommt die TelefonSeelsorge einen Anruf von einem Menschen, der nicht anonym bleibt und der ausdrücklich darum bittet, die Botschaft des knapp halbstündigen Gesprächs auf alle Fälle innerhalb der Gesamtorganisation TelefonSeelsorge zu veröffentlichen. Der Anrufer ist Bundespräsident Frank-Walter Steinmeier. Er identifiziert die Mitarbeitenden der TelefonSeelsorge als eine Gruppe von Menschen, die »im Hintergrund zum Erhalt der Solidarität in unserer Gesellschaft beitragen und damit Heldinnen und Helden des Alltags sind«. Mit Vertreter:innen solcher gesellschaftlich relevanten Gruppen will er in dieser Ausnahmesituation telefonisch sprechen, hören, was sie erleben und ihnen für ihren Einsatz danken. Der Anruf geht nicht an einem der Seelsorge-Telefone ein, sondern im Büro der Leiterin der TelefonSeelsorge, also bei mir. Der Dank des Bundespräsidenten gilt dabei ausdrücklich allen über 7.500 in der TelefonSeelsorge ehren- und hauptamtlich engagierten Menschen.

Die kurze Pressemeldung aus dem Büro des Bundespräsidenten zu diesem Telefongespräch stößt auf ein großes Interesse der Medien. Die im ersten Lockdown erzwungene, sehr drastische Vereinzelung der Menschen (bis hin zu mit Absperrbändern blockierten Parkbänken) macht für jede:n unmittelbar erlebbar, wie wichtig soziale Kontakte insbesondere in belastenden und beängstigenden Situationen sind. Die TelefonSeelsorge wird von höchster Stelle als die Einrichtung gewürdigt, die – nicht nur in der Zeit der Pandemie, sondern bereits seit mehr als 60 Jahren – rund um die Uhr ein wertvolles, unentgeltlich erhältliches Gut bereithält: Zeit und Aufmerksamkeit für jeden Menschen, der ein Gespräch sucht.

Menschen, Dienststellen und Gesamtsystem

»TelefonSeelsorge, guten Tag« – so oder so ähnlich beginnt jedes Gespräch am Telefon der TelefonSeelsorge. »TelefonSeelsorge hat den Chat betreten« ist die Botschaft an die Ratsuchenden zu Beginn eines Gesprächs im Chat. So wird vermittelt: Ratsuchende treffen hier auf einen Menschen, der nicht als Privatperson und auch nicht als professionelle Person mit Gesicht und Namen das Gespräch führt, sondern der als ein Mitglied der Organisation und im Rahmen des Selbstverständnisses und der Regeln dieser Organisation den Kontakt gestaltet. Die jeweilige Gesprächspartner:in bei der TelefonSeelsorge ist für Ratsuchende dennoch in jedem Kontakt als ein individueller Mensch erlebbar, der seine ganz eigene Art der Beziehungsgestaltung hat. Gleichzeitig ist die TelefonSeelsorge eine Organisation auf mehreren Ebenen mit unterscheidbaren, dabei einander beeinflussenden Dynamiken.

Da ist zuerst einmal eine Dienststelle an einem konkreten Ort. Mit der Stelle in Berlin begann 1956 die Geschichte der Organisation. Auch heute gilt: Jede Stelle existiert aufgrund einer Initiative von Menschen, die eine Trägerorganisation – in der Regel eine kirchliche Körperschaft oder einen eingetragenen Verein – gewinnen oder gründen, um auch an ihrem Ort und in ihrer Verantwortung eine TelefonSeelsorge zu unterhalten. Die Stelle bedarf einer Infrastruktur – sie braucht Räume und deren technische Ausstattung – und sie besteht wesentlich aus den Menschen, die mit unterschiedlichen Aufgaben und Rollen zur Verwirklichung des Seelsorge-Angebots beitragen.

Das Spezifische in der Zusammenarbeit zwischen Haupt- und Ehrenamtlichen besteht dabei in der ungewöhnlichen Rollenverteilung: Die ehrenamtlich Mitarbeitenden gestalten den Kernprozess, die Seelsorge am Telefon, im Chat und per Mail, während Hauptamtliche schwerpunktmäßig für die Gewinnung und Qualifizierung der Ehrenamtlichen sowie die Organisation des Betriebs zuständig sind. Hauptamtliche sind also in vieler Hinsicht Hintergrund-Dienstleister:innen für »ihre« Ehrenamtlichen.

Auch wenn das Eigentliche, die Seelsorge, in den »Stellen« stattfindet und verantwortet wird: Die Stelle kann nur als ein Teil eines umfassenden Systems verstanden werden. Darum steht die Darstellung des Gesamtsystems und seiner Entwicklung hier vor den Ausführungen zur »Stelle« und zu den durch ihre Struktur und durch ihren Auftrag bestimmten Dynamiken – gewissermaßen eine Bewegung von außen nach innen. Der Blick auf die Dynamik am Telefon, insbesondere auf das Thema »Grenzen«, führt dann wieder zurück zur Organisation als Ganze.

Vom losen Zusammenschluss ...

»TelefonSeelsorge« als Gesamt-Organisation umfasst – Stand Ende 2021 – 105 Stellen, zusammengeschlossen im Dachverband »TelefonSeelsorge Deutschland e. V.« mit seinen Leitungsgremien und Entscheidungsprozessen und mit den Fach- und Arbeitsgruppen zur Steuerung der Rahmenbedingungen für die Kern- und Unterstützungsprozesse. Sie ist aus der »Evangelischen Konferenz« hervorgegangen, im Oktober 2021 durch Satzungsänderung ökumenisch, und damit die erste ökumenische juristische Person in Deutschland.

Ursprünglich gab es zwei konfessionell getrennte Verbände mit unterschiedlichen Strukturen: 1960, vier Jahre nach der Gründung der ersten Stelle in Berlin, schlossen sich die damals sechs evangelischen Stellen zur »Evangelischen Konferenz für TelefonSeelsorge« zusammen, als Interessenvertretung in der Evangelischen Kirche und in der Diakonie. 1965 folgten die drei katholischen – und mutmaßlich auch die drei ökumenischen – Stellen mit der Gründung der »Katholischen Arbeitsgemeinschaft für TelefonSeelsorge und Offene Tür«. Für die Aufnahme einer neu gegründeten Stelle in eine der beiden Konferenzen – bzw. bei ökumenischer Trägerschaft in beide – gab es keinen formalen Antragsweg. Es reichte die Willensbekundung der Stellenverantwortlichen und ab da die Teilnahme an den jährlichen Tagungen, um Mitglied zu sein. Verbindliche Verpflichtungen bezüglich des Selbstverständnisses und der konkreten Ausgestaltung der Arbeit gingen die Stellenverantwortlichen – Träger und Leiter:innen – durch ihre Mitgliedschaft nicht ein.

... zum vernetzten System

Das änderte sich schrittweise, und inzwischen gilt: Der Dachverband hat weitreichende Verantwortung und Entscheidungskompetenz bezüglich der Arbeit der TelefonSeelsorge. Er ist Eigentümer der Sonderrufnummern – 0800/1110111, 0800/1110222 und 116123 – und der Wortmarke »TelefonSeelsorge˚«. Er entscheidet über deren Vergabe an eine Stelle vor Ort. Ohne eine mit Kosten und Verbindlichkeiten verknüpfte formale Mitgliedschaft kann eine Stelle sich weder »TelefonSeelsorge« nennen, noch im Netz mitarbeiten. Sie hätte keinen Zugang zu der für die Seelsorge am Telefon, im Chat und per Mail notwendigen digitalen Infrastruktur, die der Dachverband bereitstellt und reguliert. Die Mitarbeit ist im Prinzip daran gebunden, dass eine Stelle nachweislich die Anforderungen, die das 2014 verabschiedete »Handbuch der TelefonSeelsorge Deutschland« formuliert, erfüllt. Ressourcen alleine sind nicht hinreichend, sie müssen auch gemäß den gesetzten Standards zum Einsatz kommen. Das fordert von den Verantwortlichen vor Ort, die Entscheidungen des Dachverbandes, seien sie nun durch den gewählten Vorstand oder durch die Mehrheit der Mitglieder getroffen, als bindend anzuerkennen, auch wenn man es vor Ort gerne anders handhaben möchte. Und hier kommt das Prinzip der Verbindlichkeit oft an seine Grenzen: Verbindlichkeit lässt sich nicht durch Sanktionen herstellen, bestenfalls durch Überzeugung. Bei schwerwiegenden Verletzungen der Standards ist der Ausschluss einer Stelle die Ultima Ratio.

Die Entwicklung der TelefonSeelsorge von einzelnen Initiativen vor Ort über einen unverbindlichen Zusammenschluss der Stellen hin zu einer hochvernetzten, sehr komplexen Gesamtorganisation, deren zentrale Steuerung die Praxis vor Ort beträchtlich mitbestimmt, diese Entwicklung prägt die Dynamik im Gesamtsystem bis jetzt. Im Rückblick wird deutlich, dass die großen Entwicklungsschritte zu einer vernetzten Organisation nicht selbst initiiert waren. Veränderungen auf dem Markt und in der Technik der Telekommunikation sowie gesetzliche Vorgaben zum Datenschutz erforderten entsprechende Anpassungen in der Organisation, die im Folgenden dargestellt werden.

1978 führte die Deutsche Post für Gespräche im Ortsnetz erstmals den Zeittakt ein. Die Telefonseelsorge machte sich erfolgreich für eine Zeittaktbefreiung ihrer Anschlüsse stark, zum Wohl der Anrufenden, die im Ortsnetzbereich einer

TelefonSeelsorge lebten. Anrufende, die die TelefonSeelsorge nur mit einem Ferngespräch erreichen konnten, mussten schon immer und auch nach 1978 (bis 1997) reguläre Gebühren zahlen. Für die Zeittaktbefreiung waren einheitliche Nummern – 11101 bzw. 11102, jeweils mit Ortsvorwahl der Stelle – erforderlich. Für die Zuteilung dieser Sondernummern forderte die Deutsche Post Kriterien, anhand derer über die Vergabe der Nummern an eine örtliche Stelle entschieden werden konnte. So einigten sich die damals 58 Stellen sehr zügig auf gemeinsame Leitlinien (Leitlinien, 1978), deren Anerkennung zusammen mit der formalen Erklärung einer Mitgliedschaft in mindestens einer der beiden Konferenzen Voraussetzung zur Zuteilung der Nummern an eine Stelle war. Erste formale Verbindlichkeiten waren geschaffen, die bis heute auf der Bereitschaft der Stellen und ihrer Verantwortlichen beruhen, sich zu binden, ohne dass es erzwungen werden kann.

1997 bekam die TelefonSeelsorge die bundesweiten, für Anrufende gebührenfreien Sonderrufnummern, verbunden mit einem Routing der Anrufe in einem »Intelligenten Netz«. So ließ sich – ermöglicht durch die Deutsche Telekom – ein Konflikt im Telekommunikationsgesetz lösen, zwischen §45e (Anspruch auf Einzelverbindungsnachweis zum Verbraucherschutz) und §99(2) (Anspruch auf Nicht-Nachweisbarkeit der Anrufe bei der TelefonSeelsorge zum Datenschutz). Die Deutsche Telekom übernimmt seitdem als »Partner der TelefonSeelsorge« für diese Rufnummern die Verbindungsentgelte (die üblicherweise die Eigentümer:in der Nummer trägt), und sie stellt der TelefonSeelsorge das Intelligente Netz samt Support als Spende zur Verfügung. Zudem fördert die Deutsche Telekom die TelefonSeelsorge auch über die Bereitstellung, Finanzierung und Wartung des Intelligenten Netzes hinaus. Fakt ist: Die TelefonSeelsorge kann und könnte die für ihr Angebot erforderliche technische Infrastruktur nicht aus eigener Kraft bereitstellen.

Die Einführung der bundeseinheitlichen Freecall-Nummern und die Festlegung eines Einzugsbereiches für jede Stelle in Verbindung mit dem ersten gemeinsamen Corporate Design hatte eine weitere Folge: Sie führte zu einer Vereinheitlichung der TelefonSeelsorge in der Außenwahrnehmung. Dabei gilt für Verantwortliche einer »TelefonSeelsorge Stadt oder Region XY«: Sie müssen die Stelle in ihrer regionalen kirchlichen und psychosozialen Landschaft platzieren, vernetzen und aus dem eigenen Umfeld ihre ehrenamtlichen Mitarbeiter:innen rekrutieren. Sie gestalten – bei allen individuellen Unterschieden der Mitarbeiter:innen – ihre spezifische Kultur des Umgangs miteinander und mit den Anrufer:innen. Gleichzeitig spielen Spezifika der einzelnen Stellen für die öffentlichen Wahrnehmung weniger eine Rolle als alles, was über »die TelefonSeelsorge« generell öffentlich wird.

Der Status Quo und seine Anforderungen

Mit der Einführung einer neuen Call-Center-Technik (Automatic Call Distributor) für das Routing der Anrufe im Jahr 2013 wurde eine weitere Vernetzungsebene eingezogen, die sogenannten »Organisationseinheiten«: Drei bis sechs benachbarte Stellen schließen sich technisch so zusammen, dass sie – nach einer festgelegten Priorisierung für jede Stelle – Anrufer:innen aus den Einzugsbereichen aller Stellen der Organisationseinheit entgegennehmen. Die flexiblere Nutzung der Kapazitäten dient der Verbesserung der Erreichbarkeit. Wenn ein Anruf seiner örtlich zuständigen Stelle nicht zugeschaltet werden kann, wird er an eine andere, erreichbare Stelle der Organisationseinheit geschickt.

Damit verbunden sind weitere Effekte: Wenn Stellen aus Ballungsgebieten und Stellen aus ländlichen Regionen in einer Organisationseinheit verbunden sind, kommen in den ländlichen Stellen viele Anrufe aus den Ballungsgebieten an. Das wird von den Mitarbeiter:innen am Telefon überwiegend als willkommene Bereicherung empfunden, insbesondere, wenn die Auslastung der Stelle vorher nicht hoch war und es immer wieder längere Phasen ohne Anrufe gab.

Das kann aber auch zu der Frage führen: »Wenn wir ständig Anrufe aus den Einzugsbereichen der Nachbarstellen bekommen, kommen ›unsere‹ Anrufer:innen dann überhaupt noch durch?« Tatsächlich gleicht sich die Chance, durchzukommen, innerhalb einer Organisationseinheit in den einzelnen Stellen an – zulasten einer vorher überdurchschnittlich gut erreichbaren Stelle. Das fordert ein solidarisches Denken über den eigenen Einzugsbereich hinaus.

Unbeschadet der engen Vernetzung, ist die eigene Stelle eindeutig der zentrale Bezugspunkt für alle Mitarbeiter:innen. Hierhin wenden sich Menschen, wenn sie sich für eine Mitarbeit interessieren, hier werden sie von »ihren« Hauptamtlichen ausgebildet, begleitet und mit der spezifischen Kultur der Stelle vertraut gemacht. Diese Kultur ist geprägt durch handelnde Personen, insbesondere durch Hauptamtliche, aber auch durch Ehrenamtliche, meiner Wahrnehmung nach weniger durch Träger. Für Hauptamtliche ist die eigene Stelle der primäre Verantwortungsbereich, in dem ihnen die Kernaufgabe zufällt, nämlich die Seelsorge am Telefon, im Chat, per Mail oder *face to face* zu gewährleisten.

Das Eigentliche, die Seelsorge, ist die Aufgabe der Ehrenamtlichen. Sie tun das, was man mit dem Begriff »Telefonseelsorge« als Geschehen verbindet: Sie führen Seelsorge-Gespräche am Telefon und im Chat, sie lesen und beantworten Mails der Ratsuchenden. Das tun sie eigenverantwortlich und mit einem hohen Maß an Freiheit.

Definiert sind die Grenzen: Mitarbeiter:innen bleiben anonym; sie dürfen keine Versprechungen machen, die sie nicht selbst einlösen können und dürfen; sie müssen in Ton und Wortwahl respektvoll bleiben; ein Gesprächsabbruch muss begründet und angekündigt werden. Innerhalb dieser Grenzen gestaltet jede:r die Gespräche individuell.

Das ist für Auszubildende oft eine überraschende Wahrnehmung, wenn sie einige Wochen nach Ausbildungsbeginn auch am Seelsorge-Telefon hospitieren: wie unterschiedlich die Kolleg:innen ihre Gespräche führen und wie sich erfahrene Anrufer:innen auf die jeweiligen Gesprächspartner:innen einstellen. Die erleichternde Schlussfolgerung, die die Auszubildenden daraus ableiten, lautet: »Auch ich darf und werde meinen Stil finden.«

Die Eigenverantwortlichkeit und das Bewusstsein, ein:e zentrale:r Akteur:in zu sein, tragen neben dem Interesse an anderen Menschen zu der Attraktivität dieses Ehrenamtes bei. Man ist hier nicht Unterstützer:in eines Hauptamtlichen-Teams, wie sonst häufig in kirchlichen Ehrenämtern, sondern man hat umgekehrt Anspruch darauf, von den Hauptamtlichen in der Ausübung des Ehrenamtes unterstützt zu werden. Konkret heißt das: Eine zentrale Aufgabe der Hauptamtlichen ist es, Menschen für die Mitarbeit zu gewinnen, sie durch eine Ausbildung zu qualifizieren und in der Folge durch Supervision, Fortbildungen und gegebenenfalls auch durch persönliche Gespräche zu begleiten. Bindung an die Organisation und Sicherung der Qualität gehen nur über Kommunikation mit den Ehrenamtlichen auf der Basis eines gegenseitigen Vertrauensverhältnisses. Das erfordert Zeit.

Und nicht immer fällt es Hauptamtlichen, die in der Regel Seelsorge und/oder Beratung als Profession gelernt haben, leicht, diese Tätigkeit den Ehrenamtlichen zu überlassen und sie »nur« im Hintergrund zu begleiten. Zudem wird es oft als belastend erlebt, dass die eigenen Ressourcen in beträchtlichem Ausmaß für technische und organisatorische Aufgaben aufgewendet werden. Eine funktionierende Infrastruktur ist allerdings unverzichtbar, damit die Seelsorge möglich ist.

Ein Spannungsfeld liegt in der Sicherheit der eigenen Kompetenz und in der Bereitschaft, sich auch kritisch hinterfragen zu lassen. Beides bedingt einander, das gilt für Ehren- und Hauptamtliche. Hauptamtliche brauchen auch in solchen Bereichen Kompetenzen, die nicht unbedingt mit Seelsorge zu tun haben (siehe oben). Und sie brauchen die Souveränität, auch in Stresssituationen oder bei neuen Anforderungen ruhig zu bleiben und nach Lösungen zu suchen. Gleichzeitig ist es substanziell wichtig, auch offen für die Erfahrungen und das Wissen zu sein, das Ehrenamtliche mitbringen, und vor allem für deren kritische Fragen an geltende Überzeugungen, Interpretationen und Gepflogenheiten. Diese Fragen verhindern Stagnation und schärfen gleichzeitig die Wahrnehmung für das, was in der Organisation mit welcher Begründung zu gelten hat.

Wer sich für die ehrenamtliche Mitarbeit bewirbt, braucht das Zutrauen zu sich selbst, der Tätigkeit fachlich und emotional gewachsen zu sein, sowie die Bereitschaft, die bisherige Sicht auf sich und die Welt hinterfragen zu lassen, und veränderungsbereit zu sein. Der Preis für Veränderung ist eine zumindest vorübergehende Verunsicherung. In den ersten Monaten der Ausbildung äußern Teilnehmer:innen häufiger, dass sie sich bezüglich ihrer Eignung jetzt deutlich weniger sicher seien als vorher.

Belegt ist das Phänomen der Verunsicherung durch das empirische Forschungsprojekt »Effekte der Seelsorgeausbildung Ehrenamtlicher in der Telefonseelsorge«, das von Dinger und Rek (2017) durchgeführt wurde. In 27 TelefonSeelsorge-Stellen wurden Auszubildende des Jahrgangs 2014/2015 zu Beginn, zur Halbzeit und am Ende der Ausbildung zu Persönlichkeitsmerkmalen, zu interpersonellen Motiven und zur Kompetenzeinschätzung befragt. Die Befragten hatten zu Beginn der Ausbildung eine signifikant höhere Einschätzung ihrer Kompetenz als zur Halbzeit; in der zweiten Ausbildungshälfte stieg die Kompetenzeinschätzung wieder an, erreichte aber bis zum Ende der Ausbildung, dem dritten Befragungszeitpunkt, nicht mehr das Ausgangsniveau. Allerdings stärkten die folgenden, dann nicht mehr durch Mentor:innen begleiteten Erfahrungen am Telefon das Kompetenzgefühl der frisch Ausgebildeten, was besonders im ersten Jahr der Supervision deutlich wurde.

Zum Ende der Ausbildung zeigte sich in der Studie ein signifikanter Zusammenhang zwischen den interpersonellen Motiven der Mitarbeitenden, ihrem Kompetenzerleben und der Einschätzung ihrer Arbeitsallianz mit den Anrufer:innen.

Bezüglich ihrer interpersonellen Motive lassen sie sich jeweils einem von drei Typen zuordnen:
- »submissiv-altruistisch«
- »helfend-beeinflussend«
- »freundlich-zugewandt«

Die höchsten Werte bei Kompetenz und Arbeitsallianz finden sich in der Gruppe der freundlich-zugewandt motivierten Mitarbeiter:innen, die niedrigsten bei den helfend-beeinflussend motivierten, die submissiv-altruistische motivierten liegen in der Mitte. Nachvollziehbar wird diese Differenz, wenn man den Einfluss der Motive auf die Gesprächsführung betrachtet und dem die Anliegen und das Gesprächsverhalten der Anrufer:innen gegenüberstellt.

Wer als »freundlich-zugewandter« Typus in ein Gespräch geht, sieht es in erster Linie als Auftrag an, das Gegenüber in seiner Befindlichkeit wahrzunehmen und echtes Interesse zu zeigen. Lösungen sind nicht notwendig, damit die Mitarbeiter:in am Ende mit dem Gespräch und mit sich zufrieden ist. Wichtiger ist es, mit der Anrufer:in in Beziehung gekommen zu sein. Ein Erfolg ist es, wenn das Gegenüber am Ende des Gesprächs ruhiger, im besten Fall zuversichtlicher wahrgenommen wird als zu Beginn. In den Gesprächen, in denen das Gegenüber nicht Verständnis sucht, sondern einen Abladeplatz für Aggressionen oder einen Ort für manipulative Machtausübung, ist Abgrenzung zum Selbstschutz die größte Herausforderung für den freundlich-zugewandten Typus.

Die »submissiv-altruistische« Gesprächsführung ist geprägt von dem Bemühen, den Themen und Anliegen des Gegenübers möglichst bestätigend zu folgen. Dessen Zufriedenheit ist ein wichtiges Gesprächsziel. So gelingt es schwer bis gar nicht, inhaltliche und zeitliche Grenzen zu ziehen und selbst in der Hand zu behalten, über was, in welcher Form und wie lange gesprochen wird. Das Ohnmachtserleben kann zu einer Abwertung der Anrufer:innen führen, wenn sie als grenzenlos bedürftig und/oder fordernd angesehen werden – es kann aber auch dazu führen, dass Mitarbeiter:innen die eigene Kompetenz infrage stellen.

»Helfend-beeinflussend« motiviert zu sein, das scheint für die Mitarbeit in der TelefonSeelsorge naheliegend. Tatsächlich zeigt die Studie »Engagement und Zufriedenheit bei den ehrenamtlich Mitarbeitenden der TelefonSeelsorge Deutschland«, die 2011 aus Anlass des Jahres des Ehrenamtes durchgeführt worden war, dass »Helfen« in der Rangordnung der genannten, also bewussten Motive für die Mitarbeit lediglich auf Platz neun liegt, hinter Motiven wie »wertvolle Erfahrungen«, »Erweiterung von Kenntnissen«, »Neues lernen«, »persönliche Entwicklung«, »Selbstständigkeit/Verantwortung«. Allerdings hat »Helfen« immer noch einen hohen Zustimmungswert, auf der Skala von 0 bis 5 liegt es bei 4,2. Und es ist von den genannten Motiven das, das am wenigsten in der Hand der Mitarbeiter:innen liegt. Denn zum »Helfen« braucht es ein Gegenüber, das sich auch so, wie man es intendiert, helfen lässt.

Wenn »helfend-beeinflussend« das leitende Motiv ist, stehen Ideen im Vordergrund, Lösungen mit den Anrufer:innen zusammen für ihre identifizierten Probleme zu entwickeln und ihnen zu vermitteln. Allerdings werden Kompetenzerleben und Arbeitsallianz in dieser Gruppe am niedrigsten eingeschätzt, was mutmaßlich an folgender Erfahrung liegt: Die Vermittlung von Lösungsvorschlägen gelingt nicht so häufig und vor allem nicht so nachhaltig wie gewünscht. Entweder wird direkt im Gespräch deutlich, dass jede von der Mitarbeiter:in für hilfreich und umsetzbar gehaltene Handlungsidee an der

Wand eines »ja, aber« abprallt. Oder aber in der Summe der selbst geführten und der in der Supervision besprochenen Gespräche mit einem wiederholten Anrufendem zeigt sich ein Phänomen, das Mitarbeiter:innen nachträglich am Sinn ihres Tuns zweifeln lassen kann: Die Anrufer:in greift eine Idee als hilfreich und umsetzbar auf und scheint damit dank des Gesprächs einen Schritt weiter. Das nächste Gespräch allerdings gestaltet sich dann so, als hätte es das vorherige nicht gegeben. Die Hilfe, die man geleistet zu haben glaubte, konnte also nicht angenommen werden und wird erneut gesucht. Diese Erfahrung teilen die Mitarbeiter:innen jeder Stelle und sie beschäftigt auch die Gesamtorganisation – immer wieder.

Das Phänomen der wiederholten Anrufe

66 Prozent der Gespräche werden als »wiederholt« angegeben, d. h., die Person ruft erkennbar nicht zum ersten Mal an. Demgegenüber werden nur gut 12 Prozent der Telefonate als Erstanrufe eingeschätzt – die Daten sind aus dem Jahr 2021. Ein wesentlicher Teil der Kapazitäten wird also durch eine vermutlich zahlenmäßig überschaubare Gruppe von Menschen beansprucht, die sehr regelmäßig den Kontakt mit der TelefonSeelsorge suchen. Jede Stelle und damit jede Organisationseinheit hat »ihre Daueranrufer:innen«, also eine Gruppe von Menschen, deren Geschichte(n) praktisch alle Mitarbeiter:innen kennen, aus eigenen Gesprächen, weil sie in der Supervision thematisiert werden und gelegentlich auch, weil Hauptamtliche zentrale Informationen und Hinweise für die Gesprächsführung an die Mitarbeiter:innen geben.

Dass bei diesen Menschen die Gespräche scheinbar »nichts ändern«, die Anrufenden sich »nur entlasten«, dass sie »immer dasselbe« erzählen, stellt die TelefonSeelsorge auf allen Ebenen, der des einzelnen Kontakts, der Stelle, der Organisationseinheit und der Gesamtorganisation, vor zwei miteinander verwobene Fragekomplexe:
- ➤ Welche Funktion hat die TelefonSeelsorge für diese Menschen aus deren Sicht und welchen Auftrag will sie aus eigener Sicht erfüllen?
- ➤ Welche Grenzen setzt die TelefonSeelsorge den Anrufer:innen und wie werden diese Begrenzungen begründet?

Die Frage der Begrenzung war in meiner eigenen Ausbildung zur ehrenamtlichen Mitarbeiterin 1983/84 in München noch kein Thema. »Der Anrufer beginnt das Gespräch, der Anrufer beendet es auch«: Dieses Diktum war Ausdruck einer submissiv-altruistischen Haltung als Leitmotiv der TelefonSeelsorge. Allerdings hielten sich nicht alle daran, und wir beendeten gelegentlich auch selbst Gespräche – auch gegen den Willen des Gegenübers, z. B., wenn es sich erkennbar um einen Sexanruf oder eine Inszenierung handelte, wenn das Gegenüber sich in Ton oder Wortwahl ungehörig zeigte oder weil jemand einfach nicht in ein Gesprächsende einwilligen wollte.

Dennoch kam auch in der Supervision die Frage, wann und warum Begrenzungen nicht nur legitim, sondern auch geboten sind, nicht vor.

Die Vernachlässigung des Themas bzw. dessen Verschiebung auf die Ebene der einzelnen Mitarbeiter:innen war aus zwei Gründen möglich:
- Selbst in Ballungsgebieten war die TelefonSeelsorge insgesamt gut erreichbar. Man war als Diensthabende:r am Telefon eher dankbar, wenn man nicht zu lange auf das nächste Gespräch warten musste.
- Für Anrufer:innen, die außerhalb des Ortsnetzes einer Stelle lebten, war ein Anruf bei der TelefonSeelsorge ein Ferngespräch mit regulären Gebühren, und die waren damals richtig hoch. So begrenzten sich diese Anrufer:innen mit Blick auf die Kosten oft selbst.

Der Wegfall der Gesprächsgebühren ab Juli 1997, von Anfang an auch für Anrufe aus den Mobilfunknetzen, veränderte die Situation in allen Stellen. Es gab praktisch keine Pausen mehr, und sobald man sich gesprächsbereit meldete, kam ein neuer Anruf. Nun wurde diskutiert und ausprobiert, wie die begrenzte Ressource Gesprächszeit am besten gegen die als missbräuchlich erlebte Nutzung geschützt werden könnte. So wurde die – bis heute existierende – technische Möglichkeit geschaffen, bestimmte Anschlussnummern für weitere Anrufe an diesem Tag zu blockieren. Durch das Auflegen innerhalb von 25 Sekunden ab Gesprächsbeginn und vor der Anrufer:in landet die Nummer automatisiert auf einer *blacklist*, die am Ende des Kalendertages wieder gelöscht wird. Mit Einführung der ACD, der automatischen Anrufverteilung, die per Minitool am PC gesteuert wird, kam die Möglichkeit dazu, in einem laufenden Gespräch per Mausklick eine Sperrung des – für uns grundsätzlich nicht identifizierbaren – Anschlusses für weitere Anrufe an diesem Tag auszulösen.

Im Blick waren anfangs in erster Linie die ab 1998 sprunghaft angestiegenen Anrufe von Kindern und Jugendlichen – es waren im Jahr 2012 nur 2,5 Prozent aller Anrufe! –, die fast ausnahmslos als Fake oder Scherz wahrgenommen wurden; ob zu Recht, lässt sich bezweifeln. Im Jahr 2002 generierten Unter-20-Jährige insgesamt 50 Prozent der Anrufe, nahmen aber z. B. in Würzburg nur zehn Prozent der Gesprächszeit in Anspruch. Dennoch strapazierten sie die

Nerven der Mitarbeiter:innen, und vor allem machten sie die TelefonSeelsorge insgesamt schwer erreichbar. Die 2003 gestartete bundesweite Kampagne »Du stehst auf der Leitung«, die Jugendliche über Postkarten, Plakate und Audioclips auf die Gefahr ihres Verhaltens für suizidale Menschen aufmerksam machen wollte, zeigte jedoch damals keinen messbaren Erfolg. Die Anrufe aus dieser Altersgruppe wurden in den Zehnerjahren ohne unser Zutun kontinuierlich weniger, und sie machen aktuell nur noch knapp drei Prozent der Telefongespräche aus, von denen wiederum weniger als fünf Prozent als »nicht Auftrag der TS« zugeordnet werden, insgesamt also weniger als ein Promille aller Anrufe.

Die hohe Zahl der Anrufe Jugendlicher war ein vorübergehendes Phänomen. Es hatte jedoch eine nachhaltige Wirkung: Seitdem wird in den Stellen und in der Gesamtorganisation über Grenzen diskutiert. 2003 traf die Vollversammlung der Leiter:innen in einer Standortbestimmung folgende Aussage:

> »Die Telefonseelsorge sieht sich als Angebot für jeden Menschen, aber nicht für jedes Anliegen in jeder Situation [...] Telefonseelsorge beendet das Gespräch, wenn Begegnen, Klären, Halt geben oder Begleiten nicht möglich sind oder wenn Grenzen und Würde der Mitarbeitenden verletzt werden« (TelefonSeelsorge auf dem Weg in die Zukunft, 2003).

Dass Begrenzung nicht nur geduldet, sondern in bestimmten Fällen als geboten gesehen wird, war ein Paradigmenwechsel, und es scheint, als wäre so einem lange verdrängten Thema die Tür geöffnet worden.

Im Zentrum der Diskussion stehen dabei inzwischen die bereits erwähnten sogenannten »Daueranrufer:innen«. Der Fokus des Themas »Grenze« verschiebt sich dadurch vom ungehörigen Verhalten in einem einzelnen Gespräch hin zu einer Bilanz aller bisherigen mit einer Person geführten Gespräche. In diese Bilanz gehen quantitative und qualitative Faktoren ein: die Häufigkeit und Dauer der Gespräche einerseits, die wahrgenommene Wirkung dieser Gespräche andererseits. »Wirkung« meint dabei in der Regel, ob in der Summe der Gespräche Entwicklungen wahrzunehmen sind, ob problematische Situationen entweder aufgelöst oder zumindest konstruktiver gedeutet und gehandhabt werden können. Es wird wenig überraschen, dass das insbesondere bei den Menschen, die wir sehr regelmäßig hören, kaum beobachtbar ist. Eben weil ihre Lebenssituation und deren Deutung schwierig bleiben, rufen sie so regelmäßig an.

Dazu, welcher Schluss aus dieser Wahrnehmung zu ziehen ist, stehen im Diskurs zwei Positionen einander gegenüber. Einig sind sich beide Positionen darin, dass die TelefonSeelsorge ihren Anrufenden nicht grenzenlos zur Verfügung stehen kann. Die Begründungen und die Ideen zur Umsetzung sind allerdings sehr unterschiedlich. Die einen plädieren für eine »restriktive«, die anderen für eine »permissive« Haltung.

Die Vertreter:innen einer eher restriktiven Haltung postulieren: Die TelefonSeelsorge könnte dadurch, dass sie diesen Menschen immer wieder zur Entlastung zur Verfügung steht, zu deren Verharren in ihrer schwierigen Situation beitragen. Damit würde sie im Grunde gegen das Wohl der Betreffenden und quasi co-abhängig handeln. Das Angebot eng zu begrenzen, wäre demnach geboten, um einer nachhaltigen Lösung nicht im Weg zu stehen. Wenn TelefonSeelsorge das nicht tue, handele sie unverantwortlich.

Diskutiert wurde vor einigen Jahren auch, ob man auf technischem Weg eine sequenzielle Begrenzung einführen sollte. Das hätte bedeutet, dass die TelefonSeelsorge für einen definierten Zeitraum eine bestimmte Zahl an Anrufen, ein Zeitkontingent oder eine Kombination aus beidem festlegt. Das wäre dann die Obergrenze dessen, was jeder Anschluss nutzen kann. Allerdings wurde mir von erfahrenen Nutzer:innen freimütig mitgeteilt, dass sie mehrere SIM-Karten haben, um trotz Sperrung einer Nummer weiter bei uns anrufen zu können. Sie hätten so auch eine sequenzielle Begrenzung ausgehebelt. Letztlich beendeten die Vorgaben des Datenschutzes die Diskussion über die Einführung einer solchen technischen Begrenzung. Ich war darüber erleichtert, während andere Kolleg:innen es bis heute bedauern.

Die Vertreter:innen der permissiven Haltung, zu der auch ich mich zähle, argumentieren so: Die Notwendigkeit von Begrenzung ist nicht generell zu leugnen. Aber: Niemand, auch nicht die TelefonSeelsorge, darf sich anmaßen, über die Lebensbewältigungsstrategie eines anderen Menschen zu urteilen und sie per eigenmächtiger Intervention beeinflussen zu wollen. Es ist sicher in vielen Fällen so, dass es die Gespräche mit der TelefonSeelsorge einem Menschen ermöglichen, Veränderungen zu vermeiden, weil er sich hier regelmäßig entlasten und stabilisieren kann. Dennoch: Das bleibt seine Entscheidung, und »Seelsorge« heißt, ihm das zu gewähren. Natürlich wird ein Gespräch in seiner Dauer begrenzt und ein zweites Gespräch in derselben Schicht abgelehnt oder noch kürzer gehalten, was Anrufer:innen oft enttäuscht. Die Restriktion wird dabei nicht mit dem angenommenen Wohl des Betreffenden begründet. Sie dient zum einen der Verteilungsgerechtigkeit und schützt zum anderen die Aufmerksamkeit und Geduld der Mitarbeitenden.

Unser Auftrag – aus unserer Perspektive

Welche Funktion hat die TelefonSeelsorge für diese Menschen aus deren Sicht und welchen Auftrag will sie aus eigener Sicht erfüllen? Der zweite Teil der Frage ist im Grundsatz beantwortet durch das im »Handbuch der Telefonseelsorge« formulierte Selbstverständnis, wenn auch, wie beschrieben, die Interpretation des Auftrags unterschiedlich ist:

> »Die TelefonSeelsorge bietet Hilfe suchenden Menschen qualifizierte und vertrauliche Seelsorge und Beratung an, vorurteilsfrei und offen. Das Angebot der Telefonseelsorger/innen besteht im Zuhören und Klären, im Ermutigen und Mittragen, in der Unterstützung bei Entscheidungsfindung und im Hinweis auf spezifische Hilfsangebote. Sie macht Mut zum Leben und stärkt Menschen in ihrem Glauben und Hoffen. Wenn Begegnen, Klären, Halt geben oder Begleiten nicht möglich ist oder wenn Grenzen und Würde der Mitarbeitenden verletzt werden, beendet TelefonSeelsorge den Kontakt« (Handbuch der Telefonseelsorge, S. 12).

Dass die Menschen, die sich an die TelefonSeelsorge wenden, hier etwas suchen, liegt auf der Hand. Ob sie das Gesuchte als »Hilfe« bezeichnen würden, ist in vielen Fällen zu bezweifeln. Und selbst wenn, so konnte die TelefonSeelsorge bis vor Kurzem nicht exakt begründen, welche Funktion(en) sie insbesondere für die regelmäßig Anrufenden erfüllt.

Eine Forschungsarbeit aus dem Frühjahr 2019, »TelefonSeelsorge als Beratungsangebot in einer pluralisierten Gesellschaft – Beratungsbedarfe und Beratungsprozesse«, durchgeführt von den Professorinnen Walburga Hoff und Christine Rohleder, ermöglicht uns nun begründete, genauere Aussagen. Es ist die erste stellenübergreifende, qualitative Untersuchung des Geschehens am Telefon, beispielhaft an 476 Gesprächsprotokollen aus vier Stellen. Die Mitarbeiter:innen waren vorab darin geschult worden, was nötig ist, damit ein Protokoll struktur- und inhaltsanalytisch ausgewertet werden kann.

Clustering der Anliegen

Die Auswertung ergibt in ihrem ersten Teil ein Clustering und eine Quantifizierung der Anliegen, die Anrufer:innen in den Kontakt mitbringen:
- »akute Krisensituation« (7,6 Prozent),
- »Informationsbedarf« (2,6 Prozent),

- »konkrete Entscheidungsprozesse« (3 Prozent),
- »Ärger und Aggressionen verbalisieren« (5,6 Prozent),
- »Mitteilung von Alltagsereignissen« (12,6 Prozent),
- »langfristige und komplexe Belastungssituationen« (27,2 Prozent) und
- »aktuelle Alltagsprobleme und -herausforderungen« (32,8 Prozent).

Immerhin eines von 13 Gesprächen (insgesamt 62.400 im Jahr 2021) entspricht damit der Gründungsidee der TelefonSeelsorge, nämlich in einer akuten Krise »erste Hilfe« zu leisten. Auch Unterstützung bei Entscheidungen und Weitergabe von Informationen sind Anliegen, die niemand als »nicht Auftrag der TelefonSeelsorge« klassifizieren wird. Die anderen vier Arten von Anliegen, die weitere gut 80 Prozent der Gespräche bestimmen, sind für Mitarbeitende weniger leicht nachzuvollziehen. Man fühlt sich möglicherweise als Mülleimer oder Punchingball benutzt, mit als banal erlebten Themen im Gespräch gehalten oder mit den immer gleichen Klagen über eine von uns für veränderbar gehaltene, aber unveränderte Problemlage an die Grenze der Geduld und der Empathie gebracht.

Viele Mitarbeiter:innen sehen dabei durchaus, dass die Gespräche mit der TelefonSeelsorge, also mit ihnen, gerade für diese Menschen eine längerfristige, stabilisierende und soziale Funktion erfüllen. Allerdings: Wirklich klar war bisher nicht, was dabei wie funktioniert.

Typisierung der Bewältigungsstrategien

Erhellend für ein besseres Verständnis unserer Funktion ist der zweite Teil der Auswertung der Studie. Er bietet eine Typisierung der Bewältigungsstrategien und beschreibt die Funktion der TelefonSeelsorge in jeder der Strategien. Alle Typen verbindet, dass sie Problemstrukturen nicht nachhaltig auflösen, dass sie einen als nicht lösbar erlebten inneren Konflikt mithilfe von Projektionen und/oder Introjektionen abwehren und dass sie dafür die TelefonSeelsorge nutzen.

Die Autorinnen beschreiben vier Typen:
- »Schuldlos schuldig Gewordene« projizieren ihre Ohnmachtserfahrungen und Aggression angesichts des Scheiterns an ihren Idealen auf Andere und suchen in der TelefonSeelsorge Entlastung von latenten Schuldgefühlen und eine Bestätigung für ihr Ich-Ideal.
- »Nach Befreiung suchende und sich selbst Fesseln anlegende Gefangene« geben den eigenen Bedürfnissen keinen Raum, projizieren dabei das eigene

verbietende und strenge Über-Ich auf Andere und möchten durch die Gespräche mit der TelefonSeelsorge von ihrem Kummer erlöst werden.
- »Sich selbst ermächtigende Ohnmächtige« wehren grundlegende Ohnmachtserfahrungen dadurch ab, dass sie ihr Gegenüber für ihre eigenen Bedürfnisse instrumentalisieren und mithilfe der TelefonSeelsorge Problemlösungen imaginieren.
- »Grenzenlos bedürftige Selbstversorger:innen« sehen ihr Leben als auferlegtes, unausweichliches Schicksal, projizieren auf regressive Art ihre Bedürftigkeit und erwarten von der TelefonSeelsorge in erster Linie persönliche Zuwendung (Hoff & Rohleder, 2022, S. 185ff.).

Im Sommer 2019 las ich die erste Zusammenfassung der Studienergebnisse und war fasziniert. Die Typisierung kann ich unmittelbar in Beziehung zu den eigenen und zu den von Mitarbeiter:innen geschilderten Gesprächen mit regelmäßig Anrufenden setzen. Auch das Clustering der Anliegen bildet die Erfahrungen am Telefon sehr nachvollziehbar ab.

Bei der Vermittlung der Studienergebnisse in Fortbildungen und seit 2020 bereits in der Ausbildung stelle ich folgende Fragen zur eigenen Haltung:

Ist es legitim,
- Problemstrukturen nicht grundsätzlich und nachhaltig aufzulösen?
- überhöhte Ich-Ideale nicht zugunsten einer realistischen Sicht auf die eigenen Möglichkeiten und Grenzen aufzugeben?
- imaginierte Problemlösungen anstatt realer zu wählen?
- eigene aggressive Anteile zu projizieren und nicht zu integrieren?
- zu resignieren und nicht an der Selbstverbesserung zu arbeiten?
- Und: Dürfen wir als TelefonSeelsorge dabei unterstützend tätig sein?

Die Antworten der Würzburger Mitarbeiter:innen zeigen: Grundsätzlich haben sie den Anspruch an sich selbst, über Anrufer:innen nicht zu urteilen, stoßen aber immer wieder an ihre Grenzen. Die Logik der – ihnen selbst eher fernliegenden – Bewältigungsstrategien zu verstehen, hilft ihnen, ihre eigene Abwehr aufzulösen. Gleichzeitig schätzen sie es, die ausdrückliche Erlaubnis zur Abgrenzung zu haben – Abgrenzung um ihrer Integrität und unserer Ressourcen willen.

Beides zu bestärken, das Verstehen der und das Verständnis für die Anrufer:innen, und gleichzeitig die Fähigkeit, Grenzen zu setzen, halte ich in der TelefonSeelsorge für eine ganz wichtige Aufgabe von Hauptamtlichen in der Begleitung der Mitarbeitenden.

In der Würzburger Stelle gilt Folgendes als Orientierung: Individuelle – zudem in der Regel aus Not erworbene – Bewältigungsstrategien bedürfen keiner Legitimation durch Andere, sofern niemand sonst durch sie behindert oder gar beschädigt wird. Wenn die Betreffenden sich selbst behindern oder beschädigen, verdienen sie Unterstützung darin, ihre Abwehrmechanismen aufzulösen und nicht-neurotische, also situationsadäquatere Konfliktbewältigungsstrategien zu erwerben. Ob sie diese Unterstützung, die allerdings nicht durch TelefonSeelsorge-Kontakte, sondern in einem therapeutischen Setting zu leisten wäre, in Anspruch nehmen: Das entscheiden allein die Betreffenden.

Und: Ja, wir dürfen und sollen Menschen den selbstverständlich immer nur begrenzten Raum für imaginierte Problemlösung, für die Akzeptanz ihrer Resignation, für die Entlastung in ihrem Gefängnis und die Entschuldung in ihrem Scheitern bereithalten. Wir müssen ihre Sichtweise nicht aktiv bestätigen, sollten sie aber auch nicht ohne Erlaubnis dekonstruieren. Und gleichzeitig dürfen wir ihnen alternative Sichtweisen und Strategien anbieten, ohne allerdings zu fordern, das Angebot müsse auch angenommen werden. Genau das entspricht unserem Verständnis von Seelsorge.

Was zu diskutieren bleibt

Die Auseinandersetzung mit den Studienergebnissen auf der Ebene der Stellenleitungen war für die Leiter:innen-Tagung im April 2020 vorgesehen. Diese Tagung konnte nicht stattfinden; auch 2021 musste sie ausfallen. Auf der Tagung im Mai 2022 standen andere Themen im Fokus.

Allerdings: Wegen unserer engen Vernetzung und der zentralen Bedeutung unseres Selbstverständnisses für unser Tun halte ich die Auseinandersetzung mit der Frage »Wie hältst du es mit Grenzen?« in der Gesamtorganisation für wichtig. Und dem folgt die zweite wichtige Frage: »Wie halten wir es mit einem gemeinsamen, verbindlichen Selbstverständnis und mit der Übertragung ins Tun?«

Nicht spannungsfrei zur obigen Frage schließt sich ihr eine weitere, genauso wichtige an: »Wie erhalten und gestalten wir dabei unsere Individualität und Diversität, als Stellen und als Mitarbeiter:innen einer Stelle?« Denn von der Vielfalt der handelnden Personen lebt die TelefonSeelsorge, und die in ihr zu findende Vielfalt ist auch ein Gewinn für unsere Nutzer:innen.

Literatur

Dinger, U. & Rek, I. (2017). Effekte der Seelsorgeausbildung Ehrenamtlicher: Ergebnisse eines empirischen Forschungsprojekts in der Telefonseelsorge. *Pastoraltheologie, 106,* 469–489.

Evangelisch-Katholische Kommission für TelefonSeelsorge und Offene Tür (Hrsg.). (2014). *Handbuch der Telefonseelsorge* (zu beziehen über die Geschäftsstelle der TelefonSeelsorge Deutschland e. V., geschaeftsstelle@telefonseelsorge.de).

Hoff, W. & Rohleder, C. (Hrsg.). (2022). TelefonSeelsorge als Beratungsangebot in einer pluralisierten Gesellschaft – Beratungsbedarfe und Beratungsprozesse. In dies. (Hrsg.), *Psychosoziale Beratung und Soziale Arbeit* (S. 47–214). Barbara Budrich.

o. V. (1978). Leitlinien für den Dienst in der Telefonseelsorge (zu beziehen über die Geschäftsstelle der TelefonSeelsorge Deutschland e. V., geschaeftsstelle@telefonseelsorge.de).

o. V. (2003, 7. Mai). TelefonSeelsorge auf dem Weg in die Zukunft – Vergewisserung und Ausblick. Konsenspapier auf Basis der Leitlinien für TelefonSeelsorge und Offene Tür. Vierzehnheiligen (zu beziehen über die Geschäftsstelle der TelefonSeelsorge Deutschland e. V., geschaeftsstelle@telefonseelsorge.de).

o. V. (2011). Engagement und Zufriedenheit bei den ehrenamtlich Mitarbeitenden der TelefonSeelsorge Deutschland (zu beziehen über die Geschäftsstelle der TelefonSeelsorge Deutschland e. V., geschaeftsstelle@telefonseelsorge.de).

Biografische Notiz

Ruth Belzner, M. A., ist seit Oktober 1996 Leiterin der TelefonSeelsorge Würzburg/Main-Rhön und zudem Vorsitzende des Dachverbandes »Evangelische Konferenz für TelefonSeelsorge«. Während ihres Studiums der Psychologie in Düsseldorf und München hat Belzner eine Ausbildung zur ehrenamtlichen Telefonseelsorgerin in München absolviert. Ein berufsbegleitendes Studium (»Management in sozialen Organisationen«) schloss sie 2008 mit dem Master ab.

IV

Organisationale Dynamiken in totalen, totalitären und autoritären Organisationen

Hinführung der Herausgeber:innen

Das vierte Hauptkapitel greift eine nicht einfache Thematik auf. Die innere Abwehrhaltung steht eher im Vordergrund, zumal man sich eigentlich mit diesem Phänomen der totalitären und autoritären Organisationen nicht unbedingt auseinandersetzen will, weil es diese Formen in den demokratisch geführten Organisationen eigentlich nicht geben darf. Es ist aber erforderlich, einen Blick auf diese Form von Organisationen zu werfen. Auch in demokratischen Gesellschaften haben wir es mit *organisationalen Dynamiken in totalen, totalitären und autoritären Organisationen* zu tun. Fünf Aufsätze führen mit ihren unterschiedlichen Perspektiven in diese Thematik ein.

Karl-Heinz Richstein ist im Laufe seines Lebens vielen Menschen in autoritären Systemen begegnet, ob in Kliniken, Kirchen, bei Polizei, Militär oder Luftfahrt. In seinem Aufsatz »Segen und Abgrund autoritärer Organisationen. Von einem, der auszog, Institutionen kennenzulernen ...« geht er den Fragen nach, was Menschen dazu motiviert, in solchen Systemen tätig zu sein, welchen Gewinn sie davon haben und warum eine solche Fülle an autoritären Systemen in einer dem Anspruch nach freiheitlich-demokratischen Gesellschaftsordnung existiert.

Ulf Liedke analysiert die briefliche Kommunikations- und Korrespondenzkultur von Strafgefangenen in der ehemaligen DDR. Er lässt verstehen, welche Codierungsmechanismen zum Austausch mit »Draußen« genutzt wurden, aber auch, wie Gefangene durch den inneren Druck kommunizieren mussten. Restriktive Beschränkungen, repressiver Druck, ein abgefangener oder deutlich verspätet ankommender Brief – gezieltes Eingreifen in die briefliche Interaktion verändert das Verstehen, das Anschlusshandeln und damit den weiteren Kommunikationsprozess. Das macht das Gefährdungsrisiko der brieflichen Kommunikation unter Bedingungen des Gefängnisses aus. Die Briefe sind für Gefangene die einzige Öffnung zur Welt der Anderen, die einzige Sprachform, in der sie nach Worten tasten können, hin zu Anderen, die nah und zugleich unendlich fern sind.

Christoph Bevier zeigt in seinem Aufsatz zur forensischen Klinik auf, dass diese von vielen Paradoxien geprägt ist. Eine der grundsätzlichen Paradoxien liegt im Widerspruch und der Gleichzeitigkeit von Schuldunfähigkeit und Schuldminderung auf der einen und der bestehenden Schuld der Patient:innen auf der anderen Seite. Der Artikel geht der Wirkung dieser Paradoxie auf die forensische Klinik in Bezug auf die Arbeit der Mitarbeiter:innen und auf das Leben der Patient:innen nach. Er sucht Orte, an denen die Paradoxien angesprochen und temporär aufgehoben werden können, beispielsweise die Seelsorge für die Patient:innen und die Supervision für die Mitarbeiter:innen.

Franziska Lamott nimmt uns mit in die Welt des Strafvollzugs und lässt uns sowohl an historischen Szenen als auch an aktuellen Prozess- und Wirkungsmächtigkeiten teilhaben, die uns die Dynamik des Strafens und seine Bedingungen vergegenwärtigen. Sicherheitsvorkehrungen betonen die Gefährlichkeit der Insass:innen und unterstützen ihre Kontrolle und Beobachtung, haben aber auch deutlich spürbare Konsequenzen für das Personal und für externe Besucher:innen, die den Kontroll- und Sicherungsmaßnahmen der Institution gleichfalls unterworfen sind. Die Eingriffe in die Persönlichkeitsrechte können seitens der Betroffenen Gefühle von Degradierung, Autonomieverlust und Abhängigkeit erzeugen, mithin unterwürfige oder auch aggressive Abwehrtendenzen provozieren.

Uwe Kowalzik gibt uns einen Einblick in das Altenheim und zeigt uns damit den Ort der Lebensabschlussprozesse im Kontext einer überforderten Organisation. Altenheime entwickeln ihre Kulturen auf sehr unterschiedlichen Achsen: Sie sind ein Lebensort für Menschen, oft der letzte; sie sind oft ein Angstort für Bewohner:innen und Angehörige für befürchtete Konfrontationen und Abschiede; sie sind ein Projektionsort für Klischees und Vorurteile, die oft als Abwehr der Angst zu verstehen sind. Das Alleingelassen-Werden betrifft Bewohner:innen und Mitarbeiter:innen gleichermaßen. All das braucht viel Aufmerksamkeit, Beachtung, Unterstützung und »Containing« als bewusste Anteile von Führung und Leitung.

Segen und Abgrund autoritärer Organisationen

Von einem, der auszog, Institutionen kennenzulernen ...

Karl-H. Richstein

> »Militem aut monachum facit desperatio.«
> *Lateinisches Sprichwort*

> »Seit Jahrtausenden werden Männer Mönche oder Soldaten. Haben sie sich alle frei dazu entschieden? Was hat sie dahin geführt? War es tatsächlich immer Verzweiflung?«

Im Laufe meines Berufslebens sind mir viele Menschen in autoritären Systemen begegnet. Im Seelsorgekontext in der römisch-katholischen Kirche, als Patienten und Mitarbeiter in Kliniken, bei besonderen Einsatzkräften der Polizei, als Offiziere und *crew members* in ziviler und militärischer Luftfahrt. Was bringt Menschen dazu, in solchen Systemen zu arbeiten? Welchen Gewinn haben sie davon, darin zu leben? Warum existiert eine solche Fülle an autoritären Systemen in einer dem Anspruch nach freiheitlich-demokratischen Gesellschaftsordnung?

Begriffsklärung

Vielleicht müssen wir uns zunächst der – zugegebenermaßen riskanten – Arbeit unterziehen, uns Rechenschaft darüber zu geben, wovon wir eigentlich sprechen. Was wollen wir unter einem »autoritären System«[1] verstehen? Unterscheidet

---

1 »Autorität« von lat. *auctor* = »Gewährsmann«, »Bürge«, »Berichterstatter«, »Vorbild«, »Lehrer«, »Leiter«, »Berater«, »Gründer«, »Stifter«, »Erfinder«. Die ursprüngliche Bedeutung zielt also auf eine deutlich kooperative, sozialorientierte Bedeutung ab, die dem zunächst bedeutungsneutralen Begriff der »Autorität« im Sinne von »Kompetenz« bzw. »Stärke« ein damit verbundenes sozialen Ansehen verleiht. Bisweilen wird der Begriff direkt von lat. *auctoritas* = »Macht«, »Geltung«, »Einfluss« hergeleitet. Erst im Superlativ des »Autoritarismus« wendet das Suffix »-ismus« die Bedeutung ins Ideologisch-Extreme (Stowasser, Petschenig & Skutsch, 1980).

es sich von einem totalitären? Meinen wir dabei das Gleiche wie mit »Diktatur«[2]? Um dabei nicht Ergebnisse jahrzehntelanger Arbeit anderer Autoren zu übersehen, soll hier mit erprobten Definitionen der Geschichtswissenschaft fortgefahren werden, deren Unterscheidungskriterien hilfreiche Hinweise geben können.

Dimensionen innerer Beteiligung

»Totalitarismus«[3] wird als politischer Extremismus verstanden, der zu Herrschaft gekommen ist. Jaschke meint damit »hermetisch abgeschlossene Weltanschauungen, die sich rationaler Kritik versperren« (Jaschke, 2008). Dieser Definition folgend, wird in totalitären Systemen der Anspruch erhoben, in alle sozialen Systeme hineinzuwirken, um einen ideologiegemäßen »neuen Menschen« zu formen, der in *aktivem Engagement* deren Werte vertritt und verkörpert. Demgegenüber wird unter »Autoritarismus« eine Herrschaftsform verstanden, die lediglich eine *passive Toleranz* gegenüber den Machtstrukturen verlangt und sich erst in der Bekämpfung oppositioneller Ideen gewaltsamer Methoden bedient.

Dimensionen räumlicher Distanzierungsmöglichkeit

In Vorüberlegungen zu diesem Text wurden Unterscheidungskriterien diskutiert, die sich auf die Unmöglichkeit räumlicher Distanzierung beziehen. Radikal verstanden, könnten z. B. Transporteinheiten für Passagiere (z. B. Züge, Schiffe, Flugzeuge) als *totalitäre Systeme* bezeichnet werden. Deren Führungsrollen (»Zugchef«, »Kapitän«) sind deswegen mit besonderen Rechten ausgestattet, weil sie mit ihren Passagieren für eine bestimmte Zeit ohne Ausweichmöglichkeit auf dasselbe Verkehrsmittel gezwungen sind. Diese Dimension kann nun auf eine ganze Reihe weiterer Organisationseinheiten angewendet werden. Zu nennen wären z. B. geschlossene Expeditionen, wie sie in Publikationen zu Shackletons

---

2   »Diktatur« von lat. *dictator* = »höchste obrigkeitliche Person, in Rom außerordentliche Magistratur, um in schweren Zeiten alle Macht in einer Hand zu vereinen«; dazu »dico« = »ich sage«, »ich habe Äußerungsrecht, Redegewalt« (ebd.).
3   »Totalität« von lat. *totus* = »ganz«, »in vollem Umfang« zeigt sich also zunächst als Mengen- bzw. Umfangsbezeichnung. Auch hier entsteht die politisch-ideologische Extrembedeutung über die Suffixerweiterung zum »Totalitarismus« (ebd.).

Antarktisexpedition (Lansing, 2000 [1959]; Fröse, 2019) oder Alexander Gersts Weltraummission dargestellt sind (Gerst & Abromeit, 2017, im Rekurs auf sehr partnerschaftlichen Führungsstil insbesondere S. 90). Selbstverständlich zeigen sich auch größere Organisationen wie z. B. Armeen oder kriminelle Bündnisse vom Kriterium unfreier Zugehörigkeit gekennzeichnet. Dass in Umerziehungs- und Konzentrationslagern sowie Gefängnissen und Haftanstalten Insassen der Organisation nicht aus eigener Kraft entfliehen können – es sei denn unter Einsatz ihres Lebens –, versteht sich von selbst. Markantester Vertreter des Definitionskriteriums der Unmöglichkeit räumlicher Distanzierung ist Erving Goffman, der den Begriff der Totalität zunächst nicht auf die Absolutheit der Herrscherperson oder deren Machtbefugnisse bezieht, sondern vor allem auf den (minimalen) Umfang der »Beschränkung des sozialen Verkehrs mit der Außenwelt«. Seine berühmte Differenzierung zwischen *front stage behaviour* (*front stage* = »Vorderbühne«) und *back stage behaviour* (*back stage* = »Hinterbühne«) wird bereits von ihm selbst nicht nur auf Individuen, sondern auch auf Institutionen angewendet. Dabei unterscheidet er zwischen einer bewussten und sichtbaren Institutionsrolle *(front)* und einer unbewussten und unsichtbaren *(back)*, zu der er insbesondere den Umgang mit Angstgefühlen rechnet (Goffman, 1972). Sich einer Organisation und ihrem Einflussbereich *territorial* nicht entziehen zu können, kann also durchaus als wesentliches Merkmal totalitärer Organisationen gewertet werden.

Dimensionen inhaltlicher Mitbestimmungsmöglichkeit

Aber würde das auch auf eine *inhaltliche* Distanzierungsmöglichkeit zutreffen? Bundes- und Bürgerwehren, Polizeiinstitutionen, Kliniken und Heilanstalten müssten – zumindest in ihren unteren Hierarchiestufen – in die Kategorie mangelnder inhaltlicher Distanzierungsmöglichkeiten gefasst werden, denn Mitbestimmungsmöglichkeit bedeutet die Option von inhaltlicher Mitgestaltung. Wenn ein Individuum sich jedoch entschieden hat, Teil einer solchen Institution zu werden, unterwirft es sich zwangsläufig ihrem Organisationsziel. Auf die konkrete Umsetzung dieses Ziels hat es dann kaum mehr Einfluss, und eigene Entscheidungsoptionen schwinden erheblich. Das Kriterium der Mitbestimmungsmöglichkeit ist dabei nur im Hinblick auf die Grundsatzentscheidung der Mitgliedschaft an sich erfüllt (z. B. die Entscheidung, einen entsprechenden Beruf zu ergreifen oder sich als Patient behandeln zu lassen) und zeigt sich lediglich durch die Möglichkeit zur Aufkündigung des Kontraktes zur Zusammenarbeit. Freilich bewegen wir uns hier in Grenzbereichen, denn es sind durchaus Situationen denkbar, in denen dem Individuum gerade diese Entscheidungsmöglichkeit nicht gegeben ist (z. B. Zwangsrekrutierung, Arbeitsmarktlage, gesundheitliche Verfassung usw.). Umstände von unfreiwilliger Mitgliedschaft und Unterwerfung unter ein autoritäres Ideologiesystem trifft auch zu auf religiöse und quasireligiöse Gemeinschaften zu (z. B. die Church of Scientology International, die Zeugen Jehovahs oder auch die römisch-katholische Kirche und die orthodoxen Kirchen). Selbst im umgangssprachlichen Bereich werden solche Organisationen als autoritäre Systeme bezeichnet. In allen diesen Organisationen sind nichtleitende Angestellte oder »Untergebene« den Weisungen der Führungsrollen ohne Widerspruchsrecht unterworfen und haben keine Möglichkeit zur inhaltlichen oder organisationalen Mitbestimmung.

Dimensionen zwischen Diktatur, Tyrannei und Despotie

Der Begriff der Diktatur zielt auf die Monopolisierung der Macht einer einzelnen Person, ihrer politischen Gruppe oder Familie, die mit mehr oder weniger Befugnissen ausgestattet sein kann – und zur römischen Kaiserzeit übrigens konstitutionell zeitlich beschränkt war. So werden wir differenziert sowohl von »totalitären« als auch »autoritären« Diktaturen sprechen müssen. Beispiele für entsprechende Herrschaftsformen finden sich über die Menschheitsgeschichte unzählige, von der griechischen »Tyrannis«[4], über die orientalische »Despotie«[5], zur Herrschaft mittelalterlicher Stadtstaaten, den Renaissancefürsten bis hin zu den Herrschern infolge der französischen Revolution und der sozialistischen bzw. kommunistischen Diktatur des Proletariats, des Faschismus und Nationalsozialismus sowie der aktuellen Gewaltherrschaften des sogenannten »Islamischen Staates«. Die etymologischen Herleitungen der Begrifflichkeiten zeigen, dass eine scharfe Abgrenzung oder konkretere Charakterisierung durch deren Verwendung nicht erreichbar ist und die Begriffe in einschlägigen Texten eher aus stilistischen Gründen gewechselt oder auch synonym verwendet werden.

---

4 »Tyrannei« von griech. τυραννίς = *tyrannís* = »unumschränkte, willkürliche Herrschaft«. Gemeint ist die »Herrschaft eines Einzigen, die ohne Gesetzesbindung und gegen den Willen der Beherrschten nicht für das Gemeinwohl, sondern zum Vorteil und nach Gutdünken des Herrschers ausgeübt wird« (Aristoteles, zit. n. Forschner, 1989, S. 140–168).

5 »Despotie« von griech. δεσποτία = *despotía*; von δεσπότης = *despótes* = »Herr«, »Herrschaft« eines männlichen Führers, ohne scharfe Definitionsabgrenzung zu anderen Herrschaftsformen – ursprünglich also nur im Zusammenhang eines historischen Kontextes der »Willkür-« oder »Gewaltherrschaft« zu verstehen.

Seit dem Aufkommen der sogenannten »Totalitarismusforschung« in den 1920er Jahren ist zunehmend ins Bewusstsein gerückt, dass sich viele Ähnlichkeiten der verschiedensten nicht-demokratischen Herrschaftsgebilde ausmachen lassen, obwohl diese nicht selten – wie im klassischen Beispiel von Faschismus versus Stalinismus – in der Weltgeschichte als Antipoden aufgetreten sind, in der Realität jedoch sehr verwandtschaftliche Züge offenbarten. Vor allem die Studien von Hannah Arendt haben diese Phänomene als »Variationen des gleichen Modells« gekennzeichnet (Arendt, 1955 [1951]).

Nun wird man die Entwicklung von Herrschaftsorganisation in der Menschheitsgeschichte generell sehr verschiedenen Ursachen zuordnen müssen. Schon auf den ersten Blick geht es dabei um die Organisation einer sozialen Einheit und deren Zielsetzung, gemeinschaftliche wie auch individuelle Interessen realisieren zu können. Dazu gehören auch die Verteilung und Legitimation von Macht sowie die Formulierung von Recht und dessen Durchsetzung. Neben solcherlei organisatorischen oder politischen Notwendigkeiten haben sich die Geschichtswissenschaft und die Soziologie vielfachen Begründungszusammenhängen zugewandt.

Aber dürfen wir davon ausgehen, dass es für die Motivation eines Individuums zur Unterwerfung unter eine autoritäre Organisation ausreicht, deren höherem Ziel zu dienen? Übt ein Krankenpfleger seine berufliche Tätigkeit aus, nur weil er dem Ziel der Leidenslinderung des Patienten dienen möchte? Wird eine Frau ausschließlich deshalb Polizistin, weil sie ihren Teil zur Verwirklichung von Recht und Gerechtigkeit beitragen möchte? Wählt eine Pilotin ihren Beruf, weil sie durch den Transport von Passagieren und Gütern der Völkerverständigung dienen und die Überwindung von Grenzen realisieren möchte? Schnell wird bei der Formulierung dieser rhetorisch angelegten Fragen bewusst, dass die Sinngebung individueller Tätigkeitsentscheidungen unter dem Dach einer Organisation zwar einen wesentlichen, längst aber nicht den erschöpfenden Grund liefern kann.

Das eingangs zitierte Sprichwort lässt bereits erahnen, dass auch bei der Grundsatzentscheidung zur Unterwerfung unter eine autoritäre oder auch totalitäre Organisation nicht nur deren Rahmensetzungen, sondern auch die individuelle Disposition ihrer Mitglieder und deren ganz eigene Bedürfnisse eine zentrale Rolle spielen. Wenn wir davon ausgehen, dass sowohl egoistische als auch altruistische Beweggründe gleichermaßen legitim sind, geht es in diesem Entscheidungsprozess längst nicht nur um ethische Aspekte oder eine moralische Legitimation. Wir können als unstrittig voraussetzen, dass Institutionen einen unverzichtbaren Teil des menschlichen Sozialgefüges darstellen, indem sie dessen

Aufgaben – gerade in modernen Gesellschaften unter dem Druck steigender Effizienz – erfüllen. Bleiben wir also bei der Betrachtung des Wechselspiels zwischen Individuum und Organisation und der Balance zwischen beiden und halten uns bewusst, dass wir es eben nicht nur mit einer individual-, sondern auch mit einer organisationspsychologischen Seite eines Phänomens zu tun haben.

Klärungen zu Herrschaftsformen und ihren Auswirkungen

Mythos personifizierte Organisation

Aber können wir wirklich voraussetzen, dass Institutionen eine »eigene Psychologie« haben? Nur nebenbei kann hier Erwähnung finden, dass wir uns mit dieser Hypothese in die nicht unumstrittenen Gefilde systemtheoretischer Grundannahmen begeben. Darin werden Institutionen als Ganzheit vorausgesetzt, deren Elemente in so spezifischer Weise miteinander verbunden sind, dass sie in ihrer Gesamtheit mehr sind – und mehr bewirken können –, als sie das als bloße Summe von Einzelelementen könnten (Luhmann, 1972). Dieses mit »Übersummation« (von Glasersfeld, 1995; von Glasersfeld & von Foerster, 2007) beschriebene Phänomen führt in seiner Konsequenz zu einer Art »Personifizierung« der Institution, der damit regelrecht individuelle Eigenschaften wie z. B. Lernfähigkeit (Argyris & Schön, 2002 [1996]), Selbstreferenzialität (Luhmann, 1984, S. 403) oder Machtstreben (Luhmann, 2006, S. 212; Baecker, 2003, S. 27) zugeschrieben werden.

Um sich diesem Phänomen zu nähern, dürfte ein multiperspektivischer Zugang als angemessen gelten, wie er sich inzwischen in allen sozialwissenschaftlichen Disziplinen als *state of the art* durchgesetzt hat. Diese Herangehensweise ist nicht neu, sie zieht sich nahezu durch die gesamte moderne Philosophie- und Sozialwissenschaftsgeschichte (beispielhaft bei Nietzsche, 1887; Andreas-Salomé, 1951; Horkheimer & Adorno, 1969 [1944]; Jones, 1953; Watzlawick, 2009 [1983]; Watzlawick, Beavin & Jackson, 2003) und ist auch in aktueller Beratungspraxis integrierte Methode des Vorgehens: »In professioneller Beratung soll ein Perspektivenwechsel dazu dienen, bei ausweglos erscheinenden Situationen neue Denk- und Handlungsmöglichkeiten zu erarbeiten« (Schmidt-Lellek, 2004, S. 116; siehe dazu auch Migge, 2005; Brauner, 2001).

Mit der Entwicklung soziologischer Beschreibungen von Institutionen und den einschlägigen Managementtheorien (etwa bei Neuberger, 1995, 2002; Argyris & Schön, 2002 [1996]; Morgan, 2002; Senge, 2003; Buchinger & Schober,

2006; Weick & Sutcliffe, 2007) wurden in den vergangenen 40 Jahren organisatorische und systemische Perspektiven in den Vordergrund gestellt. Der Fokus verschob sich in Richtung Führungstheorie, Effizienz- und Akzeptanzforschung. Ein psychoanalytischer Blick auf die Organisation wurde und wird bis heute von Fachvertretern (deswegen?) zunächst eher argwöhnisch beäugt, obwohl vom Psychoanalysebegründer Sigmund Freud bereits in den frühesten Jahren in seiner Schrift *Massenpsychologie und Ich-Analyse* (Freud, 1921c) gewagt hypothetisiert wurde, dass Macht, Gewalt und Aggression in Organisationen unbewusst gemacht werden sollen.

Autoren wie Harald Pühl und Pierre Bourdieu haben dabei mit markanten Titeln wie »Der institutionelle Mythos« (Pühl, 1995) und *Die feinen Unterschiede. Kritik der gesellschaftlichen Urteilskraft* (Bourdieu, 1987) tendenziell (sozial-)psychologische Perspektiven eingenommen. Trotz der erkennbaren Rivalitäten verschiedener Schulen wurden bereits ab den 1960er Jahren pointierte Interpretationen publiziert: Institutionen würden gleichermaßen Ängste binden wie evozieren, wobei der Vorteil der Angst*bindung* bei weitem überwiege. Im Vergleich zum Tier erkennt beispielsweise Arnold Gehlen beim Menschen eine fehlende Triebsteuerung, die durch institutionelle Regelungsmechanismen kompensiert werde (Gehlen, 2016 [1956]). Im Grunde spiegelt sich in diesem Perspektivenwechsel die philosophische Generaldebatte des späten 17. Jahrhunderts um die Bedeutung von Kultur wider. Will man mit Thomas Hobbes kultur*optimistisch* davon ausgehen, dass fortschreitende Kultur- und damit Institutionenentwicklung den Menschen seiner Bestimmung zunehmend näherbringt, oder dagegen mit Jean-Jaques Rousseau kultur*pessimistisch* eben jene Entstehung von Institutionen als eine Geschichte fortschreitender Veräußerung verstehen, die den Menschen immer weiter von seinem ursprünglich idealen »Naturzustand« entfremden (aktuell pointiert dargestellt in Bregman, 2020 [2019], S. 63–68)? Gehlens »hobbistische« Lösung zugunsten einer notwendigen und in der Bilanz eindeutig positiv zu bewertenden sozialregulativen Funktion von Institutionen findet ihre Weiterentwicklung in der Habermas'schen Polarisierungsidee von »vernünftiger« und »falscher Identität«. »Falsch« wäre nach Habermas eine Institution, die nur noch gewaltsam aufrechterhalten werden kann, »vernünftig« wäre sie dagegen dann, wenn auch komplexe Institutionszusammenhänge ausgehalten, verstanden, integriert und damit lebbar gemacht werden können (Habermas, 1995, S. 22ff.). Die insofern bereits ausdifferenzierte Idee der »Institution als Ort der Angstbindung« ließe sich mit einem relationistischen Vergleich zuspitzen: Je größer die Ängste, die eine Institution binden soll, desto kämpferischer, polarisierender, bisweilen destruktiver tritt sie in der Gesellschaft auf (ähnlich Bauer, 2005, S. 188). Welche Sprengkraft in dieser Hypothese stecken kann, wird deutlich, wenn wir sie auch nur oberflächlich auf z. B. kirchliche Institutionsstrukturen transferierten: Die große Angst der Menschen vor Leere und Sinnlosigkeit würde in Religionsgemeinschaften gebunden, sodass ein einzelnes Individuum die damit verbundenen Ohnmachtsgefühle nicht mehr selbst ertragen müsste. Eine weitere Aktualisierung derselben Hypothese wird im weltweiten Erstarken rechtsnationalistischer Kräfte infolge von Globalisierung und Migrationsbewegungen gesehen. Kein Zweifel, dass die Folgen der Aufklärung eine Dekonstruktion überkommener Sinngebäude geleistet hat. Diese Dekonstruktionsarbeit ist bis heute zu keinem Abschluss gekommen. Ebenso unzweifelhaft aber hat sie es nicht vermocht, ernsthafte Alternativen aufzeigen:

> »Die wichtigste Frage der Menschheit ist nicht ›Was dürfen wir nicht?‹, sondern ›Was wollen wir werden?‹ Und da wir vielleicht bald in der Lage sein werden, auch unsere Wünsche [gottgleich; K.-H. R.] zu programmieren, lautet die eigentliche Frage: ›Was wollen wir wollen?‹ [...] Gibt es etwas Gefährlicheres als unzufriedene und verantwortungslose Götter, die nicht wissen, was sie wollen?« (Harari, 2015 [2011], S. 506ff.).

Die Hypothese der Institution als Ort der Angstbindung könnte erklären, warum Menschen in modernen Zeiten Sinnangebote in den unaufgeklärtesten und irrationalsten Zusammenhängen suchen. Ihnen sind schlicht und ergreifend die »Dienstleister« abhandengekommen. Dabei ist es der Theorie zufolge wichtig, dass dieser Vorgang unbewusst geschieht – die Institution leistet gewissermaßen ein Doppeltes gleichzeitig: Unbewusstheit und Angstbindung (Erdheim, 1982).

Für diese Leistung scheinen Menschen auch heute bereit zu sein, hohe Preise z. B. in Form von Mitgliedsbeiträgen sowie durch die Aufgabe von Freiheitsgraden oder individuellen Verwirklichungsmöglichkeiten zu zahlen (Parin, 1978). Dazu gehört es paradoxerweise auch, dass Organisationsmitglieder sogar Überlebenskämpfe innerhalb der Institution austragen, um in ihr Fuß fassen zu können. Womit wir wieder bei Arnold Gehlen und seiner Abwägung von durch die Institution neu geschaffenen und darin gebundenen Ängsten sind. Die Teilnahme oder Mitgliedschaft in einer Institution würde dann den Beweis antreten, dass Gehlens Bilanzierung richtigerweise positiv ausgefallen ist.

Beispiel 1

Ein Patient würde sich demnach nur in die Obhut eines Krankenhauses begeben, weil er – und sein soziales Umfeld – daran glauben würde, dass er dort »gut aufgehoben« sei und die Fähigkeit des Hauses ausreiche, seine Leiden zu lindern oder zu kurieren. Die tatsächliche Qualität der medizinischen Behandlung wäre darüber hinaus – für ihn wie auch für die Gesellschaft als Ganze – nur insofern wichtig, als dass sie sein Vertrauen in die Institution stützt oder bestätigt. Forschungen zu Vorstellungsgründen in (Not-)Aufnahmestationen (z. B. Schleef, Schneider & Krause, 2021; Somasundaram et al., 2016) oder zur Effektivität von Placebobehandlungen (z. B. Levine, Gordon & Fields, 1978; Enck & Klosterhalfen, 2019) könnten als Bestätigung dieser Sinnzuschreibungshypothese herangezogen werden. Zugespitzt: Ob schließlich ein verunfallter Mensch fachgerecht versorgt wird, spiele eine weit untergeordnete Rolle. Wichtig wäre allein der Glaube daran, dass »die Medizin schon wisse, was sie tut«. Besteht daran Zweifel, gibt es Abwanderungsbewegungen zu *second opinions*, komplementärer Medizin und anderen Heilungsversprechen.

Beispiel 2
Die Polizistin würde nach dieser Hypothese ihren Dienst versehen, weil sie daran glauben möchte, dass die Vollzugsorgane des Staates Ordnung und Sicherheit gewähren, so wie auch die überwiegende Mehrheit ihres Staates diesen Glauben teilt. Die Funktion der Institution würde unter dieser Perspektive von ihrer tatsächlichen Leistung und Effektivität vollkommen unabhängig beurteilt werden müssen. Ob also z. B. Verbrechensbekämpfung tatsächlich stattfindet, wäre nur insofern wichtig, als sie zur Aufrechterhaltung der Sinngebungszuschreibung dienlich ist. Häufen sich Zweifel an der Erfüllung der Organisationsaufgabe, entstehen Konkurrenzbewegungen in Bürgerwehren, privaten Wachdiensten und zu Sicherheitsversprechen extremistischer Parteien.

Beispiel 3
Ein konfessionell verankerter Mensch würde deswegen zum Gottesdienst gehen, weil er seiner Kirche zutraut, den für ihn gültigen Glaubenszugang zuverlässig zu überliefern und in seinen Lebenszusammenhang zu transferieren. Die Wahrheit (s)eines Glaubens an sich würde keine wesentliche Rolle spielen. Das Statement »Jesus ja – Kirche nein« (z. B. Schaube, 1981, S. 54–61) würde zu »Kirche ja – Jesus unwichtig«. Kirchenbindung ging vor Glaubensüberzeugung. Die von den Kirchen festgeschriebenen – und zum Teil über Jahrhunderte erkämpften – Glaubens*inhalte* wären ein bloßes Medium für einen Glauben an die Kirche als Institution. Nehmen die

Zweifel an der kirchlichen Institution zu, entstehen Abwanderungsbewegungen zu Freikirchen mit zum Teil obskuren Verfassungen und Praktiken, zu messianischen Bewegungen und okkulten oder fantastischen Heilsversprechen.

Wollen wir so weit gehen? Dass wir Sinn*zuschreibung* höher bewerten als Sinn*erfüllung*? Die Hoffnung auf die Medizin höher als ihre tatsächlichen Heilungserfolge? Das Vertrauen in die Polizei bedeutungsvoller als objektive Sicherheit? Den Glauben an die Kirche wichtiger als den Glauben an Gott? Folgen wir dem organisationspsychologischen Paradigma von Angstbindung und Angstproduktion, könnten wir hierin die Bedeutung des eingangs zitierten lateinischen Spruches erkennen: Menschen suchen in ihrem bisweilen beängstigenden und von Verzweiflung durchsetzen Alltag die Ent-Ängstigung und die Ent-Zweiflung in Institutionen und Organisationen.

Institutionen haben die Eigenschaft – ebenso wie deren individuelle Mitglieder – Rituale auszubilden (siehe etwa Belliger & Krieger, 1998; Althoff et al., 2008; Hangartner et al., 2012). Auch diese sollen dem Sicherheitsgefühl und schließlich der Ent-Ängstigung dienen. Es entstehen altbekannte »soziale Aufgaben«, die alle Individuen aus ihrer familialen und gesellschaftlichen Sozialisierung kennen: Vater-, Mutter- und Geschwisterrollen. Indem wir nun dem Arzt, dem Pater oder dem Dienstvorgesetzten die Vaterrolle zuschreiben, wiederholen wir schlicht aber wirkungsvoll das immer gleiche Phänomen der Übertragung. Liegt da die Anwendung auf die Kranken- oder Ordensschwester und die Dienstärztin nicht ebenso nahe? Patienten, Glaubensgeschwister und Kollegen rutschen beinahe wie von selbst in die Geschwisterrolle. »Familisierung« nennt das die Psychoanalyse – inklusive deren ab- und bisweilen auch ausgrenzende Funktion – und meint damit weit mehr als das englische *familiarisation* (»sich mit etwas vertraut machen«). Es geht um die Übertragung von tief verankerten herkunftsfamilialen Beziehungsmustern auf aktuelle institutionelle Kommunikationsmuster: »Die Familisierung kann verstanden werden als ein Versuch, auf vertraute, überschaubare Strukturen, Denkarten und Gefühle zurückzugreifen« (Bauer, 2005, S. 189 im Rekurs auf Rosenbaum, 1973). Dienstvorgesetzten wird die Macht des Vaters zugeschrieben – ohne es sich bewusst zu machen –, Mutter Oberin bekommt mütterliche Autorität, die Kollegin geschwisterliche Aufgaben. Es handelt sich um einen weiteren Aspekt, der die Doppelung von angenehmer Verantwortungsdelegation und unangenehmem Einflussverlust erklären kann. Macht hat in Form von Organisationshierarchien die Funktion von Unsicherheitsvermeidung (Baecker, 1999, S. 217). Damit ist zunächst weniger gemeint, dass Führungskräfte oder Institutionen Machthunger entwickeln, sondern eher, dass die Mitglieder der Institutionen das Bedürfnis verspüren, Abstand von persönlichen Belastungen, Ängsten und Unsicherheiten zu gewinnen: Institutionen bieten Individuen gewissermaßen ein unbewusstes Gefühls*containment* – und werden zur Erfüllung dieser Aufgabe fortwährend bestätigt und weiterentwickelt (Mentzos, 1988; Menzies, 1974, S. 174). Die beiden folgenden Transferversuche sollen veranschaulichen, wie sehr diese Wirkmechanismen auch in aktuellsten Institutionsentwicklungen erkennbar sein können.

Zuschreibung an die Luftfahrtbranche

Das Vertrauen in die Sicherheitsvorkehrungen der Luftfahrt wird – unserer sozialpsychologischen Annahme zufolge – so lange wirtschaftliche und emotional positive Folgen haben, wie gleichermaßen Institutionsmitarbeitende und Passagiere den Glauben in die Sicherheit des Systems aufrechterhalten können. Der Expansionskurs des weltweiten zivilen Luftverkehrs mag dafür einen eindrucksvollen Beleg liefern. Dieser wurde nicht einmal unterbrochen, als am 24. März 2015 beim Flug 4U9525 durch einen Piloten – also einem leitenden Mitarbeiter der Institution – alle Sicherheitssysteme bewusst unterlaufen wurden und bei der anschließend dramatischen Absturzkatastrophe 150 Menschen den Tod fanden. Wahrscheinlich aufgrund des hervorragenden Krisenmanagements[6] von Behörden und betroffener Airline und der damit aufrechterhaltenen Sicherheitszuschreibung blieb der zu erwartende Umsatzeinbruch unerwarteterweise aus. Möglicherweise sind dafür jedoch nicht nur Managementqualitäten verantwortlich, sondern auch die Askriptionen der Gesellschaft an die Luftfahrt: Sie gilt als das sicherste Verkehrsmittel überhaupt und »muss« als solches auch weiter gelten. Von ihren *safety standards* versuchen andere sicherheitskritische

---

6   Beispielsweise wurde medienwirksam die »Zwei-Personen-Regel im Cockpit« zur Prävention unautorisiert eingeleiteter Flugbewegungen eingeführt. Der Sicherheitsgewinn dieser Maßnahme war von Luftfahrtexperten schon zu Beginn angezweifelt worden. Sie wurde dementsprechend bereits nach 25 Monaten wieder zurückgenommen. Der Sinn dieser Maßnahme lag ausschließlich in der Aufrechterhaltung des Vertrauens in die Luftfahrt: »[S]elbst die Branchengewerkschaft […] spricht von ›einer reinen Show-Veranstaltung‹. Das Publikum schluckt die Placebo-Pille trotzdem nur zu gern« (https://www.faz.net/aktuell/wirtschaft/unternehmen/konsequenz-aus-lubitz-absturz-die-2-personen-regel-fuers-cockpit-war-schon-immer-sinnlos-14991786.html).

Wirtschaftszweige (wie z. B. das Kernkraftmonitoring oder das medizinische Operationsmanagement) seit Jahrzehnten zu lernen (Weick & Sutcliffe, 2007).

Zuschreibung an die Führungskräfte im Flugzeug

Cockpitpersonal gilt als streng ausgewählt, top ausgebildet und höchsten Gesundheitsstandards unterworfen. Das »Eingeständnis«, einige der Piloten würden diesem Anspruch nicht genügen, oder hätten gar mit psychischen Problemen zu kämpfen, gilt bis in die Gegenwart als undenkbar. Aber handelt es sich dabei nicht um ein weiteres Beispiel einer Zuschreibung, von der beide Seiten – sowohl die Luftfahrtbranche als auch deren Kunden – Gewinn schöpfen? Alle scheinen bestrebt, das Bild des höchstqualifizierten Piloten zu fördern. Die Angst, Fliegen sei gefährlich, wird auf diese Weise nicht nur verdrängt, sondern zusätzlich an die Institution und deren verantwortliche Mitarbeiter delegiert. Die persistierende Angst des fliegenden Menschen[7] ist der (Ab-)Sturz, seit Jahrtausenden thematisiert, bereits im Ikarus-Mythos erzählt.[8] Unabhängig von mannigfaltig möglichen Ursachen zu einem Flugzeugabsturz ist die eigentliche physikalische Ursache der Flugunfähigkeit eines Flugzeuges ein Strömungsabriss an den Tragflächen. Hier gilt, dass ein technisch-aerodynamisches Verständnis einer ganz gewöhnlichen Landung nicht mehr ist als eine »kontrollierte Ablösung der anliegenden Luftströmung«[9] (siehe dazu Kühr, 1993, S. 7–29; Kapfer, 2003, S. 33–36). Die generalisierte Ursache der Flugangst darf in der Angst zu fallen oder sich fallen zu lassen, vermutet werden (Hülshoff, 2012, S. 19, siehe dazu auch Gibson & Walk, 1960; Witherington et al., 2005; sogar Goethe, 2000 [1811–1831]). In

---

7 »Unsere Fallträume sind Boten der Angst aus jener fernen Zeit, als unsere Ahnen noch aus den Bäumen stürzen konnten« (Timm, 2008, S. 174).
8 Der griechische Ἴκαρος *(Íkaros)*-Mythos beschreibt die Flucht von Vater Daídalos und Sohn Íkaros aus der Gefangenschaft im minotaurischen Labyrinth auf Kreta bereits im 5. Jahrhundert v. Chr., verschriftlicht durch Ovid. Daídalos baut sich und seinem Sohn Flügel aus Wachs und Federn. Nachdem die Flucht bereits geglückt ist, fliegt Íkaros – trotz der Warnung des Vaters – zu hoch und an die Sonne heran, die das Wachs schmelzen und Íkaros ins Meer stürzen lässt. Der Mythos wird gemeinhin als Strafe der Götter für die Hybris der Menschen gedeutet, »nach der Sonne greifen zu wollen« (Martin, 2019, S. 448f.; Biedermann, 1994, S. 215).
9 Der englische Begriff *stall* bezeichnet in der Aerodynamik die Ablösung der Luftströmung an der Oberfläche eines angeströmten Gegenstandes, z. B. einer Tragfläche. Die Folge ist eine Verringerung des Auftriebs.

der Psychoanalyse wird die Enthebung einer seelischen Bindung an ein Objekt (personell, materiell oder emotional) als »Ablösung« beschrieben (Zimbardo, 1983, S. 555; Smith et al., 2007, S. 117; Fuhrer, 2013, 119–133).[10]

Die Doppeldeutigkeit des Begriffs in aerodynamischer und psychoanalytischer Bedeutung ist unübersehbar. Menschen, die als Piloten regelmäßig fliegen, symbolisieren den aktiven Umgang mit Risikoexposition und Angsterleben: Sie setzen sich aus und gelten als ihre permanenten Überwinder.[11] So wird »der Luftfahrtmythos sowohl konkret im geografischen Raum wie auch imaginär im sozialen Raum inszeniert« (Höhler, 1999, S. 438). »Gleichzeitig erfährt damit das Fliegen als eine verwegene grandiose Tat eine weitere Aufwertung« (Eccard, 2004, S. 137). Wenn dem so ist, wie leicht fällt es dann, »alle Ängste, alle Sorgen unter den Wolken verborgen« (Reinhard Mey) zu halten und alle Selbstbestimmung sowie unangenehmen Gefühle an die führenden Rollen und Institutionen zu delegieren (Richstein, 2009, S. 30–37, 356)! »It's not the air, it's the earth that's dangerous!« (»Die Luft ist völlig ungefährlich. Das einzig Gefährliche am Fliegen ist die Erde«) wird der Luftfahrtpionier Wilbour Wright zitiert.

Flugunfälle und Luftfahrtkatastrophen wie die des Fluges 4U9525 machen das trotz aller Sicherheitsstandards bestehende Risiko weltweit schlagartig bewusst. Seit dem Sommer 2015 liegt die Herausforderung für die Airlines nicht im operationellen Geschäft, sondern auf juristischem Gebiet: Wer würde Luftfahrt noch versichern, wenn eine solchen Unfallursache zukünftig nicht zuverlässig vermieden werden könnte? Seit fast einem Jahrzehnt ringen die Verantwortlichen[12] um die Frage nach wirksamen Maßnahmen, der »Gefahr aus dem Cockpit« entgegenzutreten. Die Zuschreibung an die oben skizzierte Piloten-Zuschreibung spielt auch hier eine entscheidende Rolle: Während Institutionen

---

10 »Ich glaube, ich lerne erst hier aus der Ferne die Welt und mich selber verstehn. / So vieles wird klarer, so viel offenbarer, im richtigen Abstand gesehn«, singt Reinhard Mey dazu 1985 poetisch einprägsam.

11 So wie im Zirkus Akrobaten für die Zuschauer Gefahren bestehen, so übernehmen Piloten die Risikoexposition stellvertretend für Individuen der Gesellschaft, die sich selbst nur (noch) mittelbar durch Identifikation der Gefahr aussetzen müssen (Balint, 1999, S. 17–27). Dies spitzt sich zu unter der Bedingung eines modernen Lebens, das die Individuen ihrer Lust an der Suche nach Neuem und der damit verbundenen Risikoexposition beraubt (Lackner, 2008, S. 77). Als Beispiel wird angeführt, dass Lebensmittel und Informationen gefahrlos zugänglich sind und nicht mehr erkämpft werden müssen (von Cube, 2005, S. 141).

12 Im Fokus stehen dabei vor allem die Luftfahrtbehörden, Airlines, Versicherungsunternehmen, Gewerkschaften und Medizinvertreter.

wie Luftfahrtbehörden und Fluggesellschaften versuchen, die Allmachtszuschreibungen durch Implementierung restriktiver Verordnungen und Strategien des *Screenings* zu schützen,[13] setzen Gewerkschaften, Medizin- und Fachverbände ein *safe-harbour*-Konzept mit freiwilligen Meldungen und *peer-support*-Systemen[14] (Fieldings, 2017). So spiegelt sich auch in den Entwicklungen neuester Sicherheitsarchitektur für fliegendes Personal die Ambivalenz zwischen autoritär-angstbindenden und partizipativ-reflektierten Übertragungen auf Konfliktlösungsstrategien. Zum zweiten, jetzt folgenden Beispiel zeigen sich verblüffende Parallelen.

Zuschreibung an die Kirche als Institution

Das Vertrauen in die Glaubwürdigkeit der römisch-katholischen Kirche basiert auf dem Glauben gleichermaßen der Kirchenmitarbeitenden wie der Gläubigen daran, dass die Institution die Werte und Botschaften ihres »Religionsgründers« Jesus zuverlässig transportiert und repräsentiert. Eine zweitausendjährige Geschichte mag dafür einen eindrucksvollen Beleg liefern. Im aktuellen Jahrhundert hat die Moralzuschreibung an die katholische Kirche durch die Offenlegung einer jahrzehntelangen Missbrauchspraxis durch weltweit tausende Priester – also leitenden Mitarbeitern der Institution – einen schwerwiegenden Schaden genommen. Hunderttausende Institutionsmitglieder haben infolgedessen allein in Deutschland der Kirche den Austritt erklärt (Institut für Demoskopie Allensbach, 2021; Schulz, 2021). Interessanterweise geschieht dies, obwohl die katholische Kirche in den zwölf Jahren nach Bekanntwerden der Missbrauchsfälle erhebliche Ressourcen in die Prävention sexualisierter Gewalt investiert, sich also durchaus lernfähig gezeigt hat (Richstein & Tschan, 2020 [2017]; Hallay-Witte & Janssen, 2015; Zimmer et al., 2014). Aus Angst vor einem Ansehensschaden unterbleibt jedoch die öffentliche Kommunikation hierüber. Keiner der Verantwortlichen ist seither zurückgetreten, Dienstvorgesetzte scheuen sich, Täter (nicht Beschuldigte!) zu sanktionieren, eine institutionsinterne Jurisdiktion sorgt für den Verdacht von Beschwichtigung und Günstlingswirtschaft.

---

13 Siehe dazu die International Civil Aviation Organisation (https://www.icao.int/Pages/default.aspx), das Bundesministerium für Verkehr und digitale Infrastruktur (https://bmdv.bund.de/DE/Home/home.html) oder das Luftfahrt-Bundesamt (https://www.lba.de/DE/Home/home_node.html).
14 Siehe dazu die European Pilot Peer Support Initiative (http://eppsi.eu/).

Zuschreibung an die Führungskräfte der Kirchen

Kirchenmitarbeiter gelten als Repräsentanten einer ethisch fundierten Institution und ihrerseits als moralisch integer. Die Kirchengeschichte hat über die Jahrhunderte bis in die aktuelle Zeit unzählige Beispiele dafür hervorgebracht (in grober Auswahl: Diakon Stephanus, Ordensgründer Franz von Assisi, Pater Maximilian Kolbe). Sie alle sind – teilweise unter Einsatz ihres Lebens – für die Wahrhaftigkeit ihrer Institution in der Nachfolge ihres Vorbildes Jesus eingetreten. Institutionell wird die vorbildliche Jesus-Nachfolge durch die Institution der Heiligsprechung kommuniziert. Viele Menschen haben sich nachweislich über weltliche und alltägliche Interessen hinaus vorbildlich bzw. heilig[15] verhalten, was ihnen in einem aufwendigen Verfahren[16] attestiert wird.

Die Biografien der Heiligen sind häufig durch gelebte Spiritualität und disziplinierte Lebensführung gekennzeichnet, was sie in der Wahrnehmung der Öffentlichkeit zu Brückenbauern zwischen den Menschen wie auch zwischen Diesseits und Jenseits macht. Nicht umsonst trägt das Oberhaupt der römisch-katholischen Kirche den Titel »Pontifex«, »Brückenbauer«[17]. Nicht umsonst heißt es: »Wenn der [Klinik-]Seelsorger das [Kranken-]Zimmer betritt, kommt das Heilige in den Raum« (Pulheim, 1993, S. 80).

---

15 Von hebr. קדוש = *kadosh* = »heilig«, »besonders«, »über-alltäglich«, »überdurchschnittlich«. Heiligkeit ist in jüdisch-christlicher Tradition zunächst als Eigenschaft Gottes verstanden worden, indem ihm gleichzeitig Unverfügbarkeit und Zugewandtheit zur Schöpfung zugesprochen wurde. Dieses Heiligkeitsattribut wurde auf das Volk Israel (ab den 5. Jahrhundert v. Chr.) und später auf die Kirche (ab dem 3. Jahrhundert n.Chr.) übertragen. Als Bezüge zur Bibel gelten Joh 6,69; Röm 1,4; Röm 66,19; 1 Kor 1,30; Eph 4,24; 2 Thess 2,12; 1 Petr 1,2 (Greshake, 1983; siehe dazu auch Alfaro et al. 1965, 4/1, S. 458–477). Je nach Zählung werden insgesamt zwischen 1.628 und etwa 7.000 Heiligsprechungen für den Lauf der Kirchengeschichte aufgelistet.

16 Die Santa Congregatio di Causis Sanctorum, ein Gremium der römischen Kurie, dem 15 Kardinäle, elf Erz- und neun Diözesanbischöfen angehören, verfolgt die Aufgabe, jährlich im Durchschnitt 10 bis 15 Selig- und Heiligsprechungsprozesse vorzubereiten. Die eigentlichen Heiligsprechungen werden dann vom Papst selbst durchgeführt. Der oder die Heilige darf damit rechtens in der gesamten Weltkirche für sein segensreiches Wirken liturgisch-formal verehrt werden.

17 Von lat. *pons* = »Brücke«, und *facere* = »machen«. Seit etwa 50 v.Chr. war mit diesem Begriff die Funktion eines sakralen Beamten im römischen Reich beschrieben. Ab dem 5. Jahrhundert n.Chr. beanspruchten die römischen (und dann auch christlichen) Kaiser den Titel *pontifex maximus*, der um das Jahr 600 n.Chr. auf das Papsttum überging.

In der Tradition und unter diesem außergewöhnlich hohen Anspruch leben und arbeiten auch aktuell kirchliche Mitarbeiter. Inkompatibilitäten zwischen Erwartungsdruck und Alltagspraxis sind dadurch vorprogrammiert und vielen kircheninternen wie -externen Menschen geläufig und (ebenfalls über Jahrhunderte) toleriert worden. Die Diskrepanz zwischen moralischer Integritätszuschreibung und den Verfehlungen, die im Zuge des Missbrauchsskandals ab 2010 in der Bundesrepublik öffentlich wurden, scheint jedoch so groß, dass viele Gläubige dies mit ihrer Kirchenmitgliedschaft nicht mehr vereinbaren können: zivilrechtlich rechtskräftig verurteilte Täter mit z. T. hundert oder mehr »Opfern« von sogenannten »*hands-on*-Delikten« bis hin zur vielfachen Penetration, geständige Beschuldigte, die von Seiten ihrer Dienstvorgesetzten nachsichtig behandelt wurden, nur um anschließend (oft an anderem Ort) mit Missbrauchstaten fortfahren zu können. Die Balance zwischen Gewinn aus der Institutionsmitgliedschaft und dem Verlust durch Empörungs- und Schamgefühle ist vielfach zu Ungunsten der Institution gekippt. Der Kontrast zwischen Heiligkeit und Sexualverbrechen berührt Emotionen in archaischer Tiefe, sodass eine Verständigung zwischen Institution und ihren Mitgliedern unmöglich zu sein scheint. Die explizite wie symbolische Kommunikationsstörung wird noch verschärft von zum Teil davon gänzlich unabhängigen Konfliktfeldern wie der Zölibatsthematik, der Positionierung von Frauen und geschlechtlich divers orientierten Menschen in der Institution, der undemokratischen Verfasstheit der Institution usw. Hinzu kommt die relativ neue Erkenntnis, dass eine Missbrauchstat nicht alleine als (fehlgeleitete) dyadische Interaktion zwischen Täter und Opfer gesehen werden kann, sondern dass dem institutionellen Umfeld eine wesentliche Mitverantwortung zukommt. Im Verdacht stehen sowohl Laissez-faire- als auch autoritäre Leitungsstile, solche Dynamiken zu begünstigen (Richstein & Tschan, 2020 [2017], S. 66–69; Enders, 2012, S. 129–153, beide im Rückgriff auf die Feldtheorie Kurt Lewins, 1938).

Wenn wir also, wie zuvor ausgeführt, mit Arnold Gehlen davon ausgehen, dass die Bindung zwischen Institution und Individuum durch eine positive Bilanz von Angst*bewältigung* und Angst*produktion* dauerhaft gehalten wird, erklären sich Kirchenaustritte auch dadurch.

Außenkommunikation als vitale Kompetenz

Warum scheint die Bindung zwischen einer Institution und ihren Mitgliedern im einen Fall eine vitale Krise zu überstehen, im anderen Fall vital bedrohliche Diffusionserscheinungen zu provozieren? Beide Beispiele lokalisieren sich in derselben Gesellschaft, beide Institutionen verfügen über eine globale Verankerung.

Das psychoanalytische Erklärungsmodell beansprucht für sich eine metakulturelle Anwendbarkeit und Bedeutung (Nadig, 2016), sodass die Hypothesen von Angst- und Unsicherheitsbindung durch die Institution in beiden Fällen zur Anwendung kommen können. Dies gilt auch für die Zuordnung von autoritären und totalitären Begrifflichkeiten sowie für die Einordnung von Institutionskommunikation, Verantwortlichen- und Mitgliederrollen. Der hier verwendete Zugang bietet kaum zureichende Kriterien, die eine so unterschiedliche Prognose für die zukünftigen Jahre rechtfertigen würden. Wollen wir einzig der Außenkommunikation im Umgang mit der Krise eine solche Bedeutung beimessen?

Vielleicht muss der ganz zu Beginn eher beiläufig erwähnten ethischen Ausrichtung eine überlebenswichtige Funktion zugeschrieben werden? Wenn dem so wäre, müssten wir vermuten, dass die Zuschreibungen von Transportleistung, Grenzüberwindung und Völkerverständigung an die Institution Luftfahrt stabiler funktionieren als die von Menschlichkeit, Kompetenz und Erlösung an die Institution der römisch-katholischen Kirche.

So erscheint am Ende des Gedankengangs ein konsistentes Fazit mit einem optimistischen Blick in die Zukunft kaum möglich. Zu Vieles bleibt hypothetisch oder – sofern konsensfähig – gesellschaftlich nicht opportun. Offensichtlich werden heutzutage Menschen eher Piloten als Soldaten, eher Passagiere als Mönche. »Aeronautam aut vectorem facit desperatio?« Und die unterstellte Verzweiflung bleibt dabei weiterhin unbewusst und schmerzfrei.

Literatur

Alfaro, J., von Balthasar, H. U., Beinert, W., Böckle, F. & Congar, Y. (1965). *Mysterium Salutis. Grundriß heilsgeschichtlicher Dogmatik* (Bände 1–5). Benzinger.
Althoff, G., Götzmann, J., Puhle, M. & Stollberg-Rilinger, B. (Hrsg.). (2008). *Spektakel der Macht. Rituale im alten Europa*. Promusverlag.
Andreas-Salomé, L. (1951). *Lebensrückblick*. Insel.
Arendt, H. (1955 [1951]). *Elemente und Ursprünge totaler Herrschaft* (10. Aufl.). Piper.
Argyris, C. & Schön, D. A. (2002 [1996]). *Die lernende Organisation. Grundlage, Methode,* Praxis (3. Aufl.). Klett-Cotta.
Aristoteles (2010). *Politik. Schriften zur Staatstheorie*. Reclam.
Baecker, D. (1999). *Organisation als System*. Suhrkamp.
Baecker, D. (2003). *Organisation und Management*. Suhrkamp.
Balint, M. (1999). *Angstlust und Regression* (5. Aufl.). Klett-Cotta.
Bauer, A. (2005). Institutionen und Organisationen zwischen Angstbindung und Angstproduktion. Überlegungen aus psychoanalytischer Sicht. In M. W. Fröse (Hrsg.), *Management Sozialer Organisationen* (S. 181–202). Haupt.

Belliger, A. & Krieger, D. J. (Hrsg.). (1998). *Ritualtheorien. Ein einführendes Handbuch*. Westdeutscher Verlag.

Biedermann, H. (1994). *Lexikon der Symbole*. Knaur.

Bourdieu, P. (1987). *Die feinen Unterschiede. Kritik der gesellschaftlichen Urteilskraft*. Suhrkamp.

Brauner, K. (2001). »Wenn Organisationen sich verändern ...« Zur Dynamik organisationalen Wandels und den Folgen für die Supervision. *Wege zum Menschen, 53,* 507–522.

Bregman, R. (2020 [2019]). *Im Grunde gut. Eine neue Geschichte der Menschheit* (4. Aufl.). Rowohlt.

Buchinger, K. & Schober, H. (2006). *Das Odysseusprinzip. Leadership revisited*. Klett-Cotta.

von Cube, F. (2005). *Lust an Leistung – Die Naturgesetze der Führung* (12. Aufl.). Piper.

Eccard, C. (2004). *Ich bin erst glücklich, wenn ich fliegen kann! Berufliche Orientierung von Pilotinnen*. Ulrike Helmer.

Enck, P. & Klosterhalfen, S. (2019). Does Sex/Gender Play a Role in Placebo and Nocebo Effects? Conflicting Evidence From Clinical Trials and Experimental Studies. *Frontiers in Neuroscience, 13*(160). DOI: 10.3389/fnins.2019.00160

Enders, U. (2012). *Grenzen achten. Schutz vor sexuellem Missbrauch in Institutionen. Ein Handbuch für die Praxis*. Kiepenheuer & Witsch.

Erdheim, M. (1982). *Die gesellschaftliche Produktion von Unbewusstheit. Eine Einführung in den ethnopsychoanalytischen Prozess*. Suhrkamp.

Fieldings, D. (2017). »Save Harbour«. Concept for Peer Support Programme at British Airways, Great Britain (unveröffentlicht).

Forschner, M. (1989). *Mensch und Gesellschaft. Grundbegriffe der Sozialphilosophie*. Wissenschaftliche Buchgesellschaft.

Freud, S. (1921c). *Massenpsychologie und Ich-Analyse. GW XIII*, S. 71–161.

Fröse, M. W. (2019). Sir Ernest Shackleton. Führung unter extremen Bedingungen. Ableitungen für Organisationen der Moderne. In dies. (Hrsg.), *Annäherung an Führung und Organisation* (S. 13–67). Ergon.

Fuhrer, U. (2013). Jugendalter: Entwicklungsrisiken und Entwicklungsabweichungen. In F. Petermann (Hrsg.), *Lehrbuch der Kinderpsychologie* (7. überarb., erw. Aufl., S. 119-133). Hogrefe.

Gehlen, A. (2016 [1956]). *Urmensch und Spätkultur. Philosophische Ergebnisse und Aussagen* (7. Aufl.). Athenäum.

Gerst, A. & Abromeit, L. (2017). *166 Tage im All* (4. Aufl.). Frederking & Thaler.

Gibson, E. G. & Walk, R. D. (1960). The »visual cliff«. *Scientific American, 202*(4), 64–71.

von Glasersfeld, E. (1992). Konstruktion der Wirklichkeit und des Begriffs der Objektivität. In H. Gumin & H. Meyer (Hrsg.), *Einführung in den Konstruktivismus* (S. 9–40). Oldenbourg Verlag.

von Glasersfeld, E. & von Foerster, H. (2007). *Wie wir uns erfinden. Eine Autobiographie des radikalen Konstruktivismus*. Carl Auer.

von Goethe, J. W. (2000). *Dichtung und Wahrheit*. Insel.

Goffman, E. (1972). *Asyle. Über die soziale Situation psychiatrischer Patienten und anderer Insassen*. Suhrkamp.

Greshake, G. (1983). *Gottes Heil – Glück des Menschen. Theologische Perspektiven*. Herder.

Habermas, J. (1995). *Zur Rekonstruktion des historischen Materialismus*. Suhrkamp.

Hallay-Witte, M. & Janssen, B. (2015). *Schweigebruch. Vom sexuellen Missbrauch zur institutionellen Prävention*. Herder.
Hangartner, J., Hostettler, U., Sieber-Egger, A. & Wehrli, A. (2012). *Alltag und Ritual: Statusübergänge und Ritualisierungen in sozialen und politischen Feldern*. Seismo.
Harari, Y. N. (2015 [2011]). *Eine kurze Geschichte der Menschheit* (23. Aufl.). Deutsche Verlagsanstalt.
Höhler, S. (1999). Luftfahrtforschung und Luftfahrtmythos. Ballonfahrt in Deutschland 1880–1910. Das Rätsel der wissenschaftlichen Ballonfahrt um 1900. In Hypathia (Hrsg.), *Frauenmehrwert – eine Bilanz am Ende des Jahrtausends. Dokumentation des 25. Kongress von Frauen in Naturwissenschaft und Technik* (S. 433–443). Campus.
Horkheimer, M. & Adorno, T. W. (1969 [1944]). *Dialektik der Aufklärung. Philosophische Fragmente*. S. Fischer.
Hülshoff, T. (2012). *Emotionen*. Ernst Reinhardt, UTB.
Institut für Demoskopie Allenbach (2021). Anzahl der Kirchenaustritte in Deutschland nach Konfessionen von 1992 bis 2020. https://de.statista.com/statistik/daten/studie/4052/umfrage/kirchenaustritte-in-deutschland-nach-konfessionen/
Jaschke, H.-G. (2008). Totalitarismus. *Informationen zur Politischen Bildung*, 01/2008. https://www.bpb.de/politik/extremismus/linksextremismus/33699/totalitarismus
Jones, E. (1953). *Das Leben und Werk von Sigmund Freud* (Band 3). Huber.
Kapfer, E. (2003). *Gebirgsflug*. KMS.
Kühr, W. (1993). *Der Flugzeugführer*. Band 1: *Technik* (2. Aufl.). Friedrich Schiffmann.
Lackner, K. (2008). Expatriation: Entsendung ohne Wiederkehr? *Gruppendynamik und Organisationsentwicklung, 39*, 64–87.
Lansing, A. (2000 [1959]). *635 Tage im Eis: Die Shackleton-Expedition*. Goldmann.
Levine, J. D., Gordon, N. C. & Fields, H. L. (1978). The mechanism of placebo analgesia. *The Lancet, 2*, 654–657. DOI: 10.1016/s0140-6736(78)92762-9
Lewin, K. T. (1938). *The Conceptual Representation and the Measurement of Psychological Forces*. Duke University Press.
Luhmann, N. (1972). *Funktionen und Folgen formaler Organisationen*. Dunker & Humblot.
Luhmann, N. (1984). *Soziale Systeme*. Suhrkamp.
Luhmann, N. (2006). *Organisation und Entscheidung* (2. Aufl.). Westdeutscher Verlag.
Martin, K. (Hrsg.). (2019). *Das Buch der Symbole*. Taschen.
Mentzos, S. (1988). *Interpersonale und institutionalisierte Abwehr* (2. Aufl.). Suhrkamp.
Menzies, I. (1974). Die Angstabwehrfunktion sozialer Systeme – Ein Fallbericht. *Gruppendynamik. Zeitschrift für angewandte Sozialpsychologie, 4*, 23–39.
Migge, B. (2005). *Handbuch Coaching und Beratung*. Beltz.
Morgan, G. (2002). *Bilder der Organisation*. Schäffer-Poeschel.
Nadig, M. (2016). *Begegnungen mit anderen Welten deuten*. Psychosozial-Verlag.
Neuberger, O. (1995). *Mikropolitik. Über den Aufbau und Einsatz von Macht in Organisationen*. Enke.
Neuberger, O. (2002). *Führen und führen lassen* (6. Aufl.). Lucius & Lucius.
Nietzsche, F. (1887). *Zur Genealogie der Moral. Eine Streitschrift*. C. G. Naumann.
Parin, P. (Ed.). (1978). Das Ich und die Anpassungsmechanismen. *Psyche –Z Psychoanal, 31*(6), 481–515.

Pühl, H. (1995). Der institutionelle Mythos. In A. Bauer & K. Gröning (Hrsg.), *Institutionsgeschichten – Institutionsanalyse. Sozialwissenschaftliche Einmischungen in Etagen und Schichten ihrer Regelwerke* (S. 70–79). Edition Diskord.

Pulheim, P. (1993). Wahrnehmung und Wahrhaftigkeit in der Begegnung mit Kranken. *Lebendige Seelsorge, 44,* 78–81.

Richstein, K.-H. (2009). *Blick aus den Wolken. Biografieanalysen von Pilotinnen und Piloten aus dem Bereich der Verkehrsluftfahrt* (6. Aufl.). Kassel University Press.

Richstein, K.-H. & Tschan, W. (2020 [2017]). *Weiterbildung zur Prävention sexualisierter Gewalt. Das Modellprojekt des Erzbistums Freiburg im Breisgau* (2. Aufl.). Beltz Juventa.

Rosenbaum, H. (1973). *Familien als Gegenstruktur zur Gesellschaft. Kritik grundlegender theoretischer Ansätze der westdeutschen Familiensoziologie.* Ferdinand Enke.

Schaube, W. (1981). *Lebenspuzzle* (3. Aufl.). Herder.

Schleef, T., Schneider, N. & Krause, O. (2021). Allgemeinmedizin in der Notaufnahme – Welche Patienten? Welche Beschwerden? *Notfall Rettungsmedizin, 1* (Institut für Allgemeinmedizin, Medizinische Hochschule Hannover). DOI: 10.1007/s10049-021-00923-8

Schmidt-Lellek, C. L. (2004). Philosophie als Einübung des Perspektivenwechsels am Beispiel von Platon und Nietzsche. *Organisationsberatung, Supervision und Coaching, 11,* 109–126. DOI: 10.1007/s11613-004-0012-3

Schulz, S. C. (2021, 14. Juli).»Tiefgreifende Erschütterung«: Über 400.000 Menschen sind aus den großen Kirchen ausgetreten. *RND.* https://www.rnd.de/politik/kirchenaustritte-2020-ueber-400-000-menschen-sind-aus-den-grossen-kirchen-ausgetreten-3VED6QGHMVH2ZEOHIUUPBX2C2U.html

Senge, P. (2003). *Die fünfte Disziplin* (9. Aufl.). Klett-Cotta.

Smith, E. E., Nolen-Hoeksema, S., Fredrickson, B. L. & Loftus, G. R. (2007). *Atkinsons und Hilgards Einführung in die Psychologie* (14. Aufl.). Spektrum Akademischer Verlag.

Somasundaram, R., Geissler, A., Leidel, B. A. & Wrede, C. E. (2016). Reasons for Emergency Department Visits: Results of a Patient Survey. Beweggründe für die Inanspruchnahme von Notaufnahmen – Ergebnisse einer Patientenbefragung. *Das Gesundheitswesen, 9/2016,* 1–7, DOI: 10.1055/s-0042-112459

Stowasser, M. J., Petschenig, M. & Skutsch, F. (1980). *Der kleine Stowasser. Lateinisch-Deutsches Wörterbuch.* G. Freytag.

Timm, U. (2008). *Halbschatten. Roman.* Kiepenheuer & Witsch.

Watzlawick, P. (2009 [1983]). *Anleitung zum Unglücklichsein* (15. Aufl.). Piper.

Watzlawick, P., Beavin, J. H. & Jackson, D. D. (2003). *Menschliche Kommunikation. Formen, Störungen, Paradoxien* (Nachdruck der 10., unveränd. Aufl.). Huber.

Weick, K. E. & Sutcliffe, K. M. (2007). *Das Unerwartete managen. Wie Unternehmen aus Extremsituationen lernen* (2. Aufl.). Klett-Cotta.

Witherington, D., Campos, J., Anderson, D., Lejeune, L. & Seah, E. (2005). Avoidance of Hights on the Visual Cliff in Newly Walking Infants. *Infancy 7*(3), 285–298.

Zimbardo, P. G. (1983). *Psychologie.* Springer.

Zimmer, A., Lappehsen-Lengler, D., Weber, M. & Götzinger, K. (2014). *Sexueller Kindesmissbrauch in kirchlichen Institutionen – Zeugnisse, Hinweise, Prävention. Ergebnisse der Auswertung der Hotline der Deutschen Bischofskonferenz für Opfer sexueller Gewalt.* Beltz Juventa.

Biografische Notiz

Karl-H. Richstein, Dr. phil., M. A., ist Pilot, Luftfahrtpsychologe, Krankenpfleger, Dipl.-Religionspädagoge und Theologe, Familientherapeut, Lehr-Supervisor, Mediator und Ethikberater. Er ist therapeutisch tätig an Beratungsstellen und in eigener Praxis, seine Beratungsschwerpunkte liegen in den Bereichen kirchliche Dienstleistungen, Gesundheitswesen und Luftfahrt.

Briefe mit gebrochenem Siegel

Gefängnisbriefe als intensivierte und gefährdete Kommunikation[1]

Ulf Liedke

Für Beate und Harald Wagner

In Reiner Kunzes Lyrikband *Brief mit blauem Siegel* aus dem Jahr 1973 finden sich 13 »variationen über das thema ›die post‹«. Eine dieser Variationen lautet:

> »Brief du
> zweimillimeteröffnung
> der tür zur welt du
> geöffnete öffnung du
> lichtschein,
> durchleuchtet, du
>
> bist angekommen« (Kunze, 1974, S. 66).

Reiner Kunzes kurzes Gedicht scheint mir ein passender Türöffner zum Thema Gefängnisbriefe zu sein. Obwohl es keine spezifische Verortung anklingen lässt, bringt es die nicht-auflösbare Spannung zur Sprache, die Gefängnisbriefe prägt: Sie sind ein »durchleuchteter lichtschein«. Sie sind eine »geöffnete öffnung« zur Welt. Das ist der Riss, der Gefängnisbriefe zu zerreißen droht. Auch die Briefe, die Beate und Harald Wagner zwischen August 1980 und Mai 1981 miteinander gewechselt haben, sind davon geprägt. Es sind Briefe von einer großen emotionalen Dichte, Briefe der Sehnsucht, Liebesbriefe und zugleich Briefe des Gedankenaustauschs, der Selbsterkundung und der intensiven Reflexion.

Eine Auswahl einiger dieser Briefe ist inzwischen veröffentlicht worden (Sei-

---

1 Der folgende Text geht auf einen Vortrag zurück, den ich im Rahmen des Studientages »Liebe. Glaube. Widerstand – Briefe aus dem Gefängnis von Harald und Beate Wagner« am 19. September 2020 im Museum an der »Runden Ecke« in Leipzig gehalten habe. Für den Druck habe ich ihn überarbeitet.

del, 2021). Mit meinen folgenden Überlegungen möchte ich keine detaillierte Interpretation dieses Briefwechsels oder einzelner Passagen vornehmen. Nur an wenigen Stellen werde ich ausdrücklich aus ihnen zitieren. Und: Ich maße mir nicht an, das subjektive Verstehen der beiden Partner:innen zu rekonstruieren. Stattdessen nähere ich mich dem Thema der Gefängnisbriefe aus einer allgemeineren Perspektive: Ich reflektiere den Briefwechsel als exemplarisch dafür, was es bedeutet, als Paar unter Bedingungen des Strafvollzugs miteinander zu kommunizieren. Dabei möchte ich bei der eingangs beschriebenen Spannung ansetzen. Meine Perspektive besteht darin, Gefängnisbriefe als spezifische Form von Kommunikation zu verstehen, und meine These drückt sich in der Überschrift aus: Ich interpretiere sie als Form einer zugleich intensivierten und gefährdeten Kommunikation. Manche meiner Beobachtungen sind eng mit der Situation des Strafvollzuges in der DDR verbunden. Anderes dürfte allgemeiner gelten, weshalb ich diese Passagen im Präsens formuliere. Nicht unerwähnt soll bleiben, dass eigene Erfahrungen als Schreiber von Gefängnisbriefen meine Überlegungen mitbestimmen, ja erst möglich gemacht haben.

Gefängnisbriefe als intensivierte und gefährdete Kommunikation – um diese These zu erläutern, möchte ich zunächst anhand von Niklas Luhmanns Systemtheorie auf die Selektivität kommunikativen Verstehens hinweisen und in den daran anschließenden Abschnitten Paul Watzlawicks Kommunikationstheorie nutzen, um die besondere Gefährdung der Gefängniskommunikation verständlich zu machen.

Kontingentes Verstehen: Notizen zur Selektivität kommunikativer Prozesse

In der Systemtheorie Niklas Luhmanns gilt Kommunikation als der »basale Prozeß sozialer Systeme, der die Elemente produziert, aus denen diese Systeme bestehen« (Luhmann, 1983, S. 192). Sie ist *die* elementare »soziale Grundoperation der Gesellschaft« (Thye, 2013, S. 2). Zugleich sind Kommunikationsprozesse komplex und hochselektiv. Verstehen lässt sich deshalb nicht im Rahmen eindimensionaler Sender-Empfänger-Relationen rekonstruieren. Vielmehr ist Verstehen ein kontingenter Interaktionsprozess, in dem Deutungsanregungen gegeben und selektiv aktualisiert werden. Das gilt für alle kommunikativen Operationen und deshalb auch für briefliche Kommunikation.

Nach Niklas Luhmann setzen sich Kommunikationsprozesse aus den drei Elementen Information, Mitteilung und Verstehen zusammen (Luhmann, 1983,

S. 193 ff.). Die Pointe besteht darin, dass mit allen drei Elementen Selektionsprozesse verbunden sind. Es wird jeweils aus einer Mehrzahl unterschiedlicher Möglichkeiten eine ausgewählt und aktualisiert. Sie wird *selektiert*. Mit ihrer *Information* wählen die Briefschreiber:innen aus der Fülle möglicher Sachverhalte einen bzw. einige aus, die an dieser Stelle im Brief zur Sprache kommen. Anderes, was auch gesagt werden könnte, bleibt ausgeschlossen (ebd., S. 195). Die *Mitteilung* der Information im Brief ist eine Anregung an die Briefempfänger:in. Luhmann spricht von einem Selektionsvorschlag (ebd., S. 194). Nur dadurch, dass die gewählte Information mitgeteilt wird und dadurch der Briefpartner:in eine Verstehensanregung gegeben wird, kommt Kommunikation zustande. Das *Verstehen* der Kommunikationspartner:innen ist seinerseits aber ebenso ein Selektionsvorgang. Verstehen kommt zustande, wenn und indem die Kommunikationspartner:in die Differenz von Information und Mitteilung für sich aktualisiert und damit zugleich andere Aktualisierungsmöglichkeiten ausschließt. Im Anschlussverhalten drückt sich aus, wie die Kommunikationspartner:in die mitgeteilte Information verstanden, d. h. aktualisiert hat (ebd., S. 203–207).

Luhmanns Kommunikationstheorie macht eindrücklich auf die Fragilität des Verstehens aufmerksam. Weil die Selektionsprozesse in kommunikativen Interaktionen einen jeweils eigenen Horizont des Verstehens und des Anschlusshandelns konstituieren, ist Kommunikation in hohem Maße kontingent. Verstehen ist eine *Selektion*, d. h., es wird ausgewählt, wie die Informationen, die Motive der Mitteilungen und der Charakter der Verstehensanregungen von den Kommunikationspartner:innen verstanden und im Anschlusshandeln fortgeführt werden. Auch Missverständnisse über die Informationen, Motive, Anregungen usw. sind Formen des Verstehens. Verstehen ist kontingent und fragil.

Genau an dieser Stelle besteht die besondere Vulnerabilität der Gefängniskorrespondenz, die zwischen Partner:innen erfolgt, die sich an unterschiedlichen Orten aufhalten müssen und nur mit großer zeitlicher Verzögerung Nachrichten voneinander erhalten können. Die zwischen ihnen eingespielten Kommunikationsformen können vor diesem Hintergrund leicht durch gezielte Interventionen von außen irritiert werden. Selbst kleine kontextuelle Veränderungen können andere Verstehensangebote bewirken. Restriktive Beschränkungen, repressiver Druck, ein abgefangener oder deutlich verspätet ankommender Brief oder die gezielte Intervention in die briefliche Interaktion verändern das Verstehen, das Anschlusshandeln und damit den weiteren Kommunikationsprozess. Das macht das Gefährdungsrisiko der brieflichen Kommunikation unter Bedingungen des Gefängnisses aus. Dies soll in den folgenden Abschnitten näher erläutert werden. Dazu werde ich mich insbesondere auf Paul Watzlawicks Axiome der Kommunikation beziehen und in ihrer Perspektive die spezifische Gefährdung der brieflichen Gefängniskommunikation erläutern.

Wenn die Briefe gezählt sind: Kommunikation unter eng begrenzten Bedingungen

»*Man kann nicht* nicht *kommunizieren*« (Watzlawick, Beavin & Jackson, 2007, S. 53), lautet das erste von fünf Axiomen der Kommunikationstheorie Paul Watzlawicks. Watzlawick bringt damit zum Ausdruck, dass Kommunikation in menschlichen Beziehungen unhintergehbar ist. Kommuniziert wird nicht nur verbalsprachlich. Auch Körpersprache, Handeln und Unterlassen, Reden und Schweigen, Rahmenbedingungen und Raumatmosphären kommunizieren. Kommunikation findet immer statt. Was aber, wenn die Bedingungen für die direkte Kommunikation rigoros beschränkt sind? In den Gefängnissen der DDR galt: Strafgefangene durften insgesamt vier Briefe im Monat an maximal zwei Adressen schreiben. Der Umfang der Briefe war auf jeweils eine A4-Seite begrenzt. Dazu kam ein Besuchstermin von einer Stunde im Monat. »*Man kann nicht* nicht *kommunizieren*«. Aber wenn der direkte briefliche und der unmittelbar persönliche Austausch so radikal leise gestellt werden, sprechen alle indirekten Kommunikationsformen umso lauter. Ein ausbleibender Brief bricht schrill in die ungeduldige Erwartung ein. Dazu kommt, dass die Möglichkeiten zur Vergewisserung oder zur Aufklärung von Missverständnissen nur mit einer erheblichen zeitlichen Verzögerung zur Verfügung stehen. »*Man kann nicht* nicht *kommunizieren*«. Aber wenn man kaum direkt kommunizieren kann, ziehen indirekte Kommunikationsformen in besonderer Weise die Aufmerksamkeit auf sich. Dabei hungern die Partner:innen nach jedem Brief, jedem Zeichen, jedem Signal. Die Briefe sind für sie tatsächlich die einzige Öffnung zur Welt der Anderen, die einzige Sprachform, in der sie nach Worten tasten können hin zum Anderen, die bzw. der nah und zugleich unendlich fern ist. Sie sind sensibel-wahrheitshungrige Erkundungen zum Leben und Empfinden der Anderen. Briefe sind das Band zwischen ihnen und die einzige Form, Leben einander mitteilen und miteinander teilen zu können. Deshalb sind Gefängnisbriefe auch oft, wie auch im Briefwechsel von Beate und Harald Wagner zum Ausdruck kommt, Bekräftigungen einer vertrauenden Liebe.

Das ist der erste Grund, weshalb ich Gefängnisbriefe als ebenso intensivierte wie zugleich auch gefährdete Form der Kommunikation verstehe: Aufgrund des Zwangskontextes verdichtet sich die Partnerbeziehung im brieflichen Austausch.

Die scharfe Begrenzung der Austauschmöglichkeiten macht die Kommunikation zugleich auch verletzlich.

Erweiterter Leser:innenkreis: Gefängnisbriefe als gezeichnete Kommunikation

Das zweite Axiom Watzlawicks ist beinahe ebenso bekannt wie das erstgenannte. Es lautet: »*Jede Kommunikation hat einen Inhalts- und einen Beziehungsaspekt*« (ebd., S. 56). Auch dieses Axiom erhält unter den Bedingungen des Strafvollzugs eine besondere Prägung. Denn die persönliche Kommunikation zwischen zwei Partner:innen wurde und wird im Gefängnis dadurch durchbrochen, dass weitere Leser:innen an dieser Korrespondenz interessierten Anteil nehmen. Jeder Brief, der das Gefängnis erreichte oder verließ, trug das Namenskürzel des Offiziers, der den Brief gelesen und überwacht hat. Gefängnisbriefe sind gezeichnet. Die Lektüre jedes Briefes durch Strafvollzugsbedienstete stellt den Versuch dar, die intime Kommunikation zwischen Partner:innen zum Bestandteil einer anderen, ausgreifenden und gefährlichen Kommunikation werden zu lassen: dem Projekt der gesellschaftlichen Erziehung des Strafgefangenen. Gewiss: Strafvollzug war in der DDR – wie vielerorts – nichts anderes als ein stupides Wegsperren. Gerade aber gegenüber den sogenannten »Politischen« wurde nicht selten ein verbissener Eifer zu ihrer gesellschaftspolitischen Erziehung an den Tag gelegt. Das macht den zweiten Sinn meiner Hauptthese aus. Gefängnisbriefe sind als intensivierte zugleich eine gefährdete Form der Kommunikation, weil sie für eine gesellschaftspolitische Disziplinierung instrumentalisiert wurden und deshalb zu einem Gefährdungsrisiko für die Briefschreiber:innen werden konnten.

Vor diesem Hintergrund haben Briefpartner:innen vielfach eigene Strategien zum Umgang mit angedeuteten Risiken entwickelt. Ich nutze Watzlawicks Unterscheidung zwischen dem Inhalts- und dem Beziehungsaspekt und möchte vier Strategien kurz erläutern:

(1) Die Kommunikation in Gefängnisbriefen ist in hohem Maß eine *intelligent selbstkontrollierte Kommunikation*. Wer im Gefängnis zu Papier und Stift greift, weiß, dass Vorsicht geboten ist. Das betrifft auf der *Inhaltsseite* zunächst die angeschnittenen Themen, Strukturen, Abläufe, Namen; kurz: Der Kosmos des Strafvollzugs selbst war in der DDR mit einem Tabu versehen. Weiterhin brauchte es für Reflexionen zu politischen und gesellschaftlichen Themen viel Fingerspitzengefühl, wenn denn der Brief seine:n Empfänger:in erreichen soll-

te. Das Themenportfolio war also inhaltlich deutlich eingeschränkt. Es galt, das Sag- und Schreibbare klug auszutesten. Aber auch auf der *Beziehungsseite* war Vorsicht geboten. Unreflektierte Offenheit in Bezug auf die Bandbreite innerer Stimmungen, Emotionen und des psychischen Befindens bot den Erziehungs- und Disziplinierungsversuchen Anhaltspunkte und Material. Andererseits lebten und leben Gefängnisbriefe davon, sich Anderen zu zeigen und Gefühle nicht hinter einer Maske zu verstecken. Die Briefe von Beate und Harald Wagner zeigen, wie beide mit dieser Spannung umgegangen sind. Harald Wagner äußert im Rückblick sein Erstaunen über die in den Briefen zur Sprache kommenden Emotionen: »Ich war überrascht, wie freimütig wir geschrieben haben.« Dann resümiert er, dass genau dies für sie beide wichtig und richtig war: »Wir haben das für uns Richtige gemacht, obwohl wir wussten, dass wir das eigentlich nicht machen sollten: Wir haben über unsere Gefühle geschrieben und Inneres geteilt« (Seidel, 2021, S. 3). Die Überraschung, die hier zum Ausdruck kommt, dementiert nicht zwangsläufig meine These der intelligent selbstkontrollierten Kommunikation. Vielmehr scheint Watzlawicks Axiom von der Vorgängigkeit der Beziehungsdimension eine Bestätigung zu erfahren. Beate und Harald Wagner geben ihre tiefe emotionale Verbindung zu erkennen und stärken sich damit in ihrer liebenden, vertrauensgesättigten Beziehung. Diese Beziehung war für beide auch ein Schutz vor den Intrigen, denen sie vonseiten des Strafvollzugs und der Staatssicherheit ausgesetzt waren.

(2) Zur intelligenten Interaktion zwischen den Briefpartner:innen gehört ebenfalls, dass die *Codierung* eine geeignete Möglichkeit darstellt, um Kommunikation unterhalb des Überwachungsradars gelingen zu lassen. Codierung geschieht auf der Inhaltsebene. Sie setzt dabei aber eine tragfähige und vertrauensvolle Beziehung voraus. Codierungsprozesse lassen selbstverständlich an verschlüsselte Botschaften denken, für die die Briefschreiber:innen eine geheime Grammatik vereinbart haben. Viel häufiger werden meines Erachtens aber Verschlüsselungsformen genutzt, die auf intimen Sprachspielen des Paares aufbauen. Der geschickte Hinweis auf familieninterne oder verwandtschaftliche Erlebnisse wirkt oft unverdächtig genug, um aktuelle Erfahrungen einzukleiden. Aber auch literarisches, cineastisches oder anderes ästhetisches Material bietet sich an, um Inhalte unbemerkt der Empfänger:in mitzuteilen. So beschäftigt sich beispielsweise Harald Wagner in einem seiner Briefe mit Christa Wolfs Buch *Kindheitsmuster*. Seine Überlegungen lassen sich aber zugleich auch als kritische Reflexionen zur gesellschaftlichen Wirklichkeit in der DDR lesen. Der Faschismus als Massenphänomen werde, so schreibt Wagner, werde gerade durch »die innersten Bereiche des

Individuums« – »oft unbemerkt, d. h. wohl bemerkt, aber nicht eingestanden« ermöglicht. Dies zeige sich beispielsweise im »Zurückziehen der Interessen auf ›ungefährliche‹ Gebiete, bis endlich die Neugier überhaupt nachlässt« (ebd.). Ohne die DDR in die Nähe des Faschismus zu rücken, lassen sich diese Reflexionen als kritische, aktuelle Gegenwartsdiagnose zu Beginn der 1980er Jahre lesen.

(3) Zur Klugheit der Gefängniskorrespondenz gehört auch, dass die Schreibenden immer wieder *austesten, was geschrieben werden kann*. Die Grenzen dafür lagen und liegen keineswegs objektiv fest. Sie werden nicht zuletzt auch durch die konkrete Person des mitlesenden Offiziers mitbestimmt. Harald Wagner widmete sich beispielsweise in einem unveröffentlichten Brief vom 27. Dezember 1980 einigen erkenntnistheoretischen Fragen und nahm dabei auf Hegels Dialektik und Engels' Materialismus Bezug. Anschließend nennt er die Namen Theodor W. Adornos und Ernst Blochs, die für die SED zu den meistgehassten Philosophen zählten. Es muss für Wagner ein stiller Triumph gewesen sein, dass diese Namen seinem Ghostreader offenbar unbekannt waren und der Brief ohne Beanstandung bei seiner Frau ankam.

(4) Der Inhaltsaspekt von Kommunikation kommt noch in einem weiteren Charakteristikum zum Tragen: Das Gefängnis ist als Ort extremer Reduktion oft auch ein Ort, *an dem sich Reflexionsräume weiten*. Ideen reifen, Gedanken nehmen eine klarere Gestalt an. An der Gefängniskorrespondenz fällt deshalb oft ihre hohe intellektuelle Klarheit auf. Intensivierung findet also nicht nur auf der Beziehungsebene, sondern vielfach auch auf der Inhaltsseite statt. Deshalb sind Gefängnisbriefe oft auch kurze, thematische Essays. Man muss sich nur vergegenwärtigen, welche Themen Beate und Harald Wagner in ihrer Briefauswahl bedenken: Hiob, Erkenntnistheorie, antiautoritäre Erziehung, Faschismuskritik. Beide testen die Grenzen des Schreibbaren aus. Oft stellen Andeutungen und Codierungen den Bezug zur aktuellen persönlichen oder gesellschaftlichen Situation her. Die Inhaltsebene wirkt zugleich auf die Beziehungsebene zurück: Der intellektuelle Austausch vergewissert beide der Tragfähigkeit ihrer Liebe.

Unruhe stiften:
Von den Gefährdungen der Gefängniskorrespondenz

Vertrauen ist eine zentrale Kraftquelle, um die Gefährdungen der Gefängniskommunikation abzuwehren. Das heißt allerdings auch umgekehrt: Die Beziehungsseite ist ein zentrales Einfallstor für die Disziplinierung und Zermürbung Strafgefangener. Um diesen Zusammenhang verständlicher zu machen, nutze ich Watzlawicks drittes Kommunikationsaxiom. Es lautet: »*Die Natur einer Beziehung ist durch die Interpunktion der Kommunikationsabläufe seitens der Partner bedingt*« (Watzlawick, Beavin & Jackson, 2007, S. 61). Mit diesem Axiom macht Watzlawick darauf aufmerksam, dass Kommunikation keine Eins-zu-eins-Übertragung von Informationen ist. Vielmehr werden die Mitteilungen des Anderen von den Kommunikationspartner:innen im Rahmen ihrer je eigenen Wirklichkeitswahrnehmung interpretiert. Jede:r gibt dem Kommunikationsfluss eine eigene Interpunktion, »liest« den Text der Mitteilung mit einer eigenen Zeichensetzung. Auf diese Weise konstruieren die Kommunikationspartner:innen ihre jeweilige subjektive Welt.

»Diskrepanzen auf dem Gebiet der Interpunktion«, schreibt Watzlawick in diesem Zusammenhang, »sind die Wurzeln vieler Beziehungskonflikte« (ebd., S. 58). Missverständnisse entstehen mithin insbesondere dann, wenn Kommunikationspartner:innen einer Mitteilung eine andere Interpunktion, d. h. einen anderen Sinn geben. Genau an dieser Stelle setzen die Zersetzungs- und Repressionsstrategien des Strafvollzugssystems an. Sie bestehen regelmäßig in dem Versuch, Diskrepanzen in die Interpunktion der Kommunikation einzutragen. Die sich damit verändernden Interpretationen können, wenn die Irritationen gelingen, Beziehungskonflikte entstehen lassen, die dem Disziplinierungsbemühen in die Hände spielen. Auch damit wird noch einmal deutlich, dass das Gefährdungsrisiko der überwachten Briefkommunikation darin besteht, zur Einschüchterung und Disziplinierung genutzt zu werden. Auf drei Strategien, Diskrepanzen in die Interpunktion der Kommunikationspartner:innen einzutragen, möchte ich hinweisen.

(1) Eine erste Strategie besteht darin, Briefe *zurückzuhalten* und nicht weiterzuleiten. Um den Verdacht der Einflussnahme mit Entschiedenheit zurückweisen zu können, erscheint es aus der Sicht des Strafvollzuges sinnvoll, hier eher im Sinne von Nadelstichen vorzugehen. Einzelne Briefe, die mal hier, mal dort nicht ankommen, sind in ihrer irritierenden Wirkung viel nachhaltiger als eine offensichtliche, dauerhafte Intervention des Strafvollzugssystems, die die Partner:innen eher mehr zusammenschweißt. Harald Wagner schreibt in einem Brief vom 3. Januar 1981, er sei »heute ein wenig traurig, da ich leider keine Post von dir erhielt«. Seine Formulierung bedeutet allerdings nicht, dass Beate ihm nicht geschrieben hätte. Der Strafvollzug hatte ihren Brief vom 21. Dezember 1980 (Seidel, 2021, S. 3) schlicht nicht an Harald ausgehändigt. Gerade in der emotio-

nal dichten Zeit von Weihnachten und Jahreswechsel sollte das Zurückhalten der Post zu einem Instrument der Verunsicherung und Zermürbung werden.

(2) Eine zweite Möglichkeit, die das Strafvollzugssystem nutzte, bestand darin, Inhalte der brieflichen Kommunikation *in den Vernehmungen* anklingen zu lassen oder sogar ausdrücklich zu thematisieren. Während das Namenskürzel auf den erhaltenen Briefen ein stummer Zeuge für das konstante Mitlesen der Post ist, macht die Erwähnung von Briefinhalten die Überwachung explizit. Allein dies dürfte nicht ohne Wirkung bleiben. Mit raffiniert platzierten Fragen und Andeutungen kann die Irritationsstrategie aber noch größere Wirkungen erzielen. Harald Wagner berichtete davon, wie in einer seiner Vernehmungen der Stasi-Offizier unvermittelt sagte: »Ihre Frau war ja am Wochenende in Berlin.« Davon wusste Harald Wagner aus den Briefen seiner Frau. Der Offizier fügte dann aber – es sollte beiläufig klingen – hinzu: »Zum Glück ist sie ja nicht allein gefahren.« *En passant* sollte auf diese Weise Misstrauen zwischen den Partner:innen gesät werden.

(3) Perfide sind ebenfalls die gezielten *Maßnahmen* des Strafvollzugssystems, die mit einer klar destruktiven Absicht angewandt wurden. Die briefliche Kommunikation bietet sich für solche Maßnahmen an. Das kann ich an einem persönlichen Beispiel deutlich machen: Ich erhielt eines Tages einen Brief meiner damaligen Frau, der gar nicht an mich, sondern an einen Freund gerichtet war. Es handelte sich um einen ein Brief mit einer anderen Adresse und der Anrede an einen erkennbar Anderen. In diesem Brief äußerte meine Frau deutlichen Zweifel an der Tragfähigkeit unserer Ehe. Ich habe Grund, davon auszugehen, dass dieser Brief mir ganz gezielt zugespielt worden ist, um eine Wirkung zu erreichen: Irritation auszulösen und Unruhe zu stiften. Und er ist in der Tat zu einem Beschleuniger in einem Entfremdungsprozess geworden, bei dem es schließlich – noch in der Haftzeit – zur Scheidung meiner Frau und mir gekommen ist.

Briefe mit vergifteter Botschaft: Wenn Gefängnispost gefährlich wird

Im Mittelpunkt meiner Überlegungen steht die These von der intensivierten und zugleich gefährdeten Kommunikation. Sie bezieht sich auf die Beziehung zwischen Menschen, die eng miteinander verbunden sind, so wie Beate und Harald Wagner. Gefängnisbriefe können aber auch Formen einer gefährlichen Kommunikation sein. Das ist beispielsweise dann der Fall, wenn Gefängnisbriefe unter erpressten Bedingungen entstehen. In solchen Fällen können sie zu einem Instrument dafür werden, die Briefempfänger:in zu belasten und auszuliefern. Um das an einem besonders drastischen Beispiel deutlich zu machen, wechsle ich in diesem letzten Abschnitt meine Blickrichtung. Im Fokus steht jetzt nicht der Briefwechsel zwischen Beate und Harald Wagner, sondern ein anderer Gefängnisbrief-Schreiber: Heinrich Saar. Saar war in der zweiten Hälfte der 1970er Jahre Kopf einer Oppositionsgruppe in Leipzig und wurde am 31. August 1979 von der Stasi festgenommen. Mehr als ein Jahr wurde er verhört und zermürbt, bevor er Anfang Oktober 1980 zu einer siebeneinhalbjährigen Freiheitsstrafe wegen »staatsfeindlicher Hetze« verurteilt wurde. Uta Franke hat Saars Verhaftung, Verhöre und Verurteilung in ihrem Buch *Sand im Getriebe* minutiös dokumentiert. Obwohl Saar bereits umfangreich gestanden hatte, setzte die Stasi seine Vernehmungen über viele Monate intensiv fort und zermürbte ihn weiter. Insbesondere versuchte sie, belastendes Material über Harald Wagner zu erhalten. Und Heinrich Saar packte aus. Umfangreich und detailliert, wie man im Buch von Uta Franke nachlesen kann. Die Stasi erfuhr so, dass Wagner beispielsweise Texte von Rudolf Bahro, Jürgen Fuchs und zahlreichen Anderen gezielt weitergegeben hatte. Unter den Augen der Stasi schrieb Saar dann am 16. April 1980 aus dem Gefängnis heraus einen zwölfseitigen, mit der Schreibmaschine getippten Brief an Harald. Nur am Rande: Kein Strafgefangener der DDR hatte eine Schreibmaschine. Niemand durfte Briefe mit einem Umfang von mehr als einer A4-Seite verfassen. Auch für das Verstehen dieses Briefes erweist sich Watzlawicks Hinweis auf »Diskrepanzen in der Interpunktion von Kommunikationsabläufen« als instruktiv. Denn Heinrich Saar gibt seinem Brief äußerlich die Interpunktion eines freundschaftlichen Rates. Genauer betrachtet, sind seine Zeilen aber nichts anderes als eine Denunziation. »Der Entschluss, Dir zu schreiben«, hebt Saar zu Beginn hervor, »ist ausschließlich mein eigener« (Franke, 2008, S. 117). Immer wieder spricht er Harald Wagner persönlich an, suggeriert gemeinsame Überzeugungen und appelliert aus einer vermeintlich wohlwollenden Verbundenheit heraus. Mit seinen Ratschlägen liefert Saar indes Wagner unverblümt an die Stasi aus. »[A]us den vielen Büchern, die ich von Dir bzw. von Manfred durch dich bekommen habe, [habe ich] keine schlüssigen Antworten bekommen« (ebd., S. 118), betont er. Ausdrücklich schreibt Saar von konspirativen Tätigkeiten, die nun angesichts der Stasi-Ermittlungen wie ein Kartenhaus zusammengebrochen seien. »Ich rate Dir«, heißt es dann weiter, »[diesen Weg] [...] sofort und bedingungslos zu verlassen« (ebd.). Äußerlich Wohlwollen vortäuschend, nehmen die Ratschläge teilweise einen drohenden Ton an: »Du solltest auch nicht übersehen, daß Du eine junge Frau und Kinder hast. Was soll aus ihnen werden?« (ebd., S. 119) Und dann mündet der Brief in eine Aufforderung an Harald Wagner, sich freiwillig der Stasi zu stellen: »[S]tell Deine Aktivitäten ein und bereinige alles vor den zuständigen Staatsorganen« (ebd.).

Harald Wagner hat Heinrich Saars Gefängnisbrief nicht erhalten, sondern erst sehr viel später in seiner Stasi-Akte gefunden. Dafür aber bildete der Brief die Grundlage für Wagners Verhaftung und Verurteilung. »Verbreitung von Hetzschriften der KPD/ML ..., Organisierung und Durchführung einer konspirativ gehaltenen Zirkeltätigkeit ... Einschleusung und Weiterverbreitung von nichtlizensierter, teilweise feindlicher und linksextremistischer Literatur« (ebd., S. 119f.) – so wertete die Stasi Heinrich Saars Brief aus und fasste den Entschluss zur »Einleitung strafprozessualer Maßnahmen« (ebd., S. 120). In den mehrmonatigen Verhören Wagners stand der vergiftete Brief regelmäßig im Hintergrund, ohne dass Harald Wagner dessen konkrete Verfasserschaft kannte. Die Anspielungen in den Verhören blieben uneindeutig genug, um auf unterschiedliche Quellen hinweisen zu können. Heinrich Saar hat seinen Brief gewiss nicht freiwillig, sondern unter erheblichem Zwang geschrieben. Für Harald ist er aber zu einem Judaskuss geworden: als freundschaftlicher Rat getarnt, im Kern ein Verrat. Gefängnisbriefe, das lässt sich konstatieren, können nicht nur eine gefährdete, sondern auch eine gefährliche, vergiftete Kommunikation bedeuten.

Nicht nur im Märchen:
Zur Vorsicht gegenüber dem listigen Wolf

Gefängnisbriefe sind eine intensivierte und gefährdete Form der Kommunikation. Das ist die These meiner Überlegungen. Ich habe bereits deutlich gemacht, dass Vertrauen zu den wichtigsten Widerstandsressourcen gegenüber den angesprochenen Gefährdungen gehört. Ich stelle ihr die Aufmerksamkeit zur Seite. Vertrauen und Aufmerksamkeit. *Vertrauen* in der Kommunikation imprägniert die Beziehung vor der toxischen Wirkung geschickt eingespielter Irritationen. Wenn die je eigenen Verständnisformen den Partner:innen vertraut und durch Vertrauen gesättigt sind, findet die Saat eingestreuten Misstrauens keinen Nährboden. Neben dem Vertrauen bedarf es aber auch der kontinuierlichen *Aufmerksamkeit* auf die Nuancen in der Kommunikation. Die unsichtbaren Mitleser:innen sind permanent mitzudenken. Und ebenso das System des Strafvollzugs, das skrupellos in die Privatheit einbricht und sie ihrer Intimität beraubt. Konstante Aufmerksamkeit ist die Grundlage dafür, das Vertrauenswürdige von dem zu unterscheiden, was Misstrauen verdient. Es ist die Grundlage dafür, den Wolf auch dann zu erkennen, wenn er Kreide gefressen hat.

Damit spiele ich nicht nur auf ein bekanntes Märchen an, sondern spanne noch einmal den Bogen zu einem Gedicht aus Reiner Kunzes »variationen über das thema ›die post‹«:

»O ist
die marke schön: der wolf und
die sieben geißlein und
seine pfote ist
ganz weiß ... Wer
hat den brief geschrieben?

Vielleicht
die sieben geißlein,
vielleicht
der wolf

... der wolf ist tot!

Im märchen, tochter, nur
im märchen« (Kunze, 1974, S. 67).

Literatur

Franke, U. (2008). *Sand im Getriebe. Die Geschichte der Leipziger Oppositionsgruppe um Heinrich Saar 1977 bis 1983.* Leipziger Universitätsverlag.
Kunze, R. (1974). *Brief mit blauem Siegel. Gedichte* (2. Aufl.). Reclam.
Luhmann, N. (1983). *Soziale Systeme. Grundriß einer allgemeinen Theorie.* Suhrkamp.
Seidel, S. (2021, 3. Oktober). Die Liebe trägt hindurch. *Der Sonntag, 40,* 3.
Thye, I. (2013). *Kommunikation und Gesellschaft – systemtheoretisch beobachtet. Sprache, Schrift, einseitige Massen- und digitale Online-Medien.* Springer VS.
Watzlawick, P., Beavin, J. H. & Jackson, D. D. (2007). *Menschliche Kommunikation: Formen, Störungen, Paradoxien* (11. Aufl.). Huber.

Biografische Notiz

Ulf Liedke, Dr. theol. habil., ist seit 1997 Professor für Ethik und Diakoniewissenschaft an der Evangelischen Hochschule Dresden und seit 2017 Honorarprofessor für Systematische

Theologie an der Universität Leipzig. Von 2018 bis 2022 war er Prorektor der Evangelischen Hochschule Dresden. Zwischen 1981 und 1983 verbüßte er eine 20-monatige Haftstrafe wegen Wehrdienstverweigerung. Seine Forschungsschwerpunkte liegen in den Bereichen Theologische Anthropologie, Inklusion in professioneller, ethischer und theologischer Perspektive sowie dem Bezug auf ein diakonisches Profil als Thema von Organisationsentwicklung. Wichtige Publikationen: *Perspektiven diakonischer Profilbildung* (2017, als Mitherausgeber), *Menschenbilder und Bilderverbot. Eine Studie zum anthropologischen Diskurs in der Behindertenpädagogik* (2013), *Beziehungsreiches Leben. Studien zu einer inklusiven theologischen Anthropologie für Menschen mit und ohne Behinderung* (2009).

Schuld, Sinn und Ohnmacht als verborgene Organisationsdynamiken in einer Klinik für forensische Psychiatrie

Christoph Bevier

Einleitung

Seit acht Jahren arbeite ich als Pfarrer und Seelsorger in einer Klinik für forensische Psychiatrie. Die Arbeit erfüllt mich und macht mir Freude. Ich begegne den Patientinnen und Patienten gerne zu seelsorglichen Gesprächen, Gruppenangeboten und in den Gottesdiensten. Und ich mag die informellen Kontakte zum Personal und manche intensiveren Begegnungen. Die Begegnungen mit Patientinnen und Patienten sind meistens herausfordernd und anstrengend, weil sie intensiv sind und die Patientinnen und Patienten oft mit der gesamten Wucht ihrer Existenz und ihrer Lebensgeschichte auftreten. Das zwingt mich, ganz bei mir selbst zu sein, um ganz bei der oder dem Anderen sein können. Gegenwärtig würde ich meine Aufgabe als »Repräsentanz« beschreiben: das Größere, das die menschliche Existenz Überschreitende, die Transzendenz, christlich gesprochen: die Güte und die Liebe Gottes und seine Gerechtigkeit, zu repräsentieren, und das im hermeneutischen Raum von Bibel und christlicher Tradition. Patientinnen und Patienten fragen mich bewusst als Pfarrer und Seelsorger an, sie wünschen sich, irgendwie in Kontakt zu Gott zu kommen, von dem sie sich Vergebung erhoffen, Sinn, Perspektive, Durchhaltevermögen, Erfüllung ihrer Wünsche, Halt u. a., vor dem sie aber auch Angst haben und den sie fürchten.

Manchmal lese ich in der Zeitung über Patientinnen und Patienten, die ich aus der Klinik kenne. Ihre Taten werden erwähnt und beschrieben und es entsteht oft der Eindruck eines verabscheuungswürdigen, hochgefährlichen Menschen, für dessen Taten eine angemessene Strafe kaum denkbar scheint. Manchmal geht mir dann der Gedanke durch den Kopf: Wie kannst du nur an der Arbeit mit solchen Menschen Freude haben, wie kannst du ihnen gerne begegnen? Ich könnte es nicht, wenn ich sie ausschließlich in der Perspektive ihrer Taten sehen würde, als Sexualstraftäter oder Sexualstraftäterin, als Totschläger oder Totschlägerin, als

Messerstecher oder als Messerstecherin, als Körperverletzer oder als Körperverletzerin, als Brandstifter oder als Brandstifterin. Auch die Tatsache, dass solche Täterinnen und Täter eine schwere Diagnose haben, mindert ja nicht die Abartigkeit der Tat und das Leiden der Opfer. In den Begegnungen mit den Patientinnen und Patienten kann ich mir nicht permanent ihre Taten vor Augen halten – wenn ich auch stets im Bewusstsein haben muss, es mit einem kranken und nicht ungefährlichen Menschen zu tun zu haben –, sonst wäre ich zu sehr in einer verurteilenden Haltung. So käme keine seelsorgliche Beziehung zustande. Wer forensische Patientinnen und Patienten nur in der Perspektive ihrer Tat sieht oder Angst vor ihnen hat, der wäre zur Seelsorge in diesem Feld nicht geeignet. Nicht nur der Seelsorger oder die Seelsorgerin, sondern jede und jeder, die und der in einer forensischen Klinik arbeitet, muss für diese Menschen, die meistens abscheuliche Verbrechen begangen haben, irgendwie ein Herz haben, sonst kann man nicht mit ihnen arbeiten, und ich bin froh, dass das bei mir der Fall ist – eine Gabe, die ich mit Gott in Verbindung bringe und die in irgendeiner Weise sicher auch mit meiner Lebensgeschichte zusammenhängt.

Ich erzähle von diesen inneren Beobachtungen, um deutlich zu machen, dass jemand, der in einer Klinik für forensische Psychiatrie arbeitet, permanent mit Widersprüchen und Paradoxien beschäftigt und in sie verstrickt ist. Eine der Hauptaufgaben von Mitarbeiterinnen und Mitarbeitern besteht darin, sich diese Widersprüche und Paradoxien immer wieder neu bewusstzumachen und sich mit ihnen auseinanderzusetzen. Wer damit aufhört, gerät in die Gefahr von Frustration, Leere, Fraternisierung mit Patientinnen und Patienten, Sarkasmus, Zynismus, Rebellentum u. ä., und wahrscheinlich wird es ihm oder ihr auf Dauer unmöglich, den Patientinnen und Patienten und der Aufgabe, diesen professionell zu begegnen, gerechtzuwerden.

Die inneren Paradoxien und Widersprüche, die Mitarbeitende einer forensischen Klinik erleben, kommen nicht von ungefähr, sondern haben etwas mit den äußeren Paradoxien und Widersprüchen zu tun, die eine forensische Klinik als Institution bestimmt. Darauf möchte ich im Folgenden meinen Blick richten.

- ➤ Einerseits sind die Patientinnen und Patienten von Strafe freigesprochen, andererseits dauert die Dimension von Strafe im Status des Eingesperrtseins und der Gefangenschaft an.
- ➤ Einerseits taucht das Thema Forensik in der Öffentlichkeit fast nur auf, wenn schwere Straftaten begangen oder Fehlentwicklungen angeklagt werden (Prantl, 2012; Boetticher, 2018; Lakotta, 2018), andererseits wird in der wissenschaftlichen Literatur nachvollziehbar behauptet, dass Forensik ein erfolgreiches Konzept sei und erfolgreich arbeite. Müller (2018, S. 100)

bezeichnet den Maßregelvollzug als »sehr erfolgreich« und schreibt (ebd.), der Maßregelvollzug habe »eine hohe Wirksamkeit« (siehe auch Hilgers & Hax-Schoppenhorst, 2018, S. 695).

➢ Einerseits wird die Schuldfähigkeit der Patientinnen und Patienten als aufgehoben oder gemindert angesehen, andererseits bleibt die Schuld doch in der Welt und in der Biografie der Opfer und der Täter wirksam – Schuld am Opfer, Schuld an der Gemeinschaft, Schuld am eigenen Leben, Schuld vor Gott.

➢ Einerseits gilt das Schuldstrafrecht, das besagt, dass nur strafbar ist, wer zum Tatzeitpunkt einsichts- und steuerungsfähig ist, andererseits verstehen die Opfer der Straftaten und ihre Angehörigen dies oft nicht und fühlen sich alleingelassen und bleiben ungesehen und ungewürdigt mit dem Gefühl zurück, die Täterinnen und Täter kämen ohne Strafe davon. Rechtsspruch steht gegen Rechtsempfinden.

➢ Einerseits ist die Institution, in die die Patientinnen und Patienten verbracht werden, ein Krankenhaus, in dem Menschen geheilt werden sollen, andererseits ist diese Institution ein Hochsicherheitstrakt, der sich in Bezug auf die Sicherheit nicht von einem Hochsicherheitsgefängnis unterscheidet. Heilungs- und Sicherheitsauftrag bilden zwar keinen grundsätzlichen Widerspruch, aber in der Alltagswirklichkeit und den Alltagsvollzügen einer forensischen Klinik können sie sich eben doch widersprechen und die Mitarbeitenden zu einer Entweder-Oder-Entscheidung zwingen. Wobei die Sicherheit immer den Vorrang hat.

➢ Einerseits werden die Untergebrachten als Patientinnen und Patienten bezeichnet und behandelt, andererseits sind sie Gefangene und müssen unter dem Sicherheitsaspekt auch als solche behandelt werden.

➢ Einerseits sollen die Patientinnen und Patienten behandelt werden, andererseits sehen diese oft selbst keinen Grund zur Behandlung und haben keine Motivation dazu.

➢ Einerseits erleben Mitarbeitende einer forensischen Klinik, dass großer Behandlungsbedarf bei Patienten und Patientinnen besteht, andererseits machen sie täglich die Erfahrung, wie mühsam, langwierig und widerständig sich Behandlung gestaltet, gerade in der Pflege mit dem Konzept der Milieutherapie.

➢ Einerseits arbeiten die Mitarbeiterinnen und Mitarbeiter in einer forensischen Klinik oft unter hohem Einsatz, meistern die großen Herausforderungen im täglichen Umgang mit Patientinnen und Patienten und sind täglich der Gefahr von Übergriffen ausgesetzt, andererseits erleben sie wenig gesellschaftliche Wertschätzung für ihre Tätigkeit (Schott, 2007, S. 27, schreibt,

Mitarbeiterinnen und Mitarbeiter würden in ihrem Umfeld wegen ihrer Arbeit öfter verurteilt).

➤ Einerseits müssen die Mitarbeiterinnen und Mitarbeiter das Wissen um die Straftaten ihrer Patientinnen und Patienten abspalten, weil sich kein Mensch solche Abscheulichkeiten ständig vergegenwärtigen kann, andererseits muss ihnen doch stets präsent sein, mit wem sie es zu tun haben und wozu die Patientinnen und Patienten fähig waren.

➤ Einerseits hat das Thema Sexualität angesichts der Häufigkeit der Sexualstraftaten und der nicht seltenen Verstrickung von Gewalt und Sexualität bei anderen Straftaten eine große Bedeutung, andererseits gibt es in einer forensischen Klinik keinen Ort, an dem Sexualität auf eine angemessene Weise gelebt werden kann. Im Jahr 2015 verteilten sich die bundesweit begangenen Delikte nach §63 folgendermaßen: 28,9 Prozent Körperverletzung, 25,2 Prozent Sexualdelikte, 19,1 Prozent Delikte gegen das Leben sowie 11,2 Prozent Brandstiftung (Eucker & Müller-Isberner, 2017a, S. 183).

➤ Einerseits kommt manchen Straftaten, die ein chaotisches, anarchisches, wildes, freies, antisoziales Verhalten zeigen, eine Ausübung von Macht und Grenzüberschreitung und dergleichen, Faszination zu, andererseits darf die Faszination nur in der gesellschaftlichen Kanalisation durch Presse und Kunst gelebt werden. Für die Mitarbeitenden einer forensischen Klinik bedeutet es auch immer eine Aufgabe, mit dieser Faszination umzugehen, denn sie kann eine zu große Nähe oder zu große Distanz zu Patientinnen und Patienten zur Folge haben.

Auch in den Bezeichnungen wird die Grundparadoxie der Forensik deutlich. Die Bezeichnung »Maßregelvollzug« impliziert Nähe zum Strafvollzug und zur Betonung der Straftaten, während die Bezeichnung »Forensik« oder »forensische Klinik« eher die Dimension von Krankenhaus und Erkrankung in den Vordergrund stellt. Für die Mitarbeitenden geht damit ein permanentes Abwägen zwischen dem Auftrag der Sicherung bzw. Sicherheit und dem Auftrag zur Behandlung einher. Und für die Insassinnen und Insassen bedeutet dies ein permanentes Hin und Her zwischen dem Status eines Patienten oder einer Patientin und dem Status eines oder einer Gefangenen.

Mit der Aufzählung von Widersprüchen und Paradoxien möchte ich es an dieser Stelle belassen, indem ich noch eine letzte Paradoxie beschreibe, die sich auf das Phänomen von Ohnmacht und Sinn bezieht. Als Krankenhaus hat eine Klinik für forensische Psychiatrie einerseits das Selbstverständnis, ein heilender Ort zu sein, und den Auftrag von Heilung, andererseits scheint angesichts der Schwere der Straftaten und der Diagnosen der Patientinnen und Patienten »Heilung« als illusorisches Ziel. Angesichts der Schwere der Erkrankungen, der begrenzten Mittel, der Länge der Aufenthaltsdauer der Patientinnen und Patienten, den Rückfallerfahrungen u. a. ergibt sich in Bezug auf das behandlerische Tun und Lassen oft die Erfahrung von Ohnmacht – und damit stellt sich die Frage nach dem Sinn.

Aspekte zu drei verborgenen themenbezogenen Organisationsdynamiken: Schuld, Sinn und Ohnmacht

Aus der obigen Aufzählung ergibt sich eine Vielzahl von unbewussten und themenbezogenen Dynamiken, die die Organisation einer forensischen Klinik beeinflussen. Auf zwei von ihnen gehe ich im Folgenden etwas ausführlicher ein, ohne damit eine Gewichtung oder Rangfolge der Bedeutung von Themen zu intendieren. Die Themen »Schuld« und »Sinn« sind mir im Moment einfach am zugänglichsten, weil ich mit ihnen in meinen Beruf als Pfarrer und Seelsorger intensiv beschäftigt bin.

Einige Aspekte zu Schuld als verborgene Organisationsdynamik einer Klinik für forensische Psychiatrie

Mitarbeiter und Mitarbeiterinnen

Die Unterscheidung von Tat und Person ist eine geforderte und erwartete Grundhaltung aller Mitarbeiterinnen und Mitarbeiter einer forensischen Klinik.
Wenn ich Mitarbeiterinnen und Mitarbeiter frage, wie sie mit der Schuld ihrer Patientinnen und Patienten umgingen und wie sich das Wissen um die oft brutalen Straftaten auf sie auswirke, treffe ich auf eine gelassene, professionelle Haltung: Man gehe mit den Patientinnen und Patienten der Forensik genauso um wie mit Patientinnen und Patienten der Allgemeinpsychiatrie. Die Taten seien Folgen der Erkrankung. Man verurteile die Tat, nicht den Täter oder die Täterin. Man sei darauf ausgerichtet, die Patientinnen und Patienten soweit zu stabilisieren, dass sie ihre Taten nicht wiederholen. Man sorge für sich selbst für einen guten Ausgleich von Beruf und Leben außerhalb des Berufs. Diese Haltung kommt bei mir als glaubwürdig an, und ich meine auch zu beobachten, dass sie funktioniert, insofern sie einen menschenwürdigen, an den Zielen

der forensischen Klinik orientierten Umgang mit den Patienten und Patientinnen ermöglicht. Die Abspaltung der Taten und der Schuld ist ein praktikabler Umgang mit dem Widerwärtigen und Unerträglichen, das sich in vielen Straftaten offenbart. Ich verhalte mich als Seelsorger im Grunde genauso, wenn ich es auch einfacher habe, da ich von den Delikten nur erfahre, wenn die Patientinnen und Patienten mir von ihren Taten erzählen. Die anderen Mitarbeiterinnen und Mitarbeiter müssen die Akten lesen und die Delikte genau kennen, weil sie in den Behandlungsplan eingebunden sind. Auch sind die anderen Mitarbeiterinnen und Mitarbeiter in ihrer Schicht täglich mit den Patientinnen und Patienten zusammen.

Andererseits höre ich manchmal von Mitarbeiterinnen und Mitarbeitern in der Allgemeinpsychiatrie, wenn wir über Forensik sprechen, nein, in der Forensik könnten sie es nicht aushalten. Oder ich treffe auf ein irritiertes Schweigen, wenn ich erzähle, dass ich gerade aus der forensischen Klinik komme oder in sie gehe. Forensische Klinik und Allgemeinpsychiatrie oder Gerontopsychiatrie befinden sich dem Gefühl nach nicht auf einer Ebene. Der Unterschied sind die Verbrechen, die Straftaten, die Schuld. Mitarbeiter und Mitarbeiterinnen der Forensik, die pädophile und paraphile Patienten und Patientinnen betreuten, sagen mir, sie würden sich ab und zu spitze Bemerkungen von Kolleginnen und Kollegen aus der Allgemeinpsychiatrie einfangen. Schott (2007, S. 26) erzählt von einer Supervisorin, die in einem Kreis von Menschen, die mit forensischer Psychiatrie nichts zu tun hatten, erzählt habe, sie arbeite nur des Geldes wegen dort als Supervisorin, ansonsten wollte sie mit diesem Feld nichts zu tun haben. Er schreibt auch, Mitarbeiter und Mitarbeiterinnen würden wegen ihrer Arbeit in der forensischen Klinik in ihrem privaten Umfeld oft angegriffen (ebd., S. 27). Eine ehemalige Kollegin in der Klinikseelsorge sagte bei meinem Dienstantritt zu mir, als Frau könne man von ihr nicht erwarten, dass sie zur Seelsorge in die Forensik gehe und dort Patientinnen und Patienten besuche.

Die Arbeit in einer forensischen Klinik wird allgemein als sehr belastend beschrieben und verstanden. Als am meisten belastend gilt die Tätigkeit der Pflege, weil die Pflegenden die längste Zeit mit den Patientinnen und Patienten verbringen (Eucker & Müller-Isberner, 2017b, S. 651). Zu den Belastungsfaktoren gehören u. a.

- ➢ die permanente Gefahr von Übergriffen und Gewalt, der Mitarbeitende ausgesetzt sind, und die schwere Einschätzbarkeit von Patientinnen und Patienten (Eucker & Eusterschulte, 2017, S. 350);
- ➢ die Tatsache, dass viele Tätigkeiten auf Erfahrungswissen beruhen und Pflegende viele Anforderungen in der Ausbildung nicht gelernt haben;

- »Krankenpfleger und -pflegerinnen im Maßregelvollzug können vieles von dem, was sie gelernt haben, nicht anwenden und müssen vieles tun, was sie in ihrer Ausbildung nicht gelernt haben« (Gaertner, 2017, S. 474);
- das Diktat der Sicherheit, unter dem alles Handeln der Mitarbeitenden steht (ebd., S. 476);
- die vielen Leerlaufzeiten, die zugleich hohe Aufmerksamkeit erfordern (Eucker & Müller-Isberner, 2017b, S. 651);
- die Gefahr, dass eine Teilperspektive auf den Patienten oder die Patientin zu einer Gesamtperspektive werden kann (Gaertner, 2017, S. 478);
- die Seltenheit von Erfolgserlebnissen (Eucker & Müller-Isberner, 2017b, S. 651);
- die permanente Gefahr von Fehleinschätzungen der Patientinnen und Patienten (Du Bois, 2007, S. 9);
- die Gefahr von Gefühlsverstrickungen aufgrund der großen Nähe zu Patientinnen und Patienten (Schott, 2007, S. 25);
- die Häufigkeit der Erfahrungen von Ohnmacht (Hilgers, 2007, S. 22) und
- das Austesten von Grenzen durch Patientinnen und Patienten (siehe dazu u. a. Schaumburg, 2003, S. 75).

Zugleich gilt, dass Pflegende den größten Einfluss auf Patientinnen und Patienten haben (Eucker & Müller-Isberner, 2017a, S. 203). »Der Mitarbeiter selbst ist das wichtigste therapeutische Instrument« – und es gilt die grundlegende Bedeutung der annehmenden, wohlwollenden Grundhaltung der Mitarbeitenden zu ihren Patientinnen und Patienten (Schmidt-Quernheim, 2018, S. 276f.).

Grundlage von allem ist die Trennung von Tat und Person, von Tat und Täter oder Täterin. Diese Grundhaltung ist stimmig und unerlässlich, weil die Identifikation der Tat mit dem Täter oder der Täterin Inhumanität gegen die Person des Täters oder der Täterin impliziert, einen Angriff auf seine oder ihre Person bis hin zur Vernichtung derselben. Der Mensch muss als solcher unangetastet bleiben, seine Würde muss gewahrt sein, unabhängig davon, was er getan hat. Die Wahrung der Trennung von Tat und Person kann allerdings nur dauerhaft aufrechterhalten werden, wenn man auch nach ihrer anderen Seite fragt, d. h. nach den Emotionen, die die Trennung von Tat und Person abspaltet. Was geschieht mit den abgespaltenen Emotionen? Was machen die Mitarbeiterinnen und Mitarbeiter mit ihnen? Sie müssen oder sollen Patientinnen und Patienten unabhängig von deren Schuld behandeln und mit ihnen umgehen. Die Schuld darf im Alltag keine Rolle spielen. Die Mitarbeitenden sollen mit den Patientinnen und Patienten gerade in der Milieutherapie umgehen, als hätten sie keine Schuld. Die Schuld wird von Patientinnen und Patienten abgetrennt und abgespalten. Alles, was das Delikt bei Pflegenden und anderen Mitarbeitenden auslöst, darf keine Rolle spielen, es sei denn, es hat seinen therapeutischen Ort wie z. B. in der Deliktgruppe oder in einer guten Beziehung zur Bezugspflege. Zu dieser Verdrängung gibt es keine Alternative, aber sie darf möglichst nicht zu einer unbewussten Dynamik werden, sie darf nicht ins Unbewusste, Selbstverständliche, Halt-So-Seiende abdriften, sonst drohen Nachlässigkeiten und Fraternisierungen, aber auch herablassendes, verletzendes und entwürdigendes Verhalten gegenüber Patientinnen und Patienten. Die Aufgabe ist also, dass sich Mitarbeitende die Verdrängung der Schuld als Instrument ihrer Arbeit permanent bewusstmachen. Es geht nicht anders: Die Schuld muss verdrängt werden, aber die Verdrängung muss bewusstgehalten werden. Pflegende müssen mit einem sadistischen Gewalttäter bzw. einer sadistischen Gewalttäterin umgehen, als hätte er oder sie keine Schuld und wäre kein sadistischer Gewalttäter bzw. keine sadistische Gewalttäterin, und sie müssen dieses So-tun-als-Ob immer mitwissen und gewahr haben. Das Paradoxon und Zusammenspiel von Abspaltung, Verdrängung und Bewusstmachen bzw. Bewusshaltung ist eines der zentralen Motive der Organisationsdynamik des Themas Schuld in einer forensischen Klinik.

In seinem Erfahrungsbericht über Supervision im Maßregelvollzug beschreibt Michael Hilgers zwei interessante Beobachtungen; die eine betrifft die Supervisandinnen und Supervisanden, die alle Mitarbeiterinnen und Mitarbeiter einer forensischen Klinik sind, die andere betrifft ihn selbst.

Hilgers beschreibt, dass die Supervisandinnen und Supervisanden zu Beginn seiner supervisorischen Arbeit in einer forensischen Klinik fast nie über ihre Patientinnen und Patienten gesprochen hätten, sondern immer nur über sich selbst, ihr eigenes Empfinden, ihre eigenen Gedanken und dabei oft über ihre politischen Ansichten. »Einem radikalen Resozialisierungsgedanken stand ein dumpfer Zynismus gegenüber« (Hilgers, 2007, S. 18). Über die Straftaten der Patientinnen und Patienten konnten die Supervisandinnen und Supervisanden teilweise keine genauen Angaben machen oder hatten sie ganz vergessen. Hilgers interpretiert dies als Selbstschutz (ebd., S. 20f.). Der Selbstschutz schützt nicht nur die eigene Seele, sondern ermöglicht es auch, das tagtägliche Zusammensein mit den Patientinnen und Patienten auszuhalten.

Die Konsequenz, die er als Supervisor zog, lautete, dass er die Supervisandinnen und Supervisanden aufforderte, über die Straftaten ihrer Patientinnen und Patienten zu sprechen, sie sich ins Gedächtnis zu rufen, den Tathergang zu erzählen und es nicht bei allgemeinen Deliktbeschreibungen zu belassen. Die Supervision wurde so in gewissem Sinn zu einem Gedächtnisraum für die Verbrechen als Forum der Bewusstwerdung und Bewusstmachung und führte damit auch zu einer Professionalisierung. »Die Supervision ist der Ort, wo diese bedrohlichen, ängstigenden und abstoßenden Informationen zusammenkommen [...]. In dieser Hinsicht erfüllt der Supervisor die Funktion eines kollektiven Gedächtnisses« (ebd., S. 21).

Hier geschieht noch etwas mehr als Bewusstwerdung. Bewusstwerdung kann man auch nur als inneren Prozess verstehen, einen inneren Vorgang, der nicht explizit an- und ausgesprochen werden und der keine Zeuginnen und Zeugen haben muss. Hier geschieht mehr, es geschieht eine Realisierung: Das Verdrängte, Abgespaltene wird laut ausgesprochen, es wird in einer Gemeinschaft laut ausgesprochen, es gibt Zeuginnen und Zeugen, man hört sich gegenseitig.

Die zweite Beobachtung, die Hilgers erzählt, betrifft seine eigene Person. Einige Zeit, nachdem er seine Tätigkeit als Supervisor in einer forensischen Klinik begonnen hatte, sprachen ihn seine Familie, Freundinnen und Freunde auf ein Verstummen und In-sich-Gekehrtsein an, die sie an ihm bemerken würden. Er geht dieser Rückmeldung nach und entdeckt, dass er eine Grenze in sich errichtet hat, die die Welt der forensischen Klinik, die er in der Supervision erlebt, von seiner privaten Welt und seinem privaten Leben trennt. Er will nicht, dass seine Familie, Freundinnen und Freunde mit den Abscheulichkeiten und Perversionen der forensischen Welt in Kontakt kommen. »Während der Fahrten [nach Hause, nach den Supervisionen; C. B.] entstand eine Schranke der Sprache. Ich hörte auf zu sprechen« (ebd., S. 19).

Hier geschieht noch mehr als Abspaltung, es wird ein Tabu errichtet. Die Schuld wird aus der nicht-beruflichen Welt des Supervisors ausgesperrt und in die Mauern der forensischen Klinik eingesperrt. Instinktiv erfasst den Supervisor das Ansteckende von Schuld, das Schmutzige und Irrationale von Schuld, und er reagiert instinktiv so, dass er die Schuld ins Schweigen sperrt. Die Erfahrung, die er dann macht, ist, dass er als ganzer Mensch verstummt, das Schweigen also größer als er selbst ist und die Schuld hinterrücks und untergründig und umso wirksamer in seine private Welt eindringt. Zum Glück lebt er mit Menschen zusammen, die ihm dies rückmelden, und zum Glück ist er klug genug, diese Rückmeldung zu reflektieren. Die Tabuisierung funktioniert nicht. Auch hier bleiben nur Bewusstwerdung und Bewusstmachung.

Mitarbeiterinnen und Mitarbeiter einer forensischen Klinik brauchen Orte in ihrer Arbeit, an denen sie die Spaltung von Tat und Person aufheben dürfen, gerade um sie in der Begegnung mit den Patientinnen und Patienten aufrechterhalten zu können. Ohne Spaltung von Tat und Person kann man im Maßregelvollzug nicht arbeiten, andererseits brauchen die Mitarbeiterinnen und Mitarbeiter auch

Möglichkeiten, die Spaltung aufzuheben. Darf eine Mitarbeiterin oder ein Mitarbeiter in der Arbeit öffentlich sagen, dass sie oder er sexuelle Gewalt für eine Schweinerei hält, wenn sie oder er gleichzeitig mit Täterinnen und Täter arbeitet? Nein, würde ich sagen, das darf er oder sie nicht, aber es braucht Orte, an denen Mitarbeitende ihre Empörung und Abscheu über einen Menschen, der sexuelle Gewalttaten begangen hat, zum Ausdruck bringen können, und diese Orte dürfen nicht nur außerhalb der Arbeit zu finden sein, etwa beim Bier mit Kolleginnen und Kollegen nach Feierabend oder in den Gesprächen über die Arbeit, die jemand zu Hause mit seiner oder ihrer Familie führt. Es braucht auch einen Ort innerhalb der Arbeit, weil die kurzfristige Aufhebung der Spaltung von Tat und Person ihrer grundsätzlichen Wahrung dient. Die Aufhebung von Tat und Person schleicht sich im forensisch-klinischen Alltag immer wieder ein, z. B. durch bestimmte Etikettierungen, mit denen Patientinnen und Patienten versehen werden, durch einen bestimmten Ton, in dem über sie oder mit ihnen gesprochen wird, durch Zurücksetzungen im Klinikalltag.

Es gibt auch einen anderen Aspekt: Die Aufhebung der Spaltung kann sich auch in zu großer Sympathie für Patientinnen und Patienten zeigen, zum Beispiel in der Haltung, sie ausschließlich als arme Opfer zu betrachten und zu behandeln. Die Aufhebung kann also zugunsten wie zuungunsten der Patientinnen und Patienten ausfallen, in jedem Falle überschreitet sie die Grenze des professionellen Umgangs mit ihnen.

Diese Gefahr könnte sich vermindern, wenn es innerhalb der Arbeit einen Ort gäbe, an dem Mitarbeiterinnen und Mitarbeiter gemeinsam und angeleitet die Spaltung aufheben dürften, und solch ein Ort könnte die Supervision sein. Im Unterschied zu Hilgers, der Selbsterfahrung in der Supervision mit Mitarbeiterinnen und Mitarbeiter für kontraproduktiv hält (ebd., S. 18), würde dies eine Supervision erfordern, in der Selbsterfahrung zugelassen ist und angeleitet wird. Dies müsste eine Supervision außerhalb der Teamstrukturen sein, weil Mitglieder von Stationsteams sich jeden Tag sehen und miteinander leben und Selbsterfahrung den Schutz von Distanz braucht.

Patientinnen und Patienten

Ein Patient erzählte mir, er habe mich schon seit einigen Monaten beobachtet. Er habe sehen wollen, ob er mir vertrauen könne, und den Eindruck gewonnen, dass er das könne. Jetzt fragte er, ob ich sein Seelsorger sein könne. Ich nahm die Aufgabe an. Der Kontakt zu dem Patienten dauerte über Jahre und hatte einige thematische Schwerpunkte, von denen die seelsorgliche Beziehung selbst der stärkste war. Die Beziehung zum mir gab ihm Halt, das Gefühl, offen über seine Glaubensvorstellungen sprechen zu können, das Gefühl, ernstgenommen zu werden. An dieser Stelle konzentriere ich mich auf den thematischen Schwerpunkt der Schuld. Der Patient litt extrem unter seiner Schuld. Er hatte Kindern sexuelle Gewalt angetan und sagte oft, er habe das Leben dieser Kinder zerstört, er könne diese Taten nicht mit sich vereinbaren, er verdiene den Tod, weil er Unverzeihliches getan habe. In der Klinik war er wegen einer Erkrankung aus dem Symptomfeld von Schizophrenie und Depression, u. a. hatte er starke Wahnvorstellungen. Ich nahm ihn in seiner Schuld und seinem Schuldempfinden ernst und sagte ihm, tatsächlich habe er den Kindern unermessliches Leiden angetan, und zugleich könne er die Aussage, er habe das Leben der Kinder zerstört, eigentlich nicht treffen, denn die Kinder lebten noch und bekämen Hilfe und sie stünden unter Gottes Hilfe und Wirken. Das sah er rational ein, emotional nicht. Das Gefühl, dass er den Tod verdiene, blieb. Er übersteigerte sein selbst gefälltes Todesurteil sogar noch, indem er öfter sagte, er verdiene es, nach dem Tod ins ewige Feuer geworfen zu werden. Auch der Gedanke, dass er mit diesem Gefühl Gottes Gnade und Vergebung unterschätze und sich über Gott stelle, indem er die Freiheit Gottes negiere, erreichte ihn nur rational, emotional verneinte er ihn. Er brauchte die Grandiosität des Schuldempfindens. Verrückt, sagte er, dass er seinen Aufenthalt in der Klinik nicht einmal als Strafe und Buße verstehen könne, denn er sei ja in einem Krankenhaus und nicht in einem Gefängnis. Der Richter habe ihn für schuldgemindert erklärt. Aber er habe doch diese große Schuld, die könne man nicht einfach wegdeklarieren.

Der Patient kam auf mich zu, weil er sich als Schuldigen und sich selbst in seiner Schuld zeigen wollte, und das Gefühl hatte, das sei in der Beziehung zu mir möglich. Er wollte in seiner Schuld gesehen werden und sich in seinem Selbstverständnis als Schuldiger zeigen. Die Institution erlebte er beim Thema Schuld als ambivalent und uneindeutig. Wenn er sich als Schuldiger zeigte und als solcher offen angesehen und gewürdigt werden wollte, musste er mit dem Verweis auf die anderen Patientinnen und Patienten rechnen, die auch alle Straftaten begangen hatten. Anders gesagt, musste er mit einer Nivellierung rechnen. Bei Mitpatienten und Mitpatientinnen musste er mit Unverständnis und Gleichgültigkeit rechnen. Am verwirrendsten – vielleicht gar nicht einmal explizit, sondern eher auf einer unbewussten und deshalb umso wirksameren Ebene – war für ihn, dass ihn die Institution nicht als Schuldigen, sondern als Kranken sah und ansprach. *De jure* war die Schuld aufgehoben oder gemindert. Seiner Schuld wurde therapeutisch begegnet, was er in Bezug auf seine Diagnose als hilfreich empfand, ihn aber mit der Wahrnehmung der Schuld alleinließ. Er konnte sich nicht einmal zusprechen, dass er mit seinem Aufenthalt in der Klinik Buße leistete, denn der Aufenthalt galt nicht als Strafe, sondern als positive Gabe, als Angebot von Heilung, eben als Therapie. Permanent musste der Patient seine Schuld gegen das institutionelle Verständnis, ihre Grundlage sei die Diagnose, vor sich verteidigen und sich selbst deutlich sagen: »Doch, ich habe wirklich Schuld, ich bin schuldig.« Permanent musste er seine Schuld gegen die Schuldminderung der Institution behaupten.

Vielleicht hat die Fixierung auf seine Schuld und die Übersteigerung und Überhöhung seiner Schuld eine Verbindung und einen Zusammenhang zur Relativierung und Aufhebung der Schuld durch die Institution. In der Gefühlsverstrickung, in der der Patient verschiedene Motive wie Schuld, Scham, sexuelle Wünsche, ihr Nichthaben-Können, Ohnmacht u. a. intensiv auslebt, können unterschiedliche Strategien zusammenkommen und sich beeinflussen.

Ein Patient, ein junger Mann um die 25 Jahre alt, nahm regelmäßig am religiösen Gesprächskreis teil, den ich in der forensischen Klinik anbot. Bei den Treffen stand er unter dem Einfluss von Medikamenten, sprach teilweise verwaschen, zugleich aber nicht verwirrt. Seine Straftat blendete er aus und sprach und gab sich so, als sei er nur für ein paar Wochen hier und könne in wenigen Wochen sein Leben außerhalb der Klinik wieder fortsetzen, allerdings verändert: Er betonte, er würde keine Drogen mehr nehmen, eine Ausbildung machen und einen soliden Boden für sein Leben schaffen. Nach einem Dreivierteljahr, in dem er regelmäßig an dem Gesprächskreis teilgenommen hatte, fragte er mich, ob ich ihn besuchen würde. Wir trafen uns ein paar Mal. Ähnlich wie im Gesprächskreis sprach der Patient illusorisch von seiner Zukunft, manchmal wendete ich ein, das sei ein langer Weg und je höher er die Erwartungen ansetze, desto wahrscheinlicher seien Enttäuschungen. Auch die Tatsache, dass er eine schwere Straftat begangen habe, könne sich auf die beruflichen Abläufe beeinflussen, z. B. bei Bewerbung und Einstellung. Bei dieser Aussage wurde er hellhörig, er sah mich überrascht an und ich spürte, dass meine Gedanken irgendetwas in ihm getroffen haben. Wie ich das meine, fragte er. Ich sagte ihm, dass ich seine Straftat nicht kennen würde, aber wisse, dass forensische Patientinnen und Patienten meistens schwere Delikte begangen hätten und das von Arbeitsgebern nicht einfach übergangen werde. Ja, das sehe er ein, sagte er, aber er habe Beziehungen. Dann erzählte er mir von seiner Straftat. In den nächsten Gesprächen war die Straftat das Hauptthema. Ein verstricktes

Bündel aus tatsächlicher Schuld, realistischem Schuldempfinden, Scham, Selbstmitleid, Mitgefühl für das Opfer und die Angehörigen beschäftigt den Patienten. Er erzählte, dass er noch andere Straftaten begangen habe, die nicht aufgedeckt worden waren. Da er einen Bezug zum Glauben hatte, schlug ich ihm auch religiöse Riten vor, die ihm helfen sollten, mit seiner Schuld umzugehen.

Mein Hinweis auf die Straftat hatte – weniger ursächlich als in der Mitwirkung mit vielen anderen Einflussfaktoren – eine Entwicklung in dem Patienten ausgelöst, die ich als Realisierung der eigenen Situation beschreiben würde, als Bewusstwerdungsprozess und Realitätsschub, der es dem Patienten ermöglichte, das illusorische Denken und Sprechen von der eigenen Person und Zukunft hinter sich zu lassen. Der Patient war durch die therapeutischen Maßnahmen, an denen er in der forensischen Klinik teilnahm, dazu bereit. In den folgenden Gesprächen verstand er, dass die Folgen seiner Tat bleiben, auch wenn seine Schuld ihm durch Gott und durch die Angehörigen vergeben war, auch wenn er sich selbst vergab. Die Schuld konnte vergeben werden, aber seine Person blieb von seinem Handeln geprägt und er musste die Aufgabe annehmen, als der, der er war, zu leben, und nicht als illusorisches Bild, das er von sich zeichnete. Auch bei diesem Patienten lag mir der Gedanke nahe, dass die Negation oder Relativierung der Schuld durch den richterlichen Freispruch und die Bestimmung als Kranker dem Patienten ein Wahrnehmen seiner Schuld und eine Auseinandersetzung mit ihr erschwerte und es von ihm selbst abhing, die Schuld, die er nun einmal hatte, für sich anzuerkennen und aus der Relativierung durch die Aussage, er habe die Tat im Zustand einer Krankheit begangen, auszusteigen. Die Relativierung half ihm am Anfang, aber auf Dauer erlebte er sie eher als einen Selbstwiderspruch, weil sie ihn in einen inneren Widerspruch versetzte: Einerseits fühlte er die Schuld, andererseits wollte er sie nicht fühlen, weil das schmerzhaft war; einerseits rieten ihm sein Gewissen und sein Glauben zum Ernstnehmen der Schuld, andererseits sagte ihm sein Status in der Institution, er könne sich damit Zeit lassen, weil er vor allem ein Patient sei und sich um seine Krankheit kümmern müsse. Die Auseinandersetzung mit seiner Schuld war zwar Teil der Therapie, weil sich der Patient mit seiner Straftat auseinandersetzen musste, sie hatte aber nur die Dimension eines Beitrags zur Therapie.

Schuld ist ein Grundthema im Leben aller Menschen, aber im Leben von Patientinnen und Patienten einer forensischen Klinik hat das Thema Schuld eine besondere Prägung und Gewichtigkeit. Viele Patientinnen und Patienten kommen aus einer »›broken-home‹-Konstellation« (Schaumburg, 2003, S. 71). Ihre

Herkunfts- und ihre gegenwärtigen Familien – sofern sie eine haben – sind oft suchtbelastet, und Erfahrungen psychischer, physischer und verbaler Gewalt sind oft alltäglich. Auch das Erleben von Instabilität, Unzuverlässigkeit und Willkür in Beziehungen, das Fehlen von Erziehung, das Fehlen von Werten, Erfahrungen von Scheitern und Demütigungen in der Schulkarriere, abgebrochene Ausbildungen, Aufenthalte in Heimen, emotionale Verwahrlosung und oft extremer Drogen- und Alkoholmissbrauch sind prägend. Viele Patientinnen und Patienten bringen auch Erfahrungen aus dem Strafvollzug und der stationären Psychiatrie mit.

Was bedeutet all das für das Thema Schuld als Organisationsdynamik einer forensischen Klinik? Auch hier finde ich den grundlegenden Widerspruch zwischen der Bedeutung des Themas Schuld für Patientinnen und Patienten und der Schuldverneinung oder Schuldminderung im Status, den sie vom Rechtsurteil zugesprochen bekommen und dann in der Institution innehaben, bedeutsam. Der kurze Einblick in die soziologische Beschreibung von Patientinnen und Patienten lässt erkennen, dass Schuld eine sehr große Bedeutung in ihrem Leben hat. Gewalt in ihren vielfältigen Formen ist eine Standarderfahrung, die sie schon als Kinder und Jugendliche machen müssen, manche schon als Babys: Gebrüll der Bezugspersonen, Schläge, emotionale Vernachlässigung, emotionaler Missbrauch, sexuelle Übergriffe gehören in ihren Alltag. Wenn man manche Akten liest, stellt sich die Frage, wie solch ein Mensch die Gewalterfahrungen und Demütigungen, die er als Kind erfuhr, überhaupt überleben konnte. Es scheint dann plausibel, dass er sie nur so überleben konnte, wie er sie faktisch überlebt hat. Zu der Art des Überlebens gehört, dass ein Opfer von Gewalt sich zum Täter von Gewalt entwickelt und dann beides bleibt. Zum Überleben gehört auch, dass solch ein Mensch sich die Schuld der Anderen an ihm und die eigene Schuld an Anderen nicht eingestehen kann, weil sie sich als nicht integrierbar zeigt, nicht integrierbar ins Selbstbild, aber auch nicht ins Bild vom Leben. Die Schuld wird bewusst und unbewusst ausgeblendet durch unterschiedliche Strategien wie Banalisierung (»Halb so wild«), durch Abwehr (»Da war doch gar nichts«), durch Übertragung (»Der Andere war schuld«), durch Verallgemeinerung (»Alle machen das doch«). Zugleich bleibt ein Bewusstsein, dass etwas in der Kindheit nicht gestimmt und dass auch im eigenen Verhalten etwas nicht stimmt. Solch ein Mensch muss einerseits die Schuld unterdrücken und andererseits weiß er doch irgendwie, dass es die Schuld gibt und die vielen Gewalterfahrungen auch mit Schuld verbunden sind. Diese Spaltung wiederholt die Institution einer forensischen Klinik, indem sie den Widerspruch fortsetzt und den Patientinnen und Patienten mitteilt: »Einerseits bist du zu Schuld nicht oder nur gemindert fähig, andererseits aber musst du an deinen Taten und damit auch an deiner Person arbeiten.«

Dazu passt auch die Beobachtung, dass Schuldeinsicht bei Patientinnen und Patienten zu Beginn ihres Klinikaufenthalts eher gering entwickelt ist und oft auch in der Wolke oder im Schutzmantel der Schuldminderung oder -unfähigkeit verharrt. Abgedämpft und mit einem »Aber« versehen: »Aber ich war ja krank, als ich das getan habe.« Die Paradoxie, einerseits um die eigene Schuld zu wissen, sie andererseits nicht wahrhaben zu können, wiederholt sich im Status als Patientinnen und Patienten, die Schuld zu haben, gleichzeitig aber als schuldunfähig erklärt zu sein. Patientinnen und Patienten sehen das Krankenhaus in der Verantwortung für ihre Gesundung: »Die tun zu wenig für mich«; »Ich habe zu wenig Therapie«; »Die machen hier nichts«; »Die Therapeutin ist ständig krank«; »Die Gruppensitzungen fallen ständig aus«. Dieses Spiel von Verantwortungsverweigerung und Verantwortungsverschiebung wird vom Status der Schuldunfähigkeit oder -minderung erleichtert und unterstützt.

Als Konsequenz scheint mir wichtig zu sein, dass es in einer forensischen Klinik – ähnlich wie oben für die Mitarbeiterinnen und Mitarbeiter beschrieben – Orte und Begegnungsmöglichkeiten gibt, an denen Patientinnen und Patienten die Abspaltung, die sie sonst für ihr Überleben brauchen, aufheben können. Sie brauchen einen Ort, an dem sie aus der Paradoxie aussteigen und sich als Schuldige zeigen können, einen Ort, an dem sie ganzheitlich auftreten und sein können, um dann die Spaltung wieder aufzunehmen und aufrechtzuerhalten. Solch ein Ort kann z. B. die Seelsorge sein, nicht nur, weil Seelsorge von außen kommt und nicht zum System des Maßregelvollzugs gehört, sondern stärker noch, weil Seelsorge ein Kontakt zu dritt ist, da Gott immer in der Begegnung gegenwärtig ist. Gott repräsentiert und öffnet einen Raum, in dem ein Mensch ganzheitlich auftreten und sich mit allem zeigen kann, was ihn bewegt und beschäftigt, ohne Taktik, ohne Scham, ohne Kalkül – z. B. »Wie stehe ich da?«, »Kann der andere das aushalten?« –, weil Gott ihn ja sowieso kennt und gütig und liebevoll ansieht. Als Seelsorger ist für mich z. B. die Erfahrung interessant, dass die Beichte in meiner Arbeit in der forensischen Klinik eine andere Bedeutung hat als in anderen Bereichen meiner Arbeit. Während die Beichte – im evangelischen Raum sowieso ein eher seltenes Ritual, weil es keinen Zwang dazu gibt – sonst in der Seelsorge nur eine geringe Bedeutung hat, wird sie in der Forensik manchmal von Patientinnen und Patienten angefragt, und manchmal biete ich sie als ein Ritual an, in dem die Schuld in ihrem ganzen Ausmaß bekannt und vergeben werden kann – und Patientinnen und Patienten nehmen dieses Angebot auch an, nicht in großem Umfang, aber eben doch ungleich mehr als außerhalb. Auch andere

Angebote der Seelsorge wie Gesprächskreise, Gottesdienste und Einzelgespräche eröffnen einen Raum der Ganzheitlichkeit, unabhängig davon, ob eine Patientin oder ein Patient gläubig ist oder nicht, es kommt eher darauf an, ob jemand sich auf das Angebot einlassen will oder nicht. In der Seelsorge darf die Abspaltung aufgehoben werden, weil Gott größer ist als die Schuld und weil die Möglichkeit der Vergebung – die Möglichkeit, mit der Schuld zu leben und nicht an ihr zugrunde zu gehen – immer schon gegeben ist. Mich reizt es sehr, diesen Gedanken theologisch auszuführen, aber an dieser Stelle ist nicht der Platz dafür.

Einige Aspekte von Sinn und Ohnmacht als verborgene Organisationsdynamiken einer forensischen Klinik

Angesichts des begrenzten Raumes kann ich die Dimension von »Sinn und Ohnmacht« als themenbezogene Dynamik nur noch in einigen Sätzen andeuten.

An meinem ersten Arbeitstag ging ich über das Klinikgelände und schaute mir die Menschen und die Gebäude an. Plötzlich rief jemand: »Herr Bevier, was machen Sie denn hier?« Der Mann kannte mich aus einer Justizvollzugsanstalt, in der ich mehr als ein Jahrzehnt als Pfarrer gearbeitet hatte. Neun Jahre lang war ich danach Schulpfarrer gewesen und traf jetzt als eine meiner ersten Begegnungen auf dem Klinikgelände einen ehemaligen Strafgefangenen wieder. Er erzählte mir, er sei jetzt endlich auf dem Weg der Besserung, jetzt endlich habe er verstanden, worum es gehe. Später zeigte sich, dass er wieder scheiterte. Die angenommene Arbeit war zu hart für ihn, weil er sich durch die Sucht körperlich ruiniert hatte, seine Frau wollte keinen Kontakt mehr zu ihm, weil er sich ihr gegenüber gewalttätig gezeigt hatte, seine Kinder mieden ihn. Er blieb dem Kreislauf von Sucht – Kriminalität – JVA – Sucht – Kriminalität – Maßregelvollzug – Sucht usw. verhaftet.

»Sinn und Ohnmacht« sind ein Grundthema einer forensischen Klinik. »No cure, but control«, schreibt Hilgers (2007, S. 20), sei das Ziel für die Behandlung im Maßregelvollzug: nicht Heilung, weil das illusorisch sei, sondern Kontrolle der antisozialen Verhaltensweisen. Andere nennen die Minderung des Rückfallrisikos als Ziel. Eine andere realistische Beschreibung der Sinnperspektive lautet: »Die Entwicklung ist die immer gleiche Abfolge von Schritten ohne Fortschritt« (ebd., S. 22). Hilgers meint damit, es sei schon sehr viel erreicht, wenn der Status quo erhalten würde, die Zahl der Übergriffe minimiert werde und ziviles Zusammenleben auf den Stationen möglich sei. Die Sinnperspektive wird mit negativen Beschreibungen umrissen: weniger Rückfall, weniger schwerer Rückfall, Grenzüberschreitungen mindern, innerhalb der Klinikmauern das antisoziale Verhalten reduzieren, Suchtverhalten vermeiden.

Wie beeinflusst die Ohnmacht angesichts der Schwere der Störungen und der Straftaten der Patientinnen und Patienten die Dynamik der Organisation? Einerseits intendiert die Ohnmacht eine permanente Steigerung der Aktivität der Organisation, denn vielleicht wären auch positive Zielbeschreibungen möglich, fände man nur die »richtige«, die noch integrativere und multiprofessionellere Therapie für bestimmte Patientinnen und Patienten. Immer ist es denkbar, anderes zu tun, mehr zu tun. Die Dynamik der Aktivität kann sich auch auf Bauprojekte beziehen, z. B. eine neue Klinik mit besseren Wohnbedingungen für Patientinnen und Patienten, eine neue Werkhalle für die Arbeitstherapie oder ein neuer Musikraum. Im Bild gesprochen: Wenn man eine forensische Klinik – in Anspielung auf Pechers Gedanken vom »Gefängnis als Vaterersatz« (Pecher, 1989) – als Mutterersatz verstehen könnte, weil hier die Fürsorge im Zentrum steht, wäre die Forderung, die Klinik sollte eine bessere Mutter werden, besser als die tatsächlich erlebte Mutter. Aktivität, die Gegenseite von Ohnmacht, erweist ihre Forderungen nicht von vornherein als falsch oder unberechtigt. Die andere Dynamik, die die Ohnmacht auslöst, ist, sich ihr hinzugeben und eine sarkastische, zynische oder selbstmitleidige Haltung einzunehmen. Die Aussage des ehemaligen Bundeskanzlers Schröder Anfang der 2000er Jahre, man solle Sexualstraftäterinnen und -täter »wegschließen – und zwar für immer«,[1] kann man als solchen verdrängten Umgang mit der Ohnmacht verstehen. Ein solcher Umgang könnte sich aber auch in ungerechtfertigten Angriffen auf die Leitung der Klinik zeigen (die oft ebenso ohnmächtig ist wie die Mitarbeiterinnen und Mitarbeiter auf den Stationen), in Ungerechtigkeiten bei der Behandlung von Patientinnen und Patienten, in Suchtverhalten von Mitarbeiterinnen und Mitarbeitern, in einer Radikalisierung der politischen Ansichten, in Übergriffen auf Patientinnen und Patienten oder auch in unsicherem Verhalten von Entscheidungsträgern und Entscheidungsträgerinnen.

Etwas, was mir angesichts der Unlösbarkeit der Dilemmata unbedingt nötig zu sein scheint, ist die angemessene Würdigung der Arbeit durch Lohn. Denn der Lohn ist eines der zentralen Motive, nicht nur dafür, dass Menschen die Arbeit, die sie haben, wählen und bejahen, sondern auch dafür, dass sie sie gut machen.

---

1 https://www.spiegel.de/politik/deutschland/gerhard-schroeder-sexualstraftaeter-lebenslang-wegsperren-a-144052.html

Und ein Zweites, was ich für unerlässlich halte, sind auch hier Orte, an denen die Erfahrungen von Ohnmacht und die Frage nach dem Sinn gestellt, beantwortet und offengelassen werden können.

Die »Lösung« der Dilemmata sind am Ende die Mitarbeiterinnen und Mitarbeiter, die ihre Arbeit ordentlich und gewissenhaft verrichten, im Wissen, dass sie dies nur vermögen, wenn sie sich eine Grundhaltung von liebevoller Zuwendung an ihre Patientinnen und Patienten bewahren.

Literatur

Boetticher, A. (2018). Die Justiz und ihre Gutachter. (Über den Fall Mollath). In F. Schmidt-Quernheim & T. Hax-Schoppenhorst (Hrsg.), *Praxisbuch Forensische Psychiatrie. Behandlung und ambulante Nachsorge im Maßregelvollzug* (3. vollständig überarbeitete und erweiterte Auflage, S. 677–686). Hogrefe.

Du Bois, R. (2007). Externe Fallsupervision im Maßregelvollzug. *Recht & Psychiatrie, 25*(1), 6–9.

Eucker, S. & Eusterschulte, B. (2017). Ein »optimierter« Aufnahmeprozess im Maßregelvollzug. In R. Müller-Isberner, R. Born, S. Eucker & B. Eusterschulte (Hrsg.), *Praxishandbuch Maßregelvollzug. Grundlagen, Konzepte und Praxis der Kriminaltherapie* (3., erweiterte und aktualisierte Auflage, S. 345–352). Medizinisch-Wissenschaftliche Verlagsgesellschaft.

Eucker, S. & Müller-Isberner, R. (2017a). Grundlagen, Methoden und Praxis der Kriminaltherapie gemäß §63 StGB. In R. Müller-Isberner, R. Born, S. Eucker & B. Eusterschulte (Hrsg.), *Praxishandbuch Maßregelvollzug. Grundlagen, Konzepte und Praxis der Kriminaltherapie* (3., erweiterte und aktualisierte Auflage, S. 145–236). Medizinisch-Wissenschaftliche Verlagsgesellschaft.

Eucker, S. & Müller-Isberner, R. (2017b). Mitarbeiter des Maßregelvollzugs. In R. Müller-Isberner, R. Born, S. Eucker & B. Eusterschulte (Hrsg.), *Praxishandbuch Maßregelvollzug. Grundlagen, Konzepte und Praxis der Kriminaltherapie* (3., erweiterte und aktualisierte Auflage, S. 647–652). Medizinisch-Wissenschaftliche Verlagsgesellschaft.

Gaertner, G. (2017). Psychiatrische Pflege in der Kriminaltherapie. In R. Müller-Isberner, R. Born, S. Eucker & B. Eusterschulte (Hrsg.), *Praxishandbuch Maßregelvollzug. Grundlagen, Konzepte und Praxis der Kriminaltherapie* (3., erweiterte und aktualisierte Auflage, S. 473–483). Medizinisch-Wissenschaftliche Verlagsgesellschaft.

Hilgers, M (2007). Supervision im Maßregelvollzug – Ein Erfahrungsbericht. *Recht & Psychiatrie, 25*(1), 17–23.

Hilgers, M. & Hax-Schoppenhorst, T. (2018). Gruftig schlechte Öffentlichkeitsarbeit – Gespräch mit Micha Hilgers. In F. Schmidt-Quernheim & T. Hax-Schoppenhorst (Hrsg.), *Praxisbuch Forensische Psychiatrie. Behandlung und ambulante Nachsorge im Maßregelvollzug* (3. vollständig überarbeitete und erweiterte Auflage, S. 693–697). Hogrefe.

Lakotta, B. (2018). Forensische Psychiatrie zwischen Schweigepflicht und Stillhalten. Aktualisierte Fassung eines Vortrags über den »Medienfall Mollath«. In F. Schmidt-

Quernheim & T. Hax-Schoppenhorst (Hrsg.), *Praxisbuch Forensische Psychiatrie. Behandlung und ambulante Nachsorge im Maßregelvollzug* (3. vollständig überarbeitete und erweiterte Auflage, S. 669–675). Hogrefe.

Müller, J. L. (2018). Forensische Psychiatrie – Situation, Position, Entwicklungen. In F. Schmidt-Quernheim & T. Hax-Schoppenhorst (Hrsg.), *Praxisbuch Forensische Psychiatrie. Behandlung und ambulante Nachsorge im Maßregelvollzug* (3. vollständig überarbeitete und erweiterte Auflage, S. 95–101). Hogrefe.

Pecher, W. (1989). *Das Gefängnis als Vater-Ersatz: Die Suche nach dem Vater als unbewusstes Motiv für Straffälligkeit*. R. G. Fischer.

Prantl, H. (2012, 27. November). Die Psychiatrie, der dunkle Ort des Rechts. *Süddeutsche Zeitung*. https://www.sueddeutsche.de/bayern/fall-mollath-die-psychiatrie-der-dunkle-ort-des-rechts-1.1533816

Schaumburg, C. (2003). *Basiswissen Maßregelvollzug*. Psychiatrie.

Schmidt-Quernheim F. (2018). Supervision – Probleme der Gegenübertragung. In F. Schmidt-Quernheim & T. Hax-Schoppenhorst (Hrsg.), *Praxisbuch Forensische Psychiatrie. Behandlung und ambulante Nachsorge im Maßregelvollzug* (3. vollständig überarbeitete und erweiterte Auflage, S. 272–278). Hogrefe.

Schott, M. (2007). Teamsupervision im Maßregelvollzug: Schutz von außen. *Recht & Psychiatrie, 25*(1), 25–29.

Biografische Notiz

Christoph Bevier (*1961) ist evangelischer Pfarrer und in den Bereichen Gemeinde, Justizvollzugsanstalt, Gymnasium und Krankenhaus tätig. Zurzeit arbeitet er als Pfarrer und Seelsorger in einer psychiatrischen Klinik. Darüber hinaus ist er ebenso als Supervisor (DGfP) und Bibliodramaleiter aktiv und hat sich im Bereich systemischer Familientherapie weitergebildet.

Widersprüchliche Organisationsstrukturen, paradoxe Wirkungen

Anmerkungen zum therapeutischen Strafvollzug

Franziska Lamott

Äußere Realität und innere Welt

Der historisch verankerte, gesellschaftliche Auftrag »totaler Institutionen« (Goffman, 1973), so auch der des Strafvollzugs, bestimmt ihre Organisationsstruktur und die alltägliche Realität. Die äußeren Rahmenbedingungen, die Architektur, die am Freiheitsentzug orientierte Gestaltung von Innenräumen und auch das Regelwerk des Vollzugs prägen das Denken der Menschen (Douglas, 1991). Die oft unbewussten Bilder der Institution (»Organisation in the mind«, Armstrong, 2005), die Fantasien des Personals wie der Inhaftierten beeinflussen ihre Beziehungen untereinander, insbesondere ihre interpersonalen Abwehrstrategien. Das Zusammenspiel von äußerer Realität und innerer Welt bestimmt die Organisationsdynamiken des Gefängnisses im Ganzen.

Das zeigt sich eindrucksvoll auch in literarischen Fantasien von Gefängnisinsassen[1], so z. B. in denen eines berühmten *homme de lettres*, der später den Psychiater Richard von Krafft-Ebing zur diagnostischen Kategorisierung einer freilich individualisierenden Psychopathologie angeregt hat. Es handelt sich um Donatien Alphonse François Marquis de Sade. Seine Werke sind in Gefängniszellen verfasste Tagträume, literarisch fixierte Fantasien eines Panoptikums der Perversion. Hafterfahrungen

> »sind der Schlüssel für seine Philosophie, seine Gesellschaftskritik und seine negative Anthropologie. In dem Moment, in dem die bürgerliche Gesellschaft mit dem Terror der Tugend [....] sich anschickte, Körper und Geist des Einzelnen voll-

---

1 Sofern der Unterschied zwischen den Geschlechtern gleichgültig ist, wähle ich hier und im Folgenden das generische Maskulinum. Andernfalls ist das Geschlecht der Bezeichneten als solches angegeben.

kommen zu disziplinieren, um ihn berechenbar zu machen, entdeckte de Sade die Phantasie als den einzigen noch möglichen Ort freier Leidenschaft, und er entdeckt, umgeben von Gefängnismauern, ein Gesetz, das alle bis dahin gehegten utopischen Hoffnungen zerstört: Je perfekter ein Staat organisiert ist, desto größer sind die psychischen Deformationen seiner Bürger« (Winter, 1993, S. 169).

In *Dialektik der Aufklärung* beziehen sich Horkheimer und Adorno (1986) auf de Sade als Gewährsmann für eine resignative Sicht der Möglichkeit von Aufklärung, wenn sie betonen, dass die Vernunft nicht automatisch Gutes hervorbringt.

De Sades literarische Fantasien führen uns nicht nur die Nachtseite der Zivilisation, die dunkle Seite von Rationalität und Aufklärung vor Augen, sondern weisen auch auf die Verinnerlichung der äußeren Realität, eines Ortes totaler Kontrolle und einer Ordnung des Schreckens hin. Aus Versatzstücken der Realität entwirft de Sade eine Geometrie der Zerstörung, führt sie zu einem Romansystem zusammen, das die architektonischen Strukturen der Gefängnisarchitektur quasi widerspiegelt (Barthes, 1969; Winter, 1993). Im inneren Zentrum der Bentham'schen Anlage (Bentham, 1843) befindet sich ein Beobachtungsturm, von dem aus man Einblick in alle Stockwerke und die sternförmig verlaufenden Gänge des Gebäudes hat. Michel Foucault (1977) hat mit den architektonisch realisierten Prinzipien der Überwachung, Disziplinierung und Kontrolle die »Geburt des Gefängnisses« verbunden. Von der Zentrale aus konnten die Wärter, ohne selbst gesehen zu werden, die Gefangenen in ihren Zellen, die lediglich mit Gittern versehen waren, beobachten und kontrollieren (Winkelmann & Förster, 2007). Die Eingesperrten mussten davon ausgehen, immer kontrolliert und überwacht zu werden. Verinnerlichung der Überwachung war ein wesentliches Vollzugsziel. In *Überwachen und Strafen* (1977) hat Michel Foucault ausdrücklich auf die Korrespondenz zwischen äußeren Kontrollmechanismen und innerer Strukturbildung hingewiesen. Und das gilt nicht nur für die Gefangenen, sondern prägt auch das Personal.

In *Hundertzwanzig Tage von Sodom* entwirft de Sade (1987 [1785]) in pervertierter Zuspitzung seiner Erfahrung quälende Szenen sadistischer Zerstörung. Eingebunden in die narrative Konstruktion manischen Ordnungsdenkens werden alle möglichen sexuellen Fantasien »systematisch abgebildet, kalkuliert, katalogisiert, kategorisiert und miteinander kombiniert« (Winter, 1993, S. 182). Alle Handlungen, die an den Opfern vorgenommen werden, können aus der Mitte eines Kreises beobachtet werden, nunmehr im Tausch der Positionen durch den alles beherrschenden Erzähler. De Sade scheint auf diese Weise über die demütigende, totale Kontrolle seiner Gefangenschaft zu triumphieren, indem er in seinen literarischen Fantasien mit Lust die Position des sadistischen Beobachters, des Voyeurs, einnimmt und gleichzeitig in seinen Schriften den Peinigern einen pornografischen Spiegel vorhält.

War der Typus radikaler Überwachungsarchitektur dem 19. Jahrhundert angemessen, so verliert er im »post-panoptischen Zeitalter« (Bauman, 2003) elektronischer Signale und digitaler Kontrolle weitgehend an Bedeutung. Heute, im modernen Freiheitsentzug, ist man zwar nicht mehr auf festungsähnliche Gefängnisbauten angewiesen. Dennoch haben abschottende Architekturformen nach wie vor Bestand und sind weiterhin wirkmächtig in ihrem symbolischen Ausdruck.

Während Architekten ein vorrangig verdinglichtes Verhältnis zu den geplanten Bauten haben und die historisch aktuellen Zielvorgaben und dementsprechende Nutzungen berücksichtigen, wird das Gefängnis von den in ihm lebenden Menschen als Teil ihrer Selbst, ihres eigenen Körpers, ihres ganzen Daseins erlebt (Torchio, 2017). Eine Gefängniszelle – sei sie noch so hell und funktional gestaltet – engt den Bewegungsraum des Gefangenen ein, erst recht eine Handschelle, eine Fußfessel, eine Zwangsjacke oder eine Fixierung ans Bett. All diese Einengungen provozieren angstvolle Vorahnungen auf die letzte Behausung der Menschen.

Die in die Architektur von Gefängnissen eingelassenen modernen Sicherheitsvorkehrungen, wie Videokameras, Monitore, Lichtschranken, Bewegungsmelder und andere technische Hilfsmittel, betonen die Gefährlichkeit der Insassen und unterstützen ihre Kontrolle und Beobachtung, haben aber auch deutlich spürbare Konsequenzen für das Personal und für externe Besucher, die den Kontroll- und Sicherungsmaßnahmen der Institution gleichfalls unterworfen sind.

Betritt man als Fremder den Mikrokosmos eines Gefängnisses, so ahnt man bereits an der Pforte, beim Vorlegen des Ausweises, dem Abliefern von Geld und Handy, mancherorts auch beim Einsatz eines Körperscanners, welche Empfindungen Gefangene bei den Aufnahmeprozeduren in die Anstalt haben dürften. Trotz des Wissens, den Ort bald wieder verlassen zu können, empfinden wir als Besucher das Misstrauen und den stigmatisierenden Verdacht nicht auszuschließender Regelverletzung. Die Eingriffe in die Persönlichkeitsrechte können seitens der Betroffenen Gefühle von Degradierung, Autonomieverlust und Abhängigkeit erzeugen, mithin unterwürfige oder auch aggressive Abwehrtendenzen provozieren (Mentzos, 1988).

Die binär strukturierte Institution

Das Personal erfährt mit der Aufnahme in die Institution einen privilegierten, von Körperkontrollen befreiten Zugang. Mit der Übernahme des Schlüssels wird ihm gegenüber den Gefangenen eine machtvolle Position eingeräumt. Über das Verfügen der Schlüsselgewalt und die damit verbundene Bewegungsfreiheit, den freien Zutritt zu einzelnen Häusern des Gefängnisses, zu Räumen und Zellen, stellt sich im Vollzug der Alltagsroutinen eine zur Rolle gehörende Identität ein, die die Beziehung zu den Gefangenen nachhaltig gestaltet. Auf diese Weise bestätigen und fixieren diese Alltagsroutinen die seit Jahrhunderten tradierten Hierarchien, die auf der einen Seite dem Gefangenen die Position größtmöglicher Abhängigkeit zuweisen und auf der anderen Seite dem Personal ein erhabenes Gefühl der Differenz, mithin einen Distinktionsgewinn (Bourdieu, 1987) vermitteln. Wie unsicher und störbar diese Position im Alltagshandeln jedoch ist, wie sie unbewusst die intrapsychische Verfassung der Rollenträger in Mitleidenschaft ziehen kann, zeigt sich gelegentlich in Supervisionen (Lamott, 2020).

Die Installation eines doppelten Mandats

Mit der großen Strafrechtsreform der 1970er Jahre sollte eine Humanisierung der Gefängnisse in Gang gesetzt werden. Die Bestrebungen zielten daraufhin, die Insassen zu resozialisieren und gleichzeitig die Öffentlichkeit vor gefährlichen Straftätern zu schützen. Die Gefangenen sollten in einem geschützten Rahmen korrigierende, therapeutische Erfahrungen machen können, die ihnen zukünftig ein Leben ohne Straftaten ermöglichen sollten. Dazu braucht es Spielräume, die ein Aufbrechen starrer Strukturen erlauben würden. Aber die Implementierung sozialtherapeutischer Methoden, die Öffnung der Institution für pädagogische und psychologische Professionen der Resozialisierung, stößt auch heute noch auf eine hartnäckige Beharrlichkeit der in der Grundlagenmatrix verankerten Gewaltverhältnisse. Sie zeigen sich grundsätzlich in der binären Struktur des Strafvollzugs, in der sich Gefangene und Professionelle gegenüberstehen. Die seit Jahrhunderten bestehende Institution, ihre gesellschaftliche Funktion der Sicherung und Ordnung, die gesetzlich verankerten Zielvorgaben (StGB, StVollzG) und ebenso ihre Konsequenzen für die Exekutive liefern die Rahmenbedingungen für die Organisation und das Selbstverständnis der Funktions- und Rollenträger.

Daher ist es unvermeidbar, dass die Einführung psychosozialer Resozialisierungsmaßnahmen an die Grenzen der bestehenden Strukturen stößt und die Gefahr mit sich bringt, immer wieder neue Spaltungsprozesse zu provozieren. Diese beziehen sich nicht nur auf das Verhältnis zwischen dem Vollzugspersonal und Gefangenen, sie greifen auch in die Beziehungen des multiprofessionellen

Personals ein: Den Sicherheit und Ordnung garantierenden Vollzugsbeamten werden psychosoziale Experten der Resozialisierung an die Seite gestellt. Beide Berufsgruppen sollen sich an der reibungslosen Erfüllung des doppelten Mandats beteiligen.

Doch Sozialtherapie im Strafvollzug – das gilt in besonderem Maße für Männergefängnisse, um die es im Folgenden gehen wird – ist wie keine andere therapeutische Maßnahme mit einem strukturellen Dilemma verbunden: »Die Gefangenen sollen gebessert und bestraft werden, die Öffentlichkeit soll beruhigt und in ihrem Rechtsgefühl bestärkt werden, potentielle Straftäter sollen abgeschreckt werden, und schließlich sollen die Anstalten bei ihren disziplinierenden und isolierenden Praktiken ruhig und sicher bleiben« (Gratz & Stangl, 1997, S. 196). Sozialtherapeutische Abteilungen sollen therapeutische Hilfe leisten und müssen gleichzeitig wirkungsvoll Kontrolle ausüben. Nicht selten entstehen Spannungen, die sich durch die unterschiedlichen Bezugssysteme von Therapie und Strafe ergeben.

Dieses doppelte Mandat aus Kontrolle und Hilfe ernst zu nehmen, bedeutet, dass die berufsspezifischen Rollendifferenzierungen des Allgemeinen Vollzugsdienstes und die des therapeutischen Personals Hand in Hand gehen müssen – ein Prozess, der häufig konflikthaft verläuft.

Besonders in kriminalpolitisch krisenhaft verlaufenden und medial zugespitzten Situationen, wie z. B. bei Sexualstraftaten, die von Freigängern verübt werden, besteht die Gefahr innerinstitutioneller Konflikte mit der Folge gegenseitiger Schuldzuweisung und erneuter Aufspaltung des doppelten Mandats. Der auf derartige Krisen folgende Rückzug auf das eigene berufliche Selbstverständnis dient dann als Schutz vor widersprüchlichen, mithin belastenden Handlungsanforderungen. Eine solche, das gesamte Team belastende Spaltung zwischen den Berufsgruppen zu bearbeiten, setzt bei den Beteiligten eine grundsätzliche Bereitschaft zum Kompromiss und zur Veränderung voraus. Doch unter der Belastung des Alltags erzeugen Ambivalenzen und Spannungen oft Unsicherheit und Angst (Lamott, Buchholz & Mörtl, 2008). Sie rufen Widerstände hervor und zeigen, mit welcher Hartnäckigkeit überkommene Strukturen verteidigt werden.

Widersprüchliche Organisationsstrukturen

Die Erfüllung dieses vom Gesetzgeber vorgesehenen doppelten Mandats erweist sich auf der organisationsstrukturellen Ebene als besonders schwierig, da wir es im

Gefängnis mit der gleichzeitigen Existenz von zwei unterschiedlichen Organisationsstrukturen zu tun haben: einerseits mit einer traditionsreichen militärischen Organisationsstruktur des Vollzugs und andererseits mit dem Streben nach weitgehend demokratischen Strukturen einer im Selbstverständnis therapeutischen Gemeinschaft.

Ist der Strafvollzug durch eine historisch gewachsene, militärische Organisationsstruktur gekennzeichnet, also durch eine steile Hierarchie von Befehl und Gehorsam, so wird im therapeutischen Setting eine flache Hierarchie erwartet, die Mitverantwortung, Gestaltungsspielräume mit Eigeninitiative und transparente Entscheidungsprozesse verspricht.

Während der Allgemeine Vollzugsdienst aus Staatsbeamten besteht, sind die psychologischen und sozialpädagogischen Fachdienste überwiegend Angestellte im öffentlichen Dienst. Vor diesem Hintergrund gibt der unterschiedliche Beschäftigungsstatus von Beamten und Angestellten häufig Anlass zu Konflikten. Beamte des Allgemeinen Vollzugsdienstes haben zwar das Privileg der Pensionsberechtigung, sind jedoch einer jährlichen Leistungsbeurteilung ausgesetzt. Von dieser Evaluation, die freilich auch ihre soziotherapeutische Haltung mitberücksichtigt, hängen ihr Aufstieg und ihre Besoldung ab.

Die im Angestelltenverhältnis arbeitenden Kollegen der Fachdienste sind hingegen besser auf die therapeutische Tätigkeit in der Sozialtherapie vorbereitet. Sie haben oft spezielle Fortbildungen in Psychotherapie absolviert und befinden sich häufig in Weiterbildung zum Psychotherapeuten mit der Perspektive einer Approbation. Nach Abschluss der Weiterbildung steht ihnen die Möglichkeit offen, sich selbstständig in freier Praxis niederzulassen. Eine größere Fluktuation der psychosozialen Mitarbeiter ist die Folge.

In Organisationen liefert das Thema des beruflichen Weiterkommens häufig Stoff für Neid und Rivalität – Konfliktlagen, die schwer zu bearbeiten sind. Rolf Haubl (2009) hat darauf hingewiesen, dass der soziale Vergleich ein besonderes Einfallstor für Neid ist. Da man sich meist innerhalb derselben sozialen Kategorie vergleicht, liegt es nahe, dass eine psychosoziale Einrichtung, in der Unterschiede nivelliert werden, um Neid zu vermeiden, diesen geradezu provoziert.

Stavros Mentzos (1988) betont in seiner Arbeit *Interpersonale und institutionalisierte Abwehr*, dass sich Institutionen nicht nur auf zweckrationale Strukturen stützen, sondern ebenso auf gemeinsame Werte, Einstellungen und »gefühlsmäßige, oft nicht klar erkennbare und definierbare Motivationen« (ebd., S. 80). Das heißt, dass neben dem Zweckrationalen auch undurchschaute Gefühlspotenziale wirken, denen die Mitarbeiter einerseits ausgesetzt sind, die sie andererseits mitproduzieren. Diese Emotionen sind in ähnlicher Weise ambivalent wie die rationalen Strukturen der Institution. So legt das Grundgefühl des Eingesperrtseins häufig eine Dynamik des Ausbruchs nahe, die Wilfred R. Bion (1974) als »Kampf und Flucht«, als regressive Strategie beschreibt: Man bekämpft einen inneren oder äußeren Feind, um den Bestand zu sichern, oder geht einer Bedrohung aus dem Weg. Diese psychosozialen Abwehrmechanismen gelten für Insassen wie für Mitarbeiter, die die therapeutische Arbeit häufig als anstrengend und belastend erleben (Pecher, 1989).

Widersprüchliche Organisationsprinzipien – wie militärisch steile auf der einen und flache Hierarchien auf der anderen Seite – erzeugen bei den Beschäftigten der Organisation emotionale Belastungsreaktionen und psychosoziale Abwehrstrategien. Sie wahrzunehmen, mit ihnen zu arbeiten und sie, wenn möglich, aufzulösen, ist Aufgabe von Supervision (Heltzel, 2007; Pfäfflin & Lamott, 2012; Lamott, 2020).

Die Ordnung der Geschlechter

Es gibt kaum eine Institution, die in ihrer institutionellen Grundlegung von vornherein eine so klare, eindeutige Geschlechtertrennung vorsieht. Es gibt Gefängnisse für Männer und Gefängnisse für Frauen, ebenso wie es in diesen Gefängnissen geschlechtsspezifische Zuständigkeiten für die diversen Auseinandersetzungsformen mit Gefangenen gibt. Während die Zuständigkeit für Ordnung und Kontrolle weitgehend dem *männlichen* Vollzugspersonal obliegt, wird die sozialtherapeutische Beziehungsarbeit überwiegend von *Frauen* vollzogen.

Der Strafvollzug ist ein Ort, an dem – historisch gewachsen – fast militärische Organisationsprinzpen Männlichkeitswerte hervorbringen, die Stärke mit hartem Durchgreifen und Unbeugsamkeit gleichsetzen (Goffman, 1973; Theweleit, 2000). In diesem Rahmen bedeutet Verletzbarkeit zu zeigen, sich als schwach, als Versager und Feigling zu präsentieren und die Kontrolle und Oberhand im Strafvollzug zu verlieren. Daher muss die Angst sowohl der Beschäftigten als auch der Insassen tabuisiert werden. Das Gefängnis ist der Ort gesellschaftlicher Angstabwehr, dem obliegt, öffentliche Ängste zu binden und zu neutralisieren, um auf diese Weise gesellschaftlich stabilisierend zu wirken (Erdheim, 1982; Mentzos, 1988). Die Mitarbeiter des Vollzugsdienstes können sich also nicht als desillusionierte oder ängstliche Berufsgruppe präsentieren, sie müssen glaubwürdig die Rolle der erfolgreichen »Troubleshooter« spielen.

Daraus ergibt sich innerinstitutionell ein Klima, in dem sich die Konflikte zwischen den Berufsgruppen und zwischen Männern und Frauen (Rastetter & Jüngling, 2018) eher verschärfen als entspannen, in dem über Schwächen und Ängste kaum offen gesprochen wird und in dem sich nur schwer konstruktive psychosoziale Lösungen finden lassen.

Gratz und Stangl haben in der Untersuchung »Über den Umgang mit Ängsten im Strafvollzug« (1997) gezeigt, wie die widersprüchlichen Antagonismen des Strafvollzugs Gefühle der Konfusion und Angst erzeugen. Diese Gefühle werden als Ausdruck individuellen Versagens und persönlicher Schwäche erlebt, die zu zeigen bedeuten würde, sich der Lächerlichkeit und Demütigung seitens der Kollegen preiszugeben. Das gilt für Vollzugsbeamte ebenso wie für Insassen und hat weitreichende Folgen für den therapeutischen Prozess, der in der durch männliche Dominanz charakterisierten Institution des Strafvollzugs überwiegend von Frauen übernommen wird. Repräsentiert der Männerbund Macht und Herrschaft, so stärkt er seine Position meist durch Abgrenzung vom anderen Geschlecht und durch dessen Entwertung (Mosse, 1997; Theweleit, 2000). Das »Männerbundsyndrom« (Sombart, 1996), gekennzeichnet durch typische »Mentalitätsraster«, wird durch folgende Organisationsstrukturen bestätigt:
- klare Hierarchien,
- Ancienitätsprinzip (d. h., Karriere wird weniger nach Leistung als nach Dienstalter befördert),
- Loyalitätsbeweise in Bezug auf Entscheidungen von Vorgesetzten sowie
- Frauen ausschließende Bindungstendenzen (Rohr, 2005).

Während also die militärisch strukturierte, hierarchische Organisation des Strafvollzugs durch Vorstellungen von Männlichkeit, Stärke und Durchgreifen verkörpert wird, repräsentieren sogenannte »Soft Skills« Auffassungen von Weiblichkeit, die zugleich der psychotherapeutischen Beziehungsarbeit zugeschrieben werden. Soft Skills orientieren sich an Werten wie kommunikativer Kompetenz, Kritikfähigkeit, Einfühlungsvermögen und Konfliktfähigkeit, mithin an Konzeptualisierungen eines autonomen Subjekts. Im Gegensatz zum hierarchischen System, das geradezu ein Aufgeben individueller Verhaltensentscheidungen zugunsten kollektiven Gehorsams verlangt, zielen die therapeutischen Interventionen eher auf das Gegenteil, auf Prozesse der Persönlichkeitsentwicklung, auf Einsicht und die Förderung intrinsischer Motivation. In sozialtherapeutischen Abteilungen stehen die verschiedenen Wertesysteme keineswegs gleichberechtigt nebeneinander, sondern sie orientieren sich – entgegen dem gesetzlich verankerten Vollzugsziel der Befähigung des Gefangenen zu sozialer Verantwortung –

primär an der gesellschaftlich geforderten Organisation von Sicherheit und Ordnung im Gefängnis. Daher müssen sich die mit Autonomie assoziierten Aspekte in das hierarchische Gefüge der Institution einbinden und sich an diesem messen lassen. Die Gefahr wächst, dass sich Insassen angesichts der widersprüchlichen Verhaltensanforderungen (Unterwerfung, Disziplin versus Autonomie) unter dem Druck der Rückverlegung in den Normalvollzug nur zum Schein als willige Patienten darstellen und sich den therapeutischen Erwartungen anpassen (Lamott, Buchholz & Mörtl, 2008).

Die therapeutische Forderung nach selbstkritischer Reflexion kann bei den Gefangenen also auch dazu führen, dass sie sich lediglich scheinbar an die therapeutischen Werte anpassen, um so ihre eigenen Interessen besser durchsetzen zu können. Dann spielt der Insasse das therapeutische Spiel, in dem er so tut, als ob er einsichtig sei und Verantwortung für die Taten übernehme, und die eigene Lebensgeschichte so erzählt, dass sie den Vorstellungen der Therapeutinnen und deren psychologischen Konstrukten entspricht. Letztendlich müssen Geschichten überzeugen, um als therapeutisch erfolgreich zu gelten (Buchholz, Lamott & Mörtl, 2009) und infolgedessen auch für den Insassen Vollzugslockerungen erwarten zu lassen.

Institutionen prägen ihre Mitglieder durch je eigene »Denkstile« (Douglas, 1991) und Symbolsysteme. Beim Gefängnis und beim Militär kommt hinzu, dass beide auf spezifische Weise sozialisieren, indem sie der (Selbst-)Kontrolle und der Optimierung der körperlichen Leistungsfähigkeit besondere Aufmerksamkeit schenken. Wie der männliche Körper als »Institutionenkörper« (Theweleit, 1995) Identität erlangt, wie das institutionelle Gestenrepertoire den »Macho« hervorbringt und gewaltförmige Erfahrungen zum Bestandteil des Normalen werden, zeigt Theweleit eindrucksvoll in seinem großen Werk *Männerphantasien* (2000). Gewaltförmige Erfahrungen werden zum Bestandteil von Männlichkeit stilisiert – das gilt für die Gefangenen ebenso wie für das Vollzugspersonal. Männer, die sich dem ungeschriebenen Verhaltenskodex nicht unterwerfen, werden als homosexuell stigmatisiert und nicht selten zu Opfern gewalttätiger Übergriffe. Auch das gilt für Gefangene ebenso wie für die in Ausbildung befindlichen Vollzugsbeamten und Polizeirekruten. Die Konstruktion des männlichen Körpers verlangt konsequenterweise die Eliminierung alles »Weichen und Schwachen«, um die hierarchischen Unterdrückungswelten des Gefängnisses tagtäglich aufs Neue herzustellen. Diese unbewusste Form der Körperbezogenheit stabilisiert sowohl den Einzelnen als auch die Institution, formiert aber auch den Widerstand gegen individualisierende Strebungen und Prozesse therapeutischer Selbstöffnung und Bewusstwerdung.

Geschlechterdynamiken

Damit eröffnet sich ein spannungsreiches Feld: Sich gegenüber dem Weiblichen abzugrenzen, einigt die Gruppe und stellt eine hohe Gruppenkohäsion her, die Macht, Durchsetzungsfähigkeit und Rationalität verspricht (Brandes, 2003). Diese Prinzipien stehen jedoch im Widerspruch zu den Werten der therapeutischen Gruppe, in der Affekte wie Wut und Ärger, aber auch Ängstlichkeit, Schwäche und Hilflosigkeit einen symbolischen Ausdruck finden sollen. Männer, die sich in diesen Gruppen von Anfang an wohlfühlen, setzen sich der Gefahr aus, als »Memmen« stigmatisiert zu werden. In der männlichen Wahrnehmung steigt damit die Gefahr, von Frauen noch mehr verachtet zu werden (Connell, 1999) – eine Annahme, die oft eine im Erleben des Täters fixierte Fantasie verstärkt, in deren Folge die Straftat eine Antwort auf eine vermutete oder erlebte Verachtung und Demütigung durch Frauen darstellt.

Die Anwesenheit von Psychologinnen und Sozialpädagoginnen in einer traditionell männergebundenen, militärisch organisierten Organisation erzeugt unter Umständen Krisen, hervorgebracht von den unausgesprochenen, verborgenen Regeln und Werten der Institution.

Therapeutische Prozesse sind für das historisch gewachsene Selbstverständnis des Strafvollzugs nach wie vor eine große Herausforderung, noch dazu, wenn die Zuwendung von Therapeutinnen initiiert wird. Das Auftreten von Frauen in der männerdominierten Organisation ist verführerisch und verunsichernd zugleich. Ihre lebendige Anwesenheit ist geeignet, die bemessene Ordnung des Vollzugs zu stören. Das gilt für das Leben der Gefangenen ebenso wie für den Dienst des männlichen Personals, das zudem häufig von Gefühlen des Neids und der Eifersucht auf das Engagement der Mitarbeiterinnen für die aus ihrer Sicht deklassierten Männer beherrscht wird. Dabei scheint es für die Dynamik nicht unerheblich zu sein, dass die Frauen sich ausgerechnet jenen Gefangenen therapeutisch zuwenden, die ihren Geschlechtsgenossinnen sexuelle Gewalt angetan und deren Tod dabei oft in Kauf genommen haben.

Darüber hinaus wird die professionelle Zuwendung von Akademikerinnen zu den Straftätern seitens der Vollzugsbeamten häufig mit Neid und Skepsis beobachtet, da sie selbst unter geringerer Anerkennung und mangelnden Beförderungschancen leiden. Selbstwertprobleme kennzeichnen die Berufsgruppe der Vollzugsbeamten, die zwar Schlüsselgewalt und eine gewisse Macht über die Gefangenen besitzen, aber in der Hierarchie der Professionen unter ihren Kolleginnen aus der sozialtherapeutischen Abteilung rangieren. Dieser Erniedrigung können sie oft nur unter Betonung eines machistischen Männlichkeitsideals begegnen. Zudem ermöglicht ihnen diese Rolle, sich entweder als ritterliche Beschützer der Frauen vor den oft ungehobelten Gefangenen anzubieten, was allerdings voraussetzt, dass die Kolleginnen das Angebot wohlwollend aufnehmen. Sie wehren ihre Kleinheitsgefühle also dadurch ab, dass sie sich in eine geschlechterhierarchisch übergeordnete, den Frauen überlegene Position fantasieren und sich dann unbewusst mit der sadistischen Position der Gefangenen identifizieren – ganz besonders dann, wenn die ihrerseits angebotene ritterliche Rolle seitens der Frauen zurückgewiesen wurde. Paraphrasierend gesprochen: Wenn sich die Frauen mit diesen grobschlächtigen Tätern schon aufs Glatteis begeben (statt sich uns zuzuwenden), dann geschieht es ihnen ganz recht, wenn sie schließlich Opfer dieser Männer werden (Preusker, 2011).

Es ist vielleicht die Abwehr und Projektion eigener verbotener sexueller Wünsche, derer man sich in solchen Aussagen aggressiv zu entledigen versucht. Was bleibt, ist die Identifikation mit dem Männerbund, der das Versagen und die Ohnmacht zu überwinden verspricht, indem er die männliche Identität immer wieder durch Abgrenzung vom weiblichen Geschlecht stärkt.

Sexualität im Gefängnis ist ein weitgehend tabuisiertes und gleichzeitig omnipräsentes Thema, nicht nur durch die Behandlung von Sexualstraftätern. Selbstverständlich gilt ihnen in der therapeutischen Arbeit ein besonderes Augenmerk. Im Rahmen der Therapie sprechen die Insassen über ihre Straftaten und entfalten in der Gruppe ihre Narrative über sexuelle Entgleisungen. Unter dem Anschein persönlicher Preisgabe können Erregungen untergebracht und provoziert werden (Buchholz, Lamott & Mörtl, 2008; Lamott, 2014). Darüber hinaus kursiert in jedem Gefängnis genügend pornografisches Material, und das nicht nur unter den Insassen (Maschwitz, 2009). Die Anwesenheit von Psychologinnen und Sozialarbeiterinnen im Gefängnis verhindert keineswegs die männliche Lust auf stimulierendes Bildmaterial. Mit anderen Worten: Das institutionell errichtete Tabu der Sexualität heizt auf verschiedenen Ebenen des Gefängnisses sowohl das Begehren als auch den Handel mit »Ersatzbefriedigungen« an. Selbst das ist Teil des kulturellen Erbes und gehört zur Grundlagenmatrix, die bis heute die sich in ihr entfaltenden doppelbödigen Verhaltens- und Beziehungsmuster prägt (Lamott, 2013).

Kollusionen

Dem Unterlaufen der Regeln innerhalb der binär strukturierten Institution sind Prozesse der Ausschließung immanent. Sowohl bei den Insassen als auch beim

Personal ist die Angst vor Ausschluss aus der Gemeinschaft groß. Diese Angst beeinflusst das Leben und die Vollzugsrealität der Insassen ebenso wie die der Mitarbeiter. Prozesse der Ausschließung sind immer von einer doppelten Angst begleitet: auf der einen Seite von jener Angst, die dazu führt, dass das Abweichende, die Gemeinschaft Bedrohende, von dieser ausgeschlossen wird, und auf der anderen Seite von der Angst, selbst von der Gruppe verstoßen und isoliert zu werden. Um letzterer Angst zu begegnen, kann es seitens des Personals zu Bündnisbildungen kommen: zum einen mit den Gefangenen gegen die repressive Institution, zum anderen mit der Macht der Institution gegen die antisozialen Täter. Um diesen Bündnisbildungen zu entgehen, sind Triangulierungen notwendig, die es erlauben, sich weder auf die eine noch auf die andere Seite zu schlagen.

Eine wesentliche Herausforderung besteht für das therapeutische Personal vor allem darin, auf der einen Seite die Einhaltung gesetzlicher, ethischer und zwischenmenschlicher Normen zu vertreten, und sich auf der anderen Seite auch in die verführerischen Aspekte von Normbruch und Delinquenz einfühlen zu können – d. h., sie müssen

> »genau diejenige Ich-Leistung und Über-Ich-Integration aufbringen, die ihren Patienten nicht möglich ist. Diese ›doppelte Perspektive‹ – Vertretung der Normen und Einfühlung in das abweichende Verhalten – stellt im positiven Fall die bewusst empfundene Ambivalenz zwischen zwei Polen dar. Der Mitarbeiter wird in seiner Balance wechselnd mehr zum einen, dann wieder mehr zum anderen Pol neigen, ohne aber den jeweils weniger stark empfundenen Pol aus dem Bewusstsein zu verlieren« (Lohmer & Werntz, 2000, S. 235).

Dass dieses prekäre Balancieren auch scheitern kann, zeigt sich, wenn nur eine Seite betont und ausgelebt wird, mithin sich die Ambivalenz zugunsten einseitiger Bezugnahme aufhebt. Auf diese Weise geht die notwendige Fähigkeit, aus Ambivalenzen neue Lösungsmöglichkeiten zu entwickeln, verloren. Eine Regression auf dichotome Muster lässt sich dann kaum mehr vermeiden.

Bündnisse mit den Gefangenen

Wie Verwicklungen und Entgleisungen im Strafvollzug zeigen, kann es seitens des Personals zu einer einseitigen Identifikation mit den Insassen kommen; eine Gefahr, die sich bei idealistischen Mitarbeitern mit geringer Vollzugserfahrung einstellen kann. Die große Nähe zu den Gefangenen, die Verleugnung des

Unterschieds zu ihnen, zeigt sich bei Vollzugsbeamten ebenso wie beim therapeutischen Personal in allzu großer Einfühlung in die Position des Ausgegrenztseins – vermutlich eine oft selbst gemachte Erfahrung. Auch die Delegation eigener rebellischer Anteile an die Klienten, der Zorn über die eigene, möglicherweise als Bedeutungslosigkeit empfundene Randständigkeit im Team oder die heimliche Lust bei der fantasierten Teilhabe am aggressiven Normbruch können Ursache wie Folge des Verlustes an Professionalität sein. Das kann gefährlich werden, besonders dann, wenn das Team als Ganzes kein Gespür für Frühwarnsignale bei Kollegen entwickelt. So könnten sich Mitarbeiter, die sich unsicher, inkompetent und in ihrer Isolation als fremd im Team empfinden, der Kultur der Insassen emotional näher fühlen, ohne dass es im Team bemerkt wird.

Ethnologen bezeichnen diese Gefahr als »to go native« (Lohmer & Werntz, 2000; Schmidt-Quernheim & Hax-Schoppenhorst, 2003), einer Strategie der Angstabwehr durch mimetische Angleichung an die andere Kultur. Die Gefahr einer solchen Identifikation besteht besonders dann, wenn Mitarbeiter innerhalb eines Teams zunehmend in eine Außenseiterrolle geraten, wie im Fall einer Psychologin, die sich von allen unbemerkt in einen Gefangenen verliebte und ihm zum Ausbruch verhalf.

Bündnisse mit der strafenden Instanz

Die entgegengesetzte Gefahr zur Verbrüderung mit den Gefangenen besteht in der Überidentifikation mit der Strafjustiz, einer Gefahr, die meist bei älteren Kollegen auftritt. Ihre Enttäuschung verdankt sich nicht nur der als hoffnungslos empfundenen Arbeit mit antisozialen Persönlichkeiten, sondern verstärkt sich auch durch den mangelnden Einfluss innerhalb der Organisation und die geringe Anerkennung eigener Leistung. Enttäuschung und Resignation münden nicht selten in der Verweigerung einfühlsamen Verstehens gegenüber den Insassen und in einer

> »kühle[n], zynische[n] Unterdrückung von Emotionen mit einem Fehlen emotionaler Schwingungsfähigkeit – freilich lässt diese Reaktion ahnen, wie es mit der emotionalen Steuerungsfähigkeit bestellt wäre, würde der Zynismus als Abwehr aufgegeben. Das bedeutet, dass das Erleben antisozialer Patienten ansteckend ist, jedoch nicht nur hinsichtlich der Affektdurchbrüche, sondern auch hinsichtlich der Empathiefähigkeit, der Abwehr von Gefühlen und Schwingungsfähigkeit« (Hilgers, 2007, S. 19).

Begleitet von Unsicherheiten, Ohnmachtsgefühlen und Vereinzelung sind psychischer Rückzug und innere Emigration nicht verwunderlich. Nicht selten nimmt der Krankenstand der Mitarbeiter zu. Allgemein gilt, dass diejenigen Personen psychosomatisch besonders gefährdet sind, an die hohe Anforderungen durch Arbeitsverdichtung gestellt werden, während gleichzeitig der eigene Entscheidungsspielraum und die Kontrolle bei der Ausführung ihrer Aufgaben stark eingeschränkt sind. Solange die Anerkennungswünsche der Mitarbeiter im Strafvollzug unbefriedigt bleiben, besteht die Gefahr, dass diese ihre Frustration an den Insassen abarbeiten, letztlich, um sich selbst wieder in ein emotionales Gleichgewicht zu bringen. Dann identifiziert man sich einseitig mit strafenden Über-Ich-Aspekten, die unreflektiert in autoritären Verhaltensweisen ausagiert werden. Auf diese Weise können negative Selbstanteile auf die Insassen projiziert und dort unter Kontrolle und auf Distanz gebracht werden. Die sich daraus entwickelnde, oft zynische bis sadistische Haltung gegenüber den Gefangenen trägt auf ihre Weise zu einer destruktiven Dynamik im Team bei:

> »Das Personal verschafft sich dann Erleichterung, in dem über Patienten ›gelästert‹ wird, oder es ›rächt‹ sich mit kleinlichen, vielleicht sogar gehässigen Reaktionen an den Patienten, was alles nicht therapeutisch zu rechtfertigen ist, aber zur psychohygienischen Entlastung der Professionellen nötig sein kann. Therapie kann so zum mehr oder weniger offenen Machtkampf mit dem Patienten werden, und es ist viel Aufwand (nämlich Austausch und Reflexion) erforderlich, um wieder Abstand von diesem Geschehen zu finden. Wenn dies nicht passiert, kann sich Therapie zur sadistischen ›Umerziehungsmaßnahme‹ entwickeln« (Heltzel, 2007, S. 12).

Solche feindseligen Gegenübertragungsreaktionen und Verstrickungen in sadomasochistische Dynamiken können sich im Rahmen einer totalen Institution einstellen, sollten aber in der Supervision angesprochen, reflektiert und verstanden werden, um von dort aus entscheidende Überlegungen zur Veränderung der Organisationsstruktur anzustoßen.

Um Formen der Kollusion zu verhindern, ist es notwendig, strukturell mehr Partizipation des Personals zu ermöglichen, damit dieses handelnd Einfluss auf seine Arbeitswelt nehmen kann. Unter dem Stichwort »Empowerment« wird die Mitbeteiligung von Kollegen in Organisationen diskutiert. Kompetenzen zur Bewältigung von Problemen bleiben häufig ungenutzt, »weil bestehende Organisations- und Entscheidungsstrukturen die Möglichkeiten zur Eigeninitiative einschränken und bei den Betroffenen ein allgemeines Gefühl der Hilflosigkeit [...] erzeugen«, statt vorhandene Ressourcen und Kompetenzen zur Vermeidung von Belastungen zu mobilisieren (Kilian et al., 1997, S. 138). Denn je stärker Mitarbeiter aktiv am Prozess der Gestaltung und Verbesserung ihrer Arbeitsbedingungen beteiligt sind, desto weniger nehmen sie ihre Arbeitsbedingungen als belastend wahr und desto eher reagieren sie auf Belastungen in einer problemadäquaten Form, leiden weniger unter Krankheitssymptomen, sind zufriedener mit ihrem Arbeitsplatz und ihrer beruflichen Rolle. Arbeitszufriedenheit und Corporate Identity sollten als einander verstärkende Komponenten eines dynamischen Prozesses verstanden werden (Kilian et al., 1997). Um diese Zusammenhänge in der Organisation zu verstehen und präventiv geeignet Maßnahmen zu ergreifen, kann Supervision hilfreich sein. Nicht zuletzt kann sie dazu dienen, eine destruktive Verwicklung der Mitarbeiter zu verhindern, die sich in ungewöhnlicher Nähe oder aggressiver Distanzierung gegenüber den Klienten befinden.

Vieles ist bekannt, doch seit Hunderten von Jahren hat sich eine institutionelle Matrix abgelagert, deren Hartnäckigkeit sich nur schwer aufbrechen lässt. Mit dieser strukturellen Beharrlichkeit müssen Reformbemühungen rechnen, um den binären Tiefenstrukturen eine dritte Option entgegenzusetzen: eine lebendige Institution, die es erlaubt, Spaltungen zu thematisieren und Konzepte zu deren Auflösung zu entwickeln. Das verlangt jedoch eine eigenständige, vom Strafvollzug entkoppelte Organisation, in der ein gemeinsam von allen Professionen getragenes therapeutisches Selbstverständnis greifen kann, ein Konzept, das Mitarbeiter wie Insassen überzeugt, ein bislang noch weitgehend utopischer Ort, an dem Widersprüche, Konflikte und Ängste gehalten und aufgelöst werden können. Doch solange unter einem Dach therapeutisch Strafe vollzogen wird, setzen sich jene durchaus wirkmächtigen Bilder durch, die archaische Strukturen reproduzieren. Und – so ließe sich de Sade befragen – welche unbewussten Fantasien werden wohl heute, im »post-panoptischen« Zeitalter, die Gefängnisinsassen und das Personal heimsuchen?

Literatur

Amstrong, D. (2005). *Organization in the Mind: Psychoanalysis, Group Relations and Organizational Consultancy*. Karnac.
Barthes, R. (1969). Der Baum des Verbrechens. Reflexionen über das Werk Sades. *Neue Rundschau, 80,* 32–49.
Bauman, Z. (2003). *Flüchtige Moderne*. Suhrkamp.
Bentham, J. (1843). *The Works of Jeremy Bentham*. William Tait.

Bion, W. R. (1974). *Erfahrungen in Gruppen und andere Schriften* (2., unveränderte Aufl.). Klett-Cotta.
Bourdieu, P. (1987). *Die feinen Unterschiede.* Suhrkamp.
Brandes, H. (2003). Übertragung, Geschlecht, Gruppe. Ein Versuch der theoretischen Konzeptualisierung von Gruppenübertragungen am Beispiel therapeutischer Männergruppen. *Gruppenpsychotherapie und Gruppendynamik, 39*(2), 109–131.
Buchholz, M. B., Lamott, F. & Mörtl, K. (2008). *Tat-Sachen. Narrative von Sexualstraftätern.* Psychosozial-Verlag.
Connell, R. (1999). *Der gemachte Mann. Konstruktion und Krise von Männlichkeiten.* Leske + Budrich.
de Sade, D. A. (1987 [1785]). *Die Hundertzwanzig Tage von Sodom oder die Schule der Ausschweifung.* Die bibliophilen Taschenbücher.
Douglas, M. (1991). *Wie Institutionen denken.* Suhrkamp.
Erdheim, M. (1982). *Die gesellschaftliche Produktion von Unbewusstheit. Eine Einführung in den ethnopsychoanalytischen Prozess.* Suhrkamp.
Foucault, F. (1977). *Überwachen und Strafen. Die Geburt des Gefängnisses.* Suhrkamp.
Goffman, E. (1973). *Asyle. Über die soziale Situation psychiatrischer Patienten und anderer Insassen.* Suhrkamp.
Gratz, W. & Stangl, W. (1997). Über den Umgang mit Ängsten im Strafvollzug. In I. Eisenbach-Stangl & M. Ertl (Hrsg.), *Unbewußtes in Organisationen. Zur Psychoanalyse von sozialen Systemen* (S. 191–216). Facultas.
Haubl, R. (2009). *Neidisch sind immer nur die anderen. Über die Unfähigkeit zufrieden zu sein.* C. H. Beck.
Heltzel, R. (2007). Die destruktiven Bereitschaften der Professionellen im Maßregelvollzug – am Beispiel der Behandlung von Sexualstraftätern. *Recht & Psychiatrie, 25*(1), 10–16.
Hilgers, M. (2007). Supervision im Maßregelvollzug – ein Erfahrungsbericht. *Recht & Psychiatrie, 25*(1), 17–25.
Horkheimer, M. & Adorno, T. W. (1986). Juliette oder Aufklärung und Moral. In dies., *Dialektik der Aufklärung* (S. 74–107). Suhrkamp.
Kilian, R., Paul, R., Berger, H. & Angermeyer, M. (1997). Empowerment und Gesundheitsförderndes Krankenhaus. Theoretische Grundlagen und empirische Ergebnisse. In A. Grundböck, P. Nowak & J. M. Pelikan (Hrsg.), *Gesundheitsförderung – eine Strategie für Krankenhäuser im Umbruch* (S. 137–142). Facultas.
Lamott, F. (2005). Schiffbruch mit Zuschauer: Zur Geschlechterdynamik in der Therapie mit Sexualstraftätern – Erfahrungen aus einer Supervision. In R. Haubl, R. Heltzel & M. Barthel-Rösing (Hrsg.), *Gruppenanalytische Supervision und Organisationsberatung. Eine Einführung* (S. 233–249). Psychosozial-Verlag.
Lamott, F. (2013). Gewaltdynamiken in hierarchischen Welten. *Gruppenpsychotherapie und Gruppendynamik. Zeitschrift für Gruppenanalyse, 49,* 316–330.
Lamott, F. (2014). Narrative Strategien der Abwehr im psychotherapeutischen Kontext. In N. Saimeh (Hrsg.), *Mit Sicherheit behandeln. Diagnose, Therapie und Prognose* (S. 173–192). Medizinisch Wissenschaftliche Verlagsgesellschaft.
Lamott, F. (2020). *Schlüsselerfahrungen. Supervision im therapeutischen Strafvollzug.* Vandenhoeck & Ruprecht.

Lamott, F., Buchholz, M. B. & Mörtl, K. (2008). Vom Strafgefangenen zum Patienten. Tatnarrative im Kontext einer Gruppentherapie. *Psychosozial, 113*(3), 85–99.
Lohmer, M. & Werntz, C. (2000). Zwischen Veränderungsdruck und Homöostaseneigung. Die narzisstische Balance in therapeutischen Institutionen. In M. Lohmer (Hrsg.), *Psychodynamische Organisationsberatung. Konflikte und Potentiale in Veränderungsprozessen* (S. 233–254). Klett-Cotta.
Maschwitz, R. (2009). Am Rande der Gesellschaft. Gruppenanalyse mit Sexualstraftätern im Justizvollzug – ein Widerspruch? In dies., C. F. Müller & H.-P. Waldhoff (Hrsg.), *Die Kunst der Mehrstimmigkeit. Gruppenanalyse als Modell für die Zivilisierung von Konflikten* (S. 129–147). Psychosozial-Verlag.
Mentzos, S. (1988). *Interpersonale und institutionalisierte Abwehr.* Suhrkamp.
Mosse, G. L. (1997). *Das Bild des Mannes. Zur Konstruktion der modernen Männlichkeit.* S. Fischer.
Pecher, W. (1989). *Das Gefängnis als Vaterersatz. Die Suche nach dem Vater als unbewusstes Motiv für Straffälligkeit.* S. Fischer.
Pfäfflin, F. & Lamott, F. (2012). Supervision im forensischen Kontext. In B. Wischka, W. Pecher & H. van den Boogaart (Hrsg.), *Behandlung von Straftätern. Sozialtherapie, Maßregelvollzug, Sicherungsverwahrung* (S. 608–616). Centaurus.
Preusker, S. (2011). *Sieben Stunden im April. Meine Geschichten vom Überleben.* Patmos.
Rastetter, D. & Jüngling, C. (2018). *Frauen, Männer, Mikropolitik. Geschlecht und Macht in Organisationen.* Vandenhoeck & Ruprecht.
Rohr, E. (2005). Macht und Geschlecht in Organisationen. In R. Haubl, R. Heltzel & M. Barthel-Rösing (Hrsg.), *Gruppenanalytische Supervision und Organisationsberatung. Eine Einführung* (S. 79–99). Psychosozial-Verlag.
Schmidt-Quernheim, F. & Hax-Schoppenhorst, T. (2003). *Professionelle forensische Psychiatrie. Behandlung und Rehabilitation im Maßregelvollzug.* Huber.
Sombart, N. (1996). Männerbund und politische Kultur in Deutschland. In T. Kühne (Hrsg.), *Männergeschichte – Geschlechtergeschichte. Männlichkeit im Wandel der Moderne* (S. 136–155). Campus.
Theweleit, K. (1995). *Das Land, das Ausland heißt. Essays, Reden, Interviews zu Politik und Kunst.* dtv.
Theweleit, K. (2000). *Männerphantasien.* Band 1: *Frauen, Fluten, Körper, Geschichte,* Band 2: *Männerkörper – zur Psychoanalyse des weißen Terrors.* Piper.
Torchio, M. (2017). *Das angehaltene Leben.* Paul Zsolnay.
Winkelmann, A. & Förster, Y. (2007). Typologien der Überwachung. Typologische Diversifikation. In A. Winkelmann & Y. Förster (Hrsg.), *Gewahrsam. Räume der Überwachung* (S. 91–94). Kehrer.
Winter, M. (1993). *Das Ende eines Traums. Blick zurück auf das utopische Zeitalter Europas.* J. B. Metzler.

Biografische Notiz

Franziska Lamott, Prof. Dr. rer. soc., ist Diplomsoziologin, Gruppenlehranalytikerin, Supervisorin und Organisationsberaterin (D3G, DGSv). Sie lehrt Sozialpsychologie und war beteiligt am Aufbau der Weiterbildung »Gruppenanalyse« an der Akademie für Psychoanalyse in München. Darüber hinaus ist Lamott Mitherausgeberin der Zeitschrift *Gruppenpsychotherapie und Gruppendynamik. Zeitschrift für Theorie und Praxis der Gruppenanalyse*, Dozentin an der International Psychoanalytic University (IPU) in Berlin und ist in freier Praxis im Bereich Supervision und Beratung in Potsdam und Berlin tätig.

Das Altenheim

Lebensabschlussprozesse im Kontext einer überforderten Organisation

Uwe Kowalzik

»Das Pflegeheim nimmt mich jedes Mal sofort ein. Es ist, als ob ich aufgesogen werde. Ich komme grundsätzlich sehr früh, bin meist als Erster da in der Verwaltung. Erst mal die 30, 40 Mails, die noch abzuarbeiten und zu ordnen sind, dann der Papierkram und die Personalverwaltung. Der Zeitplan eines Tages ist eng getaktet, und immer hat man das Gefühl, nicht genug getan zu haben. Oft kommen die immer wieder gleichen Themen auf den Tisch, muss die Organisation, der Dienstplan, die Ausgaben eng kontrolliert und gesteuert werden, immer mit der Gefahr, dass einem etwas entgleitet. Dabei sollten wir doch so viel und mehr als jetzt für die Mitarbeitenden tun: Entlastung, Zuhören, Probleme besprechen, Fortbildungswünsche erfragen, Dingen verlässlich nachgehen. Fragen, wie es ihnen geht. Und dann noch die Konflikte zwischen Hauswirtschaft und Pflege. Dann lese ich noch in Abhandlungen über Pflege in Heimen die reduktionistische Karikatur des Heimleiters als minutenerfassenden Erbsenzähler und Verwalter, dabei wollen wir doch bewohnerorientierte Konzepte voranbringen. Und kommen einfach nicht dazu. Es ist einfach nicht zu schaffen, und die Würde des Bewohners, die soll doch auch noch an erster Stelle stehen!«

Moment-Stoßseufzer einer Heimleiterin

Widersprüchlichkeiten in der stationären Altenarbeit

Im Feld der Altenhilfe bin ich selbst seit Jahrzehnten in unterschiedlichen Rollen unterwegs. Wenn ich aber als »Fachmann« für die Zusammenfassung von Organisationsthematiken im Heim angefragt werde, verspüre ich doch immer wieder innere Hemmungen und Widerstände. »Anhaltend-begleitende Ambivalenz« ist wohl die treffende Zustandsbeschreibung für diese innere Motivationslage. Introspektiv erfasse ich nach und nach die hemmenden Aspekte, die ja, so die

Herausforderung, im guten Fall konstitutiv sein können – wie ich als mittlerweile analytisch und gruppendynamisch geschulter Berater, Supervisor und Balintgruppenleiter »eigentlich« weiß. Die eigenen inneren Resonanzen und Gegenübertragungsreaktionen gilt es im Sinne eines besseren Verstehens zu nutzen und zu beschreiben. Was liegt dem Zögerlichen, Abwehrenden also zugrunde?

Es ist zum einen das überbordend Viele – Unterschiedliches, Forderndes, Berührendes. Es sind die mannigfaltigen Erfahrungen und Erlebnisse aus über 40 Jahren in diesem Feld. Die Veränderungen, das Gleichgebliebene, die drängenden Fragen und Themen wie demografische Entwicklung, Personalmangel und die innere berufliche Verbundenheit mit dem Geschehen und den Erfahrungen in ganz unterschiedlichen Funktionen und Rollen – und mit ganz verschiedenen Perspektiven und Aufgaben: als Hilfspfleger, Pfleger, Leiter, Manager, Fortbildner, Supervisor, Organisationsberater, Konzeptentwickler und Balintgruppenleiter.

Und es sind zum anderen die Unterschiedlichkeit und Reichhaltigkeit an Erfahrungen. Sie haben ihren Urbeginn in der frühen Zeit als Zivildienstleistender, aus der beispielsweise die fast schon skurrilen, offen verfeindeten Begegnungen eines bekennenden SS-Oberen im Ledermantel mit einem »Alt-Sozi«, wie er sich selbst nannte, beide über 80-jährige Bewohner[1] des Heims, in Erinnerung geblieben sind.

Es ist aber auch das immer wiederkehrende Gleiche: Die Herausforderungen der Pflegearbeit und die der spezifischen und oft nicht hinreichend entwickelten Fach-, Berufs- und Organisationskulturen dieses Feldes wiederholen sich schier unaufhörlich. Ich hatte sie damals als Zivildienstleistender angenommen, der dafür Lob einheimsen wollte und auch bekam, »bis um zehn Uhr zehn Leute gewaschen« zu haben. Als tüchtig Lernender und Tätiger in der Altenpflege wird man in den Dimensionen von sich abbauender Körperlichkeit, verbunden mit Gefühlen von Ekel, Scham, Abscheu, Fremdheit und Schuld, immer wieder mit bisweilen extremen Grenzsituationen konfrontiert: Gewahr des Wahrgenommenen schaue ich in die von Ängsten gezeichneten Gesichter vieler zu Pflegenden und bin doch mit den eigenen Ängsten vor Unzulänglichkeit, Versagen, Kleinheit, Hilflosigkeit unauflösbar verschränkt. Als Folge beginnt zuweilen ein frühes Phänomen der Kompromissbildung bis hin zu Abwehrreaktionen, innerhalb derer man als Pflegender sein manchmal mühevolles Dasein fristet und permanent nach Antworten oder Lösungen ruft. Oder nach Er-Lösung?

---

1 Im Folgenden verwende ich zur besseren Lesbarkeit das generische Maskulinum, es sind aber stets alle Geschlechter gemeint.

Immer wiederkehrend gleich ist aber auch die die Konfrontation mit dem körperlichen Abbau – Rückgang der physischen Kraft, Verlust von Fertig- und Fähigkeiten – und mit Veränderungen der Persönlichkeit z. B. durch Demenz, Verlangsamung, bis hin zum Sterben. Katharina Gröning (2014) pointiert dies, indem sie die Pflegearbeit als Sisyphusarbeit beschreibt, was bedeute, dass »die Grenzen und die Nichtveränderbarkeit [...] auch akzeptiert werden« müssen. Für sie »vollzieht sich der Prozess des Alterns immer mehr im Dreieck von Verlust, Angst und Schamerfahrungen« (S. 142).

Ursula Koch-Straube beschreibt in ihrer 1997 erstmals erschienenen, umfassenden und detailreichen ethnologischen Studie das Binnenleben eines Heimes. Die Beschreibungen und Erkenntnisse der »Fremden Welt Pflegeheim« sind in ihrem Grundtenor noch bis heute vorzufinden und wirksam. Koch-Straube beschreibt die Phänomene und die daraus erwachsenden Spannungsfelder von Organisationsdynamiken eines Heimes, wie sie auch meinen Erfahrungen entsprechen:

> »Seit meinem letzten Besuch im Heim beschäftigt mich die Atmosphäre der Stummheit und Resignation, die angefangenen, aber ins Leere laufenden Gespräche mit den BewohnerInnen. Nachhaltig spüre ich, wie ich selbst davon infiziert bin, eine Lähmung, die Phantasie und Initiative zum Gespräch schwächt. Für mich ist es eine erstaunliche und erschütternde Erfahrung, wie oft ich – trotz allen Forschungsdrangs – von Müdigkeit, Erschöpfung und auch Überdruss geplagt bin. Obwohl ich doch in der privilegierten Lage bin, das Haus nach meiner Entscheidung betreten und verlassen zu können, die Grenze meines Involviertseins selbst zu bestimmen, erfasst mich nicht selten eine tiefe Resignation, die unter Umständen auch dann noch fortdauert, wenn ich am Schreibtisch mit meinen Notizen beschäftigt bin« (Koch-Straube, 1997, S. 97).

Beim Verfassen dieses Beitrages ergeht es mir ähnlich, da ich gerade u. a. ein Heim intensiv interimistisch leite.

So ist es neben dem berufsbiografisch verankerten Vielen und Wiederkehrenden schließlich auch das Schwere, das den Heimen und insbesondere der darin stattfinden Pflegearbeit auferlegt ist, und von dem man froh ist, sich zur Entlastung immer wieder davon entfernen zu können – in den Feierabend, den Urlaub, die Freizeit oder in die Raucherecke mit Anderen.

In der mitunter penetrant anmutenden Permanenz dieser ständigen Herausforderungen mag wohl eine der Anstrengungen beschrieben sein, die Pflegende an- und überfordern und sie manchmal zur Berufsaufgabe zwingen: Die aktuelle Verweildauer im Altenpflegeberuf beträgt laut Deutschem Berufsverband für Pflegeberufe DBfK nur achteinhalb Jahre.

Doch immer noch und mit einer spezifischen Arbeitslust und Neugierde berate ich solche Einrichtungen, leite sie interimistisch und coache und supervidiere deren Mitarbeitende, Gruppen, Gremien, Teams und Leitungskräfte. Also doch: Langweilig wird es nicht. Es sind das Erkenntnisinteresse und die lebenszugewandte Lust an der Veränderung im Kleinen, manchmal auch im Konzeptionellen einer »Einrichtung der Altenhilfe«, wie es im Fachjargon korrekt heißt.

Heime im Fokus einer verzerrenden Öffentlichkeit

Hartnäckig halten sich Klischees über Heime, die möglicherweise als Versuche der Vergewisserung über die Realität »da drinnen« oder Schutz vor Bedrohlichem – Alter und Pflegebedürftigkeit – gedeutet werden können. Noch heute wird bisweilen von »Heiminsassen« gesprochen, oder Menschen fragen nach den Besuchszeiten, so als habe ein Heim wie selbstverständlich einen repressiven und rigiden Anstaltscharakter. Daneben gibt es Zerrbilder ganz unterschiedlicher Art, die durch falsche oder verquere Berichterstattung und Dokumentationen entstehen. Auf Wikipedia ist im Jahre 2022 noch Folgendes zum »Pflegeheim« zu lesen:

> »In der Studie zur ärztlichen Versorgung in Pflegeheimen (SÄVIP-Studie) aus dem Jahr 2005 wird angemerkt, dass in Pflegeheimen die allgemein- und fachärztliche Versorgung unzureichend sei, auch in solchen mit hohen Monatskosten. Dort leben aber sehr viele Menschen mit zum Teil mehreren und schweren Krankheiten und Behinderungen bei hoher Medikamentennutzung. Dazu hat die Studie durch eine bundesweite Befragung von 782 Heimen mit 65.000 Plätzen festgestellt, dass es nur in acht dieser 782 Heime Heimärzte gibt. Bei 81 Prozent der Bewohner wurden keine Arztbesuche außerhalb des Heimes verzeichnet. An dieser Situation hat sich seither nichts Grundlegendes verändert.«

Diese Darstellung widerspricht der Realität außerordentlich und suggeriert einen Klinik- oder Anstaltscharakter, der für einen Ort des Wohnens und Lebens nicht zutrifft. Die hausärztliche Versorgung ist angesichts der auch im Heim bestehenden freien Arztwahl seit Jahrzehnten flächendeckend gegeben. Das trifft im Übrigen auch auf die fachärztliche Versorgung zu. Viele Heime kooperieren auch mit speziellen Ambulanzen zur medizinischen Versorgung psychiatrisch und demenziell erkrankter alter Menschen. Aufgrund eben dieser freien Wahl besteht für das Vorhandensein eines Heimarztes keinerlei Notwendigkeit, es handelt sich dabei auch nicht um ein Qualitätsmerkmal.

Aus Kundensicht werden die hohen Heimkosten meist kritisiert. Als Wohn-, Verbrauchs-, Investitions- und Personalkosten sind sie jedoch völlig legitim. Kaum jemand rechnet den Stundensatz des Personaleinsatzes im Vergleich zu anderen beruflichen Dienstleistungen hoch. Als Thema landet dies bei Heimverantwortlichen oft in Form eines latenten schlechten Gewissens.

Sensationslüstern, fast anzüglich gestalten sich Skandalberichte über Heime, die immer nur einen nicht-repräsentativen Ausschnitt verzerrt darstellen. Zum Zeitpunkt der Entstehung dieses Textes kursieren folgenreiche und sensationslüsterne Skandalfilme im Fernsehen, »Team Wallraff« etwa deckt auf:

> »RTL-Undercover: Reporter muss Schreckliches im ›Alloheim‹ erleben. Nass und ohne Hose liegt Josef im Bett. Zu dritt haben sich Maxi und seine zwei Kollegen um Josefs Bett positioniert. Sie warten, bis der Rentner noch einmal uriniert, damit sie anschließend das Bett neu beziehen können.«[2]

Solche mit entsprechend verpixeltem Filmmaterial unterlegten, veröffentlichten Szenen beschämen – und erzeugen eine Angst, die sich offensichtlich gut verkaufen lässt. Die perfide anmutende tiefe Beschämung der hilflosen Person in gerade der gezeigten Wehrlosigkeit auf Film: Das ist es, was fassungslos macht. Dass der Betroffene und Gezeigte als »Rentner« und nicht als Pflegeheimbewohner bezeichnet wird, abstrahiert die Situation, dass er als »Josef« geduzt und nicht »Herr ...« genannt wird, nimmt ihm jegliche restliche Würde noch einmal. Ist deswegen die gezeigte Szene aus einem der über 15.000 Heime in Deutschland umso eindrücklicher?

Lösungswege: Differenz von Theorie und Praxis

Im Folgenden soll der Versuch eines Einblicks in Konstruktionen und Realitäten von Organisationsgegebenheiten und -dynamiken im Altenheim unternommen werden. Dieser orientiert sich an den eigenen Erfahrungen und nimmt Bezug auf die zu wenig vorhandenen institutionsanalytischen Beiträge zum Alten- und

---

2   Siehe https://www.rtl.de/cms/nach-hunderten-hilferufen-aus-pflegeheimen-team-wallraff-deckt-neue-erschreckende-missstaende-auf-4990102.html

Pflegeheim mitsamt seinen verborgenen und offen zutagetretenden Themen. Dass es hierzu im Vergleich zu vielen anderen Feldern der Sozialen Arbeit so wenig Forschung gibt, interpretiere ich als Ausdruck der Marginalisierung eines bedrängten, mitunter stark tabuisierten Bereichs, den man »lieber nicht sehen möchte«: Kaum jemand möchte später einmal ins Heim, auch ich nicht. Die offensichtliche Unattraktivität, auch bei forschenden Sozialwissenschaftlern, im Vergleich zu etablierten Feldern Sozialer Arbeit wiederum deute ich als Spiegelphänomen der genannten Marginalisierung. Es ist ein unspektakuläres Terrain ohne Aussicht auf weltbewegende Ereignisse, ohne Zukunftsperspektive für die Menschen, die darin leben.

Konstruktionen und Realitäten: Organisationsgegebenheiten und Organisationsdynamiken im Altenheim

Die Situation: Professioneller Anspruch und Organisationsrealität

Die Gruppe der alten und hochaltrigen Menschen wird weiterhin stark wachsen. Ist dies nun erfreulich oder trübt die Aussicht auf zunehmende Verlusterlebnisse, spezifische Abbauprozesse und hohe Prävalenzraten für demenzielle Erkrankungen die Perspektiven? Nach wie vor steht bei der Betreuung alter und beeinträchtigter Angehöriger die Familienpflege im Vordergrund. Über drei Viertel der pflegebedürftigen Menschen werden zu Hause von ihren Partnern, Töchtern und Schwiegertöchtern gepflegt. Anders als noch vor einigen Jahrzenten zögert sich der Heimeinzug immer mehr hinaus und geschieht erst dann, wenn Unterstützungssysteme zu Hause nicht mehr sichergestellt werden können. Die Übersiedelung in ein Pflegeheim ist für alle Beteiligten – Pflegebedürftige wie Angehörige – lebensverändernd und oft von Gefühlen der Überforderung und Kränkung sowie von Vorwürfen begleitet (Bauer & Gröning, 2007, S. 38). Trotz vieler Bemühungen um eine qualitativ hochwertige Pflege haftet dem Alten- und Pflegeheim nach wie vor ein schlechtes Image an. Trotz vieler Verbesserungen – das Heim bleibt unbeliebt (Brandenburg et al., 2014, S. 66).

Wie es in einem Altenpflegeheim aber zugeht, das meint jeder »irgendwie« zu wissen. Vielfach werden – immer noch – Aspekte der totalen Institution auf Heime projiziert. Obwohl in vielfältigen Heimkonzepten und bei anderen, etwa teilstationären oder ambulanten Wohnformen für das Alter, Eigenständigkeit und Individualisierung des Lebensvollzugs im Vordergrund stehen, treffen

Merkmale der totalen Institution nach Erving Goffman (1972) tatsächlich immer noch zu: In Heimen sind »Beschränkungen des sozialen Verkehrs« vorzufinden, in ihnen finden »alle Angelegenheiten des Lebens an ein und derselben Stelle statt« und »alle Phasen des Arbeitstages sind exakt geplant« (Goffman, 1973, zit. n. Bauer & Schmidbauer, 2005, S. 105).

Geht man der Frage nach, was die Organisation Altenheim steuert und determiniert, stößt man schnell auf deren Widersprüche. Klassisch ist der Widerspruch zwischen beruflichen Ansprüchen der professionell Pflegenden, oft auch der proklamierten Unternehmensleitbilder und der Organisationswirklichkeit. Diese gehen einher mit Zeitdruck, Personalknappheit, einer arbeitsteiligen, hochgetaktet organisierten Pflege, die verrichtungsorientiert ist bis hin zu tayloristischen Zügen, häufig anzutreffenden hierarchischen und im dysfunktionalsten Falle bürokratischen Führungs- und Arbeitsverteilungsformen. Der Bereich ist gekennzeichnet durch semi- bzw. deprofessionelle Organisations- und Führungswirklichkeiten.

Katharina Gröning beschreibt in ihrem wegweisenden und radikalen Buch *Entweihung und Scham. Grenzsituationen in der Pflege alter Menschen* (Gröning, 2014) den Widerspruch zwischen den Strukturen der Altenhilfe und den inneren Realitäten von Pflegenden so radikal schonungslos wie treffend. Von den Pflegenden werden Rationalität und »Kundenorientierung« im Umgang mit den Klienten und die Erfüllung äußerer, überwiegend somatisch orientierter Qualitätsmerkmale verlangt. Gefühle von Angst, Verlust, Trauer und Scham aber haben keinen Platz.

Das ganze Team, auch ich, ist betroffen, als Herr S. mitten in der Spätschicht an seinem Tisch tot zur Seite fällt. Er war zwar schon beginnend dement, aber immer noch mobil, erzählte gerne über seinen Metzgerberuf, hielt gerne ein Schwätzchen und ging regelmäßig zum Seniorennachmittag der Kirchengemeinde. Im Trubel des Weitermachens bleibt aber kein Platz, innezuhalten, zu trauern, sich zu verabschieden.

Arbeitsort Altenpflegeheim: Mitarbeitende versus Leitung?

Die bislang umfassendste und tiefgehendste Analyse des Arbeits- und Lebensorts Pflegeheim liefert Ursula Koch-Straube mit ihrem Werk *Fremde Welt Pflegeheim*. Es handelt sich um eine ethnologische Studie aus dem Jahre 1997, die in ihren Grundaussagen zu Phänomenen und Dynamiken noch heute gültig ist. Die Autorin beschreibt dort treffend ihre tiefen Eindrücke von Andersartigkeit und ihre Gefühle von Fremdheit. Ich möchte daran mit meinen eigenen Erfahrungen anknüpfen aus einer ähnlichen, aber doch andersartig oszillierenden Perspektive: Als Berater und Leiter (und somit auch Mitarbeiter) auf Zeit bin ich gleichzeitig drinnen und draußen.

In beiden Rollen, die ich konstruktiv und wirksam miteinander zu verknüpfen versuche, gehört es zu meinem Verständnis, dass die Mitarbeitenden in einem Pflegeheim vor allem Unterstützung in vielerlei Hinsicht brauchen: *fachlich*, mit Blick auf Problemlösungen und Entlastung beispielsweise bei allzu kritischen Angehörigen, *menschlich* durch eine konsequent containende Arbeitshaltung als Berater und Leiter, die sich unterscheiden sollte von raffinierten und fragwürdigen Motivationstechniken oder aus der Wirtschaft abgeschauten und unreflektiert übernommenen Führungs- oder Personalentwicklungsinstrumenten. Oft sind Instrumente zur Überprüfung der Qualität kaum vorhanden oder gebräuchlich. Führung und Führungskompetenz verbleiben häufig in Charakterologie und alltagspsycholgischem Halbwissen. In ausgeklügelten Führungskonzepten größerer Träger wird viel Individualpsychologisches dargelegt. In einem mir vorliegenden Konzept ist zwar der Mode entsprechend von »Achtsamkeit« und »Selbstpflege« die Rede, aber an keiner Stelle von »fachlicher Basierung« und »Ausrichtung«, »Haltung« oder »Ethos«. Die so wichtige Fähigkeit, in Strukturen und Systemen zu denken, zu planen und zu handeln, ist oft nicht ausgebildet. Als langjähriger Leiter von Fort- und Weiterbildungen für die mittlere Führungsebene und Pflegedienstleitungen weiß ich, wie schwer es ist, solche Fähigkeiten zu vermitteln. Angesichts sich völlig widerstrebender Realitäten in der jeweiligen Organisationspraxis der Teilnehmenden und – so meine These – des Desinteresses der Organisationsverantwortlichen, scheint die Führungsfrage meist beantwortet. Dabei wäre gerade in diesem Feld reflektierendes Handeln gefragt.

Am Ende der Übergabe von Früh- zu Spätdienst eines Wohnpflegebereichs fragt mich eine ansonsten recht zurückhaltende Pflegehelferin ganz spontan, ob ich nicht einmal in der Pflege mitarbeiten könnte. Sofort wehre ich mich gegen dieses Ansinnen. Ich erkläre – wohl in einer Art Flucht in die eigene (Leitungs-)Rolle –, was wir als Leitende doch an vielem »Unsichtbaren« tun, um den Rahmen zu sichern, in dem »ihre« Arbeit hier stattfindet, um die Organisation aufrechtzuerhalten, uns um neues Personal bemühen, was sehr zeitaufwendig ist usw. Während meines Sprechens spüre ich bereits, wie verfehlt und rechtfertigend meine Gegenwehr ob dieses Appells ist, und ich nehme das Angebot wahr, spüre aber auch die Bedürftigkeit, die in der Anfrage der Mitarbeiterin steckt. Ich könnte mich auch kollegial zeigen und einen Beweis meiner Identifikation mit der Pflegearbeit liefern. Es könnte ein Nähe-Angebot sein, die nahe Arbeit »am Bewohner« mit zu tun. Ich fühle mich weiterhin leer und hilflos, als sie sich leicht verlegen entschuldigt, was ich in dem Moment für unangemessen halte und zurückweise.

An einer solchen Stelle müsste innegehalten werden und Reflexion stattfinden. Gerade dieses Team hätte es nötig, denke ich, denn der Kommunikationsmodus des »Wir« ist in meiner Wahrnehmung hier komplett unterentwickelt. Aber in meinem Büro stehen doch so viele Aufgaben an, allen voran die Dienstplan- und Personalsicherung bei hohem Krankenstand und fortschreitender Fluktuation.

Containment – eine Methode der Führungsarbeit
Wie soll eine Führungskraft in oben genannter Situation reagieren und: Was soll sie leisten? Ich erlebe oft, dass sich Mitarbeitende im Heim zu wenig unterstützt fühlen, viel Zeitdruck erfahren und Unverständnis für ihre Anliegen bemängeln. Zugleich erlebe ich sehr häufig ein Führungsvakuum, das daran grenzt, dass gar nicht oder allenfalls indirekt oder vermeidend geführt und gesteuert wird. Waren in früheren Zeiten noch bis in die 1990er und Nuller-Jahre »hauselterliche« Leitungstraditionen und solche mit paternalistischem Charakter gang und gäbe, sind heute andere Leitungskulturen zu beobachten, sehr oft schwach oder laienhaft ausgeprägt.

Die Probleme der Mitarbeiter werden von den Führungskräften meist entwertet und diese auf sich selbst zurückgewiesen. Entsprechend hoch ist die unterschwellige Aggression, die aufgrund der Organisationskultur fast immer passiv-defensiv ausgelebt wird (Gröning, 2014, S. 45f.). Führungskräfte, also Heimleitungen, Pflegedienstleitungen oder Wohnbereichsleitungen, sind häufig zu wenig in Organisationswissen oder Organisationssteuerungsinstrumenten geschult. Statt ausreichender Arbeits- und Funktionsbeschreibungen geschieht sowohl Zusammenarbeit als auch Führungsarbeit »personal« anstatt organisationsorientiert über pseudo-moralische Appelle.

Hier bietet sich das Modell der Führungskraft als »Container« an. Das oben geschilderte Erleben des Appells der Mitarbeiterin steht für Situationen anderer oder immer der Art, in denen Führungskräfte mit Reaktionen, vagen Gefühlen und eigenen Handlungsimpulsen konfrontiert werden, sie aber nicht richtig einordnen können und auf die sie nicht sogleich reagieren sollten. Wenn sie es dennoch täten, würde ihre Reaktion von Ärger und Wut zu einer Konflikteskalation führen. Das Container-Contained-Modell Bions (1997) bietet hier einen Verarbeitungsschritt an.

Führung ist insbesondere in der stationären Altenhilfe in erster Linie Beziehungsarbeit, also ein Interaktionsprozess, an dem mindestens zwei, oft mehrere

Individuen beteiligt sind. Containment ist ein aus der Psychoanalyse stammendes praktikables Modell der Führung, im Grunde genommen ist es eine Haltung, die Menschen befähigt, (verborgene) mentale Einflüsse, die in einer Organisation von vielen Mitarbeitenden geteilt werden, aufzunehmen und zu verarbeiten. Das Konzept des Containments geht auf den Psychoanalytiker Wilfried Bion zurück und beschreibt ursprünglich einen Prozess des Denkens und des Verarbeitens aus der frühen Mutter-Kind-Beziehung. Im Kontext von Führung geht es dabei um die Aufgabe von Führungskräften, die teilweise unbewussten Spannungen, Ängste und andere belastende Gefühle wahrzunehmen, wie in ein »Behältnis« (»Container«) aufzunehmen, zu verarbeiten und in dosierter Form wieder zurückzugeben. Dies führt dazu, dass sich Mitarbeitende gehört und verstanden, im besten Falle unterstützt fühlen. Die Aufgabe von Führung ist es, Mitarbeitende mit den unausweichlichen Herausforderungen zu konfrontieren, die die Realität mit sich bringt. Gleichsam sollten sie sich darum kümmern, die Balance zu halten, Veränderungsdruck und Anforderungen erträglich zu machen und Zukunftsperspektive und Zuversicht zu vermitteln.

In meiner Beratungspraxis erlebe ich immer wieder, wie wenig präsent Führungskräfte bei ihren Mitarbeitenden sind – und wie andererseits Teams und Mitarbeitende nach Präsenz rufen, ja mitunter dürsten. Zeitgleich beobachte ich die Zunahme von krankheitsbedingten Ausfällen von Führungskräften aufgrund von Burn-out, begleitet von Gefühlen, alleingelassen zu sein. Da mutet die Ablehnung eines angeforderten Fachartikels durch ein führendes Organ der Altenhilfe zum Thema »Supervision bei Burn-out«, der professionelle Fachstandards des führenden Fachverbandes in Deutschland vermitteln sollte, symptomatisch an; die Ablehnung wurde damit begründet, dass man einen Artikel dazu erwartet habe, wie sich Führungskräfte gegenseitig coachen können. Ich verstehe dies als Zeichen für die Deprofessionalisierung in diesem Bereich, repräsentiert durch ein Fachblatt. Erinnerlich ist mir die Aussage einer Heimleiterin bei einem Private-Equity-Rendite-Unternehmen der Altenhilfe, die unbedingt die Vorgabe einhalten wollte, keine Rundgänge oder Besuche bei den Bewohnern zu machen, da sie rein organisatorische und betriebswirtschaftliche Aufgaben wahrzunehmen habe. Im Gegensatz dazu:

> »Containment wird nicht nur persönlich gelebt. Es wird auch durch klar definierte Strukturen und klar kommunizierte Regeln vermittelt, deren Einhaltung die Führung mit geltenden Normen sicherstellt. Klar und sicher heißt in diesem Zusammenhang auch, dass alle Führungsebenen und alle Geschäftsbereiche gemeinsam daran arbeiten« (Heltzel, 2021, S. 295).

Interessant im Zusammenhang hier ist, dass das Konzept des Containments auch im Kontext von Menschen mit Demenz diskutiert wird (Trunkenpolz, 2018, S. 69). Differenzierte Analysen hierzu liegen allerdings noch kaum vor. Trunkenpolz erläutert, dass diejenigen, die sich mit Demenzerkrankungen aus psychoanalytischer Perspektive auseinandersetzen, bei an Demenz erkrankten Menschen eine Zunahme projektiver Prozesse feststellen. In der Progredienz der Erkrankung würde sich diese Form der Kommunikation als vorrangig etablieren. Zugleich würde die Fähigkeit allmählich abnehmen, über das innere Erleben nachzudenken und es in Sprache zu fassen.

Was aufgrund einschlägiger Publikationen zum Thema gesagt werden kann, ist,

> »dass in diesem Kontext Bezugspersonen von Bedeutung sind, denen es gelingt, im Bion'schen Sinne als Container zu fungieren – d. h., die archaischen und wenig differenzierten Erlebnisinhalte, die die Person mit Demenz projiziert, aufzugreifen, sie innerpsychisch weiter zu verarbeiten und die Beziehung zur dementen Person entsprechend zu gestalten, um (zumindest) in der aktuellen Situation auf Seiten des Pflegeheimbewohners ein Verspüren von Sicherheit und Verstehen zu ermöglichen« (ebd.).

Bestimmte Verhaltensweisen, Aussagen oder Handlungen eines Menschen mit Demenz sollten also nicht vorschnell monokausal auf den »Verwirrtheitszustand« der Person zurückgeführt werden, also nicht als Erkrankungssymptom abgetan werden, sondern in ihrer Bedeutung mit Blick auf das Erleben der Person mit Demenz verstanden werden.

Diese Konzepte des Containments, sowohl im Kontext von Führung als auch im Zusammenhang mit Demenz, klingen für einen Praktiker, wie ich es eben auch bin, sehr idealtypisch; so idealtypisch, dass sie ohne Weiteres angewandt werden können. Mit fällt eine Reihe von Mitarbeitenden ein, die die Grundlagen für eine solche Haltung in sich tragen. Notwendig sind hier Fortbildungen zur Sensibilisierung und Differenzierung von Reaktions- und Verhaltensweisen gegenüber Menschen mit Demenz.

Kommunikation (im Team)

Frau K. wohnt erst seit einigen Wochen im Wohnpflegebereich. Sie ist dement und zeigt beeinträchtigtes Sprachvermögen, Umherlaufen, Fabulieren, unverständliches Sprechen, während sie sich dennoch verständlich machen will. In der Mittagszeit isst sie gerne eine Banane oder anders Obst aus der offenen Küchenzeile, nimmt sich ein Getränk, das gerade herumsteht. Manchmal »läuft sie weg«, benutzt sogar den Aufzug, verschwindet ganz einfach im Haus oder geht nach draußen. Noch frisch in der Interimsleitung der Einrichtung spricht mich eine langjährige Pflegefachkraft fordernd an: »Tun Sie mir die weg, die muss verlegt werden. In die geschlossene Abteilung unten im Erdgeschoss. Oder in die Psychiatrie.« Ich bin verwundert über das unempathische Nicht-Vorhandensein eines fachlichen Statements zur Situation von Frau K. und über die völlige Abwesenheit der Perspektive, was diese Bewohnerin braucht. Nach näherem Hinsehen und Zuhören auch bei den anderen Pflegekräften merke ich: Das Team ist uneins, was Frau K. betrifft. Manche haben sie ob ihrer doch gutmütigen Art ins Herz geschlossen. Sie haben Schwierigkeiten, dies zu artikulieren. In den folgenden Tagen erlebe ich zweierlei: Das unaufhörliche Rufen nach einer Lösung durch die eine Pflegefachkraft, das stumme Nicht-Einverstandensein des restlichen Teams, das Frau K. ins Herz geschlossen hat. Diese Differenz hält bis dato an und ist nicht besprechbar, was auf eine andere Ebene, nämlich die der Teamkommunikation, verweist. Apodiktisches Fordern einer »massiven« (auch aggressiven) Intervention, die vermeintliche »Ruhe und Sicherheit« schafft, versus Stummheit der Anderen, die sowohl eine Auseinandersetzung untereinander vermeiden als auch keine quasi advokatische Position für Frau K. einnehmen wollen oder können.

Es finden sich dazu zwei passende Bezüge: Katharina Gröning beschreibt in ihrem institutionsanalytischen Beitrag »Arbeitsort Altenheim« (Gröning, 1995, S. 421–434), wie sehr die Kommunikation im Heim hierarchisch konstituiert ist und wie wenig bis gar nicht sozialpsychologische Verstehenszugänge und Deutungsmuster bezogen auf (soziale) Konflikte im Heim vorzufinden sind: der mächtige Heimleiter (oder Arzt) als Lösungsinstanz und Entscheider versus eine fachlich basierte, konsensuale Entscheidungs- und Haltungsfindung im Team.

Gesellschaftliche Ausgrenzung

Koch-Straube skizziert den aus meiner Sicht treffenden Eindruck, dass das Heim ein Ort gesellschaftlicher Ausgrenzung ist, den Außenstehende (Besucher, Ärzte, Politiker zu hohen Geburtstagen und Wissenschaftler) nur sporadisch oder situativ betreten, was wiederum dazu führt, dass der Ort den dort arbeitenden und den darin lebenden alten Menschen überlassen wird. Die Mitarbeitenden fühlen sich dort alleingelassen, erleben und empfinden nur geringe Unterstützung und Wertschätzung. Dafür projizieren sie ihren Unmut und ihre Unzufriedenheit über diese Isolierung in erster Linie auf die eher greifbaren Angehörigen. Koch-Straube beschreibt, wie schwer es für Pflegende in einem Klima der allgemeinen Un- oder Desinformiertheit und durch die gängigen Klischees über das Heimgeschehen ist, zwischen persönlicher, institutionsbezogener und gesellschaftlicher Verantwortung zu unterscheiden.

Gröning vergleicht das Altenheim in diesem Zusammenhang mit der Figuration der verlassenen Mutter,

> »jener Mutter, die mit ihrem Kind ganz alleine ist und die jede Hoffnung verloren hat. Diese Mutter ist vom Vater (dem Arzt/der Medizin) verlassen. Sie macht die Dreckarbeit alleine. Alleine sein mit der Dreckarbeit ist eines der universellen Gefühle in der Altenpflege« (ebd., S. 431).

Dieses generalisierte Phänomen des Alleinseins ist ein formender, ja existenzieller Grundaspekt in Heimen. Bei allen schönen neuen Konzepten, ob Kunden- oder Bewohnerorientierung, als Familienersatz, mit immer noch mehr Serviceleistungen oder Maßnahmen für Demente, mit Eventcharakter oder anderem, muss ins Bewusstsein rücken, dass es in Heimen um den Abschluss individueller Lebensprozesse geht. Es geht um Abschied vom eigenen Leben und allem, was dazugehört: Das alles gilt es zu begleiten. Hierzu braucht es eine alles verbindende Ethik, insbesondere die der Pflege, ein Verständnis auch darüber, dass Pflege Bestandteil der öffentlichen Daseinsvorsorge ist, wie auch Kinderbetreuung und Bildung. In diesem höchstsensiblen Bereich hat das Prinzip der Gewinnmaximierung nichts verloren.

Literatur

Bauer, A. & Gröning, K. (Hrsg.). (2007). *Die späte Familie – Intergenerationenbeziehungen im hohen Lebensalter*. Psychosozial-Verlag.

Bauer, A. & Gröning, K. (2015). Das andere Alter – Verstehende Zugänge zum Alter als Basis für die Intergenerationenbeziehungen. In dies. (Hrsg.), *Die späte Familie* (S. 17–40). Psychosozial-Verlag.

Bauer, A. & Schmidbauer, W. (2005). *Im Bauch des Wals – Über das Innenleben von Institutionen*. Ulrich Leuthner.

Bion, W. R. (1997). *Lernen durch Erfahrung*. Suhrkamp.

Brandenburg, H., Bode, I. & Werner, B. (Hrsg.). (2014). *Soziales Management in der stationären Altenhilfe – Kontexte und Gestaltungsspielräume*. Hans Huber.
Goffman, E. (1973). *Asyle. Über die soziale Situation psychiatrischer Patienten und anderer Insassen*. Suhrkamp.
Gröning, K. (1995). Arbeitsort Altenheim – Sozialpsychologische und soziologische Verstehenszugänge der Interaktionsstrukturen und Berufskulturen in der stationären Altenhilfe. Ein Beitrag zur Institutionsanalyse des Altenheims. In A. Bauer & K. Gröning (Hrsg.), *Institutionsgeschichten, Institutionsanalysen* (S. 420–434). edition diskord.
Gröning, K. (2014). *Entweihung und Scham, Grenzsituationen in der Pflege alter Menschen* (6. Aufl.). Mabuse.
Gröning, K. & Heimerl, K. (2012). *Menschen mit Demenz in der Familie. Ethische Prinzipien im täglichen Umgang*. Picus.
Heller, A., Heimerl, K. & Husebo, S. (Hrsg.). (2007). *Wenn nichts mehr zu machen ist, ist noch viel zu tun. Wie alte Menschen würdig sterben können*. Lambertus.
Heltzel, R. (2021). *Psychodynamische Beratung in Organisationen. Integrative Konzepte und bewegende Begegnungen*. Psychosozial-Verlag.
Jenull, B. (2011). Lebens- und Arbeitsort Pflegeheim. Teil 1: Zur Situation der Pflegekräfte in der stationären Altenpflege. *Lebenswelt Heim, 14*, 24–26.
Koch-Straube, U. (1997). *Fremde Welt Pflegeheim – eine ethnologische Studie*. Hans Huber.
Kretschmar, T., de Grancy, M. S. (2017). *Containing als Führungsaufgabe in Zeiten der Unternehmensveränderung*. Springer VS.
Trunkenpolz, K. (2018). *Lebensqualität von Pflegeheimbewohnern mit Demenz – eine psychoanalytisch orientierte Einzelfallstudie*. Barbara Budrich.
Zajak, O. (2012). *Reformpflege. Neue Wege in der Pflege*. Südwestdeutscher Verlag für Hochschulschriften.

Biografische Notiz

Uwe Kowalzik ist seit über 30 Jahren beratend und fortbildend unterwegs, seit 1996 umfangreich als Supervisor und Coach (DGSv), Trainer und Organisationsberater. Davor verbrachte er Lehr- und Gesellenjahre als Industriekaufmann, Altenpfleger, Gruppen-, Bereichs- und Pflegedienstleiter, zehn Jahre als Dozent in Leitungskursen in der Caritas-Akademie Freiburg, sechs Jahre als Leiter und Geschäftsführender Vorstand im Sozialbereich. Seit 2013 arbeitet Kowalzik als Interim Manager auf der ersten und zweiten Führungsebene in Altenhilfeeinrichtungen und -trägern als Geschäftsführung und Leitung. Inhaltliche Schwerpunkte sind darüber hinaus: Konzepterarbeitung, Veränderungsprojekte, Führung Personalentwicklung (360°-Feedback, Führungskräfteentwicklung, Mitarbeitergespräche), Demenzkonzepte u. a.

V

Organisationale Dynamiken in Bezug auf Körper, Gesundheit, Sterben und Tod

Hinführung der Herausgeber:innen

Das vorletzte Hauptkapitel stellt die organisationalen Dynamiken in Bezug auf Körper, Gesundheit, Sterben und Tod in den Mittelpunkt der vier nun folgenden Aufsätze.

Florian Barth, Annemarie Bauer und *Fabian Kliesch* beschäftigen sich aus zwei unterschiedlichen Perspektiven mit dem Thema Palliativstationen und Hospiz. In einem ersten Teil analysiert Fabian Kliesch als Mediziner und Theologe die ethischen Positionen der Bundesärztekammer aus evangelischer Sicht und bietet einen komprimierten Überblick über die vielen Themen, die in diesem Gesamtkontext angesprochen werden müssen. Florian Barth und Annemarie Bauer reflektieren Supervisionsprozesse in verschiedenen Organisationen und betonen die besondere, wertschätzende, zwar nicht immer konfliktfreie, aber dennoch sorgsame Kultur, die sich in allen Organisationen des begleitenden Sterbens wiederfindet.

Jörg Seigies zeigt, inwieweit Institutionen und Organisationen Einfluss auf den Körper ihrer Organisationsmitglieder nehmen. Erleben und Erfahren innerhalb von Organisationen sind immer auch psychosoziale Erfahrungen. Sie entstehen durch ein gegenseitiges Aufeinander-Einwirken von individuellen und organisatorischen Dynamiken, die durch komplexe Prozesse miteinander verwoben sind. Symbole, Mythen und Rituale schreiben sich wirkungsmächtig explizit und implizit in den Körper ein. So manifestieren sich ein Körper-Haben und ein Körper-Sein Der Körper stellt ein Interface zwischen *Natur* und *Kultur* dar, es kreuzen sich die Bereiche des Biologischen und des Sozialen, und somit existiert neben dem direkten physischen Körper parallel ein sozialer Körper. Beide stehen im permanenten Austausch *(lifelong reciprocity)*.

Hans-Jörg Stets ist als Klinikseelsorger und durch die jahrelange Arbeit mit Ethikkomitees – auch als deren Leitung – betraut und vertraut. Für deren verantwortungsvolle Arbeit empfiehlt er die Grundlegung eines mehrdimensionalen

Beratungsansatzes in der klinischen Ethikberatung, wobei er vier typische Beratungsanlässe unterscheidet: Dilemma, Dissens, Meinungsverschiedenheiten und gemeinsame Indikationsstellung. Weiterhin thematisiert er wichtige und typische Organisationsdynamiken in Krankenhäusern: Ethikberatung wird gewünscht und als notwendig erachtet, aber gleichzeitig nicht ausreichend genutzt. Klinische Ethikkomitees verstehen sich als kritisches Gegenüber zur Gesamtorganisation und sind doch gleichzeitig Teil der Organisation und damit ihr Spiegel. Ethische Fragestellungen prägen den Alltag im Gesundheitswesen, aber sie sind eher latent in der interdisziplinären Zusammenarbeit bedeutsam. Der Blick auf die Teams ist ebenso wichtig wie die Anwendung einer Prinzipienethik: Um in diesen Widersprüchen produktiv abwägende Entscheidungen treffen zu können, kann eine sensibel durchgeführte Supervision ein hilfreiches Format sein.

Tanja Becker beschreibt anschaulich den Prozess der Implementierung des Gesundheitsgedankens an der Universität Köln und zeigt, wie Gesundheit zu einem ernsthaften und dauerhaften Anliegen an Hochschulen werden kann. In diesem Beitrag reflektiert sie eine Dynamik, die in den letzten Jahren erheblichen Einfluss auf die Gesundheitsförderung an den Universitäten und Fachhochschulen in Nordrhein-Westfalen genommen hat. Becker stellt fest, dass in der Erhöhung der Sichtbarkeit von Zielsetzung und Maßnahmen der Gesundheitsförderung ein noch nicht komplett erschlossenes Potenzial für ein universitäres Gesundheitsmanagement entsteht, das bei der Umsetzung an Hochschulen zunehmend berücksichtigt werden sollte.

Ethik des Sterbens – und wie sie auf Palliativstationen gelebt wird

Florian Barth, Annemarie Bauer & Fabian Kliesch

> »Wem gehört unser Leben? Gehört es einem Gott? Gehört es dem Staat? Der Gesellschaft, der Familie, den Freunden? Oder gehört es nur uns selbst? [...] Wenn wir begreifen, dass wir die absolute Wahrheit nicht kennen und nie kennen werden, dann müssen wir großzügig sein. Der Mensch selbst ist dann das Maß – nicht die Natur, keine Ideologie, keine Religion, keine Kirche, kein Gott.«
>
> *Ferdinand von Schirach (2020, S. 117ff.)*[1]

Das Thema Sterbehilfe und Suizid ist hochaktuell, ein Thema, das aus dem Schatten will, an die Öffentlichkeit drängt und viele Menschen beschäftigt: Sterbende wie Angehörige. Wir werden die von Schirach aufgeworfenen Fragen nicht beantworten können, aber wir werden sie von zwei Seiten aufspannen: Der erste Teil widmet sich der Position der evangelischen Ethik und der juristischen Ordnungsversuche, deren Diskussion in der Bundesrepublik seitens der medizinischen Gesellschaften, seitens der christlichen Kirchen, und allen sich daraus ergebenen Fragen. Fabian Kliesch bezieht sich dabei im Speziellen auf die Positionen der evangelischen Kirche und der Bundesärztekammer. Der zweite Teil des Textes beleuchtet die Seite des Lebens, Arbeitens und Sterbens im palliativen Kontext. Wir übernehmen den Begriff »palliativ«, beziehen uns aber auch auf Hospizarbeit, die von Hauptamtlichen und Ehrenamtlichen gemeinsam auf beeindruckende Weise getragen wird. Zugrunde liegen dem zweiten Teil mehrere – allein und auch gemeinsam durchgeführte – Supervisionsprozesse und Fortbildungen.

---

1 In Schirachs Theaterstück *Gott* verhandelt der »Deutsche Ethikrat« in öffentlicher Sitzung das Thema »Sterbehilfe und Suizid« in sehr unterschiedlichen Positionen.

1 Ärztliche Beihilfe zum Suizid – Diskussion im Spiegel ärztlicher und kirchlicher Verlautbarungen (Fabian Kliesch)

Das Thema der Beihilfe zum Suizid bekam durch ein prominentes Bundesverfassungsgerichtsurteil vom 26. Februar 2020 mediale Aufmerksamkeit. In dem Urteil wurde der 2015 eingeführte Straftatbestand der geschäftsmäßigen Förderung der Selbsttötung als grundgesetzwidrig festgestellt. Das Bundesverfassungsgericht

> »hat in diesem Zusammenhang das ›Recht auf selbstbestimmtes Sterben‹ betont, das Ausdruck persönlicher Autonomie eines Suizidwilligen ist. Dieses Grundrecht schließt die Freiheit ein, sich das Leben zu nehmen und hierfür bei Dritten Hilfe zu suchen und, soweit sie angeboten wird, in Anspruch zu nehmen. Niemand kann indes verpflichtet werden, eine solche Suizidhilfe zu leisten«.[2]

Welche Auswirkungen dies auf den professionellen Umgang mit sterbenden Menschen hat, soll im Folgenden erläutert werden. Folgende Fragen sollen als Gliederung dienen:
➢ Wie verhält sich die Beihilfe zum Suizid zu anderen Formen der Sterbehilfe?
➢ Wie bewerten die Ärzteschaft und die christlichen Kirchen die ärztliche Beihilfe zum Suizid ethisch?
➢ Welche ethischen Abwägungen sind bei der Hilfe zur Selbsttötung von professionellen Rahmen handlungsleitend?

Beihilfe zum Suizid und andere Formen der Sterbehilfe

Bei der Begleitung schwerstkranker und sterbender Menschen lassen sich verschiedene Formen unterscheiden, die teilweise als geboten und selbstverständlich betrachtet werden, teilweise rechtlich nicht erlaubt sind oder sich in einer Grauzone befinden.

Die Begriffe »Sterbehilfe« und »Sterbebegleitung« sind Oberbegriffe und meinen die Unterstützung von Menschen in ihrem Sterbeprozess bis hin zum Tod. Erlaubt und geboten sind folgende Formen der Sterbehilfe:

---

[2] https://www.bundesaerztekammer.de/recht/aktuelle-rechtliche-themen/suizidhilfehilfe-zum-suizid/

> *Passive Sterbehilfe* meint ein Sterbenlassen. Der Krankheit oder dem natürlichen Sterbeprozess wird nichts mehr therapeutisch entgegengestellt. Es wäre aber sachlich falsch, von einem »Therapieabbruch« oder gar einer »Therapiebeendigung« zu sprechen. Vielmehr wird das Sterbenlassen von der Handlungsmaxime einer Therapiezieländerung getragen. Die Therapie fokussiert sich dann nicht mehr auch ein kuratives, sondern auf ein palliatives Therapieziel, d. h., die Symptomkontrolle und die bestmögliche Lebensqualität auf dem letzten Weg stehen im Mittelpunkt.

Im Rahmen der palliativen Therapie kann es zu einer *indirekten Sterbehilfe* kommen. Das bedeutet, dass manche Medikamente unerwünschte Arzneimittelwirkungen, also Nebenwirkungen haben, die das Leben verkürzen können; wenn z. B. schmerzstillende Morphine gegeben werden, können sich diese negativ auf die Atmung auswirken und den Sterbeprozess beschleunigen.

Eine Sonderform stellt die *palliative Sedierung* dar: Manchmal können Schmerzen nur noch gestillt werden, wenn man Menschen in eine Narkose versetzt, sodass der Mensch die Schmerzen und seine Ängste nicht mehr bewusst wahrnimmt.

> Manchen Überlegungen zufolge zählt auch das *Sterbefasten* zu den Formen der Sterbehilfe. Dies ist ärztlich und ethisch unumstritten. Dennoch gibt es seitens der Angehörigen und medizinischen Teams Vorbehalte. Sterbefasten bedeutet, dass ein:e Patient:in freiwillig auf Nahrung und Flüssigkeit verzichtet. Nahrung und Flüssigkeit zählen nicht zur Basispflege, sondern sind im Sterbeprozess als Therapie zu werten. Wenn die kurative Therapie abgebrochen wird, kann dazu auch gehören, dass Flüssigkeit und Nahrung nicht weiterhin gegeben werden, wenn dies dem Willen der Patient:in entspricht.

Eindeutig verboten ist die *aktive Sterbehilfe*, die sogenannte *Tötung auf Verlangen*. Auch wenn ein:e Patient:in darum bittet, darf niemand in Deutschland ein Medikament verabreichen, also spritzen oder einflößen. Diese Tat ist rechtlich strafbar nach §216 StGB.

In einer rechtlichen Grauzone befindet sich die *ärztliche Beihilfe zur Selbsttötung*. Grundsätzlich ist die Beihilfe zur Selbsttötung nicht strafbar, weil auch der Suizid selbst nicht strafbar ist. Unübersichtlicher gestaltet sich aber die strafrechtliche und standesrechtliche Lage für Ärzt:innen. Auf der einen Seite ist die »Hilfe bei einem freiverantwortlichen Suizid – seit der Aufhebung des §217 StGB durch das oben genannte Urteil des BVerfG auch dann, wenn diese Hilfe geschäftsmäßig, d. h. in Wiederholungsabsicht erfolgt« (Deutsches Ärzteblatt, 2021).

Darüber hinaus kann auch nicht mehr die sogenannte »Garantenpflicht« als ärztlicher Hinderungsgrund angegeben werden. Das bedeutet, dass Ärzt:innen bei der Beihilfe zu einem freiverantwortlichen Suizid nicht der unterlassenen Hilfeleistung bezichtigt werden können (Urteile Bundesgerichtshof, 2019). Noch nicht eindeutig dieser Frage gegenüber sind Standesrecht und das ärztliche Ethos positioniert. Eine Entwicklung der Positionen hin zu einem standesrechtlichen Flickenteppich skizzieren die folgenden Abschnitte.

Standesrechtliche und ethische Haltung von Ärzteschaft zur ärztlichen Beihilfe zum Suizid[3]

Seit den Jahren 2010 bzw. 2011 äußerte sich die verfasste Ärzteschaft in mehreren Veröffentlichungen zur Beihilfe zum Suizid. Die Texte haben unterschiedliche standesrechtliche Bindungskraft und zeigen in ihren Positionierungsversuchen verschiedene Strömungen in der Ärzteschaft und den Versuch, Eindeutigkeit einerseits und ärztliche Freiverantwortlichkeit anderseits zu erzeugen. Darunter findet sich zum einen die »Charta zur Betreuung schwerstkranker und sterbender Menschen in Deutschland« (zit. n. Kliesch, 2013, S. 213). Die Charta ist das Ergebnis eines mehrjährigen Diskussionsprozesses zum Thema der Palliativversorgung. Der Text besteht aus fünf Leitsätzen mit jeweiligen Erläuterungen und hält an der Ablehnung aktiver Sterbehilfe und der ärztlichen Beihilfe zum Suizid fest. Die Besonderheit und Neuheit der Charta lag im Jahr 2010 nicht in der Tiefe ihrer ethischen Argumente, sondern in der Förderung des Dialogs zwischen gesellschaftlich relevanten Gruppen.

Zum anderen ist eine wissenschaftliche Publikation zum ärztlich assistierten Suizid und der Tötung auf Verlangen bemerkenswert, die vom damaligen Präsidenten der Bundesärztekammer (BÄK), Jörg-Dietrich Hoppe, verfasst wurde (Hoppe & Hübner, 2010). Der Text hält an der Ablehnung aktiver Sterbehilfe und der »Unärztlichkeit« der ärztlichen Beihilfe zum Suizid fest. Auch wenn

---

3   Die folgenden Überlegungen gehen zurück auf Kapitel 3.2.1.4 und im weiteren Verlauf Kapitel 4 bei Kliesch (2013). Kapitel 3.2.1.4 beschäftigt sich mit dem »Historische[n] Kontext zu den Verlautbarungen der BÄK zur Sterbebegleitung und Sterbehilfe«. Kapitel 4 beschäftigt sich mit dem »Ethos der BÄK: formale Beobachtungen, themenübergreifende Positionen und Konzepte, Vergleich mit kirchlichen Verlautbarungen«. Folgende Abkürzungen werden im Folgenden relevant: EKD = Evangelische Kirche in Deutschland; BÄK = Bundesärztekammer; DW = Diakonisches Werk.

diese Publikation nicht zu den offiziellen Verlautbarungen der BÄK gezählt werden kann, so spiegelt sie doch die Ansichten derselben und ihr Bemühen um Klärung ethischer Problemfelder aus medizinisch-ethischer und juristischer Perspektive wider (ebd., S. 14–17).

Die »Grundsätze der Bundesärztekammer zur Sterbebegleitung«[4] von 2011 positionieren sich ebenfalls ablehnend zum Thema des ärztlich assistierten Suizids, wählen aber eine Formulierung, die weiter interpretierbar ist als in den Vorgängertexten. So wird in der Präambel der »Grundsätze« die Aussage gestrichen, dass die Mitwirkung der Ärzt:in bei der Selbsttötung der Patient:in dem ärztlichen Ethos widerspreche. An ihre Stelle tritt der folgende Satz: »Die Mitwirkung des Arztes bei der Selbsttötung ist keine ärztliche Aufgabe.«[5]

Das Vorwort der »Grundsätze« begründet die Änderung damit, dass »die verschiedenen und differenzierten individuellen Moralvorstellungen von Ärzten anerkannt werden«.[6] Diese Feststellung kann sich auch auf eine Repräsentativbefragung der BÄK zur Suizidassistenz stützen. Dort votierten zum Beispiel 37 Prozent der befragten Ärzt:innen dafür, dass sie unter bestimmten Umständen Beihilfe zum Suizid leisten würden (Institut Allensbach, 2010).

Die »Grundsätze« von 2011 stießen wegen ihrer Aussagen zum ärztlich assistierten Suizid auf ein geteiltes Echo. Ablehnung erfuhren sie in manchen Landesärztekammern, die die neue Version unter Verweis auf einen drohenden Vertrauensverlust nicht für ihre jeweilige Standesethik übernahmen. So lehnte die Delegiertenversammlung der hessischen Landesärztekammer sie ab, weil die neue Formulierung impliziere, »dass die Mitwirkung beim Suizid eine zwar nicht ärztliche, aber private, individuelle Aufgabe sein könnte« (Hillienhof, 2011). Auch die Kammerversammlung der Ärztekammer Westfalen-Lippe verabschiedete in Reaktion auf die 2011er-»Grundsätze« eine Resolution, in der sie sich gegen die ärztliche Beihilfe zum Suizid aussprach. Sie begründete dies mit dem Verweis auf die »ethischen Grundsätze des ärztlichen Selbstverständnisses« und mit dem auf Hilfsgewissheit beruhenden »Vertrauensverhältnis zwischen Arzt und Patient« (Pressestelle Ärztekammer Westfalen-Lippe, 2011).

Ganz andere Töne als die 2011er-»Grundsätze« schlug dagegen ein Beschluss des Deutschen Ärztetages im Juni 2011 an, der den bis dato geltenden §16 der Musterberufsordnung (MBO) ersetzte. Dabei ist zu beachten, dass die

---

4　Siehe dazu https://www.bundesaerztekammer.de/fileadmin/user_upload/downloads/Sterbebegleitung_17022011.pdf
5　Siehe ebd.
6　Siehe ebd.

Musterberufsordnung keine unmittelbare rechtliche Bindekraft hat, sondern als Vorlage für die Landesärztekammern dient, die die MBO in Standesrecht überführen. Darin heißt es: »Ärztinnen und Ärzte haben Sterbenden unter Wahrung ihrer Würde und unter Achtung ihres Willens beizustehen. Es ist ihnen verboten, Patienten auf deren Verlangen zu töten. Sie dürfen keine Hilfe zur Selbsttötung leisten« (Deutsches Ärzteblatt, 2011, A–1984).

Die Erläuterung zum Beschluss des 114. Deutschen Ärztetags zu §16 MBO unterstreicht die andere Stoßrichtung, die die MBO im Gegensatz zu der entsprechenden Formulierung in den 2011er-Grundsätzen hat. So heißt es in der Erläuterung der MBO:

> »[Die Neufassung] referiert das strafrechtliche Verbot der Tötung auf Verlangen (§216 StGB) und formuliert erstmals ausdrücklich das über das Strafrecht hinausgehende Verbot einer ärztlichen Beihilfe zu Selbsttötungen. Beide Verbote gelten nicht nur in Bezug auf Sterbende, sondern darüber hinaus in Bezug auf alle Patienten und insofern insbesondere auch für eine berufsmäßige Beihilfe zur Selbsttötung« (ebd., A–1990f.).

Schon auf dem 114. Deutschen Ärztetag ist in den Formulierungen der neugefassten MBO ein Widerspruch zu den 2011er-»Grundsätzen« gesehen worden. Davon zeugen zwei Beschlussanträge, die zur weiteren Beratung an den Vorstand der BÄK überwiesen wurden. Die Beschlussanträge stimmen darin überein, dass in der Präambel der 2011er-»Grundsätze« die Ablehnung der ärztlichen Mitwirkung bei der Selbsttötung zusätzlich wieder mit dem Widerspruch zum ärztlichen Ethos begründet werden soll.

Ähnlich wie im Zuge der 2011er-»Grundsätze« gab es unterschiedliche Reaktionen aus den Landesärztekammern auf die neugefasste MBO. Die Ärztekammer Westfalen-Lippe, die sich kritisch über die 2011er-»Grundsätze« geäußert hatte, tat sich nun umso leichter, die neue MBO in ihre Berufsordnung (BO) zu überführen. Mit der Veränderung von einer Muss- zu einer Soll-Formulierung wurde in §16 der BO Westfalen-Lippe vom 26. November 2011 für Ärzt:innen festgehalten: »Sie sollen keine Hilfe zur Selbsttötung leisten« (Ministerialblatt NRW, 2012). Die bayerische Landesärztekammer hat das explizite Verbot nicht in ihre BO übernommen und hält sich mit den Formulierungen eher an die 2011er-»Grundsätze«. In einer Stellungnahme zur Regelung der Sterbehilfe in der Berufsordnung wird dies damit begründet, »dass eine Regelung zur Suizidbeihilfe – unabhängig von ihrem materiellen Gehalt – unter der Überschrift ›Beistand für Sterbende‹ fehlplatziert ist, denn der Sterbende verlangt nicht nach einer Hilfe zur Selbsttötung« (Bayerische Landesärztekammer, 2012).

Als Ergebnis dieser unterschiedlichen Reaktionen der Landesärztekammern dürfe man einen »Flickenteppich an ärztlichem Berufsrecht« in Deutschland erwarten, prognostizierte der Medizinrechtler Peter Holtappels (2012, S. 22).

Ethische Bewertung der Sterbehilfeformen: Ärzteschaft und christliche Kirchen im Vergleich[7]

Die ethische Bewertung der unterschiedlichen Sterbehilfeformen fällt bei der Evangelischen Kirche in Deutschland (EKD) und der Bundesärztekammer (BÄK) sehr ähnlich aus. Beide Institutionen sehen die Sachverhalte, die einer passiven und einer indirekten Sterbehilfe entsprechen, als ethisch und rechtlich erlaubt an. Dagegen wird sowohl die Legalisierung aktiver Sterbehilfe als auch die ärztliche Beihilfe zum Suizid abgelehnt.

Unterschiede zwischen EKD und BÄK sind allerdings in der Begründung ihrer ethischen Urteile auszumachen. Die EKD beruft sich zur Begründung der Ablehnung von aktiver und der Zustimmung zur passiven Sterbehilfe auf die Ausdrücke »Abwarten des Todes« (EKD, 2002, S. 35; EKD, 2005, S. 6, 12f.) und »Unverfügbarkeit des Lebens« (EKD/DBK, 1989, S. 106f.).

Die Differenz zwischen aktiver und passiver Sterbehilfe wird also zum einen mit der Zeitdimension in Verbindung gebracht. Die Rede vom Abwarten des Todes setzt »eine bestimmte Vorstellung eines ›natürlichen‹ Todes [voraus], die in dieser Sicht mit dem offensichtlich von Gott vorherbestimmten Lebensende zusammenfällt« (Schardien, 2007, S. 265).

Zum anderen verbindet sich mit der christlichen Sicht auf den Menschen als Ebenbild Gottes das Moment der Unverfügbarkeit des Lebens (EKD/DBK, 1989, S. 106f.).

Daraus wird in »Gott ist ein Freund des Lebens« abgeleitet, dass das Töten eines anderen Menschen »unter keinen Umständen eine Tat der Liebe, des Mitleids mit anderen, sein kann« (ebd., S. 107).

Anklänge an diese der katholischen Naturrechtstradition zuzuordnende Argumentation finden sich auch in jüngeren EKD-Texten, werden dort aber nicht mehr als explizite Begründungen gegen die aktive Sterbehilfe herangezogen (EKD, 2002, S. 17; EKD, 2008, S. 5). Die Orientierungshilfe »Leben hat seine

---

7   Auch im Folgenden beziehe ich mich auf meine Studie (2013, Kapitel 4.3.3, S. 325ff.).

Zeit, und Sterben hat seine Zeit« der Gemeinschaft Evangelischer Kirchen in Europa (GEKE) (2011, S. 86) sieht sich demgegenüber auch einem nicht spezifisch christlichen Erbe verpflichtet, »nämlich dem Ideal, nicht unschuldiges Leben zu nehmen und der Pflicht, Leben zu schützen, besonders jenes, das verletzlich und gebrechlich ist« (ebd.).

Sowohl die BÄK als auch die EKD gestehen zu, dass bei der palliativen Therapie die medikamentöse Leidenslinderung so im Vordergrund stehen könne, dass eine Lebensverkürzung als nicht-intendierte Nebenfolge hingenommen werden müsse. Diese Argumentation bedient sich der des Prinzips der Doppelwirkung (Schardien, 2007, S. 164ff.), welches besagt, dass eine Handlung mit guten und schlechten Folgen dann ethisch erlaubt ist, wenn die schlechten Folgen unbeabsichtigt waren.

Der EKD-Text »Wenn Menschen sterben wollen« bringt aber zum Ausdruck, dass die indirekte Sterbehilfe immer mehr an Bedeutung verlieren wird. Denn eine adäquate palliativmedizinische Therapie sei mittlerweile imstande, die Schmerzmedikation so einzusetzen, dass mit keiner Lebensverkürzung, sondern durch die Stressminderung eher mit einer Lebensverlängerung zu rechnen sei (EKD, 2008, S. 11).

Zum Thema des ärztlich assistierten Suizids äußern sich die Texte nur knapp und halten an den 2004er-»Grundsätzen« fest, wenn sie schreiben, dass diese dem ärztlichen Ethos widerspreche und strafbar sein könne.[8] In den 2011er-»Grundsätzen« heißt es nur noch, dass die »Mitwirkung des Arztes bei der Selbsttötung [...] keine ärztliche Aufgabe« ist (BÄK, 2011, A346).

Die EKD äußert sich umfassender zu dem Thema und vertritt im Text »Wenn Menschen sterben wollen« die Ansichten, dass weder Möglichkeit des ärztlich assistierten Suizids rechtlich verankert werden dürfe, noch dass es zu einer rechtlichen Einschränkung der Garantenpflicht des Arztes kommen dürfe. Demgegenüber wird aber »der Verantwortungs- und Handlungsspielraum des Arztes im Blick auf die Beurteilung des jeweiligen Einzelfalls« unterstrichen (EKD, 2008, S. 6).

Es wird aus sozialethischer Perspektive argumentiert, dass man im Falle einer rechtlichen Verankerung des ärztlich assistierten Suizids mit einer gesellschaftlichen Signalwirkung rechnen müsse, die sich auf das ärztliche Ethos und das Verständnis von Leben und Tod auswirken würde (ebd., S. 32–34).

---

8   Siehe Synopse 2, Ziffer 24; Synopse 2, Ziffern 13 und 37. Erst in einer neuen Version der »Grundsätze zur ärztlichen Sterbebegleitung« wird es eine ethische Begründung gegen die ärztliche Suizidbeihilfe geben.

Selbstbestimmung und Fürsorge werden in den Texten der BÄK zumeist als konfligierende Prinzipien gesehen und die Verhältnisbestimmung fällt grundsätzlich zugunsten einer Voranstellung des Autonomie-Prinzips aus (Kliesch, 2013, Kapitel 3.2.3.3 und 4.2.2.5). Nur die 2010er-»Empfehlungen zum Umgang mit Patientenverfügung und Vorsorgevollmacht« (BÄK, 2010) lassen in Ansätzen eine alternative Zuordnung erkennen, indem die Ermöglichung der Autonomie auf der Fürsorge basiert. Der EKD-Text »Sterben hat seine Zeit« (EKD, 2005) kann sich der grundsätzlichen Achtung des Selbstbestimmungsrechts und der Abfassung vorsorglicher Willenserklärungen, wie sie die BÄK vertritt, anschließen. Der Mensch habe nicht nur das Recht auf Selbstbestimmung, sondern auch einen Selbstbestimmungsauftrag und die Bestimmung, sein Sterben zu bedenken. Daher befürwortet die Stellungnahme der EKD vorsorgliche Willenserklärungen als legitime Gestaltung und Reflexion des eigenen Sterbens (ebd., S. 6). Es dürfe aber nicht der Vorstellung Raum gegeben werden, dass mittels solcher Verfügungen das Sterben bis ins Letzte planbar sei. Vielmehr müsse die Haltung des Abwartens des Todes gewahrt bleiben und sich vor Augen geführt werden, dass die eigene Selbstbestimmung die Fürsorge durch andere Menschen in vielfacher Weise voraussetze. Wie die Selbstbestimmung sei auch die Freiheit im Horizont der Geschöpflichkeit kein absoluter Begriff. Freiheit sei »aus christlicher Sicht stets als gestaltete Abhängigkeit [von Gott, vom eigenen Geschick oder von anderen Menschen; F. K.] zu verstehen und Selbstbestimmung als persönlicher Umgang mit dem eigenen Bestimmtsein (z. B. durch die Lebensgeschichte oder tiefgreifende Überzeugungen)« (ebd., S. 12).

Diese prinzipielle Vorordnung der Fürsorge vor die Selbstbestimmung liegt im christlichen Verständnis von Personsein begründet, wie es in »Im Geist der Liebe mit dem Leben umgehen« expliziert wird. Personales Sein gründe sich nicht in Eigenschaften und Fähigkeiten, sondern in einem Anerkennungsverhältnis. Der Mensch verdanke sein Sein als Person der vorbehaltlosen Anerkennung durch Gott, die zur wechselseitigen Anerkennung der Menschen untereinander verpflichte (EKD, 2002, S. 17f.). Insofern gehen der Selbstbestimmung die Bezogenheit und das Eingebundensein in Beziehungen voraus.

Aus der befürwortenden, aber gleichzeitig begrenzenden Haltung gegenüber dem Begriff »Selbstbestimmung« folgert die Stellungnahme der EKD, dass nicht nur bei Abfassung, sondern auch bei Anwendung und Interpretation von vorsorglichen Willenserklärungen die Fürsorge anderer Menschen gefordert sei. Eine Patientenverfügung könne auch nicht immer wortwörtlich umgesetzt werden. Bei der Frage der Reichweite stellt der EKD-Text zwei Argumentationslinien vor, wovon sich die erste für eine Therapiebegrenzung nur bei tödlich verlaufenden

Krankheiten ausspricht und die zweite dagegen (ebd., S. 13, 19f.). Hinsichtlich der Textgewichtung und der Schärfe der Kritik ist anzunehmen, dass die Mehrheit der Autor:innen für eine Reichweitenbeschränkung auf tödlich verlaufende Krankheiten plädiert. Bezüglich der Ablehnung eines Automatismus der Auslegung ohne Einbeziehung der Situation ist die Position der EKD mit derjenigen der BÄK vergleichbar.

Ein abschließender Blick soll darauf geworfen werden, wie die BÄK und die EKD mit Grenzsituationen umgehen, d. h. mit Einzelfällen, die sich einer generellen Regelungsmöglichkeit entziehen. Denn bei der rechtlichen Regelung von Grenzsituationen würde sich das grundsätzliche Problem stellen, »dass jede Regelung des Ausnahmefalls die Gefahr in sich birgt, aus diesem einen Regelfall zu machen« (ebd., S. 35).

Aus diesem Grund votiert die EKD in »Wenn Menschen sterben wollen« (EKD, 2008) gegen eine rechtliche Verankerung der ärztlichen Beihilfe zum Suizid und hält der rechtlichen Regelung die Tugend der Einzelfallgerechtigkeit, der sogenannten »Epikie«, entgegen. Diese Tugend an konkreten Einzelfällen anzuwenden, bedeutet oft eine Gratwanderung zwischen Situation, Gewissen, Ethos und Arztbild (EKD, 2008, S. 31f.).

Bei einigen der Einzelfallentscheidungen ist jede Option mit einem Dilemma behaftet. Es geht dann »nicht einfach um die Alternative zwischen richtig oder falsch, gut oder böse, sondern um Konflikte, für die eine Regelung gefunden werden muss und bei denen jede ›Lösung‹ moralische Skrupel auf sich ziehen kann« (EKD, 2002, S. 14). Hier wird einerseits die Konflikthaftigkeit der menschlichen Existenz sichtbar, und andererseits wird die ethische Verantwortung zur Sensibilität für das Individuelle deutlich. Diese Sensibilität sei Merkmal einer Haltung, die im Christentum mit dem Geist der Liebe bezeichnet werden kann (ebd., S. 15).

Auch die BÄK betont in den »Grundsätzen zur ärztlichen Sterbebegleitung« von 2004, dass alle Entscheidungen individuell erarbeitet werden müssen. Alle Richtlinien und Stellungnahmen der BÄK können nur Orientierungshilfen sein, die die Verantwortung für die individuelle ärztliche Behandlungsentscheidung nicht ersetzen können. Dies zeigt, dass die Existenz von Grenzsituationen den Texten der BÄK nicht fremd ist, und dass ärztliche Gewissensentscheidungen, die Sensibilität für das Individuelle zeigen müssen, konstitutiv zum Arztberuf hinzugehören.

Zum Thema Sterbehilfe lässt sich festhalten, dass die EKD und die BÄK zwar große Übereinstimmungen in den Begriffsdefinitionen der Sterbehilfeformen und deren ethischer Bewertung aufweisen, sie sich aber hinsichtlich der Begründung ihrer Urteile unterscheiden. Was das Verhältnis von Selbstbestimmung und

Fürsorge angeht, so vertreten die Texte der BÄK eher den Primat des Autonomieprinzips und die Texte der EKD eher eine Nachordnung dieses Prinzips hinter das Bezogensein und die Beziehungen des Menschen. Bei der Einschätzung des Umgangs mit ethischen Grenzsituationen offenbart sich überraschenderweise eine große Kongruenz von EKD und BÄK, die beide eine gewisse Sensibilität für das Individuelle aufrechterhalten.

Ethische Abwägungen

Welche ethischen Abwägungen sind bei der Hilfe zur Selbsttötung von professionellen Rahmen handlungsleitend?[9]

In den Krankenhäusern, Heimen und diakonischen Einrichtungen sind Mitarbeitende und Angehörige gezwungen, sich mit dem Thema der Hilfe bei der Selbsttötung auseinanderzusetzen – nicht nur weil es in der medialen Öffentlichkeit ein Thema ist, sondern weil es ganz konkret Wunsch von Patient:innen sein kann, Hilfe bei der Selbsttötung zu bekommen. Die folgenden Überlegungen können eine Hilfestellung bieten, um sich persönlich und als Organisation zu positionieren.

➤ *Menschenwürde, Geschöpflichkeit, Ebenbild Gottes:* Jede:r hat ein Bild davon, was einen Menschen aus- und das Leben wertvoll macht. Menschenwürde ist ein Oberbegriff, der verschieden gefüllt werden kann. Aus Sicht des christlichen Glaubens ist es zu kurz gegriffen, die Würde an menschliche Fähigkeiten wie Bewusstsein, Selbstbestimmung, geistliche Teilhabe und Kommunikationsfähigkeit zu knüpfen. Vielmehr geht der christliche Menschenwürde-Begriff davon aus, dass Menschen als Geschöpfe Gottes Ebenbilder sind, unabhängig von dem, was ein Mensch leisten kann. Das menschliche Leben ist auch würdig und lebenswert, wenn die Selbstbestimmung eingeschränkt ist und wenn andere Menschen oder eine Person vielleicht von sich selbst sagt: »Dieses Leben ist unwürdig.«

➤ *Sterben als Teil des Lebens:* Die Vorbereitung auf das eigene Sterben ist sicher eine wichtige Zeit des Lebens, für die versterbende Person selbst und auch für die Angehörigen. Glücklich sind diejenigen, denen es gelingt, den

---

9 Im Folgenden beziehe ich mich auf www.healthcareethicsandlaw.co.uk/intro-healthcare-ethics-law/principlesofbiomedethics sowie www.ekiba.de/media/download/integration/326953/2021_01_18_assistierter_suizid.pdf; www.diakonie-wuerttemberg.de/fileadmin/Diakonie/Aktuelles_Aktu/Positionen_Pos/Assistierter-Suizid-Orientierungshilfe.pdf

Tod abzuwarten und den Wert in dem Warten und Geschehen-Lassen zu sehen. Es wäre aber ethisch nicht vertretbar, zu sagen: »Wenn man diese Zeit durch Selbsttötung verkürzt, fehlt sie den Sterbenden und den Angehörigen. Darum denken wir, es ist besser abzuwarten.« Denn dies übt einen moralischen Druck aus und verschlimmert die Schuldgefühle und die Scham, die für Betroffene mit Suizidgedanken, Suizidversuchen oder einem Suizid einhergehen können.

➢ *Kontrafaktische Wünsche:* Wenn jemand sagt »Ich will sterben«, dann meint er damit oft: »Ich will so nicht mehr weiterleben.« Vielleicht meint er: »Ich bin so alleine, mit diesen Schmerzen oder ohne Hoffnung.« Oft kann man diesen Menschen helfen. Wenn sich jemand gut um diese Menschen kümmert, verschwindet der Wunsch, zu sterben, meistens. Für Seelsorgende ist es viel wichtiger, sich gut um Menschen zu kümmern, als jemandem beim Sterben zu helfen.

Manchmal geht der Wunsch zu sterben aber auch nicht weg. Als Ärzt:innen und Seelsorgende erleben wir immer wieder Situationen, in denen Menschen ihr Leben nicht mehr aushalten. Manchmal verstehen wir nicht, warum Gott einen Menschen nicht sterben lässt, der gerne sterben möchte.

Hierbei wäre es zu kurz gegriffen und sich zu einfach gemacht, wenn man sagen würde: »Palliativmedizin wird immer besser. Wenn man nur das richtige Angebot macht, verschwinden alle Sterbewünsche.«

➢ *Selbstbestimmung:* Mit dem Urteil des Bundesverfassungsgerichts vom 26. Februar 2020 sollte das Selbstbestimmungsrecht gestärkt werden. Selbstbestimmung ist an sich ein unterstützungswürdiger Wert und ein Recht, das mit vielen Mitteln gestärkt werden sollte. Auch Therapie und Sterbebegleitung sollten darauf ausgerichtet sein, die Patient:innen zu Eigenverantwortung und Mitbestimmung zu ermächtigen.

Es ist aber gefährlich und kurzsichtig, zu glauben, dass Selbstbestimmung ethisch allein handlungsweisend sein kann. Denn die Verengung auf das eine ethische Prinzip der Autonomie und das Postulat von deren Uneinschränkbarkeit verkennen die lange medizinethische Tradition der vier Prinzipien von *Beneficence, Non-Maleficene, Autonomy* und *Justice*. Die Alleinherrschaft des Autonomieprinzips verkennt, dass der Mensch keine Insel ist, sondern dass zur Entscheidungssituationen eines Sterbewilligen andere Menschen automatisch hineingezogen werden (medizinisches Personal, Familienangehörige, Seelsorgende). »Wir stehen dabei auf der Seite der Person, die um einen selbstbestimmten Tod ringt und treten dafür ein, dass ihre Würde gewahrt ist; wir sehen aber auch die anderen Betroffenen, Angehörige oder

Freunde, ihre Interessen, ihr Mitleiden und ihre Empathie«, schreibt der ehemalige badische Landesbischof Jochen Cornelius-Bundschuh (Evangelische Landeskirche in Baden, 2021)

➢ *Dammbruchargument:* Das Diakonische Werk Württemberg (2021, S. 9) formuliert es so:

> »Wir machen uns Sorgen, dass sich mit der Zeit immer mehr Menschen selbst töten, weil sie ihr Leben nicht mehr lebenswert finden. Das wäre schlimm. Für uns ist jedes Leben wertvoll. Und wir möchten mit unserer Arbeit dazu beitragen, dass alle Menschen ihren Lebensmut behalten.«

Der assistierte Suizid darf zu keinem Regelangebot werden, schon gar nicht in christlichen Krankenhäusern. Aber er darf in kirchlichen Einrichtungen kein Tabu sein. Zuwendung zum konkreten Einzelfall muss Vorrang haben. Auch wenn Dammbruch-Befürchtungen nicht das Hauptargument gegen eine Liberalisierung der Beihilfe zum Suizid sein dürfen, muss die Sorge davor muss ernstgenommen und in die Waagschale geworfen werden.

Abschließend sei noch die Orientierungshilfe des Diakonischen Werks in Württemberg (Diakonie Württemberg, 2021) zitiert. Sie macht Vorschläge für Hausregeln und Verfahren in diakonischen Einrichtungen, die als eine bemerkenswerte Vorlage für andere Einrichtungen dienen können. Es ist noch unklar, ob christliche Häuser auch Informationsmaterial von Sterbehilfevereinen auslegen müssen und ob sie zulassen müssen, dass in ihren Häusern eine begleitete Selbsttötung stattfindet. Solange es kein Gesetz gibt, kann man sich diese Regeln selbst geben. Das Diakonische Werk schlägt in diesem Sinne vor:

➢ kein Werbematerial von Sterbehilfevereinen auszulegen;
➢ darum zu bitten, dass bei den Gesprächen mit Sterbehelfenden jemand dabei sein darf (z. B. ein:e Seelsorger:in);
➢ klar zu sagen, dass die Mitarbeitenden der Diakonie bei ihrer Arbeit keine Hilfe zur Selbsttötung leisten.
➢ Außerdem muss geklärt werden, ob jemand, der sich selbst das Leben nehmen möchte, dies in der Einrichtung tun darf oder die Einrichtung verlassen muss. In Hospizen muss geklärt werden, ob Menschen, die diesen Weg gehen möchten, überhaupt aufgenommen werden. Bei der Klärung dieser Fragen ist es sehr wichtig, die Mitarbeitenden zu hören. Jede Selbsttötung berührt und verunsichert Mitarbeitende und andere Bewohner:innen.

➢ Auch rechtliche Fragen sind zu klären: Einen Heimvertrag kann man nicht einfach kündigen, weil jemand einen assistierten Suizid möchte.

Man muss abwarten, welche Rechte der Gesetzgeber christlichen Häusern einräumt. Solange es keine gesetzliche Regelung und keine Klagen gibt, können sich diakonische Einrichtungen Zeit nehmen und überlegen, was zu ihrem Leitbild passt.

Manche diakonischen Träger haben für sich schon entschieden:

»Wir beachten den Willen von Betroffenen, auch wenn er im Widerspruch zu unseren eigenen Werten steht. Wir beteiligen uns nicht an der Selbsttötung eines Menschen [...]. Wir geben Bewohnern im Leben und im Sterben ein Zuhause. Wir verabschieden uns würdig, entsprechend den Wünschen des Verstorbenen und seiner Bezugspersonen und der Abschiedskultur des Hauses« (Evangelische Heimstiftung, 2020, S. 6).

Andere Träger sagen klar: Wir möchten nicht, dass Menschen in unseren Häusern bei der Selbsttötung geholfen wird; weder unsere Mitarbeitenden noch andere Personen dürfen das. Wer bei uns ist, kann sich sicher sein: An eine Selbsttötung muss man gar nicht denken.

Alle diakonischen Träger und Einrichtungen sollten sich zeitnah mit dem Thema Beihilfe zur Selbsttötung befassen. Aber es ist aus unserer Sicht nicht nötig, dass sie schnell schriftliche Vereinbarungen treffen. Für schriftliche Leitlinien kann man die weitere gesetzliche Entwicklung abwarten und Erfahrungen mit Einzelfallentscheidungen sammeln.

➢ *Gesundheitliche Vorsorgeplanung (ACP):* Es gibt Einrichtungen, in denen es das Angebote gesundheitlicher Versorgungsplanung für die letzte Lebensphase gibt. Das machen geschulte Berater:innen. In regelmäßigen Gesprächen wird gefragt und festgehalten, was sich Betroffene an ihrem Lebensende wünschen, welche medizinische Behandlung und welche Begleitung. Dafür muss man klären, ob wir dann selbst ansprechen, dass es die Möglichkeit zur begleiteten Selbsttötung gibt. Darum ist es vielleicht besser, über das Thema Selbsttötung nur zu sprechen, wenn Klient:innen es ansprechen.

➢ *Ethikberatung bzw. Ethikkonsil:* Für Grenzsituationen in der Medizin und in der Pflege gibt es die Möglichkeit der Ethikberatung. In Ethikberatungen wird abgewogen, was Patient:innen guttut oder schadet und welche Behandlung am besten zu ihnen passt. Herauszufinden, was der Wille der Patient:innen ist, kann schwierig sein. Manche Menschen legen schon im

Voraus fest, dass sie unter bestimmten Umständen bei einer Selbsttötung begleitet werden möchten. Aus ärztlicher und theologischer Sicht muss geklärt werden, welche Bedeutung solche vor längerer Zeit geäußerten Wünsche haben.

➢ *Sorge für die Mitarbeitenden:* Auch heute schon sind Pflegekräfte beteiligt, wenn Menschen sterben. Aber es gibt einen Unterschied zwischen Sterben-Lassen und Hilfe bei einer Selbsttötung. Wenn sich jemand das Leben nimmt, ist das für alle Menschen in seinem Umfeld schwer. Fragen tauchen auf: Warum haben wir diesem Menschen nicht helfen können? Haben wir genug getan? Haben wir etwas falsch gemacht? Meistens hat niemand Schuld daran, wenn sich jemand tötet, aber es fühlt sich so an. Wenn in einer diakonischen Einrichtung Selbsttötungen zugelassen werden, brauchen die Mitarbeitenden Raum und Zeit, um über solche Fragen und Gefühle sprechen zu können. Das kann in Teambesprechungen sein, in Seelsorgegesprächen oder in einer Supervision.

Wichtig ist außerdem, dass in den Einrichtungen Regelungen gefunden werden, bei denen die Mitarbeitenden mit gutem Gewissen arbeiten können. Wenn man bei der Diakonie arbeitet, kann man sich sicher sein, dass niemand erwartet, dass man jemandem hilft, sich zu töten.

2 »Wir haben nichts anderes getan als zugehört«: Leben und Arbeiten in Organisationen des Sterbens (Florian Barth & Annemarie Bauer)

Was ist das Maß für eine angemessene Sterbebegleitung, für »hilfreiches Gehen-Lassen«? Was brauchen Menschen, die auf Palliativstationen Abschiede begleiten, an Hilfe und Unterstützung? Welche Organisation braucht die Sterbebegleitung einer Palliativstation? Welche Kulturen entwickeln sich in Praxen, die sich auf Palliative Care spezialisiert haben?

Wir haben verschiedene Palliativstationen, Praxen und Hospize supervisorisch begleitet – und tragen unsere Beobachtungen und Erfahrungen zusammen – ohne sagen zu wollen: »So ist es!« Wir beziehen uns auf unterschiedliche, in der Regel aber sehr nachdenkliche und berührende Supervisionen und auf unsere Nachgespräche.

Das Versprechen der Palliativmedizin und -pflege – auf den Stationen und in der Begegnung mit den Patient:innen und ihren Angehörigen, also »im Alltag«, wenn man das so nennen darf, bezieht sich darauf, schwerkranken Menschen einen weitgehend schmerzfreien Sterbeprozess zu ermöglichen. Cicely Saunders, die britische Ärztin und Begründerin der Palliativmedizin, spricht von »Würde«, die dem Menschen gegeben werden soll: Der Mensch soll schmerzfrei, angstfrei und behütet die letzten Schritte machen können, wenn möglich mit den Menschen zusammen, die für ihn wichtig sind.

Das Sterben soll nicht leichter, aber erträglicher werden, der Mensch soll entscheiden dürfen, was er braucht und will – und dazu gehört auch das Wissen um die Grenzen der juristischen Möglichkeiten. Diese Diskussion haben wir als Rahmen vorangestellt: juristische und christlich-evangelische Positionen – wobei wir hier noch einmal feststellen, dass die sorgfältige Abwägung und Bewertung beeindruckend sind, die Entscheidungen sich aber auch als sehr komplex und kompliziert herausstellen.

Eine Palliativstation einer Klinik ist kein Hospiz, das mit ehrenamtlichen Hospizhelfer:innen arbeitet und diese begleitet, wenn diese Sterbende und ihre Angehörigen begleiten. Die intensive Versorgung und Begleitung eines Hospizes kann auf einer Palliativstation nicht gewährleistet werden. Eine Palliativstation ist auch kein Hotel: Wenn die Marketingabteilung einer Klinik ihre Palliativstation mit dem »Charme eines Hotels« präsentiert, weckt das Ansprüche bei Angehörigen, die nicht gewährleistet werden können. Die Palliativstation ist aber auf der anderen Seite auch kein normales Krankenhaus: Ärzt:innen und Pfleger:innen auf Palliativstationen haben weniger Patient:innen als auf anderen Stationen zu betreuen. Sie arbeiten in kleinen Teams intensiv mit anderen Berufsgruppen aus der Musiktherapie, Physiotherapie, Sozialen Arbeit, Seelsorge und Hauswirtschaft zusammen.

Palliativstationen sind in der Regel kleine, personalmäßig gut ausgestatte Stationen. Das führt zu immer solchen wieder zu hörenden Kommentaren von Kolleg:innen anderer Stationen: »Ihr habt es gut: Wir müssen schuften und ihr habt nur drei Patienten.« Die Antwort ist in der Regel eine Einladung: »Wir suchen immer Leute.« Oft kommt darauf auch die Antwort: »Nein, das könnte ich nicht – Sterben ist nicht meins!«

Auf normalen Stationen und Intensivstationen sterben auch Menschen, und es findet auch eine Auseinandersetzung mit dem Sterben statt – aber anders. Das medizinische wie auch das pflegerische Personal ist durch die Abläufe und durch die Stationskulturen abgegrenzter, manchmal sogar abgeschottet: Man ist »intensiv« gekleidet, zahlreiche Maschinen und Instrumente vermitteln den Eindruck der Machbarkeit, Geräusch- und Lichtpegel sind hoch.

Auf Palliativstationen geht es dagegen in der Regel ruhiger zu, Maschinen sind selten im Einsatz, Distanz fällt eher weg. Man wird unmittelbar mit dem sterbenden Menschen und seinen Angehörigen konfrontiert. Man ist dem Sterbenden und seinen Angehörigen ausgesetzt, man sieht ihn, spürt ihn, hört ihn, sieht seine suchenden Blicke, Handbewegungen. Nichts oder kaum etwas steht dazwischen, die Unmittelbarkeit berührt, spricht die Gefühle an, man kann nicht ausweichen. Man arbeitet dort, auch um sich berühren zu lassen. Ärzt:innen, Pfleger:innen und Therapeut:innen stellen sich an die Seite der Angehörigen und helfen ihnen, durchzuhalten, auszuhalten und zu »halten«. Mitarbeiter:innen einer Palliativstation haben oft intensive, manchmal hochemotionale Begegnungen, parallel dazu laufen auch viele selbstreflexive Gedanken, Ideen, Gefühle zum eigenen Leben und zum eigenen Tod: »Wie könnte es bei mir sein?«, »Wie will ich es haben?« Ob die Mitarbeiter:innen der Palliativstation von den Sterbenden wahrgenommen werden, ist nicht immer zu beantworten. Aber wie groß auch immer die Aufmerksamkeit und die Wahrnehmung ausgeprägt sind: Man fühlt sich nahe, durchsichtig und durchlässig, hochempfänglich für Gefühle.

Bei der Pflege auf einer Palliativstation wird intensiv zwischen den beteiligten Berufsgruppen, den Sterbenden, den Angehörigen und anderen Beteiligten der Palliativstation kommuniziert. Der Prozess des Sterbens wirkt dabei wie ein Katalysator, im Sterben verstärkt sich alles: Trauer und Freude, Freundschaft und Feindschaft, Sorge und Vertrauen. Das intensive Erleben der Gefühle und ihre Kommunikation (ggf. auch ihre explizite Nicht-Kommunikation) haben Einfluss auf das Organisationssystem der Palliativstation. Eine Palliativstation ist in ein komplexes Geflecht eingebunden: Neben den Sterbenden und den auf der Station arbeitenden Berufsgruppen gibt es Angehörige, Familien und Freunde der Patient:innen, die zum Teil Tag und Nacht auf der Station sein können und sind. Hinzu kommen Vertreter:innen der Träger des Krankenhauses und anderer kooperierender Kliniken, Krankenkassen und Beerdigungsinstitute. Sogar Tiere können zu den Stakeholdern zählen: Auf einer Station wollte ein sterbender Mann seinen Hund noch einmal sehen, man erfüllte man seinen Wunsch und brachte den Hund in einer großen Tasche auf die Station und setzte ihn dem Mann auf das Bett. Der Mann starb – beruhigt – in derselben Nacht.

Die Sterbenden und ihre Angehörigen

Mitarbeiter:innen auf Palliativstationen erleben mit sterbenden Patient:innen eine intensive Zeit, sie erleben diese Zeit aber auch mit den Angehörigen, die erkennen müssen, dass ein Leben wirklich zuende geht und damit die aktive Beziehung zu diesem Menschen abbricht. Es ist das Ende der gemeinsamen Zeit, es gibt keine Bewegung, keinen Prozess mehr, an denen man mit teilnehmen kann: Es ist der letzte gemeinsame Prozess und es ist gleichzeitig das Ende des gemeinsamen Lebens.

Die Regel ist das »stille Sterben«: Pfleger:innen nehmen diese sechs bis 36 Stunden des »stillen Sterbens« vor dem Tod wahr und Patient:innen zeigen es ihnen, z. B. mit typischen Handbewegungen, die in die Luft greifen, als suchten sie Halt.

Der Vorgang des Sterbens ist ähnlich wie eine Geburt: Wie sie hat auch das Sterben seinen Ablauf, und es geschieht – irgendwie – auch von alleine. Jeder Mensch weiß, wie Sterben geht, zumindest scheint jeder Körper es zu wissen. Dieses womöglich alte und biologische Wissen hat offenbar jeder Mensch, man muss nur darauf zugreifen.

Mitarbeiter:innen stehen in diesen letzten Stunden manchmal kurze, manchmal längere Zeit am Bett, um Patient:innen zu verstehen, mit denen man in dieser Zeit verbal nicht mehr kommunizieren kann. Empathisch fühlen sich Mitarbeiter:innen in dieser Zeit in die Patient:innen hinein und fühlen dann, ob es jeweils hilfreich ist, einen Körperteil zu berühren, oder gerade nicht. Sie wissen: Manchen Patient:innen kann man ohne Rückfrage die Hand reichen, bei anderen würde man das nie tun. In dieser Zeit gibt es keine Rezepte mehr. Oft versammeln sich mehrere Mitarbeiter:innen am Bett der Patient:innen. Es wird dann nicht diskutiert, sondern die Mitarbeiter:innen stellen berufsübergreifend und stillschweigend miteinander ein Einverständnis her, was nun zu tun und zu lassen ist. Die Intuition ist bei Kolleg:innen und Angehörigen meistens sehr ähnlich, weil sie erfahrungsgetränkt, ausdifferenziert und respektvoll ist.

Die Mitarbeiter:innen kennen das Narrativ vom »Licht im Tunnel« beim Sterben; als medizinisch geschultes Personal kennen sie aber auch den Hintergrund für diesen Mythos: Da die Hornhaut der Augen von außen nach innen stirbt, bewirkt das den Eindruck eines Tunnels. Kommuniziert wird das zu den Angehörigen nur auf Nachfrage: Die Frage nach Realität, Wirklichkeit und Weltanschauung ist beim Sterben sensibel und wird von den Mitarbeiter:innen vorsichtig kommuniziert. Es gibt unterschiedliche Anschauungen bei Kolleg:innen, Sterbenden und Angehörigen, je nach Situation, Kultur und Weltanschauung, die respektiert werden sollen und auch können.

Beispiel 1

Ein hochbetagtes Ehepaar, der Mann ist sehr krank und wird vom Onkologen an ein Palliativteam verwiesen, trotzdem sind die beiden Ehepartner:innen zuversichtlich. »Ich gehe bald wieder allein durch die Tür«, meint der Mann, und seine Frau wiederholt es. Allein befragt, ob sie wisse, was passieren könnte, beginnt die Ehefrau zu weinen. Nach zwei Besuchen seitens des ambulanten Palliativteams und der Einschätzung der Präfinalität wird der Mann auf die Palliativstation gebracht, er leidet unter massiver Atemnot, hat große Schmerzen und wird sofort wegen massiver Unruhe »palliativ« sediert, sodass er nach wenigen Stunden stirbt.

In der Supervision stellen sich die Mitarbeiter:innen die typischen Fragen:
- Muss man diese Menschen darüber aufklären, was wirklich passiert?
- Darf man aufklären, wenn jemand die Situation partout nicht verstehen will?
- Kann man mit der Angehörigen und dem Sterbenden vertrauensvoll zusammenarbeiten, ohne ehrlich zu sein?
- Wieviel Authentizität ist für die Patient:in und die Angehörigen, in diesem Beispiel das alte Paar, notwendig oder wichtig?
- Was ist für die Mitglieder des Teams wichtig?
- Muss man dafür sorgen, dass das Paar die Möglichkeit hat, den Abschied zu planen, z. B. wenn er noch die Kinder oder Enkel sehen möchte?
- Gibt es einen barmherzigen und einen unbarmherzigen Umgang mit einer solchen Verleugnung?
- Wie kann die Ehefrau weiterleben, welche Fragen wird sie sich stellen: »Ich wusste es, aber er nicht?« Oder: »Ich wollte es nicht wissen, weil ich es nicht aushalten wollte.« Oder: »Er wusste es, aber er wollte mich schonen!«?

Über die Gegenübertragung nehmen die Pfleger:innen wahr, dass beide Menschen völlig unschlüssig sind, ob sie die Wahrheit wissen und ertragen wollen oder ob sie sie nicht wissen wollen, um sie nicht ertragen zu müssen, ob sie sie einander zumuten oder sich schonen wollen. Die Ratlosigkeit, die Unentschiedenheit überträgt sich auf die Mitarbeitenden.

Übertragungen gibt es auch an anderen Stellen: Dass ein:e Ärzt:in allein qua der beruflichen Rolle als Schutzfigur oder in der Übertragung auch als Elternfigur – auch von älteren Patient:innen – wahrgenommen werden kann, ist verstehbar. Es kommt aber auch vor, dass eine jüngere Schwester oder ein jüngerer Pfleger von einem wesentlich älteren Patienten als Elternfigur wahrgenommen wird und z. B. für den Sterbenden oder den begleitenden Angehörigen einen Haltepunkt bedeutet, der durch die Zeit mitgeht.

Diese Übertragungen auf die Schwestern und Pfleger scheinen fast immer zu funktionieren, werden von diesen aber auch gerne angenommen. In der Supervision werden diese Zuschreibungen an Pfleger:innen und Ärzt:innen thematisiert und reflektiert.

Wir nehmen aber auch wahr, dass es gelegentlich so etwas wie eine Faszination für Menschen zu geben scheint, an Sterbeprozessen teilzunehmen. Wir fragen uns, ob das eigene Überleben durch den Sterbeprozess der Patient:innen deutlicher gesehen wird, vielleicht sogar deutlicher wertgeschätzt wird. Das könnte bedeuten, dass die Begleitung des Sterbens anderer eine Entängstigung bezüglich der eigenen Sterblichkeit mit sich bringt oder mit sich bringen soll. Und wir fragen uns, ob es nicht auch Stolz auf den gelegenen Prozess gibt bzw. auf die vielen gelungenen Prozesse.

Beispiel 2
Ein junges Paar ist auf der Palliativstation. Der junge Mann ist schwer krank. Die junge Frau besetzt ihn in der Zeit so sehr, dass sogar seine Eltern nicht mehr zu kommen wagen. Das junge Paar duzt sich schnell mit gleichaltrigen Pfleger:innen, »bis es zu ersten Beschimpfungen kommt«. Die junge Frau beschuldigt pflegende Mitarbeiter:innen, dass jede:r sage, wenn er oder sie ins Zimmer des todkranken Lebensgefährten komme: »Oh Gott, er stirbt ja ...« Sie beschwert sich, das dürfe man nicht sagen. Kann es ihre eigene innere Stimme sein, die sie hört, die diese Feststellung macht, und projiziert sich das nach außen, um es dann aggressiv kritisieren zu können? Das wäre ein mögliches Zeichen für so etwas wie eine wahnhafte Dynamik: die inneren Gefährdungen und Ängste nach außen zu projizieren und sie dann von außen als Bedrohung zu erleben. Das wäre dann ein Zeichen für eine furchtbare Überforderung der jungen Frau. Der Chefarzt erfasst die angespannte Situation, greift ein und führt bestimmt und mit väterlicher Autorität durch die Krise, auch indem er die Kommunikation wieder zurück ins »Sie« führt. Er stellt damit die Professionalität und die Rollen wieder in den Vordergrund und nimmt mit den Eltern des Sterbenden Kontakt auf.

Dieser beschriebene Prozess könnte als ein Beispiel für misslungene und wiederhergestellte Triangulierung stehen. »Triangulierung« bezeichnet einen dreidimensionalen Raum, der durch die dritte Person oder Position entsteht, ein Raum, der für die dyadischen Beziehungen nicht nötig ist. Dyadische Beziehungen laden zum Verschmelzen ein, sie bieten – zumindest in der Fantasie – einen Raum der konfliktfreien Beziehung. Dreier- und Mehr-Beziehungen sind viel komplexer als dyadische Beziehungen: Eine Dreierbeziehung beherbergt allein sechs dyadische Möglichkeiten (A + B, A + C, B + A, B + C, C + A, C + B). Eine Viererbeziehung hat bereits zwölf dyadische und mehrere triadische Möglichkeiten.

Die Sehnsucht nach einer dyadischen Geborgenheit im schmerzhaften Prozess des Sterbens ist nachvollziehbar, entspricht aber – im Fallbeispiel – vermutlich eher dem Bedürfnis der begleitenden Lebensgefährtin, vermutlich aber nicht der Lebens- und Beziehungsrealität des sterbenden jungen Mannes und auch nicht der Dynamik einer multiprofessionellen Organisation, die auch als »Dritter« in der schmerzhaften Phase der Liebesbeziehung einen Platz haben muss.

Es gibt aber auch »schwierige« Patient:innen und Angehörige, die ihren Zustand ignorieren und umzudeuten versuchen und die Suche nach weiteren Therapien veranlassen und einfordern. Pflegende und Ärzt:innen erleben das manchmal als Realitätsverweigerung. Es kann zu Ärger kommen und in der Supervision kann es dadurch zu reflektierenden Situationen führen, wie weit man »mitgehen« muss und darf oder wie deutlich man »Anwalt der Realität« sein oder werden muss. Ein unlösbares Thema, auch weil jede Situation anders und Vergleichbarkeit kaum zu finden ist, weil genau an dieser Stelle die lange Geschichte einer Beziehung und eines Lebens deutlich wird, aber nicht »gewusst«, sondern allenfalls erahnt werden kann – und von daher nicht bearbeitet, sondern nur begleitet werden kann.

Gelegentlich werden auf Palliativstationen schwierige Patient:innen anderer Stationen behandelt, wenn auf der Palliativstation Betten frei sind und eine andere Station mit Patient:innen überfordert ist. Sie werden quasi »geparkt« – aber das hat Folgen: Schwierige Patient:innen machen es den Pflegern und Schwestern einer Palliativstation selbstverständlich auch nicht leichter als anderen Schwestern und Pflegern, aber die Pfleger und Schwestern der Palliativstation reagieren differenzierter, manchmal aber auch – unerwartet – gekränkter.

Daraus schließen wir, dass sie erwarten, wertschätzend behandelt zu werden, wie auch sie wertschätzend behandeln. Wenn Mitglieder anderer Stationen sich bei fordernden und gelegentlich auch unverschämten Patient:innen zu Wehr setzen, so fühlen sich, wenn man das generalisieren darf, Palliativschwestern in ihrem Anspruch, Menschen in der letzten Lebensphase zu begegnen und sie zu begleiten, gekränkt. Das verweist auf eine andere, internalisierte Haltung, eine Haltung des Begleitens – und nicht des Konfrontierens.

Es geht genau darum, zu begleiten, vorsichtig zu kommunizieren, die Pirouetten zwischen Verleugnung und Akzeptieren mitzudrehen, nicht »Recht« zu haben, nicht zu überfordern, allenfalls im Sinne der unterstützenden und zugewandten Konfrontation zu helfen, dass Angehörige sich der Realität anzunähern wagen und nicht mit dem eintretenden Tod selbst abzustürzen.

Das Team: Austausch der Kulturen

Auf einer Palliativstation werden viele verschiedene Sprachen gesprochen: Die unterschiedlichen Berufsgruppen bringen jeweils eine eigene Sprache mit, diese Vielsprachigkeit ist eine Herausforderung für alle. Die große Gruppe der Pfleger:innen hat ihre eigene Sprache: Pflegerinnen sind zum Beispiel Schwestern, aber Pfleger sind deshalb keine Brüder. Pfleger:innen haben das Fachwissen der Pflege, das sie intern, verbal und nonverbal untereinander weitergeben.

Die Ärzt:innen haben eine andere Sprache als die Pfleger:innen: Sie arbeiten in einer klaren Hierarchie von den Ärzt:innen über die Ober:ärztinnen bis zu den Chefärzt:innen. Als leitende Berufsgruppe grenzen sich Ärzt:innen von den anderen Berufsgruppen auf der Station ab. Musiktherapeut:innen arbeiten auf der Station mit den Patient:innen mit Klängen und Instrumenten, in der Regel braucht es dafür wenig oder fast keine Worte. Verbal kann die Arbeit mit der Leitung und den Kolleg:innen der Station nicht oder nur wenig kommuniziert werden, diese erfahren das Ergebnis der Arbeit nur über Berichte der Patient:innen oder deren emotionale Reaktionen, indem sie nach dem Besuch der Musiktherapeut:in entspannt auf dem Bett liegen und sich ein erneutes Treffen wünschen. Genauso auch bei den Physiotherapeut:innen, die ebenfalls nur wenige Worte brauchen und über Berührung mit den Patient:innen kommunizieren. Ihre Hände merken sich die Geschichten, die ihnen die Haut und die Verspannungen der Patient:innen erzählen, und antworten feinfühlig darauf. Seelsorger:innen wiederum arbeiten mit verdichteten Ritualen, Symbolen und Narrativen – auch bei besonderen Feiern zusammen mit und für die Kolleg:innen der Station. Aus dem Blickwinkel der Pflege haben diese Spezialist:innen leichtere Aufgaben: Sie können nach einiger Zeit gehen und kommen oft erst Tage später wieder. Auf der anderen Seite gibt es auch eine Dankbarkeit für das spezielle Fachwissen der Therapeut:innen; Pfleger:innen erfahren an den Patient:innen auf der Station, wie hilfreich das Fachwissen der Therapeut:innen ist. Die Sozialarbeiter:in stellt die Kontakte nach außen her und ist oft ein:e wichtige:r Ansprechpartner:in für die Angehörigen.

Durch die vielen Sprachen ist die Kommunikation unter den Kolleg:innen auf einer Palliativstation komplex und differenziert. Die Vielfalt der Kommunikation in ihrer Herausforderung wird von den Mitarbeiter:innen aber auch genossen, sie macht das Arbeitsfeld interessant und hält die Mitarbeiter:innen lebendig und aufeinander angewiesen. Die Kommunikation gelingt durch Vertrauen zwischen den Berufsgruppen, durch Respekt auf Augenhöhe und gute Leitung, die für den Rahmen der Kommunikation und eine vertrauensvolle Organisationskultur sorgt. Es ist ein großer Anspruch an die Leitung, die Gleichwertigkeit als Haltung untereinander herzustellen.

Wenn die Angehörigen ihren Verstorbenen betrauern, das Leben ohne ihn planen oder bedenken, werden die Mitarbeiter:innen der Stationen relativ bald oder gleichzeitig eine neue Begleitung übernehmen, was für sie bedeutet, dass die Beschäftigung mit dem Sterben und dem Tod in Form eines neuen Prozesses weitergeht und niemals aufhört. Wir haben in den Supervisionen oft wahrgenommen, wie – zeitlich gesehen – parallele Prozesse höchst unterschiedlich verlaufen und höchst unterschiedliche Emotionen hervorrufen. Dies haben wir immer mit hohem Respekt wahrgenommen, weil es eine große Ambiguitätstoleranz erfordert, diese Vielfalt auszuhalten, zu beantworten und zu verarbeiten.

In der Begleitung von Teams im Kontext von Palliativstationen, Praxen und Hospizen nehmen wir immer wieder wahr, dass die Arbeit die eigene Achtsamkeit stärkt. Teams, die wir kennen, stellen oft eine gute Kultur untereinander her. Das bedeutet nicht, dass es keinen Ärger gibt: Kritik, Enttäuschungen usw. gibt es natürlich. Auch üblichen Stationsärger gibt es natürlich – wenn beispielsweise etwas nicht aufgeräumt oder nicht richtig dokumentiert war –, und auch von außen dringen belastende Gefühle in das Team ein. Manchmal gibt es ungeheuer belastende Situationen, wenn z. B. ein Patient kommt, an dessen Beinstumpf bereits Verwesungsanzeichen zu finden sind, oder noch mehr, wenn ein Mensch seit Wochen allein mit sich haust und kein Gefühl, keinen Bedarf an Körperpflege hat. Das sind enorm belastende Situationen, die Wut, Verachtung, Verzweiflung und Ekel erzeugen, wie bei allen anderen Menschen auch.

Aber: diese Teams fangen sich schneller, gehen in der Regel anders mit belastenden Situationen um: gelassener, verstehender, geduldiger – versöhnlicher!

Außerdem stellen wir fest, dass die Mitarbeiter:innen sprachlich ausdifferenzierter sind, als wir es sonst in Kliniken kennen, und dass es in jedem Team Personen sind, die feine emotionale Zugänge haben und sich selbst zu verbalisieren fähig und bereit sind – was oft sehr geschätzt und als hilfreich angesehen wird.

Wir vermuten, dass die Konfrontation mit den beschwerten Lebens- und Abschiedssituationen der Patient:innen und Angehörigen sensibel wahrgenommen wird, die Kolleg:innen sensibilisiert und sich diese Wahrnehmungsfähigkeit auf den Umgang untereinander überträgt.

Palliativ Pflegende sind zwar nicht direkt oder aktiv in der Trauerbegleitung tätig, aber sie sind faktisch involviert – ständig. Sie kennen Erzählungen über das Leben, besondere Lebensereignisse, über Familien, Erfolge und Misserfolge; sie hören Fragen, die nicht gestellt werden, z. B. nach drohenden Schmerzen usw., und verstehen diese, geben ihnen Raum und beantworten sie – wenn es gewünscht wird. Sie lernen mit diesen Fragen und Ängsten zu leben und bauen sie in ihren professionellen Anspruch an die Pflege ein.

Diese Fragen und Emotionen, vor denen man auch durchaus Angst haben kann, teilen sie mit den Patient:innen und Familien: Nicht nur Patient:innen sind im langen Krankheitsprozessen oft allein, sondern auch Pfleger:innen und Ärzt:innen sind oft mit eben diesen sterbenden Menschen allein – auch in Nächten und an Wochenenden. Und auch sie sind Ängsten und Einsamkeit ausgesetzt.

Das löst Emotionen unterschiedlicher Art bei Pfleger:innen und Ärzt:innen aus, die oft mit »Erschöpfung« beschrieben werden. Das ist einerseits körperliche Erschöpfung, manchmal aber auch eine seelische, wenn es zu viele Menschen auf einmal sind, die alle gut begleitet werden sollen (nicht nur wollen)! Aber es gibt auch »gute« Formen der Erschöpfung, wenn Begleitprozesse gut gelungen und abgeschlossen sind und mit großer Dankbarkeit und Erleichterung nach dem erfolgten Tod der Patient:in wahrgenommen werden können. Sie können dann auch – wenn das Team gut ist – ausgesprochen werden.

Pflegende können für die Angehörigen die Vermittler:innen von Realität sein; sie können Stabilisator:innen in den außergewöhnlichen Situationen sein, denen sich Angehörige ausgesetzt sehen und die ihnen oft große Angst machen; sie sind Haltende der Emotionen, die Angehörige oft überfluten; sie sind ein Ausblick auf die Zukunft mit der Botschaft: »Man kann das schaffen«, man kann den Tod des Menschen überleben!

Sie werden von Angehörigen vermutlich als Expert:innen wahrgenommen, von deren Erfahrungen man lernen kann. Sie können manchmal beraten und erklären, wie ein Sterbeprozess weitergehen kann, sie können Zeithorizonte eröffnen und dazu verhelfen, Emotionen zu antizipieren; sie können Erlaubnisse aussprechen, bestimmte Emotionen zu haben und haben zu dürfen; sie können den Angehörigen aber auch – auch ohne Sprache – die Erlaubnis geben, dass deren eigenes Leben weitergehen darf; sie können helfen, sich im Sterbeprozess bereits mit dem Ereignis auseinanderzusetzen, sich der Emotionen bewusst zu werden und sich nicht nur ausgeliefert zu sehen.

Es ist eine Art der Übernahme einer vorübergehenden Elternrolle für eine neue und oft einmalige Erfahrung, was es für die meisten Menschen in der Regel ist.

Wir übernehmen für diese Form der Pflege den Begriff des *holding* im Sinne von Winnicott (1896–1971): In Donald Winnicotts entwicklungspsychologischem Konzept bedeutet *holding* die Haltefunktion der Mutter, die das Kind nicht nur körperlich hält, sondern es in Zeiten großer emotionaler Belastung, die mit der Angst vor der psychischen Gefahr des Zerfallens einhergehen kann, wenn (zu) viel Fremdes und Neues auf das Kind einströmt, auch emotional hält. In der Sterbebegleitung übernimmt ein anderer Mensch, ein Außenstehender, die Führung, indem er die Emotionen »hält« und die vermutete Angst vor dem »Zerfallen« auf diesem Weg mitträgt.

Wir erleben oft, dass nicht eine Person das alles kann, sondern dass ein Team Hilfestellungen gibt, als Teil einer »haltenden« Teamkultur. Auch wenn Pfleger:innen in vielen Situationen weitgehend allein auf Station oder in der aufsuchenden Palliativarbeit unterwegs sind, hat man den Eindruck, dass das Team präsent ist – auch wenn faktisch keine Kolleg:innen dabei sind. Ein gutes Team vermittelt den Einzelnen so etwas wie ein Introjekt, ein inneres Bild, eine innere Stimme von Unterstützung, die mitträgt.

Wir haben vom Team einer Station erfahren, dass sich oft die kleine Zahl anwesender Mitarbeiter:innen, wenn der Sterbeprozess der Patient:innen unleugbar und der Tod vorhersehbar ist, um das Bett der Sterbenden versammelt – auch mit Familienangehörigen gemeinsam: Man findet sich bei den Sterbenden ein und begleitet sie, und wird gleichzeitig vom Team begleitet. Es scheint etwas wie ein Gefühl von Gemeinschaft, wie eine stützende und tragende Gruppe zu entstehen; diese Kultur des Stützens und Mittragens wird offenbar für die Sterbenden spürbar, überträgt sich auf die Angehörigen und ist in Erzählungen immer wieder Thema.

Wenn der Tod eingetreten ist – so scheint es –, kann es ein gutes Gefühl geben, etwas Wichtiges gemeinsam getan und getragen zu haben. Diese Treffen am Bett eines Sterbenden und in der Gemeinschaft mit Angehörigen werden möglicherweise als ein reinigender und beruhigender Prozess erlebt, der den Zusammenhalt des Teams stärkt und möglicherweise so etwas wie »Verbundenheit«, wie eine Versöhnungsarbeit – Versöhnung mit dem Sterben und mit dem Tod – ermöglicht. Es mag auch diese gebundene, verbundene Selbständigkeit des Arbeitens sein, die die Palliativpflege attraktiv macht. Erstaunlicherweise fehlen oft explizite und vor allem standardisierte Rituale, aber individuelle, implizite Rituale gibt es viele.

Auf Palliativstationen und in Palliativpraxen stellt sich die Frage nach dem »Leben nach dem Tod« eher selten – der Fokus liegt auf der Behandlung und Begleitung, durchaus auch auf der psychosozialen Begleitung. Wenn es Klinikseelsorger:innen gibt, werden eschatologische Frage an diese delegiert.

Auch in kirchlichen Kliniken gibt es oft keine (erlaubten) Kerzen, manchmal gibt es Tagebücher und Erinnerungsbücher, die eher von Seelsorger:innen gepflegt werden. Wenn es sie gibt, werden sie auch genutzt: Kurze Erinnerungen werden hineingeschrieben und die Daten dokumentiert. In einer Praxis gibt es eine schöne Schale für die Zettel mit den Namen der Verstorbenen. Manchmal werden auch Symbole für bestimmte Patienten aufgehoben: Wir erleben dies einerseits als eine respektvolle Handlung für die verstorbene Person und für die trauernde Familie, aber mit jedem Zettel und jedem Symbol wird auch das Team, seine Arbeit und Leistung gewürdigt und gleichzeitig auch das Ausmaß der Belastung symbolisiert.

In der Supervision werden diese Dinge erzählt – und das auf behutsame Weise. Verhindert wird dennoch nicht – und das ist auch gut so –, dass auch Probleme untereinander und schwierige Situationen, auch mit schwierigen Angehörigen thematisiert und bearbeitet werden. Dennoch werden sogar Konflikte in der Regel nicht zu Streitereien: Die Haltung untereinander scheint gewährender, geduldiger und sensibler zu sein als auf rein medizinischen Stationen.

Ehrenamtliche Helfer:innen im Hospiz haben manchmal einen anderen Schwerpunkt: Sie suchen in der Faszination der Begleitung und des Sterbens auch Antworten nach den Fragen »Was ist der Tod?«, »Wohin gehen wir? »Was kommt – kommt etwas ›danach‹«? Eine ehrenamtliche Hospizhelferin sagte einmal in der Supervision: »Das Beste kommt zum Schluss – stimmt das?«

Die Leitung: »Er ist der, der hält« oder »Sie ist die, die hält«

Die Anerkennung der Rolle und die Anerkennung der geleisteten Arbeit wird oft durch die Leitungen, aber auch durch das Kollegium herausgestellt. Wir stellen weiterhin fest, dass viele Leitungen einen kollegialen Stil pflegen, und dies ausdrücklich und bewusst; nach unseren Wahrnehmungen wird das nicht allein von den Leitungen ausgelöst, sondern wir erleben es als eine wechselseitige Kultur der Anerkennung und des respektvollen Umgangs. Die leitenden Ärzt:innen sind wichtige Personen in solch kleinen Teams. Sie halten die Fäden in der Hand, sie schützen die Palliativstation manchmal auch vor der Geschäftsführung, der Verwaltung des Trägers, manchmal auch vor der Pflegedienstleitung und anderen Chefs und nehmen Ärzt:innen, Pfleger:innen, Sozialarbeiter:innen und Therapeut:innen in Schutz.

Die Leitung einer Palliativstation braucht eine klare Führungsrolle, medizinische und pflegerische Fachkompetenz, ein gewisses Alter ist hilfreich, Titel ebenso, es braucht Erfahrung im Leben und in der Sterbebegleitung. Die Leitung muss die physische und psychische Belastung der Mitarbeiter:innen kennen, gegebenenfalls auch benennen können, um sie stützend zu begleiten. Sie muss einerseits nach außen mit Titeln und Autorität auftreten, andererseits aber auch nach innen mit den Kolleg:innen von Zeit zu Zeit den Schmerz teilen können, von der eigenen Berührung und Rührung authentisch sprechen können und damit Zeichen setzen und kommunizieren. Ein Chef sagte einmal in der Teamsupervision, es sei oft »too touchy«.

Die Leitung einer Palliativstation braucht Mitarbeiter:innen, die ihr zuarbeiten, indem sie z. B. wichtige Informationen über Patient:innen und ihre Angehörigen geben, und sie braucht das Vertrauen des Trägers der Klinik, um leiten zu können.

Wir als Supervisor:innen haben es als eine Bereicherung empfunden, an den Prozessen und Reflexionen von Palliativstationen teilnehmen zu dürfen. Oft galt auch für uns, was Cicely Saunders (1918–2005) sagt, die als Begründerin der Hospizbewegung und der Palliative Care gilt: »Wir haben nichts anderes getan als zugehört«!

Literatur

Bayerische Landesärztekammer (2012, 02. August). Stellungnahme der Bayerischen Landesärztekammer zur Regelung der Sterbehilfe in der Berufsordnung. Pressemeldung. https://www.blaek.de/meta/presse/presseinformationen/presseinformationen-2012/stellungnahme-der-bayerischen-landesaerztekammer-zur-regelung-der-sterbe hilfe-in-der-berufsordnung

Bundesärztekammer (BÄK) (2010). Empfehlungen der Bundesärztekammer und der Zentralen Ethikkommission bei der Bundesärztekammer zum Umgang mit Vorsorgevollmacht und Patientenverfügung in der ärztlichen Praxis. https://www.bun desaerztekammer.de/fileadmin/user_upload/_old-files/downloads/Patientenverfue gung_und_Vollmacht_Empfehlungen_BAeK-ZEKO_DAe1.pdf

Bundesärztekammer (BÄK) (2011). Grundsätze der Bundesärztekammer zur ärztlichen Sterbebegleitung. https://www.bundesaerztekammer.de/fileadmin/user_upload/_ old-files/downloads/Sterbebegleitung_17022011.pdf

Urteile Bundesgerichtshof (2019, 03. Juli). 5 StR 132/18 und 5 StR 393/18.

Deutsches Ärzteblatt (2011). (Muster-)Berufsordnung für die in Deutschland tätigen Ärztinnen und Ärzte (Jg. 108, Heft 38). https://www.aerzteblatt.de/pdf/108/38/a1980.pdf#toolbar=1&statusbar=0&view=Fit

Deutsches Ärzteblatt (2021). Suizidhilfe: Orientierungshilfe für Ärztinnen und Ärzte (Jg. 118, Heft 29–30). https://www.aerzteblatt.de/archiv/220629/Suizidhilfe-Orientierungshilfe -fuer-Aerztinnen-und-Aerzte

Diakonie Württemberg (2021). Orientierungshilfe zur »geschäftsmäßigen Förderung der Selbsttötung«. https://www.diakonie-wuerttemberg.de/fileadmin/Diakonie_Website/Themen/Publikationen_Positionen/Pos_Assistierter-Suizid-Orientierungshilfe.pdf

Evangelische Heimstiftung (2020, 27. Mai). Das Recht auf assistierten Suizid. Wie die Evangelische Heimstiftung mit Todeswünschen von Bewohnern umgeht. Positionspapier. https://www.evheimstiftung.de/fileadmin/default/Ueber-uns/Ethik/Positionspapier_Assistierter_Suizid.pdf

Evangelische Kirche in Deutschland (EKD) (2002). Im Geist der Liebe mit dem Leben umgehen. Argumentationshilfe für aktuelle medizin- und bio-ethische Fragen. EKD-Texte 71.

Evangelische Kirche in Deutschland (EKD) (2005). Sterben hat seine Zeit. Überlegungen zum Umgang mit Patientenverfügungen aus evangelischer Sicht. EKD-Texte 80.

Evangelische Kirche in Deutschland (EKD) (2008). Wenn Menschen sterben wollen. Eine Orientierungshilfe zum Problem der ärztlichen Beihilfe zur Selbsttötung. EKD-Texte 97.

Evangelische Kirche in Deutschland (EKD) & Deutsche Bischofskonferenz (DBK) (1989). *Gott ist ein Freund des Lebens. Herausforderungen und Aufgaben beim Schutz des Lebens*. Gütersloh.

Evangelische Landeskirche in Baden (2021). Mein Trost im Leben und im Sterben. Profil in der Debatte um den assistierten Suizid zeigen. Rundschreiben AZ:14-27. https://www.ekiba.de/media/download/variant/219819/2021_01_18_assistierter_suizid.pdf

Gemeinschaft evangelischer Kirchen in Europa (GEKE) (2011). Leben hat seine Zeit, Sterben hat seine Zeit. Eine Orientierungshilfe des Rates der GEKE zu lebensverkürzenden Maßnahmen und zur Sorge um Sterbende. https://evang.at/wpcontent/uploads/2015/07/110509_GEKE_Leben_hat_seine_Zeit.pdf

Hillienhof, A. (2011, 28. März). Ärztekammer Hessen lehnt BÄK-Grundsätze zur ärztlichen Sterbebegleitung ab. *Deutsches Ärzteblatt*.

Holtappels, P. (2012). Rechtsfolgen beim ärztlich assistierten Suizid. Der Arzt ist seinem Gewissen verpflichtet. *Angewandte Schmerztherapie und Palliativmedizin, 2012*(2), 20–22.

Hoppe, J.-D. & Hübner, M. (2010). *Ärztlich assistierter Suizid – Tötung auf Verlangen. Ethisch verantwortetes ärztliches Handeln und der Wille des Patienten* (Schriftenreihe Medizin-Ethik-Recht). Martin-Luther-Universität Halle-Wittenberg.

Institut Allensbach (2010). Ärztlich begleiteter Suizid und aktive Sterbehilfe aus Sicht der deutschen Ärzteschaft. Ergebnisse einer Repräsentativbefragung von Krankenhaus- und niedergelassenen Ärzten. Allensbacher Archiv, IfD-Umfrage 5265.

Kliesch, F. (2013). *Das Ethos der Bundesärztekammer. Eine Untersuchung ihrer Verlautbarungen zu Themen des Lebensanfangs und Lebensendes*. Edition Ruprecht.

Ministerialblatt NRW (2012). Änderung der Berufsordnung der Ärztekammer Westfalen-Lippe vom 26.11.2011. *Ausgabe 2012*(8), 147–160.

Pressestelle Ärztekammer Westfalen-Lippe (2011). Kammerversammlung votiert gegen ärztliche Beihilfe zur Selbsttötung. Presseinformation. https://www.aekwl.de/fileadmin/pressestelle/doc/pressemitteilungen/25_11_Beihilfe_Suizid.pdf

Schardien, S. (2007). *Sterbehilfe als Herausforderung für die Kirchen. Eine ökumenisch-ethische Untersuchung konfessioneller Positionen*. Gütersloher Verlagshaus.

Biografische Notizen

Florian Barth hat evangelische Theologie (B. A. und M. A.) und Management in Non-Profit-Organisationen (M. A.) studiert. Er ist Pfarrer, stellvertretender Dekan der evangelischen Kirche in Heidelberg und arbeitet seit vielen Jahren als Supervisor und Organisationsberater, vorwiegend im Non-Profit-Bereich.

Annemarie Bauer, Prof. Dr., Hochschullehrerin i. R., ist Sozialwissenschaftlerin, Gruppenanalytikerin, Supervisorin, Balintgruppenleiterin und Lehrsupervisorin in Heidelberg.

Fabian Kliesch, Dr., ist evangelischer Theologe und approbierter Arzt. Seine Forschungen und Vorträge liegen im Bereich medizinischer Ethik und Klinikseelsorge. Er hat eine Ausbildung zum systemischen Coach (HSI) und Klinischen Ethikberater (K1) absolviert, ist Mitglied im Klinischen Ethikkomitee der Universitätsklinik Heidelberg und arbeitet als Pfarrer in der evangelischen Kirche in Heidelberg.

Der Körper als multiples Interface zwischen Biologie, Psyche und sozialer Welt

Körper-Sein und Körper-Haben
in Institutionen und Organisationen

Jörg Seigies

Zu Beginn

Wo Menschen sind, sind Körper. Sie spielen immer schon eine wichtige Rolle in verschiedenen Diskursen und Wissensbereichen. Während die Naturwissenschaften sich mit Beschaffenheit und Funktionsweisen des menschlichen Körpers beschäftigten, setzte sich die philosophische Richtung der Phänomenologie mit dem Körper als Ursprung von Erkenntnis und den Sinnen als Organen der Wahrnehmung auseinander. Seit den 1970er Jahren erfuhr der Begriff auch in den Geistes- und Sozialwissenschaften eine so hohe Konjunktur, dass sogar von einem *body turn* seit den 1980er Jahren die Rede ist, bei dem der Körper in seiner gesellschaftlichen und kulturellen Dimension im Zentrum steht.

Der Körper stellt ein Interface zwischen *Natur* und *Kultur* dar, es kreuzen sich die Bereiche des Biologischen und des Sozialen. Dabei verschwinden die Grenzen zwischen *Künstlichem* und *Natürlichem* zunehmend, sei es durch (bio-)medizinische Innovationen, die die Veränderbarkeit von Körpern und deren Reproduzierbarkeit möglich machen, oder durch technische Innovationen und den Wandel unserer Lebenswelt, die eine Entfaltung des Körpers, auch im digitalen Raum, mit sich bringen. Die Maschinenmenschen, Androiden oder Cyborgs schließlich versprechen eine post-humane Vision der Körperlichkeit in der Vereinigung von Maschine und Organismus.

Der Körperdiskurs ist in der abendländischen Tradition der griechischen Antike und des Christentums lange Zeit von einer dualistischen Anthropologie geprägt, und mit der Zweiteilung geht eine Hierarchisierung einher, die den materiellen, *fleischlichen* Teil der menschlichen Existenz gegenüber der immateriellen unterordnet. Auch heute bleibt diese Vorstellung der Polarität auch in den Wissenschaften prävalent. Wie gesellschaftliche, politische oder ökonomische Systeme und Diskurse Körper produzieren und formen, zeigt sich z. B. in dem nicht enden wollenden und könnenden Sex- und Genderdiskurs und darin, was als *weiblich* oder *männlich* gilt. Machtstrukturen, seien sie klassenspezifischer, ethnischer, geschlechtsspezifischer oder anderer Natur, schreiben sich so in die Körper ein. Die durch diese Strukturen und Diskurse geformten Körper wiederum reproduzieren diese Machtverhältnisse und verleihen ihnen den Anschein des natürlich Gegebenen. Durch diese Naturalisierung werden die historischen, kulturellen und sozialen Bedingungen von Körperdiskursen ausgeblendet.

Körper-Sein und Körper-Haben

Der menschliche Körper charakterisiert sich von anderen Variablen menschlicher Existenz durch seine Permanenz (Goffman, 2001, S. 152), sein *Immer-vorhanden-Sein*, denn er kann nicht ablegt werden. Er besitzt eine Empfindungsfähigkeit, reagiert affektiv, und er ist in Gänze ein »Willensorgan, das einzige Objekt, das für den Willen meines reinen Ich unmittelbar spontan beweglich ist« Husserl, 1991, S. 151f.). Der Körper nimmt die Position der »Herkunft« (Foucault, 1974, S. 81) ein, von der aus die Spuren seiner kontingenten Entstehung »innerhalb historisch-gesellschaftlicher Kräfteverhältnisse« aufzudecken sind (ebd., S. 82). Der biologische Körper als Fleisch wird von den Effekten sozialer und kultureller Praktiken geprägt, die als gesellschaftliche Prozesse an seiner Materialität »nagen« (ebd., S. 75). Der Körper ist damit ein Interface, eine Schnittstelle im Sinne einer Verknüpfung, die sich durch die Differenz von Natur und Kultur und ihrer Relation zueinander bestimmt. Aus dem Verhältnis von Körpermaterial, Körperbild oder Körpervorstellung und dem vermittelnden Medium ergeben sich die Schnittmengen, die jeweils den Körper und das durch Gesellschaft und Kultur geprägte *soziale Geschlecht* als historische Tatsache konstruieren. Das zeigt sich in der Diskussion um »Leib« und »Körper«.

Seit den 1970er Jahren hat die Unterscheidung in *sex* und *gender*, in ein biologisches und ein soziokulturell konstruiertes Geschlecht, neue Perspektiven auf den Körper eröffnet (von Dülmen, 1999; Millett, 1971; Roper, 1995; Honegger, 1991). Michel Foucault thematisierte die historische Gemachtheit körperlicher Kategorien. Der individuelle Körper, aber auch der Bevölkerungskörper werden ihm zufolge auf historisch spezifische Weise produziert, diszipliniert und reguliert. Dies bedeutet, dass Selbst- und Fremdwahrnehmung von Körper und Geschlecht nicht biologisch konstant und mithin ahistorisch sind, sondern sozial und kulturell wandelbar (Foucault, 1986, 2011). Vor allem die Theorieansätze der Gender Studies haben den *body turn* oder *somatic turn* als Wende zum körperlichen Forschungsansatz mitbestimmt und den Reichtum des Körpers (weiblich, männlich, non-binär, jung, alt, krank usw.) sowie Körperwissen, Körpererleben und Körpererfahrung als Leiberfahrung und »leibliche Verfasstheit des Menschen« thematisiert (Lorenz, 2000; Gugutzer, 2012). Die neuere Forschung zur Körpergeschichte tendiert dazu, die Differenz zwischen historischen und modernen Körpervorstellungen, Körpererfahrungen und Körperrepräsentationen zu betonen: »Die Wissenschaft vom Menschen bzw. vom menschlichen Körper steht in einem Feld kulturell kodierter Vorstellungen, die in die wissenschaftlichen Diskurse einfließen, so wie Wissenschaft selbst an dieser Kodierung teilnimmt« (Sarasin, 2001, S. 94).

Körper und Organisation

Körper müssen sich verorten, d. h. ein Verhältnis zu dem Raum gewinnen, der sie umgibt. Der Verlust und der Gewinn von Körperlichem ist immer auch ein Verlust bzw. Gewinn von Ort, denn der Ort wird von Körpern gebildet (Förschler et al., 2014). In einer Zeit, in der sich der Raum durch Digitalität zusehends auflöst, muss der reale Ort an Bedeutung gewinnen.

Der Körper ist das Interface zwischen Individuum und der Welt. Er bildet einerseits die natürliche Grenze zwischen Ich und Nicht-Ich und ist gleichzeitig das Medium, das es uns ermöglicht, mit der Welt in Beziehung zu treten. Die Sinnesorgane erlauben dem Körper, die Welt wahrzunehmen. Andererseits kann das Individuum über seinen Körper gestaltend auf seine Umwelt einwirken.

Organisationen verhalten sich nicht neutral gegenüber ihren Organisationsmitgliedern, da die Organisation als Geflecht sozialer Beziehungen aus dem Handeln ihrer Verkörperungen besteht. In Organisationen und Institutionen wird der Körper u. a. als Statussymbol zur Schau gestellt. Man nutzt die Macht der Wirkung und es werden mediale Bilder des perfekten Organisationsmitglieds gezeichnet. Anderseits trügt der äußere Schein oft und hinter der Fassade zeigt sich ein anderes Bild. Dort offenbart der Körper seine Fragilität, denn der Körper wird auch zum Symptomträger für das, was im Kontext der täglichen Arbeitsanforderungen und der individuellen Lebensgestaltung auf der Strecke bleibt – er scheitert bzw. er produziert auch Scheitern. Neben dem direkten physischen Körper existiert parallel ein sozialer Körper und beide stehen im permanenten Austausch *(lifelong reciprocity)*. Das Partizipieren in Organisationen und Institutionen ist direkt an den Körper gebunden, und um dies leisten zu können, muss der Körper gemäß dem Organisations- und Institutionsumfeld in spezifischer Weise organisiert und institutionalisiert werden.

Im Film *Work Hard – Play Hard* der deutschen Regisseurin Carmen Losmann aus dem Jahre 2011 gibt sie einen Einblick in die darin beteiligten Organisationen und deren Mitglieder. In einer Interviewszene stellt eine Personalentwicklerin ihre persönliche Vision des Grades der Verkörperung in einer Organisation dar. Es wird deutlich, welchen Anspruch sie auf Körperlichkeit hat: »Ich habe persönlich eine Vision und meine Vision ist, dafür zu sorgen, dass das auch etwas Bleibendes ist, also diesen kulturellen Wandel wirklich nachhaltig in die DNA des einzelnen Mitarbeiters zu bepflanzen.« Diese Aussage »symbolisiert auf eine unverhohlene Art die Erwartung, dass der Mensch durch die Organisation total und in seinen Grundstrukturen verändert und damit vereinnahmt wird, vereinnehmbar wird« (Bauer & Fröse, 2015, S. 23).

Historisch-psychotherapeutische Betrachtung des Körpers

»Da ist mir die Luft weggeblieben« als körperliches Zeichen einer Überraschung, »da bekomme ich Schiss« als Ausdruck veränderter Darmtätigkeit bei Angst oder »durchatmen und bis zehn zählen« als Beschreibung einer Intervention, um Wut oder Erregung zu unterdrücken – all dies sind Formulierungen, die im allgemeinen Sprachgebrauch verwendet werden und auf einen Zusammenhang zwischen der Psyche und dem Körper des Menschen hinweisen. Dieser Zusammenhang erscheint uns u. a. in Anbetracht des Wissens um psychosomatische Krankheiten heute als selbstverständlich und folgerichtig nachvollziehbar.

Neben Freuds Schüler Sándor Ferenczi hatte Wilhelm Reich den größten Einfluss auf die Beachtung des Körpers in der Psychotherapie und war Motor der Entwicklung eines körperbezogenen Ansatzes. Er suchte nach einer neuen Behandlungstechnik für Patient:innen, die zur verbal-assoziierten Arbeit nicht fähig waren. Reich ging in seiner Arbeit von Trieb-Abwehr-Konfigurationen aus und räumte der Analyse der Charakterabwehr einen zentralen Stellenwert ein.

Gegenüber der in der Psychoanalyse damals gängigen unmittelbaren Deutung unbewusster Konflikte gab Reich der Analyse der Widerstände den Vorrang. Während Freud über die Erinnerung zum ursprünglichen Affekt vordringen wollte, ging Reich über die Lockerung der körperlichen Abwehr zum Affekt und so zur Erinnerung.

> »Neben den Träumen, den Einfällen, den Fehlleistungen, den übrigen Mitteilungen der Patienten verdienen ihre Haltungen, das heißt die Art und Weise, wie sie ihre Träume erzählen, Fehlleistungen begehen, Einfälle bringen und Mitteilungen

machen, besondere Beachtung [...]. Nicht der Gedankeninhalt, sondern die Ausdrucksform führt uns zu den biologischen Reaktionen, welche die Grundlage der psychischen Manifestationen bilden« (Reich, 1970, S. 61).

Als Wilhelm Reich dies um 1930 das erste Mal postulierte, und zuvor, als er die wissenschaftlichen Grundlagen dazu erarbeitete, stieß er teilweise auf Unverständnis und wurde bekämpft. Die Entdeckungen Reichs wurden jahrzehntelang nicht beachtet, weil sie vielen klinischen Psychologen, Psychotherapeuten und Medizinern fremdartig erschienen (Petzold, 1985, S. 9).

Historisch-soziologische Zugänge zum Körper

Die Fragen, mit denen sich zentrale Protagonisten zu den Anfangszeiten der Soziologie auseinandersetzten, waren Ausdruck ihrer Zeit. In dieser hatte der menschliche Körper bei Weitem nicht den gesellschaftlichen Stellenwert, den er heutzutage einnimmt. Die vorherrschenden Themen vom Ende des 18. bis Ende des 19. Jahrhunderts ergaben sich aufgrund gewaltiger sozialstruktureller, ökonomischer, technologischer und politischer Umbrüche. August Comte, Émile Durkheim, Herbert Spencer, Karl Marx, Vilfredo Pareto, Ferdinand Tönnis, Georg Simmel und Max Weber beschäftigten sich mit Fragestellungen, die makrosoziologische, gesamtgesellschaftliche Wandlungsprozesse betrafen (Gugutzer, 2004, S. 20). Eine systematische Auseinandersetzung mit der historischen Evolution des menschlichen Körpers fand in der Soziologie dieser Zeit nicht statt. Der menschliche Körper wurde als ein vorsoziales, natürliches Phänomen konzipiert, das außerhalb der Gesellschaft steht (ebd.). Der Körper galt als unwesentlicher Aspekt sozialen Handelns, ein passiver Container, der als Hülle oder Schale für den aktiven Geist dient. Dennoch wurde der Körper in der Soziologie nicht gänzlich ignoriert.

Gugutzer (ebd., S. 23) räumt ein, dass der Körper durchaus bei einigen Klassikern implizit mitgedacht wird, etwa als Bezugspunkt für die Analyse der modernen Gesellschaft, teilweise auch explizit, z. B. in biologischen Gesellschaftstheorien. Somit habe »der Körper innerhalb der Soziologie und Sozialtheorie eine versteckte Geschichte« (ebd.), z. B. bei Parsons, Marx, Durkheim usw.

Laut Gugutzer (ebd., S. 34ff.) spielen verschiedene gesellschaftlich-kulturelle Entwicklungen eine Rolle. Er zeigt – ohne Anspruch auf Vollständigkeit – zwölf Entwicklungen auf:

1. den Übergang von der modernen Industriegesellschaft zur postindustriellen oder postmodernen Gesellschaft mit der Verlagerung im Erwerbssektor von vorrangig körperlicher Arbeit zu vermehrter Kopfarbeit;
2. den gestiegenen Wohlstand und die Ausweitung des Freizeitbereiches mit verändertem Konsumverhalten und Lebensstilen;
3. Massenmedien zur Ausweitung der Konsumkultur (das Fernsehen [mittlerweile muss natürlich auch das Internet mit seinen jeweiligen Zugängen auf Facebook, Instagram, TikTok, usw. dazugezählt werden] ist das Medium, das von Körperbildern lebt, z. B. über Sportsendungen, Gewaltdastellungen und sexuellen Präsentationen);
4. die Aufwertung der Popkultur, verbunden mit der sozialen Anerkennung und Wertschätzung von Phänomenen und Personen, als Steigerung und Erweiterung der sogenannten »Hochkultur« (viele Sportarten werden nicht »nur« als Sport, sondern als Lebensstil begriffen);
5. den kulturellen Wertewandel durch eine Verlagerung von Pflicht- und Gehorsamswerten zu Werten wie Autonomie und Selbstverwirklichung, von Disziplin und Opferbereitschaft hin zu hedonistischen Werten, von extrinsisch-materiellen zu intrinsisch-immateriellen Werten;
6. vom Wertewandel beeinflusst, diesen aber auch selbst prägend, der gesellschaftliche Individualisierungsprozess, inklusive der ambivalenten subjektiven Folgen;
7. bedingt durch den kulturellen Wertewandel Ende der 1960er Jahre das Aufkommen zahlreicher sozialer Bewegungen, wie z. B. die Homosexuellenbewegung, onkologische Gruppierungen und die Frauenbewegung (hinzu kommen heute beispielsweise LGBTQ[1], Fridays For Future, #Metoo usw.);
8. das Altern der Bevölkerung in der postindustriellen Gesellschaft sowie die mit dem »neuen« Altern verbundenen sozialpolitischen, ökonomischen und medizinischen Konsequenzen;
9. die durch die Lebensumstände in postindustriellen Gesellschaften produzierten körperlichen, seelischen und psychosomatischen Erkrankungen (der Umgang mit Allergien, Stress und Depression verstärkt das Interesse der Individuen am Thema Gesundheit);
10. die Fortschritte im Bereich der Reproduktions- und Biotechnologie (künstliche Befruchtung, Organtransplantationen, Klonen und Doping haben in-

---

1 Die Homosexuellenbewegung hat sich seit den 1960er Jahren deutlich in diese Richtung ausgeweitet und denkt heute auch andere Personengruppen wie z. B. transidente und intersexuelle Personen in größerem Stil mit.

tensive und kontroverse Diskussionen über die technische Verfügbarkeit und Manipulation des menschlichen Körpers entfacht);
11. die Entwicklung des Körpers zu einem reflexiven Identitätsprojekt, vor dem Hintergrund, dass der eigene Körper nicht als schicksalhafte biologische Gegebenheit hingenommen werden soll;
12. die Tatsache, dass mehr Frauen Soziologie studieren und die Soziologie um das Thema des Geschlechtskörpers bereichert haben (der Fokus liegt hier besonders auf den sozialen Belastungen, Benachteiligungen und Unterdrückungen des weiblichen Körpers).

Zivilisierung des Körpers

Norbert Elias beschreibt die Inkorporierung zwischenmenschlicher Fremdzwänge über die Nachahmung sozial genormter Bewegungen, was sich auf die Psyche des Menschen überträgt und hier als gesellschaftlich geprägte Kontrollinstanz über die Triebe und Affekte des natürlichen Menschen herrscht (Elias, 1976).

Mit der gesellschaftlichen Produktion verschiedener sozialer Körper in der modernen Gegenwartsgesellschaft beschäftigte sich Pierre Bourdieu. Sein Ausgangspunkt für die Beschäftigung mit dem Körper war eine Klassenanalyse der französischen Gesellschaft in den 1960er und 1970er Jahren. Bourdieu bezeichnet eine soziale Klasse als eine Gruppe von Akteur:innen, die relativ ähnliche Lebensbedingungen aufweisen und dadurch vergleichbare Habitusformen sowie Praktiken und Lebensstile entwickeln (Gugutzer, 2004, S. 67). Bourdieu untersuchte die Klassenstruktur Frankreichs empirisch und setzte sich mit dem körperlichen Kapital auseinander (Bourdieu, 1982). Der Körper als Kapital meint ein Potenzial aus Instrumenten, das in gesellschaftlichen Handlungsbereichen zur Verfügung steht und eingesetzt werden kann, um soziale Gewinne wie z. B. Anerkennung, Ansehen, materielle oder immaterielle Erfolge zu erzielen. Kennzeichnend für die Varianten körperlichen Kapitals ist, dass sie sowohl einen Eigenwert innehaben als auch zum Teil in andere Kapitalsorten konvertierbar sind (ebd.).

In das Körperkapital kann man Zeit, Aufmerksamkeit, Sorge und Mühe investieren – also Arbeit. Durch aufgewandte Arbeitszeit kann damit das Kapitalvolumen erhöht werden. Während Geld, Häuser, Schmuck, Bücher, Sammlungen und soziale Kontakte von einer Person auf eine andere weitergegeben werden können, sind Talent, Schönheit oder Geschmack nicht übertragbar, d. h., körperliches Kapital kann nicht unabhängig vom Individuum akkumuliert werden.

In Anlehnung an Merleau-Ponty (1976, zit. n. Wacquant, 2006, S. 41), der sich gegen die Dichotomie von Subjekt und Umwelt ausspricht – »Innen und Außen sind überhaupt nicht voneinander zu trennen. Die Welt ist ganz innen in mir und ich bin ganz außen von mir«–, wendet sich Bourdieu ebenfalls gegen das Bild eines autonomen Subjekts, das seiner Umwelt gegenübersteht. »Als Menschen sind wir Körper, die sich in der Welt bewegen« (Merleau-Ponty, 2004 [1976], S. 54f.). Bourdieu fasst die alltägliche Praxis ganz ähnlich wie Merleau-Ponty. Die soziale Ordnung ist auch eine Ordnung der Körper und ihrer Haltung. Die Handlungsmuster prägen sich Bourdieu zufolge nicht so sehr dem Bewusstsein wie dem Körper ein (Bourdieu, 1976, S. 194). In *Sozialer Sinn* erläutert Bourdieu das mit den Worten: »Was der Leib gelernt hat, das besitzt man nicht wie ein wiederbetrachtbares Wissen, sondern das ist man« (Bourdieu, 1987, S. 135).

Institutionen und Organisationen

Annemarie Bauer und Wolfgang Schmidbauer (2005, S. 30) bezeichnen Institutionen als Begleiter von Geburt bis in den Tod,

> »denn sie legen fest, wie wir begraben werden, welcher Stein mit welcher Inschrift auf unserem Grab steht und wie der Toten gedacht wird. Sie unterscheiden zwischen arm und reich, zwischen sozial angesehen und sozial geachtet – und sie verändern sich, langsam in traditionellen Gesellschaften, rasch in der Moderne.«

Treffender und bedeutsamer heißt es im Folgenden: »Menschen sind ein Leben lang mit Institutionen verwoben« (ebd., S. 69). »Begleitet zu werden«, ist m. E. ein zu oberflächlicher Ausdruck und wird der Bedeutung für den Menschen und seinen Bezügen für mich nicht ganz gerecht. »Verwoben sein«, heißt »verbunden sein«. Es gibt Verbindungswege, Verbindungsstellen, die an unterschiedlichen Lebenspunkten bedeutsam sind und in Bezug zueinander treten. Sie wirken bewusst oder unbewusst auf uns ein, und längst Vergessenes oder Verdrängtes hat immer noch seinen Platz im Gewebe.

Um beim Bild des Verwoben-Seins zu bleiben: Ein Gewebe besteht aus Fäden, Fasern, die miteinander verknotet, verkettet oder verwoben werden. So individuell ich einen Teppich gestalten kann, so individuell vollziehen sich Institutionsverknüpfungen, wenn man den Prozess der individuellen Aneignung und Beeinflussung hinzunimmt und nicht nur den Akt der Verknüpfung an sich. Nun möchte ich den Menschen und seinen Kontext nicht direkt mit einem Teppich vergleichen; einen Teppich kann ich zerschneiden, einen Strickpullover wieder auftrennen, aufribbeln oder zurückstrichen. Das Geflecht mit Institutionen ist beim Menschen nicht aufzulösen (Bauer & Gröning, 1995, S. 17), jedoch veränderbar.

Für Arnold Gehlen (1961) sind Institutionen Instinktersatz als Kompensation für die instinktreduzierte Ausstattung des Menschen. Durch sie werden die »quasiautomatischen Gewohnheiten des Denkens, Fühlens, Wertens und Handelns« habitualisiert und damit stabilisiert (Gehlen, 1986, S. 79).

Niklas Luhmann stellt fest, dass *Institution* und *Organisation* »zwei recht verschiedene Beschreibungen sozialer Sachverhalte« seien, weshalb es lohnenswert wäre, »am Fall der Universität zu klären, was mit der Wahl der einen oder der anderen Beschreibung erreicht werden kann« (Luhmann, 1992, S. 90). Der Begriff der Institution schien ihm im Vergleich zum Begriff der Organisation ein stärker modeabhängiger und nicht ganz ideologieunverdächtiger Begriff zu sein, da er sowohl zur Bezeichnung formaler Organisationen als auch gesellschaftlich bedeutender Einheiten, wie z. B. der Familie, verwendet wurde. Annemarie Bauer und Wolfgang Schmidbauer (2005, S. 66) heben besonders die Definition des Institutionsbegriffs nach Berger und Luckmann (2000) hervor: Institutionen sind demnach »Sinnwelten, die durch Arbeits- und Wissensteilung entstanden sind«. In und durch Institutionen würden Normen, Werte und Identitäten zwischen Subjekt und Gesellschaft wechselseitig vermittelt, oder aber »gesellschaftliche Erwartungsstrukturen, die soziales Verhalten strukturieren und Sinn geben und Status, Rollen, Funktionen, also wesentliche Momente der Identität, zuweis[en]« (ebd.).

Ilse Orth, Hilarion Petzold und Johanne Sieper entwickeln zu diesem Themenkomplex folgende Perspektiven:

➤ Durch gesellschaftliche Institutionen werden Netzwerke sozialer Beziehungen geregelt sowie Transfer, Transaktionen und Rollen geordnet – als *relationaler* Aspekt der Institution.
➤ Durch gesellschaftliche Institutionen erfolgt die Zuweisung von Machtpositionen und sozialer Gratifikation – als *regulativer* Aspekt der Institution.
➤ Durch gesellschaftliche Institutionen erfolgen mit ihren symbolischen Ausdrucksformen sinngebende Momente – als *kultureller* Aspekt der Institution.
➤ Durch gesellschaftliche Institutionen sind Machtmomente gegeben, von der Gesellschaft durch Gesetze, Verordnungen und Bestimmungen – als *distribuierte* Macht (Orth, Petzold & Sieper, 1999).

Im Unterschied zu Organisationen, deren nachdrückliches Ziel es ist, sich selbst zu erhalten, und die deshalb auch eine entsprechende Dynamik entfalten und Effizienz beweisen müssen, werden Institutionen durch den Konsens der Gesellschaft gebildet, erhalten und definiert – ganz gleich, ob sie effizient sind oder nicht. Krankenhäuser, die im Bedarfsplan sind, müssen heute zwar auch wirtschaftlicher arbeiten, und man versucht, die Prinzipien der Marktwirtschaft einzuführen, doch prinzipiell ist ein Krankenhaus eine per Gesetz eingerichtete, medizinische Institution, die zu erhalten und zu unterhalten der Staat verpflichtet ist. Ähnlich steht es mit Gefängnissen, Pflegeheimen, Fachkrankenhäusern, Bildungseinrichtungen usw.

Institutionen entstehen häufig evolutorisch, d. h., sie bilden sich in Interaktionen heraus. Die beteiligten Individuen lernen, welche Verhaltensmuster sich in Interaktionen als erfolgreich erweisen. Solche informellen Institutionen werden oftmals auch formalisiert und als Regel oder Regelsystem offiziell in einem Kollektiv, z. B. einem Staat oder Unternehmen, als formelle Institutionen eingeführt, womit auch ein Sanktionssystem einhergeht.

Institutionelle Einflüsse auf den Körper kann man an vielen Beispielen ablesen – zwei sollen hier erwähnt werden:
1. Die Institution der Ehe zeigt sich am Symbol des Eheringes, der an unserem Körper seinen Platz am dritten Finger der rechten Hand hat. Dieser Finger wird sowohl bei der rechten als auch bei der linken Hand als *Ringfinger* bezeichnet. Mit dem Tragen des Ringes am Körper an einer sichtbaren Stelle ist der Körper öffentlich »gezeichnet«. Tragen Mann und Frau den Ring nun, verformt sich der Finger. Je nachdem wie lange der Ring getragen wird, hat die Verformung sich soweit verfestigt, dass diese Verformung sichtbar bleibt, auch wenn man ihn abnimmt. Es wird also *gesehen*, dass die Institution Ehe auf den jeweiligen Menschen Zugriff hat.
2. Die Institution Schule hatte bis in die späten 1970er Jahre u. a. den Auftrag, Linkshänder:innen zu Rechtshänder:innen »umzuerziehen«, da Rechtshändigkeit in unserer Gesellschaft als Norm gilt. Häufiger hat eine Umerziehung jedoch kulturelle Ursachen, so z. B., weil die rechte Hand zur Begrüßung verwendet wird. So gilt Linkshändigkeit in arabischen Kulturen bzw. in islamischen Ländern als schweres Stigma, was mit den Hygienevorschriften und -gebräuchen zusammenhängt. Johanna Barbara Sattler (1995) weist darauf hin, dass die erzwungene Umschulung von Linkshänder:innen zu schwerwiegenden Problemen führen könne, beispielsweise zu mangelnder Konzentrationsfähigkeit, Gedächtnisstörungen, Legasthenie und Sprachstörungen, was nicht nur pädagogische, sondern auch hirnorganische Ursachen hat.

Institutionen dienen den wichtigen Themen der Menschen zu einer bestimmten Zeit. Durch Institutionen werden bestimmte Wissenselemente selbstverständlich, d. h. objektiviert, und sie strukturieren auf diese Weise die weiteren Wissens- und Handlungsmöglichkeiten. Mit dem Begriff der Institutionalisierung ist der Prozess der Objektivierung sozialen Wissens bezeichnet, der dazu führt, dass Institutionen entstehen (Vollmer, 1996, S. 316; Türk, 2000, S. 144).

Begriffsbestimmung »Organisation«

Der Begriff der Organisation ist mehrdeutig. Zum einen gibt es den instrumentellen Organisationsbegriff, der das Organisieren und Regeln meint. In der klassischen, rational-instrumentellen Organisationstheorie versteht man unter diesem Begriff zum anderen formale Organisationen als soziale Entitäten, die versuchen, auf rationale Weise Ziele zu erreichen und formelle Mitgliedschaftsregeln aufweisen. Die Art und Weise der Organisiertheit ist zugleich Synonym für die Bezeichnung der sozialen Entität (Bonazzi, 2008, S. 11). Huber (2005, S. 11) bezeichnet Zweckorientierung, Rationalität und Mitgliedschaft als Minimaldefinition der sozialen Entität Organisation. Bauer und Schmidbauer (2005, S. 66) meinen mit »Organisation« »ein arbeitsteilig aufgebautes, zweckrational strukturiertes Gebilde mit dem Ziel bestimmte Produkte und Güter herzustellen und zu schaffen«. Organisationen sind formal strukturiert und besitzen formale Regelungen, die z. B. Kompetenzen und Weisungsbefugnisse enthalten. Sie zeichnen sich durch Arbeitsteilung und Hierarchie der Verantwortung aus.

Aus dem instrumentellen Organisationsbegriff leitet sich die Organisationsstruktur ab, die ein Geflecht von dauerhaft wirksamen, generellen Regelungen zur Ordnung sozio-technischer Systeme bezeichnet. Dabei wurden im klassischen betriebswirtschaftlichen Sinne zwei unterschiedliche Problembereiche identifiziert (Schreyögg, 2008). Die Aufbauorganisation legt die Abteilungs- und Stellengliederung sowie das Instanzengefüge fest. Die Ablauforganisation hingegen hat die zeitliche und räumliche Abstimmung der Arbeitsgänge zum Gegenstand. Die Trennung in diese beiden Bereiche ist aus meiner Sicht jedoch eher schwierig, da die Verzahnung so eng ist, dass das eine ohne die Betrachtung des anderen nicht ausreicht. Die Interdependenzen sind reziprok.

Organisationen strukturieren sich auch unter Bezugnahme auf ihre institutionellen Umwelten. Für die Umweltkontakte haben Organisationen *special border positions* herausgebildet, die bei Luhmann als »Grenzstellen« bezeichnet werden.

Diese Grenzstellen sind in besonderer Weise verpflichtet, nach außen einen guten Eindruck zu machen, denn die Darstellung der Organisation nach außen für Nichtmitglieder ist ein Teil der Aufgabe dieser Stellen. Dabei handelt es sich um eine Idealdarstellung, die Organisationen abgeben müssen, d. h. um eine selektive Selbstdarstellung und -beschreibung der Organisation über eine »begrenzte, idealisierte, zusammenstimmende Auswahl von Themen, Symbolen und Erwartungen«, die für Außenstehende einen »Leitfaden für die Situationsdefinition geben«. Diese Idealisierungen sind nicht einfach vorhanden, sondern müssen »konstituiert, ausgebaut, laufend gepflegt und verbessert werden« (Luhmann, 1994, S. 113).

Neben der Organisationsstruktur, die das Verhalten und die Regeln der Zusammenarbeit formal expliziert, existiert mit der Organisationskultur ein zweiter Mechanismus, der aus funktionalistischer Perspektive ein Orientierungsmuster für die Organisationsmitglieder darstellt. Die Organisationskultur definiert die Organisation und ihr Organisationsverhalten. Organisationskulturen entstehen jeweils lokal geprägt von der Organisationsstruktur sowie durch Werte und die Geschichte der Organisation (Luhmann, 2000, S. 239f.). Bauer (2004, S. 128) versteht unter Organisationskulturen »spezifische Denk- und Lebensmuster, Verhaltens- und Erlebnisweisen, die in zirkulärer Weise durch Organisation und Individuum entstehen und gestaltet werden«. Weiterhin begreift sie zusammen mit Mechthild Grohs-Schulz Organisationskultur »als Konkretisierung nichtformaler Systemphänomene [...], als prärationales Sinngebilde«, das eine Organisation »als Gesamtsystem erfasst« (Bauer & Grohs-Schulz, 1999, S. 6). Diese Kulturen bilden Narrationen und sind mehr oder weniger dynamisch. Der Begriff der organisationalen Kultur unterstreicht ganz besonders den überindividuellen Charakter des Habitus: Organisationskultur als gemeinsam geteilte Werthaltungen und Selbstverständlichkeiten, die häufig von den Organisationsmitgliedern gar nicht bewusst wahrgenommen werden, aber oft zu konkreten Handlungen führen können. Hiermit wäre eine Analogie zum Habitus und dem *erzeugten* Verhalten hergestellt.

Die Selbstbeschreibung, das Leitbild einer Organisation, ist ein Text, »mit dem und durch den die Organisation sich selbst beschreibt« (Luhmann, 2000, S. 417). Jedoch sind organisationale Selbstbeschreibungen weder als beliebige Unterhaltung oder beliebige Beschreibung zu behandeln, noch mit der Organisation selbst zu verwechseln: Sie sind Repräsentationen einer Organisation – und nicht die Organisation selbst. Mit der Außendarstellung *(corporate image)* können die Organisation und jedes Mitglied diese Anerkennung und Unterstützung finden und somit das eigene symbolische Kapital erhöhen.

Welche Spuren am Körper zeigen sich durch organisationelle Einflüsse? – beispielhafte Annäherungen

Ein großes Krankenhaus im Rheinland hat in seiner Betriebsvereinbarung geregelt, dass alle Ärzt:innen einen Hepatitisschutz vorweisen müssen. Das bedeutet, dass die Organisation Krankenhaus invasiv in den Körper eindringt. Die Organisation veranlasst, dass eine Substanz – das Impfmittel – in den Körper gebracht wird, die das Individuum erst dann zu einem »regelgerechten« Organisationsmitglied macht.

Die Arbeitsmedizinische Vorsorgeuntersuchung G25 für Fahr-, Steuer- und Überwachungstätigkeiten ist eine der häufigsten Untersuchungen in der Arbeitsmedizin. Diese Untersuchung dient u. a. der Abwehr von Gefahren, die durch das Führen, Steuern oder Überwachen von Fahrzeugen oder Hebegeräten entstehen können. Bei dieser Untersuchung werden für die Tätigkeit relevante körperliche Funktionen (Seh- und Hörvermögen) überprüft und über Urinkontrollen eventuelle Organschädigungen festgestellt.

Die Firma Apple bietet auf ihrem Campus im Silicon Valley ihren Beschäftigten u. a. kostenloses Essen an. Ebenso hat Apple mit angrenzenden Restaurants die Absprache, dass ihre Beschäftigten dort ebenfalls kostenlos essen dürfen. So nimmt Apple bewusst Einfluss auf die Ernährung seinen Organisationsmitglieder und somit einen direkten Einfluss auf den menschlichen Stoffwechsel. Auch kann Apple diesen über das Angebot, welches Essen wann zur Verfügung gestellt wird, steuern.

Invasiv wird auch Apple, da es bei seinen weiblichen Organisationsmitgliedern u. a. für die Kosten einer künstlichen Befruchtung aufkommt. Bei diesem Verfahren werden den Frauen bestimmte Hormone injiziert, um die Produktion der Eizellen zu fördern. Im Anschluss daran werden die Oozyten in einer Operation entnommen und eingefroren.

Das Unbewusste in Organisationen und Institutionen

Nach »Feierabend« lässt sich die Organisation nicht einfach abschalten oder zwangsweise aus den Gedanken verbannen, sodass das einzelne Organisationsmitglied jeden Tag vielfältigste Eindrücke, Gefühle und Emotionen mit nach Hause nimmt. Diese Eindrücke, Gefühle und Emotionen erfordern meist eine bewusste und unbewusste Verarbeitung, was u. a. durch die familiäre Unterstützung, das soziale Netzwerk oder über die Verarbeitung in »sozialen Träumen« geschieht (Lawrence, 1998).

Es wird deutlich, dass auf das einzelne Individuum sowohl eigene innerpsychische Dynamiken als auch durch die Organisation induzierte soziale Dynamiken einwirken. Somit sind Erleben und Erfahren innerhalb von Organisationen immer auch psychosoziale Erfahrungen. Sie entstehen durch ein gegenseitiges Aufeinander-Einwirken von individuellen und organisatorischen Dynamiken, die durch komplexe Prozesse miteinander verwoben sind. Vor allem psychosoziale Erfahrungen besitzen eine besondere Bedeutung, da jede Organisation in einen psychosozialen Erfahrungskontext eingebettet ist (Lohmer, 1997, 2000).

Ein Funktionieren der Organisation über Hierarchie und Herrschaft allein kann nicht sichergestellt werden. Diese Entwicklung lässt sich in erster Linie darauf zurückführen, dass das Verhältnis von Mitarbeiter:innen zu ihren Organisationen einem dynamischen Veränderungsprozess unterliegt. So haben die gewaltigen Umbrüche im ökonomischen Bereich dazu geführt, dass bei immer mehr Mitarbeiter:innen ein »psychisches Entweichen« aus ihren Unternehmen entsteht. Organisationen sind nicht (mehr) *a safe place to be*, sie werden als nicht mehr sicher und verlässlich erlebt. Vor allem bieten sie keinen ausreichend schützenden und stützenden Rahmen, kein Containment mehr, um die Abhängigkeitsbedürfnisse ihrer Mitglieder zu erfüllen. Die zuvor mit Herrschaftsbestrebungen einhergehenden Abhängigkeitskulturen greifen nicht mehr. Während Organisationen früher durch klare Aufgaben und Grenzen charakterisiert waren, so gehören heute vor allem die Auflösung klassischer Grenzen und die zunehmende Flexibilisierung zu ihren Kennzeichen (Pongratz, 2004; Bauer & Schmidbauer, 2005, S. 127f.). Jedoch hat Arbeit die psychologische Funktion, einen identitätsbildenden und identitätsbewahrenden Charakter zu schaffen (Obholzer, 1997, S. 119). Stavros Mentzos entwickelte die Theorie, dass Institutionen dafür da seien, die Abwehrbedürfnisse von Menschen zu bündeln, ihnen einen Platz zu geben und den abgewehrten Teil über erlaubtes Verhalten zu leben, um mit Ängsten und anderen schwierigen Gefühlen besser umgehen zu können. Die Abwehr an sich dient dazu, unlustvolle Gefühle, Affekte, Wahrnehmungen usw. vom Bewusstsein fern bzw. diese in Schach zu halten.

Harald Pühl (2007) sieht die Angstbindung als eine Funktion der Organisation.

»Die Angstbindung verläuft über das Zurverfügungstellen […] von genormten Verhaltensweisen oder über Rituale, Mythen, die die Ängste, Schuldgefühle, Schamgefühle, Versagensgefühle etc. der Mitglieder einer Organisation binden. ›Binden‹ heißt in diesem Kontext: sie nicht in die (individuelle oder gruppendynamische) Dynamik und Virulenz zu (ent-)lassen« (Bauer, 2005, S. 128f.).

Der Wandel der Arbeitsformen und Arbeitsinhalte (Pongratz, 2004) und die damit verbundenen organisationalen Veränderungen und Anpassungsvorgänge führen zu veränderten Arbeits- und Berufsbiografien (ebd.). Wandlungsprozesse evozieren Ängste. Sie bedrohen die persönliche Stabilität, Identität und Integrität. Organisationen sind demnach auch Orte der Angstproduktion (Bauer, 2005, S. 133).

Wie zeigt sich Angst in den Körperreaktionen?

Angst ist ein Gefühl, das sich bei tatsächlicher (Realangst) oder fantasierter Gefahr (neurotischer Angst) einstellt und ein Gefühl der inneren Anspannung erzeugt. Die körperlichen Symptome und auch die Folgen sind umfassend (Wolf, 2021). Betroffene haben oft das Empfinden, etwas unbestimmbar Drohendem hilflos ausgeliefert zu sein. Dadurch fühlen sie sich nervös, innerlich unruhig, fahrig, gespannt oder gar getrieben (Faust, 2022). All das will der Mensch nicht aushalten bzw. bewusst erleben, deshalb konstituieren sich individuelle Abwehrprozesse, die das Leben erträglich erscheinen und die Symptome in den Hintergrund treten lassen – zumindest vielleicht für eine gewisse Zeit. Übernimmt die Organisation nicht mehr die Funktion der Bindung und der Abwehr, werden Ängste manifest und zeigen sich in persönlichen wie auch in organisatorischen Störungen, Spannungen, Defiziten und traumatischen Inszenierungen.

Wir finden also diese Spuren am und im Körper der Organisationsmitglieder, wenn es die Organisation an sich nicht schafft, diese Ängste zu binden und entsprechende Abwehrmechanismen zur Verfügung zu stellen, oder aber, wenn das Vertrauen der Organisationsmitglieder in die Organisation nicht mehr vorhanden ist. Je größer die Differenz zwischen der eigenen Persönlichkeit und den Anforderungen des Berufes ist, desto größer ist die Angst, von der Organisation vereinnahmt und geprägt zu werden. Somit wächst auch die Angst, gegen den eigenen Willen umgeformt zu werden. Je stärker das Persönlichkeitsprofil mit dem Organisationsprofil übereinstimmt, desto leichter fällt es dem Organisationsmitglied, Kompromisse mit der Organisation einzugehen und desto wahrscheinlicher wird das Gefühl, sich entwickeln zu können bzw. Stabilität, Identität und Integrität zu wahren. Es hilft dem oder der Einzelnen, den eigenen Alltag anzunehmen und nicht nur den Tag »auszusitzen« oder »abzuleiden«. Damit verändert sich aber auch die Wahrnehmung auf die Organisation: Sie wird unkritischer!

Man darf nicht vergessen, dass Organisationen und deren Mitglieder aber auch Stolz, Freude, Interesse, Neugier, Erfolg und Stärke produzieren, z. B. die erfolgreiche Exzellenzinitiative an Universitäten. Auch dies muss durch die Organisation *gehalten* werden.

Symbole, Mythen, Rituale und ihre Auswirkungen auf den Körper

Die Wirkung von Ritualen wie z. B. täglichen Meetings, Betriebs- oder Weihnachtsfeiern und Jahreshauptversammlungen beruht wesentlich auf ihrem performativen Charakter. Die Aufführung von Ritualen vollzieht sich körperlich, und ihr körperlich-materieller Charakter ist konstitutiv für ihre sozialen Wirkungen. Die dimensionalen Wirkungen unterscheiden sich in mimetische Prozesse und die symbolische Bedeutung. In mimetischen Prozessen schreiben sich Rituale in die Körper der an ihnen beteiligten Menschen ein. Inkorporiert werden die von den rituell Handelnden aufgeführten Figurationen, Sequenzen und Schemata über körperliche Bewegungen und die Sinne der Beteiligten. Da diese symbolisch organisiert sind, schreiben sie sich mit den körperlichen Figurationen und Sequenzen und mit deren Bedeutungen ein. Dies gilt nicht nur für rituell Handelnde, sondern auch für die Menschen, die ihnen zuschauen. Während eines Länderspiels der deutschen Nationalmannschaft singen die Spieler:innen und die Zuschauer:innen (die rituell Handelnden) im Stadion die Nationalhymne. Die Zuschauer:innen an den Endgeräten (Fernseher, Laptop, Smartphone) sind an diesem Ritual beteiligt, auch wenn sie nicht *vor Ort* sind.

Insofern Rituale Inszenierungen und Aufführungen von Körpern sind, haben sie meistens mehr soziales Gewicht als reine Diskurse. Denn mit ihrer Körperlichkeit bringen die Menschen *mehr* in die soziale Situation ein als lediglich das Kommunikationsmittel Sprache. Damit werden Bedürfnisse der Zugehörigkeit und der Gemeinsamkeit erfüllt. Für Bourdieu ist das Ritual ein Medium der Grenzziehung und Instituierung, der Festlegung von Dispositionen und der Zuschreibung von Kompetenzen. Somit sind rituelle Prozesse auch immer körperliche Anerkennungsprozesse.

Für Goffman finden Normen und Werte einer Gesellschaft nicht nur in großen fest- bzw. außeralltäglichen Ritualen ihre Bestätigung, sondern auch die alltägliche Kommunikation ist durchzogen von formelhaft-rituellen Elementen (z. B. in Form von Begrüßungen, Verabschiedungen oder Danksagungen, aber auch in Kritik, Enthüllungen oder Entwertungen). Somit ist sie ein Konstitut der gesellschaftlichen »rituellen Ordnung« (Goffman, 1986, S. 50; siehe dazu auch Bauer, 2005, S. 143).

Rituale als Handlungssequenzen werden als Ausprägung von Gewohnheiten dargestellt, ähnlich wie Gebräuche oder Manierismen. Bei der täglichen ritualisierten Visite wirkt der weiße Kittel, die Blutdruckmessung oder das Abhören mit dem Stethoskop. Auch der Eintritt ins Patientenzimmer bei der Visite ist ritualisiert: erst die Chefärzt:in, dann die Oberärzt:in, Stationsärzt:innen, Medizinstudent:innen und zuletzt die Pflegekräfte.

Symbole brauchen symbolisches Material, um sich repräsentieren zu können. Wenn ein Ding oder eine Idee keine Bedeutung erhält, wird es nicht zum Symbol, da ein Symbol immer einen Bezug zum menschlichen Geist hat (Bauer & Grohs-Schulz, 1999, S. 12). Ob ein Symbol positive oder negative Wirkung hat, hängt einerseits von dem Wesen dessen ab, auf das das Symbol hinweist, andererseits von dem Geist, in dem es verstanden und verwendet wird. Nach Bauer (und Grohs-Schulz) (1999, S. 11, 2005, S. 141) entstehen Symbole aus dem Bedürfnis heraus, die Komplexität der Institutionen zu reduzieren und auf handelbare Formen zurückzuführen. Somit stehen sie »sowohl im Dienste der Institution als auch im Dienste des Individuums« (Bauer & Grohs-Schulz, 1999, S. 11). Thomas May (zit. n. Bauer & Grohs-Schulz, 1999) unterscheidet mehrere Ebenen von Symbolen:

1. die kognitive Ebene, zu der Sprache und Weltbilder gehören,
2. die Ebene der Interaktionen, zu der Zeremonien, Riten und Rituale gehören sowie
3. die Ebene der Objekte, die sich durch materielle Symbole erkennen lassen.

Die Psychoanalyse verwendet den Begriff der Symbolik für indirekte, übertragene und mehr oder weniger schwer dechiffrierbare Vorstellungen von unbewussten Wünschen und Konflikten. Sie sieht in Symbolen auch einen »stellvertretenden, anschaulichen Ersatzausdruck für etwas Verborgenes, mit dem es sinnfällige Merkmale gemeinsam hat oder durch innere Zusammenhänge assoziativ verbunden ist« (Nagera, zit. n. Bauer & Grohs-Schulz, 1999, S. 13f.). Damit sind Symbole »Informationsträger über tiefe Schichten des Lebens« (Bauer & Schmidbauer, 2005, S. 141).

»Mythen und Symbole bilden den Kulturkern, während Riten und Rituale diese Mythen und Symbole in interaktive Prozesse umwandeln« (Bauer & Grohs-Schulz, 1999, S. 14). Für Organisationen haben Mythen die Aufgabe, Verhalten und Handeln der Individuen zu leiten, zu bewahren und die Konsequenzen zu legitimieren, um in Organisationen Ängste, Unsicherheiten und Komplexitäten zu reduzieren und sinnvolles Handeln zu ermöglichen. Der Mythos vom guten Arzt, vom aufgeklärten Patienten, von der mitfühlenden Pflegekraft und von zertifizierten Krankenhäusern formuliert ein Versprechen, das von allen Beteiligten genutzt wird.

Am Ende

Am Ende dieser Arbeit bleibt festzustellen, dass und mit welchen Möglichkeiten Organisationen und Institutionen auf den Körper wirken. Es besteht sicherlich noch theoretischer und methodischer Forschungsbedarf, wie z. B. die Supervision oder andere Beratungsformate diesen Einfluss in Prozessen wie z. B. Fusionen, Organisationsentwicklung oder Changeprozessen implementieren kann. Sicherlich kann sich die Supervision wieder an ihren Referenztheorien bedienen, kann sich etwas bei den Körperpsychotherapeut:innen abschauen und es sich passend machen. Sie könnte sich auf den Weg machen, ein supervisorisches organisationsdynamisches Modell des Körpers selbst zu definieren.

Am Ende dieser Arbeit steht ein Körperbild, das offen ist. Ein Körper kann (fast) alles in seinen Grenzen integrieren, egal ob es, wie die Psychoanalyse belegt, imaginäre vorgestellte Körper oder reale Körper sind, oder wie die Soziologie aufzeigt, sprachliche Diskurse oder Normen, kulturelle Praktiken oder Artefakte und Objekte. Die Sichtweisen der Psychoanalyse und der Soziologie liefern ein eingeschränktes Bild des Körpers. Jedoch sind diese Bilder immer Positionen auf Zeit und Entwürfe ihrer Zeit. Deshalb findet der Körper (wahrscheinlich) keine abschließende Betrachtung, sondern bleibt immer Entwurf. Der Mensch ist aber nicht nur Körper, ist nicht nur die Gesamtheit aller biologischen, biochemischen und bioelektrischen Prozesse des Organismus – neben der im genetischen und physiologischen Körpergedächtnis festgehaltenen Lernprozesse und Erfahrungen. Er besitzt die Seele, ein emotionales, motivationales und volitives Gedächtnis, das das Erleben von Selbstempfinden, Selbstgefühl und Identitätsgefühl ermöglicht.

> »Der Leib ist der belebte, lebendige Körper – und zwar nicht nur als Lebendigkeit schlechthin, sondern als Lebendigkeit, die Bewusstheit und Personalität besitzt [...] Der Leib ist keine rein materielle, sondern eine ›transmaterielle‹ Größe, d. h. etwas, das über das Materielle hinausgeht, aber noch an die Materie, z. B. die Gehirnmasse, gebunden ist« (Petzold, 1993).

Mehrperspektivität ist erforderlich, um den Körper, respektive den Leib für z. B. die Supervision greifbarer zu machen.

Literatur

Bauer, A. (2004). Lieber mit den Wölfen heulen als mit den Schafen blöken? Anmerkungen zur Kontroverse: Supervision oder Coaching. In F. Buer & G. Siller (Hrsg.), *Die flexible Supervision* (S. 121–141). VS Verlag für Sozialwissenschaften.

Bauer A. & Fröse, M. (2015). »Du sollst nicht merken, dass Du arbeitest!« Das elfte Gebot? Psychoanalytische Anmerkungen zu einem Film über moderne Arbeitswelten. *Forum Supervision, 46*, 14–26.

Bauer, A. & Gröning, K. (Hrsg.). (1995). *Institutionsgeschichten, Institutionsanalysen.* edition diskord.

Bauer, A. & Grohs-Schulz, M. (1999). Symbole – Mythen – Rituale. Zugänge zum Unbewussten der Organisation und in der Organisation. *Forum Supervision, 13*, 5–25.

Bauer, A. & Schmidbauer, W. (2005). *Im Bauch des Wals. Über das Innenleben von Institutionen.* Leutner.

Berger, P. & Luckmann, T. (2000). *Die gesellschaftliche Konstruktion der Wirklichkeit.* S. Fischer.

Bonazzi, G. (2008). *Geschichte des organisatorischen Denkens.* VS Verlag für Sozialwissenschaften.

Bourdieu, P. (1976). *Entwurf einer Theorie der Praxis auf der ethnologischen Grundlage der kabylischen Gesellschaft.* Suhrkamp.

Bourdieu, P. (1982). *Die feinen Unterschiede. Kritik der gesellschaftlichen Urteilskraft.* Suhrkamp.

Bourdieu, P. (1987). *Sozialer Sinn. Kritik der theoretischen Vernunft.* Suhrkamp.

Bourdieu, P. (2001). *Meditationen, Zur Kritik der scholastischen Vernunft.* Suhrkamp.

Buer, F. (2004). *Die flexible Supervision.* VS Verlag für Sozialwissenschaften.

von Dülmen, R. (1999). *Körpergeschichten.* S. Fischer.

Durkheim, E. (1969). Der Dualismus der menschlichen Natur und seine sozialen Bedingungen. In J. Friedrich (Hrsg.), *Geschichte der Soziologie. Band III* (S. 178–190). Rowohlt.

Elias, N. (1976). *Über den Prozeß der Zivilisation: Soziogenetische und psychogenetische Untersuchungen.* 2 Bände. Suhrkamp.

Faust, V. (2022). Psychosoziale Gesundheit. Von Angst bis Zwang. http://www.psychosoziale-gesundheit.net/psychiatrie/angst.html

Förschler, S., Habermas, R. & Roßbach, N. (Hrsg.). (2014). *Verorten – Verhandeln – Verkörpern. Interdisziplinäre Analysen zu Raum und Geschlecht.* transcript.

Foucault, M. (1974). *Von der Subversion des Wissens.* Suhrkamp.

Foucault, M. (1986). *Sexualität und Wahrheit.* 3 Bände. Suhrkamp.

Foucault, M. (2011). *Die Geburt der Klinik, Eine Archäologie des ärztlichen Blicks.* S. Fischer.

Gehlen, A. (1961). *Anthropologische Forschung.* Rowohlt.

Gehlen, A. (1986). *Der Mensch. Seine Natur und seine Stellung in der Welt.* AULA-Verlag.

Goffman, I. (1986). *Interaktionsrituale. Über Verhalten in direkter Kommunikation.* Suhrkamp.

Goffman, I. (2001). *Interaktion und Geschlecht.* Campus.

Gugutzer, R. (2004). *Soziologie des Körpers.* transcript.

Gugutzer, R. (2012). *Die Verkörperung des Sozialen.* transcript.

Honegger, C. (1991). Die Ordnung der Geschlechter. Die Wissenschaft vom Menschen und das Weib 1750–1850. In M. Löw & B. Mathes (Hrsg.), *Schlüsselwerke der Geschlechterforschung* (S. 267–282). VS Verlag für Sozialwissenschaften.

Huber, M. (2005). *Universitäre Anomalie und Autonomiebestrebungen. Eine organisationssoziologische Untersuchung zur aktuellen Universitätsreform in Deutschland.* Habilitationsschrift. Leipzig.

Husserl, E. (1991). *Ideen zu einer reinen Phänomenologie und phänomenologischen Philosophie. Phänomenologische Untersuchungen zur Konstitution.* Springer.

Lawrence, G. (1998). *Soziales Träumen und Organisationsberatung.* https://archivierte-website.uni-wuppertal.de/?sievers.wiwi.uni-wuppertal.de/fileadmin/sievers/daten/texte_ea/soziales_traeumen.pdf

Leitner, A (2010). *Handbuch der Integrativen Therapie.* Springer.

Lohmer, M. (1997). Das Unbewusste im Unternehmen. Zur Praxis psychodynamischer Organisationsberatung. *Organisationsentwicklung, 16*(3), 20–32.

Lohmer, M. (2000). *Psychodynamische Organisationsberatung.* Klett-Cotta.

Lorenz, M. (2000). *Leibhaftige Vergangenheit.* Kimmerle.

Losmann, C. (2011). *Work Hard – Play Hard* [Film].

Luhmann, N. (1992). Die Universität als organisierte Institution. In A. Kieserling (Hrsg.), *Universität als Milieu* (S. 90–99). Haux.

Luhmann, N. (1994). *Funktion und Folgen formaler Organisation.* Duncker & Humblot.

Luhmann, N. (2000). *Organisation und Entscheidung.* Westdeutscher Verlag.

Merleau-Ponty, M. (2004 [1976]). *Die Struktur des Verhaltens.* De Gruyter.

Millett, K. (1971). *Sexus und Herrschaft.* Rowohlt.

Müller, M., Soeffner, H. G. & Sonnenmoser, A. (Hrsg.). (2011). *Körper-Haben. Die symbolische Formung der Person.* Velbrück Wissenschaft.

Nagler, N. (2003). Auf der Suche nach einem soziokulturellen Ferenci-Bild jenseits von Demontage und Hagiographie. *Integrative Therapie, 3–4,* 250–281.

Obholzer, A. (1997). Das Unbewußte bei der Arbeit. In I. Eisenbach-Stangl & M. Ertl (Hrsg.), *Unbewußtes in Organisationen. Zur Psychoanalyse von sozialen Systemen* (S. 17–38). Facultas.

Orth, I., Petzold, H. G., Sieper, J. (1999). Psychotherapie: Mythen und Diskurse der Macht und Freiheit. In H. G. Petzold & I. Orth, *Die Mythen der Psychotherapie. Ideologien, Machtstrukturen und Wege kritischer Praxis* (S. 11–66). Paderborn.

Parsons, T. (1976). *Zur Theorie sozialer Systeme.* Westdeutscher Verlag.

Petzold, H. G. (1985). *Die neuen Körpertherapien.* Junfermann.

Petzold, H. G. (1993). *Integrative Therapie. Band 1: Klinische Philosophie.* Junfermann.

Pongratz, H. J. (2004). Der Typus »Arbeitskraftunternehmer« und sein Reflexionsbedarf. In F. Buer & G. Siller (Hrsg.), *Die flexible Supervision* (S. 17–34). VS Verlag für Sozialwissenschaften.

Pühl, H. (2007). Institutionen als Orte der Angstbindung und -mobilisierung. *Psychologie und Gesellschaftskritik, 31,* 35–49.

Reich, W. (1970). *Charakteranalyse.* S. Fischer.

Roper, L. (1995). *Ödipus und der Teufel. Körper und Psyche in der frühen Neuzeit.* S. Fischer.

Sarasin, P. (2001). *Reizbare Maschinen. Eine Geschichte des Körpers 1765–1914.* Suhrkamp.

Sattler, J. B. (1995). *Der umgeschulte Linkshänder oder Der Knoten im Gehirn.* Auer.

Schreyögg, G. (2008). *Organisation: Grundlagen moderner Organisationsgestaltung.* Gabler.

Starzinger, A. (2000). *Kommunikationsraum Szenekneipe. Annäherung an ein Produkt der Erlebnisgesellschaft.* VS Verlag für Sozialwissenschaften.

Türk, K. (2000). Organisation als Institution der kapitalistischen Gesellschaftsformation. In G. Ortmann, J. Sydow & K. Türk (Hrsg.), *Theorien der Organisation. Die Rückkehr der Gesellschaft* (S. 124–176). Westdeutscher Verlag.

Wacquant, L. (2006). Auf dem Weg zu einer Sozialpraxeologie: Struktur und Logik der Soziologie Pierre Bourdieus. In P. Bourdieu & L. Wacquant, *Reflexive Anthopologie* (S. 17–93). Suhrkamp.

Vollmer, H. (1996). Die Institutionalisierung lernender Organisationen. Vom Neoinstitutionalismus zur wissenssoziologischen Aufarbeitung der Organisationsforschung. *Soziale Welt, 47,* 315–343. http://pub.uni- bielefeld.de/publication/2465326

Wolf, D. (2021). Was bei Angst im Körper passiert. https://www.palverlag.de/angst-koerper.html

Biografische Notiz

Jörg Seigies, Dipl.-Sozialpädagoge, M.A. Supervision und Beratungswissenschaft, Ausbildung in Integrativer Therapie und Gruppenanalyse, war jahrelang als Berater und Therapeut in ambulanter Suchtberatung tätig sowie Lehrsupervisor am Analytischen Institut für Supervision in Düsseldorf. Seit 2011 ist er organisationsinterner Supervisor/Coach an der RWTH Aachen. Seine Forschungsinteressen sind u.a. »Der Körper in Organisationen« sowie »Angewandte Improvisation in der Psychotherapie, Beratung und Supervision«.

Plädoyer für einen mehrdimensionalen Beratungsansatz in der klinischen Ethikberatung

Hans-Jörg Stets

Im Herbst 2020 habe ich im Zusammenhang mit einer wissenschaftlichen Arbeit an der Universität Bielefeld einige Gedanken und Beobachtungen zum Format der Ethikberatung im Gesundheitswesen sowie meiner reflexiven Praxis als Supervisor zusammengestellt. Mein Impuls zur gegenseitigen Befruchtung der beiden Formate wurde in vielen Kliniken sowie in der Supervisionsszene lebhaft diskutiert. Mit dem vorliegenden Beitrag möchte ich wichtige Gesichtspunkte meiner Arbeit herausgreifen und einer breiteren Öffentlichkeit zur Verfügung stellen.

Meinen supervisorischen Blick auf das Feld der klinischen Ethikberatung sowie die Darstellung des Formats solcher Ethikberatung inklusive meines Vorschlags zur Differenzierung der Beratungsanfragen habe ich um ein neu formuliertes Kapitel zu den wirksamen Organisationsdynamiken ergänzt. Gemeinsam münden diese Abschnitte in mein Plädoyer für einen mehrdimensionalen Beratungsansatz sowie in meinen Vorschlag einer verpflichtenden gemeinsamen und gleichberechtigten Indikationsstellung durch ein Behandlungsteam bei fortgeschrittenen lebenslimitierenden Erkrankungen.

Der supervisorische Blick auf das Feld

Zur Herleitung und Entfaltung meines Plädoyers für einen mehrdimensionalen Beratungsansatz untersuche ich hier das Feld, in dem klinische Ethikberatung geschieht. Dabei beginne ich mit dem Blick auf die beteiligten Personen, ausgehend von Patient:innen und ihren Angehörigen über die Mitglieder der Behandlungsteams bis hin zu den weiteren Akteur:innen im Klinikkontext. Danach betrachte ich die Organisation mit ihren Struktur- und Machtverhältnissen, die im Spannungsfeld zwischen gesellschaftlichem Auftrag und begrenzten Ressourcen handelt und der eine deutlich erkennbare Kultur innewohnt.

Die Ambivalenz von Patient:innen

Patient:innen mit unheilbaren Erkrankungen befinden sich in einer Lebensphase, die von einer tiefen existenziellen Ambivalenz geprägt ist. Der Zwiespalt wird von Patient:innen als kräftezehrend und oft auch als zusätzliches Leid erlebt. Es handelt es sich um Begleiterscheinungen einer angemessenen Entwicklungsaufgabe in der letzten Lebensphase. Insofern darf die Ambivalenz keinesfalls als ein pathologisches Phänomen fehlgedeutet werden.

Auf der einen Seite sind Betroffene von einer beachtlichen Lebensenergie erfüllt: Sie versuchen allen realen Beobachtungen zum Trotz, einen Weg der Gesundung zu finden oder wenigstens eine Verschlimmerung aufzuhalten. Krankenhäuser der Maximalversorgung werden häufig in der Erwartungshaltung eines letzten Strohhalms aufgesucht, hier endlich die ersehnte lebensrettende Hilfe zu erhalten.

Der Gegenpol der Ambivalenz ist die Ahnung davon, in das bevorstehende Sterben einwilligen zu müssen. Oft werden diese Gedanken gegenüber Lebenspartner:innen, den Kindern und anderen nahestehenden Personen nicht gezeigt. Betroffene möchten die ihnen nahestehenden Menschen nicht belasten; oder sie befürchten, dass ihre Gedanken keine Zustimmung und Annahme erfahren werden, sondern die Apelle zum Durchhalten und Weiterkämpfen nur eindringlicher würden. Auch gegenüber Ärzt:innen wird diese innere Arbeit, das bevorstehende Lebensende anzuerkennen, selten benannt. Viele Betroffene möchten gute Patient:innen sein, die tapfer mitarbeiten. Sie wollen das medizinische Engagement nicht unterlaufen und die um Heilung bemühten Ärzt:innen nicht enttäuschen.

Die hier angedeutete innere Ambivalenz prägt den Lebens- und Krankenhausalltag vieler unheilbar erkrankter Patient:innen. Der Wechsel zwischen den beiden Polen kann in unterschiedlichen Frequenzen verlaufen, strahlt atmosphärisch auf das soziale Umfeld aus und wird darüber hinaus oft nach außen verlagert: Die ursprünglich innerhalb der betroffenen Person im Widerstreit stehenden Stimmen bilden sich im Sinne eines Spiegelphänomens außen im sozialen Umfeld ab.

Eine typische Konstellation dieser Verlagerung nach außen sind die unterschiedlichen Positionen zwischen Pflegedienst und ärztlichem Dienst: Pflegende richten oft ihren Blick auf ein bevorstehendes Sterben und halten eine Behandlungsbegrenzung für angemessen bzw. längst überfällig. Zur selben Zeit sehen Ärzt:innen noch Heilungschancen bzw. effektive Möglichkeiten, die Krankheit zu begrenzen. Damit vertreten sie den Gegenpol der Ambivalenz.

Diese Verlagerung nach außen und die Abbildung der inneren Ambivalenz im sozialen Umfeld können sich in allen erdenklichen Konstellationen manifestieren. Für Ethikberater:innen ist es sinnvoll, diese Phänomene zu kennen. Ein Konflikt innerhalb eines Behandlungsteams oder zwischen Behandlungsteam und Angehörigen muss neben allen innerbetrieblichen und berufsgruppenbezogenen Facetten auch als ein Ausdruck der gesunden Ambivalenz einer Patient:in verstanden werden. Diese Erkenntnis entlastet alle Beteiligten bei der gemeinsamen Suche nach einem angemessenen Weg für den Behandlungsumfang.

Besonderheiten der Organisation

Die Schwierigkeiten des Gesundheitswesens sind in der Öffentlichkeit gut bekannt und werden in der gesellschaftlichen Debatte intensiv diskutiert (Hassenkamp, 2020; Schmidt, 2019). Neben dem Pflegenotstand muss in vielen Häusern der Maximalversorgung zusätzlich auch ein Notstand bei der ärztlichen Versorgung beschrieben werden:

Die Arbeitszeiten der Ärzt:innen liegen in manchen Abteilungen weit über zehn bis zwölf Stunden täglich. Assistenzärzt:innen erleben zu Beginn ihrer Laufbahn eine massive Ernüchterung, was die Möglichkeiten für ausführliche Patient:innengespräche und gute Kooperationen mit den anderen Berufsgruppen betrifft. Nach einer Umfrage des Marburger Bundes vom September 2019 (Institut für Qualitätsmessung und Evaluation, 2019) berichten 69 Prozent der Befragten davon, mehrmals täglich unter erheblichem Druck zu stehen, besonders in den Universitätsklinika. Fast 60 Prozent geben an, ihre Arbeit nur oberflächlich erledigen zu können, 53 Prozent der Ärzt:innen erleben kontinuierlichen Frust als einen Belastungsfaktor, da die Rahmenbedingungen im Krankenhaus verhindern, den eigenen Ansprüchen gerecht zu werden.

Personelle Unterbesetzung, Schichtwechsel, rotierende Systeme in der ärztlichen Versorgung, wechselnde oder unklare Zuständigkeiten führen zu erheblichen Schnittstellenproblemen. Viele ethische Konfliktlagen könnten bei einem standardisierten multidisziplinären und patient:innenbezogenen Austausch über die aktuelle Behandlung schon früh erkannt und aufgelöst werden.

Ein gutes Beispiel sind hier die Palliativstationen, die in der Regel eine wöchentliche patient:innenbezogene Fallbesprechung standardisiert haben (Deutscher Hospiz- und Palliativverband e. V., o. J.). Aus solchen Stationsbereichen erreicht die Klinischen Ethikkomitees nur selten eine Anfrage für eine ethische Fallberatung. Der Grund ist offenkundig: Mitarbeitende der verschiedenen Professionen stehen hier in einem guten und regelmäßigen Austausch miteinander. Ethische Fragestellungen oder Probleme werden so frühzeitig identifiziert und miteinander beraten.

Die Notwendigkeit von ethischen Fallbesprechungen ist insofern auch als eine Folge einer systembedingt nicht ausreichenden oder fehlenden Kommunikationskultur zu verstehen.

Die Patient:innenversorgung in den Krankenhäusern der Maximalversorgung und besonders in den Universitätsklinika findet im Kontext eines hohen Konkurrenzdrucks statt. Kleinere Krankenhäuser kämpfen um das wirtschaftliche Überleben, die großen Häuser müssen sich in ihrer Region behaupten und verfolgen dazu eine Strategie des stetigen Wachstums.

In den Universitätsklinika herrscht darüber hinaus eine Kultur des Strebens nach wissenschaftlicher Elite. Die Patient:innenversorgung ist nur eine Säule neben den beiden anderen Säulen des Forschungsauftrags und der Ausbildung von Ärzt:innen. Die Notwendigkeit, sich am Markt zu behaupten, wird hier vom Druck ergänzt, sich im Blick auf Forschung und Lehre national und international eine Spitzenposition zu sichern und diese Position auch zu halten. Ein hohes Niveau in der Versorgung allein genügt nicht: Forschung, Lehre und die angeschlossene Patient:innenversorgung müssen exzellente Bewertungen vorweisen und sich zumindest in ausgewählten Fachbereichen auf der Bestenliste weit oben positionieren.

Für viele Ärzt:innen bietet die Zugehörigkeit zu einem Krankenhaus der medizinischen Elite einen Anreiz, die genannten belastenden Arbeitsbedingungen zumindest vorübergehend zu akzeptieren. Immerhin bieten sich ihnen später gute Optionen zur Übernahme von Führungspositionen in kleineren Krankenhäusern. Eine große Zahl von Mitarbeitenden aus dem akademisch-wissenschaftlichen Bereich und aus dem Bereich der Patient:innenversorgung haben den Führungsanspruch der medizinischen Elite verinnerlicht und tragen zu beachtlichen Forschungsergebnissen bei, die den internationalen Vergleich nicht scheuen müssen.

Solche Höchstleistungen gelingen aber nicht in allen Arbeitsfeldern und auch nicht an jedem Tag. Oft gehört es zur Kehrseite solcher Kulturen der Elite, dass sie mit einem Mittelmaß oder mit Fehlleistungen nicht oder nur schwer umgehen können. Indikatoren dafür sind neben den expandierenden Abteilungen des Qualitätsmanagements die notwendige Installation von anonymisierten Fehlermeldesystemen. Ein Hinweis darauf ist auch die häufige Verärgerung von Mitarbeitenden, wo ein ehrgeiziger Führungsanspruch und die gelebte Alltagsrealität nicht übereinstimmen. Mitarbeitende beklagen eine Entfremdung der

Vorstände sowie der wissenschaftlichen Elite vom Behandlungsalltag auf den Stationen.

Die Beobachtung der Entfremdung deckt sich mit der soziologischen Analyse der Eliten, wie sie Michael Hartmann (2004) allgemein und Angela Graf (2015) für den Bereich der Wissenschaftselite beschrieben haben: Aus soziologischer Sicht ist eine Entfremdung der Eliten von ihrem zugehörigen Feld typisch.

> »Einer der häufigsten Vorwürfe, die den Eliten aktuell gemacht werden, lautet: Sie hätten sich der Bevölkerung entfremdet, keine Vorstellung mehr von der Alltagsrealität der Bevölkerungsmehrheit« (Hartmann, 2019).

In ähnlicher Weise konstatiert Alexander Grau:

> »Indem sich die neuen Eliten vor allem über ihre Progressivität verstehen, entfremden sie sich zugleich von den kulturellen Wurzeln ihrer jeweiligen Herkunft – klischeehaft vereinfacht ausgedrückt: dem IT-Spezialisten eines großen Softwareunternehmens sind seine Kollegen aus Spanien, Indien und Uruguay näher als das kleinbürgerliche Vorstadt-Milieu, aus dem er stammt. Der Habitus dieser Elite wird nicht mehr bestimmt durch Heimat und Herkunft, sondern durch die Regeln, die Moden, die Denkungsart und den Lifestyle ihrer global präsenten Klasse« (Grau, 2019).

Angela Graf (2015) zeigt für den Wissenschaftsbereich auf, dass mehr als die erbrachte wissenschaftliche Leistung die soziale Herkunft ein ausschlaggebender Faktor für die Zugehörigkeit zu einer Elite darstellt.

Ein hoher Führungsanspruch der Spitzenmedizin geht mit einer inneren Distanz von Beschäftigten aus dem ärztlichen Dienst sowie dem Pflegedienst einher. Neben der Personalknappheit und Schnittstellenproblematik tragen eine solche Kultur der Elite und die damit verbundenen Machtfaktoren zu Konfliktlagen bei, die schließlich im Kleid eines ethischen Konflikts bei der Versorgung einzelner Patient:innen auftauchen: Es ist nur allzu verständlich, dass eine Maximalbehandlung, die von der medizinisch-technischen Ausstattung einer Abteilung her sowie aufgrund des Erfahrungswissens der Ärzt:innen problemlos durchführbar ist, erst sehr spät zurückgefahren wird. Die Parameter des wirtschaftlichen und wissenschaftlichen Erfolgsdrucks stehen einer Behandlungsbegrenzung deutlich entgegen. Im Einzel- und Ausnahmefall müssen sehr starke Gründe vorliegen, um eine Behandlung im sogenannten »experimentellen« Bereich nicht doch noch im Sinne der Forschung und Lehre auszudehnen.

Mitglieder von Behandlungsteams: Habitus und Abwehr

In den Krankenhäusern treffen Berufsgruppen mit sehr unterschiedlicher sozialer Herkunft und Zugehörigkeit, Berufsbiografie, Kompetenz, Weltanschauung, Überzeugung und Wertesystem aufeinander. Legt man Bourdieus Begriff des Habitus und seine Unterscheidung verschiedener Kapitalformen an (Bourdieu, 2018), werden erhebliche Unterschiede sichtbar, die zu latenten Konfliktlagen innerhalb der Behandlungsteams beitragen.

Mitarbeitende des ärztlichen Dienstes verfügen ab dem Status einer Oberärzt:in über ein mittleres ökonomisches Kapital, das bis zur Chefarztposition mit Lehraufträgen und der Option für zusätzliche private Liquidation auf ein erhebliches Maß ansteigen kann. Das inaugurierte kulturelle Kapital ist im ärztlichen Dienst durch den Bildungsstand mit dem üblichen Abschluss einer Promotion hoch, ebenso verfügen Ärzt:innen in Krankenhäusern der Maximalversorgung über ein beachtliches symbolisches Kapital: Eine Vielzahl akademischer Grade und Auszeichnungen für Forschungsergebnisse oder die Leitung von internationalen Studiengruppen, Fachgesellschaften und Fachverbänden prägen das Bild des ärztlichen Dienstes in den Universitätsklinika.

Beim Pflegedienst und den anderen Gesundheitsfachberufen liegen das ökonomische, das kulturelle und das symbolische Kapital auf einer deutlich niedrigeren Stufe. Im Blick auf das soziale Kapital sind die Unterschiede geringer. Diese Kapitalform ist nicht so sehr an die Zugehörigkeit zu einer Berufsgruppe gebunden. Bedeutsamer ist hier die einzelne Person, die es versteht, sich gut zu vernetzen und in vielen unterschiedlichen Bezügen Sozialkontakte zu pflegen oder eher zurückgezogen auf ein enges persönliches Umfeld den Alltag gestaltet.

In den Anfängen der Corona-Pandemie haben neben der Ärzt:innenschaft auch die nicht-akademischen Berufsgruppen im Gesundheitswesen eine deutliche Aufwertung erfahren. Diese Veränderung in der Außenwirkung hat jedoch nicht das Binnengefälle in einem Behandlungsteam verändert: Pflegende und Mitarbeitende der anderen Gesundheitsfachberufe bleiben intern auf ihrer bisherigen untergeordneten Position.

Die mit meinem Beitrag fokussierten medizinethischen Konflikte können infolgedessen auch als Ausdruck solcher habituellen Unterschiede und der daraus resultierenden latenten Spannung verstanden werden: Die Spannungen entladen sich im Behandlungsalltag in gegenseitigen Vorwürfen eines unmoralischen oder unethischen Handelns. Diese Spannungen verringern sich in den Momenten, in denen ein gemeinsames Interesse an einem patient:innenorientierten Austausch im Vordergrund steht und eine gemeinsame Abwägung von Werten und Behandlungsmöglichkeiten durchgeführt werden kann.

Auch berufsspezifische Zielsetzungen und Wertehaltungen sowie individuelle Faktoren der Behandler:innen nehmen einen wesentlichen Einfluss auf die Festlegung eines Behandlungsumfangs. Die Bundesärztekammer formulierte im Jahr 2011 eine Veränderung im Aufgabenprofil des ärztlichen Dienstes. Neben einem kurativen Behandlungsziel gehört es zum festen Bestandteil des ärztlichen Handelns, einen Sterbeprozess ärztlich gut zu begleiten:

> »Die ärztliche Verpflichtung zur Lebenserhaltung besteht [...] nicht unter allen Umständen. Es gibt Situationen, in denen sonst angemessene Diagnostik und Therapieverfahren nicht mehr angezeigt und Begrenzungen geboten sind. Dann tritt eine palliativmedizinische Versorgung in den Vordergrund. Die Entscheidung hierzu darf nicht von wirtschaftlichen Erwägungen abhängig gemacht werden« (Bundesärztekammer, 2011, S. A346).

Bei Patient:innen, die sich zwar noch nicht im Sterben befinden, »aber nach ärztlicher Erkenntnis aller Voraussicht nach in absehbarer Zeit sterben werden, ist eine Änderung des Behandlungszieles geboten, wenn lebenserhaltende Maßnahmen Leiden nur verlängern würden oder die Änderung des Behandlungsziels dem Willen des Patienten entspricht« (Bundesärztekammer, 2011, S. A347).

Viele Mitarbeitende im ärztlichen Dienst haben diese Haltung noch nicht verinnerlicht. Der Wechsel von einem kurativen Therapieziel zu einem palliativen Therapieziel wird oftmals als persönliches Versagen oder als Versagen der ärztlichen Kunst fehlbewertet. Das zeigt sich in Äußerungen wie: »Wir können den Eltern doch nicht sagen, dass wir nichts mehr für ihr Kind tun können!« In dem von der Bundesärztekammer geforderten ärztlichen Selbstverständnis her wäre eine solche Aussage unangemessen. Treffender wären etwa Formulierungen wie:

> »Wir können Ihr Kind nicht heilen. In einem palliativen Behandlungskonzept können wir Ihrem Kind und Ihnen als Familie aber mit sehr hilfreichen Maßnahmen zur Seite stehen. Wir können den Krankheitsverlauf verlangsamen, Ihrem Kind die Schmerzen und die Angst nehmen. Wir können Sie darüber hinaus in all den psychosozialen Aufgaben und Anforderungen, die jetzt auf Sie zukommen, unterstützen.«

Solange eine ärztliche Sterbebegleitung nicht von der Mehrheit der Ärzt:innen als wichtige und notwendige ärztliche Aufgabe neben der Heilkunst angesehen wird, bleiben unbewusst unterschiedliche Abwehrformen wirksam, um unangenehme Gefühle des Versagens, der Niederlage oder der Ohnmacht gegenüber einer unheilbaren Erkrankung zu vermeiden.

Anna Freud hat solche Mechanismen der Angstabwehr beschrieben. Eine der bekannten Formen der Abwehr neben Identifikation, Verleugnung, Spaltung und Projektion auf einem niedrigen Strukturniveau, der Entwertung oder Idealisierung, Reaktionsbildung, Regression, Verschiebung, Leugnung u. a. auf einer mittleren Strukturebene ist u. a. die Intellektualisierung und Rationalisierung auf einer höheren Strukturebene (Freud, 1977). Karl König hat diese Mechanismen strukturiert dargestellt und erläutert (König, 1996).

Im Bereich der unheilbaren Erkrankungen sowie der Intensivmedizin ist eine Weiterführung einer kurativen Therapie bei zweifelhaftem Benefit für Patient:innen nach meiner Auffassung als Abwehrform der Vermeidung bzw. Verschiebung und die isolierte wissenschaftliche Aufmerksamkeit auf den (aufgrund der schlechten Prognose unrealistischen) kurativen Ansatz als eine intellektualisierte Abwehrform auf der höheren Strukturebene zu verstehen.

Im Wechselspiel solcher Abwehrmechanismen von Mitarbeitenden des Behandlungsteams mit der oben beschriebenen Ambivalenz von Patient:innen kann es zu ungünstigen Abwehrarrangements kommen. Patient:in und Ärzt:in verbinden und bestärken sich gegenseitig in dem Bedürfnis nach einer kurativen Behandlung, obwohl entsprechend der Indikationsstellung eine palliative Behandlung erfolgen müsste. Solche interpersonalen Abwehrarrangements hat Stavros Mentzos bereits 1976 im Kontext seines Entwurfs zur Beschreibung von interpersonaler und institutionalisierter Abwehr beschrieben (Mentzos, 2016).

Medizinethische Konfliktlagen entstehen durch Krankheitsverläufe oder Unfälle, die nicht mit eindeutigen medizinischen Behandlungswegen zu beantworten sind. Die nötige Klärung und Abwägung der am besten geeigneten Maßnahme inklusive der Bestimmung der Reichweite dieser Maßnahme wird von verschiedenen Faktoren beeinflusst und erschwert. Dazu zählen

- die Ambivalenz von Patient:innen in der letzten Lebensphase,
- die Rahmenbedingungen der Organisation inklusive der ihr eigenen Kultur,
- die persönlich-individuellen Faktoren von Mitgliedern eines Behandlungsteams sowie
- ungünstige Abwehrarrangements zwischen Behandler:innen und Betroffenen.

Beratungsmethoden und Beratungsbedarf

Im Bereich der klinischen Ethikberatung in Deutschland sind viele unterschiedliche Modelle und Ablaufschemata in Gebrauch. Zuletzt haben Julia Heiland (2018) und Regina Balogh (2020) im Rahmen ihrer jeweiligen Dissertationen das Feld gesichtet. Heiland setzt die unterschiedlichen theoretischen Grundlagen und systematischen Ablaufschemata für eine klinische Ethikberatung mit den praktischen Erfahrungen von Ethikberater:innen und Klinischen Ethikkomitees in Beziehung. In einer Übersicht (2018, S. 40) stellt sie 23 verschiedene Modelle für eine ethische Fallberatung zusammen. Dabei kann sie aufzeigen, dass in der Fülle der unterschiedlichen Konzepte und Methoden
1. die prinzipienorientierte Falldiskussion nach Marckmann und Mayer,
2. die Nimwegener Methode nach Steinkamp und Gordijn und
3. der Basler Leitfaden nach Reiter-Theil

am häufigsten angewandt werden. Alle drei Modelle basieren auf der Anwendung der vier medizinethischen Prinzipien (ebd., S. 30). Unter den 90 befragten Berater:innen bilden mit 18 Personen diejenigen die viertgrößte Gruppe, die ein selbst erstelltes Konzept anwenden. Der wesentliche Nutzen der jeweils angewandten Methode wird entsprechend der Befragung in einem klar strukturierten Ablauf, in der Vergewisserung, keinen wichtigen Aspekt zu vergessen, und in einer ethisch fundierten Analyse gesehen (ebd., S. 44).

Balogh fragt: Auf welche normativen Ethiktheorien stützen sich die Mitglieder eines Klinischen Ethikkomitees? Sie unterscheidet die beiden Gruppen der Konsiliarmodelle kleinerer Krankenhäuser, die nach einer kurzen Beratung jeweils eine Empfehlung aussprechen, von der größeren Gruppe der Fallberatungen mit allen beteiligten Behandler:innen. In dieser zweiten Gruppe nennt sie mit dem »Bochumer Arbeitsbogen, der Nimwegener Methode, dem Köln-Nimwegener Instrumentarium, dem Ulmer Modell, die Bögen der Malteser und jene nach Tschudin und Riedel« (2020, S. 29) Modelle bzw. Ablaufschemata, die ebenfalls auf der Anwendung von vier medizinethischen Prinzipien basieren.

Die Untersuchungen beider Arbeiten bekräftigen meine These, dass nicht so sehr ein einzelnes Ablaufschema einer Ethikberatung und auch nicht die Grundlegung durch einen ethischen Diskurs im Rahmen einer spezifischen normativen Ethik für eine klinische Ethikberatung die zentralen Parameter darstellen, sondern eine umfassende Moderationskompetenz der Berater:in. In der durch Balogh (2020) sowie Heiland (2018) beforschten Praxis der Ethikarbeit ist die Fähigkeit, ethische Prinzipien in der Beratungssituation gemeinsam zu diskutieren und abzuwägen, als wesentlich einzuschätzen.

Heiland hat in ihrer Arbeit die Ergebnisse der von ihr untersuchten Fallberatungen in Beziehung zu den verschiedenen Ablaufmodellen und dem persönlichen Einfluss der Moderator:innen gesetzt (ebd., S. 77f.). Der Mehrdimensionalität der Beratungssituationen entsprechend zeigt ihre Untersuchung auf, dass individuelle Faktoren aller beteiligten Akteur:innen eine große Rolle für ein Beratungsergebnis erbringen. In den verglichenen Fallberatungen waren es jeweils die Moderator:innen, die das spätere Ergebnis zuerst in den Prozess einbrachten und damit den weiteren Verlauf stark prägten. Diese Beobachtung passt zur der hier vorgelegten Analyse des Feldes: Eine Beratung findet im Kontext des Arbeitsfelds einer Klinik und im Kontext der persönlichen Wertehaltungen und Einstellungen aller Beteiligten statt. Ziel einer Beratung kann es nicht sein, eine allgemeingültige Vorgehensweise durch einen ethischen Diskurs mit normativem Charakter zu erarbeiten. Das Ziel einer Beratung muss sein, für konkrete Patient:innen in einer konkreten Phase der Erkrankung in einer konkreten Klinik mit allen Akteur:innen eine gute und ethisch verantwortbare Vorgehensweise zu identifizieren. Dabei kommt der fachlichen Kompetenz der Person einer Moderator:in eine sehr hohe Bedeutung zu. Ein Ergebnis ist insofern grundsätzlich ein individuelles und kontextbezogenes, aber nicht objektivierbares Ergebnis.

Die Untersuchung von Heiland bestätigt, dass die Qualität einer erfolgten klinischen Ethikberatung von ihrem Auftrag und Charakter her nicht an einem gleichbleibenden Lösungsergebnis bei der Durchführung mit jeweils unterschiedlichen Akteur:innen ablesbar sein kann. Sie muss sich an den Kriterien der »Detailtiefe« und »Sorgfalt« bei der Berücksichtigung einer mehrdimensionalen Problemlage und den persönlichen inneren und äußeren Faktoren aller agierenden Personen messen lassen.

Die Akademie für Ethik in der Medizin als Fachgesellschaft

Im Dezember 1986 wurde die Akademie für Ethik in der Medizin (AEM) als Fachgesellschaft für Medizinethik gegründet. Im März 2010 beschreibt der damalige Vorstand »Standards für Ethikberatung in Einrichtungen des Gesundheitswesens« (Akademie für Ethik in der Medizin, 2010). Dabei soll das Format der Ethikberatung »der Information, Orientierung und Beratung der verschiedenen an der Versorgung beteiligten bzw. davon betroffenen Personen (z. B. Mitarbeitende und Leitung der Einrichtung, Patienten/Bewohner, deren Angehörige und

Stellvertreter)« (ebd., S. 150) dienen. »Ziel ist es letztlich, Entscheidungsprozesse hinsichtlich ihrer ethischen Anteile transparent zu gestalten und an moralisch akzeptablen Kriterien auszurichten, d. h. ›gute Entscheidungen‹ in ›guten Entscheidungsprozessen‹ zu treffen« (ebd.).

Weder in ihren Standards noch in ihrem Curriculum zur Ausbildung von Ethikberater:innen macht die Akademie für Ethik in der Medizin verbindliche Vorgaben zur Anwendung einer spezifischen Beratungsmethode oder Grundlegung durch eine philosophisch-ethische Schule. Die Autor:innen zeigen allerdings in ihrer Begrifflichkeit eine große Nähe zur Prinzipienethik, die Beauchamp und Childress bereits im Jahr 1979 beschrieben haben. Georg Marckmann übernahm 2012 die Aufgabe des Präsidenten der Akademie für Ethik in der Medizin. Er hatte im Jahr 2015 in seinem Beitrag »Grundlagen ethischer Entscheidungsfindung in der Medizin« die Anwendung der vier medizinethischen Prinzipien ausführlich erläutert (Marckmann, 2015, S. 2–15). Der weitaus größte Teil der theoretischen Ansätze bezieht sich auf diese Grundlagen. Dementsprechend spiegelt sich auch in der Praxis klinischer Ethikberatung in Deutschland die hohe Bedeutung der Prinzipienethik nach Beauchamp und Childress wider.

Volker Dieringer (2019) hat sich kritisch mit dem Berliner Modell von Andreas Lob-Hüdepohl auseinandergesetzt. Andreas Lob-Hüdenpol lehrt an der Katholischen Hochschule für Sozialwesen Berlin u. a. in den Fachbereichen »Ethik Sozialer Arbeit als Menschenrechtsprofession und Heilpädagogische Ethik«. Er ist Mitglied im Deutschen Ethikrat, u. a. mit dem Schwerpunkt Ethikberatung im Gesundheits- und Sozialwesen. Sein Ansatz »Strukturen ethischer Beratung in sozialprofessionellen Tätigkeitsfeldern: Erkunden – Rechtfertigen – Gestalten – Organisieren: Das Berliner Modell sozialprofessioneller Ethikberatung B:ERGO« (Lob-Hüdepohl, 2017) bezieht sich auf Felder der sozialen Beratung und nicht auf ethische Probleme im Gesundheitswesen. Dieringers kritische Auseinandersetzung mit dem Modell B:ERGO stellt dennoch eine sinnvolle Differenzierung der Arten ethischer Konflikte zur Verfügung, die ich im weiteren Verlauf meines Beitrags erweitern und zur Typisierung der ethischen Probleme im Gesundheitswesen verwenden werde.

Dieringer unterscheidet ethische Dilemmata von ethischen Dissensen. Darüber hinaus postuliert er eine Abgrenzung von Meinungsverschiedenheiten, die keinen ethischen Diskurs benötigen, sondern aufgrund empirischer Forschung zu klären seien. Meinungsverschiedenheiten sind nach Dieringer Problemlagen, die zwar einen moralischen Inhalt haben, aber eben nicht durch eine ethische Reflexion zu lösen oder zu entscheiden seien, sondern durch eine wissenschaftliche Abwägung und sorgfältige Auswertung von Evaluationen zu einem eindeutigen

Ergebnis führen. Für diese Klärung braucht es Zeit, Sorgfalt und einen wissenschaftlichen Diskurs der verschiedenen Sachpositionen bzw. Fachrichtungen. Das Ergebnis denkt Dieringer als eindeutige und objektive Folge der Empirie.

Unter einem ethischen Dilemma versteht Dieringer Situationen, in denen innerhalb eines ethischen Systems zwei einander widersprechende Verpflichtungen abgeleitet werden. Keine Verpflichtung kann erfüllt werden, ohne die andere zu verletzen. Dabei sind beide Verpflichtungen als gleichranging zu denken. Mit derselben Intensität und Wertigkeit verlangen sie danach, umgesetzt zu werden. Bei unterschiedlicher Wertigkeit wäre eine Entscheidung leicht zu treffen und die Problematik nicht einmal als ein ethischer Konflikt aufzufassen: Die höherwertige Verpflichtung hat naturgemäß Vorrang vor einer nachrangigen Verpflichtung.

Lob-Hüdepohl schlägt für den Umgang mit solchen Dilemmata das Tool einer Güterabwägung vor (2017, S. 5). Dieringer führt in seinem Beitrag überzeugend aus, dass eine Güterabwägung in Dilemma-Konstellationen nicht zur Auflösung führen kann. Wäre eine Güterabwägung durchführbar, müsste dies gleichzeitig als zwingender Beweis dafür genommen werden, dass es sich in der vorliegenden Lage eben nicht um ein Dilemma, sondern um einen ethischen Dissens handelt.

Als Gegenstück zu einem ethischen Dilemma beschreibt Dieringer einen ethischen Dissens: Dessen Hauptmerkmale liegen darin, dass die gegenläufigen Verpflichtungen aus unterschiedlichen ethischen Systemen stammen. Deshalb liegt folgerichtig hinter einem konkreten ethischen Dissens immer auch der Widerstreit unterschiedlicher ethischer Prinzipien bzw. moralischer Systeme. Insofern fordert Dieringer einen Diskurs über die unterschiedlichen ethischen Herangehensweisen:

> »Ein Modell ethischer Fallbesprechung, das zur Bearbeitung ethischer Dissense geeignet ist, müsse daher auch Wege aufzeigen, wie man in einem Konflikt zwischen zwei ethischen Theorien, die hinsichtlich der Prinzipien der Moral nicht übereinstimmen, zu einer Lösung gelangen kann [...]. Will man hier weiterkommen, so scheint auf jeden Fall eine Ausweitung des Diskurses vonnöten zu sein: Nicht nur die Bedeutung der normativen gehaltvollen Ausdrücke sowie die Form der Begründung moralischer Urteile, sondern auch die Prinzipien der Moral selbst müssen Gegenstand des Diskurses werden« (Dieringer, 2019, S. 19).

Tatsächlich ist an dieser Stelle der von Dieringer geforderte Diskurs verschiedener ethischer Prinzipien mithilfe des Konzepts von Beauchamp und Childress sehr gut möglich. In ihrem Beitrag *Principles of Biomedical Ethics* aus dem Jahr 1979 benennen sie unterschiedliche ethische Prinzipien, die im Gesundheitswesen bei der Anwendung von medizinischen oder pflegerischen Therapien gleichzeitig anzuwenden sind und die von ihrer Natur her immer im Widerstreit miteinander liegen (Beauchamp & Childress, 2013).

Bisher konnte sich im Bereich der medizinischen Ethik »keine ethische Theorie durchsetzen, die sich ausschließlich auf eine der klassischen moralphilosophischen Theorien bezieht« (Marckmann, 2015, S. 10). Der Ansatz der beiden Bioethiker Beauchamp und Childress hat längst weltweite Verbreitung und Anerkennung gefunden. Er stellt sich ausdrücklich der Theorienvielfalt in der Philosophie und dem Wertepluralismus in der Gesellschaft. Er »gibt den Anspruch einer umfassenden ethischen Theorie mit einem obersten Moralprinzip auf« und orientiert sich an konsensfähigen »mittleren« Prinzipien, »die mit verschiedenen Moraltheorien vereinbar sind« (ebd.). Beauchamp und Childress verzichten auf den Anspruch einer umfassenden ethischen Theorie. Die von beiden Bioethikern beschriebenen Prinzipien knüpfen an unsere allgemeinen moralischen Alltagsüberzeugungen an:

➢ *Prinzip des Respekts vor der Autonomie der Patient:innen:* Dieses Prinzip verpflichtet die Behandler:innen dazu, die Wünsche, Ziele und Wertvorstellungen der Patient:innen zu berücksichtigen. Eine fürsorgliche Bevormundung darf nicht stattfinden. Dieses Prinzip beinhaltet die Pflicht, die Entscheidungsfähigkeit der Patient:innen zu fördern und sie im Sinne eines *informed consent* bestmöglich über die fachlichen Parameter einer Behandlung zu informieren, damit sie für sich selbst abwägen und zu einer eigenen Entscheidung gelangen können.

➢ *Prinzip des Wohltuns oder Nutzens:* Unter diesem Prinzip wird die Verpflichtung verstanden, den Patient:innen auf bestmögliche Weise zu nutzen. Dazu gehört die Behandlung von Krankheiten, die Milderung von Symptomen sowie eine präventive ärztliche Arbeit. Dieses Prinzip deckt sich mit dem für Ärzt:innen bindenden Berufsethos zur Hilfeleistung.

➢ *Prinzip des Nicht-Schadens:* Mit dem ärztlichen Handeln ist die Verpflichtung verbunden, Patient:innen keinen Schaden zuzufügen. Maßnahmen, die zu einem Schaden führen, müssen unterlassen werden. In der Praxis ist das oft nicht umsetzbar, da jede therapeutische und pflegerische Maßnahme auch ihre unerwünschten Nebenwirkungen mit sich bringt. Aus dem Prinzip des Nicht-Schadens erwächst die Verpflichtung eines sorgfältigen Abwägens: Nebenwirkungen müssen deutlich geringer ausfallen als der Nutzen einer Maßnahme, andernfalls muss die Maßnahme unterlassen werden.

➤ *Prinzip der Gerechtigkeit:* Hier geht es um die zur Verfügung stehenden Ressourcen eines Krankenhauses bzw. des Gesundheitssystems. Als Grundsatz soll gelten, dass ähnlich gelagerte Fälle auch ähnlich behandelt werden. Die Ressourcen müssen den verschiedenen Patient:innen und Personengruppen mit nachvollziehbaren Kriterien zugeteilt werden. Wo es zur Bevorzugung Einzelner kommt, müssen relevante Begründungen z. B. im Blick auf eine bessere Prognose benannt werden. Hier ist die Abwägung zwischen dem medizinisch Möglichen und dem in einer Gesellschaft finanzierbaren Umfang der Maßnahmen oft nur schwer vorzunehmen und Teil eines gesellschaftlichen Diskurses (Marckmann, 2015, S. 11f.).

Die vier beschriebenen medizinethischen Prinzipien stellen kein exaktes Regelwerk dar, sondern bieten nur eine allgemeine Orientierung. Aufgrund des großen Beurteilungsspielraums erfordern sie eine sorgfältige Prüfung und Abwägung im Einzelfall.

Zusammenfassend lässt sich sagen: Die kritische Auseinandersetzung Dieringers mit dem Berliner Modell lässt sich nur bedingt auf ethische Fragestellungen im Gesundheitswesen anwenden. Seine vorgelegte Analyse bekräftigt allerdings die von der Akademie für Ethik in der Medizin empfohlene und von den Klinischen Ethikkomitees in Deutschland gebräuchliche prinzipienorientierte Güterabwägung auf einer mittleren Ebene als folgerichtiges und angemessenes Instrument.

Ich greife die von Dieringer vorgenommene Typisierung von Dilemma und Dissens als ethische Konflikte im engeren Sinne und Meinungsverschiedenheiten über Themen mit moralischem Inhalt auf und ergänze sie um einen vierten Typus gemeinsamer Indikationsstellung und Umsetzung, die zum Zeitpunkt der Beratungsanfrage noch nicht abschließend erfolgt sind. Diese Typisierung bietet ein wirksames Ordnungsmerkmal für die nicht wissenschaftlich evaluierten Erfahrungen aus der Arbeit des Klinischen Ethikkomitees der Universitätsmedizin Essen aus den Jahren 2013 bis 2020.

Bei der folgenden Vorstellung und Beschreibung der vier Typen stelle ich jeweils ein anonymisiertes Beispiel aus der Praxis voran. Für die Arbeit der Klinischen Ethikkomitees empfehle ich, jede diese vier moralisch-ethischen Problemlagen als Triggerfaktoren für die Anforderung zu einer klinischen Ethikberatung zugrundezulegen.

Es gibt aber auch Dilemmata: Im Frühjahr 2020 führen die Bilder von überlasteten Intensivressourcen der Krankenhäuser in Italien zu einem großen Erschrecken. Bei überlasteten Kapazitäten entstehen Dilemmasituationen: Lebensgefährlich verletzte oder erkrankte Patient:innen müssen aufgenommen und behandelt werden. Andernfalls werden sie zeitnah versterben. Wenn ein:e Patient:in, die bereits behandelt wird, den eigenen Platz zur Verfügung stellen muss, dann wird diese:r Patient:in versterben.

Welche Kriterien sollen hier für eine ethisch vertretbare Entscheidung zugrundegelegt werden? Das Prinzip *first come – first serve* wird der Situation nicht gerecht, denn so würden Patient:innen mit schlechter Prognose behandelt, während Patient:innen mit guter Prognose versterben. Lautet das Kriterium dagegen: »Patient:innen mit besserer Prognose erhalten einen Behandlungsplatz und Patient:innen mit schlechter Prognose müssen ihren Platz zur Verfügung stellen«, wird es unvermeidbar zu Fehlentscheidungen kommen, da die Zeit für eine umfassende und sorgfältige Diagnostik und Indikationsstellung in der Notlage nicht zur Verfügung steht.

Wie Dieringer herausgearbeitet hat, können Dilemmata per definitionem nicht durch einen ethischen Diskurs aufgelöst werden. Sie müssen als Dilemmata anerkannt werden. Mit der Anerkenntnis ist die Übernahme der Verantwortung zum Tun des Guten und gleichzeitigen unvermeidbaren Tun des Schlechten verbunden. Insofern verlangt der Umgang mit dem Dilemma von den handelnden Personen die Bereitschaft zur Übernahme der Verantwortung und die Fähigkeit zum Umgang mit dem unvermeidbaren ethischen Schuldigwerden.

Im klinischen Alltag finden solche Dilemmata grundsätzlich im handlungsorientierten Rahmen statt. Es muss notwendig gehandelt werden und es wird real immer gehandelt: Eine Veränderung der Therapie bedeutet Handeln und führt zu ethischen Fehlentscheidungen, keine Veränderung der Therapie ist ebenso als Handeln aufzufassen und führt in gleicher Weise zu ethischen Fehlentscheidungen. Aufgrund dieser Handlungsbezogenheit ist ein moralisch vertretbarer Umgang mit dem Dilemma geboten. Die Anwendung der oben genannten medizinethischen Prinzipien auf der mittleren Ebene kann die durch das Dilemma verlorene Orientierung wieder einbringen.

Im Fall des obigen Beispiels der Triagierung bei überlasteten Intensivressourcen empfiehlt die DIVI (Deutsche Interdisziplinäre Vereinigung für Intensiv- und Notfallmedizin, 2020) die Anwendung des Kriteriums der besseren Prognose, wohlwissend, dass eine so getroffene Auswahl zu Fehlentscheidungen und ethisch angreifbaren Ergebnissen führen kann und wird.

Es gibt aber auch Dissense:

> Durch einen missglückten Suizidversuch mit der Bahn kommt es bei einem Patienten zu einer erheblichen irreversiblen neurologischen Schädigung. Die Unfallchirurgie ist in der Lage, einen stabilen Zustand zu etablieren.

Sogar eine mittelfristige Stabilisierung über einige Tage gelingt. Der Patient war bereits seit vielen Jahren psychiatrisch erkrankt. Er hatte eine nachhaltige psychiatrisch-psychotherapeutische Behandlung allerdings abgelehnt und sich bei den zahlreichen Suizidversuchen in den zurückliegenden Jahren jeweils gegen ärztlichen Rat kurz nach der ersten Stabilisierung wieder nach Hause begeben.

Die Angehörigen fordern vehement die Einstellung der Intensivmaßnahmen, da es sich nach ihrer Einschätzung um einen wohlüberlegten und nicht im Affekt vollzogenen Bilanzsuizid handelt. Einer dauerhaften Unterbringung als Intensivpflegefall in einer Beatmungseinrichtung hätte der Patient in ihren Augen niemals zugestimmt. Sie halten eine Beendigung der Intensivmaßnahmen für ethisch geboten und begründen dies mit dem fehlenden Einverständnis des Patienten.

Eine Einstellung der Notfallmaßnahmen ist dagegen mit der ärztlichen Indikationsstellung nicht vereinbar. Es sind erste Erfolge der Notfallmaßnahmen zu verzeichnen, die Prognose für eine dauerhafte Stabilisierung unter Beatmung ist gut.

Hier handelt es sich um einen ethischen Dissens: Folgt man der Argumentation der Angehörigen, ist eine Beendigung der Maßnahmen ethisch geboten, da eine Weiterführung dem mutmaßlichen Willen des Patienten widerspricht. Folgt man dagegen der ärztlichen Verpflichtung zur Fürsorge und kurativen Medizin, ist eine Beendigung der Intensivmaßnahmen nicht vertretbar und verstößt gegen das ärztliche Berufsethos, insbesondere mit Blick auf die Pflicht zur Fürsorge.

Eine Entscheidung ist hier nur durch eine Abwägung und Gewichtung der beiden ethischen Prinzipien »Respekt vor der Autonomie der Patient:innen« und »Fürsorgepflicht der Ärzt:innen« herbeizuführen.

Wie Dieringer für diesen Typus ethischer Probleme gefordert hat, zeigt sich hier: Bei einem ethischen Dissens bieten die vier medizinethischen Prinzipien nach Beauchamp und Childress auf der mittleren Ebene eine praxistaugliche Orientierung für einen Diskurs im multiprofessionellen Team. Mithilfe einer Güterabwägung ist die Ausarbeitung eines gemeinsam verantworteten Konsenses möglich. Gleichzeitig können ethische Begründungen formuliert werden, die eine Entscheidung nachvollziehbar machen.

Und es gibt auch Meinungsverschiedenheiten:
Eine onkologisch erkrankte Patientin durchläuft drei verschiedene Regime einer Chemotherapie, die jeweils nicht in der Lage sind, die Krankheit aufzuhalten. Der Allgemeinzustand der Patientin verschlechtert sich dra-

matisch, es kommt zu sekundären Problemen: U. a. ist die Nierenfunktion eingeschränkt und eine Dialyse notwendig, zusätzlich kommt es wiederholt zu Infekten, die jeweils eine Antibiose erforderlich machen. Die psychische Situation der Patientin ist von sich häufenden depressiven Episoden gekennzeichnet.

Die Familie drängt die Patientin – nach Beratung durch den behandelnden Arzt –, den Mut nicht zu verlieren und in die Teilnahme an einer vorgeschlagenen Studie für eine neuartige Chemotherapie einzuwilligen. Die Pflegedienstmitarbeiter:innen sind empört über den ärztlichen Vorschlag. Sie kennen andere Patient:innen aus vergleichbaren Studien und haben dramatische Verläufe vor Augen. Sie halten ein palliatives Konzept für angemessen, damit die Patientin ihre letzte Lebensphase vor dem Sterben bewusst gestalten kann. Der Onkologe sieht bei der Durchführung der Studie eine Wahrscheinlichkeit von 30 bis 40 Prozent dafür, dass eine Metastasenbildung für etwa zwölf Monate hinausgeschoben werden kann. Andere ärztliche Kolleg:innen beurteilen die Studie eher kritisch und führen den schlechten Allgemeinzustand und die Schädigung der Nieren an. Beides stelle eine Wirkung des neuen Medikaments infrage.

Im realen klinischen Alltag ist der Hintergrund der Anfrage einer Fallberatung oft als eine Meinungsverschiedenheit verschiedener medizinischer Fachleute zu begreifen. Solche Meinungsverschiedenheiten erfordern ein Forum für einen intradisziplinären wissenschaftlichen Diskurs und den sich daran anschließenden interdisziplinären Diskurs. Eine strukturierte Moderation der anstehenden Diskurse unter Beteiligung aller Personen und Professionen im Behandlungsteam kann zu einer Meinungsbildung und Klärung beitragen. Wo der wissenschaftliche Diskurs keine eindeutigen Ergebnisse liefert, bieten auch hier die angeführten Prinzipien nach Beauchamp und Childress auf der mittleren Ebene eine Orientierung für ein ethisch begründbares Handeln.

Geneinsame Strategien sind möglich:
Auf der Neugeborenenstation wird ein Säugling mit Entbindung in der 25. Schwangerschaftswoche versorgt. Die Notfallmaßnahmen unmittelbar nach der Geburt konnten zu einer Stabilisierung beitragen. Es kommt zu keiner Spontanatmung, es sind Fehlbildungen der Gliedmaßen zu sehen und es kommt in unregelmäßigen Abständen zu starken Krampfanfällen, denen nur mit einer Medikamentendosierung im experimentellen Bereich begegnet werden kann. Die Eltern und vor allem ein Großvater fordern aufgrund ihres muslimischen Glaubens eine Maximalbehandlung. Es kam

bereits zu Drohungen, sollte das Behandlungsteam die Therapie begrenzen.

Die Pulmolog:innen sehen den Zustand kritisch, eine Beatmung kann zwar fortgesetzt werden, alle Versuche der Entwöhnung von der Beatmung haben für den Säugling aber zu erheblichem Stress geführt und mussten deshalb abgebrochen werden. Eine langfristige Perspektive sehen sie nicht. Ähnlich ist die Einschätzung der Neurolog:innen. Sie haben eine Fehlentwicklung des Gehirns diagnostiziert, die aber mit keiner bisher bekannten genetischen Störung erklärbar ist. Insofern können sie keine fundierte Prognose benennen. Die Pflegenden erleben einen äußerst kritischen Pflegezustand. Nahezu jede pflegerische Maßnahme stresst den Säugling erheblich, worauf ein Kreislaufanstieg und die dann eintretenden Krampfanfälle hinweisen. Das Personal ist durch die Unmöglichkeit, einen guten Pflegestatus zu etablieren, ohne erheblichen Stress für den Säugling auszulösen, sehr belastet.

Im Rahmen der Fallberatung kommen erstmalig (!) die Behandler:innen aller Fachrichtungen unter Beteiligung der Pflegenden und des psychosozialen Dienstes zusammen. In der Anfangsrunde stellt jede Fachdisziplin ihre Einschätzung sowie ihre jeweiligen Behandlungsoptionen vor. Es zeigt sich schnell, dass jede Disziplin für sich allein genommen mit einem kurativen Ansatz weiterbehandeln und eine Stabilität für etwa sieben bis zehn Tage erreichen könnte. Dies erscheint den Vortragenden aber aufgrund der fehlenden langfristigen Prognose jeweils nur für den Fall sinnvoll, dass die anderen Fachrichtungen eine bessere Prognose stellen können.

Aufgrund der jetzt möglichen Gesamtschau kommt es bei der Fallberatung schnell zu einer gemeinsamen Indikationsstellung aller Fachdisziplinen für ein palliatives Behandlungskonzept: Die jeweils ungünstigen Einzelprognosen führen zu einer sehr schlechten Gesamtprognose. In der gemeinsamen selbstkritischen Reflexion erkennen alle Beteiligten die folgenden wesentlichen Faktoren für den bisherigen kurativen Ansatz:

- ➤ die anfängliche Notfallsituation,
- ➤ die Forderung der Großeltern und deren Drohung,
- ➤ der Widerstand gegen die Vorbereitung auf den bevorstehenden Abschied,
- ➤ die bis zu diesem Zeitpunkt fehlende Berücksichtigung der Beobachtung des Pflegedienstes und
- ➤ die persönliche Betroffenheit der Behandler:innen, die in Spannung zu ihrer fachlichen Sicht eine große innere Verpflichtung zur kurativen Hilfe verspürten.

Klinische Ethikkomitees in der Organisationsdynamik

Meine bisherigen Betrachtungen der klinischen Ethikberatung sowie der Beratungsmethode haben gezeigt, dass ethische Konfliktlagen auch aufgrund der vorhandenen Dynamik innerhalb der Organisation entstehen. Darüber hinaus werden patient:innenbedingte Konfliktlagen durch die Organisationsdynamik eines Krankenhauses deutlich verschärft. In diesem Abschnitt richte ich meinen Blick nun speziell auf das Gremium eines Klinischen Ethikkomitees (KEK) als Teil der Gesamtorganisation.

Organisationeinheiten, die sich mit den Werten der Gesamtorganisation befassen, bewegen sich grundsätzlich in einem nicht zu unterschätzenden Spannungsfeld. Verschiedene Äußerungen von Beschäftigten sowie von Führungskräften machen das anschaulich (es handelt sich im Folgenden um persönliche Aufzeichnungen): »Gut, dass wir mit dem Klinischen Ethikkomitee einen Ort haben, um unsere Alltagsentscheidungen achtsam abzuwägen! Im hektischen Alltag fehlt uns oft die dazu notwendige Zeit.« Tatsächlich bietet ein KEK einen geschützten Ort in der Gesamtorganisation, der einen Spielraum für die Reflexion der Unternehmenswerte, der ethischen Kodizes der in ihr agierenden Berufsgruppen und der wertebezogenen Entscheidungen im Behandlungsalltag schafft.

»Ihre Arbeit ist sehr wichtig. Aber meinen Sie wirklich, dass wir in unserer Abteilung noch detaillierter nach Patientenwillen und ärztlicher Indikation fragen können?« Die Existenz eines Klinischen Ethikkomitees und seine Angebote werden auch als latente Kritik an der Gesamtorganisation sowie an den in ihr handelnden Akteur:innen aufgefasst und lösen Abwehrmechanismen aus.

In beiden Sichtweisen ist ein realer und nachvollziehbarer Kern enthalten: Ein KEK bietet einen geschützten Raum zur Wertereflexion und beinhaltet gleichzeitig eine latente Kritik an der Gesamtorganisation sowie an den handelnden Personen. Tatsächlich ist die Lage sogar noch komplexer: Ein KEK versteht sich als kritisches Gegenüber zur Gesamtorganisation, und seine Beratungs- und Fortbildungsangebote richten sich an alle Abteilungen der Gesamtorganisation. Das KEK ist aber nicht nur kritisches Gegenüber, sondern selbst Teil der Organisation. Deshalb ist damit zu rechnen, dass sich die organisationsspezifischen Themen und Spannungsfelder auch innerhalb eines Klinischen Ethikkomitees widerspiegeln.

Die Arbeit eines KEK kommt Patient:innen sowie deren Angehörigen unmittelbar zugute. Durch den interdisziplinären Austausch und die gemeinsame ethische Reflexion kann ein angemessener Behandlungsumfang bestmöglich gefunden werden. Die Beratungs- und Fortbildungsformate eines KEK unterstützen Beschäftigte aller Fachdisziplinen, da sie die Handlungssicherheit fördern und weitreichende Entscheidungen gemeinsam verantwortet werden können.

Damit sind KEKs in der modernen Medizin unverzichtbar geworden. Sie sind neben der medizinischen und pflegerischen Expertise ein zusätzlicher Garant für die Qualität von Therapieentscheidungen. Im Rahmen von Zertifizierungen haben Auditor:innen die Arbeit der KEKs als Qualitätsmerkmal erkannt und fragen entsprechende Formate in einer Klinik ab. Vermutlich werden Ethikberatungen schon bald als abrechnungsrelevante konsiliarische Dienstleistung standardisiert.

Ethikarbeit als Projektionsfläche und Spiegel der Gesamtorganisation

Neben der Wahrnehmung der satzungsgemäßen Aufgaben eines KEK wird ein solches Gremium unbewusst zu einer Projektionsfläche für die Gesamtorganisation. Solche Projektionen übersteigen natürlich die realen Möglichkeiten und Aufgaben und verkehren diese oft ins Gegenteil.

Im positiven Sinne versprechen sich Beschäftigte über eine Mitarbeit in einem KEK die Chance zur Verwirklichung der eigenen berufsethischen Ideale, gerade weil dies in ihrem Stationsalltag oft kaum möglich ist. Manchmal erhoffen sich Burn-out gefährdete Mitarbeitende darüber hinaus, im KEK Gehör für ihre Unzufriedenheit und eine Linderung ihrer Not zu finden. In der Gesamtorganisation schwelen Befürchtungen, denn über die KEK-Arbeit könnten sich Kolleg:innen in eigene Arbeits- und Verantwortungsbereiche einmischen, Fehler oder systemimmanente Schwächen aufdecken.

In seltenen Fällen wird eine Ethikberatung mit dem Ziel angefragt, bei internen Konflikten ein vermeintlich neutrales und sachbezogenes Machtwort sprechen zu können. Ein solcher Auftrag hinter dem Auftrag wird erst auf Nachfrage sichtbar: Ein Patient ist längst verstorben, man möchte aber durch eine retrospektive Fallberatung beweisen, dass eine Fehlbehandlung oder eine Missachtung des Patientenwillens vorlag. Tatsächlich geht es hier nicht um eine ethische Fragestellung, sondern um einen Versuch der Instrumentalisierung des KEK zur Stärkung der eigenen Position im Machtkampf zwischen Berufsgruppen oder Personen.

Die Kultur der Gesamtorganisation und ihre Phänomene spiegeln sich in den internen Strukturen eines KEK wider: Aufgrund der Überlastung von Ärzt:innen kann eine sorgfältige Erledigung der Aufgaben nach eigenen Angaben von Befragungen nicht sichergestellt werden. Folgerichtig ist mit diesem Phänomen auch innerhalb eines KEK zu rechnen. Gleiches gilt für die gravierende Personalnot im Bereich der Pflege. Die fehlenden personellen Ressourcen werden sich unweigerlich auf die interne Arbeit eines KEK auswirken. Die Bemühungen eines KEK, in den eigenen Organisationsstrukturen den Teamgedanken zu stärken, können durch habituelle Prägungen der Mitglieder erschwert werden. Hier braucht es eine hohe Bereitschaft aller Beteiligten zur Selbstreflexion und bei Bedarf zur gemeinsamen Konfliktbewältigung. Auch die Faszination, die eine Elite-Organisation ausstrahlt, ist innerhalb eines KEK wirksam. KEK-Mitglieder können damit rechnen, dass ihre Mitarbeit als wichtiger Baustein in ihrem Lebenslauf positiv bewertet wird.

Meine hier vorgelegte Analyse zeigt, dass ein KEK als system- und organisationskritisches Gremium handelt und handeln möchte, aber gleichzeitig Teil der kritisierten Organisation ist. Die Sozialpsychologen Joseph Luft und Harry Ingham (1955) haben im Blick auf die Selbst- und Fremdwahrnehmung von Einzelpersonen vier Felder beschrieben. Ihre Grundgedanken lassen sich gut auf Organisationseinheiten übertragen und für eine interne Selbstreflexion nutzen.

Im Blick auf ein KEK wären die folgenden vier Felder zu unterscheiden:
1. das sichtbare Gremium als ein dem KEK und Außenstehenden bekannten Teil,
2. das Geheimnis des KEK als dem KEK bekannten, aber für Außenstehende verborgenen Teil,
3. der blinde Fleck als dem KEK selbst unbekannten, aber für Außenstehende sichtbaren Teil und
4. der unbewusste Teil, der weder für das KEK selbst noch für Außenstehende sichtbar ist.

Für ein Gremium mit einem hohen normativen Anspruch ist meiner Erfahrung nach eine kontinuierliche Selbstreflexion der eigenen Organisation, Struktur und Arbeitsweise sowie der Haltung seiner Mitglieder unerlässlich. Nur so kann die Spannung zwischen einer konstruktiv-hilfreich-kritischen Position gegenüber den anderen Abteilungen der Gesamtorganisation und der eigenen Verstrickung in eben genau dieser Organisation bewusst gehalten und so einer Verstrickung entgegengewirkt werden. Aus diesen Gründen halte ich eine Beteiligung von externen Mitgliedern sowie eine kontinuierliche supervisorische Begleitung der KEK-Arbeit für unverzichtbar.

Der mehrdimensionale Beratungsansatz

Meine Analyse des Feldes der klinischen Ethikberatung zeigt, dass die Festlegung eines Therapieziels und eines Behandlungsumfangs von vielen unterschiedlichen Faktoren beeinflusst und erschwert wird. Dazu zählen u. a.

- ➤ die existenzielle Ambivalenz von Patient:innen, die sich im Behandlungsteam widerspiegeln,
- ➤ der Pflegenotstand und die Überlastungen im ärztlichen Dienst, die eine sorgfältige Indikationsstellung erschweren,
- ➤ die fehlende Zeit zur Klärung von Meinungsverschiedenheiten und Durchführung von Angehörigengesprächen,
- ➤ ungünstige Abwehrarrangements,
- ➤ habituelle Unterschiede und komplexe Machtstrukturen innerhalb der Behandlungsteams oder
- ➤ eine Kultur der Elite mit der damit einhergehenden Entfremdung der Entscheider:innen vom Alltag der Praktiker:innen.

Ethische Probleme im Behandlungsalltag entstehen zunächst primär durch Krankheiten oder Unfälle, die eine komplexe Behandlung erfordern und bei denen die geeigneten Behandlungswege nicht unmittelbar und eindeutig auf der Hand liegen. Sie entstehen danach sekundär durch die innere Disposition der Patient:innen, die bei unheilbaren Erkrankungen in eine Ambivalenz zwischen Leben-Wollen und Sterben-Müssen geraten. Sie entstehen ebenfalls sekundär durch die Rahmenbedingungen des Gesundheitswesens und die in einem Krankenhaus wirksamen Organisationsdynamiken.

Unter einem mehrdimensionalen Beratungsansatz verstehe ich ein Beratungsangebot, das auf diese komplexe Problemlage adäquat antwortet und dabei die verschiedenen Wirkfaktoren und Dimensionen ethischer Konflikte in ihrer Vorgehensweise berücksichtigt. Dazu zählen u. a.

- ➤ eine kompetente Moderation bei der notwendigen Klärung von Meinungsverschiedenheiten im Team sowie bei der gemeinsamen Indikationsstellung bzw. Ausarbeitung eines Behandlungskonzepts unter Zuhilfenahme supervisorischer Instrumente,
- ➤ die Durchführung eines ethischen Diskurses zur Differenzierung der Problemlage (Handelt es sich um ein Dilemma, um einen Dissens oder um eine Meinungsverschiedenheit? Ist die Indikationsstellung noch nicht abgeschlossen oder konnte der daraus resultierende Behandlungsumfang aufgrund von Zeitmangel noch nicht umgesetzt werden?) oder

➢ eine Güterabwägung unter Anwendung einer Prinzipienethik als Querschnittsthema auf allen Ebenen der Abstimmung im Team, ggf. auch unter Beteiligung betroffener Patient:innen bzw. der Angehörigen.
➢ Im Blick auf die Haltung von Ethikberater:innen ergeben sich ähnliche Anforderungen, wie sie aus der Supervision und anderen Beratungsformaten bekannt sind: Allparteilichkeit und Respekt vor der Fachkompetenz der beteiligten Personen, Annahme und Akzeptanz der jeweiligen persönlichen Stile und Herangehensweisen, Anerkennung und Akzeptanz der Belastungen von Mitgliedern der Behandlungsteams sowie ein ressourcenorientiertes Vorgehen.

Angebote einer klinischen Ethikberatung tragen zur interdisziplinären Zusammenarbeit im Krankenhaus bei. Die Analyse ethischer Problemlagen im Behandlungskontext unterstreicht und ergänzt darüber hinaus bestehende Bemühungen um Interdisziplinarität. Florian Jeserich, Christian Voß und Judith Wolf weisen bereits 2015 in ihrem Beitrag »Teamorientierte Zusammenarbeit in Krankenhäusern. Christliche Werte und Kommunikation« (2015, S. 66ff.) auf die notwendige Verbesserung der interprofessionellen Zusammenarbeit hin. Mit dem Fokus auf die gelebte Kommunikation im Krankenhaus benennen sie Probleme des Gesundheitswesens, die auch in meinem Beitrag sichtbar werden: »Viele Behandlungsfehler bzw. Probleme und Verzögerungen im Therapieprozess können auf Kommunikations- und Koordinationsdefizite im multiprofessionellen Team zurückgeführt werden« (ebd., S. 66). Die Autor:innen betonen die hohe Bedeutung einer guten Kommunikation über die Berufsgruppen hinweg. Nach ihrer Auffassung können habituell geprägte Kommunikationsstrukturen aus der ärztlichen und pflegerischen Ausbildung nur in Prozessen der Selbstreflexion »aufgebrochen und verbessert werden« (ebd.).

Ein ähnlich eindeutiges Votum formulieren die Autor:innen des Positionspapiers »Interprofessionelle Ausbildung in den Gesundheitsberufen« des GMA-Ausschusses (Walkenhorst et al., 2015, S. 17). Sie konstatieren einen weitgehenden Konsens darüber, dass eine engere Zusammenarbeit der Berufe im Gesundheitswesen erforderlich ist. Schüler:innen und Studierende müssen möglichst frühzeitig »voneinander, aneinander und miteinander lernen« (ebd.). In ihrem Votum erläutern die Ausschussmitglieder: »Wenn in dem Papier von ›Gesundheitsberufen‹ gesprochen wird, sind damit die Berufe in der Medizin, Pflege, Therapie, Diagnostik etc. gemeint« (ebd., S. 18). Konkret empfehlen die Ausschussmitglieder:

»In den Institutionen müssen Strukturen geschaffen werden, die es möglich machen interprofessionelle Konzepte zu entwickeln, zu reflektieren und zu gestalten. Das Thema Interprofessionalität muss an den Hochschulen und Universitäten in die Studienkommissionen Eingang finden und in anderen Einrichtungen in den entsprechenden Gremien vertreten sein« (ebd., S. 15).

Aus meiner Analyse ergibt sich neben dem hier entfalteten mehrdimensionalen Beratungsansatz ein Impuls zur konzeptionellen Veränderung der Indikationsstellung im Sinne des oben genannten Votums des GMA-Ausschusses: Die gängige Praxis einer *alleinigen* ärztlichen Indikationsstellung wird der komplexen Situation im Kontext einer fortgeschrittenen unheilbaren Erkrankung nicht mehr gerecht.

Um eine Behandlung solcher Erkrankungen adäquat weiterzuführen, müssen neben der somatischen auch die psychosomatische und die sozialen Ebenen in ein Therapiekonzept einbezogen werden. Darüber hinaus ist eine interdisziplinäre Indikationsstellung im Behandlungsteam unter Beteiligung aller Professionen der Gesundheitsfachberufe erforderlich. Die ethisch-moralische Dimension einer Behandlung kann nur dann angemessen aufgegriffen werden, wenn sich alle Fachrichtungen im interdisziplinären Diskurs gleichberechtigt einbringen und eine gemeinsame Meinungsbildung und Entscheidung zum verpflichtenden Standard wird.

Es sollten für die Zukunft Kriterien erarbeitet werden, die den Status einer unheilbaren Erkrankung kennzeichnen, von dem aus eine rein ärztliche Indikationsstellung durch eine interdisziplinäre Indikationsstellung abgelöst wird.

Literatur

Akademie für Ethik in der Medizin e. V. (2010). Standards für Ethikberatung in Einrichtungen des Gesundheitswesens. *Ethik in der Medizin, 2*, 149–153.
Arnold, S. (2017). Sterben und gleichzeitig leben wollen. *Palliaviva*. https://www.palliaviva.ch/sterben-und-gleichzeitig-leben-wollen
Balogh, R. (2020). *Grundlagen der Ethischen Fallberatung: Auf welche normativen Ethiktheorien stützen sich die Mitglieder eines Klinischen Ethikkomitees?* Dissertation Universität Regensburg. urn:nbn:de:bvb:355-epub-413379
Bannert, R. (2012). Ethische Fallbesprechung und Supervision. In A. Frewer, F. Bruns & A. May (Hrsg.), *Ethikberatung in der Medizin* (S. 45–63). Springer.
Beauchamp, T. L. & Childress, J. F. (2013). *Principles of Biomedical Ethics* (7. Aufl.). Oxford University Press.

Bourdieu, P. (2018). *Die feinen Unterschiede. Kritik der gesellschaftlichen Urteilskraft* (26. Aufl.). Suhrkamp.
Bundesärztekammer (2011). Grundsätze der Bundesärztekammer zur Ärztlichen Sterbebegleitung. *Deutsches Ärzteblatt, 108*(7), A346–A348. https://www.bundesaerztekammer.de/fileadmin/user_upload/downloads/Sterbebegleitung_17022011.pdf
Dettwiler, F. (2020). Interprofessionalität. *Careum.* https://www.careum.ch/interprofessionalitaet
Deutsche Interdisziplinäre Vereinigung für Intensiv- und Notfallmedizin (2020). Entscheidungen über die Zuteilung intensivmedizinischer Ressourcen im Kontext der COVID-19-Pandemie. Version 2. *AEM.* https://register.awmf.org/de/leitlinien/detail/040-013#anmeldung
Deutscher Hospiz- und Palliativ-Verband e.V. (o.J.). Palliativstationen. Definitionen und Merkmale. *DHPV.* https://www.dhpv.de/themen_palliativstationen.html
Dieringer, V. (2019). Dilemma und Dissens. Zur Relevanz der Unterscheidung zweier Typen moralischer Konflikte für ethische Fallbesprechungen. *Forum Supervision*, 54, 8–20.
Engelbracht, N. (2020). GEMINI bewertet Risiken und Nebenwirkungen durch Ärztemangel im Krankenhaus. *Finanznachrichten.* https://www.finanznachrichten.de/nachrichten-2020-05/49699847-gemini-bewertet-risiken-und-nebenwirkungen-durch-aerztemangel-im-krankenhaus-007.html
Freud, A. (1977). *Das Ich und seine Abwehrmechanismen* (9. Aufl.). Kindler.
Graf, A. (2015). *Die Wissenschaftselite Deutschlands. Sozialprofil und Werdegänge zwischen 1945 und 2013.* Campus.
Grau, A. (2019, 26. November). So weltoffen, so borniert! *Tagesspiegel.* https://www.tagesspiegel.de/gesellschaft/elitenkritik-so-weltoffen-so-borniert/25261602.html
Hartmann, M. (2004). *Elitesoziologie: Eine Einführung.* Campus.
Hartmann, M. (2019). Wer beherrscht Deutschland? Das Handeln der Eliten verschärft die soziale Ungleichheit. *MDR.* https://www.mdr.de/nachrichten/politik/gesellschaft/eliten-deutschland-herkunft-hartmann-100.html
Hassenkamp, M. (2020, 4. Januar). Pflegenotstand im neuen Jahr. Spahns größte Baustelle. *SPIEGEL ONLINE.* https://www.spiegel.de/politik/deutschland/jens-spahn-pflegenotstand-als-groesste-baustelle-des-justizministers-a-1303501.html
Heiland, J. (2018). *Ethische Fallbesprechung in der Klinik. Die praktische Bedeutung theoretischer Modelle.* Dissertation Universität München. https://edoc.ub.uni-muenchen.de/22777/1/Heiland_Julia.pdf
Institut für Qualitätsmessung und Evaluation (Hrsg.). (2019). Ergebnisbericht der Mitgliederbefragung. Gesamtauswertung. MB-Monitor 2019. https://www.marburger-bund.de/sites/default/files/files/2020-01/Gesamtauswertung%20-%20MB-Monitor%202019-presse.pdf
Janowitz, K. (2020). Wer sind die »Neuen Eliten«? https://www.klaus-janowitz.de/wordpress/wer-sind-die-neuen-eliten
Jeserich, F. & Voß, C. (2018). Die innere ethische Fallbesprechung. Ein kommunikationspsychologisches Instrument zur Selbstklärung in ethischen Konfliktsituationen. *Forum für Ethik und Profilbildung im Gesundheitswesen (EPiG) der Katholischen Akademie Die Wolfsburg, Mülheim an der Ruhr.* https://www.ssoar.info/ssoar/bitstream/handle/document/56826/ssoar-2018-jeserich_et_al-Die_innere_ethische_Fallbesprechung_ein.pdf;jsessionid=91331CB165CCCD6C66933051BFC33289?sequence=1

Jeserich, F., Voß, C. & Wolf, J. (2015). Teamorientierte Zusammenarbeit im Krankenhaus – mit christlichen Werten und strukturierter Kommunikation. In P. Hüster & G. Lauven (Hrsg.), *Brennpunkte und Praxis eines christlichen Profils. Das katholische Krankenhaus im Ruhrgebiet* (S. 66–71). Kosmas und Damian GmbH.

König, K. (1996). *Abwehrmechanismen*. Vandenhoeck & Ruprecht.

Lob-Hüdepohl, A. (2017). Erkunden – Rechtfertigen – Gestalten – Organisieren. Das Modell sozialprofessioneller Ethikberatung B:ERGO. *EthikJournal – Zeitschrift für Ethik und Soziale Praxis, 4*(1), 1–22.

Luft, J. & Ingham, H. (1955). The Johari Window, a Graphic Model of Interpersonal Awareness. *Proceedings of the Western Training Laboratory in Group Development, 246*.

Marckmann, G. (2015). Grundlagen ethischer Entscheidungsfindung in der Medizin. In ders. (Hrsg.), *Praxisbuch Ethik in der Medizin* (S. 3–13). Medizinisch Wissenschaftliche Verlagsgesellschaft.

Mentzos, S. (2016). *Interpersonale und institutionalisierte Abwehr* (8. Aufl. der erweiterten Neuausgabe). Suhrkamp.

Schmidt, A. (2019, 16. Juli). Verfassungsgerichtshof erklärt Pflege-Volksbegehren für unzulässig. *Münchener Merkur*. https://www.merkur.de/bayern/muenchen-verfassungsgerichtshof-haelt-pflege-volksbegehren-fuer-unzulaessig-zr-11839600.html

Schroeder, G. (2009). Interprofessionalität in der Umsetzung. *Careum*. https://www.pflegeportal.ch/pflegeportal/pub/Interprofessionalitaet_Schroeder_2232_1.pdf

Walkenhorst, U., Mahler, C., Aistleithner, R., Hahn, E. G., Kaap-Fröhlich, S., Karstens, S., Reiber, K., Stock-Schöer, B. & Sottas, B. (2015). Positionspapier GMA-Ausschuss. Interprofessionelle Ausbildung in den Gesundheitsberufen. *EGMS*. https://www.egms.de/static/de/journals/zma/2015-32/zma000964.shtml

Willrodt, S. (2017). *Ambivalenz in der letzten Lebensphase*. Unveröffentlichte Masterarbeit Universität Klagenfurt.

Biografische Notiz

Hans-Jörg Stets, Pfarrer i. R., M.A. Supervision und Beratung, arbeitete von 2008 bis 2021 als Seelsorger der Universitätsmedizin in Essen und war von 2013 bis 2021 Vorsitzender des Klinischen Ethikkomitees. Seit acht Jahren ist er freiberuflich als Supervisor (DGSv.) u. a. in Behörden, Beratungsstellen, im Gesundheitswesen und in Feldern der Sozialen Arbeit tätig. Aktuell liegt sein Schwerpunkt im Bereich der somatischen Intensivstationen. Geprägt haben ihn neben einer Gestalttherapieausbildung und dem weiterbildenden Studium »Supervision und Beratung« seine Erfahrungen als Gemeindepfarrer, als Polizei- und Notfallseelsorger in Essen sowie seine zehnjährige Tätigkeit als Dozent für Berufsethik bei der Polizei.

Gesundheitsfördernde Hochschule – eine nachhaltige Entwicklungsperspektive?

Tanja Becker

In diesem Beitrag möchte ich eine Dynamik reflektieren, die in den letzten Jahren erheblichen Einfluss auf die Gesundheitsförderung an den Universitäten und Fachhochschulen in Nordrhein-Westfalen genommen hat. Dabei gehe ich zunächst auf die Situation Mitte der 2010er-Jahre ein, als ich meine Stelle an der Universität zu Köln angetreten habe, und beschreibe nachfolgend den Weg von einer lokalen zu einer regionalen und schließlich landesweiten Initiative mit dem Ziel, Gesundheitsförderung zu einem dauerhaften Anliegen der Hochschulen zu machen und einen organisatorischen Kulturwandel zu gestalten. Im Fazit interpretiere ich den aktuellen Status quo aus meiner Rolle als Prozesstreiberin und werfe abschließend einen hoffnungsvollen Blick in die Zukunft: auf den gemeinsamen Weg der Gesundheitsfördernden Hochschulen in NRW und Deutschland.

Ausgangslage: Die Initiierung von Betrieblichem Gesundheitsmanagement

Im Winter 2015 habe ich meine aktuelle Stelle an der Universität angetreten, die als Projektstelle ausgeschrieben und mit dem Ziel versehen war, innerhalb von zwei Jahren ein »universitätsweites systemisches Betriebliches Gesundheitsmanagement« (BGM) aufzubauen. Der Text der Ausschreibung machte deutlich, dass die Universität bzw. die Stakeholder, die den Projektauftrag formuliert hatten, von Anfang an mehr im Sinn hatten als die bloße Entwicklung eines Maßnahmenkatalogs zur Gesundheitsförderung – dieser war zwar ebenfalls als Indikator eines gelungenen Projektes formuliert, aber, und das finde ich wichtig für das Verständnis des folgenden Prozesses, er stand nicht allein im Mittelpunkt. Vielmehr ging es von Beginn an darum, einen ganzheitlichen Ansatz zu realisieren und die Koordination des Projekts als universitätsweit angelegten Moderations- und

Kommunikationsprozess zu begreifen. Dies liegt auch in der Historie des Projekts an der Universität zu Köln begründet, wo sich im Vorfeld interne Akteur*innen der Gesundheitsförderung intensiv und über Jahre damit beschäftigt hatten, Kernaufgaben und Kompetenzen einer Koordinierungsstelle herauszuarbeiten. Ein besonderes Gewicht wurde im Projektauftrag somit dem Aufbau tragfähiger Strukturen und Prozesse beigemessen, die geeignet sind, an einer der größten Universitäten in Deutschland die Themen Gesundheit und Gesundheitsförderung in die Breite der Beschäftigten in Wissenschaft, Lehre und Verwaltung tragen zu können. Aus Sicht des damaligen Projektteams (BGM-Team) war jedoch entscheidend, permanent zu kommunizieren, und zwar bedarfsbezogen, zielgruppengerecht, kontinuierlich, motivierend und loyal.

Die Beschäftigtenbefragung: Auftakt zum »Prozess Bielefelder Fragebogen«

Das Schlüsselgeschehen im BGM-Projekt waren die Beschäftigtenbefragung 2016 (Bielefelder Fragebogte für Beschäftigte) und der nachfolgende Entwicklungsprozess gesundheitsförderlicher Maßnahmen in den Organisationseinheiten, also gemäß der Systematik des eingesetzten Instruments die Fakultäten, Zentralen Einrichtungen und die Zentralverwaltung. Stark unterstützt durch die Interessensvertretungen, vor allem durch den Personalrat für das Personal in Technik und Verwaltung, waren der Einsatz des Instruments und der Zeitpunkt der Befragung zu meinem Stellenantritt bereits beschlossen. Dahinterliegende Verpflichtungen der Universität als Arbeitgeberin (§5 Arbeitsschutzgesetz: Durchführung einer Psychischen Gefährdungsbeurteilung) haben sicher dazu beigetragen, dass die Hochschulleitung der Beschäftigtenbefragung an sich zugestimmt hat. Der anschließende Prozess, wie er von der Gemeinschaft Deutsche Arbeitsschutzstrategie sowie von der Deutschen Gesetzlichen Unfallversicherung empfohlen wird, war hingegen im Vorfeld noch nicht klar beschrieben und entsprechend mit den Leitungskräften ausgehandelt worden. Somit war es im Anschluss an die Ergebnispräsentation erforderlich, verbindliche Zusagen zur Beschäftigung mit den Ergebnissen in den Organisationseinheiten zu erwirken, vor allem aber als BGM-Team diese lokalen Prozesse begleiten zu dürfen und einen umfassenden Report über die Maßnahmenentwicklung anzulegen.

Zunächst war die Leitungsebene der Universität in mehreren Schleifen mit der adäquaten Verfahrensweise in Reaktion auf die Ergebnislage beschäftigt. Die Werte zu Arbeitsbedingungen an der Universität und die daraus resultierenden Auswirkungen auf die psychosoziale Gesundheit lasen sich zwar insgesamt durchaus zufriedenstellend, es gab allerdings – wie in den meisten anderen Hochschulen des Benchmarks auch – kritische Werte in einzelnen Items und Skalen im Bereich »Führung und Zusammenarbeit« sowie zur Kultur an der Hochschule. Dieser erste Klärungsprozess nahm tatsächlich mehrere Monate in Anspruch und fand unter Einbezug des BGM-Teams und der dort versammelten Fachexpertise statt. Diese enge Zusammenarbeit zwischen operativer Projektebene und Hochschulleitung sowie Gremien der akademischen Selbstverwaltung war im BGM-Kontext zu diesem Zeitpunkt noch längst nicht an jeder Hochschule selbstverständlich und darf in der Rückschau als besonders wertvoll für den Prozess eingestuft werden. So ergab sich immer wieder die Chance, Missverständnissen und Bedenken entgegenzutreten, die viele Gesundheitsmanager*innen aus ihrem Arbeitsalltag so ähnlich kennen dürften: z. B., dass BGM bloß Rückenkurse oder einen Obstkorb auf dem Tisch bedeute, dass Beschäftigte zwar in die Maßnahmenentwicklung eingebunden sein sollten, aber vom Luftschlösserbau abgehalten werden müssten, oder dass wir als BGM-Team im Kampf um den Erhalt einer Teeküche in einem Institut einzuschalten wären. So zäh und merkwürdig die Erlebnisse in dieser ersten Projektphase auch waren: Sie haben der Universität große Möglichkeiten eröffnet, sich als lernende Organisation zu beweisen. Zudem konnten die Koordinator*innen des BGM-Teams Gesicht zeigen und ihr Rollenprofil als Manager*innen entwickeln, die einen strukturierten und messbaren Prozess vorantreiben, dabei die Hochschulleitung hinter sich wissen und sich auf wissenschaftlich eruierte Daten stützen können. Dieses Argument hat vor allem die Statusgruppe der Wissenschaftler*innen auf Dauer von der Qualität des Prozesses überzeugen können.

Der Datenreport als Handlungsgrundlage

Die Daten aus der Befragung wurden vom BGM-Team auf Wunsch der Hochschulleitung als großformatige Tableaus aufbereitet. Die Ausprägung der Ergebnisse wurde mithilfe der Ampelfarben in den Abstufungen »grün = positiv«, »gelb = neutral« und »rot = kritisch« kenntlich gemacht. Diese Darstellung machte die komplexe und kleinteilige Datenlage schnell erfassbar und für den Anschlussprozess der partizipativ gestalteten Ableitung belastungsreduzierender Maßnahmen anwendungsfreundlich. Die Gesamtheit der Ergebnisse zeichnete 2016 für die Universität zu Köln ein überwiegend positives Bild, was Faktoren betrifft, die die psychosoziale Gesundheit stärken oder belasten. Das Tableau zeigt über alle Statusgruppen hinweg in der Mehrheit grün und gelb markierte Bereiche: Hier haben die Beschäftigten in Wissenschaft und Verwaltung ihre Arbeitsplatzsituation also als teilweise bis nicht belastend eingestuft. Die kritischen Werte in der Signalfarbe rot sind ebenso schnell erfassbar bzw. springen ins Auge, sind aber im Tableau auf aggregierter Ebene tatsächlich nur an wenigen Stellen vorhanden. Die Belastungen am Arbeitsplatz, die hierdurch angezeigt werden, sind in der anschließenden Maßnahmenentwicklung konsequent angegangen worden, doch nicht ausschließlich: Es ist in den meisten Gesprächen mit den Dekan*innen, Geschäftsführer*innen, Dezernent*innen und der Hochschulleitung gelungen, den Blick genauso auch auf die Ressourcen, also auf die Quellen von Wohlbefinden und Leistungsfähigkeit am Arbeitsplatz zu lenken, da das Denkmodell der psychosozialen Gesundheit am Arbeitsplatz multidimensional ist und stärkende wie schwächende Faktoren der Gesundheit ganzheitlich betrachtet werden müssen. Anschließend war die Akzeptanz von Handlungsbedarfen, die beispielsweise durch mangelnde Rückmeldung durch Führungskräfte zu Arbeitsleistungen oder zu der wahrgenommenen Diskrepanz zwischen der Außendarstellung der Universität und der Realität im Arbeitsalltag entstanden war, anscheinend leichter möglich. Möglicherweise führten auch die Methode des Tableaus und das sofort erkennbare überwiegend positive Gesamtbild dazu, dass dem häufigen Vorwurf des defizitären und alarmistischen Ansatzes solcher Prozesse wirksam begegnet werden konnte.

Die partizipative Maßnahmenentwicklung

Der anschließende Prozess der Maßnahmenentwicklung wurde, was sehr entscheidend war, als Top-Down-Prozess durch das Rektorat festgelegt und folgte den oben erwähnten Handlungsempfehlungen der Gemeinsamen Deutschen Arbeitsschutzstrategie und der Deutschen Gesetzlichen Unfallversicherung. Das BGM-Team wurde ermächtigt, diese Handlungsempfehlungen auf die Organisationsform Hochschule anzupassen und dabei möglichst viele Personen einzubinden. So arbeitete das BGM-Team letztlich in elf Workshops mal mit sechs, mal mit mehr als 50 Beschäftigten in den Organisationseinheiten an der Beurteilung der lokalen Ergebnislage und brachte dabei über 300 Maßnahmenvorschläge hervor. Diese reichten von der Optimierung bereits bestehender Prozesse an den Schnittstellen universitärer Arbeits- und Themenbereiche bis zu innovativen kollegialen Formaten und gestalteten sich, je nach Fächerkultur, durchaus unterschiedlich. Gemeinsam mit den Leitungskräften der Organisationseinheiten sowie dem Steuerkreis des BGM-Projekts wurden die Vorschläge auf Machbarkeit und Einbindungspotenzial in bereits laufende Bereichsentwicklungen oder zentrale Strategien, z. B. zur Einführung von jährlichen Personalentwicklungsgesprächen in der Wissenschaft, geprüft und bilden heute den knapp 80 Maßnahmen umfassenden, indikatorenbasierten und kontinuierlich weiterzuentwickelnden Maßnahmenkatalog der Universität (BGM-Roadmap).

Der Change-Prozess

Im Zuge der intensiven Auseinandersetzung mit den Befragungsergebnissen, der Maßnahmenentwicklung und ihrer Wirksamkeitskontrolle wurde der Projektzeitraum von zwei Jahren auf fünf Jahre verlängert, wobei die Mittel durch die Einwerbung von Drittmitteln einer Krankenkasse im BGM-Projekt um diese drei zusätzlichen Jahre gesichert werden konnten. Innerhalb dieser Jahre haben sich die im Projekt beteiligten Akteur*innen der operativen wie auch die Stakeholder der strategischen Ebene, ganz im Sinne der lernenden Organisation, intensiv mit den Benefits für den Standort auseinandersetzen können. Mit dem Thema der Gesundheitsförderung an der Universität wird heute nicht mehr nur die Wahrnehmung von gesetzlichen Fürsorgepflichten für die Beschäftigten verbunden, sondern auch Zufriedenheit und Wohlbefinden am Arbeitsplatz. Dem entsprechen Maßnahmen wie z. B. solche zur überfachlichen beruflichen Weiterentwicklung und -qualifizierung, ein Leitbild zu Führungsverantwortung für Verwaltung und Wissenschaft oder Formate für mehr kollegialen Zusammenhalt und Teambuilding. Jüngst ins Portfolio des Gesundheitsmanagements aufgenommen wurde die Ausweitung der gesundheitsfördernden Maßnahmen auf die Zielgruppe der Studierenden.

Angesichts des eklatanten Fachkräftemangels kommen diese Entwicklungen der Universität einerseits hinsichtlich einer verbesserten Attraktivität als Arbeitgeberin zugute. Andererseits baut sie damit auch ihre Leuchtturmfunktion in der Außenwahrnehmung der Hochschulen aus, was den strukturierten und konsequenten Prozess betrifft, mit dem Gesundheitsmanagement sukzessive mit den strategischen Zielvorstellungen der Universität verknüpft wird. Insgesamt lässt sich eine weiter wachsende Glaubwürdigkeit nach innen und außen feststellen, dass es der Universität aus verschiedenen Motivationslagen heraus mit der Entwicklung zu einer »gesunden Hochschule«, also mit Organisationsentwicklung durch Gesundheitsmanagement ernst ist. Eine deutlich höhere Sensibilität, Aufgeschlossenheit und der Wille der Hochschulverantwortlichen, den eingeschlagenen Weg konsequent weiterzuverfolgen, sind daran erkennbar, dass z. B. Entscheidungen über weitere universitätsweite Beteiligungsformate zur Orientierung an den Gütekriterien Gesundheitsfördernder Hochschulen (Gesetzliche Krankenkassen GKV-Spitzenverband, 2023, S. 55f.) oder zur Ausprägung einer Gesundheits-Dachmarke heute deutlich rascher und einvernehmlicher erfolgen.

Versuche einer nachhaltigen Implementierung

Diese lokale Erfolgsgeschichte hat sicher viel mit den Bedingungen und handelnden Personen vor Ort zu tun. Bei einem Thema, das nicht im Hochschulgesetz von NRW als Aufgabe der Hochschulen verankert ist, finde ich diese Entwicklung an meiner Universität besonders erfreulich, da sie nur zum Teil auf Druck von außen, sprich durch Gesetzeslagen, entstanden ist, sondern vielmehr auf einem gut verstandenen und akzeptierten inneren Konzept von Personal- und Organisationsentwicklung und von deren Schnittstellenthematiken beruht. Das gilt zumindest für die Gruppe der Beschäftigten, die von der Initiierung des Prozesses nicht zuletzt durch den Passus im Arbeitsschutzgesetz über die Einführung eines Betrieblichen Gesundheitsmanagements profitieren. Anders verhält es sich mit den Studierenden – für sie gibt es derzeit keine eindeutige Verpflichtung der Hochschulen, eine Gefährdungsanalyse durchzuführen, die die Faktoren der psychosozialen Gesundheit in den Blick nimmt: also die Rahmenbedingungen des Studiums sowie das persönliche Verhalten und die individuellen Gesundheitskompetenzen. Dass hier Handlungsbedarf besteht, wird wohl spätestens nach zwei Jahren Corona-Pandemie und den alarmierenden Studien, z. B. der Studie »Gesundheit Studierender in Deutschland 2017« des Deutschen Zentrums für Wissenschaftsforschung gemeinsam mit der Freien Universität Berlin und der Techniker-Krankenkasse (Grützmacher et al., 2018), niemand bestreiten. Doch ringen Hochschulen bzw. die Gesundheitsmanager*innen noch um den Weg, wie sich eine dem professionalisierten BGM vergleichbare Struktur auch in einem Studentischen Gesundheitsmanagement (SGM) erzielen lässt. Zwar gibt es zunehmend Veröffentlichungen und Handreichungen zum Thema. Diese geben jedoch bisher noch keine umfassende Antwort auf die Fragen, welche Handlungsfelder, Strukturen und Maßnahmen konkret in einem allgemeingültigen SGM festzuschreiben sind. Umso mehr Bedeutung kommt in dieser Situation der (Scientific) Community zu, die neben der wissenschaftlichen Fachexpertise auch die Netzwerke der Expert*innen an den Hochschulen mit zum Teil vieljähriger Expertise in BGM und SGM umfasst.

In NRW gab es Anfang der 2000er Jahre bereits eine Netzwerkstruktur, damals noch über die Unfallkasse NRW koordiniert. Jedoch ist das Netzwerk, vermutlich aufgrund damals noch fehlender Kontinuität im Personal und in den Strukturen an den Hochschulen, verlorengegangen. Zu Beginn meiner Tätigkeit im Berufsfeld Gesundheitsmanagement 2015 zeichnete sich eine zunehmend bessere Ausstattung der hochschulischen Gesundheitsmanagement-Ressourcen ab, wenn auch zumeist anschubfinanziert durch Drittmittel. In den letzten Jahren, so zeigt der Evaluationsbericht zum Vertrag über gute Beschäftigungsbedingungen für das Hochschulpersonal in NRW von 2022, sind eine Mehrzahl der BGM-Projektstellen entfristet worden. Im Zuge der Evaluation und im Austausch der Hochschulnetzwerke untereinander wird jedoch deutlich, dass nicht jede Projektausstattung im BGM eins zu eins im dauerhaften Personalschlüssel übernommen werden konnte. Als Begründung wird oftmals die Konsolidierung auf dem Weg vom Projekt zum Regelbetrieb angeführt und dass es im Projektstatus natürlich mehr Ressourcen für den Aufbau braucht als später für den laufenden Betrieb. Dem ist entgegenzustellen, dass es in einem extrem dynamischen Hochschulumfeld, das natürlich die gesellschaftliche Entwicklung mit ihren Auswirkungen durch Globalisierung und Digitalisierung aufnimmt, um nur zwei Metaströmungen zu nennen, ein nahezu unerschöpfliches Betätigungsfeld für die Querschnittsaufgabe Gesundheitsmanagement und damit für die Ausprägung einer nachhaltigen gesundheitsförderlichen Hochschulkultur geben wird. Die Stellensituation im BGM an den meisten Hochschulen in NRW ist damit noch nicht auskömmlich, wenn auch weniger prekär als noch vor wenigen Jahren. Hier besteht definitiv weiterer Handlungsbedarf. Und ob es, neben der BGM-Stellensituation, für die vielen befristeten SGM-Projektstellen eine ähnliche Dynamik geben wird, hängt von der kommenden Entwicklung und deren Auswirkungen auf die Gesetzgebung ab.

Der Auftrag der Hochschulen

Im November 2021 wurden die zehn Gütekriterien Gesundheitsfördernder Hochschulen in den Präventionsleitfaden zur Ausgestaltung von §20 SGB V aufgenommen. Diese Gütekriterien sind vom Arbeitskreis Gesundheitsfördernder Hochschulen (AGH) bereits in den späten Neunzigerjahren formuliert worden, waren aber bis zuletzt hauptsächlich einem kleineren Kreis von Expert*innen an den Hochschulen und hochschulnahen Instituten und der den Arbeitskreis unterstützenden Krankenkasse bekannt. Das hat sich durch die Aktualisierung der Gütekriterien und ihre Aufnahme in den Präventionsleitfaden entscheidend geändert, werden sie so nun zunehmend einem breiten Publikum vorstellig. Zusätzlichen Rückenwind bekommen die Wahrnehmung und Anwendung der Gütekriterien dadurch, dass es neben dem bundesweiten Arbeitskreis aktuell sieben regionale Netzwerke in Deutschland gibt, deren Mitglieder sich auch als Lobbyist*innen für das Thema Gesundheitsförderung an Hochschulen verstehen. Die Gütekriterien bilden zumindest aus Sicht der Sprecher*innen des Netzwerks Gesundheitsfördernder Hochschulen Nordrhein-Westfalen (NGH-NRW), zu denen auch ich gehöre, einen hervorragenden Rahmen, um Gesundheitsmanagement als Daueraufgabe an Hochschulen entlang der dort beschriebenen Aufgaben zu etablieren und vor allem Gesundheit als statusgruppenübergreifendes, kulturbildendes und damit zukunftsträchtiges Thema zu positionieren. Entsprechend fordern sie eine sukzessive Beschäftigung an den Hochschulen mit diesem Handlungskanon.

Es ist für die weitere Professionalisierung im Gesundheitsmanagement außerordentlich wichtig, dass sich die Hochschulen zur Einhaltung dieser Gütekriterien bekennen, dass sie übergreifende Standards für das eigene Gesundheitsmanagement akzeptieren und so dauerhafte und qualitätssichere Strukturen ermöglichen. Bisher handelt es sich dort, wo ein ganzheitliches Gesundheitsmanagement umgesetzt wird, weitgehend um eine Selbstverpflichtung der Hochschulen. Der Auftrag zur Ausgestaltung gesundheitsförderlicher Studien- und Arbeitsbedingungen, vom Arbeitsschutzgesetz abgesehen, ist derzeit in kaum einem der Hochschulgesetze der Länder zu finden. Daher ist es ein zentrales Anliegen der einzelnen Hochschulstandorte, aber auch der Netzwerke, Gesundheitsförderung zu einer Kernaufgabe an Hochschulen zu machen. Aus Sicht des Netzwerks NGH-NRW, aber auch aus meiner eigenen lokalen Perspektive, muss die Legitimationsfrage von Gesundheitsmanagement als hochschulische Kernaufgabe in naher Zukunft von übergeordneten Gremien wie der Kanzler*innentagung und der Hochschulrektor*innenkonferenz bearbeitet werden – dies im besten Fall unter Einbeziehung von Expert*innen für Gesundheitsmanagement aus den Universitäten, Hochschulen und Netzwerken, um so wesentliche Hinweise aus der Praxis für die dauerhafte Etablierung von Strukturen und Ressourcen platzieren zu können. Ob dies über eine Selbstverpflichtung der Universitäten oder über eine Anpassung der Landeshochschulgesetze passieren wird, bleibt abzuwarten. Zu begrüßen wäre jedenfalls ein Bekenntnis zu universitärem Gesundheitsmanagement als einer klar definierten Aufgabe der Hochschulen, die nicht länger von der Drittmittelfinanzierung durch Krankenkassen abhängig sein darf.

Der Handlungsbedarf ist also gegeben und die Bereitschaft der Hochschulakteur*innen, ein ganzheitliches Gesundheitsmanagement für alle Hochschulangehörigen zu etablieren, ebenso. Aufgrund der positiven Erfahrungen an der eigenen Universität sowie der Dynamik innerhalb der Netzwerke bin ich optimistisch und hoffe auf einen gemeinsamen Prozess zur Ausgestaltung von Gesundheitsförderung als nachhaltiger Entwicklungsperspektive von Hochschulen in Deutschland.

Literatur

Bundesministerium für Arbeit und Soziales (o. J.). Arbeitsschutzgesetz. https://www.bmas.de/DE/Service/Gesetze-und-Gesetzesvorhaben/arbeitsschutzgesetz.html

Deutsche Gesetzliche Unfallversicherung (DGUV) (2019). Psychische Belastung: Der Schritt zur Risikobeurteilung. https://publikationen.dguv.de/widgets/pdf/download/article/3476

Deutsches Zentrum für Hochschul- und Wissenschaftsforschung (o. J.). Die Studierendenbefragung in Deutschland. https://www.die-studierendenbefragung.de/die-studierendenbefragung

Gemeinsame Deutsche Arbeitsschutzstrategie (2022). Arbeitsprogramm Psyche. Berücksichtigung psychischer Belastung in der Gefährdungsbeurteilung. Empfehlungen zur Umsetzung in der betrieblichen Praxis (4. vollständig überarbeitete Aufl.). https://www.gda-portal.de/DE/Home/Home_node.html

Gesetzliche Krankenkassen GKV-Spitzenverband (Hrsg.) (2023). Leitfaden Prävention – Handlungsfelder und Kriterien nach §20 Abs. 2 SGB V. https://www.gkv-spitzenverband.de/media/dokumente/krankenversicherung_1/praevention__selbsthilfe__beratung/praevention/praevention_leitfaden/Leitfaden_Prävention_Akt_03-2023_barrierefrei.pdf

Grützmacher, J., Gusy, B., Lesener, T., Sudheimer, S. & Willige, J. (2018). Gesundheit Studierender in Deutschland 2017. Ein Kooperationsprojekt zwischen dem Deutschen Zentrum für Hochschul- und Wissenschaftsforschung, der Freien Universität Berlin und der Techniker-Krankenkasse. https://www.tk.de/resource/blob/2050660/8bd39eab37ee133a2ec47e55e544abe7/gesundheit-studierender-in-deutschland-2017-studienband-data.pdf

HIS-Institut für Hochschulentwicklung e. V. (o. J.). Reflexionsinstrument. Auf dem Weg zur gesundheitsfördernden Hochschule. https://medien.his-he.de/projekte/detail/auf-dem-weg-zur-gesunden-hochschule-mentorinnenprogramm-mit-reflexionsinstrument

HIS-Institut für Hochschulentwicklung e. V., InterVal GmbH (o. J.). Vertrag über gute Beschäftigungsbedingungen für das Hochschulpersonal in Nordrhein-Westfalen: Ausgewählte Evaluationsergebnisse. https://www.mkw.nrw/system/files/media/document/file/evaluation_vgb_bericht_kurzfassung_final.pdf

Universität Bielefeld (o. J.). Bielefelder Fragebogen für Beschäftigte. https://www.uni-bielefeld.de/verwaltung/dezernat-p-o/gesundheitsmanagement/bielefelder-fragebogen

Biografische Notiz

Tanja Becker, Studium der Sonderpädagogik an der Universität zu Köln (UzK) und der Sportwissenschaften an der Deutschen Sporthochschule Köln (DSHS, Diplom), ist seit 2009 in Querschnittsaufgaben der hochschulischen strategischen Organisationsentwicklung tätig, zunächst im Bereich Gender/Diversity an der DSHS, seit 2015 im Gesundheitsmanagement der UzK, seit 2021 als Projektteamleitung. Sie ist Mitbegründerin und Sprecherin des Netzwerks Gesunde Hochschulen NGH-NRW. Seit 2022 arbeitet sie zudem als Mentorin des HIS-Instituts für Hochschulentwicklung im Bereich der »Gesundheitsfördernden Hochschulen«.

VI

Organisationale Dynamiken im Kontext von Vielfalt, Verschiedenheit und Kultur

Hinführung der Herausgeber:innen

Das letzte Kapitel greift organisationale Dynamiken auf, die durch gesellschaftliche Diskurse zu Vielfalt, Verschiedenheit und Kultur entstehen.

Elke Müller und *Gabriele Pradel* zeigen uns sowohl historische als auch aktuelle Belege zum Stand der Frau in Wissenschaft und Forschung, angefangen bei den schwirigen Zugängen zur Universität als Frau, hin zur immer noch prekären Situation als Wissenschaftlerin. Trotz des gestiegenen Bewusstseins für eine gerechte Geschlechterverteilung in der Wissenschaft verändert sich die Bedeutung der Frau an deutschen Hochschulen nur langsam. Frauen stellen bis heute weltweit eine Minderheit im wissenschaftlichen System dar. Die proaktive Veränderung dieser Situation hin zu einem paritätischen Verhältnis an den deutschen Hochschulen könnte als Chance zur Weiterentwicklung sowie Entfaltung der deutschen Forschungs- und Hochschullandschaft genutzt werden.

Rafael Behr lässt uns an der Welt der Polizei teilhaben und bietet uns Szenen der Überwältigungsmacht von Polizist:innen, bei der sowohl die *cop culture*, die Organisationskultur der Polizei, als auch die Konstitution von Macht und Geschlecht individuelles Handeln bestimmt. Im Akt der körperlichen Überwältigung zeigt sich zweierlei: Das Recht und die Macht des Staates, solches tun zu dürfen, und die Macht der Menschen, die Staatsgewalt in konkrete Gewalthandlungen übersetzen. Im Alltag des Gewaltmonopols geht es nicht um abstrakte, politische oder strukturelle Machtbeziehungen, sondern um physische Gewalt und physische Überwältigung.

Sonja Keil beschäftigt sich in ihrem Artikel einerseits mit einer besonderen Gruppe, den »Reisenden«, wie beispielsweise Schaustellern, deren lange Geschichte der Ausgrenzung und Verfolgung bis heute Bestand hat. Der Schutz ihrer Lebenswelt auf dem ehemaligen Wohnwagenstandplatz in Frankfurt am Main wurde in den aktuellen Koalitionsvertrag (2021 bis 2026) aufgenommen. Andererseits beschäftigt sich Sonja Keil mit ihrer beruflichen Aufgabe, der Gemeinwesensarbeit bei diesen Personengruppen und Familien. Aufgrund eigener Recherchen, auch mit biografischer Forschung und habitueller Analysen, werden deren Lebenswirklichkeit sowie kontrastierend die umgebenden dominanten Lebenskulturen einer Großstadt dokumentiert.

Heike Baum ist in der Beratung von Kindertagesstätten, Kirchengemeinden und politischen Gemeinden als Träger dieser Kindertagesstätten tätig und begleitet derzeit die Etablierung des internen Kinderschutzes. Lange wurde der Kinderschutz vorwiegend unter dem Aspekt der Übergriffe durch Erwachsene, Familien und andere Personen betrachtet, und die oft tagtäglichen Übergriffe auf das Kindeswohl, auch in den Kindertagesstätten selbst, wurden oft »vergessen«. Heike Baum blickt in den Alltag der Kinder, auch der kleinsten Kinder in öffentlichen Einrichtungen, und stellt dar, wie leicht und wie alltäglich Verletzungen an der »Gleichwürdigkeit« der Kinder mit den Erwachsenen und damit an der Würde der Kinder, die sich (noch) nicht wehren können, geschehen. Die Ansprüche an den Umgang mit Kindern sind zunächst einmal pädagogischer Art, aber auch die – wenig anerkennenden – Rahmenbedingungen der inzwischen als hoch bedeutsam gewerteten Profession spielen eine große Rolle.

Die Bedeutung der Frau an deutschen Hochschulen: Wandel oder Stagnation?

Elke Müller & Gabriele Pradel

Einleitung

Trotz des gestiegenen Bewusstseins für eine gerechte Geschlechterverteilung in der Wissenschaft verändert sich die Bedeutung der Frau an deutschen Hochschulen nur langsam. Frauen stellen bis heute weltweit eine Minderheit im wissenschaftlichen System dar. Mit einem Wissenschaftlerinnenanteil von nur 28 Prozent ist Deutschland hier besonders betroffen (UNESCO, 2019). Die Ungleichheiten zwischen den Geschlechtern zeigen sich insbesondere in den späteren Phasen der akademischen Laufbahn. Während der Frauenanteil im Studium bei 52 Prozent liegt, werden nur 26 Prozent der hauptberuflichen Professuren in Deutschland von Frauen besetzt (Statistisches Bundesamt, 2021).

Die Unterrepräsentation von Wissenschaftlerinnen in der deutschen Hochschullandschaft spiegelt sich zudem in ihrer oftmals geringen Sichtbarkeit sowohl an der eigenen Hochschule und in der Wissenschaftsgemeinschaft als auch in der breiten Öffentlichkeit wider. Die daraus resultierende fehlende Wahrnehmung der Frauen führt von einer fehlenden Anerkennung ihrer wissenschaftlichen Leistungen hin zu geringen Aufstiegschancen innerhalb der Hochschulen und mündet letztendlich in einer mangelnden Einflussnahme auf wissenschafts- und hochschulpolitische Aspekte. Dies schafft einen Teufelskreis: Aufgrund der fehlenden Präsenz von Wissenschaftlerinnen an den Hochschulen sinken die Chancen, dass die Vorteile diverser Gruppen genutzt werden, durch die Frauen mehr Einfluss auf das Hochschulgeschehen nehmen und idealerweise in der Folge akademische Leitungspositionen mit weiteren Frauen besetzen könnten.

»Viele männliche Mathematiker sagten, eine Frau könne das nie schaffen«, wurde über Julia Robinson berichtet, eine Mathematikerin, die wesentlich zur Lösung eines der als »unlösbar« eingestuften mathematischen Probleme beitrug, aber nie zur Professorin ernannt wurde (Jackson, 2022). Auch war die Chemikerin

Marie Skłodowska Curie die einzige Frau unter den vier Nobelpreisträger:innen, denen bisher mehrfach ein Nobelpreis verliehen wurde, und die erste Professorin, die an der Sorbonne lehrte; sie wurde jedoch nie in die Akademie der Wissenschaften aufgenommen (Quinn & König, 1999). Dies sind nur zwei Beispiele erfolgreicher Wissenschaftlerinnen, die neben den statistischen Zahlen Anlass dazu geben, in diesem Buchkapitel die aktuelle Lage der Frauen an Hochschulen, hier an deutschen, im Hinblick auf Historie und Voreingenommenheit zu beleuchten.

Rückblick auf den Beginn des deutschen »Frauenstudiums«

Es dauerte rund 800 Jahre von der Gründung der ersten Universitäten bis zur offiziellen Zulassung von Frauen an deutschen Hochschulen. Das Immatrikulationsrecht wurde den Frauen in Deutschland, je nach Region, erst zwischen 1900 und 1909 ausgesprochen. Der Beginn des »Frauenstudiums« war jedoch nicht in einem Gleichstellungsbestreben der deutschen Akademie begründet, sondern in der tiefsitzenden Angst der Deutschen vor der »Überfremdung« durch das Judentum, hier spezifisch vor russisch-jüdischen Gasthörer:innen (zusammengefasst in Costas, 1995; Mazon, 2001; Vogt, 2007).

Die Frage nach der Zulassung von Frauen an Universitäten kam in Deutschland erstmalig um 1880 auf. Zu dieser Zeit wurde einer kleinen, ausgewählten Gruppe von Oberlehrerinnen ausnahmsweise erlaubt, Gasthörerinnen an deutschen Hochschulen zu werden. Diese Möglichkeit der Gasthörer:innenschaft von Frauen war eine Randerscheinung der damaligen Neuerfindung deutscher Hochschulen. Während die ersten Universitäten bereits im 12. Jahrhundert entstanden, dienten diese bis dahin der Ausbildung von Pfarrern, Ärzten und Verwaltungsbeamten. Mit der Gründung der Berliner Universität (u. a. durch Wilhelm von Humboldt) im Jahre 1810 wurde ein neuer Typus wissenschaftlicher Einrichtung erschaffen, der Lehre und Forschung vereinte und dabei nicht nur den Adel, sondern auch das prosperierende deutsche Bildungsbürgertum ausbildete. Zugangsvoraussetzung für deutsche (männliche) Studenten war das Abitur.

Am Ende des 19. Jahrhunderts wurden die deutschen Universitäten zunehmend bei ausländischen Studenten beliebt, die dort mit Sondergenehmigungen angenommen wurden. Es waren insbesondere russische Juden, deren Anteil unter der Studentenschaft drastisch zunahm, was zu zunehmender Konkurrenz unter den Studenten führte. Zur selben Zeit spitzte sich die von Frauenbewegungen angefachte Debatte um ein geregeltes Frauenstudium zu. Der Andrang an ausländischen Studenten und die zunehmende Forderung junger Frauen nach einer

Studienberechtigung führten in der Professorenschaft zu Angst vor einer Übervölkerung der Universitäten und stellten die dort bestehende Zulassungspraxis infrage.

Insbesondere die Forderungen der Frauenbewegungen nach einem geregelten Frauenstudium traf bei den (männlichen) Hochschullehrern auf heftigen Widerstand. Das Studium galt als Zeichen eines freien Lebensstils einer männlichen akademischen Elite, die sich bereits damals in Burschenschaften organisierte. Die von ihnen angeführten Gründe gegen die Einschreibung von Frauen waren mannigfaltig: Eine Berufsausbildung und ganz besonders ein Universitätsabschluss wurden für eine heiratsfähige Frau als überflüssig angesehen, da ihr Lebensweg als Ehefrau und Mutter vorbestimmt war. Noch größer war die Sorge, dass Frauen mit Universitätsabschluss Männern die hochangesehenen Stellen, z. B. in der Medizin, streitig machen könnten. Hinzu kam die Befürchtung, dass die Hochschulabsolventinnen das Entstehen eines akademischen Proletariats beschleunigen könnten.

Die offizielle Zulassung an deutsche Universitäten war den meisten Frauen lange Zeit aus formalen Gründen verwehrt, da ihnen schlichtweg das Abitur fehlte. Nur wenige Mädchen durften ab den 1890er Jahren als Externe das Abitur an Knabengymnasien ablegen. Ansonsten entsprach die einzige höhere Ausbildung einer Frau bis dahin dem Besuch eines Lehrerinnenseminars. Aus diesen Gründen wurden Frauen um die Jahrhundertwende ausschließlich als Gasthörerinnen zugelassen. Die Erlaubnis dafür musste von den entsprechenden Professoren erteilt werden. Dies machte die Frauen somit von der Gunst und Willkür der (männlichen) Dozenten abhängig.

Mit der Möglichkeit der Gasthörer:innenschaft strömten vermehrt junge aufstrebende Ausländerinnen, insbesondere russische Jüdinnen, in die Hörsäle. Sie besaßen einen russischen Gymnasialabschluss und hatten oft vorab Universitäten in der Schweiz oder Österreich besucht, wo das Frauenstudium bereits möglich war. Damit hatten sie sich im Gegensatz zu den meisten deutschen Frauen für eine Gasthörer:innenschaft qualifiziert. Die Erteilung der Sondergenehmigungen für die steigende Anzahl an Frauen zog einen unübersichtlichen bürokratischen Aufwand mit sich, was an den Universitäten zu einem Verwaltungschaos führte. Um den Andrang durch russische Jüdinnen und andere ausländische Studentinnen in den Hörsälen einzudämmen, wurde ab 1900 die offizielle Zulassung von Frauen an deutschen Hochschulen eingeführt. Das Immatrikulationsrecht erhielten dabei nur Frauen mit Abitur, was die Anzahl der Frauen an den Universitäten auf ein »kontrollierbares« Maß reduzierte und die meisten Ausländerinnen vom Frauenstudium ausschloss.

Die Philosophische Fakultät Heidelberg war die erste Hochschule, die Frauen ab dem 28. Februar 1900 den vollen Zugang zum Studium ermöglichte. Deutschlandweit galt das Immatrikulationsrecht für Frauen ab dem Jahr 1909. Um nach der Öffnung der Universitäten für das Frauenstudium zumindest die Möglichkeit einer akademischen Laufbahn von Frauen zu unterbinden, war ihnen die Habilitation weiterhin verboten, und damit die Möglichkeit, als Privatdozentinnen und außerplanmäßige Professorinnen tätig zu sein, genommen. Erst 1920 wurde das Habilitationsverbot für Frauen aufgehoben.

Mit dem Beginn des Ersten Weltkriegs stieg der Anteil von Frauen an deutschen Universitäten aufgrund der kriegsbedingten Abwesenheit von Männern an. Ein wichtiger Meilenstein nach Kriegsende war Artikel 109, der 1919 in die Weimarer Reichsverfassung aufgenommen wurde: »Alle Deutschen sind vor dem Gesetz gleich. Männer und Frauen haben grundsätzlich die gleichen staatsbürgerlichen Rechte und Pflichten.« Dieser Artikel motivierte mehr Frauen zum Studium und ermöglichte ihnen den Zugang zu vielen Berufen. Nichtsdestotrotz mussten promovierte Frauen in Deutschland aufgrund des Doppelverdienerverbots ledig bleiben, wenn sie als Staatsbedienstete arbeiten wollten. Mit dem Verbot konnte somit die Anzahl von Frauen auf höheren akademischen Positionen geringgehalten werden.

Die frisch erlangen Rechte und Freiheiten deutscher Frauen wurden mit der Machtübernahme der Nationalsozialisten in den Dreißigerjahren wieder beschnitten. Die Zulassungen von Frauen an Hochschulen wurden auf zehn Prozent der Gesamtzulassungen reduziert. Damit konnten die akademischen Karrieren von Frauen effektiv unterbunden werden, um im Gegenzug ihre Rolle als Ehefrau und Mutter zu stärken. Wie während des Ersten Weltkriegs stieg jedoch als auch während des Zweiten Weltkriegs der Anteil von Frauen unter den Studierenden drastisch an und machte 1943 und 1944 rund 47 Prozent der Studierenden aus. Diese Parität unter den Studierenden war jedoch nur kurzweilig. Nach dem Kriegsende sank der Anteil an Studentinnen signifikant, da die Frauen mit dem kriegsbedingten Verlust von Männern für den deutschen Wiederaufbau und die Ernährung der Familie benötigt wurden. Im Jahr 1959 lag der Studentinnenanteil bei rund 26 Prozent. Erst mit dem Wirtschaftswunder der Sechziger- und Siebzigerjahre und den zu dieser Zeit erlangten Frauenrechten wie dem Recht zur selbstständigen Berufsentscheidung strömten wieder zunehmend Frauen an die deutschen Hochschulen.

Es dauerte bis zu dem Beginn des neuen Jahrtausends, bis sich der Anteil von Frauen unter den Studierenden in Deutschland dauerhaft bei 50 Prozent einpendelte. In den hundert Jahren seit Beginn des offiziellen Frauenstudiums im Jahr 1909 stieg die Anzahl deutscher Studentinnen dabei von 1.477 auf 1,014 Millionen an.

Die Nachwehen der durch den Nationalsozialismus beschnittenen Studien- und Arbeitsberechtigung deutscher Frauen sind jedoch bis heute zu spüren. Bereits bei der Habilitation sinkt der Frauenanteil auf 31 Prozent und liegt unter hauptberuflichen Professuren bei 26 Prozent (Statistisches Bundesamt, 2021; CEWS, 2021).

Der steinerne Weg deutscher Pionierinnen

Den Weg zu einer geschlechtergerechteren Hochschulausbildung bereiteten eine Reihe teils berühmter Pionierinnen vor. Es dauerte jedoch drei Jahrhunderte, bis die Studentin vom Sonderfall zum Regelfall wurde. Bis zum Anfang des 20. Jahrhunderts schafften es die wenigen Frauen hauptsächlich dann, eine akademische Laufbahn zu verfolgen, wenn sie mächtige männliche Unterstützer an den Hochschulen hatten. Während die Anzahl an Akademikerinnen Anfang des 20. Jahrhunderts mit der Öffnung der Hochschulen für Frauen insbesondere in der Weimarer Republik anstieg, wurden diese mit dem Aufkommen des Nationalsozialismus in den Dreißigerjahren wegen ihrer avantgardistischen Persönlichkeit oder schlichtweg aufgrund ihrer jüdischen Herkunft verjagt, verfolgt oder sogar getötet.

Bereits im 18. Jahrhundert durften Frauen in Ausnahmefällen Universitäten besuchten. Da es keine allgemein verbindlichen Zulassungsvoraussetzungen gab, waren Frauen nicht explizit vom Studium ausgeschlossen. Sie konnten jedoch im Anschluss keinem akademischen Beruf nachgehen, was den Anreiz zu studieren für Frauen minimierte. Die wenigen Frauen, die Vorlesungen besuchten, saßen als Zaungäste abseits vom Hörsaal, um das männliche Publikum nicht abzulenken. Es waren hauptsächlich Ehefrauen und Töchter von Professoren, denen der Aufenthalt an Universitäten gewährt wurde (Hebel, 2021).

Auch die beiden ersten Frauen, die in Deutschland promovierten, konnten nur durch die Unterstützung ihres jeweiligen Vaters Universitäten besuchen. So wurde Dorothea Christiane Erxleben von ihrem Vater privat in theoretischer und praktischer Medizin unterrichtet und erhielt im Anschluss vom preußischen König Friedrich II. die Erlaubnis zum Ablegen eines medizinischen Examens (Schweikardt, 2005). Sie wurde 1754 an der Universität Halle promoviert und war damit die erste promovierte Frau in Deutschland. Des Weiteren wurde Dorothea Schlözer von ihrem Vater, einem Professor für Staatsrecht und Geschichte, an der Universität Göttingen eingeführt und 1787 im Alter von 17 Jahren (trotz fehlender Dissertation) promoviert (Kleßmann, 2008). Die Promotion von Dorothea Schlözer sorgte deutschlandweit für Empörung und wurde u. a.

vom Schriftsteller und Philosophen Friedrich Schiller in einem Brief mit »Schlözers Farce mit seiner Tochter, die doch ganz erbärmlich ist« kommentiert (Brief an Christian Gottfried Körner am 6. Oktober 1787).

Im 19. Jahrhundert erhielt eine kleine Gruppe von Frauen die Doktorwürde. Das berühmteste Beispiel ist die Mathematikerin Sofia Kowalewskaja als die weltweit erste Frau, die zur Professorin berufen wurde (Hawig & Tuschmann, 2013). In Russland geboren, ging sie eine Scheinehe mit dem Studenten Wladimir Kowalewski ein, um in Wien und anschließend in Heidelberg und Berlin als Gasthörerin Mathematik zu studieren. Sie wurde 1874 in Göttingen promoviert, erhielt jedoch im Anschluss weder in Russland noch in Deutschland die Lehrerlaubnis. Sofia Kowalewskaja wechselte daher an die Universität Stockholm und arbeitete dort als Privatdozentin und später als Professorin; sie agierte u. a. im Wirkungskreis von Alfred Nobel. Aber auch sie war verschiedenen Anfeindungen ausgesetzt. So schrieb der schwedische Schriftsteller August Strindberg 1884 in einem Artikel über Sofia Kowalewskaja:

> »Ein weiblicher Mathematikprofessor ist eine gefährliche und unerfreuliche Erscheinung, man kann ruhig sagen, eine Ungeheuerlichkeit. Ihre Einladung in ein Land, in dem es so viele ihr weit überlegene männliche Mathematiker gibt, kann man nur mit der Galanterie der Schweden dem weiblichen Geschlecht gegenüber erklären.«

Mit Einführung des Immatrikulationsrechts gelang es einer Reihe von Frauen, an deutschen Hochschulen promoviert zu werden und sich zu habilitieren. Viele wissenschaftliche Karrieren wurden jedoch vom aufkommenden Nationalsozialismus unterbunden und einige der Wissenschaftlerinnen wurden Opfer des Holocaust. So wurde die Philosophin Edith Stein 1916 an der Universität Freiburg promoviert und arbeitete als erste deutsche Universitätsassistentin am Lehrstuhl des Philosophieprofessors Edmund Husserl (Mai, 2022). Trotz ihrer herausragenden Leistungen wurde ihr jedoch die Habilitation aufgrund ihres Geschlechts verwehrt. Mit der Machtübernahme der Nationalsozialisten fiel Edith Stein dem Holocaust zum Opfer und starb 1942 im Konzentrationslager Auschwitz-Birkenau.

Ein weiteres Beispiel ist die Juristin Maria Magdalene Schoch, die an der Universität Würzburg Jura studierte und dort 1920 in Völkerrecht promovierte (Lembke & Valentiner, 2012). Sie arbeitete anschließend als Privatdozentin an der Rechts- und Staatswissenschaftlichen Fakultät der Universität Hamburg. Dort agierte Magdalena Schoch 1931 als Mitgründerin des ersten deutschen Zonta-Clubs und übernahm dessen Vorsitz, bis sie 1937 aufgrund ihrer jüdischen Herkunft vor den Nationalsozialisten in die USA floh.

Des Weiteren promovierte die Pflanzengenetikerin Elisabeth Schiermann an der Universität Berlin und habilitierte 1924 an der Landwirtschaftlichen Hochschule Berlin im Bereich der Kulturpflanzenzucht. Sie arbeitete mehrere Jahre zuerst als Privatdozentin und anschließend am Botanischen Institut in Berlin-Dahlem als außerplanmäßige Professorin, bis sie aufgrund kritischer Äußerungen gegenüber der Rassenpolitik des Nationalsozialismus suspendiert wurde (Vogt, 2010). Nach Kriegsende wurde sie rehabilitiert und leitete eine Forschungsgruppe an der neu gegründeten Deutschen Forschungshochschule in Berlin-Dahlem. Für ihr wissenschaftliches Lebenswerk erhielt sie u. a. das Bundesverdienstkreuz.

Die wohl bekannteste deutsche Wissenschaftlerin des frühen 20. Jahrhunderts war die Mathematikerin Emmy Noether. Sie legte 1900 in Erlangen die Staatsprüfung als Lehrerin ab, um damit eine Ausnahmegenehmigung als Gasthörerin zu erhalten (Rowe & Koreuber, 2020). Nach der Einführung des offiziellen Immatrikulationsrechts in Bayern schrieb sie sich 1903 an der Universität Erlangen ein, wo sie 1907 promoviert wurde. Mit Unterstützung der Mathematikkollegen Felix Klein und David Hilbert stellte Emmy Noether 1915 an der Universität zu Göttingen einen Antrag auf Habilitation. Da die Habilitation von Frauen an preußischen Universitäten untersagt war, bat die Philosophische Fakultät das preußische Ministerium um eine Ausnahmegenehmigung, die jedoch abgelehnt wurde. Erst mit der Änderung der Habilitationsordnung zur Zeit der Weimarer Republik war es Emmy Noether 1919 möglich, sich zu habilitieren und als Privatdozentin zu arbeiten. Vier Jahre später wurde sie als erste Frau Deutschlands auf eine – nichtverbeamtete – Professur berufen, jedoch bereits 1933 von den an die Macht kommenden Nationalsozialisten aufgrund ihrer jüdischen Herkunft vom Dienst suspendiert. Sie emigrierte in die USA, wo sie u. a. am Women's College Bryn Mawr in Pennsylvania lehrte. Als Emmy Noether 1935 an den Komplikationen einer Operation verstarb, schrieb ihr berühmter Mathematikkollege Albert Einstein einen Nachruf in der *New York Times* mit den Worten: »Fräulein Noether war das wichtigste kreative mathematische Genie, seit die höhere Bildung von Frauen begann« (Einstein, 1935).

Status Quo: Frauen an deutschen Hochschulen heute

Bis heute sind Frauen in den Wissenschaften unterrepräsentiert. Deutschland belegt mit einem Anteil von 28 Prozent europaweit den viertletzten Platz und liegt damit nur vor Frankreich, Tschechien und den Niederlanden (UNESCO, 2019). Die Ungleichheiten zwischen den Geschlechtern werden in den letzten

Phasen der akademischen Laufbahn immer größer, da Wissenschaftlerinnen, anders als ihre männlichen Kollegen, von der *leaky pipeline* (der Unterrepräsentanz von Frauen in akademischen Führungspositionen, insbesondere in den MINT-Fächern) betroffen sind (z. B. O'Brien & Hapgood, 2012; Shaw & Stanton, 2012; Astegiano et al., 2019).

Unter den Studierenden beträgt der Anteil der Frauen seit Beginn des neuen Jahrtausends rund 50 Prozent. Die Verteilung der Geschlechter ist jedoch je nach Studienfach und Hochschulform sehr unterschiedlich. Während das Geschlechterverhältnis an den Universitäten ausgewogen ist, sind Männer an den Fachhochschulen deutlich in der Mehrzahl. Männer belegen dabei insbesondere die MINT-Fächer, während Frauen vor allem für Fächer wie Rechts-, Wirtschafts- und Sozialwissenschaften eingeschrieben sind (Klischeefrei, 2022). Obwohl der Frauenanteil bis zur Promotion bei knapp 50 Prozent liegt, besetzen Wissenschaftlerinnen in Deutschland nur 34 Prozent der W2-Professuren und 27 Prozent der Institutsleitungspositionen (Konsortium Bundesbericht wissenschaftlicher Nachwuchs, 2021).

Die Daten zeigen, dass Frauen dem akademischen System an den deutschen Hochschulen insbesondere beim Schritt von der Promotion zur Professur verlorengehen. In dieser Phase ist die Mobilität für die wissenschaftliche Karriere von entscheidender Bedeutung. Für Akademiker:innen in Deutschland liegt die Zeitspanne zwischen dem Abschluss der Promotion und der ersten Berufung typischerweise zwischen dem 30. und dem 40. Lebensjahr, also in einer Phase, die für die Familiengründung ausschlaggebend ist. Schwangerschaft, Geburt, Stillzeit und frühe Kinderbetreuung erfordern von Frauen viel Zeit, körperliche und geistige Ressourcen und Geld. Dies stellt einen entscheidenden Wettbewerbsnachteil für Frauen in ihren wissenschaftlichen Laufbahnen dar (Chapman et al., 2019; Morgan et al., 2021). Die Möglichkeit, die Familienplanung nach hinten, also bis zur Berufung auf eine verstetigte Professur zu verlegen, wie es bei (männlichen) Akademikern oft praktiziert wird, besteht für Frauen kaum. In der Zeit der Familiengründung verbleibt Frauen wenig Zeit für Publikationen und das Einwerben neuer Fördergelder, was wiederum die ausschlaggebenden Kriterien für die akademische Karriereentwicklung insbesondere bei Berufungsverfahren sind. Hinzu kommt, dass die deutsche Gesellschaft mit begrenzten Kinderbetreuungsressourcen und moralischen Vorbehalten nicht darauf ausgelegt ist, Familien zu unterstützen, in denen beide Elternteile eine anspruchsvolle Karriere verfolgen. So enden öffentliche Schulen bereits am frühen Nachmittag, und die Betreuungsplätze in Kindergärten und sogenannten »offenen« Ganztagsschulen sind begrenzt. Außerdem fühlen sich berufstätige Mütter oft stigmatisiert, da sie Gefahr laufen, von Bürger:innen mit traditionelleren Lebensentwürfen für ihre Entscheidung, zu arbeiten, anstatt zu Hause bei ihren Kindern zu bleiben, unverstanden, ausgestoßen oder denunziert zu werden.

Neben dem Verlust von Akademikerinnen durch Benachteiligungen und Hemmnisse in der Karriereentwicklung kommt ein weiterer Faktor ins Spiel, der die *leaky pipeline* verstärkt: die Bevorzugung von Männern bei Berufungen. Es sind insbesondere Männer in leitenden Hochschulpositionen, die bei Neubesetzungen von Professuren das Stellenprofil definieren und die Ausschreibung entwerfen. Die Beschreibung des Stellenprofils alleine kann schon eine Auswirkung darauf haben, ob sich mögliche Kandidatinnen bei der Ausschreibung angesprochen fühlen. Enge Profile können die Anzahl an Bewerberinnen bereits drastisch limitieren (van den Brink, 2010). Hinzu kommt, dass oft schon vor der offiziellen Ausschreibung mögliche in der Regel männliche Kandidaten im kleinen Kreis eines von Männern dominierten Kollegiums diskutiert werden, auf die die Stellenanzeigen anschließend gezielt zugeschnitten werden (Greguletz et al., 2019; James et al., 2019). Noch problematischer sind die sogenannten »geschlossenen Verfahren«, die häufig einen beachtlichen Anteil an Berufungsverfahren ausmachen. Da es sich bei den bereits feststehenden Kandidaten sehr oft um Männer handelt, werden Frauen durch geschlossene Verfahren stark benachteiligt (Nielsen, 2015). Um der Bevorzugung von Männern bei Berufungsverfahren entgegenzuwirken, investieren Hochschulen inzwischen viel Zeit und Energie in die proaktive Rekrutierung von Frauen. Tatsächlich ist ein Anstieg an W3-Professorinnen von 20 Prozent in 2018 auf 27 Prozent in 2021 zu verzeichnen, der der gezielten Berufung von Frauen zu verdanken ist (Konsortium Bundesbericht wissenschaftlicher Nachwuchs, 2021). Dieses bewusste Hochsetzen des Professorinnenanteils an deutschen Hochschulen hat jedoch zur Folge, dass den entsprechenden Professorinnen nachgesagt wird, ihre Berufung wäre der Erfüllung einer Frauenquote zu verdanken, was zu fehlender Anerkennung ihrer wissenschaftlichen Leistung und damit erfahrungsgemäß zu einem geschwächten Ansehen im Kollegium führt.

Besonders gering ist der Anteil von Frauen in den fachbereichsübergreifenden akademischen Leitungspositionen der Universitäten. 2021 lag der Frauenanteil unter den Dekan:innen nordrhein-westfälischer Hochschulen bei gerade einmal 21 Prozent. Eine von uns durchgeführte exemplarisch-vergleichende Analyse zeigt ähnliche Ergebnisse. Hierbei wurden geschlechterbezogene Daten an zwei technisch orientierten Hochschulen, der Technischen Universität München und der RWTH Aachen, sowie an der geisteswissenschaftlich fokussierten Humboldt-Universität zu Berlin und der naturwissenschaftlich fokussierten Universität Heidelberg herangezogen. Der Frauenanteil in den Leitungspositionen der Fakultäten lag durchgehend zwischen 8 und 22 Prozent, wobei kein Zusammenhang des Frauenanteils und der fachlichen Ausrichtung der Hochschule erkennbar ist (Tabelle 1).

Tabelle 1: Anteil von Männern und Frauen in den Leitungspositionen der Fakultäten (2021).

	Männer	Anteil	Frauen	Anteil
RWTH Aachen	7	78 %	2	22 %
Universität Heidelberg	12	92 %	1	8 %
Humboldt-Universität zu Berlin	8	89 %	1	11 %
Technische Universität München	9	81 %	2	19 %

Im Vergleich zum geringen Anteil an Dekaninnen liegt der Prozentsatz von Frauen in zentralen Hochschulleitungspositionen etwas höher. Frauen machen in Nordrhein-Westfalen rund 35 Prozent der Rektor:innen aus. Deutschlandweit liegt der Anteil von Frauen in der Rektoratsleitung bei 25 Prozent (2020, gestiegen von 5 Prozent in 1996) und im Prorektorat bei 33 Prozent (2020, gestiegen von 10 Prozent in 1996; CEWS, 2021). Da sich Rektor:innen und Prorektor:innen größtenteils aus den Professor:innen rekrutierten, kann der Professorinnenanteil von zurzeit 27 Prozent als eine Referenzgröße zur Bewertung des Frauenanteils in der Hochschulleitung betrachtet werden. Der vergleichsweise niedrige Frauenanteil unter den Dekan:innen mag dadurch erklärbar sein, dass diese durch ein männlich dominiertes Fakultätskollegium vorgeschlagen werden, während die Benennung von zentralen Hochschulleitungspositionen einer strengeren Kontrolle durch verschiedene Gremien unterliegen. Dies wiederum führt häufig zu der rufschädigenden Behauptung, die Besetzung der prestigeträchtigen Positionen mit Frauen wäre in der Erfüllung von Frauenquoten begründet.

Der Mangel an Frauen in Leitungspositionen hat zur Folge, dass insbesondere Männer die übergreifenden Forschungsschwerpunkte innerhalb von Fakultäten und Fachbereichen festlegen oder die strategische Ausrichtung der Hochschule definieren. Damit laufen Universitäten Gefahr, dass Fragestellungen und Herangehensweisen, die von Männern favorisiert werden, gefördert werden. So werden Genderaspekte in der Forschung, besonders in den MINT-Fächern, oft nicht ausreichend berücksichtigt, obwohl dieser Sachverhalt bereits seit Längerem als Problem identifiziert worden ist (u. a. Schiebinger, 2008; Leicht-Scholten, 2011; Best et al., 2016). Die fehlende Integration von geschlechtsbezogenen Aspekten bedeutet, dass geschlechtsabhängige Unterschiede und Spezifika in der Forschung unbekannt bleiben oder nicht beachtet werden, obwohl sie möglicherweise maßgeblichen Einfluss haben. Wissenschaftliche *gender biases* behindern sowohl die gleichwertige Beteiligung der Geschlechter an den Forschungsvorhaben als auch die Forschungsergebnisse selbst. Dabei ist es nicht nur entscheidend, wer forscht, sondern auch, wie geforscht wird, um geschlechtsspezifische Verzerrungen oder Unterschiede sowie wissenschaftliche Einseitigkeit auszuschließen. Aus diesen Gründen fordert die Deutsche Forschungsgemeinschaft (DFG), eine der wichtigsten deutschen Forschungsförderorganisationen, dass die Berücksichtigung von Geschlecht und Vielfältigkeit in der Forschung integraler Bestandteil der guten wissenschaftlichen Praxis sein müsse (DFG, 2020). Nur dadurch werden generalisierbare und verlässliche Datenerhebungen gewährleistet.

Durch die Unterrepräsentanz von Wissenschaftlerinnen fehlen diese auch bei der Planung prestigeträchtiger Verbundprojekte wie Sonderforschungsbereichen, Graduiertenkollegs oder Exzellenzclustern, wodurch in den Forschungsverbünden häufig das Interesse meinungsgebender männlicher Wissenschaftler abgebildet wird. Darüber hinaus erfolgt die Teilnahme an solchen Verbundprojekten zumeist durch persönliche Einladung der bisher meist männlichen Initiatoren, sodass die Mitgliedschaft bereits bestehender Männernetzwerke für die Einladung von Vorteil ist. Auch hier zeigen dementsprechend unsere exemplarisch-vergleichenden Analysen einen durchgehend geringen Anteil von Frauen in den verschiedenen Verbundprojekten (Tabelle 2).

Tabelle 2: Anteil von Männern und Frauen in der Projektleitung bei Verbundprojekten (2021)

	Männer	Anteil	Frauen	Anteil
RWTH Aachen				
SFBs	73	79 %	19	21 %
GRKs	57	79 %	15	21 %
Universität Heidelberg				
SFBs	15	94 %	1	6 %
GRKs	5	100 %	0	0 %
Technische Universität München				
SFBs	94	75 %	32	25 %
GRKs	20	87 %	3	13 %

GKR: Graduiertenkolleg; SFB: Sonderforschungsbereich

Wenig untersucht sind bisher die zentralen Bereiche der Hochschulleitung und -verwaltung im Zusammenhang mit der Rolle der Frau an deutschen Hochschulen. Auch hier können Frauen tragende Führungspositionen belegen. Deutschlandweit liegt der Frauenanteil bei Kanzler:innen, die die höchsten Leitungsebene der Hochschulzentralverwaltung bekleiden, bei 32 Prozent (2020, gestiegen von 10 Prozent in 1996; CEWS, 2021). Von uns durchgeführte Analysen beleuchteten die Leitungsebenen der Hochschuldezernate und -abteilungen und zeigten für die untersuchten Hochschulen, dass hier der Anteil von Frauen noch höher liegt. Tatsächlich werden bis zu 83 Prozent der Dezernatsleitungen und 55 Prozent der Abteilungsleitungen von Frauen belegt (Tabelle 3).

Tabelle 3: Anteil von Männern und Frauen in den Leitungspositionen der zentralen Hochschulverwaltung (2021)

	Männer	Anteil	Frauen	Anteil
Dezernatsleitung				
RWTH Aachen	7	54 %	6	46 %
Universität Heidelberg	5	62 %	3	38 %
Humboldt-Universität zu Berlin	4	44 %	5	56 %
Technische Universität München	1	17 %	5	83 %
Abteilungsleitung				
RWTH Aachen	13	45 %	16	55 %
Universität Heidelberg	13	45 %	16	55 %
Humboldt-Universität zu Berlin	19	68 %	9	32 %
Technische Universität München	7	54 %	6	46 %

Der Gründe für diese Diskrepanz in der Geschlechterverteilung zwischen wissenschaftlichen und administrativen Leitungspositionen von Hochschulen sind vermutlich vielfältig. Neben der durchschnittlich entschieden höheren Bezahlung für Hochschullehrer:innen wird das Prestige der angesehenen Professuren einer der Hauptgründe sein. Verwaltungs- und Servicearbeiten, wie sie Bestandteil der Aufgaben der zentralen Hochschulverwaltung sind, werden in der Gesellschaft und damit bei den Einstellungsverfahren eher als Frauenarbeiten angesehen, selbst wenn diese mit Leitungsfunktionen und hohen Gehaltsstufen verbunden sind. Professuren jedoch sind historisch mit einer akademischen Elite, einem erhöhten Ansehen in der Gesellschaft und der Zugehörigkeit zu einem »besseren« Kreis verbunden und daher männlich belegt. Die Tatsache, dass Professuren auf Hochschulen und Universitäten beschränkt sind und ihre Anzahl in Deutschland limitiert ist, macht diese Positionen zusätzlich sehr begehrt.

Geschlechterspezifische Voreingenommenheit in der Wissenschaft

Eine der Hauptursachen für die Geschlechterungleichheit in akademischen Institutionen sind geschlechtsspezifische Vorurteile. Solche geschlechtsspezifischen Vorurteile können generell expliziter oder impliziter Natur sein. Während die explizite Voreingenommenheit eine bewusste Bewertung und damit einhergehende absichtliche Bevorzugung oder Benachteiligung darstellt, spiegelt die implizite Voreingenommenheit eine unbewusste Beurteilung wider. Hochschulen gelten von jeher als progressiv und modern, explizite Benachteiligungen von Frauen entsprächen daher weder ihrem Image noch wären sie rechtlich tragbar. Daher ist es insbesondere die unbewusste Voreingenommenheit, der Akademikerinnen an Hochschulen ausgesetzt sind und die erhebliche negative Auswirkungen auf die Produktivität und damit die Karrieren der Akademikerinnen hat.

Geschlechtsspezifische Vorurteile sind nicht auf die akademische Ebene beschränkt, sondern bis heute in der deutschen Gesellschaft tief verwurzelt (Makarova et al., 2019). Die Vorurteile zeigen sich schon früh im Leben und prägen dadurch manchmal bereits im Teenageralter den weiteren Berufsweg. So ist es beispielsweise ein seit Langem bestehendes, wissenschaftlich nicht-belegbares Stereotyp, dass Jungen besser in Mathematik seien als Mädchen (Spencer et al., 1999; Else-Quest et al., 2010; Kersey et al., 2019; Shapiro & Williams, 2012). Diese geschlechtsspezifische, zumeist durch Eltern, Erzieher:innen, Gleichaltrige und die Medien verursachte Stereotypisierung führt zu einem verminderten Interesse oder geringen Vertrauen von Mädchen in ihre Leistungen in MINT-Fächern (Cheryan et al., 2015, 2017). Damit ist der erste Stein dafür gelegt, dass die MINT-Bereiche bis heute vornehmlich männlich besetzt sind.

Obwohl Geschlechterstereotypen bereits in der Kindheit stark geprägt werden, sind das Hochschulstudium und die akademische Karriere ein besonderer Engpass für die Geschlechtergerechtigkeit. Eine bekannte Auswirkung unbewusster Voreingenommenheit gegenüber Wissenschaftlerinnen ist es, dass Arbeiten von (männlichen) Wissenschaftlern häufiger zitiert werden (z. B. Larivière et al., 2013). Dies gilt insbesondere für Publikationen, bei denen Männer als Erst- und Letztautoren fungieren (Dworkin et al., 2020). Sämtliche bisherige Studien zum geschlechterbefangenen Zitationsverhalten zeigten, dass wissenschaftliche Artikel generell als wertvoller eingestuft werden, wenn sie von Männern stammen. Zudem sind Frauen als Redakteurinnen von Fachjournalen und als Gutachterinnen von dort eingereichten Manuskripten unterrepräsentiert (Helmer et al., 2017). Die Dominanz von Männern als Editoren und Gutachter von Fachzeitschriften führt oft zu einer bewussten oder unbewussten Bevorzugung von Manuskripten, die von Männern eingereicht werden, was einen Teufelskreis für die schlechte Wahrnehmung von Frauen als Wissenschaftsautorinnen aufrechterhält. Die Publikations- und Zitationsmetriken haben wiederum einen entscheidenden Einfluss auf die Karrieren von Wissenschaftler:innen insbesondere bei der Einwerbung von Drittmitteln und damit auf den Erfolg bei Berufungsverfahren, womit Frauen in ihren Karrieren zusätzlich benachteiligt werden.

Die geschlechtsspezifische Befangenheit beeinflusst auch andere Wissenschaftsbereiche. So werden signifikant weniger Patentanträge erteilt, die von Frauen stammen (Jensen et al., 2018), und weniger Frauen gründen aus der Hochschule heraus Unternehmen (Best et al., 2016). In 2021 lag der Anteil von Gründungen weiterhin knapp unter 18 Prozent, auch wenn er im Vergleich zu 2020 steigend ist (Bundesverband Deutsche Startups, 2021). Weiterhin werden im Verhältnis weniger Forschungsgroßanträge von Frauen als von Männern bewilligt, und die bewilligten Anträge haben eine geringere Wahrscheinlichkeit, verlängert zu werden (Burns et al., 2019; McAllister et al., 2016). Zusätzlich erhalten Männer meist größere Zuschüsse als ihre Kolleginnen (z. B. Waisbren et al., 2008).

Die geschlechterspezifischen Vorurteile belasten Wissenschaftlerinnen auch in ihren Funktionen als Hochschullehrerinnen. Analysen von Lehrevaluierungen zeigten, dass weibliche Lehrkräfte im Vergleich zu Männern unterdurchschnittliche Bewertungen erhalten (Mengel et al., 2018). Generell werden (männliche) Dozenten von Studierenden beider untersuchter Geschlechter als kenntnisreicher wahrgenommen als Dozentinnen (Boring, 2017). Neben der Voreingenommenheit bei der Wahrnehmung von Frauen als Dozentinnen haben diese auch tendenziell im Vergleich zu Männern ein höheres Lehrdeputat und damit weniger Zeit für die Forschung (Misra et al., 2011), was sich negativ auf ihre wissenschaftliche Produktivität und damit auf ihre Karrieren auswirkt.

Diese exemplarischen Beispiele der geschlechterspezifischen Befangenheit im akademischen Bereich verbildlichen, dass eine Wissenschaftlerin einen männlichen Kollegen übertreffen muss, um als ähnlich bedeutsam wahrgenommen und bewertet zu werden. Der andauernde Kampf um die Anerkennung ihrer wissenschaftlichen und beruflichen Leistungen hat negative Auswirkungen auf Privatleben und Gesundheit der betroffenen Wissenschaftlerinnen. Dies ist der Hauptgrund für die *leaky pipeline,* das frühzeitige Ausscheiden von Frauen aus der Wissenschaftskarriere (Llorens et al., 2021).

Bilanz: Die Rolle der Frau an der deutschen Hochschule

In den Jahren zwischen 1880 und 1920 erlangten deutsche Frauen in kleinen Schritten das Recht, zu studieren und eine Hochschulkarriere zu verfolgen. Die Einführung eines offiziellen Immatrikulationsrechts im Jahr 1909 und die anschließende Etablierung von Absolventinnen als Lehrkräfte an den Hochschulen war jedoch ursprünglich eine Maßnahme zur Regulierung der Gasthörerinnenzahlen und zur Kontrolle über ausländische, meist jüdische Studentinnen. Dieser unehrliche Grund für die Einführung des Frauenstudiums in Deutschland mag die Grundsteine dafür gelegt haben, dass das Ansehen von Frauen an der deutschen Hochschule bisher niedrig ist. Hinzu kommt, dass die Vorreiterinnen der modernen Akademikerin insbesondere aus dem jüdischen Bildungsbürgertum kamen und diese Pionierinnen der deutschen Wissenschaft nach der Machtübernahme durch die Nationalsozialisten systematisch gejagt und getötet wurden. Dieser drastische Einschnitt warf die akademische Frauenbewegung, die sich gerade in die Richtung einer Geschlechtergleichstellung an den Hochschulen entwickelte, wieder um Jahrzehnte zurück. Eine Vielzahl der Probleme, die berufstätige Frauen im Generellen und Akademikerinnen im Speziellen bis heute haben, wie die fehlende Kinderbetreuung, die fehlenden Ganztagsschulen und die fehlende Akzeptanz in der deutschen Gesellschaft, sind in diesen Ereignissen begründet.

Die signifikante Abnahme des Frauenanteils im wissenschaftlichen System mit steigender Qualifikation und Karrierestufe und die dadurch ungenutzten bzw. verlorenen wissenschaftlichen Potenziale stellen eine extreme und bisher gesellschaftlich verkannte Verschwendung wissenschaftlicher und gesellschaftlicher Ressourcen dar. Durch den Mangel an erfahrenen Wissenschaftlerinnen fehlen diese insbesondere in wissenschaftspolitisch wichtigen Gremien, Beiräten und Kommissionen, wodurch geschlechtergerechte Wissenschaft und Forschung mittelfristig weiterhin wenig Beachtung finden und die Besetzung von Professuren durch Frauen schwierig bleibt. Die Unterrepräsentation von Wissenschaftlerinnen beeinträchtigt jedoch die Qualität und Wettbewerbsfähigkeit von Forschungsinstitutionen, da Ideen aus heterogenen Gruppen durchführbarer, effektiver und innovativer sind. Die proaktive Veränderung dieser Situation hin zu einem paritätischen Verhältnis an den deutschen Hochschulen könnte als Chance zur Weiterentwicklung sowie Entfaltung der deutschen Forschungs- und Hochschullandschaft genutzt werden. Ein höherer Frauenanteil würde darüber hinaus die gendergerechte Prägung der Wissenschaft und Validität der Forschung ermöglichen und den Wissenschaftlerinnen dadurch die Möglichkeit geben, einen sichtbaren Beitrag zur Gesellschaft zu leisten.

Literatur

Astegiano, J., Sebastian-Gonzalez, E. & Toledo, C. C. (2019). Unravelling the gender productivity gap in science: a meta-analytical review. *R Soc Open Sci, 6,* 181566.

Best, K. L., Sinell, A., Heidingsfelder, M. L. & Schraudner, M. (2016). The gender dimension in knowledge and technology transfer – the German case. *Eur J Innov Manag, 19,* 2–25.

Boring, A. (2017). Gender biases in student evaluations of teaching. *J Public Econ, 145,* 27–41.

Bundesverband Deutsche Startups (2021). Deutscher Start-up Monitor 2021. Nie war mehr möglich. https://deutschestartups.org/wp-content/uploads/2021/10/Deutscher-Startup-Monitor_2021.pdf

Burns, K. E. A., Straus, S. E., Liu, K., Rizvi, L. & Guyatt, G. (2019). Gender differences in grant and personnel award funding rates at the Canadian Institutes of Health Research based on research content area: a retrospective analysis. *PLoS Med, 16,* e1002935.

CEWS (2021). Kompetenzzentrum Frauen in Wissenschaft und Forschung. Statistische Daten zu Geschlechterverhältnissen in der Wissenschaft. https://www.gesis.org/cews/daten-und-informationen/statistiken

Chapman, C., Bicca-Marques, J. C., Calvignac-Spencer, S., Fan, P. F., Fashing, P., Gogarten, J., Guo, S., Hemingway, C. A., Leendertz, F., Li, B., Matsuda, I., Hou, R., Serio-Silva, J. C. & Stenseth, N. C. (2019). Games academics play and their consequences: How authorship, h-index and journal impact factors are shaping the future of academia. *Proc R Soc B Biol Sci, 40,* 120–135.

Cheryan, S., Master, A. & Meltzoff, A. N. (2015). Cultural stereotypes as gatekeepers: increasing girls' interest in computer science and engineering by diversifying stereotypes. *Front Psychol, 6,* 49.

Cheryan, S., Ziegler, S. A., Montoya, A. K. & Jiang, L. (2017). Why are some STEM fields more gender balanced than others? *Psychol Bull, 143,* 1–35.

Costas, I. (1995). *Die Öffnung der Universitäten für Frauen – ein internationaler Vergleich für die Zeit vor 1914*. Nomos. https://www.jstor.org/stable/23983736 (12.01.2022).

Deutsche Forschungsgemeinschaft (DFG) (2020). Stellungnahme »Geschlecht und Vielfältigkeit – Bedeutung für Forschungsvorhaben«. https://www.dfg.de/download/pdf/foerderung/grundlagen_dfg_foerderung/vielfaeltigkeitsdimensionen/stellungnahme.pdf

Dworkin, J. D., Linn, K. A., Teich, E. G., Zurn, P., Shinohara, R. T. & Bassett, D. S. (2020). The extent and drivers of gender imbalance in neuroscience reference lists. *Nat Neurosci, 23,* 918–926.

Einstein, A. (1935, 4. Mai). The late Emmy Noether. *New York Times,* S. 12.

Else-Quest, N. M., Hyde, J. S. & Linn, M. C. (2010). Cross-national patterns of gender differences in mathematics: a meta-analysis. *Psychol Bull, 136,* 103–127.

Greguletz, E., Diehl, M. R. & Kreutzer, K. (2019). Why women build less effective networks than men: The role of structural exclusion and personal hesitation. *Hum Relat, 72,* 1234–1261.

Hawig, P. & Tuschmann, W. (2013). *Sofia Kowalewskaja: Ein Leben für Mathematik und Emanzipation.* Birkhäuser.

Hebel, A. C. (2021). Das Frauenstudium: Der lange Kampf um Gleichberechtigung. https://www.studis-online.de/Studieren/frauenstudium.php

Helmer, M., Schottdorf, M., Neef, A. & Battaglia, D. (2017). Gender bias in scholarly peer review. *eLife, 6,* 21718.

Jackson, A. (2022). Zahlentheorie: »Ich weiß jetzt, dass es wahr ist, dass es schön ist, dass es wunderbar ist«. *Süddeutsche Zeitung.* https://www.sueddeutsche.de/wissen/mathematik-robinson-diophantische-gleichungen-portraet-1.5500043?reduced=true

James, A., Chisnall, R. & Plank, M. J. (2019). Gender and societies: a grassroots approach to women in science. *R Soc Open Sci, 6,* 190633.

Jensen, K., Kovacs, B. & Sorenson, O. (2018). Gender differences in obtaining and maintaining patent rights. *Nat Biotechnol, 36,* 307–309.

Kersey, A. J., Csumitta, K. D. & Cantlon, J. F. (2019). Gender similarities in the brain during mathematics development. *NPJ Sci Learn, 4,* 19.

Kleßmann, E. (2008). *Universitätsmamsellen. Fünf aufgeklärte Frauen zwischen Rokoko, Revolution und Romantik.* Die Andere Bibliothek.

Klischeefrei (2022). Hochschulen: Frauen- und Männeranteil an Universitäten und Fachhochschulen. Initiative zur Berufs- und Studienwahl. https://www.klischee-frei.de/de/klischeefrei_101774.php

Konsortium Bundesbericht Wissenschaftlicher Nachwuchs (2021). Bundesbericht Wissenschaftlicher Nachwuchs. Statistische Daten und Forschungsbefunde. https://www.buwin.de/dateien/buwin-2021.pdf

Larivière, V., Ni, C., Gingras, Y., Cronin, B. & Sugimoto, C. R. (2013). Bibliometrics: global gender disparities in science. *Nature, 504,* 211–213.

Leicht-Scholten, C. (2011). Meeting global challenges: gender and diversity as drivers for a change of scientific culture. In dies., E. Breuer, N. Tulodetzki & A. Wolffram (Hrsg.), *Going diverse: innovative answers to future challenges: gender and diversity perspectives in science, technology and business* (S. 53–64). Barbara Budrich.

Lembke, U. & Valentiner, D. S. (2012). Magdalene Schoch – die erste habilitierte Juristin in Deutschland. *Hamburger Rechtsnotizen. Zeitschrift der Fakultät für Rechtswissenschaften der Universität Hamburg,* 93–100.

Llorens, A., Tzovara, A., Bellier, L., Bhaya-Grossman, I., Bidet-Caulet, A. & Chang, W. K. (2021). Gender bias in academia: A lifetime problem that needs solutions. *Neuron, 109,* 2048–2074.

Makarova, E., Aeschlimann, B. & Herzog, W. (2019). The gender gap in STEM Fields: The impact of the gender stereotype of math and science on secondary students' career aspirations. *Front Educ, 4,* 60.

Mai, K. R. (2022). *Edith Stein – Geschichte einer Ankunft: Leben und Denken der Philosophin, Märtyrerin und Heiligen.* Kösel.

Mazon, P. (2001). Das akademische Bürgerrecht und die Zulassung von Frauen zu den deutschen Universitäten 1865–1914. In Zentrum für interdisziplinäre Frauenforschung (ZiF)

der HU Berlin (Hrsg.), *Zur Geschichte des Frauenstudiums und Wissenschaftlerinnenkarrieren an deutschen Universitäten Berlin* (S. 1–10). Humboldt-Universität zu Berlin.

McAllister, D., Juillerat, J. & Hunter, J. (2016). Funding: What stops women getting more grants? *Nature, 529,* 466.

Mengel, F., Sauermann, J. & Zölitz, U. (2018). Gender bias in teaching evaluations. *J Eur Econ Assoc, 17,* 535–566.

Misra, J., Lundquist, J. H., Holmes, E. & Agiomavritis, S. (2011). The ivory ceiling of service work. *Academe, 97,* 22–26.

Morgan, A. C., Way, S. F., Hoefer, M. J. D., Larremore, D. B., Galesic, M. & Clauset, A. (2021). The unequal impact of parenthood in academia. *Sci Adv, 7,* eabd1996.

Nielsen, M. W. (2015). Make academic job advertisements fair to all. *Nature, 525,* 427.

O'Brien, K. R. & Hapgood, K. P. (2012). The academic jungle: ecosystem modelling reveals why women are driven out of research. *Oikos, 121,* 999–1004.

Quinn, S. & König, I. (1999). *Marie Curie: Eine Biographie.* Insel.

Rowe, D. E. & Koreuber, M. (2020). *Proving it her way: Emmy Noether, a life in mathematics.* Springer.

Schiebinger, L. (2008). *Gendered innovations in science and engineering.* Stanford University Press.

Schweikardt, C. (2005). Erxleben, Dorothea Christiane. In W. E. Gerabek, B. D. Haage, G. Keil & W. Wegner (Hrsg.), *Enzyklopädie Medizingeschichte* (S. 369). De Gruyter.

Shapiro, J. R. & Williams, A. M. (2012). The role of stereotype threats in undermining girls' and women's performance and interest in STEM fields. *Sex Roles, 66,* 175–183.

Shaw, A. K. & Stanton, D. E. (2012). Leaks in the pipeline: separating demographic inertia from ongoing gender differences in academia. *Proc R Soc B, 279,* 3736–3741.

Spencer, S. J., Steele, C. M. & Quinn, D. M. (1999). Stereotype threat and women's math performance. *J Exp Soc Psychol, 35,* 4–28.

Statistisches Bundesamt (2021). Hochschule – Frauenanteile nach akademischer Laufbahn. https://www.destatis.de/DE/Themen/Gesellschaft-Umwelt/Bildung-Forschung-Kultur/Hochschulen/Tabellen/frauenanteile-akademischelaufbahn.html

UNESCO Institute for Statistics (2019). Women in Science (UIS Fact Sheet No. 55, June 2019). United Nations Educational Scientific and Cultural Organization. http://uis.unesco.org/sites/default/files/documents/fs55-women-in-science-2019-en.pdf

van den Brink, M. (2010). *Behind the scenes of science: gender practices in the recruitment and selection of professors in the Netherlands.* Amsterdam University Press.

Vogt, A. (2007). Wissenschaftlerinnen an deutschen Universitäten (1900–1945). Von der Ausnahme zur Normalität. In R. C. Schwinges (Hrsg.), *Examen, Titel, Promotionen. Akademisches und staatliches Qualifikationswesen vom 13. bis zum 21. Jahrhundert* (S. 707–730). Schwabe.

Vogt, A. (2010). Barrieren und Karrieren – am Beispiel der Wissenschaftlerinnen in Instituten der Kaiser-Wilhelm-Gesellschaft. In H. Küllchen, S. Koch, B. Schober & S. Schötz, (Hrsg.), *Frauen in der Wissenschaft – Frauen an der TU Dresden* (S. 161–179). Leipziger Universitätsverlag.

Waisbren, S. E., Bowles, H., Hasan, T., Zou, K. H., Emans, S. J. & Goldberg, C. (2008). Gender differences in research grant applications and funding outcomes for medical school faculty. *J Womens Health (Larchmt), 17,* 207–214.

Biografische Notizen

Elke Müller, *1963, Dr. rer. nat., studierte Chemie und Biologie in Aachen und wurde 1995 an der Universität Bonn promoviert. Seit 2012 leitet sie das Dezernat Forschung an der RWTH Aachen. Vorher baute sie im Rahmen der Exzellenzinitiative in Deutschland eine Struktur zur Förderung interdisziplinärer Forschung auf. Zwischen 2002 und 2008 war sie als wissenschaftliche Koordinatorin am Max-Planck-Institut für Infektionsbiologie beschäftigt. In der Zeit zwischen 1995 und 2002 arbeitete sie im Management verschiedener Unternehmen wie z. B. Dr. Mann Pharma in Berlin und Milteyni Biotec in Bergisch-Gladbach und Auburn, USA.

Gabriele Pradel, *1970, Dr. phil. nat., Professur für Zelluläre und Angewandte Infektionsbiologie, studierte Biologie in Gießen, promovierte 1999 in Frankfurt a. M., arbeitete von 1999 bis 2005 als Wissenschaftlerin am NYU Medical Center und dem Weill Cornell Medical College, von 2005 bis 2011 als Gruppenleiterin in Würzburg, seit 2012 als Gruppenleiterin und seit 2014 als Professorin an der RWTH Aachen. Zu ihren Forschungsschwerpunkten zählt die Molekulare Zellbiologie der Blutstadien des humanpathogenen Malariaerregers Plasmodium falciparum. Sie ist Sprecherin des DFG-Schwerpunktprogramms »Exit strategies of intracellular pathogens« und des BMBF-Verbundprojekts »Infect-Net: Netzwerk deutscher Infektionsforscherinnen«.

Dominanzkultur und hegemoniale Männlichkeit im Kontext des staatlichen Gewaltmonopols

Rafael Behr

Gewalt als Stachel im Fleisch hochmoralischer Organisationen

Der Hildesheimer Bischof Heiner Wilmer hat mit dem Satz von der »Struktur des Bösen« in der katholischen Kirche und der Behauptung, dass der Machtmissbrauch in der DNA der Kirche stecke, viel Wirbel und viele Kontroversen im kirchlichen Raum erzeugt. Für mich hat sich durch diesen Befund eine neue Perspektive für die Analyse der ethischen Grundproblematik der Polizei eröffnet: Kirche und Polizei sind hochmoralische Organisationen, die das Gute wollen (bzw. wollen sollen) und dafür einstehen, es zu erzeugen bzw. zu verteidigen. Für die katholische Kirche ist Sexualität an sich ein problematisches Thema, weil sie wesensnotwendig stattfinden muss. Das funktioniert für die (katholische) Kirche aber nur dann, wenn das »Laster«, d. h. der triebhafte Lustgewinn, ebenso ausgeblendet wird wie der »reine Spaß am Sex« und der gewalthaltige Anteil an Sexualität. So sind Erotik und Sexualität schon in der Lehre der Kirche mit zahlreichen moralischen Leitlinien versehen. Wenn sich dann zeigt, dass diejenigen, die diese moralischen Vorgaben vertreten und überwachen, nicht nur von ihnen abweichen (und vielleicht Dinge tun, die im Tugendkanon nicht vorgesehen sind, aber auch nicht nach weltlichem Recht kriminell, z. B. als Priester Sex mit einem anderen erwachsenen Geschlechtspartner zu haben), sondern das extreme Gegenteil der Lehre praktizieren (im Falle von Pädosexualität), dann ist das Entsetzen groß. Möglicherweise hängt das mit dem Widerspruch zwischen Anspruch und Wirklichkeit zusammen. Auch die Kirche weist Strukturmerkmale auf, die ich in der Polizei ebenso erkenne: moralisches Überlegenheitsdenken, eine konservative Grundhaltung, eine ausgeprägte Hierarchie und Männer als Entscheider, aber auch als Täter und Ermittler. Kirche und Polizei haben mit dem Anspruch an Widerspruchsfreiheit von Anspruch und Wirklichkeit und mit den

Schattenseiten dieses Anspruchs zu kämpfen, und sie haben dies lange Zeit tabuisiert. Beide Organisationen nenne ich »hochmoralisch«, weil ihr Anspruch, das Gute zu tun, so apodiktisch ist, dass das Gegenteil in greifbarer Nähe ist. Die Aufgabe des Personals besteht darin, direkt an der Grenze zwischen Anspruch und Verfehlung zu arbeiten: die Kirche an der Grenze zwischen Vollkommenheit und Sünde, die Polizei an der Grenze von Gewaltlosigkeit und Gewaltanwendung. Hochmoralisch sind beide Organisationen auch deshalb, weil es eines größeren ethischen Gerüsts bedarf, phänomenologisch Dinge zu tun, die wie destruktive Gewalt aussehen, aber im Dienste der Friedenssicherung (oder im Dienste des Heils, des Glaubens) stehen. In diesem Sinne brauchen z. B. so intime Situationen wie eine Beichte eine Rahmung, die Vertrauen schafft. Sämtliche Gewalthandlungen, von den Kreuzzügen über die Inquisition bis zum Exorzismus, müssen aufwendig theologisch begründet werden, um nicht als das identifiziert zu werden, als das sie erscheinen und wohl auch (aber eben nur *auch*) sind, nämlich exzessive (männliche) Überwältigungsgewalt und Dominanzikonografie.

Heute tritt die Gewalt der Kirche nicht mehr so betont exzessiv auf, sondern eher subkutan. Die Gewalt der Polizei ist dagegen noch unmittelbar physisch zu sehen. Jedoch soll auch sie nur stattfinden dürfen, um mehr Gewalt zu verhindern, mithin die Gewaltlosigkeit der Gesellschaft mindestens annäherungsweise zu ermöglichen (Reemtsma, 2008, S. 43). Sie ist aber auf der Ausführungsebene ebenso von allen Affekten begleitet wie die bloße zerstörerische Gewalt auch. Insofern halte ich Polizei und Kirche (Justiz, Militär, Rettungsdienste und Medizin bzw. Therapie kämen wohl noch hinzu) für hochmoralische Organisationen, während z. B. Fluglotsinnen und Fluglotsen, Angehörige von Kernkraftwerken oder Bauingenieur:innen in »einfach-moralischen Organisationen« arbeiten, weil ihr Auftrag eindeutig und nicht durch die vorgenannten Ambivalenzen gekennzeichnet ist.

Aus der *reinen Lehre* und der offiziellen Polizeikultur ist der Fehlgebrauch von Gewalt (z. B. der Gewaltexzess) ebenso ausgeblendet wie das Ausnutzen einer privilegierten Position zur Befriedigung eigener Machtbedürfnisse. Für die Polizei ist Gewalt nur als »unmittelbarer Zwang« bzw. als »Staatsgewalt« *(potestas)* statthaft, die quasi vom »schmutzigen« Anteil der Gewalt bereinigt ist. Doch denkt man an die Kategorien, die Heiner Wilmer aufgezeigt hat, dann ist der Machtmissbrauch eben nicht oder nicht *nur* der pathologische Fehler einzelner Verwirrter und/oder Krimineller, sondern es liegt in der Struktur der polizeilichen Handlungslogik, Gewalt anzuwenden und sie zu missbrauchen. Dies gilt für reine Überlegenheitsgewalt (z. B. unter Männern) ebenso wie für sexualisierte Gewalt (z. B. zwischen Männern und Frauen).

Potestas gegen *violentia*:
Gewalt als Alleinstellungsmerkmal der Polizei

Das Thema »Gewalt« gehört sicher zu den hochkontroversen Themen der Postmoderne, denn es ist unterhaltsam und abstoßend zugleich. Dabei ist es nicht nur die Phänomenologie der Gewalt, die schwer zu fassen ist: Auch die Diskurse um Gewalt sind so heterogen, dass man sie schlecht auf einen Nenner bringen kann. Zwei Aspekte sind es allerdings wert, noch einmal festgehalten zu werden, wenn man sich mit der Gewalt von und an der Polizei beschäftigt:
1. Gewalt folgt sozialen Regeln und
2. Gewalt ist Interaktion.

Man kann zwar sehr abstrakt die Staatsgewalt *(potestas)* von der zerstörerischen oder mindestens unbotmäßigen Individualgewalt *(violentia)* unterscheiden, aber auf der Handlungsebene fügt auch die Staatsgewalt Schmerzen zu, und es gibt dort sowohl gesetzlich gerechtfertigten als auch ungesetzlich zugefügten Schmerz, und schließlich werden auch den Gewaltmonopolist:innen (*vulgo:* Polizist:innen) solche zugefügt und zugemutet. Ich werde die Gewaltausübung der Polizei als Teil einer spezifischen Organisationskultur thematisieren. Schließlich wohnt auch in der legitimen Gewaltausübung der Polizei immer die Versuchung der Überschreitung der Befugnisse: Hinter *potestas* »lauert« *violentia*. Einige Anmerkungen dazu: Um erfolgreich arbeiten zu können, müssen Polizeibeamt:innen durchaus gewalt*fähig* gemacht werden, sie dürfen aber nicht gewalt*affin* sein. Aufgabe der Organisation ist es, genau diesen *Kanal* herzustellen und zu nutzen, der zwischen Radikalpazifismus und Gewaltgeneigtheit liegt. Dies funktioniert völlig unabhängig von individuellen Dispositionen, von einem Wesen des Menschen, von der Annahme einer genetischen Veranlagung oder der einer autoritären Persönlichkeit.

Polizist:innen müssen mit »dem *crimen*« in Kontakt kommen, ohne sich von ihm infizieren zu lassen. Es liegt in der Verantwortung der Personalführung der Polizei, dafür zu sorgen, dass die Bediensteten nicht Teil des »Bösen« werden, das sie bekämpfen sollen.

Der gesellschaftliche Auftrag an die Polizei besteht in der individuellen (physisch, psychisch, sozial) und der institutionellen Existenzsicherung. Anders als militärische Institutionen hat die Polizei diese Aufgabe dabei unterschiedslos gegenüber allen Personen auszuüben, die mit ihr in Berührung kommen, also gegenüber Opfern wie Täter:innen einer Straftat, aber auch gegenüber Zeug:innen und Unbeteiligten.

Die Grundbedingung der Herausbildung des (demokratischen) staatlichen

Gewaltmonopols beinhaltet, dass die Polizei auch die Aufgabe hat, Gewalt auf sich zu ziehen. Nur deshalb gibt es in der Bundesrepublik Deutschland §113 StGB (Widerstand gegen Vollstreckungsbeamte): Durch die deutlich auf die Staatsautorität ausgerichteten Zielstellung dieses Paragraphen sollen die Zwangs*maßnahmen* der Hoheitsträger:innen geschützt werden, nicht etwa sie selbst in ihrer persönlichen Integrität. Auf der Handlungsebene heißt das, dass Polizist:innen auch eine Haltung der *Gewalterwartung* erlernen müssen, auch wenn diese Gewalt nicht sein darf. Das ist der heute oft ausgeblendete Teil der Rolle der Polizei: Deshalb wird Gewalt gegen die Polizei als verwerflicher angesehen, wobei oft ausgeblendet wird, dass illegitime Gewalt auf beiden Seiten des Rechts Schmerzen verursacht.

Erst der Kontext normiert die Gewalt: Seitens der Polizei heißt das dann »unmittelbarer Zwang« oder – im Übertretungsfall – »Körperverletzung im Amt« (§340 StGB), während die Gewalttätigkeit des Publikums »Widerstand gegen Vollstreckungsbeamte« (§113 StGB), »Körperverletzung« §§223ff StGB) oder – seit 2017 – auch »Tätlicher Angriff auf Vollstreckungsbeamte« (§114 StGB) ist. Mit dieser neuen Norm vollzieht sich ein Wechsel von der Sicherung des hoheitlichen Handelns (§113 StGB) zum Schutz der Staatsbediensteten (§114 StGB). Denn nun ist ein tätlicher Angriff auf sie *per se* strafbewehrt, unabhängig davon ob sie gerade hoheitlich tätig sind. Staatsgewalt ist auf der juristischen Ebene seelen- und körperlos, sie hat keine Affekte, keine Gefühle, keine Angst, keine Wut, kennt keine Rachegelüste, hat keine Schmerzen, keine Wunden, keine Verletzungen, *Staatsgewalt fühlt nicht*. Auf der Ausführungsebene ähnelt sie aber sehr ihrem Gegenstück, der verbotenen Gewaltanwendung mit Schädigungsabsicht. Hier wird sie nämlich physisch, haptisch und emotional, sie wird transformiert vom juristischen Konstrukt zum realen Erlebnis bzw. vom Produkt zum (Interaktions-)Prozess. Doch werden die ausführenden Organe strafrechtlich besser geschützt als andere Menschen.

Hegemoniale Männlichkeit, *cop culture* und Dominanzkultur

Raewyn (früher: Robert W.) Connell ist die exponierteste Vertreterin einer *feministischen Männerforschung*. Sie hat den Begriff der Hegemonialen Männlichkeit geprägt. Damit meint sie

> »eine Konfiguration von Geschlechtspraktiken [...], welche insgesamt die dominante Position des Mannes im Geschlechterverhältnis garantieren. Hegemoniale Maskulinität ist keine feste Charaktereigenschaft, sondern kulturelles Ideal, Ori-

entierungsmuster, das dem doing gender der meisten Männer zugrunde liegt« (Connell, 1995, S. 77, zit. n. Meuser, 1998, S. 98).

»Hegemonie« betont die implizite Zustimmung der untergeordneten Männer und Frauen zu ihrer jeweiligen Position innerhalb der Geschlechter- und Hierarchieordnung.

Den Connell'sche Hegemoniebegriff beziehe ich auf reale Positionen im Macht- und Herrschaftskontext von Menschen, nicht auf eine abstrakte kulturelle Textur. Das ist, wie ich finde, wichtig zu erwähnen, weil Connell nie selbst von »Dominanzkultur« spricht. Ich beziehe mich im Folgenden auf eine Männlichkeitskonstruktion, die nicht ohne den Staat als Strukturdeterminante gedacht werden kann, nämlich eine »Überwältigungsmännlichkeit« im kulturellen Kontext des polizeilichen Gewaltmonopols. So ist es durchaus plausibel, dass z. B. die Krieger-Männlichkeit ihrer realen Stellung in der Hierarchie nach eher in der Minderheit und deshalb defensiv ist, als kulturelles Muster aber hegemoniale Wirkung in der *cop culture* entfaltet. Der Hegemoniebegriff bezieht sich auf die Herstellung eines (Selbst-)Verständnisses der Institution, und es geht um die Durchsetzung bestimmter und das Heraushalten alternativer Sichtweisen und Diskurse.

Für die Darstellung von *Männlichkeiten in der Polizei* ist deshalb eine Klärung bzw. Modifikation des Subordinationsbegriffs notwendig. Subordination im Sinne Connells ist eine geschlechtersoziologische Kategorie, die sich ausschließlich auf die hierarchische Stellung von Männlichkeiten bezieht. Sie bezeichnet Lebensentwürfe, die sich dem heterosexuellen Dominanzanspruch entziehen. Fasst man den Begriff jedoch, etwa mit Lerner (1991), als *allgemeines Machtdifferenzial* auf, dann sind subordinierte Männer solche, die sich anderen Männern *unterordnen* (müssen oder wollen), z. B. weil sie jung oder formal weniger gebildet sind, nicht weil sie eine differente sexuelle Identität haben. Lerner erläutert das an der »Unterordnung« (diesen Begriff verwendet sie statt »Subordination«) der Frau. Der Begriff

> »bezieht die Möglichkeit eines Einverständnisses zwischen dem Dominierenden und dem Menschen in untergeordneter Position mit ein. Er beinhaltet auch die Möglichkeit einer freiwilligen Akzeptanz des untergeordneten Status im Tausch gegen Schutz und Privilegien, ein Zustand, der einen erheblichen Teil der Erfahrungen von Frauen in der Geschichte charakterisiert« (ebd., S. 289).

Es können Männer wie Frauen in subordinierten Positionen stehen, wobei die Subordination der Frau deutlich auf die Kategorie Geschlecht zurückzuführen ist, also im Hinblick auf Weiblichkeit *generell* gilt, während die subordinierte Männlichkeit phasenspezifisch sein kann. Männer können hegemoniale Positionen einnehmen, Frauen prinzipiell nur dann, wenn sie sich den männlichen Habitus aneignen oder wenn es Männer für angemessen halten, Frauen in dominierende Positionen (z. B. als »Führungskräfte«) zu bringen. In der Polizei werden gegenwärtig einige leitende Positionen mit Frauen besetzt, z. B. als Polizeipräsidentinnen, als Präsidentinnen eines Landeskriminalamtes oder Leiterinnen einer Polizeischule usw., was den Anschein erweckt, es handele sich um einen Prozess der Gleichbehandlung. Tatsächlich bleibt der Proporz zwischen Männern und Frauen in Führungspositionen aber fast unangetastet und somit auch deren hegemoniale Position.

Die öffentliche Demonstration einer *aggressiven* Männlichkeit verlor zwar in den 1990er Jahren bis etwa in die früher 2000er Jahre gesellschaftlich und in der Polizei an Bedeutung, feiert aber in jüngster Zeit, wie ich glaube, wieder eine Renaissance (Behr, 2018a). Die Organisation (ge-)braucht (und zwar im doppelten Sinne von »benutzt« und »benötigt«) wieder die *harte Männlichkeit,* die ich früher als »Krieger-Männlichkeit« aufgefasst habe, heute aber etwas präziser als »Überwältigungs- oder Bezwinger-Männlichkeit« bezeichnen würde. Allen Bezeichnungen gemeinsam ist die habituelle Orientierung dieses Männlichkeitstypus am Selbstkonzept des »Siegens« über andere Personen (in der Regel: Männer), an deren Unterwerfung unter die eigenen Machtregeln, an der Überwindung von (innerem und äußeren) Widerstand, an der binären Kategorisierung in »Freund« und »Feind« und – ganz wichtig – an der Orientierung ihres Handelns an der Durchsetzungsfähigkeit des Staates.

Der Subordination steht begrifflich die Dominanz gegenüber. Birgit Rommelspacher beschreibt unsere Gesellschaft als »Dominanzkultur«. Sie ist durchdrungen von Unterwerfung und Machtsicherung. Im Kampf um den Erhalt von Privilegien »muß sowohl den Konkurrenten wie auch den Diskriminierten gegenüber der eigene Anspruch behauptet und zumindest der Schein von Legitimität gewahrt werden« (Rommelspacher, 1995, S. 33). Polizist:innen machen sowohl im Binnenverhältnis als auch im Verhältnis Polizei–Öffentlichkeit Erfahrungen von Macht und Ohnmacht, nur dass die eigenen anfänglichen Ohnmachtserfahrungen im Innern der Organisation später in formale Partizipation an der institutionellen Macht der Polizei gegenüber dem Publikum überführt werden. Dies gilt für alle Geschlechter gemeinsam. Zusätzlich können männliche Organisationsmitglieder im Innern die Erfahrung machen, dass sie relativ rasch Macht über Frauen erlangen, indem sie Situationen herstellen können, die sexuell gefärbt oder manifest sexuell sind. In diesen Kontexten erleben sich Polizistinnen selten als der dominante Part. Während also bei männlichen Polizisten die anfängliche soziale Unterlegenheit und punktuelle Ohnmachtserfahrungen später transformiert werden und als Macht gegenüber dem Publikum und gegenüber Kolleginnen eingesetzt werden kann, bleibt die Erfahrung von Dominanz und Subordination für Frauen gebrochen: Ihre institutionell zugewiesene Macht können sie nach außen aktivieren, im Inneren blieben sie aber in der Regel in der unterlegenen (subordinierten) Position. Dominanzkultur ist eine *invasive Kultur*, das Durchsetzungsmittel sind die polizeilichen Kontrollbefugnisse und -tätigkeiten. Das Durchringen von geografischen und sozialen Räumen, von Motivationen (in der Vernehmung) und von Strukturen dient der Herstellung einer sozialen Ordnung, die auf Normalitätskonstruktionen beruht. Polizist:innen leben zunehmend in der Vorstellung, dass sie zu jeder Zeit selbst entscheiden können, wer verdächtig aussieht oder sich bewegt, wer am falschen Ort ist, die falsche Kleidung trägt, sich falsch und wer sich richtig benimmt. »Normalismus und Segregation sind [...] das eigentliche Medium der Diskriminierung« (ebd., S. 32). Das erklärt meines Erachtens die diskriminierenden Kontrollen vieler Polizist:innen sehr viel besser als das Schlagwort »Racial Profiling«. Die Annahme eines selbstverständlichen Rechts zur Durchdringung des öffentlichen (und sozialen, aber auch des persönlichen und des intimen) Raumes, verbunden mit der jeweils *richtigen* Interpretation der Wirklichkeit führt dazu, dass viele Polizist:innen jede Form von Kritik oder Beschränkung sofort als Generalangriff, als *generelles Misstrauen* oder mindestens als *Generalverdacht* gegen die gesamte Polizei interpretieren und dementsprechend die Pauschalisierung ablehnen.

Das Invasive der Dominanzkultur möchte ich mit drei kleinen Szenen aus einer früheren Feldforschung in einer westdeutschen Großstadt verdeutlichen (ich war dort für mehrere Wochen mit einer Einheit der Bereitschaftspolizei unterwegs, an dem betreffenden Tag mit zwei männlichen Polizisten): Zu den elementaren Tätigkeiten von *street cops* gehört das Bestreifen des öffentlichen (und auch des nicht-öffentlichen) Raumes. Die Eigentumsverhältnisse spielen dabei nicht die entscheidende Rolle. Das Bestreifen führt zur Kenntnis des Raumes und zu sukzessiver Vertrautheit mit den Nutzer:innen. »Auf Streife« sein heißt also auch immer, den Raum, in dem man sich bewegt, zu kontrollieren und zu beherrschen.

Freitag, 08.00 bis 20.30 Uhr: Heute bin ich unterwegs mit Nick und Tommy. Vormittags eine Personenkontrolle am T.-Platz. Zwei Männer und eine Frau werden von Weitem ins Visier genommen. Nick will sie kontrollieren, ruft seinem Kollegen zu: »Die haben uns entdeckt, guck mal, jetzt wollen sie stiften gehen, hey, die wollen mit der Straßenbahn abhauen.«

Tatsächlich verschwindet das Pärchen in der Straßenbahn, der dritte Mann wird kontrolliert. Er spricht fast kein Deutsch, er hat auch nichts dabei, außer seinem Crack-Pfeifchen und einem Taschenmesser. Nick schraubt das Röhrchen ab und wirft es weg. Der Junge will anschließend seine Pfeife wiederhaben, beschwert sich wegen des fehlenden Röhrchens, man reagiert aber nicht auf seinen Protest. Die Polizisten sind enttäuscht, sie vermuten, dass die anderen beiden den Stoff haben. Sie erteilen dem Mann einen Platzverweis (Grundlage ist §31 des Hessischen Gesetzes über die Sicherheit und Ordnung).

Am Nachmittag treffen wir denjenigen, der am Vormittag in die Straßenbahn eingestiegen ist. Er wird sofort überprüft. Er hat ein Stanniolkügelchen dabei, das aber leer ist. Sein Versuch, dieses Papier zu verstecken, macht Nick wütend. Er fragt den Mann, ob er ihn verarschen will. Der Mann wird dann gefesselt (Hände auf dem Rücken) und ins Auto gesetzt, zum 4. Polizeirevier am Hauptbahnhof gefahren und dort in einer Zelle intensiv durchsucht. Er muss sich ausziehen, die Beamten ziehen ihre Lederhandschuhe an und durchsuchen Stück für Stück seine Kleidung. Der Mann riecht nicht besonders angenehm, seine Kleider sind schmutzig und alles an ihm macht einen ziemlich armseligen Eindruck. Nachdem er bis auf die Unterhose entkleidet ist, muss er diese auch noch ausziehen und sich nach vorne beugen. Nick untersucht den Rektalbereich. Die Prozedur ist für alle Beteiligten nicht besonders erfreulich, mir ist es peinlich, für ganz Außenstehende muss es geradezu grotesk und abstoßend wirken. Sie sprechen mit ihm »Pidgindeutsch«: laut, nur in Stichworten, manchmal kurze Hauptsätze. Sie sind enttäuscht, dass sie nichts mehr bei ihm finden. Diskussion zwischen Tommy und Nick, ob das Crack-Pfeifchen verschwinden soll. Tommy will es ihm zurückgeben, Nick findet keine Argumente dagegen, außer dem Satz »hier wird das üblicherweise so gemacht«. Normalerweise, so sagt er, müsste man das Ding sicherstellen und eine Bescheinigung ausstellen, aber die Kollegen nähmen den »kleinen Dienstweg« und würfen es weg. Ich frage ihn, warum er das macht, mir ist der Sinn dieser Aktion nicht klar. Nick sagt, dass es »Nadelstiche« seien.

Später wollen sie mir etwas Besonderes zeigen. In der M.-Straße gehen wir in eines der vier- bis fünfstöckigen Häuser. Hier ist eine ganze Etage an ausländische Gastarbeiter vermietet. Wir gehen durch den Gang, an keiner Tür ist ein intaktes Schloss. Die meisten Türen hängen mehr oder weniger windschief im Rahmen. Wir inspizieren einige Räume (mir fällt auf: Es wird nicht angeklopft). Drei bis fünf Personen halten sich in einem Zimmer auf, das maximal zwölf Quadratmeter hat, es ist offenbar die Nachtschicht, denn einige Betten sind leer. Ich sehe vier Stockbetten, d. h., acht Männer schlafen in diesem Raum; jeder zahlt zwischen 250 und 300 Mark Miete. Die anwesenden Männer kennen das Ritual, sie holen kommentarlos ihre Ausweispapiere heraus, wollen sie den beiden Polizisten zeigen, diese verzichten aber auf eine Kontrolle.

Diese drei Szenen sind nicht deshalb so interessant, weil sie zeigen, *was* die Polizisten getan haben, sondern *wie* sie es getan und *wie* sie darüber gesprochen haben. Die erste Szene ist rationale Polizeiaktion und »Räuber-und-Gendarm«-Spiel in einem. Das zugrundeliegende Handlungsmuster könnte man umschreiben mit: »Wir sind die Guten und die anderen die Bösen.« Die beiden Polizisten fahren mit einem allgemeinen Auftrag durch das Bahnhofsgebiet. Sie suchen sich Arbeit. Von Weitem wird jemand bestimmt, den man kontrollieren will. Die Beamten kennen die Person nicht, sie treffen ihre Entscheidung aufgrund des im Polizeijargon sogenannten »äußeren Anscheins« (das würde heute wahrscheinlich als »Racial Profiling« oder besser als »Social Profiling« bezeichnet; siehe dazu Behr, 2018b, 2019, S. 26).

Nach der Entscheidung werden die Bewegungen der fixierten Personen so interpretiert, dass sie eine Personenkontrolle begründen (»die haben uns entdeckt, guck mal, jetzt wollen sie stiften gehen«). Die Etikettierung basiert weniger auf geprüftem *kriminalistischem Gespür* als auf ihrer eigenen Erfahrung in der Drogenszene. Die Personen, die sie ins Visier nehmen, sind keine *großen*, sondern eher *kleine Fische*. Die Definition erfolgt aufgrund von Kleidung, Aussehen, Hygienezustand und dem vermeintlichen Verhalten der Leute. Auch der Ort spielt eine Rolle (Nähe zum Drogenumschlagsplatz). Das sind einige Indikatoren für »Social Profiling«. Sie praktizieren eine *Politik der Nadelstiche* und wissen das. Sie kosten es nicht sadistisch aus, sie zelebrieren die Aktion nicht, sondern ziehen sie mit einer gewissen nüchternen Routine durch. Sie wissen, dass mit dem Wegwerfen des Mundstücks einer Pfeife, mit der Crack konsumiert wird, die Drogenkarriere eines Menschen nicht beendet werden kann. Trotzdem schrauben sie das Teil ab und werfen es weg. Ich interpretiere das als *Dominanzdemonstration*, die dazu dient, die aktuelle Kontrollsituation als eine zu definieren, in der die Polizei das Sagen hat. Dieses Verhalten ist funktional untauglich, hat aber eine deutliche performative Botschaft: »Wir tun das, weil wir es können.« Was vorher und was nachher passiert, interessiert die Beamten nicht. Sie kosten im Hier und Jetzt ihre Macht aus, fühlen sich vielleicht nicht besonders großartig, aber handeln in einem *quasi-pädagogischen* Modus. Sie wollen etwas tun, woran sich der Delinquent erinnert, er soll wissen, dass die Polizei noch aktiv ist.

Die zweite Szene hängt mit der ersten zusammen: Die Beamten folgen einem Handlungsmuster, das Argwohn (als ständiges Misstrauen) und die Annahme eines *worst case* beinhaltet. Der Grund für die Kontrolle des dritten Mannes ist auf der rationalen Ebene der, dass er aussieht wie andere Junkies oder Dealer und man stets den Verdacht des Drogenbesitzes begründen kann. Das darunter liegende Motiv war jedoch vermutlich, dass es sich dabei um denjenigen Mann handelt, der den Polizisten am Vormittag entkommen zu sein scheint. Sie wollen ihn einfach erwischen. Die Prozedur ähnelt der vom Vormittag. Die Beamten finden letztlich keinen stichhaltigen Grund für eine intensivere Durchsuchung. Allerdings war der Versuch des Mannes, das Stanniolpapier zu verstecken, der Auslöser für die sofortige Verschärfung des Argwohns: Der Verbergungsversuch wird von den Beamten als eine gegen sie gerichtete Boshaftigkeit gedeutet (so, als wolle der Mann ihnen die Arbeit schwermachen). Sie fragen ihn, ob er mit ihnen »spielen«, sie sogar »verarschen« wolle, so, als ob er sich also einen Spaß daraus machen könnte, sie in die Irre zu führen bzw. ihre Autorität infrage zu stellen. Das bringt ihm jetzt eine intensive körperliche Durchsuchung ein. Dabei gehen die Polizisten nicht manifest menschenverachtend vor: Durchsuchungen im Drogenmilieu wurden oft in einer Arrestzelle des örtlichen Polizeireviers durchgeführt. Mich hat überrascht, wie autonom die BFE-Beamten in ihrem Tun waren und wie wenig die Revierbeamten von der Anwesenheit der Kollegen der Bereitschaftspolizei Kenntnis nahmen. Das Garagentor wurde automatisch geöffnet, wir gingen mit dem Festgenommenen in den Zellentrakt und blieben dort unter uns. Kontakt mit den Revierbeamten gab es lediglich über eine Gegensprechanlage. Die Beamten hätten in dieser Situation genügend Misshandlungsmöglichkeiten gehabt, denn es fehlte sowohl die allgemeine als auch die kollegiale Öffentlichkeit. Selbst der Einheitsleiter wäre in dieser Situation nicht in der Lage gewesen, die Handlungen der Beamten zu kontrollieren. Natürlich war ich als externer Beobachter dabei, und eine willentliche Ausnutzung ihrer Machtposition habe ich nicht beobachtet. Ich hatte aber nicht den Eindruck, dass sie sich ohne mich anders verhalten hätten.

Die Kontextbedingungen sind entwürdigend genug, die Polizisten *weiden* sich nicht an ihnen (ich habe oft anderes beobachtet – schon abfällige Reden über den Zustand der Kleider oder den Geruch des Menschen gehen unter die Gürtellinie –, aber in diesem Fall haben sie das nicht gemacht). Sie ziehen wieder ihre Durchsuchung durch, so wie sie es bei der BFE gelernt haben. Sie wollen dem anderen keine Chance lassen, deshalb muss er sämtliche Bekleidung ausziehen. Sie haben gelernt, dass Drogenkuriere die Crack-Steine in einem Präservativ im Rektum transportieren können. Deshalb schauen sie dem Delinquenten auch dort hinein. Keine Körperöffnung bleibt ihnen verborgen. Der polizeiliche Durchdringungsanspruch ist buchstäblich grenzenlos, weder eigenes noch fremdes Schamgefühl ist da relevant. Die Polizisten würden das nicht mit jedem Menschen und nicht an jedem x-beliebigen Ort machen. Die Behandlung folgt aus ihrer Definition von der Gefährlichkeit des Ortes und der Situation heraus. Und sie erfolgt auch hinsichtlich der Respektabilität der Person. Die Situation lässt ein solches Vorgehen zu, formal können die Polizisten einen Grund zur Kontrolle benennen. Niemand fragt aber danach, ob dieses Vorgehen klug oder professionell war: Die Verbindung von »Bahnhofsgebiet«, »ausländischer, junger, heruntergekommener Mann« und »Verbergungsversuche« führte dazu, dass die Beamten sich auf der sicheren Seite fühlten. Der Untersuchte hätte einer derjenigen sein können, von denen Polizist:innen schon seit einigen Jahren sagen, dass sie keine Kriminellen, sondern Kranke sind. Ganz offensichtlich war der Mann krank (nicht nur drogenabhängig). Er wird aber in einem Kontext angetroffen, in dem das Label »kriminell« das des Kranken überstrahlt. Dass Junkies in der Regel beides sind, kommt in den Lehrformeln (die mir gegenüber so flüssig angeboten wurden, dass ich den Verdacht hatte, es seien Leerformeln) nicht vor. Dass Kranke auch dealen und Dealer:innen krank sind, erleben die Beamt:innen aber täglich im Handlungsfeld. Sie müssen (bzw. können) sich stets aufs Neue entscheiden, welchen *master status* sie vergeben. In diesem Fall entscheiden sie sich eindeutig, ihn als Kriminellen zu betrachten. Hierin liegt eine nicht zu unterschätzende Definitionsmacht der Polizist:innen: Sie können jemanden sowohl als Kranken als auch als Kriminellen etikettieren. Beides ist formal nur schwer zu beanstanden.

Sie wollten sich nicht »verarschen« lassen, d. h., ihnen geht es um Reputation, um Ehre und um Autoritätserhalt (Alpert & Dunham, 2004). Sie zeigen mit ihrer Reaktion, dass sie sich nicht durch Menschen »wie ihn« hinters Licht führen lassen wollen. Ihre Durchsuchung erfolgt in dem Bewusstsein, dass sie es (rechtlich) dürfen und dass es (taktisch) notwendig ist. Scham, Würde und deren Verletzung, Takt, Höflichkeit oder Ästhetik sind keine Kategorien, die das Handeln der Polizisten bestimmten. Diese Alltagskonventionen im Dienst zu suspendieren, muss erst gelernt werden. Die Frage, warum sich Polizist:innen das immer wieder selbst antun, kann ich bis heute nicht befriedigend beantworten. Deshalb halte ich die »Authority Maintenance Theory« von Alpert und Dunham (ebd.) für so eminent wichtig und hilfreich, wenn man Polizei und Polizist:innen verstehen will. Die Sorge vor dem Verlust der Autorität ist eher ein Thema für männliche Polizisten. Ich halte diese Perspektive für äußerst gewinnbringend, weil man mit ihrer Hilfe polizeiliches Überwältigungshandeln in einem weiteren als bloß einem rein legalistischen Verständnis einordnen kann. Die ebenfalls sehr aufschlussreiche Studie von Steffes-enn (2012) gibt lebhaft darüber Auskunft, wie hoch der Stellenwert von »Ehre« für die Männer ist, die Gewalt gegen die Polizei ausüben, und darüber, dass Gewalthandlungen als wechselseitig aufeinander bezogene Interaktion, mithin »soziales Handeln« im Weber'schen Sinne, zu verstehen sind.

Die dritte Szene (die Kontrolle der Zimmer) beeindruckte mich wegen der in die Routine eingebauten Grenzüberschreitungen, die als solche überhaupt nicht wahrgenommen bzw. thematisiert wurden und werden. Es ist kein monströser Verstoß oder ein bewusstes Außerkraftsetzen von Recht und Gesetz. Vielmehr wird in dieser Inszenierung etwas von dem Grenzbereich deutlich, in dem sich Polizist:innen bewegen. Für sie ist klar, dass sie die Wohnungen betreten dürfen. Ersichtlich gibt es in diesem Fall keinen Anlass für die Kontrolle der Zimmer, sie wollen dieses Mal auch gar nicht kontrollieren, sondern mir zeigen, unter welch widrigen Umständen die Männer leben, und dass andere damit noch viel Geld verdienen. Sie wollen mir gegenüber ihre Empörung über den »Miethai« ausdrücken und greifen dabei, sozusagen beiläufig, in die Grundrechte von Menschen ein.

Die Anwesenheit der Polizisten löst bei den Bewohnern die üblichen Unterwerfungsgesten aus. Die Männer sprechen kaum Deutsch, sie wissen nicht, welche Polizei sie da kontrolliert, sie wissen aber, dass sie gegenüber Uniformierten stets ihre Papiere zeigen müssen. Vielleicht sind sie froh, diesmal nicht so scharf kontrolliert zu werden, die Selbstverständlichkeit zeigt aber umso deutlicher den ständigen *Kontrolldruck*, dem sie ausgesetzt sind. Den Polizisten geht es auch hier es vornehmlich um ihre Präsenz. Sie wollen da sein, hinsehen, durchgehen können. Sie tun das Gleiche wie die Kolleg:innen vor ihnen, nur dass sie keine Türen mehr eintreten müssen, da das schon früher erledigt wurde (möglicherweise gar nicht von der Polizei). Die Unverletzlichkeit der Wohnung, so zeigt sich, spielt für bestimmte Menschen und für bestimmte Wohnungen in bestimmten Gegenden und in bestimmten Zeiten keine Rolle.

Diese Beispiele sollen einen Eindruck vom *unaufgeregten* Kontrollalltag der Polizei vermitteln, der häufig unter dem Verdacht steht, eine Praxis der *institutionellen Diskriminierung* zu sein. Sie können aber vor allem einen Einblick in die Wahrnehmungskategorien von Polizist:innen geben, in die Situationen, in denen sie sich auf Handlungsmuster stützen, um sich als Polizist:innen behaupten zu können. Sie tun das im Kontext einer Dominanzkultur, die ihnen eine Struktur anbietet, innerhalb derer sie sich sicher bewegen und innerhalb derer sie Kategorien bilden, von denen einige rassistisch sind. Aber wie die Beispiele oben zeigen, sind eben nicht alle diskriminierenden Kontrollpraxen rassistisch motiviert. Rassismus, so zeigt sich, ist vielmehr eine spezielle Form diskriminierenden Denkens und Handelns.

Die Organisation als strukturelle Rahmung einer »Bezwinger-Männlichkeit«

Auch wenn Frauen in der Polizei keine Minderheit mehr sind, so sind sie dennoch der männlichen Hegemonie unterworfen. Das Bezeichnende für Hegemonie ist, dass es keinen Gegendiskurs zum männlichen Prinzip gibt und dass die Unterwerfung nicht mit Gewalt erzeugt wird, sondern mit Einverständnis der Unterworfenen. Die männliche Dominanz lässt eine Kritik am eigenen Verhalten nur sehr begrenzt zu, in der Regel dann, wenn man selbst nicht betroffen ist. So können durchaus Männer andere Männer für ein Verhalten kritisieren, das sie selbst als unangemessen und/oder übergriffig empfinden. Diese Kritik bleibt aber stets auf der Individualebene und wird nicht in eine strukturelle oder kulturelle Dimension überführt. Die Hermetik der männlichen Deutungsmacht verhindert Widerstand und die Herausbildung einer weiblichen Gegenperspektive, was sowohl die Polizeiarbeit insgesamt als auch die Reaktion auf unangemessenes Verhalten betrifft. Neben der hegemonialen Männlichkeit formt oder fördert die Organisation Polizei aber noch eine weitere, stärker am Kampf und der Überwältigung anderer Personen orientierte Ausprägung von Männlichkeit: Ich nenne sie »Bezwinger-Männlichkeit«. Sie ist – in Abgrenzung zum Schläger – nicht anomisch, sondern orientiert sich an diesen Dimensionen: Sie ist im Recht und zur physischen Überwältigung praktisch fähig. Hergestellt, gepflegt und affirmiert wird diese Haltung in der *cop culture*. Denke ich die Wirkungen von *cop culture*, Männlichkeitsinszenierungen, Dominanzkultur und Verdachtsschöpfungsstrategien zusammen und fragt dann nach den Ursachen für Gewaltexzesse und Diskriminierungspraxen, dann komme ich zu folgendem Schluss: Den Hintergrund für die zunehmend bekannt werdenden illegitimen Gewalthandlungen, für Rassismus und Rechtsextremismus und für »Racial Profiling« als Ausdruck diskriminierender Kontrollpraxis sehe ich in einer *subjektiven Gefährdung des polizeilichen Überlegenheitsgefühls*. Diejenigen Polizist:innen, die die eigene Überlegenheitsvorstellung infragegestellt sehen, die sich benachteiligt fühlen, nicht genügend respektiert und wertgeschätzt, nicht ausreichend versorgt, fangen vielleicht zuerst an, in ihrem Denken und in ihren Reden diejenigen abzuwerten, die dafür angeblich die Schuld tragen bzw. die sie für ihre Ohnmachtserfahrungen verantwortlich machen: Migrant:innen, Geflüchtete, Minderheiten, Privilegierte, Straftäter:innen, Drogendealer:innen, Opportunist:innen, Zaudernde, Juden und Jüdinnen, Muslim:innen, Behinderte, Frauen. Einige gehen einen Schritt weiter und artikulieren ihre Wut auch in der kollegialen Umgebung: Sie posten Sprüche und/oder Bilder aus der NS-Zeit in den Gruppenchat (vielleicht, weil sie wissen, wie obszön grenzverletzend das ist, vielleicht auch aus jungenhaft-verblödeter Laune heraus), sie horten NS-Devotionalien, sie machen sich lustig über Minderheiten, verschicken Bilder mit Unterwerfungsgesten und Demütigungen von Festgenommenen, sie singen menschenverachtende Lieder und wählen Parteien, die demokratische Werte mit Füßen treten, sie tragen Sticker mit Nazi-Emblemen. Und einige beginnen mit einer privaten Strategie der Nadelstiche: schikanöse Kontrollen, Beleidigungen, Provokationen zur Gegenwehr, um später eine Strafanzeige wegen »Widerstands gegen Vollstreckungsbeamte« oder wegen des »Angriffs auf Vollstreckungsbeamte« schreiben zu können, entwürdigende Witze bei körperlichen Durchsuchungen, überdimensional viele Schockschläge bei einer Festnahme, Verwüstung einer Wohnung statt einer professionellen Durchsuchung, Scheinhinrichtungen im Hafen und Verbringungsgewahrsam in die Weinberge. Die Handlungen sind unterschiedlich, die dahinterstehenden Haltungen verbindet der Umstand, dass das eigene Selbstwertgefühl aus der Balance geraten ist und in »Hypermaskulinität« (Quest & Messerschmidt, 2017) eingemündet ist. Darin spielen Härte, Gewaltaffinität, Gefährlichkeit, Dominanz, Siegermentalität, Selbst-Heroisierung (Wagener, 2012), eine abwertende Einstellung zu Frauen und Instrumentalisierung von Sexualität eine wesentliche Rolle.

Man kann durchaus Strukturen benennen, die bestimmte Handlungsoptionen ermöglichen oder erleichtern und andere erschweren oder verwehren:
- ➢ einen Schichtrhythmus, der ausreichende Erholungszeiten und Abstand vom Beruf verunmöglicht,
- ➢ Arbeitszusammenhänge, die einseitig und psychisch sowie physisch belastend sind,
- ➢ Gruppenkonstellationen, die Härte und Rigidität betonen und Empathie und Toleranz geringschätzen,
- ➢ Konstellationen, in denen Überwältigung und Dominanz die Referenzgrößen für das Einsatzverhalten bilden,
- ➢ homosoziale Gruppen, was Alter, Geschlecht und dienstliche Position betrifft,

- eigene Zugangsbeschränkungen und Aufnahmetests,
- Abschottung und Geheimhaltungskult gegenüber der eigenen Organisation oder
- starre Führungsstrukturen durch wenige bzw. keine Wechsel von Führungs- und Leitungskräften über einen langen Zeitraum hinweg.

Insoweit begünstigen und befördern die Organisationsstrukturen sowohl individuellen als auch kollektiven Rassismus ebenso wie sie Diskriminierungssituationen ermöglichen. Auch übersteigerte Gewaltanwendung wäre auf das Vorhandensein bestimmter struktureller Rahmenbedingungen hin zu untersuchen, statt sie als anthropologische Konstante oder als einmaligen Ausrutscher zu postulieren. Es sind ganz offenbar nicht wenige *Einzelne*, die – quasi kontaktlos und ohne von Kolleg:innen bemerkt zu werden – in den Reihen der Polizei arbeiten und Destruktivität privat ausleben. Nein, es sind viele, zumindest werden im Moment immer mehr entdeckt. Sie alle arbeiten in Strukturen, die nicht verhindern, dass Menschen in Situationen geraten, in denen sie entweder ihr Gewissen beschädigen oder in denen sie ab und an das Gegenteil dessen zu tun wollen, wofür sie ihren Eid geleistet haben. Polizist:innen arbeiten in Strukturen, die Aufklärung – zumindest bislang – verhindern, weil *cop culture* ein großes Maß an Toleranz gegenüber Gewalt und staatsautoritärer Ideologie beinhaltet. In diesen Strukturen wird sowohl Niederträchtigkeit als auch prosoziales Handeln generiert und praktiziert.

Literatur

Alpert, G. P. & Dunham, R. G. (2004). *Understanding police use of force. Officers, suspects, and reciprocity*. Cambridge University Press.
Behr, R. (2008). *Cop Culture – Der Alltag des Gewaltmonopols. Männlichkeit, Handlungsmuster und Kultur in der Polizei* (2. Aufl.). Springer VS.
Behr, R. (2017). Maskulinität in der Polizei. Was Cop Culture mit Männlichkeit zu tun hat. Ein Essay. *juridikum, 4/2017*, 541–551.
Behr, R. (2018a). »Die Polizei muss ... an Robustheit deutlich zulegen«: Zur Renaissance aggressiver Maskulinität in der Polizei. In D. Loick (Hrsg.), *Kritik der Polizei* (S. 165–178). Campus.
Behr, R. (2018b). Zur Legitimation polizeilicher Kontrolle: »Racial-, »Social-« und »Criminal-Profiling« im Diskurs. In A. Mensching & A. Jacobsen (Hrsg.), *Polizei im Spannungsfeld von Autorität, Legitimität und Kompetenz* (S. 105–119). Verlag für Polizeiwissenschaft.
Behr, R. (2019). Verdacht und Vorurteil. Die polizeiliche Konstruktion der »gefährlichen Fremden«. In C. Howe & L. Ostermeier (Hrsg.), *Polizei und Gesellschaft* (S. 17–45). Springer VS.

Connell, R. W. (1995). *Masculinities*. Polity Press.
Galtung, J. (1982). *Strukturelle Gewalt. Beiträge zur Friedens- und Konfliktforschung*. Rowohlt.
Lerner, G. (1991). *Die Entstehung des Patriarchats*. Campus.
Meuser, M. (1998). *Geschlecht und Männlichkeit*. Leske + Budrich.
Quest, H. & Messerschmidt, M. (2017). Männlichkeit im Konflikt. Zum theoretischen Verständnis von militarisierter Männlichkeit, militärischer Männlichkeit und Hypermaskulinität. *Zeitschrift für Friedens- und Konfliktforschung (ZeFKo)*, 2017/2, 259–290.
Reemtsma, J.-P. (2008). Die Natur der Gewalt als Problem der Soziologie. In K.-S. Rehberg (Hrsg.), *Die Natur der Gesellschaft. Verhandlungen des 33. Kongresses der Deutschen Gesellschaft für Soziologie in Kassel 2006* (S. 42–64). Campus,
Rommelspacher, B. (1995). *Dominanzkultur – Texte zur Fremdheit*. Orlanda Frauenverlag.
Steffes-enn, R. (2012). *Polizisten im Visier. Eine kriminologische Untersuchung zur Gewalt gegen Polizeibeamte aus Tätersicht*. Verlag für Polizeiwissenschaft.
Wagener, U. (2012). Heroismus als moralische Ressource rechtserhaltender Gewalt? Ethische Reflexionen zu heroischen und postheroischen Elementen in der polizeilichen Organisationskultur. In T. Meireis (Hrsg.), *Gewalt und Gewalten. Zur Ausübung, Legitimität und Ambivalenz rechtserhaltender Gewalt* (S. 133–160). Mohr-Siebeck.
Weber, M. (1972). *Wirtschaft und Gesellschaft* (5. Aufl.). J. C. B. Mohr.

Biografische Notiz

Rafael Behr, *1958, war in seinem ersten Beruf Polizeibeamter in Hessen. Nach 15 Jahren studierte er in Frankfurt Soziologie und Psychoanalyse. Seine Dissertation zum Dr. phil. trug den Namen *Cop Culture* und beschäftigte sich mit einer Ethnografie des polizeilichen Alltags. Es folgten mehrere Stationen als wissenschaftlicher Angestellter und als Supervisor (DGsV) im Polizeibereich und an der Universität Frankfurt. Seit 2008 ist er Professor für Polizeiwissenschaften an der Hochschule der Akademie der Polizei Hamburg. Arbeitsschwerpunkte sind Organisationskulturforschung, Gewalt- und Devianzforschung, in jüngster Zeit auch Arbeiten zum Rassismus und zum »autoritären Konservatismus« in der Polizei.

Zugestandene »Eigensinnigkeit« – erwartete Normierung

Einblicke in die Arbeit mit Gauklern, Händlern und Artisten am Frankfurter Stadtrand

Sonja Keil

Am Rand der Stadt Frankfurt am Main liegt eine kleine Siedlung, deren Geschichte der Mehrheitsbevölkerung unbekannt ist. Seit Jahrzehnten kämpfen die dort lebenden »ambulanten Gewerbetreibenden«, die sich selbst als »Reisende« oder »Fahrende« bezeichnen, um den Erhalt ihrer Lebenswelt. Auch heute »sind unsere Dienstleistungen gefragt«, erklärt ein Bewohner, in dessen Familie sich Schausteller:innen, Artist:innen und Altstoffhändler:innen finden, »doch unsere Lebensweise wird von der Mehrheitsgesellschaft nicht gewünscht«. Seit fast 70 Jahren leben die Familien inzwischen am Stadtrand. Heute sind es noch etwa 80 Personen. Die zugewiesene Stellung am gesellschaftlichen Rand zeigt sich durch die räumliche Randlage. Aufgrund eines Beschlusses der Frankfurter Stadtverordnetenversammlung entstand 1953 die heutige »Wohngemeinschaft Bonameser Straße« gegen die Widerstände der Anwohner:innen und der rund 250 Menschen, die dort zukünftig leben sollten.

Eines wurde erreicht, und dies ist aus Sicht der Autorin als gelungener demokratischer Prozess zu bezeichnen: Die gestiegene Akzeptanz der Lebenswelt, der sogenannten »Wohngemeinschaft Bonameser Straße«, ehemals Wohnwagenstandplatz (WSP), zeigt sich in folgender Festschreibung der politischen Parteien Grüne, SPD, FDP und Volt im Rahmen des Koalitionsvertrags für Frankfurt (2021–2026) unter dem Punkt »Bezahlbaren Wohnraum für Alle schaffen«:

> »Die Wohngemeinschaft Bonameser Straße hat auf den baurechtlich genehmigten Flächen Bestandsschutz. Wir halten das angesichts geschichtlicher Verpflichtung (viele Bewohner:innen bzw. ihre Eltern wurden von den Nazis verfolgt), angesichts der dort entstandenen vorbildlichen Gemeinschaft und angesichts der Wohnungsnot für dringend geboten. Unterschiedliche Wohnformen sollen in unserer Stadt ihren Platz und ihre Anerkennung bekommen« (FAZ, 2021, S. 57).

Bereits im Titel ist die Antinomie angelegt, mit der sich sozial Handelnde auseinandersetzen müssen. Wodurch zeichnet sich das Spannungsfeld in der Arbeit mit Menschen, die von sozialer Ausgrenzung betroffen sind, aus? Mit welchen Anforderungen sehen sich professionell Handelnde in der sozialen Arbeit konfrontiert und welchem Wandel unterliegen die Organisationen? Diesen Fragestellungen soll in diesem Beitrag anhand der beruflichen Praxis in der Gemeinwesenarbeit »Wohngemeinschaft Bonameser Straße« des Diakonischen Werkes in Frankfurt und Offenbach nachgegangen werden. Als Voraussetzung für die Wahrnehmung von gegensätzlichen Interessen und für deren Bearbeitung sind die gesellschaftlichen Perspektiven ebenso zu analysieren wie die geöffneten und geschlossenen Räume in der Gesellschaft.

Um die aktuellen Prozesse einordnen zu können, scheint zunächst ein kurzer Rückblick auf die historische Entwicklung sowie die entwickelten Fähigkeiten angeraten.

Ausgrenzung und entwickelte Fähigkeiten

Betrachtet man die historische Entwicklung der Ausgrenzung, werden von Beginn an Vorstellungen deutlich, die eng mit der Industrialisierung und Urbanisierung im 19. Jahrhundert verbunden sind und mit einer normativen Zielsetzung einhergehen. Die Unterschichten sollten zur Bewahrung der gewachsenen sozialen Hierarchie innerhalb der städtischen Gesellschaft diszipliniert, sie sollten zu Arbeitsdisziplin, Bescheidenheit, Demut, Fleiß und Gehorsam erzogen werden. Einer bürgerlichen Gesinnung folgte nach dieser Logik die Integration in die Gesellschaft, und auf die abweichende Lebensführung folgte der Ausschluss aus selbiger (Becker, 2002, S. 187).

Seit der Periode der Reichsgründung nach 1870 wurden die Fahrenden ausgegrenzt und diskriminiert. 1929 wurde dann ein schon vorher in Bayern erlassenes Gesetz »zur Bekämpfung von Zigeunern, Landfahrern und Arbeitsscheuen« in Hessen übernommen, das auf die Vernichtung dieser Lebensform hinauslief. Schon damals ging es um die Verbannung von Wohnwagen aus der Stadt und um stereotypisierende Zuschreibungen, die ambulante Gewerbetreibende in einem kulturellen Konstrukt zu »Zigeunern« werden ließen. Im NS-Reich wurde diese Politik intensiviert und erhielt sehr schnell eine rassenbiologische Grundlage. Dabei ist interessant, dass inhaltlich wie personell eine Kontinuität dieser Politik bis in die 1960er Jahre hinein bestand. Auch nach dem Faschismus wurde an Ausgrenzung und Ghettoisierung festgehalten, bis die Evangelische Kirche in

Hessen und Nassau mit dem Kirchenpräsidenten Martin Niemöller auf diese unmöglichen Zustände aufmerksam machte und sich für die Belange der Menschen einsetzte.

In der Betrachtung der Ausgrenzung und des Umgangs mit der Ausgrenzung zeigt sich, dass die Minderheit und die Vertreter:innen der Mehrheitsgesellschaft sich durch unterschiedliche Haltungen auszeichnen. Für viele der in der Wohngemeinschaft Bonameser Straße lebenden Menschen haben die Familie und der familiale Zusammenhalt den höchsten Stellenwert, der erfolgreiche Händler einen hohen Status und die Verschriftlichung eine geringe Relevanz. Dieter Gärtner (1937–2021) lebte von Beginn an auf dem Gelände. Der Bewohner investierte in Wohngebäude und die Aufrechterhaltung seiner selbstständigen Tätigkeit im Bereich des Altmetallhandels. In der Folge seiner Handlungen entstand eine Stabilität, von der viele dort lebende Menschen und Familien profitierten. Dazu zählen z. B. Personen, die ihm zugearbeitet hatten, oder Angehörige von Schaustellerfamilien. Für seine Anliegen kämpfte er auch mit juristischer Unterstützung. Eine von ihm oft getätigte Aussage soll hier zitiert werden: »Wir sind lästig, wie Fliegen.« Demgegenüber steht eine Gesellschaft, der die Lebenswelt der hier betrachteten Gruppen fremd war und ist. Der 1921 geborene Frankfurter Kommunalpolitiker, ehemalige Sozialdezernent und Stadtkämmerer Ernst Gerhardt (CDU) erinnert sich an die Zeit des Wiederaufbaus und beschreibt das Desinteresse der Mehrheitsgesellschaft, die auch in der politischen Haltung zum Ausdruck kommt, wie folgt: »Wir wollten es auch nicht wissen. [Gleichzeitig weist er auf Folgendes hin:] Die auf kommunaler Ebene Verantwortlichen mussten lernen, dass auch für diesen Personenkreis Lösungen zu entwickeln sind.«

Die beiden Aussagen verweisen auf das Spannungsverhältnis zwischen der Minderheit und der Mehrheit in der Gesellschaft. Eine Gesellschaft, in der die Sesshaftigkeit die Norm der sozialen Ordnung darstellt, hat kein Interesse daran, andere Lebensformen zu unterstützen bzw. zu stabilisieren. Die staatlichen Institutionen bilden diese Haltung ab. Stereotypisierende und diskriminierende Zuschreibungen, die die Gruppe am Rand der Gesellschaft verorten, wirken sich stabilisierend auf die Mehrheitsgesellschaft aus. Die Ausgrenzung erfolgte durch diskriminierende Zuschreibungen, die die Arbeitsunlust der mobil Tätigen belegen sollten. Kulturelle Konstruktionen führten für ambulante Gewerbetreibende zu der Zuschreibung »Zigeuner«. Mit den pauschalen Vorurteilen von außen mussten sich die auf dem WSP Lebenden auseinandersetzen. Gleichzeitig setzten sie sich hartnäckig und intensiv für ihre Lebenswelt und ihre eigenen Werte ein. Beispielsweise seien die Eigeninitiativen genannt, mit denen die Bewohner:innen Einfluss auf ihre Situation nahmen, indem sie die Wege, Waschgelegenheiten, den Brandschutz und ihre Wohnbauten verbesserten. Das Verlegen eigener Wasserleitungen im Jahr 1968 mussten die Behörden zur Kenntnis nehmen. Mündliche Darstellungen vonseiten der Bewohner:innen und Behörden belegen, dass die Eigeninitiative der auf dem WSP Wohnenden kritisch betrachtet und bewertet wurde. Da die Bewohner:innen ohne vorherige Antragsstellung an einem Wochenende den Kanal und die Leitungen für das Wasser legten und somit für vollendete Tatsachen sorgten, wurde ihnen von behördlicher Seite der Vorwurf gemacht, sich nicht regelkonform verhalten zu haben. Die Bewohner:innen beendeten mit ihrer Selbsthilfe das diskriminierende Vorgehen der Behörden, indem sie eigene Gruppenzusammenhänge mobilisierten und eine günstige Gelegenheit nutzten. Der bisherige Zustand, dass ausschließlich eine zentrale Wasserstelle kaltes Wasser für alle bot und zudem die Frauen an dieser Stelle die Wäsche waschen mussten, wurde als eine Zumutung empfunden. Man muss wissen: Zeitweise lebten hier bis zu 1.000 Menschen. Begünstigt wurden die Kanalarbeiten durch den von 1962 bis 1975 erfolgten zweibahnigen Neubau der damaligen B 456 zwischen den Anschlussstellen Oberursel-Nord und Frankfurt-Eckenheim. Die Bewohner:innen konnten nämlich einen Baggerführer, der in der Nähe des WSP auf der Baustelle arbeitete, für ihr Projekt gewinnen. Er unterstützte dieses, indem er den für die Verlegung der Wasserleitungen notwendigen Graben ausbaggerte.

Was Reisende eint und auszeichnet, ist ihre Mobilität. Sie bewegen sich, sozusagen als »Wander:innen zwischen Welten«, in verschiedenen sozialen Räumen. Nach außen hin verbindet die Gruppen eine starke Solidarität, die sich durch gemeinschaftliches Handeln gegenüber allen Ausgrenzungstendenzen auszeichnet. Zum Ausdruck kommt diese Grundhaltung in folgender Aussage eines Bewohners: »Wer nicht kämpft, hat schon verloren.« Die Dialektik von Ausgrenzung und Identitätsbewahrung durch Abgrenzung zeigt sich in deren generationsübergreifend eingeübten Strategien. Als Reaktion auf die Ausgrenzung entwickelten die Gruppen Strategien zur Abwehr von Unsicherheit. Die Konzentration ihres sozialen Kapitals stärkte ihre soziale Position. Die Betrachtung der komplexen sozialen Wirklichkeit und deren historische Dimension lässt einen »Typus des Ausgegrenzten« erkennen, der sich durch eigene Werte und Normen von der Mehrheitsgesellschaft abgrenzt. Der hohe Wert der Freiheit und Autonomie ist eingebunden in eine Form des Zusammenhaltes, der dem Ideal der individuellen Selbstverwirklichung entgegensteht (Keil, 2018).

Die entwickelten Fähigkeiten, Strategien und Habitusmuster im Umgang mit sozialen Unsicherheiten sind als eine aktive Distanzierung zur Begrenzung der Ausgrenzung zu verstehen, die sich durch mobilisierbare Ressourcen zum Überleben auszeichnen. Von den in der Wohngemeinschaft Bonameser Straße lebenden Menschen kann man beispielsweise lernen, wie man unter extrem starkem Ausgrenzungsdruck die eigene Identität und Kultur bewahren kann.

Im Gegensatz zu dem in der Gesellschaft vorherrschenden Normalarbeitsverhältnis erhielten sich die in der Wohngemeinschaft lebenden Familien und Gruppen Vorgehensweisen einer flexiblen Gelegenheitsorientierung zur Kompensierung der Unsicherheit. Der große milieuübergreifende Gruppenzusammenhalt ermöglicht die Milieumobilität. Die entwickelten Habitusmuster im Umgang mit sozialen Unsicherheiten zeigen sich in der Mobilisierung eigener Gruppenzusammenhänge, der Nutzung wechselnder Gelegenheiten und der Anlehnung an Mächtigere sowie der Verarbeitung von Schicksalsschlägen oder Demütigungen ohne Demoralisierung. Interessant ist, dass es den Gruppen über lange Zeiträume gelungen ist, sich der gesellschaftlichen Einordnung und Prägung in Teilen zu entziehen. Deutlich wird, dass die Ausgrenzung insgesamt als Machtprozess erfolgt, indem die Mehrheitsgesellschaft durchaus wichtige gesellschaftliche Funktionen (z. B. Unterhaltung, Entsorgung), die mit Unsicherheit und Risiko verbunden sind, auf diese Gruppen verlagert, ihnen aber zugleich den Zugang zu institutionalisiertem kulturellem, ökonomischem und symbolischem Kapital (Bourdieu, 2012) erschwert und ihnen die Verantwortung für diese Benachteiligung zuschreibt. In Reaktion darauf haben die Untersuchungsgruppen Fähigkeiten entwickelt, diesen Zugriff der Mehrheitsgesellschaft abzuwehren, in erster Linie die Verweigerung individueller Verantwortlichkeit und den ausgeprägten Zusammenhalt. Diese Ressource ermöglicht den Erhalt der eigenen Wertvorstellungen und die Abgrenzung von den Idealen der Mehrheitsgesellschaft. Entsprechend werden die Gruppenmitglieder zu diesen Werten, Normen und Verhaltensweisen diszipliniert (Keil, 2018).

Deutlich wird hier beispielhaft, wie implizierte Normen einer kleinen Gruppe mit den impliziten Normen der Mehrheitsgesellschaft in Konflikt geraten. Unsere Gesellschaft mit ihren Subsystemen ist hochdifferenziert und vereint viele unterschiedliche Normativitäten. Zur Entwicklung eines neuen Selbstverständnisses in sozialen Handlungsfeldern erscheint das Wecken der Sensibilität für diese Normativitäten, die auch miteinander in Konflikt geraten können, als eine zentrale Aufgabe. Gesellschaftlich erwartet werden die Bearbeitung und Beeinflussung von individuellen und kollektiven Lebensformen sowie der Lebensführung. Zur Aufgabe der Profession gehören also nicht nur das Verständnis des Alltags und die Entwicklung von Lösungen im Kontext eigensinniger Lebenswelten, sondern auch deren normative Beurteilung. Damit gemeint sind die Formen personenbezogener Arbeit, mit denen eine normalisierende Ausrichtung in Bezug auf die

Ordnung der Lebenslagen und die Mobilisierung lebensweltlicher Ressourcen verbunden ist.

Prinzip und Arbeitsmethode Gemeinwesenarbeit als Handlungsfeld der Sozialen Arbeit

Schon in den 1960er Jahren verfolgten die zuständigen Akteur:innen Ziele, die in gesamtgesellschaftliche politische Bewegungen eingebunden waren und den Anspruch hatten, politische Bewusstseinsprozesse anzustoßen. Damit wurde der Grundstein für eine Professionalisierung gelegt, bei der das Prinzip der Gemeinwesenarbeit (GWA) als ein umfangreiches Handlungsfeld der Sozialen Arbeit verstanden wurde. Dieses Instrument kann wie folgt definiert werden:

> »Gemeinwesenarbeit richtet sich ganzheitlich auf die Lebenszusammenhänge von Menschen. Ziel ist die Verbesserung von materiellen (z. B. Wohnraum, Existenzsicherung), infrastrukturellen (z. B. Verkehrsanbindung, Einkaufsmöglichkeiten, Grünflächen) und immateriellen (z. B. Qualität sozialer Beziehungen, Partizipation, Kultur) Bedingungen unter maßgeblicher Einbeziehung der Betroffenen. GWA integriert die Bearbeitung individueller und struktureller Aspekte in sozialräumlicher Perspektive. Sie fördert Handlungsfähigkeit und Selbstorganisation im Sinne von kollektivem Empowerment sowie den Aufbau von Netzwerken und Kooperationsstrukturen. GWA ist somit immer sowohl Bildungsarbeit als auch sozial- bzw. lokalpolitisch ausgerichtet« (Stövesand, Troxler & Stoik, 2013, S. 21).

»Empowerment« als Aktivierungsstrategie zur Unterstützung Betroffener möchte Benachteiligte zu einem höheren Anteil an Selbstbestimmung bemächtigen. Aus dem Blick gerät dabei jedoch, dass die Zuschreibung von Benachteiligung eine kulturelle Konstruktion ist: »Indem sie bestimmten Personen oder Personengruppen ein Gefühl der Ohnmacht zuschreibt und sie zu Adressaten von Empowermentmaßnahmen erklärt, definiert sie, was das Problem und wer davon betroffen ist« (Bröckling, 2007, S. 193).

Empowerment

Aufbauend auf dem Verständnis der gesellschaftlichen Perspektiven sollen Menschen in der Form zu selbstverantwortlichem Handeln befähigt werden, die ihnen hilft, in ihren eigenen Lebenswelten authentisch zu bleiben. Im Fall der Bewohner:innen der Wohngemeinschaft Bonameser Straße ist zu konstatieren, dass selbstständige Handlungen und das eigenständige Lösen von Problemen bereits einen hohen Stellenwert in deren Wertekanon einnehmen.

An dieser Stelle sei beispielhaft eine weitere Begebenheit angeführt, die gerne selbstbewusst vorgetragen wird: Dieter Gärtner und dessen Familie wurden und werden nicht nur wegen seines Engagements für die Siedlung und seiner Investitionen geschätzt. Voller Stolz berichtete er von einer Begebenheit, bei der zwei Männer aus der Bonameser Straße in Frankfurt-Eschersheim nachts mit einem technischen Defekt an ihrem Wagen auf der Autobahn liegenblieben. Sie wünschten sich nicht etwa einen Pannendienst herbei, sondern ihren blinden Freund und Nachbarn Dieter Gärtner aus ihrem besonderen Wohngebiet. Der konnte nämlich technische Probleme am Motor erfolgreich mit einem Holzstiel diagnostizieren. Das Holz diente dabei der Übertragung der Geräusche, die er als Blinder zuordnen konnte.

Deutlich wird hier die Diskrepanz zwischen der Zuschreibung von Angehörigen der Mehrheitsgesellschaft und dem Verständnis von Angehörigen der Minderheit. Die Reisenden sehen sich zu einem großen Teil nicht als ohnmächtige Mitglieder der Gesellschaft, sondern als eine Gruppe, denen die Anerkennung für ihre Leistungen und die Unterstützung für ihre Lebenswelt verwehrt werden. Die Erkennung dieses bedeutenden Unterschiedes liegt in einem Forschungsprojekt begründet, zu dem mich meine beruflichen Einblicke bewegten. Als Anstoß hierzu sind die widersprüchlichen Situationen zu nennen, mit denen ich konfrontiert wurde und die nach meinem Verständnis einer genaueren Betrachtung bedurften. Deutlich wurde dabei, dass die Reisenden über eine sehr hohe Milieumobilität verfügen und keinesfalls nur am gesellschaftlichen Rand zu verorten sind.

Die gewonnenen Erkenntnisse aus dem Forschungsprojekt zur sozialen Wirklichkeit und der Lebenswelt in der Wohngemeinschaft Bonameser Straße konnten gemeinsam mit den an der Studie beteiligten Bewohner:innen in Form von Publikationen, Ausstellungen, Vorträgen und Videobeiträgen der interessierten Öffentlichkeit zugänglich gemacht werden. Diese wurden und werden von Privatpersonen und politisch Verantwortlichen mit großem Interesse aufgenommen. Zusätzliche Aktivitäten, wie die Instandsetzung von Schaustellergeschäften oder das Projekt »Koffer-Circus«, bei dem Kinder und Jugendliche selbst zu Artist:innen werden konnten, schufen Begegnungen mit dieser eigensinnigen Lebenswelt. Für alle Beteiligten war damit eine Weiterentwicklung zu erkennen. Deutlich wurde, dass die eigenen Machtbefugnisse und das eigene Handeln mit einer Erweiterung einhergehen können. Vor allem bei den Personen, die an der Ausgestaltung der Projekte beteiligt waren, sind Synergieeffekte zu beobachten, die Versöhnung und Ausgleich versprechen. Rückblickend ist festzustellen, dass die Erkenntnisgewinne zur sozialen Wirklichkeit der ambulanten Gewerbetreibenden und deren Präsentation wesentlich zur Akzeptanz dieser Lebenswelt beigetragen haben.

Das Arbeitsfeld der Gemeinwesenarbeit selbst ist eingebettet in eine Arbeitswelt mit sich wandelnden Anforderungen. Zu einer expliziten und impliziten Zielvorgabe hat sich die Entfaltung des »unternehmerischen Selbst« entwickelt. Für die gesellschaftlichen Akteur:innen stellt dies die Voraussetzung dar, um im gemeinsamen Wettbewerb bestehen zu können. Vor diesem Hintergrund muss eine wichtige Intention des diakonischen Handelns neu betrachtet werden: die Stärkung der handelnden Subjekte. Im Folgenden sollen daher zwei Aspekte aufgegriffen werden, die für die diakonischen Handlungsfelder von zentraler Bedeutung sind: die von dem französischen Philosophen Michel Foucault als »Gouvernementalität« bezeichnete korrespondierende Bereitschaft, sich einer Macht zu unterwerfen, sowie die Entwicklung der Programmatik des »unternehmerischen Selbst«.

Gouvernementalität und Pastoralmacht

Mit »Gouvernementalität« bezeichnet Foucault die Bereitschaft der Menschen, sich in einer bestimmten Form regieren zu lassen. Von der christlichen Pastoral geht ein von ihm analysierter Weg aus:

> »Die christliche Pastoral bzw. die christliche Kirche, insofern sie eben eine spezifische pastorale Aktivität entfaltete, hat die einzigartige und der antiken Kultur wohl gänzlich fremde Idee entwickelt, daß jedes Individuum unabhängig von seinem Alter, von seiner Stellung sein ganzes Leben hindurch und bis ins Detail seiner Aktionen hinein regiert werden müsse und sich regieren lassen müsse: daß es sich zu seinem Heil lenken lassen müsse und zwar von jemandem, mit dem es in einem umfassenden und zugleich peniblen Gehorsamsverhältnis verbunden sei« (Foucault, 1992, S. 9f.).

Dieser Typus erinnert an das »Hirt–Herde«-Motiv, bei dem der Pastor, dessen Bezeichnung aus dem kirchenlateinischen *pastor* (»Seelenhirte«) abgeleitet wurde, die ihm anvertrauten Seelen beschützt und versorgt, zugleich aber auch

Macht und Kontrolle ausübt. Über Jahrhunderte hinweg steuerte dieser Leitgedanke die innerkirchlichen Beziehungen zwischen dem »Hirten« und seinen »Schäfchen«. Der Typus der »pastoralen Macht« kann dabei als eine Mischung aus Fürsorge und Kontrolle charakterisiert werden. Prototypisch steht der Wohlfahrtsstaat für die säkulare politische Erscheinungsform dieser Machtdynamik. Einerseits dienen die staatlichen Systeme der Absicherung gegen Lebensrisiken, wie Krankheit oder Arbeitslosigkeit, gleichzeitig sichern diese Gefolgschaft und Legitimität (Steinkamp, 1999, 2013).

Der Umbau des Sozialstaates, der in einem engen Zusammenhang mit der Ökonomisierung der Arbeit von sozialen Diensten und Einrichtungen steht, führt zu tiefgreifenden Veränderungen in der Sozialen Arbeit insgesamt. Zunehmend besteht der Auftrag darin, beratende, unterstützende und aktivierende Angebote zu unterbreiten, mit dem Ziel, den Menschen Kompetenzen zur Selbsthilfe zu vermitteln. Als erfolgreich wird die Erfüllung wirtschaftlicher Kriterien angesehen, die zur Verfestigung von Armut führen kann.

Das unternehmerische Selbst als Ideal

Mit dem unternehmerischen Selbst, das man werden soll, zeigt Ulrich Bröckling den kategorischen Imperativ der Gegenwart auf. Nahekommt man diesem Ideal, wenn man in allen Lebenslagen flexibel, kreativ, eigenverantwortlich, risikobereit und kundenorientiert handelt. Die Ambivalenz zeigt sich darin, »dass die gegenwärtige Ökonomisierung des Sozialen den Einzelnen keine Wahl lässt, als fortwährend zu wählen zwischen Alternativen freilich, die sie sich nicht ausgesucht haben: Sie sind dazu gezwungen, frei zu sein« (Bröckling, 2007, S. 12).

In den Arbeitsfeldern der Sozialen Arbeit wird dieses Ideal in Form einer sozialwirtschaftlichen Neubestimmung sichtbar, bei der es in einer Dichotomie von Hilfe und Kontrolle im SGB vermehrt darum geht, vereinbarte Hilfemaßnahmen umzusetzen und die Adressat:innen zu eigenem Handeln zu befähigen. Damit einher geht eine Entfernung der in der Sozialen Arbeit tätigen Professionellen von Parteilichkeit mit sozial Benachteiligten. Dieses Spannungsfeld gilt es, im Blick zu behalten. Nach Foucault verfolgt Disziplinierung das Ziel der effizienten Ökonomisierung, um Menschen in ihrer erwünschten Leistungserbringung zu steigern (Foucault, 2017, S. 228f.). Die vorherrschenden Diskurse sowie die von Institutionen verwalteten dominanten Konstruktionen sozialer Probleme müssen deshalb dahingehend analysiert werden. Außerdem muss danach gefragt werden, in welchen Bereichen Interessen negiert werden und inwiefern normalisierende, disziplinierende und ausschließende Momente mit bestehenden Kategorisierungen einhergehen.

Mit den beschriebenen Veränderungen und Anforderungen gehen neue Herausforderungen einher, die gleichzeitig eine Chance eröffnen, ein neues Selbstverständnis zu entwickeln. In den diakonischen Handlungsfeldern bleiben viele ungelöste Aufgaben. Wie sehen diese aus und wie steht es um die Verantwortung der Kirche für die Not in der Gegenwart?

Komplexität und Widersprüchlichkeit des Arbeitsfeldes

Die Arbeit mit Ausgegrenzten ist durch eine hohe Komplexität und Widersprüchlichkeit gekennzeichnet. Für die Auftrag- und Finanzierungsgeber:innen stellt die GWA in der Regel ein Instrument zur Durchsetzung und Legitimation von Umstrukturierungsmaßnahmen dar, bei denen die belastenden Folgen für die Bevölkerung zum Teil vermieden oder sozial abgemildert werden sollen. Demgegenüber stehen die Problemwahrnehmung der von den Planungen Betroffenen und der Anspruch der professionellen Anwalts- bzw. Aktivierungsfunktion der Sozialpraktiker:innen (Buck, 1982, S. 168ff.). Professionell Tätige in der Sozialen Arbeit müssen aus relevanten Aufgaben bedürfnisorientiert und zielführend auswählen. In der Praxis geht dies mit einer ethischen Haltung der Partizipation und der Orientierung an den Bedürfnissen der Zielgruppen einher, deren Geschichte der Ausgrenzung in der Regel von Kränkung und Bedrohung bis hin zur Vernichtung in der Ära des Nationalsozialismus bestimmt war. Es liegt nahe, Partei für die Betroffenen zu ergreifen. Geschieht dies unreflektiert, kann sich die weitere Entwicklung problematisch gestalten.

Die in der Wohngemeinschaft Bonameser Straße lebenden Menschen sind aufgrund ihrer von der Norm der Mehrheitsgesellschaft abweichenden Lebensweise seit Generationen von Diskriminierung und Ausgrenzung betroffen. Gleichzeitig übernehmen sie wichtige Tätigkeiten in unserer Gesellschaft und entwickelten generationsübergreifend Strategien zum Umgang mit der Ausgrenzung. Hierzu zählt ein starker familiärer Zusammenhalt.

Stellvertreter:innen der Mehrheitsgesellschaft, die den Versuch unternehmen, Reisende zu disziplinieren, werden mit Argwohn betrachtet. In der Praxis zeigt sich, dass die Gesetze und Regeln der Mehrheitsgesellschaft bekannt sind. Der größte Teil der ambulanten Gewerbetreibenden respektiert diese in gleichem Maße, wie Angehörige der Mehrheitsgesellschaft dies tun. Zusätzlich aber haben die Angehörigen der ausgegrenzten Gruppe eigene Regeln, die in einem ausgeprägten Gruppenzusammenhalt zum Ausdruck kommen. Trotz einer ausgeprägten beruflichen Konkurrenzsituation vergeben Gruppenangehörige untereinander Aufträge und erhielten und erhalten sich weiterhin ein Hilfesystem aus vorindustrieller Zeit. Ein beruflich Reisender sprach von Angehörigen seiner Gilde und verweist damit auf diese Zusammenhänge, in denen Angehörige immer willkommen sind. Gerät jemand in Not, wird selbstverständlich geholfen. Diese Einblicke wurden mir im Rahmen von Projekten gewährt, bei denen die Reisenden in ihrer wirtschaftlichen Existenzsicherung unterstützt wurden. Mit der Instandsetzung von Schaustellergeschäften oder der Entwicklung von Zirkusprojekten wurden die Menschen mit ihren Anliegen gesehen und verstanden. Damit gingen wechselseitige Lernprozesse einher, zu denen neben schwierigen Entscheidungssituationen auch widersprüchliche Situationen entstanden sind, z. B. wenn Wünsche und Bedürfnisse mit kulturellen Spannungen und/oder Differenzen zur Mehrheitsgesellschaft einhergehen. Als in diesem Feld professionell Handelnde wurde ich damit konfrontiert, diese nicht nur zu sehen, sondern auch kognitiv zu verstehen und emotional auszuhalten. Notwendig ist hierbei die Fähigkeit der »Ambiguitätstoleranz«, um die durch Widersprüche und kulturelle Unterschiede entstehende Spannung kognitiv begreifen und affektiv bewältigen zu können.

Als Mitarbeiterin des Diakonischen Werkes werde ich als Vertreterin der Mehrheitsgesellschaft wahrgenommen. Vermutlich haben mich die auf dem WSP lebenden Menschen lange kritisch und ängstlich betrachtet – und/oder tun es auch heute noch. Immer wieder habe ich von Einzelnen Unterstützung erfahren, indem sie mir Zusammenhänge erklärt und Fragen beantwortet haben. Da die Frauen innerhalb der Familien den Ton angeben und ich von einzelnen Frauen Unterstützung erfahren habe, gehe ich davon aus, dass ich als Frau davon profitieren konnte. So habe ich einen Zugang zu den innerfamiliären Bereichen erhalten. Bezüglich der Familien vermutete ich vorab z. B., dass die Fürsorge gegenüber den Familienmitgliedern weniger stark ausgeprägt wäre als in Familien der Mehrheitsgesellschaft. Das Gegenteil ist in der Regel der Fall, wie bereits ausgeführt wurde. Auffällig ist weiterhin, dass viele Menschen ausdrücklich lebenspraktisch an die bestehenden und aufkommenden Fragestellungen herangehen, was ich ebenfalls nicht erwartet hatte. Zu nennen sind hier beispielhaft die Antragsstellung, das Ausfüllen von Formularen oder die Umsetzung von Baumaßnahmen für altersgerechtes Wohnen. In einer Welt, in der die erfolgreiche Händler:in das größte Prestige erhält, wird beim Handeln versucht, das bestmögliche Ergebnis zu erzielen. In Bezug auf das Sozialgesetzbuch ist der Handlungsspielraum jedoch begrenzt und das kann zu aggressiven Reaktionen führen, insbesondere wenn das Gegenüber sich die Bewilligung zusätzlicher Leistungen oder Mittel erhofft. Führen diese zu einem Spannungsverhältnis, das der Professionalität entgegensteht, ist eine Lösung anzustreben, die zunächst einmal von der professionell handelnden Person ausgeht. Bourdieu bezeichnet dieses Dilemma als eine nichtlösbare Aufgabe, die im Feld der Sozialen Arbeit strukturell angelegt ist: »Die Antinomie zwischen der Logik der Sozialarbeit, die nicht ohne einen gewissen prophetischen Aktivismus oder eine inspirierte Freiwilligkeit funktioniert, und derjenigen der Bürokratie mit ihrer Zucht und ihrer Vorsicht« (Bourdieu & Accardo, 1998, S. 219) wird in Form von Widersprüchlichkeiten deutlich, welche in einem Spannungsverhältnis zum Ausdruck kommen. Diese bestehen zwischen dem Ansatz der Sozialen Arbeit, der überwiegend durch Innovation und Überzeugungsarbeit gekennzeichnet ist und auf eine Beziehungsarbeit aufbaut, und den Ansätzen der beteiligten Institutionen und Akteur:innen, deren Bürokratie sich in der Regel durch »Zucht und Vorsicht« auszeichnet (ebd.).

Die gesamtgesellschaftliche Entwicklung lässt das Diakonische Werk zunehmend zu einer diakonischen Unternehmung werden, das zu einem großen Teil auf Grundlage der Sozialgesetzbücher tätig ist. Zunehmende Qualitätsprozesse gehen mit einer erheblichen Arbeitsverdichtung sowie Beschleunigung einher und diakonische Unternehmen können sich in Situationen wiederfinden, in denen Hilfebedürftige ebenso wie Mitarbeitende vor allem als Kostenfaktoren betrachtet werden. Geblieben ist der Anspruch, dem Ziel zu dienen, Menschen in einem vertrauensvollen Klima zu einem eigenständigen Leben zu ermutigen (EKD, 2008). In der Praxis müssen hierzu die Erfahrungen der Arbeitswirklichkeit reflektiert werden. Um dem Anspruch der Förderung von Autonomie und Verantwortung gerecht zu werden, die den Menschen dabei hilft, in ihren Verhältnissen authentisch zu bleiben, sind auch die Risiken in den diakonischen Handlungsfeldern zu analysieren. Gleichzeitig müssen die Ohnmacht, die Betroffenen zugeschrieben wird, und deren Übertragung auf die professionell Tätigen sichtbar gemacht werden, um Arbeitsstrukturen anpassen und die professionell handelnden Personen stärken zu können. Von großem Nutzen ist dabei die Betrachtung der Arbeits- und Lebenswirklichkeit zur Sicherstellung der Professionalität und der Qualität in Form nachhaltiger Problemlösungen. Eine Möglichkeit zur Erfassung der komplexen sozialen Wirklichkeit mit einem nachhaltigen Nutzen bietet die qualitative Sozialforschung. Indem sie nach den Dynamiken der gesamtgesellschaftlichen Entwicklungen für die betroffenen Menschen, die Organisationen und außerdem für die moderne Gesellschaft fragt, wird gesellschaftliche Verantwortung übernommen, die als ein konstitutiver Bestandteil des Berufsbildes sozialer Dienste und Einrichtungen verstanden wird.

Literatur

Becker, P. (2002). *Verderbnis und Entartung. Eine Geschichte der Kriminologie des 19. Jahrhunderts.* Vandenhoeck & Ruprecht.
Boltanski, L. & Chiapello, È. (2006). *Der neue Geist des Kapitalismus.* Universitätsverlag Konstanz.
Bourdieu, P. (1992). *Die verborgenen Mechanismen der Macht.* VSA.
Bourdieu, P. (2012). *Die feinen Unterschiede* (22. Aufl.). Suhrkamp.
Bourdieu, P. (2014). *Sozialer Sinn.* Suhrkamp.
Bourdieu, P. & Accardo, A. (1998). *Das Elend der Welt.* Universitätsverlag Konstanz.
Bremer, H. & Lange-Vester, A. (2014). *Soziale Milieus und Wandel der Sozialstruktur.* GWV Fachverlage GmbH.
Bröckling, U. (2007). *Das unternehmerische Selbst. Soziologie einer Subjektivierungsform.* Suhrkamp.
Buck, G. (1982). *Gemeinwesenarbeit und kommunale Sozialplanung.* Hofgarten-Verlag.
Castel, R. (2011). *Die Krise der Arbeit. Neue Unsicherheiten und die Zukunft des Individuums.* Hamburger Edition.
Deutscher Städtetag (1979). *Hinweise zur Arbeit in sozialen Brennpunkten.* o. V.
Evangelische Kirche Deutschland (EKD) (Hrsg.). (2008). *Unternehmerisches Handeln in evangelischer Perspektive. Eine Denkschrift des Rates der Evangelischen Kirche in Deutschland.* Gütersloher Verlagshaus.
FAZ (2021). Ein neues Frankfurt gestalten. Koalitionsvertrag 2021–2026. https://dynamic.faz.net/download/2021/Koalitionsvertrag_2021_2026.pdf
Foucault, M. (1992). *Was ist Kritik?* Merve.
Foucault, M. (2017). *Analytik der Macht.* Suhrkamp.
Groh-Samberg, O. (2014). Arbeitermilieus in der Ära der Deindustrialisierung. In H. Bremer & A. Lange-Vester (Hrsg.), *Soziale Milieus und Wandel der Sozialstruktur* (S. 241–265). Springer VS.
Keil, S. (2018). *Soziale Wirklichkeit und Geschichte des Wohnwagenstandplatzes Bonameser Straße in Frankfurt am Main – Prozesse unkonventioneller Habitusbildung in einer besonderen Lebenswelt.* Brandes & Apsel.
Landesarbeitsgemeinschaft Soziale Brennpunkte Hessen (1987). *20 Jahre Spiel- und Lernstuben.* o. V.
Steinkamp, H. (1999). *Die sanfte Macht der Hirten.* Matthias-Grünewald-Verlag.
Steinkamp, H. (2013). In der ideologischen Falle – Supervision und das »unternehmerische Selbst«. *FoRuM Supervision, 41,* 73–81.
Stövesand, S., Troxler, U. & Stoik, C. (2013). *Handbuch Gemeinwesenarbeit. Traditionen und Positionen, Konzepte und Methoden.* Barbara Budrich.
Vester, M., von Oertzen, P., Geiling, H., Hermann, T. & Müller, D. (2001). *Soziale Milieus im gesellschaftlichen Strukturwandel.* Suhrkamp.

Biografische Notiz

Sonja Keil, Dr., ist beim Diakonischen Werk für Frankfurt und Offenbach tätig; sie ist erfahrene Sozialpraktikerin, Lehrbeauftragte und Coach. Außerdem ist sie Mitglied im Verein

»Gegen Vergessen – Für Demokratie«. Mit ihrer sozialwissenschaftlichen Milieuforschung zur Personengruppe der »ambulanten Gewerbetreibenden« promovierte sie in Soziologie und Neuerer Geschichte. Die Studie gibt Einblicke in ein Themengebiet, zu dem bislang so gut wie keine wissenschaftlichen Erkenntnisse vorliegen.

»Gleichwürdigkeit« in der Frühpädagogik – ein hoher Anspruch in täglicher Gefahr

Heike Baum

Seit Jahren ist die Kindertagesbetreuung immer wieder im Fokus der Öffentlichkeit. Das Bild, das sich dort abzeichnet, lässt sich häufig als »tragisch« bezeichnen: Übergriffe und Gewalt gegenüber Kindern, Personalnotstand der dazu führt, dass Betreuungszeiten und sogar ganze Gruppen geschlossen werden müssen und arbeitende Eltern sofort die Kinderbetreuung neu organisieren müssen. Daneben steht der hohe Anspruch an die Pädagogik heute, die gleichwürdig und bildungsreich für Kinder sein soll – ein Spagat, von dem Fachkräfte schon seit Jahren sagen, dass er nicht mehr zu bewältigen ist. Gerade deshalb ist es wichtig, diesen Artikel zu schreiben und auf die im System liegenden Themen hinzuweisen, die es den Fachkräften schwer machen, qualitativ sehr gute Arbeit zu leisten für die vulnerablen unter uns, die jungen Kinder. Und es ist gut, dass bei den letzten Korrekturen dieses Artikels das Buch *Kita(r)evolution. Zeit für Veränderung* (Hohmann et al., 2023) erscheint, das zeigen will, wie es anders gehen kann.

Den Begriff der »Gleichwürdigkeit« entlehne ich von Nicole Wilhelm (2019). In diesem Beitrag werden Kindertagesbetreuungseinrichtungen (Krippe, Kindertagesstätte, Hort) aus mehreren Perspektiven in den Blick genommen. Ich arbeite vorwiegend in diesem Feld, als Fortbildnerin, Supervisorin, Balintgruppenleiterin und Prozessbegleiterin. Immer wenn es einen Verdacht gibt, dass das Wohl der Kinder bedroht oder missachtet sein soll, muss es eine Meldung beim Landesjugendamt (§47 SGB VIII) durch die Träger geben: Das Landesjugendamt nimmt dann seine Beratungstätigkeit auf, um diesen Missstand schnellstmöglich zu überprüfen und ihn in Kooperation mit den Trägern aufzuheben.

Der institutionelle Kinderschutz ist seit wenigen Jahren ein dominantes und omnipräsentes Thema. Mein Schwerpunkt in diesem Artikel ist die Frage, wie seitens der Organisationen der Frühpädagogik selbst eigenes übergriffiges Verhalten und Gewalt gegen Kinder in der KiTa (Kindertagesbetreuungseinrichtung) befördert werden. Die Ursachen sind hochkomplex und vielfältig, weshalb ich diese Arbeit nur als eine Annäherung an die Thematik verstehe.

Zum Grundverständnis

Ich blicke hier vor allem auf KiTas, in denen das Kindewohl nicht aktiv gestaltet und damit Fehlverhalten von pädagogischen Fachkräften (FK) auch nicht aktiv verhindert wird. Es sind Einrichtungen, in denen Fehlverhalten passiert und oft über lange Zeiträume ignoriert oder geduldet wird. Selbstverständlich gibt es auch Einrichtungen, in denen hohe Standards gelten und umgesetzt werden. Hier jedoch möchte ich Faktoren in den Blick nehmen, wie das System und die FK selbst zu Grenzverletzungen beitragen.

Eine Realität ist hervorzuheben: Es gibt eine hohe Qualität in Kindertageseinrichtungen. Im Alltag einer pädagogischen FK gibt es viele Situationen, in denen sie herausgefordert ist, trotz aller Belastungen responsiv, also feinfühlig und angemessen mit Kindern umzugehen. Dies können viele FK aufgrund ihrer inneren Haltung und durch die Unterstützung von Trägern, Eltern und Leitung leisten. Mit »Haltung« ist hier gemeint, dass die FK über einen Werte- und Normenkanon verfügt, der es ihr ermöglicht, Kindern nicht nur wertschätzend, sondern »gleichwürdig« zu begegnen und ihre Integrität (Wilhelm, 2019) nach Möglichkeit nicht zu verletzen. Diese Haltung ist verbunden mit aktuellen entwicklungspsychologischen und neurobiologischen Erkenntnissen in Bezug auf Lernen sowie Bindung und Beziehung. Nach Gerald Hüther (2011, 2019) sind wesentliche Grundbedürfnisse des Menschen Verbundenheit und Wachsen-Können.

Die bewusste Beziehungsgestaltung der FK mit den Kindern beruht auf Fähigkeiten wie
➤ mit dem Kind in Beziehung zu treten,
➤ sich dem Kind als Interaktionspartner:in anzubieten,
➤ die Beziehungssignale der Kinder wahrzunehmen, sie zu deuten und feinfühlig darauf zu reagieren sowie
➤ Interaktionen der Kinder untereinander beziehungsstiftend zu begleiten.

Der Aspekt des Wachsen-Könnens braucht vor allem Freiheit: Kinder, die frei von Stress sind, die sich geborgen fühlen und Zeit haben, ihre Bildungsprozesse selbstwirksam zu verfolgen, sind glücklicher, lernen schneller und nachhaltiger, wie in der NUBBEK-Studie (Tietze, Becker-Stoll & Bensel, 2013) herausgearbeitet wurde.

Im Alltag erkennen Kinder dies daran, dass die FK mit ihnen im gleichwürdigen Dialog sind, dass sie in allen Belangen, die sie selbst betreffen, echte Partizipation erleben, dass sie geachtet und respektiert werden und dass sie gewollt sind. Ihre Bedürfnisse werden »responsiv« beantwortet (Remsperger, 2011). Darüber hinaus wissen die Kinder, dass sie jederzeit »nein« sagen können, an Tagen, an denen es ihnen nicht gut geht, genau darin »Zumutungen« sein dürfen und bei ihren Entwicklungsaufgaben jederzeit Unterstützung finden.

Neue Erkenntnisse über die Entwicklung von Kindern und die Idee einer gelungenen Kindheit in Kindertageseinrichtungen sind in folgenden Bereichen zentral:
- Frühpädagogik und Entwicklungspsychologie,
- politische und gesetzlich verankerte Entscheidungen zum Thema Kindeswohl, Beschwerdeverfahren und Partizipation,

Die strukturelle Folge sollte deshalb in Zukunft sein: Die Träger sorgen für mehr Fachlichkeit in der Trägerschaft.

Frühpädagogik und Entwicklungspsychologie

Diese beiden Aspekte – in Beziehung zu sein und die Kinder wachsen zu lassen – sind für pädagogische FK sehr zentral und gleichzeitig herausfordernd, weil sie ein reflektiertes und aktiv-passives Verhalten voraussetzen. Dabei spielt der Begriff der Selbstwirksamkeit eine wesentliche Rolle.

»Aktiv-Passiv« bedeutet, dass die FK das Kind aktiv beobachtet, mit dem Kind innerlich verbunden ist, genau wissen möchte, was das Kind im Moment will, was es braucht und was es kann (Orientierungsplan Baden-Württemberg, 2014). Innerlich dabei zu bleiben und nicht gedanklich abzuschweifen, ist eine der schwierigsten Aufgaben für pädagogische FK. Wenn das gelingt, erfährt das Kind Selbstwirksamkeit, fühlt sich in seinem Tun bestärkt und in der Beziehung gut aufgehoben.

Passivsein bedeutet, je nach Situation und Alter der Kinder, nicht zu schnell einzugreifen, den eventuellen Konflikt aufmerksam zu beobachten und nur dann einzuschreiten, wenn die Kinder die Unterstützung einfordern. Das bedeutet, sich selbst zurückzunehmen, auch wenn Kinder vermeintlich »einen Fehler« machen.

Ein Bildungsverständnis, demzufolge viele Angebote und Projekte zu viel

Wissenszuwachs bei Kindern führen würden, ist daher eher als ein Versuch zu verstehen, sich selbst als fleißig und kompetent zu erleben. Die aktuelle Hirnforschung verweist darauf, dass die intrinsische Motivation, die selbstgesuchte Herausforderung, das selbsttätige Tun in einer ansprechenden, anregenden Umgebung mit selbstwirksamen Erlebnissen und Möglichkeiten das sind, was Synapsen schnell wachsen lässt, das Lernen also befördert.

Politische und gesetzlich verankerte Entscheidungen zum Thema Kindeswohl, Beschwerdeverfahren und Partizipation

Ein weiteres Ergebnis aus der Entwicklungsforschung ist, dass Kinder nicht nur kompetent, kooperationswillig und Konstrukteur:innen ihrer eigenen Lebenswirklichkeit, sondern auch vulnerabel sind. Der »kompetente Säugling« (Dornes, 2001) ist kompetenter, aber auch verletzlicher, weil er sensibler und durchlässiger ist (in dem Sinne, dass er emotional auf Unterstützung angewiesen ist), als lange angenommen.

Wenn ein Kleinkind Konstrukteur:in der eigenen Entwicklung ist, braucht dieses Kind Erwachsene, die nicht nur seine Grundbedürfnisse gut versorgen, sondern ihm auch den Freiraum lassen, die eigene Entwicklung zu gestalten.

Auf diese komplexen Anforderungen der pädagogischen Arbeit versuchen Politik und Gesellschaft zu reagieren. Dazu wurden
- Ausbildungen und Lehrpläne für die pädagogischen FK in allen Kindertagesbetreuungseinrichtungen (auch in der Tagespflege) verändert,
- Programme wie »Frühe Hilfen«, »Kita Einstieg« u. a. konzipiert und etabliert,
- Familienbesucherdienste und Familienhebammen ausgebildet sowie
- in der Presse und in Filmdokumentationen vermehrt auf das Thema Kindeswohlgefährdung im häuslichen und institutionellen Bereich aufmerksam gemacht.

Das Bewusstsein darüber, was Kindeswohl bedeutet und wie latent gefährdet es dauerhaft ist, ist in der Gesellschaft derzeit groß. Ein Meilenstein ist das im Jahr 2021 novellierte Bundeskinderschutzgesetz: Alle Einrichtungen der Kinder- und Jugendhilfe sind verpflichtet, ein einrichtungsbezogenes Schutzkonzept (§45, Abs. 4 SGB VIII) zu entwickeln. Diese beinhaltet u. a. formale Wege bei Fehlverhalten von FK und die Beschreibung der Risiko-Potenzialanalyse innerhalb der Einrichtungen.

Gesetzlich verankert ist u. a.:

➤ Kinder sind Träger eigener Rechte von Geburt an (§1 BGB);
➤ sie haben das Recht auf eine gewaltfreie Erziehung (§1631, Abs. 2 BGB);
➤ es gibt einen Schutzauftrag bei Kindeswohlgefährdung im familiären Umfeld (§8a SGB VIII);
➤ eine systematische Installation von Partizipationsverfahren gibt Kindern das Recht auf Beschwerde und Mitsprache in allen sie betreffenden Belangen (§45, Abs. 2 Nr. 3 SGB VIII; §13 KiBiz) sowie
➤ die Rechte der Kinder (Bundesministerium für Senioren, Familie und Jugend, 2014).

»Im Sinne einer Arbeitsdefinition kann ein am Wohl des Kindes ausgerichtetes Handeln als dasjenige bezeichnet werden, welches die an den Grundrechten und Grundbedürfnissen von Kindern orientierte, für das Kind jeweils günstigste Handlungsalternative wählt« (Maywald, 2019, S. 9).

Das »Kindeswohl« ist also gewährleistet, wenn das Kind in seiner individuellen Entwicklung gefördert wird und sozial-emotional angemessene Antworten auf seine Bedürfnisse erhält.

»Kindeswohlgefährdendes Verhalten« ist ein Verhalten von Fachkräften, das für das Kind nicht hilfreich oder gar schädigend ist. Lange wurde nicht-hilfreiches Verhalten im Modell einer Verhaltensampel mit der Farbe Gelb versehen und damit weder als hilfreich noch als schädigend eingestuft. Die Sensibilisierung für dieses Thema und die nachhaltigen Auseinandersetzungen im Feld haben inzwischen dazu geführt, dass bereits die Verweigerung von hilfreicher Unterstützung eines Kindes durch eine Bezugsperson als »kindeswohlgefährdend« eingestuft werden kann.

Was das »Kindeswohl« genau bedeutet, ist vom Gesetzgeber nicht ausdrücklich definiert. Im Fachdiskurs hat sich jedoch ein allgemein anerkanntes Verständnis der verschiedenen »Schweregrade« der Gefährdung des Kindeswohls durchgesetzt: »Grenzverletzungen« geschehen häufig unbeabsichtigt. Die FK sieht, dass ein Kind noch nicht einschätzen kann, wann z. B. das Glas voll ist, und greift spontan, aber unüberlegt ein. Dies kann mit einer Entschuldigung und von nun an bewusster angelegten Tischsituationen behoben werden. Doch es gibt auch FK, die in ihrem Handeln bewusst viel Anpassung von den Kindern verlangen: Grenzverletzungen sind quasi ein Teil ihres eigenen pädagogischen Konzeptes. Kindern wird dann ungefragt die Nase geputzt, es wird Soße über die Nudeln gegeben, obwohl das Kind sich selbst keine Soße nehmen wollte usw. Wenn FK diese Grenzen bewusst und regelmäßig überschreiten, können sie als Übergriff gewertet werden.

»Übergriffe« sind starke oder häufiger vorkommende Grenzverletzungen. Dazu gehört, Kinder verbal zu beschämen, sie körperlich fest anzupacken, ironische Bemerkungen zu machen oder auch Kinder mit der Begleitung von FK gegen ihren Willen aus einer Gruppensituation auszuschließen. Es wird als Übergriff gewertet, wenn das Kind durch eine Fachkraft beim Ausschluss begleitet wird.

Gewalt liegt dann vor, wenn das Kind dabei alleine gelassen ist. Grundsätzlich lassen sich unter »Gewalt« Handlungen verstehen, die strafrechtlich verfolgt werden und werden müssen. Es gibt psychische, körperliche und sexualisierte sowie strukturelle Gewalt. Auch Zwang, Vernachlässigung jeglicher Art, das Ignorieren der Bedürfnisse von Kindern, Kinder ohne Begleitung aus der Gruppensituation auszuschließen, sie zum Essen oder Schlafen zu zwingen o. ä. werden als »Gewalt« gewertet. Nur in den Fällen, in denen ein Kind akut von einer Gefahr bedroht ist, darf eine FK auch beherzt zugreifen, z. B. wenn ein Kind über eine befahrene Straße rennen will.

Offene und verdeckte Formen der Gewalt sind Teil der Lebenswirklichkeit in KiTas: Astrid Boll und Regina Remsperger-Kehm (2021) beschrieben in einer Studie, dass rund 20 Prozent der befragten Leitungskräfte grenzverletzendes Verhalten bei Kolleg:innen häufig beobachten: Die Resultate der qualitativen Studie seien »erschreckend«, so Regina Remsperger-Kehm in einem Interview.[1] Immerhin – so die Studie – entschuldigen sich die Hälfte der FK bei den Kindern. Dies könnte bedeuten, dass das Bewusstsein wächst.

Es gibt aber auch KiTas, in denen die FK ganz selbstverständlich ihre Macht (körperlich, oder mit ihrem Wissen usw.) einsetzen, um über Kinder zu bestimmen oder sie zu »lenken«, wie sie das selbst nennen. Die FK beschreiben häufig, dass sie dann zufrieden sind, wenn die Kinder unter ihrer Anleitung etwas gestaltet oder erlebt haben. Dabei ist diese Form der Angebote für alle Kinder verpflichtend und die FK bringt den Kindern dabei etwas bei. Dies entspricht ihrem Verständnis von Bildung, wie im Bild des Nürnberger Trichters. Kinder werden so jedoch zum Objekt der Vorstellungen, Erwartungen und Bewertungen der Erwachsenen. Ihnen wird eine eigene, individuelle, intrinsisch motivierte Selbstbildungskraft abgesprochen. Wenn die FK über die Bedürfnisse der Kinder hinweggeht, ist dies verdeckt und dennoch macht- und gewaltvolles Handeln. Machtvolles Verhalten zeigt sich auch in Sätzen wie »Du ziehst die Mütze auf, sonst gehst du nicht raus!« oder »Wenn du nicht aufräumst, bekommst du keinen Nachtisch!« In der Begleitung zur Erstellung eines Schutzkonzeptes sind solche

---

1 Siehe dazu https://www.erzieherin.de/studie-ueber-verletzendes-verhalten-in-kitas-veroeffentlicht.html

Sätze häufig Gegenstand der Diskussionen. Das grenzverletzende Verhalten liegt sowohl in der Drohung als auch in der Bestrafung. Sagt das Kind »nein«, kann es nicht in den Garten gehen oder bekommt keinen Nachtisch. Dem Kind bleibt kein Handlungsspielraum, es kann die Situation nicht mitgestalten und fühlt sich ausgeliefert. Kinder kooperieren, weil sie sich damit die Zugehörigkeit und Zuneigung von den FK sichern wollen, und »fügen« sich letztlich doch, auch entgegen ihrer eigentlichen Bedürfnisse. Das regelmäßige Erleben der dadurch ausgelösten Insuffizienzgefühle entmutigt Kinder und setzt sie unter Spannung: Der Abbau dieser Spannungen geschieht dann häufig über konflikthafte Interaktionen und führt in der Regel zu weiteren Ermahnungen, Bloßstellungen oder gar Bestrafungen. Kinder haben jedoch das Recht, mit den anderen Kindern im Garten zu sein, und der Nachtisch ist ihr Eigentum.

Kinder zu isolieren, ist eine Form »emotionaler Gewalt« (Schneider, 2020, S. 218), Kindern Essen zu verweigern, ist eine Form der Vernachlässigung. Subtiler gehen Fachkräfte vor, wenn sie Kinder ignorieren, über die Trennwand in die Toilette schauen, bewusst einen kalten Waschlappen nehmen, um den Po abzuwaschen, oder auch mit Kolleg:innen schlecht über die Eltern des Kindes reden, während dieses das hört. Die Formen von Zwang und Gewalt sind vielfältig – und alltäglich!

Auch aufgrund dieser gesetzlichen Veränderungen erkennen Kommunen und Stadtverwaltungen sowie freie Träger mehr und mehr, dass die Verwaltung und Begleitung von KiTas eine hohe Fachlichkeit verlangen. Deshalb werden zunehmend Verwaltungsservicegesellschaften gegründet und Fachberatungen eingestellt. Bisher lag die Trägerschaft bei den Hauptamtsleiter:innen der Kommunen oder im Fall von kirchlichen Trägern bei den Pfarrer:innen. Diese verfügen nur in seltenen Fällen über Fachwissen oder haben in der Regel nicht die Zeit, sich in das Geschehen einer KiTa einzuarbeiten. Es ist ein hoffnungsvolles Zeichen, wenn auch hier die Qualität der pädagogischen Arbeit mit Kindern mehr in den Blick rückt und Menschen eingestellt werden, die sowohl das Fachwissen als auch die zeitlichen Ressourcen zur Verfügung haben.

Organisationsdynamische Aspekte

Fallvignette

In einer kleinen Kommune gibt es von unterschiedlichen Eltern immer lauter werdende Kritik, dass in der Kita vor Ort mit den Kindern nicht gut umgegangen werde. Es erscheint ein Pressebericht, der den sehr erfahrenen Hauptamtsleiter aufschrecken lässt. Eine Beratung mit mir als Supervisorin und später als Prozessbegleiterin wird angestoßen. Während meiner Gegenwart in der Hospitation zeigen die pädagogischen FK in zahlreichen Situationen grenzverletzendes Verhalten: Die Kinder werden angeschrien, vor die Tür gesetzt und zum Essen gezwungen. In der »Turnstunde« muss ein Mädchen auf die Toilette. Sie wird dafür von der FK vor allen Kindern gemaßregelt. Als sie die Turnhalle verlässt, müssen alle Kinder auf der Bank sitzen und warten, bis sie zurückkommt. Die Liste ließe sich weiter fortsetzen. Die noch junge Leitung ist seit knapp zwei Jahren in der Einrichtung und wird öffentlich von den FK auch vor Eltern kritisiert. Die Leitung erzählt, sie fühle sich hilflos und nicht ernst genommen. Im Vorgespräch berichtet sie, dass sie seit einem Jahr Supervision im Team installieren möchte, was die Gemeinde aber bis dato mit Blick auf die Kosten abgelehnt hat. Ihre Bemühungen, pädagogische Veränderungen anzustoßen, wird vom überwiegenden Teil der FK boykottiert. Da immer mehr FK kündigen und die Einstellung neuer Mitarbeiter:innen nicht gelingt, wird nun auch das Personal knapp, was durch die pandemiebedingten Kohorten (jede Gruppe bleibt für sich) zu noch mehr Personalengpässen führt und die Belastung der FK nochmals deutlich erhöht.

Der Träger

Es finden zwei erste Gespräche mit dem Hauptamtsleiter ohne die KiTa-Leitung statt: ein Auftragsklärungsgespräch und eines nach der Hospitation. Erst dann und auf mein Anraten hin wird das Landesjugendamt vom Träger informiert. Im Gespräch mit dem Hauptamtsleiter wird schnell klar, dass er nicht versteht, warum in der Kita nicht endlich Ruhe einkehrt; zudem stellt er die Kompetenz der jungen Leitungskraft infrage. Ihm war ebenfalls nicht bewusst, dass er über §47 SGB VIII dazu verpflichtet ist, das Landesjugendamt zu informieren, wenn er Kenntnis von Kindeswohl gefährdenden Verhalten erhält. Im Alltag hat er keinen Kontakt mit pädagogischen Themen, Konzepten und dem, was KiTa heute ist. Er ist nicht nur fachfremd, sondern auch mit vielen anderen Themen (über-)belastet. Dadurch ist er als Vorgesetzter für die Leitung wenig hilfreich. Er ist im Ort gut vernetzt und kennt einige der FK aus seinem persönlichen Umfeld. Eine FK war schon seine »Kindergärtnerin«. Er steht zwar hinter der Leitung und betont das immer wieder, es kam jedoch immer wieder vor, dass FK sich direkt an ihn wandten und er Dinge einfach entschied, ohne diese vorher mit der Leitung zu kommunizieren, z. B., dass in einer knappen Personalsituation eine FK einen freien Tag von ihm genehmigt bekam, den die Leitung zuvor abgelehnt hatte. Ermahnungen oder Abmahnungen lehnt er grundsätzlich ab. Er scheint mit den vielen Fragen und Themen der Leitung, die er gleichzeitig durch sein Agieren immer wieder in ihrer Kompetenz abwertet, überfordert zu sein. Für die FK ist das Verhalten des Hauptamtsleiters eine Erlaubnis, die Leitung nicht so ernst zu nehmen und gerade in pädagogischen Fragen weiterzumachen wie bisher. In meiner Beratung mit dem Team gibt es lange keine Einsicht, warum bestimmtes Handeln ein Fehlverhalten ist oder sein könnte.

Traditionell waren vor allem die Kirchen Träger von KiTas. Ihr Anliegen war es, Kinder schon früh mit dem christlichen Glauben in Kontakt zu bringen. Kommunale Gemeinden haben oft genau aus diesem Grund die offizielle Trägerschaft übernommen, um möglichst wenig ideologisches Gedankengut in der pädagogischen Arbeit zu unterstützen. Für manche Kommunen, allen voran für die Bürgermeister:innen und auch die Vorstände der Wohlfahrtsverbände, bedeutet die Trägerschaft von KiTas aber vermutlich eher eine Chance der Imageverbesserung denn eine entdeckte Leidenschaft zur frühkindlichen Bildung. Auch deshalb sind bei den Trägern bisher wenig Strukturen gewachsen, die die Qualität der Arbeit in den KiTas und damit das Wohl der Kinder in den Mittelpunkt stellen.

KiTas sind Zuschussbetriebe und kosten Geld. Es gibt viele Aspekte, die die Qualität von Kitas erhöhen könnten, von denen viele aus finanziellen Gründen nicht umgesetzt werden. In vielen KiTas gibt es einen hohen Renovierungsstau, selten Personalräume, kaum Computer für die FK, zu wenig Spielgeräte und Spielmaterialien im Verhältnis zur Anzahl der Kinder. FK erleben dies immer wieder als Geringschätzung ihrer Person und ihrer Arbeit. Der stressvolle Umgang mit Situationen, z. B. durch zu wenige Fahrzeuge für die Kinder, kann dazu führen, dass sie grenzverletzend und machtvoll agieren. Die FK legen dann fest, wer, wann und für wie lange auf dem Traktor oder dem geliebten Transportrad sitzen darf. Diese damit entstehende direktive Pädagogik befördert Übergriffe, wie z. B. ein Kind vom Rad zu zerren und Gewalt, wie z. B. ein kleines Kind, knapp zwei Jahre alt, im Regen stehen zu lassen, während die anderen essen, weil es eine Runde zu oft mit dem Fahrzeug gefahren ist. FK sind herausgefordert, mit den wenigen Ressourcen zurechtzukommen, und fordern damit die Kinder heraus; herausgeforderte Kinder aber sind häufiger in einer Überspannung und fordern dann mit ihrem Verhalten wieder die FK heraus. Es ist ein so unglücklicher Kreislauf, dass ich in meinen Beratungen das Gefühl bekomme, am liebsten das ganze System anhalten zu wollen, es solange im Stillstand zu halten, bis alle FK – und die Kinder – sich erholen konnten, um dann nach einer Reflexion den Kindern mehr Raum, Zeit und Selbstbestimmung zu geben. Möglicherweise würden dann in kurzer Zeit eine große Anzahl der herausfordernden Verhaltensweisen von Kindern verschwinden.

Die regelmäßige und gemeinsame Reflexion im Team würde solche Kreisläufe unterbrechen. Doch gespart wird nicht nur am Geld, sondern auch an Besprechungs- und Reflexionszeiten der FK, an Fort- und Weiterbildungen sowie an Supervision. Gleichzeitig ist klar, dass genau diese Investitionen die Qualität der pädagogischen Arbeit am direktesten erhöhen. KiTas sollten »lernende Organisationen« sein, in denen die Mitglieder Lust auf neues Wissen haben, Introspektion lernen, selbstständig ihre Arbeit reflektieren, eine Kultur des Diskurses, eine lösungsorientierte Konfliktkultur und damit eine gelingende Teamkultur entwickeln können. Das würde im besten Falle dazu führen, dass FK eine hohe Arbeitszufriedenheit entwickeln, was die Kinder unmittelbar zu spüren bekommen.

Die Leitung

Die Leitung aus der Fallvignette erzählt in einem Coaching, dass eine Kollegin zu einem vierjährigen Kind gesagt hat: »Wenn du jetzt nicht aufs Klo gehst, dann bleibst du ganz allein über das Wochenende in der KiTa.« Sie hat den Vorfall in einem Zweiergespräch angesprochen, aber es wurde ihr, als Leitung, offen von der Mitarbeiterin ihre Kompetenz, das zu beurteilen, abgesprochen. Sie wandte sich an den Träger – ohne Erfolg: Es gab weder eine Ermahnung noch eine Meldung beim Landesjugendamt. Ohne den notwendigen Rückhalt des Trägers kann die Leitung nicht deutlich machen, dass und welche Ansprüche sie an die Pädagogik der KiTa hat. Die Leitung aus dem Fallbeispiel erlebt das Team als unglaublich mächtig; in vielfältigen Konflikten kommt es zu ständig wechselnden Koalitionen – je nach Interessenlage der einzelnen Mitarbeiter:innen. Es ist also für die Leitung schwer, Verbündete im Team zu finden, die stabil an ihrer Seite stehen und Veränderungsprozesse mittragen, gerade wenn sie dabei selbst ihre Komfortzone verlassen müssen. Veränderungsprozesse aber müssen von allen – auch von den Trägern – mitgetragen werden, sonst werden sie ständig unterlaufen.

Auf den Leitungsebenen von KiTas findet seit einigen Jahren ein massiver Generationswechsel statt. Die berenteten Leitungen waren zum Teil 30 Jahre und mehr in derselben Einrichtung beschäftigt. Die heutigen FK, Amtsleiter:innen und Bürgermeister:innen waren gegebenenfalls selbst als Kind schon in der KiTa und haben dieselbe Leitung erlebt, mit der sie heute zu tun haben. Das ermöglicht, auch nach der Berentung in die Einrichtung »hineinzuregieren«, was die Arbeit der neuen Leitung untergraben kann.

Beginnt eine neue Leitungskraft in einer Einrichtung, die bisher vor allem vom Wohl der Mitarbeitenden geleitet war (jede Gruppe arbeitet, wie sie möchte, Urlaubstage werden bestimmten FK bevorzugt genehmigt, Kinder werden rigide und direktiv angesprochen, u. ä.) und will das verändern, kommt es zu Konflikten mit dem Team, aber auch unter den FK selbst. In einer solchen Situation pädagogische Standards vom Team einzufordern und nicht locker zu lassen, fordert von der Leitung eine gewisse Streitlust und ein großes Selbstbewusstsein. Denn: »Damit Leiterinnen mit ihren Teams zu einer Verständigung und Klärung kommen, brauchen sie eine konsequente Haltung« (Baum, 2022).

In der bereits erwähnten Studie (Boll & Remsperger-Kehm, 2021) werden weitere Merkmale benannt, die dazu führen, dass Leitungen auf das Fehlverhalten von FK nicht reagieren:

➤ Ihnen fehlt das Fachwissen, um die Gefährdung einschätzen zu können;
➤ sie erkennen die sich zuspitzende Situation nicht und haben keine deeskalierenden Strategien;
➤ FK haben kein Vertrauen in die Leitung,
➤ die Leitung bietet keine Reflexionsräume an oder verhindert sie manchmal aktiv;
➤ der Leitung gelingt es nicht, eine angstfreie und fehlerfreundliche Kultur zu etablieren;
➤ sie installiert keine Feedbackkultur;
➤ das Kindeswohl wird nicht aktiv zum Thema gemacht.

In der Anfang April 2022 veröffentlichten DKLK-Studie (Deutscher Kitaleitungs-Kongress) gaben 82 Prozent der Leitungskräfte an, durch ihre Tätigkeit psychisch belastet zu sein.

Die Fachkräfte

In ihrer explorativen Interviewstudie aus dem Jahr 2019 stellt Carola Nürnberg fest:

> »Die Gesamtbelastung von FKn in der Kindertageseinrichtung ist insgesamt als eher hoch zu bezeichnen […]. Kita-FK sind stärker belastet als Personen in anderen

Frauenberufen, sie arbeiten häufiger am Rand ihrer Leistungsfähigkeit als der Gesamtdurchschnitt der berufstätigen Bevölkerung« (Nürnberg, 2019, S. 15).

In der Studie werden u. a. der Lärm, der Renovierungsstau und das nicht-erwachsenengerechte Mobiliar als Belastungsfaktoren genannt. Dazu kommen der immer stärker werdende Personalmangel und der aktuell pandemiebedingte gleichzeitige Anstieg der Kinderanzahl pro Gruppe. Gesellschaftlich fehlt dem Beruf immer noch die angemessene Anerkennung, und auch in der Entlohnung von pädagogischen FK drückt sich zu wenig Wertschätzung aus.

Die vielen Personalausfälle – gerade durch die Pandemie – ziehen einen nicht zu stoppenden Kreislauf nach sich. Diese Faktoren steigern die Arbeitsunzufriedenheit und fördern weiter die Bereitschaft, sich krank zu fühlen. Wenn dadurch FK alleine über mehrere Tage bis zu 25 Kinder in ihrer Gruppe betreuen, können sie wenig mit den Kindern gestalten und ihre Arbeit damit als wenig sinnstiftend erleben.

Als belastend erleben die FK auch, dass sie häufig unter Zeitdruck stehen und ihre Planungen für den Tag über den Haufen werfen müssen. Dabei haben sie sehr oft ein schlechtes Gewissen, weil sie ihren eigenen Ansprüchen und denen der Kinder nicht gerecht werden (können). Die Gefahr, dass die Beziehungsgestaltung dabei in den Hintergrund gerät und das Organisieren des Alltags Priorität hat, steigt so immer mehr. Kinder spüren den Stress der FK und reagieren mit eigenem Stress oder der Suche nach Aufmerksamkeit – auch durch herausforderndes Verhalten.

Der Stress wird zudem durch die enorm gestiegenen Anforderungen erhöht – Übernahme formaler Aufgaben, Elternberatung, Dokumentationen usw. –, die die einzelnen FK übernehmen müssen. Dass die FK in solchen herausfordernden Situationen nicht immer angemessen reagieren können, ist zwar sehr verständlich, dennoch nicht zu dulden.

Anspruchsvoll für FK sind auch die sich verändernden Lebensformen in der Gesellschaft, der Anspruch, die Pädagogik inklusiv und sensibel zu gestalten, vorurteilsbewusst, gendersensibel, nicht-diskriminierend, kultursensibel usw. zu sein. Der Anspruch, allen Kindern und deren Familien und Familiennetzwerken gerecht zu werden, ist häufig ambitioniert. Angesichts der Regenbogenfamilien, der Transgenderkinder, Kinder mit Fluchterfahrung, unterschiedlichsten Behinderungen und Krankheiten wissen die FK manchmal nicht mehr, mit was sie sich nun als erstes befassen sollen, um dieser Vielfalt gerecht zu werden. Hinzu kommt, dass alle Familien ihre eigene Kultur und ihre Bedürfnisse mitbringen. Die damit verbundenen Fachthemen waren vor zehn und mehr Jahren häufig noch gar nicht im Bewusstsein der Pädagogik und damit auch nicht in den Lehrplänen verankert. Das Team einer Einrichtung, das z. B. ein Kind mit einer Autismus-Spektrums-Störung aufnimmt, müsste sich fachlich darauf vorbereiten, mit dem Kind angemessen umzugehen, ansonsten wird die Situation für beide, für das Kind und die FK, eine ständige Belastungsprobe. Nachdem die Neuformulierung des §22a des Kinder- und Jungendhilfegesetzes die Inklusion in allen Einrichtungen voraussetzt, ist es notwendig, in der Ausbildung von pädagogischen FK hier neue Prioritäten zu setzen. So könnte man sagen, dass eine strukturell hohe Grundbelastung eine latente Gefährdung für die Kinder bedeutet, und es braucht oft nur wenig zusätzliche Belastung (beruflich oder privat), dass es zu einer akuten Gefährdung und Verletzung des Kindeswohls kommt.

Boll und Remsperger-Kehm (2021) beschreiben in ihrer Studie weitere Faktoren, die Grenzverletzungen vonseiten der FK befördern können:

- eigene nicht-aufgearbeitete Erfahrungen mit Gewalt,
- aktuelle belastende Lebenssituationen,
- fehlende Alternativen für die Handlungen,
- fehlende Professionalität,
- fehlendes Einfühlungsvermögen,
- fehlender Respekt und Wertschätzung,
- geringe Eignung (personale Kompetenzen),
- unreflektiertes Machtbestreben sowie
- Adultismus, also Machtungleichheit zugunsten von Erwachsenen.

Auch als gut ausgebildete und reflektierende FK begegnen diese Kindern, die mit ihrem Verhalten Irritationen, manchmal sogar Fassungslosigkeit auslösen. Sie erzählen von immer mehr Kindern, die mit wenig Fehlertoleranz und wenig Spannungstoleranz in die Einrichtung kommen. Treffen diese Kinder auf pädagogische FK, die bedürfnis- und kindorientiert arbeiten, werden sie diese Kompetenzen schnell, auch mit dem einen oder anderen Umweg, lernen. Sie erfahren von den FK eine zugewandte, liebevolle, verständnisvolle Emotionsregulation und bekommen Worte für ihre Bedürfnisse, Gefühle und Emotionen. Sie werden durch eine sensible Konfliktassistenz unterstützt und erfahren so Sicherheit und Bestärkung, ihre Grenzen auf konstruktive Weise deutlich zu machen.

In Einrichtungen, die Kinder jedoch eher als Objekte betrachten, kommt es leicht zu verletzendem und machtausübendem Verhalten. Eine Erzieherin, gefragt, warum ein Kind ungetröstet geweint und sie zugelassen hat, dass es immer wieder seinen Kopf auf den Boden schlägt, erklärt: »Mia weint jeden Tag, sie ist halt um 10:30 Uhr müde, wir gehen aber erst um 11:30 Uhr ins Bett.« Im

Zuge der weiteren gemeinsamen Arbeit und dem Anspruch, Krippenkindern ein Schlafangebot zu machen, sobald sie Anzeichen von Müdigkeit zeigen, hat diese Erzieherin gekündigt. Eine Pädagogik, in der Kinder »machen dürfen, was sie wollen«, könne sie nicht mittragen. Dahinter steht die Idee der 3-W-Pädagogik (Baum, 2017): Das Kind bekommt gesagt, *Was* es macht, *Wie* es gemacht wird und *Wann* es etwas macht, was zu dem Gefühl von Überforderung und der Ignoranz ihrer Bedürfnisse führt, die Kinder in ihrer Integrität verletzt und sie lehrt, dass sie sich auf die FK nicht verlassen können. Da Kinder auf die FK angewiesen sind, beugen sie sich schließlich den Anforderungen, was die FK dann als Erfolg ihrer Pädagogik werten. Gleichzeitig spüren die Kinder immer wieder ihre Bedürfnisse, für die es wenig Raum gibt. Kinder können solche Anpassungen nicht leisten, und die Spannung entlädt sich in unterschiedlichen Verhaltensweisen und Verhaltensauffälligkeiten. Für manche FK ist dieses Kind jetzt besonders anstrengend und muss noch konsequenter »erzogen« werden.

Die Bedeutung von Reflexion und Selbst-Reflexion

In dieser belastenden Arbeitssituation hat die Reflexion der eigenen Haltung, der Interaktion mit den Kindern, die Kooperation im Team, mit den Eltern und den Trägern eine enorme Bedeutung. Supervision, die das bieten könnte, wird bisher meist nur bei eskalierten Konflikten von den Trägern genehmigt. Dabei wären die Introspektion und das Erlernen von Rollendistanz für diese komplexe Arbeit wichtig, ebenso die Wahrnehmung ihrer eigenen Kompetenzen, die Entwicklung einer Fehlerfreundlichkeit mit Feedbackkultur usw. Diese würde es den FK ermöglichen, Konflikte sachbezogen anzusprechen und sie zu lösen. Bei Themen der Diversität entsteht in der Auseinandersetzung ein neuer und bewusst gestalteter Wertekanon im gesamten Team. Ich erlebe viele FK, die ihr Verhalten gegenüber Kindern und anderen Kooperationspartner:innen gut reflektieren können und wollen. Die knappen zeitlichen Ressourcen, die ihnen dazu zur Verfügung stehen, machen dies jedoch häufig unmöglich.

Der gesellschaftliche Blick auf die KiTa-Arbeit

Die KiTas sind in den letzten Jahren und aufgrund sozialwissenschaftlicher Forschungen deutlicher in den Blick unserer Gesellschaft gerückt, aber auch durch öffentlich bekanntgewordene Vorfälle von Kindesmisshandlungen durch FK.

Ein Blick in die Zukunft zeigt, dass sich die Personalsituation weiter verschärfen wird. So werden bis 2030 etwa 40.000 FK allein in Baden-Württemberg fehlen (Zeller, 2022). Es ist zu befürchten, dass sich hierdurch eine Qualitätsminderung der institutionellen Bedingungen für die Alltagspädagogik ergibt. Als ein Lösungsansatz werden pädagogische Hilfskräfte mit Grundausbildungen aus nicht-pädagogischen Arbeitsfeldern gefördert, zur Unterstützung der dann wenigen pädagogischen FK. In der Praxis verbrauchen diese zunächst jedoch weitere Ressourcen der FK, weil sie intensiv angelernt und eingearbeitet werden müssen, Kindergruppen nicht allein betreuen dürfen und in den personalen Kompetenzen sehr unterschiedlich aufgestellt sind. Diese Entscheidung zeigt deutlich, dass die Politik noch nicht verstanden hat, was pädagogische FK in den KiTas leisten und was Kinder für ihre Zukunft und die der Gesellschaft brauchen. Es ist fragwürdig, ob beispielsweise eine Gärtnerin, die gerne bastelt, die notwendigen Kompetenzen erworben hat, um eine pädagogisch qualitätsvolle Arbeit zu gewährleisten. Um den Personalmangel etwas weiter abzufedern, wurde durch die Politik der FK-Fachkräftekatalog erweitert. Menschen mit einem Beruf aus dem medizinischen oder therapeutischen Bereich wird eine »gewisse Nähe« zum Erzieher:innen-Beruf zugesprochen. Sie können mit einer 25-tägigen Fortbildung zur pädagogischen Fachkraft nachqualifiziert werden. Auch diese Lösung für den Fachkräftemangel mindert aus meiner Sicht die pädagogische Qualität in den Einrichtungen. Notwendig wäre es, junge Menschen davon zu überzeugen, Erzieher:innen zu werden. Sowohl die Profession »pädagogische FK« als auch das Arbeitsfeld KiTa müssten neu gedacht werden, um attraktiv zu sein – kleinere Gruppen, ein deutlich besserer Personalschlüssel, mehr Zeit zur Vor- und Nachbereitung, eine bessere Grundqualifizierung durch die Fach(hoch)schulen, ständige Weiterqualifizierung und regelmäßige supervisorische Unterstützung, um einige Aspekte zu nennen. Kommt hierzu noch eine angemessenere Bezahlung, würden vermutlich wesentlich mehr geeignete Menschen diesen Beruf ergreifen.

Fazit: Wie es gut werden könnte

Pädagogische FK übernehmen für unsere Gesellschaft eine enorm wichtige Aufgabe und werden gleichzeitig an vielen Stellen alleingelassen. Die Verantwortung für die zum Teil prekären Situationen haben alle mitverantwortlichen Parteien, wenn auch auf ganz unterschiedlichen Ebenen: die Politik, die Träger, die Leitungen und auch die FK selbst. Wenn wir also den Schutz der Kinder in den KiTas aktiv gestalten wollen, müssen wir als Gesellschaft diesen Institutionen die finanziellen, personalen und qualifizierenden Ressourcen zur Verfügung stellen, die sie brauchen.

Für uns Supervisor:innen und Berater:innen bedeutet es auch, kritisch und wachsam zu bleiben, das Thema »Kindeswohl« aktiv anzusprechen und in der Arbeit mit den Leitungen und Teams in Kindertagesstätten die geforderte »Gleichwürdigkeit« selbst zu praktizieren.

Literatur

Baum, H. (2017). Ist unsere Krippe ein sicherer Ort für junge Kinder? In E. Botzum & R. Remsperger-Kehm (Hrsg.), *Betreuung von Kleinstkindern* (S. 1–10). Carl Link.

Baum, H. (2022). Schaust du noch oder schützt du schon? Kindeswohlgefährdendes Verhalten im Alltag vermeiden als Leitungsaufgabe. *KiTa aktuell spezial, 2,* 21–23.

Boll, A. & Remsperger-Kehm, R. (2021). *Verletzendes Verhalten in Kitas. Eine Explorationsstudie zu Formen, Umgangsweisen, Ursachen und Handlungserfordernissen aus der Perspektive der Fachkräfte.* Barbara Budrich.

Bundesministerium für Familie, Senioren, Frauen und Jugend (2014). Die Rechte der Kinder von Logo! einfach erklärt. Bonifatius GmbH.

Dornes, M. (2001). *Der kompetente Säugling. Die präverbale Entwicklung des Menschen* (10. Aufl.). S. Fischer.

Hohmann, H., Wedewardt, L., Finger, F., Füchtenschneider, C., Vasiliadis, H., Sasse, H., Lisowski, S., Noß, A. & Grimm, L. H. (2023). *Kita(r)evolution. Zeit für Veränderung.* Herder.

Hüther, G. (2011). *Was können wir zum Gelingen der Bildung unserer Kinder beitragen?* Vortrag [DVD]. AV 1 Pädagogikfilme.

Hüther, G. (2019). *Was wir von unseren Kindern lernen können. Neurobiologische Geschichten für eine Zukunftspädagogik.* Vortrag [DVD]. AV 1 Pädagogikfilme.

Leyendecker, B. (Hrsg.). (2012). *NUBBEK, Nationale Untersuchung zur Bildung, Betreuung und Erziehung in der frühen Kindheit.* NUBBEK Arbeitsgruppe Universitäten Bochum/Osnabrück.

Maywald, J. (2019). *Gewalt durch pädagogische Fachkräfte verhindern.* Herder.

Ministerium für Kultus, Jugend und Sport, Baden-Württemberg (2014). *Orientierungsplan für Bildung und Erziehung.* Herder.

Nürnberg, C. (2019). *Kita – Alltag zwischen Belastung und Erfüllung. Ergebnisse einer explorativen Interviewstudie mit Gruppenkräften und Kita-Leitungen* (WIFF Studien, Band 31). Weiterbildungsinitiative Frühpädagogische Fachkräfte.

Remsperger, R. (2011). *Sensitive Responsivität. Zur Qualität pädagogischen Handelns im Kindergarten.* Springer VS.

Schneider, H. (2020). Warum der Time-out eine bedenkliche Methode ist. *KiTa aktuell, 9,* 210–213.

Scholz, C. (2014). *Generation Z: Wie sie tickt, was sie verändert und warum sie uns alle ansteckt.* Wiley-VCH.

Tietze, W., Becker-Stoll, F. & Bensel, J. (Hrsg.). (2013). *Nationale Untersuchung zur Bildung, Betreuung und Erziehung in der frühen Kindheit (NUBBEK)*. Verlag das Netz.
Wilhelm, N. (2019). *Miteinander leben. Für eine Familienkultur des Miteinanders.* familylab.
Wolters Kluwer (2020). DKLK-Studie 2020. Kita-Leitung zwischen Digitalisierung und Personalmangel. *ErzieherIn.de* https://erzieherin.de/studie-ueber-verletzendes-verhalten-in-kitas-veroeffentlicht.html (30.03.2022).
Zeller, M. (2022). Pädagogische Hilfskräfte gegen Erziehermangel. *SWR.* https://www.swr.de/swraktuell/baden-wuerttemberg/suedbaden/paedagogische-hilfskraefte-gegen-erziehermangel-102.html

Biografische Notiz
Heike Baum ist Erzieherin, Spielpädagogin, Gruppendynamikerin, Balintgruppenleiterin, Supervisorin (DGSv) und führt eine Praxis für Supervision und Coaching. Sie leitet Fortbildungen und Qualifizierungen für Erzieher und Erzieherinnen in Krippe, Kita und Hort und begleitet KiTA-Teams im Bereich der Schutzkonzept- und Konzeptionsentwicklung. Als Autorin von Fachbüchern ist sie weit über den europäischen Markt hinaus bekannt.

Burkard Sievers (Hg.)

Sozioanalyse und psychosoziale Dynamik von Organisationen

2015 · 454 Seiten · Broschur
ISBN 978-3-8379-2495-4

Leistung aus Leidenschaft? – Welche Psychodynamik steckt hinter heutigen Organisationen?

Die psychodynamische Betrachtung von Organisationen hat sich – gerade in Zeiten finanzieller Krisen – als wichtige erfolgsversprechende Methode der Beratung und Intervention erwiesen. Um die unbewusste psychosoziale Dynamik von Organisationen verstehen zu können, ist es wichtig, die inneren Strukturen wie Führungsstile, Karrieren und Leistungsanforderungen zu analysieren.

Der vorliegende Band versammelt herausragende Beiträge der letzten Jahre zu diesem Thema aus der Zeitschrift *Freie Assoziation*, dem deutschsprachigen Organ für das Unbewusste in Organisation und Kultur, und beendet damit eine fast zwei Jahrzehnte andauernde Publikationsgeschichte. Ab 2015 erscheint die Zeitschrift als Organ der Gesellschaft für psychoanalytische Sozialpsychologie.

Mit Beiträgen von Eduardo Acuña Aguirre, Thomas Auchter, Ullrich Beumer, Peter Boback, Damian P. O'Doherty, Robert Erlinghagen, Rolf Haubl, Thomas Hoffmann, Diana Lengersdorf, Michael Meuser, Peter Pelzer, Daniela Rastetter, Rose Redding Mersky, Burkard Sievers, Marco Solinas und Mark Stein

Klaus Obermeyer, Harald Pühl (Hg.)
Übergänge in Beruf und Organisation
Umgang mit Ungewissheit in Supervision, Coaching und Mediation

2019 · 245 Seiten · Broschur
ISBN 978-3-8379-2752-8

Die heutige Arbeitswelt stellt Supervision, Organisationsentwicklung, Mediation und Coaching vor die Herausforderung der Ungewissheit. Durch ständige Veränderungen von Rahmenbedingungen im Umfeld von Organisationen und Institutionen ist sichere Planung kaum mehr möglich. Diese Offenheit und Flexibilität kann Angst machen. Gleichzeitig eröffnet sie unter gedeihlichen Bedingungen ein enormes kreatives Potenzial und einen weiten Möglichkeitsraum.

Im Zentrum steht die Frage, wie arbeitsweltliche Beratung KlientInnen in Organisationen darin unterstützen kann, die (Übergangs-)Kompetenzen zu entfalten, die bei Reisen ins Ungewisse benötigt werden.

Die AutorInnen, die sich auf verschiedene Referenztheorien beziehen, verfügen alle über fundierte Erfahrung in der Praxis der arbeitsbezogenen Beratung.

Die hier versammelten Beiträge sind Geschichten der Ermutigung: Der Band bietet eine praxisorientierte Theorie zum Thema Ungewissheit in beruflichen und organisatorischen Übergängen.

Mit Beiträgen von Karin Lackner, Klaus Obermeyer, Harald Pühl, Anusheh Rafi, Kornelia Rappe-Giesecke, Renate Ritter, Ortfried Schäffter, Wolfgang Schmidbauer, Katrin Thorun-Brennan, Erhard Tietel, Michael Völker und Katharina Wendt

Psychosozial-Verlag

Rudolf Heltzel
Psychodynamische Beratung in Organisationen
Integrative Konzepte und bewegende Begegnungen

2021 · 374 Seiten · Broschur
ISBN 978-3-8379-3106-8

Psychodynamische Ansätze sind für die Beratung in Organisationen besonders hilfreich. Rudolf Heltzel führt Ideen der Objektbeziehungspsychologie, der relationalen Psychoanalyse und der Foulkes'schen Gruppenanalyse zusammen und zeigt, wie sie sich wechselseitig bereichern. Er stellt basale Positionen und integrative Konzepte organisationsbezogener Supervision und Beratung vor und veranschaulicht diese anhand von zahlreichen ausführlichen Praxisbeispielen. So bietet er Einblicke in die Vielfalt und Komplexität psychodynamischer Beratungsmethoden und damit praxisnahe Anregungen zur kreativen Befreiung und Vitalisierung der Beratung in Organisationen. Die geschilderten Szenen bewegender Begegnungen mit einzelnen, Teams und Großgruppen sorgen für eine anregende und kurzweilige Lektüre.

Ein Plädoyer für offene, individuelle, flexible und integrative Perspektiven in der organisationsbezogenen Beratung.

Walltorstr. 10 · 35390 Gießen · Tel. 0641-969978-18 · Fax 0641-969978-19
bestellung@psychosozial-verlag.de · www.psychosozial-verlag.de